역 주
소학집주
번역소학
소학언해

❶

역주 소학집주 번역소학 소학언해

1

김진식 역주

한국문화사

역주 소학집주·번역소학·소학언해 1

1판 1쇄 발행 2025년 8월 28일

역 주 자 | 김진식
펴 낸 이 | 김진수
펴 낸 곳 | 한국문화사
등 록 | 제1994-9호
주 소 | 서울시 성동구 아차산로49, 404호(성수동1가, 서울숲코오롱디지털타워3차)
전 화 | 02-464-7708
팩 스 | 02-499-0846
이 메 일 | hkm7708@daum.net
홈페이지 | http://hph.co.kr

ISBN 979-11-6919-332-0 94140
ISBN 979-11-6919-331-3 (세트)

머리말

《소학(小學)》은 주자학(朱子學)의 기초 학습서였다. 주지하다시피, 주자학은 안향(安珦)이 고려 말에 원나라로부터 전래하였다. 안향은 1289년(충렬왕 15년)에 왕을 호종하여 원나라에 들어가 《주자전서(朱子全書)》를 베끼고 공자(孔子)와 주자(朱子)의 화상(畫像)을 그려 다음해에 돌아왔다. 이어 공자 사당인 문묘 설치를 위한 준비와 인재 양성을 위한 재정적 기반으로 섬학전(贍學錢) 설치를 주도했다. 당시 고려 말의 시대 상황은 무신의 장기 집권, 불교의 부패, 무속의 성행, 몽골의 침탈 등으로 국내외적으로 위기가 가중되고 있을 때였다. 안향은 이러한 때에 민족주의, 명분주의, 주지주의적인 수양론(修養論)의 특성을 지닌 주자학을 적극적으로 수용하고자 하였다.

고려 말의 주자학은 성균관을 중심으로 안향 · 백이정(白頤正) · 권부(權溥) · 이색(李穡) · 정몽주(鄭夢周) · 길재(吉再) 등에 의해서 계승되었다. 고려가 망하고 조선이 성립하는 과정에서 사상적 전환의 계기가 된 배불숭유(排佛崇儒) 운동으로 주자학은 더욱 발전하게 되었다. 주자학은 조선시대에 이르러 크게 융성하였고, 그 기초적인 학습서에 《소학》이 있었다.

조선에서는 《소학》을 익히기 위해 두 가지 방안을 강구했다. 하나는 《소학》 이해에 필요한 주석서(註釋書)를 확보하는 일이었고, 다른 하나는 한문으로 된 《소학》을 당시 사람들이 쉽게 이해할 수 있도록 한글 번역서(飜譯書)를 만드는 일이었다. 《소학》의 주석서로는 《소학집성(小學集成)》·《소학집설(小學集說》·《소학집주(小學集註》 등이 주로 읽혔다. 《소학집성》과 《소학집설》은 모두 중국학자가 엮은 책이다. 하사신

(何士信)의 《소학집성》은 《소학》 이해에 어려움을 겪던 조선 조정이 1425년(세종 7년)에, 거금을 들여 중국으로부터 1백 권을 구입해 보급한 책이다. 그리고 정유(程愈)의 《소학집설》은 1491년(성종 22년), 북경 사행길에 김일손(金馹孫)이 저자로부터 편찬 5년만에 직접 구해 보급한 책이다. 특히 《소학집설》은 당시 조선 사회에서 많은 독자를 가졌던 것으로 추정된다. 《소학집설》이 도입된 지 6년 후인 1497년(연산군 3년) 12월에 단성훈도(丹城訓導) 송헌동(宋獻仝)은 상소문을 한 장 올린다. 송헌동은 재변(災變)을 극복하는 방안으로 17가지를 제언하는데, 그 중 제1조로 당시 조선에서 관행적으로 실시되고 있는 과부 재가 금지 규정을 특별한 조건 하에서 완화해야 한다고 주장하였다. 의정부와 육조를 중심으로 이루어진 논의는 소수의 찬성파와 다수의 반대파로 견해가 갈리었다. 이때 반대파인 정석견(鄭錫堅)은 《소학집설》 〈가언(嘉言) 제5〉 제44장을 들어 논리를 폈다. "남편을 잃은 부인이 개가하는 것은 실절(失節)하는 것과 같으며, 실절하지 않는 것이 생명을 지키는 것보다 더 중요하다."는 정이(程頤)의 견해를 주 내용으로 삼고 있었다(《연산군일기》 권28, 3년 12월 기묘). 물론 개가 금지라는 당시 관행이 현대와 맞지 않음은 분명하나, 《소학집설》이 당시 조정에서까지 논의의 준거로 이용될 만큼 그 영향력이 컸음을 알 수 있다. 결국 찬반 논쟁은 반대파의 승리로 끝났다.

중국학자들의 주석서는 또 다른 주석서인 이이(李珥)의 《소학집주》와 중앙정부 주도의 번역서인 《번역소학(飜譯小學)》·《소학언해(小學諺解)》에도 영향을 미쳤다. 1579년(선조 12년) 원고를 완성하고 1612년(광해군 4년)에 출간된 《소학집주》는 기존의 두 주석서가 갖는 문제점을 극복하고, 이들을 뛰어넘는 주석서를 독자적으로 만들겠다는 문제의식에서 출발하였다. 이이는 기존의 주석서를 그대로 활용하거나 변형시키며, 자신의 의견을 덧붙여 주자학에 대한 생각을 뚜렷이 부각시키려 하였다. 따라서 이 책을 읽는 사람들은 이이가 이끄는 방식으로 《소학》의 언어와

논리와 세계에 다다르게 되었다.

한편, 두 주석서를 바탕으로 하는 《소학》 공부는 한문이라는 절대적인 언어 장벽으로 인하여, 주자학의 심오한 내용을 온전히 이해하기에는 어려움이 있었다. 따라서 1518년(중종 13년)에 발간된 《번역소학》과 1588년(선조 21년)에 발간된 《소학언해》는 《소학》과 주자학을 이해하는 데 획기적인 전환점을 제공해 주었다. 이들이 발간됨으로 인하여, 조선의 문화 경계는 확장될 수 있었던 것이다. 그들의 번역 방식이 의역이든 직역이든 주석서보다는 조선에서 《소학》을 수용할 폭이 확장되었으며, 《소학》의 세계가 훨씬 친밀한 언어로 조선의 문화 속으로 들어올 수 있었다.

역주자(譯註者)는 43년여를 교육자로 살아오다가 정년퇴임을 하였다. 재직 중에는 혼자서 한문 전적(典籍)을 보다가, 퇴임 후에 본격적으로 서당 근독재(勤讀齋)에 나가 한문 공부를 하게 되었다. 한학 연구 외길을 걸어오신 석촌(石村) 이두희(李斗熙) 선생님을 모시고 《소미통감(少微通鑑)》, 《소학》, 《대학》, 《중용》 등을 공부하면서, 사서(史書)나 경서(經書)의 해석이 어렵다고 늘 생각하고 있었다. 고립어(孤立語)인 중국어는 교착어(膠着語)인 한국어와 달리, 문법 형태소가 없기 때문에 문장 구조를 정확히 이해하기가 어렵기 때문이었다. 더군다나 《소학》은 중국의 여러 경서·사서·성리서(性理書) 등에서 발췌한 문장으로 되어 있어, 독자들의 접근을 쉽게 허용하지 않는 어려움이 있었다.

역주자는 주석서인 《소학집주》에서 한문으로 대문(大文)과 주석을 보고, 16세기 번역서인 《번역소학》과 《소학언해》에서 중세국어로 된 번역 내용을 대조해 보는 방식으로 《소학》을 공부해 왔다. 이렇게 공부해 보니, 《소학》의 내용을 보다 정확히 이해할 수 있었다. 두 예를 들어본다. 〈명륜(明倫) 제2〉 제75장의 《소학》 대문은 "長者ㅣ與之提攜則兩手로奉長者之手ㅎ고負劍辟僻咡詔之則掩口而對니라."이다. 이는 "어른이 더불어 그를 끌고 가거든 두 손으로 어른의 손을 받들고, 칼 차듯이 하여 입가까지 기울여 그에게 말을 하거든 입을 가리고 대답한다."로 해석할 수 있다. 그러나 그 의미가 무엇인지 분명하지 않다. 이에 대한 《번역소학》 번역문은 "얼운이 내 소ᄂᆞᆯ 자ᄇᆞ시거든 두 소ᄂᆞ로 얼우신늬 소ᄂᆞᆯ 받ᄃᆞᄉᆞ오며 얼우니 갈 ᄎᆞᄃᆞ시 겨틔 셰시고 볼을 기우려 말ᄒᆞ시거든 입 ᄀᆞ리오고 ᄃᆡ답ᄒᆞᆯ 디니라."이다. 이는 "어른이 내 손을 잡으시거든 두 손으로 어르신의 손을 받드오며, 어른이 칼 차듯이 곁에 세우시고 볼을 기울여 말하시거든 입을 가리고 대답할 것이니라."로 해석할 수 있다. 《소학》 대문만으로 해석할 때보다 《번역소학》 번역문과 비교하며 해석할 때 의미가 분명해짐을 알 수 있을 것이다. 이는 번역서가 문장의 본의(本義)를 정확히 파악함에 도움을 주는 예이다. 또 〈가언(嘉言) 제5〉 제10장의 《소학》 대문은 "范魯公質이爲宰相이러니從子杲稿ㅣ嘗求奏遷秩이어늘質이作詩曉之ᄒᆞ니라."이다. 이는 "范(범) 魯公(노공) 質(질)이 재상이 되었는데, 조카 고(杲)가 일찍이 벼슬 옮김을 구하여 아뢰거늘, 質(질)이 시를 지어 그를 깨우쳤다."로 해석할 수 있다. 이에 대한 《소학언해》 번역문은 "范범 魯로公공 質질[周쥬ㅅ나라 ᄌᆡ샹으로 宋송 님금 셤겨 魯로公공을 封봉ᄒᆞ니라]이 宰ᄌᆡ相샹이 되엿더니 아ᄎᆞᆫ아ᄃᆞᆯ 杲고ㅣ 일즉 엳ᄌᆞ와 <u>벼슬 올몸을</u> 求구ᄒᆞᆫ대 質질이 글을 지어 알외니라."이다. 이는 "범 노공 질[周나라 재상으로, 宋 임금 섬겨 魯公을 봉하니라.]이 재상이 되었더니, 조카 고(杲)가 일찍 여쭈어 벼슬 옮음[옮김]을 구하니까, 질(質)이 글을 지어 알리니라."로 해석할 수 있다. 그러나 《번역소학》 번역문은 한 단어의 번역에서 차이를 보인다. "范범 魯로公공 質질이 宰ᄌᆡ相샹이 ᄃᆞ외옛거ᄂᆞᆯ 아ᄎᆞᆫ아ᄃᆞᆯ 杲고ㅣ 엳ᄌᆞ와 <u>벼ᄉᆞᆯ 올오ᄆᆞᆯ</u> 求구ᄒᆞᆫ대 質질이 그ᄅᆞᆯ 지ᅀᅥ 알외니라."이다. 이는 "범 노공 질이 재상이 되어 있거늘, 조카 고(杲)가 여쭈어 벼슬 오름을 구하니까, 질이 글을 지어 알리니라."로 해석할 수 있다. 두 번역본에서 문제가 되는 부분은 《소학》 대문의 '遷秩'에 대한 번역이다. '遷'은 보통 '옮길 천'으로, '秩'은 '벼슬 질'로 새긴다. 따라서 《소학언해》는 단어 의미에 충실하여 '벼슬 올몸을'로 번역하였다. '올몸을'은 '옮(어간)+옴(명사형 어미)+을(목적격 조사)'로 분석된다. 여기서 '옮다'는 '어떤 곳에서 다른 곳으로 움직여 자리를 바꾸다.'를 뜻한다. 따라서 '벼슬 올몸을'은 '벼슬 옮음[옮김]을'로 해석된다. 그러나 《번역소학》은 다르다. '遷秩'의 의미를 '벼ᄉᆞᆯ 올오ᄆᆞᆯ'로 번역하였다. '올오ᄆᆞᆯ'은 '올ㅇ(어간)+옴(명사형 어미)+ᄋᆞᆯ(목적격 조사)'이다. 현대국어 '오르다'의 옛말인 '오ᄅᆞ다'는 15세기 문헌에서부터 나타난다. '오ᄅᆞ다'는 자음이나 매개모음으로 시작하는 어미가 결합할 때에는 '오ᄅᆞ거늘', '오ᄅᆞ시고'와 같이 '오ᄅᆞ-'로, 모음으로 시작하는 어미가 결합할 때에는 'ᄋᆞ'가 줄고 대신 'ㄹ'이 앞 음절에 부착되고, 뒤의 음절에는 성문 마찰 유성음 'ㅇ'이 얹힌다. 즉 '올ㅇ+아', '올ㅇ+옴'과 같이 '올ㅇ-'으로 실현되어 '오ᄅᆞ-/올ㅇ-'의 교체를 보인다. 따라서 '벼ᄉᆞᆯ 올오ᄆᆞᆯ'은 '벼슬 오름을'로 해석된다. 《소학》 대문을 볼 때, 조카 범고(范杲)가 숙부인 범질(范質)에게 遷秩을 구한 것은 단지 벼슬을 바꿔가기를 구한 것이 아니라, 승진하기를 구한 것이다. 따라서 이 대목에 관한 한, 《번역소학》의 번역이 보다 정확한 것으로 판단된다. 이는 번역서가 단어의 본의를 정확히 파악함에 도움을 주는 예이다. 예를 들다 보니, 《번역소학》이 《소학》 해석에 도움이 되는 예만 들었다. 그러나 《소학언해》 또한 《소학》의 대문 386장을 해석함에 그 본의를 분명히 드러내는 예들이 상당히 많다.

역주자는 대학에서 오랫동안 국어사(國語史)를 강의하였다. 그러나 국어사를 전공하지 않은 사람들은 16세기 중세국어로 번역된 두 번역서를 옳게 이해하기는 매우 어려울 것이다. 역주자는 이 책에서, 《소학집주》·《번역소학》·《소학언해》 등 《소학》 세 권에서 같은 대목을 나란히 놓고, 주석서의 한문과 번역서의 중세국어를 현대국어로 해석하였다. 해석 과정에서 대문이나 주석에 나오는 어려운 한자나 출처, 관련 인물과 사건 등도 풀이하였다. 물론 중세국어 단어들도 어휘사의 측면에서 현대국어로 자세하게 풀이하였다. 따라서 이 책을 읽는 사람들은 일반인이든 국어사를 전공하는 대학(원)생이든, 모두 자기가 필요한 만큼의 깊이로 공부하고 이해할 수 있을 것이다. 우리는 중세국어 자료 강독 교재에서, 그 책 이름이 무엇이든, 《훈민정음언해》·《두시언해》·《용비어천가》 등과 함께 《번역소학》과 《소학언해》가 빠지지 않고 들어 있음을 알고 있다. 또 중등교사 국어과 임용시험에도 이 두 자료가 상당히 비중 있게 다루어지고 있음도 알고 있다. 이 책은 이런 면에서도 상당한 정도의 도움을 줄 수 있다고 생각한다.

역주자는 3년 전에 이 책 출판에 대한 계획을 세우고, 꾸준히 준비해 왔다. 고희(古稀) 기념으로, 재직 중에 냈던 대학 교재와는 다른, 무게감 있는 책을 한 권 내는 것이 전부터 가져온 바람이었다. 일을 시작하고는 이른 아침부터 밤 1~2시까지 대부분의 시간을 이 작업에 할애하였다. 그 결과 만 일흔 살이 되는 금년 전반기에 2,562쪽에 달하는 원고를 완성하였다. 그리고 그 내용이 많아 편의상 4권으로 나누어 출판하기로 하였다. 긴 세월을 기오재(寄傲齋)에 묻혀, 용잡(宂雜)한 일들을 잊고 살게 해 준 가족들에게 고마움을 표한다.

《소학》은 조선시대 우리 조상들이 가장 많이 보아 왔던 책이고, 현재도 많은 독자층을 가진 책이다. 아무쪼록 이 책이 《소학》에 관심 있는 사람들에게 조금이나마 도움이 되기를 바라면서 말을 줄인다. 집필 과정에서 조언을 아끼지 않으신, 망백(望百)을 한참 전에 넘기신 석촌 선생님께 감사를 드린다. 또한 대한민국미술대전 초대작가이신, 오랜 벗 동우(東愚) 김학길(金學吉) 선생의 제자(題字)에도 고마움을 표한다. 마지막으로 어려운 한자와 16세기 중세국어로 쓰인 원고를 훌륭한 책으로 만들어 주신 한국문화사 김진수 사장님과 한병순 부장님, 강인혜 과장님께도 고마운 인사를 드린다.

歲在 乙巳 螢月 哉生魄 寄傲齋主人 東谷 金眞植 謹書

小學解題

1. 학교 이름

소학(小學)이란 말은 흔히 학교 이름, 학문 이름, 책 이름의 세 가지 뜻으로 쓰인다. 먼저 학교 이름으로서의 소학이다. 소학은 중국 고대 학교의 이름이다. 태자(太子)·왕자(王子)·제후(諸侯)·경대부(公卿大夫)의 적자(嫡子)들에게 소절(小節)과 소의(小義)를 가르치던 곳이다. 중국에서 소학과 대학의 구분은 오랜 옛적부터 이미 있었다. 소학과 대학에 대한 명칭은 나라에 따라 달랐으니, 유우씨[有虞氏, 舜임금]는 하상(下庠)과 상상(上庠)으로, 하후씨[夏后氏, 夏나라의 개국군주]는 서상(西庠)과 동서(東序)로, 은대(殷代)에는 좌학(左學)과 우학(右學)으로, 주(周) 대에는 우상(虞庠)과 동교(東膠)로 일컬었다. 소학의 위치에 대하여 여러 설이 있는데, 청(淸)의 단옥재(段玉裁)·손지조(孫志祖)·완원(阮元) 등은 대학(大學)은 왕궁의 동쪽이고, 소학은 원교(遠郊) 1백리 사방의 사교(四郊)에 두었다 하였고, 청의 김방(金榜)은 대학은 교외에 두고 소학은 왕궁의 사문(四門)에 두었다고 하였다. 입학 연령에 대해서도 서로 의견이 다른데, 《상서대전(尙書大傳)》에는 13세에 소학에 들어가고 20세에 대학에 들어간다 하였고, 《신서(新書)》에는 9세에 소학에 들어가고 15세에 대학에 들어간다 하였으며, 《대대례(大戴禮)》와 《백호통(白虎通)》 등에는 8세에 소학, 15세에 대학이라 하였다. 소학에서 가르치는 교과목은 대략 소도(小道)·소절(小節)·소예(小藝) 등이었으니, 이른바 예(禮)·악(樂)·사(射)·어(御)·서(書)·수(數)가 그 내용이었다.

2. 학문 이름

학문 이름으로서의 소학이다. 《수의록(隨意錄)》에는 "漢時稱文字學以爲小學(한나라 때는 문자학을 일컬어 써 소학이라 하였다.)"고 하여, 소학이 중국 한대(漢代)의 문자학(文字學)을 가리켰다. 즉 소학은 문자의 형상(形象)·훈고(訓詁)·음운(音韻) 등을 연구하는 학문 이름이었다. 《한서(漢書)》 〈예문지(藝文志)〉에는 "古者八歲入小學 故周官保氏掌養國子敎之六書 謂象形象事象意象聲轉注假借 造字之本也(옛날에는 여덟 살에 소학에 들어갔다. 그러므로 《주관(周官, 周禮)》에 보면 보 씨가 공경대부의 자제들을 맡아 길러 그들에게 6서를 가르쳤으니, 상형·상사·상의·상성·전주·가차가 글자를 만드는 근본이었다.)"고 하여, 소학십가(小學十家)에 들어 있는 서적은 모두 자서(字書)나 훈고서(訓詁書)의 종류였다. 그러나 《사고전서(四庫全書)》에는 "古小學所敎 不過六書之類 故漢志弟子職附孝經而史籒等十家四十五篇列爲小學　隋志增以金石刻文唐志增以書法書品 已非初志自作小學以配大學 趙希辨讀書附志 遂以弟子職之類併入小學 又以蒙求之類相參竝列 而小學益多岐矣(옛날에는 소학에서 가르친 바가 6서 따위에 지나지 않았다. 그러므로 《한지(漢志)》에는 《제자직》에 《효경》을 첨부하여 사주(史籒) 등 10가 45편을 배열하여 소학을 삼았다. 그러나 《수지(隋志)》에서는 금석각문을 더했고, 《당지(唐志)》에서는 서법 서품을 더했으니, 소학을 스스로 지어 써 대학과 어우르게 하려는 처음 뜻과는 이미 달랐다. 조희변의 《독서부지(讀書附志)》에는 마침내 《제자직》 따위까지도 소학에 아울러 들이고, 또 《몽구(蒙求)》 따위도 서로 참예하여 나란히 늘어놓아 소학이 더욱 여러 갈래가 되었다.)"고 하여, 소학류(小學類)를 자서(子書)·훈고(訓詁)·운서(韻書)의 3가지로 분류하고 있다. 여기서 사주(史籒)는 십체(十體)의 하나로, 중국 주(周)나라 선왕(宣王) 때에, 태사(太史)였던 주(籒)가 창작한 한자의 자체(字體)이다. 소전(小篆)의 전신으로, 대전(大篆)이라고도

하였다. 《몽구》는 8세기에 당나라 학자 이한(李瀚)이 지은 문자 교육용 아동 교재이다. 8자(字)를 한 구(句)로 하여 중국 역대의 뛰어난 인물과 그 행적을 소개하는 형식으로 구성되어 있다. 예를 들면, '孫康映雪車胤聚螢(손강은 눈빛에 비추어, 차윤은 반딧불을 모아 책을 읽었다.)' 등으로 한 구를 이루어 형설지공(螢雪之功)을 이룬 손강과 차윤의 면학 정신을 소개하고, 이를 통하여 역대의 사실(史實)을 아동에게 가르치는 방식을 취하고 있다.

3. 책 이름

1) 개요

책 이름으로서의 소학이다. 《소학》은 주희(朱熹, 남송인, 1130년~1200년)가 제자 유청지(劉淸之, 남송인, 1134년~1190년)의 힘을 빌려 그의 나이 57세에 편찬한 책이다. 편찬에는 5년이 소요되었다. 「일설로는, 1185년[남송 광종(光宗) 12년]에 착수하여 1187년(광종 14년)에 완성되었다고 한다.」《소학》이 최초로 간행된 해는 1187년이다. 주 편자는 주희로서, 그가 전체적인 일을 맡아 했고, 유청지는 주희를 도와 기획과 원고 정리를 했다고 할 수 있다. 하·은·주 삼대에 활용되었던 《소학》이 이름만 알려져 있고 내용은 전해지지 않으므로, 관련 자료들을 편집·복원하여 교육의 기초 자료로 활용하자는 것이 주희의 의도였다. 주희는 《예기(禮記)》·《논어(論語)》·《맹자(孟子)》 등을 포함한 60여 종의 문헌에서 내용을 발췌하여 이 책을 편찬했는데, 흔히 《주자소학(朱子小學)》이라 일컫는다. 처음에는 상편(上篇, 內篇)만 기획했다가, 뒤에 하편(下篇, 外篇)이 더해졌다. 나중에 원고가 전체적으로 재정리되는데, 그 일은 원고의 앞뒤를 변경하고, 문장·시부를 제거하며, 고금의 사례 및 송대(宋代) 주돈이(周敦頤) 등 선철(先哲)들의 사적을 증보하고, 〈소학서제(小學書題)〉, 〈소학제사(小學題辭)〉를 책머리에 만들어 넣은 것이다. 따라서 완성된 《소학》은 〈소학서제〉, 〈소학제사〉, 〈내편〉, 〈외편〉으로 구성되었다. 〈소학서제〉와 〈소학제사〉는 서문, 통론의 성격을 지닌다. 〈소학서제〉는 《소학》만을 언급한 서문이다. 〈소학제사〉는 성리설을 언급하고 《소학》·《대학》을 통론하여 〈소학서제〉의 뜻을 확충하면서 운어(韻語)를 이루었다. 《소학》은 내편이 4권이고, 외편이 2권으로, 총 386장이다. 내편에는 〈입교(立教)〉, 〈명륜(明倫)〉, 〈경신(敬身)〉, 〈계고(稽古)〉가, 외편에는 〈가언(嘉言)〉, 〈선행(善行)〉이 배치되어 있다. 〈입교〉는 교육 원칙으로, 남녀 연령대별로 이루어지는 교육의 과정과 순서를 제시하고 있다. 〈명륜〉은 부자(父子)·군신(君臣)·부부(夫婦)·장유(長幼)·붕우(朋友) 등 오륜의 윤리 규범을 담고 있다. 〈경신〉은 학습자가 심술(心術), 위의(威儀), 의복(衣服), 음식(飮食) 등 일상생활에서 익혀가야 할 태도를 경(敬)을 내세워 설명하고 있다. 이 세 편이 《소학》의 기본 강령이다. 〈계고〉는 춘추시대 이전의 사료(史料)에서 〈입교〉, 〈명륜〉, 〈경신〉에 부합하는 실례를 든 것이다. 외편은 내편의 〈입교〉, 〈명륜〉, 〈경신〉의 가르침을 뒷받침한 것이다. 〈가언〉은 한대(漢代) 이후 명현의 격언과 가훈을 모은 것으로, 그 성질에 따라 광입교(廣立教)·광명륜(廣明倫)·광경신(廣敬身)으로 구분하였다. 〈선행〉 역시 한대 이후 선철들의 훌륭한 행실을 수록한 것으로, 그 성질에 따라 실입교(實立教)·실명륜(實明倫)·실경신(實敬身)으로 구분하였다. 《소학》은 결국, 학습자들이 이해하기에 결코 쉽지 않은 글을 체계적이며 반복된 방식으로 익히게 하는 구성을 취하고 있다. 일찍이 정조(正祖)는 《소학》의 내편은 경(經)과 같기 때문에 간략하여 이해하기 어렵고, 외편은 전(傳)과 같기 때문에 상세하여 알기 쉽다고 했는데(《홍재전서(弘齋全書)》 권165), 참으로 적절한 설명이라 하겠다. 《소학》은 송대 이후 주자학이 흥행하면서 유교의 중요 경전으로 인식되었다.

2) 우리나라의 《소학》

(1) 전래 및 교육

《소학》은 고려 말에 전래되어, 유교 입국을 내건 조선에 들어와서는 유교 사회의 경서(經書)로서 더욱 권장되었다. 조선은 건국 직후인 1393년(태조 2년)에 역관 양성을 위해 사역원(司譯院)을 설치·운영하였는데, 그 교육과정에서 《소학》, 《박통사(朴通事)》, 《노걸대(老乞大》로 중국어를 익히도록 하였다. 역관 시험은 3년에 한 번씩 3과로 나누어 시험을 치렀는데, 시험 과목으로는 사서(四書), 이문(吏文), 한어(漢語)와 함께 《소학》을 넣고 있다. 특히 《소학》은 한어와 함께 1~3과의 공통과목이었다(《태조실록》 권6, 3월 11일 을묘). 이때 역관 양성 전반을 설계하고 기초를 다진 인물은 설장수(偰長壽)이었다. 그는 본래 위구르(Uighur) 사람으로, 공민왕 때에 과거에 급제하고 시와 서에 능하였다. 이성계가 우왕을 폐하고 공양왕을 앉히자 이 모의에 참가하여 9공신의 한 사람이 되고 충의군(忠義君)에 피봉 되었으며, 찬성사(贊成事) · 판삼사(判三司)에 이르렀다가 정몽주 사망 후 그 일당으로 몰려 귀양을 갔다. 조선 초에 다시 등용되어 사신으로 명나라에 다녀왔다. 설장수가 지은 《직해소학(直解小學)》은 《경국대전(經國大典)》에서 역과 초시의 필수 과목의 하나로 규정되었다. 《직해소학》은 《소학》의 원문을 번역하여 만든 것으로 추정되는데, 현재 남아있지 않다. 한글 창제 이전의 책이므로, 한어(漢語)로 풀이했을 가능성이 있다. 세종도 이 책을 중시하여 2백본을 인행(印行)하여 각 고을의 향교와 문신에게 반사(頒賜)했다는 기록이 있다(《세종실록》 권94, 23년 10월 신사).

《소학》은 단순히 역관의 교육과 시험을 위한 교재로만 쓰이지는 않았다. 조선은 태조 때부터 사부학당(四部學堂, 조선시대 중앙의 4부에 설치된 관립교육기관)에서 이 책을 익힌 뒤, 이로써 시험을 치러 성균관에 진학하도록 규정하였다. 《소학》의 기초 교육을 마친 후에 성균관에서 공부하게 하도록 조처한 것이다(《세종실록(世宗實錄)》 권73, 18년 윤6월 경인). 물론 이때 읽은 《소학》이 정문(正文)만 담고 있는 것인지, 주석서인지는 확인할 수 없다.

(2) 책 발간

(가) 주석서

① 소학집성(小學集成)

《소학》은 이해하기에 상당히 어려운 책이었다. 중국의 여러 경서(經書)와 역대 사서(史書) 등에서 발췌한 문장은 읽는 이들의 접근을 쉽게 허용하지 않는 어려움이 있었다. 따라서 자구(字句)·단어부터 문장의 숨어있는 의미까지 파악하도록 돕는 주석서가 반드시 필요했다. 실제로 세종대 예조 관리들은, 《소학》에 이해가 안 되는 구절이 많고, 참조할 주석서가 충분치 않다며 고충을 토로한 적이 있다. 이에 세종은 1425년(세종 7년) 거금을 들여 중국에서 《제유표제주소소학집성(諸儒標題註疏小學集成)》, 즉 《소학집성(小學集成)》을 들여왔다.

예조에서 계하기를, "사부학당은 오로지 《소학》의 가르침만을 맡고 있어, 거기에 입학한 생도에게는 먼저 《소학》을 가르치고 나서 다른 서적을 가르칩니다. 다만 《소학》이란 서적은 경사자집(經史子集, 도서분류법. 經部·史部·子部·集部)의 요긴한 말들을 모아 편집한 것이기 때문에 이해하기 어려운 곳이 많습니다. 우리나라에서 출판한 《소학》은 음훈(音訓)과 주해(註解)가 미비하고, 다만 (중국의) 《집성소학(集成小學)》은 음훈과 주소(註疏)와 명물도상(名物圖像)이 지극히 분명하게 갖추어져서 아이들이 쉽게 알 수 있습니다. 청컨대, 제용감(濟用監)의 저마포(苧麻布)를 중국에 들어가는 사신에게 주어 《집성소학》 일백 권을 사오게 하소서." 하니, 그대로 따랐다.(《세종실록》 권30, 7년 12월 23일 무자).

조선에서는 《소학집성》이 들어온 뒤, 보급에 힘을 기울였다. 1427년

(세종 9년)에는 목판으로, 1428년(세종 10년)에는 활자본으로 연속하여 간행하였다. 그리고 1435년(세종 17년)에는 많은 수요를 충족하기 위해, 예조판서 허조(許稠)는 이 책을 인쇄하여 판매하자는 의견까지 제시하였다. 세종은 이를 받아들여 《소학》뿐만 아니라, 주자소(鑄字所)에 있는 책판을 모두 찍어내어 판매하는 문제를 검토하게 하였다(《세종실록》 권68, 17년 4월 기유). 물론 판매 결과는 알 수 없으나, 당시 《소학집성》의 수요가 대단하였음을 알 수 있다. 이후에도 영조는 1744년(영조 20년)에 《소학훈의(小學訓義)》를 간행하는 작업에 참여했던 박필주(朴弼周)의 건의를 받아들여, 세종 때 간행되었던 《소학집성》의 오탈자를 교정하여 중간하기도 하였다.

《소학집성》은 10권 5책 규모로, 하사신(何士信)이 지은 책이다. 하사신은 생몰 연대를 포함한 기록이 남아있지 않다. 따라서 원나라 사람인지 명나라 사람인지 분명하지 않다. 이 책은 〈소학서제(小學書題)〉, 〈소학서목록(小學書目錄)〉, 〈소학서도목(小學書圖目)〉과 〈도설(圖說)〉, 〈소학지서강령(小學之書綱領)〉, 본문(本文) 등의 내용을 갖춘 주석서이다. 특히 〈도설〉 제자수업도(弟子受業圖), 천자오학도(天子五學圖), 율려도(律呂圖)를 비롯한 42종의 그림을 〈입교〉, 〈명륜〉, 〈경신〉의 내용에 맞추어 배열하여 책 내용을 쉽게 이해하게 하였다. 이 책이 가진 가장 큰 특징의 하나로 이 〈도설〉을 꼽을 수 있다. 그리고 발음이 어려운 글자들은 반절(半切)의 형식을 통해 그 음을 밝혔다. 이 책은 주희가 편찬한 《소학》 이후에 만들어진 여러 《소학》 주석서를 종합하여 만들었다. 중종 대에 완성된 《번역소학(飜譯小學)》은 이 책을 저본으로 삼았다. 《소학집성》은 《소학집설(小學集說)》, 《소학집주(小學集註)》 등과 함께 조선에서 간행되어 널리 유통되었던 《소학》의 주석서 가운데 하나이다. 특히 세종 대에 수입된 직후 몇 차례의 간행을 통해 대규모로 유통되었던 문헌이라는 점에서 조선시대 《소학》 관련 연구에 중요한 자료적 가치를 지닌다.

② 소학집설(小學集說)

성종(成宗) 대 이후 조선 사림사회에서 인기가 있었던 《소학》 주석서는 정유(程愈, 明)가 지은 《소학집설(小學集說, 1486년)》이다.

> 내가 연전에 북경에 갔을 때에 애써서 학문이 있는 학자를 만나 누방(陋方)에 사는 사람의 의혹을 한번 풀어보려고 애썼으나, 끝내 그들을 만나지 못했다. 총총히 돌아오려 하는데, 반송인(伴送人) 유월(劉鉞)을 통하여 예부원외(禮部員外)인 정유를 만나 배울 수 있는 기회를 얻었다. 정유는 손수 편찬한 《소학집설》과 회옹(晦翁)의 글씨 한 권을 주었다. 그 서술한 것을 보니, 그 사람을 그대로 담고 있었다. 나는 처음에 정유의 학문 깊이를 알지 못하여 천근(淺近)한 말로 질문을 해보았는데, 그는 《소학》을 가져와 주었다.(중략) 그러나 하루 동안이라도 조용히 대하지 못하고 급하게 귀국하였다. 《소학》은 내가 혼자서만 보지 않고, 곧 간행하여 나라 안에 퍼뜨려서 국중(國中)의 학자가 모두 정유의 혜택을 받게 되었다(《탁영집(濯纓集)》 권2, 감구유부후서(感舊遊賦後序)).

김일손(金馹孫)은 1490년(성종 21년) 11월에 진하사(進賀使) 서장관(書狀官)으로 북경에 갔다가, 반송인(伴送人) 유월(劉鉞)의 도움으로, 《소학집설》의 저자인 정유를 직접 만났다. 당시 정유는 예부 소속 관원이었다. 김일손은 정유로부터 《소학집설》과 주희 글씨 한 첩을 받았다. 귀국한 김일손은 1491년(성종 22년)에 《소학집설》을 출판하여 국내에 보급하였다. 그리하여 《소학집설》은 정유가 1486년에 편찬한 뒤 불과 5년만에 조선에 유입되었다.

《소학집설》은 모두 6권으로 구성되었으며, 〈소학편목(小學篇目)〉, 〈소학집설서(小學集說序)〉, 〈소학집설범례(小學集說凡例)〉, 〈소학집설총론(小學集說總論)〉, 〈소학제사(小學題辭)〉, 〈소학서제(小學書題)〉, 본문(本文)의 체재를 갖추었다. 6권으로 분책한 것은 4권으로 나눈 웅 씨(熊氏), 10권으로 나눈 하사신(何士信), 6권으로 나눈 진선(陳選)의 방식

중 진선을 따른 것이다. 본문 주석은 주희·오눌·진선 등 여러 학자들의 견해를 간단하게 실었다. 선조 대에 출간된 《소학언해(小學諺解)》는 이 책을 저본으로 삼았다.

③ 소학집주(小學集註)[선조(宣祖) 대, 이이(李珥)]

1579년(선조 12년)에 이이(李珥)는 44세의 나이로, 《소학제가집주(小學諸家集註)》, 즉 《소학집주》를 완성했다. 《소학》은 초학자들이 시급히 익혀야 할 책이나 당시 조선에서 유통되던 여러 주해가 난잡하고 오류가 많다고 판단하여, 여러 주석가의 설을 절충하고 또 자신의 생각을 보완하여 이 책을 만들었다. 이 시기 조선에서 지배적으로 읽힌 주석서는 《소학집설》이었기 때문에, 이이의 《소학집주》는 정유의 《소학집설》에 대한 비판에서 이루어졌다고 볼 수 있다. 물론 현재 이이가 편집한 《소학집주》의 초고는 남아 있지 않다. 이이의 《소학집주》는 그 후 1612년(광해군 4년)에 이항복(李恒福)의 주도로 간행되어 현재 규장각에 소장되어 있다. 이 책의 권말에는 성혼(成渾)과 이항복의 발문(跋文)이 실려 있다. 이 규장각본(奎章閣本)을 가지고 《소학집설》과 구성의 유사점과 차이점을 비교해보면 다음과 같다. 《소학집주》는 〈소학편목(小學篇目)〉, 〈소학집주총목(小學集註總目)〉, 〈소학집주총론(小學集註總論)〉, 〈소학서제(小學書題)〉, 〈소학제사(小學題辭)〉를 담은 책머리, 그리고 6권의 본문(本文) 체제를 갖추고 있다. 이러한 구조는 《소학집설》과 비슷하다. 그러나 구체적으로 들어가면 다른 점도 발견된다. 우선 《소학집주》는 《소학집설》에 실려 있던 〈소학집설서〉와 〈소학집설범례〉를 빼고, 〈소학집주총목〉을 신설하였다. 〈소학집주총목〉는 《소학》의 편목별 내용의 핵심을 간략히 정리한 것으로, 이 씨(李氏), 진 씨(眞氏), 주자(朱子), 요 씨(饒氏) 등의 설에 근거하여 각 편목의 구성상 특징과 요점을 일목요연하게 제시했다. 특히 이 씨 설을 적극 활용했는데, 이 내용은 《소학집성》에 실려 있는 것이었다. 이는 복잡하고 어려운 본문을 일람할 수 있는 내용이어서

《소학》 학습의 길잡이 역할을 한다. 또 〈소학제사〉, 〈소학서제〉의 위치도 두 책이 다르다. 《소학집설》에서는 〈소학제사〉, 〈소학서제〉인데, 《소학집주》에서는 〈소학서제〉, 〈소학제사〉의 순으로 실렸다. 그리고 《소학집주》에서 활용한 주석은 하사신(何士信)의 《소학집성(小學集成)》, 오눌(吳訥)의 《소학집해(小學集解, 1433년)》, 진조(陳祚)의 《소학정오(小學正誤, 1425년)》, 진선(陳選)의 《소학증주(小學增註, 1473년), 일명 소학구두(小學句讀), 소학집주(小學集註)》, 정유(程愈)의 《소학집설(小學集說, 1486년)》 등 모두 5종이다. 《소학집주》는 매 주석마다 〈집해(集解)〉, 〈집설(集說)〉, 〈정오(正誤)〉 등을 명기하여, 그 주석자와 주석의 근거(典據)를 뚜렷하게 밝혔다. 이 같은 모습은 외견상 《소학집설》에 비해 《소학집주》의 편집 기술이 월등 높아졌다는 인상을 준다.

《소학집주》의 주된 특성은 채택하고 있는 주석에서 드러난다. 이이는 《소학집설》의 주석을 전적으로 받아들이지 않고 부분별로 내용을 바꾸었으며, 또 필요하면 자신의 견해를 덧붙였다. 《소학집설》이나 《소학집주》는 6권 386장 760절의 분구(分句)를 갖추고 있다. 모든 구마다 주석이 붙어 있다. 그러나 《소학집설》과 비교해 볼 때, 《소학집주》는 무변형 주석이 500곳(65.7%), 대체주석이 28곳(3.6%), 변형주석1이 142곳(18.6%), 변형주석2가 82곳(10.6%), 자주(自註)가 8곳(1.5%)이다. 즉 이이는 당시 널리 읽히고 있었던 《소학집설》의 장점을 계승하되, 《소학집설》의 내용에 대한 불만을 새로운 주석으로 해소하려는 의지가 충만해 있었다고 말할 수 있다(정호훈, 2014, 197~198).

기술한 바와 같이, 《소학집주》는 편찬된 후 곧바로 간행되지 못하고, 이이가 세상을 떠난 뒤에야 비로소 간행되었다. 이이는 1579년(선조 12년) 이 책을 편집한 이후, 여러 친구들의 검토와 수정을 거쳐 곧바로 간행하려고 했다. 1580년에는 성혼에게 부탁하여 발문까지 마련한 상태였다. 그러나 이이는 세상을 떠날 때까지 일을 마무리 짓지 못했다. 일이 지체된 이유는 분명하지 않다. 당쟁의 격화로 출판할 여유가 생기지 않을 수도 있었고, 송익필(宋翼弼)의 충고가 한 몫을 했으리라 생각되기도 한다. 송익필은 어려서 문장에도 출중하였고 재능이 뛰어나 주변 사람들의 관심을 받았다. 하지만 서출(庶出)이라 벼슬길에는 나아가지 못했다. 그러나 아버지 송사련(宋祀連)의 후광으로 당대 최고의 문장가들과 어울렸으며 이산해(李山海)·최경창(崔慶昌)·백광홍(白光弘)·최립(崔岦)·이순인(李純仁)·윤탁연(尹卓然)·하응림(河應臨) 등과 함께 8문장가의 한 사람으로 꼽혔다. 정치적으로는 서인에 속했으며, 심의겸(沈義謙)·이이(李珥)·성혼(成渾)·정철(鄭澈) 등과 교우하였고 파주의 5인방으로 불리며 정치적 의리를 함께하는 동지가 되었다. 송익필은 예학(禮學)에 밝았으며 당대 사림의 대가로 손꼽혔고 정치적인 감각이 탁월하여 서인 세력의 막후 실력자로 군림하였다. 이런 명망으로 김계휘(金繼輝)의 아들 김장생(金長生)을 첫 제자로 받아들였고, 김장생 또한 송익필의 영향으로 예학의 대가로 성장하게 되었다. 이런 송익필이 이이에게 여러 차례 원고에 관한 의견을 피력하여 수정을 도우면서, 원고의 흠결이 완전히 치유될 때까지 출판을 늦출 것을 촉구했다.

성화(成化) 사이에 순안정씨(淳安程氏)라는 이가 제남에서 황하를 다스림이 있었으니, 제남에는 명사들이 많아 찬란하게 복생(伏生)의 남긴 풍조가 있었다. (순안정씨가) 인하여 그 무리들과 더불어 날마다 《소학》을 강론하여 변론하고 질정하며 바로잡아 주소(註疏) 6권을 만들어 써 동국(東國) 사신으로 상국(上國)을 찾아갔던 자에게 주어, 동국 사람들이 비로소 능히 기쁘게 볼 수 있었다. 그 후에 하 씨·오 씨·진 씨의 해설이 점점 해외로 나오되, 배우는 선비들은 우물에 앉아 하늘을 봄에 국한하여 아직도 먼저 들어온 것[순안정씨 주소(註疏)]을 지켜 정 씨의 해설을 높여 믿었다. 자못 여러 학자들의 말에 장단점이 있으며 이치가 혹 말살되었음을 알지 못하니, 나는 일찍이 이를 병통으로 여겼다. 외람되이 참고하고 교열하고 뜻을 모아, 써 상고하여 보기에 편리하게 하고자 했더니, 하루는 김 철원부사 장생(長生)이 찾아와 만났거늘, 인하여 말이 그것에 미쳤는데, 김(金)이 말하기를, "율곡께서 이미 먼저 주관하여 처리하셨는데, 그대가 어찌 거듭 수고하리오." 하고, 드디어 그 소장한 바의 한 질로써 보여 주니, 나는 붓대를 붓통에 넣고 말하기를, "또한 좋지 않은가? 진실로 스승은 편안하면서도, 효과가 배가 되도다." 실록 편찬에 이어 입재(入梓)함으로 인하여, 써 그 전함을 오래도록 하였다(〈소학발〉).

《소학집주》가 출판된 것은 편집되고 30여 년이 지난 1612년이었다. 이 책의 간행에 공을 세운 사람은 이항복과 김장생(金長生)이었다. 이들은 조정의 도움을 받아 훈련도감자(訓鍊都監字)로 6권 4책의 《소학집주》를 간행하였다. 상기(上記) 이항복의 〈소학발(小學跋)〉에 따르면, 평소 《소학집설》을 못마땅하게 여기며 새로운 《소학》 주석서의 필요성을 절감하고 있던 이항복이 자신의 생각을 김장생에게 말하자, 김장생이 보관하고 있던 이이의 원고를 그에게 주어 간행하도록 했다는 것이다. 이항복은 왕에게 보고한 뒤 훈련도감자로 250질[4책이니, 1,000권]을 인쇄하였다. 이때 김장생은 철원부사로 재직 중이었다. 출간한 책에는 성혼과 이항복 두 사람의 발문을 붙이고, 책 이름은 《소학제가집주(小學諸家集註)》라 하였다. 간행 책임자는 이항복이었으며, 김수(金睟)·김신원(金信元)·황신(黃愼)·박승종(朴承宗)·윤수겸(尹守謙)·김연경(金延慶) 등이 참가하였다. 성혼의 발문은 이미 이이 생전에 마련해 둔 것이다. 이 책의 간행을 통하여 조선 학계에서 《소학집설》, 《소학집성》에 이은 또 다른 체제의 《소학》 주석서를 하나 더 확보하게 된 것이었다.

이이의 《소학집주》가 발간된 이후, 17세기 중반 이후에는 이 《소학집주》가 몇 차례 복각(覆刻)되었다. 첫째, 공주본(公州本)이다. 1655년(효종 6년) 김집(金集)이 이항복의 간본에 약간의 수정을 가해 공주목사의 힘을 빌려 100질 정도를 간행하였다. 이 본을 공주본(公州本) 또는 손본(孫本)이라 하고, 이항복이 간행한 이이의 《소학집주》를 조본(祖本)이라 한다. 간행 후 참찬관(參贊官) 김익희(金益熙)의 요청에 의해, 사학(四學)에 3건씩 12건을 장서로 보관하였다. 둘째, 송준길(宋浚吉)의 복간이다.

1659년(효종 10년) 송준길이 효종에게 건의하고 홍명하(洪命夏)의 힘을 빌려 이항복의 간본을 그대로 간행하여, 사학과 태학에 보급했다. 셋째, 호본(湖本)이다. 1663년(현종 4년)에 전라감사 조귀석(趙龜錫)이 송시열의 자문을 받아, 이항복의 간본을 저본으로 삼고, 공주본을 참조하여 전주에서 간행하였다. 호본(湖本)으로 불린다. 김장생의 견해를 모은 〈소학집주고정(小學集註考訂)〉을 붙였다. 이 부분은 〈소학편목(小學篇目)〉에 맞추어 글자의 이동(異同) 및 이본과의 상이점을 살피면서, 일부 주석에 대한 김장생의 생각을 실었다.

④ 소학집주(小學集註)[숙종(肅宗) 대]

1694년(숙종 20년) 봄에 숙종은 직접 지은 〈어제서문〉을 단 《소학집주》를 간행하였다. 이는 이이의 《소학제가집주》를 저본으로 한 것으로, 세자 교육에 활용하였다. 그 체재는 〈어제소학서(御製小學序)〉, 〈소학편목(小學篇目)〉, 〈소학집주총목(小學集註總目)〉, 〈소학집주총론(小學集註總論)〉, 〈소학서제(小學書題)〉, 〈소학제사(小學題辭)〉, 〈소학집주고정(小學集註攷訂)〉, 본문(本文)과 제가집주(諸家集註), 그리고 성혼의 〈소학집주발(小學集註跋)〉, 이항복의 〈소학발(小學跋)〉로 되어 있다. 〈소학집주고정〉은 김장생(金長生)의 글로, 앞서 1663년(현종 4년) 호본(湖本)에 이미 실렸던 것이다.

《소학》은 어찌하여 지었는가? 옛 사람은 태어나 겨우 여덟 살이면, 반드시 이 글을 받았으니, 곧 3대에 사람을 가르치는 방법이었다. 영 씨의 진나라가 (선비를) 묻고 (책을) 불사른 이래로부터, 경전과 서적들이 쓸어버려지고 쇠잔해져, 남아 있는 것이 거의 드물게 되었다. 이에 신안(新安)의 주 선생께서 써 세상 가르침이 업신여겨지고 느슨해짐을 슬퍼하신 바에, 예전에 들은 것들을 모아서, 오는 학자들을 깨우치심이다. 아, 이 글로 말하자면, 규모와 절차가 정갈하게 갖춰져 있어, 안팎의 구분이 있고, 근본과 끄트머리의 차례가 있다. 〈입교〉니 〈명륜〉이니 〈경신〉이니 하는데, 이 세 가지는 안이며 근본이다. 다음에 말한 〈계고〉는 써 옛날 행적을 모아서 그것을 증명한 것이다. 〈가언〉이니 〈선행〉이니 하는데, 이 두 가지는 밖이며 끄트머리이다. 과연 이 세 가지에 잠기고 반복해서, 이를 몸에 체험하면, 두 가지는 그것을 밀어 넓히고 실증함에 지나지 않을 뿐이다. 비유하자면, 벼리[핵심, 3가지]가 들리면 그물눈[지엽적인 부분, 2가지]이 펴지고, 뿌리[3가지]를 북돋워지면 가지[2가지]가 뻗어나가는 것과 같다. 이것[《소학》]은 바로 어린이가 도에 들어가는 첫 길이요, 몽매한 이[어린이]를 깨우치는 거룩한 공적이니, (이 글을) 어찌 쉽게 말할 수 있겠는가? 대저 〈경신〉 한 편 같음은 참으로 긴요하고 절실함을 느낀다. 대개 시험 삼아 그것을 논해 보건대, 공경이라는 것은 써 성학(聖學, 즉 儒學)에서 처음을 이루고 끝을 이루며, 위로 통하고 아래로 통하는 바이니, 공경과 게으름 사이에 (경하느냐 태하느냐에 따라) 길(吉)과 흉(凶)이 즉시 판단된다. 이 때문에 무왕(武王)이 즉위한 처음에 사상보(師尙父, 즉 姜太公, 姜尙, 呂尙)가 써 정성스레 경계를 베푼 바의 것도 이것[敬]을 넘지 않았다. (따라서) 배우는 자들은 진실로 여기[敬]에 맛을 두어[파고들어] 동(動)과 정(靜)을 반드시 공경으로 하고, 아주 급한 때에도 반드시 공경으로 하여, 나의 출입하는 마음을 거두고, 나의 바르고 큰 근본을 세워, 오늘 한 가지 공부에 나아가고, 내일 한 가지 일을 지어, 알지 못하고 깨닫지 못하는 사이에 마음은 태연해지고 겉과 속이 밝게 통해야 한다. 그러면 대학에 나가서 이른바 몸을 닦고 집안을 가지런히 하고 나라를 다스리고 천하를 평안히 하는 방법은, 다만 한 번 들어서 그것을 시행하면 되는 것이니, 그 풍화(風化)에 어찌 가히 조금만 돕는다 이를 뿐이겠는가(〈어제소학서〉).

〈어제소학서〉는 《소학》의 내용을 내외·본말로 설명한 뒤, 《소학》이야말로 소자(小子)가 도에 들어가는 첫 길이 되고, 성스런 공부가 됨을 강조하고 있다. 또한 경(敬)이 성학(聖學)의 처음과 끝이 되며, 이를 잘 터득하면 《대학》의 수신(修身)·제가(齊家)·치국(治國)·평천하(平天下)에 나아갈 수 있다고 말하고 있다. 숙종은 《소학》을 간행하여 세자를 교육시키고자 했으니, 《소학》이 단순한 교화서가 아니라, 성리학의 본령을 담고 있는 것으로 천명한 것이다.

⑤ 소학훈의(小學訓義)[영조(英祖) 대]

1744년(영조 20년) 봄에 영조는 《소학훈의》를 간행하였다. 훈의(訓義)는 《소학》의 본문이나 주석에 나오는 어려운 글자를 풀이하거나 본문과 주석의 출처가 어디인가를 제시하는 간단한 주를 말한다. 책 표지에는 《소학집주대전(小學集註大全)》이라 붙였으나, 통상 《소학훈의》 또는 《선정전훈의(宣政殿訓義)》라 불렀다. 선정전은 창덕궁의 편전 이름이다. 《소학훈의》는 홍문관이 주관하여, 1744년 1월에 시작, 3월에 마무리하였다. 참여 학자는 윤광의(尹光毅)·김상로(金尙魯)·이천보(李天輔)·오광운(吳光運)·박필주(朴弼周)·어유봉(魚有鳳) 등이다. 《소학훈의》의 발간 목적도 세자 교육이었다. 그 구성은 본문에 앞서, 〈어제소학서[御製小學序, 1694년 이덕성(李德成) 봉교서(奉敎書)]〉, 〈어제소학후서[御製小學後序, 1744년 홍봉조(洪鳳祚) 봉교서]〉, 〈어제소학소지[御製小學小識, 임연(任掞) 봉교서]〉, 〈선정전소학훈의범례(宣政殿小學訓義凡例)〉, 〈소학집주고정(小學集註攷訂)〉, 〈소학편목(小學篇目)〉, 〈소학집주총목(小學集註總目)〉, 〈소학집주총론(小學集註總論)〉, 〈소학서제(小學書題)〉, 〈소학제사(小學題辭)〉를 싣고, 본문 말미에는 성혼의 〈소학집주발(小學集註跋)〉을 실었다. 〈어제소학서(御製小學序)〉와 〈어제소학후서(御製小學後序)〉는 각각 숙종과 영조의 어제서(御製序)이다. 이항복의 〈소학발(小學跋)〉은 제외되었다.

⑥ 신간소학집주(新刊御製小學集註)[정조(正祖) 대]

1797년(정조 21년)에 정조는 《소학훈의》를 바탕으로 읽기 쉬운 《신간소학집주》를 편찬하였다. 조선 정부가 편찬한 마지막 《소학》 교재이다. 이 또한 원자의 《소학》 학습을 위한 작업이었다. 책을 편찬하는데 걸린 시간은 약 4개월 정도였다. 1796년(정조 20년) 12월 중순에 시작하여 1797년(정조 21년) 4월말에 끝났다. 이의준(李義駿)이 담당하였다. 그 구성은 본문에 앞서, 〈어제소학서(御製小學序)〉, 〈어제소학후서(御製

小學後序)〉, 〈어제소학소지(御製小學小識)〉, 〈소학신간범례(小學新刊凡例)〉, 〈소학편목(小學篇目)〉, 〈경서제자편명목록(經書諸子篇名目錄)〉, 〈성현선유제자목록(聖賢先儒諸子目錄)〉, 〈현토례(懸吐例)〉, 〈소학서제(小學書題)〉, 〈소학제사(小學題辭)〉를 싣고, 본문 말미에는 〈소학집주총론(小學集註總論)〉, 성혼의 〈소학집주발(小學集註跋)〉, 이항복의 〈소학발(小學跋)〉을 실었다. 《소학훈의(小學訓義)》에 있던 〈선정전소학훈의범례(宣政殿小學訓義凡例)〉, 〈소학집주고정(小學集註攷訂)〉, 〈소학집주총목(小學集註總目)〉이 빠지고, 〈소학신간범례(小學新刊凡例)〉, 〈경서제자편명목록(經書諸子篇名目錄)〉, 〈성현선유제자목록(聖賢先儒諸子目錄)〉이 새로 들어갔다. 〈소학집주총론(小學集註總論)〉은 앞머리에서 뒤로 순서를 바꾸었다.

⑦ 소학제가집주증해(小學諸家集註增解)[1800년 무렵]

이이의 《소학제가집주》가 조선 유학자들이 《소학》을 이해하는데 표준을 제시하였지만, 아직 소석(疏釋)이 없는 점을 미흡하다고 여긴 이수호(李遂浩, 생몰 연대 미상)는 1800년 무렵에 6권 5책으로 된 《소학제가집주증해》를 편찬하였다. 본서는 앞부분에 〈소학집주증해서(小學集註增解序)〉, 〈어제소학서(御製小學序)〉, 〈어제소학후서(御製小學後序)〉, 〈어제소학소지(御製小學小識)〉, 〈선정전소학훈의범례(宣政殿小學訓義凡例)〉, 〈소학편목(小學篇目)〉, 〈소학집주고정(小學集註攷訂)〉, 〈소학집주총론증해(小學集註總論增解)〉, 〈소학집주총목증해(小學集註總目增解)〉, 〈소학서제(小學書題)〉, 〈소학제사(小學題辭)〉 등이 있고, 이어서 본문이 전개된다. 본문 뒤에는 성혼의 〈소학집주발(小學集註跋)〉과 이항복의 〈소학발(小學跋)〉이 실려 있다. 송환기(宋煥箕)가 1800년(정조 24년)에 지은 〈소학집주증해서(小學集註增解序)〉에 따르면, 이수호는 자신이 편집한 《소학집주증해》를 들고 와서 송환기에게 보여주고 교정해줄 것을 부탁했다 한다. 이때 둘이 함께 몇 장(章)을 검토하여 다듬고 더욱 정밀하고 상세하게 만들 것을 기약했지만, 이수호가 얼마 안 있어 죽게 되었다는 것이다. 그래서 송환기는 한편으론 이수호가 소학의 도(道)를 몸소 실천한 것이 세상에 알려지지 않음을 애석해하면서, 동시에 그가 손수 편집한 이 책이 후세에 전해지길 바라면서 이 책을 간행한다고 하였다.

(나) 번역서

① 번역소학(飜譯小學)[중종(中宗) 대]

《소학》의 번역은 중종(中宗) 때의 《번역소학》이 처음이었다. 1517년(중종 12년) 왕명을 받은 뒤, 1년의 작업을 거쳐 1518년(중종 13년)에 마무리하였다. 훈민정음이 반포된 지 72년 만이었다. 번역을 주관한 부서는 찬집청(撰集廳)이었으며, 참여한 인물로는 판중추부사 김전(金詮)·의정부좌찬성 남곤(南袞)·홍문관제학 최숙생(崔淑生)·이조참의 김안로(金安老)·제용감정 윤탁(尹倬)·홍문관수직제학 조광조(趙光祖)·홍문관수직제학 김정국(金正國)·종부시정 김희수(金希壽)·홍문관전한 공서린(孔瑞麟)·군기시부정 정순붕(鄭順朋)·수사재감부정 김영(金瑛)·수성균관사성 소세양(蘇世讓)·홍문관응교 정사룡(鄭士龍)·수성균관사예 유인숙(柳仁淑)·수사재감첨정 채소권(蔡紹權)·수이조정랑정응(鄭譍) 등 16명이었다. 이들 중 김전과 남곤을 제외한 나머지 인물들이 실제 번역과 교정 업무를 맡았다. 학문적으로 이들은 당시 소장학자들로서는 최고의 수준이었다고 말할 수 있다.

위의 《번역소학》 10권을 초 잡았던 글을 깨끗이 베껴 올리니, 교서관에 붙여 간행을 명하셨다. 이에 앞서 전하께서는 강합[경연]에 거둥하시어, 가까이 모시는 신하에게 차분하고 침착하게 이르시기를, "《소학》 한 책은 이에 고정 주부자께서 어리석고 어두운 사람을 위해 편찬한 것이다. (이 책은) 대개 사람이 어릴 때에, 다잡지 않고 풀어놓은 마음을 먼저 수습하게 하여, 다른

날의 성의·정심·수신·제가의 기본을 삼도록 함에 있으니, 그 훈계함이 깊고 절실하다. 나는 어려서 일찍이 이 책을 읽었다. 그러나 오직 입으로만 읽어 일삼았을 뿐, 일찍이 그 뜻을 극진히 연구하지 못했다. 이제 그것을 생각건대, 자못 때에 늦어 배움을 잃은 후회가 있다. 이에 경연에서 예전 읽은 것을 거듭해서 이해하고자 한다. 거의 보태어 도움이 되는 바가 있을 것이니, 그대들은 나를 위해 그것을 강하라." 가까이 모시는 신하가 머리를 조아려 몸을 굽혀 의견을 여쭙기를, "주상께서 인도하심이 여기에 미치시니, 그 공적이 올바로 이 책에 있습니다. 또한 이제 사람 마음이 맑지 못하여 완고하고 오만하여 바뀌지 않으니, 진실로 윗자리에 있는 사람이 향할 방향을 지시하지 않으면, 떳떳한 윤리가 혹 거의 패할 것입니다. 주상께서 이미 이 책을 존중하고 숭상하셨으니, 어찌 또한 사방 백성으로 하여금, 주상께서 좋아하는 바를 알고서, 떨쳐 일어나는 바가 있게 하지 않아서야 되겠습니까? 다만 나라 사람이 한자를 해득함이 매우 적어 익혀 배우기가 오히려 어려울까 근심되나, 만일 우리말로써 뒤집어 그것을 풀이하여 널리 찍어 세상에 퍼뜨리면, 비록 아동과 부녀자라도 책을 펴자 바로 깨달을 것이니, 백성을 화하게 하는 방도는 마땅히 이것보다 급한 것이 없습니다." 전하께서 그 말을 가하다 하시어, 드디어 찬집청에 번역해 올리라 명하시니, 무릇 9개월을 교열하여 일이 끝났다(후략)(〈번역소학발〉).

《번역소학》은 남곤(南袞)이 발문(跋文)을 썼는데, 여기에는 간행 경위가 잘 드러나 있다. 주상께서 이미 이 책을 존중하고 숭상하셨으니, 사방 백성으로 하여금 떨쳐 일어나는 바가 있게 해야 한다. 다만 나라 사람이 한자를 해득함이 매우 적어 익혀 배우기가 오히려 어려울까 근심스럽다. 그러나 우리말로써 뒤집어 그것을 풀이하여 널리 찍어 세상에 퍼뜨리면, 비록 아동과 부녀자라도 책을 펴자 바로 깨달을 것이다. 따라서 백성을 화하게 하는 방도는 마땅히 《소학》보다 급한 것이 없다고 그 간행 경위를 밝히고 있다. 또 《중종실록》(권34, 13년 7월 기해)에는 1518년(중종 13년) 7월에 간행되어 1,300질이 널리 배포되었음이 기록하고 있다.

《번역소학》은 편목의 여러 장을 분절(分節), 분구(分句)하여 원문을 먼저 제시하고 이어 번역문을 제공하였다. 한 장의 분량이 많으면 이를 3분 또는 4분하여 익히기에 편리하도록 하였다. 이때 원문은 한문에 구결을 단 형식으로 제시하되, 한자음은 한글로 병기하였다.

《번역소학》은 하사신(何士信)의 《소학집성(小學集成)》(10권 10책)을 저본으로 하여, 10권 10책으로 언해하였다고 알려져 왔다. 그러나 1책으로 묶인 권6·7과 권3·4가 발견된 이후, 학계에는 10권 8책일 가능성이 제기되었다.

원간본(原刊本)은 을해자[乙亥字, 1455년(세조 1년)에 주자소에서 만든 금속활자, 강희안(姜希顔)의 글자를 자본으로 함]로 간행된 것으로 추정되나 전하지 않는다. 현재는 16세기 후반에 간행되었을 것으로 추정되는 번각본(飜刻本)만이 전하는데, 그나마 영본(零本, 殘本)이다. 권3·4[1999년 남권희 교수가 개인소장자로부터 발견]는 국립한글박물관[디지털자료로 공개]에, 권6·7은 고려대학교 만송문고(晩松文庫)에, 권8은 고려대학교 중앙도서관에, 권9는 서울대학교 가람문고에, 권10은 국립중앙도서관에 각각 소장되어 있다. 총 10권 중 권1, 2, 5를 제외한 7권이 5책으로 전해지고 있다.

영인은 현재 7권 모두가 이루어졌다. 홍문각에서 1982년에 권8, 9, 10을, 1984년에 다시 권6·7을 영인·발간하였다. 한국서지학회에서 2000년에 《서지학보》 제24집(2000. 12.)을 통해 권4를 영인·발간하였다. 2020년 세종대왕기념사업회에서 권3과 권4를 영인·발간하였다.(권4는 《서지학보 24, 2000년》와 《역주 번역소학 권4, 2020년》로 두 번 영인되었다.)

권3·4를 중심으로 책의 서지 사항을 정리하면 다음과 같다. 《번역소학》의 책 크기는 32.2×21.2cm이다. 사주쌍변(四周雙邊)으로 반곽(半廓)은 24.1×16.1cm이고, 유계(有界) 9행 19자본이며, 소자쌍행(小字雙行)이다. 판심(版心)은 상하대흑구(上下大黑口), 상하내향흑어미(上下內向黑魚尾)이며, 세육판화문어미(細六瓣花紋魚尾)도 섞여 있다. 판심제는 '小學'이고, 장차 표시가 되어 있다. 지질(紙質)은 저지(楮紙)이다.

15세기 주로 불경 언해에서 수립된 번역은 직역(直譯) 방식이었다. 그러나 이 책은 이 전통을 따르지 않고 의역(意譯) 방식을 택하였다. 이것은 본문의 글자들을 존중하지 않은 것은 아니지만, 자연스러운 우리말의 표현을 살리려고 한 것이다. 《번역소학》의 의역 방식으로는 몇 가지를 들 수 있다(정호훈, 2014, 139~144).

첫째는 원문에는 나오지 않지만 문맥상 내용을 부가하여 이해를 돕는 의역 방식이다. 대문(大文) 중 '未有命'에 대해, 《번역소학》은 '乘服'을 염두에 두고, "ᄐᆞ라 ᄒᆞ시며 니브라 ᄒᆞ신 命명이 잇디 아니커시든(타라 하시며 입으라 하신 명이 있지 아니 하시거든)"으로 풀었다. 이에 대해 《소학언해》는 축자적(逐字的)으로 "命명이 잇디 아니커시든(명이 있지 아니하시거든)"으로 풀고 있다.

〈명륜(明倫) 제2〉 제44장

君이未有命이어시든弗敢卽乘服也ㅣ니라

번소 님금이 ᄐᆞ라 ᄒᆞ시며 니브라 ᄒᆞ신 命명이 잇디 아니커시든 잠간도 즉재 ᄐᆞ며 닙디 마롤 디니라

소언 님금이 命명이 잇디 아니커시든 敢감히 즉제 ᄐᆞ며 닙디 몯ᄒᆞᄂᆞ니라

둘째는 어려운 단어나 구절이 나오면 상식적인 일상의 지식 혹은 사전을 활용해서 쉽게 푸는 의역 방식이다. 대문(大文) 중 '式'에 대해, 《번역소학》은 "술위 알픠 ᄀᆞᄅᆞ디른 남긔 구불 디니라(수레 앞에 가로지른 나무에 구부릴 것이니라.)"로 풀었다. 이에 대해 《소학언해》는 '式'에 대해 특별한 설명 없이 "式홀 디니라(式할 것이니라.)"로 풀고 있다.

〈경신(敬身) 제3〉 제30장

入國不馳ᄒᆞ며入里必式이니라

번소 나라해 들어갈 제 ᄃᆞᆯ이디 말며 ᄆᆞᅀᆞᆯ히 드러갈 제 모로매 술위 알ᄑᆡ ᄀᆞᄅᆞ디ᄅᆞᆫ 남긔 구블 디니라

소언 나라해 들어 ᄃᆞᆯ이디 아니ᄒᆞ며 ᄆᆞᄋᆞᆯ히 들 제 반ᄃᆞ시 式식홀 디니라

셋째는 원문이 함의하고 있는 내용을 주석서 《소학집성》과 《소학집설》을 활용하여 풀이하는 의역 방식이다. 〈명륜 제2〉 제75장은 《번역소학》이 《소학집성》을 활용하여 풀이한 방식이다. 《소학집성》은 '負劍辟僻咡詔之'과 관련하여, "呂氏曰古之佩劍者挾之於旁 負劍 卽佩劍也 童子之幼者 長者或旁挾之 如負劍然 故 謂之負劍也(여 씨가 말하였다. '옛날에 칼을 차는 자는 옆에 끼었으니, 負劍은 바로 칼을 차는 것이다. 어린 동자를 어른이 혹 옆에 끼면 마치 칼을 차는 듯하므로 부검이라 한 것이다.')"라고 주석했다. 《번역소학》은 이에 따라, '負劍辟僻咡詔之'를 "얼우니 갈 ᄎᆞᄃᆞ시 겨ᄐᆡ 셰시고 볼을 기우려 말 ᄒᆞ시거든(어른이 칼 차듯이 곁에 세우고 볼을 기우려 말을 하시거든)"으로 번역하였다. 반면에 《소학집설》은 '負劍辟僻咡詔之'과 관련하여. "長子或從童子背後 而俯首與之語 則童子與負長子然 長子以手挾童子於脅下 則與帶劍然 盖長子俯與童子語 有負劍之狀 非眞負劍也(어른이 혹 어린애의 뒤를 따라 가다가 머리를 숙여 그와 이야기를 할 경우, 어린애가 어른을 짊어진 듯한 형상이다. 어른이 손으로 어린애를 허리 아래로 끼면 칼을 찬 듯한 형상이다. 대개 어른이 머리 숙여 어린애와 말을 나눌 때 칼을 짊어진 듯한 모습을 보이지만 실제 칼을 찬 것은 아니다.)"라 하였다. 즉 "어린애가 어른을 업듯이 하고, 어른이 어린애와 허리 숙여 이야기하는 것을 칼을 차듯이 한다."고 주석한 것이다. 《소학언해》는 이에 따라, "업피ᄃᆞ시 ᄒᆞ며 갈 ᄎᆞᄃᆞ시 ᄒᆞ야(업히듯이 하며, 칼 차듯이 하여)"로 번역하였다.

〈명륜 제2〉 제61장은 《번역소학》이 《소학집설》을 활용하여 풀이한

방식이다. 《소학집설》은 '醋'와 관련하여, "酌而無酬酢曰醮 盖醮子以親迎也(술을 따라주되, 주고받지 않는 것을 초라 한다, 아들에게 초하여 친영한다.)"라고 주석했다. 《번역소학》은 이에 따라, "아비라셔 아드리 친연ᄒᆞ라 갈 제 술 ᄒᆞᆫ 잔 머기고(아버지라서 아들이 친영하러 갈 때 술 한 잔 먹이고)"로 번역하였다. 반면에 《소학집성》에는 이 내용이 실려 있지 않다. 한편, 《소학집설》은 '相'과 관련해서도, "相 助也 妻 所以助夫라故로謂之相(상은 도움이다. 아내는 남편을 도우므로 상이라고 한다.)"라고 주석했다. 《번역소학》은 이에 따라, "너 도ᄋᆞᆯ 사ᄅᆞᄆᆞᆯ 마자와 내 졔ᄉᆞ 홀 이ᄅᆞᆯ 니ᅀᅥ(너 도울 사람을 맞아 와서 내 제사할 일을 이어)"로 번역하였다.

〈명륜(明倫) 제2〉 제75장

長者ㅣ與之提攜則兩手로奉長者之手ᄒᆞ고負劒辟僻咡詔之則掩口而對니라

번소 얼운이 내 소ᄂᆞᆯ 자브시거든 두 소노로 얼우신늬 소ᄂᆞᆯ 받드ᅀᆞ오며 얼우니 갈 ᄎᆞᄃᆞ시 겨틔 셰시고 볼을 기우려 말 ᄒᆞ시거든 입 ᄀᆞ리오고 ᄃᆡ답홀 디니라

소언 얼운이 더블어 잡으시거든 두 손으로 얼운의 손ᄋᆞᆯ 받들고 업피드시 ᄒᆞ며 갈 ᄎᆞᄃᆞ시 ᄒᆞ야 입 겨틔 기우려 말ᄒᆞ시거든 입을 ᄀᆞ리오고 ᄃᆡ답홀 디니라

〈명륜(明倫) 제2〉 제61장

士昏禮예曰父ㅣ醮子애命之曰往迎爾相ᄒᆞ야承我宗事ᄒᆞ야勗帥率以敬ᄒᆞ야先妣之嗣를若則有常ᄒᆞ라

번소 士ᄉᆞ婚혼禮례예 ᄀᆞ로ᄃᆡ 아비라셔 아ᄃᆞ리 친연ᄒᆞ라 갈 제 술 ᄒᆞᆫ 잔 먹기고 ᄀᆞ로ᄃᆡ 가 너 도ᄋᆞᆯ 사ᄅᆞᄆᆞᆯ 마자와 내 졔ᄉᆞ홀 이ᄅᆞᆯ 니ᅀᅥ 힘뻐 공경오로뻐 거느려 업스신 어마님 일 니ᅀᅮᄆᆞᆯ 네 ᄒᆞᆫ골ᄀᆞ티 하라

소언 士ᄉᆞ婚혼禮례[儀의禮례篇편 일홈이라]예 ᄀᆞᆯ오ᄃᆡ 아비 아ᄃᆞᆯᄋᆞᆯ 醮쵸[친영홀 제 술 먹켜 보내는 례되라]홀 제 命명ᄒᆞ야 ᄀᆞᆯ오ᄃᆡ 가 너 도ᄋᆞᆯ 이를 마자 우리 종묘ㅅ일ᄋᆞᆯ 니오ᄃᆡ 힘뻐 공경오로뻐 거ᄂᆞ려 어미를 니ᅀᅳᆯ이니 네 곧 덛덛홈ᄋᆞᆯ 두라

② 소학언해(小學諺解)[선조(宣祖) 대]

1585년(선조 18년) 봄에 선조는 교정청(校正廳)을 설치하고 학자들을 선발하여 《번역소학》의 수정 작업에 착수하였다. 그리고 이듬해 여름에 전체 작업을 마무리한 뒤, 1587년(선조 20년) 이산해(李山海)의 발문을 붙여 간행하였다. 책 이름은 《소학언해》로 바꾸었다. 현재 내사본(內賜本) 완질이 안동에 있는 한국국학진흥원(韓國國學振興院)에 간직되어 있다. 이 책은 도산서원(陶山書院) 소유로, 2003년에 소장처만 도산서원에서 한국국학진흥원으로 바뀌었다. 책 첫머리에 범례(凡例)가 있고, 끝에 이산해(李山海)의 발문(跋文)과 간행에 관여한 관원의 명단이 붙어 있어 이 책의 편찬 간행에 관한 자세한 사정을 알 수 있다. 발문은 만력(萬曆) 15년(1587년, 선조 20년) 정해(丁亥) 4월로 되어 있고, 내사기(內賜記)는 이듬해인 무자(戊子)(1588년, 선조 21년) 1월로 되어 있기 때문에, 흔히 1588년(선조 21년)을 간행 연도로 잡고 있다. 안동에 있는 원간본(原刊本)의 영본(零本, 殘本)은 일본 궁성현(宮城縣) 현립도서관(縣立圖書館)에 권5, 6이, 통문관(通文館)에 권6이 전하고, 원간본의 번각본(飜刻本)도 규장각(奎章閣) 등 여러 곳에 전하고 있다. 번각본에는 사주쌍변본과 사주단변본의 두 종류가 존재하는데, 그 본문의 내용은 원간본과 거의 같다. 원간본에는 드물기는 하지만, 오자를 오려내고 보정한 부분이 눈에 띄기도 한다. 간행에는 행이조판서 이산해(李山海), 의정부 우찬성 정철(鄭澈), 예조판서 이양원(李陽元), 공조판서 윤의중(尹毅中), 형조판서 정구(鄭球), 홍문관 대제학 유성룡(柳成龍), 예조판서 홍성민(洪聖民), 대사헌 구봉령(具鳳齡) 등 31명이 관여하였다.

《소학언해》는 6권 4책의 활자본으로, 성종(成宗) 대 이후 조선에서 인기가 있었던 《소학》 주석서인 정유(程愈, 明)의 《소학집설(小學集說)》을 저본으로 하였다. 따라서 《소학집설》과 권수, 권 구성, 책 수까지 완전히 일치한다. 《소학언해》는 사서언해본(四書諺解本)과 같이, 경진자[庚辰字, 1580년(선조 13년)에 만든 금속활자]로 간행되었다. 책의 크기는

22.9×36.0cm이다. 사주쌍변(四周雙邊)으로 반곽 17.1×24.8cm이고, 유계 10행 19자본이며, 판심은 상하백구(上下白口), 상하내향삼엽화문어미(上下內向三葉花紋魚尾)로 되어 있다. 1588년(선조 21년)의 내사본을 1985년에 대제각(大提閣)에서 영인한 바 있다.

《소학언해》의 간행 배경은 〈소학언해범례(小學諺解凡例)〉와 이산해의 〈소학언해발(小學諺解跋)〉에 잘 나타나 있다.

戊寅本이欲人易曉ᄒᆞ야字義之外예幷入註語爲解故로未免有繁冗處ᄒᆞ니今則刪去枝辭ᄒᆞ고一依大文ᄒᆞ야逐字作解호ᄃᆡ有解不通處則分註解之ᄒᆞ니라(戊무寅인년 칙애 사ᄅᆞᆷ이 수이 알과다 ᄒᆞ야 字ᄌᆞ ᄠᅳᆮ 밧긔 註주엣 말을 아오로 드려 사겨시모로 번거코 용잡ᄒᆞᆫ 곧이 이심을 免면티 몯ᄒᆞ니 이제ᄂᆞᆫ 지만ᄒᆞᆫ 말을 업시ᄒᆞ야 ᄇᆞ리고 ᄒᆞᆫᄀᆞᆯᄋᆞ티 大대文문을 의거ᄒᆞ야 字ᄌᆞ를 조차셔 사교ᄃᆡ 사겨 통티 몯ᄒᆞᆯ 곧이 잇거든 가ᄅᆞ 주 내여 사기니라)(〈소학언해범례〉).

(풀이) 무인년 책에, 사람이 쉽게 알고자 하여, 글자의 뜻 밖에 주(註)의 말을 아울러 들여 새겼으므로, 번거롭고 용잡(冗雜)한 곳이 있음을 면하지 못하니, 이제는 대수롭지 않은 말을 없이하여 버리고, 한결같이 대문(大文)을 의거하여 글자를 좇아서 새기되, 새겨 통하지 못할 곳이 있거든 갈라서 주를 내어 새기니라.

往在中廟戊寅年間에館閣諸臣이奉教撰解한대其時多以文學自許者爲此解하여頗詳密이나獨舍其字義하고衍以註語라故로文與釋이判爲二하니覽者病之라萬曆乙酉春에設校正廳하고選儒臣若干人하여使之釐正舊本하되刪去繁冗하고逐字作解하여要以不失文義爲重하니皆上旨也라翌年夏에事訖하고卽繕寫投進하니上可之하시고下藝閣印出累十百件하시며仍命臣跋其尾하시다(〈소학언해발〉).

(풀이) 지난 중종 조 무인년[중종 13년, 1518년] 한 해 동안에 관각(館閣)의 여러 신하가 임금의 명을 받들어 풀이(《번역소학》)를 저술하였는데, 그때 스스로 문학에 장점이 많다고 인정하는 자들이 이 풀이를 하여 자못 빈틈없이 세밀했으나, 홀로 그 글자의 뜻을 내버려두고 주해(註解)로써 미루어 말했다.

그러므로 원문과 번역이 판이하게 둘이 되니, 보는 자가 그것을 병으로 삼았다. 만력 을유년(萬曆 13년, 1585년, 선조 18년) 봄에 교정청을 베풀고 유학(儒學)에 조예 깊은 신하 약간 명을 가리어, 그들로 하여금 옛 본을 정리하여 바로잡되, 번거로운 군더더기를 깎아버려, 글자를 좇아 해석을 지어, 요컨대 글 뜻을 잃지 않음을 중함으로 삼았으니, 모두 주상께서 뜻하심이시다. 다음해 여름에 일이 끝나고, 곧 초 잡았던 글을 깨끗하게 베껴 올리니, 주상께서 그것을 옳다 하시고 예각(藝閣)에 내리시어 수십 백 건을 인쇄하여 펴내게 하시며, 인하여 신에게 그 끝에 발문(跋文)을 쓰라 명하셨다.

〈소학언해범례〉에 따르면, 무인본(戊寅本, 1518년 무인년 《번역소학》)이 백성들에게 읽히기 쉽도록 원문에 없는 내용까지 보충하여 번역하였기 때문에, 《소학》 원전의 뜻을 잃었다. 따라서 오로지 대문(大文)에만 의거하여 글자를 좇아서 새기겠다는 의지를 표방하고 있다. 또한 〈소학언해발〉에 따르면, 《번역소학》은 글자의 뜻을 내버려두고 주해(註解)로써 미루어 말했다. 그러므로 원문과 번역이 판이하게 둘이 되니, 보는 자가 그것을 병으로 삼았다. 따라서 이를 극복하기 위해 새로운 번역서인 《소학언해》를 만들었다는 것이다. 이러한 생각은 《소학》이 경서(經書)로 인정된 사실과 깊은 관련이 있다. 15~16세기에 《이륜행실도(二倫行實圖)》·《삼강행실도(三綱行實圖)》·《여씨향약언해(呂氏鄕約諺解》·《경민편언해(警民編諺解)》·《정속언해(正俗諺解)》와 같은 교화서가 발간·번역되어 보급되고 있었지만, 이들은 성리학을 위한 교재는 아니었다. 그러나 《소학》은 성리학의 통치이념과 관련되는 경서이기에 일정한 표준성과 공공성이 요구되었고, 이런 면에서 《소학언해》 편찬자들은 이 책이 《소학》의 학습서로서 활용하기에 부족함이 없는, 표준적인 교재로 만들고 싶은 욕망이 있었던 것이다. 《번역소학》의 의역 방식은 원문 이해에 많은 도움을 주었지만, 문장을 불필요하게 길고 번잡하게 만드는 약점이 노출되었다. 이것이 이산해가 〈소학언해발〉에서 지적한 원문과 해석이 판이하게 둘이 되는 병폐였다. 이 점은 성리학을 익히는 교재로서의 심각한 약점이 아닐 수 없다.

따라서 《소학언해》의 번역자들은 축자적(逐字的) 번역(飜譯), 즉 직역의 방식을 택하게 된 것이다. 축자적 번역의 몇 예를 들어보면 다음과 같다(정호훈, 2014, 168~169).

첫째, '有所取 無所歸'를 《번역소학》은 《소학집설》의 주석을 빌려, "取취홀 저긔는 어버이 동싱이 잇고 이제는 갈 듸 업거든(시집올 때에는 어버이 동생이 있고, 이제는 갈 데 없거든)"이라고 번역하는 바, 이는 《소학집설》의 주석 "有所取無所歸 謂妻嫁時 有所受命 後無父兄可與之也(맞이한 곳은 있고 돌아갈 곳이 없음은 아내가 시집올 때에 명을 받을 곳이 있었는데, 뒤에 더불어 가게 할 부형이 없음을 말한다.)"와 연관이 있다. 그러나 《소학언해》는 문자 그대로 "取취혼 배 잇고 도라갈 배 업거든(시집온 바가 있고, 돌아갈 바가 없거든)"으로 풀었다. 즉 《번역소학》의 번역에서는 결혼할 적에 부모와 동생이 있었지만, 시간이 흐른 지금 부모와 동생이 없어져 갈 곳이 사라졌다는 상황을 파악할 수 있으나, 《소학언해》는 그렇게 이해하지 않는다.

〈명륜(明倫) 제2〉 제67장

有三不去ᄒᆞ니有所取오無所歸어든不去ᄒᆞ며

번소 세 가짓 몯내튜미 잇ᄂᆞ니 取취홀 저긔는 어버이 동싱이 잇고 이제는 갈 듸 업거든 내티디 말며

소언 세 가짓 내티디 아님이 인ᄂᆞ니 取취혼 배 잇고 도라갈 배 업거든 내티디 아니ᄒᆞ며

둘째, '將上堂 聲必揚'은 직역하면 '집에 오를 때 소리를 낸다.'가 된다. 《번역소학》에서는 "ᄂᆞᄆᆡ 집 堂당의 오를 저긔 모로매 소리를 내여 알에 홀 디니(남의 집 큰 마루에 오를 때 소리를 내어 알게 할 것이니)"로 번역

했다. 전형적인 의역이다. 이는 "揚其聲者는使內人知之也(그 소리를 높인다는 것은 안에 있는 사람으로 하여금 그것을 알게 함이다.)"로 주석한 《소학집설》의 이해와 연관이 있다. 반면에 "쟝ᄎᆞᆺ 堂당의 오ᄅᆞᆯ식 소ᄅᆡᄅᆞᆯ 반ᄃᆞ시 들며(장차 큰 마루에 오르므로 소리를 반드시 들며)"로 직역한 《소학언해》의 의미는 그 자체로는 쉽게 전달되지 않는다.

〈경신(敬身) 제3〉 제15장

將上堂ᄒᆞᆯᄉᆡ聲必揚ᄒᆞ며戶外예有二屨ㅣ어든言聞則入ᄒᆞ고言不聞則不入ᄒᆞ며

번소 쟝ᄎᆞᆺ ᄂᆞᄆᆡ 집 堂당의 오ᄅᆞᆯ 저긔 모로매 소리ᄅᆞᆯ 내여 알에 ᄒᆞᆯ 디니 방문 밧긔 둘희 시니 바삿거든 말ᄉᆞᆷ 소리 들이거든 드러가고 말ᄉᆞ미 들이디 아니커든 드디 말며

소언 쟝ᄎᆞᆺ 堂당의 오ᄅᆞᆯ식 소ᄅᆡᄅᆞᆯ 반ᄃᆞ시 들며 지게 밧긔 둘희 신이 잇거든 말ᄉᆞᆷ이 들리거든 들고 말ᄉᆞᆷ이 들리디 아니커든 드디 아니ᄒᆞ며

셋째, 《소학언해》는 직역으로 그 의미가 쉽게 전달되지 않는 문제를 해결하기 위해 협주(夾註) 방식을 취했다. 《소학언해》는 '명도'와 '정 선생'을 협주 "표셕애 쓴 일홈이니 宋송 적 대현이라(표석에 쓴 이름이니 宋 때 대현이라.)"로 처리했다. 이는 《소학집설》의 주석 "陳氏曰先生 名顥 字伯淳 河南人 文潞公 題其墓曰明道先生(진 씨가 말하였다. '선생의 이름은 顥요, 자는 伯淳이니, 河南 사람이다. 文潞公이 그의 묘에 쓰기를, 「明道 선생이다.」라고 하였다.')"를 간추려 붙인 것이다. 그러나 《번역소학》에는 협주가 들어있지 않다.

〈가언(嘉言) 제5〉 제3장

明道程先生이曰憂子弟之輕俊者는只教以經學念書ㅣ오不得令作文字ㅣ니라

번소 明명道도 程뎡先션生ᄉᆡᆼ이 ᄀᆞᄅᆞ샤ᄃᆡ 子ᄌᆞ弟뎨ᄋᆡ 경박ᄒᆞ며 놀라니ᄅᆞᆯ 분별ᄒᆞ리ᄂᆞᆫ 오직 실ᄒᆞᆨ오로 ᄀᆞᄅᆞ쳐 글 닐기ᄅᆞᆯ ᄌᆞᆷ탁ᄒᆞ게 ᄒᆞ고 글지ᅀᅵ란 아니케

홀 디니

소언 明명道도[표셕애 쓴 일훔이니 宋송 적 대현이라] 程뎡 先션生ᄉᆡᆼ[일훔은 顥호ㅣ오 ᄌᆞᄂᆞᆫ 伯ᄇᆡᆨ淳슌이라]이 ᄀᆞᆯᄋᆞ샤ᄃᆡ 子ᄌᆞ弟뎨의 부경ᄒᆞ고 쥰매홈을 근심ᄒᆞᄂᆞᆫ 이ᄂᆞᆫ 오직 經경을 ᄇᆡ화 글 외옴으로ᄡᅥ ᄀᆞᆯᄋᆞ치고 시러곰 ᄒᆞ여곰 글지이ᄅᆞᆯ ᄒᆞ게 아니홀 디니라

《번역소학》과 《소학언해》의 국어학적 특징은 이기문(1960), 이숭녕(1973), 안병희(1979), 김태곤(1981), 홍윤표(1984b), 이영애(1986), 김한숙(1987), 임민규(1987), 이현희(1988), 정재영(2000), 정해린(2009) 등에서 자세히 밝혀졌다. 이 중 이영애(1986)은 표기 및 음운 변화, 어휘 변화, 문법형태 변화라는 세 측면에서 양서(兩書)를 비교하고 있어, 국어학적 특징 차이를 한 눈에 알아볼 수 있다. 이하에서는 이를 중심으로 하되, 다른 논문 내용을 참고하여 두 번역서의 국어학적 특징을 살펴보고자 한다.

첫째, 연철 표기와 분철 표기

《번역소학》은 동사의 명사형과 모음 조사의 결합, 관형사형과 의존명사의 결합, 어간과 어미의 결합에서 연철 표기를 보여준다. 다만 명사와 모음 조사의 결합에서도 연철 표기를 보여 주는데, 이때에는 경우에 따라 분철 표기와 혼용되었다. 반면에 《소학언해》는 동사의 명사형과 모음 조사의 결합, 관형사형과 의존명사의 결합, 명사와 모음 조사의 결합에서 분철 표기를 보여 준다. 특히 명사와 모음 조사의 결합 시 명사 말음이 'ㄱ, ㄴ, ㄷ, ㄹ, ㅁ, ㅂ'인 경우에 분철 표기가 이루어졌다. 그러나 명사 말음이 'ㅊ, ㅋ, ㅌ, ㅍ'일 경우에는 팔종성법에 의해 종성에는 'ㅊ→ㅅ'으로, 'ㅋ→ㄱ'으로, 'ㅌ→ㄷ'으로, 'ㅍ→ㅂ'으로 쓰이고, 'ㅊ, ㅋ, ㅌ, ㅍ'을 모음 조사에 내려씀으로써 종성 말음이 'ㅊ, ㅋ, ㅌ, ㅍ'임을 나타내 주었다. 이는 일종의 중철 표기 방식을 취한 것이다. 다만 어간과 어미의 결합

에서도 분철 표기를 보여 주는데, 이때에는 경우에 따라 연철 표기와 혼용되었다.

(예 1) 명사형과 모음 조사 결합 시

번소 모로매(6: 2b), ᄌᆞ라매(6: 3a), 주구매(6: 3a) 등

소언 모롬이(5: 2b), ᄌᆞ람애(5: 2b), 죽음애(5: 3a) 등

(예 2) 관형사형과 의존명사 결합 시

번소 ᄆᆞᆺ 크니(6: 17b), 아당ᄒᆞᄂᆞ니를(6: 18b), 우두워리 ᄒᆞ거냥(6: 25a) 등

소언 더욱 큰 이(5: 16a), 아당ᄒᆞᄂᆞᆫ 이를(5: 17b), 뒤우드리 ᄒᆞ건 양(5: 23b) 등

(예 3) 어간과 어미 결합 시

번소 져그니라(6: 20a), 오ᄉᆞᆯ 니버(6: 26a), 져그면(6: 31a) 등

소언 (분철) 젹으니라(5: 18b), 갓옷 닙어(5: 24a), 젹으면(5: 29a) 등

(연철) 드른(5: 2a), 니그면(5: 5b), 프러디면(5: 15b) 등

(예 4) 명사와 모음 조사 결합 시(명사 말음이 'ㄱ, ㄴ, ㄷ, ㄹ, ㅁ, ㅂ'일 때)

번소 (연철) ᄌᆞ시기(7: 1b), 누네(6: 30a), 버들(6: 3b), 하ᄂᆞ래(6: 20b), 모매(6: 17b), 이베(6: 13b) 등

(분철) ᄌᆞ식이(7: 38a), 눈이(9: 35b), 녯 번에(7: 3b), 니블을(9: 62a), 님금을(8: 20a), 겨집이(6: 36b) 등

소언 ᄌᆞ식이(5: 35a), 눈에(5: 27b), 번을(5: 3a), 하ᄂᆞᆯ애(5: 19a), 몸애(5: 16b), 입에 (5: 13a) 등

(예 5) 명사와 모음 조사 결합 시(명사 말음이 'ㅊ, ㅋ, ㅌ, ㅍ'일 때)

번소 비출(6: 30a), 동녀긔(9: 102a), 도틀(7: 15a), 알픠(9: 84b) 등

소언 빗출(5: 27b), 東녁킈(6: 94b), 돋틀(5: 48b), 앏픠(6: 78b) 등

둘째, 한자 표기

《소학언해》는 《번역소학》에 비해 한자 표기가 증가하였다. 《번역소학》 권6~10과 《소학언해》 권5~6을 비교한 결과, 《번역소학》만이 한자 표기한 예는 43건(고유명사 제외), 《소학언해》만이 한자 표기한 예는 587건(고유명사 제외), 양 문헌이 한자 표기한 예는 174건(고유명사 제외)이다. 따라서 《번역소학》과 《소학언해》의 한자 사용 비율을 살펴보면 《번역소학》이 217건(43+174), 《소학언해》가 761건(587+174)으로, 1:3.5가 된다. 즉 《소학언해》가 3.5배나 더 많이 한자 표기하였다. 이는 단순하게 한자 사용 숫자만을 비교한 것이다(예 6~8). 이를 좀 더 구체적으로 들여다보면 몇 가지 양상으로 나누어 설명할 수 있다. 첫째, 위 통계의 대부분에 해당하는 경우로, 양 문헌이 함께 한자어를 사용하되 한 문헌은 어기(語基)를 한자로 표기하고 다른 문헌은 한자로 표기하지 않은 경우이다. 위 통계 중 《번역소학》이 210건(36+174), 《소학언해》가 722건(548+174)으로, 1:3.4가 된다. 즉 《소학언해》가 《번역소학》보다 3.4배나 많이 한자 표기하였다. 둘째는 한 문헌이 고유어로 나타낸 것을 다른 문헌은 한자어로 바꾸어 한자 표기한 것이고(예 9), 셋째는 한 문헌이 대문(大文)의 한자에 대해 풀어쓰는 경향을 취한데 비해 다른 문헌은 대문에 충실한 언해를 함으로써 때로는 대문의 한자를 그대로 취하여 표기한 것이다(예 10). 둘째의 양상에 있어서도 6건:22건(약 3.7배)으로, 《소학언해》의 한자 표기가 월등히 많아 나타난다. 그리고 셋째의 경우에는 첫째와 둘째의 경우에 비해 보다 큰 증가 폭을 보이는데, 이는 언해 태도의 차이에서 기인된 현상이라 할 수 있다. 즉 《번역소학》이 의역을 위주로 하고, 《소학언해》가 직역을 위주로 한 데서 그 원인을 찾을 수 있다.

(예 6) 《번역소학》만이 한자 표기한 예

번소 常性이라(6: 2a), 學問(6: 3a), 警戒(6: 21b), 譏弄(6: 22b), 史記(6:

23a) 등

소언 덜덜흔 거시라(5: 1b), 혹문(5: 2b), 경계(5: 20a), 긔롱(5: 21a), 슥긔(5: 21b) 등

(예 7) 《소학언해》만이 한자 표기한 예

번소 능히(6: 3b), 지샹(6: 3b), 즈연흔(6: 5b), 가줄비건댄(6: 12a), 수면(6: 12a) 등

소언 能히(5: 3b), 宰相(5: 3b), 自然흔(5: 5b), 譬컨댄(5: 11a), 四面(5: 11b) 등

(예 8) 두 문헌이 함께 한자 표기한 예

번소 德(6: 2a), 子弟(6: 3a), 賢人(6: 9a), 先生(6: 11b), 尊히(6: 22b) 등

소언 德(5: 1b), 子弟(5: 3a), 賢人(5: 8b), 先生(5: 11a), 尊히(5: 21a) 등

(예 9) 《번역소학》은 고유어를 사용하고, 《소학언해》는 한자어로 표기한 예

번소 거슨(6: 7b), 견초건댄(7: 40a), 어버싀(7: 1b), 자리(7: 5b), 겨지븐(7: 19b) 등

소언 類는(5: 7a), 比흐면(5: 71b), 父母ㅣ(5: 34a), 床(5: 39a), 婦人은(5: 52b) 등

(예 10) 《번역소학》은 풀어쓰고, 《소학언해》는 한자어로 표기한 예

번소 녯 글월(6: 2a), 죠샹 니수믈 긋게 흐느니(6: 31a), 흔 집(7: 14a), 가문 マ르치는 글월릐(7: 36a), 우와 아래(7: 50b) 등

소언 傳記(5: 1b), 嗣絶흐느니(5: 29a), 一家(5: 47a), 家訓에(5: 68a), 上下(5: 81b) 등

셋째, 종성 자음 'ㅅ', 'ㄷ'의 혼동

15세기에는 'ㅅ'과 'ㄷ'이 어말이나 음절 말 위치에서 중화되지 않고 음운론적으로 대립되었다. 이에 대한 근거로 15세기 표기법이 전반적으

로 음소적 원리를 택하면서 이 경우에 한하여 형태음소적 원리를 택할 이유가 없으며, 《조선관역어(朝鮮館譯語)》의 한자 표기에서 15세기 정음 문헌의 어말음 ㅅ은 모두 思로 표기되었는데 思는 《화이역어(華夷譯語)》에서도 몽고어의 [s]를 표기하는데 사용되었다는 점을 들 수 있다. 《번역소학》은 15세기 문헌처럼 'ㅅ'과 'ㄷ'을 구별했지만, 《소학언해》는 'ㅅ'을 'ㄷ'으로 표기한 예가 보인다.

(예 11) 종성 자음 'ㅅ', 'ㄷ' 표기

번소 뉘웃처ᄒᆞ고(6: 9b), ᄆᆞᆺ고(7: 1b), 졋(7: 9b), 밋(7: 47a), 밋디 몯ᄒᆞ야도(8: 3b) 등

소언 뉘욷ᄎᆞ며(5: 9a), ᄆᆞᆮ차든(5: 35b), 젇(5: 42b), 믿(5: 78a), 믿디 몯ᄒᆞ야도(5: 84b) 등

또 《소학언해》에서는 비음화 현상을 표기에 반영한 예들을 볼 수 있다. 즉 종성 'ㄴ'은 'ㅅ'이 내파(內波)되었기 때문에 연접(連接)해 있는 'ㄴ'에 동화된 결과를 표기에 반영하였다. 따라서 《소학언해》의 종성 'ㅅ', 'ㄷ'의 구별 표기는 형식적인 것에 불과하며, 실제에 있어서는 내파음(內破音) [t˥]으로 발음되었음을 알 수 있다.

(예 12) 비음화 표기 반영 여부

번소 ᄃᆞ외엿ᄂᆞᆫ(6 36b), 맛나ᅀᆞ와(6: 27a), ᄉᆡᆺᄂᆞ니(7: 27a), ᄒᆞ엿ᄂᆞᆫ(7: 29a), 니섯ᄂᆞᆫ(7: 39a) 등

소언 되연ᄂᆞᆫ(7: 4b), 만나(5: 25a), 인ᄂᆞ니(5: 59b), ᄒᆞ연ᄂᆞᆫ(5: 61b), 니언ᄂᆞᆫ(5: 70b) 등

넷째, ·의 동요

'·'는 비 어두음절에서 주로 '·>ㅡ'로 변하여 1단계로 소실되었다. 이는 15세기에 시작되어, 《소학언해》에서 완성되었다. 다음으로 어두음

절에서 'ㆍ>ㅗ'로 변하거나 탈락하는 2단계 소실로 인하여 국어 모음체계에서 사라졌다. 이는 18세기의 70년대보다 다소 앞선 시기(18세기 중엽)에 완성되었다.

㉮ ㆍ의 1단계 소실

㉠ ㆍ>ㅡ

(예 13) 격조사에서의 예

번소 말ᄉᆞᄆᆞᆯ(6: 11b), 모ᄆᆞᆯ(6: 16a), 나ᄅᆞᆯ(6: 31b), 사ᄅᆞᄆᆞᆯ(7: 14a), ᄡᆞᄅᆞᆯ(7: 14b) 등

소언 말ᄉᆞᆷ을(5: 11a), 몸을(5: 15a), 날을(5: 29b), 사ᄅᆞᆷ을(5: 47a), ᄡᆞᆯ을(5: 47b) 등

(예 14) 관형사형에서의 예

번소 ᄇᆞᆯᄀᆞᆫ(8: 42b), 효ᄀᆞᆫ(7: 43a), 노ᄑᆞᆫ(6: 28a), 지ᄉᆞᆫ(6: 22b), 니ᄅᆞᄂᆞᆫ(10: 25b) 등

소언 ᄇᆞᆰ은(5: 120b), 효근(5: 74b), 노픈(5: 26a), 지은(5: 21a), 니르는(6: 123b) 등

(예 15) 양성모음 어간 아래에 나타나는 매개모음에서의 예

번소 검박호ᄆᆞ로(6: 16a), 안졍호ᄆᆞ로(6: 16a), 오만호ᄆᆞ로(6: 20b), 조심호ᄆᆞ로ᄡᅥ(6: 34b), 모ᄆᆞ로(8: 9a) 등

소언 검박홈으로ᄡᅥ(5: 14a), 안졍홈으로ᄡᅥ(5: 15a), 오만홈으로(5: 19a), 삼가므로ᄡᅥ(5: 32a), 봄으로(5: 89b) 등

(예 16) 구속형 연결어미에서의 예

번소 머거ᄂᆞᆯ(7: 15a), 수멋거ᄂᆞᆯ(9: 66a), 죽거ᄂᆞᆯ(9: 66b), 흐르거ᄂᆞᆯ(9: 66b), 븓거ᄂᆞᆯ(7: 9a) 등

소언 먹거늘(5: 48a), 숨엇거늘(6: 61a), 죽거늘(6: 61a), 흘으거늘(6: 61a),

븓거늘(6: 73a) 등

(예 17) 실질형태소 내부에서의 예

번소 벼ᄉᆞᆯ(6: 21a), 서ᄅᆞ(7: 44b), 모ᄃᆞᆫ(7: 47b), ᄆᆞᅀᆞᆯ(9: 86b), ᄀᆞᄅᆞ쳐(9: 90a) 등

소언 벼슬(5: 19b), 서르(5: 76a), 모든(5: 79a), ᄆᆞ을(6: 80b), ᄀᆞᆯ으쳐(6: 83b) 등

㉡ ·>ㅗ

번소 도ᄅᆞ혀(6: 15a), 구ᄅᆞᆷ(6: 28a), 요조ᅀᆞᆷ(9: 26a), 아ᄎᆞᆷ나ᄌᆡ(9: 92a), 부ᄉᆞᄒᆞ야(10: 19b) 등

소언 도로혀(5: 14a), 구름(5: 26a), 요조옴(6: 23b), 아ᄎᆞᆷ나죄(6: 85b), 부소ᄒᆞ야(6: 118b) 등

㉢ ·>ㅓ

번소 도ᄌᆞᆨ(9: 66a), 도ᄌᆞᆨ을(9: 20b), 도ᄌᆞ기(9: 66b), 마ᄅᆡ(8: 2a), 두ᅀᅥᄃᆞᆯ 마ᄂᆡ(10: 17a) 등

소언 도적(6: 60b), 도적을(8: 18a), 도적이(6: 61a), 말에(5: 82b), 두어ᄃᆞᆯ 만에(6: 115b) 등

㉣ ·>ㅏ

번소 안ᄒᆡ(9: 74b), 가온ᄃᆡ(6: 12a), ᄃᆡ졉호ᄆᆡ(6: 3b), 원ᄒᆞ건ᄃᆡᆫ(9: 30a) 등

소언 안해(6: 69a), 가온대(5: 11b), ᄃᆡ졉홈애ᄂᆞᆫ(5: 3a), 願컨댄(6: 27a) 등

㉯ ·의 2단계 소실

㉠ ·>ㅗ

번소 ᄀᆞ올히(6: 14b), 홀고로(10: 23b) 등

소언 고올히(5: 13b), 홀고로(6: 122a) 등

㉡ ·의 탈락

번소 ᄒᆞ요미(6: 28a), ᄃᆞ외야(6: 3b), ᄃᆞ외리니(6: 9a), ᄃᆞ외ᄂᆞ니라(6: 26b), ᄃᆞ외며(7: 8b) 등

소언 홈이(5: 26a), 되야ᄂᆞᆫ(5: 3b), 되리니(5: 8b), 되ᄂᆞ니라(5: 24b), 되며(5: 41b) 등

다섯째, △의 소실

《번역소학》에서는 한자어와 고유어의 명사·부사·관형사·용언에 △이 나타났으나, 《소학언해》에서는 △이 소실되었음을 볼 수 있다. 다만 《소학언해》에서도 강세의 첨사(添辭) 'ᅀᅡ'에서는 △이 유지되고 있다. 그러나 이는 의고적(擬古的)인 표기에 의한 것으로, 실제 발음에서는 [z]이 이미 소실된 상태이다. 이는 《소학언해》에서 강세의 첨사 'ᅀᅡ'의 △ 표기가 탈락된 예가 발견되기 때문이다(예 20).

(예 18) 한자어에서의 예

번소 셩ᅀᅵᆫ, 현ᅀᅵᆫ(6: 8b), ᅀᅵᆫ품(6: 8b), ᅀᅭᆨ(6: 22b), 소ᅀᅵᆷ(7: 28b), ᄂᆡᅀᅵᆯ(8: 36b) 등

소언 셩인, 현인(5: 8a), 인품(5: 8a), 슈욕(5: 20b), 소임(5: 61a), ᄂᆡ일(5: 114b) 등

(예 19) 강세의 첨사에서의 예

번소 안졍ᄒᆞ야ᅀᅡ(6: 16b), 되어ᅀᅡ(6: 17a), 아니ᄒᆞ리ᅀᅡ(6: 17a), 닐거ᅀᅡ(8: 35a), 치운 후에ᅀᅡ(9: 74a) 등

소언 안졍ᄒᆞ야ᅀᅡ(5: 15b), 되게ᅀᅡ(5: 16a), 아닌ᄂᆞᆫ이ᅀᅡ(5: 72a), 닑에ᅀᅣ(5: 113b), 치운 후에ᅀᅡ(6: 77b) 등

(예 20) △ 표기 탈락 예

번소 ᄇᆡ화ᅀᅡ(6: 18b), ᄆᆞᅀᆞᄆᆞᆯ 닐와다 노피 머거ᅀᅡ(8: 18b), 뫼혼 후에ᅀᅡ(10: 33a) 등

소언 ᄇᆡ화아(5: 15b), 격녀ᄒᆞ야 니르와대아(5: 98a), 모톤 후에아(6: 131a) 등

여섯째, 어휘의 변화

《번역소학》에서 사용되던 어휘가 《소학언해》에서 새로운 어휘로 교체되어 있거나, 교체가 진행 중에 있는 것을 발견할 수 있다. 몇 예를 들어 본다. '왈(曰)'은 《번역소학》에서는 '니ᄅᆞ샤ᄃᆡ(7: 1a)', '닐오ᄃᆡ(7: 5a)' 등으로 나타나고, 《소학언해》에서는 'ᄀᆞᆯ오ᄃᆡ(5: 33a)', 'ᄀᆞᆯᄋᆞ샤ᄃᆡ(5: 36b)' 등으로 나타난다. 'ᄀᆞᆯᄒᆡ다'는 《번역소학》에서 '분별하다[辨](6: 34b)', '가려내다[擇](9: 10b)'의 두 가지 의미를 나타낸다. 《소학언해》에서는 '가려내다[擇]'의 의미로서는 'ᄀᆞᆯᄒᆡ다'가 그대로 사용되었으나(6: 9b), '분별하다[辯]'의 의미로서는 '분별ᄒᆞ다(5: 32b)'로 교체되었다. 《번역소학》의 'ᄁᆡᆼ[羹](9: 6b)'이 '국(6: 130a)'으로 교체되었다. 《번역소학》에서는 '여자(6: 3a)', '처(9: 21b)', '부인(7: 19b)'의 뜻으로 쓰이던 '겨집'이 《소학언해》에서는 '여자'는 '간나희(5: 2b)'로, '부인'은 '겨집(5: 34a)', '녀편(5: 68b)', '婦人(5: 52b)'으로, '처'는 '안해(6: 19b)'로 교체되었다. 《번역소학》의 '남진'은 '남자(6: 3a)'와 '부(夫)(9: 80b)'의 뜻으로 쓰였는데, 《소학언해》에서는 '남자'에 대한 어휘로는 'ᄉᆞ나희(5: 2b)', '남진(5: 63b)'으로 나타나고, '부(夫)'에 해당하는 어휘로는 '남편(6: 74b)', '남진(5: 34a)'으로 나타난다. 《번역소학》의 '바ᄃᆞ랍다[危](8: 11b)'는 《소학언해》에서는 모두 '위틱ᄒᆞ다(5: 91b)'로 나타난다. 《번역소학》의 '분별ᄒᆞ다'는 '근심ᄒᆞ다(6: 6a)'의 뜻으로 쓰였으나, 《소학언해》에서는 이 단어의 사용이 줄어들고 '근심ᄒᆞ다(5: 16b)'로 교체되었다. 'ᄉᆞ랑ᄒᆞ다'는 《번역소학》에서는 '사(思)'와 '자애(慈愛)'의 뜻으로 쓰였으나(6: 33b), 《소학언해》에서는 '사(思)'의 뜻으로는 'ᄉᆡᆼ각ᄒᆞ다(5: 31a)'가 새롭게 쓰였다.

일곱째, 격조사의 변화

《번역소학》에서는 비교 '보다'를 뜻하는 '두곤'이 《소학언해》에서는 거의 쓰이지 않고, 다른 비교격 조사 '게', '에셔', '의게셔', '의게'가 나타난다.

(예 21) 비교격 조사 '게'의 사용

번소 그 세흔 저두군 더으니롤 아쳐러ᄒᆞ고(6: 18b)

소언 그 센재ᄂᆞᆫ 제게 더으니롤 아쳐ᄒᆞ고(5: 17b)

(예 22) 비교격 조사 '에셔'의 사용

번소 어버싀 모미 내 몸두곤 듕홀시니라(7: 43a)

소언 어버싀 몸이 내 몸에셔 重흠으로뻬라(5: 74a)

(예 23) 비교격 조사 '의게셔'의 사용

번소 高允의 죄 최호두곤 더으도소니(9: 46a)

소언 允의 罪ㅣ 浩의게셔 甚ᄒᆞ도소니(6: 42a)

(예 24) 비교격 조사 '의게'의 사용

번소 후에 나는 사ᄅᆞ미 직조홀 셩이 놈두곤 더으니ᄂᆞᆫ(8: 37b)

소언 後生이 직질이 사롬의게 넘은 이ᄂᆞᆫ(5: 115b)

15세기 공동격 조사는 자음 아래서는 '과'가, 모음과 ㄹ 아래에서는 '와'가 사용되었다. 그런데 이 '과'와 '와'는 마지막 명사에까지 사용되는 집단곡용의 형태를 보였다. 따라서 마지막에 사용된 공동격 조사는 다른 조사와의 복합격의 형태로 나타난다. 《번역소학》에서는 15세기와 다를 바가 없었으나, 《소학언해》에서는 마지막에 사용된 공동격 조사 '과', '와'는 탈락된 형태를 보인다.

(예 25) 공동격 조사 '와'의 탈락

번소 어딘 일와 ᄌᆡ조와ᄅᆞᆯ(6: 22a)

소언 도리와 ᄌᆡ조ᄅᆞᆯ(5: 20b)

(예 26) 공동격 조사 '과'의 탈락

번소 술진 고기와 보육과 젓과ᄅᆞᆯ 어드러ᄒᆞ야(7: 14b)

소언 술진 고기와 보육과 식혜를 가져다가(5: 47b)

또한 《번역소학》의 'ㄹ' 아래에서 나타나던 공동격 조사 '와'가 《소학언해》에서는 '과'로 교체되어 나타난다. 물론 이러한 현상은 필수적인 것이 아니었다.

(예 27) 'ㄹ' 아래에서 '과'로 교체

번소 이런ᄃᆞ로 즐겨 ᄆᆞᄉᆞᆯ사ᄅᆞᆷ 권당과로(9: 90a)

소언 그러모로 즐겨 ᄆᆞᄋᆞᆯ과 권당들로 더불어(8: 83b)

번소 聖人ᄂᆡ 글월와 공복과 제긔ᄅᆞᆯ 서르 비디 아니ᄒᆞ며(9: 95b)

소언 聖人의 글월과 公服과 제긔ᄅᆞᆯ 비디 아니ᄒᆞ며(8: 88b)

《소학언해》에서는 하향이중모음을 말음으로 가진 명사 아래에서 '과'가 나타난 예를 발견할 수 있다. 이런 현상은 '와'를 취하고 있는 모든 경우에 있어 '과'로의 단일화 경향이 있었던 것으로 보았다. 물론 이런 경향은 현대국어에 나타나는 양분화 결과로 보아 성공을 거두지는 못하였다(이기문, 1959: 64).

(예 28) 하향이중모음 말음 명사 아래에서 공동격 조사 '과' 사용

번소 어딘 션ᄇᆡ옛 관원과(9: 12b)

소언 어딘 션ᄇᆡ과 믿 온갓 관원을(6: 11a)

번소 엇게와 둥이 고즉ᄒᆞ며(10: 8a)

소언 엇게과 둥이 고즉ᄒᆞ고(6: 124a)

여덟째, 활용어미의 변화

15세기 문헌에서는 많은 경우, 활용어미가 두 이형태 'ㅇ' 형과 'ㄱ' 형을 가지고 있었다. 예컨대, '-거늘/-어늘', '-고/-오', '-고져/-오져', '-거든/-어든' 등이 그것이다. 이들 두 이형태는 그 분포가 상보적이어서 'ㅇ' 형은 'ㄹ'이나 하향이중모음을 말음으로 가지는 어간 아래 사용되고, 'ㄱ' 형은 나머지 경우에 사용되었다. 이것은 《번역소학》에서도 다를 바 없었으나, 《소학언해》에서는 차이를 보인다. 즉 《소학언해》에서는 하향이중모음 아래에서 사용되던 'ㅇ' 형이 'ㄱ' 형으로 완전히 통일되었으나, 어간 말음 'ㄹ' 아래서는 'ㅇ' 형이 'ㄱ' 형으로 바뀌었으나 여전히 'ㅇ' 형을 유지하는 예도 있었다.

(예 29) 어간 말음 'ㄹ' 아래에서 'ㄱ' 형으로 바뀐 예

번소 쓰설어늘(9: 22a), 어딜오(6: 28b), 아로려 홀 딘댄(9: 31b) 등

소언 쓰설거늘(8: 1a), 어딜고(5: 26b), 알고져 홀 딘댄(6: 28a) 등

(예 30) 어간 말음 'ㄹ' 아래에서 'ㅇ' 형을 유지하는 예

번소 문득 울오(9: 20b), 나져 바며 울오(9: 20b), 마시 둘오(9: 31b) 등

소언 문득 울오(6: 18b), 넛밤을 블으자져 울오(6: 19b), 마시 다흠 둘오(6: 28a) 등

(예 31) 하향이중모음 아래에서의 예

번소 보내오(9: 59b), ᄃᆞ외오져(6: 31b), 여위오(7: 18b), ᄀᆞᆯ히오(7: 31a), 보내오(9: 59b) 등

소언 보내고(6: 54b), 되고져(5: 29b), 여위고(5: 51a), ᄀᆞᆯ히고(5: 63b), 보내고(5: 54b) 등

아홉째, 화자 표시법 및 대상 표시법 선어말어미 소실

종결형과 연결형에 나타나는 선어말어미 '-오$_1$-/-우$_1$-'는 일반적으로 주어 명사구가 제1인칭 대명사 '나, 우리' 등 화자이거나 제3인칭이라 하더라도 그가 화자 자신을 가리키는 경우에 쓰인다. 따라서 화자 표시법 선어말어미(고영근, 2020: 363~371)나 1인칭법 선어말어미(허웅, 1958: 124~197)로 불린다. 이 중 주어 명사구가 3인칭인 경우를 포괄하려면 화자 표시법 선어말어미로 부르는 것이 나아 보인다. 이와 달리, 관형사형에 나타나는 '-오$_2$-/-우$_2$-'는 관형사형을 평서형으로 전개할 때 피한정 명사가 목적어나 부사어 기능을 띤다. 따라서 대상 표시법 선어말어미로 부른다(고영근, 2020: 363~371). 《번역소학》에서는 화자 표시법 및 대상 표시법 선어말어미 '-오-/-우-'가 쓰이던 것이 《소학언해》에서는 소실되었음을 보여준다.

(예 32) 명사형 어미 '-ㅁ' 앞에서의 소실 예

번소 고툐ᄆᆞᆯ(6: 9b), ᄒᆡᆼ덕 이슈ᄆᆞᆯ(6: 18b), ᄇᆡ홈 이쇼ᄆᆞᆯ(6: 23a), ᄀᆞᄅᆞ츄믈(6: 23a), 셤교매(7: 3a), ᄃᆡ졉호ᄆᆡ(6: 3b), 아니호ᄆᆞᆯ(6: 9b) 등

소언 고팀을(5: 9a), ᄒᆡᆼ실 이심(5: 12b), ᄇᆡ홈 이심을(5: 17a), ᄀᆞ르치시믈(5: 21b), 셤김애(5: 36b), ᄃᆡ졉홈애ᄂᆞᆫ(5: 3a), 아니홈을(5: 9a) 등

(예 33) 연결어미 '-려', '-ᄃᆡ' 앞에서의 소실 예

번소 어두려 ᄒᆞ더니(9: 25a), 남진 얼유려 ᄒᆞ더니(9: 56b), 올아슈ᄃᆡ(9: 75b) 등

소언 어드랴 ᄒᆞ더니(6: 22a), 남진 얼리려 ᄒᆞ더니(6: 52a), 올라시ᄃᆡ(6: 70a)

(예 34) 관형사형 어미 앞에서의 소실 예

번소 셤괄(6: 7b), ᄀᆞᄅᆞ춀(6: 7b), 몬져 ᄒᆞ욜(6: 9a), 훙졍ᄒᆞ논(6: 10a), ᄡᅳᆯ 이리(9: 93b) 등

소언 셤길(5: 7b), ᄀᆞᄅᆞ칠(5: 7b), 몬져 ᄒᆞᆯ(5: 8a), 훙졍ᄒᆞᄂᆞᆫ(5: 9b), ᄡᅳᆯ 거시(6: 86b) 등

《번역소학》과 《소학언해》의 서지 사항을 대비하면 〈표 1〉과 같다.

〈표 1〉 ≪번역소학≫과 ≪소학언해≫의 서지 사항 대비

		飜譯小學	小學諺解
간행 연대		1518년(중종 13년)	1588년(선조 21년)
간행처		撰集廳	校正廳
판종		零本의 飜刻本 (원간본은 활자본)	원간본(활자본)
활자 종류		乙亥字	庚辰字
제명	내제	飜譯小學	小學諺解
	판심제	小學	小學諺解
	권말제	飜譯小學	小學諺解
권·책수		10권 7책 혹은 8책	6권 4책
책 크기		32.2×21.2cm	22.9×36.0cm
광곽·계선		四周雙邊 有界	四周雙邊 有界
반곽		24.1×16.1cm	17.1×24.8cm
흑구		上下大黑口	上下白口
어미		上下內向黑魚尾(單線, 單孤) 細六瓣花紋魚尾도 섞여 있음	上下內向三葉花紋魚尾
행관		반엽 9행 19자본, 小字雙行	반엽 10행 19자본, 小字雙行
지질		楮紙	楮紙
발문		남곤	이산해
언해자		김전, 남곤, 최숙생 등 16명	이산해, 정철, 유성룡 등 31명

* 〈표 1〉은 정해련(2009: 15)을 참고하되, 수정을 가했다.

③ 소학언해(小學諺解)[현종(顯宗) 대]

1666년(현종 7년)에 좌의정 홍명하(洪命夏)의 건의로 세자 강독에 쓰일 《소학언해》가 간행되었다. 현종은 세자 보양관(輔養官) 송시열·송준길과 강학관(講學官) 이유태(李惟泰)·윤선거(尹宣擧)에게 의견을 물어 홍문관에서 새로운 《소학언해》를 발간하게 하였다. 선조 때 간행된 《소학언해》가 《소학집설》을 저본으로 한 것임에 비해, 이는 이이의 《소학집주》를 저본으로 삼았다.

④ 어제소학언해(御製小學諺解)[영조(英祖) 대]

영조는 《소학훈의》를 편찬하면서 《어제소학언해》 6권 4책을 간행하였다. 1744년(영조 20년) 2월 중순에 〈어제서문〉을 작성하면서 《어제소학언해》 편찬에 착수하여 이 해 5월 초에 마무리하였다. 〈어제서문〉은 오광운(吳光運)이 한글로 번역했다. 《어제소학언해》는 새로이 번역된 책이 아니라, 기존의 책판에 약간의 교정을 더하고 영조의 〈어제서문〉을 붙인 재간본이다. 새로 들어간 것은 영조의 〈어제서문〉과 오광운의 〈어제서문〉 번역문일 뿐이다. 영조는 풍교(風敎)에 뜻을 두고, 1587년(선조 20년)에 교정청에서 간행한 《소학언해》의 체재와 언해문의 문체는 답습하면서, 방점과 표기법을 부분적으로 수정해서 본서를 간행하였다. 영조는 〈어제서문〉에서, 부부의 도리는 부자나 군신의 도리에 선행하며, 부인네들까지도 읽을 수 있게 하여 풍교에 이바지하고자 하는 목적을 밝히고 있다. 또한 인간관계의 핵심이라 할 남녀의 도리를 가르침으로써, 궁극적으로는 부자와 군신의 도리에 미치고, 풍속 순화에 유익할 것임을 밝히고 있다.

(3) 마무리

조선조 유학의 원조인 한훤당(寒暄堂) 김굉필(金宏弼)은 점필재(佔畢齋) 김종직(金宗直)의 제자로서, 평생 동안 《소학》을 공부하며 소학동자(小學童子)로 자처했다. 한훤당은 《소학》을 중시하여, 30살까지 주로 《소학》을 공부했고, 이후에야 비로소 다른 책을 공부했다. 한훤당의 시 〈독소학(讀小學)〉을 소개한다.

業文猶未識天機	글을 업으로 삼으면서 아직도 하늘의 기미를 알지 못하였더니,
小學書中悟昨非	《소학》 책 속에서 어제의 잘못을 깨달았도다.
從此盡心供子職	이제부터 마음을 다하여 자식의 직분을 받들 것이니,

區區何用羨輕肥　　구차스럽게 어찌 잘 살기를 부러워하리오.

김종직의 문인 남효온(南孝溫)은 《사우명행록(師友名行錄)》에서 지기(知己) 한훤당에 대해 다음과 같이 기술하였다. "金宏弼字大猷 受業於佔畢齋 庚子年生員 與余同庚 而日月後於余 居玄風 獨行無比 平居必冠帶 室家之外 未嘗近邑 手不釋小學 人定然後就寢 鷄鳴則起 人問國家事 必曰 小學童子何知大義 嘗作詩曰 業文猶未識天機 小學書中悟昨非 佔畢齋先生批云 此乃作聖之根基 魯齋後豈無人 其推重如此(김굉필은 자가 대유이며, 점필재에게 수업하여 경자년에 생원이 되었다. 나와 더불어 동갑인데 생일이 나보다 뒤이다. 현풍에 살았는데, 독특한 행실은 비할 데가 없어서 평상시에도 반드시 관대(冠帶)하였으며, 집밖으로는 일찍이 읍 가까이에도 가지 않았다. 손에서 《소학》을 놓지 않았고, 인정(人定) 뒤에야 침소에 나아갔으며, 닭이 울면 일어났다. 사람들이 국가 일을 물으면 반드시 가로되, "소학동자가 어찌 대의를 알겠는가." 하였다. 일찍이 시를 지어 가로되, "글을 업으로 삼으면서 아직도 하늘의 기미를 알지 못하였더니, 《소학》 책 속에서 어제의 잘못을 깨달았도다." 하였다. 점필재 선생이 평하여 가로되, "이는 곧 성인의 바탕을 지었으니, 노재[원(元)나라 허형(許衡), 《소학》 중시] 이후에 어찌 사람이 없다 하겠는가." 하였으니, 그를 추중함이 이와 같았다.) "

한훤당 이후 김안국(金安國), 조광조(趙光祖), 이황(李滉), 이이(李珥) 등 수많은 명현들이 《소학》을 학문의 기본서로 존신(尊信)하였다. 특히 이이는 《격몽요결(擊蒙要訣)》〈독서장(讀書章)〉에서 《소학》을 《대학(大學)》, 《논어(論語)》, 《맹자(孟子)》, 《중용(中庸)》과 함께 5서(五書)로 칭하면서, 학자가 가장 먼저 읽어야 할 책으로 명기하였다.

《소학》을 중시한 왕은 영조(英祖)이다. 영조에게 《소학》은 특별한 의미가 있었다. 그는 1721년(경종 1년)에 왕세제로 책봉되면서, 《소학》을 본격적으로 공부했다. 그리고 장수하여 노년기에 자신의 입학(入學)을 회고하면서, 다시 《소학》을 공부하는 즐거움을 누렸다. 《소학》은 장년과 노년의 자기 삶을 가다듬는 빛나는 책이었고, 그래서 붙은 별칭이 소학제왕(小學帝王)이었다.

조선은 주자학을 국가의 이념으로 삼았다. 주자학 일변도의 사상적 경향은 다른 사상을 용납하지 않았다. 도교, 불교는 고사하고 유학의 일종인 양명학까지도 이단으로 취급되었다. 이로 말미암아 주자학은 국가의 비호 아래 발전했다. 따라서 조선에서는 주자학자가 많이 배출되었다. 《소학》에는 동양 문화의 기본정신이 들어 있다. 우리나라에 있어서, 특히 조선시대의 문화를 이해하기 위해서는 《소학》에 나타난 정신을 이해해야 한다. 조선시대에는 《소학》을 읽지 않은 선비가 없었다. 《소학》으로 학문의 기초를 닦은 학자, 문인은 시문 등에 그 글을 많이 인용했다. 《소학》의 각 장은 각각 원전을 인용한 것이지만, 선비들은 그 문장을 원전에서보다도 우선 《소학》에서 습득했다. 그것은 자연히 광범하게 작문 등에 응용되었다. 그 결과 《소학》에 채록된 내용은 최고의 보편성을 획득하게 되었다. 따라서 《소학》은 학문을 하는 데에 으뜸가는 기본서가 되었다.

일러두기

1. 텍스트 선정

본서는 《소학집주(小學集註)》, 《번역소학(飜譯小學)》, 《소학언해(小學諺解)》를 텍스트(text)로 선정하였다. 《소학집주》는 이이(李珥)의 《소학제가집주(小學諸家集註)》를 저본으로, 어제소학서(御製小學序, 肅宗)·소학집주고정(飜譯小學考訂, 金長生)이 첨가된 1694년(숙종 20년)의 《소학집주》를 텍스트로 사용하였다. 1990년 학민문화사(學民文化社)의 을해신간(乙亥新刊) 춘방장판(春坊藏板) 《小學》의 영인 자료를 사용하였다.

《번역소학》은 권3은 국립한글박물관의 디지털자료와 2020년 세종대왕기념사업회의 영인 자료를, 권4는 한국서지학회의 《서지학보》 제24집(2000. 12.)의 영인 자료를, 권6·7은 1984년 홍문각 영인 자료를, 권8, 9, 10은 1984년 홍문관 영인 자료를 사용하였다.

《소학언해》는 1588년(선조 21년)에 간행되어, 한국국학진흥원(韓國國學振興院)에 간직되어 있는 본을 사용하였다. 1985년 대제각(大提閣)의 영인 자료를 사용하였다.

2. 구성

본서는 《소학집주》의 차례를 따르되, 《번역소학》과 《소학언해》에만 있는 내용을 적절한 위치에 집어넣어 구성하였다. 숙종 대 《소학집주》의 차례는 다음과 같다. 〈어제소학서(御製小學序)〉, 〈소학편목(小學篇目)〉, 〈소학집주총목(小學集註總目)〉, 〈소학집주총론(小學集註總論)〉, 〈소학서제(小學書題)〉, 〈소학제사(小學題辭)〉, 〈소학집주고정(小學集註攷訂)〉, 본문[本文, 대문(大文)과 주석(註釋) 6권], 〈소학집주발(小學集註跋, 成渾)〉, 〈소학발(小學跋, 李恒福)〉. 이는 이이의 《소학제가집주》의 구성에 〈어제소학서(肅宗)〉와 〈소학집주고정(金長生)〉이 추가된 것이다.

《번역소학》은 권1이 발견되지 않아 본문[대문(大文)과 번역문(飜譯文)] 앞에 어떤 내용이 들어있는지 알 수가 없다. 다만 권10 뒤에 〈번역소학발(飜譯小學跋, 南袞)〉이 붙어 있음이 확인될 뿐이다.

《소학언해》는 〈소학언해범례(小學諺解凡例)〉, 〈소학서제(小學書題)〉, 〈소학제사(小學題辭)〉, 본문[대문(大文)과 번역문(飜譯文)], 〈소학언해발(小學諺解跋, 李山海)〉로 구성되어 있다.

따라서 본서는 이상 세 권의 《소학》을 〈어제소학서(御製小學序, 肅宗)〉, 〈소학편목(小學篇目)〉, 〈소학집주총목(小學集註總目)〉, 〈소학집주총론(小學集註總論)〉, 〈소학집주고정(小學集註攷訂, 金長生)〉, 〈소학언해범례(小學諺解凡例)〉, 〈소학서제(小學書題)〉, 〈소학제사(小學題辭)〉, 본문[本文, 대문(大文)과 번역문(飜譯文)], 〈소학집주발(小學集註跋, 成渾)〉, 〈소학발(小學跋, 李恒福)〉, 〈번역소학발(飜譯小學跋, 南袞)〉, 〈소학언해발(小學諺解跋, 李山海)〉의 순서로 구성하였다.

3. 대문과 주석

대문(大文)과 주석(註釋)은 《소학집주》의 한문을 대상으로 번역하였다. 또한 《소학집주》에는 대문과 주석에 구결(口訣)이 달려 있지 않으므로, 대문의 구결은 《소학언해》의 옛말 구결을 그대로 이용하였다. 그 이유는 《번역소학》은 권1, 2, 5가 현재 존재하지 않고, 또 의역 방식으로 번역되었다고 비판을 받았던 책이기 때문이다. 다만 주석의 구결은 문의(文意)에 맞추어 현대국어로 달되, 성백효(1996)와 춘방장판(1990, 2002) 《小學》을 참고하였다. 그리고 대문과 주석의 한자에 대해서는 자주 쓰이는 음훈을 복수로 달은 것이 있다. 이때 괄호 속 맨 앞에 제시된 것이 그 문장에 맞는 음훈이다.

4. 존칭 표현

《소학》에는 많은 인물들의 말이 인용되고 있다. 《소학집주》의 대문과 주석에는 '曰/云'이, 《번역소학》과 《소학언해》 번역문에는 'ᄀᆞ로ᄃᆡ/ᄀᆞᆯ오ᄃᆡ'나 'ᄀᆞᄅᆞ샤ᄃᆡ/ᄀᆞᆯᄋᆞ샤ᄃᆡ'가 이끌고 있다. 번역문의 'ᄀᆞ로ᄃᆡ/ᄀᆞᆯ오ᄃᆡ'나 'ᄀᆞᄅᆞ샤ᄃᆡ/ᄀᆞᆯᄋᆞ샤ᄃᆡ'는 글자 그대로 '말하되'나 '말씀하시되'로 해석하면 되는데, '曰/云'에 대해서는 인물에 따라 '말하되'나 '말씀하시되' 중 어느 표현을 써야 할지 구분이 어렵다. 본서는 공자(孔子) 한 분만 '말씀하시되'로 해석했고, 나머지 인물들은 모두 '말하되'로 해석하였다.

5. ≪소학집주≫·≪번역소학≫·≪소학언해≫ 체재 비교

《소학집주》는 모두 386장 760절의 분구(分句)를 갖추고 있다. 모든 구마다 주석이 붙어 있다. 그러나 《번역소학》과 《소학언해》는 대문 386장으로만 구성되어 있다. 특히 《번역소학》은 현재 권1, 2, 5가 발견되지 않고 있고, 권3·4는 낙장(落張) 부분이 있다. 즉 권3은 〈명륜 제2〉 제40장부터 〈명륜 제2〉 마지막 제108장까지 총 69장이다. 이 중 앞부분 제40장, 제41장, 제42장 제1~3구 대문까지가 낙장이고, 제42장 제3구 번역문부터 제108장까지 보존되어 있다. 권4는 〈경신 제3〉 제1장부터 〈경신 제3〉마지막 제46장까지 총 46장이다. 이 중 뒷부분 제43장 제4구 번역문까지 보존되어 있고, 제43장 제5~6구 대문과 번역문, 제44장, 제45장, 제46장이 낙장이다. 이상 세 권과 본서의 체재를 비교하면 〈표 2〉와 같다.

〈표 2〉 ≪소학집주≫·≪번역소학≫·≪소학언해≫의 체재 비교

<table>
<tr><th colspan="5"></th><th colspan="2">小學集註</th><th colspan="2">飜譯小學</th><th colspan="2">小學諺解</th><th>本書</th></tr>
<tr><td rowspan="10">內篇</td><td>立教
第一
(13章)</td><td>1~13章</td><td>사람을
가르치던
법</td><td rowspan="10">기본강령을 밝힘</td><td>卷一</td><td rowspan="8">第一冊</td><td>(卷一)</td><td></td><td>卷一</td><td rowspan="8">第一冊</td><td rowspan="8">卷一</td></tr>
<tr><td rowspan="7">明倫
第二
(108章)</td><td>明父子之親
1~39章</td><td>父子의
친함</td><td rowspan="7">卷二</td><td>(卷二)</td><td></td><td rowspan="7">卷二</td></tr>
<tr><td>明君臣之義
40~59章</td><td>君臣의
의리</td><td rowspan="6">卷三</td><td rowspan="8">一冊</td></tr>
<tr><td>明夫婦之別
60~68章</td><td>夫婦의
분별</td></tr>
<tr><td>明長幼之序
69~88章</td><td>長幼의
차례</td></tr>
<tr><td>明朋友之交
89~99章</td><td>朋友의
사귐</td></tr>
<tr><td>通論
100~108章</td><td>通論</td></tr>
<tr><td rowspan="2">敬身
第三
(46章)</td><td>明心術之要
1~12章</td><td>心術의
요점</td><td rowspan="2">卷三</td><td rowspan="2">第二冊</td><td rowspan="2">卷四</td><td rowspan="2">卷三</td><td rowspan="2">第二冊</td><td rowspan="2">卷二</td></tr>
<tr><td>明威儀之則
13~33章</td><td>威儀의
법칙</td></tr>
</table>

		明衣服之制 34~40章	衣服의 제도							
		明飮食之節 41~46章	飮食의 예절							
	稽古 第四 (47章)	立敎 1~4章	虞·夏·商·周 聖賢들의 행한 자취를 고찰하여, 입교·명륜·경신의 말을 증명.	卷四		(卷五)		卷四		
		明倫 5~35章								
		敬身 36~44章								
		通論 45~47章								
外篇	嘉言 第五 (91章)	廣立敎 1~14章	漢나라 이래 賢者의 훌륭한 말을 기술하여, 입교·명륜·경신을 넓힘.	卷五	第三冊	卷六	一冊	卷五	第三冊	卷三
		廣明倫 15~55章				卷七				
		廣敬身 56~91章				卷八	一冊			
	善行 第六 (81章)	實立敎 1~8章	漢나라 이래 賢者의 선행을 기록하여, 입교·명륜·경신을 실증.	卷六	第四冊	卷九	一冊	卷六	第四冊	卷四
		實明倫 9~53章								
		實敬身 54~81章				卷十	一冊			

본서 《역주 소학집주·번역소학·소학언해》는 내용이 방대하여 모두 4권으로 나누어 출간한다. 권1은 〈어제소학서〉로부터 시작하여 〈입교(立敎) 제1〉(13장)과 〈명륜(明倫) 제2〉(108장)까지이다. 권2는 〈경신(敬身) 제3〉(46장)과 〈계고(稽古) 제4〉(47장)이다. 권3는 〈가언(嘉言) 제5〉(91장)이다. 권4는 〈선행(善行) 제6〉(81장)이다. 권1과 권2는 내편(內篇)이고, 권3과 권4는 외편(外篇)이다.

6. 장 표시

《소학》은 인용문의 출처에 따라 장(章)이 바뀐다. 각 장이 바뀔 때의 표시 방법에 있어, 《소학집성》은 一, 二, 三…과 같은 일련번호를 붙였고, 《소학집설》은 ○으로 표시하였다. 다만 각 편(編)의 제1장에는 ○표가 생략되어 있다. 굳이 표시하지 않아도 첫 장임을 알 수 있기 때문이다. 《소학집주》, 《번역소학》, 《소학언해》)은 모두 《소학집설》의 방식을 취했다. 《소학》은 모두 6편, 386장으로 되어 있으니, 세 책은 똑같이 ○가 380개 표시되어 있다. 다만 《번역소학》은 6편을 10권으로 나누어 편찬하였기 때문에 편 바뀜과 권 바뀜이 일치하지 않아 새로운 권의 제1장에 ○가 생략되는 것이 통일되어 있지 않다. 권3, 권7, 권8, 권10이 그러하다. 권1, 2는 발견되지 않았고, 권3은 시작 부분이 낙장이어서 확인할 수 없지만, 권1은 〈입교〉에 해당하고, 권2는 〈명륜〉 제1장에서 시작되며, 권3은 명륜 제40장부터 시작되니 추론하기에 어렵지 않다. 역주자는 대문(大文)의 각 장은 《소학집주》의 방식대로 ○로 표시하면서 장 번호도 함께 붙였고, 《번역소학》 내용은 번소로, 《소학언해》 내용은 소언으로 표시하여 참고하기에 편하게 하였다.

7. 공부법

대부분의 사람들이 《소학》을 공부하는 목적은 주희(朱熹)가 쓴 《소학》과 이이(李珥)가 덧붙인 【제가집주(諸家集註)】를 잘 이해함에 있다. 본서를 공부하는 방법도 다르지 않다. 한문으로 되어 있는 《소학》과 【제가집주】를 이해하면 된다. 그러나 그 부분이 혹 모호한 데가 있다면 《번역소학》과 《소학언해》의 현대역(現代譯) 부분을 읽고 비교해 보면 좋다. 이 두 권의 현대역 부분을 이해하기 위해서는, 역주자가 달아 놓은 단어에 대한 국어학적 설명까지 참고하면 좋은데, 이 작업은 굳이 거치지 않아도 된다. 단어에 대한 분석적 설명은 필요한 독자를 위한 참고용으로 정리해 본 것일 따름이다. 본서가 마치 수험 준비서처럼 보여 처음부터 당황할 필요는 없다. 자기가 필요한 부분까지만 공부해 가면 소기의 목적을 달성할 수 있을 것이기 때문이다.

總 目次

▌卷一

卷四

卷一 目次

御製小學序

● 어제소학서

小學은何爲而作也오古之人이生甫八歲어든必受是書하니卽三代敎人之法也라自嬴秦坑焚以來로經籍이蕩殘하여存者幾希하니此新安朱夫子之所以慨然乎世敎之陵弛하사輯舊聞而牖來學者也라嗚呼라是書也規模節次粲然備具하여有內外之分하고有本末之序하니曰立敎曰明倫曰敬身玆三者는內也며本也요次言稽古는所以摭往行而證之也요曰嘉言曰善行玆二者는外也며末也라果能於斯三者에沉潛反覆하여驗之于身하면則二者는不過推廣而實之而已니譬如綱擧則目張하고根培則支達이라此正小子入道之初程이요蒙養之聖功이니豈易言哉아若夫敬身一篇은儘覺緊切이라盖嘗論之컨대敬者는聖學之所以成始成終徹上徹下니而敬怠之間에吉凶立判이라是以로武王踐阼之初에師尙父之所以惓惓陳戒者不越乎是하니學者誠有味于斯하여動靜必於敬하고造次必於敬하여收吾出入之心하고立吾正大之本하여今日下一功하고明日做一事하여於不知不覺之中에靈臺泰然하여表裏洞徹하면則進乎大學하여所謂修身齊家治國平天下之道는特一擧而措之矣니其於風化에烏可少補云爾리오

歲在甲戌春正月哉生魄에序하노라

通政大夫兵曹參知臣李德成奉教書하노라

●《소학》은 어찌하여 지었는가? 옛 사람은 태어나 겨우 여덟 살이면, 반드시 이 글을 받았으니[배웠으니], 곧 3대[夏·殷·周]에 사람을 가르치는 방법이었다. 영 씨의 진나라[秦始皇 영정(嬴政)]가 (선비를) 묻고 (책을) 불사른 이래로부터, 경전과 서적들이 쓸어버려지고 쇠잔해져, 남아 있는 것이 거의 드물게 되었다. 이에 신안(新安, 안휘성, 주희의 본관)의 주 선생께서 써 세상 가르침이 업신여겨지고 느슨해짐을 슬퍼하신 바에, 예전에 들은[공부한] 것들을 모아서, 오는 학자들을 깨우치심이다. 아, 이 글로 말하자면, 규모[전체적인 범위]와 절차[상세한 요목]가 정갈하게 갖춰져 있어, 안팎의 구분이 있고, 근본과 끄트머리의 차례가 있다. 〈入敎〉니 〈明倫〉이니 〈敬身〉이니 하는데, 이 세 가지는 안이며 근본이다. 다음에 말한 〈稽古〉는 써 옛날[옛 성인] 행적을 모아서 그것[입교·명륜·경신]을 증명한 것이다. 〈嘉言〉이니 〈善行〉이니 하는데, 이 두 가지는 밖이며 끄트머리이다. 과연 이 세 가지[입교·명륜·경신]에 잠기고 반복해서, 이[세 가지]를 몸에 체험하면, 두 가지[가언·선행]는 그것[세 가지]을 밀어 넓히고 실증함에 지나지 않을 뿐이다. 비유하자면, 벼리[핵심, 3가지]가 들리면 그물눈[지엽적인 부분, 2가지]이 펴지고, 뿌리[3가지]를 북돋워지면 가지[2가지]가 뻗어나가는 것과 같다. 이것[《소학》]은 바로 어린이가 도에 들어가는 첫 길이요, 몽매한 이[어린이]를 깨우치는 거룩한[성인의] 공적이니, (이 글을) 어찌 쉽게 말할 수 있겠는가? 대저 〈경신〉 한 편 같음은 참으로 긴요하고 절실함을 느낀다. 대개 시험삼아 그것을 논해 보건대, 공경이라는 것은 써 聖學[儒學]에서 처음을 이루고 끝을 이루며, 위[형이상학적 이치]로 통하고 아래[형이하학적 실체]로 통하는 바이니, 공경과 게으름 사이에[경하느냐 태하느냐에 따라] 吉과 凶이 즉시 판단된다. 이 때문에 武王이 뜰을 밟은[즉위한] 처음에 사상보(師尙父, 즉 姜太公, 姜尙, 呂尙)가 써 정성스레 경계를 베푼 바의 것도 이것[敬]을 넘지 않았다. (따라서) 배우는 자들은 진실로 여기[敬]에 맛을 두어[파고

들어] 動과 靜[행동거지 일체]을 반드시 공경으로 하고[삼가야 하고], 아주 급한 때에도 반드시 공경으로 하여[삼가], 나의 출입하는 마음을 거두고[정리하고], 나의 바르고 큰 근본을 세워, 오늘 한 가지 공부에 나아가고, 내일 한 가지 일을 지어, 알지 못하고 깨닫지 못하는 사이에 마음[靈臺]은 태연해지고 겉과 속이 밝게 통해야 한다. 그러면 대학에 나가서 이른바 몸을 닦고 집안을 가지런히 하고 나라를 다스리고 천하를 평안히 하는 방법은, 다만 한 번 들어서 그것을 시행하면 되는 것이니, 그 風化에 어찌 가히 조금만 돕는다 이를 뿐이겠는가?

해에 있어, 갑술년(1694, 숙종 20년) 춘정월 음력 열엿샛날에 쓰다.

통정대부 병조참지 신 李德成이 임금의 명령을 받들다.

漢字 蕩(쓸어 없앨 탕), 殘(쇠잔할 잔), 幾(거의 기), 慨(슬퍼할 개), 陵(업신여길 릉), 弛(느슨히 할 이), 輯(모을 집), 牖(깨우칠 유), 粲(정갈할 찬), 備(갖출 비), 具(갖출 구), 稽(상고할 계), 摭(모을 척, 주울 척), 沉(=沈 물에 잠길 침), 滯(물에 잠길 체), 覆(거듭할 복, 뒤집힐 복), 驗(증험할 험), 達(통할 달, 두루 달, 이를 달), 蒙(어두울 몽, 어릴 몽), 儘(진실로 진), 緊(긴요할 긴), 盖(대개 개), 嘗(시험 삼아 상), 徹(통할 철), 怠(게으를 태), 踐(밟을 천), 阼(동쪽 층계 조, 천자 자리 조), 父(남자 이름 보), 惓(정성스러울 권), 下(내릴 하), 做(만들 주), 洞(밝을 통), 徹(통할 철), 特(다만 특), 措(시행할 조), 烏(어찌 오), 哉(비롯할 재), 魄(어둘 백, 넋 백)

1 어제소학서(御製小學序): 숙종(肅宗)의 명을 받들어 이덕성(李德成)이 지은 글로, 이이의 《소학제가집주(小學諸家集註)》에는 들어있지 않다.

2 진시황(秦始皇, 재위 기원전 246년~210년): 진(秦)나라의 36대 군주로 장양왕(莊襄王)의 아들이며 본명은 영정(嬴政)이다. 기원전 247년에 부친 장양왕이 서거한 후 열세 살의 어린 나이로 즉위하여 초기에는 승상(丞相) 여불위(呂不韋)의 보필을 받았으나 장성하면서부터 점차 강력한 통치력을 발휘했다. 중국 역사상 가장 의욕적이고 명민하며 위대한 군주의 한 사람으로서 문무 관료들을 적재적소에 잘 활용하면서 전국 말의 혼란상을 종식시키고 6국을 각개 격파하여 마침내 기원전 221년에 중국 역대 황제들의 업적 중에서도 가장 뛰어나다고 할 만한 천하통일을 달성했다. 통일을 이룬 직후 스스로의 공업(功業)을 상고(上

古) 황금시대의 신화적 성군(聖君)들인 삼황오제(三皇五帝)의 업적과 견줄 만하다고 자부하면서 '황제(皇帝)'라는 새로운 칭호를 제정하고 '시황제(始皇帝)'라 자칭했다. 이어 신흥 진제국(秦帝國)의 통치 체제를 공고히 하기 위해 전국을 36군(郡)과 1,400여 개의 현(縣)으로 편성하고 각지에 군태수(郡太守)와 현령(縣令)을 파견하여 일찍이 누구도 시도한 적이 없었던 거대 규모의 중앙 집권을 강력히 추진하는 한편, 문자·화폐·도로·도량형을 통일하고 국론 분열을 방지하기 위해 법가 일변도의 강력한 사상 통제 정책을 실시했다. 또한 북방 이민족의 침입을 방어하기 위해 전국시대의 조(趙)·연(燕)·중산(中山) 등이 부분적으로 건축했던 북방의 장성(長城)들을 대대적으로 증축, 신축하여 유명한 만리장성(萬里長城)을 상당 부분 완성했으며[오늘날의 만리장성은 명대(明代)에 최종 완성된 것임], 황제의 위엄과 권위를 만방에 과시하기 위해 어마어마한 규모의 여산릉(麗山陵)과 아방궁(阿房宮) 등을 축조하게 하여 민력을 고갈시키기도 했다. 자신이 이룩한 신흥 통일 제국이 만세(萬世)까지 유지되기를 기원한 나머지 말년에는 신선술과 불로장생술에 심취하기도 했으나 자연의 섭리만은 정복하지 못해 통일을 이룬 지 불과 11년 만인 기원전 210년에 지방 순수(巡狩) 도중 서거했다. 고금에 보기 드문 강력한 카리스마와 통치력을 지녔던 진시황이 사망한 후 진제국은 그 업적을 계승할 만한 유능한 후계자를 찾지 못한 채 한순간에 와해되어 불과 5년 만인 기원전 206년에 멸망했다(중국인물사전).

3 주자(朱子, 1130년~1200년): 중국 남송(南宋)의 유학자로, 이름은 희(熹)이고, 자는 원회(元晦)·중회(仲晦)이며, 호는 회암(晦庵)·회옹(晦翁)·운곡산인(雲谷山人)·창주병수(滄洲病叟)·둔옹(遯翁)이다. 푸젠성[福建省] 우계(尤溪) 출신으로, 선조는 대대로 휘주무원(徽州婺源: 安徽省)의 호족이었다. 아버지 위재(韋齋)는 관직에 있다가 당시의 재상(宰相) 진회(秦檜)와의 의견 충돌로 퇴직하고, 우계에 우거(寓居)하였다. 주자는 이곳에서 14세 때 아버지가 죽자 그 유명(遺命)에 따라 호적계(胡籍溪)·유백수(劉白水)·유병산(劉屛山)에게 사사하면서 불교와 노자의 학문에도 흥미를 가졌으나, 24세 때 이연평(李延平)을 만나 사숙(私淑)하면서 유학에 복귀하여 그의 정통을 계승하게 되었다. 그의 강우(講友)로는 장남헌(張南軒)·여동래(呂東萊)가 있으며, 또 논적(論敵)으로는 육상산(陸象山)이 있어 이들과 상호 절차탁마(切瑳琢磨)하면서 주자의 학문은 비약적으로 발전 심화하여 중국 사상 공전(空前)의 사변철학(思辨哲學)과 실천윤리(實踐倫理)의 체계를 확립하기에 이르렀다. 그는 19세에 진사시에 급제하여 71세에 생애를 마칠

때까지 여러 관직을 거쳤으나, 약 9년 정도만 현직에 근무하였을 뿐, 그 밖의 관직은 학자에 대한 일종의 예우로서 반드시 현지에 부임할 필요가 없는 명목상의 관직이었기 때문에 학문에 전념할 수 있었다. 그의 학문을 저서를 통해서 관찰해 보면 46세까지를 전기, 이후 60세까지를 중기, 61세 이후를 후기로 하는 3기(三期)로 대별할 수 있다. 주자연보(朱子年譜)에 의해 전기 저서를 순차적으로 열거하면 《논어요의(論語要義)》·《논어훈몽구의(論語訓蒙口義)》·《곤학공문편(困學恐聞編)》·《정씨유서(程氏遺書)》·《논맹정의(論孟精義)》·《자치통감강목(資治通鑑綱目)》·《팔조명신언행록(八朝名臣言行錄)》·《서명해의(西銘解義)》·《태극도설해(太極圖說解)》·《통서해(通書解)》·《정씨외서(程氏外書)》·《이락연원록(伊洛淵源錄)》·《고금가제례(古今家祭禮)》로 이어져 《근사록(近思錄)》의 편차(編次)로 끝맺었다. 이 전기는 북송의 선유(先儒)인 주염계(周濂溪)·장횡거(張橫渠)·정명도(程明道)·정이천(程伊川)의 저서 교정과 주례에 전념하고, 《논어》·《맹자》 등은 차기(次期)의 예비사업이었던 것으로 생각된다. 즉 주자의 학문적 기초가 확립된 시기로서 그것이 《근사록》에 집약된 것으로 보인다. 그후 논적이었던 육상산 형제와의 아호사(鵝湖寺) 강론에서 존덕성(尊德性)에 대해 도학(道學)의 입장을 분명히 하였다. 중기에는 《논맹집주혹문(論孟集註或問)》·《시집전(詩集傳)》·《주역본의(周易本義)》·《역학계몽(易學啓蒙)》·《효경간오(孝經刊誤)》·《소학서(小學書)》·《학장구(大學章句)》·《중용장구(中庸章句)》 등이 있으나 가장 중요한 것은 '사서(四書)의 신주(新註)'가 완성된 점이다. 60세 때는 《중용장구》에 서문을 붙여 상고(上古)에서 후대까지 도학을 전한 성현(聖賢)의 계통을 밝혀 도학의 기초를 확립하였다. 후기에는 오경(五經)에 손을 대어 《석존예의(釋尊禮儀)》·《맹자요로(孟子要路)》·《예서(禮書: 儀禮經傳通解)》·《한문고이(韓文考異)》·《서전(書傳)》·《초사집주후어변증(楚辭集註後語辨證)》 등이 있다. 더욱이 71세로 생애를 마치던 해 3월, 《대학》의 '성의장(誠意章)'을 개정(改訂)한 점으로 미루어 그의 《사서집주(四書集注)》에 대한 지정(至情)이 어느 정도이었는지 엿볼 수 있다. 주자의 정치에 대한 의견은 〈임오응조봉사(壬午應詔封事)〉나 〈무신봉사(戊申封事)〉에 나타나 있으며 또 절동(浙東)의 지방관으로 있을 때 대기근(大飢饉)을 구제하였다는 실적도 있으나 만년에는 권신의 미움을 사 그의 학문이 위학(僞學)이라 하여 많은 박해를 받았으며, 해금(解禁)이 있기 전에 죽었다. 그후 그의 학문이 인정되어 시호가 내리고 다시 태사(太師)·휘국공(徽國公)이 추증(追贈)되었다. 그의 유언을 수록한 것으로는 주자의 막내아들 주재(朱在)가 편찬한 《주문공문집(朱文公文集)》(100권, 속집 11권, 별집 10권)이 있고, 문인과의 평생 문답을 수록한 여정덕(黎靖德) 편찬의 《주자어류(朱子語類)》 140권이 있다(두산백과).

4 무왕(武王, 기원전 1087년~기원전 1043년, 재위 기원전 1046년~기원전 1043년): 서주(西周) 왕조의 첫 왕으로 성은 희(姬), 이름은 발(發)이다. 주 문왕 희창(姬昌)과 정비(正妃) 태사(太姒)의 차남으로 태어났는데 형인 백읍고(伯邑考)가 상(商)나라 마지막 왕인 주(紂)에게 살해되자 그가 태자가 되었다. 문왕이 죽은 뒤 그가 뒤를 이어 즉위 후에 도읍을 풍(豊)에서 호(鎬)로 옮기니 이곳이 바로 종주(宗周), 지금의 산시(陝西)성 시안 서북이다. 그는 아버지 문왕의 사업을 계승하여 강태공(姜太公, 姜子牙)과 동생 주공[周公, 희단(姬旦)], 소공[召公, 희석(姬奭), 소백(召伯)]을 중심으로 문왕의 측근이었던 산의생(散宜生)·태전(太顚)·굉요(閎夭)·육자(鬻子) 등 유능한 신하들의 보좌를 받았다. 즉위 2년째에 그는 맹진(盟津, 지금의 허난성 맹현 서남)에서 군대를 사열했는데, 800명의 제후가 미리 약속한 것처럼 동시에 모여 상왕 주를 토벌할 것을 요구했다고 한다. 그러나 그는 시기가 아직 무르익지 않다고 판단하여 군사를 돌려 돌아갔다. 이런 상황에서도 상왕 주는 계속 음란에만 빠져 있었고, 대신이었던 미자(微子)가 충고했으나 소용이 없자 그는 하는 수 없이 상왕 주를 떠났고, 비간(比干)은 강력하게 충고하다가 비참하게 살해되었으며, 기자(箕子)도 감옥에 갇혔다가 노비가 되었다. 이렇게 상 왕조 통치계급은 점점 와해되기 시작했다. 무왕은 군대를 일으켜 용(庸)·촉(蜀)·강(羌)·모(髳)·미(微)·노(盧)·팽(彭)·복(濮) 등 서방 및 서남의 방국(邦國) 부락들과 연합하여 맹진을 건너 제후들과 회동했다. 이 자리에서 무왕은 〈태서(泰誓)〉라는 선전포고문을 지어 주왕의 죄악을 나무랐다. 갑자일 새벽, 주의 군대와 제후의 연합군은 상나라 교외에 위치한 목야[牧野, 지금의 허난(河南)성 치(淇)현 남쪽]에 결집했다. 여기서 무왕은 다시 〈목서(牧誓)〉를 지어 결전을 호소했다. 이때 상왕 주도 군대를 이끌고 저항에 나섰고 두 군대는 맞부딪쳤다. 무왕은 강태공에게 선봉을 이끌고 적을 맞이하게 했고 군대는 서로 충돌했다. 그러나 상왕 주의 군대는 일격을 견디지 못했고, 군인들은 오히려 창과 칼을 거꾸로 주에게 돌렸다. 대세가 기운 것을 본 상왕 주는 녹대(鹿臺)로 도망쳐 분신자살했다. 무왕은 상의 도읍으로 입성했고, 상 왕조는 멸망했다. 당시 전장이었던 '목야'를 따 이 전쟁을 목야지전(牧野之戰)이라 칭한다. 무왕은 상을 멸망시킨 뒤 수도권을 패(邶)·용(鄘)·위(衛)로 나누고 삼감(三監)을

설치하여 다스리게 했다. 이어 군대를 보내 각지에 남은 상 왕조의 잔여 세력들을 정벌했다. 기록에 따르면 당시 모두 99국을 정벌했고, 652국이 무왕에게 신하로 복속해왔다고 한다. 그는 종실 공신들을 정복한 지역에 봉했는데 태공은 제(齊), 주공은 노(魯), 소공은 연(燕)에 봉했으며, 죽은 주왕의 자식들을 초(楚)·축·계(薊)·진(陳)·기(杞) 등에 봉했다. 주 왕조의 통치를 튼튼히 하기 위해 무왕은 이수(伊水)·낙수(洛水) 일대 하나라 사람들의 옛 땅에 새로운 도읍을 건설하기 시작했으나 얼마 뒤 병으로 세상을 떠남으로써 계획을 완수하지 못했다. 뒤이어 어린 아들 희송(姬誦, 훗날 成王)이 삼촌인 주공 희단의 보좌를 받으며 즉위하였고, 마침내 소공 희석과 함께 동도(東都) 성주(成周) 건설을 마무리 지었다. 주 왕조를 세운 뒤 무왕이 재위한 기간은 햇수로 4년이며, 죽어서 필원(畢原, 현 산시성 시안시 서북)에 묻혔다. 무왕이 상나라 왕 주를 정벌한 사건은 중국사에서도 획기적인 의의를 가지는 큰 사건으로, 그 연대를 놓고 한나라 이후 최근까지 수십 가지 설이 난립했다. 역사학자는 물론 천문학자들까지 나서 여러 가지 설을 주장하고 나섰는데, 독특한 견해의 하나가 《회남자(淮南子)》 〈병략훈(兵略訓)〉에 보이는 기록이다. 이 기록에 따르면 무왕이 상왕 주를 정벌할 때 세성(즉, 목성)이 동쪽 하늘에 출현했고, 이와 동시에 혜성도 출현하여 머리를 동쪽으로 향했다고 한다. 이에 따라 천문학자들은 1910년 핼리혜성의 출현과 핼리 지구회귀 주기에 근거하여 40차례의 회귀를 역 추적한 결과, 기원전 1057년에 핼리가 지구를 회귀했고 그 현상도 《회남자》의 기록과 부합한다고 추정했다. 이 주장은 많은 학자들이 수용함으로써 정설로 굳어지는 듯했지만, 1996년부터 2000년까지 5년에 걸친 '하상주 단대공정'이란 대형 프로젝트에 따른 정밀하고 종합적인 연구 결과, 주 무왕의 상 주왕 정벌은 기원전 1046년 1월 20일로 확정되었다. 주 무왕의 행적과 언행에 관한 문헌기록으로는 《상서》 중의 〈태서(泰誓)〉, 〈목서(牧誓)〉를 비롯하여 《시경》 중의 「소남(召南)」, 「감당(甘棠)」 등 20여 편이 있다. 역사기록은 《사기》 〈주본기(周本紀)〉가 기본 자료가 된다. 무왕과 관련한 민간 전설로는 산시성 바오지(寶鷄)시 치산(岐山) 지역의 특별한 음식인 샤오즈몐(臊子面)이란 국수 고사가 있다. 무왕이 상나라를 정벌하러 나섰다가 치산에서 용처럼 생긴 괴수를 만나 그를 죽였는데, 무왕이 군사들의 사기를 높이기 위해 이 괴수의 고기를 나누어 먹기로 했다. 그런데 군사들 수에 비해 고기가 부족하여 가마솥에 넣고 끓여 그 탕을 한 그릇씩 나누어 주었는데 맛이 아주 좋았다고 한다. 이후 이 지역 사람들은 육수에 면과 야채 등을 곁들여 먹기 시작했는데, 이때부터 유래한 국수가 샤오즈멘이다. 주 무왕 관련 유적은 산시(陜西)성과 허난성 일대에 주로 분포한다. ①주원유지(周原遺址): 무왕 출생지이자 주나라 사람들의 초기 활동지역으로 산시성 푸펑(扶風)과 치산 경계에 있다. 무왕의 증조할아버지 고공단보 때 건설한 주의 도읍으로 기읍(岐邑)이라 불렀다. 문왕까지 3대가 거주했다. ②호경(鎬京): 산시성 시안시 서남 25킬로미터에 위치한 유적지이다. 무왕이 건설한 도읍지였으며 이 유적지에서 주나라 때 묘장(墓葬)과 거주지 및 토기 등 유물이 출토되었다. ③영읍(寧邑): 허난성 훠자(獲嘉)현에 있다. 무왕이 군을 이끌고 상나라를 정벌하면서 군대를 쉬게 한 곳으로 나중에 수무(修武), 획가(獲嘉)로 이름이 바뀌기도 했다. ④동맹산(同盟山): 허난성 훠자현 동쪽 3km 지점에 있다. 무왕이 제후군들을 모아놓고 단을 쌓아 맹서한 곳이라 하며, 높이가 15미터, 면적이 3.3만 제곱미터이다. ⑤무왕묘: 동맹산에 있으며 무왕의 상나라 정벌을 기념하기 위한 사당이 함께 있다. 사당 내에 30여 칸의 건물과 비각(碑閣, 비석을 세우고 그곳에 지은 건물) 30여 기가 현존한다. ⑥무왕릉: 산시성 시엔양(咸陽)시 북 5킬로미터 주룽향(周陵鄕) 최가촌(崔家村) 남쪽에 있다. 문왕의 무덤이라 전하기도 하지만, 학계 연구 결과 주나라 왕들의 무덤은 주원유지나 호현(戶縣) 부근에 있는 것으로 추정하는 등 아직 논란이 있다(중국인물사전).

5 강상[姜尙, 기원전 1211년경(또는 기원전 1140년경)~기원전 1072년경]: 흔히 강태공(姜太公)으로 알려진 그는 서주(西周) 초기의 공신으로 성은 강(姜), 이름은 상(尙) 또는 망(望)이고, 자는 자아(子牙)·단호아(单呼牙)이며, 호는 비웅(飛熊)이다. 그 선조가 우(禹)임금을 도와 치수에서 큰 공을 세워 여(呂)라는 땅에서 책봉되었기 때문에 여상(呂尙)이라 부르기도 한다. 또 전설에 따르면, 주나라 문왕(文王) 희창(姬昌)이 웨이수이강[渭水]에서 낚시질하던 강상을 만난 뒤 이는 조부인 태공(太公, 古公亶父)께서 간절히 바라던 인물이라 하여 태공망(太公望) 또는 강태공(姜太公)이라 불렀다 한다. 또 주나라 문왕[文王, 追崇王], 무왕(武王, 제1대), 성왕(成王, 제2대), 강왕(康王, 제3대)의 4대에 걸쳐 태사(太師)를 지내 '사상보(師尙父)'라는 별명도 있다. 그는 시대의 흐름을 읽고 때를 기다릴 줄 알았던 인물이자 군주를 가장 효과적으로 보좌했던 유능한 정치가이자 군사 모략가의 대명사로 꼽힌다. 전쟁에 있어서 시기(時機)는 절대적 요소다. 때를 기다릴 줄 알았던 강상은 이 하나만으로도 '병가의 시조'라는 명성이 아깝지 않다. 유(儒), 법(法), 병(兵), 종횡가(縱橫家)에서 모두 그를 자신들의 인물로

삼아서 '백가종사(百家宗師)'라고 불린다. 그는 병서(兵書)인 《육도(六韜)》 6권을 남겼다 하나, 후세 사람이 그 이름을 빌린 것으로 본다. 모략가로서 그는 주 무왕을 도와서 상[商, 또는 은(殷)]나라의 주왕(紂王)을 토벌하여 주가 상을 물리치는데 절대적인 공을 세운 정치와 군사 방면의 전문가였다. 그 공으로 제(齊, 지금의 산둥성) 지역에 책봉되어 제나라의 시조가 되었다. 동해 바닷가 동이족(東夷族) 출신인 강상의 집안은 전설시대인 요·순 때 임금을 보좌한 대신들로 거슬러 올라간다. 하(夏) 왕조 때는 여(呂)와 신(申) 지역을 봉지로 받았고, 그 후 강(姜)이란 성을 얻었다. 그러나 상 왕조 때 집안이 몰락하여 평민으로 전락했고, 강상에 이르러 집안은 거의 천민과 다를 바 없었다. 그는 하는 수 없이 마(馬) 씨 집안의 데릴사위로 팔려갔으나, 얼마 되지 않아 처가로부터 버림을 받았다. 이후 강상의 인생은 말 그대로 파란만장 그 자체였다. 민간에서 밥장사, 도살업에 종사했고, 그마저 여의치 않자 고향을 떠나 상나라의 수도인 조가(朝家) 부근으로 이주했다. 여기서 강상은 장사와 종업원 생활을 전전하면서 여러 차례 거처를 옮긴 끝에 상나라의 수도 조가에 주점을 열고 많은 사람들과 접촉했다. 그러다 점쟁이 '여상'으로 이름을 알리기 시작했고, 상나라 조정의 대신 비간(比干)을 만나 주(紂) 임금을 잠깐 섬기기도 했다. 주 임금을 섬긴 짧은 시간 동안 강상은 상나라의 상황을 자기 눈으로 직접 확인했고, 그는 이내 그곳을 떠나 자신과 배짱이 맞는 다른 인재들과의 교류를 확대했다. 이때 만난 인재들이 산의생(散宜生), 굉요(閎夭), 남궁괄(南宮适) 등으로, 모두 훗날 주(周)나라 건국에 큰 공을 세운 인물들이다. 주 임금의 폭정은 도를 더해 갔고, 천하 정세의 큰 변화에 대한 강상의 확신은 더욱 굳어졌다. 이 무렵 희창(주 문왕)이 참소를 당해 유리성(羑里城)에 유폐당하는 사건이 발생했다. 희창의 측근들은 강상을 찾아 희창을 구할 방법을 상의했고, 강상은 주왕의 취향에 맞추어 재물과 미녀를 바치는 이른바 '투기소호(投其所好, 그 사람이 좋아하는 것에 맞추다.)'의 모략으로 희창을 빼내는데 성공한다. 이 과정에서 강상은 상나라 내부의 부패상을 더욱 부추기는 이간책과 갖가지 유인책으로 상나라를 완전히 기울게 만드는 '경상책(傾商策)'을 제안했다. 이제 대세는 희창에게로 기울었다. 하지만 강상은 나서지 않고 희창을 기다렸다. 그는 이 기다림이 자신의 생애에 있어서 마지막 기다림이 될 것임을 확신했고, 웨이수이강에 낚싯대를 드리운 채 희창이 자신을 조정으로 불러주기를 기다렸다. 희창은 친히 강상을 찾아와 그에게 군대를 통솔하는 총사령관에 해당하는 사(師)라는 자리를 주어 극진히 모셨다. 이에 강상은 희창에게 이제 무력으로 상을 멸망시키기 위한 '멸상책(滅商策)', 즉 '무벌(武伐)'을 건의했다. 강상의 '멸상책'은 희창의 아들 희발(姬發), 즉 무왕 때에 가서 실현되었다. 강상의 활동 범위는 그의 경력에서 보다시피 당대 누구보다 폭 넓었다. 오늘날 산둥, 허난, 허베이, 산시(陝西)성에 걸치는 지역으로 그 당시로는 천하에 해당했다. 이런 폭넓은 활동에서 체득한 풍부한 경험이 천하 정세에 대한 날카로운 판단력을 만남으로써 상나라를 멸망시키기 위한 장기적인 계책이 마련될 수 있었던 것이다. 강상이 주나라를 건국하는데 가장 큰 공을 세웠다는 데는 이견이 없다. 다만 그가 무엇을 가지고 공을 세웠느냐는 점에 주목해야 한다. 사마천은 '경상책'과 '멸상책' 등이 모두 강상의 넓고 깊은 모략에서 비롯되었다고 했다. 강상은 정치투쟁에 군사투쟁을 접목시킨 최초의 인물이다. 그는 정치투쟁 역시 전쟁에서의 상황과 다를 바 없다고 인식하여 승부의 관건은 투쟁에 있어서 누가 자각적 능동성을 발휘하느냐에 달려 있다고 보았다. 다시 말해, 정치투쟁이든 군사투쟁이든 주도권 싸움이라는 것이다. 《육도》는 이러한 강상의 실천적 경험과 사상을 이론화한 것이다. 이 때문에 그는 병가(兵家)의 시조로 추앙받고 있다. 강상의 기다림은 사람을 기다리는 것이었다. 그는 때를 확신했다. 상나라가 버림을 받을 것으로 확신했고, 상나라를 무너뜨릴 책략을 치밀하게 구상했다. 문제는 자신의 책략을 받아들여 천하대세를 변화시키고 주도권을 쥘 사람이 누구냐 하는 것이었다. 희창[주 문왕]의 인재들이 강상을 알아보고 그를 먼저 찾았다. 이어 강상의 계책 덕분에 유리성에서 풀려난 희창도 강상을 찾아와 그에게 중책을 맡기는 것으로 그의 기다림에 응수했다. 강상의 기다림은 상·주 교체라는 커다란 변혁을 끌어냈다. 이 변혁의 과정에서 강상은 통치 철학의 근본적인 변화를 읽어냈다. 미신과 귀신을 숭배했던 풍조가 막을 내리고 인간의 의지가 모든 변화의 원동력이란 점을 정확하게 인식했다. 나아가 강상은 천하는 한 사람의 천하가 아니라 모든 사람의 천하라는 보다 진전된 인식을 보여줌으로써 그의 봉국인 제나라가 춘추시대 최초의 패주가 될 수 있는 든든한 기반 하나를 마련해주었다. 무왕의 동생인 주공(周公)이 강상의 통치 방식을 듣고는 "어허, 훗날 주 왕실과 같은 동성인 노(魯)나라가 성이 다른 강상의 제나라를 섬기게 되겠구나. 정치가 쉽고 친근하면 백성들이 절로 모여드는 법이다."라고 예언한 것도 같은 맥락이다. 기다림은 엎질러진 물과 같다. 기다려야 한다면 기다려야 한다. 강상은 분명 때를 알았다. 동시에 사람을 기다려야 한다는 것도 잘 알았다. 사람을 만나지 못하면 때를 아무리 잘 만나도 자신의 뜻을 펼치기 어렵다. 강상의 낚싯대에 걸친 세월의 무게는 곧 강상의 이런 성숙된 경륜을 의미했다. 세월을 낚는다는 것은 지난 시간, 즉 기다림에 대한 반추이자 현재에 대한 반성이며 나아가 미래의 반응을 종합하는 입체적인 행위였다. 강상의 기다림은 준비된 기다림이기도 했다. 준비된 기다림 앞에는 어떤 조짐도 어떤 징조도 걸림돌이 될 수 없다. 제대로 된 기다림의 마지막 수순은 확고부동한 결단이기 때문이다. 상나라를 정벌하는 날, 날씨도 점복도 다 불길하게 나왔다. 모두들 조짐이 좋지 않다며 머뭇거렸다. 그러나 강상은 모든 준비가 끝난 상황에서 이런 미신은 대업에 결코 방해가 될 수 없다며 정벌을 단행했다. 강상과 문왕의 만남은 누가 주동적이건 상호 이해의 기초 위에서 쌍방이 서로를 선택하는 것이 최선이란 점을 잘 보여준다. 그것을 위해 기다리는 것이다. 이런 점에서 모든 기다림은 최선, 나아가 최상의 만남을 위한 것이다. 그렇다면 강상과 문왕의 만남은 역사의 선택이었다. 제대로 된 기다림은 중대한 순간과 상황에서 시간을 벌게 해주는 밑천이 된다. 두 사람이 서로를 견주지 않고 전격적으로 결합할 수 있었던 것도 서로를 오래 기다렸고, 그 기다림의 질이 기다린 시간을 뛰어넘게 했다. 또 기다려 보았기에 허망한 미신을 과감하게 부정할 수 있었다. 주나라가 미신을 숭배한 상나라와 달리 건강한 통치방식으로 백성들의 마음을 얻을 수 있었던 것도 강상의 이 같은 실용적이고 실제적인 통치 방략에 힘입은 바 크다고 하겠다. 강상과 관련한 유적은 상당히 많은 편이다. 가장 유명하기로는 그가 낚싯대를 드리운 채 주 문왕을 기다렸다는 조어대(釣魚臺) 유적지가 산시(陜西)성 바오지(寶鷄)시 천창(陳倉)구 판시허(磻溪河)에 남아 있다. 또 강상의 출생지로 추정되는 산둥성 르자오(日照)시 해빈국가삼림공원(海濱國家森林公園)에 강태공문화원이 조성되어 있다. 공원 내에는 강태공기념관을 비롯하여 태공문화광장 등이 있고, 강태공 낚시절을 지정하여 행사를 열고 있다. 허난성 웨이후이(衛輝)시는 강자아의 고향으로 전한다. 이곳에는 강상의 무덤을 비롯하여 사당 등이 남아 있고, 매년 음력 8월 3일을 강태공 탄신일로 지정하여 국내외 강 씨·여 씨 후손들이 행사를 치른다. 강상이 봉지로 받은 제나라의 도읍인 산둥성 쯔보시 린쯔(臨淄)구에는 그의 의관총과 사당이 남아 있다. 이밖에 허베이성과 푸젠성에도 조어대와 강태공기념관이 남아 있거나 건립되어 있다(중국인물사전).

6 이덕성(李德成, 1655년, 효종 6년~1704년, 숙종 30년): 조선 중기의 문신이자

서예가로, 자는 득보(得甫)이며, 호는 반곡(盤谷)·지비자(知非子)이다. 본관은 전주(全州)이고, 정종(定宗)의 열 번째 왕자 덕천군(德泉君) 이후생(李厚生)의 8대손이다. 조부는 호조판서 등을 역임한 이경직(李景稷)이며, 종조부(從祖父)는 「삼전도비문(三田渡碑文)」을 찬술하고, 글씨에도 뛰어났던 이경석(李景奭)이다. 외조부는 공조참판 등을 역임했으며 촉체(蜀體)를 잘 쓴 것으로 유명했던 조문수(曺文秀)이며, 부친은 이후영(李後英)이다. 이덕성은 8세에 양친을 여의고, 이조판서 등을 지낸 숙부 이정영(李正英)에게 양육되었다. 이덕성은 1677년(숙종 3년)에 진사시에 합격하였고, 1682년 춘당대시(春塘臺試)에 병과로 급제하였다. 곧 부정자 겸 춘추관기사관이 되어 《현종실록》 편찬에 참여하였다. 이어서 의정부사록·의금부도사·성균관전적·공조좌랑·병조좌랑 등을 거쳐 1684년 사헌부지평이 되었다. 1685년 사간원정언이 되었는데, 이때 시정(時政)의 득실을 논하다가 순안현령으로 좌천되었다. 그러나 곧 병조정랑을 거쳐 다시 정언·지평이 되어, 국정 전반에 걸친 시폐(時弊)를 개혁하기 위한 적극적인 언론 활동을 전개하였다. 그 뒤 병조정랑·사복시정을 거쳐 1687년 동래부사가 되어, 동래상인들의 잠매행위(潛賣行爲: 밀매행위)와 왜인의 불법을 징치하는 데에 크게 힘썼다. 기사환국 때에 일시 사직하여 향리에 돌아갔다가, 해주목사·병조참지·의주부윤·장례원판결사·병조참의 등을 역임하였다. 1696년 황해도 관찰사가 되고 동부승지·예조참의가 되었다. 1699년 동지부사로 청나라에 가서 사서(史書)를 구입하다 금령에 걸려 파직되었다. 다시 형조참의·무주부사·강원감사·형조참의 등을 거쳐 1704년 충청감사가 되었으나, 재직 중에 병으로 죽었다. 특히 글씨에 능하여 당시에 이름이 높았다(한국민족문화대백과).

6 약부(若夫): 그런데.

7 조차(造次): 얼마 아닌 짧은 시간. 아주 급한 때에. 유의어: 조차간(造次間).

8 재생백(哉生魄): 처음으로 어두운 부분이 생김. 즉 음력 열엿새.

小學篇目

● 소학편목

[立教 第一] 凡一十三章　內篇

立教 제1이다. 모두 열세 장이다. 내편이다.

[明倫 第二] 凡百八章

明倫 제2다. 모두 일백 여덟 장이다.

明父子之親 三十九章

父子有親을 밝혔다. 서른아홉 장이다.

明君臣之義 二十章

君臣之義를 밝혔다. 스무 장이다.

明夫婦之別 九章

夫婦之別을 밝혔다. 아홉 장이다.

明長幼之序 二十章

長幼有序를 밝혔다. 스무 장이다.

明朋友之交 十一章

朋友之交를 밝혔다. 열한 장이다.

通論 九章

통론이다. 아홉 장이다.

[敬身 第三] 凡四十六章

敬身 제3이다. 모두 마흔여섯 장이다.

明心術之要 十二章

心術之要를 밝혔다. 열두 장이다.

明威儀之則 二十一章

威儀之則을 밝혔다. 스물한 장이다.

明衣服之制 七章

衣服之制를 밝혔다. 일곱 장이다.

明飮食之節 六章

飮食之節을 밝혔다. 여섯 장이다.

[稽古 第四] 凡四十七章

稽古 제4이다. 모두 마흔일곱 장이다.

立敎 四章

立敎이다. 네 장이다.

明倫 三十一章

明倫이다. 서른한 장이다.

敬身 九章

敬身이다. 아홉 장이다.

通論 三章

通論이다. 세 장이다.

[嘉言 第五] 凡九十一章　外篇

嘉言 제5이다. 모두 아흔한 장이다. 외편이다.

廣立敎 十四章

廣立敎이다. 열네 장이다.

廣明倫 四十一章

廣明倫이다. 마흔한 장이다.

廣敬身 三十六章

廣敬身이다. 서른여섯 장이다.

[善行 第六] 凡八十一章

善行 제6이다. 모두 여든한 장이다.

實立敎 八章

實立敎이다. 여덟 장이다.

實明倫 四十五章

實明倫이다. 마흔다섯 장이다.

實敬身 二十八章

實敬身이다. 스물여덟 장이다.

內外篇 凡三百八十六章

內外篇이다. 모두 삼백팔십육 장이다.

小學集註總目

● 소학집주총목

[立教 第一] 凡一十三章

立教 제1이다. 모두 열세 장이다.

李氏曰首一章은立胎孕之教요次二章은立保傅之教요次五章은立學校君政之教요後五章은立師弟子之教니라

● 이 씨가 말하였다. "첫머리 한 장은 잉태의 가르침을 세웠고, 다음 두 장은 보호하는 사람과 스승의 가르침을 세웠고, 다음 다섯 장은 학교와 임금 정치의 가르침을 세웠고, 뒤의 다섯 장은 스승과 제자의 가르침을 세웠다."

漢字 胎(아이 밸 태), 孕(아이 밸 잉), 保(지킬 보, 보전할 보), 傅(스승 부)

[明倫 第二] 凡一百八章

明倫 제2다. 모두 일백 여덟 장이다.

明父子之親 凡三十九章

父子之親을 밝혔다. 모두 서른아홉 장이다.

李氏曰首四章은明事親之禮요次六章은明凡爲人子之禮요次五章은明敬親命之禮요次五章은明廣愛敬之禮요次三章은明諫過之禮요次二章은明侍養疾病之禮요次二章은明謹

身之禮요次六章은明祭享大意요人之善이莫大於孝라故로次三章은皆言孝親之道요其不善이莫大於不孝라故로以後三章으로警之於末焉하니라

●이 씨가 말하였다. "처음 네 장은 어버이를 섬기는 禮를 밝혔고, 다음 여섯 장은 무릇 人子의 예절을 밝혔고, 다음 다섯 장은 어버이의 명령을 공경하는 예절을 밝혔고, 다음 다섯 장은 사랑과 공경을 넓히는 예절을 밝혔고, 다음 세 장은 잘못을 간하는 예절을 밝혔고, 다음 두 장은 질병에 모시고 봉양하는 예절을 밝혔고, 다음 두 장은 몸을 삼가는 예절을 밝혔고, 다음 여섯 장은 祭享의 큰 뜻을 밝혔다. 사람의 善에 孝보다 큰 것이 없다. 그러므로 다음 세 장은 모두 어버이에게 효도하는 도리를 말하였고, 그 不善함에는 不孝보다 큰 것이 없다. 그러므로 뒤의 세 장으로 마지막에서 경계하였다."

漢字 諫(간할 간), 侍(모실 시), 享(제사지낼 향, 누릴 향)

제향(祭享): '제사'의 높임말.

明君臣之義 凡二十章

君臣之義를 밝혔다. 모두 스무 장이다.

李氏曰前十二章은明事君之禮요後八章은明爲臣之節이니라

●이 씨가 말하였다. "앞의 열두 장은 임금을 섬기는 예절을 밝혔고, 뒤의 여덟 장은 신하가 되는 예절을 밝혔다."

明夫婦之別 凡九章

夫婦之別을 밝혔다. 모두 아홉 장이다.

李氏曰首五章은明婚姻之禮요次二章은明男女之別이요次一章은明去取之義요終則以寡婦之子로結之하니라

●이 씨가 말하였다. "처음 다섯 장은 婚姻의 예절을 밝혔고, 다음 두 장은 男女의 구별을 밝혔고, 다음 한 장은 버리고 취하는 뜻을 밝혔고, 마지막에는 과부의 자식으로써 끝을 맺었다."

明長幼之序 凡二十章

長幼之序를 밝혔다. 모두 스무 장이다.

眞氏曰舜命契以教五教하시되不曰兄弟而曰長幼者는蓋以宗族鄕黨皆有長焉이요非但同氣而已일새니라李氏曰首二章은明敬兄之禮요次十八章은則明凡進退應對灑掃飮食燕射行坐之禮也니라

●진 씨가 말하였다. "舜이 설(契)에게 명령하여 五教를 가르치게 하시면서, 형제라고 말하지 않고 장유를 말한 것은 대개 宗族과 鄕黨에 모두 어른이 있고, 다만 同氣間뿐만이 아니기 때문이다." 李氏가 말하였다. "처음 두 장은 형을 공경하는 예절을 밝혔고, 다음 열여덟 장은 進退·應對·灑掃·飮食·燕射·行坐의 예절을 밝혔다."

明朋友之交 凡十一章

朋友之交를 밝혔다. 모두 열한 장이다.

朱子曰人之大倫이有五하니聖賢皆以爲天之所敍라然今考之컨대惟父子兄弟爲天屬이요而以人合者三焉이라然夫婦者는天屬之所由以續者也요君臣者는天屬之所賴以全者

也요至若朋友者하여는則天屬之所賴以取正者也라故로欲君臣父子兄弟夫婦之間에交盡其道而無悖인댄非有朋友以責其善輔其仁이면其孰能使之然哉아故로朋友之於人倫에其勢若輕而所繫爲甚重하고其分若疎而所關爲至親하고其名若小而所職爲甚大하니此는古之聖人이修道立敎에所以必重於此하여而不敢怠也시니라李氏曰首一章은明輔仁之職이요次二章은明責善之義요次一章은言不可則止요次三章은明取友之義요次四章은明辭受賓主之儀니라

●주자가 말하였다. "사람의 큰 윤리가 다섯이 있는데, 聖賢이 모두 하늘이 편 바라 하였다. 그러나 지금 그것을 살펴보건대, 오직 父子와 兄弟는 天倫인 親屬이지만, 남으로서 합친 것이 셋이다. 그러나 夫婦라고 하는 것은 天屬의 말미암은 바로서 이어지는 것이고, 君臣이라고 하는 것은 천속이 의뢰함으로써 온전하게 되는 것이며, 朋友 같은 것에 이르러서는 천속이 의뢰하는 바로서 바름을 취하는 것이다. 그러므로 군신·부자·형제·부부 사이에 서로 그 도리를 다하여 어긋남이 없고자 한다면, 그 善을 責하고 그 仁을 돕는 붕우가 있지 않고서는 그 누가 능히 하여금 그렇게 할 수 있겠는가? 그러므로 붕우가 人倫에 있어 그 형세가 가벼운 듯하나 걸린 바가 매우 중하고, 그 정분이 소원한 듯하나 관계된 바가 지극히 친밀하며, 그 이름이 작은 듯하나 맡은 바가 매우 크니, 이것이 옛날 聖人이 道를 닦고 가르침을 세움에 반드시 이를 중히 여겨 감히 태만하지 않았던 이유이다." 이 씨가 말하였다. "처음 한 장은 仁을 돕는 직책을 밝혔고, 다음 두 장은 善을 責하는 의리를 밝혔고, 다음 한 장은 (충고하여 선도하다가) 불가하면 그쳐야 함을 말하였고, 다음 세 장은 친구를 취하는 의리를 밝혔고, 다음 네 장은 辭受·賓主의 예의를 밝혔다."

1 친속(親屬) 촌수가 가까운 일가. 유의어: 친족(親族).

2 사수(辭受): 사양함과 받음.

通論 凡九章

통론이다. 모두 아홉 장이다.

통론(通論): 어떤 분야의 전반에 걸친 일반적 이론.

[敬身 第三] 凡四十六章

敬身 제3이다. 모두 마흔여섯 장이다.

明心術之要 凡十二章

心術之要를 밝혔다. 모두 열두 장이다.

李氏曰首一章은丹書之戒니以敬對怠而言하여明敬有畏懼之義也요 次曲禮一章은明敬乃禮之本하고兼陳敬之目也요次論語六章은皆明涵養本原而以敬爲主요次曲禮樂記論語三章은皆明持敬之功이요終之以管子之言하니則指畏之一字하여爲切要工夫也니라

●이 씨가 말하였다. "처음 한 장은 《丹書》의 경계이니, 써 敬을 怠와 대비하여 말하여, 敬에는 두려움의 뜻이 있음을 밝혔고, 다음 〈曲禮〉의 한 장은 敬이 바로 禮의 근본임을 밝히고, 겸하여 敬의 조목을 폈고, 다음 《論語》의 여섯 장은 모두 本原을 함양함을 밝혔는데 敬으로써 주를 삼았고, 다음 〈曲禮〉·〈樂記〉·《論語》의 세 장은 모두 敬을 지키는 공부를 밝혔으며, 《管子》의 말로써 끝을 맺었으니, '畏'라는 한 글자를 지적하여 절실하고 중요한 공부로 삼았다."

明威儀之則 凡二十一章

威儀之則을 밝혔다. 모두 스물한 장이다.

李氏曰首一章은明二十而冠하니實威儀之始요次十八章은言當勉威儀之敬하고而必戒其威儀之非敬者요終二章은則明威儀心術交相培養之禮也하니라

●이 씨가 말하였다. "처음 한 장은 스무 살에 冠禮함을 밝혔으니, 실로 威儀의 시작이요, 다음 열여덟 장은 마땅히 威儀의 敬을 힘쓰고 그 威儀의 敬이 아닌 것을 반드시 경계해야 함을 말하였고, 끝의 두 장은 威儀와 心術이 서로 배양하는 예절을 밝혔다."

심술(心術): 마음가짐.

明衣服之制 凡七章

衣服之制를 밝혔다. 모두 일곱 장이다.

李氏曰首一章은明旣冠成人하고加以盛服하여服備어든乃責以成德이요次四章은明古人致謹於衣服如此요次一章은明未成人不當加以成人之服이요終一章은明不可恥惡衣食而忘心德之重也하니라

●이 씨가 말하였다. "처음 한 장은 이미 冠禮를 하여 成人이 되게 하고, 써 성대한 의복을 입혀주어, 의복이 갖추어지면 이에 德을 이룸으로써 책함을 밝혔고, 다음 네 장은 옛날 사람들이 의복에 삼가기를 지극히 함이 이와 같음을 밝혔고, 다음 한 장은 成人이 되지 않았는데 써 成人의 의복을 입혀서는 안 됨을 밝혔고, 끝의 한 장은 나쁜 衣食을 부끄러워하여 心德의 중요함을 잊어서는 안 됨을 밝혔다."

明飮食之節 凡六章

飮食之節을 밝혔다. 모두 여섯 장이다.

[稽古 第四] 凡四十七章

稽古 제4이다. 모두 마흔일곱 장이다.

立敎 凡四章

立敎이다. 모두 네 장이다.

饒氏曰前二章은是母敎요後二章은是父敎라蓋母敎於幼時라故로先言之하고父敎於旣長이라故로後言之也니라

● 요 씨가 말하였다. "앞의 두 장은 어머니의 가르침이고, 뒤의 두 장은 아버지의 가르침이다. 대개 어머니는 어릴 때 가르친다. 그러므로 먼저 그것을 말하였고, 아버지는 이미 자란 뒤에 가르친다. 그러므로 뒤에 말하였다."

明倫 凡三十一章

明倫이다. 모두 서른한 장이다.

李氏曰首十七章은明父子之親이요次五章은明君臣之義요次四章은明夫婦之別이요次三章은明長幼之序요後二章은明朋友之交니라

● 이 씨가 말하였다. "처음 열일곱 장은 부자간의 친함을 밝혔고, 다음 다섯 장은 군신간의 의리를 밝혔고, 다음 네 장은 부부간의 분별을 밝혔고, 다음 세 장은 장유간의 차례를 밝혔고, 뒤의 두 장은 붕우간의 사귐을 밝혔다."

敬身 凡九章

敬身이다. 모두 아홉 장이다.

李氏曰首三章은言心術이요次二章은言威儀요次三章은言衣服이요後一章은言飮食이라

●이 씨가 말하였다. "처음 세 장은 心術을 말하였고, 다음 두 장은 威儀를 말하였고, 다음 세 장은 의복을 말하였고, 뒤의 한 장은 음식을 말하였다."

通論 凡三章

通論이다. 모두 세 장이다.

饒氏曰首章은言敎以義方하니論立敎也요又言六順六逆하니則論立敎以明倫也요二章은言定命하니論敬身也요末章은言敬愼威儀하니論敬身也요又言君臣上下至朋友하니則論敬身以明倫也니라

●요 씨가 말하였다. "첫 장은 옳은 방법으로 가르침을 말하였으니 立敎를 논하였고, 또 六順과 六逆을 말하였으니, 立敎하여 윤리를 밝힘을 논하였다. 둘째 장은 天命을 안정시킴을 말하였으니, 敬身을 논하였다. 끝 장은 威儀를 공경하고 삼감을 말하였으니, 敬身을 논하였으며, 또 君臣과 上下로부터 朋友에 이르기까지를 말하였으니, 敬身하여 써 明倫함을 논하였다."

[嘉言 第五] 凡九十一章

嘉言 제5이다. 모두 아흔한 장이다.

廣立敎 凡十四章

立敎를 넓혔다. 모두 열네 장이다.

李氏曰此篇은首以張子楊文公之說하니所以防驕惰之病根하여養良知良能之德性이요次以二程子之說하니使知經學念書以致其知하고灑掃進退以篤其行이요後十章은則凡立志行己之事니皆所以廣立教也니라

●이 씨가 말하였다. "이 편은 처음에 張子와 楊文公의 말로써 하니, 교만과 나태의 病根을 막음으로써 良知와 良能의 德性을 기르게 한 바이고, 다음에 두 程子의 말로써 하니, 하여금 經學과 글을 외움으로써 그 앎을 극진히 하고, 灑掃와 進退로써 그 행실을 독실히 함을 알게 하였으며, 뒤의 열 장은 모두 뜻을 세우고 자신을 실행하는 일이니, 모두 써 立敎를 넓히는 바다."

廣明倫 凡四十一章

明倫을 넓혔다. 모두 마흔한 장이다.

李氏曰首十四章은廣父子之親이요次十章은廣君臣之義요次九章은廣夫婦之別이요次三章은廣長幼之序요次三章은廣朋友之交요後二章은廣通論明倫之義니라

●이 씨가 말하였다. "처음 열네 장은 父子의 친함을 넓혔고, 다음 열 장은 君臣의 의리를 넓혔고, 다음 아홉 장은 夫婦의 분별을 넓혔고, 다음 세 장은 長幼의 차례를 넓혔고, 다음 세 장은 朋友의 사귐을 넓혔고, 뒤의 두 장은 明倫을 통론한 뜻을 넓혔다."

廣敬身 凡三十六章

敬身을 넓혔다. 모두 서른여섯 장이다.

李氏曰首十六章은廣心術之要요次五章은廣威儀之則이요

次二章은廣衣食之制요後十三章은廣讀書爲學與異端之辨也니라

●이 씨가 말하였다. "처음 열여섯 장은 心術의 요점을 넓혔고, 다음 다섯 장은 威儀의 법칙을 넓혔고, 다음 두 장은 의복과 음식의 제도를 넓혔고, 뒤의 열세 장은 글을 읽어 학문함과 異端에 대한 분별을 넓혔다."

[善行 第六] 凡八十一章

善行 제6이다. 모두 여든한 장이다.

實立教 凡八章

立教를 실증하였다. 모두 여덟 장이다.

李氏曰首二章은實家庭之教요次五章은實學校之教요後一章은實師弟子之教니라

●이 씨가 말하였다. "처음 두 장은 가정의 가르침을 실증하였고, 다음 다섯 장은 학교의 가르침을 실증하였고, 뒤의 한 장은 사제 간의 가르침을 실증하였다."

實明倫 凡四十五章

明倫을 실증하였다. 모두 마흔다섯 장이다.

李氏曰首十章은實父子之親이요次八章은實君臣之義요次五章은實夫婦之別이요次十章은實長幼之序요次一章은實朋友之交요後十一章은實通論明倫之義니라

●이 씨가 말하였다. "처음 열 장은 부자간의 친함을 실증하였고, 다음 여덟

장은 군신간의 의리를 실증하였고, 다음 다섯 장은 부부간의 분별을 실증하였고, 다음 열 장은 장유간의 차례를 실증하였고, 다음 한 장은 붕우간의 사귐을 실증하였고, 뒤의 열한 장은 明倫을 통론한 뜻을 실증하였다."

實敬身 凡二十八章

敬身을 실증하였다. 모두 스물여덟 장이다.

李氏曰首十四章은**實心術之要**요**次七章**은**實威儀之則**이요 **次一章**은**實衣服之制**요**後六章**은**實飮食之節**이니라

●이 씨가 말하였다. "처음 열네 장은 心術의 요점을 실증하였고, 다음 일곱 장은 威儀의 법칙을 실증하였고, 다음 한 장은 의복의 제도를 실증하였고, 뒤의 여섯 장은 음식의 예절을 실증하였다."

小學集註總論

● 소학집주총론

程子曰古之人은自能食能言而教之라是故로小學之法은以豫爲先이라蓋人之幼也에知思未有所主하니則當以格言至論으로日陳於前하여使盈耳充腹하여久自安習하여若固有之者면後雖有讒說搖惑이나不能入也라若爲之不豫하여及乎稍長이면意慮偏好生於內하고衆口辨言이鑠於外하니欲其純全이나不可得已니라

● 정자가 말하였다. "옛 사람들은 스스로 먹고 말할 수 있으면, 그를 가르쳤다. 그러므로 소학의 교육법은 미리함[미리 가르침]을 우선으로 삼는다. 대개 사람이 어릴 때에는 지식과 생각이 주장하는 바가 있지 않으니, 마땅히 바른 말과 지극한 이론으로 날마다 (어린이) 앞에서 설명하여, 하여금 귀에 가득하고 배에 차도록 해야 한다. 오래도록 스스로 편안하고 익숙해져 마치 고유한 것처럼 되면, 뒤에 비록 참소하는 말의 動搖나 유혹이 있더라도 들어갈 수 없게 된다. 만약 그[어린이]를 위해 미리 하지 않아[가르치지 않아], 점점 자람에 이르면 뜻과 생각에 편벽되게 좋아함이 안에서 생기고, 여러 사람들의 분별 있는 말이 밖에서 녹으니, 그 순수하고 완전하고자 한들 될 수가 없는 것이다."

漢字 盈(가득할 영), 充(채울 충), 讒(참소할 참), 搖(흔들 요), 稍(점점 초), 偏(=徧 치우칠 편), 鑠(녹일 삭)

정자(程子): 중국 송나라의 정명도(程明道, 1032년~1085년)와 정이천(程伊川,

1033년~1107년) 두 형제를 말하며 이(二)정자라고도 한다. 모두 유교철학자이다. 주염계(周簾溪)에게서 배우고 '이(理)'를 최고의 범주로 삼아 도학(道學)을 체계화하고 발전시켰다. 그들은 하늘[天]을 이(理)라고 하여 달이 냇물에 그 모습이 비치듯이 천하 만물은 이 유일하고 절대인 이(理)를 구현하고 있는 것이고, 천리(天理)가 일정한 목적 하에 우주의 질서를 세운다고 하는 목적론적 세계관을 수립하였다. 부자와 군신도 천하의 정리[天下之定理]이기에 어느 누구도 이 관계로부터 벗어날 수 없다고 하여 불교의 출세간(出世間) 주의를 비판하고 현실의 봉건적 신분질서를 절대화시켰다. 그러나 이 두 사람은 그 사상, 성격에 차이점이 있다. 명도는 천지의 움직임을 역(易)에 기초하여 생생(生生)이라고 보고, 만물[사물, 인간 모두]은 모두 천지의 생의(生意)를 받은 일체라고 생각하였으며, 천지생생의 덕을 인(仁)이라고 하여 '만물 일체의 인'이란 관념을 수립하였다. 이것은 인(仁)에 대한 새로운 해석으로서 후세에 큰 영향을 미쳤다. 인이 만물일체[물아일체(物我一體)]로 되고, 범위를 확장시켜 종래엔 인(仁)과 병렬되어 있던 의・예・지・신도 모두 인(仁)으로 되어, 인(仁)은 덕(德)의 근본이고 의・예・지・신은 그 한정으로서 오상(五常)이 구조적으로 해석되어 왔으며, 이것은 주자학으로 완성되었다. 이리하여 인은 학자가 제일로 삼아야 할 것이며, 그 실현은 인의 규정에 따라서 천지 만물 만민의 생의를 직접 공감하는 체인(體認)에 의해서 가능하다. 이와 같이 명도의 사상은 직관, 체인을 특징으로 한 데 비하여, 아우인 이천은 분석적, 사변적 태도와 엄격한 도덕주의를 본령으로 하였다. 이천은 역(易)의 '일음일양(一陰一陽)', 즉 도(道)라는 명제에 대하여 음양은 기(氣)로 형이하학적인 것이고 도는 음양의 이유[所以]로서 형이상학적인 것으로, 양자를 차원을 달리하는 것으로 보았다. 윤리설에서는 성즉리(性卽理)의 명제를 세워 성선설을 천리로 삼아 절대화하고, 성을 천명(天命)의 성과 기질(氣質)의 성으로 나누고 또한 성과 정(情)을 구별하였다. 여기서 천리를 세우고 인욕(人欲)을 멸한다는 엄숙주의가 나오는 것이다. 이천은 '이(理)'의 분석적 추구, 격물궁리(格物窮理)를 강조함과 동시에 경(敬)을 통하여 마음을 수양하는 거경(居敬, 마음의 집중)이란 방법을 중시한다. 유일 절대한 이(理)를 대상으로 하는 궁리는 실증적인 것이 아니라 관념적이기 때문에 거경이 궁리의 정신적 태도로서 강조되었다. 주자(朱子)는 명도의 사상을 비판적으로, 이천의 사상을 전면적으로 수용하여 주자학의 골격을 세웠다(철학사전).

朱子曰後生初學은且看小學書하라那箇是做人底樣子니라

● 주자가 말하였다. "후생 초학자는 우선 《소학》 책을 보아야 한다. 이것(《소학》)은 사람을 만드는 틀이다."

漢字 且(우선 차), 那(저 나), 箇(어조사 개), 底(어조사 저), 做(만들 주), 樣(본 양, 모양 양)

又曰修身大法은小學書備矣요義理精微는近思錄詳之니라

● 또 말하였다. "몸을 닦는 큰 법은 《소학》 책이 갖추고 있고, 의리의 정밀하고 미묘함은 《近思錄》이 자세히 말한다."

근사록(近思錄): 1175년, 중국 송(宋)나라의 주희(朱熹)와 여조겸(呂祖謙)이 주돈이(周敦頤)·정호(程顥)·정이(程頤)·장재(張載) 등 네 학자의 글에서 학문의 중심 문제들과 일상생활에 요긴한 부분들을 뽑아 편집한 책이다. 제목의 '근사'는 《논어(論語)》〈자장(子張) 제6장에서 가져온 것이다. "子夏曰 博學而篤志 切問而近思 仁在其中矣(자하가 말하였다. '널리 배우고 뜻을 독실하게 하며, 절실하게 묻고 가까이 생각하면, 인(仁)은 그 가운데에 있을 것이다.')" 자하는 공자(孔子)의 뛰어난 제자 십철(十哲) 중 한 사람이다. 이 구절은 자하가 학문하는 자세로서 강조한 네 가지이다. 박학(博學)은 여러 책을 두루 읽고 접하는 것, 독지(篤志)는 자신의 의지와 방향을 확실히 하여 흔들리지 않는 것, 절문(切問)은 스스로 깨닫지 못한 부분까지 놓치지 않고 깊이 탐구하는 것, 근사(近思)는 너무 이상적인 것을 좇기보다는 자신의 능력에 미치는 지점부터 이해하려고 하는 것이다. 《근사록》은 622조의 항목이 14권으로 분류되었는데, 각 권의 편명은 후대의 학자들이 붙인 것이 굳어진 것으로서, 도체(道體)·위학(爲學)·치지(致知)·존양(存養)·극기(克己)·가도(家道)·출처(出處)·치체(治體)·치법(治法)·정사(政事)·교학(敎學)·경계(警戒)·변이단(辨異端)·관성현(觀聖賢)으로 구성되어 있다. 주희의 설명에 따르면, 학문하는 사람이 그 단서를 구하고, 힘을 쓰며, 자기 몸을 처신하고, 사람을 다스리며, 이단을 구분하고, 성현을 보는 일의 큰 줄기를 다 갖추었다고 한다. 진덕수(眞德秀)의 《심경(心經)》과 함께 신유학의 필수 문헌으로 중시되었고, 채모(蔡模)의 《근사록집주(近思錄集註)》 등 많은 해설서가 나왔다. 우리나라에는 고려 말 신유학이 수입될 때 들어와 1370년(공민왕 19년) 진주목사 이인민(李仁敏)이 4책으로 복간한 바 있으며, 그 책은 지금까지 전해져 보물 제262호와 제1077호로 지정되어 있다. 또한, 세종·문종대의 경연에서도 이 책을 강론하였지만, 일반 학자들 사이에 널리 퍼진 것은 조선 전기 훈구파의 사장(詞章) 중심의 학문을 비판하고 신유학의 요체를 깊이 이해하기 시작한 중종대 사림파 단계에 와서였다. 1519년(중종 14년) 구례현감 안처순(安處順)에 의해 목판본이 간행되었다. 《소학》과 함께 중종대 사림파의 상징적인 서적으로 인식되어 기묘사화 후에는 한때 엄격히 금지되기도 하였지만, 이이(李珥)의 《격몽요결》 단계에 와서는 학자가 《소학》과 사서삼경 및 역사서 등을 읽은 다음에 탐구해야 할 성리서(性理書)의 하나로 제시되었다. 그 후 조선 후기까지 학자의 필수 문헌으로 인식되어 수많은 판본이 간행되었으며, 17세기 중반 정엽(鄭曄)의 《근사록석의(近思錄釋疑)》, 18세기 이익(李瀷)의 《근사록질서(近思錄疾書)》를 비롯한 많은 해설서가 나왔다(두산백과).

又曰古人之學은固以致知格物爲先이라然其始也에必養之於小學하니則在乎灑掃應對進退之節과禮樂射御書數之習而已라聖賢開示後人進學門庭先後次序가極爲明備니라

● 또 말하였다. "옛사람들의 학문은 진실로 致知와 格物을 우선으로 삼았다. 그러나 그 처음은 반드시 《소학》에서 그것을 길렀으니, 바로 물 뿌리고 쓸며 응하고 대답하며 나아가고 물러나는 예절과 禮, 樂, 射, 御, 書, 數의 익힘에 있을 뿐이었다. 성현들이 후인에게, 학문에 나아가는 門庭[뜰]과 선후의 次序[순서]를 열어보여 주신 것이 지극히 밝게 갖추어져 있다."

1 치지(致知): 지식을 넓힘.

2 격물(格物): 사물에 대하여 깊이 연구함.

又曰古之教者有小學有大學ᄒᆞ니其道則一而已라小學은是事니如事君事父兄等事요大學은是發明此事之理니就上面

講究委曲所以事君事親等事是如何니라

●또 말하였다. "옛날의 가르침은 《소학》이 있고 《대학》이 있었는데, 그 도는 하나일 뿐이다. 《소학》은 일이니, 임금을 섬기고 부형을 섬기는 등과 같은 일이요, 《대학》은 이 일의 이치를 밝히는 것이니, 그 위로 나아가 임금을 섬기고 부모를 섬기는 등의 일이 어떠한 것인가에 대한 까닭[所以]을 委曲하게 강구하는 것이다."

漢字 委(맡길 위), 曲(굽을 곡)

위곡(委曲): 자세하고 소상함.

又曰古人은由小學而進於大學하여其於灑掃應對進退之間에持守堅定하고涵養純熟이固已久矣니大學之序는特因小學已成之功이니라

●또 말하였다. "옛사람들은 《소학》을 경유하여 《대학》에 나아갔다. 물 뿌리고 쓸며 응하고 대답하며 나아가고 물러가는 사이에, 持守함이 굳고 안정되며, 涵養과 純熟이 진실로 이미 오래 되었으니, 《대학》의 순서는 다만 《소학》에서 이미 이룬 공에 인할 뿐이었다."

1 지수(持守): 유지하여 지킴
2 함양(涵養): 학문과 식견을 넓혀 심성을 닦음.
3 순숙(純熟): 완전히 익음.

又曰古人於小學에存養已熟ᄒᆞ야根基已自深厚ᄒᆞ니到大學ᄒᆞ야는只就上面點化出些精采니라

●또 말하였다. "옛사람들은 《소학》에서 存養이 이미 익숙하여 根基가 이미 스스로 깊고 두터웠으니, 《대학》에 이르러서는 다만 그 위로 나아가 약간의 精彩를 點化하여 내었을 뿐이다."

漢字 些(조금 사)

1 존양(存養): 본심을 잃지 않도록 착한 성품을 기름.
2 근기(根基): 뿌리박은 터전.
3 정채(精彩): 정묘하고 아름다운 빛깔.
4 점화(點化): 이전의 사물을 고쳐서 새롭게 함.

又曰古人은小學에敎之以事하여便自養得他心하여不知不覺自好了하고到得漸長하여는更(경)歷通達事物하며將無所不能이러니今人은旣無本領하고只去理會許多閑汨董하니百方措置思索이나反以害心이니라

● 또 말하였다. "옛사람들은《소학》에서 일로써 그들을 가르쳐, 곧 스스로 다른 마음을 길러 얻어, 알지 못하고 깨닫지 못하는 사이에 저절로 좋게 되었다. 점점 자람에 이르러서는, 사물을 경험하여 통달해서, 장차 능하지 못한 것이 없었다. 지금 사람들은 이미 본령이 없고, 다만 많은, 쓸데없는 골동품[잡동사니]만을 뒤좇아 이해하니 백방으로 조치하고 사색해도 오히려 마음을 해칠 뿐이다."

漢字 便(곧 변), 了(어조사 료), 更(지날 경, 고칠 경, 다시 갱), 閑(클 한, 한가할 한), 汨(어지럽힐 골, 다스릴 골, 잠길 골), 董(감출 동, 감독할 동)

골동(汨董/骨董): 골동품.

又曰古人於小學에自能言便有敎하여一歲有一歲工夫하여到二十來歲엔聖賢資質이已自有三分了하니大學은只出治光彩러니而今都蹉過了하여不能更(갱)轉去做하니只據而今地頭하여便劄住立定脚跟做去라如三十歲覺悟면便從三十歲立定脚跟做去요便年八九十歲覺悟면亦當據現在劄住

做去니라

●또 말하였다. "옛사람들은 《소학》에서, 스스로 말할 수 있으면 곧 가르침이 있었다. 한 살에는 한 살 공부가 있다. 스무 살에 이르면 성현 자질이 이미 스스로 삼분(三分)[30퍼센트]이 있으니, 《대학》은 다만 광채를 내어 다스릴 뿐이다. 지금은 모두 (《소학》 공부를) 지나쳐 다시 돌아가서 지을[공부할] 수 없으니, 다만 지금의 지경[처지]에 의거하여 곧바로 이르러 머물러 다리와 발뒤꿈치를 세워 정하고 공부해야 한다. 만일 서른 살에 깨달았다면, 곧 서른 살에서부터 다리와 발뒤꿈치를 세워 정하고 공부해야 하며, 나이 여든에서 아흔에 깨달았다면, 또한 마땅히 그 당시에 의하여 이르러 머물러 공부해야 한다."

漢字 都(모두 도), 蹉(지날 차), 過(지날 과), 轉(돌 전), 做(일할 주), 據(의거할 거), 箚(이를 차, 찌를 차), 跟(발뒤꿈치 근)

지두(地頭): 나라나 지역 따위의 구간을 가르는 경계. 유의어: 지경(地境).

或問某自幼로旣失小學之序矣니請授大學이何如잇고朱子曰授大學也엔須先看小學書니只消旬日功夫니라

●어떤 사람이 물었다. "아무개는 어렸을 때부터 이미 《소학》의 순서를 잃었으니, 청컨대 《대학》을 가르쳐 주시는 것이 어떻겠습니까?" 하였다. 주자가 말하였다. "《대학》을 가르침에는 모름지기 먼저 《소학》을 보아야 하니, 다만 (《소학》을) 공부하는 데 열 달을 소비하면 된다." 하셨다.

漢字 某(아무 모, 일부러 이름을 명시하지 않을 때 사용), 消(소비할 소), 旬(열흘 순)

李周翰請敎호되屢歎年歲之高하고未晩時文之累한대朱子曰這是自見得이니某所編小學을公且仔細去看하라也有古人說話하고也有今人說話하니라

●이주한이 가르침을 청하면서, '나이가 많고 時文에 묶임을 면치 못한다.' 고 자주 탄식하자, 주자가 말하였다. "이는 스스로 보아 얻어야 하니, 아무개가 엮은 바의 《소학》을 公은 우선 자세히 가서 보라. 또한 옛사람의 말도 있고, 또한 지금 사람의 말도 있다."

漢字 屢(여러 누), 累(묶을 누), 這(이 저), 編(엮을 편), 仔(자세할 자), 也(또 야)

시문(時文): ①그 시대(時代)에 쓰이는 글. 또는 현재(現在)에 통용(通用)하는 글. ②중국(中國) 명대(明代)에, 과거(科擧)의 답안(答案)에 쓰이던 문체(文體), 즉 팔고문(八股文)과 청말(淸末)에서 민국(民國)에 걸쳐, 관청(官廳)의 공문서(公文書)나 신문(新聞)에 쓰이던 문체(文體). ③중국(中國)의 현대문(現代文).

或問某今看大學에**如小學中有未曉處**를**亦要理會**릿가**朱子曰相兼看不妨**이라**學者於文爲制度**에**不可存終理會不得之心**이나**須立箇大規模**ᄒᆞ야**都要理會得**이라**至於明暗**ᄒᆞ야는**則係乎人之才如何耳**니라

●어떤 사람이 물었다. "아무개가 지금 《대학》을 보는데, 만약 《소학》 가운데 깨닫지 못하는 곳이 있으면, 또한 바루게 이해해야 합니까?" 하였다. 주자가 말하였다. "서로 겸하여 보는 것이 해롭지 않다. 배우는 사람은 문장이나 제도에 있어, 끝내 이해하여 얻지 못한다는 마음을 두지 말아야 하니, 모름지기 큰 규모를 세워 모두 바루게 이해하여 얻어야 한다. 밝거나 어두움에 이르러서는 사람의 재주 여하에 달려 있을 뿐이다."

漢字 曉(깨달을 효), 要(바룰 요), 會(알 회), 妨(해로울 방), 箇(어조사 개), 係(매일 계)

1 요(要): 바루다 요. 비뚤어지거나 구부러지지 않도록 바르게 하다.

2 이회(理會): 《어록해(語錄解)》 이자류(二字類)에 나오는 항목으로, 2자를 합하여 '깨달아 앎', '헤아리다'를 뜻한다. 《어록해》는 《어록(語錄)》의 주해서이다. 《어록》은 송(宋)나라 학자들이 후진 교육과 편지 왕래에 쓰기 위해, 당시의

이어(俚語), 곧 속어(俗語)를 모은 것이다. 《어록》은 이황(李滉, 1501년~1570년)에 의해 《계훈(溪訓)》으로 주해되었고, 유희춘(柳希春, 1513년~1577년)에 의해 《미훈(眉訓)》으로 주해되었다. 정양(鄭瀁, 1600년~1668년)은 효종 3년(1652년)에 《계훈》과 《미훈》 외에 기타 주해서에서 긴요한 것을 뽑아, 한글과 한자로 《어록해》를 편찬하였다. 그 후 현종 10년(1669년)에 남이성(南二星, 1625년~1683년)과 송준길(宋浚吉, 1606년~1672년)은 왕명에 의해, 이를 다시 교정·증보하였다. 이 책은 1책의 목판본으로, 권말에 한어집람자해(漢語集覽字解), 부록, 발문이 붙어 있다. 책의 구성은 어록해 44면, 한자집람자해 약 3면, 부록 약 8면, 발문 약 2면 등으로 되어 있다. 어휘는 자류(字類)로 배열하여 1자류 183어, 2자류 831어, 3자류 88어, 4자류 65어, 5자류 13어, 6자류 2어로 총 어휘 수는 1,182어이다. 주 밑에 《계훈》·《미훈》을 표시하여 각각 이황과 유희춘의 해석임을 나타냈고, 다른 사람들의 주에는 아무 표시도 하지 않아 구별하기 쉽도록 편집하였다. 이 책은 17세기 중반의 자료로서, 근세국어의 표기 및 음운상의 특징을 보여준다. 초간본으로 추정되는 오구라(小倉進平) 소장본과 서울대학교 가람문고본이 있다.

陸氏九淵**古者敎子弟**에**自能言能食**으로**卽有敎**하여**以至灑掃應對之類**에**皆有所習**이라**故長大易言**이러니**今人**은**自小只敎做對**하고**稍大**엔**卽敎作虛誕之文**하니**皆壞其性質也**니라

● 육 씨[陸九淵]가 말하였다. "옛날에는 자제를 가르칠 때, 스스로 먹고 말할 수 있으면 곧 가르침이 있어, 물 뿌리고 쓸며 응하고 대답하는 따위에 이르기까지, 모두 익히는 바가 있었다. 그러므로 크게 자라서는 말하기가 쉬웠더니, 이제 사람은 어릴 때부터 단지 대구 지음만 가르치고 점차 자람에 곧 虛誕한 글 지음만 가르치니 모두 그 본성의 바탕을 무너뜨린다."

漢字 **稍**(점점 초, 조금 초), **誕**(속일 탄)

1 육구연(陸九淵, 1139년~1193년): 남송의 성리학자이다. 강서(江西) 무주(撫州) 금계 육방(陸坊) 청전촌(靑田村) 사람으로, 자는 자정(子靜)이고 호는 상산(象山)이다. 서재(書齋)의 이름이 '존(存)'이었기 때문에 존재선생(存齋先生)이라고도

불린다. 그는 아홉 세대가 같이 사는 대가족 집안에서 태어났다. 그의 8대 할아버지 육희성은 당 소종 때의 재상이었다. 5대 말에 이르러 전란을 피해 금계로 이사를 와 지방의 유명한 대호족(大豪族)이 되었다. 그러나 금계에서 몇 세대를 거쳐 육구연에 이르러서는 가세가 이미 쇠락했고, 아들이 많았던 그의 아버지는 육구연을 고향 사람들에게 입양시키려고도 하였다. 육구연은 어릴 때부터 총명하여 연구하고 근본을 캐는 것을 좋아했으며, 자신의 견해도 곧잘 제기했다. 3~4세 때에는 아버지에게 천지에 왜 가난함이 생기는지를 물었다. 육구연은 이 문제에 대해 생각하기 위해 밥 먹는 것도 잊은 채 사색에 잠길 정도였고, 후에 독서를 하면서 문제를 많이 발견하곤 했다. 그는 고서를 읽으며 '우주(宇宙)'라는 두 개의 글자를 해석하면서 마침내 그 오묘함을 알아내기도 했다. 또한 그가 처음에 《논어》를 읽을 때 잘못된 부분을 지적할 정도로 공부하고 연구하는 태도에 빈틈이 없었다. 육구연은 형인 육구소(陸九韶), 육구령(陸九齡) 등과 함께 '삼육자(三陸子)'라고 일컬어졌다. 육구연은 남송 효종 건도(乾道) 8년(1172년)에 진사 시험에 합격한 후 지방관을 지내면서 교육에 종사했다. 그는 융흥부(隆興府) 정안[靖安, 지금의 장시성 이춘(宜春) 징안현]현 주부, 건녕부(建寧府) 숭안(崇安, 장쑤(江蘇)성 우시(無錫)시 충안현 주부를 지냈고, 후에 국자정(國子正)과 칙령소산정관(勅令所删定官)을 역임했다. 젊었을 때 북송 흠종 정강(靖康) 때의 일(정강의 변)을 듣고 금나라 군대의 침입에 분개하여 용사를 찾아다니면서 국세(國勢)를 회복할 방책을 상의했다. 이에 다섯 가지 주요한 의견을 개진했지만, 급사중(給事中) 왕신에게 반박을 당하자 귀향하여 장시(江西)성 구이(貴溪)의 샹산(象山)에 강당을 짓고 후학 양성에 전념했다. 그는 열심히 학술 강연을 하며 교육 사업을 펼쳐 나갔는데, 그가 강연을 하면 사방에서 학자들이 모여들었다. 광종 소희(紹熙) 원년(1190년)에 형문군(荊門軍)을 맡아 군성(軍城)을 수리하면서 변방의 방어를 공고히 하는 등 치적을 쌓았다. 소희 4년(1193년) 12월 14일에 재임 중에 54세의 나이로 병사했다. 그의 장례 때 관원과 백성들이 슬피 울었고, 거리마다 조문객들로 가득했다. 사후에 시호는 문안(文安)이다. 육구연은 송, 명 시대 성리학계에서 주희와 더불어 양대 산맥을 이뤄 세인들에게 '주육(朱陸)'으로 불렸다. 주희와 이름을 나란히 했지만 견해는 대립하여 학계를 양분하는 학문적 세력을 형성했는데, 사상적 계보로는 모두 정호와 정이의 학문을 계승했다. 다만 주자가 정이의 학통에 의한 도문학을 보다 존중한 데 반하여, 육구연은 정호의 존덕성을 존중하였다. 이 때문에 주자는 격물치지(格物致知, 사물을 깊이 연구해 지식을 넓힘)의 성즉이설(性卽理說)을 제창하였고, 육구연은 치지(致知, 사물의 도리를 알아서 깨달음)를 주로 한 심즉이설(心卽理說)을 제창하였다. 오늘날에는 일반적으로 객관적 유심론과 주관적 유심론으로 불린다. 육구연의 심학(心學)은 한때 주자학에 압도되기도 하였으나, 명나라 때의 제자 양자호와 왕양명(왕수인) 등에 의해 계승되어 장시성(江西), 저장성(浙江) 각지에서 널리 성행하며 중요한 학파가 되었다. 특히 왕양명은 이를 육왕학파(陸王學派)로 발전시켰다. 주희와 육구연의 교류는 1175년 여조겸의 권고로 장시성 옌산(鉛山)현의 아호사(鵝湖寺)에서 처음 이루어졌다. 그들은 평소의 강학 요점에 대한 변론을 벌였으나 의견 일치를 보지 못하고 헤어졌다. 그러나 두 사람은 서로의 학문을 존중하며 도의적 교류는 변하지 않았다. 주요 저서로 어록, 서간, 문집을 수록한 《상산선생전집(象山先生全集)》(36권)이 있다. 육구연의 무덤이 장시성 푸저우시 진시(金溪)현 육방(陸坊) 청전촌(青田村) 동산(東山)에 위치하고 있고, 1957년 장시성 성급보호문물이 되었다. 근래에 진시현 정부 및 국내외의 전문가들이 여러 차례 돈을 기부해 그의 무덤을 증축했으며, 많은 국내외 전문가, 학자, 지명도 있는 인사들의 발길이 이어지고 있다(중국인물사전).

2 허탄(虛誕): 거짓되고 미덥지 않음.

呂氏祖謙**曰後生小兒學問**에**且須理會曲禮少儀儀禮等**하여**學灑掃應對進退之事**하고**及先理會爾雅訓詁等文字然後**에**可以語上**이니**下學而上達**하여**自此脫然有得**이라**不如此**면**則是躐等**이니**終不得成也**니라

● 여 씨[呂祖謙]가 말하였다. "후생의 어린이가 학문할 때에는, 우선 모름지기 〈곡례〉·〈소의〉·〈의례〉 등을 이해하여, 물 뿌리고, 쓸며, 응하고, 대답하며, 나아가고, 물러나는 일을 배우고, 및 먼저 《이아》·훈고 등 문자를 이해해야 한다. 그런 뒤에 가히 써 위를 말할 수 있다. 아래로 (人事를) 배워 위로 (天理를) 통달하여, 이로부터 기쁘게[태연히] 깨달음이 있을 것이다. 이렇게 하지 않으면, 이것은 등급을 뛰어넘는 것이니, 끝내 성공할 수 없을

것이다."

漢字 雅(바를 아), 脫(기빼할 태, 벗을 탈), 躐(뛰어넘을 렵)

1 여조겸(呂祖謙, 1137년~1181년): 중국 남송(南宋)의 학자이다. 자는 백공(伯恭)이고, 호는 동래(東萊)로, 여성공(呂成公)으로도 불린다. 저장성[浙江省] 진화[金華] 출신. 상서우승(尙書右丞) 호문(好問)의 손자로 태어나면서부터 아버지와 할아버지의 책을 접할 수 있었으며, 훌륭한 스승과 친구들을 만나 주자(朱子)·장남헌(張南軒)·육상산(陸象山) 등과 더불어 강학(講學)에 힘써 대성하였다. 주자와 육상산 두 사람의 아호사(鵝湖寺)에서의 회합을 주선하기도 하였다. 그 뒤 주자와 함께 북송(北宋) 도학자의 어록(語錄)을 편집하여 《근사록(近思錄)》을 찬하였다. 저서에 《동래좌씨박의(東萊左氏博議)》 25권, 《여씨가숙독지기(呂氏家塾讀持記)》 32권이 있다. 장식(張拭)·주희(朱熹)와 더불어 동남(東南)의 3현(三賢)이라 불렸다. 위에 인용한 여성공(呂成公)의 말은 《춘추좌씨전(春秋左氏傳)》의 주해서 《동래박의(東萊博議)》[《동래좌씨박의(東萊左氏博議)》·《동래선생좌씨박의(東萊先生左氏博議)》·《좌씨박의(左氏博議)》라고도 함]에 나온다(두산백과).

2 이아(爾雅): 13경의 하나로, 문자의 뜻을 고증하고 설명하는 사전적인 성격을 지닌 유교경전이다. 문자의 뜻을 고증하고 설명하는 사전적인 성격을 지닌 책이다. 한나라의 유희(劉熙)는 '이아'라는 명칭의 뜻을 설명해 '이'자는 가깝다는 뜻이고, '아'자는 바르다는 뜻으로, 말의 뜻을 이해할 때 가깝고 바른 것을 기준으로 삼아야 함을 의미하는 것이라 하였다. 명나라의 조환광(趙宦光)은 '이'가 꽃 이름이고, '아'는 새 이름으로서, 새나 짐승과 풀이나 나무 및 경전을 가르칠 때 도움이 되는 것을 의미한다고 보았다. 이 책의 작자를 주공(周公)이라 말한 학자로는 후위(後魏)의 장읍(張揖)이나 당나라의 육덕명(陸德明)을 들 수 있다. 또한 어떤 학자는 공자(孔子)·자하(子夏)·숙손통(叔孫通)·양문(梁文) 등이 증보했다 하나 모두 고증할 수 없는 전승일 뿐이다. 송나라의 구양수(歐陽修)는 공자 문하의 저술이 아니라고 보고, 문리로 보아 진·한시대의 《시경》을 해석했던 여러 학자들의 설을 모아놓은 것으로 보았다. 또한 송나라의 섭몽득(葉夢得)은 《시경》의 문자를 위주로 했고 해석은 《모시(毛詩)》의 설에 의거한 점에서 한나라 사람이 지은 것이라고 추정하였다. 이 책을 검토하면서 여러 경전에서 널리 채집하고 제자백가의 문자도 섞었으며, 주(周)나라 목왕(穆王)의 기사를

소설로 표현한 〈목천자전〉과 고대지리서인《산해경》의 내용도 채용하고 있는 사실에서 진·한 이래 문자학을 하던 소학가(小學家)가 잡다하게 수집한 것이라 보고 있다. 이 책은《한서》〈예문지〉에는 20편으로 기록되어 있으나, 지금 전하는 것은 석고(釋詁)·석언(釋言)·석훈(釋訓)·석친(釋親)·석궁(釋宮)·석기(釋器)·석악(釋樂)·석천(釋天)·석지(釋地)·석구(釋丘)·석산(釋山)·석수(釋水)·석초(釋草)·석목(釋木)·석충(釋蟲)·석어(釋魚)·석조(釋鳥)·석수(釋獸)·석축(釋畜)의 19편으로 되어 있다. 이 책이 존중되기 시작한 것은《한서》〈예문지〉에서 육예류(六藝類)에 속한 것으로《효경》뒤에다 수록하면서부터라고 할 수 있다. 진(晉)나라의 곽박(郭璞)이 10여 학자의 설을 집성하면서 여러 주석들이 나왔다. 여기에는 곽박의 주와 송나라 형병(邢昺)의 소로 이루어진《이아주소(爾雅注疏)》(11권), 송나라 때 정초(鄭樵)가 지은《이아주(爾雅注)》(3권), 나원(羅願)이 지은《이아익(爾雅翼)》(32권)이 있다. 또한 청나라 때 강조석(姜兆錫)이 지은《이아보주(爾雅補注)》(6권), 소진함(邵晉涵)이 지은《이아정의(爾雅正義)》(20권), 학의행(郝懿行)이 지은《이아의소(爾雅義疏)》(10권), 대진(戴震)이 지은《이아문자고(爾雅文字考)》, 임영종(任領從)이 지은《이아주소전보(爾雅注疏箋補)》등이 있다. 이 주석들 중에서 곽박과 학의행의 것이 가장 유명하다. 우리나라에서도 윤휴(尹鑴)가《이아친속기(爾雅親屬記)》를 지었고, 계덕해(桂德海)가《이아편목(爾雅篇目)》을 지었으며, 이규경(李圭景)은《독이아변증설(讀爾雅辨證說)》을 지었다. 이규경은 "《이아》1만 791자는 경전을 읽을 때에 문자의 의미를 알기 위해서 먼저 읽어야 할 책"이라고 하며, 경전과《이아》는 표리 관계라 할 만큼 연관된 것으로 중요성을 강조하였다. 이규경은 이 책의 유래와 작자를 고증하고 책이름의 의미를 해석했으며, 역대의 주석서들을 망라하고 있다. 그는 이 책의 작자에 대해 주공과 공자를 끌어들이는 것을 거부한다. 주석서들에서 모아서 만든 것이라 한, 주희(朱熹)의 말을 인용해 주공의 저작설을 부정하고 있으며, 당나라에서 경전을 대경·중경·소경으로 나누면서 이 책을 소경에 넣었음을 지적하고 있다. 박제가(朴齊家)도《효경》과《이아》는 소경이라고 확인하였다. 정약용(丁若鏞)도 〈십삼경책(十三經策)〉에서 이 책의 작자 문제를 검토하면서 주공의 저작설을 반박하고 있다. 이 책은 고증학의 기본 분야인 소학(小學), 곧 문자학의 자료로서 청나라의 고증학자들에게는 상당히 존중되었다.《사고전서(四庫全書)》에서는 경부 소학류의 훈고부문으로 수록하고 있다. 이에 비해 우리나라의 도학자들에게는 경전의 범위나 독서의 항목으로 넣지도 않을 만큼 소홀하게 취급되었다. 이이(李珥)의 《격몽요결》 〈독서장〉에서도 오서(소학과 사서)와 오경 및 성리서를 독서 대상으로 열거했을 뿐, 《효경》이나 《이아》에 관해서는 언급하지도 않고 있다. 다만, 실학자들이 단편적인 언급을 하고 있는 것을 볼 수 있다(한국민족문화대백과).

3 훈고서(訓詁書): '훈(訓)'은 사람들에게 무엇을 풀이하여 말한다는 뜻을 나타내고, '고(詁)'는 옛 글자를 해석하는 의미를 나타낸다. 처음에는 '훈' 또는 '고'로 사용되다가 '훈고(訓詁)'로 합쳐 쓰이게 되었는데, 이 '훈고'는 고자(古字)와 고어(古語)를 현대어로 해석하고 주석을 달아서 풀이한다는 뜻을 나타낸다. 따라서 훈고서는 한자와 한자어의 뜻을 현대어로 풀이한 책이라고 할 수 있다. 훈고서는 때로 의서(義書)라고 부르기도 한다. 또 훈고서의 내용은 주로 한자의 의미를 풀이한 것이어서 자전의 미시 구조에 기술되어 있는 정의 정보와 일치하므로 훈고서를 자전이나 훈고용 사전(詞典)이라 부르기도 한다. 중국의 대표적인 훈고서로는 전한(前漢, 기원전 206년~208년) 때의 《이아(爾雅)》, 후위(後魏) 때의 《광아(廣雅)》, 한(漢, 기원전 206년~220년)나라 때의 《소이아(小爾雅)》와 《석명(釋名)》, 전한(前漢, 기원전 206년~208년) 말기 때 양웅(揚雄, 기원전 58년~18년)의 《방언(方言)》, 동진(東晉, 317년~420년) 때의 《이아주(爾雅注)》, 북송(北宋, 960년~1127년) 때의 《이아소(爾雅疏)》, 명나라(明, 1368년~1644년) 때의 《변아(變雅)》, 청나라(清, 1616년~1912년) 때의 《별아(別雅)》와 《자관(字貫)》(왕석후(王錫侯), 1775) 등이 있다. 《이아》에서 시작된 훈고서는 후위(後魏)의 유학자 장읍(張揖)이 펴낸 《광아(廣雅)》와 당나라(唐, 618년~907년) 유학자 육덕명(陸德明)의 《경전석문(經典釋文)》 등을 거쳐 당나라 불교학자 혜림(惠琳)이 불경 주석서인 《일체경음의(一切經音義)》를 펴내는 데에 이르렀다(한국 자전의 역사).

4 可以語上: 上은 《대학(大學)》의 궁리(窮理)·정심(正心)을 가리킨다.

陳氏淳**曰程子說主敬工夫可以補小學之闕**이라하시니**蓋主敬**이면**可以收放心而立大本**이니**大本旣立然後**에**大學工夫循序而進**하면**無往不通**이라**大抵主敬之功**은**貫始終一動靜合內外**하니**小學大學皆不可無也**니라

●진 씨[陳淳]가 말하였다. "정자는 敬을 주장하는 공부가 가히 써 《소학》의 빠진 것을 보충할 수 있다고 말하였으니, 대개 敬을 주장하면 가히 써 放心을 거두어 큰 근본을 세울 수 있으니, 큰 근본이 이미 선 연후에 《대학》 공부도 순서에 따라 나아가면, 가는 곳에 통하지 않음이 없다. 대개 敬을 주로 하는 공부는 처음과 끝을 관통하고 움직임과 멈춤을 일관하며, 안과 밖을 합하니, 소학·대학에 모두 없어서는 안 되는 것이다."

漢字 闕(빠질 궐), 放(놓을 방), 循(따를 순), 抵(무릇 저), 貫(꿸 관)

又曰朱子小學書綱領甚好하여最切於日用하니雖至大學之成이라도亦不外是니라

●또 말하였다. "주자의 《소학》 책은 강령이 매우 좋아, 일상생활에 가장 절실하니, 비록 《대학》의 성공에 이르더라도 또한 여기에서 벗어나지 않는다."

漢字 最(가장 최), 切(절실할 절), 外(벗어날 외)

李氏方子曰先生年五十八에編次小學書成하여以訓蒙士하여使培其根以達其支하시니內篇은曰立教曰明倫曰敬身曰稽古요外篇二니取古今嘉言以廣之하고善行以實之라雖已進乎大學者라도亦得以兼補之於後니修身大法이此略備焉이니라

●이 씨[李方子]가 말하였다. "선생[주자]께서 58세에 《소학》 책을 순서에 따라 편집하여 이루어서, 써 어린 선비들을 가르쳐, 하여금 그 뿌리를 북돋고, 써 그 가지를 발달하게 하시니, 내편은 〈입교〉니, 〈명륜〉이니, 〈경신〉이니, 〈계고〉니 함이요, 외편은 둘인데, 고금의 아름다운 말을 취하여 써 그것을 넓혔고, 선행으로써 그것을 실증하였다. 비록 이미 《대학》에 나아간 사

람이라 하더라도, 또한 (외편을) 얻어서 뒤에서 그것[《대학》]을 겸하여 보충해야 하니, 몸을 닦는 큰 법이 이것[《소학》]에 대략 갖추어져 있다."

漢字 次(다음 차), 嘉(아름다울 가), 略(대략 략)

1 이방자(李方子, 생몰 연대 미상): 남송 복건성 소무(邵武) 사람이다. 자는 공회(公晦)고, 호는 과재(果齋)다. 영종(寧宗) 가정(嘉定) 7년(1214년) 과거에 합격하여 천주(泉州) 관찰추관(觀察推官)을 지냈다. 그때 천주 수령으로 있던 진덕수(眞德秀)와 교유했다. 국자록(國子錄)과 진주통판(辰州通判)을 지냈다. 주희(朱熹)의 제자다. 탄핵을 받아 사직하고 귀향하여 학문을 강론하자 학자들이 떼 지어 모여들었다. 저서에 《전도정어(傳道精語)》·《우공해(禹貢解)》·《주자연보(朱子年譜)》 등이 있다(중국역대인명사전).

2 편차(編次): 순서에 따라 편집함.

眞氏德秀曰小學之書先載烈女傳胎教之法하고**而繼以內則之文**하니**合二章觀之**하면**小學之教略備矣**니라

● 진 씨[眞德秀]가 말하였다. "《소학》 책은 먼저 《열녀전》의 태교의 방법을 싣고, 〈내칙〉의 글로써 이었으니, 두 장[《열녀전》과 〈내칙〉]을 합하여 이[《소학》]를 본다면, 《소학》의 가르침이 대략 갖추어져 있다."

漢字 載(실을 재), 胎(아이 밸 태), 繼(이을 계)

진덕수(陳德秀, 1178년~1235년): 송나라 건녕부(建寧府) 포성(浦城) 사람이다. 자는 경원(景元) 또는 희원(希元)인데, 나중에 경희(景希)로 고쳐 불렀다. 호는 서산(西山)이고, 시호는 문충(文忠)이다. 일설에는 원래 성이 신(愼)이었는데, 효종(孝宗)의 조신(趙眘)의 이름을 피해 고쳤다고도 한다. 영종(寧宗) 경원(慶元) 5년(1199년) 진사(進士)가 되고, 개희(開禧) 원년(1205년) 박학굉사과(博學宏詞科)에 합격했다. 이종(理宗) 때 예부시랑(禮部侍郞)에 발탁되어 직학사원(直學士院)에 올랐다. 사미원(史彌遠)이 그를 꺼려 탄핵을 받고 파직되었다. 나중에 천주(泉州)와 복주(福州)의 지주(知州)를 지냈다. 단평(端平) 원년(1234년) 입조하여 호부상서(戶部尙書)에 오르고, 한림학사(翰林學士)와 지제고(知制誥)가

되었다. 다음 해 참지정사(參知政事)에 이르렀는데, 얼마 뒤 죽었다. 강직하기로 유명해 조정에서 명성이 자자했다. 시정(時政)에 대해 자주 건의했고, 주소(奏疏)는 수십만 자에 이르렀다. 주자학파(朱子學派)의 학자로, 《대학연의(大學衍義)》는 《대학장구(大學章句)》에 비견한다는 평을 들었다. 경원당금(慶元黨禁) 이후 정주(程朱)의 이학(理學)이 다시 성행하는 데 공헌한 바가 컸다. 그 밖의 저서에 《당서고의(唐書考疑)》·《독서기(讀書記)》·《문장정종(文章正宗)》·《서산갑을고(西山甲乙稿)》·《서산문집(西山文集)》 등이 있다(중국역대인명사전).

許氏衡曰小學大義는其略曰自始皇焚書以後로聖人經籍不全하여無由考較古人爲學之次第라班孟堅漢史에雖說小學大學規模大略이나然亦不見其間節目之詳也라千有餘年에學者各以己意爲學하여高者는入於空虛하고卑者는流於功利하니雖苦心極力하여博識多聞이나要之不背於古人者鮮矣라近世에新安朱文公이以孔門聖賢爲敎爲學之遺意로參以曲禮少儀弟子職諸篇하여輯爲小學之書하시니其綱目有三하니立敎明倫敬身이요次稽古는所以載三代聖賢已行之迹하여以實前篇立敎明倫敬身之言이며其外篇嘉言善行은載漢以來賢者所言之嘉言과所行之善行하니其綱目은亦不過立敎明倫敬身也라衍內篇之言하여以合外篇이면則知外篇者小學之枝流요約外篇之言이면以合內篇則知內篇者小學之本源이니合內外而兩觀之면則小學之規模節目이無所不備矣니라

● 허 씨[許衡]의 《소학대의》는 그 대략이 다음과 같다. "시황제가 책을 불태운 이후로부터 성인의 경적이 온전하지 아니하여, 말미암아 옛 사람들이 학문을 했던 순서를 고찰하여 비교할 수 없었다. 반맹견(班孟堅)의 《한사(漢

史)》에 비록 《소학》·《대학》의 규모의 대략을 말했으나, 그러나 또한 그 속에 절목의 상세함을 볼 수가 없다. 천여 년 동안 배우는 자가 각각 자기의 뜻으로 배움을 삼아, 높은 자는 공허함에 들어가고 낮은 자는 공명과 이익에 흘렀으니, 비록 마음을 수고롭게 하고 힘을 다하여 앎이 넓고 들음이 많으나, 요컨대 옛 사람에게 위배되지 않는 자가 드물었다. 근세에 신안 주문공이 공자 문하의 성현들이 가르치고 배웠던 남은 뜻을 가지고, 〈곡례〉·〈소의〉·〈제자직〉 등 여러 편을 참작하여, 모아서 《소학》 책을 만들었다. 그 강목이 세 가지가 있으니, 〈입교〉·〈명륜〉·〈경신〉이요, 다음 〈계고〉는 삼대에 성현이 이미 행한 자취들을 실은 바라서, 써 전편의 〈입교〉·〈명륜〉·〈경신〉의 말을 실증하였으며, 그 외편 〈가언〉·〈선행〉은 한(漢)나라 이래 현인들이 말한 바의 아름다운 말과 행한 바의 착한 행실을 실었으니, 그 강목은 또한 〈입교〉·〈명륜〉·〈경신〉에 지나지 않는다. 내편의 말을 부연하여 써 외편과 합해 보면, 외편이라는 것은 《소학》의 지류임을 알 것이요, 외편의 말을 요약하여 써 내편과 합해 보면, 내편이라는 것은 《소학》의 본원임을 알 것이니, 內와 外를 합하여 양면으로 그것을 보면, 《소학》의 규모와 절목이 갖추어지지 않는 바가 없을 것이다."

漢字 較(비교할 교), 班(나눌 반), 卑(낮을 비), 背(위배될 배), 鮮(드물 선), 參(참고할 참), 迹(자취 적), 衍(펼 연)

1 허형(許衡, 1209년~1281년): 원나라 회맹(懷孟) 하내(河內) 사람이다. 자는 중평(仲平)이고, 호는 노재(魯齋)며, 시호는 문정(文正)이다. 성격이 배우기를 좋아했다. 조복(趙復)의 문인 요추(姚樞)에게 이정(二程)과 주희(朱熹)의 저작을 얻어 소문(蘇門)에 살면서 요추와 함께 강습하면서 도학을 실천하는 것으로 임무를 삼았다. 헌종(憲宗) 4년(1254년) 홀필렬(忽必烈)이 불러 경조제학(京兆提學)과 국자좨주(國子祭酒) 등의 요직을 맡았다. 집현전(集賢殿) 대학사(大學士)와 영태사원사(領太史院事) 등을 지냈다. 병을 이유로 물러난 뒤 제자들에게 실천도덕을 주로 한 강학을 계속했다. 왕필(王弼)의 《역주(易注)》를 보고 학문에 전념했고, 주희의 《사서장구집주(四書章句集注)》를 과시(科試)로 채택되게 하는 데 공헌했다. 주희와 육구연(陸九淵)의 학문을 조화시키려 노력했고, 공담(空

談)만을 일삼는 이학(理學)을 비판했다. 저서에 《독역사언(讀易私言)》·《노재심법(魯齋心法)》·《노재유서(魯齋遺書)》·《허문정공유서(許文正公遺書)》·《허노재집(許魯齋集)》이 있다(중국역대인명사전).

2 반맹견(班孟堅, 32년~92년): 후한 초기 부풍(扶風) 안릉(安陵) 사람으로, 이름은 반고(班固)이고, 자는 맹견(孟堅)이다. 반표(班彪)의 아들이자 서역도호(西域都護) 반초(班超)의 형이며, 반소(班昭)의 오빠다. 박학능문(博學能文)하여 아버지의 유지를 이어 고향에서 《사기후전(史記後傳)》과 《한서(漢書)》의 편집에 종사했지만, 영평(永平) 5년(62년)경 사사롭게 국사(國史)를 개작한다는 중상모략으로 투옥되었다. 반초가 상서하여 적극 변호해 명제(明帝)의 용서를 받아 석방되었다. 20여 년 걸려서 《한서》를 완성했다. 명제가 그의 학문을 중시해서 난대령사(蘭臺令史)에 임명했다. 이후 낭(郎)과 전교비서(典校秘書)를 역임했다. 건초(建初) 4년(79년) 여러 학자들이 백호관(白虎觀)에서 오경(五經)의 이동(異同)을 토론할 때, 황제의 명령을 받아 《백호통의(白虎通義)》를 편집했다. 화제(和帝) 때 두헌(竇憲)의 중호군(中護軍)이 되어 흉노 원정에 수행하고, 영원(永元) 4년(92년) 두헌의 반란사건에 연좌되어 옥사했다. 문학 작품에 「양도부(兩都賦)」·「유통부(幽通賦)」·「전인(典引)」 등이 있다. 후세 사람이 편집한 《반난대집(班蘭臺集)》이 전한다(중국역대인명사전).

又曰小學之書를吾信之如神明하고敬之如父母로라

● 또 말하였다. "《소학》의 책을 나는 그것[《소학》]을 신명과 같이 믿고, 그것[《소학》]을 부모와 같이 공경한다."

小學集註攷訂

● 소학집주고정

漢字 攷(상고할 고), 訂(바로잡을 정)

[總論]

許氏曰小學大義其略曰, 上曰字는**他本無**라

● 許氏曰小學大義其略曰에 대한 고정(攷訂). 위의 曰字는 다른 本에는 없다.

[立教]

擇於諸母與可者, 朱子曰可는**列女傳作阿**하니**卽所謂阿保也**라**後漢書**에**有阿母**하니라

● 於諸母與可者에 대한 고정. 朱子가 말하였다. "可는 《列女傳》에는 阿字이니, 바로 이른바 '阿保'이다. 《後漢書》에 '阿母'라는 말이 있다."

敎以右手註取其便, 便은**吳氏本註**에**作强**이라

● 敎以右手註取其便에 대한 고정. 便은 吳氏의 本註에는 强이다.

[明倫]

皆佩容臭, 大雅公劉篇註에**或曰容刀**는**如言容臭**니**謂鞞琫之中**에**容此刀耳**라**朱子曰容臭**는**如今之香囊**이**是也**라**安城劉氏曰臭者**는**香物**이니**若茝蘭之屬**이니**亦以香囊之中**에**容**

此香物而謂之容臭耳라朱子詩註如此하니小學所謂容臭는亦是盛香之囊耳니라

● 皆佩容臭에 대한 고정. 《大雅》〈公劉篇〉 註에 "或者는 말하기를 容刀는 容臭라는 말과 같으니, 비봉(鞞琫)의 가운데 이 칼을 용납함을 이를 뿐이다." 하였다. 朱子가 말하기를, "容臭는 지금의 향낭(香囊)과 같은 것이다. 安城劉氏는 말하기를, '臭라는 것은 향취가 나는 물건으로 芝草와 蘭草 따위와 같은 것이니, 또한 써 향낭 가운데 이 향물을 용납한다고 하여 그것을 容臭라고 이른 것일 따름이다.'라고 하였다."라고 하였다. 朱子의 《詩經》 註가 이와 같으니, 《小學》에서 이른비 容臭도 또한 香物을 담는 주머니일 것이다.

執摯以相見註雖父母之親, 母는當作子라

● 執摯以相見의 註인 雖父母之親에 대한 고정. '母'는 마땅히 '子'이어야 한다.

[敬身]

毋循枉註是二過矣, 二는本作貳라

● 毋循枉의 註인 是二過矣에 대한 고정. 二는 본래 貳字이다.

[嘉言]

病臥於牀委之庸醫比之不慈不孝, 病臥於牀은非父母與子也요乃身病臥於牀也라吾之身은卽父母之遺體니疾病은死生所係어늘而委之於庸醫之手하여致誤其身이면則比之不慈不孝니事親者尤不可不知醫術也라禮註에朱子曰下不足以傳後라故로比於不慈하고上不足以奉先이라故로比於不孝也라하시니라二程粹言에病臥之上에有身字하니라

●病臥於牀委之庸醫比之不慈不孝[병들어 병상에 누워서 용렬한 의원에 맡김은 不慈와 不孝에 견준다.] 에 대한 고정. 병들어 병상에 누움은 부모와 자식이 아니고 바로 자신이 병들어 평상에 누워있는 것이다. 내 몸은 바로 부모의 遺體니, 질병에 死生이 걸려 있는 것인데, 용렬한 의원의 손에 맡겨서, 그 몸을 그르치면 이는 不慈와 不孝에 견줄 수 있으니, 어버이 섬기는 사람은 더욱 醫術을 알지 않으면 안 된다. 《禮記》 註에 朱子가 말하기를, "아래로는 족히 써 後嗣를 전할 수 없다. 그러므로 不慈에 견주고, 위로는 족히 써 先祖를 받들지 못한다. 그러므로 不孝에 견주는 것이다." 하였다. 《二程粹言》에는 病臥의 위에 身字가 있다.

二溢米註溢謂二十四分升之一也, 儀禮註曰二十四兩曰溢이니**爲米一升二十四分升之一云**이라**沈括曰秦漢以前**엔**量六斗當今一斗七升九合**이라하니**蓋古量**은**比今甚小**하니**儀禮註說恐是**라

●二溢米의 註인 溢謂二十四分升之一也에 대한 고정. 《儀禮》 註에 이르기를, "24兩을 溢이라 하니, 쌀 1升과 24분升의 1이다."라고 하였다. 沈括은 말하기를, "秦漢 이전에는 量의 六斗가 지금의 1斗 7升 9合에 해당한다." 하였으니, 대개 옛날의 量은 지금에 비하여 매우 적으니, 《儀禮》 註가 옳은 듯하다.

劉安禮註安禮字立之, 字는**當作名**이라

●劉安禮의 註인 安禮字立之에 대한 고정, 字는 마땅히 名이어야 한다.

居是邦不非其大夫註朱氏曰, 氏는**當作子**라

●居是邦不非其大夫의 註인 朱氏曰에 대한 고정. 朱氏曰의 氏는 마땅히 子가 되어야 한다.

鄕下風俗註造請謁人於外, 請下에**當有謂字**라

●鄕下風俗의 註인 造請謁人於外에 대한 고정. 請 아래에 마땅히 謂字가 있어야 한다.

[善行]

藍田呂氏註兄弟四人長大中, 言行錄에**中作忠**이라

●藍田呂氏의 註인 兄弟四人長大中에 대한 고정. 《言行錄》에 中은 忠으로 되어 있다.

汲黯景帝時註太子出見, 見은**當作則**이라

●汲黯景帝時의 註인 太子出見에 대한 고정. 見은 마땅히 則이어야 한다.

冀其意阻, 阻는**他本作沮**하니**當考**라

●冀其意阻에 대한 고정. 阻는 다른 本에는 沮이니, 마땅히 참고해야 한다.

厠牏註近身之小衫, 韻會에**牏**는**作圊**하니**受糞函也**라하고**史記註**에**孟康曰東南人**은**謂鑿木空中如槽**하고**謂之牏**라하니**註說恐誤**라

●厠牏의 註인 近身之小衫에 대한 고정. 《韻會》에 "牏는 청(圊)으로 써야 하니, 똥을 받는 함이다."라 하였고, 《史記》 註에, "孟康이 말하길, '東南 지방의 사람들은 나무를 파서 가운데를 비게 하여 말구유와 같이 만든 것을 牏라 한다.'" 하였으니, 註의 말은 오류인 듯하다.

漢字 **厠**(뒷간 측), **牏**(변기 투, 담틀 투), **衫**(적삼 삼, 내의 삼), **圊**(뒷간 청), **鑿**(팔 착, 뚫을 착), **槽**(구유 조)

1 고금운회(古今韻會): 1202년 중국 송(宋)의 학자 황공소(黃公紹)가 편찬한 운서

(韻書)이다. 운(韻)으로 한자를 찾게 되어 있으며, 1008년 송의 진팽년(陳彭年), 구옹(邱雍) 등이 왕의 칙명으로 편찬한 《대송중수광운(大宋重修廣韻:廣韻)》의 206운(韻)을 107운으로 줄여 편찬한 것이다. 원(元)의 학자 웅충(熊忠)이 편찬한 《고금운회거요(古今韻會擧要)》와 조선 중종 때 학자 최세진(崔世珍)이 운모(韻母)를 덧붙여 한자를 찾기 쉽도록 펴낸 《운회옥편(韻回玉篇)》 등은 이 운서를 기준으로 편찬된 것이다(두산백과).

2 사기(史記): 사마천(司馬遷)에 의해 한(漢)나라 무제 때 쓰인 역사서로, 본격적인 저술은 기원전 108년~기원전 91년 사이에 이루어진 것으로 보고 있다. 사마천은 저술의 동기를 '가문의 전통인 사관의 소명의식에 따라 《춘추》를 계승하고 아울러 궁형의 치욕에 발분하여 입신양명으로 대효를 이루기 위한 것'으로, 저술의 목표는 '인간과 하늘의 관계를 구명하고 고금의 변화에 통관하여 일가의 주장을 이루려는 것'으로 각각 설명하는데, 전체적 구성과 서술에 이 입장이 잘 견지되었다. 이 책의 가장 큰 특색은 역대 중국 정사의 모범이 된 기전체(紀傳體)의 효시로서, 제왕의 연대기인 본기(本紀) 12편, 제후왕을 중심으로 한 세가(世家) 30편, 역대 제도 문물의 연혁에 관한 서(書) 8편, 연표인 표(表) 10편, 시대를 상징하는 뛰어난 개인의 활동을 다룬 전기 열전(列傳) 70편, 총 130편으로 구성되어 있다는 것이다. 처음에는 《태사공서(太史公書)》[혹은 《태사공기(太史公記)》]로 불렸으나 위진(魏晋)시대에 와서 《사기》라고 불리게 되었다. 이것은 전한 선제(宣帝) 때 그 외손 양운에 의해 세상에 알려졌다. 하지만 일찍이 적지 않은 부분이 결락되어 후한(後漢) 반고(班固)의 《한서(漢書)》 에는 벌써 10여 편이 없어졌다고 하였는데 잃어버린 효무본기(孝武本紀)는 후세인이 봉선서(封禪書)의 기술을 이용하여 보필하였다. 그리고 일부 초고(草稿)가 완전하지 않은 부분은 저소손(楮少孫) 등이 보필하였다. 또한 당나라 사마정(司馬貞)은 삼황본기(三皇本紀)를 저술하여 오제본기(五帝本紀) 앞에 넣었다. 예부터 오늘날까지 《사기》에 대한 많은 연구가 이루어지고 있고 이 저술에 대한 다양한 설과 평가들이 제시되고 있다. 우선 사기의 구성 자체가 '우주의 축영'으로 평가되기도 한다. 이는 사기의 각 편의 숫자가 모두 우주수와 관련될 뿐만 아니라 본기는 북극성에, 세가는 28수(宿)에 각각 대응되기 때문이다. 또한 실제로 사기의 〈천관서〉에는 천문의 대변화 주기에 따라 인간의 역사도 변한다는 관념이 보인다. 그러나 사기에 대한 또 다른 평가와 시각에서는 《사기》가 인간과 하늘의 상호관계에서 전개되는 인간의 역사를 냉엄하게 통찰하여 초자연

적인 힘 또는 신에서 해방된 인간 중심의 역사를 발견하였다고 보기도 한다. 따라서 《사기》는 열전에 가장 많은 비중을 할애하였고, 신비하고 괴이한 전설과 신화에 속하는 자료는 모두 배제하고 주로 유가 경전을 기준으로 합리적으로 믿을 수 있다고 판단된 자료만 취록하였다는 것이다. 또 열전의 첫 머리에 이념과 원칙에 순사한 백이(伯夷)·숙제(叔齊)의 열전을, 마지막에 이(利)를 좇는 상인의 열전인 〈화식열전(貨殖列傳)〉을 두어, 위대한 성현뿐 아니라 시정잡배가 도덕적 당위의 실천과 이욕적 본능 사이에서 방황하고 고뇌하는 생생한 모습을 제시함으로써 《사기》는 '살아 숨쉬는 인간'에 의해서 역사가 창조된다는 점을 극명하게 보여준다는 것이다. 《사기》가 시와 산문의 이상적 결합으로 평가되는 문장을 통하여 더욱 그 빛을 발하고 있다고 평가하기도 한다. 이는 《사기》가 전체 구성은 물론 세세한 글자 하나하나까지도 치밀한 의도 하에 적어 넣어 자연스레 독자를 무한한 감흥으로 이끈다는 것이다. 이 때문에 사전문학의 극치로 평가하는 사람도 있지만, 이것은 단순한 문장의 기교에서 나온 것이 아니라 역사에 대한 이성적 통찰과 감성적인 이해를 통한 추체험의 발로였고 전편, 특히 각 편에 삽입된 '태사공왈'란에 저자 자신의 평어 부분에 흐르는 예리한 사안과 비판정신도 바로 여기서 비롯된 것이라 보기도 한다. 한편, 이 책의 충만한 비판정신을 궁형을 당한 사마천의 울분에서 비롯된 무제의 비방으로 해석하여 '비방의 서'로 부르는 사람도 있다. 그러나 인간의 위대함과 어리석음, 이욕 및 폭력과 도덕적 이상의 갈등에서 발전하는 역사를 준엄하게 지적할 뿐, 울분적인 비방의 차원은 결코 아니었다고 보기도 한다(두산백과).

生祥下瑞無休期, 休는他本作時하니考本集에時字是라

● 生祥下瑞無休期에 대한 고정. 休는 다른 本에는 時字인데, 本集[창려집(昌黎集)]을 참고해 보니, 時字가 옳았다.

右는文元公金長生이攷訂하니라

● 이상은 文元公 金長生이 고정(攷訂)한 것이다.

小쇼學ᄒᆞᆨ諺언解ᄒᆡ凡범例례

● 소학언해범례

戊寅本이欲人易曉ᄒᆞ야字義之外예幷入註語爲解故로未免有繁冗處ᄒᆞ니今則刪去枝辭ᄒᆞ고一依大文ᄒᆞ야逐字作解호ᄃᆡ有解不通處則分註解之ᄒᆞ니라

● 戊寅本은 사람들이 쉽게 알게 하고자 하여, 글자 뜻의 밖에다 註의 말을 함께 넣어서 풀이를 삼은 고로, 번거롭고 冗雜한 곳이 있음을 면하지 못했으니, 이제는 가지 친 말을 깎아버리고, 한결같이 大文을 의거하여 글자를 좇아서 풀이하되, 풀이하여 통하지 않는 곳이 있거든 나누어 주를 내어 풀이하였다.

漢字 **冗**(쓸데없을 용), **刪**(깎을 산), **枝**(가지 지)

1 무인본(戊寅本): 《번역소학(飜譯小學)》을 말한다. 1518년(중종 13, 무인년)에, 중국 송(宋)나라 주희(朱熹)와 유자징(劉子澄)이 편찬한 《소학(小學)》을 김전(金詮)·최숙생(崔淑生) 등이 언해하여 간행한 번역본이다. 여기서는 《번역소학》을 간행 간지에 따라 무인본이라 칭했다.

2 용잡(冗雜): 쓸데없이 번잡하고 자질구레함.

3 산거(刪去): 필요 없는 글자나 글귀를 지워 버림. 유의어: 산삭(刪削), 산생(刪省), 산제(刪除)

소언 戊무寅인년 칙애 사ᄅᆞᆷ이 수이 알과댜 ᄒᆞ야 字ᄌᆞ ᄠᅳᆮ 밧긔 註주엣 말을 아오로 드려 사겨시모로 번거코 용잡ᄒᆞᆫ 곧이 이심을 免면티 몯ᄒᆞ니 이제ᄂᆞᆫ 지만ᄒᆞᆫ 말을 업시ᄒᆞ야 ᄇᆞᆯ이고 ᄒᆞᆫ골ᄋᆞ티 大대文문을

의거ᄒᆞ야 字ᄌᆞ를 조차셔 사교ᄃᆡ 사겨 통티 몯홀 곧이 잇거든 가ᄅᆞ주 내여 사기니라

현대역 무인년 책에, 사람이 쉽게 알고자 하여, 글자의 뜻 밖의 註의 말을 아울러 들여 새겼으므로, 번거롭고 용잡(冗雜)한 곳이 있음을 면하지 못하니, 이제는 대수롭지 않은 말을 없이하여 버리고, 한결같이 大文을 의거하여 글자를 좇아서 새기되, 새겨 통하지 못할 곳이 있거든 갈라서 주를 내어 새기니라.

1 알과댜: 알고자. '알(어간)+과댜(연결어미)'이다. '-과댜'는 주로 동사, 형용사 어간 뒤에 붙어, '-고자'를 뜻하는 어미이다. 戊寅년 칙애 사ᄅᆞᆷ이 수이 알과댜 ᄒᆞ야 字 ᄠᅳᆮ 밧긔 註엣 말을 아오로 드려 사겨시모로(戊寅本欲人易曉 字義之外 幷入註語爲解故).《소언 범:1》, 아츰나죄로 나를 경계ᄒᆞ야 ᄀᆞᆯ오ᄃᆡ 반ᄃᆞ시 先人의 일을 廢티 말라 ᄒᆞ과댜 ᄇᆞ라더니 네 이제 ᄀᆞᆯ오ᄃᆡ 엇데 ᄉᆞᄉᆞ로 편안티 아니ᄒᆞᄂᆞ뇨 ᄒᆞ니(吾冀而朝夕修我曰 必無廢先人 爾今曰 胡不自安).《소언 4:46》

2 아오로: 아울러. 아ᅀᆞᆷ과 國王과 大臣과 剎利와 居士와 아오로 뫼화 다 ᄒᆞ마 몯거늘(幷會親族 國王大臣剎利居士 皆悉已集).《법화 2:222》, 네 임의 내 남진을 주겨시니 원컨대 날 조차 아오로 주기라 ᄒᆞᆫ대 도적기 머리 버히고 가니라.《동신 열5:77》

3 드려: 들여. 안으로 가져와. '드리(어간)+어(연결어미)'이다. 현대국어 '들이다'의 옛말인 '드리다'는 15세기 문헌에서부터 나타난다. '드리다'는 '들어가다' 혹은 '들어오다'의 의미인 들-'과 사동접사 '-이-'가 결합한 것이다. 15세기에서부터 '드리다'를 분철 표기한 '들이다'로 나타나서 현재에 이르렀다. 드리다(15세기~19세기)〉들이다(15세기~현재). 이형태: 드리다, 들이다. 내 옷 니피고 내 冠 쓰이고 내 宮의 드려.《1447 석상 24:27ㄴ》, ᄒᆞ마 命終ᄒᆞᇙ 사ᄅᆞᄆᆡ 耳根애 들이거나 시혹 本識에 들이면.《1459 월석 21:103ㄴ》.(이하 본서 권1~권4의 옛말 설명에 사용된 역사 정보는 국립국어원이 제공한 〈우리말샘〉을 참고했다.)

4 지만ᄒᆞᆫ: 지만(遲慢)한. 대수롭지 않은. 더디고 느즈러진.

5 ᄇᆞ리고: 버리고. 'ᄇᆞ리(어간)+고(연결어미)'이다. '버리다'의 옛말인 'ᄇᆞ리다'는 15세기 문헌에서부터 나타난다. 이 단어는 15세기부터 19세기까지 꾸준히 쓰이다가 19세기에 '버리다'가 등장하여 'ᄇᆞ리다'와 '버리다'가 서로 경쟁하며

쓰이다가 ‘ㆍ’의 음가 소실, ‘ㆍ’ 표기의 폐지 등의 영향으로 ‘버리다’가 쓰이게 되었다. ᄇᆞ리다(15세기~19세기)〉버리다(19세기~현재). 이형태: ᄇᆞ리다, ᄇᆞᆯ이다, 바리다, 버리다. 世間 ᄇᆞ리시고 城 나마 逃亡ᄒᆞ샤 車匿이 돌아 보내샤 盟誓ᄒᆞ샤ᄃᆡ 道理 일워ᅀᅡ 도라오리라 ᄒᆞ시고.《1447 석상 6:4ㄴ》

6 ᄒᆞᆫᄀᆞᆯᄋᆞ티: 한결같이. 처음부터 끝까지 변함없이 꼭 같이. ‘ᄒᆞᆫᄀᆞᆯᄀᆞ티’는 16세기 문헌에서부터 나타난다. 그러나 15세기 문헌에서부터 ‘ᄒᆞᆫᄀᆞᆯᄀᆞ티’에서 ‘ᄀᆞᇀ-’의 ‘ㄱ’이 약화된 형태인 ‘ᄒᆞᆫᄀᆞᆯᄋᆞ티’가 나타나므로 15세기에도 ‘ᄒᆞᆫᄀᆞᆯᄀᆞ티’가 존재했음을 알 수 있다. ‘ᄒᆞᆫᄀᆞᆯᄀᆞ티’는 형용사인 ‘ᄒᆞᆫᄀᆞᆯᄀᆞᇀ-’에 부사 파생접사 ‘-이’가 결합한 것인데, ‘ᄒᆞᆫᄀᆞᆯᄀᆞᇀ다’는 수 관형사 ‘ᄒᆞᆫ’과 ‘결’의 의미를 지닌 명사 ‘ᄀᆞᆲ’, 용언 ‘ᄀᆞᇀ다’가 결합한 것이다. ‘ᄀᆞᆲ’이 형태소 경계의 휴지(休止) 앞에서 어간 말 ㅂ이 탈락한 ‘ᄀᆞᆯ’로 나타난 것이다. 근대국어 시기에 ‘ㄷ, ㅌ’이 ‘ㅣ’나 ‘ㅣ’ 반모음 앞에서 ‘ㅈ, ㅊ’으로 변하는 구개음화가 일어나 18세기에는 ‘ᄒᆞᆫᄀᆞᆯᄀᆞ치’가 되었다. 근대국어 시기에 명사 ‘ᄀᆞᆲ’이 사라지면서 ‘ᄒᆞᆫᄀᆞᆯᄀᆞ치’에 결합한 ‘ᄀᆞᆲ’이 동일한 의미의 명사 ‘결’로 대체되어 19세기에는 ‘*ᄒᆞᆫ결ᄀᆞ치’가 되었을 것으로 추정된다. 실제 자료상으로는 ‘ᄒᆞᆫ결ᄀᆞ치’의 중철 표기인 ‘ᄒᆞᆫ결ᄀᆞᆺ치’로 나타난다. 18세기에 제1음절의 ‘ㆍ’가 ‘ㅏ’로 변하였는데, ‘ᄒᆞᆫ결ᄀᆞ치’ 또한 이러한 변화를 겪었다. 또한 20세기 이후에 원형을 밝혀 적는 표기법에 따라 현대국어의 ‘한결같이’가 되었다. 16세기 이후 나타나는 ‘ᄒᆞᆫᄀᆞᆯᄀᆞᆮ티’는 ‘ᄒᆞᆫᄀᆞᆯᄀᆞ티’를 중철 표기한 것이며, 근대국어 시기에는 음절 말 ‘ㄷ’을 ‘ㅅ’으로 표기하는 경향에 따라 ‘ᄒᆞᆫᄀᆞᆯᄀᆞᆺ티’로 표기한 예도 나타난다. 18~19세기 문헌에 나타난 ‘ᄒᆞᆫᄀᆞᆯᄀᆞᆺ치’는 구개음화를 겪은 ‘ᄒᆞᆫᄀᆞᆯ가치’의 중철 표기이다. ᄒᆞᆫᄀᆞᆯᄀᆞ티(16세기~18세기)〉ᄒᆞᆫᄀᆞᆯᄀᆞ치(18세기~19세기)〉ᄒᆞᆫ결ᄀᆞᆺ치(19세기)〉한결같이(20세기~현재). 이형태: ᄒᆞᆫᄀᆞᆯᄋᆞ티, ᄒᆞᆫᄀᆞᆯᄋᆞᆫ티, ᄒᆞᆫᄀᆞᆯᄀᆞ티, ᄒᆞᆫᄀᆞᆯᄀᆞᆮ티, ᄒᆞᆫᄀᆞᆯᄀᆞᆺ티, ᄒᆞᆫᄀᆞᆯᄀᆞ치, ᄒᆞᆫᄀᆞᆯᄀᆞᆺ치, ᄒᆞᆫ결ᄀᆞᆺ치. 根源을 브터 보건댄 잢간도 일후미 업거늘 世옛 사ᄅᆞ미 ᄒᆞᆫᄀᆞᆯᄋᆞ티 倍히 더 보아 구틔여 分別을 내ᄂᆞ니.《1461 능엄 2:13ㄴ-14ㄱ》, 그 독실ᄒᆞᆫ 효되 ᄒᆞᆫᄀᆞᆯᄋᆞᆫ티 지극호미 이러터라 《1518 번소 9:25ㄱ》, 가 너 도ᄋᆞᆯ 사ᄅᆞᄆᆞᆯ 마자 와 내 졔ᄉᆞ홀 이ᄅᆞᆯ 니ᅀᅥ 힘ᄡᅥ 공경오로 ᄲᅧ 거ᄂᆞ려 업스신 어마님 일 니수ᄆᆞᆯ 네 ᄒᆞᆫᄀᆞᆯᄀᆞ티 ᄒᆞ라.《1518 번소 3:12ㄴ》, 子弟의 믈읫 온가짓 완샹ᄒᆞ야 됴히 너기ᄂᆞᆫ 거시 다 ᄠᅳᆮ을 앋ᄂᆞ니 글시며 유무에 니르러ᄂᆞᆫ 션ᄇᆡ 일에 ᄀᆞ장 갓갑건마ᄂᆞᆫ 그러나 ᄒᆞᆫᄀᆞᆯᄀᆞᆮ티 됴히 너기면 ᄯᅩ 스스로 ᄠᅳᆮ을 일ᄂᆞ니라.《1588 소언 5:6ㄱ》

7 사기니라: 새기니라. ‘사기(어간)+니라(평서형 종결어미)’이다. ‘-니라’는 ᄒᆞ라체

의 평서형 종결어미이다. 고영근(2005: 152, 324)에서는 '-다'를 첫째 설명법 어미로, '-니라'를 둘째 설명법 어미 또는 보수적 설명법 어미로 부른다. 현대국어 '새기다'의 옛말인 '사기다'는 15세기 문헌에서부터 나타난다. 18세기에 단모음 'ㆍ, ㅓ, ㅏ'를 지닌 단어는 후행하는 'ㅣ' 모음의 영향으로 각각 'ㆎ, ㅐ, ㅔ'가 되는 'ㅣ' 모음 역행동화를 겪었는데 '사기다' 또한 이러한 변화를 겪어 '새기다'가 되었다. 그러나 문헌상으로는 19세기까지도 '사기다'만이 나타난다. 한편 18, 19세기 문헌에 나타난 '삭이다'는 '사기다'를 과도하게 분철 표기한 것이다. 사기다(15세기~19세기)>새기다(20세기~현재). 이형태: 사기다, 삭이다. 刻은 사길 씨라.《1459 월석 2:49ㄴ》. 錭 사길 됴 鏤 사길 루.《1527 훈몽 하:7ㄴ》

一凡字義와篇名과人姓名을已解於前者는後不複解ᄒᆞ니라

●무릇 글자의 뜻과 편 이름과 사람의 성명을 이미 앞에서 풀이한 것은 뒤에서 거듭 풀이하지 않았다.

漢字 複(거듭 부, 겹옷 복, 겹칠 복)

소언 믈읫 字ᄌᆞ ᄠᅳᆮ과 篇편 일훔과 사ᄅᆞᆷ의 姓셩名명을 이믜 前젼의 사긴 이ᄂᆞᆫ 後후에 두 번 사기디 아니ᄒᆞ니라

현대역 무릇 글자 뜻과 편 이름과 사람의 성명을 이미 앞에 새긴 이[것]은 뒤에 두 번 새기지 아니하니라.

1 複: 《소학언해》는 위 대문(大文)의 끝부분 '後후不블複복解히'에서 '複'의 독음을 '부'가 아닌, '복'으로 달고 있다.

2 아니ᄒᆞ니라: 아니하니라. '아니ᄒᆞ(어간)+니라(평서형 종결어미)'이다. '-니라'는 ᄒᆞ라체의 평서형 종결어미이다. 고영근(2005: 152, 324)에서는 '-다'를 첫째 설명법 어미로, '-니라'를 둘째 설명법 어미 또는 보수적 설명법 어미로 부른다.

一凡字音高低를皆以傍點爲準이니無點은平而低ᄒᆞ고二點은厲而擧ᄒᆞ고一點은直而高ᄒᆞ니라訓蒙字會예平聲은無點이오上

聲은二點이오去聲入聲은一點而近世ㅣ時俗之音이上去相混ᄒᆞ야難以卒變이라若盡用本音이면有駭俗聽故로戊寅本애上去二聲을從俗爲點일ᄉᆡ今依此例ᄒᆞ야以便讀者ᄒᆞ니라

●무릇 글자 소리의 높낮이를 다 방점으로써 법도를 삼았으니, 무점은 평평하며 낮고, 두 점은 높으며 올라가고, 한 점은 바로 높다. 《훈몽자회》에, "평성은 무점이고, 상성은 두 점이고, 거성과 입성은 한 점이되 근세 시속의 음이 상성과 거성이 서로 섞여 써 급히 변화시키기 어렵다."고 했다. 만약 모두 본래 음으로 쓰면 시속으로 듣기에 놀람이 있는 고로, 무인본에 상성과 거성 두 성조를 시속을 따라 점을 쳤으므로 이제 이[무인본] 예를 의지하여 써 읽는 자를 편안하게 하였다.

漢字 準(법도 준), 厲(높을 려, 날릴 려, 떨칠 려), 駭(놀랄 해)

1 최세진(崔世珍, 1468년, 세조 14년~1542년, 중종 37년): 괴산최씨(槐山崔氏)의 시조로, 자가 공서(公瑞)이다. 처음 역과(譯科)에 합격하고 중인(中人) 계급으로 과거에 응시할 수 있는 특전을 받아, 1503년(연산군 9) 문과에 급제했다. 그러나 갑자사화(1504) 때 처형된 이세좌(李世佐)에게 추천을 받은 일이 있다는 이유로 한때 파방(罷榜, 과거에 합격한 사람의 발표를 취소함) 되었다가 중국 사신의 통역을 잘한 공으로 파방이 취소되었다. 그 이후로도 사역원(司譯院)의 역관(譯官)으로 명나라에 다닐 때 사무역(私貿易)을 했다는 이유로 1509년(중종 4) 파면되고, 또 내섬시정(內贍寺正)으로 있을 때 비(婢)인 천비(千非)를 궁중에 출입시켰다는 이유로 예빈시부정(禮賓寺副正)으로 강등되었으며, 1518년 주청사(奏請使)의 질정관(質正官)으로 명나라에 갔을 때 명의 조선에 대한 채녀(採女) 정보를 입수, 본국에 알린 것이 정보누설죄로 논란되어 좌의정 남곤(南袞)의 변호로 겨우 무사하게 되는 등 곡절이 있었다. 그러나 계속 승진하여, 1524년 군자감정(軍資監正), 1530년 첨지중추부사(僉知中樞府事)를 거쳐 그 뒤 오위장(五衛將)·상호군(上護軍), 1539년 승문원제조(承文院提調), 1541년 동지중추부사(同知中樞府事)를 역임했다. 그는 중국어·운서(韻書) 연구의 대가였으며 이문(吏文)에 있어서도 독보적인 당대 최고의 석학이었다. 1517년 내섬시부정(內贍寺副正)으로 참교(參校)·한학교수(漢學敎授)를 겸하고 있을 때 《사성통

해(四聲通解)》를 완성하고, 1524년 《친영의주(親迎儀註)》·《책빈의주(冊嬪儀註)》를 언해한 것을 비롯해서, 1527년에는 《훈몽자회(訓蒙字會)》를 완성하였다. 또한 《효경(孝經)》·《여훈(女訓)》·《노걸대(老乞大)》·《박통사(朴通事)》 등을 번역하여, 국어학 발전에 크게 공헌하였다(인명사전).

2 훈몽자회(訓蒙字會): 1527년(중종 22년)에 최세진이 지은 한자 학습서이다. 《훈몽자회》 이전에는 《천자문(千字文)》과 《유합(類合)》 등을 이용하여 한자 학습이 이루어졌다. 그러나 이들은 실제 사물과 직결된 실자(實字)를 충분히 다루지 못한 단점이 있었다. 따라서 《훈몽자회》는 이를 보충하여 어린이들이 읽기에 용이하도록 상·중·하 각 3권에 1,120자씩 총 3,360자의 한자를 4자 유취(類聚) 33항목으로 갈라, 각각 한글로 새김, 소리, 주석을 달았다. 이로 인하여 《훈몽자회》의 본문 한자를 국역(國譯)으로 한 것은 고어 연구에 귀중한 자료가 되고 있다. 또한 한자의 음을 한글을 통해 터득하도록 되어 있었기 때문에, 한자의 음을 배우기 위해 먼저 한글을 배워야 했고 이에 따라 한글의 명칭을 기초적인 한자의 음을 빌려 표현하였다. 《훈몽자회》 상권의 앞부분에는, '훈몽자회인(訓蒙字會引)'과 '범례(凡例)'가 붙어 있고, '범례'끝에 '언문자모(諺文字母)'를 넣어 당시의 한글 체계와 용법에 대해 설명하고 있다. '언문자모(諺文字母)'라는 제목 밑에는 '속소위반절이십칠자(俗所謂反切二十七字)'라는 주를 붙여, 훈민정음 28자 중에서 ㆆ이 빠진 체계를 보여준다. 그리고 이 27자를 초성종성통용팔자(初聲終聲通用八字), 초성독용팔자(初聲獨用八字), 중성독용십일자(中聲獨用十一字)로 나누어, 초성 단자(單字) 16자와 중성 단자 11자로 구분해 놓았다. 그리고 초성종성통용팔자는 초성에 쓰이는 예와 종성에 쓰이는 예를 한자(漢字) 한 글자씩을 들어 보여주고 있다. 즉 "ㄱ其役, ㄴ尼隱, ㄷ池㊟, ㄹ梨乙, ㅁ眉音, ㅂ非邑, ㅅ時㊡, ㅇ異凝"이 그것이다. 이는 예컨대, ㄱ은 其라는 자의 초성과 役이라는 자의 종성에 쓰임을 보인 것이다. 다만 ㄷ과 ㅅ은 한자 중 ㄷ과 ㅅ을 종성으로 갖는 예가 없어 각각 末과 衣를 동그라미로 표시하고, "㊟㊡兩字只取本字之釋俚語爲聲"란 단서를 덧붙였다. 풀이하면, "㊟과 ㊡ 두 글자는 단지 본 글자의 새김을 취하여 우리말의 소리를 삼는다."는 뜻이다. 즉 ㄷ은 末의 새김 '귿'의 종성으로, ㅅ은 衣의 새김 '옷'의 종성으로 쓰임을 보이고 있는 것이다. 오늘날 한글 맞춤법 제2장 제4항에 규정된 한글 자모의 이름은 여기에서 비롯된 것인데, 최세진이 보여준 예는 이름이라기보다는 실상은 초성종성통용팔자의 쓰임을 보여준 것에 지나지 않았다. 또 《훈몽자회》는

'범례'에서 성조에 대해서도 언급하고 있다. 즉 "凡字音高低 皆以字傍點之有無多少爲準 平聲無點 上聲二點 去聲入聲一點 平聲哀而安 上聲厲而擧 去聲淸而遠 入聲直而促 諺解亦同"이 그것이다. 풀이하면, "무릇 글자 소리의 높고 낮음이 다 글자 곁의 점이 있고 없음과 많고 적음으로써 표를 삼을 것이니, 평성은 무점이고, 상성은 2점이며, 거성과 입성은 1점이다. 평성은 슬프면서 편안하고, 상성은 세면서 올라가고, 거성은 맑으면서 멀어지고, 입성은 곧고 빠르다. 언문으로 새김 또한 한가지이다."라는 뜻이다. 《소학언해》 첫머리 '범례'에서 《훈몽자회》를 인용하여 성조를 설명한 것은, 이하 《소학》의 언해문에 성조까지 방점을 통해 반영하고자 하는 의도를 드러낸 것이라 하겠다. 다만 시속에, 글자에 따라서는 상성과 거성이 서로 섞여 쓰이고 있어, 《소학언해》도 《번역소학》과 마찬가지로 글자에 따라 두 성조를 엄격하게 구분하지 않을 것을 말하고 있다.

3 성조(聲調): 국어사에 있어, 《조선관역어(朝鮮館譯語)》(15세기)로부터 임진왜란 이전까지의 국어를 후기중세국어(後期中世國語)라 칭한다. 시기로는 15세기~16세기의 2세기에 해당한다. 이 시기의 국어에는 성조가 존재하였다. 성조는 음절 왼쪽에 붙인 방점(傍點, 左點)을 통하여 표시하였다. 《훈민정음해례본(訓民正音解例本)》 '예의(例義)'에 "左加一點則去聲 二則上聲 無則平聲 入聲加點同而促急"이나, '합자해'의 "諺語平上去入 如활爲弓而其聲平 :돌爲石而其聲上 ·갈爲刀而其聲去 붇爲筆而其聲入之類 凡字之左 加一點爲去聲 二點爲上聲 無點爲平聲 而文之入聲 如去聲相似 諺之入聲無定 或似平聲 如긷爲柱 녑爲脅 或似上聲 如:낟爲穀 :깁爲繒 或似去聲 如·몯爲釘 ·입爲口之類 其加點則與平上去同"이 그것이다. 즉 평성은 무점(無點)으로, 거성은 1점으로, 상성은 2점으로 표시하였다. 다만 입성은 방점이 따로 정해져 있지 않았으니, 이는 입성이 평, 상, 거성과 같은 성조소(聲調素)가 아니라, 순전히 종성 'ㄱㄷㅂ'이 가지는 특징인 촉급(促急, 內破化)로 이해되었기 때문이다. 이런 이해는 '종성해'의 "所以ㆁㄴㅁㅇㄹㅿ六字爲平上去聲之終 而餘皆爲入聲之終也"에서도 드러난다. 이들 종성을 가진 음절의 성조는 사실상 평, 상, 거성의 어느 하나였음을 그들은 알고 있었기에 입성이라 해도 평, 상, 거성으로 표시하도록 규정했던 것이다. 따라서 평성 비슷한 입성(평성적 입성)은 무점으로, 상성 비슷한 입성(상성적 입성)은 2점으로, 거성 비슷한 입성(거성적 입성)은 1점으로 나타난다. 성조에 대한 기록은 여러 곳에서 발견된다. 《훈민정음해례본(訓民正音解例本)》 〈합자해〉에는 "平聲安而和 春也 萬物舒泰 上聲和而擧 夏也 萬物漸盛 去聲擧而

壯 秋也 萬物成熟 入聲促而塞 冬也 萬物閉藏"으로, 《훈민정음언해본》 본문(本文) 협주(夾註)에는 "去聲은 뭇노픈 소리라. 上聲은 처서미 늣갑고 乃終이 노픈 소리라. 平聲은 뭇 늣가ᄫᆞᆫ 소리라. 入聲은 ᄲᆞᆯ리 긋돋ᄂᆞᆫ 소리라."로, 《훈몽자회(訓蒙字會)》 '범례(凡例)'에는 "늣가온 소리옛 字ᄂᆞᆫ 平聲이니 點이 없고 기리 혀 나죵 들티ᄂᆞᆫ 소리옛 字ᄂᆞᆫ 上聲이니 點이 둘히오 곧고 바ᄅᆞ 노픈 소리옛 字ᄂᆞᆫ 去聲이니 點이 ᄒᆞ나히오 곧고 ᄲᆞᄅᆞᆫ 소리옛 字ᄂᆞᆫ 入聲이니 點이 ᄒᆞ나히라."로, 《운해훈민정음(韻解訓民正音)》(신경준, 영조 26년, 1750년)에는 "故調聲歌曰 平聲平道勿低昂 遇上高呼猛厲强 去韻哀哀音漸遠 入宜短促急收藏 平者不上不下而平也 上者高呼猛厲而上也 去者哀哀漸遠而去也 入者短促收藏而入也"로 나타난다. 후기중세국어 성조 체계는 평성[低調]과 거성[高調]의 평판조체계(平板調體系)이다. 따라서 입성은 기술한 바와 같이 성조소가 아니다. 또한 상성은 평성[低調]과 거성[高調]의 병치(竝置)이다. 이에 대한 규정상 증거는 《훈민정음해례본》 '합자해'의 "平聲安而和 上聲和而擧 去聲擧而壯 入聲促而塞"에서 찾을 수 있다. 이 규정은 당(唐)나라 《원화운보(元和韻譜)》를 본뜬 것으로, 본서는 "平聲哀而安 上聲厲而擧 去聲淸而遠 入聲直而促"과 같이 8자 중 1자도 중복이 없음에 대하여 《훈민정음해례본》은 상성에 쓰인 2자 중 '和'와 '擧'가 바로 평성과 거성에 쓰인 것과 중복되어 있다. 이는 상성[和而擧]이 평성[和]과 거성[擧]'의 병치임을 말한다. 또 다른 규정상 증거는 《훈민정음언해본》 '협주'의 "去聲은 뭇노픈 소리라. 上聲은 처서미 늣갑고 乃終이 노픈 소리라. 平聲은 뭇 늣가ᄫᆞᆫ 소리라. 入聲은 ᄲᆞᆯ리 긋돋ᄂᆞᆫ 소리라."에서도 발견된다. 거성을 '가장 높은 소리', 평성을 '가장 낮은 소리'라 하고, 중간에서 상성을 '처음이 낮고 나중이 높은 소리'라 한 것도 해례 합자해의 '和而擧'와 근본적으로 합치된다. 다음으로 구조적 관점에서도 확인된다. 상성은 두 평판조[저조와 고조] 병치'[승강조체계(昇降調體系)]라서, 상성이 걸린 음절은 모두 음장을 가지고 있다. 《훈몽자회》 '범례'도 "기리 혀 나죵 들티ᄂᆞᆫ 소리"라 언급하고 있다. 실제로 평성[저조]과 거성[고조]의 병치가 상성으로 표기된 예가 발견된다. 부텨(佛, 평성, 평성) + ·이(주격조사, 거성)⇒부:톄(주격형, 상성), ᄃᆞ리(橋, 평성, 평성) + ·이(주격조사, 거성)⇒ᄃᆞ:리(주격형, 상성), 막다히(평성, 평성, 거성)⇒막:대(모음간 'ㅎ' 탈락으로 축약, 평성, 상성).

소언 믈읫 字ᄌᆞᆺ 음음의 놉ᄂᆞᆺ가이를 다 겨틧 點뎜으로ᄡᅧ 법을 삼을 디니 點뎜 업슨 이는 편히 ᄂᆞᆺ가이 ᄒᆞ고 두 點뎜은 기리 혀 들고 ᄒᆞᆫ 點뎜은 바ᄅᆞ 노피홀 거시니라 訓훈蒙몽字ᄌᆞ會회예 平평聲셩은 點뎜이 업고 上샹聲셩은 두 點뎜이오 去거聲셩 入입聲셩은 ᄒᆞᆫ 點뎜이로ᄃᆡ 요ᄉᆞ이 時시俗쇽애 音음이 上샹去거聲셩이 서르 섯기여 ᄡᅥ 과글리 고티기 어려온 디라 만일 다 本본音음을 ᄡᅳ면 시쇽 듣기예 히괴홈이 이실 故고로 戊무寅인년 칙에 上샹去거 두 聲셩을 시쇽을 조차 點뎜을 ᄒᆞ야실ᄉᆡ 이제 이 법녜롤 의지ᄒᆞ야 ᄡᅥ 닐그리롤 便편케 ᄒᆞ니라

현대역 무릇 글자의 소리의 높낮이를 다 곁의 점으로써 법을 삼을 것이니, 점이 없는 이[것]는 편히 낮게 하고, 두 점은 길게 끌어 들어올리고, 한 점은 바로 높이 할 것이니라. 《훈몽자회》에, "평성은 점이 없고, 상성은 두 점이고, 거성과 입성은 한 점이로되 요사이 시속에 소리가 상성과 거성이 서로 섞이어 써 급히 고치기 어려운 것이다." 만일 다 본음을 쓰면 시속 듣기에 해괴(駭怪)함이 있을 고로, 무인년 책에 상성과 거성 두 소리를 시속을 좇아 점을 했으므로, 이제 이 法例를 의지하여 써 읽을 이를 편하게 하니라.

1 삼을 디니: 삼을 것이니. 삼을지니. '삼(어간)+으(매개모음)+ㄹ(관형사형 어미)+ᄃᆞ(의존명사)+이(서술격 조사 '이다'의 어간)+니(연결어미)'이다. 이런 형태소 구성을 고려하면, '삼을 디니'처럼 띄어 쓰며, '-ㄹ 것이니'로 풀이할 수 있다. 그러나 'ㄹ+ᄃᆞ+이+니'는 '-ㄹ디니'의 형태로, 하나의 연결어미로 재구조화한 것으로 볼 수도 있다. 이때에는 해라할 자리에 쓰여, '삼을디니'처럼 붙여 쓰며 '-ㄹ지니'로 풀이할 수도 있다. 物理롤 子細히 推尋ᄒᆞ야 모로매 行樂홀 디니 엇뎨 ᄠᅳᆫ 일후믈 ᄡᅥ 이 모ᄆᆞᆯ ᄆᆡ야 두리오(細推物理須行樂 何用浮名絆此身).《두시-초 11:19》, 東녀그로 흘러가는 므를 묻디 마롤 디니 人生을 곧 ᄇᆞ리디 몯거니ᄯᆞ녀(莫問東流水 生涯未卽抛).《두시-초 14:10》

2 어려온 디라: 어려운 것이라. 어려운지라. '어려오(어간)+ㄴ(관형사형 어미)+ᄃᆞ(의존명사)+이(서술격 조사 '이다'의 어간)+라(종결어미)'이다. 이런 형태소 구성을 고려하면, '어려온 디라'처럼 띄어 쓰며, '-ㄴ 것이라'로 풀이할 수 있다. 그러나 'ㄴ+ᄃᆞ+이+라'는 '-ㄴ디라'의 형태로, 하나의 종결어미로 재구조화한

것으로 볼 수도 있다. 이때에는 해라할 자리에 쓰여, '어려온디라'처럼 붙여 쓰며 '-ㄴ지라'로 풀이할 수도 있다. 性이 니러 相이 ᄃᆞ외욘 디라 境과 智왜 번득ᄒᆞ며 相이 性의 노교ᄆᆞᆯ 得혼 디라(性起爲相 境智歷然 相得性融 身心廓爾).《원각 서:38》, 薰修ᄒᆞ여 나톤 디라(所言神通變化 依悟而修 漸熏所現 非謂悟時 卽發現也).《목우 10》. 현대국어 '어렵다'는 15세기 문헌에서부터 '어렵다'로 나타나 현재에 이르렀다. 15세기에 '어렵-'은 자음으로 시작되는 어미 앞에서는 현대국어와 마찬가지로 '어렵-'이지만 모음으로 시작하는 어미 앞에서는 '어렵-'으로 교체되었다. 16세기 초까지 '어렵-'이 보이다가 'ㅸ'이 사라지면서 모음으로 시작하는 어미 앞에서 '어려우-'라는 어간이 나타나게 된다. '어려우-'는 15세기 중반부터 나타나기 시작하여 현재까지 이어지는 교체형이다. 그런데 16세기부터는 '어려우-'와 '어려오-'가 함께 나타나 19세기까지 공존한다. 그러다가 20세기에 '어렵-'과 '어려우-'가 어간으로 확정되어 현재에 이르렀다. 어렵다(15세기~현재). 이형태: 어렵-, 어렵-, 어려우-, 어려오-. 邪曲ᄒᆞᆫ 道理ᄅᆞᆯ 信ᄒᆞ야 正ᄒᆞᆫ 法 ᄀᆞᄅᆞ쵸미 어렵더니.《1447 석상 6:21ㄴ》, 부텨 맛나미 어려ᄫᅳ며 法 드로미 어려ᄫᅳ니.《1447 석상 6:10ㄴ-11ㄱ》, 藥王아 니ᄅᆞ샤ᄃᆡ 諸佛 니ᄅᆞ샨 信호미 어려운 기픈 經은 淸淨ᄒᆞ야.《1461 능엄 1:3ㄴ》, ᄆᆞᄎᆞᆷ내 德 갑ᄉᆞ오미 어려오니.《1496 육조 하:17ㄴ》, 구룸 ᄀᆞ티 노픈 벼스른 히모로 닐위요미 어려우니라 말ᄉᆞᄆᆞᆯ 브텨 여러 아기네ᄃᆞ려 니ᄅᆞ노니.《1518 번소 6:28ㄱ》, 유셔ᄒᆞᆫ 벼스른 오래 이쇼미 어려오니 ᄆᆞᄎᆞᄆᆞᆯ 엇디.《1518 번소 6:27ㄱ》

3 ᄒᆡ괴홈: 해괴(駭怪)함. 'ᄒᆡ괴ᄒᆞ(어간)+옴(명사형 어미)'이다. 크게 놀랄 정도로 매우 괴이하고 야릇함.

4 법녜: 법례(法例). 법규의 적용 관계를 정한 법률이나 규정.

小쇼學ᄒᆞᆨ書셔題뎨

● 소학서제. 《소학》 글에 쓴 것이다.

소언 져근 아ᄒᆡ ᄇᆡ홀 글월의 쓴 거시라

현대역 적은 아이 배울 글월에 쓴 것이라.

ᄇᆡ홀: 배울. 'ᄇᆡ호(어간)+ㄹ(관형사형 어미)'이다. '배우다'의 옛말인 'ᄇᆡ호다'는 15세기 문헌에서부터 나타난다. 19세기에 모음 사이에서 'ㅎ'이 탈락한 'ᄇᆡ오다' 형태가 나타났다. 또한 근대국어 후기에 제1음절의 'ㆍ'가 'ㅏ'와 소리가 같아지면서 이중모음 'ㆎ'도 'ㅐ[aj]'로 바뀌고, 'ㅐ[aj]'가 [ɛ]'로 단모음화 하였는데, 이러한 현상이 반영된 '배오다' 형태가 19세기에 나타난다. '배오다'에서 제2음절의 모음 'ㅗ'가 'ㅜ'로 바뀐 '배우다' 형태도 등장하여 오늘날에 이르게 되었다. ᄇᆡ호다(15세기~19세기)〉ᄇᆡ오다(19세기)〉배우다(19세기~현재). 이형태: ᄇᆡ호다, ᄇᆡ후다, ᄇᆡ오다, 배오다, 배우다. 淨居天이 禮ᄅᆞᆯ 아라 세 ᄇᆞᆯᄋᆞᆯ 값도라ᄂᆞᆯ 須達이 보아 ᄇᆡ호니.《1447 월곡 55ㄴ》, 네 뉘손ᄃᆡ 글 ᄇᆡ혼다 내 되ᄒᆞᆨ당의셔 글 ᄇᆡ호라.《1510년대 번노 상:2ㄴ》

古者小學애**教人以灑掃應對進退之節**와**愛親敬長隆師親友之道**ᄒᆞ니**皆所以爲修身齊家治國平天下之本**이니

● 옛적 소학에서 사람을 가르치되, 물 뿌리고 쓸며 응하며 대하며 나아가며 물러나는 예절과, 어버이를 사랑하며 어른을 공경하며 스승을 높이며 벗을 친히 하는 방도로써 하였으니, (이것은) 다 써 몸을 닦으며 집안을 가지런히 하며 나라를 다스리며 천하를 평안히 하는 근본을 하는 바이니,

漢字 灑(물 뿌릴 쇄), 掃(쓸 소), 隆(높일 융)

소언 네 小쇼學혹애 사ᄅᆞᄆᆞᆯ ᄀᆞᄅᆞ츄ᄃᆡ 믈 ᄲᅳ리고 ᄡᅳᆯ며 應응ᄒᆞ며 對ᄃᆡᄒᆞ며[應응ᄋᆞᆫ 블러든 ᄃᆡ답ᄒᆞᆷ이오 對ᄃᆡᄂᆞᆫ 무러든 ᄃᆡ답ᄒᆞᆷ이라] 나ᄋᆞ며 므르ᄂᆞᆫ 졀ᄎᆞ와 어버이ᄅᆞᆯ ᄉᆞ랑ᄒᆞ며 얼운을 공경ᄒᆞ며 스승을 존ᄃᆡᄒᆞ며 벋을 親친히 ᄒᆞᆯ 道도로ᄡᅧ ᄒᆞ니 다 ᄡᅧ 몸ᄋᆞᆯ 닷ᄀᆞ며 집을 ᄀᆞᄌᆞ기 ᄒᆞ며 나라ᄒᆞᆯ 다ᄉᆞ리며 天텬下하ᄅᆞᆯ 平평히 ᄒᆞᆯ 근본을 ᄒᆞ논 배니

현대역 옛적 소학에서 사람을 가르치되, 물 뿌리고 쓸며 응하며 대하며[應은 부르거든 대답함이요, 對는 묻거든 대답함이라.] 나아가며 물러나는 절차와 어버이를 사랑하며 어른을 공경하며 스승을 존대하며 벗을 친히 할 도로써 하니, 다 써 몸을 닦으며 집을 가지런히 하며 나라를 다스리며 천하를 평히 할 근본을 하는 바이니,

1 ᄀᆞᄅᆞ츄ᄃᆡ: 가르치되. 'ᄀᆞᄅᆞ치(어간)+우ᄃᆡ(연결어미)'이다. 종속적 연결어미 '-오ᄃᆡ'는 음성모음으로 된 어간 아래에서는 '-우ᄃᆡ'로, 서술격 조사 아래에서는 '-로ᄃᆡ'로 교체된다. 즉 '-우ᄃᆡ'는 선행 음절의 모음이 'ㅡ, ㅓ, ㅜ, ㅣ, 반모음 ㅣ'인 경우에 붙는다. ᄒᆞᆫ 두 句ᄅᆞᆯ 더으며 더러ᄇᆞ리며 ᄡᅮᄃᆡ ᄆᆞᅀᆞᆷ 다ᄫᆞᄆᆞᆯ 닐윓 ᄀᆞ장 ᄀᆡ지ᄒᆞ야.《월석 서:19~20》, 四禪天으롯 우흔 세 災 업수ᄃᆡ 그엣 宮殿과 諸天괘 ᄒᆞᆫᄢᅴ 냇다가 절로 ᄒᆞᆫᄢᅴ 업ᄂᆞ니라.《월석 1:50》. 'ᄀᆞᄅᆞ치다'는 '가르치다'의 옛말로, 15세기 문헌에서부터 나타난다. 16세기 후반에 제2음절 이하의 'ㆍ'는 'ㅡ'로 변하여 'ᄀᆞ르치-'가 되었다. 이후 18세기에는 18세기에 제1음절의 'ㆍ'가 'ㅏ'로 변하여 '가르치-'로 나타나면서 현재에 이르렀다. 16세기 이후 나타나는 'ᄀᆞᆯᄋᆞ치-'는 'ᄀᆞᄅᆞ치-'를, 'ᄀᆞᆯ으치-'는 'ᄀᆞ르치-'를 과잉 분철 표기한 것이다. 중세국어의 'ᄀᆞᄅᆞ치다'는 '교(教)'와 '지(指)'의 두 가지 뜻으로 쓰였다. ᄀᆞᄅᆞ치다(15세기~19세기)〉ᄀᆞ르치다(16세기~19세기)〉가르치다(18세기~현재). 이형태: ᄀᆞᄅᆞ치다, ᄀᆞᆯᄋᆞ치다, ᄀᆞ르치다, ᄀᆞᆯ으치다, 가ᄅᆞ치다, 가르치다. 蜜多羅ㅣ 對答ᄒᆞᅀᆞ보ᄃᆡ 梵書 佉留書로 ᄀᆞᄅᆞ치ᅀᆞ보리이다.《1447 석상 3:8ㄴ》, 세 가지예 셤굠을 ᄒᆞᆫ양 ᄀᆞᆮ티 ᄒᆞᆯ 디니 아비 나ᄒᆞ시고 스승이 ᄀᆞᆯᄋᆞ치시고 님금이 먹이시ᄂᆞ니.《1588 소언 2:73ㄴ》, 善人이 民 ᄀᆞ르침이 七年이면 ᄯᅩᄒᆞᆫ 可히 ᄡᅧ 戎에 卽ᄒᆞ리니라.《1590 논언 3:50ㄱ》, 太子 글 ᄀᆞᆯ으치ᄂᆞᆫ 벼슬이라.《1588 소언 6:81ㄱ》

2 ᄀᆞᄌᆞ기: 가지런히. 'ᄀᆞᄌᆞᆨ(어근)+이(부사 파생접사)'이다. 'ᄀᆞᄌᆞᆨᄒᆞ다'는 '가지런하

다'의 옛말이다. 눈 드로매 千聖이 ᄀᆞᄌᆞ기 나ᄐᆞ시며 觸혼 고대 萬象이 ᄇᆞᆯ가(擧目千聖齊現 觸處 萬象昭然 一花一香 徧供塵刹).《능엄 7:22》, 禮義의 비르소ᄆᆞᆫ 모ᄆᆞᆯ 正히 ᄒᆞ며 ᄂᆞᆾ비ᄎᆞᆯ ᄀᆞᄌᆞ기 ᄒᆞ며 말ᄉᆞᆷ 順히 호매 잇ᄂᆞ니(禮義之始 在於正容體齊顏色 順辭令).《내훈 1:18》

3 홀: 할. 'ᄒᆞ(어간)+오(대상 표시법 선어말어미)+ㄹ(관형사형 어미)'이다. 선어말어미 '-오-'는 종결형과 연결형, 그리고 관형사형에서 형태소의 자격을 얻는다. 그 기능을 파악함에 있어서는 세 활용형에 나타나는 '-오-'를 동질시할 수도 있고[의미·화용론적 접근법, 의도법설], 종결형과 연결형의 '-오-'를 관형사형의 '-오-'와 분리하여 처리함으로써 이질시할 수도 있다[통사론적 접근법, 인칭·대상설]. 종결형과 연결형의 선어말어미 '-오$_1$-'은 일반적으로 주어 명사구가 제1인칭 대명사 '나, 우리' 등 화자일 때 나타난다. 따라서 이를 화자 표시법 선어말어미(고영근, 2020: 363) 또는 1인칭법 선어말어미(허웅, 1958: 124-197)라고 부른다. 그러나 '-오$_1$-'은 주어 명사구가 제3인칭이라고 하더라도 그것이 화자 자신을 가리키는 경우에는 쓰일 수 있다. 이런 점에서 1인칭법 선어말어미보다는 화자 표시법 선어말어미라는 용어가 나아 보인다. 누른 새ᄂᆞᆫ 져기 ᄂᆞ로ᄆᆞᆯ 任意로 ᄒᆞ노라.《두시언해 20:10》 여기서 '누른 새'는 두보 자신을 가리킨다고 주(註)에서 말하고 있으므로 화자가 주어로 되어 있는 것이다. 妾은 王ㅅ 義예 죽고 王ㅅ 즐교매 죽디 아니ᄒᆞ노이다.《내훈 2 상:324》. 월희(越嬉)가 왕에게 하는 말인데, 역시 화자 자신을 가리킨다. 화자 표시법 선어말어미 '-오$_1$-'가 쓰일 때에는 존경법의 '-시-'가 원칙적으로 나타나지 못하는데, 이는 화자가 자기 자신을 높일 수 없다는 공대법의 규칙 때문이다. 물론 2인칭과 3인칭 주어와도 함께 쓰일 수 없다. '-오$_1$-'은 부정법[내 ᄒᆞ마 命終호라.], 직설법[내 이ᄅᆞᆯ 爲ᄒᆞ야 어엿비 너겨 새로 스믈 여듧 字ᄅᆞᆯ ᄆᆡᆼᄀᆞ노니.]뿐만 아니라, 회상법, 추측법, 확인법, 감동법에서도 목격된다. 회상법은 '-더-'에 '-오$_1$-'이 화합되어 '-다-'로[내 롱담ᄒᆞ다라.], 추측법은 '-오리-'로[내 이제 分明히 너ᄃᆞ려 닐오리라.], 확인법은 '-거-'에 '-오$_1$-'이 화합되어 '-과-/-가-'로[내 이제 훤히 즐겁과라. ᄒᆞ가니(ᄒᆞ+거+오+니).], 감동법은 '-옷-'에 '-오$_1$-'가 붙어 '-옷오-'로[우리도 이 偈ᄅᆞᆯ 좇ᄌᆞ방 외오노소라.] 나타난다. 여기서 '외오노소라'는 '외오(어간)+ᄂᆞ(직설법 선어말어미)+옷(감동법 선어말어미)+오(화자 표시법 선어말어미)+라(평서형 종결어미)'이다. '-오$_1$-'은 평서형뿐만 아니라, 의문형에 쓰이는 일도 있다. 부텨 니르시논 해탈을 우리도 득ᄒᆞ야 열반애 다ᄃᆞ론가 ᄒᆞ다소니.《석상 13:43》. 언제 새어든 부텨를

가 보ᅀᆞ보려뇨《석상 13:19》. 현마 칠보로 ᄭᅮ며도 됴타 ᄒᆞ리잇가.《월곡 기:121》. 관형사형에 나타나는 선어말어미 '-오$_2$-'는 존경의 선어말어미와 결합될 수 있다는 점과 제1인칭은 물론 제2·3인칭도 주어가 될 수 있다는 점에서 종결형과 연결형에 나타나는 '-오$_1$-'과 문법 범주를 달리한다. 피한정 명사는 관형사형에 대하여 주어도 될 수 있고, 목적어와 부사어도 될 수 있다. 이때 관형사형을 평서형으로 전개할 때 피한정 명사가 목적어나 부사어의 기능을 띠면 선어말어미 '-오$_2$-'가 나타난다. 따라서 이를 대상 표시법 선어말어미로 부른다(고영근, 2020, 372). 須達이 지순 亭舍마다 드르시며.《석상 6:38》. 얻논 藥이 므스것고.《월석 21:215》. 이들은 피한정 명사가 관형사형의 목적어가 되는 예이다. 그림 그륜 ᄇᆞᄅᆞ믈….《두시언해 6:34》. 옷 ᄲᆡ론 므를 먹고.《석상 11:25》. 이들은 피한정 명사가 관형사형의 부사어가 되는 예이다.

4 ᄒᆞᄂᆞᆫ: 하는. 'ᄒᆞ(어간)+ᄂᆞ(현재 시제 선어말어미)+오(대상 표시법 선어말어미)+ㄴ(관형사형 어미)'이다. 관형사형에 나타나는 선어말어미 '-오$_2$-'는 존경의 선어말어미와 결합될 수 있다는 점과 제1인칭은 물론 제2·3인칭도 주어가 될 수 있다는 점에서 종결형과 연결형에 나타나는 '-오$_1$-'과 문법 범주를 달리한다. 피한정 명사는 관형사형에 대하여 주어도 될 수 있고, 목적어와 부사어도 될 수 있다. 이때 관형사형을 평서형으로 전개할 때 피한정 명사가 목적어나 부사어의 기능을 띠면 선어말어미 '-오$_2$-'가 나타난다. 따라서 이를 대상 표시법 선어말어미로 부른다(고영근, 2020, 372). 須達이 지순 亭舍마다 드르시며.《석상 6:38》. 얻논 藥이 므스것고.《월석 21:215》. 이들은 피한정 명사가 관형사형의 목적어가 되는 예이다. 그림 그륜 ᄇᆞᄅᆞ믈….《두시언해 6:34》. 옷 ᄲᆡ론 므를 먹고.《석상 11:25》. 이들은 피한정 명사가 관형사형의 부사어가 되는 예이다.

【集解】小學은小子所入之學也라三代盛時에人生八歲어든皆入小學而受教焉하니라灑는謂播水於地하며以浥塵이요掃는謂運帚於地하여以去塵이라應은謂唯諾이요對는謂答述이라節은禮節也라親은父母也요長은尊長也라隆은尊也요親은近也라道는則講習之方也라此는言小學之教所以爲他日大學修齊治平之根本也라

《소학》은 어린이가 들어가는 바의 학문이다. 3대[하·은·주]가 성한 때에, 사람이 태어나 여덟 살이면, 다 《소학》에 들어가 가르침을 받았다. 灑는 땅에 물을 뿌려 먼지를 적심을 이르고, 掃는 비를 땅에 움직여 써 먼지를 제거함을 이른다. 應은 빨리 대답하고 더디 대답함을 이르고, 對는 답하여 진술함을 이른다. 節은 예절이다. 親은 부모이며, 長은 웃어른이다. 隆은 높임이요, 親은 가까이함이다. 道인즉 배우고 익히는 방도이다. 이는 《소학》의 가르침이 써 다른 날에 《대학》의 修身·齊家·治國·平天下의 근본이 되는 바이다.

漢字 播(뿌릴 파), 浥(적실 읍), 塵(흙먼지 진, 티끌 진), 運(움직일 운), 帚(비 추), 唯(대답할 유), 諾(대답할 락), 答(대답할 답), 述(말할 술), 講(배울 강, 외울 강)

주해(註解): '집해(集解)'[해우(海虞) 오눌(吳訥)의 주해(註解)]를 비롯한 제가(諸家)의 주해는 이이(李珥)가 《소학제가집주(小學諸家集註)》를 편찬할 때 모아 붙인 것으로, 선조(宣祖) 때 발간된 《소학언해》에는 들어있지 않다. 즉 《소학언해》에는 대문(大文)만 들어있다. 따라서 역주자도 이 책에서 현토(懸吐)할 때, 대문만 《소학언해》의 현토를 정확히 반영했고, 주해의 현토는 문의(文義)에 따라 임의로 달았다.

而必使其講而習之於幼穉治之時는 欲其習與智長ᄒᆞ며化與心成ᄒᆞ야而無扞汗格不勝升之患也ㅣ니라

● 그러니 반드시 하여금 그 어릴 때에 그것[《소학》]을 배워 익히게 함은, 그 익힘이 지혜와 더불어 길며[자라며], 됨[교화]이 마음과 더불어 이루어져, 거슬리며 막히어 이기지 못할 근심이 없고자 함이다.

漢字 穉(어릴 치), 扞(막을 한), 格(막을 격)

幼穉治之時: 《소학집주》 대문의 幼穉治之時에서 治는 穉에 대한 독음을 표시한 것이다. 한자(漢字)는 기본적으로 표음문자가 아니기 때문에, 오늘날은 한어병음[漢語拼音, 1958년 주유광(周有光) 등이 제정한, 중국어 로마자 표기법이다. 현 중화인민공화국에서 사용한다.]이나 주음부호(注音符號, 청나라 말기 학자인 장태염(章太炎)이 고안한 기음자모(記音字母)를 기초로 1913년 중화민국 교육부에서 제정하여 1918년 발표한, 중국어 로마자 표기법이다. 현 중화민국(臺灣)에서 사용한다.]를 사용한다. 그러나 이런 표기 수단이 발견되기 전에는, 직음(直音, 單字表音)과 반절(反切, 兩字表音)이 사용되었다. 직음은 어떤 한자의 음을 나타내기 위하여 음이 같은 다른 한자를 이용하는 방법이다. 이 경우 보통 문장형식 A讀若B, A讀與B, A讀如B, A讀爲B(A는 B와 같이 읽는다)를 취한다. 직음의 대표적인 책은 후한 《설문해자(說文解字)》이다. 이 책은 후한(後漢)[동한(東漢)]의 허신(許愼)이 100년에 집필을 시작하여 121년 완성한 책이다. 1만여 자에 달하는 한자 하나하나에 대해, 본래 글자 모양과 뜻과 발음을 종합적으로 해설한 책이다. 따라서 자형(字形)을 연구하는 문자학(文字學), 자음(字音)을 연구하는 성운학(聲韻學), 자의(字義)르 연구하는 훈고학(訓詁學)은 물론, 유교 경전을 연구하는 경학(經學)의 필독서로 손꼽히고 있다. 자음(字音)에 있어, 《설문해자》의 문장 형식은 A讀若B, A讀與B로 되어 있다. 예컨대, 辛[매울 신, 息隣切, xin]讀若愆[허물 건, 去乾切, qian], 楹[기둥 영, 以成切, ying]讀與廳[마을 청, 他丁切, ting] 등이 그것이다. 《예기(禮記)》 제48편 〈빙의(聘義)〉도 직음을 썼다. 문장형식은 A讀如B, A讀爲B로 되어 있다. 예컨대, 孚[미쁠 부, 芳無切, fu]讀爲浮[뜰 부, 縛謨切, fu(fou)]], 尹[미쁠 윤, 余準切, yin]讀如竹箭之筠[대나무 균, 爲贇(예쁠 빈)切, yun] 등이 그것이다. 이런 직음은 한자의 음을 다른 한자를 통해 표기할 수밖에 없었기에, 순환참조[순환논리의 오류]가 된다는 한계가 있었다. 따라서 다른 글자로 표시할 때 그 발음을 가진 한자가 없거나, 훨씬 어려운 글자로 설명해야 하거나, 글자의 발음이 달라지면서 음가가 서로 맞지 않을 수도 있다. 이후 나타난 것이 반절(反切)이다. 어떤 한자의 음을 두 글자를 이용하여 나타내는 방법이다. 반절의 기본 구조는 A, BC反 혹은 A, BC切이다. 여기서 음을 표기하기 위하여 가져온 두 글자(B와 C)를 각각 반절상자(反切上字)[성모(聲母), 자운(字母)]와 반절하자(反切下字)[운모(韻母), 첩운(疊韻)]라 한다. 즉 B에서 음절 초성만 취하고, C에서 음절중성과 종성 및 성조를 취한다. 그런 후 둘을 조합해서 A음을 표기하는 것이다. 東, 德紅切[ㄷ+옹(평성)=동(평성)] 등이 그것이다. 반절이 나타난 것은 후한 시대에 불교가 전래되면서 인도의 음운학적 지식이 중국에 들어온 것과 관련이 있다. 삼국시대 위나라 손염(孫炎)의 《이아음의(爾雅音義)》에서 최초로 채택되었고, 위진(魏晉) 시대에 널리 쓰였다. 용어도 처음에는 반절이란 명칭이 아닌, 반(反)으로만 불렸다. 그러다가 육조시대에는 반(反) 또는 절(切)이라고 불렸다. 그러다가 당 태종(太宗) 이후 민란을 염려한 황제가 반(反)자 사용을 금하면서 절(切)로만 불렸다. 마지막으로 송나라 위료옹(魏了翁)의 《사우난언(師友難言)》부터는 반절이란 용어가 쓰였다. 실제 표기도 처음에는 BC反(반)이나 BC翻(번)의 형태로 쓰이다가, 당 태종 이후부터 BC切로 쓰였다. 반절이 사용된 현존 최고(最古)의 자료는 남북조시대 양(梁)나라의 《옥편(玉篇)》(543년)이고, 그 이후로도 수나라 육법언(陸法言)이 지은 《절운(切韻)》(601년)이 있다. 반절 또한 한계가 있다. 첫째, 반절상하자로 사용하는 한자가 사람마다 통일되어 있지 않다. 예컨대, 《광운(廣韻)》(북송, 1008년)에 등장하는 [t]에 해당하는 반절상자는 都, 丁, 多, 當, 得, 冬 등 7자이다. 《광운》에 수록된 반절상자는 총 452자에 이른다. 둘째, 시대에 따라 한자의 발음이 바뀌어 반절이 일치하지 않는 경우가 발생한다. 《광운》에 나오는 古奚切의 경우, 古의 성모가 [k]이고 奚의 운모가 [i]이므로 반절을 하면 [ki]가 된다. 하지만 이 발음은 현대 보통화(普通話)[표준중국어]에서는 존재하지 않는다. 따라서 반절의 음을 정확히 읽으려면 발음의 변화를 알아야 한다. 셋째, 방언에 따라 반절의 발음이 다를 수 있다. 같은 한자라도 방언에 따라 전혀 다르게 읽을 수 있기에 혼란이 발생할 수 있다. 특히 첫째 문제와 관련하여 번잡한 반절 상자[聲母] 중 1자를 선택하여 일정한 성모를 대표하도록 고찰된 것이 중국중고음[수당(隋唐) 발음(發音)] 분류에 사용된 삼십육자모(三十六字母)이다. 36자모는 서열은 아음·설두음·설상음·순중음·순경음·치두음·정치음·후음·반설음·반치음 등 10음으로 되어 있고, 청탁은 전청·차청·전탁·불청불탁 등 4청탁으로 되어 있다. 이것이 조선에 와서, 《동국정운(東國正韻)》에서는 설두음·설상음이 설음으로, 순중음·순경음이 순음으로, 치두음·정치음이 치음으로 통합되어 23자모로 줄어들고, 다시 훈민정음에서는 전탁 계열이 빠져 17자모로 줄어들어 창제에 반영되었다. 상기 예의 治는 A, 音B(A는 음이 B다)의 방식에 해당하니, 직음이다. 같은 쪽 '而無扞汗格不勝升之患也'에서 扞을 같은 음 汗이나, 勝을 같은 음 升으로 표기한 것도 같은 예라 하겠다. 그러나 《소학제가집주》의 다른 부분에서는 자음(字音)을 반절로 설명한 곳도 있다. 〈입교(立教) 제1〉 제3장 '곡례왈(曲禮曰)'의 '광(誑)'자에는 古況切이라 해서 반절로 설명하고 있다. 그리고 〈입교(立教) 제1〉 제7장 【集說】 '영뉵(盈朒)'의 뉵(朒)자에는 '녀육절(女六切)'이 아닌, '녀육반(女六反)'이라 해서 반절로 설명하되, 절(切) 대신 반(反)을 쓰고 있다.

소언 반ᄃᆞ시 ᄒᆡ여곰 그 졈어 어려실 제 講강ᄒᆞ야 니기게 홈은 그 니교미 디혜로 더브러 길며 되오미 ᄆᆞᅀᆞᆷ과로 더브러 이러 거슯ᄧᅳ며 막딜이여 이긔디 몯홀 근심이 업과다 홈이니라

[현대역] 반드시 하여금 그 젊어 어렸을 때 강(講)하여 익히게 함은, 그 익힘이 지혜로 더불어 자라며, 됨이 마음과로 더불어 이루어 거스르며 막질리어 이기지 못할 근심이 없고자 함이니라.

1 강ᄒᆞ야: 강(講)하여. '강ᄒᆞ(어간)+야(연결어미)'이다. 예전에, 서당이나 글방 같은 데서 배운 글을 선생이나 시관 또는 웃어른 앞에서 외다.

2 니기게: 익히게. '니기(어간)+게(보조적 연결어미)'이다. '니기다'는 '익히다'의 옛말이다. 사ᄅᆞᆷ마다 ᄒᆡᅇᅧ 수ᄫᅵ 니겨 날로 ᄡᅮ메 便安킈 ᄒᆞ고져 ᄒᆞᇙ ᄯᆞᄅᆞ미니라.《훈언 3》, ᄉᆡᇰ각ᄒᆞ며 알며 외오며 니교ᄆᆞᆫ 곧 智와 相續과 執取와 計名괏 이리라(憶識誦習 卽智及相續執取計名之事也).《능엄 4:86》

3 니교미: 익힘이. '니기(어간)+옴(명사형 어미)+이(주격 조사)'이다. 중세국어 명사형 어미는 '-옴'과 '-기'가 있다. '-옴'은 음성모음으로 된 어간 아래에서는 '-움'으로, 서술격 조사 아래에서는 '-롬'으로 바뀐다. 이들은 중세국어 선어말어미 '-오/우-'가 소멸되어 근대국어에서부터 '-음'의 형태가 되면서 현대국어와 같아졌다. '-기'는 중세국어에서 그 사용이 드물었으나, 근대국어에서 활발하게 사용되었다. '-디'는 '-기'와 비슷한 기능을 표시하는 명사형 어미인데, 형용사 '어렵다, 슬ᄒᆞ다, 둏다' 앞에서만 쓰이는 통사상의 특징이 있다. 太子ㅣ 글 ᄇᆡ호기 始作ᄒᆞ야.《석상 3:8》. 내 겨지비라 가져 가디 어려ᄫᅳᆯ씨《월석 1:13》

4 길며: 자라며. '길(어간)+며(연결어미)'이다. '길다'는 '자라다'의 옛말이다. 富貴예 나 기런 모로매 蠶桑ᄋᆡ 쉽디 아니호ᄆᆞᆯ 아롤 디니(生長富貴 當知蠶桑之不易).《내훈 2:101》(현대역: 부귀한 곳에서 태어나 자랐으니 모름지기 잠상의 쉽지 않음을 알아야 할 것이니.), 芝草와 琅玕괘 날로 당당이 길어니라.《두시-초 9:8》(현대역: 지초와 낭강이 날로 마땅히 자란다.)

5 거슯ᄧᅳ며: 거스르며. '거슯ᄧᅳ다', '거슬ᄧᅳ다'는 '거스르다'의 옛말로, '일이 돌아가는 상황이나 흐름과 반대되거나 어긋나는 태도를 취하다.'를 뜻한다. 엿은 畜性으로 제 좆는 젼ᄎᆞ로 거슬ᄢᅧ 좆디 아니코(狐以畜性 自徇故 很戾不率).《능엄 8:127》, 그 어버ᅀᅵ를 恭敬 아니코 다ᄅᆞᆫ 사ᄅᆞᆷ 恭敬ᄒᆞ릴 닐오ᄃᆡ 거슬ᄧᅳᆫ 禮라 ᄒᆞᄂᆞ니라

(不敬其親 而敬他人者 謂之悖禮).《내훈 1:40》

6 막딜이여: 막질려. 앞질러 가로막아. '막딜이다'는 '막질리다'의 옛말이니, '막지르다'의 피동사이다. 믄득 ᄇᆞ람 마자 추미 올아 긔운이 막딜이며 어귀 굳ᄇᆞᄅᆞ고 누늘 티ᄡᅳ고(卒暴中風 涎潮氣閉 牙関緊急 眼目上視).《구간 1:7》, 더러온 일와 고집ᄒᆞ고 막딜인 이를(淺陋固滯).《번소 8:42》

7 업과다: 없고자. '없(어간)+과다(연결어미)'이다. '-과다'는 주로 동사, 형용사 어간 뒤에 붙어, 희망·의도·목적의 '-고자'를 뜻하는 어미이다. 戊寅년 ᄎᆡᆨ애 사ᄅᆞᆷ이 수이 알과다 ᄒᆞ야 字 ᄠᅳᆮ 밧긔 註엣 말을 아오로 드려 사겨시모로(戊寅本欲人易曉 字義之外 幷入註語爲解故).《소언 범:1》, 아ᄎᆞᆷ나죄로 나ᄅᆞᆯ 경계ᄒᆞ야 ᄀᆞᆯ오ᄃᆡ 반ᄃᆞ시 先人의 일을 廢티 말라 ᄒᆞ과다 ᄇᆞ라더니 네 이제 ᄀᆞᆯ오ᄃᆡ 엇뎨 스스로 편안티 아니ᄒᆞᄂᆞ뇨 ᄒᆞ니(吾冀而朝夕修我曰 必無廢先人 爾今曰 胡不自安).《소언 4:46》

8 格: 위 대문(大文)의 '而無扞格不勝之患也'에서 '격(格)'의 음이 《소학언해》에서는 '힉'으로 달려 있다. 아마도 '격'의 오자인 듯하다.

【正誤】扞格은牴牾不相入也라○按格은如民莫敢格之格이니卽拒逆之意니讀如字니라

扞格은 서로 부딪치고 거슬려 서로 들어가지 못함이다. ○살펴보건대, 格은 '백성들이 감히 막아내지 못 한다'는 '格'과 같다. 즉 거역한다는 뜻이니, 원래의 글자대로 읽는다.

漢字 牴(부딪칠 저), 牾(거스릴 오), 按(살필 안, 누를 안, 어루만질 안)

1 ○按格: '안(按)'은 '살펴보건대'의 뜻으로, 이이(李珥)가 자신의 견해를 밝히면서 쓴 말이다. 이후에는 안(按)자를 빼고, ○로만 표시하였다.

2 格 如民莫敢格之格 卽拒逆之意 讀如字: 이이는 격(格)의 자의(字義)를 《통감절요(通鑑節要)》 후진기(後秦紀) 시황제하(始皇帝下) 경진(庚辰) 이십육년(二十六年) 기록을 인용하여 설명하고 있다. "庚辰 二十六年 王賁 自燕 南攻齊 猝入臨淄 民莫敢格者 秦 使人 誘齊王 約封以五百里之地 齊王 遂降 秦 遷之共 處之松柏之間 餓而死[경진 26년이다. 왕분(王賁)이 연(燕)으로부터 남으로 제(齊)를 칠

때, 갑작스럽게 임치(臨淄)로 들어가니, 백성들이 감히 막아낼 자가 없었다. 진(秦)이 사람으로 하여금 제(齊)나라 왕을 꾀어 5백리의 땅으로써 봉함을 약속하였는데, 제(齊)나라 왕이 드디어 항복하거늘, 진(秦)이 공(共)[지명]에 옮겨 소나무와 잣나무 사이에 머물게 하여 굶겨 죽였다.]"

3 독여자(讀如字): '원래의 글자대로 읽는다.'의 뜻으로, 한 글자에 여러 음(音)과 훈(訓)이 있을 때, 첫 번째 음과 훈으로 읽음을 말한다.

【集說】陳氏曰不勝은不能勝當其教也라言人於幼稺之時에心智未有所主라가及時而教之는欲其習與智俱長하고化與心俱成하여而無扞格難入하여不勝其教之患也니라

진 씨[陳淳]가 말하였다. "不勝은 능히 그 가르침을 이겨 감당하지 못함이다. 사람이 어릴 때에는 마음과 지혜가 주장하는 바가 있지 않다가, 때에 미쳐 그를 가르침은, 그 익힘이 지혜와 함께 자라고, 교화가 마음과 함께 이루어져서, 막히어 들어가기 어려워 그 가르침을 이기지 못하는 근심을 없게 하고자 함을 말한 것이다."

今其全書를雖不可見이나而雜出於傳記者ㅣ亦多ㅣ언마는讀者ㅣ往往애直以古今異宜로而莫之行ᄒᆞᄂᆞ니殊不知其無古今之異者ㅣ固未始不可行也ㅣ니라

●이제 그 온전한 글을 비록 가히 볼 수는 없으나, 傳記에 섞여 나오는 것이 또한 많지만, 읽는 자들이 이따금 다만 옛날과 지금은 마땅함이 다름으로써[다르다 하여] 실행하지 아니하니, 자못 그 옛날과 지금에 다름이 없는 것[즉 인간의 윤리도덕과 예법]은, 진실로 비로소 가히 행하지 못할 것이 아닌 줄[행해야 함]을 알지 못해서이다.

漢字 往(이따금 왕), 直(다만 직), 殊(자못 수), 固(진실로 고), 始(비로소 시)

소언 이제 그 오온 글월을 비록 可가히 보디 몯ᄒᆞ나 傳뎐記긔[녯

글월들히라]예 섯거 낟ᄂᆞᆫ ᄃᆡ ᄯᅩ 하건마ᄂᆞᆫ 닐글 이 잇다감 ᄒᆞᆫ갓 녜와 이제와 맛당홈이 달름으로ᄡᅥ 行힝티 아니ᄒᆞᄂᆞ니 ᄌᆞ뭇 그 녜와 이제와 달옴이 업ᄉᆞᆫ 거시 진실로 비르소 可가히 行힝티 몯홀 거시 아닌 줄을 아디 몯ᄒᆞᄂᆞ니라

현대역 이제 그 온전한 글월을, 비록 가히 보지 못하나, 傳記[옛 글월들이라.]에 섞어 나타나는 데 또 많건마는, 읽을 이가 이따금, 한갓 옛적과 이제와 마땅함이 다름으로써 행하지 아니하니, 자못 그 옛적과 이제와 다름이 없는 것이 진실로 비로소 가히 행하지 못할 것이 아닌 줄을 알지 못하느니라.

1 오온: 온전한. '오ᄋᆞᆯ(全, 어간)+ㄴ(관형사형 어미)'이다. '-ㄴ'은 관형사형 어미이다. 또 다른 관형사형 어미에 '-ㄹ'이 있다. '오ᄋᆞᆯ다'는 '온전하다'의 옛말이다. 보샤미 멀리잇가 善心이 오ᄋᆞᆯ면 안존 고대셔 말가히 보리니.《월석 8:1》, 幽人의 貞正호ᄆᆞᆯ 둘흘 오ᄋᆞᆯ에 호ᄆᆞᆯ 붓그리노라(幽貞愧雙全).《두시-초 6:37》

2 낟ᄂᆞᆫ: 나타나는. '낟(어간)+ᄂᆞ(현재 시제 선어말어미)+ㄴ(관형사형 어미)'이다. '-ㄴ'은 관형사형 어미이다. 앞에 선어말어미 '-ᄂᆞ-', '-더-'가 붙으면 '-ᄂᆞᆫ, -던'으로 나타난다. 또 다른 관형사형 어미에 '-ㄹ'이 있다. '낟다'는 '나타나다'의 옛말이다. 오직 量ᄋᆞᆯ 조차 應ᄒᆞ야 나ᄃᆞᆯ ᄯᆞᄅᆞ미라(但隨量應現耳).《능엄 1:96》, 祖師 뵈샨 句求 자최 意地예 그처시든 理ㅣ 心源에 낟ᄂᆞ니라(祖師示句 迹絶於意地 理顯於心源).《선가 상:11》

3 하건마ᄂᆞᆫ: 많건마는. '하(多, 어간)+건마ᄂᆞᆫ(연결어미)'이다. '-건마ᄂᆞᆫ'은 'ㅣ' 계열 이중모음이나 'ㄹ' 받침으로 끝나지 않는 어간 뒤에 붙어, 주로 동사, 형용사 어간 뒤에 붙어, '-건마는'을 뜻하는 어미이다. 傳記예 섯거 낟ᄂᆞᆫ ᄃᆡ ᄯᅩ 하건마ᄂᆞᆫ 닐글 이 잇다감 ᄒᆞᆫ갓 녜와 이제와 맛당홈이 달름으로ᄡᅥ 行티 아니ᄒᆞᄂᆞ니(而雜出於傳記者亦多 讀者往往 直以古今異宜 而莫之行).《소인 서:2》(현대역: 전기에 섞여 드러나는 것이 또 많건마는 읽을 이가 이따금 한갓 옛날과 지금과 마땅함이 다름으로써 행하지 아니하나니.), ᄆᆞᆯᄀᆞᆫ 이바지ᄅᆞᆯ 마져 니ᄅᆞ고져 컨마ᄂᆞᆫ 幽明의 逼迫호ᄆᆞᆯ 벙으리와도미 어렵도다(欲告淸宴罷 難拒幽明迫).《두시-중 7:25》(현대역: 맑은 향연을 그만두자고 말하고자 하건마는 유명의 핍박함을 거스르기 어렵도다.)

4 ᄌᆞ뭇: 자못. 생각보다 매우. 현대국어 '자못'의 옛말인 'ᄌᆞ모'는 15세기 문헌에서부

터 나타난다. ‘ᄌᆞ모’와 함께 ‘ᄌᆞᄆᆞ’ 형태도 15세기 문헌에서부터 나타난다. 16세기에는 ‘ᄌᆞᄆᆞ’의 음절 말에 ㅅ이 첨가된 ‘ᄌᆞᄆᆞᆺ’ 형태가, 17세기에는 ‘ᄌᆞ모’에 ㅅ이 첨가된 ‘ᄌᆞ못’ 형태가 등장하였다. 이처럼 부사 뒤에 ㅅ이 첨가되는 현상은 중세국어 시기 ‘쟝ᄎᆞ’, ‘쟝ᄎᆞᆺ’ 등의 예에서도 발견된다. 17세기에는 ‘ᄌᆞ못’이 나타나는데 이는 제2음절의 모음 ‘ㆍ’가 ‘ㅗ’로 변한 것이다. 16세기에 제2음절 이하의 ‘ㆍ’가 일반적으로 ‘ㅡ’로 변했으나 간혹 ‘ㅗ’로 변하기도 하였는데 ‘ᄌᆞ못’은 제2음절의 ‘ㆍ’가 ‘ㅗ’로 변한 것이다. 근대국어 후기에 제1음절에서 모음 ‘ㆍ’가 ‘ㅏ’로 변하는 경향에 따라 18세기에 ‘자못’이 등장하게 되면서 현재에 이르렀다. ᄌᆞᄆᆞ(15세기~17세기)/ᄌᆞ모(15세기~17세기)〉ᄌᆞᄆᆞᆺ(16세기~18세기)〉ᄌᆞ못(17세기~19세기)〉자못(18세기~현재). 이형태: ᄌᆞ모, ᄌᆞᄆᆞ, ᄌᆞᄆᆞᆺ, ᄌᆞ못. 胡羯이 ᄌᆞᄆᆞ 難호미 하니 고기 자ᄇᆞ며 나모쥬메 이 生ᄋᆞᆯ 브텟노라.《1481 두시-초 7:6ㄴ》, 그러나 이제로 녜ᄅᆞᆯ 보건댄 ᄌᆞ모 해 어긔나 專門ᄒᆞᄂᆞᆫ 녯 學ᄋᆞᆫ 矛盾ᄋᆞᆯ 免티 몯ᄒᆞ려니와.《1461 능엄 1:22ㄴ》, 學校ᄂᆞᆫ 禮義로 서르 몬져 ᄒᆞᆯ 싸히어ᄂᆞᆯ ᄃᆞᆯ마다 ᄒᆞ여곰 ᄃᆞ토게 홈이[글지이로 결오단 말이라] ᄌᆞᄆᆞᆺ ᄀᆞᄅᆞ쳐 치ᄂᆞᆫ 도리 아니니.《1588 소언 6:14ㄴ》

5 업ᄉᆞᆫ: 없는. ‘없(어간)+ᄋᆞ(매개모음)+ㄴ(관형사형 어미)’이다.

6 出: 대문(大文)의 ‘而雜出於傳記者’에서 ‘出’의 음이 《소학언해》에서는 ‘쥴’로 달려 있다. 아마도 ‘츌’의 오자인 듯하다.

【增註】直은猶但也요殊猶絶也라

直은 ‘다만’과 같고, 殊는 ‘절대로’와 같다.

漢字 絶(절대로 절, 결코 절, 끊을 절)

【集解】全書는謂三代小學教人之書요傳記는謂今所存曲禮內則諸篇也라夫自坑焚之後로載籍不全하고其幸存者도世人이直以時世不同이라하며莫之能行하나니盖絶不知其中에無古今之異者는實可行也라無古今之異는卽朱子蒐輯以成此書者是也라

全書는 삼대에 소학에서 사람을 가르치는 글을 이르고, 傳記는 지금에 남아있는 바의 〈곡례〉, 〈내칙(內則)〉 등 여러 편을 이른다. 무릇 (선비들을) 묻고 (서적을) 불태운 뒤로부터 載籍이 온전하지 못하고, 그나마 다행히 남아있는 것도 세상 사람들이 다만 時世가 같지 않음으로써[않다 하여] 능히 그것을 행하지 않으니, 대개 그 가운데 옛날과 지금에 다름이 없는 것은 진실로 가히 행할 수 있음을 전혀 알지 못한 것이다. 옛날과 지금에 다름이 없는 것은, 곧 주자가 찾아 모아서 써 이 글을 이룬 것이 이것이다.

漢字 蒐(찾을 수, 모을 수, 꼭두서니 수), 輯(모을 집)

1 예기(禮記): 유교 경전 중 오경(五經)의 하나다. 주(周)나라 말기에서 진한(秦漢) 시대까지의 예(禮)에 관한 학설을 집록(輯錄)한 것으로, 《주례(周禮)》, 《의례(儀禮)》와 함께 삼례(三禮)라고 한다. 《예경(禮經)》이라 하지 않고 《예기》라고 한 것은, 예에 대한 기록 또는 예에 관한 경전을 보완(補完) · 주석(註釋)했다는 뜻이다. 이에 《의례》가 예의 경문(經文)이며, 《예기》는 그 설명에 해당된다고 보기도 한다. 그러나 《예기》에서는 《의례》의 해설뿐 아니라, 음악 · 정치 · 학문 등 일상생활의 사소한 영역에 이르기까지 예의 근본정신에 대해 다양하게 서술하고 있으므로, 《예기》를 단순히 《의례》의 해설서라고 보기는 어렵다고 하겠다. 《예기》의 성립에 대해서는 그 설이 일정하지 않지만, 현재 전하고 있는 《예기》는 전한시대 대성(戴聖)에 의해 정리된 예에 대한 기록인 《소대례기(小戴禮記)》이다. 진시황(秦始皇)의 분서갱유(焚書坑儒)로 망실되었던 서적들이 한무제(漢武帝)가 유학을 관학(官學)으로 삼은 후 다시 세상에 나오게 되었는데, 예(禮)에 대한 것으로는 노(魯)의 고당생(高堂生)이 〈사례(士禮)〉 17편을 전했고, 하간헌왕(河間獻王)이 고례에 관한 기록 131편을 모아 한무제에게 헌납했다. 이후 〈명당음양기(明堂陰陽記)〉 33편, 〈공자삼묘기(孔子三廟記)〉 7편, 〈왕씨사씨기(王氏史氏記)〉 21편, 〈악기(樂記)〉 23편을 더 얻어 모두 214편이 되었다고 한다. 고당생은 소분(蕭奮)에게 학문을 전했고, 소분은 맹경(孟卿)에게, 맹경은 후창(后蒼)에게 전했으며, 후창은 대덕(戴德), 대성(戴聖), 경보(慶普) 등에게 예를 전수했다. 이들의 학문은, 선제(宣帝) 때에 학관(學官)이 설치되어 박사(博士)를 두게 되었다. 이 중 대덕은 대성의 작은아버지이므로 대대(大戴)라 일컫고, 대성은 소대(小戴)라 일컫게 되었다. 대덕과 대성은 흩어져 있는 예설을

수집·편찬했는데, 대덕이 편찬한 책은 《대대례기(大戴禮記)》 85편이고, 대성이 편찬한 책은 《소대례기》 49편이다. 이후 경보의 경씨례(慶氏禮)는 점차 쇠퇴해 망실되고, 대덕과 대성의 학문이 주로 남게 되었다. 한나라의 뛰어난 학자인 정현(鄭玄)은 《육예론(六藝論)》에서 "지금 세상에서 행해지는 예는 대덕과 대성의 학(學)이다. 대덕은 기(記) 85편을 전했으니 바로 대대례(大戴禮)고, 대성은 예 49편을 전했으니 바로 예기다."라고 하여, '예기'라는 이름이 처음으로 등장한다. 정현이 《주례》·《의례》와 함께 《소대례기》에 주석을 붙여 '삼례'라 칭하게 된 후, 《소대례기》가 《예기》로 일컬어지게 되었다. 《대대례기》는 흩어져서 일부가 없어지고, 지금 알 수 있는 것은 40편에 지나지 않는다. 그런데 《대대례기》 85편에서 49편을 정리·편찬한 것이 《소대례기》인지, 아니면 두 책이 각각 별개로 편찬되어 전승되었는지는 분명하지 않다. 학자들은 대개 별도로 편찬된 것으로 보는 경향이 많다. 또한 대성이 정리한 것은 46편이었으며, 한말(漢末)의 마융(馬融)이 〈월령(月令)〉, 〈명당위(明堂位)〉, 〈악기(樂記)〉 세 편을 더해 49편으로 만들었다는 설도 있다. 《예기》 각 편의 작자에 대해서는 알려져 있지 않지만, 몇몇 편에 대해서는 작자가 전해지고 있다. 예를 들어, 육덕명(陸德明)은 《경전석문서록(經典釋文敍錄)》에서 〈중용(中庸)〉은 자사(子思)가 지은 것이고, 〈치의(緇衣)〉는 공손니자(公孫尼子)가 지은 것이라고 했다. 또한 정현은 〈월령〉이 여불위(呂不韋)가 지은 것이라고 했고, 노식(盧植)은 〈왕제(王制)〉가 한나라 때의 박사(博士)들이 지은 것이라고 했으며, 왕숙(王肅)은 〈월령〉이 주공(周公)이 지은 것이라고 했다. 이외에 〈예운(禮運)〉은 자유(子游), 〈학기(學記)〉와 〈악기〉는 모생(毛生), 〈대학(大學)〉은 증자(曾子)가 지었다고 하기도 한다. 하지만 이에 대해 청대(淸代) 고증학자(考證學者)들이 많은 의혹을 제기하기도 한 점으로 보아, 믿을 만한 것은 아니다. 《예기》는 고금을 통해 수많은 주석이 있어 왔는데, 그 중에서 정현의 주석이 가장 먼저 권위를 인정받았다. 정현은 《예기》를 주석하면서 신중하고 엄밀한 학문적 자세를 취해 원전을 존중했고, 잘못임이 분명한 대목일지라도 원문의 글자를 고치는 대신 주석으로 자세하게 지적해 두었다. 이러한 정현의 주석은 타의 추종을 불허해 당(唐)나라의 공영달(孔穎達) 같은 학자는 "예는 바로 정학(鄭學)이다."라고 그를 높이 치켜세우기도 했다. 공영달은 당태종(唐太宗)의 명을 받아 《오경정의(五經正義)》의 편수에 참여해 《예기정의(禮記正義)》를 편찬하면서, 정현의 주를 바탕으로 웅안생(熊安生)·황간(皇侃)의 《예기의소(禮記義疏)》를 참작해 독자적인 정리를 했다. 이후로 《예기》는 정주공소(鄭注孔疏)라 해서 정현의 주와 공영달의 소가 존중되었다. 이 밖에 송(宋)나라 때 위식(衛湜)이 편찬한 《예기집설(禮記集說)》, 원(元)나라 때 오징(吳澄)이 편찬한 《예기찬언(禮記纂言)》과 진호(陳澔)가 편찬한 《운장예기집설(雲莊禮記集說)》, 명(明)나라 때 호광(胡廣)이 편찬한 《예기집설대전(禮記集說大全)》 등이 대표적인 주석서라 할 수 있다. 《예기집설대전》에서는 진호의 《예기집설》을 표준으로 채택해, 이때부터 정현의 주석보다 진호의 주석이 널리 읽히게 되었다. 우리나라에서도 명나라 호광 등이 찬집한 《예기집설대전》이 널리 읽혔다. 《예기》가 우리나라에 언제 전해졌는지는 분명하지 않다. 다만 중국의 《삼국지(三國志)》 〈위서(魏書)〉 '동이전(東夷傳)'이나 《주서(周書)》 등에 "서적으로는 오경(五經)이 있다."는 등의 기록이 있는 것으로 보아, 삼국시대 초기에 이미 수용된 듯하며 통일신라 이후로는 관리 등용 시험에 필수 과목이 되는 수가 많았다. 우리나라 학자에 의한 주석은 여말선초(麗末鮮初)의 학자인 양촌 권근(陽村 權近)의 14년에 걸친 연구의 결실인 《예기천견록(禮記淺見錄)》(26권 11책)이 대표적인 저술이다. 이후 조선시대에는 예학(禮學)의 흥성과 함께 뛰어난 학자들에 의해 수많은 주석서가 간행되었다. 이외에 《예기대문언독(禮記大文諺讀)》은 《예기》에 국문으로 토를 단 책으로, 영조 43년(1767)에 교서관(校書館)에서 간행했다. 이 책에는 성삼문(成三問), 신숙주(申叔舟) 등이 서로 토론해 토를 달았다는 내용이 기재되어 있다. 《예기》는 여러 사람이 잡다하게 기록한 것을 모은 책이기 때문에 내용이 체계가 없고 번잡한 느낌이 없지 않으며 편차(編次)의 배열도 일정한 원칙이 없다. 《예기》는 곡례(曲禮)·단궁(檀弓)·왕제(王制)·월령(月令)·예운(禮運)·예기(禮器)·교특성(郊特性)·명당위(明堂位)·학기(學記)·악기(樂記)·제법(祭法)·제의(祭儀)·관의(冠儀)·혼의(婚儀)·향음주의(鄕飮酒儀)·사의(射儀), 내칙(內則) 등 49편으로 되어 있고, 사서(四書)의 하나인 《대학(大學)》과 《중용(中庸)》도 이 가운데 한 편이다. 1190년 주희는 《예기》 중의 《대학》과 《중용》 2편을 각각 별개의 책으로 엮음으로써 《논어》, 《맹자》와 더불어 4서에 포함시켰다. 《예기》 중 한 편인 〈곡례〉는 행사(行事)의 경우 등에 몸가짐을 어떻게 할 것인가를 설명하고 있고, 〈내칙〉은 여자들이 규문(閨門) 안에서 행하는 예절이나 의식을 기록하고 있다. 《예기》의 내용은 주로 중국 고대사회의 생활 의식에 관한 기록이라 할 수 있다. 고대사회에서 예의 영역은 국가의 통치 제도에서부터 사회적인 도리(道理)의 규정, 개인의 수신(修身)에 이르기까지를 망라하는 광범위한 것이었다. 따라서 통치의 수단이며 교화의 방법이었던 '예'를 기술한 《예기》는 유교적 예치주의(禮治主義)를 선양하기 위한 교재로 중시되었으며, 그 영향은 '삼례' 중에서 가장 컸다고 하겠다. 또한 《예기》는 중국 전국시대(戰國時代)와 진한(秦漢) 시기의 유교사상이나 사회사상을 연구하고 유교적 예치주의를 이해하는 데에도 기본이 되는 책이며, 우리나라에서도 오래전부터 우리의 생활문화에 지대한 영향을 끼친 책이다(네이버 지식백과, 고전해설).

2 재적(載籍): 책이나 문서에 써서 싣는 일. 또는 그렇게 실려 있는 것.

3 시세(時世): 그 당시의 세상.

今頗蒐輯集ᄒᆞ야以爲此書ᄒᆞ야授之童蒙ᄒᆞ야資其講習ᄒᆞ노니庶幾有補於風化之萬一云爾니라

●이제 자못 찾아 모아 써 이 글을 만들어서 그것을 어린이에게 주어 그 배우고 익힘을 도우니, 거의 풍속 교화에 만분의 일이나마 도움이 있다고 이를 뿐이다.

漢字 頗(자못 파), 資[도울 자, 자뢰할 자], 庶(거의 서, 가까울 서), 幾(거의 기)

소언 이제 ᄌᆞ못 어더 모도와 뼈 이 글을 ᄆᆡᇰᄀᆞ라 아ᄒᆡ 어리니를 주어 그 講강ᄒᆞ야 니교ᄆᆞᆯ ᄌᆞ뢰케 ᄒᆞ노니 거의 풍쇽이며 교화의 만분에 ᄒᆞ나히나 보태욤이 이시리니라

현대역 이제 자못 얻어 모아, 써 이 글을 만들어, 아이 어린이를 주어, 그 강하여 익힘을 자뢰(資賴)하게 하노니, 거의 풍속이며 교화에 만분의 하나나 보탬이 있으리니라.

1 ᄌᆞ뢰케: 자뢰(資賴)하게. 밑천으로 삼게. 'ᄌᆞ뢰ᄒᆞ(어간)+게(보조적 연결어미)'이다.

2 이시리니라: 있으리니라. '이시(어간)+리(추측법 선어말어미)+니라(평서형 종결어미)'이다. '-니라'는 ᄒᆞ라체의 평서형 종결어미이다. 고영근(2005: 152, 324)에서는 '-다'를 첫째 설명법 어미로, '-니라'를 둘째 설명법 어미 또는 보수적

설명법 어미로 부른다. '이시-'는 '있다'의 옛말인 '이시다'의 어간으로, 자음으로 시작하는 어미 앞에서는 '잇-'으로 바뀐다. 이 轉相이 비록 能緣이 이시나 境界微細홀씨 오히려 글히디 몯ᄒᆞ리니.《월석 11:79》, 이ᄀᆞ티 迷惑의 因이 迷惑올 因ᄒᆞ야 제 이시니 迷惑ᄋᆡ 因 업수믈 알면 妄이 브틇 ᄃᆡ 업스니(如是迷因 因迷自有 識迷無因 妄無所依).《능엄 4:59》.

【集說】陳氏曰蒐는索也요輯은聚也라授는付也요童蒙은童幼而蒙昧也라資는助也라庶幾는近辭라風化는詩序謂風은風也敎也니風以動之ᄒᆞ고敎以化之也라하니라萬一은萬分之一也라云爾는語辭라朱子此書는續古者小學之敎하여其有補於國家之風化大矣어늘曰庶幾曰萬一은皆謙辭耳니라吳氏曰朱子之於世敎에豈惟有補於當時리오實則有功於萬世也니라

진 씨가 말하였다. "蒐는 찾음이요, 輯은 모음이다. 授는 줌이요, 童蒙은 어려서 어두움이다. 資는 도움이다. 庶幾는 '가깝다'는 말이다. 風化는 〈詩序〉에 이르기를, '風은 바람이며 가르침이니, 바람으로 감동시키고, 가르침으로 변화시키는 것이다.' 하였다. 萬一은 만분의 일이다. 云爾는 어조사이다. 주자의 이 글은 옛날 소학의 가르침을 이어, 국가의 풍화에 도움이 있음이 크거늘, 庶幾라 말하고, 萬一이라 말한 것들은 다 겸사일 뿐이다." 오 씨가 말하였다. "주자가 세상을 가르침에, 어찌 오직 당시에만 도움이 있었겠는가? 실로 만대에 공이 있는 것이다."

漢字 付(줄 부), 謙(겸손할 겸)

시서(詩序):《시경(詩經)》 모전(毛箋)의 서(序)를 가리키는 바, 이 내용은《시경》 수편(首篇)인 〈관저(關雎)〉 서에 보인다.

淳熙丁未三月朔朝애晦菴은題ᄒᆞ노라

● 淳熙 정미년 3월 초하루 아침에 晦庵이 쓰다.

1 순희(淳熙): 중국 남송(南宋)의 제2대 황제인 효종(孝宗) 조신(趙昚, 재위 1162년~1189년) 때의 세 번째 연호이다. 1174년부터 1189년까지 16년 동안 사용되었다. 효종은 1173년[건도(乾道) 9년] 음력 11월에 연호를 '건도(乾道)'에서 '순희(淳熙)'로 바꾸고, 이듬해를 원년으로 하였다. '건도'와 '순희' 연간에 남송은 금나라와 화의를 유지하며 국정의 개혁과 민생의 안정에 주력하였다. 이 기간에 이루어진 효종의 통치를 '건순지치(乾淳之治)'라고 부르기도 한다. 1187년(순희 14년) 태상황(太上皇)이던 고종(高宗)이 죽자 효종은 직접 3년 동안 상복을 입고 상을 치렀으며, 태자인 조돈(趙惇)이 국정을 대리했다. 그리고 3년이 지난 1189년(순희 16년) 2월 18일(음력 2월 2일)에 효종은 태자 조돈에게 제위를 넘기고 태상황으로 물러나 '수황성제(壽皇聖帝)'라는 존호를 사용했다. 새로 즉위한 광종(光宗)은 새 임금이 즉위한 이듬해부터 새 연호를 사용하는 유년칭원법(踰年稱元法)에 따라 이듬해를 원년으로 연호를 '소희(紹熙)'로 바꾸었다(두산백과).

2 삭조(朔朝): 본래는 삭단(朔旦)이다. 그러나 조선(朝鮮) 태조(太祖) 이성계(李成桂)의 바꾼 이름이 단(旦)이므로 기휘(忌諱)하여 조(朝)로 대신하였다. 뒤에도 단(旦)을 조(朝)로 대신하거나, 단(旦)을 그대로 쓰되 '단' 대신 '조'로 읽는 예가 종종 보인다.

소언 淳슌熙희[宋송 孝효宗종 년회라] 丁뎡未미 三삼月월 초ᄒᆞᄅᆞᆫ날 晦회菴암[朱쥬子ᄌᆞㅅ 별회라]은 쓰노라

현대역 淳熙[宋 孝宗 연호라.] 丁未 삼월 초하룻날 회암(晦庵)[朱子의 별호라.]은 쓰노라.

【集說】陳氏曰淳熙丁未는宋孝宗十四年也라晦菴은朱子別號也라

진 씨가 말하였다. "淳熙 丁未는 송나라 孝宗 14년(1187년)이다. 晦庵은 朱子의 별호이다."

漢字 **晦**(어두울 회, 그믐 회), **庵**(암자 암)

小쇼學ᄒᆞᆨ題뎨辭ᄉᆞ

● 소학제사. 《소학》에 쓴 말이다[《소학》의 머리말이다].

소언 小쇼學ᄒᆞᆨ애 쓴 마리라

현대역 《소학》에 쓴 말이라.

【集說】饒氏曰小學者ᄂᆞᆫ小子之學也요題辭者ᄂᆞᆫ標題書首之辭也라

요 씨가 말하였다. “《소학》이라는 것은 小子의 학문이요, 題辭라는 것은 글머리에 표해 쓴 말이다.”

漢字 饒(넉넉할 요), 標(표할 표)

元亨利貞은天道之常이오仁義禮智ᄂᆞᆫ人性之綱이니라

● 元亨利貞은 하늘 도의 떳떳함[늘 그러함]이요, 仁義禮智는 사람 성품의 벼리[으뜸]이다.

漢字 綱(벼리 강)

벼리: 그물의 위쪽 코를 꿰어 놓은 줄. 잡아당겨 그물을 오므렸다 폈다 한다. 전(轉)하여 ‘일이나 글의 뼈대가 되는 줄거리’를 뜻한다. 현대국어 ‘벼리’는 15세기부터 현재까지 계속 형태의 변화 없이 쓰이고 있다. 17세기에 ‘별이’의 용례도 보이나 이것은 ‘벼리’의 분철 표기이다. 벼리(15세기~현재). 이형태: 벼리, 별이. 綱紀ᄂᆞᆫ 그믌 벼리니 크닐 닐오ᄃᆡ 綱이오 져그닐 닐오ᄃᆡ 紀라.《1461 능엄 5:60ㄴ》, 網綱 그믈 별이 滉繩 그믈 별이.《1690 역해 상:22ㄴ》

소언 元원과 亨형과 利리와 貞뎡은 하ᄂᆞᆳ 道도의 덛덛ᄒᆞᆫ 거시오 仁인과 義의와 禮례와 智디ᄂᆞᆫ 사ᄅᆞᄆᆡ 性셩의 웃듬이니라

현대역 원과 형과 이와 정은 하늘의 도의 떳떳한 것이오, 인과 의와 예와 지는 사람의 성의 으뜸이니라.

덛덛ᄒᆞᆫ: 떳떳한. 늘 그러한, 변함없이 같은. '덛덛ᄒᆞ(어간)+ㄴ(관형사형 어미)'이다. '덛덛ᄒᆞ다'는 15세기 문헌에서부터 나타난다. '덛덛ᄒᆞ다'는 어근 '덛덛'과 접사 '-ᄒᆞ-'가 결합한 것이다. 16세기 이후로 음절 말 위치에서 'ㅅ'이 'ㄷ'과 소리가 같아지면서 표기의 혼란이 생겨 17세기에는 종성이 'ㅅ'으로 적힌 '덧덧ᄒᆞ다'가 나타났다. 18세기에는 '덧덧'이 된소리로 바뀐 '떧떧ᄒᆞ다', 'ᄯᅥᆺᄯᅥᆺᄒᆞ다'가 등장하였다. 근대국어 후기에 모음 'ㆍ'가 'ㅏ'와 소리가 같아지고, 현대국어에서는 'ㄷ'의 된소리를 'ㄸ'으로 표기하는 원칙에 따라 '떳떳하다'가 등장하게 되었다. 중세국어와 근대국어 시기에 '덛덛ᄒᆞ다>덧덧ᄒᆞ다>ᄯᅥᆺᄯᅥᆺᄒᆞ다'는 '늘 그러하다', '변함없이 같다'의 의미를 지녀서 현대국어 '떳떳하다[굽힐 것이 없이 당당하다]'의 의미와는 차이가 있었다. 덛덛ᄒᆞ다(15세기~18세기)>덧덧ᄒᆞ다(17세기~19세기)>ᄯᅥᆺᄯᅥᆺᄒᆞ다(18세기~19세기)>떳떳하다(19세기~현재).이형태: 덛덛ᄒᆞ다, 덧덧ᄒᆞ다, 떧떧ᄒᆞ다, ᄯᅥᆺᄯᅥᆺᄒᆞ다, 떠떳하다. 世尊하 우리돌히 이제 二障애 미ᅇᅪ몬 괴외ᄒᆞ며 덛덛ᄒᆞᆫ 心性 아디 몯호ᄆᆞᆯ 브테니.《1461 능엄 1:94ㄴ》, 사ᄅᆞᄆᆡ 덧덧ᄒᆞᆫ 도리라.《1658 경민-중 23ㄱ》

【正誤】元者는生物之始요亨者는生物之通이요利者는生物之遂요貞者는生物之成이니四者를謂之天道니天理自然之本體也니亘萬世而不易이라故曰常이라仁者는愛之理요義者는宜之理요禮者는恭之理요智者는別之理니四者를謂之人性이니人心所具之天理也니統萬善而不遺라故曰綱이라○元은於時爲春이요於人爲仁이며亨은於時爲夏요於人爲禮며利는於時爲秋요於人爲義며貞은於時爲冬이요於人爲智니라

元이란 것은 만물 낳음의 시초요, 亨이란 것은 만물 낳음의 통함이요,

利란 것은 만물 낳음의 이름이요, 貞이란 것은 만물 낳음의 완성이니, 네 가지를 천도라 이르니, 천리 자연의 본체여서 만대에 뻗어도[이르도록] 바뀌지 않으므로 常이라고 하였다. 仁이란 것은 사랑하는 이치요, 義란 것은 마땅히 하는 이치요, 禮란 것은 공손히 하는 이치요, 智란 것은 분별하는 이치이니, 네 가지를 인성이라 이르니, 사람의 마음속에 갖추어져 있는 천리로서, 모든 선을 통괄하여 빠뜨리지 않으므로 綱이라 이른다. ○元은 시절에 있어서는 봄이 되고 사람에 있어서는 仁이 되며, 亨은 시절에 있어서는 여름이 되고 사람에 있어서는 禮가 되며, 利는 시절에 있어서는 가을이 되고 사람에 있어서는 義가 되며, 貞은 시절에 있어서는 겨울이 되고 사람에 있어서는 智가 된다.

漢字 亘(뻗을 긍, 이를 긍), 遺(빠뜨릴 유, 빠질 유, 잃을 유, 남을 유)

【集說】此一節은言天道流行하여賦於人而爲性也라

이 한 구절은 천도가 흘러 행하여, 사람에게 주어져 성이 됨을 말하였다.

漢字 賦(줄 부, 받을 부, 나눌 부)

凡此厥初애無有不善ᄒᆞ야藹然四端이隨感而見現이니라

●무릇 이것[性]은 그 처음이 착하지 않음이 없어서, 성대하게[많고 성하게] 네 가지 실마리[인의예지]가 감동함에 따라 나타난다.

漢字 厥(그 궐), 藹(성할 애, 우거질 애)

소언 믈읫 이거시 그 처엄의 어디디 아니홈이 업서 藹애然연[만코 셩ᄒᆞᆫ 양이라]히 네 그티[仁인義의禮례智디의 그티라] 감동홈을 조차 나타나ᄂᆞ니라

현대역 무릇 이것이 그 처음이 어질지 아니함이 없어, 애연(藹然)[많고 성한 모양이라.]히 네 끝이[인의예지의 끝이라.] 감동함을 좇아 나타나느니라.

애연훈: 애연(藹然)한. 매우 왕성한. '애연ᄒ(어간)+ㄴ(관형사형 어미)'이다.

【集說】饒氏曰此者는指上文仁義禮智之性也라厥初는謂本然也라藹然은衆盛貌라端은緖序也니孟子曰惻隱之心은仁之端也요羞惡之心은義之端也요辭讓之心은禮之端也요是非之心은智之端也라ᄒ시니라感者는自外而動於內也요見者는自內而形於外也라此는言人性이其初本善이라是以로四者之善端이藹藹然隨其物之所感動而形見也라

요 씨가 말하였다. "此라는 것은 윗글의 인의예지의 성을 가리킨 것이다. 厥初는 本然을 말한다. 藹然은 많고 성한 모양이다. 端은 실마리이니, 맹자가 말하기를, '측은해 하는 마음은 인의 실마리이고, 부끄러워하고 미워하는 마음은 의의 실마리이고, 사양하는 마음은 예의 실마리이고, 옳고 그름을 분별하는 마음은 지의 실마리이다.' 하였다. 感이란 것은 밖으로부터 안으로 움직임이요, 현(見)이라는 것은 안으로부터 밖으로의 나타남이다. 이는, 사람의 성이 그 처음은 본래 선하므로 네 가지의 선한 실마리가 성대하게 그 사물의 감동하는 바에 따라 나타남을 말한 것이다."

漢字 衆(많을 중), 貌(모양 모), 形(나타날 형)

본연(本然): 본디 생긴 그대로의 타고난 상태.

【集說】此一節은言性發而爲情也라

이 한 구절은 性이 발하여 情이 됨을 말하였다.

愛親敬兄과忠君弟長이是曰秉彝라有順無彊이니라

● 어버이를 사랑하고 형을 공경함과 임금에게 충성하고 어른에게 공손함이, 이를 秉彝라 이른다. 자연스러움이 있고 억지로 함은 없다.

漢字 秉(잡을 병), 彝(떳떳할 이)

병이(秉彝): 인간 본연의 변하지 않는 도리를 굳게 지키거나, 지키는 사람. 또는 인간의 항상적(恒常的)인 도리 자체를 뜻하기도 한다. 본래《시경(詩經)》〈대아(大雅)〉'증민(蒸民)'의 시구에서 유래한 말로,《맹자(孟子)》〈고자장구상(告子章句上)〉 제6장에서는 병이(秉夷)로 표기하고 있다. "詩曰天生烝民 有物有則 民之秉夷 好是懿德 孔子曰爲此詩者 其知道乎 故有物必有則 民之秉夷也 故好是懿德(《시경》에 이르기를, '하늘이 뭇사람을 내셨으니, 사물이 있으면 법칙이 있도다. 백성의 잡은 떳떳함이라. 이 아름다운 덕을 좋아한다.' 하였는데, 공자께서 말씀하셨다. '이 시를 지은 자여, 아마도 도리를 알았을 것이다. 그러므로 사물이 있으면 반드시 법칙이 있으니, 백성의 잡은 떳떳함이라. 그러므로 이 아름다운 덕을 좋아한다.') "

소언 어버이를 ᄉᆞ랑ᄒᆞ며 兄형을 공경홈과 님금씌 튱셩ᄒᆞ며 얼운의게 공슌홈이 이를 골온 자밧는 덛덛ᄒᆞᆫ 거시라 順슌히 홈이 잇고 구틔여 홈이 업스니라

현대역 어버이를 사랑하며 형을 공경함과 임금께 충성하며 어른께 공손함이 이를 이른 잡은 떳떳한 것이라. 순히 함이 있고 구태여 함이 없느니라.

얼운의게: 어른께. '얼운(명사)+의(관형격 조사)+게(부사성 의존명사)'이다. '게'는 부사성 의존명사 '긔'와 수의로 교체되었다. 본 예 '의게'는 부사성 의존명사 '게'가 관형격 조사 '의'와 함께 쓰여 '께'를 뜻한다. ᄒᆞ나ᄒᆞᆫ 衆生緣慈ㅣ니 一切 衆生의게 브튼 ᄆᆞᅀᆞᆷ 업수ᄃᆡ 衆生의게 自然히 利益을 나톨씨오.《월석 8:28》, 일후미 第十二觀이니 無量壽佛ㅅ 無數化身이 觀世音 大勢至와 샹녜 行人의게 오시리라.《월석 8:44》

【集說】饒氏曰忠者는盡己之謂라弟는順也라秉은執也요彝는常也라言愛親敬兄忠君弟長此四者는乃人所秉執之常性이니皆出於自然이요而非勉彊爲之也라

요 씨가 말하였다. "忠이라는 것은 자기를 다함을 이른다. 弟는 순함이다. 秉은 잡음이요 彝는 떳떳함이다. (위 내용은) 愛親·敬兄·忠君·弟長, 이 네 가지는 곧 사람이 잡은[간직하고 있는] 바의 떳떳한 性이니, 다 자연에서 나오고, 힘써 억지로 그것들[四者]을 함이 아님을 말한 것이다."

漢字 勉(힘쓸 면), 疆(억지로 강)

【集說】此一節은言性之見(현)於行也라

이 한 구절은 性이 행실에 나타남을 말하였다.

惟聖은性者ㅣ라浩浩其天이시니不加毫末이라두萬善足焉이니라

●오직 성인은 본성대로 하시는 분이라서 넓고 큼이 그 하늘이시니[하늘과 같으시니], 털끝만큼을 더하지 않아도 모든 善이 충족된다.

漢字 毫(털 호)

성자(性者): 본성대로 하는 사람.

소언 오직 셩인은 性셩대로 ᄒᆞ시ᄂᆞᆫ 者쟈ㅣ라 浩호浩호[너르고 큰 양이라]히 그 하ᄂᆞᆯ히시니 터럭 귿만도 더으디 아니ᄒᆞ야도 일만 어딘 일이 足죡ᄒᆞ니라

현대역 오직 성인은 성대로 하시는 자이라. 浩浩[너르고 큰 모양이라.]히 그 하늘이시니 터럭 끝만도 더하지 아니하여도 일만 어진 일이 족하니라.

1 호호히: 호호(浩浩)히. 한없이 넓고 크게.
2 더으디: 더하지. '더으(어간)+디(보조적 연결어미)'이다. '더으다'는 '더하다'의 옛말이다. 五年을 改過 몯ᄒᆞ야 虐政이 날로 더을씨 倒戈之日에 先考ㆆ ᄠᅳᆮ 몯 일우시니(五年罔悛 虐政日深 倒戈之日 莫遂考心).《용가 12장》, 열 히 ᄃᆞᆯ옰 ᄀᆞ장 조료ᄅᆞᆯ 減이라 ᄒᆞ고 열 히로셔 도로 더어 가ᄃᆡ 아ᄃᆞ리 아비 나해셔 곱ᄀᆞ곰

사라 八萬 히 다윓 ᄀᆞ장 더우믈 增이라 ᄒᆞᄂᆞ니.《월석 1:47》

【集說】饒氏曰惟는語辭라浩浩는廣大貌라天은卽理也라毫末은言至微也라此는言聖人無氣稟物欲之累하고天性渾全하여浩浩然廣大하여與天爲一하여不待增加毫末이라도而萬善自足하여無少欠缺也라

요 씨가 말하였다. "惟는 어조사이다. 浩浩는 넓고 큰 모양이다. 天은 곧 이치이다. 毫末은 지극히 작음을 말한다. 이는, 성인은 기품과 물욕의 얽매임이 없고 천성이 온전하여 호호하게 넓고 커서, 하늘과 더불어 하나가 되어, 털끝만큼 더하기를 기다리지 않아도 모든 선이 스스로 충족되어 조금도 결함이 없음을 말한 것이다."

漢字 稟(=禀 받을 품), 累(얽매일 루), 渾(온전할 혼, 흐릴 혼), 欠(모자랄 흠), 缺(모자랄 결)

【集說】此一節은言聖人之盡其性也라

이 한 구절은 성인이 그 性을 다함을 말하였다.

衆人은蚩蚩ᄒᆞ야物欲交蔽ᄒᆞ야乃頹其綱ᄒᆞ야安此暴棄니라

● 보통 사람들은 어리석고 어리석어, 물욕이 서로 가리어, 이에 그 벼리를 무너뜨려, 이 해치고 버림을 편안히 여긴다.

漢字 蚩(어리석을 치), 交(서로 교, 사귈 교), 蔽(가릴 폐, 덮을 폐), 頹(무너질 퇴), 暴(해칠 포, 사나울 포), 棄(버릴 기)

포기(暴棄): 자포자기(自暴自棄)를 말하는 바,《맹자(孟子)》〈이루상(離婁上)〉 제10장에 보인다. "孟子曰 自暴者 不可與有言也 自棄者 不可與有爲也 言非禮義 謂之自暴也 吾身不能居仁由義 謂之自棄也(맹자가 말하였다. '자신을 해치는 사람은 더불어 말할 수 없고, 자신을 버리는 사람은 더불어 일할 수 없다.

말을 하여 예의를 비난하면 이를 자신을 해친다 하고, 나 자신이 인에 살며 의를 행할 수 없다면 이를 자신을 버린다고 한다.') "

소언 모든 사름은 蚩치蚩치[무디흔 양이라]ᄒᆞ야 物믈과 欲욕이 서르 ᄀᆞ리여 그 웃듬을 믈허러 ᄇᆞ려 이 해ᄒᆞ며 ᄇᆞ리기롤 편안히 너기ᄂᆞ니라

현대역 모든 사람은 치치(蚩蚩)[無知한 모양이라.]하여 물과 욕이 서로 가리어 그 으뜸을 허물어 버려 이 해하며 버리기를 편안히 여기느니라.

믈허러: 허물어. '믈헐(어간)+어(연결어미)'이다. '믈헐다'는 '허물다'의 옛말이다. 오직 漏다오ᄆᆞᆯ 더니 이 塵勞ᄅᆞᆯ ᄀᆞᆺ거니 엇뎨 널로 그고ᄃᆞᆯ 것거 믈헐에 ᄒᆞ료(唯除漏盡 變此塵勞 如何令汝 摧裂其處).《능엄 9:47》, 物과 欲이 서르 ᄀᆞ리여 그 웃듬을 믈허러 ᄇᆞ려 이해ᄒᆞ며 ᄇᆞ리기롤 편안히 너기ᄂᆞ니라(物欲交蔽 乃頹其綱 安此暴棄).《소언 사:2》

【集說】饒氏曰衆人은凡民이라蚩蚩는無知之貌라物欲은謂凡聲色臭味之欲也라交는互也요蔽는遮也요暴는害也라此는言衆人은氣稟昏愚하고物欲交蔽라是以로頹墜其仁義禮智之綱하여而安於自暴自棄也라

요 씨가 말하였다. "衆人은 보통 사람이다. 蚩蚩는 앎이 없는 모양이다. 物欲은 모든 음악, 여색, 냄새, 맛의 욕구를 이른다. 交는 서로요, 蔽는 가림이요, 暴는 해침이다. 이는 중인들은 기품이 어둡고 어리석으며 물욕이 서로 가리기 때문에 인·의·예·지의 벼리를 무너뜨리고 떨어뜨려 스스로 해치고 스스로 버림을 편안히 여김을 말한 것이다."

漢字 臭(냄새 취), 遮(가릴 차), 墜(떨어질 추)

【集說】此一節은言衆人之汩骨其性也라

이 한 구절은 중인들이 그 性을 어지럽힘을 말하였다.

漢字 汩(어지럽힐 골, 빠질 골)

惟聖斯惻ᄒᆞ샤**建學立師**ᄒᆞ샤**以培其根**ᄒᆞ며**以達其支**ᄒᆞ시니라

● 오직 성인께서 이에 슬퍼하시어, 학교를 세우시고 스승을 세우시어, 써 그 뿌리를 북돋우며, 써 그 가지를 내피게[발달하게] 하셨다.

漢字 惻(슬퍼할 측)

소언 오직 셩인이 이예 슬허ᄒᆞ샤 비홀 ᄃᆡ롤 셰시고 스승을 셰샤 ᄡᅥ 그 불휘롤 붓도도며 ᄡᅥ 그 가지롤 내ᄑᆡ게 ᄒᆞ시니라

현대역 오직 성인이 이에 슬퍼하시어 배울 데를 세우시고 스승을 세우시어 써 그 뿌리를 북돋우며 써 그 가지를 내뻗게 하시니라.

1 슬허ᄒᆞ샤: 슬퍼하시어. '슬허ᄒᆞ(어간)+샤(주체 높임 선어말어미)+ø(연결어미 '아' 탈락)'이다. 주체 높임[존경법] 선어말어미에는 '-시-' 이외에 '-샤-'도 있다. '-시-'와 '-샤-'는 음운론적으로 조건 지어져 있다. 즉 '-시-'는 자음 어미 앞에서 실현되고, '-샤-'는 모음 어미 앞에서 실현된다. 본 예의 '-샤-'는 '-시-'가 모음 어미 '-아' 앞에서 실현되고, 모음 어미 '-아'는 탈락한 것이다. 종전에는 '-샤-'를 '-시-'와 '-아, -오'의 결합으로 해석하였고, '-오'의 이형태로서 '-아'를 세워 '-샤-'를 설명하기도 했다. 그러나 이 해석은 중세국어의 일반적인 '-시-'의 음운 현상에 어긋난다. 이른바 존재사 '이시-'가 어미 '-아, -옴, -오ᄃᆡ, -오라'와 결합하면 '*이사, *이삼, *이샤ᄃᆡ, *이사라'가 되지 않고 '이셔, 이숌, 이쇼ᄃᆡ'로 바뀌는 것을 보면, '시+아, 오→샤'의 방식의 설명에 무리가 있음이 드러난다. '홈, 호ᄃᆡ, 혼'의 존경 형태가 'ᄒᆞ샴, ᄒᆞ샤ᄃᆡ, ᄒᆞ샨'이고, 이의 낮춤 형태가 '홈, 호ᄃᆡ, 혼'이라는 사실을 목도하면 '-샤-'는 '-시-'가 모음 어미 앞에서 교체된 형태라는 것이 분명해진다(고영근, 2020: 145). 결론적으로, '-샤-'는 '-시-'가 '-아, -오'로 된 어미나 선어말어미 '-오-' 등의 모음 어미 앞에서 실현된다고 말할 수 있다. 唱義班師ㅣ 실씨 千里 人民이 몯더니 聖化ㅣ 기프샤 北狄이 또 모ᄃᆞ니(唱義班師 遠人競合 聖化既深 北狄亦集).《용가 9장》, 盟誓ᄒᆞ샤ᄃᆡ

道理 일워사 도라오리라 ᄒᆞ시고 鹿皮옷 니브샤 미친 사ᄅᆞᆷᄀᆞ티 묏고래 수머 겨샤 여슷 ᄒᆡ를 苦行ᄒᆞ샤.《석상 6:4》. '슬허ᄒᆞ다'는 '슬퍼하다'의 옛말이다. 현대 국어 '슬퍼하다'의 옛말인 '슳다', '슬허ᄒᆞ다'는 15세기 문헌에서부터 나타난다. 15세기 국어에서 '슳다'는 형용사인 '슬프다'와 동사인 '슬퍼하다'의 의미를 모두 지니고 있었다. '슬허ᄒᆞ다'는 '슳+어ᄒᆞ+다'로 분석된다. '슬퍼ᄒᆞ다'는 슳-'에 형용사 파생접사 '-브-'가 결합되어 형성된 형용사 '슬프-'에 다시 '-어ᄒᆞ-'가 결합된 것이다. 즉 현대국어의 '슬퍼하다'는 역사적으로 '슳다' 그 자체, '슬허ᄒᆞ다'처럼 한 번의 파생과정을 거친 형태, '슬퍼ᄒᆞ다', '슯허ᄒᆞ다'와 같이 두 번의 파생을 거친 형태로 나눌 수 있다. 슳다/슬허ᄒᆞ다(15세기)〉슬퍼ᄒᆞ다(16세기~19세기)〉슬퍼하다(20세기~현재). 이형태: 슳다, 슬허ᄒᆞ다, 슬퍼ᄒᆞ다, 슯허ᄒᆞ다. 王과 大愛道와도 슬허 우르시며.《1447 석상 3:30ㄴ》, 須達이도 그 말 듣고 슬허ᄒᆞ더라.《1447 석상 6:38ㄱ》, 사ᄅᆞᆷ이 다 슬퍼ᄒᆞ더라.《1581 속삼-중 충:5ㄴ》, 우ᄂᆞᆫ 소ᄅᆡ 슯허ᄒᆞ야.《1588 소언 6:93ㄱ》

2 셰샤: 세우시어. '셔(어간)+이(사동접사)+샤(주체 높임 선어말어미)+ø(연결어미 '아' 탈락)'이다.

3 붓도도며: 북돋우며. '붓도도(어간)+며(연결어미)'이다. '북돋우다'의 옛말인 '붓도도다'는 16세기 문헌에서부터 나타난다. 이 단어는 접두사 '북-'과 '돋우다'가 결합한 파생어인데 접두사 '북-'의 옛말 형태인 '붓-'의 15세기 용례는 보이지 않으며 '돋우다'의 15세기 어형은 '도도다'이다. 이 두 요소가 결합한 단어는 16세기부터 용례를 보이는데 19세기에는 많은 이표기를 보인다. 붓도도다(16세기~19세기)〉북돋우다(20세기~현재). 이형태: 붓도도다, 붓돋우다, 붓돋우다, 북도드다, 붓돋다. 培 붓도돌 빅.《1527 훈몽 하:3ㄱ》, 그 불희를 붓도도와든 枝葉이 茂셩호미 ᄀᆞᄐᆞ니.《1632 가언 7:17ㄴ》, 蔡中 蔡和ㅣ 闞澤 甘寧의 반ᄒᆞᆫ ᄆᆞᄋᆞᆷ을 보고 말 붓도도와 드려 니로되.《1774 삼역 6:22ㄱ》

4 내픠게: 내뻗게. '내픠(어간)+게(보조적 연결어미)'이다. '내픠다'는 '내뻗다'의 옛말이다. ᄡᅧ 그 불휘를 붓도도며 ᄡᅧ 그 가지를 내픠게 ᄒᆞ시니라(以培其根以達其支).《소언 사:2》

【集解】饒氏曰斯는語辭라此는言聖人이憫人安於暴棄라故로爲建學立師以敎之하여使之養其仁義禮智之性을如培壅

木之根本하고充其惻隱羞惡辭讓是非之端과與夫愛親敬兄忠君弟長之道를如發達木之支條也라

요 씨가 말하였다. "斯는 어조사이다. 이는, 성인이 사람들이 해치고 버리기를 편안히 여김을 안타까워하여, 위하여 학교를 세우고 스승을 세워 써 그들을 가르쳐, 그들로 하여금 그 인·의·예·지의 性을 기르게 함을 마치 나무뿌리를 북돋우듯이 하고, 그 측은·수오·사양·시비의 실마리와 愛親·敬兄·忠君·弟長의 도리를 채우게 함을 마치 나무의 가지를 펴 달하게 하듯이 함을 말한 것이다."

漢字 憫(불쌍히 여길 민), 壅(북돋울 옹, 막을 옹)

【集說】此一節은言聖人興學設教之意하니라

이 한 구절은 성인이 학교를 일으키고 가르침을 베푼 뜻을 말한 것이다.

小學之方은灑掃應對ᄒᆞ며入孝出恭ᄒᆞ여動罔或悖佩니行有餘力이어든誦詩讀書ᄒᆞ며詠歌舞蹈ᄒᆞ야思罔或逾ㅣ니라

● 소학의 (교육) 방법은 물 뿌리고 쓸며 응하고 대답하며, 들어와서는 효도하고 나가서는 공손하여, 동작이 혹시라도 (이에서) 어긋남이 없게 함이니, (이것을) 행하고 남은 힘이 있거든《시경》을 외우고《서경》을 읽으며, 읊고 노래하며 춤추고 뛰어, 생각이 혹시라도 (이에서) 넘음이 없게 함이다.

漢字 罔(없을 망, 그물 망), 悖(어그러질 패), 蹈(뛸 도, 밟을 도), 逾(넘을 유)

소언 小쇼學혹읫 법은 믈 쓰리고 쁠며 應응ᄒᆞ며 對ᄃᆡᄒᆞ며 들어ᄂᆞᆫ 효도ᄒᆞ고 나ᄂᆞᆫ 공경ᄒᆞ야 닐뮈매 或혹도 거슬ᄡᅳ게 마롤 디니 行힝홈애 남ᄋᆞᆫ 히미 잇거든 모시 외오며 샹셔 닐그며 으프며 놀애 블으며 춤즈며 발 굴러 ᄉᆞ려를 或혹도 넘디 마롤 디니라

현대역 소학의 법은 물 뿌리고 쓸며 응하며 대하며 들어서는 효도하고 나가서는 공경하여 동작함에 혹도[혹시라도] 거스르게 말 것이니 행함에 남은 힘이 있거든 《毛詩》 외우며 《尙書》 읽으며 읊으며 노래 부르며 춤추며 발 굴러 思慮를 혹도 넘지 말 것이니라.

1 들어ᄂᆞᆫ. 나ᄂᆞᆫ: 들어서는. 나가서는. '들(어간)+어ᄂᆞᆫ(연결어미)'이다. '나ᄂᆞᆫ'은 '나(어간)+아ᄂᆞᆫ(연결어미)'에서 동음 '아'가 생략된 것이다. '-어ᄂᆞᆫ'과 '-아ᄂᆞᆫ'은 동사, 형용사 어간 뒤에 붙어, '어서는/-아서는'을 뜻하는 어미이다. 늘거 그텟 사괴요ᄆᆞᆯ 가져 나져믄 사ᄅᆞᄆᆡ게 브토니 ᄂᆞᄎᆞᆯ 當ᄒᆞ얀 ᄆᆞᅀᆞᄆᆞᆯ 보내요ᄃᆡ ᄂᆞᄎᆞᆯ 도라ᄂᆞᆫ 웃ᄂᆞ다(晩將末契托年少 當面輸心背面笑).《두시-초 25:52》, 지븨 이셔ᄂᆞᆫ 아비ᄅᆞᆯ 조ᄎᆞ고 사ᄅᆞᄆᆡ게 가ᄂᆞᆫ 남진ᄋᆞᆯ 조ᄎᆞ고 남진 죽거든 아ᄃᆞᄅᆞᆯ 조차(在家從父 適人從夫 夫死從子).《내훈 1:85》. '들-'은 '들다'의 어간이다. 현대국어 '들다'는 15세기 문헌에서부터 나타나 현재까지 이어진다. '들다'는 'ㄴ'으로 시작하는 어미와 결합할 때 '드-'로 나타나며, 그 외의 어미와 결합할 때는 '들-'로 나타난다. 18세기부터 'ㄴ'으로 시작하는 어미 외에도 선어말 어미 '-시-'와 결합할 때 '드-'로 나타나게 되어 현재까지 이어진다. 들다(15세기~현재). 이형태: 들-, 드-. 太子ㅣ 바ᄆᆡ 王宮에 드르시니 光明이 두루 비취더시니.《1447 석상 3:21ㄱ》, 그ᄢᅴ 善友太子ㅣ 즉재 慈心三昧예 드니.《1459 월석 22:42ㄴ》, 나며 들며 제 ᄆᆡ양 ᄢᅵ들며 飮食을 의식 親히 이받더니.《1514 속삼 효:31ㄱ》, 대궐 믄의 드르실 저긔 모ᄆᆞᆯ 구피ᄃᆞ시 ᄒᆞ샤 드디 몯ᄒᆞᆯ ᄃᆞ시 ᄒᆞ더시다.《1518 번소 3:4ㄱ》. '나-'는 '나다'의 어간이다. 현대국어 '나다'는 15세기 문헌에서부터 '나다'로 나타나 현재까지 그대로 이어진다. 나다(15세기~현재). 이형태: 나다. 살 든 굼긔셔 ᄉᆡ미 나아 우므리 ᄃᆞ외니 마시ᄃᆞᆫ 수을 곧더니 머그면 病이 다 됴터라.《1447 석상 3:14ㄴ》, 빗셩이 ᄀᆞᆺ브면 ᄉᆡᆼ각ᄒᆞᄂᆞ니 ᄉᆡᆼ각ᄒᆞ면 어딘 ᄆᆞᅀᆞᆷ이 나고 편안ᄒᆞ면 음탕ᄒᆞᄂᆞ니.《1588 소언 4:45ㄱ》

2 거슬ᄣᅳ게: 거스르게. '거슬ᄣᅳ(어간)+게(연결어미)'이다. '거슬ᄣᅳ다'는 '거스르다'의 옛말이다. 자세한 설명은 〈소학서제〉의 '거슯ᄣᅳ다'를 참조하라.

3 마롤 디니: 말 것이니. 말지니. '말(어간)+오(대상 표시법 선어말어미)+ㄹ(관형사형 어미)+ᄃᆞ(의존명사)+이(서술격 조사 '이다'의 어간)+니(연결어미)'로 나뉜다. 의존명사 'ᄃᆞ'는 '것'의 의미를 가진 보편성 의존명사이다. 의존명사를 꾸며주는 관형사형에 들어있는 선어말어미 '-오$_2$-'도 대상 표시법 선어말어미에 해당한다.

이런 형태소 구성을 고려하면, '마롤 디니'처럼 띄어 쓰며, '-ㄹ 것이니'로 풀이할 수 있다. 그러나 'ㄹ+ᄃᆞ+이+니'는 '-ㄹ디니'의 형태로, 하나의 연결어미로 재구조화한 것으로 볼 수도 있다. 이때에는 해라할 자리에 쓰여, '마롤디니'처럼 붙여 쓰며 '-ㄹ지니'로 풀이할 수도 있다. 物理ᄅᆞᆯ 子細히 推尋ᄒᆞ야 모로매 行樂홀 디니 엇뎨 ᄠᅳᆫ 일후믈 ᄡᅥ 이 모ᄆᆞᆯ ᄆᆡ야 두리오(細推物理須行樂 何用浮名絆此身).《두시-초 11:19》, 東녀그로 흘러가ᄂᆞᆫ 므를 묻디 마롤 디니 人生을 곧 ᄇᆞ리디 몯거니ᄯᆞ녀(莫問東流水 生涯未即抛).《두시-초 14:10》

4 모시(毛詩): 《시경(詩經)》의 별칭이다. 노국(魯國)의 모형(毛亨)과 조국(趙國)의 모장(毛萇)이 《시경》을 주석했기에 쓰는 말인데, 모형을 대모공(大毛公), 모장을 소모공(小毛公)이라 불렀다(初學記 文部). 후한(後漢)의 정현(鄭玄)도 《시경》을 주석했기에 《시경》을 '모정시(毛鄭詩)'라고도 한다(韓愈 施先生墓銘). 《시경(詩經)》은 유교 삼경(三經)의 하나이다. 대략 주(周)나라 초엽(기원전 1100년경)~춘추시대 중엽(기원전 600년경)의 중국 시가들을 모아 놓은 것으로, 중국에서 가장 오래된 시가집이다. 반고(班固)의 《한서(漢書)》 〈예문지(藝文志)〉에는 옛날 조정에는 채시관(采詩官)이 있어서 각 지방에 유행하는 시가들을 모아 놓았는데, 임금은 이것을 보고 민심의 동향을 살펴서 정치의 잘잘못을 알아 올바른 행정을 했다고 한다. 또 《국어(國語)》 〈주어(周語)〉에는 지방 장관들이 천자에게 실무를 보고할 때 각기 자기 고장에 유행하는 시가들을 모아 헌시(獻詩)했다는 기록이 있다. 또 천자가 지방을 순시할 때 지방 장관들은 시정을 보고하며 진시(陳詩)했다고 한다. 이러한 채시・헌시・진시제도로 인해 여러 지방에서 유행하던 노래들이 수집되어 있었고, 이것이 《시경》의 바탕이 되었던 것으로 보인다. 본래 3,000여 편이었던 것을 공자가 311편으로 간추려 정리했다고 알려져 있지만, 오늘날 전하는 것은 305편이다. 6편은 제목만 전한다. 《시경》은 풍(風)・아(雅)・송(頌) 셋으로 크게 분류된다. 여기에 부(賦)・비(比)・흥(興)을 더한 것이 이른바 육의(六義)인데, 논란이 있기는 하나 대개 전자는 내용・체재상의 구분이고 후자는 수사상의 분류로 본다. 풍(風, 國風이라고도 함)은 주남(周南), 소남(召南), 패(邶), 용(鄘), 위(衛), 왕(王), 정(鄭), 제(齊), 위(魏), 당(唐), 진(秦), 진(陳), 회(檜), 조(曹), 빈(豳) 등 15개국의 민요로 모두 160편이 수록되어 있으며, 《시경》 중에서 풍이 가장 중요한 위치를 차지하고 있다. 풍은 여러 나라의 민요로, 주로 남녀 간의 정과 이별을 다룬 내용이 많다. 주자는 '풍은 대부분 이항(里巷)의 가요에서 나온 작품들로, 남녀들이 서로 노래 부르며 각각

그들의 정을 표현했던 것들이다.'라고 했다. 아(雅)는 대아(大雅) 31편, 소아(小雅) 74편으로, 모두 105편이다. 아는 조정의 잔치나 의식 등 공식 연회에서 쓰이던 노래 가사들로, 사대부들의 작품이라고 볼 수 있다. 송(頌)은 주송(周頌) 30편, 상송(商頌) 5편, 노송(魯頌) 4편으로, 모두 39편이다. 송은 종묘의 제사에서 조상의 공덕을 찬미했던 노래 가사들이다. 이남(二南)은 《시경》〈국풍(國風)〉의 주남(周南)과 소남(召南)을 말한다. 주남에는 '관저(關雎)', '갈담(葛覃)', '권이(卷耳)' 등 11편이, 소남에는 '작소(鵲巢)'를 포함한 14편이 수록되었다.

5 상서(尙書): 《서경(書經)》의 별칭이다. 《서경》은 오경(五經) 중의 하나로, 중국 상고시대(上古時代)의 정치를 기록한 책이다. 《서경》은 한대(漢代) 이전까지는 '서(書)'라고 불렸는데, 이후 유가사상의 지위가 상승됨에 따라 소중한 경전이라는 뜻을 포함시켜 한대에는 《상서(尙書)》라 하였다. 상(尙)은 상(上)과 통하여 '상대(上代)의 서(書)'라는 뜻이라 하는 설도 있다. 《상서》는 송대(宋代)에 와서 《서경(書經)》이라 부르게 되었다. 현재는 《상서》와 《서경》 두 명칭이 혼용되고 있다. 우(虞), 하(夏), 상(商), 주(周) 시대의 역사적 내용들이 기록되어 있다. 공자(孔子)는 이 '서'를 대단히 중히 여겨 번잡한 것을 정리해 다시 편찬했다는 설이 있으며, 시(詩)와 더불어 제자들의 교육에 핵심적인 교과 과정으로 삼았다. 전통적으로 《서경》은 이른바 이제삼왕(二帝三王)의 수제치평(修齊治平)의 도를 담고 있다고 말한다. 유교에서 가장 이상적인 제왕으로 추숭하는 요(堯)·순(舜) 이외에 우(禹)·탕(湯)·문무(文武) 삼왕을 합해 이들이 몸을 닦고 집안을 화목하게 하고 그 덕을 더욱 펼쳐서 나라를 다스리고 결국 온 천하에 평화를 이룩한 도가 생생하게 기록되어 있다고 본다. 그래서 유교에서는 모든 경전 중에서 정치서로는 으뜸으로 꼽았으며 삼경 또는 오경에 넣어 존중해 왔다. 공자가 산정한 뒤 전국시대를 거치는 동안 《서경》은 많이 산일되었다. 진시황(秦始皇)의 분서갱유(焚書坑儒)의 난을 만나 거의 자취를 감추었다가 한대에 이르러 금서율(禁書律)이 해제되자 다시 햇빛을 보게 되었다. 이로 인해 《금문상서(今文尙書)》·《고문상서(古文尙書)》·《위고문상서(僞古文尙書)》 등의 일컬음이 생기게 되었다. 《금문상서》는 진(秦)나라의 박사(博士)였던 복승(伏勝, 伏生)이 은밀히 《서경》을 벽 속에 감추고, 난을 피해 사방으로 흘러 다니다가 평화를 되찾은 뒤 돌아와서 벽을 열어 보니 겨우 28편(혹은 29편)을 얻을 수 있었다. 이를 당시 통용되는 문자인 금문(今文)으로 기록했다는 것이다. 그러나 복승이 벽 속에 감춘 것이 아니라 스스로 외어 두고 있다가 구전(口傳)한 것이며, 다시

문자로 옮기는 과정에서 당시 쓰던 문자인 금문으로 정착을 시켰다는 설도 있다. 이 28편(29편)의 글이 《금문상서》이다. 후한 경제(景帝) 때 노(魯)나라의 공왕(恭王)이 집을 넓히려고 공자의 구택(舊宅)을 부수었는데 벽 속에서 많은 고서가 나왔다. 이 고서들을 공자의 후손인 공안국(孔安國)이 정리하면서 그 중의 《서경》을 이미 알려져 있는 《금문상서》와 비교해 16편을 더 찾아냈는데, 이를 《고문상서》라 한다. 그 뒤 성제(成帝) 때 장패(張覇)라는 사람이 다시 고문 102편을 얻어 임금에게 바쳤는데, 이것은 위서(僞書)라는 판정을 받았다. 그래서 《위고문상서》라고 한다. 그 뒤 동진(東晉) 원제(元帝) 때 매색(梅賾)이라는 사람이 《고문상서》를 헌상하였는데, 공안국의 전(傳: 注解)까지 곁들여 모두 58편이나 되었다. 그 내용은 《금문상서》와 일치하는 33편과, 달리 불어난 고문계(古文系) 25편으로 되어 있었다. 이 매색의 헌상본은 위고문(僞古文)이라는 설이 분분하였고, 공안국전은 위공전(僞孔傳)이라 하여 위서로 낙인이 찍히기도 하였다. 그러나 당나라에 이르러 공영달(孔穎達)이 《상서정의(尙書正義)》를 편정할 때 이것을 정본으로 삼았기 때문에 널리 세상에 통용되었다. 우리나라에서 읽혀지고 있는 《서경집주(書經集註)》도 여기에 근거한 것이다. 《서경》은 앞서 말한 바와 같이, 중국 이제삼왕(二帝三王) 시대의 기록으로 사관에 의해 작성된 것이며, 주로 정치상황을 내용으로 담고 있지만, 당연히 천문·지리·윤리·민생문제로 광범위하게 관련되어 있다. 따라서 정치상황의 기록이라 하더라도 철학적·사상적 면모도 무시할 수 없으며, 전체를 일관하는 애민(愛民)·중민(重民) 사상은 공자와 맹자(孟子)로 계승되어 민본주의(民本主義)로 정착이 되었다. 이상 정치의 실현을 위해 내세운 명덕신벌론(明德愼罰論)은 후세의 현실정치에 크게 영향을 끼치고 있다. 그리고 오전(五典)·오교(五敎)는 오륜(五倫)으로 발전하여 유교 도덕의 핵심이 되어 오늘날까지 사람과 사람 사이의 윤리를 설정하는 데 기준이 되고 있다. 우리나라에서는 삼국시대 초기에 이미 자제 교육의 교재로 사용한 기록이 있으며, 경주에서 출토된 임신서기석(壬申誓記石)에는 두 젊은이가 3년 안에 《시경》·《서경》·《예기》·《좌전》을 익힐 것을 맹세한 것으로 보아 널리 보급되어 있었음을 알 수 있다. 임신년은 732년(신라 성덕왕 31)으로 추측된다. 고려시대에는 과거의 중요한 과목이었으며 정주학(程朱學)을 수용한 이후 《서경집주》가 통용되었는데, 주자(朱子)가 못다 한 주석을 제자 채침(蔡沈)이 완성하였다. 조선 초기의 학자 권근(權近)이 구결(口訣)도 붙이고 《오경천견록(五經淺見錄)》을 저술했다고 하는데, 《예기》·《주역》을 제외하고는 오늘날

볼 수가 없다. 이언적(李彦迪)·조광조(趙光祖) 등 초기 학자의 선도적 연구에 이어, 이황(李滉)·이이(李珥) 등 많은 학자들이 사상적으로 부연하는 글들을 문집에 남기고 있다. 이전(二典)은 《서경》의 〈요전(堯典)〉과 〈순전(舜典)〉을 말한다(한국민족문화대백과).

6 마롤 디니라: 말 것이니라. 말지니라. '말(어간)+오(대상 표시법 선어말어미)+ㄹ(관형사형 어미)+ᄃᆞ(의존명사)+이(서술격조사 '이다'의 어간)+니라(평서형 종결어미)'이다. 의존명사 'ᄃᆞ'는 '것'의 의미를 가진 보편성 의존명사이다. 의존명사를 꾸며주는 관형사형에 들어있는 선어말어미 '-오$_2$-'도 대상 표시법 선어말어미에 해당한다. 그리고 '-니라'에 대해 고영근(2005: 152, 324)은 첫째 설명법 어미 '-다'와 달리, 둘째 설명법 어미로 부르면서, 보수적 평서형 어미로 파악하고 있다. 이런 형태소 구성을 고려하면, '마롤 디니라'처럼 띄어 쓰며, '-ㄹ 것이니라'로 풀이할 수 있다. 이때 의무와 당연의 의미가 포함되어 있으며, 장엄한 어감을 띤다. 그러나 'ㄹ+ᄃᆞ+이+니라'는 '-ㄹ디니라'의 형태로, 하나의 종결어미로 재구조화한 것으로 볼 수도 있다. 이때에는 해라할 자리에 쓰여, '마롤디니라'처럼 붙여 쓰며 '-ㄹ지니라'로 풀이할 수도 있다. 알 리ᄂᆞᆫ 仔細히 ᄒᆞ야 ᄀᆞ초 버류믈 疑心 마롤 디니라(達者審之 勿嫌具列).《원각 상2-1:32》, 願ᄒᆞᆫᄃᆞᆫ 모ᄃᆞᆫ 道 닷ᄀᆞᆯ 사ᄅᆞ미 모ᄃᆡ 밧ᄀᆡ 求티 마롤 디니라(願諸修道之人 切莫外求).《목우 3》

【集解】罔은無也라悖는戾也라餘力은猶言暇日이라手曰舞요足曰蹈라詠歌舞蹈는皆學樂之事也라逾는越也라

罔은 없음이다. 悖는 어그러짐이다. 餘力은 한가한 날이란 말과 같다. 손놀림을 舞라 하고, 발놀림을 蹈라 한다. 詠歌舞蹈[읊고 노래하며 춤추고 뜀]는 다 음악을 배우는 일이다. 逾는 넘음이다.

漢字 戾(어그러질 려), 暇(한가할 가, 겨를 가), 睱(천천히 볼 하), 越(넘을 월)

【增註】方은法也라饒氏曰此는言小學之方은必使學者로謹夫灑掃應對之節하며入則愛其親하고出則敬其長하여凡所動作이無或悖戾乎此也라行此數者하고而有餘力이면則誦詩

讀書하며詠歌以習樂之聲하고舞蹈以習樂之容하여凡所思慮無或逾越乎此也라

方은 방법이다. 요 씨가 말했다. "이는 소학의 교육 방법은 반드시 배우는 자들로 하여금, 무릇 물 뿌리고 쓸며 응하고 대답하는 예절을 삼가게 하며, 들어오면 그 어버이를 사랑하고 나가면 그 어른을 공경하여, 무릇 동작하는 바가 혹시라도 이에서 어긋남이 없게 함을 말한다. (또) 이 몇 가지를 행하고 남은 힘이 있으면 시를 외고 글을 읽으며, 읊고 노래함으로써 음악의 소리를 익히고, 춤추고 뜀으로써 음악의 모양을 익혀, 무릇 생각하는 바가 혹시라도 이에서 넘음이 없게 함을 말한다."

漢字 慮(생각할 려)

【集說】此一節은言小學之教하니라

이 한 구절은 소학의 가르침을 말하였다.

窮理修身은斯學之大니明命赫然ᄒᆞ야罔有內外ᄒᆞ니德崇業廣이라야乃復伏其初ㅣ니昔非不足이니今豈有餘ㅣ리오

● 이치를 궁구하고 몸을 닦음은 이 학문의 큰 것이니, 밝은 명이 환하여 안팎이 있지 않으니[구분이 없으니], 덕이 높고 업이 넓어야 이에 그 (性의) 처음을 회복하니, 옛날[자포자기를 편안히 여겼을 때]에도 (性이) 부족하지 않았는데, 오늘[덕이 높고 업이 넓은 때]이라고 (性이) 어찌 남음이 있겠는가?

漢字 窮(궁구할 궁, 다할 궁), 赫(빛날 혁)

소언 理리를 궁구ᄒᆞ며 몸올 닷고문 이 비홈애 큰이리니 볼곤 命명이 赫혁然연[ᄀᆞ장 볼근 양이라]ᄒᆞ야 안히며 밧기 잇디 아니ᄒᆞ니 德덕이 놉고 業업이 너베아 그 처엄의 도라디리니 녜도 不블足죡ᄒᆞᆫ 거시

아니니 이제 엇디 有유餘여ᄒᆞ리오

현대역 이치를 궁구하며 몸을 닦음은 이 배움에 큰일이니, 밝은 명이 赫然[가장 밝은 모양이라.]하여 안이며 밖이 있지 아니하니, 덕이 높고 業이 넓어야 그 처음에 돌아가리니, 옛날도 부족한 것이 아니니, 이제 어찌 有餘[남음이 있음]하리오.

1 혁연ᄒᆞ야: 혁연(赫然)하여. 빛나서 성하여. '혁연ᄒᆞ(어간)+야(연결어미)'이다.

2 도라디리니: 돌아가리니. '도라디(어간)+리(추측법 선어말어미)+니(연결어미)'이다. '도라디다'는 '돌아가다'의 옛말이다. '-리니'는 '이다'의 어간, 받침 없는 용언의 어간, 'ㄹ' 받침인 용언의 어간 또는 어미 '-으시-', '-으오-' 뒤에 붙어, 앞 절에 붙어 뒤 절의 조건이나 근거가 되는 추측의 뜻을 나타내는 어미이다. 곧 봄이 오리니 희망을 가지고 기다려라. 만나면 헤어지는 것은 정해진 운명이리니 이별을 서러워 마라.

3 녜: 옛날. 마순 사ᄉᆞ미 둘과 도ᄌᆞᄀᆡ 입과 눈과 遮陽ㄱ 세 쥐 녜도 잇더신가(麋背四十 與賊口目 遮陽三鼠 其在于昔).《용가 88장》, 一切 녜 업던 法을 일웻ᄂᆞ니라.《석상 13:40》

【集解】饒氏曰明命은卽天之所賦於人而人之所得以爲性者也라赫然은明盛貌라德者는道之得於內者也라業者는功之成於外者也라復은還也라初는謂本然也라此는言格物致知以窮究其理ᄒᆞ고誠意正心以修治其身은此乃大學之道也라然이나天之明命이赫然昭著하여無有內外之間하니學者誠能從事於大學하여使物格知至意誠心正身修하여而德之積於內者極乎崇高하고業之施於外者極乎廣博하면則有以復其性之本然矣라昔日之安於暴棄也라도此性이固非不足이요今日之德崇業廣也도此性이亦非有餘라但昔爲氣稟物欲之所蔽러니今則復其本然耳니라

요 씨가 말하였다. "明命은 곧 하늘이 사람에게 부여한 것으로서, 사람이 얻어 써 性으로 삼은 것이다. 赫然은 밝음이 성한 모양이다. 德이란 것은 도가 안에서 얻어진 것이요, 業이란 것은 공이 밖에서 이루어진 것이다. 復은 돌아옴이다. 初는 本然을 이른다. 이는, 「사물 이치를 연구하고 앎을 극진히 하여[格物致知] 그 이치를 궁구하고[窮究其理], 뜻을 성실히 하고 마음을 바르게 하여[誠意正心] 그 몸을 닦아 다스리는[修治其身] 것이, 이것이 곧 대학의 교육 방법이다. 그러나 하늘의 明命이 환히 밝게 드러나 안팎의 간격이 있지 않으니, 배우는 자가 진실로 능히 대학에 종사하여, 하여금 사물 이치가 연구되고[物格] 앎이 극진해지며[知至] 뜻이 성실해지고[意誠] 마음이 바르게 되며[心正] 몸이 닦여[身修], 덕이 안에 쌓아짐이 지극히 높고, 업이 밖에 베풀어짐이 지극히 넓게 되면, 써 그 성의 본연을 회복함이 있게 된다. 옛날 자포자기를 편안히 여김에도 이 性이 진실로 부족한 것은 아니었으며, 오늘날 덕이 높아지고 업이 넓어졌음에도 이 性이 또한 有餘한 것이 아니다. 다만 옛날에는 기품과 물욕에 가린 바가 되었었는데, 이제는 그 본연을 회복했을 뿐임」을 말한 것이다."

漢字 格(이를 격), 致(다할 치), 昭(밝을 소), 著(드러날 저), 崇(높일 숭)

【集說】此一節은言大學之教하니라

이 한 구절은 《대학》의 가르침을 말하였다.

世遠人亡ᄒᆞ야經殘教弛始ᄒᆞ야蒙養弗端ᄒᆞ고長益浮靡米ᄒᆞ야鄉無善俗ᄒᆞ며世乏良材ᄒᆞ야利欲紛拏女加切ᄒᆞ며異言喧豗灰니라

● (융성했던) 세대가 멀어지고 성인이 별세하여, 경서는 이지러지고 가르침이 해이해져, 어린이를 기름이 바르지 아니하고, 자라서 더욱 뜨고[가볍고] 사치하여, 마을에는 좋은 풍속이 없고, 세상에는 훌륭한 인재가 다하여, 이로운 욕심이 어지럽게 끌며, 이단의 말이 시끄럽게 부딪힌다.

漢字 殘(멸할 잔), 弛(해이할 이), 弗(아니 불), 浮(뜰 부, 가벼울 부), 靡(사치할 미), 乏(다할 핍), 紛(어지러울 분), 拏(끌어당길 나), 喧(시끄러울 훤, 떠들 훤), 豗(부딪힐 회, 칠 회)

소언 셰디 멀고 셩인이 업서 經경[셩인의 글월이라]이 ᄒᆞ야디고 ᄀᆞᄅᆞ쵸미 프러디여 어린 제 길로미 단졍티 아니ᄒᆞ고 ᄌᆞ라 더욱 부탕되며 샤치ᄒᆞ야 ᄆᆞ올헤 됴ᄒᆞᆫ 풍쇽이 업스며 셰상애 어딘 인ᄌᆡ 업서 탐리ᄒᆞᆫ 욕심이 어즈러이 이ᄭᅳᆯ며 다ᄅᆞᆫ 말이 들에여 다이즈니라

현대역 세대가 멀고 성인이 없어 經[성인의 글월이라.]이 해어지고 가르침이 풀어지어 어린 때에 기름이 단정치 아니하고 자라 더욱 부탄(浮誕)되며 사치하여 마을에 좋은 풍속이 없으며 세상에 어진 인재가 없어 貪利한 욕심이 어지러이 이끌며 다른 말이 떠들며 부딪치느니라.

1 ᄒᆞ야디고: 해어지고. 닳아서 떨어지고. 'ᄒᆞ야디(어간)+고(연결어미)'이다. 'ᄒᆞ야디다'는 '해어지다'의 옛말이다. 셰ᄃᆡ 멀고 셩인이 업서 經이 ᄒᆞ야디고 ᄀᆞᄅᆞ쵸미 프러디여(世遠人亡 經殘敎弛).《소언 4:3》, 슬프다 風俗의 믈허뎌 ᄒᆞ야딤이 이 곧ᄒᆞ니 벼슬에 인ᄂᆞᆫ 이 비록 能히 禁티 몯ᄒᆞ나 ᄎᆞ마 도오랴(嗟乎 風俗頹弊 如是 居位者 雖不能禁 忍助之乎).《소언 6:131》

2 길로미: 기름이. '길ㄹ(어간)+옴(명사형 어미)+이(주격 조사)'이다. 현대국어 '기르다'는 15세기 문헌에서부터 '기르다'로 나타나 현재까지 그대로 이어진다. 15세기부터 '기르다'뿐 아니라 '기ᄅᆞ다'도 공존하였는데 이들은 형용사 '길-'에 파생접사 '-ᄋᆞ-' 혹은 '-으-'가 결합한 것이다. '기ᄅᆞ다 혹은 '기르다'는 자음으로 시작하는 어미가 결합할 때에는 '기르-' 혹은 '기ᄅᆞ-'로, 모음으로 시작하는 어미가 결합할 때에는 '길ㅇ-'으로 교체를 보였다. 16세기까지도 '길어' 등이 '기러'로 연철 표기 되지 않은 것으로 보아 제2음절의 첫소리 'ㅇ'이 성문 마찰 유성음이었음을 알 수 있다. 16세기에 성문 마찰 유성음의 'ㅇ'이 소멸하면서, 17세기에 모음으로 시작하는 어미가 결합할 때 'ㄹ'이 덧붙어 '길러'와 같이 '길ㄹ-'로 나타나게 되었다. 16세기 이후에 나타나는 '기ᄅᆞ-'는 '기르-'와 소리는 같았을 것으로 추정된다. 17세기에 모음 앞에서 '길ㄹ-'로 변하고, 20세기 이후 '기ᄅᆞ-', '기르-'의 표기가 '기르-'로 통일되어 '르'불규칙 활용을 하는 '기르-'가

되면서 현재에 이르렀다. 기르다(15세기~19세기)/기르다(15세기~현재). 이 형태: 기르-, 기르-, 길ㅇ-, 길ㄹ-. 太子ㅣ 져머 겨시니 뉘 기르ᄉᆞᄫᆞ려뇨 오직 大愛道ㅣ사 기르ᄉᆞᄫᆞ리이다.《1447 석상 3:3ㄱ》, 그 나라해 ᄒᆞᆫ 婆羅門이 이쇼ᄃᆡ ᄒᆞᆫ ᄯᆞ님 나코 그 아비 죽거늘 그 어미 이 ᄯᆞ니ᄆᆞᆯ 기르더니.《1447 석상 11:40ㄴ》, 大王하 이 南堀ㅅ 仙人이 ᄒᆞᆫ ᄯᆞᄅᆞᆯ 길어 내니 양ᄌᆡ 端正ᄒᆞ야 世間애 쉽디 몯ᄒᆞ니.《1447 석상 11:27ㄴ》

3 부탕되며: 부탄(浮誕)되며. 말이나 행동이 들뜨고 허황되며. '부탕되(어간)+며(연결어미)'이다.

4 탐리ᄒᆞᆫ: 탐리(貪利)한. 이익을 탐내는. '탐리ᄒᆞ(어간)+ㄴ(관형사형 어미)'이다.

5 들에여: 들레어[야단스럽게 떠들어]. '들에(어간)+여(연결어미)'이다. '들에다'는 '떠들다'의 옛말이다. 구짓는 소리 ᄌᆞᆺ디옷 고리 더욱 들에ᄂᆞ니 제 즘즘ᄒᆞ면 고리 괴외홈 곤디 몯ᄒᆞ니라(訶聲唯頻谷中轉鬧 不如自默谷則寂然).《원각 하 1-2:50》, 열흔 訟習이 섯거 들에유미 ᄀᆞ초아 두푸메 發ᄒᆞᄂᆞ니(十者 訟習交諠 發於藏覆.).《능엄 8:93》

6 다이즈니라: 부딪치느니라. '다잊(어간)+으(매개모음)+니라(평서형 종결어미)'이다. '다잊다'는 '부딪다'의 옛말이다. 吼는 우를씨오 擊은 다이즐씨라.《월석 2:14》(현대역: 후는 우는 것이고 격은 부딪는 것이다.), 震은 떨씨오 擊은 다이즐씨라.《능엄 5:4》(현대역: 진은 떠는 것이고 격은 부딪치는 것이다.). '-니라'에 대해 고영근(2005: 152, 324)은 첫째 설명법 어미 '-다'와 달리, 둘째 설명법 어미로 부르면서, 보수적 평서형 어미로 파악하고 있다. 偈 지ᅀᅥ 讚嘆ᄒᆞᅀᆞᆸ고 즉자히 도로 수므니라.《석상 6:45》, 고ᄌᆞᆨᄒᆞᆫ ᄆᆞᅀᆞᄆᆞ로 바다 디녀 疑心 아니ᄒᆞ면 惡趣예 ᄢᅥ러듫 주리 업스니라.《석상 9:27~28》

【集解】饒氏曰人은謂聖人이라經은六經也라端은正也라挐는牽引也요豗는相擊也라此는言自前世旣遠하고聖人旣沒로六經殘缺하고而敎法亦廢弛矣라小學之敎廢면則自童蒙之時로而養之不以其正하고大學之敎廢면則至年長而所習이日益輕浮華靡라是以로鄕無淳厚之習俗하고世無粹美之人材하여但見利欲之習이紛然而相牽引하고異端之言이喧然而相

攻擊也라

요 씨가 말하였다. "人은 성인을 이른다. 經은 육경이다. 端은 바름이다. 挐는 이끎이다. 회(豗)는 서로 공격함이다. 이는, 「옛 세상이 이미 멀어지고 성인이 이미 돌아가심으로부터 6경이 이지러져 덜리고, 가르치는 방법 또한 피폐하고 해이해졌다. 《소학》의 가르침이 피폐해지면, 童蒙의 때로부터 그들 기르기를 그 올바름으로써 하지 못하고, 《대학》의 가르침이 피폐해지면 나이가 자람에 이르러서 익히는 바가 날로 더욱 가볍게 뜨고 화려하고 사치하게 된다. 그러므로 마을에는 순후한 습속이 없어지고, 세상에는 순수하고 아름다운 인재가 없어, 다만 이욕의 습속들이 어지럽게 서로 잡아당기고 이단의 말들이 시끄럽게 서로 공격함을 볼 뿐임」을 말하고 있다."

漢字 牽(끌 견), 擊(칠 격, 부딪힐 격), 沒(죽을 몰), 粹(순수할 수)

【集說】此一節은言後世教學不明之害하니라

이 한 구절은 후세의 가르침과 배움이 밝지 못한 폐해를 말하였다.

幸茲秉彝ㅣ極天罔墜ㅣ라爰輯集舊聞ᄒᆞ야庶覺來裔以制切ᄒᆞ노니嗟嗟小子아敬受此書ᄒᆞ라匪我言耄冒ㅣ라惟聖之謨ㅣ시니라

● 다행히 이 잡은 떳떳함은 하늘이 다하도록 떨어짐이 없다. 이에 옛날 들은 것들을 모아서 거의 후학들을 일깨운다. 아, 소자[제자]들아! 공경하여 이 글을 받아라[배워라]. 내 말은 노망한 것이 아니라, 오직 성인들의 가르침이다.

漢字 爰(이에 원), 庶(거의 서, 행여 서), 裔(옷자락 예, 후손 예), 嗟(탄식할 차), 匪(아닐 비), 耄(늙을 모, 늙어 정신이 혼미해질 모), 謨(가르칠 모)

소언 ᄒᆡᆼ혀 이 자밧ᄂᆞᆫ 덛덛ᄒᆞᆫ 거시 하ᄂᆞᆯ히 ᄆᆞᆺ도록 ᄠᅥ러디미 업슨디라 이예 녜 드론 거슬 모도와 거의 오ᄂᆞᆫ 후엣 사ᄅᆞᄆᆞᆯ ᄢᅵ돋게 ᄒᆞ노니

슬프다 아ᄒᆡ돌하 이 글을 공경ᄒᆞ야 ᄇᆡ호라 내 말이 모황ᄒᆞᆫ 주리 아니라 오직 셩인의 ᄀᆞᄅᆞ치신 거시니라

현대역 행여 이 잡아 있는 떳떳한 것이 하늘이 마치도록 떨어짐이 없는 것이라, 이에 옛적 들은 것을 모아 거의[가까이] 오는 뒤의 사람을 깨닫게 하노니, 슬프다 아이들아 이 글을 공경하여 배우라. 내 말이 모황(耄慌)한 줄이 아니라 오직 성인이 가르치신 것이니라.

1 자밧ᄂᆞᆫ: 잡아 있는. '잡(어간)+아(보조적 연결어미)+잇(在, '잇다'의 어간)+ᄂᆞ(현재 시제 선어말어미)+ㄴ(관형사형 어미)'이다. 완료상은 보조적 연결어미 '-아/어'와 보조형용사 '잇다[在]'의 결합으로 표현된다. 그런데 '잇-'이 본동사와 한 음절을 이룰 때 이미 15세기에 'ㅣ'가 탈락되어 '아+ㅅ→앗'으로 나타나는 일이 많았다. 內竪ᄂᆞᆫ 뫼ᅀᆞ왓ᄂᆞᆫ 혀근 臣下ㅣ라.《내훈 1:39》, 내 바ᄅᆞ 닐오마 길 마갓ᄂᆞᆫ ᄒᆞᆫ 퍼깃 사미 비 오나든 곳 퓌오 ᄇᆞᄅᆞᆷ ᄀᆞᆯ겨든 여름 ᄆᆡᆺᄂᆞᆫ 거셔(我猜着 當路一科麻下雨開花 刮風結子).《번박 상:40》

2 업슨 디라: 없는 것이라. 없는지라. '없(어간)+으(매개모음)+ㄴ(관형사형 어미)+ᄃᆞ(의존명사)+이(서술격 조사 '이다'의 어간)+라(종결어미)'로 나뉜다. 이런 형태소 구성을 고려하면, '업슨 디라'처럼 띄어 쓰며, '-ㄴ 것이라'로 풀이할 수 있다. 그러나 'ㄴ+ᄃᆞ+이+라'는 '-ㄴ디라'의 형태로, 하나의 종결어미로 재구조화한 것으로 볼 수도 있다. 이때에는 해라할 자리에 쓰여, '업슨디라'처럼 붙여 쓰며 '-ㄴ지라'로 풀이할 수도 있다. 性이 니러 相이 ᄃᆞ외욘 디라 境과 智왜 번득ᄒᆞ며 相이 性의 노교ᄆᆞᆯ 得ᄒᆞᆫ 디라(性起爲相 境智歷然 相得性融 身心廓爾).《원각서:38》, 薰修ᄒᆞ여 나톤 디라(所言神通變化 依悟而修 漸熏所現 非謂悟時卽發現也).《목우 10》

3 거의: 거의. 어느 한도에 매우 가까운 정도로. 현대국어 '거의'의 옛말인 '거ᅀᅴ'는 15세기 문헌에서부터 나타난다. 16세기 이후 유성 마찰음인 'ㅿ'[z]이 소멸함에 따라 '거ᅀᅴ'도 '거의'가 되었다. 16세기에 '거ᅀᅴ'와 '거의'가 공존하다가 17세기부터 '거ᅀᅴ'는 사라지고 '거의'로만 나타나면서 현재에 이르렀다. 거ᅀᅴ(15세기~16세기)>거의(16세기~현재). 이형태: 거ᅀᅴ, 거의. 네 能히 오라건 劫엣 큰 盟誓發願을 일워 너비 濟渡호ᄆᆞᆯ 거ᅀᅴ ᄆᆞᄎᆞ면 즉자히 菩提ᄅᆞᆯ 證ᄒᆞ리라.《1447 석상 11:10ㄱ》, 임ᄉᆞ홍이 열 ᄒᆡ을 용ᄉᆞ하니 됴ᄉᆞ을 다 죽여 나라히 거의 기울게 되니.《1581

속삼-중 충:6ㄴ》

4 모황ᄒᆞᆫ: 모황(耄慌)한, 늙어 정신이 흐릿흐릿하고 가물가물하는. '모황ᄒᆞ(어간)+ㄴ(관형사형 어미)'이다.

【集說】饒氏曰極은終也니極天罔墜는言人之秉彝萬古常存也라爰은於也라裔는衣襟之末이니來裔는謂後學也라嗟嗟는歎辭라我는朱子自謂也라耄는老而昏也라

요 씨가 말하였다. "極은 마침이니, 極天罔墮[하늘이 다하도록 떨어짐이 없음]는 사람의 잡은 떳떳함이 만고에 항상 존재함을 말함이다. 爰은 '이에'이다. 裔는 옷섶의 끝이니, 來裔는 후학을 이른다. 嗟嗟는 탄식하는 말이다. 我는 주자가 자신을 이른 것이다. 耄는 늙어 어두움이다."

漢字 襟(옷깃 금), 歎(탄식할 탄, 감탄할 탄)

【集說】此一節은言集小學開後學之意하니라

이 한 구절은 《소학》을 편집하여 후학을 일깨운 뜻을 말하였다.

漢字 開(열 개, 일깨울 개)

小學諸家集註卷之一

建安何士信 集成 海虞吳訥 集解 姑蘇陳祚 正誤 天台陳選 增註 淳安程愈 集說

飜번譯역小쇼學ᄒᆞᆨ卷권之지一일 內ᄂᆡ篇편

《번역소학》 제1권은 《소학》〈입교(立敎) 제1〉 전체(제1장~제13장)에 해당하는데, 현재까지 발견되지 않았다.

小쇼學ᄒᆞᆨ諺언解ᄒᆡ卷권之지一일 內ᄂᆡ篇편

立教第一이라 內篇

●가르침을 세움이니, 차례에 첫째이다. 내편.

소언 ᄀᆞᄅᆞ치ᄆᆞᆯ 셰미니 ᄎᆞ례예 ᄒᆞ낫재라

현대역 가르침을 세움이니 차례에 첫째라.

1 셰미니: 세움이니. '셔(어간)+이(사동접사)+움(명사형 어미)+이니(서술격 조사 '이다'의 연결형)'이다. '셰다'는 자동사 '셔다'의 사동사로, '세우다'의 옛말이다. 현대국어 '세우다'의 옛말인 '셰오다'는 15세기 문헌에서부터 나타난다. '셰오다'는 동사 '셔-'에 사동접사 '-이-'와 '-오-'가 결합한 것이다. 그러나 '셔다'의 사동사로는 '셔-'에 접미사 '-이-'가 결합한 '셰다'도 존재하였는데, 본 예가 이에 해당한다. 중세국어 시기에는 '셰다'가 주로 쓰이다가 근대국어 이후로는 '셰오다' 쪽이 더 많이 쓰이게 되었다. 16세기에는 '셰오다'에서 제2음절의 모음

'ㅗ'가 'ㅜ'로 바뀐 '셰우다' 형태가 등장하였다. 근대국어 후기에 이중모음 'ㅔ'[əj]가 [e]로 단모음화하면서 삼중모음이었던 'ㅖ'[jəj]는 이중모음 [je]로 변화하였다. 자음 'ㅅ' 뒤에서 반모음 'ㅣ[j]'가 탈락하는 경향에 따라 '셰'는 '세'로 변화하면서 19세기부터 현대국어와 같은 '세우다'로 나타나게 되었다. 셰오다(15세기~19세기)〉셰우다(16세기~19세기)〉세우다(19세기~현재). 이형태: 셰오다, 셰우다, 세우다. 붑 텨 出令ᄒᆞ샤 悉達ᄋᆞᆯ 太子 셰와라 ᄒᆞ시니.《1447 석상 3:6ㄱ》, 몸을 셰워 道를 行ᄒᆞ야 일홈을 後世예 베퍼 뻐 父母를 현뎌케 홈이 효도의 ᄆᆞᄎᆞᆷ이니라.《1588 소언 2:29ㄱ》

2 ᄒᆞᄂᆞ재라: 첫째라. 'ᄒᆞᄂᆞ재(수사)+라(평서형 종결어미)'이다. '-라'는 서술격 조사 '이라'가 'i, j'를 가진 체언 아래에서 '이'가 실현되지 않은 것이다. 'ᄒᆞᄂᆞ재'는 '첫째'의 옛말이다. ᄀᆞᄅᆞ치믈 셰미니 ᄎᆞ례예 ᄒᆞᄂᆞ재라(立教第一).《소언 1:1》, 그 ᄒᆞᄂᆞ재는 스스로 편안홈을 求ᄒᆞ며 ᄆᆞᆰ고 조홈을 ᄃᆞᆯ이 너기디 아니ᄒᆞ야(其一自求安逸 靡甘澹泊).《소언 5:16》

【集解】立은建也요教者는古昔聖人教人之法也라凡十三章이라

立은 세움이요, 教라는 것은 옛날 성인이 사람을 가르치던 법이다. 모두 13장이다.

子思子ㅣ曰天命之謂性이오率性之謂道ㅣ오修道之謂教ㅣ라ᄒᆞ시니則天明ᄒᆞ며遵聖法ᄒᆞ야述此篇ᄒᆞ야俾爲師者로知所以教ᄒᆞ며而弟子로知所以學ᄒᆞ노라

● 자사자가 말하기를, "하늘이 명령하신 것을 성이라 이르고, 성을 좇는 것을 도라 이르고, 도를 닦음을 교라 이른다." 하셨으니, 하늘의 명명을 본받으며, 성인의 법을 따라, 이 편을 지어, 스승 된 이로 하여금 써 가르칠 바를 알게 하며, 제자로 써 배울 바를 알게 하노라.

漢字 率(거느릴 솔), 則(본받을 칙), 遵(따를 준), 述(지을 술), 俾(하여금 비)

1 자사자(子思子, 기원전 483년~기원전 402년): 중국 춘추시대 노(魯)나라 학자

이다. 이름은 공급(孔伋)이고, 자는 자사(子思)이다. 지금의 산둥(山東)성 취푸(曲阜)) 사람이다. 뒤의 자(子)는 높임의 뜻이다. 공자의 손자로, 공자의 아들 공리(孔鯉)가 기원전 483년에 낳았다. 그의 나이 3세 때 아버지 공리가 세상을 떠났고, 5세 때는 자신을 양육하던 할아버지[공자]가 세상을 떠났다. 이후 공급은 공자의 수제자 중 한 사람인 증자(曾參)의 가르침을 받으며 그의 제자가 되었다. 훗날에는 노목공(魯穆公)의 스승이 되었고, 《중용(中庸)》을 저술함으로써 공자사상의 핵심을 열어주었다는 평가를 받는다. 《자사자(子思子)》 23편도 그의 저작으로 알려져 있으나 전하지 않는다. 유교에서 그는 공자, 맹자, 안자[안회(顏回)], 증자와 더불어 오대성인(五大聖人)으로 삼는다. 공급의 성장기 가정환경, 즉 아버지의 요절과 당시의 정치적, 사상적 상황은 그로 하여금 현실주의나 도덕적 측면보다는 우주자연의 법칙을 논하고 인간의 본성을 천명(天命)의 입장에서 파악하고 연구하게 했던 요건이 되었다. 특히 당시의 도가사상이 천지자연의 도에 관한 고상한 철리(哲理)를 말하고 그들의 도가 진정한 도라고 주장했으므로, 이에 대항할 강력한 철학사상을 기대했던 당시의 유가학자들에게 새로운 활력을 불어넣어 주었다는 점, 그리고 우주문제와 심성문제를 정밀히 연구하여 후세의 유가학자들에게 유가철학의 기반을 마련해준 점은 높이 평가해야 할 것이다. 공급이 사서의 하나인 《중용》을 지어 공자의 덕을 밝혔다는 학설에 많은 반론이 있기도 하지만, 옛 기록 여러 군데에서 공급의 저작이라는 내용이 있으므로 《중용》을 그의 저작으로 보는 것은 문제가 없다고 본다. 《중용》은 《논어》와 《맹자》 사이에 놓인 사상체계로, 공자의 만년의 정신세계를 구체화하여 직접적 계승 또는 발전적 전개의 결과로 나타난 저작이라 할 수 있겠다. 후세 사람들은 그가 공자의 덕을 천명했다는 것을 기려 그를 술성(述聖)으로 부르기도 한다. 공급은 전 생애를 주로 고향인 노나라에서 살면서 증자의 학을 배워 유학의 전승에 힘썼다. 맹자는 그의 제자이며, 공자-증자-공급(자사)-맹자로 이어지는 이 학통은 성리학에서 특히 존중된다. 이 때문에 북송 휘종 연간에 공급은 기수후(沂水侯)로 추봉되었고, 원 순제 지원(至元) 원년(1330년)에 술성공(述聖公)으로 다시 추존되었다(중국인물사전).

2 天命之謂性 率性之謂道 修道之謂教: 《중용》 제1장에 나오는 말이다.

소언 子ᄌᆞ思ᄉᆞ子ᄌᆞ[子ᄌᆞ思ᄉᆞᄂᆞᆫ ᄌᆡ오 일호ᄆᆞᆫ 伋급이니 孔공子ᄌᆞㅅ

손ᄌᆡ라 아래 子ᄌᆞㄷ ᄌᆞᄂᆞᆫ 존칭ᄒᆞᄂᆞᆫ 말이라]ㅣ ᄀᆞᄅᆞ샤ᄃᆡ 하ᄂᆞᆯ히 命명ᄒᆞ신 거ᄉᆞᆯ 닐온 性셩이오 性셩을 조차ᄆᆞᆯ 닐온 道도ㅣ오 道도ᄅᆞᆯ 닷고ᄆᆞᆯ 닐운 敎교ㅣ라 ᄒᆞ시니 하ᄂᆞᆳ ᄇᆞᆯ근 거ᄉᆞᆯ 법바ᄃᆞ며 셩인ㅅ 法법을 조차 이 篇편을 ᄆᆡᇰᄀᆞ라 ᄒᆡ여곰 스승되니로ᄡᅧ ᄀᆞᄅᆞ칠 바ᄅᆞᆯ 알에 ᄒᆞ며 뎨ᄌᆞ로ᄡᅧ ᄇᆡ홀 바ᄅᆞᆯ 알에 ᄒᆞ노라

[현대역] 자사자[子思는 자요, 이름은 伋이니, 공자의 손자이라. 아래의 子라는 글자는 존칭하는 말이라.]께서 말씀하시되, 하늘이 명하신 것을 이른바 성이고, 성을 좇음을 이른바 도요, 도를 닦음을 이른바 교라 하시니, 하늘의 밝은 것을 본받으며 성인의 법을 좇아, 이 편을 만들어, 하여금 스승 된 이로서 가르칠 바를 알게 하며, 제자로서 배울 바를 알게 하노라.

1 ᄀᆞᄅᆞ샤ᄃᆡ: 말씀하시되. 'ᄀᆞᆯ(어간)+ᄋᆞ샤(주체 높임 선어말어미)+ᄃᆡ(연결어미 '-오ᄃᆡ'에서 '오' 탈락)'이다. 주체 높임 선어말어미 '-ᄋᆞ샤-'는 매개모음 'ᄋᆞ'를 개재시킨 어형이다. '-샤-'는 '-시-'가 모음 어미 '-오ᄃᆡ' 앞에서 실현된 것이다. 이에 대한 자세한 설명은 본서 제1권 〈소학제사(小學題辭)〉의 '슬허ᄒᆞ샤'를 참고하기 바란다. '-ᄃᆡ'는 '-샤-' 뒤에서 '-오ᄃᆡ'의 '오'가 탈락되었다. 置陣이 ᄂᆞᆷ과 다ᄅᆞ샤 아ᅀᆞᄫᅩᄃᆡ 나ᅀᅡ오니 믈러가던덴 목숨 ᄆᆞᄎᆞ리잇가(置陣異他 知亦進當 如其退避 性命奚戕).《용가 51장》, 淨飯이 무러시ᄂᆞᆯ 占者ㅣ 判ᄒᆞᅀᆞᄫᅩᄃᆡ 聖子ㅣ 나샤 正覺 일우시리.《월곡 상:6》. 'ᄀᆞᆯ다'는 '말하다', '이르다'의 옛말이다. 일훔 지허 ᄀᆞ로ᄃᆡ 釋譜詳節이라 ᄒᆞ고.《월석 석서:4~5》, 어버이ᄅᆞᆯ ᄉᆞ랑ᄒᆞ며 兄을 공경홈과 님금ᄭᅴ 튱셩ᄒᆞ며 얼운의게 공슌홈이 이ᄅᆞᆯ ᄀᆞᆯ온 자받ᄂᆞᆫ 덛덛ᄒᆞᆫ 거시라(愛親敬兄 忠君弟長 是曰秉彝).《소언 사:1》, 曰 ᄀᆞᆯ 왈.《신합 상:14》

2 닐온: 이른. 이른바. 말한. '닐(謂, 어간)+온(관형사형 어미)'이다. '-온'은 끝음절의 모음이 'ㆍ, ㅏ, ㅗ'인 동사, 형용사 어간이나 어미 뒤에 붙어, '-(으)ㄴ'을 뜻하는 어미이다. 주로 피수식어가 행동의 대상임을 나타낸다. 네 디나건 녜ᄂᆡᆺ 時節에 盟誓 發願ᄒᆞᆫ 이ᄅᆞᆯ 혜ᄂᆞᆫ다 모ᄅᆞᄂᆞᆫ다.《석상 6:8》, 舍利弗이 須達ᄋᆡ ᄆᆡᇰᄀᆞ론 座애 올아 앉거늘.《석상 6:30》, 修行本起經은 修行ㅅ 根源 니르와ᄃᆞ샨 ᄆᆞᆺ 첫 根源을 닐온 經이라.《석상 6:42》

3 닷고ᄆᆞᆯ: 닦음을. '닸(어간)+옴(명사형 어미)+을(목적격 조사)'이다. '닦다'의 옛말

인 '돍다'는 15세기 문헌에서부터 나타난다. '돍다'는 자음으로 시작하는 어미 앞에서는 '닷-'으로, 그 외의 어미 앞에서는 '돍-'으로 나타난다. 종성의 'ㅺ'이 'ㄲ'으로 바뀐 '닦다'는 17세기에 처음 등장하였는데, 문헌상으로는 자음 어미 앞에서 '닥-'으로 표기된 예만 보인다. 19세기까지 '돍다'와 '닦다'가 공존하다가 20세기에 'ㅺ' 표기가 폐지되면서 모두 '닦다'로 통일되었다. 돍다(15세기~19세기)〉닦다(17세기~현재). 이형태: 돍-, 닥-, 닥ㄱ-. 모딘 힝뎌글 ᄇ리고 됴ᄒᆞᆫ 法을 닷가 惡趣예 아니 디리니.《1447 석상 9:14ㄴ》, 제 道 닷디 아니ᄒᆞ고 ᄒᆞᆫ갓 淨土 ᄇ라ᄂᆞᆫ 사ᄅᆞ미 錯인 ᄃᆞᆯ 아리로다.《1569 선가 44ㄱ》

4 닐운: 이른. 이른바. 말한. '닐(謂, 어간)+운(관형사형 어미)'이다. '-운'은 끝음절의 모음이 'ㆍ, ㅏ, ㅗ'가 아닌 동사, 형용사 어간 뒤에 붙어, '-(으)ㄴ'을 뜻하는 어미이다. 주로 피수식어가 행동의 대상임을 나타낸다. 제 모미 누븐 자히셔 보ᄃᆡ 琰魔王ㄱ 使者ㅣ 넉슬 ᄃᆞ려 琰魔法王 알ᄑᆡ 니거든.《석상 9:30》, 누네 고ᄫᆞᆫ 것 보고져 ᄒᆞ면 제 머군 ᄠᅳ드로 고ᄫᆞᆫ 거시 ᄃᆞ외야 뵈며.《월석 1:31-32》, 반ᄃᆞ기 五淨 비룬 일후믈 자바 淨筵法席에 邊을 더ᄒᆞ며 組를 버려 大羅刹이 ᄃᆞ외리라(當執五淨假名 而於筵法席 加邊列組 爲大羅刹矣).《능엄 6:100》

5 ᄆᆡᇰᄀᆞ라: 만들어. 'ᄆᆡᇰᄀᆞᆯ(어간)+아(연결어미)'이다. 15세기에는 '만들다'의 뜻으로 쓰인 단어가 두 가지였다. 하나는 'ᄆᆡᇰᄀᆞᆯ다'이고, 다른 하나는 'ᄆᆡᇰᄀᆞᆯ다'이다. 그러다가 16세기 이후 《번역소학》과 《소학언해》에서는 이 두 단어의 혼효로 보이는 'ᄆᆡᆫᄃᆞᆯ다'(위ᄒᆞ야 무덤을 {ᄆᆡᆫᄃᆞ라} 주니라.《1518 번소 9:33ㄴ》)와 'ᄆᆡᇰᄃᆞᆯ다'(보육 {ᄆᆡᇰᄃᆞ라}.《1588 소언 6:72ㄱ》)가 단어 목록에 추가된다. 현대국어 '만들다'의 옛말인 'ᄆᆡᆫᄃᆞᆯ다'는 15세기 문헌에서부터 나타났을 것으로 추정된다. 동사로 쓰인 'ᄆᆡᆫᄃᆞᆯ다'의 예는 16세기 문헌에서부터 나타나지만, 'ᄆᆡᆫᄃᆞᆯ-'과 접사 '-이'가 결합한 'ᄆᆡᆫᄃᆞ리'(그 각시 뎌른 {ᄆᆡᆫᄃᆞ리} ᄒᆞ고《1460년경 삼강-런던 열:9》)가 15세기 문헌에서부터 나타나기 때문이다. 'ᄆᆡᆫᄃᆞᆯ다'는 치조음 'ㄴ, ㅅ, ㄷ'으로 시작하는 어미 앞에서 'ᄆᆡᆫᄃᆞ-'로, 그 외의 어미 앞에서는 'ᄆᆡᆫᄃᆞᆯ-'로 나타난다. 16세기 후반에 2음절 이하의 'ㆍ'가 'ㅡ'로 변하였는데, 이에 따라 18세기에는 'ᄆᆡᆫ들다'로 나타난다. 18세기에 제1음절의 'ㆍ'가 'ㅏ'로 변화하였는데, 이에 따라 18세기에 '만들다'가 나타나서 현재에 이르렀다. 16세기 후반에 제2음절 이하의 'ㆍ'가 'ㅡ'로 변화하는 경향 외에도 'ㆍ'는 'ㅗ'로 변화하기도 하였는데, 이에 따라 16세기에 'ᄆᆡᆫ돌다'로 나타나기도 한다. 19세기의 '만ᄃᆞᆯ다'는 18세기에 제1음절에서 일어났던 'ㆍ〉ㅏ'의 변화에 따라 'ᄆᆡᆫᄃᆞᆯ다'에서 변화한 것이며, 'ㄴ,

ㅅ, ㄷ'으로 시작하는 어미 앞에서는 '만ᄃᆞ-'로 나타났다. 19세기의 '만달다'는 'ᄆᆞᆫᄃᆞᆯ다'의 'ㆍ'가 모두 'ㅏ'로 변화한 형태이다. 15세기에 '만들다'의 의미로 쓰였던 단어로는 본 예처럼 'ᄆᆡᇰᄀᆞᆯ다'가 있는데, 이 단어는 다양한 음운변화를 거쳐 19세기까지도 나타난다. 城 아래 닐흔 살 쏘샤 닐흔너 모미 맛거늘 京觀ᄋᆞᆯ ᄆᆡᇰᄀᆞᄅᆞ시니(維城之下 矢七十發 中七十人 京觀以築).《용가 40장》, 制ᄂᆞᆫ ᄆᆡᇰᄀᆞᄅᆞ실씨라.《훈언 3》, 그저긔 나랏 사ᄅᆞ미 모다 王과 六師와 위ᄒᆞ야 노ᄑᆞᆫ 座 ᄆᆡᇰᄀᆞᆯ오 須達인 舍利弗 위ᄒᆞ야 노ᄑᆞᆫ 座 ᄆᆡᇰᄀᆞ니.《석상 6:28》, 主人이 므슴 차바ᄂᆞᆯ 손소 ᄃᆞᆫ녀 ᄆᆡᇰᄀᆞ노닛가.《석상 6:16》

6 ᄒᆡ여곰: 하여금. 시키어. 'ᄒᆡ여곰'은 15세기 문헌에서부터 나타난다. 'ᄒᆡ여곰'은 동사 'ᄒᆞ-'에 사동접사 '-이-', 연결어미 '-어', 강세 보조사 '곰'이 결합한 것이다. 'ᄒᆡ여곰'에서 제1음절의 반모음 'ㅣ'가 탈락한 'ᄒᆞ여곰', 'ᄒᆞ야곰' 형태도 15세기 이래로 공존하였다. 17세기에는 강세 보조사 '곰'이 '금'으로 바뀐 'ᄒᆞ여금' 형태가 등장하기 시작하여 18세기에는 'ᄒᆞ야금', 'ᄒᆡ여금' 형태도 나타났다. 근대국어 후기에 모음 'ㆍ'가 'ㅏ'와 소리가 같아지면서 'ᄒᆞ여금'은 현대국어의 '하여금'으로 변화하였다. ᄒᆡ여곰(15세기~18세기)〉ᄒᆞ여곰(15세기~19세기)〉ᄒᆞ여금(17세기~19세기)〉하여금(20세기~현재). 이형태: ᄒᆡ여곰, ᄒᆞ여곰, ᄒᆞ야곰, ᄒᆡ야곰, ᄒᆞ여금, ᄒᆞ야금, ᄒᆡ여금, 하야곰. 집 ᄆᆞᄅᆞ와 보콰로 ᄒᆡ여곰 것게 ᄒᆞ디 말오라.《1481 두시-초 3:10ㄴ》, 내 心中으로 ᄒᆞ여곰 심히 快足디 아니케 ᄒᆞᄂᆞ다.《1481 두시-초 5:35ㄴ》, 발 지달쓰고 기슨 ᄶᅡ해 노하 ᄒᆞ야곰 플 먹게 ᄒᆞ고.《1510년대 번노 하:44ㄴ-46ㄱ》

【集解】子思는孔子之孫이니名은伋이요子思는其字也라下子字는後學이宗師先儒之稱이라朱子曰命은猶令也요性은卽理也라天以陰陽五行으로化生萬物에氣以成形而理亦賦焉하니猶命令也라於是에人物之生이因各得其所賦之理하여以爲健順五常之德하니所謂性也라率은循也요道는猶路也라人物이各循其性之自然이면則其日用事物之間에莫不各有當行之路하니是則所謂道也라修는品節之也라性道雖同이나而氣

稟或異라故로不能無過不及之差하니聖人이因人物之所當行者하여而品節之하사以爲法於天下하시니則謂之敎니若禮樂刑政之屬이是也라

자사는 공자의 손자이니, 이름은 伋이고 子思는 그의 자이다. 밑에 있는 子자는 후학이 先儒를 스승으로 높이는 칭호이다. 주자가 말하길, "命은 명령과 같고, 性은 곧 理이다. 하늘이 음양과 오행으로써 화하여 만물을 낳음에, 氣로써 형체를 이루고, 理가 또한 그것에 부여되니, (만물에게) 명령한 것과 같다. 이에 사람과 사물이 태어남은, 각각 그 부여받은 바의 理를 얻음으로 인하여, 健順[陽陰] 五常[仁義禮智信]의 덕을 삼으니, 이른바 性이다. 솔(率)은 따름이요, 道는 길과 같다. 사람과 사물이 각각 그 性의 원래 그런 바를 따르면, 그[人物]가 날마다 사용하는 사물들 사이에도 각각 마땅히 가야할 길이 있지 않음이 없으니, 이것이 곧 이른바 道이다. 修는 品節이다. (어떤 사람들에게 내재되어 있는) 性과 道는 비록 같더라도, 기질과 품성이 간혹 다를 수 있다. 그러므로 능히 지나치거나 모자라거나 하는 차이가 없을 수가 없으니, 성인은 사람과 사물이 마땅히 해야 할 바에 인하여, 그들을 정도를 가지런히 하시어, 써 천하의 법을 삼으셨으니, 곧 그것을 敎라 이르니, 禮樂刑政과 같은 따위가 이것이다." 하였다.

漢字 伋(생각할 급), 宗(높일 종), 賦(부여할 부), 健(굳셀 건), 循(따를 순), 品(가지런히 할 품, 등급 품, 차이 품), 節(알맞은 정도 절, 다스릴 절), 差(어긋날 차), 屬(붙이 속)

1 健順五常之德: 건(健)은 양(陽)의 이(理)요, 순(順)은 음(陰)의 이(理)다. 오상(五常)은 인의예지신(仁義禮智信)의 다섯 가지 성(性)이다.
2 품절(品節): 절도(節, 알맞은 정도)를 가지런히 함[品].

【增註】則은法也라天明은天之明命이니卽天命之性也라遵은循也라聖法은聖人之法이니卽修道之敎也라俾는使也라此篇所

述은皆道之當然이니原於天而立於聖人者也니師之所以教와弟子之所以學이無有切於此者矣니라

칙(則)은 본받음이다. 天明은 하늘의 밝은 命이니, 곧 하늘이 명령한[내린] 性이다. 遵은 따름이다. 聖法은 聖人의 법이니, 곧 도를 닦는 가르침이다. 俾는 '하여금'이다. 이 편에서 서술한 것은 모두 道의 당연함이니, 하늘에 근원하여 성인에게서 세워진 것이니, 스승이 써 가르칠 바와 제자가 써 배울 바가 이보다 간절한 것이 있지 않을 것이다.

漢字 法(본받을 법), 使(하여금 사), 原(근원할 원), 切(간절할 절)

【一章】

列女傳에曰古者애婦人이姙壬子애寢不側仄ᄒᆞ며坐不邊ᄒᆞ며立不蹕畢ᄒᆞ며 《列女傳》

●《열녀전》에 말하였다. "옛날에 부인이 아이를 임신하면, 잠을 자되 기울게[옆으로] 자지 않으며, 앉되 가에[모로] 앉지 않으며, 서되 한쪽 발로 서지 않으며,

漢字 姙(=妊 아이 밸 임), 寢(잠잘 침), 側(기울 측), 邊(가에 앉을 변, 편벽될 변), 蹕[외발로 설 비, 벽제 필]

유향(劉向, 기원전 77년~기원전 6년): 중국 전한(前漢) 시대 학자로, 자는 자정(子政)이고, 처음 이름은 경생(更生)이다. 한나라 고조(高祖)의 배다른 동생 유교(劉交: 楚元王)의 4세손이다. 젊었을 때부터 재능을 인정받아 선제(宣帝, 재위 기원전 74년~기원전 49년)에게 기용되어 간대부(諫大夫)가 되었으며, 수십 편의 부송(賦頌)을 지었다. 신선방술(神仙方術)에도 관심이 많았으며, 황금 주조를 진언하고 이를 추진하다가 실패하여 투옥되었으나, 부모 형제의 도움으로 죽음을 면하였다. 재차 선제에게 기용되어 석거각(石渠閣: 궁중도서관)에서 오경(五經)을 강의하였다. 다음 황제인 원제(元帝)·성제(成帝) 때에는 유 씨(劉

氏)의 족장으로서 외척과 환관(宦官)의 횡포를 막으려고 노력하였다. 성제 때에 이름을 향(向)으로 고쳤으며, 이 무렵 외척의 횡포를 견제하고 천자(天子)의 감계(鑑戒)가 되도록 하기 위하여 상고(上古)로부터 진(秦)·한(漢)에 이르는 부서재이(符瑞災異)의 기록을 집성하여 《홍범오행전론(洪範五行傳論)》(11편)을 저술하였다. 그 밖의 편저서에 《설원(說苑)》, 《신서(新序)》, 《열녀전(烈女傳)》, 《전국책(戰國策)》과, 궁중도서를 정리할 때 지은 《별록(別錄)》이 있다. 그의 아들 흠(歆)은 이 책을 이용하여 《칠략(七略)》을 저술하였으며, 《한서(漢書)》 〈예문지(藝文志)〉에 거의 그대로 수록되어 전한다. 《한서》에 그의 전기가 수록되어 있다. 유향의 《열녀전》은 모두 8편 15권으로 되어 있는데, 후대 송(宋)나라의 방회(方回)가 이를 7권으로 간추린 것도 있다. 유향은 한나라의 일반 여인들뿐만 아니라 왕가와 고위 관직의 부인들에게 귀감으로 삼고자 이 책을 집필하였다. 당시 한나라 황후였던 조비연(趙飛燕)의 횡포와 음란함이 도를 넘어 소문이 흉흉하고 민심이 동요하자, 귀감이 되는 여인의 이야기를 모아 《열녀전》을 편찬하게 된 것이라고 전한다. 여인의 유형을 모의전(母儀傳), 현명전(賢明傳), 인지전(仁智傳), 정순전(貞順傳), 절의전(節義傳), 변통전(辯通傳), 얼폐전(孼嬖傳)의 7항목으로 나누어, 각 항목마다 1권씩 구성하였고 각 항목에는 여인 15명 정도의 이야기를 수록하였다. 유명한 현모, 양처, 열녀, 투부(妬婦)의 이야기를 거의 망라하여 총 104명의 열녀 이야기가 수록되었는데, 이후 20여 명이 추가되어 124명의 이여기로 늘어났다(두산백과).

소언 列렬女녀傳뎐[녜 겨지븨 ᄉᆞ실 긔록ᄒᆞᆫ 칙이라]에 ᄀᆞ로ᄃᆡ 녜 겨지비 ᄌᆞ식 ᄇᆡ여실 제 잘 제 기우리디 아니ᄒᆞ며 안조매 곧지디 아니ᄒᆞ며 셔매 ᄒᆞᆫ 발츼 드ᄃᆡ디 아니ᄒᆞ며

현대역 《열녀전》[옛적 여자의 사실 기록한 책이라.]에 가로되, 옛적 여자가 자식 배어 있을 때에, 잘 때에 기울이지 아니하며, 앉음에 가에 치우치지 아니하며, 섬에 한 발치에 디디지 아니하며,

1 겨지븨: 계집의, 여자의. '겨집(명사)+의(관형격 조사)'이다. '겨집'은 '계집', '여자'의 옛말이다. 優婆塞ᄂᆞᆫ 淸淨ᄒᆞᆫ 남지니오 優婆夷ᄂᆞᆫ 淸淨ᄒᆞᆫ 겨지비라.《석상 19:1》(현대역: 우바새는 청정한 사내이고 우바이는 청정한 계집이다.), 像法 中에

ᄒᆞᆫ 羅漢이 이셔 衆生ᄋᆞᆯ 福度ᄒᆞ더니 ᄒᆞᆫ 겨지블 맛나니 일후미 光目이러니.《월석 21:52》(현대역: 상법시 중에 한 나한이 있어 중생을 복도하더니 한 여자를 만나니 이름이 광목이더니.). '겨집'은 또 '아내'의 옛말이다. 四時와 八節에 도로혀 禮예 걸위여 ᄯᆞ른 앗ᄋᆡ 겨지블 절ᄒᆞ고 아ᄃᆞ른 앗ᄋᆞᆯ 절ᄒᆞᄂᆞ다(四時八節還拘禮 女拜弟妻男拜弟).《두시-초 8:28》(현대역: 사시와 팔절에 도리어 예를 거리끼어 아우는 아내에게 절하고 아들은 아우에게 절한다.), 아비와 아ᄃᆞᆯ왜 親호미 이시며 님금과 臣下왜 義 이시며 남진과 겨집괘 ᄀᆞᆯᄒᆡ요미 이시며 얼운과 아ᄒᆡ왜 次第 이시며 버디 信이 이쇼미니라(父子有親 君臣有義 夫婦有別 長幼有序 朋友有信).《내훈 1:19》(현대역: 아비와 아들 사이에 친함이 있으며 임금과 신하 사이에 의가 있으며 남편과 아내 사이에 구별이 있으며 어른과 아이 사이에 차례가 있으며 벗 사이에 믿음이 있는 것이다.)

2 ᄀᆞᆯ지디: 가에 치우치지. 'ᄀᆞᆯ지(어간)+디(보조적 연결어미)'이다. 'ᄀᆞᆯ지다'는 '가에 치우치다'를 뜻한다. 녜 겨지비 ᄌᆞ식ᄇᆡ여실 제 잘 제 기우리디 아니ᄒᆞ며 안조매 ᄀᆞᆯ지디 아니ᄒᆞ며(古者婦人 妊子寢不側 坐不邊).《소언 1:2》

3 발측: 발치에. 발이 있는 쪽에. '발치(명사)+의(부사격 조사)'이다. '의'는 양성모음 아래에서는 'ᄋᆡ'로 실현되기도 하는데, '의/ᄋᆡ' 뒤에 명사가 오면 관형격 조사이고, 동사가 오면 부사격 조사이다.

4 드ᄃᆡ디: 디디지. '드ᄃᆡ(어간)+디(보조적 연결어미)'이다. '디디다'의 옛말인 '드듸다'는 15세기 문헌에서부터 나타난다. '드듸다'는 제2음절 모음 'ㅢ'가 'ㅣ'로 변화하고, 제1음절 모음 'ㅡ'가 'ㅣ'로 변화하여 20세기 이후 '디디다'로 나타나 현재에 이르렀다. 16세기의 '드ᄃᆡ다'는 '드듸다'의 제2음절 모음 'ㅢ'가 'ㆎ'로 나타난 것이다. 드듸다(15세기~19세기)〉디디다(20세기~현재). 이형태: 드듸다, 드ᄃᆡ다. 蓮花ㅅ 고지 나거늘 世尊이 드듸샤 四方 向ᄒᆞ샤 周行七步ᄒᆞ시니.《1447 월곡 8ㄱ》, 손이 조차 층을 드ᄃᆡ여 발ᄋᆞᆯ 모도와 거름을 니어 뻐 올오ᄃᆡ.《1588 소언 2:69ㄱ》

5 위 대문(大文) 끝 '立립不블蹕필' 뒤에 《소학언해》에서는 '蹕필ᄋᆞᆫ當당作작跛비'가 붙어 있다.(이런 예가 권1에 2례, 권2에 1례, 권3에 1례, 권4에 1례가 나온다.)

【集解】列女傳은漢劉向所編이라妊은娠申也라側은側其身也요邊은偏其身也라蹕은當作跛니謂偏任一足也라

《열녀전》은 한나라 劉向이 편찬한 것이다. 姙은 임신이다. 측(側)은 그 몸을 기울임이요, 邊은 그 몸을 (한쪽으로) 치우침이요, 비(蹕)는 마땅히 피(跛)가 되어야 하니, 한쪽 발에 치우쳐 맡김을 이른다.

漢字 側(기울 측), 偏(치우칠 편), 跛(외발로 설 피, 기우듬히 설 피, 절뚝거릴 파), 任(맡길 임)

不食邪味ᄒᆞ며割不正이어든不食ᄒᆞ며席不正이어든不坐ᄒᆞ며

● 삿된 맛을 먹지 않으며, 썰어놓은 고기가 바르지 않거든 먹지 않으며, 자리가 바르지 않거든 앉지 않으며,

漢字 割(썰어놓은 고기 할)

소언 샤특ᄒᆞᆫ 마ᄉᆞᆯ 먹디 아니ᄒᆞ며 버힌 거시 正졍티 아니커든 먹디 아니ᄒᆞ며 돗ᄭᅵ 正졍티 아니커든 안ᄶᅵ 아니ᄒᆞ며

현대역 사특(邪慝)한 맛을 먹지 아니하며 벤 것이 바르지 아니하거든 먹지 아니하며 돗자리가 바르지 아니하거든 앉지 아니하며,

1 샤특ᄒᆞᆫ: 사특(邪慝)한. 요사스럽고 간특한. '샤특ᄒᆞ(어간)+ㄴ(관형사형 어미)'이다.

2 버힌: 벤. '버히(어간)+ㄴ(관형사형 어미)'이다, '버히다'는 '베다'의 옛말이다. 다리옛 고기를 손소 버혀 매를 주신대 매 ᄉᆞᆯ보ᄃᆡ 고깃 므긔 비두리와 ᄀᆞᆮ게 주쇼서.《월석 11:4》

3 아니커든: 아니하거든. '아니ᄒᆞ(어간)+거든(연결어미)'이다. 'ㆍ'가 탈락하면서 'ㅎ'과 'ㄱ'이 자음축약을 일으켰다. 여기서 주의할 점은 '거'는 대부분 교착적 선어말어미 중 확인법의 선어말어미로 분류하는데, '-거든', '-거늘'의 경우에는 전체가 하나의 종속적 연결어미라는 점이다. 왜냐하면, '-거든'이나 '-거늘'은 '거'가 빠진 '*늘', '*든'도 없고, '거' 자리에 다른 형태소가 대치된 '*ᄂᆞ든', '*더늘' 등도 없기 때문이다(고영근, 2020: 148~149). '-거든'은 '어떤 일이 사실이면', '어떤 일이 사실로 실현되면'의 뜻을 나타내는 연결어미이다.

4 돗ᄭᅵ: 돗자리가. '돘(명사)+이(주격 조사)'이다. 주격 조사는 자음 아래서는 '이'로,

'i, j'로 끝나지 않은 모음 아래에서는 'ㅣ'로, 'i, j' 모음 뒤에서는 ø로 실현된다. '돗'은 '돗자리'의 옛말이다. 일로부터 後ㅣ라 호문 흔 돗긧 마리 아니시니.《월석 14:40》, 筵은 돗기라.《능엄 1:29》, 飮食을 브르게 足게 흐며 석는 돗글 둗거이 덥게 흐노라(飮食充足 薦席厚暖).《법화 2:242》

【集解】邪味는不正之味라割은切肉也요 席은座席也라

邪味는 바르지 않은 맛이다. 割은 썰어놓은 고기요, 席은 앉는 자리이다.

目不視邪色흐며耳不聽淫聲흐고夜則令瞽古로誦詩흐며道正事흐더니라

● 눈으로는 삿된 색을 보지 않으며, 귀로는 음란한 소리를 듣지 않으며, 밤인즉 樂師인 봉사로 하여금 시를 외며 바른 일을 말하게 하였다.

漢字 瞽(소경 고), 令(하여금 령), 道(말할 도)

삿(邪)되다: 보기에 하는 행동이 바르지 못하고 나쁘다.

소언 누네 샤특흔 비츨 보디 아니흐며 귀예 음란흔 소리를 듣디 아니흐고 바미어든 쇼경으로 히여곰 모시를 외오며 正졍흔 이를 니르더니라

현대역 눈에 사특(邪慝)한 빛을 보지 아니하며, 귀에 음란한 소리를 듣지 아니하고, 밤이거든 소경으로 하여금 《모시(毛詩)》를 외며 바른 일을 이르더니라.

1 바미어든: 밤이거든. '밤(명사)+이('이다'의 어간)+어든(연결어미)'이다. '-어든'은 '-거든'의 이형태이다. 'ㅣ' 계열 이중모음이나 'ㄹ' 받침으로 끝나는 어간 뒤에 붙어, 주로 자동사나 형용사 어간 뒤, '이다' 어간 뒤, 또는 어미 '-으리-' 뒤에 붙는다. 須達이 이 말 듣고 부텻긔 發心올 니르와다 언제 새어든 부텨를 가 보수보려뇨 흐더니.《석상 6:19》, 네 누는 흐마 알어든 모문 당다이 아디

몯ᄒᆞ리로다(汝眼已知 身合非覺).《능엄 1:61》

2 모시(毛詩): 《시경(詩經)》의 별칭이다. 자세한 설명은 〈소학제사(小學題辭)〉의 《모시》를 참조하라.

【集說】陳氏曰邪色은不正之色이요淫聲은不正之聲이라道는言也요正事는事之合禮者라

진 씨가 말하였다. "邪色은 바르지 못한 색이요, 淫聲은 바르지 못한 소리이다. 道는 말함이다. 正事는 일이 예에 부합하는 것이다."

【集解】瞽는無目이니樂師也라詩는二南之類요正事는如二典之類라

瞽는 눈이 없음이니, 악사이다. 시는 二南 따위이고, 正事는 二典 같은 따위이다.

1 시경(詩經): 《모시(毛詩)》라고도 한다. 자세한 설명은 〈소학제사(小學題辭)〉의 《모시》를 참조하라.

2 서경(書經): 《상서(尙書)》라고도 한다. 이전(二典)은 《서경》의 〈요전(堯典)〉과 〈순전(舜典)〉을 말한다. 자세한 설명은 〈소학제사(小學題辭)〉의 '상서(尙書)'를 참조하라.

如此則生子ㅣ形容이端正ᄒᆞ며才過人矣리라

●이와 같이 하면, 자식을 낳음에 몸과 얼굴이 단정하며, 재주가 보통사람보다 뛰어나다."

소언 이러ᄐᆞ시 ᄒᆞ면 나흔 ᄌᆞ식이 얼굴이 端단正졍ᄒᆞ며 ᄌᆡ죄 사ᄅᆞᆷ의게 넘으리라

현대역 이렇듯이 하면 낳은 자식이 형체가 단정하며 재주가 사람에게 넘으리라."

얼굴: 모습, 형체(形體). 智ᄂᆞᆫ 本來 아로미 업거늘 識 다ᄉᆞ로 얼구를 아라 妄心이 ᄃᆞ외ᄂᆞ니.《월석 2:21》(현대역: 지는 본래 앎이 없거늘 식 탓에 형체를 알아 망심이 되니.), ᄀᆞᄅᆞᇝ 우흿 얼구른 내 ᄒᆞ올로 늘구니(江上形容吾獨老).《두시-초 11:36》(현대역: 강 위의 형체는 내 홀로 늙으니.)

【集解】此는言妊娠之時에當愼所感이니感於善則善하고感於惡則惡也라李氏曰人之有生은以天命之性言之하면純粹至善하여本無有異로되以氣質之性言之하면則不能無淸濁美惡之殊하니淸乃智而濁乃愚요美乃賢而惡乃不肖라妊娠之初는感化之際니一寢一坐一立一食一視一聽이實淸濁美惡之機括이요智愚賢不肖之根柢也라爲人親者其可忽慢而不敬畏哉아

이는, 임신했을 때에 마땅히 느끼는 바를 삼가야 하니, 善에 느낀즉 선해지고 악에 느낀즉 악해짐을 말함이다. 이 씨가 말하였다. "사람이 태어남이 있음은, 천명의 性으로써 그것[人之有生]을 말하면, 순수하고 지극히 선하여 본래 다름이 있지 않으나, 기질의 性으로써 그것[人之有生]을 말하면, 능히 맑거나 흐리거나 좋거나 나쁘거나 다름이 없을 수 없으니, 맑으면 곧 지혜로워지고 흐리면 곧 어리석어지며, 아름다우면 곧 어질고 나쁘면 곧 어질지 못하게 된다. 임신 초기는 (자식이 외물에) 느끼고 화하는 즈음이니, 한번 자고, 한번 앉고, 한번 서고, 한번 먹고, 한번 보고, 한번 들음이 실로 淸濁美惡의 機括이고, 智愚賢不肖의 根柢이다. 사람의 어버이 된 자가 이[淸濁美惡, 智愚賢不肖]를 가히 소홀히 하고 게을리 하여, 공경하고 두려워하지 않을 수 있겠는가?"

漢字 肖(어질 초, 닮을 초), 際(즈음 제), 機(기틀 기), 括(오늬 괄), 柢(뿌리 저), 忽(소홀할 홀), 慢(태만할 만)

1 기괄(機栝): 쇠뇌의 시위를 걸어 화살을 쏘는 장치인 노아(弩牙)와 전괄(箭栝).

원래 기(機)는 활 양 끝의 활시위를 거는 곳이고, 괄(栝)은 화살 끝으로 활시위를 받는 곳을 말한다. 방아쇠, 시발점, 관건(關鍵) 등의 의미로 사용된다.

2 근저(根底, 根柢): 사물의 뿌리나 밑바탕이 되는 기초.

〖二章〗

○ 內則에曰凡生子애擇於諸母와與可者호딕必求其寬裕慈惠溫良恭敬愼而寡言者ᄒᆞ야使爲子師ㅣ니라 《禮記 內則》

● 〈내칙〉에 말하였다. "무릇 아이를 낳음에, (유모될 사람으로) 여러 어머니와 및 (제모가 아닌 사람 중) 괜찮을 만한 사람을 가리되, 반드시 그 너그럽고 여유 있으며, 인자하고 은혜로우며, 온화하고 어질며, 공손하고 조심하며, 삼가고 말이 적은 자를 구하여, 하여금 자식의 스승[유모, 보모]을 삼아야 한다.

漢字 擇(가릴 택), 寬(너그러울 관), 裕(넉넉할 유), 慈(사랑할 자), 寡(적을 과)

예기(禮記): 유교 경전 중 오경(五經)의 하나다. 주(周)나라 말기에서 진한(秦漢) 시대까지의 예(禮)에 관한 학설을 집록(輯錄)한 것으로, 《주례(周禮)》, 《의례(儀禮)》와 함께 삼례(三禮)라고 한다. 자세한 설명은 〈소학서제(小學書題)〉를 참조하라.

소언 內ᄂᆡ則측[禮례記긔 篇편 일홈이라]에 ᄀᆞ로ᄃᆡ 믈읫 ᄌᆞ식 나호매 모든 어미와 다ᄆᆺ 可가ᄒᆞᆫ 이예 ᄀᆞᆯ희오ᄃᆡ 반ᄃᆞ시 그 어위크고 누그러오며 ᄌᆞ샹ᄒᆞ고 인혜로오며 온화ᄒᆞ고 어딜며 공슌ᄒᆞ고 조심ᄒᆞ며 삼가고 말ᄉᆞᆷ 져그니를 구ᄒᆞ야 ᄒᆞ여곰 ᄌᆞ식의 스승을 사몰 디니라

현대역 〈내칙〉[《예기》 편 이름이라.]에 가로되, "무릇 자식 낳음에 모든 어머니와 더불어 가한 이에 가리되, 반드시 그 넓고 누그러우며 자상하고 仁惠로우며 온화하고 어질며 공순하고 조심하며 삼가고 말씀 적은 이를 구하여 하여금 자식의 스승을 삼을 것이니라.

1 다뭇: 같이, 더불어. 당당이 寃魂과 다뭇 말ᄒᆞ야 그를 더뎌 汨羅애 주놋다(應共寃魂語 投詩贈汨羅).《두시-초 21:44》, 만일 너도 내 樓上에 오면 ᄒᆞᆫ긔 名과 다뭇 利를 니저 ᄇᆞ리리라(若你也到我樓上 一發忘棄名與利).《박언 중:44》

2 누그러오며: 누그러우며. 마음씨가 따뜻하고 부드러우며 융통성이 있으며. '누그럽(어간)+며(연결어미)'이다. '-럽-'이 '-며' 앞에서 '-러오-'로 약화된 것이다. 현대국어의 '누그럽다'는 16세기 문헌에서부터 나타나 현재까지 이어진다. '누그럽다'는 '*누그리다'와 접사 '-업-'이 결합한 것으로 추정된다. 접사 '-업-'이 결합한 형태는 자음으로 시작하는 어미와 결합할 때는 '-업-'으로, 모음으로 시작하는 어미와 결합할 때는 '-오-'로 나타난다. 누그럽다(16세기~현재). 이형태: 누그럽-/누그러오-. 반ᄃᆞ시 그 어위크고 누그러오며.《1588 소언 1:3ㄱ》, 쟝긔를 므릅쓰고 압녕ᄒᆞᄂᆞᆫ 지조 조곰도 누그러오미 업ᄉᆞᄃᆡ.《1852 태상 2:27ㄴ》

3 공슌ᄒᆞ고: 공순(恭順)하고. 공손하며 온순하고. '공슌ᄒᆞ(어간)+고(연결어미)'이다.

4 사몰 디니라: 삼을 것이니라. 삼을지니라. '삼(어간)+오(대상 표시법 선어말어미)+ㄹ(관형사형 어미)+ᄃᆞ(의존명사)+이(서술격조사 '이다'의 어간)+니라(평서형 종결어미)'이다. 의존명사 'ᄃᆞ'는 '것'의 의미를 가진 보편성 의존명사이다. 의존명사를 꾸며주는 관형사형에 들어있는 선어말어미 '-오$_2$-'도 대상 표시법 선어말어미에 해당한다.

【集說】陳氏曰內則은禮記篇名이니言閨門之內에軌儀可則也라諸母는衆妾也요可者는謂雖非衆妾而可爲子師者라寬裕慈惠溫良恭敬愼而寡言者는婦德之純也라故로使之爲子師하여以敎子焉이라司馬溫公曰乳母不良이면非惟敗亂家法이라兼令所飼似子類之니라

진 씨가 말하였다. "〈내칙〉은 《예기》의 편 이름이니, 규문 안[집안]의 軌儀[법도]로서 규칙으로 삼을 만한 것을 말한다. 諸母는 여러 첩이요, 可者는 비록 衆妾은 아니나, 아이의 스승으로 삼을 만한 자를 이른다. 너그럽고 여유 있으며, 인자하고 은혜로우며, 온화하고 어질며, 공손하고 조심하며,

삼가고 말이 적은 자는 부덕이 순수한 것이다. 그러므로 그로 하여금 아이의 스승으로 삼아 써 아이를 가르치게 한 것이다." 사마온공이 말하였다. "유모가 어질지 못하면 오직 가법을 어지럽힐 뿐만 아니라, 겸하여 하여금 젖먹이는 바의 자식[기르고 있는 아이]을 그와 닮게 한다."

漢字 閨(안방 규), 軌(법 궤), 儀(거동 의), 飼(기를 사, 먹일 사), 類(닮을 류)

子能食食似ㅣ어든教以右手ᄒᆞ며能言이어든男唯女兪ᄒᆞ며男鞶盤革이오女鞶絲ㅣ니라

● 자식이 능히[스스로] 밥을 먹거든, 가르치기를 오른손으로써 하게 하며, 능히 말을 하거든 남자는 빨리 대답하게 하고 여자는 느리게 대답하게 하며, 남자의 띠는 가죽으로 하고, 여자의 띠는 실로 한다.

漢字 食(먹을 식, 밥 사), 唯(빨리 대답할 유), 兪[느리게 대답할 유=諾(락)], 鞶(띠 반)

소언 ᄌᆞ식이 能능히 밥 먹거든 ᄀᆞᄅᆞ츄ᄃᆡ 올ᄒᆞᆫ손으로ᄡᅥ ᄒᆞ게 ᄒᆞ며 能능히 말ᄒᆞ거든 ᄉᆞ나ᄒᆡᄂᆞᆫ ᄲᆞᆯ리 ᄃᆡ답ᄒᆞ고 겨집은 느즈기 ᄃᆡ답게 ᄒᆞ며 ᄉᆞ나ᄒᆡ ᄯᅴᄂᆞᆫ 갓ᄎᆞ로 ᄒᆞ고 겨집의 ᄯᅴᄂᆞᆫ 실로 홀 디니라

현대역 자식이 능히 밥 먹거든 가르치되 오른손으로써 하게 하며 능히 말하거든 사나이는 빨리 대답하고 계집은 느직이 대답하게 하며 사나이 띠는 가죽으로 하고 계집의 띠는 실로 할 것이니라.

1 ᄀᆞᄅᆞ츄ᄃᆡ: 가르치되. 'ᄀᆞᄅᆞ치(어간)+우ᄃᆡ(연결어미)'이다. 종속적 연결어미 '-오ᄃᆡ'는 음성모음으로 된 어간 아래에서는 '-우ᄃᆡ'로, 서술격 조사 아래에서는 '-로ᄃᆡ'로 교체된다. 즉 '-우ᄃᆡ'는 선행 음절의 모음이 'ㅡ, ㅓ, ㅜ, ㅣ, 반모음 ㅣ'인 경우에 붙는다. ᄒᆞᆫ 두 句를 더으며 더러ᄇᆞ리며 ᄣᅳ디 ᄆᆞᅀᆞᆷ 다ᄫᆞᆯ 닐웷 ᄀᆞ장 ᄀᆞ지ᄒᆞ야.《월석 서:19~20》, 四禪天으롯 우흔 세 災 업수ᄃᆡ 그엣 宮殿과 諸天괘 ᄒᆞᆫᄢᅴ 냇다가 절로 ᄒᆞᆫᄢᅴ 업ᄂᆞ니라.《월석 1:50》.

2 느즈기: 느직이. 일정한 때보다 좀 늦게. ᄉᆞ나ᄒᆡᄂᆞᆫ ᄲᆞᆯ리 ᄃᆡ답ᄒᆞ고 겨집은 느즈기

ᄃᆡ답게 ᄒᆞ며(男唯女兪).《소언 1:3》(현대역: 사나이는 빨리 대답하고 여자는 느직이 대답하게 하며.)

3 홀 디니라: 할 것이니라. 할지니라. 'ᄒᆞ(어간)+오(대상 표시법 선어말어미)+ㄹ(관형사형 어미)+ᄃᆞ(의존명사)+이(서술격조사 '이다'의 어간)+니라(평서형 종결어미)'이다. 의존명사 'ᄃᆞ'는 '것'의 의미를 가진 보편성 의존명사이다. 의존명사를 꾸며주는 관형사형에 들어있는 선어말어미 '-오₂-'도 대상 표시법 선어말어미에 해당한다.

【集解】食는飯也라右手는取其便이니男女同也라唯는應之速이요兪는應之緩이라鞶은大帶也요革은皮也라一說에鞶은小囊이니盛帨巾者라하니男用皮하고女用繒帛하려皆有剛柔之義하니男女異也라司馬溫公曰子能言하여稍有知어든則敎以恭敬尊長이니有不識尊卑長幼者어든則嚴訶禁之니라

사(食)는 밥이다. 오른손(으로 하라 한 것)은 그 편함을 취함이니, 남녀가 같다. 唯는 대답하기를 빨리 하는 것이고, 兪는 대답하기를 느리게 하는 것이다. 반(鞶)은 큰 띠요, 革은 가죽이다. 일설에는, '鞶은 작은 주머니이니, 수건을 넣는 것이라.' 하니, 남자는 가죽을 쓰고, 여자는 비단을 쓴다. 모두 굳세고 부드러운 뜻이 있으니, 남녀가 다르다. 사마온공이 말했다. "자식이 능히 말하여, 조금 앎이 있게 되면, 존장을 공경함을 가르쳐야 하니, (만약) 존비와 장유를 알지 못하는 자가 있으면, 엄하게 꾸짖어 그것을 금해야 한다."

漢字 飯(밥 반), 緩(느릴 완), 帶(띠 대), 囊(주머니 낭), 盛(담을 성), 帨(수건 세), 巾(수건 건, 헝겊 건), 繒(비단 증), 帛(비단 백), 稍(조금 초, 점점 초), 訶(꾸짖을 가)

【集成】顔氏家訓에曰敎婦初來요敎兒嬰孩라故로在謹其始니此其理也라若夫子之初生也에使之不知尊卑長幼之禮하여遂

至侮詈父母하며毆擊兄姊이어든父母不知訶禁하고反笑而獎之면彼旣未辨好惡(오)하여謂禮當然이라하니及其旣長하여習已成性이어든乃怒而禁之면不可復(부)制라於是에父嫉其子하고子怨其父하여殘忍悖逆이無所不至하니此蓋父母無深識遠慮하여不能防微杜漸하고溺於小慈하여養成其惡故也니라

《안씨가훈》에 말하였다. "며느리를 가르침은 처음 (시집을) 왔을 때 하고, 아이를 가르침은 어릴 때 해야 한다." 그러므로 (가르침은) 그 처음을 삼감에 있으니, 이것이 그[가르치는] 이치이다. 무릇 자식이 처음 태어남 같음에, 그로 하여금 존비와 장유의 예절을 알지 못하게 하여, 마침내 부모를 업신여기고 꾸짖으며, 형과 누이를 치기에 이르렀음에도, 부모가 꾸짖어 금지시킬 줄 모르고, 도리어 웃으면서 그것을 권장하면, 저[아이]는 이미 좋은 것과 나쁜 것을 구분하지 못하면서, (이런 짓이) 예에 당연한 것으로 말하게 될 것이다. 그가 이미 자람에 미쳐 익힘이 이미 천성이 되거든, 이에 노하여 그것을 금지시키면, 가히 다시 제어할 수가 없다. 이에 아버지는 그 자식을 미워하고, 자식은 그 아버지를 원망하여, (아버지의) 잔인함과 (자식의) 패역함이 이르지 않는 바가 없다. 이는 대개 부모가 깊은 식견과 원대한 생각이 없어, 능히 작을 때 막지 못하고 조금씩 나아갈 때 막지 못하고, 작은 사랑에 빠져, 그[자식의 성품]를 나쁘게 양성했기 때문이다.

漢字 嬰(어릴 영), 孩(어릴 해), 侮(업신여길 모), 詈(꾸짖을 리), 毆(=敺 칠 구), 擊(칠 격), 姊(=姉 누이 자), 獎(권장할 장), 嫉(미워할 질), 殘(해칠 잔), 忍(잔인할 인), 漸(조금씩 나아갈 점, 자랄 점), 溺(빠질 닉)

안지추(顔之推, 531년~591년): 자는 개(介)이며, 산둥성[山東省] 낭야(琅邪)에서 출생하였다. 남조(南朝)의 양(梁)나라 무제(武帝, 재위 502년~549년) 시대 태어나 문인·학자로서 이름을 날렸으나, 548년 장수 후경(侯景)이 반란을 일으켜 왕권을 찬탈하자, 안지추는 후경에게 체포되어 고초를 겪었다. 552년 무제의 일곱째 아들 소역(蕭繹)이 후경을 물리치고 원제(元帝)로 등극하자 복직하여

관직을 하사받았다. 하지만 554년 서위(西魏)의 공격으로 원제가 사망하고 양나라가 멸망하자 안지추는 생포되어 장안(長安)으로 압송되었다. 얼마 후 장안을 탈출하여 북조(北朝)의 북제(北齊)에서 몸을 의탁하여 벼슬살이를 했다. 577년 북제(北齊)가 북주(北周)에 의해 멸망하자 다시 장안으로 갔으며 북주도 양견(楊堅)에게 멸망당하였다. 양견은 중국을 통일하여 수나라를 세웠으며 문제(文帝)로 등극하였다. 안지추는 온건중정(穩健中正)한 사상의 소유자였으며, 그의 학식은 네 왕조를 거치면서 관료로서 풍부한 체험의 뒷받침과 더불어 당대 최고였다. 그는 특히 가족과 가정도덕의 확립을 가장 중요시하여 《안씨가훈(顔氏家訓)》을 지었다. 또 노장(老莊)을 극단적으로 물리치고, 불교에는 호의를 나타내어, 유불(儒佛)의 조화를 주창하였다. 역사학자 안사고(顔師古)는 그의 손자이며, 서예가 안진경(顔眞卿)은 그의 5대손이다. 《안씨가훈》은 안지추가 자손을 위하여 저술한 2권 20편의 교훈서이다. 이 책은 안지추가 북제(北齊)에서 황문시랑(黃門侍郎)을 한 뒤에 편찬한 것이라고 알려져 있다. 그러나 본문에서 수(隋)나라 개황(開皇)이란 연호를 사용하고, 그 무렵의 글자를 피휘(避諱)한 것 등을 볼 때, 이 책은 빨라도 안지추가 사망할 무렵인 수나라 개황 연간에 완성되었을 가능성이 높다. 네 왕조를 거치면서 다양한 문화를 체험한 안지추는 본인이 깨달은 교훈을 이 책을 통해 자손 대대로 전하고자 했다. 따라서 본문 속에는 자식을 어떻게 가르쳐야 하고 형제끼리는 어떻게 지내야 하며, 후처(後妻)에 관한 문제를 비롯해 자기 집안의 크고 작은 일들을 어떻게 다스려야 하는지에 대해서 아주 자상하게 서술되어 있다. 또한 어떠한 성현을 어떻게 본받아야 하며, 무엇을 어떻게 배워야 하는지에 대해서도 기술했을 뿐 아니라, 관직에 나아가서는 어떠한 자세로 직무에 임해야 하며, 한가할 때에는 어떠한 마음가짐으로 살아야 하는지에 대해서도 허심탄회하게 술회하고 있다. 그러나 여기서 한 가지 반드시 유념해 두어야 할 것은 안지추가 이러한 내용을 명령의 어조나 금기의 어기 혹은 강령의 문체로써 남기고 있는 것이 아니라, 일상의 평범한 경험과 직접 보고 들은 사건 또는 당시 민간에서 떠돌던 소문 등을 토대로 각기 한 편의 독립된 이야기로 구성해 전하고 있다는 점이다. 이에 그가 주는 교훈은 성현의 명언이나 종교의 교리처럼 순간 뇌리를 번쩍이게 하는 경각의 깨달음이 아니라, 마치 길거리에서 오가다 만나는 사람들의 언행 속에서 스스로 무언가 화두를 찾아냄으로써 자신을 반추하는 깊은 성찰의 깨달음과 같다고 할 수 있다. 이러한 특징으로 인해, 자신이 죽은 뒤의 장례(葬禮) 문제까지

당부하는, 한 개인의 지극히 사적인 가훈서가 그 집안의 후손들에게만 전해진 것이 아니라, 중국의 역대 가훈서 중에서 가장 오래도록, 그리고 가장 광범위하게 읽힌 만인의 가훈서가 될 수 있었다. 또한 《안씨가훈》 속에는 당시의 세태에 대한 비판과 풍자가 곳곳에 녹아 있는데, 당시 사람들의 호칭이나 피휘(避諱) 문제를 비롯해 조문(弔問)이나 접객(接客)의 방법 등과 관련된 일상의 소소한 문제 및 신선술이나 불교 등의 종교적인 문제 등을 지적하고 있다. 특히 남방과 북방의 서로 다른 풍속을 비교함으로써 자신의 관점을 제시하는 안지추의 독특한 서술 방법은 각기 다른 지역의 여러 가지 풍습을 엿볼 수 있게 하여 당시의 사회풍속사를 연구하는 데에도 많은 도움을 준다. 그뿐만 아니라 안지추는 '문장' 편을 통해 자신의 문학 이론을 자세하게 논하고 있는데, 이는 양(梁)나라 시기 유협(劉勰)이 지은 《문심조룡(文心雕龍)》이나 소통(蕭統)의 《문선(文選)》과 함께 비교해 연구할 수 있는 중요한 자료이기도 하다. 이와 아울러 '서증' 편은 주요 서적에 대한 교감(校勘)의 중요성을 말하고 있는데, 이 또한 남방과 북방의 각기 다른 판본을 일일이 대조해 얻은 경험을 통해 그 오류를 밝힌 것으로, 교감학의 발전에 대한 그의 공헌을 새롭게 알 수 있다. '음사' 편 또한 남북의 서로 다른 발음을 많은 예시를 통해 제시하고 있는데, 이는 당시의 방언 연구나 문자학, 음훈학 등의 연구에 적지 않은 도움을 주고 있다. 바로 이러한 내용들로 인해 《안씨가훈》은 단순한 가훈서가 아니라, 하나의 전문 비평서로서 인정받아 끊임없이 중시될 수 있었다. 물론 안지추가 '가훈'이라는 이름으로 이러한 내용을 실은 것은 후손들에게 학문을 하는 방법을 직접 보여주기 위함이었을 것이다. 마지막으로 《안씨가훈》이 중국의 가훈사에서 차지하는 의미를 생각해 보지 않을 수 없다. 중국의 가훈서는 위진남북조(魏晉南北朝) 시대에 대거 등장한다. 삼국 시대 제갈량(諸葛亮)의 《계자서(誡子書)》, 혜강(嵇康)의 《가계(家誡)》, 동진(東晉) 시대 도연명(陶淵明)의 《책자(責子)》, 유송(劉宋) 시대 왕승건(王僧虔)의 《계자서(誡子書)》 등은 모두 중국 가훈서의 모태다. 안지추의 《안씨가훈》은 이러한 일련의 분위기 속에서 출현하여, '가훈'이라는 말을 일반화시켜 후대에 많은 영향을 미쳤으며, 오늘날에도 변함없이 가훈의 비조로 손꼽힌다. 이와 같이 《안씨가훈》이 당대 이래로 끊임없이 유통되며 중시된 이유를 여러 가지 측면에서 찾을 수 있겠지만, 그래도 그중 가장 큰 요인은 서로 다른 것에서 융합을 찾고, 각기 다른 것에서 통합을 일구고자 부지런히 힘쓴 안지추의 고민과 노력에 있지 않을까 한다. 즉 안지추가 살았던 시대는 남쪽의 한족과 북쪽의 이민족이 장기간 대치하던 혼란한 시대로, 그는 자신의 고국인 양나라가 서위의 침입으로 무너지는 망국의 아픔을 경험했으며, 오랫동안 북쪽의 이국에서 낯선 문화를 접하며 살았다. 이러한 대전란의 시대를 살다 간 안지추는 남방과 북방의 서로 다른 문화를 경험하면서 어느 한쪽을 편벽되게 고집하지 않고 그 차이 속에서 진실로 옳고 참된 것을 좇아 끊임없이 고증했다. 그리하여 《안씨가훈》에는 유·불·도 사상이 두루 포괄되어 있고, 정치·사회·교육·언어·문학·예술 등 각 방면에서 무엇이 가장 옛 도리에 가까운지를 알려 주고 있다. 따라서 《안씨가훈》을 읽으면 남북조 시대의 다양한 풍모를 더없이 실감나게 엿볼 수 있으며, 게다가 당시 사람들이 사용한 속언이나 방언 등도 인용하고 있어 그 풍미를 한층 더 새롭게 맛볼 수 있다. 《안씨가훈》의 현존하는 가장 이른 판본은 원대(元代) 염대전(廉臺田)이 송(宋)나라 순희(淳熙) 연간의 대주공고본(臺州公庫本)을 중인(重印)한 것이다. 순희 7년에 간행된 판본에는 심규(沈揆)의 《안씨가훈고증(顏氏家訓考證)》 1권이 부록으로 붙어 있어 선본(善本)으로 널리 보급되었다. 명청대(明淸代)에는 인쇄술이 급속히 발전해 판각이 보편화되었는데, 여기에 명대 가학(家學)의 유례없는 흥성과 가훈을 중시하는 시대적 기풍이 맞물려 《안씨가훈》 역시 수차례 간행되었다. 명청대의 많은 문인들은 《안씨가훈》을 고금 가훈의 비조로 손꼽으며 다양한 가훈류 서적을 편찬했다. 그러나 이렇게 유행하던 사이, 본래 송본의 7권 20편이 명청대에는 대개 2권으로 간행되었으며, 더욱이 수많은 이본이 속출했다. 이에 왕리치(王利器) 선생은 1980년 상해고적출판사(上海古籍出版社)를 통해 청나라 노문초(盧文弨)의 포경당본(抱經堂本)을 저본으로 하고, 전대의 주요한 판본을 꼼꼼하게 교감해 완성한 《안씨가훈집해(顏氏家訓集解)》를 출간했는데, 이는 현재 가장 널리 사용되고 있는 표점본(標點本)이다(두산백과).

六年이어든敎之數與方名이니라

●여섯 살이 되거든, 그[아이들]에게 숫자와 방위 명칭을 가르친다.

소언 여슷 ᄒᆡ어든 혬과 다ᄆᆞᆺ 방소 일후믈 ᄀᆞᄅᆞ칠 디니라

현대역 여섯 해거든 셈과 더불어 方所 이름을 가르칠 것이니라.

1 혬: 셈. '혜(數, 어근)+ㅁ(명사 파생접사)'이다. '혜다'는 '사물의 수효를 헤아리거나 꼽다.'를 뜻하는 '세다'의 옛말이다. '혜다'는 15세기 문헌에서부터 나타난다. 이 말이 ㅎ구개음화된 '셰다'를 거쳐 'ㅅ' 아래에서 'ㅕ〉ㅓ'와 같이 반모음 'ㅣ'가 탈락하여 단순모음화된 것이 오늘날의 '세다'이다. 그러나 '셰다'나 '세다'가 쓰인 예는 문헌에서 잘 보이지 않으나, '혜다'에서 파생한 명사인 '혬'이 18세기에 들어서면 '솀'으로 보임을 감안하면 '셰다'가 18세기에 쓰였음은 충분히 짐작할 수 있다. 혜다(15세기~19세기)〉세다(20세기~현재). 이형태: 혜다, 세다. 싸해 겨시며 말씀ᄒᆞ며 혬 혜ᄂᆞᆫ 안해 겨샤ᄃᆡ.《1459 월석 9:13ㄴ》, 됴ᄒᆞᆫ 물와 열 사오나온 물게 네 언메나곰 혜ᄂᆞ다.《1510년대 번노 하:11ㄴ》

2 가ᄅᆞ칠 디니라: 가르칠 것이니라. 가르칠지니라. '가ᄅᆞ치(어간)+ㄹ(관형사형 어미)+ᄃᆞ(의존명사)+이(서술격 조사 '이다'의 어간)+니라(평서형 종결어미)'이다.

【集說】陳氏曰數는謂一十百千萬이요方名은東西南北也라

진 씨가 말했다. "數는 一十百千萬을 이름이고, 方名은 東西南北이다."

七年이어든男女ㅣ不同席ᄒᆞ며不共食이니라

● 일곱 살이 되거든, 남자와 여자가 앉기를 함께 하지 않으며, 먹기를 함께 하지 않는다.

소언 닐굽 ᄒᆡ어든 ᄉᆞ나ᄒᆡ와 겨지비 돗글 ᄒᆞᆫ가지로 아니 ᄒᆞ며 먹기를 ᄒᆞᆫᄃᆡ 아니 홀 디니라

현대역 일곱 해거든 사나이와 계집이 자리를 한가지로 아니 하며 먹기를 한데 아니 할 것이니라.

ᄒᆞᆫᄃᆡ: 한데. 한곳. 한군데. 'ᄒᆞᆫᄃᆡ'는 15세기 문헌에서부터 나타난다. ᄒᆞᆫᄃᆡ'는 수관형사 'ᄒᆞᆫ'과 '장소'를 의미하는 의존명사 'ᄃᆡ'가 결합한 것이다. 근대국어 후기에 모음 'ㆍ'가 'ㅏ'와 소리가 같아지면서 어두음절에서 'ᄒᆞᆫ〉한'으로 변화하여 19세기에는 '한ᄃᆡ' 형태가 등장하였다. '한ᄃᆡ'에서 제2음절의 모음 'ㆎ'가 'ㅔ'로

바뀌어 현대국어와 같은 '한데'가 등장하게 되었다. '·'가 'ㅏ'와 소리가 같아지면서 이중모음 'ㆎ'도 'ㅐ[aj]'와 소리가 같아지고 그 이후에 'ㅐ[aj]'가 단모음 [ɛ]로 변화하는 것이 일반적인데, '혼딕'의 경우는 'ㆎ'가 'ㅔ'로 변화한 점이 특이하다. 한편 16세기 이래로 제2음절 이하에서 모음 '·'가 'ㅡ'로 변화함에 따라 '혼딕〉혼듸'로 변화하여 16세기~18세기 문헌에는 '혼듸'의 예도 나타나는데, 이 형태는 19세기 이후로 사라졌다. 혼딕(15세기~18세기)〉한딕(19세기)〉한데(19세기~현재). 이형태: 혼딕, 혼듸, 한딕. 耶輸는 前生애 어마님과 혼딕 가시다가 길 머러 굿ᄫᆞ실씨.《1447 석상 3:37ㄴ》, 형뎨를 블러 울며 니르고 다시 혼듸 사니 나라히 경표ᄒᆞ니라.《1518 이륜-옥 26ㄱ》

【集說】陳氏曰不同席而坐하며不共器而食은教之有別也라

진 씨가 말하였다. "자리를 함께 하여 앉지 않으며, 그릇을 함께 하여 먹지 않음은 그들에게 구별이 있음을 가르치는 것이다."

八年이어든出入門戶와及卽席飮食애必後長者ᄒᆞ야始教之讓이니라

● 여덟 살이 되거든, 門戶를 출입함과 및 자리에 나아가고 마시고 먹음에, 반드시 長者보다 뒤에 하여, 비로소 그들에게 사양함을 가르친다.

漢字 卽(나아갈 즉)

소언 여듧 히어든 門문과 戶호애 나며 드롬과 밋 돗긔 나아가며 飮음食식호매 반ᄃᆞ시 얼운의게 후에 ᄒᆞ야 비로소 ᄉᆞ양ᄒᆞ기롤 ᄀᆞᄅᆞ칠 디니라

현대역 여덟 해이거든 문과 호에 나며 듦과 및 자리에 나아가며 음식 먹음에 반드시 어른에게[어른보다] 후에 하여 비로소 사양하기를 가르칠 것이니라.

드롬: 듦. '들(어간)+옴(명사형 어미)'이다. 현대국어 '들다'는 15세기 문헌에서부터 나타나 현재까지 이어진다. '들다'는 'ㄴ'으로 시작하는 어미와 결합할 때

'드-'로 나타나며, 그 외의 어미와 결합할 때는 '들-'로 나타난다. 18세기부터 'ㄴ'으로 시작하는 어미 외에도 선어말 어미 '-시-'와 결합할 때 '드-'로 나타나게 되어 현재까지 이어진다. 들다(15세기~현재). 이형태: 들-, 드-. 여슷 하ᄂᆞ래 그듸 가 들 찌비 볼써 이도다 ᄒᆞ고.《1447 석상 6:35ㄴ》, 그ᄢᅴ 善友太子ㅣ 즉재 慈心三昧예 드니.《1459 월석 22:42ㄴ》

【集說】陳氏曰耦曰門이요奇曰戶라卽은就也라後長者는謂在長者之後也라讓은謙遜也라方氏謂出入門戶則欲其行之讓也요卽席則欲其坐之讓也요飮食則欲其食之讓也니라

진 씨가 말하였다. "(문 중) 두 짝을 門이라 이르고, 외짝을 戶라 이른다. 卽은 나아감이다. 後長者는 長者의 뒤에 있음을 이른다. 讓은 謙遜이다. 방 씨가 말하길, '門戶를 출입하게 되면 그 다닐 때에 사양하고자 하고, 자리를 나아가게 되면 그 앉을 때에 사양하고자 하고, 마시고 먹게 되면 그 먹을 때에 사양하고자 한다.' 하였다."

漢字 耦(짝 우), 奇(홀수 기), 遜(겸손할 손)

九年이어든敎之數日이니라

● 아홉 살이 되거든, 그에게 날짜 세는 것을 가르친다.

소언 아홉 ᄒᆡ어든 날 혜요ᄆᆞᆯ ᄀᆞᄅᆞ칠 디니라

현대역 아홉 해이거든 날 셈을 가르칠 것이니라.

【集說】陳氏曰數日은知朔望與六甲也라

진 씨가 말하였다. "數日은 초하루, 보름과 六甲을 아는 것이다."

육갑(六甲): 육십갑자(六十甲子)의 준말이다. 육십갑자는 십간(十干)과 십이지(十二支)를 결합하여 만든 육십 개의 간지(干支)이다. 십간은 갑(甲)·을(乙)·병

(丙)·정(丁)·무(戊)·기(己)·경(庚)·신(辛)·임(壬)·계(癸)이고, 십이지는 자(子)·축(丑)·인(寅)·묘(卯)·진(辰)·사(巳)·오(午)·미(未)·신(申)·유(酉)·술(戌)·해(亥)이다. 결합 방법은 처음에 십간의 첫째인 갑과 십이지의 첫째인 자를 붙여서 갑자(甲子)를 얻고, 다음에 그 둘째인 을과 축을 결합하여 을축(乙丑)을 얻는다. 이와 같이 순서에 따라 하나씩의 간지를 구해 나가 육십 개의 간지를 얻은 후, 다시 갑자로 되돌아온다. 결과적으로 하나의 간에 여섯 개의 지가 배당되는 셈이다. 간과 지가 사용된 역사는 매우 오래 전인 듯하다. 중국의 기원전 1766년~기원전 1123년에 걸친 상(商)나라의 역대 왕의 이름을 살펴보면 태갑(太甲)·옥정(沃丁)·천을(天乙) 등 십간의 글자로 된 이름이 많으며, 이것으로 보아 이 시대에 이미 간지를 사용한 것으로 추측된다. 육십 간지는 원래 날짜를 세기 위하여 썼을 것이다. 이 육십이라는 주기는 두 달쯤에 해당하는 적당한 주기이다. 또 십간십이지는 중국의 음양오행설(陰陽五行說)과 결합하여 만물의 길흉을 판단하는 데 쓰였다. 즉 사람의 성질과 운세를 점치기도 하고, 나날의 길흉과 방위의 선택 등을 살펴보기도 했다. 간지를 나날에 하나씩 배당한 것을 일진(日辰)이라 하고, 다달에 하나씩 배당한 것을 월건(月建)이라 하며, 해마다 하나씩 배당한 것을 태세(太歲)라고 한다(두산백과).

十年이어든出就外傅ᄒᆞ야居宿於外ᄒᆞ며學書計ᄒᆞ며衣不帛襦儒袴ᄒᆞ며禮帥率初ᄒᆞ며朝夕애學幼儀호ᄃᆡ請肄簡諒이니라

● 열 살이 되거든, (집을) 나가서 바깥스승을 나가[좇아], (집) 밖에서 거처하고 잠자며, 글씨[六書]와 계산[九數, 九章算術]을 배우며, 옷은 저고리와 바지를 비단으로 하지 않으며, 예절은 처음[기초]을 따르며, 아침저녁에 어린이의 예의를 배우되, 간략하고 진실한 것을 청하여 익힌다.

漢字 就(좇을 취), 傅(스승 부), 帛(비단 백), 襦(저고리 유), 袴(바지 고), 帥(따를 솔), 儀(거동 의), 肄(익힐 이), 簡(간략할 간), 諒(진실할 량, 믿을 량)

소언 열 ᄒᆡ어든 나 밧스승의게 나아가 밧긔셔 이시며 자며 글쓰기며 산계ᄅᆞᆯ ᄇᆡ호며 오ᄉᆞᆯ 기브로 한옷과 고의를 아니ᄒᆞ며 禮례ᄅᆞᆯ 처엄

ᄀᆞᄅᆞ친 대로 조차 ᄒᆞ며 아ᄎᆞᆷ나조ᄒᆡ 져머셔 ᄒᆞ욜 례모ᄅᆞᆯ ᄇᆡ호ᄃᆡ 간이 ᄒᆞ고 신실ᄒᆞᆫ 일로 請쳥ᄒᆞ야 니길 디니라

현대역 열 해이거든 나가 바깥스승에게 나아가 밖에서 있으며 자며 글쓰기며 계산(計算)를 배우며 옷을 깁[비단]으로 핫옷과 고의를 아니 하며 예를 처음 가르친 대로 좇아 하며 아침저녁에 젊어서 할 禮貌를 배우되 簡易하고 信實한 일로 청하여 익힐 것이니라.

1 산계: 계산(計算). 여ᄉᆞᆺ 가짓 ᄌᆡ죄니 례졀과 음악과 활ᄡᅩ기와 어거ᄒᆞ기와 글ᄡᅳ기과 산계홈이니라(三曰六藝, 禮樂射御書數).《소언 1:11》

2 ᄇᆡ호며: 배우며. 'ᄇᆡ호(어간)+며(연결어미)'이다. 'ᄇᆡ호다'는 15세기 문헌에서부터 나타난다. 19세기에 모음 사이에서 'ㅎ'이 탈락한 'ᄇᆡ오다' 형태가 나타났다. 또한 근대국어 후기에 제1음절의 'ㆍ'가 'ㅏ'와 소리가 같아지면서 이중모음 'ㆎ'도 'ㅐ[aj]'로 바뀌고, 'ㅐ[aj]'가 [ɛ]'로 단모음화 하였는데, 이러한 현상이 반영된 '배오다' 형태가 19세기에 나타난다. '배오다'에서 제2음절의 모음 'ㅗ'가 'ㅜ'로 바뀐 '배우다' 형태도 등장하여 오늘날에 이르게 되었다. ᄇᆡ호다(15세기~19세기)〉ᄇᆡ오다(19세기)〉배우다(19세기~현재). 이형태: ᄇᆡ호다, ᄇᆡ후다, ᄇᆡ오다, 배오다, 배우다. 淨居天이 禮ᄅᆞᆯ 아라 세 ᄇᆞᆯ올 값도라ᄂᆞᆯ 須達이 보아 ᄇᆡ호니.《1447 월곡 55ㄴ》, 네 뉘손ᄃᆡ 글 ᄇᆡ혼다 내 되ᄒᆞᆨ당의셔 글 ᄇᆡ호라.《1510년대 번노 상:2ㄴ》

3 핟옷: 핫옷. 안에 솜을 두어 만든 옷. '핟옷'은 15세기 문헌에서부터 나타난다. '핟옷'은 접두사 '핟-'과 명사 '옷'이 결합한 파생명사이다. 16세기에 종성의 'ㅅ'과 'ㄷ'이 발음이 같아져 표기가 혼란되었다. 이러한 변화가 반영되어 16세기에 '핟옷'이 '핫옷'으로 표기되면서 현재에 이르렀다. 핟옷(15세기~16세기)〉핫옷(16세기~현재). 이형태: 핟옷, 핫옷, 핟옫. 네 처섬 보던 ᄠᅳᆯ ᄉᆞ랑호니 져근 핟오새 곳다온 프를 繡ᄒᆞ얏더니 ᄌᆞ라거ᄂᆞᆯ.《1481 두시-초 8:6ㄴ》, 襖 핫옷 오.《1576 신합 상:31ㄱ》

4 고의: 고의. 남자의 여름 홑바지. 한자를 빌려 '고의(袴衣)'로 적기도 한다. '고의'는 '속속곳과 단속곳을 통틀어 이르는 말'로 쓰이기도 한다. 현대국어 '고의'의 옛말인 'ᄀᆞ외'는 15세기 문헌에서부터 나타난다. 제2음절의 원순모음 'ㅚ'의 영향으로 제1음절의 모음 'ㆍ'가 'ㅗ'로 변하면서 16세기에 '고외'로 나타나게

되었다. 16세기에는 '고외'와 함께 '고의'도 나타나는데 '고의'는 제2음절 모음 'ㅚ'가 'ㅢ'로 변한 것이다. ᄀᆞ외(15세기~17세기)〉고외(16세기)〉고의(16세기~현재). 이형태: ᄀᆞ외, 고외, 고의. 越ㅅ 겨지븨 블근 ᄀᆞ외 젓고 燕ㅅ 겨지븨 프른 눈서비 시름ᄃᆞ외도다.《1481 두시-초 15:30ㄴ》, 裳 고외 샹.《1575 천자문-광주 4ㄴ》, 裩 고의 군, 袴 고의 고.《1527 훈몽 중:11ㄴ》

5 나조ᄒᆡ: 저녁에. '나조ㅎ(명사)+ᄋᆡ(부사격 조사)'이다. 휴지(休止) 앞에서는 'ㅎ'이 탈락하여 '나조'로 나타난다. 아ᄎᆞᄆᆡᆫ 虛空애 나아 노다가 나조ᄒᆡᆫ ᄆᆞ레 가자ᄂᆞ니.《석상 13:10》, 나조 셕 夕.《천자-칠 27》

6 ᄒᆞ욜: 할. 'ᄒᆞ(어간)+요(대상 표시법 선어말어미)+ㄹ(관형사형 어미)'이다. 선어말어미 '-요-'는 '-오-'의 이형태이다. 어간 'ᄒᆞ'와 선어말어미 '-오-'가 모음충돌이 일어나 반모음 j를 삽입한 것이다. 해 ᄠᅳ디 文字 語言에 이셔 몸 셰욜 事業 ᄆᆡᆼᄀᆞ로 理ᄅᆞᆯ 비취며 ᄆᆞᅀᆞᄆᆞᆯ 비취여 여희여 나ᄆᆞᆯ 求ᄒᆞ리 져거 名相ᄋᆡ 봄놀요ᄆᆞᆯ 니부미 나ᄇᆡ ᄆᆞᅀᆞᆷ ᄀᆞᆮᄒᆞ니라(多是意在文字語言 以爲立身事業 少有照理照心 以求出離 被名相騰擲 如猿猴之心也).《원각 서:65》, ᄇᆡ호고 일우디 몯ᄒᆞ야도 오히려 人天ㅅ 福애 덥다 ᄒᆞ샴 ᄀᆞᆮᄒᆞ야 부텨 ᄃᆞ외욜 正ᄒᆞᆫ 因ᄋᆞᆯ 일티 아니ᄒᆞᄂᆞ니(學而不成 猶益人天之福 不失成佛之正因).《목우 43》 관형사형에 나타나는 선어말어미 '-오$_2$-'는 존경의 선어말어미와 결합될 수 있다는 점과 제1인칭은 물론 제2·3인칭도 주어가 될 수 있다는 점에서 종결형과 연결형에 나타나는 '-오$_1$-'과 문법 범주를 달리한다. 피한정 명사는 관형사형에 대하여 주어도 될 수 있고, 목적어와 부사어도 될 수 있다. 이때 관형사형을 평서형으로 전개할 때 피한정 명사가 목적어나 부사어의 기능을 띠면 선어말어미 '-오$_2$-'가 나타난다. 따라서 이를 대상 표시법 선어말어미로 부른다(고영근, 2020, 372). 須達이 지순 亭舍마다 드르시며.《석상 6:38》. 얻논 藥이 므스것고.《월석 21:215》. 이들은 피한정 명사가 관형사형의 목적어가 되는 예이다. 그림 그륜 ᄇᆞᄅᆞᄆᆞᆯ….《두시언해 6:34》. 옷 ᄉᆡ론 므를 먹고.《석상 11:25》. 이들은 피한정 명사가 관형사형의 부사어가 되는 예이다.

7 신실ᄒᆞᆫ: 신실(信實)한. 믿음직하고 착실한. '신실ᄒᆞ(어간)+ㄴ(관형사형 어미)'이다.

【集說】陳氏曰外傅는教學之師也라書는謂六書요計는謂九數

라襦는短衣요袴는下衣니不以帛爲襦袴는爲其太溫也라禮帥初는謂行禮動作을皆循習初敎之方也라幼儀는幼事長之禮儀也라肄는習也라

진 씨가 말하였다. "외부(外傅)는 학문을 가르치는 스승이다. 書는 六書를 이르고, 計는 九數를 이른다. 襦는 짧은 옷[웃옷]이요, 袴는 하의이니 비단으로 저고리와 바지를 만들지 않음은 그것이 너무 따뜻하기 때문이다. 禮帥初[예는 처음을 따름]는 예를 따라 동작함을 모두 처음에 가르쳐 준 방법을 따라 익힘을 이른다. 幼儀는 어린이가 어른을 섬기는 예의이다. 이(肄)는 익힘이다."

漢字 太(너무 태), 循(따를 순)

【集成】孔氏曰童子는未能致文이라故로姑敎之以簡하고童子는未能擇信이라故로且使之守信이니라陸氏曰請習簡而易從, 諒而易知之事니라

공 씨[공영달(孔穎達)]가 말하였다. "동자는 능히 글에 이르지[쓰지] 못한다. 그러므로 우선 그들에게 간략한 것을 가르치고, 동자는 능히 믿음[믿을 만한 것과 믿지 못하는 것]을 가릴 수 없다. 그러므로 우선 그들로 하여금 믿음[신뢰]을 지키게 해야 한다." 육 씨[육전(陸佃)]가 말하였다. "간략하여 따르기 쉽고, 진실하여 알기 쉬운 일을 청하여 익힌다."

漢字 致(이를 치, 지극할 치), 姑(우선 고, 시어머니 고, 잠시 고), 且(우선 차, 또 차)

공영달(孔穎達, 574년~648년): 당(唐)나라 초기의 학자로, 자는 중달(仲達)이다. 어려서부터 재능이 뛰어나 수(隋)나라 양제(煬帝) 때 명경과(明經科)에 급제하여 관계에 나갔으나, 양제가 그의 재능을 시기하여 암살하려 하였다. 당나라의 태종(太宗)에게 중용되어 국자박사(國子博士)를 거쳐 국자감의 좨주(祭酒)·동궁시강(東宮侍講) 등을 지내고, 태종의 신임을 받았다. 문장·천문·수학에 능통하였으며, 위징(魏徵)과 함께 《수서(隋書)》를 편찬하였다. 왕명에 따라 고증학자

안사고(顔師古) 등과 더불어 오경(五經) 해석의 통일을 시도하여 《오경정의(五經正義)》 170권을 편찬하였다(두산백과).

十有三年이어든學樂誦詩ᄒᆞ며舞勺ᄒᆞ고成童이어든舞象ᄒᆞ며學射御ㅣ니라

●열 또 세 살[열세 살]이 되거든, 음악을 배우고 시를 외며, 勺[酌詩]에 맞추어 춤을 춘다. 열다섯 살이 되거든 象[武詩]에 맞추어 춤을 추며, 활 쏘는 법과 수레 모는 법을 배운다.

漢字 有(또 유), 勺(술잔 작, 구기 작), 御(말 몰 어)

1 구기: 술, 기름, 죽 따위를 풀 때 쓰는 기구. 자루가 국자보다 짧고, 바닥이 오목함.

2 성동(成童): 열다섯 살 된 사내아이.

소언 열히오 ᄯᅩ 세 ᄒᆡ어든 음악을 ᄇᆡ호며 모시 외오며 勺쟉으로 춤츠고 아ᄒᆡ 일어든 象샹[勺쟉象샹은 다 樂악章쟝이라]으로 춤츠며 활ᄯᅩ기와 어거ᄒᆞ기ᄅᆞᆯ ᄇᆡ홀 디니라

현대역 열이고 또 세 해이거든[열세 살이거든] 음악을 배우며 《毛詩》 외며 작(勺)으로 춤추고 아이 이루거든[열다섯이거든] 象[작과 상은 다 악장이라.]으로 춤추며 활쏘기와 어거(御車)하기를 배울 것이니라.

어거ᄒᆞ기: 어거(御車)하기. '어거ᄒᆞ(어간)+기(명사형 어미)'이다. 수레를 메운 소나 말을 부리어 몰기.

【集說】吳氏曰樂은八音之器也요詩는樂歌之章也라勺은卽酌이니周頌酌詩也라舞勺者는歌酌爲節而舞니文舞也요象은周頌武詩也니舞象者는歌象爲節而舞니武舞也라文舞는不用

兵器하니十三尚幼라故로舞文舞也요成童은十五以上也니則稍長矣라故로舞武舞焉이니라

오 씨[吳訥]가 말하였다. "樂은 팔음을 내는 악기이고, 詩는 악곡에 맞춰 부르는 악장이다. 勺은 곧 酌이니, 《시경》〈周頌〉의 酌詩이다. 舞勺은 작시를 노래하면서 節[박자]을 맞춰 춤추는 것이니, 文舞이다. 象은 周頌의 武詩이다. 舞象은 象을 노래하면서 節을 맞춰 춤추는 것이니, 武舞이다. 文舞는 병기를 쓰지 않으니, 열세 살은 아직 어리므로 文舞를 추게 하고, 成童은 열다섯 살 이상이니, 조금 자랐으므로 武舞를 추게 하는 것이다."

漢字 酌(술 따를 작), 節(박자 절, 박자를 맞출 절)

1 악(樂)은 팔음의 악기(八音之器)이고, 시(詩)는 악곡을 노래하는 악장(樂歌之章)이다. 《시경》〈주송(周頌)〉은 시를 작[勺, 작시(酌詩)]과 상[象, 무시(武詩)]으로 구분한다. 이에 따라, 춤(舞)도 무작(舞勺)[문무(文舞)]와 무상(舞象)[무무(武舞)]으로 나뉜다. 전자는 작(勺)[작시(酌詩)]를 노래하며 절(節)[박자, 곡조]을 삼아 추는 춤이고, 후자는 상(象)[무시(武詩)]를 노래하며 절(節)[박자, 곡조]을 삼아 추는 춤이다. 특징으로 전자는 병기(兵器, 창과 방패]를 사용하지 않고, 후자는 병기를 사용한다.

2 문무(文舞): 죽은 사람의 문덕을 칭송할 때 추는 춤.

3 무무(武舞): 죽은 사람의 무덕을 칭송할 때 추는 춤.

【集解】張子曰古者敎童子에先以舞者는欲柔其體也니心下則氣和하고氣和則體柔라古者敎胄子에必以樂者는欲其體和也라學者는志則欲立하고體則欲和也니라

장자가 말하였다. "옛날에 동자를 가르칠 때에, 먼저 춤으로 한 것은 그 몸을 부드럽게 하고자 함이니, 마음이 가라앉으면 기운이 화하고, 기운이 화하면 몸이 부드러워진다. 옛날 胄子를 가르칠 때에, 반드시 음악으로 한 것은 그 몸을 화하게 하고자 함이다. 배우는 자는 뜻은 세우고자 하고,

몸은 화하고자 한다."

漢字 下(내릴 하), 冑(맏아들 주)

주자(冑子): 제왕, 경, 대부의 맏아들.

二十而冠ᄒᆞ야始學禮ᄒᆞ며可以衣裘帛ᄒᆞ며舞大夏ᄒᆞ며惇行孝悌ᄒᆞ며博學不教ᄒᆞ며內而不出이니라

●스무 살이 되거든, 관례를 하여 비로소 예를 배우며, 갖옷과 비단옷을 입어도 좋으며, 大夏에 따라 춤추며, 효도와 공경을 돈독히 행하며, 널리 배우되 가르치지 않으며, (학식을) 안에 쌓아두고 표현하지 않는다.

漢字 裘(갖옷 구), 帛(비단 백), 夏(여름 하, 클 하), 惇(돈독할 돈), 悌(공경 제)

대하(大夏): 중국 하(夏)나라의 하후씨(夏后氏), 즉 우왕(禹王)이 제정한 무악(舞樂)의 이름이다. 《주례(周禮)》〈춘관편(春官篇)〉 '대사악조(大司樂條)'에 "피변(皮弁)과 소적(素積, 15승 이상의 포로 만든 하나라의 옷)으로 석의(裼衣)를 걸치고 대하를 춤춘다."고 하였는데, 이는 치수(治水)로써 중국을 넓힌 우왕의 덕을 찬미한 것이다(한국고전용어사전).

소언 스믈히어든 가관ᄒᆞ야 비르소 禮례ᄅᆞᆯ ᄇᆡ호며 可가히 ᄡᅧ 갓옷과 기블 니브며 大대夏하[樂악章쟝이라]로 춤츠며 효도홈과 공슌호ᄆᆞᆯ 도타이 行ᄒᆡᆼᄒᆞ며 너비 ᄇᆡ호고 ᄀᆞᄅᆞ치디 아니ᄒᆞ며 소개 두고 내디 아니홀 디니라

현대역 스믈이거든 加冠하여 비로소 예를 배우며 가히 써 갖옷과 깁[비단]을 입으며 大夏[악장이라.]로 춤추며 효도함과 공손함을 도타이 행하며, 널리 배우고 가르치지 아니하며, 속에 두고 내지 아니할 것이니라.

가관ᄒᆞ야: 가관(加冠)하여. '가관ᄒᆞ(어간)+야(연결어미)'이다. 성년식인 관례를 치르며 처음으로 갓을 써서.

【集解】冠은加冠也라始學禮는以冠者成人으로兼習五禮也라裘는皮服이요帛은繒帛이라大夏는禹樂이니樂之文武兼備者也라惇은厚也요博은廣也라不教는恐所學未精하여不可以爲師而教人也라內而不出은言蘊蓄其德美於中하여而不自表見(현)其能也라

冠은 관을 가함[관을 씀]이다. 비로소 예를 배움은, 관례를 한 자는 성인으로 오례를 겸하여 익히게 한 것이다. 구(裘)는 갖옷이요, 백(帛)은 비단옷이다. 大夏는 禹임금의 음악이니, 음악 중에 문무가 겸비된 것이다. 惇은 두터움이요, 博은 넓음이다. 가르치지 않음은 배운 것이 정밀하지 못하여 스승이 되어 남을 가르칠 수 없을까 두려워해서이다. 內而不出[안에 쌓아두고 표현하지 않음]은 그 덕과 아름다움을 (마음) 속에 쌓아두고, 자신이 할 수 있음을 스스로 겉으로 드러내지 않는다는 말이다.

漢字 蘊(쌓을 온), 蓄(쌓을 축)

三十而有室ᄒᆞ야始理男事ᄒᆞ며博學無方ᄒᆞ며孫遜友視志니라

● 서른 살이 되거든, 아내를 두어 비로소 남자의 일을 다스리며, 널리 배워 일정한 곳이 없으며, 벗에게 겸손히 하되 그의 뜻을 살핀다.

漢字 室(집 실, 아내 실), 方(방향 방), 孫(=遜 겸손할 손), 視(살필 시)

소언 셜흔이어든 안해를 두어 비르소 ᄉᆞ나희 이를 다ᄉᆞ리며 너비 ᄇᆡ화 곧 업시 ᄒᆞ며 버들 손슌히 호ᄃᆡ ᄠᅳ들 볼 디니라

현대역 서른이거든 아내를 두어 비로소 사나이 일을 다스리며, 널리 배워 곳 없이 하며, 벗을 손순(遜順)히 하되 뜻을 볼지니라.

1 ᄉᆞ나희: 사나이. 현대국어 '사나이'의 옛말인 'ᄡᅡ희'는 15세기 문헌에서부터 나타난다. 이 단어는 16세기 이후의 용례를 보면 'ᄉᆞ나히', 'ᄉᆞ나희'로 나타나는

것으로 미루어, '사내'를 뜻하는 '순'[丁 순 뎡.《훈몽 중:1》, 丁 순 뎡.《천자-광 24》]과 '아이'의 뜻인 '아히' 또는 '아희'와 결합한 것으로 볼 수 있다. '〈나히/〈나희'는 근대국어 시기에 'ㆍ'의 음가가 동요함에 따라 '〈'가 '사'로 변하였고, 'ㆎ' 또는 'ㅢ'가 'ㅣ'로 단모음화되는 현상에 따라 '히'로 변하여 "사나히'가 되었으며 그 이후 'ㅎ'이 탈락하면서 현대의 어형으로 정착된 것으로 추정된다. 싸히(15세기)〉〈나희(17세기~18세기)〉〉사나희(19세기)〉사나이(20세기~현재). 이형태: 싸히, 〈나희, 〈나히, 사나히, 사나희, 샤나희. 남지늬 소리 겨지븨 소리 싸히 소리 갓나히 소리.《1447 석상 19:15ㄱ》, 〈나히가 간나히가 혼 고은 〈나히라.《1510년대 번박 상:55ㄴ》, 닐오딕 〈나희 겨집이 업스면 직물이 님재 업고.《1677 박언 중:17ㄴ》

2 너비: 널리. 滅度ᄒᆞ신 째해 이 經을 너비 닐오리니.《석상 19:37》, 남긔 사겨 너비 베펴 미혹ᄒᆞᆫ 빅셩으로 ᄒᆞ여곰 귀와 눈에 니기디 아니미 업게 ᄒᆞ여.《경민-개서:2》

3 손슌히: 손순(遜順)히. 남을 존중하고 자기를 내세우지 않는 태도가 있게.

4 호딕: 하되. 'ᄒᆞ(爲, 어간)+오딕(연결어미)'이다. '-오딕'는 선행 음절의 모음이 'ㆍ, ㅏ, ㅗ, ㅣ, 반모음 ㅣ'인 경우에 붙어. '-(으)되'를 뜻하는 어미이다. 置陣이 ᄂᆞᆷ과 다ᄅᆞ샤 아ᄉᆞᄫᆞ딕 나ᅀᅡ오니 믈러가던덴 목숨 ᄆᆞᄎᆞ리잇가(置陣異他 知亦進當 如其退避 性命奚戕).《용가 51장》, 淨飯이 무러시ᄂᆞᆯ 占者ㅣ 判ᄒᆞᄉᆞᄫᆞ딕 聖子ㅣ 나샤 正覺 일우시리.《월곡 상:6》

【集解】陳氏曰室은猶妻也라男事는受田給政役也라方은猶常也라遜友는順交朋友也요視志는視其志意所尚也라

진 씨가 말하였다. "室은 아내와 같다. 男事는 농지를 받아 政役에 힘을 보탬이다. 方은 '일정함'과 같다. 遜友는 벗과 순하게 사귐이요, 視志는 그 뜻의 숭상하는 바를 살핌이다."

漢字 給(보탤 급, 댈 급), 常(일정한 곳 상, 항상 상)

정역(政役): 정역(征役), 즉 조세(租稅)와 부역(賦役)을 통틀어 이르는 말.

【增註】博學無常하여惟善是師하고遜友視志하여惟善是取니라

널리 배워 일정한 곳이 없어[일정한 경지에 머무르지 않으며], 오직 善을 스승으로 삼고, 벗에게 공손히 하되 뜻을 살펴, 오직 선을 취해야 한다.

四十에始仕ᄒᆞ야方物出謀發慮ᄒᆞ야道合則服從ᄒᆞ고不可則去ㅣ니라

● 마흔 살이 되거든, 비로소 벼슬하여, 사물에 대하여 계책을 내고 생각을 발하여, 도가 합하면 일하여 따르고 불가하면 떠나간다.

漢字 方(대할 방), 服(일 맡을 복), 從(임금을 따를 종)

소언 마ᄋᆞᆫ애 비르소 벼슬ᄒᆞ야 일에 마초와 계교를 내며 ᄉᆞ려를 베퍼 道도ㅣ 맛거든 일ᄋᆞᆯ ᄒᆞ야 좃고 可가티 아니커든 나갈 디니라

현대역 마흔에 비로소 벼슬하여 일에 맞추어 計巧를 내며 思慮를 베풀어 도가 맞거든 일을 하여 좇고 가하지 아니하거든 나갈 것이니라.

1 마초와: 맞추어. '마초오(어간)+아(연결어미)'이다. 현대국어 '맞추다'의 옛말인 '마초다'는 15세기 문헌에서부터 나타난다. '마초다'는 동사 '맞-'에 사동접사 '-호-'가 결합한 것이다. 근대국어 문헌에 보이는 '맛초다'는 '마초다'를 중철 표기한 것이다. 19세기에는 모음 'ㅗ'가 'ㅜ'로 바뀐 '마추다' 형태가 등장하였고, 이를 중철 표기한 '맛추다'도 나타난다. 19세기에는 현대국어와 같은 '맞추다'도 등장하였는데, 이는 '맛추다'와 소리는 동일하나 어근인 '맞-'을 의식하여 원형을 밝혀 적은 것이다. 마초다(15세기~19세기)〉마추다(19세기)〉맞추다(19세기~현재). 이형태: 마초다, 맛초다, 마추다, 맛추다, 맞추다. 波塞奇王이 綵色 마초아 손소 ᄒᆞᆫ 像ᄋᆞᆯ 그리ᄉᆞ바 내야ᄂᆞᆯ.《1447 석상 24:10ㄴ》, 覈 마촐 회.《1527 훈몽 하:12ㄴ》, 그런데, '맞추다'의 옛말로 본 예처럼 '마초오다'도 존재했다. 이때 '오'를 선어말어미로 생각할 수도 있으나, 문맥상 어간의 일부로 보아야 한다. 비록 物이 마초오미 이셔도 ᄀᆞ리디 아니ᄒᆞ야(雖有物合 而不留礙).《능엄 1:57》(현대역: 비록 물이 맞추는 것이 있어도 가리지 않아.), 이 둘흘 마초와 혜언댄(此

二較量).《금삼 4:30》(현대역: 이 둘을 맞추어 생각하건댄.)
2 계교(計巧): 요리조리 헤아려 보고 생각해 낸 꾀.
3 ᄉᆞ려: 사려(思慮). 여러 가지 일에 대하여 깊게 생각함. 또는 그런 생각.

【集說】朱子曰方은猶對也요物은猶事也니隨事謀慮也라

주자가 말하였다. "方은 대함과 같고, 物은 일과 같으니, (方物은) 일에 따라 도모하고 생각함이다."

【集解】方氏曰服은謂服其事요從은謂從君也라

방 씨가 말하였다. "服은 그 일을 맡음이요, 從은 임금을 따름을 이른다."

五十에命爲大夫ᄒᆞ야服官政ᄒᆞ고七十致事ㅣ니라

● 쉰 살이 되거든, 명하여[명을 받아] 大夫가 되어 관청 정무를 맡아 일하고, 일흔 살에는 일을 되돌려준다.

漢字 致(돌려줄 치)

소언 쉰에 命명으로 태위 되여 구읫 졍ᄉᆞ를 맛다 ᄒᆞ고 닐흔에 이를 도로 드릴 디니라

현대역 쉰에 명으로 大夫 되어 관청의 政事를 맡아하고 일흔에 일을 도로 드릴 것이니라.

구읫: 관청의. '구의(명사)+ㅅ(관형격 조사)'이다. 관형격 조사 'ㅅ'은 '부텨'와 같이, 존경의 자질이 부여되는 명사나 '나랏말씀'에서 보는 바와 같이 무정명사에도 붙는다. 'ㅅ'은 선행 명사의 음성 환경에 따라 'ㄱ, ㄷ, ㅂ, ㅸ, ㆆ'와 'ㅿ'로 적히는 일이 있다. '그위'는 '그위'와 함께 '관청'을 뜻한다. 반면에 '그위실'은 '공직', '관직'을 의미한다. 官屬은 그위예 좃브튼 사ᄅᆞ미라.《석상 11:7》, 그위예셔 겻깃 虛費를 免ᄒᆞ고 므레는 말와매 잇는 고기 잇도다(官免供給費 水有在藻鱗).《두시-초 24:24》

【集說】陳氏曰服은猶任也라上言仕者는爲士以事人하여治官府之小事也요此言服官政者는爲大夫以長人하여與聞邦國之大事者也라致事는謂致還其職事於君也라

진 씨가 말하였다. "服은 맡음과 같다. 위에서 말한 仕는 선비가 되어 윗사람들을 섬겨 관청의 작은 일을 처리함이요, 여기에서 말한 服官政[관청 정무를 맡아 일함]이라는 것은 대부가 되어 아랫사람들의 우두머리가 되어 국가의 큰일에 참여하여 들음이다. 致事는 그 맡은 일을 임금에게 되돌려 드림을 이른다."

漢字 事(섬길 사), 與(참여할 여), 長(우두머리 장)

上言仕者: 조금 위에 나온 '四十始仕 方物出謀發慮'를 말한다.

女子ㅣ十年이어든不出ᄒᆞ며姆教婉娩聽從ᄒᆞ며執麻枲ᄒᆞ며治絲繭ᄒᆞ며織紝壬組祖紃巡ᄒᆞ야學女事ᄒᆞ야以共供衣服ᄒᆞ며觀於祭祀ᄒᆞ야納酒漿籩豆菹臻魚切醢海ᄒᆞ야禮相助奠이니라

● 여자는 열 살이 되거든 나가지 않는다. 여스승은, 순한 말과 용모로 듣고 따르게 하며, 삼과 모시풀을 잡게 하고, 생사와 누에고치를 다루게 하며, 실을 잣고 끈을 짜게 하며, 여자의 일을 배워, 써 의복을 장만하게 하며, 제사를 보살펴 술과 초, 대그릇과 나무그릇, 채소절임과 젓갈 등을 드려, 예로써 어른을 도와 제수 올림을 돕도록 가르친다.

漢字 姆(여스승 무, 유모 모), 婉(순할 완), 娩(해산할 만, 순할 면), 麻(삼 마), 枲(모시풀 시), 絲(실 사), 繭(고치 견), 織(베 짤 직), 紝(실 임), 組(짤 조), 紃(끈 순), 納(들 납), 漿(마실 것 장, 즙 장, 미음 장), 籩(대그릇 변), 豆(나무그릇 두, 콩 두), 菹(=葅 채소절임 저), 醢(젓갈 해), 相(어른도울 상), 奠(제물 올릴 전, 제물 전)

소언 겨집이 열 ᄒᆡ어든 나ᄃᆞ니디 아니ᄒᆞ며 스승어믜 ᄀᆞᄅᆞ치믈 유순

히 드러 조ᄎᆞ며 삼과 ᄡᅮᆨ삼을 잡들며 실과 고티를 다ᄉᆞ리며 명디깁 ᄧᆞ며 다회 ᄧᅡ 겨집의 이ᄅᆞᆯ ᄇᆡ화 ᄡᅥ 衣의服복을 장만ᄒᆞ며 祭졔祀ᄉᆞ에 보ᄉᆞᆯ펴 술와 촌믈과 대그릇과 나모그릇과 팀ᄎᆡ와 저ᄉᆞᆯ 드려 禮례로 도와 버리기를 도올 디니라

현대역 여자가 열 해거든 나다니지 아니하며, 스승어미 가르침을 柔順히 들어 좇으며, 삼과 수삼을 붙들며, 실과 고치를 다스리며, 명주비단 짜며, 다회 짜, 여자의 일을 배워, 써 의복을 장만하며, 제사에 보살펴 술과 초(醋, 식초)의 물과 대그릇과 나무그릇과 김치와 젓을 드려, 예로 도와 벌리기를 도울 것이니라.

1 나ᄃᆞᆫ니디: 나다니지. '나ᄃᆞᆮ니(어간)+디(보조적 연결어미)'이다. '나다니다'의 옛말인 '나ᄃᆞᆮ니다'는 15세기 문헌에서부터 나타난다. '나ᄃᆞᆮ니-'는 동사 '나-'와 'ᄃᆞᆮ니-'가 결합한 것이다. 'ᄃᆞᆮ니-'가 'ᄃᆞᆫ니-' 등을 거쳐 '다니-'로 변함에 따라 '나ᄃᆞᆮ니-'도 이러한 변화를 겪어 '나다니-'로 나타나면서 현재에 이른 것으로 보인다. 나ᄃᆞᆮ니다(15세기~17세기)>나ᄃᆞᆫ니다(16세기~18세기)>나다니다(20세기~현재). 이형태: 나ᄃᆞᆮ니다, 나ᄃᆞᆫ니다, 나ᄃᆡᆼ기다, 나단니다. 늘근 아비ᄂᆞᆫ 나ᄃᆞᆫ니디 아니ᄒᆞ야셔 다ᄇᆞᆺ과 ᄡᅮᆨ괘 기렛거늘.《1481 두시-초 12:16ㄴ_3》, 겨집이 열 ᄒᆡ어든 나ᄃᆞᆫ니디 아니ᄒᆞ며 스승 어믜 ᄀᆞᄅᆞ치믈 유슌히 드러 조ᄎᆞ며.《1588 소언 1:7ㄱ》

2 ᄡᅮᆨ삼: 수삼.

3 잡들며: 잡아들며. '잡들(어간)+며(연결어미)'이다. '잡들다'는 '잡아들다', '붙들다'의 옛말이다. 支ᄂᆞᆫ 서르 잡드러 괴올씨니 모ᄃᆡ 서르 업디 몯ᄒᆞ야 힘저슨 ᄠᅳ디라.《석상 9:18》, ᄒᆞ다가 힘두어 잡들면 定力 境界 흐러디리라(若著力提撕則解散定境).《몽법 17》

4 명디: 명주.

5 다회: 실로 땋아 만든 띠. 실와 고티ᄅᆞᆯ 다ᄉᆞ리며 뵈 ᄧᆞ며 다회 다하 겨지븨 이ᄅᆞᆯ ᄇᆡ화 衣服ᄋᆞᆯ ᄆᆡᆼᄀᆞᄅᆞᆯ 디니라(治絲繭 織紝組紃 學女事 以共衣服).《내훈 3:3》(현대역: 실과 고치를 다스리며 베 짜며 다회 땋아 여자의 일을 배워 의복을 만들 것이니라.)

6 팀ᄎᆡ: 김치. '팀ᄎᆡ'는 '딤ᄎᆡ'와 함께 16세기 문헌에서부터 나타난다. 한자어 '침채

(沈菜)'에서 온 것으로, 16세기 이전의 한자음을 반영한 것이다. 이 중 '딤치'가 중심이 되어, 근대국어 시기에 'ㄷ'이 'ㅣ'나 'ㅣ' 반모음 앞에서 'ㅈ'으로 변하는 ㄷ구개음화로 '짐치'가 되었다. 19세기 '갓짐치'의 존재를 통해 '짐치'가 존재했음을 알 수 있다. 이후, '*짐치'에서 다시 'ㄱ'이 'ㅣ'나 'ㅣ' 반모음 앞에서 'ㅈ'으로 변한 ㄱ구개음화를 의식하여 '*짐치'의 'ㅈ'을 'ㄱ'이 구개음화를 겪은 것으로 잘못 이해하여 과도하게 교정하여 '*김치'로 변했을 것으로 추정된다. '*김치'는 다시 제2음절의 이중 모음 'ㆎ'가 'ㅢ'를 거쳐 'ㅣ'로 변하여 19세기에 '김치'로 나타나면서 현재에 이르렀다. 딤치(16세기)〉김치(19세기~현재). 이형태: 팀치, 딤치, 김치. 술와 촌믈과 대그릇과 나모그릇과 팀치와 저술 드려.《1588 소언 본 장》, 葅 딤치 조.《1527 훈몽 중:11ㄱ》, 菹 딤치 져.《1576 신합 상:30ㄱ》, 갓짐치 芥沈菜.《1880 한불 137》, 김치 沈菜.《1895 국한 49》. 그러나 현대방언이나 표준어에는 16세기 '팀치'의 변화형이 많이 남아 있으니, 침채[沈菜, '김치'의 전남방언], 교침채[交沈菜, '섞박지'의 북한방언], 장침채[醬沈菜, 무, 배추, 오이 따위를 잘게 썰어서 간장에 절이고 미나리, 갓, 청각, 파, 마늘, 고추, 생강 따위의 온갖 고명을 더한 뒤에, 간장과 꿀을 탄 국물로 담근 김치], 청근침채[菁根沈菜, 무로 담근 김치] 등이 그 예이다.

【集說】陳氏曰不出은常處於閨門之內也라姆는女師也라婉은謂言語요娩은謂容貌라司馬公云柔順貌라하니此는教以女德也라枲는麻之有子者라執麻枲는績事也요治絲繭은蚕蠶事也라紝은繒帛之屬이요組亦織也요紃은似條條하니古人以置諸冠服縫中者니此는教之學女事也라納은進也라漿은醋水라竹曰籩이요木曰豆요淹菜曰葅요肉醬曰醢라奠은薦也니禮相助奠은謂以禮相長者而助其奠이니此는教以祭祀之禮也라

진 씨가 말하였다. "不出은 항상 규문 안에 거처함이다. 姆는 여스승이다. 婉은 언어를 말하고, 娩은 용모를 말한다. 사마공은 유순한 모양이라 하였으니, 이것은 여자의 덕을 가르친 것이다. 시(枲)는 삼에 씨가 있는 것이다. 삼과 모시풀[숫삼]을 잡는 것은 길쌈하는 일이요, 생사와 누에고치를 다루

는 것은 누에치는 일이다. 임(紝)은 증백(繒帛)의 등속이요, 조(組) 또한 짬이요, 순(紃)은 조(絛)와 비슷한데, 옛 사람이 여러 관복의 솔기 가운데 놓는 것이니, 이것은 여자의 일을 배우는 것을 가르친 것이다. 納은 드림이다. 漿은 식초이다. 대나무로 만든 것을 변(籩)이라 하고, 나무로 만든 것을 두(豆)라 하며. 채소를 절인 것을 저(菹)라 하고, 육장(肉醬)을 해(醢)라 한다. 전(奠)은 올림이니, 禮相助奠[예로써 어른을 도와 제수 올림]은 예로써 장자를 도와 그 제수 올림을 돕는 것이니, 이것은 제사의 예절을 가르친 것이다."

漢字 績(길쌈할 적), 織(짤 직), 絛(끈 조), 條(가지 조), 縫(솔기 봉, 꿰맬 봉), 淹(담글 엄), 菜(나물 채), 醬(젓갈 장, 장 장), 薦(올릴 천), 祭(제사 제)

【集說】司馬溫公曰女子六歲면可習女工之小者요七歲면誦孝經論語列女傳之類하여略曉大意니蓋古之賢女無不觀圖史하여以自鑑戒라如蚕蠶桑績織裁縫飮食之類는不惟正是其職이라盖必教之早習하여使知衣食所來之艱難하여而不敢爲奢靡焉이니若夫纂繡華巧之物은則不必習也니라愚謂小學之道는在於早諭教하니蓋非唯男子爲然이요而女子亦莫不然也라故로自能言으로卽教以應對之緩하고七年에卽教以男女異席而早其別하고八年에卽教以出入飮食之讓하고至于十歲어든則使不出閨門하여朝夕에聽受姆師之教호되教以女德하고教以女工하고教以相助祭祀之禮하여凡所聞見이無一不出于正하여而柔順貞靜之德이成矣요迨夫旣笄而嫁라故로能助相君子而宜其家人하나니豊城朱氏所謂孝不衰於舅姑하고敬不違於夫子하고慈不遺於卑幼하고義不

咈於夫之兄弟하여而家道成矣라世變日下하고習俗日靡하여閨門之內에至或教之習俗樂攻歌曲하여以蕩其思하고治纂組事華靡하여以壞其質하여養成驕恣妬悍之性하여以敗人之家하고殄人之世者多矣라嗚呼라配匹之際는生民之始요萬福之原이니爲人父母하여可不戒哉아

사마온공이 말하였다. “여자가 여섯 살이 되면, 여자의 일 중 작은 것을 익힐 수 있고, 일곱 살이 되면, 《효경》, 《논어》, 《열녀전》 따위를 외워 大意를 대략 깨달아야 한다. 대개 옛날의 어진 여자들은 圖書나 史書를 보아, 스스로 거울로 삼고 경계하지 않음이 없었다. 누에치고 뽕따며, 길쌈하고 베 짜고, 재봉질하며 음식을 만드는 따위 같은 것은, 바로 그[여인]들의 직분일 뿐만 아니라, 반드시 하여금 이것을 일찍 익히게 하여, 하여금 의복과 음식이 온 바의 어려움을 알게 하여, 감히 사치하지 못하도록 한 것이다. 그러나 (이 일들에 비해) 수를 놓는 것[纂繡]처럼 화려하고 예쁜 일들은 반드시 익힐 필요는 없다.” 어리석은 내[吳訥]가 생각하건대, “소학의 교육 방법은 일찍 가르침에 있으니, 대개 오직 남자만 그런 것이 아니요, 여자 또한 그렇지 않음이 없다. 그러므로 말할 수 있을 때부터, 곧 응대를 느리게 하도록 그들을 가르치고, 일곱 살에 곧 남녀가 자리를 달리 함을 가르쳐, 그 분별을 일찍부터 하게하며, 여덟 살에 곧 출입하고 마시고 먹음에 사양함을 가르치고, 열 살에 이르러 하여금 규문을 나가지 않게 하여, 아침저녁으로 여스승의 가르침을 들어 받아들이되, (여스승은) 여자의 덕을 가르치고, 여자의 일을 가르치며, 제사 예절을 돕는 것을 가르친다. 무릇 듣고 보는 바가 바름에서 나오지 않음이 하나도 없어, (여자아이는) 유순하고 곧고 고요한 덕이 이루어지며, 이미 비녀를 꽂음에 미쳐 시집을 갔다. 그러므로 남편을 도와 그 집안사람들과 화목할 수 있는 것이다. 풍성주씨가, ‘효도가 시부모에게 쇠하지 않았고, 공경이 남편에게 어긋나지 않았으며, 자애가 항렬이 낮은 사람이나 어린이에게 남기지 않았고[아낌없이 하고],

의로움이 남편의 형제에게 어기지 않아, 家道가 이루어졌다.' 말하는 바이다. 세상 변화가 날로 낮아지고[비루해지고], 습속이 날로 쓰러진다. 閨門 안에서 간혹 그[여자들]에게 俗樂을 익히고 노래를 배우도록 가르침에 이르러, 그[여자들] 생각을 방탕하게 한다. (그들이) 수놓는 일[纂組]을 익히고 화려하고 사치함을 일삼으며, 그 바탕을 무너뜨려, 교만하고 방자하며 질투하고 사나운 성질을 양성하여, 남의 집안을 망치고, 남의 대를 끊어 놓는 경우가 많다. 아아, 배필의 즈음은 백성을 낳는 시초이며 만복의 근원이니, 부모된 이들은 경계하지 않을 수 있겠는가?"

漢字 曉(깨달을 효), 績(길쌈할 적), 織(베 짤 직), 事(일 시킬 사), 裁(마름질할 재), 教(하여금 교), 艱(어려울 간), 難(어려울 난), 奢(사치할 사), 靡(사치할 미, 쓰러질 미), 纂(모을 찬, 붉은 끈 찬, 수놓을 찬), 繡(수놓을 수), 巧(공교할 교), 諭(가르칠 유), 緩(느릴 완), 迨(미칠 태), 笄(비녀 계), 嫁(시집갈 가), 舅(시아버지 구), 姑(시어머니 고), 違(어길 위), 遺(빠뜨릴 유), 咈(어길 불), 攻(다스릴 공), 蕩(쓸어버릴 탕), 治(익힐 치), 組(수놓을 조, 짤 조), 壞(무너질 괴), 驕(교만할 교), 恣(방자할 자), 妬(질투할 투), 悍(사나울 한), 殄(끊을 진), 配(짝 배), 匹(짝 필), 際(즈음 제)

사마온공(司馬溫公, 1019년~1086년): 북송 섬주(陜州) 하현(夏縣) 사람이다. 이름은 사마광(司馬光)이고, 자는 군실(君實)이다. 호는 우부(迂夫) 또는 우수(迂叟)이며, 시호는 문정(文正)으로, 사마지(司馬池)의 아들이다. 속수선생(涑水先生)이라고도 하고, 죽은 뒤 온국공(溫國公)에 봉해져 사마온공(司馬溫公)이라고도 한다. 어릴 때부터 총명하여 배우기를 좋아했다. 부음(父蔭)으로 장작감주부(將作監主簿)가 되었다. 인종(仁宗) 보원(寶元) 원년(1038년)에 진사가 되었다. 지간원(知諫院)과 한림학사(翰林學士), 권어사중승(權御史中丞)을 역임하고, 다시 한림겸시독학사(翰林兼侍讀學士)가 되었다. 왕안석(王安石)이 시행한 신법(新法)을 극력 반대하여 "祖宗之法不可變(조종의 법은 바뀔 수 없다.)"이라는 이유로 왕안석, 여혜경(呂惠卿) 등과 여러 차례 논쟁을 벌이다가 추밀부사(樞密副使)를 사퇴하고 영흥지군(永興知軍)으로 나갔다. 신종(神宗) 희녕(熙寧) 4년(1071년) 서경어사대(西京御史臺)에 있다가 물러나 15년 동안 낙양(洛陽)에 살면서 역사서를 편찬하는 데 전념했을 뿐 시사(時事)는 입에 담지 않았다. 철종(哲宗)이 즉위하여 태황태후(太皇太后) 고 씨(高氏)가 임조(臨朝)하자 문하시랑(門下侍郞)으로 기용되고, 좌복야(左僕射)에 오르면서 조정을 장악했다. 유지(劉摯)와 범순인(范純仁), 범조우(范祖禹), 여대방(呂大防) 등을 기용하면서 신법을 철폐하고 옛 제도를 회복시켰다. 재상으로 있은 지 8개월 만에 죽어 태사(太師)에 추증되었다. 처음에 전국시대부터 진이세(秦二世)까지의 역사를 엮어 《통지(通志)》 8권을 편찬했는데, 영종(英宗)의 명령으로 이를 속찬(續纂)하고, 신종이 이름을 《자치통감(資治通鑑)》이라 고쳐 불렀다. 원풍(元豊) 7년(1084년) 완성했다. 그 밖의 저서에 《속수기문(涑水紀聞)》·《사마문정공집(司馬文正公集)》·《계고록(稽古錄)》 등이 있다(중국역대인명사전).

十有五年而笄雞ᄒᆞ고**二十而嫁**ㅣ니**有故**ㅣ어든**二十三而嫁**ㅣ니라

●열다섯 살이 되거든 비녀를 꽂고, 스무 살이 되거든 시집을 가니, 연고[親喪]가 있으면 스물세 살에 시집을 간다.

소언 열히오 ᄯᅩ 다ᄉᆞᆺ ᄒᆡ어든 빈혀 곳고 스믈히어든 남진브틀 디니 연고 잇거든 스믈 세힌 ᄒᆡ예 남진브틀 디니라

현대역 열이고 또 다섯 해[열다섯 살]거든 비녀 꽂고, 스물이거든 시집갈 것이니, 연고 있거든 스물 셋인 해에 시집갈 것이니라.

1 ᄒᆡ어든, 스믈히어든: 해거든, 스물이거든. 'ᄒᆡ(명사)+어든(연결어미)', '스믈ㅎ(수사)+이('이다'의 어간)+어든(연결어미)'이다. '-어든'은 'ㅣ' 계열 이중모음이나 'ㄹ' 받침으로 끝나는 어간 뒤에 붙어, 주로 자동사나 형용사 어간 뒤, '이다' 어간 뒤, 또는 어미 '-으리-' 뒤에 붙어, '-거든'을 뜻하는 어미이다. 須達이 이 말 듣고 부텻긔 發心ᄋᆞᆯ 니ᄅᆞ와다 언제 새어든 부텨를 가 보ᅀᆞ보려뇨 ᄒᆞ더니.《석상 6:19》, 네 누는 ᄒᆞ마 알어든 모ᄆᆞᆫ 당다이 아디 몯ᄒᆞ리로다(汝眼已知身合非覺).《능엄 1:61》

2 남진브틀 디니: 시집갈 것이니. 시집갈지니. '남진븥(어간)+으(매개모음)+ㄹ(관형사형 어미)+ᄃᆞ(의존명사)+이(서술격 조사 '이다'의 어간)+니(연결어미)'이다. 이런 형태소 구성을 고려하면, '남진브틀 디니'처럼 띄어 쓰며, '-ㄹ 것이니'로 풀이할 수 있다. 그러나 'ㄹ+ᄃᆞ+이+니'는 '-ㄹ디니'의 형태로, 하나의 연결어미로 재구조화한 것으로 볼 수도 있다. 이때에는 해라할 자리에 쓰여, '남진브틀디니'처

럼 붙여 쓰며 '-ㄹ지니'로 풀이할 수도 있다. 物理를 子細히 推尋ᄒᆞ야 모로매 行樂홀 디니 엇뎨 ᄡᅳᆫ 일후믈 ᄢᅧ 이 모ᄆᆞᆯ 미야 두리오(細推物理須行樂 何用浮名絆此身).《두시-초 11:19》, 東녀그로 흘러가ᄂᆞᆫ 므를 묻디 마롤 디니 人生을 곧 ᄇᆞ리디 몯거니ᄯᆞ녀(莫問東流水 生涯未即拋).《두시-초 14:10》

【集說】陳氏曰笄는簪也니婦人은不冠하고以簪固髻而已라故로曰笄라故는謂父母之喪이라

진 씨가 말하였다. "계(笄)는 비녀이니, 부인은 관을 쓰지 않고 비녀로써 머리묶음을 단단히 할 뿐이다. 그러므로 계(笄)라 하였다. 故는 부모의 상을 이른다.

漢字 笄(비녀 계), 簪(비녀 잠), 髻(묶은 머리 계, 상투 계, 부엌귀신 결)

계(髻): 《설문해자(說文解字)》에서는 계(髻)를 총발(總髮)이라 했다. 여기서 총(總)은 '묶다'를, 발(髮)은 '머리카락'을 말한다,

聘則爲妻ㅣ오奔則爲妾이니라

●(육례를 갖추어) 맞이하면 妻가 되고, 따라가면 妾이 된다."

漢字 聘(맞을 빙), 奔(달아날 분)

소언 聘빙례로 ᄒᆞ면 안해 되고 그저 가면 妾쳡이 되ᄂᆞ니라

현대역 빙례(聘禮)로 하면 아내 되고, 그저 가면 첩이 되느니라."

빙례(聘禮): 혼인의 예절. 유의어: 가취지례(嫁娶之禮), 근례(졸禮), 혼례(婚禮), 혼의(婚儀)

【集解】妻之爲言은齊也니以禮聘問而得與夫敵體也라奔은趨也라妾之爲言은接也니得接見君子而不得伉抗儷例也라○

奔은非失禮요只是分卑耳니라

妻라는 말은 '같다[齊]'는 뜻이니, 예로써 聘問하여 남편과 더불어 대등한 몸이 된다[得]. 奔은 달려가다[趨]이다. 妾이란 말은 가까이 한다는 뜻이니, 남편을 가까이해서 볼 수는 있으나 대등한 짝은 될 수 없다. ○奔은 예를 잃은[갖추지 못한] 것이 아니고, 단지 신분이 낮을 뿐이다.

漢字 齊(같을 제, 가지런할 제), 敵(대등할 적), 趨(달려갈 추, 따라갈 추), 接(가까이할 접, 사귈 접, 접할 접), 伉(짝 항), 儷(짝 려)

1 빙문(聘問): 예를 갖추어 방문함. 두 나라 사이에 때로 빙문을 하는 것은 예도인데, 근래에 빙문이 오랫동안 궐하였으매, 내가 심히 서운하게 여겼더니….《번역 세종실록》

2 항려(伉儷): 대등한 짝. 남편과 아내로 이루어진 짝. 유의어: 배우(配偶/配耦), 배필(配匹), 원려(鴛侶).

〖三章〗

○曲禮에曰幼子를常視毋無誑古況切하며立必正方하며不傾聽이니라 《禮記 曲禮》

●〈곡례〉에 말하였다. "아이들에게는 언제나 속이지 않음을 보여주어야 하며, 반드시 올바른 방향으로 서게 해야 하며, (몸을) 기울여서 듣지 않도록 해야 한다."

漢字 誑(속일 광), 傾(기울 경)

1 곡례(曲禮): 《예기(禮記)》의 편명(篇名)이다. 《곡례》는 '자잘한 여러 예의'라는 뜻으로, 행사(行事)의 경우 등에 몸가짐을 어떻게 할 것인가에 대한 예법(禮法)을 다루고 있다. 상권과 하권으로 되어 있으며. 조선시대 예학(禮學)의 발달과 함께 많은 주석서(註釋書)가 나왔다(한국고전용어사전).

2 〈곡례〉 원문은 "幼子常視毋誑 童子不衣裘裳立必正方不傾聽"으로 되어 있다.

따라서 '立必正方不傾聽'은 유자(幼子)가 아니고, 동자(童子)에게 해당한다.

소언 曲곡禮례[禮례記긔 篇편 일홈이라]예 ᄀᆞ로ᄃᆡ 어린 ᄌᆞ식을 샹녜 소기디 말오모로 뵈며 셔매 반ᄃᆞ시 방소ᄅᆞᆯ 正졍히 ᄒᆞ며 기우려 듣디 아니케 홀 디니라

현대역 〈곡례〉[《예기》 편 이름이라.]에 가로되 어린 자식을 늘 속이지 맒으로 보이며 섬에 반드시 방소(方所)를 바르게 하며 기울여 듣지 아니하게 할 것이니라.

샹녜: 상례(常例)로. 늘. 보통 있는 일로. 弟子ㅣ 샹녜 갓가비 이셔 經 비호아 외올씨니.《석상 6:10》, 實相ㅅ 體 비록 名을 브트나 名 업슨 제 그 體 샹녜 잇ᄂᆞ니(實相之體 雖假其名 無名之時 其體恒在).《영가 하:97》

【集解】曲禮는禮記篇名이니言其節目之委曲也라視는與示同이라毋는禁止辭라誑은欺也라常示之以不可欺誑者는習於誠也요立必正方,不傾聽者는習於正也니라

〈곡례〉는 《예기》의 편 이름이니, (〈곡례〉에는) 그[禮] 節目의 자세한 곡절을 말하고 있다. 視는 보임과 더불어 같다. 毋는 금지하는 말이다. 誑은 속임이다. (아이들에게) 항상 속여서는 안 됨을 보여주는 것은 진실함을 익히게 하는 것이요, 반드시 올바른 방향으로 서게 하며, (몸을) 기울여 듣지 않게 하는 것은 올바름을 익히게 하는 것이다.

漢字 委(자세할 위, 맡길 위, 시들 위), 曲(곡절 곡, 곡진할 곡, 자세할 곡, 굽을 곡), 誑(속일 사), 欺(속일 기)

절목(節目): 절(節)과 목(目)은 글의 단위로, 장(章) 아래의 세세한 목차를 이름.

【增註】正方은謂正向一方이요傾聽은謂側耳以聽이라

正方은 한 곳을 올바로 향함을 이르고, 傾聽은 귀를 기울여서 들음을

이른다.

漢字 側(기울 측)

경청(傾聽): 인체의 일부인 '귀를 말하는 사람 쪽으로 기울여서 들음'을 말함이요, 경청의 흔한 쓰임인 '주의를 기울여 열심히 들음'의 뜻이 아니다.

【集成】程子曰自幼子常視毋誑以上은皆是敎以聖人言動이니라

정자가 말하였다. "幼子常視毋誑으로부터 위의 글[즉 '立必正方 不傾聽'까지의 글]은 모두 성인의 언어와 행동을 가르친 것이다."

〖四章〗

○學記에曰古之敎者ㅣ家有塾孰ᄒᆞ며黨有庠祥ᄒᆞ며術有序ᄒᆞ며國有學이니라 《禮記 學記》

●〈학기〉에 말하였다. "옛날의 교육기관은 家에는 塾이 있고, 黨에는 庠이 있으며, 術에는 序가 있고, 나라에는 學이 있었다."

漢字 塾(글방 숙), 黨(마을 당), 庠(학교 상), 術(도로 술), 閭(25家) 塾, 黨(500家) 庠, 術=州(2,500家) 遂(12,500家) 序, 國學

소언 學혹記긔[禮례記긔 篇편 일홈이라]에 ᄀᆞ로되 녜 ᄀᆞᄅᆞ치던 이 집의 塾슉이 이시며 黨당[五오百빅 집이 黨당이라]애 庠샹이 이시며 州쥬[二이千쳔五오百빅 집이 州쥬ㅣ라]에 序셔[塾슉과 庠샹과 序셔는 ᄆᆞ올 學혹 일홈이라]ㅣ 이시며 나라희 學혹이 잇더니라

현대역 〈학기〉[《예기》 편 이름이라.]에 가로되, "옛적 가르치던 이 집에 塾이 있으며, 黨[오백 집이 당이라.]에 庠이 있으며, 州[이천오백 집이 주라.]에

序[숙과 상과 서는 마을 학교 이름이라.]가 있으며, 나라에 學이 있더니라.

1 위 대문(大文) 끝 '國국有유學혹' 뒤에 《소학언해》에서는 '術슐은當당爲위州쥬'가 붙어 있다.

2 잇더니라: 있더니라. '잇(어간)+더(회상법 선어말어미)+니라(평서형 종결어미)'이다. '-더니라'는 '이다'의 어간, 용언의 어간 또는 어미 '-으시-', '-었-', '-겠-' 뒤에 붙어, 해라할 자리에 쓰여, 과거에 직접 경험하여 알게 된 사실을 회상하여 일러 주는 뜻을 나타내는 종결어미이다. 예전에는 이 산에 나무가 참 많더니라.

【集解】學記는禮記篇名이라陳氏謂古者에二十五家爲閭하여同在一巷하여巷首에有門하고門側에有塾하여民在家者朝夕受教於塾也하니라五百家爲黨이요黨之學曰庠이니教閭塾所升之人也라術은當爲州니二千五百家爲州요州之學曰序니教黨學所升之人也라天子所都와及諸侯國中之學을謂之國學이니以教元子衆子及卿大夫士之子와與所升俊選之士焉하니라程子曰古者에家有塾하며黨有庠하며遂有序하여蓋未嘗有不入學者하니八歲에入小學하고十五에擇其俊秀者하여入大學하며不可教者는歸之于農이어든三老坐於里門하여出入에察其長幼進退揖讓之序하여觀其所習安得不厚也리오

〈학기〉는 《예기》의 편 이름이다. 진 씨가 말하였다. "옛날에 25家를 閭라 하여 함께 한 마을에 있었는데, 마을 앞에는 문이 있고, 문 옆에는 塾이 있어, 백성으로서 집안에 있는 자들은 아침저녁으로 塾에서 가르침을 받았다. 500가를 黨이라 하고, 黨의 학교를 庠이라 하니, 閭의 塾에서 올라온 사람들을 가르쳤다. 術은 마땅히 州가 되어야 하니, 2,500家가 州가 되고 州의 학교를 序라 하니, 黨의 학교에서 올라온 사람들을 가르쳤다. 천자가 도읍하는 곳과 및 제후국 중 학교를 國學이라 이르니, (천자 및 제후의)

元子와 衆子 및 卿 大夫 士의 아들과 준수하여 뽑혀 올라온 바의 선비들을 가르쳤다." 程子가 말하였다. "옛날에 家에는 塾이 있으며, 黨에는 庠이 있으며, 遂에는 序가 있어서, 대개 일찍이 학교에 들어가지 않는 자가 있지 않았다. 여덟 살에 小學에 들여보냈고, 열다섯 살에는 그 준수한 사람을 뽑아 大學에 들여보냈으며, 가르칠 수 없는[가르칠 만하지 않은] 자는 농업으로 돌려보내거든, 三老가 里門에 앉아, 출입할 때에, 그 長幼와 進退와 읍양(揖讓)의 질서를 살펴, 그[출입] 익히는 바를 관찰하니, (사람들의 예법이) 어찌 후하지 않을 수 있겠는가?"

漢字 閭(마을 려), 巷(골목 항), 升(오를 승), 遂(일만이천오백호 수), 揖(읍할 읍), 安(어찌 안)

1 삼로(三老): 중국 한(漢)나라 때에, 한 고을의 교화(敎化)를 맡아보던 쉰 살 이상의 노인.

2 음양(揖讓): 읍하는 예를 갖추면서 사양함.

〖五章〗

○**孟子**ㅣ**曰人之有道也**애**飽食暖衣**ᄒᆞ야**逸居而無教**ㅣ면**則近於禽獸**ㅣ릴ᄉᆡ**聖人**이**有憂之**ᄒᆞ샤**使契**薛로**爲司徒**ᄒᆞ샤**教以人倫**ᄒᆞ시니**父子有親**ᄒᆞ며**君臣有義**ᄒᆞ며**夫婦有別**ᄒᆞ며**長幼有序**ᄒᆞ며**朋友有信**이니라 《孟子 滕文公上》

●맹자가 말하였다. "사람에게 도리가 있음에, 배불리 먹고 따뜻이 입어 편안히 살면서도 가르침이 없으면, 금수에 가깝게 된다. 성인이 이를 근심하여 설(契)로 하여금 司徒를 삼아 인륜을 가르치게 하셨으니, 부자 간에는 친함이 있으며, 군신 간에는 의리가 있으며, 부부 간에는 분별이 있으며, 장유 간에는 차례가 있으며, 붕우 간에는 신의가 있는 것이다."

漢字 飽(배부를 포), 暖(따뜻할 난), 逸(편안할 일, 없어질 일), 禽(새 금), 獸(짐승

수), 契(사람이름 설, 맺을 계)

맹자(孟子, 기원전 372년경~기원전 289년경): 지금의 산둥성[山東省] 쩌우청시[鄒城市]에 있었던 추현(鄒縣)에서 출생하였다. 이름은 맹가(孟軻)이고, 자는 자여(子輿) 또는 자거(子車)라고 하지만 확실하지 않다. 맹자가 태어난 나라는 춘추전국시대에 존립했던 추(鄒)라는 작은 소국(小國)이었다. 추나라는 이후 노(魯)나라에 합병되었다는 설도 있고 초(楚)나라에 합병되었다는 설이 있지만 정확하지는 않다. 맹자의 어린 시절과 성장기에 관해서는 신빙성 있는 자료가 전해지지 않으나, 어려서 아버지를 여의고 어려운 환경에서 성장하였다고 전한다. 또한 맹자는 공자의 손자인 자사(子思)의 후대 문하생에게서 유가사상을 배웠다고 전해지며, 시(詩)와 서(書)에 능했다고 전한다. 맹자의 어머니 장(仉)씨는 현모(賢母)로 알려져 있으며, 맹자의 교육을 위해 세 번이나 이사했다는 맹모삼천지교(孟母三遷之教)로 유명하다. 맹자가 살았던 시기는 7개의 제후국이 패권을 두고 치열한 싸움을 벌이던 전국시대였다. 전국시대는 합종(合從)과 연횡(連衡)으로 대표되는 외교 책략으로 천하통일의 꿈을 이루려는 인재들이 대거 배출되었다. 제후는 유능한 인재들을 찾아 패도의 정치를 실현하고자 했으며, 맹자도 전국시대에 배출된 제자백가(諸子百家)의 한 사람으로서, 기원전 320년경부터 약 15년 동안 각국을 유세객으로 돌아다니며 제후들을 만났다. 당시 제후가 찾은 이상적인 인물은 나라의 부국강병(富國强兵)을 위한 정책이나 뛰어난 외교적 책모(策謀)를 갖춘 인물이었으나, 맹자가 내세우는 것은 도덕정치인 왕도(王道)였다. 따라서 이는 전국시대 현실과 동떨어진, 지나치게 이상적인 주장이라고 생각되었다. 《맹자》에는 맹자의 주유천하 내용이 소개되어 있는데, 53세에 위(魏)나라 양혜왕(梁惠王)을 만나 문답을 통해 자신의 왕도정치 소신을 펼치는 장면이 묘사되어 있다. 하지만 양혜왕(梁惠王)이 죽고 아들 양양왕(梁襄王)이 군주로서의 인물됨이 부족하자 위나라를 떠나 제(齊)나라로 갔으며, 제선왕(齊宣王)을 만나 왕도정치를 실현할 수 있는 인물인지 살피는 장면이 묘사된다. 맹자는 결국 왕도정치라는 자신의 포부를 실현할 기회를 얻지 못하였고, 만년에 고향으로 돌아가 은거하였다. 낙향하여 제자교육에 전념한 것으로 추측되지만, 전하는 기록이 없다. 맹자의 사상을 담고 있는 《맹자》 7편은 맹자의 말을 후세의 제자들이 모아 만든 편찬물로, 맹자의 사상뿐만 아니라 당시 제후와 재상을 만나 문답을 나눈 맹자의 행적을 그대로 담고 있다. 한때 《맹자》는 주목받지 못하는 책이었고, 금서(禁書)로까지 취급되었다. 주자학(朱子學)이 발달한 이후 《맹자》는 《논어》, 《대학》, 《중용》과 더불어 사서(四書)의 하나로, 유교의 주요한 경전이 되었다. 이 책은 맹자의 사상을 알 수 있는 유일한 책이며, 또 전국시대의 양상을 전하는 흥미 있는 내용으로 가득 차 있다. 문장은 변론조이며, 예부터 유가의 명문으로 여겨져 조선시대에는 사유체계에 지대한 영향을 미쳤다. 맹자는 호연지기(浩然之氣)가 충만한 인간상을 주창하였는데, 이는 서두르거나 조급해하지 않고, 인간 내면에 의(義)를 배양하고 기르는 노력으로 이룰 수 있다고 했다. 그리고 인간의 본성(本性)은 본디 선한 것이라는 성선설(性善說)을 주장하였다. 사람은 본디 네 가지의 본성을 가지고 있는데, 첫 번째가 남을 불쌍히 여기는 측은지심(惻隱之心)이고, 두 번째가 자신의 옳지 못한 행실을 부끄러워하고 남의 옳지 못한 행실을 미워하는 수오지심(羞惡之心)이며, 세 번째가 겸손하여 타인에게 양보하는 마음인 사양지심(辭讓之心)이고, 네 번째가 잘잘못을 분별할 줄 아는 시비지심(是非之心)이다. 이 네 가지의 마음가짐이 사단(四端)이며, 측은지심은 인(仁)의 단(端)이고, 수오지심은 의(義)의 단이며, 사양지심은 예(禮)의 단이고, 시비지심은 지(智)의 단이다. 사람은 누구나 사단을 가지고 있으며, 신체의 두 팔과 다리와 같기 때문에 사단을 실천하지 못함은 자신의 신체를 해치는 것과 같다고 했다(두산백과).

소언 孟ᄆᆡᆼ子ᄌᆞ[일홈은 軻가ㅣ오 ᄌᆞᄂᆞᆫ 子ᄌᆞ輿여ㅣ라]ㅣ ᄀᆞᄅᆞ샤ᄃᆡ 사ᄅᆞᆷ이 道도ㅣ 이시매 먹기를 ᄇᆡ브ᄅᆞ ᄒᆞ며 오ᄉᆞᆯ 덥게 ᄒᆞ야 편안히 잇고 ᄀᆞᄅᆞ치미 업스면 곧 즘승에 갓가오릴ᄉᆡ 聖셩人인이 시름홈을 두샤 契셜[舜슌의 신하의 일홈이라]로 ᄒᆡ여곰 司ᄉᆞ徒도[ᄀᆞᄅᆞ치ᄂᆞᆫ 벼ᄉᆞᆯ이라]ᄅᆞᆯ ᄒᆡ이샤 ᄀᆞᄅᆞ츄ᄃᆡ 人인倫륜으로ᄡᅧ ᄒᆞ시니 아비와 아ᄃᆞᆯ이 親친홈이 이시며 님금과 신해 義의ㅣ 이시며 남진과 겨집이 ᄀᆞᆯᄒᆡ요미 이시며 얼운과 져므니 ᄎᆞ례 이시며 벋이 믿븜이 이슈미니라

현대역 맹자[이름은 軻요 자는 子輿라.]가 말씀하시되, "사람이 도가 있음에. 먹기를 배불리 하며 옷을 덥게 하여 편안히 있고 가르침이 없으면, 곧 짐승에 가까우므로, 성인이 근심함을 두시어 설(契)[순의 신하의 이름이라.]로 하여금 司徒[가르치는 벼슬이라.]를 하게 하시어 가르치되 인륜으로써 하시

니, 아버지와 아들이 친함이 있으며, 임금과 신하가 의가 있으며, 남편과 아내가 가림[분별함]이 있으며, 어른과 젊은이 차례 있으며, 벗이 믿음이 있음이니라."

1 갓가오릴식: 가까우므로. '갓가오(어간)+ㄹ식(연결어미)'이다. '-ㄹ식'는 동사, 형용사 어간 뒤에 붙어, '-으므로'를 뜻하는 어미이다. ᄒᆞ다가 둘헤 兼ᄒᆞ딘댄 物와 體왜 雜亂ᄒᆞ리니 物이 體의 아로미 아닐식 펴니 이러 둘히 셔리어니 엇뎨 中이 ᄃᆞ외리오(若兼二者 物體雜亂 物非體知 成敵兩立 云何爲中).《능엄 1:72》, 프리 기프니 市井을 迷失ᄒᆞ리로다 싸히 幽辟홀식 옷 ᄀᆞ외 니부믈 게을이 ᄒᆞ노라(草深迷市井 地僻嬾衣裳).《두시-초 7:5》
2 ᄒᆡ이샤: 하게 하시어. 시키시어. 'ᄒᆡ이(어간)+샤(주체 높임 선어말어미)+ø(연결어미 '-아' 탈락)'이다. '-샤-'는 '-시-'가 모음 어미 '-아' 앞에서 실현된 것이다. 종전에는 '-샤-'를 '-시-'와 '-아, -오'의 결합으로 해석하였고, '-오'의 이형태로서 '-아'를 세워 '-샤-'를 설명하기도 했다. 그러나 이 해석은 중세국어의 일반적인 '-시-'의 음운 현상에 어긋난다. 이에 대한 자세한 설명은 앞 《소학제사(小學題辭)》 '슬허ᄒᆞ샤'를 참고하기 바란다. 'ᄒᆡ이다'는 '하게 하다', '시키다'의 옛말이다. 왜난의 곰티 싸홀 마가 도적을 주기기를 무수히 ᄒᆞ니 공으로 튱쳥 병ᄉᆞ를 ᄒᆡ이신대 ᄌᆞ조 각별ᄒᆞᆫ 공을 셰더라(壬辰倭亂扼熊峙 殺盜賊無數 以功超拜忠淸兵使 屢立殊勳).《동신 충1:41》, 질박ᄒᆞ니런 녀름지이고 혬 잘ᄒᆞ리런 홍졍 ᄒᆡ이고 교셩 잇ᄂᆞ니런 공쟝을 ᄒᆡ욜 디니.《정속-이 8》.
3 이시며: 있으며. '이시(어간)+며(연결어미)'이다. '이시-'는 '있다'의 옛말 '이시다'의 어간으로, 자음으로 시작하는 어미 앞에서는 '잇-'으로 바뀐다. 이 轉相이 비록 能緣이 이시나 境界微細홀씨 오히려 ᄀᆞᆯᄒᆡ디 몯ᄒᆞ리니.《월석 11:79》, 이ᄀᆞ티 迷惑의 因이 迷惑ᄋᆞᆯ 因ᄒᆞ야 제 이시니 迷惑ᄋᆡ 因 업수믈 알면 妄이 브틇 ᄃᆡ 업스니(如是迷因 因迷自有 識迷無因 妄無所依).《능엄 4:59》

【增註】孟子의名은軻요字는子輿라聖人은謂堯也라契은臣名也요司徒는官名이라

맹자의 이름은 軻요 자는 子輿이다. 성인은 堯를 이른다. 설(契)은 신하의 이름이요, 司徒는 관직 이름이다.

1 요(堯): 중국 전설상의 성천자(聖天子)이다. 《사기》 등에 의하면, 요는 성을 도당(陶唐), 이름을 방훈(放勳)이라고 한다. 오제(五帝)의 하나인 제곡(帝嚳)의 손자로 태어나면서부터 총명하여 제위에 오르자 희화(羲和) 등에게 명하여 역법(曆法)을 정하고, 효행으로 이름이 높았던 순(舜)을 등용하여 자신의 두 딸을 아내로 삼게 하고 천하의 정치를 섭정(攝政)하게 하였다. 요가 죽은 뒤, 순은 요의 아들 단주(丹朱)에게 제위를 잇게 하려 하였으나, 제후들이 순을 추대하므로 순이 천자에 올랐다고 한다[요순선양(堯舜禪讓)]. 요는 순과 아울러 요순의 치(治)라 하여, 예로부터 중국에서는 가장 이상적인 천자상(天子像)으로 알려져 왔다. 요의 사적(事績)은 《상서(尙書)》의 〈요전(堯典)〉이나 《사기(史記)》의 〈오제본기(五帝本紀)〉에 기록되어 있는데, 후세의 유가사상(儒家思想)에 의하여 과도하게 수식·미화되어 있어서 실재성은 빈약하다(두산백과). 《사기(史記)》 〈본기(本紀)〉 권 1「오제본기(五帝本紀) '당요(唐堯)'에 대한 번역문을 소개하면 다음과 같다. 제요는 방훈(放勳)이다. 어질기가 하늘과 같고, 지혜롭기가 신 같았다. 해를 향해 가듯 구름을 올려다보듯 다가갔다. 넉넉했으나 교만하지 않고, 귀했으나 우쭐대지 않았다. 누런 모자를 쓰고 검은 옷을 입었다. 하얀 말이 끄는 붉은 마차를 탔다. 덕을 밝히니 구족이 친했다. 구족이 화목하니 백관의 자리를 안배했고, 백관이 정치를 잘 하니 만국이 화합했다. 희 씨(羲氏)와 화 씨(和氏)에게 하늘을 공경스럽게 따르고 일월성신의 운행법칙을 헤아려서 인민에게 삼가 때를 맞추도록 명령했다. 희중(羲仲)에게는, 양곡(暘谷)이라고 불리는 욱이(郁夷)에 머물러 있으면서 떠오르는 해를 공손히 맞이하고 때맞추어 농사를 짓게 하라고 명령했다. 낮밤의 길이가 같은 날 조성(鳥星)이란 별이 하늘에 나타나는 시각을 잡아서 춘분을 정하게 했다. 이때가 되면 인민은 들로 나가 농사를 지었고, 새나 짐승은 교미해 새끼를 낳았다. 희숙(羲叔)에게는 남교(南交)에 살면서 때맞추어 여름 농사를 받들게 하라고 명령했다. 낮이 가장 긴 날 화성(火星)이 정남쪽 하늘에 나타나는 시각을 잡아서 하지를 정하게 했다. 이때가 되면 인민들은 여전히 농사에 바빴고, 새나 짐승들은 털갈이를 하느라 털이 성글었다. 화중(和仲)에게는, 매곡(昧谷)이라는 서토(西土)에 살면서 지는 해를 공손히 보내고 가을 농사를 때맞추어 잘 하게 하라고 명령했다. 밤과 낮의 길이가 같은 날, 허성(虛星)이 정남쪽 하늘에 나타나는 시각을 잡아서 추분을 정하게 했다. 이때가 되면 인민들은 편하고 느긋했고, 새나 짐승들은 새 털이 났다. 화숙(和叔)에게는, 유도(幽都)라는 북방(北方)에 살면서 겨울

곡식을 잘 저장하게 하라고 명령했다. 낮의 길이가 가장 짧은 날 묘성(昴星)이 정남쪽 하늘에 나타나는 시각을 잡아서 동지를 정하게 했다. 이때가 되면 인민은 따뜻하게 지냈고 짐승들에게도 따스한 털이 났다. 1년을 366일로 정하고, 3년에 한 번씩 윤달을 두어 사계절을 바로 잡았다. 백관들의 성과를 심사하니 모두의 업적이 올라갔다. 요가 "누가 이 일을 이어 받을 수 있을까?"라고 묻자, 방제(放齊)가 "후계자이신 아드님 단주(丹朱)께서 사리에 밝고 명석하십니다."라고 대답했다. 요는 "아, 덕이 없고 다투길 잘해 쓸 수가 없네."라고 했다. 요가 "누가 괜찮겠는가?"라고 또 물었다. 환두(讙兜)가 "공공(共工)이 사람들을 널리 모아서 많은 업적을 세우고 있으니 그가 쓸 만합니다."라고 대답했다. 요는 "공공은 말은 잘하지만, 사람을 치우쳐 등용하고, 겉으로는 공손한 것 같지만 하늘마저 업신여기니 안 되오."라 했다. 요가 또 "아, 사악(四嶽)이여! 홍수가 하늘까지 넘쳐서 물줄기가 산을 감싸고 언덕까지 덮치니 인민들의 걱정이 태산인데, 이 홍수를 다스릴 수 있는 사람이 없겠소?"라고 물었다. 모두들 곤(鯀)이 할 수 있다고 했다. 요는 "곤은 명을 어기고 동족을 훼손시켰으니 안 되오."라 했다. 사악은 "그렇지 않습니다. 시험해보시고 안 되면 그만두셔도 됩니다."라고 했다. 요는 그리하여 사악의 말을 듣고 곤을 기용했다. 9년이 지나도록 공을 이루지 못했다. 요가 "오, 사악이여, 짐이 자리를 지킨 지 70년, 그대들도 일을 할 수 있으니 짐의 자리를 맡으시오."라 했다. 사악은 "비천한 덕으로 제왕의 자리를 욕되게 할 것입니다."라고 대답했다. 이에 요가 사악에게 "귀한 친척이 되었건 관계가 멀지만 숨어 있는 사람이 되었건 모두 천거해 보시오."라고 했다. 모두 한 입으로 요에게 "민간에 우순(虞舜)이라는 홀아비가 있답니다."라고 말했다. 요는 "그렇소? 짐도 들었는데 어떻소?"라고 물었다. 사악은 "장님의 아들인데 아비는 나쁘고, 어미는 남을 잘 헐뜯고, 동생은 교만합니다. 하지만 효성을 다해 화목하게 지내고, 점점 나아지게 하여 간악하지 않게 했습니다."라고 답했다. 요는 "내가 그를 시험해 보리다."라고 말했다. 이리하여 요는 두 딸을 아내로 삼게 하여, 두 딸에 대한 그의 덕을 관찰했다. 순은 요의 두 딸의 신분을 낮춘 다음 규예(嬀汭) 근처로 맞이하여 부부의 예절대로 했다. 요가 이를 좋게 보아 곧 순에게 오전(五典, 다섯 가지 가르침, 즉 五教)을 신중하게 이끌게 하니, 오전이 널리 퍼졌다. 다시 순에게 백관의 일을 총괄하게 하자 백관의 일들이 질서 있게 행해졌다. 사방의 문에서 외부 손님을 접대하게 했더니 사방의 문 주변이 화목해져 제후와 먼 곳의 손님들이 모두 공경했다. 요는 순에게 산림과 하천, 그리고 연못의 일을 맡겼다. (순은) 폭풍과 천둥, 번개 속에서도 길을 잃지 않았다. 요는 그를 성인으로 여겨 순을 불러다, “네가 일을 꾀하면 일이 이루어지고, 말을 하면 공적이 쌓인 지 3년이 되었다. 네가 제위에 오르도록 하라”라고 했다. 순은 덕이 따르지 못한다며 사양했다. 정월 초하루 순이 문조(文祖)에서 마침내 자리를 이어받았다. 문조는 요의 시조이다. 이 무렵 요가 나이가 많아 순에게 천자의 정치를 대신 맡게 하고는 천명을 살폈다. 이에 순은 (천문 관측기구인) 선기(璇璣)와 옥형(玉衡)으로 칠정(七政, 해와 달과 5성)을 측정하여 자리를 확정했다. 이어 상제께 유(類) 제사를, 육종(六宗)에는 인(禋) 제사를, 산천에는 망(望) 제사를 드렸으며, 여러 신들에게도 두루 제사를 올렸다. 오서(五瑞, 공작, 후작, 백작, 자작, 남작이 쥐는 다섯 가지 신표로, 흔히 홀이라 한다.)를 거두었다가 좋은 달, 좋은 날을 택해서 사악과 제후들을 접견한 다음 등급에 맞추어 나누어 주었다. 그 해 2월에는 동쪽을 시찰했다. 태산에서는 장작을 태워서 하늘에 제사 지내고, 다른 산천에도 순서대로 망 제사를 두루 올렸다. 이때 동방의 군장들을 접견했다. 계절과 한 달의 날짜를 바로잡았고 하루의 시각을 바르게 정했고, 음률과 도량형을 통일했으며 오례(五禮)를 제정했다. (황제를 알현할 때 올리는 진상품으로) 제후(諸侯)는 다섯 가지 옥과 세 가지 빛깔이 나는 수직품인 삼백(三帛)으로, 경대부(卿大夫)는 살아 있는 양 또는 기러기로, 그리고 사(士)는 죽은 꿩 한 마리로 정했는데, 다섯 가지 옥은 의례를 마치면 돌려주었다. 5월에는 남쪽을 시찰했고, 8월에는 서쪽을, 11월에는 북쪽을 순수(巡狩)했는데, 모두 처음과 같았다. 돌아와 요의 조부와 부친의 사당에 황소를 제물로 삼아 예를 올렸다. 5년에 한 번씩 순수했고, 4년 동안은 제후들에게 조회를 오게 했다. 두루 천하를 다스리는 이치를 고하고, 실적을 통해 공을 분명히 하여 수레와 의복을 내렸다. 12주를 처음 나누었고, 물길을 잘 통하게 했다. 형법을 기물 위에 새겼고, 오형(五刑)에 해당하는 죄를 지은 사람은 유배형으로 죄를 낮추어 처리했다. 관에서는 채찍질로 형을 집행했고, 학교에서는 회초리로 벌을 주었다. 돈으로 속죄할 수 있게 했고 재난이나 과실에 의한 죄는 용서했다. 고의적이고 간악한 죄만 형벌을 가하게 했다. “신중히 하라. 신중히 하라. 형벌은 오직 신중해야 한다.” 환두가 공공을 말했지만 요는 안 된다고 했다. 그러나 그를 공사(工師)로 기용했다. 공공은 과연 교만하고 사악했다. 사악이 곤을 추천해 홍수를 다스리자고 했을 때 요는 안 된다고 했다. 사악이 한사코 시험해 보길 청하여 시험해 보았으나 공이 없었고 백관이 불편했다. 삼묘(三苗)가 강회(江淮)와 형주(荊州)에서 여러 차례 난을 일으켰다. 이에 순은 순수를 마치고 돌아와 요에게 공공을 유릉(幽陵)으로 유배를 보냄으로써 북적(北狄)을 교화시키고, 환두를 숭산(崇山)으로 내침으로써 남만(南蠻)을 교화시키고, 삼묘를 삼위산(三危山)으로 쫓아냄으로써 서융(西戎)을 교화시키고, 곤을 멀리 우산(羽山)에서 죽임으로써 추방해 동이(東夷)를 교화시키자고 했다. 이 넷에게 죄를 물으니 천하가 모두 복종했다. 요가 자리에 오른 지 70년만에 순을 얻었고, 20년이 지나 나이가 들어 순에게 천자의 정치를 대행하라고 명하고 하늘에 그를 추천했다. 요가 자리를 물려준 지 28년만에 세상을 떴다. 백성들은 부모를 잃은 것처럼 슬퍼했다. 3년 동안 사방 누구도 음악을 연주하지 않음으로써, 요를 생각했다. 요는 아들 단주가 불초해서 천하를 물려받기에 부족하다는 것을 알았다, 이에 권력을 순에게 주기로 했다. 순에게 주면 천하가 그 득을 보고 단주는 손해를 보겠지만, 단주에게 주면 천하가 손해를 보고 단주만 이익을 본다. 요는 "한 사람의 이익을 위해 천하가 손해 볼 수는 없다, 결코!"라 하고는 마침내 천하를 순에게 주었다. 요가 세상을 뜨고 3년 상을 마치자, 순은 단주에게 천하를 양보하고 자신은 남하(南河)의 남쪽으로 피했다. 제후들은 단주가 아닌 순에게 조회를 드리러 왔으며, 소송이 있는 사람도 단주가 아닌 순에게로 왔다. 칭송의 노래를 하는 자도 단주가 아니라 순을 노래했다. 순은 "하늘의 뜻이다." 하며 주국으로 돌아가 천자 자리에 올랐다. 이가 제순(帝舜)이다(네이버 지식백과).

2 설(契): 상[商, 지금의 허난성 상추시(商丘市)] 지역 사람으로, 성은 자(子), 이름은 설(契)이다. 상(商)나라의 시조로 전해지는 전설상의 인물[상나라의 시조인 성탕(成湯) 자리(子履)의 선조]로, 건(乾), 설(卨), 알백(閼伯)으로 쓰기도 한다. 황제[黃帝, 헌원(軒轅)]의 증손 제곡(帝嚳)의 두 번째 부인인 간적(簡狄)이 연못에서 목욕하다가 현조(玄鳥, 검은 새)의 알을 삼키고 설을 낳았다고 하여 현왕(玄王)이라고도 한다. 당요[唐堯, 도당(陶唐) 요(堯)임금)]의 이복동생이다. 우(禹)임금의 치수(治水)를 도와 공을 세우자 순(舜)임금이 그에게 사도(司徒)라는 벼슬을 주고, 상(商)나라에 봉하여 자(子)라는 성을 줌으로써 상의 시조가 되었다[상(商)나라를 자성(子姓)의 나라라고도 함]. 그의 무덤을 상구(商丘, 상의 언덕)라 했으며, 여기서 지금의 허난성 상추시의 지명이 유래했다. 갑골문자에 여러 신의 이야기가 나타나는데, 그 중 어느 것이 설의 이야기에 해당하는지에 관해서는 많은 주장이 있지만, 대체로 동방의 알에서 태어난 시조 설화를 가리키는

난생신화 계통으로 추정한다. 자신의 출생지이자 봉지인 상에서 불씨를 관리하는 화정(火正)이란 벼슬을 하며 백성을 위해 애써서 그들의 사랑을 받았기 때문에 민간에서는 화신(火神)으로 받들고 있다. 한편 《춘추좌씨전(春秋左氏傳)》에는 동생 실침(實沈)과 함께 광림(曠林)에서 살았는데 형제간에 서로 상대를 인정하려 들지 않았고 사이가 좋지 않아 싸우다가 상으로 옮겼다고 되어 있다. 설은 최초로 알백대(閼伯臺)라는 천문대를 축조하여 한 해 동안의 자연계 변화를 관측하기도 했다(중국인물사전). 설(契)에 대한 이야기는 《사기(史記)》 〈본기(本紀)〉 권 1 「오제본기(五帝本紀)의 '당요(唐堯)'가 아니라, '우순(虞舜)'에 나온다. 즉 순은 "설, 백관과 오품(五品)이 화목하지 못하니, 그대가 사도(司徒)를 맡아 오교(五敎)를 공경스럽게 베풀되 너그럽게 하시오."라 했다. 또한 설을 사도로 임명한 시기는 우순에서 요가 죽었다는 기사보다 뒤쪽에 나온다. 그러므로 위 증주(增註)에서 성인(聖人)은 요가 아니라 순이 되어야 한다.

【集解】朱子曰人之有道는言其皆有秉彝之性也라倫은序也라然無教면則亦放逸怠惰而失之라故로聖人이設官而教以人倫하시니亦因其固有者而導之耳이니라

주자가 말하였다. "사람에게 도리가 있다는 것은, 그[사람]가 모두 秉彝의 성을 가지고 있음을 말한다. 倫은 질서이다. 그러나 가르침이 없으면 또한 放逸하고 怠惰하여 그것[秉彝之性]을 잃는다. 그러므로 성인이 관직을 설치하여 인륜을 가르치게 하셨으니, 또한 그[사람]에게 고유한 것을 인하여 그를 인도하였을 뿐이시다."

漢字 軻(수레바퀴 가), 輿(수레 여), 怠(게으를 태), 惰(게으를 타)

1 병이(秉彝): 인간 본연의 변하지 않는 도리를 굳게 지키거나, 지키는 사람. 또는 인간의 항상적(恒常的)인 도리 자체를 뜻하기도 한다. 자세한 설명은 〈소학제사(小學題辭)〉를 참조하라.

2 방일(放逸): 제멋대로 거리낌 없이 방탕하게 놂.

〖六章〗

○舜이命契曰百姓이不親ᄒᆞ며五品이不遜일ᄉᆡ汝作司徒ㅣ니敬敷五教호ᄃᆡ在寬ᄒᆞ라 《書經 舜典》

●순이 설에게 명령하여 말하였다. "백성이 친하지 않으며, 五品이 순하지 않으므로, 네가 사도가 되어 5교를 공경히 펴되, 너그러움이 있게 하라."

漢字 遜(순할 손, 겸손할 손, 복종할 순), 敷(펼 부), 寬(너그러울 관)

순(舜): 고대 중국의 전설상의 천자이며 요(堯)의 뒤를 이어 천자가 되었다. 성은 우(虞) 또는 유우(有虞)이고, 이름은 중화(重華)이다. 우순(虞舜) 또는 제순 유우(帝舜有虞)로도 불린다. 유덕한 성인으로서 선양(禪讓) 설화의 대표적 인물이며 요(堯)·우(禹)와 병칭되고 있다. 《사기(史記)》에 의하면, 순은 전욱(顓頊)의 6세손으로, 그의 아버지 고수(瞽瞍)는 장님이었다. 순이 어린 나이에 어머니가 죽자 아버지는 후처를 얻었다. 순은 계모와 이복동생 상(象)의 미움을 사 여러 가지 방법으로 살해당할 뻔한 사건들을 슬기롭게 극복하며 효행의 도를 다하였다. 당시 천자(天子) 요는 순의 평판을 듣고 자신의 두 딸인 아황(娥皇)과 여영(女英)을 순에게 출가시켜 등용하였다. 순의 치적이 훌륭하였으므로 섭정(攝政)으로 하였다. 요가 죽자 순은 요의 아들 단주(丹朱)를 즉위시키려 하였으나 천하의 인심이 순에게 기울어졌기 때문에 마침내 순이 제위에 올랐다. 요와 마찬가지로 순이 통치하였던 치세에도 태평성대를 누렸으며 치수사업을 성공시켜 홍수 피해를 막았다. 순에게는 상균(商均)이라는 아들이 있었는데 현명하지 못해 아들에게 제위를 물려주지 않고 치수사업에 공적이 큰 우(禹)에게 이양하였다. 그 후 순은 지방을 순행하다가 병을 얻어 죽었다고 한다(두산백과). 《사기》 〈본기(本紀)〉 권 1 「오제본기(五帝本紀) '우순(虞舜)'에 대한 기록은 다음과 같다. 우순(虞舜)은 이름을 중화(重華)라 했다. 중화의 아버지는 고수(瞽叟)라 했고, 고수의 아버지는 교우(橋牛)라 했다. 교우의 아버지는 구망(句望)이라 했고, 구망의 이버지는 경강(敬康)이라 했다. 경강의 아버지는 궁선(窮蟬)이라 했고, 궁선의 아버지는 전욱(顓頊)이라 했다. 전욱의 아버지를 창의(昌意)라 했는데, 순에 이르기까지 7세가 흘렀다. 궁선으로부터 순에 이르기까지 모두 미미한 서민이었다. 순의 아버지 고수는 맹인이었다. 순의 어머니가 죽자 고수는 다시 아내를 취해 상(象)을 낳았다. 상은 오만했다. 고수는 후처가 낳은 아들을 사랑하여 늘 순을 죽이려고 해서 순은 피해서 도망 다녔다. 사소한 잘못이라도 있으면 바로 벌을 받았다. 아버지와 계모를 잘 모셨고, 동생과도 잘 지내길 매일 독실하고 삼가면서 흐트러지지 않았다. 순은 기주(冀州) 사람이다. 순은 역산(歷山)에서 농사를 짓고, 뇌택(雷澤)에서 물고기를 잡고, 황하 가에서 그릇을 만들었다. 수구(壽丘)에서 집기를 만들었고, 때맞추어 부하(負夏)에 가서 장사를 했다. 순의 아비는 나쁘고, 어미는 남을 잘 헐뜯고, 동생은 교만했다. 모두가 순을 죽이려 했다. 순은 자식의 도리를 잃지 않고 늘 공손했다. 형제간에도 자애로워서 죽이고 싶어도 죽일 수 없었다. 찾으면 언제나 옆에 있었다. 순은 스무 살에 효성으로 소문이 났고, 서른에 요가 기용할 만하냐고 물었다. 사악이 모두 우순을 천거하며 된다고 했다. 이에 요는 바로 두 딸을 순의 아내로 삼게 하여 집안에서의 언행을 관찰했고, 아들 아홉을 함께 거처하게 하여 집밖에서의 언행을 관찰했다. 순은 규예(嬀汭)에 살면서 안으로는 행동을 삼갔다. 요의 두 딸은 귀하신 몸이라 해서 감히 교만하지 않으면서 순의 친척들을 섬겼는데 부인의 도리를 다했다. 요의 아홉 아들도 모두 더 독실해졌다. 순이 역산에서 농사를 지을 때 역산의 사람들은 너나할 것 없이 밭고랑을 양보했다. 뇌택에서 물고기를 잡을 때는 뇌택 사람들이 모두 자리를 양보했다. 황하 가에서 그릇을 구울 때는 그곳 그릇들은 모두 흠이 없었다. 1년을 살자 취락이 형성되었고, 2년을 살자 읍이 형성되었고, 3년을 살자 도읍이 형성되었다. 요가 곧 순으로 옷과 거문고를 내리고 창고를 지었으며 소와 양을 주었다. 고수는 여전히 다시 순을 죽이려고 순을 시켜 창고에 올라가 벽을 칠하게 하고는 아래서 불을 질러 창고를 태웠다. 순은 삿갓 두 개를 양산처럼 세워 아래로 뛰어내려 도망쳐 죽음을 면했다. 그 뒤 고수는 또 순에게 우물을 파게 했다. 순은 우물을 파면서 밖으로 나올 수 있는 구멍을 함께 팠다. 순이 깊이 들어가자 고수와 상이 함께 아래로 흙을 부어 우물을 메웠다. 순은 몰래 파놓은 구멍을 통해 나와서 도망갔다. 고수와 상은 순이 죽었을 것이라며 기뻐했다. 상이 "이 꾀를 낸 사람은 상입니다." 라 하고는 그 부모와 (순의 재산을) 나누려 하면서 "순의 아내인 요의 두 딸과 거문고는 내가 갖고 소와 양, 창고는 아버지 어머니에게 드립니다."라고 했다. 상이 순의 궁에 가서 거처하면서 거문고를 뜯었다. 순이 가서 그를 보자 상은 놀라 어쩔 줄 몰라 하다가 "내가 순을 생각하며 울적해하고 있었소."라고 했다.

순은 "그랬구나, 네가 그렇게까지 하다니."라고 했다. 순은 다시 고수를 섬기고 동생을 더욱 더 아꼈다. 이에 요는 순에게 오전과 백관을 맡겨 시험하니 다 잘 다스렸다. 옛날 고양씨(高陽氏)에게 재능 있는 여덟 명이 있었다. 세상이 그들로부터 이익을 보았는데, 그들을 팔개(八愷)라 불렀다. 고신씨(高辛氏)에게도 여덟 명의 뛰어난 인물이 있었는데 세상에서는 그들을 팔원(八元)이라 불렀다. 이들 16명의 친족들은 대대로 미덕을 이루며 그 명성을 손상시키지 않았다. 요에 이르러 요는 그들을 기용하지 않았다. 순은 팔개를 기용해 후토(后土)를 주관하게 하고 모든 일을 살피게 하니 시기와 순서에 어긋남이 없었다. 팔원을 기용하여 사방에 오교를 베풀게 하니 아비는 의롭고, 어미는 자애롭고, 형은 우애롭고, 동생은 공손하고, 아들은 효성스러워져 내외 모두 태평스러웠다. 과거 제홍씨(帝鴻氏)에게 재능이 안 되는 자가 있었다. 의리를 버리고 도적을 숨기며 일쑤 흉악한 일을 저질렀다. 천하는 이를 혼돈(渾沌)이라 불렀다. 소호씨(少皞氏)에게도 재능이 안 되는 자가 있었다. 믿음을 훼손하고 충직함을 미워하며, 나쁜 말을 잘 꾸며댔다. 천하는 이를 궁기(窮奇)라 불렀다. 전욱씨에게도 이런 자가 있었다. 가르침으로 안 되었고 말도 듣지 않았다. 천하는 이 자를 도올(檮杌)이라 불렀다. 이 세 부족을 세상이 걱정했고 요에 와서도 제거하지 못했다. 진운씨(縉雲氏)에게도 이런 자가 있었다. 음식과 재물을 탐하는 자였다. 천하는 이를 도철(饕餮)이라 불렀다. 천하가 그를 미워해 세 흉악한 자들에 비교했다. 순이 사방의 문에서 손님을 맞이하면서 네 흉악한 사흉(四凶)을 저 멀리 사예(四裔)의 땅으로 내쫓음으로써 이 괴물 같은 자들을 막았다. 이에 사방의 문이 열리고 사흉을 말하는 사람은 없었다. 순이 대록(大麓)에 들어갔을 때 사나운 바람과 비, 그리고 천둥 번개가 쳤지만 길을 잃지 않았다. 이에 요는 순이 천하를 받기에 충분하다는 것을 알았다. 요가 늙자 순에게 천하의 정치를 대신하게 하니 천하를 순수하고 다녔다. 순은 요가 그에게 편리하게 천자의 일을 대행하게 하여 20년 동안 업무를 맡았다. 이후 섭정 8년이 지나 요가 세상을 떠났다. 3년 상을 마치자 단주(丹朱)에게 양보했으나 천하는 순에게 돌아왔다. 우(禹), 고요(皐陶), 설(契), 후직(后稷), 백이(伯夷), 기(夔), 용(龍), 수(垂), 익(益), 팽조(彭祖)는 요 때부터 모두 기용되긴 했으나 자리와 일을 분담 받지 못했다. 이에 순은 문조 사당에서 사악(四嶽)과 논의하고 사방의 문을 열어 사방으로 눈과 귀가 밝게 열리게 했다. 12주 장관들에게는 제왕의 덕을 논하게 하고, 후하게 덕을 베풀고 아첨하는 자를 멀리 하니 오랑캐들까지 모두 복종했다. 순은 사악에게 "힘써 공을 쌓아 요의 사업을 빛나게 자리를 맡길 만한 사람이 있소?"라고 묻자 모두들 "백우(伯禹)를 사공(司空)으로 삼으면 요제의 공을 빛낼 수 있을 것입니다."라 했다. 순은 "오, 그렇군요! 우, 그대가 오로지 열심히 물과 땅을 다스리도록 하시오."라고 말했다. 우는 머리를 조아리며 후직과 설, 그리고 고요에게 양보했다. 순은 "되었소! 가시오."라 했다. 후직에게는 "기(棄, 즉 姬棄), 인민이 지금 굶주리고 있으니, 그대는 후직 자리를 맡아서 때맞추어 온갖 곡식을 심도록 하시오."라 했다. 순은 "설, 백관과 오품(五品, 부·모·형·제·자)이 화목하지 못하니, 그대가 사도(司徒)를 맡아 오교(五教)를 공경스럽게 베풀되 너그럽게 하시오."라 했다. 순은 "고요, 오랑캐들이 우리를 침략하고 도적들이 나쁜 짓을 저지르니 그대는 사(士)를 맡아 다섯 가지 형벌로 굴복시키시오. 오형을 유배형으로 바꿀 때는 거리를 규정하고 벌에 따라 세 군데로 보내시오. 법의 집행은 밝아야 다들 믿고 따르는 것이오."라고 말했다. 순이 "누가 백공(百工)을 이끌 수 있겠소?"라고 묻자 모두들 "수가 할 수 있습니다."라고 대답했다. 이에 수를 공공에 임명했다. 순이 "산과 강의 초목과 금수들은 누가 다스릴 수 있겠소?"라고 묻자 모두들 익이 할 수 있다고 대답했기에 이에 익을 우(虞)로 삼았다. 익이 머리를 조아리며 주호(朱虎), 웅비에게 양보했다. 순은 "그럴 수도 있지만 그대가 적합하오."라 하고는 주호와 웅비로 하여금 익을 돕게 했다. 순이 "오, 사악이여! 누가 나의 삼례(三禮)를 관장할 수 있겠소?"라고 물으니 모두들 백이면 가능하다고 했다. 순은 "오, 백이여! 그대를 질종(秩宗)으로 삼으니 낮밤 없이 공손하고 정직하고 정숙하고 청결하게 처리하오."라고 했다. 백이 또한 기와 용에게 양보하려고 했다. 순은 "좋소! 기를 전악(典樂)으로 삼아 귀족의 자제들을 가르치게 하시오. 강직하되 부드럽고, 너그럽되 엄격하고, 강건하되 포악해서는 안 될 것이며, 간소하되 오만해서는 안 될 것이오. 시는 마음에 있는 생각을 말한 것이요, 노래는 그 말을 길게 읊조리는 것이며, 음악의 소리는 가사를 길게 늘여 생기는 것이요, 음률은 그 소리를 조화롭게 하는 것이오. 팔음(八音)이 잘 어울려서 서로 어지러이 흐트러지지 않아야만, 신이나 사람이 기쁘게 어울릴 수 있을 것이오."라고 말했다. 기는 "오! 제가 돌로 만든 각종 악기를 쳐서 모든 짐승들이 따라서 춤을 추도록 하겠습니다."라 했다. 순이 "용! 나는 선량한 사람을 해치는 말과 하늘의 이치를 파괴하는 언행으로 짐의 백성을 놀라게 하는 것은 싫소. 내 그대를 납언(納言)에 임명하니, 밤낮으로 나의 명령을 전하고 백성의 의견을 수집하며, 오로지 신의를 얻도록 해주시오."라 했다. 순은 "아, 그대들 22인은 경건하시오. 오로지 때를 잘 맞추어 하늘의 일을 돕도록 하오."라고 했다. 3년에 한 번 공적을 심사했고, 세 번 심사한 다음 올리거나 내리거나를 결정했다. 멀고 가까움을 막론하고 모두의 공적이 다 올랐다. 북쪽의 삼묘는 나누었다. 이 22인은 모두가 공을 이루었다. 고요는 대리(大理)가 되어 공평하니 인민이 모두 복종하고 사실을 알 수 있었다. 백이가 예를 주관하자 위아래 모두가 양보했다. 수가 공사를 주관하자 백공이 공을 세웠다. 익이 산림과 연못을 주관하자 산과 못이 개발되었다. 기가 농사를 주관하자 백곡이 때맞추어 잘 자랐다. 설이 사도를 맡자 백성이 화친했다. 용이 외부 손님의 일을 맡자 멀리 있는 사람들이 왔다. 12주 장관들도 함께 행하니 9주가 감히 도망가거나 어기지 못했다. 특히 우의 공이 컸다. 아홉 개의 산을 개간하고, 아홉 개의 호수를 통하게 했다. 아홉 개 강의 물길을 통하게 했고, 9주를 확정했다. 각기 직분에 따라 정도를 잃지 않고 조공했다. 땅은 사방 5,000리로 황복(荒服)까지 이르렀다. 남쪽으로는 교지(交阯), 북발(北發)을, 서쪽으로는 융(戎), 석지(析枝), 거수(渠廋), 저(氐), 강(羌)을, 북쪽으로는 산융(山戎), 발(發), 식신(息愼)을, 동쪽으로는 장(長), 조이(鳥夷)를 다독거리니 사해 안이 모두 순의 공업을 받들었다. 이에 우는 구초(九招)라는 음악을 짓고 진기한 물건을 바치니 봉황이 날아와 빙빙 돌았다. 천하의 밝은 덕이 모두 우제(虞帝)로부터 시작되었다. 순이 스무 살에 효로 이름을 떨치고, 서른에 요에게 기용되었으며 쉰에 천자의 일을 대신했다. 쉰여덟에 요가 세상을 떠났고, 예순 하나에 요을 이어 제위에 올랐다. 제위를 밟은 지 39년, 남으로 순수를 나섰다가 창오의 들판에서 세상을 떠났다. 강남 구의산(九疑山)에 장사 지내니 바로 영릉(零陵)이다. 순이 제위에 올라 천자의 깃발을 꽂고 아버지 고수에게 인사를 드리니 공손함이 자식의 도리와 같았다. 동생 상을 제후로 삼았다. 순의 아들 상균(商均) 역시 불초하여 순은 앞서 하늘에 우를 천거한 뒤 17년만에 세상을 떠났다. 3년 상을 마치자 우 또한 순이 요의 아들에게 양보했던 것처럼 순의 아들에게 양보했다. 제후들이 돌아선 뒤에야 우는 천자 자리에 올랐다. 요의 아들 단주와 순의 아들 상균은 모두 땅을 얻어서 조상의 제사를 받들었다. (이들은 천자의 아들이 입는) 그 옷을 입었고, 예악 또한 그와 같았다. 객으로 천자를 만났고, 천자는 (그들을) 신하로 대하지 않았으니, 감히 권력을 오로지 하지 않겠다는 것을 보인 것이다. 황제로부터 순, 우에 이르기까지 모두 같은 성에서 나왔지만 나라 이름을 달리 해 각자의 덕을 널리 밝혔다. 그러므로 황제는 유웅(有熊), 전욱은 고양(高陽), 제곡은 고신(高辛), 요는 도당(陶唐), 순은 유우(有虞), 우(禹)는 하후(夏后)라고 불렀는데 씨는 달랐지만 성은 모두 다 사씨(姒氏)였다. 설은 상(商)이라고 했는데 성은 자씨(子氏)라 했다. 기는 주(周)라 했는데 성은 희씨(姬氏)라 했다. 태사공(太史公)은 말한다. "배운 자들이 오제(五帝)에 대해 많은 말을 했으나 오래되었다. 그러나 《상서(尙書)》에는 요 이후의 일만 기재되어 있고, 다른 여러 사람들의 황제에 대한 말은 그 문장이 우아하지도 적절치도 않아 학식있는 선생들은 말을 꺼린다. 공자(孔子)가 전한 〈재여문오제덕(宰予問五帝德)〉이나 〈제계성(帝繫姓)〉을 유생들이 전하지 않는 경우도 있다. 내가 일찍이 서쪽으로 공동(空桐)에까지 이르고, 북쪽으로 탁록(涿鹿)을 지나왔으며, 동쪽으로 바다까지 가고, 남쪽으로는 장강(長江)과 회수(淮水)를 건넜다. 장로들이 일쑤 황제, 요, 순 임금을 칭송하는 곳을 가보면 그 풍속과 교화가 다른 곳에 비해 사뭇 달랐다. 전체적으로 고문의 내용과 멀지 않고 가까웠다. 내가 《춘추(春秋)》와 《국어(國語)》를 보았는데 여기에 〈오제덕〉과 〈제계성〉을 잘 밝혀 놓았다. 사람들이 그것을 깊이 살피지 않았을 뿐, 그 책들에 기술된 내용은 결코 허황되지 않았다. 《상서》에는 결손된 부분이 많은데, 그 흩어진 부분들이 왕왕 다른 설에 보인다. 배우기를 좋아하고 깊이 생각하여 마음으로 그 뜻을 알게 되는 사람이 아닌 다음에야 견문이 얕고 좁은 사람에게 이런 말을 하는 것은 참으로 어렵다. 내가 여러 학설을 차례로 논하여 그 중 상대적으로 나은 것을 골라 본기의 첫머리에 드러냈다."(네이버 지식백과, 2013. 5. 1., 김영수 역). 풍국초의 요순선양(堯舜禪讓)도 마저 소개한다. 황제(黃帝) 다음에 유명한 부락연맹의 수령 셋이 나타났는데, 바로 요(堯)임금, 순(舜)임금, 우(禹)임금이다. 그들은 원래 한 부락 사람들로서 차례대로 부락연맹의 수령으로 추대되었다. 맨 처음에는 요임금이 부락의 생산과 생활을 지도했는데, 나이가 들자 자기 직위를 승계할 사람을 물색했다. 어느 날 여러 부락의 수령들을 모아놓고 상의하자 모두들 순을 추천했다. 요임금이 그 이유를 말해 보라고 하자, 사람들은 다음과 같은 일을 말했다. 순에게는 바보 같은 아버지가 있었는데, 사람들은 그 노인을 고수(瞽叟, 눈 먼 장님)라고 불렀다. 순은 어머니를 일찍 여의고 계모 밑에서 자랐는데 계모는 아주 악한 여자였다. 계모에게는 상(象)이라는 아들이 있었는데 오만하기 짝이 없었다. 그런데도 고수는 상을 총애했다. 이런 집에서 자라난 순이지만 부모에게 효도하고 동생을 사랑했다. 이에 사람들은 덕이 높은 사람이라고 칭송이 자자했다. 요임금은 그 말을 듣고 무척 기뻐하면서 두 딸 아황(娥皇)과 여영(女英)을 순에게 시집보내어 사람됨을 지켜보게 했다. 또한 식량 창고를 지어주고 많은 소와 양을 주었다. 그것을 본 순의 계모와 이복동생은 질투심에 사로잡혀 고수와 함께 순을 죽이려고 했다. 어느 날, 고수는 순에게 식량 창고 지붕을 고치라고 했다. 순이 사다리를 타고 위로 올라가자마자 고수는 창고에 불을 질렀다. 자기 아들 순을 불태워 죽이려 한 것이다. 불이 난 것을 본 순은 사다리를 찾았으나 보이지 않았다. 그들이 이미 치워버렸던 것이다. 다행히도 순은 햇빛을 가리는 데 쓰는 삿갓 두 개를 갖고 있었다. 그는 양 손에 삿갓 하나씩을 들고 새가 날개를 편 것처럼 지붕에서 뛰어내렸다. 그러자 그들은 순에게 우물을 파게 했다. 순이 우물 안으로 들어가자 그들은 돌로 우물을 메워버렸다. 순을 우물 안에 파묻으려 한 것이다. 그러나 순은 우물 밑으로 내려가자 굴을 팠고, 그 굴을 통해 무사히 집으로 돌아 왔다. 그 다음부터 고수와 상은 더 이상 순을 해칠 생각을 하지 못했다. 그런 일이 있었지만 순은 여전히 부모에게 효도하고 이복동생과 사이좋게 지냈다. 요임금은 직접 순의 됨됨이를 보고는 덕이 높은 사람임을 인정하고 임금의 자리를 그에게 넘겨주었다. 이렇게 임금의 자리를 세습이 아니라 덕 있는 사람에게 물려주는 것을 선양(禪讓)이라고 한다. 임금이 된 순은 백성들과 함께 부지런히 일하고 검소하게 생활해서 칭송을 받았다. 수십 년 뒤 요임금이 세상을 떠나자, 순은 수령 자리를 요의 아들인 단주(丹朱)에게 넘겨주려고 하였으나 사람들이 모두 반대했다. 그제야 순은 정식으로 부락연맹의 수령으로 나섰다(네이버 지식백과, 요임금과 순임금 이야기[堯舜禪讓], 중국상하오천년사, 풍국초, 이원길 역)

소언 舜슌[虞우ㅅ 나라 님금 일훔이라]이 契셜을 命명ᄒᆞ야 ᄀᆞᄅᆞ샤ᄃᆡ 百ᄇᆡᆨ姓셩이 親친티 아니ᄒᆞ며 五오品품[父부子ᄌᆞ와 君군臣신과 夫부婦부와 長댱幼유와 朋붕友우 다ᄉᆞᆺ 가지라]이 슌티 아니ᄒᆞ릴ᄉᆡ 네 司ᄉᆞ徒도ㅣ 되옛ᄂᆞ니 다ᄉᆞᆺ 가지 ᄀᆞᄅᆞ쵸ᄆᆞᆯ 공경ᄒᆞ야 베프ᄃᆡ 어위크매 이셔 ᄒᆞ라

현대역 순[우(虞)의 나라 임금 이름이라.]이 설(契)을 명하여 말씀하시되, “백성이 친하지 아니하며, 五品[부자와 군신과 부부와 장유와 붕우 다섯 가지

라.]이 순하지 아니하므로, 네가 사도가 되었으니, 다섯 가지 가르침을 공경하여 베풀되, 너그러우매 있어[있게] 하라."

1 아니ᄒᆞ릴ᄉᆡ: 아니하므로. '아니ᄒᆞ(어간)+리(추측법 선어말어미)+ㄹᄉᆡ(연결어미)'이다.

2 어위크매: 너그러우매. '어위크(어간)+매(연결어미)'이다. '어위크다'는 '너그럽다'의 옛말이다. 반ᄃᆞ시 그 어위크고 누그러오며 ᄌᆞ샹ᄒᆞ고 인혜로오며 온화ᄒᆞ고 어딜며 공슌ᄒᆞ고 조심ᄒᆞ며 삼가고 말ᄉᆞᆷ 져그니를 구ᄒᆞ야(必求其寬裕慈惠溫良恭敬愼而寡言者).《소언 1:3》, 어마님 侯夫人ᄋᆞᆫ 仁慈ᄒᆞ며 어위커 여러 妾子ᄅᆞᆯ 어엿비 너교ᄃᆡ(伊川先生母侯夫人 仁恕寬厚 撫愛諸庶).《내훈 3:29》. '-매'는 '이다'의 어간, 받침 없는 용언의 어간, 'ㄹ' 받침인 용언의 어간 또는 어미 '-으시-' 뒤에 붙어, 어떤 일에 대한 원인이나 근거를 나타내는 연결어미이다. 부왕의 환후가 차차 중하여 가매 본시 효성 많은 왕은 침식을 잊고 부왕의 간호를 하였다.《김동인, 대수양》, 어둑한 비탈길을 말을 채 쳐 달리매 주만은 훨훨 날 듯이 몸이 가뜬해짐을 느끼었다.《현진건, 무영탑》

3 이셔: 있어[있게]. '이셔'는 '이시[有, 어간]+어(보조적 연결어미)'이다. '-어'는 끝음절의 모음이 'ㅏ, ㅗ'가 아닌 용언의 어간 뒤에 붙어, 본용언과 보조용언을 연결하는 데 쓰는 연결어미이다.

4 ᄒᆞ라: 하라. 'ᄒᆞ(어간)+라(명령형 종결어미)'이다. '-라'는 ᄒᆞ라체 명령형 종결어미이다. 주어는 '네'이다.

【集說】吳氏曰舜은虞帝의名이라契은卽上章堯所命之臣也라五品은父子君臣夫婦長幼朋友五者之名位等級也라遜은順也라敬은謂敬其事라敷는布也라五教는謂以上五者當然之理而爲教令也라百姓이不相親睦ᄒᆞ고五品이不相遜順이라故로舜命契ᄒᆞ야仍爲司徒ᄒᆞ야使之敬以敷教ᄒᆞᄃᆡ而又寬裕以待之也시니라

오 씨가 말하였다. "순은 虞帝의 이름이다. 설은 바로 위 장[〈입교〉

제5장] 순임금이 명한 바의 신하이다. 5품은 부자·군신·부부·장유·붕우 다섯 가지의 名位와 등급이다. 遜은 순함이다. 敬은 그 일을 공경함을 이른다. 부(敷)는 폄이다. 五教는 위의 다섯 가지[부자·군신·부부·장유·붕우]의 당연한 도리로써[도리를 가지고] 교화명령을 삼음을 이른다. 백성이 서로 친하지 않고, 오품이 서로 遜順하지 않으므로, 순임금이 설을 명하여 인하여 사도로 삼아, 그로 하여금 공경히 오교를 펴게 하시되, 또한 그[백성들]를 너그러움으로 대하게 하신 것이다."

漢字 虞(나라 우), 睦(화목할 목), 仍(인할 잉), 待(대할 대), 虞舜(=舜)

命夔曰命汝典樂ᄒᆞ노니**教胄**宙**子**호ᄃᆡ**直而溫**ᄒᆞ며**寬而栗**ᄒᆞ며**剛而無虐**ᄒᆞ며**簡而無傲**ㅣ니**詩**는**言志**오**歌**는**永言**이오**聲**은**依永**이오**律**은**和聲**이니**八音克諧**ᄒᆞ야**無相奪倫**이라ᅀᅡ**神人以和**ᄒᆞ리라

●(순이) 기(夔)에게 명령하여 말하였다. "명하노니, 너는 음악을 맡아 胄子를 가르치되, 곧되 온화하게 하며, 너그럽되 위엄 있게 하며, 굳세되 사납지 않게 하며, 간략하되 오만하지 않게 해야 한다. 시는 뜻을 말한 것이고, 노래는 말[이야기]을 읊는 것이며, 소리는 읊음에 의지하는 것이고, 음률은 소리를 조화시키는 것이니, 8음이 잘 어울려 서로 차례를 빼앗지 말게 해야 신과 사람이 화합할 것이다."

漢字 夔(사람이름 기), 典(맡을 전), 胄(맏아들 주), 栗(엄할 률, 위엄 있을 률), 虐(사나울 학), 簡(간략할 간), 傲(오만할 오), 克(능할 극), 諧(화합할 해), 奪(빼앗을 탈), 倫(차례 륜)

소언 夔기[신하 일홈이라]를 命명ᄒᆞ야 ᄀᆞᄅᆞ샤ᄃᆡ 너ᄅᆞᆯ 命명ᄒᆞ야 음악ᄋᆞᆯ ᄀᆞᄋᆞᆷ알게 ᄒᆞ노니 ᄆᆞᆮ아ᄃᆞᆯᄃᆞᆯᄒᆞᆯ ᄀᆞᄅᆞ쵸ᄃᆡ 곧오ᄃᆡ 온화케 ᄒᆞ며 어그러오ᄃᆡ 싁싁게 ᄒᆞ며 剛강호ᄃᆡ 모디디 말게 ᄒᆞ며 簡간호ᄃᆡ 오만티 말게 ᄒᆞᆯ 디니 詩시ᄂᆞᆫ ᄠᅳᆮ을 닐온 거시오 놀애ᄂᆞᆫ 마ᄅᆞᆯ 기리 혀ᄂᆞᆫ 거시오

소ᄅᆡ는 기리 혀믈 의지ᄒᆞᄂᆞᆫ 거시오 律률은 소ᄅᆡ롤 고ᄅᆞ게 ᄒᆞᄂᆞᆫ 거시니 여ᄃᆞᆲ 가지 소ᄅᆡ[匏포土토革혁木목金금石셕絲ᄉᆞ竹듁이라] 능히 골라 서르 ᄎᆞ례를 앗디 아니ᄒᆞ여ᅀᅡ 鬼귀神신과 사ᄅᆞᆷ이 ᄡᅧ 和화ᄒᆞ리라

현대역 기[신하 이름이라.]를 명하여 말씀하시되, "너를 명하여 음악을 주관하게 하노니, 맏아들들을 가르치되, 곧되 온화하게 하며, 너그럽되 엄하게 하며, 강하되 모질지 말게 하며, 간략하되 오만하지 말게 할 것이니, 시는 뜻을 말한 것이요, 노래는 말을 길게 끄는 것이요, 소리는 길게 끎을 의지하는 것이요, 율은 소리를 고르게 하는 것이니, 여덟 가지 소리[포(匏)·土·革·木·金·石·絲·竹이라.]가 능히 골라 서로 차례를 빼앗지 아니하여야 귀신과 사람이 써 화하리라."

1 곧오ᄃᆡ: 곧되. '곧(어간)+오ᄃᆡ(연결어미)'이다. '-오ᄃᆡ'는 선행 음절의 모음이 'ㆍ, ㅏ, ㅗ, ㅣ, 반모음 ㅣ'인 경우에 붙어, '-(으)되'를 뜻하는 어미이다. 置陣이 ᄂᆞᆷ과 다ᄅᆞ샤 아ᅀᆞᄫᆞᄃᆡ 나ᅀᅡ오니 믈러가던덴 목숨 ᄆᆞᄎᆞ리잇가(置陣異他 知亦進當 如其退避 性命奚戕).《용가 51장》, 淨飯이 무러시ᄂᆞᆯ 占者ㅣ 判ᄒᆞᅀᆞᄫᆞᄃᆡ 聖子ㅣ 나샤 正覺 일우시리.《월곡 상:6》

2 골라: 골라. '골ᄅ(어간)+아(연결어미)'이다. '골ᄅ-'은 15세기에 '고ᄅᆞ다'의 어간 '고ᄅᆞ-'가 모음 어미 앞에서 '골ᄋ-'으로 교체된 후, 16세기에 성문 마찰 유성음 'ᄋ[ɦ]'이 탈락하고, 그 자리에 'ᄅ'이 첨가되어 '골ᄅ-'로 나타난 형태이다. '고르다'는 '여럿이 다 높낮이, 크기, 양 따위의 차이가 없이 한결같다.'를 뜻한다. 현대국어 '고르다'의 옛말인 '고ᄅᆞ다'는 15세기 문헌에서부터 나타난다. 15세기의 '고ᄅᆞ다'는 자음으로 시작하는 어미 앞에서는 '고ᄅᆞ-'로 실현되고, 모음으로 시작하는 어미 앞에서는 '골ᄋ-'으로 실현되어 '고ᄅᆞ-/골ᄋ-'으로 교체되었다. 16세기에 'ᄅ' 뒤에 오는 성문 마찰 유성음 'ᄋ[ɦ]'이 완전히 탈락하였는데, '골ᄋ-'의 경우도 이와 같은 변화를 경험하였다. 그리하여 16세기에 모음으로 시작하는 어미 앞에서 성문 마찰 유성음 'ᄋ[ɦ]'이 탈락한 자리에 'ᄅ'이 첨가되어 '골라'와 같이 '골ᄅ-'로 나타나게 되었다. 한편 16세기에 제2음절의 'ㆍ'는 'ㅡ'로 변함에 따라 '고ᄅᆞ다'가 '고르다'가 되었는데, 문헌상으로는 18세기부터 나타나기 시작하였다. 이로써 18세기부터 자음으로 시작하는 어미 앞에서는 '고르-', 모음으로 시작하는 어미 앞에서는 '골ᄅ-'로 나타나면서 현재와 같이 '르'불규칙 동사에

된 것이다. 18세기의 '고로다'는 제2음절의 '·'가 제1음절 모음 'ㅗ'의 영향으로 'ㅗ'로 변화한 것이며 '골오다'는 '고로다'의 과잉분철 표기이다. 고ᄅᆞ다(15세기~19세기)〉고르다(18세기~현재). 이형태: 고ᄅᆞ-, 골ㅇ-, 고로-, 골ㄹ-, 고르-. 世尊ㅅ 慈悲心에 ᄒᆞ나ᄒᆞᆯ 바ᄃᆞ면 네 ᄆᆞᅀᆞᆷ이 고ᄅᆞ디 몯ᄒᆞ리.《1447 월천 32ㄴ》, 天南星ㅅ ᄀᆞᄅᆞ 半 돈과 白龍 腦ㅅ ᄀᆞᄅᆞ 一字와ᄅᆞᆯ 뫼화 ᄀᆞ라 골아 ᄌᆞ조 ᄡᅵ븨여 덥게 ᄒᆞ면 니 절로 열리라.《1466 구급방 상:5ㄱ》, 律률은 소ᄅᆡᄅᆞᆯ 고ᄅᆞ게 ᄒᆞᄂᆞᆫ 거시니 여ᄃᆞᆲ 가지 소ᄅᆡ[匏포土토革혁木목金금石셕絲ᄉᆞ竹듁이라] 능히 골라 서르 ᄎᆞ례를 앗디 아니ᄒᆞ여ᅀᅡ 鬼귀神신과 사ᄅᆞᆷ이 ᄡᅥ 和화ᄒᆞ리라.《1588 소언 본 장》

3 아니ᄒᆞ여ᅀᅡ: 아니하여야. '아니ᄒᆞ(어간)+여ᅀᅡ(연결어미)'이다. '-아ᅀᅡ'는 끝음절의 모음이 '·, ㅏ, ㅗ'인 동사, 형용사 어간 뒤에 붙어, '-어ᅀᅡ'는 'ㅣ'나 'ㄹ' 받침으로 끝나는 동사, 형용사 어간 뒤나 '이다' 어간 뒤에 붙어, '-여ᅀᅡ'는 'ᄒᆞ다' 어간 뒤에 붙어, '-어야'를 뜻하는 어미이다. 密多羅ᄂᆞᆫ 두 글을 ᄇᆡ화ᅀᅡ 알ᄊᆡ 太子ㅅ긔 말ᄋᆞᆯ 몯 ᄉᆞᆲᄫᆞ니.《월곡 상:13》, 부텨 나 겨시던 時節이 더 멀면 사ᄅᆞ미 수비 몯 아라 가ᄌᆞᆯᄫᅧ 보아ᅀᅡ 알ᄊᆡ 時節이 像法이라 ᄒᆞᄂᆞ니.《석상 9:2》, 믈읫 字ㅣ 모로매 어우러ᅀᅡ 소리 이ᄂᆞ니.《훈언 13》, 이러ᄒᆞᆫ 妙法은 諸佛如來 時節이어ᅀᅡ 니르시ᄂᆞ니 優曇鉢華 時節이어ᅀᅡ ᄒᆞᆫ 번 뵈요미 ᄀᆞᆮᄒᆞ니라.《석상 13:47》, 서르 ᄎᆞ례를 앗디 아니ᄒᆞ여ᅀᅡ 鬼귀神신과 사ᄅᆞᆷ이 ᄡᅥ 和화ᄒᆞ리라《소언 본 장》

【集解】夔는舜臣名이라冑는長也니冑子는謂自天子로至卿大夫之適子也라栗은莊敬也라無虐無傲二無字는與毋同이라聲은五聲이니宮商角徵羽也요律은十二律이니黃鍾大簇輳姑洗鮮蕤如追反賓夷則(칙)無射亦은陽律也요大呂夾鍾中呂林鍾南呂應鍾은陰律也라八音金石絲竹匏土革木也라蔡氏曰凡人直者는必不足於溫이라故로欲其溫하고寬者는必不足於栗이라故로欲其栗하니所以慮其偏而輔翼之也요剛者는必至於虐이라故로欲其無虐하고簡者는必至於傲라故로欲其無傲하니

所以防其過而戒禁之也라教胄子者는欲其如此로되而其所以教之之具는則又專在於樂하니盖樂은可以養人中和之德而救其氣質之偏也라心之所之를謂之志라心有所之면必形於言이라故曰詩言志요旣形於言이면必有長短之節이라故曰歌永言이요旣有長短이면則必有高下淸濁之殊라故曰聲依永이요旣有長短淸濁이면則又必以十二律和之라야乃能成文而不亂이니所謂律和聲也라人聲旣和어든乃以其聲으로被之八音而爲樂이면則無不諧協하여而不相侵亂하여失其倫次하여可以奏之朝廷하고薦之郊廟하여而神人以和矣라聖人作樂하여以養情性育人材事神祇和上下하여其體用功效廣大深切이乃如此어늘今皆不復見矣니可勝嘆哉아

기(夔)는 순의 신하 이름이다. 胄는 맏이니, 胄子는 천자로부터 경대부까지의 맏아들을 이른다. 栗은 莊敬하다는 말이다. 無虐과 無傲의 두 無자는 말다[毋]와 더불어 같다. 성은 5성이니, 宮·商·角·치(徵)·羽이다. 律은 12율이니, 황종(黃鍾)·대주(大簇)·고선(姑洗)·유빈(蕤賓)·이칙(夷則)·무역(無射)은 陽律이요, 대려(大呂)·협종(夾鍾)·중려(中呂)·임종(林鍾)·남려(南呂)·응종(應鐘)은 陰律이다. 8음[여덟 악기 재질]은 金·石·絲·竹·匏·土·革·木이다. 채 씨[蔡沉]가 말하였다. "무릇 사람[됨됨이]이, 올곧은 자는 반드시 온화함이 부족하므로 그[올곧은 자] 온화하고자 하고, 너그러운 자는 반드시 위엄이 부족하므로 그[너그러운 자] 위엄 있고자 하니, 이것[人]이 편중되어 있음을 고려하여 그것[偏]을 보완하고 돕고자 하는 것이요, 강한 자는 반드시 사나움에 이르므로 그[강한 자] 사나움이 없고자 하고, 간략한 자는 반드시 오만함에 이르므로 그[간략한 자] 오만함이 없고자 하는 것이니, 그[人] 지나침을 막아서 그것[過]을 경계하고 금지시키는 것이다. 주자(胄子)를 가르치는 자는 이와 같이 하고자 하되, 그[如此]에서 그들

[冑子]을 가르치는 바의 도구는 오로지 음악에 있었으니, 대개 음악은 사람에게 중화의 덕을 기르게 하여 그[人] 기질의 치우침을 구제할 수 있다[있기 때문이다]. 마음이 가는 바를 지(志)라 한다. 마음이 가는 바가 있으면 반드시 말에 나타난다. 그러므로 시는 뜻을 말한 것이라 하였고, 이미 말에 나타나면 반드시 장단의 박자가 있다. 따라서 노래는 말을 읊은 것이라 하였고, 이미 장단의 박자가 있으면 반드시 고하 청탁의 차이가 있다. 그러므로 소리는 읊음에 따르는 것이라 하였고, 이미 장단과 청탁이 있으면 또 반드시 12율로 그것[장단과 청탁]을 조화시켜야 이에 체제[文]를 이루어 어지럽지 않으니, 이른바 律은 소리를 조화한다는 것이다. 사람의 소리가 이미 조화되었으면, 이에 그[人] 소리로써 그것[人聲]을 팔음에 입혀서 음악을 만들면, 화합하지 않음이 없어, 서로 침범하고 어지럽혀 그[人聲] 순서를 잃지 않아, 가히 그것[聲]을 조정에서도 연주하고 하늘에 올리는 제사와 조상에 올리는 제사에도 올려 신과 사람이 조화를 이룰 수 있다. 성인이 음악을 만들어 성정을 함양하고, 인재를 육성하며, 귀신을 섬기고, 상하를 화평하게 하여, 그[樂] 본체의 작용과 공적과 효용의 넓음과 깊고 절실함이 마침내 이와 같았는데, 지금은 모두 다시 볼 수 없으니, 가히 탄식함을 이길 수 있겠는가?[탄식하지 않을 수 없도다.]"

漢字 適(맏아들 적), 莊(엄숙할 장), 敬(공경할 경), 徵(음률이름 치, 부를 징), 簇(풍류 가락 주, 조릿대 족), 洗(깨끗할 선, 씻을 세), 蕤(드리워질 유, 늘어질 유), 射(음률이름 역, 쏠 사), 呂(음률 려, 풍류 려), 夾(낄 협), 匏(박 포), 偏(치우칠 편), 翼(도울 익, 날개 익), 戒(경계할 계), 專(오로지 전), 殊(다를 수), 奏(연주할 주, 아뢸 주), 薦(올릴 천, 천거할 천), 郊(성 밖 교, 들 제사 교), 廟(사당 묘), 祇(토지 신 기)

1 장경(莊敬): 엄숙하고 공경스러움.

2 교제(郊祭): 하늘제사.

3 묘제(廟祭): 조상제사.

〖七章〗

○周禮에大司徒ㅣ以鄕三物로教萬民而賓興之ᄒᆞ니 《周禮 地官》

●《주례》에, 대사도가 鄕에서 세 가지 일로써 모든 백성들을 가르쳐서 그를 빈객으로 삼아 천거하였다.

漢字 興(천거할 흥, 일 흥)

주례(周禮): 주(周) 왕실의 관직 제도와 전국시대(戰國時代) 각 국의 제도를 기록한 책으로, 후대 중국과 우리나라에서 관직 제도의 기준이 되었다. 원래의 이름은 《주관(周官)》 또는 《주관경(周官經)》이었는데 전한(前漢) 말에 이르러 경전에 포함되면서 예경(禮經)에 속한다고 '주례'라는 명칭을 얻게 되었다. 《예기(禮記)》·《의례(儀禮)》와 함께 삼례(三禮)로 일컬어지며, 당대(唐代) 이후 13경(十三經)의 하나로 포함되었다. 성립 시기에 대해서는 고문학파(古文學派)에서는 주나라 초기 주공(周公)이 지은 것이라 하고, 금문학파(今文學派)에서는 전국시대에 이루어진 것이라 하며, 또 한대(漢代) 유흠(劉歆)의 위작(僞作)이라고 하는 등 많은 논란이 있어 왔다. 그러나 근래에 이르러서는 주·진(秦)의 청동기 명문(銘文)의 기록에 의거, 대체로 전국시대에 성립된 것으로 보는 견해가 일반적이다. 이후 후한(後漢)의 정현(鄭玄)이 주석을 붙여 《주례주(周禮注)》를 편찬하였으며, 이를 바탕으로 당(唐)의 가공언(賈公彦)이 《주례정의(周禮正義)》를 편찬함으로써 13경의 하나로 확정되었다. 이밖에도 주석본으로 청대(淸代)의 학자 손이양(孫詒讓)이 편찬한 《주례정의》 등이 있다. 이 책의 체재는 천지춘하추동(天地春夏秋冬)의 육상(六象)에 따라 직제를 크게 천관(天官)·지관(地官)·춘관(春官)·하관(夏官)·추관(秋官)·동관(冬官)의 여섯으로 나누고 그 아래에 각 관직과 직무를 서술하는 형태로 되어 있다. 이에 따라 전체가 천관총재(天官冢宰)·지관사도(地官司徒)·춘관종백(春官宗伯)·하관사마(夏官司馬)·추관사구(秋官司寇)·동관고공기(冬官考工記)의 여섯 편으로 구성되어 있다. 이 가운데 〈고공기〉는 유실된 〈동관사공(冬官司空)〉 대신 한대(漢代)에 보충해 넣은 것이다. 각 편마다 첫머리에 경문(經文)을 두어 해당 관직과 그 관장하는 직무의 요점을 총괄 서술, 그 아래에 관직과 직무를 등급에 따라 차례로 배열하였다. 구체적 내용을 보면, 천관편에 대재(大宰) 이하 63관직, 지관편에 대사도(大司徒) 이하 78관직, 춘관편에 대종백(大宗伯) 이하 69관직, 하관편에 대사마(大司馬) 이하 67관직, 추관편에 대사구(大司寇) 이하 64관직, 동관편에 수인(輸人) 이하 31관직 등 모두 372관직을 망라해 각기 그 직무의 성격과 관장 사항을 서술하고 있다. 이 가운데 관직의 이름만 있고 내용은 유실된 것이 모두 16항목이다. 《주례》의 이러한 관직 체계는 후대의 국가 조직과 관직 제도에 큰 영향을 미쳤으니, 한대에 이미 관부(官府)를 육조(六曹)로 나누는 것이 일반화되었다. 수당(隋唐) 이후로는 중앙 정부로부터 지방에 이르기까지 모든 행정 조직이 이(吏)·호(戶)·예(禮)·병(兵)·형(刑)·공(工)의 육부(六府) 혹은 육조의 형태로 정비되었다. 이 책이 우리나라에 들어온 것은 그 시기를 명확히 알 수 없다. 그러나 고이왕 때에 중국의 제도를 본떠 대신(大臣)으로 육좌평(六佐平)을 두었다고 하는 기록으로 미루어 볼 때 삼국시대에 이미 그 영향이 부분적으로나마 있었음을 확인할 수 있다. 이후 고려에 들어오면 예종 때에 칠재(七齋)의 하나인 구인재(求仁齋)에서 《시경》·《서경》·《역경》·《예기》·《춘추》와 함께 《주례》를 가르쳤다고 하였으니, 고려 중기에는 이미 《주례》가 주요 유교 경전의 하나로서 국가의 공식 교육 기관에서 교육되었음을 알 수 있다. 그러나 이 책이 본격적으로 연구, 인용되기 시작한 것은 성리학의 유입으로 인해 유교 경전에 대한 연구가 활발해지고 유교 중심의 정치 체제를 구축할 필요성이 강하게 대두된 고려 말기에 이르러서이다. 특히 권근(權近)·정도전(鄭道傳) 등의 저술에는 《주례》의 구절이 직접 인용되고 있어 이들의 《주례》에 대한 이해가 상당히 깊었음을 말해 주고 있다. 조선조에 들어와서는 세종 때에 16책의 단행본으로 간행, 일반에 보급되었다. 일반적으로 조선조의 학자들은 경학(經學)보다 성리학에 더욱 관심을 기울였으므로 《주례》와 같은 선진 경전(先秦經典)에 대한 깊이 있는 연구가 드물었으나, 조선 후기에 이르러 성리학 일변도의 풍토에서 벗어나 새로운 사상을 모색하려는 경향이 일어나면서 몇몇 학자를 중심으로 《주례》 등의 선진 경전에 대한 활발한 관심과 연구가 이루어졌다. 이 가운데 허목(許穆)과 윤휴(尹鑴)는 각기 《주례》에 관한 저술을 남겼고, 정약용(丁若鏞)은 《춘추고징(春秋考徵)》에서 《주례》를 중심으로 다른 경전의 재해석·재구성을 시도하였다(한국민족문화대백과).

소언 周쥬禮례[周쥬ㄷ 적 례도 긔록흔 글월이라]에 大대司ᄉᆞ徒도ㅣ 鄕향[萬만二이千쳔五오百빅 집이 鄕향이라]애 세 가지 일로ᄡᅧ 萬만民민을 ᄀᆞᄅᆞ쳐 손례로 ᄒᆞ야 거쳔ᄒᆞ니

현대역 《주례》[周 때 예도 기록한 글월이라.]에 대사도가 鄕[만이천오백 집이 향이라.]에 세 가지 일로써 만민을 가르쳐 손님 예로 하여 擧薦하니,

거쳔ᄒᆞ니: 거천(擧薦)하니. '거쳔ᄒᆞ(어간)+니(연결어미)'이다. '거쳔ᄒᆞ다'는 '어떤 일을 맡아 할 수 있는 사람을 그 자리에 쓰도록 소개하여 추천하다.'를 뜻한다. 유의어: 천거(薦擧)하다.

【集說】**陳氏曰周禮**는**周公所著**니**實周家一代之禮也**라**大司徒**는**敎官之長也**라**萬二千五百家爲鄕**이라**朱氏曰物**은**猶事也**요**興**은**猶擧也**하니**三事告成**이어든**鄕大夫擧其賢能而以禮賓之**하니라

진 씨가 말하였다. 《주례》는 주공이 지은 것이니, 실로 주나라 왕가 한 대代의 예이다. 대사도는 교화시키는 관직의 우두머리이다. 만이천오백 家를 鄕이라 한다. 朱氏가 말하였다. "物은 일과 같고, 興은 천거함과 같으니, 세 가지 일이 이루어졌음을 고하면, 향대부가 그[鄕] 현명하고 능력 있는 자를 천거하여 그[其賢能]를 예로써 대우한다."

一曰六德이니**知**智**仁聖義忠和**ㅣ오

● 첫째는 여섯 가지 덕이니, 知와 仁과 聖과 義와 忠과 和다.

소언 ᄒᆞ낟재 ᄀᆞ온 여ᄉᆞᆺ 가짓 德덕이니 디혜로옴과 인ᄌᆞ홈과 통달홈과 이레 맛당홈과 튱신홈과 화평호미오

현대역 첫째 이른바 여섯 가지의 덕이니, 지혜로움과 인자함과 통달함과 일에 마땅함과 충신(忠信)함과 화평함이오,

ᄒᆞᆫ낟재: 첫째. 鄕애 여듧 형벌로ᄡᅥ 萬民을 고찰ᄒᆞ니 ᄒᆞᆫ낟재ᄂᆞᆫ 글ᄋᆞᆯ 효도 아니ᄒᆞᄂᆞᆫ 형벌이오(以鄕八刑 糾萬民 一曰不孝之刑).《소언 1:12》

【集說】朱氏曰六者는出於心이라故曰德이라知는別是非요仁은無私欲이요聖은無不通이요義는有斷制라盡己之心曰忠이요無所乖戾曰和라

주 씨가 말하였다. "여섯 가지는 마음에서 나오므로 德이라 하였다. 知는 옳고 그름을 구별함이요, 仁은 사욕이 없음이요, 聲은 통하지 않음이 없음이요, 義는 결단과 제재함이 있음이다. 자신의 마음을 다함을 忠이라 하고, 어긋남이 없음을 화(和)라 한다."

漢字 乖(어그러질 괴), 戾(어그러질 려)

【集解】此六者는雖不容驟語於初學이나然不先有以敎之하여識其準的이면則亦將何以立志哉아

이 여섯 가지는 비록 초학자에게 갑자기 말하는 것이 용인되지 않으나[말해 줄만하지는 않으나], 그러나 먼저 이것[六者]을 가르쳐서 그 표준을 알게 하지 않으면, 또한 장차 무엇으로써 뜻을 세우겠는가?

漢字 驟(갑자기 취, 달릴 취)

준적(準的): 표준(標準)

二曰六行이니孝友睦目婣任恤이오

●둘째는 여섯 가지 행실이니, 孝와 友와 睦과 婣과 任과 恤이다.

漢字 睦(화목할 목), 婣(화목할 인, 혼인 인), 任(믿을 임, 맡길 임), 恤(구휼할 휼)

소언 둘재 골온 여슷 가짓 ᄒᆡᆼ실이니 부모 효도홈과 형뎨 사랑홈과

동셩 권당 친히 홈과 이셩 권당 친히 홈과 버듸게 믿븜과 가난ᄒᆞ니 에엿비 너굠이오

현대역 둘째 이른 여섯 가지의 행실이니, 부모 효도함과 형제 사랑함과 同姓 친척 친히 함과 異姓 친척 친히 함과 벗에게 미쁨과 가난한 이 불쌍히 여김이요,

1 동셩, 이셩: 동성(同姓), 이성(異姓). 여기서 '동성'은 '친가(親家)'를, '이성'은 '외가(外家)나 처가(妻家)'를 가리킨다.

2 너굠: 여김. '너기(어간)+옴(명사형 어미)'이다. '너기다'는 '여기다'의 옛말로, 15세기 문헌에서부터 나타난다. 16세기에는 제1음절에 반모음 'ㅣ[j]'가 첨가되어 모음 'ㅓ'가 'ㅕ'로 바뀐 '녀기다' 형태가 등장하였다. 근대국어 후기에 'ㄴ'의 구개음화로 인해 'ㅣ, ㅑ, ㅕ, ㅛ, ㅠ' 등의 모음 앞에서 'ㄴ'이 탈락하는 현상이 일어났는데, 이에 따라 18세기에는 '녀기다'에서 'ㄴ'이 탈락하여 현대국어와 같은 '여기다'가 나타나게 되었다. 한편 근대국어 문헌에는 '넉이다', '녁이다', '역이다'와 같은 과도한 분철 표기도 등장하고 있다. 너기다(15세기~19세기)>녀기다(16세기~19세기)>여기다(18세기~현재). 이형태: 너기다, 넉이다, 녀기다, 녁이다, 여기다, 역이다. 내 이를 爲ᄒᆞ야 어엿비 너겨.《1446 훈언 2ㄴ》, 제 아비 죄 아닌 이레 주근 주를 셜이 녀겨 벼슬 아니코 살며셔.《1518 번소 9:26ㄴ-27ㄱ》

【集說】朱氏曰六者는體之於身이라故曰行이라

주 씨가 말하였다. "여섯 가지는 그것[六者]을 몸에 체득하는 것이다. 그래서 行이라 한다."

【集解】孝는謂善事父母요友는謂善於兄弟요睦은謂親於九族이요婣은謂親於外親이요任은謂信於朋友요恤은謂賑於憂貧也라

孝는 부모를 잘 섬김을 이르고, 友는 형제간에 잘 함을 이르고, 睦은

구족에게 친함을 이르며, 婣은 외친에게 친함을 이르고, 任은 붕우에게 미덥게 함을 이르며, 恤은 우환과 가난함을 구휼함을 이른다."

漢字 賑(구휼할 진)

구족(九族): 고조(高祖)로부터 현손(玄孫)까지의 친족, 즉 자기를 기준으로 위로 사대(四代) 아래로 사대(四代)까지의 친족.

三曰六藝니禮樂射御書數ㅣ니라

● 셋째는 여섯 가지 재주이니, 禮와 樂과 射와 御와 書와 數이다.

소언 셋재 골온 여숫 가지 직죄니 례졀과 음악과 활뽀기와 어거ᄒᆞ기와 글쓰기과 산계홈이니라

현대역 셋째 이른바 여섯 가지 재주이니, 예절과 음악과 활쏘기와 어거(御車)하기와 글쓰기와 계산(計算)함이니라.

1 어거ᄒᆞ기: 어거(馭車/御車)하기. '어거ᄒᆞ(어간)+기(명사형 어미)'이다. '어거ᄒᆞ다'는 '수레를 메운 소나 말을 부리어 몰다.'를 뜻한다.

2 산계홈: 계산(計算)함. '산계ᄒᆞ(어간)+옴(명사형 어미)'이다.

【集解】藝者는見(현)之於事者也라禮凡有五하니一曰吉禮니事邦國之鬼神祇니其目十有二라以禋祀로祀昊天하고以實柴로祀日月星辰하고以槱燎로祀司中司命風師雨師하고以血祭로祭社稷五祀五嶽하고以貍沈으로祭山林川澤하고以疈辜로祭四方百物하고以肆獻祼으로享先王하고以饋食으로享先王하며與夫春享以祠하고夏享以禴하고秋享以嘗하고冬享以烝也라二曰凶禮니哀邦國之憂니其目有五라以喪禮로哀死亡하고以荒禮로哀凶札하고以弔禮로哀禍災하고以禬禮로哀

圍敗하고以恤禮로哀寇亂也라三曰賓禮니親邦國이니其目有八이라春見曰朝요夏見曰宗이요秋見曰覲이요冬見曰遇요時見曰會요殷見曰同이요時聘曰問이요殷覜曰視也라四曰軍禮니同邦國이니其目有五라大師之禮는用衆也요大均之禮는恤衆也요大田之禮는簡衆也요大役之禮는任衆也요大封之禮는合衆也라五曰嘉禮니親萬民이니其目有六이라以飮食之禮로親宗族兄弟하고以昏冠之禮로親成男女하고以賓射之禮로親故舊朋友하고以饗燕之禮로親四方賓客하고以脤膰之禮로親兄弟之國하고以賀慶之禮로親異姓之國也라樂凡有六하니一曰雲門이니黃帝之樂이니言其德如雲之所出也요二曰咸池니帝堯之樂이니言其德無所不在也요三曰大韶니帝舜之樂이니言其德能紹堯之道也요四曰大夏니大禹之樂이니言其德能大中國也요五曰大濩니成湯之樂이니言能以寬治民하여其德能使天下得所也요六曰大武니武王之樂이니言能伐紂除害하여其德能成武功也라射凡有五하니一曰白矢니言矢貫侯하여見其鏃白也요二曰參連이니言前發一矢하고後三矢連續而去也요三曰剡注니謂羽頭高하고鏃低而去하여剡剡然也요四曰襄尺이니襄은作讓하니謂臣與君射에不敢並立하여讓君一尺而退也요五曰井儀니謂四矢貫侯하여如井之容儀也라御凡有五하니一曰鳴和鸞이니和與鸞은皆鈴也라和在式하고鸞在衡하여馬動則鸞鳴而和應也요二曰逐水曲이니言御車隨水勢之屈曲而不墜也요三曰過君

表니謂君表轅門之類니言急驅車하여走而入門에若少偏이면則車軸擊門闑而不得入也요四曰舞交衢이니謂御車在交道에旋轉이應於舞節也요五曰逐禽左니謂逆驅禽獸使左하여當人君以射之也라書凡有六하니一曰象形이니謂日月之類니象以形體也요二曰會意니謂人言爲信止戈爲武니會人之意也요三曰轉注니謂考老之類니文意相受하여左右轉注也요四曰處事니謂人在一上爲上하고人在一下爲下하여處得其宜也요五曰假借니謂令長之類니一字兩用也요六曰諧聲이니謂江河之類니以水爲形하고工可爲聲也라數凡有九하니一曰方田이니以御田疇界域하고二曰粟布니以御交貿變易하고三曰衰分이니以御貴賤廩稅하고四曰少廣이니以御積冪覓方圓하고五曰商功이니以御功程積實하고六曰均輸니以御遠近勞費하고七曰盈朒女六反니以御隱雜互見하고八曰方程이니以御錯揉正負하고九曰句股니以御高深廣遠也라

藝는 일에 나타나는 것이다. 禮는 모두 다섯 가지가 있다. 첫째는 吉禮니, 나라의 人鬼와 天神과 지기(地祇)를 섬기는 것으로, 그 조목이 열두 가지이다. 인사(禋祀)로, 하늘에 제사하고, 실시(實柴)로, 해와 달과 별에 제사하며, 유료(槱燎)로, 司中·司命·風師·雨師에 제사하고, 血祭로, 社稷·五祀·五嶽에 제사하며, 매침(狸沈)으로, 산림·천택에 제사하고, 벽고(副辜)로, 사방 온갖 사물의 신에게 제사하며, 사헌관(肆獻祼)으로, 선왕에게 제사하고, 궤식(饋食)으로, 선왕에 제향하며, 및 봄에는 사(祠)로써 제사하고, 여름에는 약(禴)으로써 제사하며, 가을에는 상(嘗)으로써 제사하고, 겨울에는 증(烝)으로써 제사하는 것이다. 둘째는 凶禮니, 나라의 우환을 걱정하는 것으로, 그 조목이 다섯 가지가 있다. 喪禮로, 죽은 일을 슬퍼하고, 荒禮로,

기근으로 생기는 재앙[凶札]을 슬퍼하며, 弔禮로, 물난리와 불난리[禍災]를 슬퍼하고, 회례(禬禮)로, 포위되거나 패전함을 슬퍼하며, 휼례(恤禮)로, 구란(寇亂)을 슬퍼하는 것이다. 셋째는 賓禮니, 나라들끼리 (사신을 보내) 친히 하는 것으로, 그 조목이 여덟 가지가 있다. 봄에 뵙는 것을 朝라 하고, 여름에 뵙는 것을 宗이라 하며, 가을에 뵙는 것을 근(覲)이라 하고, 겨울에 뵙는 것을 遇라 하고, 외정 시에 뵙는 것을 會라 하며, 여럿이 나누어 뵙는 것을 同이라 하고, 유사시에 만나 봄을 問이라 하고, 여럿이 방문함을 視라 한다. 넷째는 軍禮니, 나라들끼리 함께 하는[나라가 하나처럼 힘을 합치는] 것으로, 그 조목이 다섯 가지가 있다. 大師之禮는 군중[전군]을 동원하는 일이고, 大均之禮는 군중을 구휼하는 일이며, 大田之禮는 군중을 가려 뽑는 일이고, 大役之禮는 군중을 부리는 일이며, 大封之禮는 군중을 모으는 일이다. 다섯째는 嘉禮니, 만민을 친하게 하는 것으로, 그 조목이 여섯 가지가 있다. 飮食之禮로, 종족·형제를 친히 하고, 昏冠之禮로, 남녀를 친히 하여 성인으로 만들며, 賓射之禮로, 故舊·붕우를 친히 하고, 燕饗之禮로, 사방의 빈객[알현하러 온 사신]을 친히 하며, 신번지례(脤膰之禮)로, 형제의 나라를 친히 하고, 賀慶之禮로, 이성의 나라를 친히 하는 것이다. 樂은 모두 여섯 가지가 있다. 첫째는 雲門이니, 黃帝의 음악인 바, 그 덕이 마치 구름이 나오는 것과 같음을 말한다. 둘째는 咸池니, 帝堯의 음악인 바, 그 덕이 있지 않은 곳이 없음을 말한다. 셋째는 대소(大韶)니, 帝舜의 음악인 바, 그 덕이 堯의 도를 이을 만했음을 말한다. 넷째는 대하(大夏)니, 大禹[우임금]의 음악인 바, 그 덕이 중국을 크게 할 만했음을 말한다. 다섯째는 대호(大濩)니, 성탕(成湯)의 음악인 바, 능히 관대함으로 백성을 다스려, 그 덕이 능히 하여금 천하를 얻을 수 있을 만했음을 말한다. 여섯째는 大武니, 武王의 음악인 바, 능히 紂를 정벌하여 폐해를 없애, 그 덕이 능히 무공을 이룰 만했음을 말한다. 射[활쏘기]는 모두 다섯 가지가 있다. 첫째는 白矢니, 화살이 과녁을 뚫어 살촉이 하얗게 보임을 말한다. 둘째는 삼련(參連)이니, 먼저 한 화살을 발사하고, 뒤에 세 화살이 연속하여 나감을 말한다. 셋째는 염주(剡注)니, 깃머리는 높고 살촉은 낮게 나가 예리함을 말한다.

넷째는 양척(襄尺)이니, 양(襄)은 '讓(사양할 양)'이 되어야 하는 바, 신하가 임금과 활을 쏨에, 감히 나란히 서지 못하고 임금에게 한 자 양보하여 물러남을 말한다. 다섯째는 井儀니, 네 화살이 과녁을 뚫어 (그 관통한 자국이) 마치 井의 모양과 같음을 말한다. 御[수레몰기]는 모두 다섯 가지가 있다. 첫째는 명화란(鳴和鸞)이니, 화(和)와 난(鸞)은 모두 방울이다. 화는 수레의 앞부분에 있고, 난은 가로대에 있어 말이 움직이면 난이 울리고 화가 응한다. 둘째는 축수곡(逐水曲)이니, 수레를 水勢의 굴곡에 따라 몰면서, (물로) 떨어지지 않음을 말한다. 셋째는 過君表니, 군표는 원문(轅門) 따위를 이르는 바, 급히 수레를 몰아 달려, (원문) 문에 들어갈 때에, 만약 (이때 수레가) 조금이라도 치우쳐 있으면 수레의 축이 (원)문의 문지방에 부딪쳐 (진 안으로) 들어갈 수 없음을 말한다.[그러나 본문의 속뜻은 수레가 진안으로 들어가지 못함이 아니라, 빨리 달리면서도 원문의 좁은 틈을 통과해서 들어가는 기예를 뜻한다] 넷째는 무교구(舞交衢)니, 수레를 몰아 교차로에 있을 때 도는 것이 춤추는 가락에 응함[춤을 추는 것처럼 절도 있음]을 말한다. 다섯째는 축금좌(逐禽左)니, 짐승을 거꾸로 몰아 왼쪽으로 가게하고 임금에게 가게 해서 (임금이) 그것[짐승]을 쏘게 함을 말한다. 書[문자]는 모두 여섯 가지가 있다. 첫째는 象形이니, 日·月 따위로, 형체를 그림을 말한다. 둘째는 會意니, 人과 言이 信이 되고[사람(人)의 말(言)은 신(信)이 되고], 止와 戈[창 과, 전쟁 과]가 武가 되는[전쟁(戈)을 종식시킴(止)이 무(武)가 되는] 것으로, 사람의 뜻[다른 의미]을 모음[합침]을 말한다. 셋째는 轉注니, 考·老 따위로, 글자의 뜻을 서로 받아[글자들이 서로 뜻을 넘겨주면서], 좌우로 굴러 잇닿음[확장함]을 말한다. 넷째는 處事[指事]니, 人이 一 위에 있으면 上이 되고, 人이 一 아래에 있으면 下가 되어, 처함[획이 위치함]이 그 마땅함[의미의 마땅함]을 얻음을 말한다. 다섯째는 假借니, 令['하여금 령'의 음과 瓴(벽돌 령)과 음이 같으므로, '벽돌'의 뜻으로도 쓰임]·長['길 장'의 음과 丈[어른 장]의 음이 같으므로, '어른'의 뜻으로도 쓰임] 따위로, 한 글자를 두 가지(의 뜻으로)로 씀[원래 의미는 전혀 다르지만, 발음이 같을 때 두 글자를 통용할 수 있음]을 말한다. 여섯째는 諧聲[形聲]이니, 江·河 따위로, 水가 형[뜻]을 이루고 工·可가 소리를 이룸을 말한다[六體가 있다, 즉 江과 河는 좌측이 뜻이고, 우측이 소리다. 鳩(비둘기 구)과 鴿(집비둘기 합)은 우측이 뜻이고, 좌측이 소리다. 草와 藻(바닷말 조)는 위쪽이 뜻이고, 아래쪽이 소리다. 婆(할미 파)와 娑(춤출 사)는 아래쪽이 뜻이고, 위쪽이 소리다. 疲(지칠 피)와 國은 바깥쪽이 뜻이고, 안쪽이 소리다. 衡(저울대 형)과 銜(재갈 함)은 안쪽이 뜻이고, 바깥쪽이 소리다.] 數[계산법]는 모두 아홉 가지가 있다[《九章算術》》에 의함]. 첫째는 方田이니, 밭두둑의 경계[밭 넓이]를 다스린다[계산한다]. 둘째는 粟布니, (곡식을) 바꿀 때 계산한다. 셋째는 쇠분(衰分)이니, (사람의) 귀천에 따라 갈무리해서 보냄을 계산한다. 넷째는 少廣이니, 방형이나 원형에 대한 나눗셈과 거듭제곱근을 계산한다. 다섯째는 商功이니, 토목공사에서 결실을 맺을 때 계산한다. 여섯째는 均輸니, 멀리 또는 가까이 (옮기는)의 노고와 비용을 계산한다. 일곱째는 영뉵(盈朒)이니, 숨어있는 미지수를 서로 드러냄을 계산한다. 여덟째는 方程이니, 양수와 음수를 다스리고 주무름을 계산하다. 아홉째는 구고(句股)니, 높거나 깊거나 넓거나 먼 곳까지(의 거리)를 계산한다.

漢字 禋(제사 지낼 인), 昊(하늘 호), 實(재물로 바칠 실, 재물 실), 柴(시제사 지낼 시, 섶 시), 槱(제사이름 유, 화톳불 놓을 유), 燎(제사이름 료, 화톳불 료), 司(맡을 사, 벼슬 사), 貍(묻을 매, 너구리 리), 副(쪼갤 벽, 가를 벽), 辜(허물 고), 肆(늘어놓을 사, 방자할 사), 祼(강신제 지낼 관), 享(제사지낼 향), 饋(보낼 궤, 식사 궤), 祠(=祀 봄제사 사), 禴(여름제사 약), 嘗(가을제사 상), 烝(겨울제사 증), 荒(흉년들 황), 札(일찍 죽을 찰), 禬(푸닥거리 회), 覲(뵐 근), 寇(도둑 구), 殷(많을 은), 聘(찾을 빙), 覜(뵐 조), 田(사냥할 전), 昏(장가들 혼), 燕(잔치 연), 饗(잔치 향), 脤(제사고기 신), 膰(제사고기 번), 賀(하례할 하), 咸(다 함), 池(못 지), 韶(풍류이름 소), 紹(이울 소), 濩(은나라풍류 호), 紂(주임금 주), 侯(과녁 후), 鏃(살촉 족(촉)), 剡(날카로울 염), 注(물댈 주), 襄(오를 양), 鸞(방울 란), 鈴(방울 령), 軾(수레앞턱가로나무 식), 衡(가로나무 형), 逐(쫓을 축), 墜(떨어질 추), 轅(끌채 원), 驅(몰 구), 軸(수레굴대 축), 闑(말뚝 얼), 衢(네거리 구), 戈(창 과), 御(다스릴 어), 疇(밭두둑 주), 域(경계 역), 粟(곡식 속), 貿(바꿀 무), 衰(차이 둘 쇠, 쇠할 쇠), 廩(갈무리할 름, 곳집 름), 稅(보낼 세), 積(곱하기 적), 冪(거듭제곱근 멱), 輸(보낼 수), 盈(가득할 영), 朒(줄어들 뉵), 錯(어

긋날 착), 揉(주무를 유), 股(넓적다리 고),

1 인사(禋祀): 연기를 피워 올리는 제사.
2 실시(實柴): 희생의 소를 섶 위에 올려 지내는 제사.
3 유료(槱燎): 화톳불을 피워 올리는 제사.
4 사중(司中): 별 이름.
5 사명(司命): 별 이름.
6 혈제[血祭]: 음사(陰祀), 즉 땅에 대한 제사로, 희생의 피를 올리는 제사.
7 사직(社稷): 토곡지신(土穀之神).
8 오사(五祀): 오색(五色)의 제(帝)에게 올리는 제사.
9 오악(五嶽): 산.
10 매침(貍沈): 희생을 땅에 묻거나 물에 가라앉히는 제사, 산림(山林)에 지내는 제사가 매(貍)고, 천택(川澤)에 지내는 제사가 침(沈)임.
11 벽고(副辜): 일명 부고(副辜)로, 희생을 찢거나 갈라서 지내는 제사.
12 사헌관(肆獻祼): 종묘 제사. 사(肆)는 희생을 익혀 올리는 것을, 헌(獻)은 희생의 피와 날고기를 올리는 것을, 관(祼)은 강신(降神)을 위해 쓰는 술을 말함.
13 궤식(饋食): 종묘 제사, 희생으로 특히 돼지를 씀.
14 사(祠): 봄 제사.
15 약(禴): 여름 제사.
16 상(嘗): 가을 제사.
17 증(烝): 겨울 제사.
18 회례(禬禮): 동맹국이 난리로 인해 곤경에 처했을 때 재물로 돕는 예.
19 휼례(恤禮): 이웃나라끼리 걱정해주는 예.
20 구란(寇亂): 외침과 내란.
21 조(朝): 제후가 일찍 옴.
22 종(宗): 제후가 천자를 높임.
23 근(覲): 제후가 천자를 부지런히 섬김.
24 우(遇): 제후들이 약속하지 않았는데, 한꺼번에 천자를 보러 옴.
25 회(會): 천자가 외정할 때 제후들이 천자의 깃발 아래 모여 알현함.
26 동(同): 사철동안 사방에서 나누어 알현함, 한 해가 끝나면 모든 제후들이 은현(殷見)하게 됨.

27 문(問): 유사시에 천자가 제후를 만나 봄.

28 시(視): 제후가 경(卿)을 대동하여 대례를 갖추어 여럿이 천자를 알현함.

29 대사지례(大師之禮): 대사의 예. 대사(大師)는 큰 군사, 즉 천자의 출정을 말함.

30 대균지례(大均之禮): 대균의 예. 토지의 비옥도와 도로의 거리 등을 헤아려 공물(貢物)과 조세를 고르게 부과하는 예.

31 대전지례(大田之禮): 대전의 예. 사냥의 예.

32 대역지례(大役之禮): 대역의 예, 궁(宮, 궁성)이나 읍(邑, 도성)을 지을 때의 예.

33 대봉지례(大封之禮): 대봉의 예. 전란으로 천자가 봉분해 준 원래의 경계가 어지러워져 이를 바로잡아 백성들이 자기 자리를 찾도록 하는 예.

34 음사지례[飮食之禮]: 음사의 예. 종족·형제를 친히 함.

35 혼관지례(昏冠之禮): 혼관의 예. 혼례와 관례의 예.

36 빈사지례(賓射之禮): 빈사의 예, 상대를 초대하여 활을 쏘며 우의를 다지는 예.

37 고구(故舊): 왕의 옛 동문.

38 붕우(朋友): 제후.

39 연향지례(燕饗之禮): 연향의 예, 잔치를 베푸는 예.

40 신번지례[脤膰之禮]: 신번의 예, 신(脤)은 제여육(祭餘肉)을, 번(膰)은 제여숙육(祭餘熟肉)을 뜻함, 따라서 종묘 제사 후 남은 고기를 동성(同姓, 姬姓) 제후들에게 하사하는 예.

41 하경지례(賀慶之禮): 제후국에 축하할 만한 일이 있을 때 물품을 보내주는 예.

42 군표(君表): 원문[轅門]. 즉, 군영의 문.

43 三曰轉注 謂考老之類: 위 【集解】에서 전주(轉注)의 예로 考(고)와 老(노)를 든 이유는 무엇일까? 考는 老에서 파생된 글자로, 老가 단순히 '노인'·'늙음'을 뜻하는데 비해, 考는 '옛일을 생각하다'처럼 그 의미가 확장되어 있다. 그런데 考와 老는 모양이 서로 다르다. 그러면 허신(許愼)은 《설문해자(說文解字)》에서 왜 모양이 다른 글자를 들었을까? 아마 考가 老에서 완전히 파생되어 새 글자가 되기 전에는 老라는 모양을 공유했기 때문이 아닐까? 지금도 두 글자는 비슷하다. 따라서 모양이 조금 바뀌었을지언정, 혹은 발음이 조금 바뀌었을지언정, 전주가 의미가 파생되는 과정을 거쳐서 글자를 만드는 방법이라는 점은 분명하다.

44 방전(方田): '직사각형 모양의 밭'이니. 밭 넓이의 계산법. 가로와 세로의 곱셈법.
45 속포(粟布): '조를 거래하다'는 뜻이니, 곡식을 바꿀 때, 즉 물물교환 시 계산법.
46 쇠분(衰分): '차등적으로 나눈다'는 뜻이니, 사람의 귀천에 따라 갈무리해서 보내는 계산법.
47 소광(少廣): '줄이고 늘인다'는 뜻이니, 면적과 가로, 또는 면적과 세로를 알 때, 나머지 길이 하나를 구하는 계산법.
48 상공(商功): 공사(功)에 대해 헤아리는(商) 계산법.
49 균수(均輸): 적절하게 수송하는 계산법.
50 영뉵(盈朒): 물건 사는 데 가득하고 모자라는 계산법.
51 은잡(隱雜): 뒤섞여 있는 미지수.
52 호견(互見): 서로 드러냄.
53 방정(方程): 방정식.
54 정부(正負): 양수와 음수.
55 구고(句股): 직각삼각형에서 빗변의 계산법. 직각삼각형에서 직각을 낀 두 변 중 긴 변이 구(句), 짧은 변이 고(股)임.
56 한자의 6가지 구성 원리: 첫째, 상형(象形)은 실제 사물의 모습을 그대로 본떠 글자를 만드는 방법이다. 예컨대, 일[日, 해], 수[水, 물], 목[木, 나무], 마[馬, 말], 어[魚, 물고기] 등이다. "畫成其物 隨體詰詘 日月是也(몸체의 구부러짐에 따라 물상을 그려 이루어졌으니, 일월(日月)이 그것이다.)"《說文解字》

둘째, 회의(會意)는 이미 만들어진 둘 이상의 글자를 합하여 새로운 글자를 만드는 방법이다. 예컨대, '신(信)'은 '사람[인(人)]'의 입에서 나오는 '말[언(言)]'은 성실해야 한다는 데서 '믿다'의 뜻을 나타낸다. '해(解)'는 '도(刀), 우(牛), 각(角)'의 세 글자로 이루어져 '칼로 소의 뿔을 가르다'의 의미로, '풀다', '해체하다'의 뜻을 갖게 되었다.

셋째, 전주(轉注)는 이미 있는 한자의 뜻을 확대 발전시켜 다른 뜻으로 쓰는 방법이다. 즉 같은 부수에 속하면서 의미가 동일해 바꾸어 사용해도 무방한 글자나 서로 통용되는 글자가 그 대상이 된다. 예컨대, '처음'이란 의미를 가진 '시(始), 초(初), 원(元), 수(首)' 등을 바꾸어 쓰는 경우이다. "同意相受(서로 뜻을 주고받는다.)"《說文解字》. 여기서 동의(同意)는 의미부를 가리키는 것으로, 같은 부수에 속하는 글자들을 뜻한다.

넷째, 지사[指事, 처사(處事)]는 눈으로 볼 수 없는 추상적인 생각이나 뜻을 점이나 선으로 부호화하여 글자를 만드는 방법이다. 여기서 지(指)는 '가르키다'를, '사(事)'는 '일이나 상태'를 뜻한다. 예컨대, 일(一), 이(二), 삼(三), 상(上), 중(中), 하(下), 본(本), 말(末) 등이다. "視而可識 察而見意 上下是也(금방 보면 알 수 있고 살펴보면 뜻이 드러나는 것으로, 상하(上下)가 그것이다.)"《說文解字》

다섯째, 가차(假借)는 기존 글자가 담고 있는 뜻은 두고 소리를 빌려 쓰거나, 원래는 글자가 없었으나 음성에 기초하여 기존의 글자를 차용해 사용하는 글자의 운용 방식이다. 통가자(通假字)와 가차자(假借字)로 나뉘는데, 전자의 예로는 스스로 자(自)는 원래 코의 모양을 나타낸 상형자였으나, 이것이 1인칭으로 가차되면서 소리부인 '줄 비(畀)'가 더해져 '코 비(鼻)'자가 만들어진 경우이다. 후자의 예로는 '포도(葡萄)'와 같은 고대 외래어나 '핑퐁(乒乓)'과 같은 음차가 이에 해당한다. "本無其字 依聲托事(본래 글자가 없었으나, 소리와 사물의 형상에 기대어 만들어진 글자이다.)"《說文解字》

여섯째, 형성[形聲, 해성(諧聲)]은 의미를 나타내는 부분[형(形)]과 소리를 나타내는 부분[성(聲)]을 조합하여 새로운 글자를 만드는 방법이다. 예컨대, '호수 호(湖)'에서 '수(水)'는 의미를 '호(胡)'는 음을 나타낸다.

【增註】禮以制中하고樂以道和하고射以觀德行하고御以正馳驅하고書以見心畫하고數以盡物變하니皆至理所寓而日用不可缺者也라

禮로써 중도에 맞게 하고, 樂으로써 조화를 유도하며, 활쏘기로써 덕행을 보게 하고, 수레몰기로써 (마음이) 급함을 바르게 하며, 글자로써 마음의 모습을 보고, 계산으로써 사물의 변함을 극진히 하니[좇으니], 모두 지극한 이치가 붙어 있는 바로써[이치가 지극하여], 날로 쓰는 데 없어서는 안 될 것들이다.

漢字 制(맞게 할 제), 馳(달릴 치), 畫(그을 획), 寓(붙일 우)

심획(心劃): 마음의 모습

以鄕八刑으로**糾萬民**하니**一曰不孝之刑**이오**二曰不睦之刑**이오**三曰不婣之刑**이오**四曰不弟之刑**이오**五曰不任之刑**이오**六曰不恤之刑**이오**七曰造言之刑**이오**八曰亂民之刑**이니라

●鄕에서는 여덟 가지 형벌로써 만민을 규찰하니[바로잡으니], 첫째는 효도하지 않는 형벌이요, 둘째는 (친족 간에) 화목하지 않는 형벌이요, 셋째는 (외친 간에) 화목하지 않는 형벌이요, 넷째는 (스승이나 어른을) 공경하지 않는 형벌이요, 다섯째는 (붕우 간에) 믿지 않는 형벌이요, 여섯째는 (어려운 사람을) 구휼하지 않는 형벌이요, 일곱째는 말을 만드는 형벌이요, 여덟째는 백성을 어지럽히는 형벌이다.

漢字 **糾**(살필 규, 들추어낼 규), **睦**(화목할 목), **婣**(화목할 인, 혼인 인), **任**(믿을 임, 맡길 임), **恤**(구휼할 휼)

1 불목지형(不睦之刑): 친족(親族) 간에 화목하지 않은 형벌.
2 불인지형(不婣之刑): 외친[外親, 모족(母族), 처족(妻族)] 간에 화목하지 않은 형벌.

소언 鄕향애 여듧 형벌로뻐 萬만民민을 고찰ᄒᆞ니 ᄒᆞᆫ낟재ᄂᆞᆫ 골온 효도 아니ᄒᆞᄂᆞᆫ 형벌이오 둘재ᄂᆞᆫ 골온 동셩 권당 친히 아니ᄒᆞᄂᆞᆫ 형벌이오 세재ᄂᆞᆫ 골온 이셩 권당 친히 아니ᄒᆞᄂᆞᆫ 형벌이오 넷재ᄂᆞᆫ 골온 얼운의게 공슌티 아니ᄒᆞᄂᆞᆫ 형벌이오 다ᄉᆞᆺ재ᄂᆞᆫ 골온 버듸게 믿비 아니ᄒᆞᄂᆞᆫ 형벌이오 여ᄉᆞᆺ재ᄂᆞᆫ 골온 가난ᄒᆞ니 어엿비 너기디 아니ᄒᆞᄂᆞᆫ 형벌이오 닐굽재ᄂᆞᆫ 골온 말 지어내ᄂᆞᆫ 형벌이오 여듧재ᄂᆞᆫ 골온 ᄇᆡᆨ셩 어즈러이ᄂᆞᆫ 형벌이니라

현대역 鄕에 여덟 형벌로써 만민을 考察하니, 첫째는 이른바 효도 아니 하는 형벌이요, 둘째는 이른바 同姓 친척 친히 아니하는 형벌이요, 셋째는 이른바 異姓 친척 친히 아니하는 형벌이요, 넷째는 이른바 어른에게 공손하지 아니하는 형벌이요, 다섯째는 이른바 벗에게 미쁘게 아니하는 형벌이요, 여섯째

는 이른바 가난한 이 불쌍히 여기지 아니하는 형벌이요, 일곱째는 이른바 말 지어내는 형벌이요, 여덟째는 이른바 백성 어지럽히는 형벌이니라.

1 ᄀᆞᆯ온: 이른. 이른바. 'ᄀᆞᆯ(어간)+온(관형사형 어미)'이다. '-온'은 끝음절의 모음이 'ㆍ, ㅏ, ㅗ'인 동사, 형용사 어간이나 어미 뒤에 붙어, '-(으)ㄴ'을 뜻하는 어미이다. 주로 피수식어가 행동의 대상임을 나타낸다. 네 디나건 녜뉫 時節에 盟誓 發願혼 이ᄅᆞᆯ 혜ᄂᆞᆫ다 모ᄅᆞᄂᆞᆫ다.《석상 6:8》, 舍利弗이 須達이 밍ᄀᆞ론 座애 올아 앉거늘.《석상 6:30》, 修行本起經은 修行ㅅ 根源 니르와ᄃᆞ샨 맛 첫 根源을 닐온 經이라.《석상 6:42》. 'ᄀᆞᆯ다'는 '말하다', '이르다'의 옛말로, '-오ᄃᆡ', '-온'의 두 어미만 취하는 전형적인 불완전 동사이다. 일훔 지허 ᄀᆞ로ᄃᆡ 釋譜詳節이라 ᄒᆞ고.《월석 석서:4~5》, 어버이ᄅᆞᆯ ᄉᆞ랑ᄒᆞ며 兄을 공경홈과 님금ᄭᅴ 튱셩ᄒᆞ며 얼운의게 공슌홈이 이ᄅᆞᆯ ᄀᆞᆯ온 자받ᄂᆞᆫ 덛덛ᄒᆞᆫ 거시라(愛親敬兄 忠君弟長 是曰秉彝).《소언 사:1》, 曰 ᄀᆞᆯ 왈.《신합 상:14》.

2 권당: 권당(眷黨). 친족과 외척을 아울러 이르는 말. 현대국어 '권당'은 16세기 문헌에서부터 '권당'으로 나타나 현재까지 그대로 이어진다. '권당'은 한자어 '권당(眷黨)'에서 온 것이다. 15세기에는 한자로 적힌 '眷黨'으로 나타난다. 권당(16세기~현재). 이형태: 권당. 셜운 ᄆᆞᅀᆞᄆᆞᆯ 머굼고 친호온 권당ᄃᆞ려 닐오ᄃᆡ 주글가 너겨 저허 ᄒᆞ노라.《1563 은중 7ㄱ》, 홍무 임오년의 지아비 애뎐 역ᄉᆞ애 죽거ᄂᆞᆯ 한시 ᄋᆡ훼ᄒᆞ야 ᄣᆞᆯ을 그쳣더니 권당들이 권호ᄃᆡ 듣디 아니코 주그니라.《1617 동신속 열1:19ㄴ》

3 어즈러이ᄂᆞᆫ: 어지럽히는. '어즈러이(어간)+ᄂᆞ(현재 시제 선어말어미)+ㄴ(관형사형 어미)'이다. '어집럽히다'의 옛말인 '어즈러이다'는 15세기 문헌에서부터 '어즈러이다'로 나타났다. 형용사 '어즈럽-'에 사동접사 '-이-'가 결합하여 '어즈러ᄫᅵ-'가 된 후 'ᄫ'이 소실되어 '어즈러이-'가 되었다. 20세기 이후에 나타난 '어지럽히다'는 '어즈럽-'에서 새롭게 변화한 형용사 '어지럽-'에 사동접사 '-히-'가 결합하여 만들어진 동사이다. '어지럽히다'는 20세기 이후 현재에 이르렀다. 어즈러이다(15세기~19세기)〉어지럽히다(20세기~현재). 이형태: 어즈러이다. 그력 올히로 ᄒᆡ여 갓가온 이우즐 어즈러이디 아니호리라.《1481 두시-초 21:3ㄴ》, 여듧재ᄂᆞᆫ ᄀᆞᆯ온 ᄇᆡᆨ셩 어즈러이ᄂᆞᆫ 형벌이니라.《1588 소언 1:11ㄴ-12ㄱ》

【增註】糾는謂察而正之라造言은造爲妖妄之言也요亂民은挾邪道以惑民也라

규(糾)는 살펴서 그것[만민]을 바로잡음을 이른다. 造言은 요망한 말을 지어냄이요, 亂民은 邪道를 끼고[가지고] 백성을 미혹함이다.

漢字 妖(요망할 요), 挾(낄 협)

【集成】賈氏曰此不悌는卽六行之友니上文은言友在睦婣之上하니專施於兄弟하고此는變言弟하여退在睦婣之下라니兼施於師長이니라鄭氏曰制刑之意는終不爲卑者而罪其長이라故로六行則敎兄以友하고而制刑則謂之不悌하여使少者不敢陵長也니라

가 씨[賈公彦]가 말하였다. "여기의 不悌는 곧 육행 중 友니, 앞글은 友를 말함이 睦·婣의 위에 있으니, 오로지 형제간에만 시행되었고[友는 형제간에 잘함을 뜻함], 여기서는 弟로 바꾸어 말하여 (위치도) 睦·婣의 아래에 물러나 있으니, 스승과 어른에 겸하여 시행된 것이다[弟는 스승이나 어른을 공경함을 뜻함]." 정 씨가 말하였다. "형벌을 제정한 뜻은 마침내 낮은 자를 위하여 그 윗사람을 죄주지 않음이라. 그러므로 육행에 있어서는 (友가) 우애로써 형을 대하라고 가르치고, 형벌을 제정함에 있어서는 不悌라 말하여, 어린자로 하여금 감히 어른을 능멸하지 못하게 함이다."

1 상문(上文): 제7장 '二曰六行 孝友睦目婣任恤'을 말한다.
2 차(此): 제7장 '以鄕八刑 중 四曰不弟之刑'을 말한다.

〖八章〗

○王制에曰樂正이崇四術立四敎ᄒᆞ야順先王詩書禮樂ᄒᆞ야以

造士호ᄃᆡ春秋애教以禮樂ᄒᆞ고冬夏애教以詩書ㅣ니라 《禮記 王制》

● 〈왕제〉에 말하였다. "樂正이 네 가지 방법을 숭상하여 네 가지 가르침을 세워, 선왕의 詩·書·禮·樂에 따라 선비를 만들되, 봄·가을에 예와 악을 가르치고, 겨울·여름에 시와 서를 가르쳤다."

漢字 崇(높일 숭), 術(방법 술), 順(따를 순)

소언 王왕制제[禮례記긔 篇편 일홈이라]예 ᄀᆞᆯ오ᄃᆡ 樂악正졍[벼ᄉᆞᆯ 일홈이라]이 네 가짓 術슐을 슝샹ᄒᆞ야 네 가짓 ᄀᆞᄅᆞ쵸믈 셰여 先션王왕[녜 어딘 님금이라]의 모시와 샹셔와 례도와 음악을 조차 ᄡᅧ 션ᄇᆡ를 일워내요ᄃᆡ 봄과 ᄀᆞ올히ᄂᆞᆫ 례도와 음악으로ᄡᅧ ᄀᆞᄅᆞ치고 겨을와 녀름에ᄂᆞᆫ 모시와 샹셔로ᄡᅧ ᄀᆞᄅᆞ치더니라

현대역 〈왕제〉[《예기》 편 이름이라]에 가로되, "樂正[벼슬 이름이라.]이 네 가지의 術을 숭상하여 네 가지의 가르침을 세워, 先王[옛적 어진 임금이라.]의 《毛詩》와 《尙書》와 禮道와 음악을 좇아 써 선비를 이루어내되, 봄과 가을에는 예도와 음악으로써 가르치고, 겨울과 여름에는 《모시》와 《상서》로써 가르치더니라."

셰여: 세워. '셰(어간)+여(연결어미)'이다. 자세한 설명은 〈입교(立教) 제1〉 제1장 시작 전 첫머리를 참조하라.

【集說】吳氏曰王制는禮記篇名이라樂正은掌教之官이라崇은尙也라術者는道路之名이니言詩書禮樂四者之教는乃入德之路라故로言術也라順은依也요造는成也라陳氏曰古人之教雖曰四時各有所習이나其實은亦未必截然棄彼而習此니恐亦互言耳라非春秋不可教詩書요冬夏不可教禮樂也니라

오 씨가 말하였다. "〈왕제〉는 《예기》의 편 이름이다. 악정은 교육을 맡은 관원이다. 崇은 숭상함이다. 術은 도로의 이름이니, 시·서·예·악 네 가지의 가르침은 바로 덕에 들어가는 길이라고 말한다. 그러므로 술이라고 말한 것이다. 順은 의지함이요, 造는 이룸이다." 진 씨가 말하였다. "옛 사람의 가르침은 비록 사시에 각각 익히는 바가 있다고 말했으나, 그 실제는 또한 반드시 자른 듯이 저것을 버리고 이것을 익혔던 것은 아니니, 아마도 또한 서로 바꾸어 말한 것일 뿐인 듯하다. 봄·가을에는 시와 서를 가르칠 수 없고, 겨울·여름에는 예와 악을 가르칠 수 없는 것은 아니다."

漢字 掌(맡을 장), 截(끊을 절)

호언(互言): 서로 바꾸어 말하다. 즉 전체를 다 말하지 않고, 어느 한 가지 일만을 들어 말하다. '봄·가을에 예와 악을 가르치고, 겨울·여름에 시와 서를 가르쳤다.'라는 표현이 호언이라면, 이 표현은 '봄·가을에는 시와 서를 가르칠 수 없고, 겨울·여름에는 예와 악을 가르칠 수 없는 것은 아니다.'라는 속뜻을 가지고 있다.

〖九章〗

○弟子職에曰先生施敎ㅣ어시든弟子是則ᄒᆞ야溫恭自虛ᄒᆞ야所受是極이니라 《管子 弟子職》

●〈제자직〉에 말하였다. "선생이 가르침을 베푸시거든 제자는 이를 본받아 온순하고 공손하며 스스로 겸허히 하여, 받은 바 이를 극진히 해야 한다.

소언 弟뎨子ᄌᆞ職직[管관子ᄌᆞㅣ라 ᄒᆞᆫ 칙에 篇편 일홈이라]에 ᄀᆞᆯ오ᄃᆡ 先션生ᄉᆡᆼ이 ᄀᆞᄅᆞ치믈 베프거시든 弟뎨子ᄌᆞㅣ 이예 법바다 온화ᄒᆞ며 공손ᄒᆞ야 스스로 허심ᄒᆞ야 ᄇᆡ호ᄂᆞᆫ 바ᄅᆞᆯ 이예 극진히 홀 디니라

현대역 〈제자직〉[《관자》라고 하는 책에 편 이름이라.]에 가로되, "선생이 가르

침을 베푸시거든 제자가 이에 본받아 온화하며 공손하여 스스로 虛心하여, 배우는 바를 이에 극진히 할 것이니라.

1 관자(管子): 춘추시대 제(齊)나라의 사상가·정치가인 관중(管仲: ?~기원전 645년)이 지은 책으로 알려져 있다. 그러나 그 내용으로 보아 제나라의 국민적 영웅으로 칭송되던 현상(賢相) 관중의 업적을 중심으로 하여 후대의 사람들이 썼고, 전국시대에서 한대(漢代)에 걸쳐서 성립된 것으로 여겨진다. 전한(前漢)의 학자 유향(劉向)의 머리말에는 86편이라고 되어 있는데, 현재는 76편만 보존되어 있다. 내용은 법가적(法家的) 색채가 농후하고, 때로는 도가적(道家的)인 요소가 섞여 있기 때문에 《한서(漢書)》에서는 도가(道家)에, 《수서(隋書)》에서는 법가(法家)에 넣고 있다. 정치의 요체(要諦)는 백성을 부유하게 하고, 백성을 가르치며, 신명(神明)을 공경하도록 하는 세 가지 일이 있는데, 그 중에서도 백성을 부유하게 하는 일이 으뜸이라고 하였다(두산백과).

2 베프거시든: 베푸시거든. '베프(어간)+거…+시(주체 높임 선어말어미)+…든'이다. '-거든'은 불연속 형태이다. 현대국어에서는 '-시-'가 '-거든'에 선행하여 '-시거든'이 된다. 허웅(1955)은 'ᄒᆞ거시든〉ᄒᆞ시거든'과 같은 변화는 일종의 전위(轉位, metathesis, transposition)로 보았다. 이러한 전위가 일어나는 이유는 '-거'의 기능 상실이라 하였다. '-거'는 원래 시제를 표현한 것이었는데, 그 기능이 불분명해서 '-시-'가 그 가운데 개재할 수 없게 되자, '-거'에 선행하게 된 것으로 추측하고 있다. 현대국어 '베풀다'의 옛말인 '베프다'는 15세기 문헌에서부터 나타난다. 이 단어는 형태 변화 없이 19세기까지 계속 쓰였다. 현대국어 '베풀다'는 '베프다'의 제2음절 '프'가 'ㅍ' 아래에서 ㅡ가 ㅜ로 바뀌는 원순모음화를 겪어 '베푸다'가 된 것으로 보이며, '푸'에 다시 'ㄹ'이 첨가된 것으로 보이는데, 'ㄹ'이 첨가된 이유를 알 수는 없다. 베프다(15세기~19세기)〉베풀다(20세기~현재). 이형태: 베프다, 베푸다, 베풀다, 베프다. 時世 거리칠 쇠ᄅᆞᆯ 베프고져 ᄒᆞ나 尙書郎이 ᄇᆞᆯ셔 늘고라.《1481 두시-초 7:15ㄴ》, 나그내 모미 녯 버들 맛보니 興心 베푸믄 林泉으로브테로다.《1481 두시-초 9:22ㄴ》, 이리 이셔도 베플ᄃᆡ 업슬 주를 ᄌᆞ모 모ᄅᆞ놋다.《1518 번소 7:22ㄴ》

3 허심ᄒᆞ야: 허심(虛心)하여. 마음이 자만하지 않아. '허심ᄒᆞ(어간)+야(연결어미)'이다.

【集說】陳氏曰弟子職은管子篇名이니管仲所著者라先生은師也라曰弟子者는尊師를如父兄也라則은效也라溫은和也요恭은遜也요自虛는心不自滿也라○ 吳氏曰虛其心은使有所容也라朱子曰所受是極은謂受業에須窮究道理하여到盡處也라

진 씨가 말하였다. "〈제자직〉은 《관자》의 편 이름이니, 관중이 지은 것이다. 선생은 스승이다. 제자라고 말한 것은 스승 높이기를 마치 부형과 같이 하기 때문이다. 칙(則)은 본받음이다. 溫은 화함이요, 恭은 공손함이요, 自虛는 마음이 자만하지 않음이다." ○오 씨가 말하였다. "그 마음을 겸허히 함은 하여금 용납한 곳에 있게 하려는 것이다." 주자가 말하였다. "所受是極[받은 바 이를 극진히 해야 함]은 학업을 받음에, 모름지기 도리를 궁구하여 지극한 곳에 이름을 말한다."

漢字 管(대통 관)

見善從之ᄒᆞ며聞義則服ᄒᆞ며溫柔孝弟ᄒᆞ야毋無驕恃力이니라

●선을 보면 그것을 따르고, 의를 들으면 실행하며, 온화하고 유순하며 효도하고 공손하여, 교만하여 힘을 믿지 말아야 한다.

漢字 服(행할 복, 좇을 복), 柔(부드러울 유), 驕(교만할 교), 恃(믿을 시)

소언 어딘 일을 보고 조ᄎᆞ며 맛당ᄒᆞᆫ 일을 드러든 힝ᄒᆞ며 온공ᄒᆞ며 유화ᄒᆞ며 효도ᄒᆞ며 공슌ᄒᆞ야 교만ᄒᆞ야 힘을 믿디 마롤 디니라

현대역 어진 일을 보고 좇으며, 마땅한 일을 듣거든 행하며, 溫恭하며 柔和하며 효도하며 공손하여. 교만하여 힘을 믿지 말 것이니라.

1 드러든: 듣거든. '들(어간)+어든(연결어미)'이다. '-어든'은 '-거든'의 이형태이다. 'ㅣ' 계열 이중모음이나 'ㄹ' 받침으로 끝나는 어간 뒤에 붙어, 주로 자동사나 형용사 어간 뒤, '이다' 어간 뒤, 또는 어미 '-으리-' 뒤에 붙어, '-거든'을 뜻하는

어미이다. 須達이 이 말 듣고 부텻긔 發心올 니르와다 언제 새어든 부텨를 가 보ᄉᆞᄫᆞ려뇨 ᄒᆞ더니.《석상 6:19》, 네 누는 ᄒᆞ마 알어든 모ᄆᆞᆫ 당다이 아디 몯ᄒᆞ리로다(汝眼已知 身合非覺).《능엄 1:61》. 현대국어 '듣다'는 15세기 문헌에서부터 나타나 현재까지 이어진다. '듣다'는 자음으로 시작하는 어미와 결합할 때는 '듣-', 모음으로 시작하는 어미와 결합할 때는 '들-'로 나타나는 ㄷ불규칙 용언이다. '듣-'은 'ㄴ'으로 시작하는 어미와 결합할 경우 'ㄴ'에 동화되어 '든-'으로 나타나기도 한다. 16세기 이후 보이는 '듯-'은 종성 'ㄷ'이 'ㅅ'으로도 표기되었던 경향에 따라 나타난 것이다. 듣다(15세기~현재). 이형태: 듣-, 들-, 든-, 듯-. 東海옛 도ᄌᆞ기 智勇올 니기 아ᄉᆞᄫᅡ 一聲白螺롤 듣ᄌᆞᆸ고 놀라니.《1447 용가 59》, 또 시러 法 드러 ᄒᆞ마 法 듣고.《1463 법화 3:20ㄴ》, 五月에 엇브시 츤 ᄆᆡ야미 소릴 든논 ᄃᆞᆺᄒᆞ다라.《1481 두시-초 6:40ㄴ》, 뎡시 싀골셔 긔별 듯고 울으믈 긋치디 아니ᄒᆞ니.《1581 속삼-중 열:27ㄱ》

2 온공ᄒᆞ며: 온공(溫恭)하며. 성격, 태도 따위가 온화하고 공손하며. '온공ᄒᆞ(어간)+며(연결어미)'이다.

3 유화ᄒᆞ며: 유화(柔和)하며. 성품이 부드럽고 온화하며. '유화ᄒᆞ(어간)+며(연결어미)'이다.

【增註】服은猶行也라

服은 행함과 같다

志毋虛邪ᄒᆞ며行必正直ᄒᆞ며游居有常호ᄃᆡ必就有德이니라

●뜻은 헛되고 간사하지 말며, 행실은 반드시 바르고 곧게 하며, 놀고 거처함에 일정한 곳이 있되, 반드시 덕 있는 사람에게 나아가야 한다.

소언 ᄠᅳᆮ을 거즛되오 샤곡히 말며 ᄒᆡᆼ실을 반ᄃᆞ시 졍ᄒᆞ고 곧게 ᄒᆞ며 ᄃᆞᆫ니며 이쇼ᄆᆞᆯ 덛덛ᄒᆞᆫ 고ᄃᆞᆯ 두ᄃᆡ 반ᄃᆞ시 德덕을 둔ᄂᆞᆫ ᄃᆡ 나아갈 디니라

현대역 뜻을 거짓되고 邪曲히 말며, 행실을 반드시 바르고 곧게 하며, 다니며 있음을 떳떳한 곳을 두되, 반드시 덕을 두는 데 나아갈 것이니라.

1 거즛쐬오: 거짓되고. '거즛쐬(어간)+오(연결어미)'이다. 어간의 일부인 '쐬'는 일종의 중철 표기이다. 그리고 어미 '-고'가 '-오'가 된 것은 어간 'ㅚ[oj]' 아래서 'ㄱ'이 성문 마찰 유성음 'ㅇ[ɦ]'으로 약화된 것이다. '거짓되다'의 옛말인 '거즛되다'는 16세기 문헌에서부터 나타난다. '거즛되-'는 명사 '거즛'과 접사 '-되-'가 결합한 것이다. 근대국어 시기에 'ㅅ, ㅈ, ㅊ' 아래 오는 'ㅡ'가 'ㅣ'로 변하는 전설모음화가 일어나 '거짓'이 되었다. 20세기 이후 '거짓되-'로 나타나면서 현재에 이르렀다. 거즛되다(16세기~19세기)〉거짓되다(20세기~현재). 이형태: 거즛되다. 너모 쉬오면 곧 거즛되오.《1518 번소 8:11ㄱ》, 우리 죄 범치 안으믈 말ᄒᆞ면 뎌로 거즛되게 ᄒᆞ고 그 도가 우리 속에 업ᄉᆞ리니라.《1887 성전 요한일서 1:10》

2 샤곡히: 사곡(邪曲)히. 요사스럽고 교활하게.

3 이쇼ᄆᆞᆯ: 있음을. '이시(어간)+옴(명사형 어미)+ᄋᆞᆯ(목적격 조사)'이다.

【增註】心之所之를謂之志라虛는謂虛僞라身之所行을謂之行이라常은謂常所라

마음이 가는 바를 志라 한다. 虛는 허위를 이른다. 몸이 행하는 바를 行이라 한다. 常은 일정한 곳을 이른다.

顔色整齊ᄒᆞ면中心必式ᄒᆞᄂᆞ니夙興夜寐ᄒᆞ야衣帶必飭赤이니라

● 안색을 정제하면 중심이 반드시 경건해지니, 일찍 일어나고 밤에 자서, 옷과 띠가 반드시 가지런해야 한다.

漢字 整(가지런할 정), 式(삼갈 식, 공경할 식), 夙(일찍 숙), 寐(잠잘 매), 飭(삼갈 칙, 신칙할 칙)

소언 낫빗출 整졍齊졔ᄒᆞ면 속ᄆᆞ음이 반ᄃᆞ시 공경ᄒᆞᄂᆞ니 일 닐오 밤들어든 자 옷과 ᄯᅴ롤 반ᄃᆞ시 삼갈 디니라

현대역 낯빛을 整齊하면 속마음이 반드시 공경하니, 일찍 일어나고 밤들거든 자서, 옷과 띠를 반드시 삼갈 것이니라.

1 정졔ᄒᆞ면: 정제(整齊)하면. 정돈하여 가지런히 하면. '정졔ᄒᆞ(어간)+면(연결어미)'이다.

2 공경ᄒᆞᄂᆞ니: 공경하니. '공경ᄒᆞ(어간)+ᄂᆞ(현재 시제 선어말어미)+니(연결어미)'이다. '-ᄂᆞ니'는 동사, 형용사 어간 뒤에 붙어, '-(으)니'를 뜻하는 어미이다. 金輪王 아ᄃᆞ리 出家ᄒᆞ라 가ᄂᆞ니 그듸내 各各 ᄒᆞᆫ 아ᄃᆞᆯ옴 내야 내 孫子 조차가게 ᄒᆞ라 ᄒᆞ시니.《석상 6:9》, 네 이제 사ᄅᆞᄆᆡ 모ᄆᆞᆯ 得ᄒᆞ고 부텨를 맛나 잇ᄂᆞ니 엇뎨 게을어 法을 아니 듣는다.《석상 6:11》

3 밤들어든: 밤들거든. 밤이 깊어지거든. '밤들(어간)+어든(연결어미)'이다. '-어든'은 '-거든'의 이형태이다. '밤들다'는 '밤이 깊어지다'를 뜻한다. 현대국어 '밤들다'는 15세기 문헌에서부터 나타나 그대로 현재까지 이어진다. 밤들다(15세기~현재). 이형태: 밤들다. 微妙ᄒᆞᆫ 추믈 횟두루 처 밤드ᄃᆞ록 마디 아니ᄒᆞᄂᆞ다.《1481 두시-초 15:44ㄴ》, 일 닐오 밤들어든 자 옷과 ᄢᅴ롤 반ᄃᆞ시 삼갈 디니라.《1588 소언 1:14ㄱ》

【集解】整齊는脩治嚴肅之貌라式은敬也라

整齊는 닦고 엄숙히 하는 모양이다. 式은 공경함이다.

【增註】夙은早요飭은整也라

夙은 일찍이요, 칙(飭)은 가지런함이다.

朝益暮習ᄒᆞ야小心翼翼이니一此不懈ㅣ是謂學則이니라

●아침에 더하고[더 배우고] 저녁에 익혀, 마음을 조심하여 삼갈 것이니, 한결같게 이를 게을리 하지 않음이 이것을 배우는 법이라 이른다.

漢字 翼(삼갈 익, 날개 익), 懈(게으를 해)

소언 아ᄎᆞᆷ의 더 ᄇᆡ호고 나조ᄒᆡ 니겨 ᄆᆞᅀᆞᆷ을 젹게 ᄒᆞ야 공경홀 디니 이예 ᄒᆞᆫ골ᄋᆞ티 ᄒᆞ여 게을리 아니홈이 이 닐온 ᄇᆡ호ᄂᆞᆫ 법이니라

현대역 아침에 더 배우고 저녁에 익혀 마음을 적게 하여 공경할 것이니, 이에

한결같이 하여 게을리 아니함이 이 이른바 배우는 법이니라.

【集解】益은增也요翼翼은恭敬貌라言爲弟子者當專一從事於此而不怠니是謂爲學之法矣라愚按此篇이明白簡要하니實弟子職之所當務라且終篇에惓惓然以敬爲言하니豈非當時先王流風善教猶有存者하여管子其有所受歟아學者宜深體之니라

益은 더함이요, 익익(翼翼)은 공경하는 모양이다. 제자가 된 자는 마땅히 이[翼翼]에 전일하게 종사하여 게을리 하지 않아야 함을 말하고 있으니, 이것을 배우는 법이라 이른다. 나는 상고해 보건대, 이 편[제9장, 즉 〈제자직〉 인용 내용]은 명백하고 간단하고 긴요하니, 실로 제자의 직분에 마땅히 힘써야 할 바이다. 또 끝 편[본 문장, 즉 '朝益暮習' 이하 문장]에는 정성스레 敬을 말하였으니, 어찌 당시 선왕의 유풍과 좋은 가르침이 오히려 남아 있는 것이 있어서, 관자가 그 전수 받은 바가 있었던 것이 아니겠는가? 배우는 자는 마땅히 그것을 깊이 체득하여 행해야 할 것이다.

漢字 惓(정성스레 권), 歟(의문사 여)

〖十章〗

○孔子曰弟子ㅣ入則孝ᄒᆞ고出則弟ᄒᆞ며謹而信ᄒᆞ며汎愛衆호ᄃᆡ而親仁이니行有餘力이어든則以學文이니라 《論語 學而》

● 공자가 말씀하셨다. "제자가 들어와서는 효도하고, 나와서는 공손하며, (행실을) 삼가고 (말을) 미덥게 하며, 널리 여러 사람을 사랑하되 어진 자를 가까이 할 것이니, 행하고 여력이 있거든 (여력을) 써서 글을 배워야 한다."

漢字 弟(공경할 제, 아우 제, 순할 제), 汎(넓을 범, 뜰 범, 많을 범), 以(쓸 이)

공자(孔子, 기원전 551년~기원전 479년): 공자는 춘추전국시대 즉 고대 노예제도가 차차 봉건제도로 옮아가던 시대에 노(魯)나라 추읍[陬邑, 지금의 산둥성 취푸(曲阜)]에서 아버지 숙량흘(叔梁紇)과 어머니 안징재(顏徵在) 사이에서 태어났다. 어머니 안징재는 공자를 가졌을 때 니구산(尼丘山)에서 백일 동안 기도를 드렸다고 하며, 후일 공자의 이름이 '구(丘)'이고 자인 중니(仲尼)에 '니'자가 들어간 것도 기도를 드렸던 니구산에서 유래했다는 말이 전한다. 공자의 선조는 송나라의 귀족 출신이었으나 송에서 정치적 실패로 노나라로 망명하였다. 공자는 세 살 되던 해 아버지를 여의고 홀어머니 밑에서 어렵게 자라 귀족 집안의 소사(小使)가 되었다가, 나중에 노나라의 관리가 되기도 했으나 단기간의 임관에 불과했다. 19세에 결혼을 한 공자는 24세에 어머니 안 씨를 잃었고, 66세 때 부인이 죽었으며, 69세 때는 아들 백어(伯魚)마저 세상을 떠나는 등 어릴 때와 마찬가지로 말년도 매우 불우했다. 그의 제자 안자(顏子, 안회)가 자기보다 앞서 세상을 떠났을 때 통탄하던 공자의 모습(《논어》)을 보면 그가 일찍이 3세 때 아버지를 잃고 난 후 오늘에 이르러 부모와 아들과 수제자마저 보내는 심정이 편안하지 않았을 것이라고 추측된다. 공자는 10여 년 간 여러 나라를 돌아다니며 각처에서 유세(遊說)하고 정치에 참여하는 등 자기의 정치적 이상 실현을 도모했으나 그 기대와 희망은 모두 수포로 돌아가고 말았다. 68세 때 노나라로 돌아온 뒤에는 세월을 한탄하며 관직을 단념하고 시(詩), 서(書), 역(易), 예기(禮記), 춘추(春秋), 주례(周禮)의 육경을 풀이 및 정리하고 제자 교육에 전념하였다. 요, 순, 문왕, 무왕, 주공을 높이 받들어 숭배하고 고대의 사상을 집대성했으며 유가와 가학(家學)을 창립했다. 당시에 공자는 '하늘이 허락한 거룩한 성인(聖人)', '하늘이 세상을 위해 목탁으로 삼으신 분'이라는 영광스런 명칭을 얻었고, 후대에 '지성(至聖)', '지성선사(至聖先師)', '만세사표(萬世師表)', '문선황제(文宣皇帝)', '문선왕(文宣王)', '소왕(素王)' 등으로 받들어졌다. 그의 사상은 맹자와 순자에 의해 계승되었으며 인(仁)을 이상의 도덕이라 하여 효제(孝悌)와 충서(忠恕)를 이상의 근거로 삼았고, 후에 그의 제자들이 그의 언행록을 기록해 놓은 《논어》 7권이 현재 전해진다. 공자가 태어난 춘추시대 사회 실정을 보면 공자의 출현은 시대의 당연한 요청일지도 모른다. 이 시대의 사회 실정에 대해 《한서》 〈화식전(貨殖傳)〉에 다음과 같이 묘사하고 있다. "주(周)나라 왕실이 쇠하여 예법이 무너지고 제후들은 제멋대로 사치하고 방자해졌다. 선비와 서민들은 각기 본분을 지키지 아니하여 농사에 힘쓰는 사람들은 줄어들고 상업 무역에 종사하는 사람만 많아져 쌀과 곡식이 부족한데 상품은 넘쳐흐른다. 제 환공, 진 문공 이후로는 예의가 크게 무너져 위아래가 없고 나라마다 정치가 제각각이고 집집마다 풍속도 제각각이며, 욕망은 제한이 없고 분에 넘치는 일이 허다하다. 상인은 구하기 어려운 상품을 마구잡이로 사다 들이고 공인(工人)은 사치스런 기물을 제조하기에 바쁘다. 선비는 정도에서 벗어난 학설과 유행만 좇은 공부에만 몰두하며, 호사스러운 자들은 헛된 명예를 위하여 진실은 배반하고 사리사욕을 위해 남에게 해를 끼친다. 폭도라도 나라를 뺏은 자는 신분이 높은 사람이 되고 왕위를 찬탈한 자는 영웅이 된다. 예의가 군자의 마땅한 도리가 되지 못하고 형벌도 소인을 무섭게 하지 못하여, 부자들은 헛된 우상에게 비단옷을 입히고 개와 말에게도 고기를 먹여 배부르게 하는데 가난한 자들은 떨어진 베옷에 콩잎을 먹고 물만 마실 뿐이다. 군주를 도와주면 비록 그 출신이 노예의 신분이었더라도 사대부와 같이 한 자리 차지하고 앉아서 조금도 부끄러워하지 않는다. 권모술수를 모르면 배고픔을 면치 못한다." 맹자는 이러한 공자의 시대를 평가하기를, 세상이 혼란스러워지고 인간으로서의 도리가 희미해져 요망하고 간사한 말들과 폭행이 심하여 신하가 임금을 죽이고 자식이 아비를 죽이는 세태에 공자가 이를 심히 염려하여 《춘추》를 지었다고 했다. 《한서》〈예문지(藝文志)〉는 중국 고대의 여러 학파를 아홉 종류로 분류하여 1)유가류 2)도가류 3)음양가류 4)법가류 5)명가류 6)묵가류 7)종횡가류 8)잡가류 9)농가류 학파의 특징을 논술하였는데, 그 중 유가류(儒家類)라 한 것은 공자를 우두머리로 하는 유가학파를 말한다. 그 특징을 다음과 같이 설명하였다. "유가의 학파는 주(周)나라 때의 '사도(司徒)'라는 관직에서부터 시작되었으며 중생을 가르치고 이끌어서 옳은 방향으로 이끄는 것이 그 임무이다. 음양의 이치를 따르고 대자연의 법칙에 순응하며 임금을 바르게 도와 사회를 안전하게 하는 것이라고 하였다. 그리고 그 근본사상은 인(仁)과 의(義)이며 인의사상이 유교의 경전인 육경을 통하여 구체화된다고 하였다. 역사적 학통을 보면, 요·순과 문왕·무왕을 본받고 이를 집대성한 공자를 만세의 스승으로 받들고, 유가학파의 도가 모든 학파 중에서 으뜸이며 동양의 모든 학술·문화의 사상적 근원으로 그 전통을 이루어온 것이라고 하겠다." 중국 철학사상사에 있어서 공자를 중심으로 하여 그 전과 후를 획기적으로 구별하는 것은 서양철학사에서 소크라테스가 갖는 위치와 같은 것으로 본다. 공자사상은 도가처럼 자연주의도 아니고 묵가의 공리주의도 아니며, 성실성과 불변함을 지닌 인간가치에 관한 학문이며 인간을 중심으로 파헤친 인생철학이다. 그런데 공자의 사상 가운데 가장 핵심이 되는 인(仁)은 자기를 완성할 뿐만 아니라 타인의 완성까지도 가능하게 할 수 있는 힘이 있다고 본다. 그러므로 공자는 인을 도덕실천의 최고 목표로 삼은 것이다. 유가사상은 '인(仁)'으로 통용되는 공자의 중심사상이다. '인'은 유도(儒道)의 근본이며 인류애의 근본사상이다. 이 '인'에 관하여서는 《논어》에만 105자에 달하며 사서에 나타나 있는 '인'자를 모두 합하면 272자가 된다. 이로 볼 때 유교에서 얼마나 '인'자에 치중하였는지를 알 수 있다. '인'은 인간이 사회생활을 하는데 있어서 자기 혼자 존립할 수 없으며 상호관계 속에서 서로 도와야 한다는 뜻을 내포하고 있다. 그래서 《중용》에서는 "仁者人也(인은 곧 사람이다)"라 하였고, 《맹자》에서는 "仁也者人也(인이라는 것은 사람이다)"라 하였으니, '인'은 곧 사람, 다시 말하면 '인'은 인간 자체의 성실성 있는 가치관을 가리키는 것이다. 즉 '인'을 이해하려면 먼저 인간을 이해해야 한다는 뜻을 지니고 있다. 그래서 '인의 길(仁道)'은 곧 '사람의 길(人道)'과 서로 통한다. 공자는 '인' 사상에 대해서 뚜렷한 정의를 밝히지 않았고 제자들의 물음에 대해 때와 장소에 따라 인물에 따라 각각 그 답이 달랐다. "자기를 이기고 예로 돌아가는 것이 인"이라 했으나 다른 제자의 질문에는 "남을 사랑하는 것"이라고 하였다. 또 "서(恕, 관대함)가 그것"이라 하기도 했고, "집에 있을 때는 공손하고 일을 할 때는 신중하고 남과 사귀는 데는 성실한 것"이라고 하기도 했다. 또 공자는 증삼(曾參)에게 내 도는 한결같다고 말한 적이 있었는데 다른 제자가 증삼에게 그게 무슨 뜻이냐고 하자 "충서(忠恕)가 그것"이라 했다. 이런 말은 자공(子貢)도 하고 있어서 충서야말로 '인'일 것이라는 사람도 있다. 요컨대 주관에 따라 어떻게라도 해석이 가능한 반면 그 어느 것으로도 만족할 수 없는 것이 '인'에 대한 학설들이다. 이는 공자가 추상적 개념을 구체적으로 규정하기를 기피했고 사람에 따라 말을 달리 했기 때문에 일어난 현상이라 할 수 있다. 때문에 우리도 '인'의 개념에 대한 규정을 피하는 것이 좋겠다. 그 어느 '덕(德)'도 '인'에 포함되지 않는 것이 없는 반면, 그 어느 것만으로는 그 내용이 대변되지 않는 것, 그것이 바로 '인'이 아닌가 생각되기 때문이다. 최고 선(善)은 어디에라도 적용되는 반면, 어느 것으로도 포착이 불가능하지 않겠는가. 《논어》 〈자로(子路)〉 편 18장에는 섭공(葉公)과 공자가 정직에 대해 문답한 것이 나와 있다. 아버지가 양을 훔쳤는데 자식이 고발했다는 말을 듣고 공자는 "아비는 자식을 위해 숨기고, 아들은 아비를 위해 숨기는 것이 정직"이라고 하였다. 어떤 덕이든 그 형식적인

면에 얽매이면 도리어 생명을 잃고 마는 것이니, 공자가 '인'의 규정을 회피한 것도 이 때문이었을 것으로 생각된다. "인은 사랑이다."라는 정의는 애정이 결핍된 사람에게는 교훈이 되겠지만 이 정의로 고정시켜 버리면 적군도 사랑하고 악인도 사랑해야 하는 것으로 오해될 수도 있을 것이다. 그러므로 공자가 '인'에 대하여 완벽한 정의를 내리지 않고 그때그때 적절히 대응한 것은 저울이 평형을 이루려면 상대의 무게에 따라 추의 무게나 위치가 달라지는 것과 같은 맥락이 아닐는지, 그 사람이 아니면 그 사람을 모르듯 우리 범부중생이 성자철인의 속 깊은 뜻을 어이 다 헤아릴 수 있겠는가. 공자가 정의를 안 내린 이 '인'에 대해서는 그것이 인간의 최고 선이었다는 것으로 만족하는 것이 현명한 선택일 듯하다. 또 그것이 추상적 이념이 아니라 실천적 윤리임도 잊어서는 안 될 것이다. 공자는 춘추시대 후기를 살면서 평생 교육과 학술 활동을 펼친 사상가이자 교육가였다. 공자의 교육활동은 중국 인재사와 교육사에 있어서 계획적이고 전문화된 대량의 인재창출의 시초를 열었다는 점에 획기적인 의의를 가진다. 기록에 의하면 중국은 상(商)·주(周) 때부터 국가 차원의 교육기관과 체제를 갖추고 귀족과 그 자제들에게 시·서·예·악을 가르쳐 자질을 향상시켰다. 그러나 국가가 주도하여 실행한 이런 교육은 너무 형식적이라 전문적 지식을 갖춘 인재를 대량으로 배출할 수는 없었다. 춘추시대 및 그 이전의 이름난 군주를 비롯하여 장수와 재상 및 기타 인재들 중에 귀족학교에서 배출된 사람은 없었다. 공자는 교육에 있어서 귀족의 독점을 타파하고 사학(私學)을 창립하여 수많은 인재를 배출한 최초의 인물이다. 공자는 사학을 창립하여 각계각층의 자제들을 키웠는데, 스스로 '가르침에 부류는 없다'는 뜻의 '유교무류(有教無類)'라는 유명한 말을 남겼다(《논어》 〈위령공(衛靈公)〉). 그가 길러낸 제자는 3,000명에 이르렀으며 그 중 뛰어난 제자만도 70명이나 되었다. 제자들 대부분이 노나라 사람이었지만 진(晉)·정(鄭)·송·오·초 등에서 온 사람도 있었으며, 맹의자·남궁적(南宮適) 등과 같이 귀족 집안 출신이 있는가 하면 안회·증삼 등과 같이 빈곤한 집안 출신도 적지 않았다. 또 염옹은 신분이 최하층이었고, 공야장은 죄인의 몸이었다. 공자의 교육활동은 인재 배양을 독립된 사회활동으로 발전시켰으며, 인재와 관련한 이론 연구의 시작이기도 했다. 이는 인재 발전사의 중대한 사건이었다. 인재관과 관련하여 공자는 애인(愛人)과 존현(尊賢)을 강조했다. 그는 "인(仁)이란 곧 사람이므로 어버이를 어버이로 받드는 것이 옳고, 어진 사람을 존경하고 의리를 귀하게 여기는 것이 당연한 것이다."라고 했다(《예기》, 《중용》). 공자의 교육 목적은 어진 선비를 많이 배출하는 데 있었다. 공자가 가르친 내용으로는 시·서·예·악·어(御)·사(射)가 있었는데, 기본 경전과 예악은 물론 말 타기와 활쏘기까지 익히게 하여 학생이 보다 전반적인 지식을 습득한 인재들로 커가도록 의도했다. 공자의 교육방법은 생활 속의 활동으로 요약할 수 있으며, 교육에 대한 평가 기준으로 문(文, 지식)·행(行, 실천)·충(忠, 국가관)·신(信, 신용)을 내세웠다. 이는 최초의 인재 평가기준이라 할 수 있다. 공자는 일찍부터 정치에 뜻을 두고 여러 나라를 돌며 책임 있는 자리에서 일을 해보고자 하였으나, 공자가 활동했던 춘추 후기는 약육강식으로 대변되는 전국시대로 넘어가기 직전이었고, 당시 각국이 원했던 인재는 이상주의자가 아니라 현실주의자였다. 서주(西周) 시대로의 회귀를 갈망했던 공자의 정치사상은 당연히 이런 풍조와 맞지 않았고 현실 정치에서 철저히 배제될 수밖에 없었다. 그러나 공자의 위대한 점은 여기에 절망하지 않고 자신의 학문과 경험을 종합하여 이를 교육과 학술에 재투자했다는 것이다. 또 자신이 겪었던 불운을 거울삼아 어질고 유능한 인재를 존중할 줄 알아야 한다는 '존현(尊賢)'이란 용인관을 내세운 점도 높이 평가되어야 할 것이다. 그의 정치적 이상은 처절하게 실패했지만, 교육적 이상은 오늘날까지 살아 현대인의 삶 곳곳에서 빛을 발하고 있다. 공자에 대한 평가는 시대에 따라 약간의 변화와 차이는 있었지만 그가 수립한 사상체계와 교육사상 등은 지금까지 엄청난 영향을 발휘했고 또 여전하다. 그의 사상체계에 보수적 경향이 없는 것은 아니지만 전체적으로 보아 그는 급변하는 시대상을 자신의 주관으로 파악하고 이를 전통사상과 연계하여 새로운 시대적 이념과 사상을 제기한 진보적인 지식인이자 정치가였다. 실제 정치에서는 그다지 큰 성과를 거두지 못했지만 그가 만년에 정리한 역사, 철학, 사상, 교육, 예술, 정치윤리 등과 관련된 이론은 중국뿐만 아니라 동남아 각국에까지 엄청난 영향을 미쳤다. 공자는 만년에 자신의 70평생을 단 38자의 문장으로 개괄했는데 세상에서 가장 짧은 자서전 내지 회고록이라고 할 수 있겠다. "吾十有五而志于學 三十而立 四十而不惑 五十而知天命 六十而耳順 七十而從心所欲不踰矩(나는 열다섯에 배움에 뜻하였고, 서른에 스스로 섰으며, 마흔에 사리에 의혹하지 않았고, 쉰에 천명을 알았으며, 예순에 귀로 들으면 그대로 이해되었고, 일흔에 마음에 하고자 하는 바를 따라도 법도를 넘지 않았다)."(《논어》〈위정(爲政)〉 제4장). 공자의 가문은 역대로 통치자들에 의해 크게 중시되어 많은 특혜를 받았다. 따라서 가문의 영속성을 위해 많은 노력을 기울였다. 공자로부터 공덕성(孔德成, 1920

년~2008년)에 이르기까지 77대가 되고 있는데, 그 동안 공 씨 가문은 여러 차례 우여곡절을 겪었다. 그 가운데 중요한 사건들을 몇 가지 추려보면 아래와 같다. 1)오대 후량(後粱) 건화(乾化) 연간(911년~912년)에 공부(孔府, 공자의 직계 장자와 장손이 살던 저택)에서 청소를 담당하던 공말[孔末, 원래 성은 유(劉) 씨였으나 그 선조가 공부의 청소를 전담하면서 주인의 성을 따라 공 씨로 바꾸었다.]이란 자가 공자의 42대손 공광사(孔光嗣)를 죽이고 공 씨 가문의 자리를 빼앗는 사건이 일어났다. 18년 뒤 공광사의 아들 공인옥이 당 명종에게 상소문을 올려 사건을 밝히자 공말은 처형되었다. 이 일로 공인옥은 공 씨 가문을 다시 일으킨 중흥조(中興祖)로 존중되었다. 한편, 공말의 후손들은 이 사건으로 '가문 밖의 가짜 공 씨'란 뜻의 '외원위공(外院僞孔)', 줄여서 '외공(外孔)'으로 찍혀 족보에 들어가지 못하게 되었다. 2)북송 말기 제 48대 연성공(衍聖公, 공자의 후손을 이렇게 높여 불렀다) 공단우(孔端友)가 강왕(康王)을 따라 남쪽으로 내려가 저장성 취저우(衢州)에 살게 되니, 이를 남쪽 지역의 공 씨 가문이라는 의미로 '남종(南宗)'이라 한다. 그 동생 공단조(孔端操)는 취푸에 남아 가문을 이으니 이것이 '북종(北宗)'이다. 실제로는 남종이 공 씨 가문의 장손 후예들이지만 취푸로 다시 돌아오지 않았다. 그러는 동안 남종과 북종이 정통을 놓고 서로 다투기도 했다. 명나라 홍치(弘治) 연간(1488년~1505년)에 와서야 비로소 황제에 의해 북종이 정통으로 인정되었다. 3)종법제도에 따라 적장자는 윗대를 잇는 계승자다. 공 씨 가문은 장자는 끊어지지 않는다는 원칙하에 장자가 아들이 없으면 반드시 가장 가까운 혈통을 골라 장손의 자리를 잇게 했는데, 조카가 장손 자리를 이을지언정 동생이 장손 자리를 이을 수는 없게 했다. 공자와 관련한 유적은 중국 전역에 남아 있다. 특히 공자의 고향인 산둥성 취푸에 집중적으로 남아 있는데, 그 중에서 삼공(三公)이 가장 유명하다. 삼공이란 공자의 무덤인 공림(孔林), 공자의 사당인 공묘(孔廟), 공자의 저택인 공부(孔府)를 말한다. 삼공을 포함한 관련 유적을 정리하면 다음과 같다. ①창평니산부자동(昌平尼山夫子洞): 산둥성 취푸시 동남 30킬로미터 창평향 니산 동쪽 기슭, ②궐리방(闕里坊): 산둥성 취푸시 공묘동장 밖 궐리가 중부, ③공자고택문(孔子故宅門): 산둥성 취푸시 공부대문 서측, ④공택고정(孔宅故井): 산둥성 취푸시 공묘 동로 시례당 뒤, ⑤문례당(問禮堂): 산둥성 취푸시 성 동북 1킬로미터 주공묘 동로 내, ⑥시례당(詩禮堂): 산둥성 취푸시 공묘 동로 내, ⑦행단(杏亶): 산둥성 취푸시 공묘 대성전 앞, ⑧선사수식회(先師手植檜): 산둥성 취푸시 공묘 대성문 북폐 동측, ⑨수사서원(洙泗書院): 산둥성 취푸시 공림 동북 1킬로미터, ⑩무우태(舞雩台): 산둥성 취푸시 성 남쪽 2킬로미터, ⑪춘추태(春秋台): 산둥성 취푸시 성 남쪽 8킬로미터 식감촌 내, ⑫석문사(石門寺): 산둥성 취푸시 성 동북 26킬로미터 석문산 남쪽 기슭, ⑬관천정(觀川亭): 산둥성 취푸시 니산 공묘 대성문 동남, ⑭공자문소처(孔子聞韶處): 산둥성 쯔보시 성 동쪽 소원촌, ⑮협곡(夾谷): 장쑤성 공유현 성 서북 15킬로미터, 위공자 상로회제후, ⑯호산(虎山): 산둥성 타이안시 태산 남쪽 기슭 비규령 동북, ⑰공자애(孔子崖): 산둥성 타이안시 태산 옥황정 서남, ⑱공자등림처방(孔子登臨處坊): 산둥성 타이안시 태산 남쪽 기슭 홍문궁 앞 반도 위, ⑲공자소천하처(孔子小天下處): 산둥성 타이안시 태산 옥황정 동남 태평정 위, ⑳공망산(孔望山): 장쑤성 롄윈강시 신포 남쪽 2.5킬로미터, ㉑학당강(學堂崗): 허난성 창위안현 성 북쪽 5킬로미터, ㉒격경처(擊磬處): 허난성 급현 남관, 상전 공자증재차 격경습락, ㉓현가태(弦歌台): 허난성 화이양현 성 밖 서남 모퉁이, ㉔문아태(文雅台): 허난성 상추(商丘)현 동남 1.5킬로미터 태지 위, ㉕부자애여쇄서태(夫子崖與曬書台): 허난성 닝청현 동북 32킬로미터 망산진 서남 기슭, ㉖공자문례처(孔子問禮處): 허난성 락현시 노성 동관, ㉗공자묘(孔子墓): 산둥성 취푸시 공림 내 남부, ㉘공자묘(孔子廟): 산둥성 취푸시 성내, ㉙대성전(大成殿): 산둥성 취푸시 공묘 내, ㉚규문각(奎文閣): 산둥성 취푸시 공묘 내, 동문문여 십삼어비정 사이, ㉛십삼어비정(十三御碑亭): 산둥성 취푸시 공묘 대성문 앞, ㉜니산공자묘(尼山孔子廟): 산둥성 취푸시 동남 30킬로미터 니산 동쪽 기슭, ㉝확상포(矍相圃): 산둥성 취푸시 내, 공묘 서측, 상국가로 남쪽, ㉞공림(空林): 산둥성 취푸시 성 북쪽 1킬로미터(중국인물 사전).

소언 孔공子ᄌᆞㅣ ᄀᆞᄅᆞ샤ᄃᆡ 弟뎨子ᄌᆞㅣ 드러ᄂᆞᆫ 곧 효도ᄒᆞ고 나ᄂᆞᆫ 곧 공슌ᄒᆞ며 삼가고 믿비 ᄒᆞ며 모ᄃᆞᆫ 사ᄅᆞᆷ을 넙이 ᄉᆞ랑호ᄃᆡ 仁인ᄒᆞ니를 親친히 홀 디니 行ᄒᆡᇰ홈애 남ᄋᆞᆫ 힘이 잇거든 곧 ᄡᅥ 글을 ᄇᆡ홀 디니라

현대역 공자가 말씀하시되, "제자가 들어와서는 곧 효도하고, 나가서는 곧 恭順하며, 삼가고 미쁘게 하며, 모든 사람을 널리 사랑하되, 어진 이를 친히 할 것이니, 행함에 남은 힘이 있거든 곧 써 글을 배울 것이니라."

1 믿비: 미쁘게. 믿음성 있게. 내 이제 너 爲ᄒᆞ야 이 이ᄅᆞᆯ 믿비 니르노니.《월석 12:41》, 사ᄅᆞᆷᄃᆞ려 그리 호마 ᄒᆞ고 믿비 아니ᄒᆞ면 엇디 셰샹의 사라 이시료 ᄒᆞ고 제 손으로 주구려 ᄒᆞ여늘(許人以諾而不能信 將何以立於世 欲自殺).《번소 9:57》

2 넙이: 널리. 滅度ᄒᆞ신 ᄡᅡ해 이 經을 너비 닐오리니.《석상 19:37》, 효도홈과 공슌호ᄆᆞᆯ 도타이 行ᄒᆞ며 너비 ᄇᆡ호고(惇行孝弟 博學不敎).《소언 1:5》

【集解】朱子曰謹者는行之有常也요信者는言之有實也라汎은廣也라衆은謂衆人이라親은近也라仁은謂仁者라餘力은猶言暇日이라以는用也라文은謂詩書六藝之文이라程子曰爲弟子之職하고力有餘則學文이니不修其職而先文은非爲己之學也니라

주자가 말하였다. "謹이라는 것은 행실에 떳떳함이 있음이요, 信이라는 것은 말에 진실함이 있음이다. 汎은 넓음이다. 衆은 여러 사람을 이른다. 親은 가까이 함이다. 仁은 어진 자를 이른다. 餘力은 한가한 날과 같다. 以는 씀이다. 文은 詩書와 육예의 文을 이른다." 정자가 말하였다. "제자의 직분을 하고, 힘이 남음이 있으면 글을 배울 것이니, 그[제자] 직분을 닦지 않고 글을 먼저 함은 자기를 위한 학문이 아니다."

漢字 暇(겨를 가)

〖十一章〗

○興於詩ᄒᆞ며 《論語 泰伯》

●시에서 일어나며,

소언 詩시예 흥긔ᄒᆞ며

현대역 시에서 흥기(興起)하며,

흥긔ᄒᆞ며: 흥기(興起)하며. 떨치고 일어나며. '흥긔ᄒᆞ(어간)+며(연결어미)'이다.

【增註】此章之首에當有孔子曰三字이어늘而略之者는蒙上章也일새니他皆倣此하니라

이 장의 머리에 마땅히 '孔子曰'세 글자가 있어야 하거늘 그것을 생략한 것은 상장(上章, 孔子曰이 있는 제10장)을 무릅썼기[이어 썼기] 때문이다. 다른 모든 것도 이를 본떴다."

漢字 蒙(받을 몽, 덮어쓸 몽, 무릅쓸 몽, 머리위에 얹을 몽), 倣(본뜰 방)

【集解】朱子曰興은起也라詩本性情하여有邪有正하여其爲言이既易知요而吟咏之間에抑揚反覆하여其感人이又易入이라故로學者之初에所以興起其好善惡(오)惡之心而不能自已者는必於此而得之니라

주자가 말하였다. "興은 일어남이다. 시는 성정에 근본하여 삿됨도 있고 바름도 있어서 그[시] 말이 이미 알기 쉽고, (노래로) 읊는 사이에 억누르고 날리며 반복하여, 그것[시]이 사람을 감동시킴이 또한 들어가기가 쉽다[사람을 쉽게 감동시킨다]. 그러므로 배우는 자가 초기에 선을 좋아하고 악을 미워하는 마음을 흥기시켜 스스로 그칠 수 없게 하는 것은 반드시 이[시]에서 그것이 얻어진다."

漢字 吟(읊을 음), 詠(읊을 영), 抑(누를 억), 揚(날릴 양), 已(그칠 이, 그만 둘 이)

立於禮ᄒᆞ며

● 예에서 서며,

소언 禮례예 셔며

현대역 예에서 서며,

【集解】**朱子曰禮**는**以恭敬辭遜爲本**하고**而有節文度數之詳**하여**可以固人肌膚之會筋骸之束**이라**故**로**學者之中**에**所以能卓然自立而不爲事物之所搖奪者**는**必於此而得之**니라

주자가 말하였다. "예는 공경하고 사양하는 것을 근본으로 삼고, 예절에 대한 규정과 정한 제도의 상세함이 있어, 사람의 살과 피부의 모임과 힘줄과 뼈의 묶임을 견고히 할 수 있다. 그러므로 배우는 자가 중간에 우뚝이 자립하여 사물에 흔들리고 빼앗김을 당하지 않는 것은 반드시 이[예]에서 그것이 얻어진다."

漢字 **遜**(사양할 손, 겸손할 손), **肌**(살 기), **膚**(살갗 부), **筋**(힘줄 근), **骸**(뼈 해), **卓**(우뚝할 탁), **搖**(흔들릴 요), **奪**(빼앗을 탈)

成於樂이니라

● 음악에서 이룬다.

소언 음악애 이ᄂᆞ니라

현대역 음악에서 이룬다.

이ᄂᆞ니라: 이룬다. '일(어간)+ᄂᆞ(현재 시제 선어말어미)+니라(평서형 종결어미)'이다. 어간 '일-'에서 어간 말 자음 치조음 'ㄹ'이 어미 초 자음 치조음 'ㄴ' 앞에서 탈락한 어형이다. '일다'는 '이루다'의 옛말이다. '-ᄂᆞ니라'는 동사, 형용사 어간 뒤에 붙어, '-ㄴ다/-는다'를 뜻하는 어미이다. 眷屬ᄋᆞᆫ 가시며 子息이며 죵이며 집앗 사ᄅᆞᄆᆞᆯ 다 眷屬이라 ᄒᆞᄂᆞ니라.《석상 6:5》, 댱가들며 셔방마조ᄆᆞᆯ 다 婚姻ᄒᆞ다 ᄒᆞᄂᆞ니라.《석상 6:16》

【集說】朱子曰樂有五聲十二律하여更唱迭和하여以爲歌舞八音之節하여可以養人之性情而蕩滌其邪穢하고消融其査滓라故로學者之終에所以至於義精仁熟而自和順於道德者는必於此而得之니是는學之成也니라又曰按內則에十歲學幼儀하고十三學樂誦詩하고二十而後學禮하니則此三者는非小學傳授之次요乃大學終身所得之難易先後淺深也니라

주자가 말하였다. "음악은 오성과 십이률이 있어, 번갈아 노래하고 번갈아 화답하여, 가무와 팔음의 절도를 삼는다. 그리하여 사람의 성정을 기르고 그 간사하고 더러움을 쓸고 씻으며, 그 찌꺼기를 사라지게 하고 녹일 수 있다. 따라서 배우는 자의 끝에, 의가 정밀해지고 인이 완숙해져서 도덕에 스스로 화순해짐에 이르게 하는 것은 반드시 이것[樂]에서 얻어진다. 이것이 학문의 완성이다." 또 말씀하셨다. "〈내칙〉을 살펴보면, '열 살에 어린이 예의를 배우고, 열세 살에 음악을 배우고 시를 외우며, 스무 살 이후에 예를 배운다.'고 하였으니, 이 세 가지[學幼儀, 學樂誦詩, 學禮]는 《소학》에서 전하여 주는 차례가 아니요, 곧 《대학》에서 종신토록 얻는 바의 난이와 선후와 심천인 것이다."

漢字 更(번갈아 할 경), 迭(번갈아 할 질), 蕩(쓸어버릴 탕), 滌(씻을 척), 穢(더러울 예), 消(사라질 소), 融(녹일 융), 査(찌꺼기 사), 滓(찌꺼기 재), 熟(익을 숙)

【十二章】

○樂記에曰禮樂은不可斯須去身이니라 《禮記 樂記》

●〈樂記〉에 말하였다. "예악은 잠시라도 몸에서 떠나서는 안 된다."

漢字 斯(이 사), 暫(잠시 잠)

1 사수(斯須) : 잠시라도.

2 악기(樂記): 《예기(禮記)》의 편명으로, 음악의 음률에 관한 서술이 있다. [용례] 雅樂譜成 鄭麟趾奉敎 序曰…以今考之 宮商角徵羽五聲 本之五行…樂記 所謂五者不亂 則無怗懘之音者 皆以此也(《아악보》가 완성되었다. 정인지가 명령을 받들어 서문을 짓기를, "…지금의 것을 가지고 참고하여 보면 궁·상·각·치·우의 다섯 가지 소리는 오행에 기본을 둔다.… 〈악기〉에서 이른바, '다섯 가지가 문란하지 않으면 부조화된 음이 없었을 것이다.'라고 한 것이 모두 이 때문이다.") [세종실록 권제50, 36장 뒤쪽~37장 뒤쪽, 세종 12년 윤12월 1일(정유)]

소언 樂악記긔[禮례記긔篇편 일홈이라]예 ᄀᆞᆯ오ᄃᆡ 禮례와 樂악ᄋᆞᆫ 可가히 져근덛도 몸애 ᄠᅥ내디 몯ᄒᆞᆯ 거시니라

현대역 〈악기〉[《예기》 편 이름이라.]에 가로되, "예와 악은 가히 잠시도 몸에서 떠내지 못할 것이니라."

1 져근덛: 잠시. ᄒᆞ다가 疑心ᄋᆞᆯ ᄒᆞᆫ 번 져근덛 ᄒᆞ고 ᄯᅩ 疑心을 아니 ᄒᆞ면(若疑一上少時 又無疑者).《몽법 1》, 섭나모 사믄 白帝城엣 일 ᄀᆞᆮᄒᆞ니 우는 櫓ᄂᆞᆫ 몰앳 그테 져근덛 머믈리로다(買薪猶白帝 鳴櫓少沙頭).《두시-초 23:33》

2 ᄠᅥ내디: 떠내지. 퍼서 밖으로 옮겨. 'ᄠᅥ내(어간)+디(보조적 연결어미)'이다. 'ᄠᅥ내다'는 15세기 문헌에서부터 나타난다. 'ᄠᅥ내다'는 '뜨다'의 의미인 'ᄠᅳ-'와 연결어미 '-어'가 결합한 'ᄠᅥ'가 '내다'와 결합한 것이다. '내다'는 '나-'에 사동접사 '-이-'가 결합한 것이다. 중세국어 이래로 '뜨다'의 의미로는 'ᄯᅳ다'가 쓰였지만, 'ᄠᅥ내다'의 경우 'ᄠᅳ다'가 쓰였다. 20세기 이후 'ㅲ'을 'ㄸ'으로 표기하게 됨에 따라 '떠내다'로 나타나 현재에 이르렀다. ᄠᅥ내다(15세기)〉떠내다(20세기~현재). 이형태: ᄠᅥ내다. 시르 우희 다마 ᄒᆞᆫ 솓 밥 지ᅀᅳᆯ ᄣᅢ만 ᄠᅥ내야 時節 혜디 말오 머그면 諸毒이 즉재 업스리라.《1466 구방 하:48ㄴ》, 可가히 져근덛도 몸애 ᄠᅥ내디 몯ᄒᆞᆯ 거시니라.《1588 소언 본 장》

【集說】吳氏曰樂記는禮記篇名이라斯須는暫時也라去는離也라眞氏曰古之君子以禮樂爲治身心之本이라故斯須不可去之하니라

오 씨가 말하였다. "〈악기〉는 《예기》의 편 이름이다. 斯須는 잠시이다. 去는 떠남이다." 진 씨가 말하였다. "옛날의 군자들은 예악으로써 몸과 마음을 닦는 근본으로 삼았다. 그러므로 잠시라도 거기[禮樂]에서 떠날 수가 없다."

〖十三章〗

○子夏ㅣ曰賢賢易色하며事父母호되能竭其力하며事君호되能致其身하며與朋友交호되言而有信이면雖曰未學이나吾必謂之學矣로리라 《論語 學而》

● 자하가 말하였다. "어진 이를 어질게 여기되[존경하되] 여색을[여색을 좋아하는 마음과] 바꿔하며, 부모를 섬기되 그 힘을 다하며, 임금을 섬기되 그 몸을 맡기며, 벗과 더불어 사귀되 말함에 믿음이 있으면, 비록 배우지 않았다고 말하더라도 나는 반드시 그를 배웠다고 이르겠다."

漢字 竭(다할 갈), 致(맡길 치, 다할 치, 이를 치)

자하(子夏, 기원전 507년~기원전 420년경): 전국시대 위(衛)나라 사람이다. 진(晉)나라 온(溫) 사람이라고도 한다. 이름은 복상(卜商)이다. 공자의 제자로, 공자보다 44살 연하였다. 공문십철(孔門十哲)의 한 사람이다. 공자가 죽은 뒤에 위나라 문후(文侯)에게 초빙되어 스승이 되었지만 공자의 죽음을 슬퍼하여 실명(失明)했다고 한다.(또는 아들의 죽음 때문에 슬피 울어 실명했다고도 한다.) 서하(西河)에서 강학(講學)했다. 이극(李克)·오기(吳起)·전자방(田子方)·단간목(段干木) 등이 모두 그의 문하에서 배웠다. 위문후(魏文侯)가 그를 스승으로 섬겨 예(藝)를 배웠다. 학문은 시와 예에 통했고, 공자의 《춘추(春秋)》를 전공하여 《공양전(公羊傳)》과 《곡량전(穀梁傳)》의 원류를 이루었다. 주관적 내면성을 존중하는 증자(曾子) 등과 달리 예(禮)의 객관적 형식을 존중하는 것이 특색이다. 《논어(論語)》에 그의 말이 적지 않게 실려 있는 것으로 보아 그 무렵 공문(孔門)에서의 위치가 어떠했는지 짐작할 수 있다. 《시서(詩序)》를 썼다고 전한다. 송나라

진종(眞宗) 대중상부(大中祥符) 2년(1009년) 동아공(東阿公)에 추증되었다(중국역대인명사전).

소언 子ᄌᆞ夏하[姓셩은 복이오 일홈은 商샹이니 孔공子ᄌᆞᆺ 뎨ᄌᆡ라]ㅣ ᄀᆞᆯ오ᄃᆡ 어딘일을 어딜이 너교ᄃᆡ 色ᄉᆡᆨ 됴히 너김으로 밧고아 ᄒᆞ며 父부母모ᄅᆞᆯ 셤교ᄃᆡ 能능히 그 힘을 다ᄒᆞ며 님금을 셤교ᄃᆡ 能능히 그 몸을 ᄇᆞ리며 벋과 더브러 사괴요ᄃᆡ 말ᄉᆞᆷ홈애 믿브미 이시면 비록 ᄀᆞᆯ오ᄃᆡ ᄒᆞᆨ문을 몯ᄒᆞ엿다 ᄒᆞ나 나ᄂᆞᆫ 반ᄃᆞ시 ᄒᆞᆨ문을 ᄒᆞ엿다 닐오리라

현대역 자하[성은 卜이요, 이름은 商이니, 공자의 제자라.]가 가로되, "어진 이를 어질게 여기되 색 좋게 여김으로 바꾸어 하며, 부모를 섬기되 능히 그 힘을 다하며, 임금을 섬기되 능히 그 몸을 버리며, 벗과 더불어 사귀되 말씀함에 미쁨이 있으면, 비록 가로되 학문을 못하였다 하나 나는 반드시 학문을 하였다 이르리라."

1 어딘일: 어진 이. '어딘일'은 뒤 내용과 관련하여, '어디니'로 보아 '어진 이'로 풀이하였다.

2 닐오리라: 이르리라[謂]. 이르겠다. '닐(어간)+오(화자 표시법 선어말어미)+리(추측법 선어말어미)+라(평서형 종결어미)'이다. 종결형과 연결형의 선어말어미 '-오$_1$-'는 일반적으로 주어 명사구가 제1인칭 대명사 '나, 우리' 등 화자일 때 나타난다. 따라서 이를 화자 표시법 선어말어미(고영근, 2020: 363) 또는 1인칭법 선어말어미(허웅, 1958: 124-197)라고도 부른다. '-오$_1$-'은 부정법[내 ᄒᆞ마 命終호라.], 직설법[내 이ᄅᆞᆯ 爲ᄒᆞ야 어엿비 너겨 새로 ᄉᆞ믈 여듧 字ᄅᆞᆯ ᄆᆡᆼᄀᆞ노니.]뿐만 아니라, 회상법, 추측법, 확인법, 감동법에서도 목격된다. 회상법은 '-더-'에 '-오$_1$-'이 화합되어 '-다-'로[내 롱담ᄒᆞ다라.], 추측법은 '-오리-'로[내 이제 分明히 너ᄃᆞ려 닐오리라.], 확인법은 '-거-'에 '-오$_1$-'이 화합되어 '-과-/-가-'로[내 이제 훤히 즐겁과라. ᄒᆞ가니(ᄒᆞ+거+오+니).], 감동법은 '-옷-'에 '-오$_1$-'가 붙어 '-옷오-'로[우리도 이 偈ᄅᆞᆯ 좃ᄌᆞᄫᅡ 외오ᄂᆞ소라.] 나타난다. 여기서 '외오ᄂᆞ소라'는 '외오(어간)+ᄂᆞ(직설법 선어말어미)+옷(감동법 선어말어미)+오(화자 표시법 선어말어미)+라(평서형 종결어미)'이다. 본 예는 추측법 선어말어미와 함께 쓰여 '-오리

-'로 나타난 것이다.

【集解】朱子曰子夏는孔子弟子니姓은卜이요名은商이라賢人之賢而易其好色之心이면好善有誠也라致는猶委也니委致其身은謂不有其身也라四者는皆人倫之大者라而行之必盡其誠이니學은求如是而已라故로子夏言有能如是之人이면苟非生質之美인댄必其務學之至니雖或以爲未嘗爲學이라도我必謂之已學也라

주자가 말하였다. "자하는 공자의 제자이니, 성은 卜이요 이름은 商이다. 사람의 어짊을 어질게 여기되 그 여색을 좋아하는 마음과 바꿔하면, 선을 좋아함에 진실함이 있는 것이다. 致는 맡김과 같으니, '자기 몸을 맡긴다.'는 것은, 그[자기] 몸을 소유하지 않음을 이른다. 네 가지[賢賢, 事父母, 事君, 與朋友交]는 모두 인륜의 큰 것으로, 행함에 반드시 그 정성을 다해야 하니, 배움은 이와 같이 함을 구할 뿐이다. 그러므로 자하가 말하기를, '능히 이와 같이 하는 사람이 있으면, 만약에 타고난 자질이 아름답지 않다면[않은 점이 있다면 (그냥 두지 않고)] 반드시 학문을 힘씀이 지극할 것이니, 비록 혹 일찍이 배우지 않았다고 하더라도, 나는 반드시 그가 이미 배웠다고 이르겠다.'고 한 것이다."

漢字 卜(점 복), 委(맡길 위), 苟(만일 구, 진실로 구), 已(이미 이)

小學諸家集註卷之二

飜번譯역小쇼學혹卷권之지二이 內닉篇편

《번역소학》 제2권은 《소학》 〈명륜(明倫) 제2〉 제1장~제39장에 해당하는데, 현재까지 발견되지 않았다.

小쇼學혹諺언解히卷권之지二이 內닉篇편

明倫第二ㅣ라 內篇

● 인륜을 밝힘이니, 차례가 둘째라. 내편.

소언 인륜을 볼키미니 ᄎᆞ례예 둘재라

현대역 인륜을 밝힘이니, 차례에 둘째라.

볼키미니: 밝힘이니. '볽히(어간)+ㅁ(명사형 어미)+이('이다'의 어간)+니(연결어미)'이다. '밝히다'의 옛말인 '볼기다'는 15세기 문헌에서부터 나타난다. 이 단어는 '밝다'의 뜻인 '볽-'에 사동접사 '-이-'가 결합되어 이루어진 단어이다. 17세기에는 사동접사 '-히-'가 결합된 '볼키다'가 쓰였으며 19세기에는 'ㆍ'의 음가 변동으로 '볼'이 '발'로 바뀐 '발키다'가 쓰였다. 20세기 초 맞춤법이 확산되면서 현재의 어형이 정착되었다. 볼기다(15세기~17세기)〉볼키다(17세기~19세기)〉발키다(19세기)〉밝히다(20세기~현재). 이형태: 볼기다, 볼키다, 밝이다, 볽이다. 特別히 업디 아니ᄒᆞᆫ 理를 도아 볼기샤 行홀 ᄊᆞ르믈 혀 내실 ᄯᆞᄅᆞ미시니.《1463 법화 3:56ㄱ》, 이 우흔 남진과 계집이 별히 호믈 볼기니라.《1518 번소 3:23ㄴ-24ㄱ》

【集說】陳氏曰明은明之也요倫은人倫也라凡百八章이라

진 씨가 말하였다. "明은 밝힘이요, 倫은 인륜이다. 모두 백팔 장이다."

孟子ㅣ曰設爲庠序學校ᄒᆞ야以敎之ᄂᆞᆫ皆所以明人倫也라ᄒᆞ시니稽聖經ᄒᆞ며訂丁定切賢傳ᄒᆞ야述此篇ᄒᆞ야以訓蒙士ᄒᆞ노라

● 맹자가 말하였다. "庠·序·學·校를 베풀어 만들어 그들을 가르침은 모두 인륜을 밝히는 바이다." 하셨으니, 성인의 經을 상고하고 현인의 傳을 논평하여, 이 책을 지어서 어린 선비들을 가르친다.

漢字 稽(상고할 계, 헤아릴 계), 訂(논평할 정), 蒙(어릴 몽)

設爲庠序學校 以敎之 皆所以明人倫也: ≪孟子 滕文公上≫ 제3장에 나오는 말이다.

소언 孟ᄆᆡᆼ子ᄌᆞㅣ ᄀᆞᄅᆞ샤ᄃᆡ 庠샹과 序셔와 學혹과 校교ᄅᆞᆯ 베퍼 ᄆᆡᆼ그라 ᄡᅥ ᄀᆞᄅᆞ치문 다 ᄡᅥ 人인倫륜을 ᄇᆞᆯ키ᄂᆞᆫ 배라 ᄒᆞ시니 셩인의 글월을 샹고ᄒᆞ며 현인의 글월을 마초 ᄡᅥ 이 篇편을 ᄆᆡᆼᄀᆞ라 ᄡᅥ 어린 션ᄇᆡᄅᆞᆯ ᄀᆞᄅᆞ치노라

현대역 맹자가 말씀하시되, "庠과 序와 學과 校를 베풀어 만들어, 써 가르침은 다 써 인륜을 밝히는 바이라." 하시니, 성인의 글월을 상고하며, 현인의 글월을 맞추어, 써 이 편을 만들어, 써 어린 선비를 가르치노라.

1 ᄀᆞᄅᆞ샤ᄃᆡ: 말씀하시되. 'ᄀᆞᆯ(어간)+ᄋᆞ샤(주체 높임 선어말어미)+오ᄃᆡ(연결어미)'이다. 주체 높임 선어말어미 '-ᄋᆞ샤-'는 매개모음 'ᄋᆞ'를 개재시킨 어형이다. '-샤-'는 '-시-'가 모음 어미 '-오ᄃᆡ' 앞에서 실현된 것이다. 이에 대한 자세한 설명은 앞 〈소학제사(小學題辭)〉의 '슬허ᄒᆞ샤'를 참고하기 바란다. '-ᄋᆞ샤ᄃᆡ'는 끝음절의 모음이 'ㆍ, ㅏ, ㅗ'이고 받침 있는 동사, 형용사 어간이나 어미 뒤에 붙어, '-(으)시되'를 뜻하는 어미이다. 그ᄢᅴ 文殊師利 世尊ᄭᅴ ᄉᆞᆯᄫᆞ샤ᄃᆡ 부텨

일홈과 本來ㅅ 큰 願과 ᄀᆞ장 됴ᄒᆞ신 功德을 불어 니ᄅᆞ샤.《석상 9:1》, 또 모든 ᄆᆞᅀᆞᄆᆞᆯ 보시고 文殊師利ᄭᅴ 묻ᄌᆞᄫᆞ샤ᄃᆡ.《석상 13:16》. ‘ᄀᆞᆯ다’는 ‘말하다’, ‘이르다’의 옛말이다. 일홈 지허 ᄀᆞ로ᄃᆡ 釋譜詳節이라 ᄒᆞ고.《월석 석서:4~5》, 어버이를 ᄉᆞ랑ᄒᆞ며 兄을 공경홈과 님금ᄭᅴ 튱셩ᄒᆞ며 얼운의게 공슌홈이 이ᄅᆞᆯ ᄀᆞᆯ온 자받는 덛덛ᄒᆞᆫ 거시라(愛親敬兄 忠君弟長 是曰秉彝).《소언 사:1》, 曰 ᄀᆞᆯ 왈.《신합 상:14》

2 샹고ᄒᆞ며: 상고(詳考)하며. 꼼꼼하게 따져서 검토하거나 참고하며.

3 마초: 맞추어. 활용형 ‘마초(어간)+ø(연결어미 ‘아’ 생략)’에서 어미가 생략된 채 어간만으로 부사로 굳은 것이다. 중세국어에서 부사는 ‘마초’ 형으로 사용되었다. ᄇᆞᄅᆞᆷ 비 時節에 마초 ᄒᆞ야 녀르미 ᄃᆞ외야 一切 有情이 無病歡樂ᄒᆞ며.《석상 9:34》, 이ᄅᆞᆯ 브터 바ᄅᆞ 닐어 ᄆᆡ며 ᄉᆞ랑호매 마초 아니홀씨라(據事直言 不叶憎愛).《영가 상:49》. 현대국어 ‘맞추다’의 옛말인 ‘마초다’는 15세기 문헌에서부터 나타난다. ‘마초다’는 동사 ‘맞-’에 사동접사 ‘-호-’가 결합한 것이다. 근대국어 문헌에 보이는 ‘맛초다’는 ‘마초다’를 중철 표기한 것이다. 19세기에는 모음 ‘ㅗ’가 ‘ㅜ’로 바뀐 ‘마추다’ 형태가 등장하였고, 이를 중철 표기한 ‘맛추다’도 나타난다. 19세기에는 현대국어와 같은 ‘맞추다’도 등장하였는데, 이는 ‘맛추다’와 소리는 동일하나 어근인 ‘맞-’을 의식하여 원형을 밝혀 적은 것이다. 마초다(15세기~19세기)〉마추다(19세기)〉맞추다(19세기~현재). 이형태: 마초다, 맛초다, 마추다, 맛추다, 맞추다. 波塞奇王이 綵色 마초아 손소 ᄒᆞᆫ 像ᄋᆞᆯ 그리ᅀᆞᄫᅡ 내야ᄂᆞᆯ.《1447 석상 24:10ㄴ》, 마ᄋᆞ애 비르소 벼슬ᄒᆞ야 일에 마초와 계교를 내며 ᄉᆞ려를 베퍼.《1588 소언 1:6ㄱ》

【集說】朱子曰庠은以養老爲義하고序는以習射爲義하고校는以教民爲義하니皆鄕學也요學은國學也라倫은序也라父子有親君臣有義夫婦有別長幼有序朋友有信은此人之大倫也니庠序學校는皆以明此而已라吳氏曰稽는考也요訂은平議也라

주자가 말하였다. “庠은 노인을 봉양함을 뜻으로 삼고, 序는 활쏘기를 익힘을 뜻으로 삼고, 校는 백성을 가르침을 뜻으로 삼으니, 모두 지방의 학교이다. 學은 국학이다. 倫은 차례이다. 부자간에 친함이 있고, 군신 간에

의리가 있고, 부부 간에 분별이 있고, 장유 간에 차례가 있고, 붕우 간에 믿음이 있음은 이것이 사람의 큰 차례이니, 庠·序·學·校는 모두 이것을 밝힐 뿐이다.” 오 씨가 말하였다. “稽는 상고함이요, 訂은 논평함이다.”

漢字 評(논평할 평)

【一章】

內則에**曰子**ㅣ**事父母**호ᄃᆡ**鷄初鳴**이어든**咸盥**管**漱**ᄒᆞ며**櫛**側瑟切**縰**洒**笄**雞**總**ᄒᆞ며**拂髦**毛ᄒᆞ며**冠緌**如追切**纓**ᄒᆞ며**端韠**畢**紳**ᄒᆞ며**搢**晉**笏**ᄒᆞ며**左右佩用**ᄒᆞ며**偪**逼**屨**句**著綦**忌니라 《禮記 內則》

● 〈내칙〉에 말하였다. “자식이 부모를 섬기되, 닭이 처음 울거든 모두 세수하고 양치질하며, 빗질하고 緇布巾을 쓰고 비녀를 꽂고 상투를 하며, 다팔머리에 (먼지를) 털며, 관 쓰고 갓끈을 매어 늘어뜨리고, 玄端服을 입고 슬갑을 차며 큰 띠를 매고, 홀을 꽂으며, 좌우에 소용품을 차며, 행전을 매고 신을 신고 들메끈을 맨다.

漢字 咸(다 함), 盥(세수할 관, 대야 관), 漱(양치질할 수, 씻을 수), 櫛(빗질할 즐, 빗즐), 縰(머리쓰개 쇄), 緇(검은비단 치), 笄(비녀 계), 總(묶을 총, 묶은머리 총, 상투끈 총), 拂(털 불), 髦[다팔머리(다팔다팔 날리는 머리) 모], 緌[갓끈 유], 纓[갓끈 영], 韠[=鞸 슬갑 필], 紳[큰 띠 신], 搢(꽂을 진), 笏(홀 홀), 佩(찰 패), 偪(행전 핍, 핍박할 핍), 屨(신을 구, 신 구), 著(신을 착, 입을 착, 분명할 저, 나타날 저), 綦(들메끈 기]

1 치포건(緇布巾): 검은 베로 만든 건.
2 현단복(玄端服): 관리가 입던 관복.
3 유(緌): 갓끈의 묶은 부분.
4 영(纓): 갓끈의 늘어진 부분.
5 필(韠): 슬갑. 무릎가리개. 바지에 껴입는, 무릎까지 닿는 가죽옷.
6 신(紳): 큰 띠. 고귀한 사람들이 허리에 매고 남은 부분을 늘어뜨리는 의관용

장식.

7 홀(笏): 벼슬아치가 임금을 만날 때 손에 쥐던 물건.

8 기(綦): 들메끈. 신이 벗어지지 않도록 신을 발에다 동여매는 끈.

소언 內니則측에 ᄀᆞᆯ오ᄃᆡ ᄌᆞ식이 父부母모를 셤교ᄃᆡ ᄃᆞᆰ이 처엄 울어든 다 셰슈ᄒᆞ고 양짓믈ᄒᆞ며 머리 빗고 縰쇄[검은 깁으로 머리털을 ᄡᅡ 샹토홈이라]ᄒᆞ고 빈혀 곳고 總총[깁을 ᄣᅵ여 샹토믿틀 ᄆᆡ고 나므니란 뒤헤 드리우ᄂᆞᆫ 거시라]ᄒᆞ며 髦모[아ᄒᆡ난 석 ᄃᆞᆯ에 머리털을 뷔여 ᄭᅮ며 두 녁 니마ᄒᆡ 드리워 부모 은혜를 닛디 아니려 ᄒᆞᄂᆞᆫ 거시라]를 ᄠᅥᆯ며 冠관 쓰고 긴 ᄆᆡ고 나ᄆᆞᆫ 것 드리우며 현단[옷 일홈이라] 닙고 韠필[가족으로 ᄆᆡᆼ그라 알ᄑᆡ 드리오ᄂᆞᆫ 거시라] ᄆᆡ고 큰 ᄯᅴ ᄯᅴ며 笏홀 고ᄌᆞ며 왼녁히며 올ᄒᆞᆫ녁히 ᄡᅳᆯ 것 ᄎᆞ며 힝뎐 ᄆᆡ오 신 신고 신ᄭᅳᆫ홀 ᄆᆡ욜 디니라

현대역 〈내칙〉에 가로되, "자식이 부모를 섬기되, 닭이 처음 울거든, 다 세수하고 양치질하며, 머리 빗고 쇄(縰)[검은 비단으로 머리털을 싸 상투함이라.]하고, 비녀 꽂고 총(總)[비단을 째여 상투밑을 매고, 남은 것일랑 뒤에 늘어뜨리는 것이라.]하며, 모(髦)[아이 낳은 석 달에 머리털을 베어 꾸며 두 녘[편] 이마에 늘어뜨려 부모 은혜를 잊지 아니하려 하는 것이라.]를 떨며, 관 쓰고 끈 매고, 남은 것 늘어뜨리며, 현단[옷 이름이라.] 입고 필(韠)[가죽으로 만들어 앞에 늘어뜨리는 것이라.] 매고, 큰 띠 띠며 홀(笏) 꽂으며, 왼쪽이며 오른쪽에 쓸 것 차며, 행전 매고 신 신고, 신 끈을 맬 것이니라.

1 양짓믈ᄒᆞ며: 양치질하며. '양짓믈ᄒᆞ(어간)+며(연결어미)'이다. '양치질하다'의 옛말은 '양짓믈ᄒᆞ다'이다. 또 ᄲᅩᆼ남긧 벌에 머근 ᄀᆞᆯᄋᆞᆯ 초애 달혀 ᄉᆞᆷᄭᅵ며 양짓믈ᄒᆞ면 제 ᄂᆞ리리라.《구간 6:7》, 다 셰수ᄒᆞ고 양짓믈ᄒᆞ며.《소언 2:2》. '양짓믈ᄒᆞ다'에서 '양지'는 '양치'의 옛말로, '이를 닦고 물로 입안을 가심'을 뜻한다. 한자를 빌려 '養齒'로 적기도 한다. 현대국어 '양치'의 옛말인 '양지'는 15세기 문헌에서부터 나타난다. 중세국어 시기에 종성에 쓰이던 ㆁ은 16세기 이후 ㅇ으로 변하는데

'양지'도 이러한 변화를 겪어 근대국어 시기에 제1음절의 종성 ㆁ이 ㅇ으로 나타난다. 양지(楊支)는 버드나무 가지로 이를 청소하던 것에서 유래한 말인데 이 어원에 대한 의식이 희박해지면서 '이'의 한자어인 '치'로 연결하여 '양치'로 해석하게 되었다. 그 결과 나타난 '양치'가 현재까지 이어진다. 양지(15세기~16세기)〉양치(17세기~현재). 이형태: 양지, 양지, 양치. 절로 난 즙으로 두서 번 양지ᄒᆞ야 춤 나면 됴ᄒᆞ리라.《1489 구간 3:1ㄴ》, 더운 믈로 양지ᄒᆞ고.《1489 구간 1:101ㄴ》, 漱口 양치믈ᄒᆞ다.《1690 역해 상:47ㄴ》

2 ᄢᅧ여: 째어. 'ᄢᅧ(어간)+여(연결어미)'이다. 'ᄢᅧ다'는 '물건을 찢거나 베어 가르다.'이다. 'ᄢᅧ다'는 15세기 문헌에서부터 나타난다. 근대국어 시기에 어두자음군이 사라지고 어두된소리화를 겪어 초성의 ㅶ은 ㅈ의 된소리가 되었다. 19세기 문헌에 보이는 'ᄶᅧ다'는 어두 된소리를 ㅅ계 합용병서로 표기한 것이다. 18세기까지도 'ᄢᅧ다' 형태가 보이고 19세기에 비로소 'ᄶᅧ다'가 나타나고 있지만, 다른 ㅂ계 어두자음군의 변화 양상으로 미루어 보아 18세기의 'ᄢᅧ다' 역시 표기의 보수성을 반영한 것일 뿐, 실제 소리는 'ㅈ'의 된소리였을 가능성이 크다. 근대국어 후기에 모음 'ㆍ'가 'ㅏ'로 변하여 소리의 구별이 사라지면서 이중모음 'ㆎ'와 'ㅐ[aj]'의 소리도 같아지고, 다시 이중모음 'ㅐ[aj]'가 'ㅐ[ɛ]'로 단모음화하여 현대국어와 같은 '째다' 형태가 등장하게 되었다. ᄢᅧ다(15세기~18세기)〉ᄶᅧ다(19세기)〉ᄶᅢ다(19세기)〉째다(19세기~현재). 이형태: ᄢᅧ다, ᄶᅧ다, ᄶᅢ다, 째다. 제 손토비 쇠 ᄃᆞ외야 제 모ᄆᆞᆯ ᄢᅧ야 ᄇᆞ려 죽고져 호ᄃᆡ 몯ᄒᆞᄂᆞ니라.《1459 월석 1:29ㄱ》

3 드리우며: 드리우며. '드리우(어간)+며(연결어미)'이다. '드리우다'는 '한쪽이 위에 고정된 천이나 줄 따위가 아래로 늘어지다. 또는 그렇게 되게 하다.'를 뜻한다.

4 녁: 녘. '쪽'. '편' 등 방향을 가리키는 말. 현대국어 '녘'의 옛말인 '녁'과 '녘'은 15세기 문헌에서부터 나타난다. 15세기부터 '녁'과 '녘'이 함께 나타나는데, 이들의 선후관계는 알기 어렵다. 이들의 표기는 '녁ㄱ'. '녁ㅅ', '녁ㅎ', '녁ㅋ'으로 다양하게 나타난다. 현대국어에서는 '녘'과 '녁' 중에서 거센소리를 가진 '녘'을 표준어로 삼고 있다. 녁/녘(15세기~19세기)〉녘(20세기~현재). 이형태: 녁, 녁ㄱ, 녁ㅅ, 녘, 녁ㅎ, 녁ㅋ. 左右 梵志ᄂᆞᆫ 두 녀긔 좃ᄌᆞᄫᆞ ᄒᆞ니ᄂᆞᆫ 梵志라.《1447 석상 3:11ㄱ》, 밧긧 獼猴ㅣ 東 녁긔 와 猩猩일 블러늘.《1463 법화 2:123ㄴ》, 기우루 올ᄒᆞᆫ 녁ᄉᆞᆯ 메와소ᄆᆞᆫ ᄠᅳᆮ ᄂᆞ리와 法尊호ᄆᆞᆯ 뵈ᄉᆞ오미오.《1463 법화 2:178ㄱ》, 層層인 뫼ᄒᆞᆯ 구비 네 녀크로 도라보니 ᄆᆞᄀᆞᆫ 내콰 뫼ᄭᆞᆯ왜 여렛도다.《1481

두시-초 3:63ㄴ》, 無常이 ᄲᆞᆯ라 모ᄃᆞᆫ 아ᄎᆞᆷ 이ᄉᆞᆯ ᄀᆞᆮ고 목수믄 나죗 西ㅅ 녁ᄒᆡ ᄀᆞᆮᄒᆞ니.《1467 목우 43ㄴ》

5 긴, ᄭᅵᆫ: 끈. 현대국어 '끈'의 옛말인 '긴ㅎ'은 15세기 문헌에서부터 나타난다. '긴ㅎ'은 모음이나 'ㄱ, ㄷ'으로 시작하는 조사와 결합할 때에는 끝소리 'ㅎ'이 나타나지만, 그 밖의 자음으로 시작하는 조사와 결합할 때나 단독으로 쓰일 때는 끝소리 'ㅎ'이 탈락하는 'ㅎ종성체언'으로서 '긴ㅎ/긴'의 이형태 교체를 보였다. '긴ㅎ'은 16세기에 첫소리 'ㄱ'이 된소리로 바뀌어 'ᄭᅵᆫㅎ'으로 나타난다. 이후 18세기에 오면 'ᄭᅵᆫㅎ'에서 끝소리 'ㅎ'이 완전히 탈락하여 모음으로 시작하는 조사나 조사 '-과'와 결합할 때에도 'ᄭᅵᆫ'으로 나타나기 시작한다. 18세기에 모음 'ㅣ'가 'ㅡ'로 바뀐 'ᄭᅳᆫ' 형태가 나타난다. 19세기에 'ㄱ'의 된소리가 'ㄲ'으로 표기된 '끈'이 등장하여 현대에 이르고 있다. 긴ㅎ(15세기~17세기)〉ᄭᅵᆫㅎ(16세기~19세기)〉ᄭᅵᆫ(18세기~19세기)〉ᄭᅳᆫ(18세기~19세기)〉끈(19세기~현재). 이형태: 긴ㅎ, 긴, ᄭᅵᆫㅎ, ᄭᅵᆫ, ᄭᅳᆫ, 끈. 또 琥珀 구스를 긴헤 ᄢᅦ여 미러 낙새 다ᄃᆞᆫ게ᄒᆞ고《1466 구방 상:50ㄱ》, 緌 긴 슈, 纓 긴 영.《1527 훈몽 중:12ㄱ》, 올ᄒᆞᆫ녁ᄒᆡ ᄡᅳᆯ 것 ᄎᆞ며 힝뎐 ᄆᆡ오 신 신고 신 ᄭᅵᆫ홀 ᄆᆡ욜 디니라.《1588 소언 2:2ㄱ》, 가슴거리예 아래 ᄒᆞᆫ 구슬로 망 ᄆᆡ자 ᄭᅵᆫ 간다개 드리웟고.《1510년대 번박 29ㄱ》

6 현단: 예복의 하나.

【集解】司馬溫公曰孫事祖父母同이라

사마온공이 말하였다. "손자가 조부모를 섬김도 같다."

【集說】陳氏曰盥은洗手也요漱는漱口也라櫛은梳也라縰는韜髮作髻者니黑繒音曾絹也爲之라笄는簪也라總은束髮飾髻者니亦繒爲之라拂髦는謂拂去髦上之塵이라緌者는纓之餘요纓者는冠之系라端은玄端服也요韠은蔽膝也라紳은大帶也요搢은插也니插笏於大帶는所以記事也라左右佩用은謂身之兩旁에佩紛帨玦捍汗之類하여以備用也라偪은邪幅也니纏足至膝者라屨는鞋也라著은猶結也요綦는鞋口帶也라在首則櫛髮

加縰加笄加總加髦著冠結纓垂緌하고在身則服玄端著韠加紳搢笏佩用하고在足則縛彖偪納屨著綦하여以次第施之라劉氏曰髦는謂子生三月이면則剪其胎髮爲鬌朶하여帶之于首호되男左女右라가逮其冠笄也면則綵飾之하여加于冠하여不忘父母生育之恩也니父母喪則去之니라

진 씨가 말하였다. "관(盥)은 세수함이요, 수(漱)는 입을 씻어냄이다. 즐(櫛)은 빗질함이다. 쇄(縰)는 머리를 감싸 상투를 만드는 것이니, 검은 비단으로 그것을 만든다. 笄는 비녀를 꽂음이라. 총(總)은 머리를 묶어 상투를 꾸미는 것이니, 또한 비단으로 그것을 만든다. 불모(拂髦)는 다팔머리 위의 먼지를 털어버림을 말한다. 유(緌)는 갓끈을 매고 남은 것이요, 영(纓)은 관을 매는 끈이다. 단(端)은 현단복(玄端服)이요, 필(韠)은 무릎 가리개이다. 신(紳)은 큰 띠요, 진(搢)은 꽂음이니, 홀을 큰 띠에 꽂음은 일을 기록하는 바이다. 좌우패용(左右佩用)은 몸의 양 옆에 행주·수건·깍지·팔찌 따위를 차서 사용에 대비하는 것이다. 핍(偪)은 행전이니, 다리를 감아 무릎에 이르는 것이다. 구(屨)는 신이다. 착(著)은 맴과 같고 기(綦)는 신코에 매는 끈이다. 머리에 있어서는 머리를 빗고, 치포건을 쓰며, 비녀를 꽂고, 상투를 틀며, 다팔머리를 털고, 관을 쓰며, 갓끈을 매고, 남은 끈을 늘어뜨리며, 몸에 있어서는 현단복을 입고, 슬갑을 차며, 띠를 매고, 홀을 꽂으며, 소용품을 차고, 발에 있어서는 행전을 묶고, 신을 신으며, 들메끈을 매어, 각각 차례로 그것들을 시행한다." 유 씨가 말하였다. "다팔머리는 '자식을 낳은 지 세 달이면, 배냇머리를 자르고 황새머리를 만들어 머리에 그것[황새머리]을 차되, 남자는 왼쪽에 여자는 오른쪽에 했다가, 관례를 하여 비녀를 꽂음에 이르면, 채단으로 그것[황새머리]을 꾸며, 관에 더하여, 부모가 낳아서 기른 은혜를 잊지 않는 것이니, 부모가 돌아가시면 그것[황새머리]을 제거하는 것'을 이른다."

漢字 洗(씻을 세), 梳(빗을 소, 빗 소), 韜(감쌀 도), 髻(상투 계), 簪(비녀 꽂을 잠, 비

녀 잠), 飾(꾸밀 식), 系(맬 계, 실 계), 蔽(가릴 폐, 덮을 폐), 膝(무릎 슬), 揷(꽂을 삽), 旁(곁 방), 紛(행주 분), 帨(수건 세), 玦[깍지(활 쏠 때 엄지손가락에 끼는 기구) 결], 捍(팔찌 한, 막을 한), 邪(기울 사), 幅(폭 폭), 纏(감을 전, 묶을 전), 鞋(신 혜), 垂(늘어뜨릴 수, 드릴 수), 縛(묶을 박), 剪(자를 전), 鬌(황새머리 타), 逮(미칠 체, 이를 체), 綵(비단 채)

1 사폭(邪幅): 행전.

2 태발(胎髮): 배냇머리. 출생한 후 한 번도 깎지 않은 갓난아이의 머리털.

3 타(鬌): 황새머리. 머리카락을 복판만 조금 남기고 둘레를 모두 밀어 버린 머리 모양.

婦ㅣ事舅姑호ᄃᆡ如事父母ᄒᆞ야鷄初鳴이어든咸盥漱ᄒᆞ며櫛縰笄總ᄒᆞ며衣紳ᄒᆞ며左右佩用ᄒᆞ며衿臣禁切纓綦屨ㅣ니라

●며느리가 시부모를 섬기되 친정부모를 섬기듯이 하여, 닭이 처음 울거든 모두 세수하고 양치질하고, 머리를 빗고 치포건을 쓰며, 비녀를 꽂고 머리를 묶으며, 옷을 입고 띠를 매며, 좌우에 소용품을 차며, 향주머니를 차고 신에 들메끈을 맨다.

漢字 衿(찰 금, 옷깃 금)

소언 며ᄂᆞ리 싀아비 싀어미를 셤교ᄃᆡ 父부母모 셤김ᄀᆞ티 ᄒᆞ야 ᄃᆞᆰ이 처엄 울어든 다 셰슈ᄒᆞ고 양짓믈ᄒᆞ며 머리 빗고 縰쇄ᄒᆞ고 빈혀 곳고 總총ᄒᆞ며 옷 닙고 ᄯᅴ ᄯᅴ며 왼녁히며 올ᄒᆞᆫ녁히 ᄡᅳᆯ 것 ᄎᆞ며 향ᄂᆞᄆᆞᆺ 긴 ᄆᆡ며 신을 긴 ᄆᆡᆯ 디니라

현대역 며느리가 시아버지와 시어머니를 섬기되, 부모 섬김 같이 하여, 닭이 처음 울거든 다 세수하고 양치질하며, 머리 빗고 쇄(縰)하고, 비녀 꽂고 총(總)하며, 옷 입고 띠 띠며, 왼쪽이며 오른쪽에 쓸 것 차며 향낭 끈 매며, 신을 끈 맬 것이니라.

1 쇄(縰)ᄒᆞ고: 쇄(縰)하고. 치포건(緇布巾)을 쓰고.

2 총(總)ᄒᆞ며: 총(總)하며. 비단으로 머리를 묶으며.

3 향ᄂᆞᆺ: 향낭(香囊). 향을 넣어 몸에 차는 주머니. 머리 ᄆᆡ기를 ᄲᅢᆯ 나게 ᄒᆞ며 향ᄂᆞᆺ 긴홀 ᄆᆡ여(總角 衿纓).《소언 2:4》

【集說】陳氏曰夫之父曰舅요夫之母曰姑라衣紳은者著衣而加紳也요佩用은紛帨箴針同管之類管以貯針라衿은結也요纓은香囊也니恐身有穢氣하여觸尊者라故로佩之라

진 씨가 말하였다. "남편의 아버지를 舅라 하고, 남편의 어머니를 姑라 한다. 衣紳은 옷을 입고 띠를 가함이다. 佩用은 행주, 손수건, 바늘, 바늘통 따위이다. 금(衿)은 맴이요, 영(纓)은 향주머니이니, 몸에 악취가 있어 존자에게 풍길까 두려워함이라. 따라서 이것을 차는 것이다."

漢字 箴(=針 바늘 침), 管(대통 관), 囊(주머니 낭), 穢(더러울 예), 觸(닿을 촉, 범할 촉)

예기(穢氣): 더러운 냄새.

以適父母舅姑之所호ᄃᆡ及所ᄒᆞ야下氣怡聲ᄒᆞ야問衣燠郁寒ᄒᆞ며疾痛苛何癢養애而敬抑搔之ᄒᆞ며出入則或先或後ᄒᆞ야而敬扶持之니라

●써 부모와 시부모가 계신 곳에 나아가되, 계신 곳에 이르러 기를 내리고 소리를 화하게 하여 옷의 따뜻하고 추움을 여쭙고, 병으로 아프거나 옴으로 가려움에 그것을 공손히 만져드리고 긁어드리며, 나가거나 들어오시면 혹은 앞서고 혹은 뒤서서 그[父母姑舅]를 공손히 붙들어 드린다.

漢字 適(갈 적), 怡(화할 이), 燠(따뜻할 욱), 痛(아플 통), 苛[옴 가(하), 가려울 가], 癢(가려울 양), 抑(누를 억), 搔(긁을 소), 扶(붙들 부), 持(잡을 지)

소언 ᄡᅥ 父부母모와 싀부모 겨신 곧애 가되 곧애 미처 긔운을 ᄂᆞᄌᆞ기

ᄒᆞ며 소릐ᄅᆞᆯ 화열히 ᄒᆞ야 오시 더우며 치움을 묻ᄌᆞ오며 알파ᄒᆞ시며 ᄀᆞ료와ᄒᆞ심애 공경ᄒᆞ야 딥퍼 보며 긁ᄉᆞ오며 나며 드르실 저기어든 혹 앏셔며 혹 뒤셔 공경ᄒᆞ야 븓잡을 디니라

현대역 써 부모와 시부모 계신 곳에 가되, 곳에 미쳐 기운을 나직이하며 소리를 화열(和悅)하게 하여, 옷이 더우며 추움을 묻자오며, 아파하시며 가려워하심에 공경하여 짚어보며 긁사오며, 나며[出] 드실[入] 때거든 혹 앞서며 혹 뒤서서 공경하여 붙잡을 것이니라.

1 화열히: 화열(和悅)하게. 마음이 화평하여 기쁘게.

2 드르실: 드실. '들(入, 어간)+으시(주체 높임 선어말어미)+ㄹ(관형사형 어미)'이다. 현대국어 '들다'는 15세기 문헌에서부터 나타나 현재까지 이어진다. '들다'는 'ㄴ'으로 시작하는 어미와 결합할 때 '드-'로 나타나며, 그 외의 어미와 결합할 때는 '들-'로 나타난다. 18세기부터 'ㄴ'으로 시작하는 어미 외에도 선어말어미 '-시-'와 결합할 때 '드-'로 나타나게 되어 현재까지 이어진다. 들다(15세기~현재). 이형태: 들-, 드-. 여슷 하ᄂᆞ래 그듸 가 들 찌비 볼써 이도다 ᄒᆞ고.《1447 석상 6:35ㄴ》, 그ᄢᅴ 善友太子ㅣ 즉재 慈心三昧예 드니.《1459 월석 22:42ㄴ》, 나며 들며 제 ᄆᆡ양 ᄢᅵ들며 飮食을 의식 親히 이받더니.《1514 속삼 효:31ㄱ》, 그 됴뎡에 드니 士ㅣ 태우 되옴올 ᄉᆞ양ᄒᆞ고 태위 卿 되옴올 ᄉᆞ양ᄒᆞ거늘.《1588 소언 4:39ㄴ》

【集解】適은往也요所는寢室也라下氣는低下其氣而不盈也요怡聲은怡悅其聲而不厲也라燠은熱也니問衣若燠이면則將減之하여使清也요寒은冷也니問衣若寒이면則將加之하여使溫也라苛는疥也라抑은按也요搔는爬也라疾痛則敬而按之하고苛癢則敬而爬之하며出入則或先或後ᄒᆞ야以扶持之하니皆不離於敬也라

適은 감이요, 所는 침실이다. 下氣는 그 기를 낮게 내려 가득하지 않게

함이요, 怡聲은 그 소리를 화하고 기쁘게 하여 거칠지 않게 함이다. 욱(燠)은 따뜻함이니 옷을 여쭈어 만약 덥다고 하면 장차 그것[燠]을 감하여 하여금 서늘하게 해드리는 것이요, 寒은 추움이니 옷을 여쭈어 만약 춥다고 하면 장차 그것[寒]을 더하여 하여금 따뜻하게 해드리는 것이다. 가(苛)는 옴이다. 抑은 만져드림이요 소(搔)는 긁음이다. 병으로 아프면 공손히 그곳을 만져드리고, 옴으로 가려우면 공손히 그곳을 긁어드리며, 출입하시면 혹은 앞서고 혹은 뒤서서 그를 붙들고 잡으니, 모두 공경에서 떠나지 않아야 한다.

漢字 低(낮을 저), 盈(가득할 영), 悅(기쁠 열), 厲(사나울 려), 減(덜 감), 凊(서늘할 정), 冷(찰 랭), 疥(옴 개), 按(어루만질 안), 爬(긁을 파)

【集成】劉氏曰皆所以撫恤衰病이니而一出於敬也라

유 씨가 말하였다. "모두가 노쇠하고 병듦을 어루만지고 구휼하는 바니, 한결같이 공경에서 나온다."

漢字 撫(어루만질 무)

進盥홀ᄉᆡ少者ᄂᆞᆫ奉槃ᄒᆞ고長者ᄂᆞᆫ奉水ᄒᆞ야請沃盥ᄒᆞ고盥卒授巾이니라

● 세숫물을 올릴 때에 어린 사람은 대야를 받들고 자란 사람은 물을 받들어, 물을 부어 세수하시기를 청하고, 세수가 끝나면 수건을 드린다.

漢字 盥(세숫물 관, 씻을 관, 대야 관), 槃(=盤 대야 반, 쟁반 반), 沃(물댈 옥), 注(물댈 주)

소언 셰슈 드리ᄋᆞ올ᄉᆡ 져므니ᄂᆞᆫ 소라ᄅᆞᆯ 받들고 얼운ᄋᆞᆫ 믈을 받드러 쳐 셰슈ᄒᆞ슈셔 請쳥ᄒᆞ고 셰슈ᄆᆞᄎᆞ셔든 슈건을 받ᄌᆞ올 디니라

현대역 세숫물을 드리므로 젊은이는 소래를 받들고, 어른은 물을 받들어 봉양

하여, “세수 하소서.” 청하고, 세수 마치시거든 수건을 받잡을 것이니라.

1 소라: 소래. 둘레의 높이가 조금 높고 굽이 없는 접시모양으로 생긴 넓은 질그릇. ‘세수대야’의 옛말인 ‘세슈소라’가 쓰였음도 보인다. 洗臉盆 셰슈소라.《역해 하:13》, 또 파 힌 믿 열 줄기를 거웃 조쳐 구리 소라애 므레 글혀.《구방 하:91》(현대역: 또 파의 흰 밑동 열 줄기를 수염과 함께 구리 소래에 물에 끓여.), 셰슈 드리ᄋᆞ올시 져므니ᄂᆞᆫ 소라를 받들고(進盥 少者奉槃).《소언 2:3》

2 쳐: 봉양하여. ‘치(어간)+어(연결어미)’이다. ‘치다’는 ‘봉양하다’의 옛말이다. 어미를 치다가 내죵내 아니 ᄒᆞ며(夫養人老母而不能卒).《번소 9:57》, 이제ᄂᆞᆫ 만ᄒᆞᆫ 祿을 어ᄃᆞ니 뻐 어버이를 치고져 ᄒᆞ나 어버이 겨시디 아니ᄒᆞ고(今而得厚祿 欲以養親 親不在矣).《소언 5:79》

3 셰슈ᄒᆞ슈셔: 세수하소서. ‘셰슈ᄒᆞ(어간)+슈셔(명령형 종결어미)’이다. ‘-슈셔’는 ‘-쇼셔’의 이형태로, ᄒᆞ쇼셔체에 해당하는 명령형 종결어미이다. 반면에 ᄒᆞ라체는 ‘-라’, ᄒᆞ야쎠체는 ‘-아쎠/-어쎠/-야쎠’이다. 셰슈 드리ᄋᆞ올시 져므니ᄂᆞᆫ 소라를 받들고 얼운ᄋᆞᆫ 믈을 받드러 쳐 셰슈ᄒᆞ슈셔 請ᄒᆞ고 셰슈 ᄆᆞᄎᆞ셔든 슈건을 받ᄌᆞ올 디니라(進盥 少者奉槃 長者奉水 請沃盥 盥卒授巾).《소언 2:3》

4 받ᄌᆞ올 디니라: 받잡을 것이니라. 받잡을지니라. ‘받(어간)+ᄌᆞ오(겸손법 선어말어미)+ㄹ(관형사형 어미)+ᄃᆞ(의존명사)+이(서술격조사 ‘이다’의 어간)+니라(평서형 종결어미)’이다. 겸손법의 선어말어미는 자음 어미 앞에서 ‘-ᄉᆞᆸ-, -ᄌᆞᆸ-, -ᅀᆞᆸ-’이 실현된다. ‘-ᄉᆞᆸ-’은 어간의 끝소리가 ‘ㄱ, ㅂ, ㅅ, ㅎ’일 때, ‘-ᄌᆞᆸ-’은 ‘ㅈ, ㅊ, ㄷ’일 때, ‘-ᅀᆞᆸ-’은 어간의 끝소리가 모음이나 유성 자음 ‘ㄴ, ㅁ, ㄹ’일 때 실현되는 것이다. 그리고 모음 어미나 매개모음을 취하는 어미 앞에서 ‘-ᄉᆞᇦ-, -ᄌᆞᇦ-, -ᅀᆞᇦ-’이 실현된다. ㅂ불규칙활용을 하는 셈이다. ‘-ᄉᆞᆸ-’이 모음 어미나 매개모음을 취하는 어마 앞에서 ‘-ᄉᆞᇦ-’으로 불규칙활용을 하는 일은《월인석보》까지만 보이고, 그 이후는 다른 ㅂ불규칙 용언과 마찬가지로 ‘ㅸ’가 ‘오’로 바뀐다. 본 예도 ‘-ᄌᆞᆸ-’이 매개모음을 취하는 어미 ‘ㄹ’ 앞에서 ‘-ᄌᆞᇦ-’이 ‘-ᄌᆞ오-’로 바뀐 것이다. 현대국어 ‘받잡다’의 옛말인 ‘받ᄌᆞᆸ다’는 15세기 문헌에서부터 나타난다. 이 단어는 17세기에 팔종성 받침규칙에 의해 ‘ㄷ’ 받침이 ‘ㅅ’으로 쓰이게 되었으며, ‘ㆍ’의 음가 소실로 ‘ᄌᆞᆸ’이 ‘잡’으로 바뀌게 됨에 따라 18세기에는 ‘밧잡다’가 쓰이게 되었다. 20세기 초 현대맞춤법이 확산되면서 현재의 어형으로 정착되었다. 받ᄌᆞᆸ다(15세기)〉밧잡다(18세기)〉받잡다(20세기~현재). 이형태: 받ᄌᆞᆸ다, 밧

줍다, 밧잡다. 몬져 菩薩의 받ᄌᆞᄫᆞ라.《1447 석상 3:40ㄴ》, 슌븨 ᄒᆞᆫ 잔곰 받ᄌᆞ오라 쳥ᄒᆞ뇌 지븨 드러 안ᄌᆞ쇼셔.《1510년대 번노 하:35ㄱ》, 내 東宮의 ᄀᆞᄅᆞ쳐 인도홈을 받줍디 아니홈은.《1588 소언 6:44ㄴ》

【增註】槃은承盥水者요沃盥은注水而盥也라授는進也요巾은拭手者라

반(槃)은 세숫물을 받드는 것이요, 옥관(沃盥)은 물을 부어 세수함이다. 授는 올림이요 巾은 손을 닦는 것이라.

漢字 承(받들 승), 拭(닦을 식)

問所欲而敬進之호ᄃᆡ柔色以溫之ᄒᆞ야父母舅姑ㅣ必嘗之而後에退니라

● 잡수시고자 하는 것을 여쭈어 그것[所欲]을 공손히 올리되, 낯빛을 부드러이 하여 그것[所欲]을 받들어, 부모와 시부모가 그것[所欲]을 반드시 맛보신 뒤에 물러나온다.

漢字 嘗(맛볼 상)

소언 자시고져 ᄒᆞ시ᄂᆞᆫ 바ᄅᆞᆯ 묻ᄌᆞ와 공경ᄒᆞ야 드리오ᄃᆡ ᄂᆞᆺ빗ᄎᆞᆯ 유화히 ᄒᆞ야 ᄡᅧ ᄠᅳᆮ을 받ᄌᆞ와 父부母모ㅣ며 싀부모ㅣ 반ᄃᆞ시 맛보신 후에 믈러날 디니라

현대역 자시고자 하시는 바를 묻자와 공경하여 드리되, 낯빛을 柔和히 하여 써 뜻을 받자와, 부모며 시부모가 반드시 맛보신 후에 물러날 것이니라.

1 자시고져: 자시고자. '자시(어간)+고져(연결어미)'이다. '-고져'는 주로 동사, 형용사 어간이나 어미 뒤에 붙어, '-고자'를 뜻하는 어미이다. ᄒᆞᆫ ᄉᆞ랑ᄒᆞᄂᆞᆫ 아기아ᄃᆞ리 양ᄌᆞ며 지죄 ᄒᆞᆫ 그티니 그딋 ᄯᆞᄅᆞᆯ 맛고져 ᄒᆞ더이다.《석상 6:15》, 兜率天에 가아 兜率 天子ㅣ ᄃᆞ외야 世尊 뵈ᅀᆞᆸ고져 너겨.《석상 6:45》. '자시다'는 '먹다'의

높임말이다. '들다'보다 존대의 정도가 높다. 현대국어 '자시다'의 옛말인 '좌시다'는 15세기 문헌에서부터 나타난다. 16세기에 제1음절의 이중모음 'ㅘ'에서 'ㅗ'가 탈락한 '자시다' 형태가 등장하여 현재에 이르렀다. '좌시다'는 선어말어미 '-더-'와 결합할 때 '좌터시다'로 나타나기도 한 것으로 보아 기원적으로 동사 '*좌-'와 주체 높임 선어말어미 '-시-'가 결합한 것으로 추정된다. 그러나 동사 '*좌-'가 '-시-' 없이 쓰인 예는 나타나지 않으므로 '좌시다'를 하나의 동사로 본다. 좌시다(15세기~16세기)>자시다(16세기~현재). 이형태: 좌시다, 자시다. 太子ㅣ ᄒᆞᄅᆞ ᄒᆞᆫ낟곰 닐웨예 ᄒᆞᆫ낟곰 좌시고 여ᄉᆞᆺ ᄒᆡ를 히즛도 아니ᄒᆞ샤.《1447 석상 3:38ㄴ》, 孔子ᄂᆞᆫ 반 좌실 제 말ᄉᆞᆷ 아니ᄒᆞ시며 자실 제 말ᄉᆞᆷ 아니ᄒᆞ더시다.《1518 번소 4:16ㄱ》, 님금이 병이 겨샤 약을 자시거든 신해 몬져 맛보며 어버이 병이 겨샤 약을 자시거든 ᄌᆞ식이 몬져 맛볼 디니라.《1588 소언 2:23ㄴ》

2 유화히: 유화(柔和)하게. 성품이 부드럽고 온화하게.

【增註】所欲은意之所欲食者라

所欲은 마음에 먹고자 하는 것이다.

【集解】陳氏曰溫은承籍之義니謂以和柔之顔色으로承籍尊者之意라

진 씨가 말하였다. "溫은 받듦의 뜻이니, 화하고 부드러운 낯빛으로써 존자의 뜻을 받듦을 이른다."

漢字 籍(깔 자)

승자(承藉): 받들다.

男女未冠貫笄者ㅣ鷄初鳴이어든咸盥漱ᄒᆞ며櫛縰ᄒᆞ며拂髦ᄒᆞ며總角ᄒᆞ며衿纓ᄒᆞ야皆佩容臭ᄒᆞ고昧爽而朝ᄒᆞ야問何食飮矣오ᄒᆞ야若已食則退ᄒᆞ고若未食則佐長者視具ㅣ니라

● 남자와 여자가 관례를 하지 않았거나 비녀를 꽂지 않은 사람은 닭이 처음

울거든, 모두 세수하고 양치질하며, 머리를 빗고 치포건을 쓰며, 다팔머리에 (먼지를) 털고, 머리 매기를 뿔나게 하며, 향주머니를 매어 다 향내 나는 물건을 차고, 부옇게 밝음에 뵈어, 무엇을 드실지 여쭈어, 만약 이미 잡수셨으면 물러나오고, 만약 잡수시지 않았으면 어른을 도와 장만함을 보살핀다.

漢字 昧(어두울 매), 爽(밝을 상), 具(장만할 구)

소언 ᄉᆞ나ᄒᆡ와 겨집이 冠관 쓰며 빈혀 곳ᄭᅵ 아니ᄒᆞ얏ᄂᆞᆫ 이 ᄃᆞᆰ이 처엄 울어든 다 셰슈ᄒᆞ고 양짓믈ᄒᆞ며 머리 빗고 縰쇄ᄒᆞ며 髦모ᄅᆞᆯ ᄯᅥᆯ며 머리 ᄆᆡ기ᄅᆞᆯ ᄲᅳᆯ나게 ᄒᆞ며 향ᄂᆞᄆᆞᆺ 긴홀 ᄆᆡ여 다 비ᄋᆞᆷ에 향내ᄅᆞᆯ ᄎᆞ고 부희여블기예 뵈ᄋᆞ와 므스거슬 자실고 묻ᄌᆞ와 만일 이믜 자셔 겨시거ᄃᆞᆫ 믈러오고 만일 자시디 아녀 겨시거든 얼운올 도와 쟝만홈올 보ᄉᆞᆯ필 디니라

현대역 사나이와 여자가 관 쓰며 비녀 꽂지 아니한 이(는) 닭이 처음 울거든, 다 세수하고 양치질하며, 머리 빗고 쇄(縰)하며, 모(髦)를 떨며, 머리 매기를 뿔나게 하며. 향낭의 끈을 매어 다 꾸밈에 향내를 차고, 어둑새벽에 뵈어, 무엇을 자실까 묻자와, 만일 이미 자시어 계시거든 물러오고, 만일 자시지 아니하여 계시거든 어른을 도와 장만함을 보살필 것이니라."

1 부희여블기: 명사 '어둑새벽'의 옛말이다. 날이 밝기 전 어둑어둑한 새벽. 다 비ᄋᆞᆷ에 향내ᄅᆞᆯ ᄎᆞ고 부희여블기예 뵈ᄋᆞ와 므스거슬 자실고 묻ᄌᆞ와(皆佩容臭昧爽而朝 問何食飮矣).《소언 2:4》(현대역: 다 단장함에 향내를 하고 어둑새벽에 뵈어 무엇을 자실까를 여쭈어.). 형용사 '부희여ᄒᆞ다'는 '부옇다'의 옛말이다. ᄇᆡᆨ깁 한삼과 부희여ᄒᆞᆫ 비쳇 비단 너븐 주룸 텬릭과(白絹汗衫 銀褐紵絲板摺兒).《번노 하:51》[현대역: 흰 비단 한삼(汗衫)과 뿌연 빛의 비단에 넓은 주름을 넣은 철릭과.]

2 비ᄋᆞᆷ: 꾸밈. '비ᄋᆞ(어간)+ㅁ(명사형 어미)'이다. '비ᄉᆞ다'나 '비ᄋᆞ다'는 '꾸미다'의 옛말이다. 名利ᄅᆞᆯ ᄉᆞ랑ᄒᆞ야 모ᄆᆞᆯ 비ᄉᆞ고 聖言을 기롱ᄒᆞ야 ᄇᆡ호디 아니ᄒᆞᄂᆞ니(愛名利以榮身 侮聖言而不習).《영가 상:26》, 粉과 燕脂와 고ᄌᆞ로 비ᄉᆞᆫ 각시 世間ㅅ

風流를 들이숩더니.《월곡 상:18》

3 므스거슬: 무엇을. '므스것(대명사)+을(목적격 조사)'이다. 현대국어 '무엇'의 옛말인 '므스것'은 15세기 문헌에서부터 나타난다. '므스것'은 '무엇'을 의미하는 '므스'와 명사 '것'이 결합한 것이다. 16세기에는 '므스것'에서 제2음절의 모음 'ㅡ'와 제3음절의 초성 'ㄱ'이 탈락한 후 축약된 '므섯' 형태가 나타났고, 여기에서 다시 모음 사이의 'ㅅ'이 약화되어 탈락한 '므엇' 형태가 나타났다. 또한 양순음 'ㅁ, ㅂ, ㅍ' 아래에서 모음 'ㅡ'가 'ㅜ'로 변하는 원순모음화에 따라 16세기에는 '므엇>무엇'으로 변화한 예도 나타나는데, 대체로 원순모음화가 17세기 이후에 일어난 것에 비해 이 경우는 다소 빠른 시기에 변화가 일어난 것이다. 18세기까지는 '무섯'과 '무엇'이 공존하다가 19세기 이후로 '무엇'만 남아 현재에 이르렀다. 한편 중세국어에는 '무엇'을 의미하는 단어로 '므스것>므섯>므엇'과 함께 '므슥', '므슴'도 존재하였는데(예: 보도 몯ᄒᆞ며 듣도 몯거니 므스기 快樂ᄒᆞᄫᆡ리잇고.《1447 석상 24:28》, 世間ㅅ 드틀을 므슴만 너기시리.《1447 월곡 45ㄴ》), '므슴'은 '무슨'의 의미를 지닌 관형사로도 쓰였다는 점에서 차이가 있다. 므스것(15세기~18세기)>므섯(16세기~18세기)>므엇(16세기~18세기)>무엇(18세기~현재). 이형태: 므스것, 므섯, 므엇, 무엇, 무섯. 太子ㅣ 우스며 닐오ᄃᆡ 내 므스거시 不足ᄒᆞ료.《1447 석상 6:24ㄱ》, 大海龍王이 ᄀᆞ장 깃거 무로ᄃᆡ 먼 길헤 와 므스거슬 얻고져 ᄒᆞ시ᄂᆞᆫ고《1459 월석 22:46ㄱ》, 다 일즉 묻디 아니ᄒᆞ야 잇더니 셩이 므스것고.《1510년대 번노 상:15ㄴ》, ᄀᆞᄅᆞ치디 아니ᄒᆞ야셔 어디롬이 聖人 아니오 므서시며 ᄀᆞᄅᆞ친 後에 어디롬이 賢人 아니오 므남진이 죽고 ᄌᆞ식이 업ᄉᆞ니 혼자 사라셔 므엇 ᄒᆞ료.《1581 속삼-중 열:8ㄱ》, 계집이 ᄒᆞ나흘 좃차 죵신홀 거시니 아니 죽어셔 무엇 ᄒᆞ료.《1581 속삼-중 열:28ㄱ》

4 자실고: 자실까. '자시(어간)+ㄹ(관형사형 어미)+고(의문 보조사)'이다. 관형사형 '자실'에 의문 보조사 '고'가 연결된 의문문이다. 의문사 '므스것'이 있고, '오' 계통의 모음으로 되어 있어 설명의문문임을 알 수 있다. 다만 정상적인 대화가 아닌, 독백이므로 간접의문문에 해당한다. 즉 간접 설명 의문문이다, 巴蜀애 와 病이 하니 荊蠻애 가믄 어느 ᄒᆡᆯ고(巴蜀來多病 荊蠻去幾年).《두시-초 7:4》, 어느 ᄢᅴ사 노ᄑᆞᆫ 議論이 金門을 미러 드러 各各 蒼生ᄋᆞ로 ᄒᆡ여곰 環堵를 두게 홀고(幾時高議排金門 各使蒼生有環堵).《두시-초 7:29》

【集說】吳氏曰總角은束髮爲角也라臭는香物也니助爲形容之飾이라故로曰容臭니以纓佩之라不佩所用之物하고而止佩容臭者는未能卽事也일새라昧는晦也요爽은明也니昧爽은欲明未明之時라朝는猶見也라佐는助也요具는謂膳具니幼者는於視膳之事에未能專之요特可以佐助長者而已니라

오 씨가 말하였다. "總角은 머리를 묶어 뿔을 만든 것이다. 臭는 향내 나는 물건이니, 몸의 꾸밈을 돕는다. 따라서 용취(容臭)라 하니, (향)주머니로써 이것[容臭]을 찬다. 소용품을 차지 않고 다만 용취를 차는 것은 (아직 어려서) 일에 나아갈 수 없기 때문이다. 매(昧)는 어두움이요 상(爽)은 밝음이니, 매상(昧爽)은 밝으려고 하나 아직 밝지 않은 때이다. 朝는 뵘과 같다. 佐는 도움이요 具는 음식 장만함을 이르니, 어린 자는 음식의 일을 보살핌에 있어 그것을 오로지 할 수가 없고, 다만 어른을 도울 뿐이다."

漢字 飾(꾸밀 식), 卽(나아갈 즉), 晦(어두울 회), 朝(뵐 조), 見(뵐 현), 佐(도울 좌), 膳(반찬 선)

【二章】

○凡內外ㅣ鷄初鳴이어든咸盥漱ᄒᆞ며衣服ᄒᆞ고斂枕簟徒點切ᄒᆞ며灑掃室堂及庭ᄒᆞ야布席ᄒᆞ고各從其事ㅣ니라 《禮記 內則》

●무릇 내외 사람들[노비들]은 닭이 처음 울거든 모두 세수하고 양치질하고, 옷을 입고 베개와 대자리를 걷으며, 방과 집과 뜰에 물을 뿌리고 쓸고 자리를 펴고, 각각 그 일에 종사한다.

漢字 斂(거둘 렴), 枕(베개 침), 簟(대자리 점)

소언 믈읫 안히며 밧기 ᄃᆞᆰ이 처엄 울어든 다 세슈ᄒᆞ고 양짓믈ᄒᆞ며

옷 닙고 벼개와 삳ᄐᆞᆯ 걷으며 방이며 텽이며 믿 ᄠᅳᆯ흘 믈 ᄲᅳ리고 ᄡᅳ러 돗 ᄭᆞᆯ고 각각 그 일을 조ᄎᆞᆯ 디니라

현대역 무릇 안이며 밖이 닭이 처음 울거든 다 세수하고 양치질하며, 옷 입고 베개와 삿을 걷으며, 방이며 당(堂, 집)이며 및 뜰을 물 뿌리고 쓸어 돗자리 깔고, 각각 그 일을 좇을 것이니라.

1 삳ㅌ: '삿'의 옛말이다. 갈대를 엮어서 만든 자리. '삳'는 15세기 문헌에서부터 나타난다. 이 단어는 근대국어 시기의 받침 표기에 따라 '삿'으로 표기된 이후 현재까지 이어진다. '삳ㅌ, 삿ㄱ'은 중철 표기를 반영하는 표기이다. 삳(15세기)〉삿(17세기~현재). 이형태: 삳, 삳ㅌ, 삿, 삿ㄱ. 벼개와 삳 가지고 수플 幽僻ᄒᆞᆫ ᄃᆡ 들오 차와 외와로 소ᄂᆞᆯ 오래 머믈우ᄂᆞ다.《1481 두시-초 9:25ㄴ》, 샹ᄌᆞ애 벼개ᄅᆞᆯ 거두워 녀코 삳과 돗과ᄅᆞᆯ 집 ᄡᅧ 듕히 간슈ᄒᆞᆯ 디니.《1518 번소 3:17ㄴ》, 벼개와 삳ᄐᆞᆯ 걷으며 방이며 텽이며 믿 ᄠᅳᆯ흘 믈 ᄲᅳ리고.《1588 소언 2:5ㄱ》

2 돗: 왕골이나 골풀의 줄기를 재료로 하여 만든 자리. 줄기를 잘게 쪼개서 만들기 때문에 발이 가늘다. 규범표기는 '돗자리'이다. 현대국어 '돗자리'는 19세기 문헌에서부터 나타난다. '돗자리'는 '돗자리'의 의미인 '돇'의 단독형인 '돗'과 '자리'가 결합한 것이다. 돗자리(19세기~현재). 이형태: 돗자리. 돗자리 盲席 돗.《1880 한불 497》, 돗자리 펴고 면ᄀᆡᄅᆞᆯ 낫낫치 다 쎤 후.《1869 규합 23ㄴ》, 마을 농가에서 저녁을 먹고 마루에 깔아 주는 돗자리 위에 누웠을 때 하늘에는 무수한 별이 나 돋아 있고….《박경리, 시장과 전장》

【集說】陳氏曰此亦內則之文而不言者는蒙上章也니他皆倣此하니라斂은收也니斂枕簟者는枕席之具를夜則設之하고曉則斂之하여不以私褻之用示人也라布는設也요席은坐席이라各從其事는若女服事于內하고男服事于外是矣라

진 씨가 말하였다. "이 또한 〈내칙〉의 글인데 말하지 않은 것은 위의 장을 이었기 때문이니, 다른 것도 모두 이와 같다. 斂은 거둠이니, 斂枕簟[베개와 대자리를 걷음]은 베개와 자리의 도구를 밤에는 그것들을 펴고

새벽에는 그것들을 거두어 사사로운 더러움의 쓰임을 남에게 보이지 않음이다. 布는 폄이요 席은 앉는 자리이다. 各從其事[각각 그 일에 종사함]는 여자는 안에서 일을 하고 남자는 밖에서 일을 하는 것과 같음이 이것이다."

漢字 蒙(무릅쓸 몽), 倣(같을 방), 曉(새벽 효), 褻(더러울 설, 속옷 설)

【集解】此는言內外婢僕也라

이는 내외의 비복에 대하여 말함이다.

【三章】

○父母舅姑ㅣ將坐ㅣ어시든奉席請何鄕向ᄒᆞ며將衽이어시든長者는奉席請何趾ᄒᆞ고少者는執牀與坐ᄒᆞ며御者는擧几ᄒᆞ고斂席與簟ᄒᆞ며縣玄衾篋枕ᄒᆞ고斂簟而襡獨之니라 《禮記 內則》

●부모와 시부모가 장차 앉으려 하시거든 자리를 받들어 어느 쪽으로 향할 것인가를 청하며, 장차 고쳐 누우려 하시거든 어른은 자리를 받들어 어디로 발을 두실 것인가를 청하고, 젊은이는 안석자리를 잡고 좌우로 하여 앉는다. 모시는 이[御者]는 안석을 들고, 자리와 대자리를 거두며, 이불을 매달고, 베개를 상자에 넣으며, 대자리를 걷어 그것을 보로 싸서 둔다.

漢字 衽(요 임, 깔 임), 趾(발 지), 牀(안석자리 상), 御(모실 어), 几(안석 궤), 縣(=懸 매달 현), 衾(이불 금), 篋(상자 협), 襡(싸맬 독)

소언 父부母모와 싀부뫼ㅣ 쟝ᄎᆞ 안조려 커시든 돗글 받드러 어드러 향ᄒᆞ실고 請쳥ᄒᆞ며 쟝ᄎᆞ 고텨 누으려 커시든 얼운ᄋᆞᆫ 돗ᄀᆞᆯ 받드러 어드러 발 두실고 請쳥ᄒᆞ고 져믄이ᄂᆞᆫ 평상을 잡아 받ᄌᆞ와 안ᄌᆞ시게 ᄒᆞ며 뫼신 이ᄂᆞᆫ 几궤[지혀ᄂᆞᆫ 거시라]를 들고 돗과 다ᄆᆞᆺ 삳톨 거드며 니블을 둘며 벼개ᄅᆞᆯ 샹ᄌᆞ애 녀코 삳톨 거더 집씰 디니라 현대역 부모와 시부모가 장차 앉으려 하시거든 돗자리를 받들어 어디로 향하실까 청하며, 장차 고쳐 누우려 하시거든 어른은 돗자리를 받들어 어디로 발을 두실까 청하고, 젊은이는 平床을 잡아 받자와 앉으시게 하며, 모신 이는 궤(几)[기대는 것이라.]를 들고, 돗자리와 더불어 삿을 걷으며, 이불을 달며, 베개를 상자에 넣고, 삿을 걷어 쌀 것이니라.

1 안조려: 앉으려. '앉(어간)+오려(연결어미)'이다. '-오려'는 동사나 형용사 어간 뒤에 붙어, 동작 주체의 의도인 '-려'를 뜻하는 연결어미이다. 六天八部 鬼兵이 波旬의 말 드러와 모딘 ᄠᅳ들 일우오려 터니.《월곡 상:26》, 六師ᄋᆡ 무리 閻浮提예 ᄀᆞ독ᄒᆞ야도 내 바랫 ᄒᆞᆫ 터리ᄅᆞᆯ 몯 무으리니 ᄆᆞᄉᆞᆺ 이ᄅᆞᆯ 겻고오려 ᄒᆞᄂᆞᆫ고 제 ᄒᆞᆯ 양ᄋᆞ로 ᄒᆞ게 ᄒᆞ라.《석상 6:27》
2 어드러: 어디로. 그ᄢᅴ 모다 부텨ᄭᅴ 묻자ᄫᆞᄃᆡ 王이 어드러 가시니잇고.《월석 10:14-15》, 다시 묻노라 네 어드러 가ᄂᆞ니오(重問子何之)《두시-초 8:6》
3 향ᄒᆞ실고: 향하실까. '향ᄒᆞ(어간)+시(주체 높임 선어말어미)+ㄹ(관형사형 어미)+고(의문 보조사)'이다. 관형사형 '향ᄒᆞ실'에 의문 보조사 '고'가 연결된 의문문이다. 의문사 '어드러'가 있고, '오' 계통의 모음으로 되어 있어 설명의문문임을 알 수 있다. 다만 정상적인 대화가 아닌, 독백이므로 간접의문문에 해당한다. 즉 간접 설명 의문문이다, 巴蜀애 와 病이 하니 荊蠻애 가ᄆᆞᆫ 어느 ᄒᆡᆯ고(巴蜀來多病 荊蠻去幾年).《두시-초 7:4》, 어느 ᄢᅴᅀᅡ 노ᄑᆞᆫ 議論이 金門을 미러 드러 各各 蒼生ᄋᆞ로 ᄒᆡ여곰 環堵ᄅᆞᆯ 두게 ᄒᆞᆯ고(幾時高議排金門 各使蒼生有環堵).《두시-초 7:29》
4 누으려: 누우려. '눕(어간)+으려(연결어미)'이다. 어간 '눕-'이 모음 어미 앞에서 '누으-'로 변한 것이다. '-으려'는 'ㄹ'을 제외한 받침 있는 동사 어간 뒤에 붙어, 어떤 행동을 할 의도나 욕망을 가지고 있음을 나타내는 연결어미이다. 그를 잡으려 했지만 용기가 없었다.
5 평상: 평상(平牀). 나무로 만든 침상의 하나이다. 밖에다 내어 앉거나 드러누워 쉴 수 있도록 만든 것으로, 살평상과 널평상의 두 가지가 있다.
6 궤(几): 늙어서 벼슬을 그만두는 대신이나 중신(重臣)에게 임금이 주던 물건이다. 앉아서 팔을 기대어 몸을 편하게 하는 것으로, 양편 끝은 조금 높고 가운데는 둥글게 우묵하고 모가 없으며, 구멍이 있어 제면(綈綿)을 잡아매었다. 제면(綈綿): 임금이 퇴직하는 신하들에게 안석과 지팡이를 내려 줄 때, 가을과 겨울에 안석을

덮어씌우도록 내리던 보(褓). 초록색의 운문대단으로 만드는데 끈이 사방으로 모두 열둘이 있어 궤의 구멍에 꿰어 잡아매게 되어 있다.

7 지혀ᄂᆞᆫ: 기대는. '지혀(어간)+ᄂᆞ(현재 시제 선어말어미))+ㄴ(관형사형 어미)'이다. '지혀다'는 '지ᅘᅧ다'와 함께 '기대다'의 옛말이다. 그 ᄃᆞᆸ도ᄋᆞ란 ᄀᆞᅀᅦ 지ᅘᅧ ᄆᆡ오.《월석 8:99》(현대역: 그 짚단을랑 강에 기대어 매고.)

【集說】陳氏曰將坐는朝起時也라奉坐席에而鋪者必問何向이라衽은臥席也니將衽은謂更臥處也라長者奉此臥席而鋪에必問足向何所라牀은說文云安身之几坐라하니非今之臥牀也라少者執此牀하여以與之坐與는猶左右之也라執此牀坐而左右之不敢去는恐其復坐也라臥必簟在席上하니旦起則斂之하고而簟又以襡韜之者는以親身恐穢汚也라衾則束而懸之하고枕則貯於篋也라

진 씨가 말하였다. "장좌(將坐)는 아침에 일어날 때이다. 앉는 자리를 받들 때에 펴는 사람이 반드시 어느 쪽을 향할지를 묻는 것이다. 임(衽)은 눕는 자리이니, 장임(將衽)은 눕는 자리를 고침을 이른다. 어른은 이 눕는 자리를 받들어 폄에 반드시 발이 어느 곳을 향할지를 묻는다. 상(牀)은《설문해자》에 '몸을 편안히 하는 안석자리'라 하였으니, 지금의 눕는 평상이 아니다. 젊은이는 이 안석자리를 잡고 그를 좌우로 하여 앉는다.[與는 좌우로 함과 같음이니, 이 안석자리를 잡고 좌우로 하여 감히 떠나지 못함은 그가 다시 앉을까 걱정함이다.] 누움에 반드시 대자리가 돗자리 위에 있으니 아침에 일어나면 그것[대자리]을 걷고, 대자리를 또 (보로) 싸는 것은 몸에 가까이 함에 더러워짐을 두려워해서이다. 이불은 묶어서 그것을 매달고 베개는 상자에 넣어둔다."

漢字 鋪(펼 포), 更(고칠 경), 韜[쌀 도=襡(쌀 독)], 貯(쌓을 저), 穢(더러울 예), 汚(더러울 오), 貯(갈무리할 저, 쌓을 저)

【集解】御者擧几縣衾篋枕斂簟而襡之者는謂寢興而收藏之也라

모시는 이가 안석을 들고, 이불을 매달고, 베개를 상자에 넣고, 대자리를 거두어 그것을 보로 싸서 두는 것은 자고 일어나서 그것들을 거두어 보관함을 이른다.

漢字 藏(보관할 장)

父母舅姑之衣衾簟席枕几를不傳하며杖屨를祗敬之하야勿敢近하며敦對牟巵匜移를非餕俊이어든莫敢用하며與恒飮食을非餕이어든莫之敢飮食이니라

●부모와 시부모의 옷과 이불과 대자리와 돗자리와 베개와 안석을 옮겨놓지 않고, 지팡이와 신을 그것을 공경하여 감히 가까이하지 말며, 대접과 밥그릇과 술잔과 물그릇을 남겨주신 음식이 아니면[남겨주신 음식을 먹는 경우가 어니면] 감히 사용하지 않으며, 더불어 항상 (잡수시는) 음식을 남겨주신 음식이 아니면 감히 그것을 마시거나 먹지 않는다.

漢字 傳(옮길 전), 杖(지팡이 장), 祗(공경할 지), 敦(제기 대, 쟁반 대, 도타울 돈), 牟(제기 모, 질냄비 모), 巵(=卮 술잔 치), 匜(술 주전자 이), 餕(대궁 준, 남겨줄 준), 與(및 여)

대궁: 먹다가 그릇에 남긴 밥. 유의어: 대궁밥, 잔반(殘飯).

소언 父부母모와 싀부모ㅅ 옷과 니블와 삳과 돗과 벼개와 几궤를 옮기 힐후디 아니ᄒᆞ며 막대와 신을 공경ᄒᆞ야 敢감히 갓가이 말며 敦딗와 牟모와[敦딗와 牟모ᄂᆞᆫ 밥 담ᄂᆞᆫ 그르시라] 巵치[술ᄡᅳ르시라]와 匜이[믈 담ᄂᆞᆫ 그르시라]를 자시다가 남은 것 아니어든 敢감히 ᄡᅳ디 아니ᄒᆞ며 다ᄆᆞᆺ 샹녜 飮음食식을 남은 것 아니어든 敢감히 먹디

아니홀 디니라

현대역 부모와 시부모의 옷과 이불과 삿과 돗자리와 베개와 궤를 옮기어 힐난(詰難)하지 아니하며 막대기[지팡이]와 신을 공경하여 감히 가까이 말며 대(敦)와 모(牟)와[대(敦)와 모(牟)는 밥 담는 그릇이라.] 치(卮)[술그릇이라.]와 이(匜)[물 담는 그릇이라.]를 자시다가 남은 것 아니거든 감히 쓰지 아니하며 더불어 늘 음식을 남은 것 아니거든 감히 먹지 아니할 것이니라.

1 힐후디: 힐난(詰難)하지. '힐후(어간)+디(보조적 연결어미)'이다. '힐후다'는 '트집을 잡아 거북할 만큼 따지고 들다.'의 옛말이다. 왜 봉투를 열었느냐고 명욱을 힐난할 순 없었다.《이병주, 행복어 사전》, 억쇠는 끝까지 영감의 색시에 대한 교만성과 낡은 지주 근성을 힐난하고 장 첨지는 억쇠의 불손함과 논을 떼게 된 정당성을 주장하였다.《오유권, 대지의 학대》

2 막대: '막대기'의 준말이다. 여기서는 대문(大文)의 '杖'에 대한 번역이니, '지팡이'를 뜻한다. 현대국어 '막대'의 옛말인 '막다히'는 15세기 문헌에서부터 나타난다. '막다히'에서 끝 음절의 자음 'ㅎ'이 탈락한 '막대'도 15세기 문헌에서부터 나타났는데, 이때 모음 'ㅐ'는 이중모음 [aj]로 발음되었다. 표기상으로는 구별되지 않지만, '막대'는 근대국어 후기에 이중모음 ㅐ[aj]가 [ɛ]로 단모음화하면서 비로소 현대국어의 '막대'가 되었다. 막다히(15세기~17세기)〉막대(15세기~현재). 이형태: 막다히, 막대. 淨居天이 늘근 사ᄅᆞ미 ᄃᆞ외야 막다히 딥고 가거늘.《1447 석상 3:16ㄴ》, 病ᄒᆞ니 ᄃᆞᆫ뇨려 홀 떤댄 반ᄃᆞ기 몬져 막대ᄅᆞᆯ 가진 後에ᅀᅡ ᄃᆞᆫ니ᄂᆞ니《1464 영가 상:99ㄱ》

【集說】陳氏曰傳은移也니謂此數者를每日置之有常處하여子與婦不得輒移他所也라近은謂挨偪之也라敦與牟는皆盛黍稷之器요卮는酒器요匜는盛水漿之器니此四器는皆尊者所用이니子與婦非餕其餘어든無敢用此器也라與는及也니及尊者所常食飲之物을子與婦非餕餘어든不敢擅飲食之也라

진 씨가 말하였다. "傳은 옮김이니, 이 몇 가지[父母舅姑之衣衾簟席枕

几]를 매일 둠에 일정한 곳이 있어, 아들과 며느리가 문득[함부로] 다른 곳으로 옮기지 않음을 말한다. 近은 밀치고 핍박함을 이른다. 돈(敦)과 모(牟)는 모두 기장과 피를 담는 그릇이요, 치(巵)는 술잔이요, 이(匜)는 물과 미음[음료]을 담는 그릇이니, 이 네 가지 그릇은 모두 존자가 쓰는 것이니, 아들과 며느리는 그 남은 것을 남겨주신 경우가 아니면 감히 이 그릇을 쓰지 않는다. 與는 '및'이니, 및 존자가 항상 먹고 마시는 바의 물건을, 아들과 며느리는 그[존자의] 남은 것을 남겨주신 경우가 아니면 감히 제멋대로 이것을 마시거나 먹지 않는다."

漢字 輒(문득 첩), 挨(밀칠 애), 偪(핍박할 핍, 행전 핍), 盛(담을 성), 黍(기장 서), 稷(피 직), 漿(미음 장, 음료 장), 擅(멋대로 할 천)

〖四章〗

○在父母舅姑之所ᄒᆞ야有命之어시든應唯敬對ᄒᆞ며進退周旋에愼齊側皆切ᄒᆞ며升降出入에揖遊ᄒᆞ며不敢噦於月切噫嚏咳欠伸跛倚睇第視ᄒᆞ며不敢唾洟替니라 《禮記 內則》

●부모와 시부모가 계신 곳에 있으면서 명령함이 있으시거든, 응하기를 빨리 하고 대답하기를 공손히 하며, 나아가고 물러나며 (몸을) 두루 돌릴 때 삼가고 엄숙히 하며, 오르고 내리고 나가고 들어옴에 읍하고 펴며, 감히 구역질하고 트림하며 재채기하고 기침하며 하품하고 기지개켜며 한 발로 서고 기대며 곁눈질하지 않고, 감히 침을 뱉거나 코를 풀지 않는다.

漢字 旋(돌 선, 주선할 선), 愼(삼갈 신), 齊(엄숙할 제, 가지런할 제, 같을 제, 재계할 재), 揖(읍할 읍), 遊(젖힐 유, 놀 유), 噦(구역질할 얼), 噫(트림할 희), 嚏(재채기할 체), 咳(기침할 해), 欠(하품 흠), 伸(기지개켤 신), 跛(외발로 설 피), 倚(기댈 의), 睇(곁눈질할 제), 唾(침 뱉을 타), 洟[코풀 체(이)]

소언 父부母모와 싀부모 겨신 곧애 이셔 긔걸ᄒᆞ시미 잇거든 應응홈

ᄋᆞᆯ 섈리 ᄒᆞ며 공경ᄒᆞ야 ᄃᆡ답ᄒᆞ며 나ᄋᆞ며 므르며 두루 돌옴애 삼가며 조심ᄒᆞ며 오ᄅᆞ며 ᄂᆞ리며 나며 들옴애 굽으며 펴며 敢감히 ᄑᆡ기ᄒᆞ며 트림ᄒᆞ며 ᄌᆞᄎᆡ욤ᄒᆞ며 기ᄎᆞᆷᄒᆞ며 하외욤ᄒᆞ며 기지게 혀며 ᄒᆞᆫ 발ᄎᆡ 드듸며 지혀며 빗기 보디 아니ᄒᆞ며 敢감히 춤 받ᄐᆞ며 코프디 아니ᄒᆞᆯ 디니라

현대역 부모와 시부모 계신 곳에 있어 명령하심이 있거든, 응함을 빨리 하며 공경하여 대답하며, 나아가며 무르며 두루 돎에 삼가며 조심하며, 오르며 내리며 나가며 듦에 굽으며 펴며, 감히 딸꾹질하며 트림하며 재채기하며 기침하며 하품하며 기지개 켜며 한 발치로 디디며 기대며 비스듬히 보지 아니하며, 감히 침 뱉으며 코풀지 아니할 것이니라.

1 긔걸ᄒᆞ시미: 명령하심이. 분부하심이. ‘긔걸ᄒᆞ(어간)+시(주체 높임 선어말어미)+ㅁ(명사형 어미)+이(주격 조사)’이다. ᄯᅩ ᄒᆞᆫ 臣下ᄅᆞᆯ 긔걸ᄒᆞ야 甲 닙고 갈 ᄲᅢ혀 들오 善容ᄋᆡ그에 가.《석상 24:28》, 后ㅣ 그 ᄢᅴ 나히 열히러시니 짒이ᄅᆞᆯ ᄀᆞᅀᆞᆷ아라 ᄒᆞ샤 죵ᄃᆞᆯᄒᆞᆯ 긔걸ᄒᆞ시니(后時年十歲 幹理家事 敕制僮御).《내훈 2:38》

2 므르며: 무르며. 있던 자리에서 뒤로 옮기며. 五百 優婆塞 優婆夷 다 阿耨多羅三藐三菩提예 므르디 아니ᄒᆞᄂᆞᆫ 사ᄅᆞ미 긔라.《석상 19:35》, 그저긔 一切 龍王ᄃᆞᆯ히 座로셔 니러 各各 옷 고티고 올ᄒᆞᆫ녁 메밧고 올ᄒᆞᆫ 무룹 ᄭᅮ러 合掌ᄒᆞ야 … ᄒᆞᆫ녁 面에 믈러 住ᄒᆞ니라.《월석 10:45》

3 ᄑᆡ기ᄒᆞ며: 딸꾹질하며. ‘ᄑᆡ기ᄒᆞ다’, ‘피기ᄒᆞ다’는 ‘딸꾹질하다’의 옛말이다. 산후에 피기ᄒᆞᄂᆞᆫ 증이라.《언태 56》

4 ᄌᆞᄎᆡ욤ᄒᆞ며: 재채기하며. ‘ᄌᆞᄎᆡ욤ᄒᆞ(어간)+며(연결어미)’이다. 한숨 디흐며 ᄌᆞᄎᆡ욤ᄒᆞ며 기춤ᄒᆞ며 하외욤ᄒᆞ며 기지게ᄒᆞ며 ᄒᆞᆫ녁 발이 쳐 드듸며 지여며 빗기 보ᄆᆞᆯ 말며(不敢噦噫嚔咳欠伸跛倚睇視).《내훈 1:45》(현대역: 한숨지으며 재채기하며 기침하며 하품하며 기지개하며 한쪽 발로 쳐서 디디며 기대며 비껴 보는 것을 말며.), 조협 ᄀᆞᆯᄋᆞᆯ 죠고매 고해 ᄲᅮ러 ᄌᆞᄎᆡ욤ᄒᆞ게 ᄒᆞ면(皂莢末少許吹鼻中 使得嚔鯁出).《구간 6:1》(현대역: 조협 가루를 조금 코에 불어 재채기하게 하면.), ᄂᆞᆾ과 ᄲᅣᆷ이 븕고 기츰 깃고 ᄌᆞᄎᆡ욤ᄒᆞᄂᆞ니ᄂᆞᆫ 폐장증이라.《언두 상:11》

5 하외욤ᄒᆞ며: 하품하며. ‘하외욤ᄒᆞ(어간)+며(연결어미’이다. 한숨디흐며 ᄌᆞᄎᆡ욤

ᄒᆞ며 기춤ᄒᆞ며 하외욤ᄒᆞ며 기지게ᄒᆞ며 ᄒᆞ녁 발이 쳐 드듸며 지여며 빗기 보ᄆᆞᆯ 말며(不敢噦噫嚏咳欠伸跛倚睇視).《내훈 1:45》, 하외욤ᄒᆞ고 답답ᄒᆞ니는 간장증이오 잇다감 놀라 도ᄃᆞ라디ᄂᆞ니ᄂᆞᆫ 심장증이오.《두경 상:11》(현대역: 하품하고 답답한 것은 간장증이고 이따금 놀라서 도드라지는 것은 심장증이고.)

6 발츼: 발치. 발이 있는 쪽.

7 받ᄐᆞ며: 뱉으며. '받ᄐᆞ(어간)+며(연결어미)'이다. '받ᄐᆞ-'는 중철 표기이다. 현대국어 '뱉다'의 옛말인 '밭다/비왇다'는 15세기 문헌에서부터 나타난다. 이 단어는 15세기 당시에 '밭다' 계열과 '비왇다' 계열로 나눌 수 있는데 두 단어는 쌍형어 관계에 있었던 것으로 보인다. '밭다'는 받침규칙에 따라서 '받다', '밧다' 등으로 표기되고 근대국어 시기의 중철 표기로는 '받ㅌ다', '밧ㅌ다', '밧ㅎ다' 등이 보인다. '비왇다'는 받침규칙에 따라서 '비왇다', '비왓다'가 쓰였으며, 근대국어의 중철 표기인 '비왇ㅌ다', '비왓ㅌ다', '비앗ㅎ다' 등이 보인다. 이 두 계열은 근대국어 후기에 '뱉다' 계열로 통합되는 것으로 보이는데 받침규칙에 따른 '뱃다'가 쓰였으며 중철 표기로 '뱃ㅌ다'가 쓰였다. 밭다(15세기)/비왇다(17세기)〉받다(15세기~16세기)〉밧다(17세기~19세기)/비왓다(17세기~19세기)〉뱃다(19세기)〉뱃다(19세기)〉뱉다(20세기~현재). 이형태: 밭다, 받다, 비왇다, 밧다, 비왓다, 밧ㅎ다, 비얏다, 비앗다, 비앗ㅎ다, 배앗다, 뱃다. 또 샤오이 겨지븨 이베 두 닐굽 저글 춤 바ᄐᆞ면 즉자히 나ᄂᆞ니라.《1466 구방 하:87ㄱ》, 사ᄅᆞᆷ 주기ᄂᆞ니 오직 ᄂᆞ치 춤 받고.《1466 구방 상:24ㄱ》, 이 ᄢᅴ 거믄 龍이 또 구스를 비왇ᄂᆞ니.《1481 두시-초 13:13ㄱ-6》

【集說】陳氏曰應唯는應以速也요敬對는對以敬也라周旋은周回旋轉也라愼은謹愼也요齊는齊莊也라揖은謂進而前에其身이略俯如揖也요遊는揚也니謂退而後에其身이微仰而揚也라噦은嘔逆聲이요噫는食飽聲이요嚏는噴嚏요咳는咳嗽라氣乏則欠하고體疲則伸이라偏任爲跛요依物爲倚라睇視는傾視也라唾는出於口요洟는出於鼻라方氏曰噦噫嚏咳면則聲爲不恭이요欠伸跛倚睇視면則貌爲不恭이요唾洟면則聲貌俱爲不

恭矣라故로皆不敢爲也라

진 씨가 말하였다. "應唯는 응하기를 빨리 함이요, 敬對는 대답하기를 공손히 함이다. 周旋은 두루 돌림이다. 愼은 삼가 근신함이요, 齊는 엄숙함이다. 揖은 나아가 앞으로 갈 때에 그 몸을 약간 숙여 읍함과 같이 함을 이름이요, 遊는 (몸을) 드는 것이니 물러나 뒤로 갈 때에 그 몸을 약간 우러러 드는 것을 이른다. 얼(噦)은 구역질하는 소리요, 희(噫)는 배불리 먹어서 나는 소리요, 체(嚔)는 재채기요, 해(咳)는 기침이다. 기운이 다하면 하품하고, 몸이 피곤하면 기지개를 편다. 한쪽에 (몸을) 맡김을 피(跛)라 하고, 물건에 기댐을 의(倚)라 한다. 제시(睇視)는 기울게 보는[곁눈질하는] 것이다. 타(唾)는 입에서 나옴이요, 체(洟, 이)는 코에서 나옴이라." 방 씨가 말하였다. "구역질하고 트림하며 재채기하고 기침하면 소리가 공손하지 못하고, 하품하고 기지개 켜며 외발로 서고 기대며 곁눈질하면 모양이 공손하지 못하며, 침 흘리고 콧물 흘리면 소리와 모양이 모두 공손하지 못하다. 그러므로 모두 감히 하지 않는다."

漢字 俯(구부릴 부), 揚(오를 양, 몸 들 양), 嘔[토할 구=吐(토)], 噴(뿜을 분), 嗽(기침할 수), 乏(다할 핍), 疲(피로할 피), 傾(기울 경)

寒不敢襲ᄒᆞ며癢不敢搔ᄒᆞ며不有敬事ㅣ어든不敢袒但裼昔ᄒᆞ며不涉不撅貴ᄒᆞ며褻衣衾을不見現裏니라

● 추워도 감히 옷을 껴입지 않으며, 가려워도 감히 긁지 않으며, 조심할 일이 있지 않거든 감히 팔을 드러내지 않으며, 물을 건너지 않거든 옷을 걷지 않으며, 더러운 옷과 이불을 속을 보이지 않는다.

漢字 襲(껴입을 습), 癢(가려울 양), 搔(긁을 소), 袒(웃통 벗을 단), 裼(웃통 벗을 석), 涉(건널 섭), 撅(걷을 게), 褻(더러울 설), 見(드러낼 현), 裏(속 리)

소언 치워도 敢감히 더 닙디 아니ᄒᆞ며 ᄀᆞ라와도 敢감히 긁디 아니ᄒᆞ며 조심ᄒᆞᆯ 일이 잇디 아니커든 敢감히 메왓디 아니ᄒᆞ며 믈 건널 저기

아니어든 거두드디 아니ᄒᆞ며 더러운 옷과 니블을 안ᄒᆞᆯ 뵈디 아니ᄒᆞᆯ 디니라

현대역 추워도 감히 더 입지 아니하며, 가려워도 감히 긁지 아니하며, 조심할 일[활쏘기를 익히는 따위]이 있지 아니하거든 감히 어깨를 벗지 아니하며, 물 건널 때가 아니거든 걷어들지 아니하며, 더러운 옷과 이불을 안을 보이지 아니할 것이니라.

1 ᄀᆞ라와도: 가려워도. 'ᄀᆞ라오-(어간)+아도(연결어미)'이다. 어간 'ᄀᆞ랍-'이 모음 어미 앞에서 'ᄀᆞ라오-'로 바뀐 것이다. 현대국어 '가렵다'의 옛말인 'ᄀᆞ랍다'는 16세기 문헌에서부터 나타난다. 'ᄀᆞ랍다'는 자음으로 시작하는 어미 앞에서는 'ᄀᆞ랍ᄂᆞ니'와 같이 'ᄀᆞ랍-'으로, 모음이나 매개모음으로 시작하는 어미 앞에서는 'ᄀᆞ라오며'와 같이 'ᄀᆞ라오-'로 교체되었다. 'ᄀᆞ랍다'는 17세기 중에 그 원인은 알 수 없지만 'ᄀᆞ랴다'를 거쳐 'ᄀᆞ렵다'로 바뀌었다. 이후 근대국어 시기에 제1음절에서 모음 'ㆍ'가 'ㅏ'로 바뀌는 경향에 따라 19세기에 '가렵다' 형태가 등장하였다. 한편 모음으로 시작하는 어미와 결합할 때의 이형태인 'ᄀᆞ라오-' 역시 'ᄀᆞ랍-'과 마찬가지의 변화를 겪어 18세기에는 'ᄀᆞ려오-'가 널리 쓰였으며, 18세기 중반 이후 'ㅗ'가 'ㅜ'로 바뀐 'ᄀᆞ려우-'가 나타나 오늘날과 같은 ㅂ불규칙용언이 되었다. ᄀᆞ랍다(17세기)〉ᄀᆞ랴다(17세기)〉ᄀᆞ렵다(17세기~18세기)〉가렵다(19세기~현재). 이형태: ᄀᆞ랍-, ᄀᆞ라오-, ᄀᆞ랴-, ᄀᆞ랴오-, ᄀᆞ렵-, ᄀᆞ려오-, ᄀᆞ려우-, 가렵-, 가려오-, 가려우-. 쥬언쉬 ᄀᆞᆯ오ᄃᆡ 피 ᄉᆞᆯ해 펴디디 몯ᄒᆞ모로 ᄀᆞ랍ᄂᆞ니 피 화ᄒᆞ고 ᄉᆞᆯ히 ᄌᆞ윤ᄒᆞ면 ᄀᆞ랴디 아닌ᄂᆞ니라.《1608 언두 하:9ㄱ》, 의혹졍뎐의 ᄀᆞᆯ오ᄃᆡ 모든 알ᄑᆞ며 ᄀᆞ라오며 허는 병이 다 심화로 그러ᄒᆞ니 이는 ᄐᆡ듕에 독ᄒᆞᆫ 긔운이 명문의 ᄃᆞ럿ᄡᅡ가.《1608 언두 상:1ㄱ》

2 메왓디: 한쪽 어깨를 벗어 메지. '메왓(어간)+디(보조적 연결어미)'이다. '메왓다'는 '메밧다'와 함께, '공경의 뜻으로 한쪽 어깨를 벗어 메다.'를 뜻한다. 그ᄢᅴ 藥王菩薩이 座로셔 니르샤 올ᄒᆞᆫ 엇게 메바ᄉᆞ시고 合掌ᄒᆞ야 부텨 向ᄒᆞᅀᆞᄫᅡ ᄉᆞᆯᄫᆞ샤ᄃᆡ.《석상 21:21》(현대역: 그 때 약왕보살이 앉아서 이르셔서 오른쪽 어깨를 벗어 메시고 합장하여 부처에게 향하여 사뢰시되.), 그저긔 一切 龍王ᄃᆞᆯ히 坐로셔 니러 各各 옷 고티고 올ᄒᆞᆫ녁 메밧고 올ᄒᆞᆫ 무룹 ᄭᅮ러 合掌ᄒᆞ야.《월석 10:44》(현대역: 그 때에 일체의 용왕들이 자리에서 일어나 각각 옷매무새를

고치고 오른쪽 어깨를 벗어 메고 오른 무릎을 꿇고 합장하여.)

3 거두드디: 걷어들지. 거두어서 손에 들지. '거두들(어간)+디(보조적 연결어미)'이다. 어간의 치조음 'ㄹ'이 어미의 치조음 'ㄷ' 앞에서 탈락하였다. 오솔 거두드러 믈로 건나디 아니ᄒᆞ야 가며 오미 通ᄒᆞ도다(褰裳不涉往來通).《두시-초 15:35》, 믈 건나디 아니커든 거두드디 말며(不涉不撅).《내훈 1:45》

【集解】襲은重衣也라敬事는謂習射之類라袒裼은露臂也라涉은涉水也요撅는褰起衣裳也라○寒當襲하고癢當搔로되而侍坐則不敢者는皆敬也라

습(襲)은 거듭 입는 것이다. 경사(敬事)는 활쏘기를 익히는 따위를 이른다. 단석(袒裼)은 팔을 드러냄이다. 섭(涉)은 물을 건넘이요 게(撅)는 옷을 걷어 올림이다. ○추우면 마땅히 거듭 입어야 하고 가려우면 마땅히 긁어야 하되, 모시고 앉았으면 감히 하지 않는 것은 모두 공경하기 때문이다.

漢字 重(거듭 중), 露(드러낼 로), 臂(팔 비), 褰(걷을 건)

父母唾洟를不見現ᄒᆞ며冠帶垢苟ㅣ어든和灰請漱搜ᄒᆞ며衣裳垢ㅣ어든和灰請澣ᄒᆞ며衣裳綻裂이어든紉尼隣切箴針請補綴이니라

●부모의 침과 콧물을 보이지 않게 하며, 관과 띠에 때가 끼었거든 잿물을 타서 빨기를 청하며, 의상에 때가 끼었거든 잿물을 타서 빨기를 청하며, 의상이 터지고 찢어졌거든 바늘에 실을 꿰어 깁고 꿰매기를 청한다.

漢字 垢(때 구), 和(탈 화), 灰(재 회), 漱(빨 수), 澣(빨 한), 綻(터질 탄), 裂(찢어질 렬), 紉(실뀔 인), 箴(바늘 침), 補(기울 보), 綴(꿰맬 철)

소언 父부母모ㅅ 춤과 코를 뇸 뵈디 아니ᄒᆞ며 冠관과 ᄯᅴ ᄢᅵ지거든 짓믈 ᄲᅡ 시서징이다 請쳥ᄒᆞ며 옷과 치매 ᄢᅵ지거든 짓믈 ᄲᅡ ᄲᆞᆯ아징이다 請쳥ᄒᆞ며 옷과 치매 ᄲᅡ디며 ᄆᆡ여디거든 바ᄂᆞᆯ애 실 ᄢᅦ아 기우며

브텨징이다 請청홀 디니라

현대역 부모의 침과 코를 남 보이지 아니하며, 관과 띠 때 끼거든, "잿물 타 씻고 싶습니다."라고 청하며, 옷과 치마 때 끼거든, "잿물 타 빨고 싶습니다."라고 청하며, 옷과 치마 터지며 미어지거든, "바늘에 실 쏘아 기우며 붙이고 싶습니다."라고 청할 것이니라.

1 찌지거든: 때가 끼거든. '찌지(어간)+거든(연결어미)'이다. '찌지다'는 '때 끼다'의 옛말이다. 冠과 띄 찌지거든 짓믈 빠 시서징이다 請ᄒᆞ며 옷과 치매 찌지거든 짓믈 빠 ᄲᆞᆯ아징이다 請ᄒᆞ며(冠帶垢 和灰請漱 衣裳垢 和灰請澣).《소언 2:7》(현대역: 관과 띠에 때가 끼거든, "잿물 타서 씻고 싶습니다."라고 청하며, 옷과 치마에 때가 끼거든, "잿물에 타서 빨고 싶습니다."라고 청하며.)

2 빠: 타. 'ᄩᆞ(어간)+아(연결어미)'이다. 'ᄩᆞ다'는 '타다'의 옛말이다. 다량의 액체에 소량의 액체나 가루 따위를 넣어 섞다. 'ᄩᆞ다'는 15세기 문헌에서부터 나타난다. 중세국어 시기에 'ㅌ'는 'ㅂ'과 'ㅌ'이 모두 발음되는 어두자음군이었는데, 근대국어 시기에 어두자음군이 사라지면서 'ㅂ'이 탈락하여 17세기부터 'ᄐᆞ다' 형태가 나타나기 시작하였다(문헌상으로는 18세기까지도 'ᄩᆞ다'가 나타났으나, 이는 표기상의 문제일 뿐, 소리는 'ᄐᆞ다'와 동일하였다). 근대국어 후기에 제1음절의 'ㆍ'가 'ㅏ'와 소리가 같아져 19세기에는 현대국어와 같은 '타다'가 나타나게 되었다. ᄩᆞ다(15세기~18세기)〉ᄐᆞ다(17세기~19세기)〉타다(19세기~현재). 이형태: ᄩᆞ-, ᄐᆞ-, 타-. 늘 출ᄡᆞᆯ ᄀᆞ라 ᄲᅮ레 빠 마시라.《1489 구간 2:73ㄱ》, 소곰 두고 져로 두의저텨 봇가 반만 닉거든 쟝믈와 파와 약돌 빠 노하 젓고.《1510년대 번노 상:22ㄱ》

3 시서징이다, ᄲᆞᆯ아징이다, 브텨징이다: '시서지이다', 'ᄲᆞᆯ아지이다', '브텨지이다'와 같은 표현이다. 씻고 싶습니다, 빨고 싶습니다, 붙이고 싶습니다. '싯(어간)+어지이다(소망 평서형 종결어미)', 'ᄲᆞᆯ(어간)+아지이다(소망 평서형 종결어미)', '브티(어간)+어지이다(소망 평서형 종결어미)'이다. 여기서 '-어지이다'는 타동사 어간에 붙어 화자의 소망을 나타내는 특수한 평서형 어미이다. 높임의 등급은 'ᄒᆞ쇼셔체'이다. '-고 싶습니다'를 뜻한다. 舍衛國에 도라가 精舍 이르ᅀᆞ보리니 弟子 ᄒᆞ나ᄒᆞᆯ 주어시든 말 드러 이르ᅀᆞᄫᅡ지이다.《석상 6:22》(현대역: 사위국에 돌아가 정사 이루리니 제자 하나를 주시거든 말 들어 이루고 싶습니다.), 文殊師利

法王子菩薩와 藥王菩薩와 勇施菩薩와 宿王華菩薩와 上行意菩薩와 莊嚴王菩薩와 藥上菩薩올 보아지이다.《석상 20:36》(현대역: 문수사리 법왕자보살과 약왕보살과 용시보살과 수왕화보살과 상행의보살과 장엄왕보살과 약상보살을 보고 싶습니다.) '싯다'는 '씻다'의 옛말이다. 물이나 휴지 따위로 때나 더러운 것을 없게 하다. 그쁴 南녁 堀앳 仙人이 이 돌 우희 이셔 옷 섈며 발 싯고 니거늘.《석상 11:25》, 草木 서리예 겨샤 므슴 믈로 뻐 시스시는가.《월곡 상:45》. '븥티다'는 '붙다'의 사동사인 '붙이다'의 옛말이다. 맞닿아 떨어지지 않게 하다. 현대국어 '붙이다'의 옛말인 '브티다/븥티다'는 15세기 문헌에서부터 나타난다. 이 단어는 'ㅂ' 뒤에서 모음 'ㅡ'가 'ㅜ'로 변하는 원순모음화와 근대국어 시기에 'ㅣ' 모음 앞의 'ㅌ'가 'ㅊ'으로 변하는 구개음화로 '브티다'의 발음은 [부치다]가 되었지만, '편지를 부치다'와 구분하기 위해 '붙이다'로 표기하고 있다. '븥티다'는 둘째 음절의 'ㅌ'이 첫 음절의 받침으로 'ㄷ'과 함께 둘째 음절의 첫소리로 'ㅌ'이 쓰인 중철 표기로 17세기에 일반화되는 현상이지만, '브티다'의 경우에는 15세기에서부터 중철 표기가 쓰인 예에 해당한다. '브티다'는 중철 표기 현상, 원순모음화 현상, 구개음화 현상이 어우러져서 여러 가지 이표기를 보이는데, '븟티다'는 일종의 중철 표기로 첫 음절의 받침이 'ㅅ'으로 쓰인 예이며, '븟치다'는 구개음화된 둘째 음절의 'ㅊ'이 중철 표기된 것이다. '부티다'는 'ㅂ' 뒤에서 모음 'ㅡ'가 'ㅜ'로 원순모음화된 예이며, '붓티다'와 '붇티다'는 '부티다'의 둘째 음절 'ㅌ'가 각각 'ㅅㅌ'과 'ㄷㅌ'로 중철 표기된 것이다. '붓치다'와 '붇치다'는 '부치다'의 둘째 음절 'ㅊ'이 각각 'ㅅㅊ'과 'ㄷㅊ'로 중철 표기된 것이다. 브티다/븥티다(15세기~18세기)〉부티다(17세기~19세기)〉붓치다(18세기)〉붙이다(20세기~현재). 이형태: 브티다, 븥티다, 븟티다, 븟치다, 부티다, 붓티다, 붇티다, 붓치다. 브리 香樓에 다드라 쁘고 아니 브틀씨 諸天이 또 브티숩다가 몯ᄒᆞ고 海神이 또 브티숩다가 몯ᄒᆞ야늘.《1447 석상 23:39ㄱ》, 글 지손 卷軸이 오미 엇데 느즈니오 ᄆᆞᅀᆞᄆᆞᆯ 거싀 可히 븥티고져 ᄒᆞ노라.《1481 두시-초 20:23ㄱ》.

4 빠디며: 터지며. '빠디(어간)+며(연결어미)'이다. '빠디다'와 '따디다'는 '터지다'의 옛말이다. 이제 시리 따디여 體 오ᄋᆞ로 나ᄐᆞ니(如今線綻 體全彰).《남명 상:37》, 옷과 치마왜 따디거든 바ᄂᆞᆯ애 실 소아 깁누뷰믈 請홀 디니(衣裳綻裂 紉箴請補綴).《내훈 1:45》

5 믜여디거든: 미어지거든. '믜여디(어간)+거든(연결어미)'이다. '믜여디다'는 '팽팽한 가죽이나 종이 따위가 해어져서 구멍이 나다.'를 뜻한다. 시러곰 아니

玄圃山이 믜여뎌 왓ᄂᆞ니아 아니 瀟湘이 드위텻ᄂᆞ니아(得非玄圃裂 無乃瀟湘翻). 《두시-초 16:29》, 옷과 치매 ᄣᅡ디며 믜여디거든 바ᄂᆞᆯ애 실 ᄡᅩ아 기우며 브텨징이 다 請ᄒᆞᆯ 디니라(衣裳綻裂 紉箴請補綴).《소언 2:8》(현대역: 옷과 치마가 터지고 미어지거든, “바늘에 실을 꿰어 기우며 붙이고 싶습니다.”라고 청할 것이니라.)

6 ᄡᅩ아: 쏘아. ‘ᄡᅩ(어간)+아(연결어미)’이다. 현대국어 ‘쏘다’의 옛말 ‘ᄡᅩ다’는 15세기 문헌에서부터 나타난다. 15세기 문헌에 ‘쏘다’가 나타난 것은 어두경음화에 따른 것으로 보인다. ㅂ계 합용병서인 ‘ㅄ’은 대부분 근대국어 시기에 된소리 ‘ㅆ’으로 변하는데 ‘쏘다’의 경우 그 변화가 빨랐던 것으로 보인다. 이 ‘쏘다’는 15세기에 《원각경언해》(1465) 이후 각자병서를 사용하지 않게 됨에 따라 ‘소다’로 나타나게 된다. 하지만 근대국어 시기에 다시 ‘ㅆ’을 살려 씀에 따라 ‘쏘다’가 나타나고 이것이 현재까지 이어지는 것이다. ᄡᅩ다(15세기~19세기)〉쏘다(15세기~현재). 이형태: ᄡᅩ다, 쏘다, 소다. 그 모디로ᄆᆞᆫ ᄡᅩᄂᆞᆫ 버리라와.《1481 두시-초 18:8ㄴ2》, 또 활 쏘기를 받더시니.《1447 석상 3:13ㄱ》, 거우루 닷곰과 활 소기 ᄇᆡ홈괘라.《1465 원각 상1-1:112ㄴ》

【集解】陳氏曰唾洟不見은謂卽刷除之하여不使見示於人也라 漱澣은皆洗滌之事手洗曰漱足洗曰澣라和灰如今人用灰湯也라 以線貫箴曰紉이라

진 씨가 말하였다. “침과 콧물을 보이지 않는 것은 곧 그것들을 쓸고 제거하여 하여금 남에게 보이지 않도록 함을 이른다. 수(漱)와 한(澣)은 모두 씻는 일이다[손을 씻음을 수(漱)라 하고, 발을 씻음을 한(澣)이라 한다]. 화회(和灰)는 지금 사람들이 회탕(灰湯)을 쓰는 것과 같다. 실을 바늘에 꿰는 것을 인(紉)이라 한다.

漢字 刷(쓸 쇄), 除(제거할 제), 洗(씻을 세), 滌(씻을 척), 湯(끓을 탕), 線(실 선)

少事長ᄒᆞ며賤事貴에共帥率時니라

● 젊은이가 어른을 섬기며, 천한 이가 귀한 이를 섬김에 모두 이를 따른다.

漢字 帥(따를 솔), 時(이 시)

소언 져므니 얼운 셤기며 賤쳔호 이 貴귀호 이 셤굠애 다 이를 조출디니라

현대역 젊은이 어른 섬기며 천한 이 귀한 이 섬김에 다 이를 좇을 것이니라.

【集解】帥은循也요時는是也니言少之事長과賤之事貴에皆當循是禮也라

帥은 따름이요, 時는 '이것'이니, 젊은이가 어른을 섬김과 천한 이가 귀한 이를 섬김에 모두 마땅히 이 예절을 따라야 함을 이른다.

〖五章〗

○曲禮에曰凡爲人子之禮는冬溫而夏凊七性切호며昏定而晨省호며 《禮記 曲禮》

●〈곡례〉에 말하였다. "무릇 사람의 자식이 된 예는 겨울에는 따뜻하게 해 드리고 여름에는 시원하게 해 드리며, 어두우면 (이부자리를) 정해 드리고 새벽에는 (안부를) 살피며,

소언 曲곡禮례예 골오디 믈읫 사름이 ᄌᆞ식되연ᄂᆞᆫ 禮례ᄂᆞᆫ 겨을히어든 ᄃᆞᄉᆞ시게 ᄒᆞ고 녀름이어든 서늘ᄒᆞ시게 ᄒᆞ며 어을미어든 定뎡[자리를 뎡홈이라]ᄒᆞ고 새박이어든 술피며[안부를 술피미라]

현대역 〈곡례〉에 가로되. "무릇 사람의 자식되어있는 禮는 겨울이거든 다스하시게 하고 여름이거든 서늘하시게 하며, 어스름이거든 定[자리를 정함이라.]하고 새벽이거든 살피며[안부를 살핌이라.],

1 ᄃᆞᄉᆞ시게: 다스하게. 'ᄃᆞᄉᆞ(어간)+시(주체 높임 선어말어미)+게(보조적 연결어

미)'이다. 현대국어 '다스하다'의 옛말에는 'ᄃᆞᄉᆞ다'와 'ᄃᆞᄉᆞᄒᆞ다'가 있었다. 본 예는 기본형이 'ᄃᆞᄉᆞ다'이다. 'ᄃᆞᄉᆞ시게'나 '서늘ᄒᆞ시게'에 주체 높임 선어말어미가 쓰임은 부모를 대상으로 하는 용언이기 때문이다. 따라서 이때에는 '-시-'가 객체 높임의 기능을 하고 있다. 'ᄃᆞᄉᆞ다'가 쓰인 예는 다음과 같다. 그듸ᄂᆞᆫ ᄃᆞᄉᆞᆫ ᄃᆡᆯ 좃ᄂᆞᆫ 그려기ᄅᆞᆯ 보라.《두시-중 9:33》, 重ᄒᆞ니란 세 돈ᄋᆞᆯ ᄃᆞᄉᆞᆫ 므레 프러 브ᅀᅥ 너무 토티 아니케코.《구방 상:4》. 'ᄃᆞᄉᆞᄒᆞ다'가 쓰인 예는 다음과 같다. 暖和 ᄃᆞᄉᆞᄒᆞ다.《동해 상:5》, 연이 어버이ᄅᆞᆯ 지셩으로 셤겨 여ᄅᆞᆷ이면 벼개와 자리에 부ᄎᆡ딜ᄒᆞ며 겨ᄋᆞᆯ이면 몸으로ᄡᅧ 니블을 ᄃᆞᄉᆞᄒᆞ게 ᄒᆞ고.《오륜 1:29》

2 어을미어든: 어스름이거든. '어읆(명사)+이('이다'의 어간)+어든(연결어미)'이다. '어읆'은 '어스름'의 옛말이다. 조금 어둑한 상태. 또는 그런 때. 현대국어 '어스름'의 옛말인 '어ᅀᅳ름'은 15세기 문헌에서부터 나타난다. '어ᅀᅳ름'은 '조금 어둡다'의 의미를 지닌 용언 어간 *'어ᅀᅳᆯ-'에 명사 파생접사 '-음'이 결합한 것이다. 용언 *'어ᅀᅳᆯ다'는 문증되지 않지만, 이와 관련된 단어로 현대국어에 '조금 어둡다'의 의미를 지닌 형용사 '어슬하다'가 있다. 16세기 이후 유성 마찰음인 'ᅀ[z]'이 소멸하여 대개 'ᅀ>ㅇ'의 변화가 일어남에 따라 '어ᅀᅳ름'도 '어으름'으로 변화하였다. 그러나 이와는 별도로 근대국어 시기에는 '어ᅀᅳ름'이 '어스름'으로 변화하기도 하였다. 이러한 변화는 방언의 영향을 받은 것으로 추정된다. 중세국어의 강세 보조사 '-ᅀᅡ'가 중부방언에서는 '-야'로 변화하였으나, 남부방언에서는 '-사'로 나타나는 것 등을 참고로 할 수 있다. 한편 16세기~17세기 문헌에는 '어ᅀᅳ름', '어으름'과 동일한 의미를 지닌 명사로, '어ᅀᅳᆯ-'에서 변화한 '어을-'에 '-ㅁ'이 결합한 '어읆'도 나타난다. 어ᅀᅳ름(15세기~16세기)>어스름(19세기~현재). 이형태: 어ᅀᅳ름, 어으름, 어스름. 기피 글 입고 西軒에 안자셔 밥 머구믈 어ᅀᅳ름과 나죄 그르 ᄒᆞ노라.《1481 두시-초 11:25ㄴ》. 昏 어ᅀᅳ름 혼《1527 훈몽 상:1ㄱ》, 昏 어으름 혼.《1576 신합 상:3ㄴ》, 어을미어든 定뎡[자리를 뎡홈이라]ᄒᆞ고 새박이어든 ᄉᆞᆯ피며[안부를 ᄉᆞᆯ피미라].《1588 소언 본 장》

【集說】陳氏曰溫以禦其寒하고淸以致其涼하며定其衽席하고省其安否니라

진 씨가 말하였다. "따뜻하게 하여 추위를 막고, 시원하게 하여 서늘함을 이루며, 그 이부자리를 정해드리고 그 안부를 살핀다."

漢字 禦(막을 어), 凊(서늘할 정), 衽(요 임, 옷섶 임)

出必告谷ᄒᆞ며反必面ᄒᆞ며所遊ᄅᆞᆯ必有常ᄒᆞ며所習을必有業ᄒᆞ며恒言에不稱老ㅣ니라

● 나가면 반드시 아뢰고, 돌아오면 반드시 뵈며, 다니는 곳을 반드시 떳떳함이 있게 하며, 익히는 바를 반드시 바름이 있게 하며, 평소 말함에 늙었다고 일컫지 않는다."

漢字 面(뵐 면)

소언 나갈 제 반ᄃᆞ시 엳ᄌᆞ오며 도라옴애 반ᄃᆞ시 뵈ᄋᆞ오며 ᄃᆞ니ᄂᆞᆫ 바ᄅᆞᆯ 반ᄃᆞ시 덛덛ᄒᆞᆫ ᄃᆡᄅᆞᆯ 두며 니기ᄂᆞᆫ 바ᄅᆞᆯ 반ᄃᆞ시 소업을 두며 샹녯 말애 늘고라 일ᄏᆞᆮ디 아니홀 디니라

현대역 나갈 적에 반드시 여쭈오며, 돌아옴에 반드시 뵈오며, 다니는 바를 반드시 떳떳한 데를 두며, 익히는 바를 반드시 所業을 두며, 늘 말에, '늙었다'일컫지 아니할 것이니라."

1 소업(所業): 업으로 삼는 일. 유의어: 생업(生業).

2 늘고라: 늙다, 늙는다, 늙었다. '늙(어간)+오(화자 표시법 선어말어미)+라(평서형 종결어미)'이다. 평서형 종결어미 '-다'는 선어말어미 '-더-, -리-, -과-, -니-, -오-'의 뒤에서는 '-라'로 교체된다. 종결형과 연결형의 선어말어미 '-오$_1$-'은 일반적으로 주어 명사구가 제1인칭 대명사 '나, 우리' 등 화자일 때 나타난다. 따라서 이를 화자 표시법 선어말어미(고영근, 2020: 363) 또는 1인칭법 선어말어미(허웅, 1958: 124-197)라고 부른다. 그러나 '-오$_1$-'은 주어 명사구가 제3인칭이라고 하더라도 그것이 화자 자신을 가리키는 경우에는 쓰일 수 있다. 이런 점에서 1인칭법 선어말어미보다는 화자 표시법 선어말어미라는 용어가 나아 보인다. '-오라'는 동사나 형용사 어간 뒤에 붙어, '-다', '-ㄴ다'를 뜻한다. 右手左手로 天地 ᄀᆞᄅᆞ치샤 ᄒᆞ오ᅀᅡ 내 尊호라 ᄒᆞ시니.《월곡 상:8》, ᄀᆞ장 시르미 나그내ᄅᆞᆯ 번호ᄆᆞᆯ 더으ᄂᆞ니 ᄯᅩ 늘구미 사ᄅᆞᆷ 조차오ᄆᆞᆯ 아로라(轉添愁伴客 更覺老隨人).《두시-초 10:2》. 현대국어 '늙다'의 옛말인 '늙다'는 15세기 문헌에서부터

나타나서 현재까지 이어진다. 15세기의 '늙다'는 '늙다'의 의미와 '낡다'의 모두 가지고 있었다. '낡다'의 의미를 가지는 '늙다'는 같은 시기에 '놁다'와 공존하였다가, 후대에 '늙다'의 의미만 가지게 되었을 것으로 추정된다. 17세기에 나타나는 '늘다', '륽다', '늜다'와 같은 표기는 근대국어 시기의 표기 혼란과 관련된 일시적인 표기이다. 늙다(15세기~현재). 이형태: 늙다, 늘다, 륽다, 늜다. 네 졈던 사룸도 오라면 늙느니 人生애 免흐리 업스니이다.《1447 석상 3:17ㄱ》, 싀어미 늙고 病들어 니러 나디 몯흐더니.《1514 속삼 열:22ㄴ》

【集說】陳氏曰出則告違하고反則告歸하나니又以自外來에欲省顏色이라故로言面이라恒言은平常言語也라自以老稱이면則尊同於父母하고而父母爲過於老矣라古人所以斑衣娛戲者는欲安父母之心也니라

진 씨가 말하였다. "나가면 떠남을 아뢰고 돌아오면 돌아왔음을 아뢴다. 또 밖으로부터 왔을 때는 (부모님의) 안색을 살피고자 한다. 따라서 뵙는다고 말한 것이다. 恒言은 평상시의 언어이니, 스스로 늙었다고 일컬으면 존귀함이 부모와 같아지고 부모는 너무 늙은 것이 된다. 옛날 사람들이 색동옷을 입고 즐겁게 논 것은 부모의 마음을 편안하게 하고자 함이다."

漢字 違(어길 위, 떠날 위), 斑(얼룩 반, 아롱질 반), 娛(즐거울 오), 戲(희롱할 희)

古人所以斑衣娛戲者 欲安父母之心也: 이 내용이 〈계고(稽古) 제4〉 제14장 노래자조(老萊子條)에 보인다.

【集成】呂氏曰親之愛子至矣라所遊는必欲其安하고所習은必欲其正이니苟輕身而不自愛면非所以養其志也니라

여 씨가 말하였다. "부모가 자식을 사랑함이 지극하다. (그리하여) 다니는 곳은 반드시 그 편안하기를 바라고, 익히는 바는 반드시 그 바르기를 바라니, 만약 몸을 가벼이 하여 스스로 아끼지 않는다면, 그[부모]의 뜻을 봉양

하는 바가 아니다.”

【六章】

○禮記예曰孝子之有深愛者는必有和氣ᄒᆞ고有和氣者는必有愉色ᄒᆞ고有愉色者는必有婉容이니孝子는如執玉ᄒᆞ며如奉盈ᄒᆞ야洞洞屬屬然ᄒᆞ야如弗勝升ᄒᆞ며如將失之니嚴威儼恪이非所以事親也ㅣ니라 《禮記 祭義》

●《예기》에 말하였다. “효자로서 깊은 사랑이 있는 자는 반드시 화한 기운이 있고, 화한 기운이 있는 자는 반드시 기쁜 기색이 있고, 기쁜 기색이 있는 자는 반드시 순한 용모가 있으니, 효자는 옥을 잡은 듯이 하며, 가득 찬 것을 받들 듯이 하여 진실하고 專一하여 감당하지 못하는 듯이 하며, 장차 그것을 잃을 듯이 여기니, 엄숙하고 위엄이 있으며 근엄하고 삼감은 어버이를 섬기는 바가 아니다.”

漢字 愉(기뻐할 유), 婉(순할 완), 洞(진실할 동), 屬(이을 촉, 조심할 촉, 무리 속), 儼(근엄할 엄), 恪(삼갈 각)

1 동동(洞洞): 질박하고 성실한 모양. 공경하는 마음이 안팎이 한 가지인 모양.
2 촉촉(屬屬): 정성이 잇댄 모양.

소언 禮례記긔[례도 긔록ᄒᆞᆫ ᄎᆡᆨ이라]에 ᄀᆞᆯ오ᄃᆡ 孝효子ᄌᆞ의 깁픈 ᄉᆞ랑ᄋᆞᆯ 둔ᄂᆞᆫ 이ᄂᆞᆫ 반ᄃᆞ시 온화ᄒᆞᆫ 긔운이 잇고 온화ᄒᆞᆫ 긔운을 둔ᄂᆞᆫ 이ᄂᆞᆫ 반ᄃᆞ시 화열ᄒᆞᆫ 빗치 잇고 화열ᄒᆞᆫ 빗ᄎᆞᆯ 둔ᄂᆞᆫ 이ᄂᆞᆫ 반ᄃᆞ시 완슌ᄒᆞᆫ ᄌᆞᆺ시 읻ᄂᆞ니 孝효子ᄌᆞᄂᆞᆫ 玉옥ᄋᆞᆯ 자밧ᄃᆞᆺ ᄒᆞ며 ᄀᆞ독ᄒᆞᆫ 것 받드ᄃᆞᆺ ᄒᆞ야 洞동洞동[공경ᄒᆞᄂᆞᆫ ᄆᆞᄋᆞᆷ이 안팟기 ᄒᆞᆫ가진 양이라]ᄒᆞ며 屬쵹屬쵹[졍셩이 니음츤 양이라]ᄒᆞ야 이긔디 몯ᄒᆞᆯ ᄃᆞ시 ᄒᆞ며 쟝ᄎᆞᆺ 일ᄒᆞᆯ ᄃᆞ시 ᄒᆞᄂᆞ니 엄슉ᄒᆞ며 위듕ᄒᆞ며 거여우며 싁싁홈이 ᄡᅥ 어버이 셤기ᄂᆞᆫ 배 아니니라 현대역 《예기》[예도 기록한 책이라.]에 가로되. "효자의 깊은 사랑을 두어 있는 이는 반드시 온화한 기운이 있고, 온화한 기운을 둔 이는 반드시 和悅한 빛이 있고, 화열한 빛을 둔 이는 반드시 婉順한 모양이 있나니, 효자는 옥을 잡듯 하며, 가득한 것 받들 듯 하여 洞洞[공경하는 마음이 안팎이 한가지인 모양이라.]하며, 촉촉(屬屬)[정성이 잇댄 모양이라.]하여 이기지 못할 듯이 하며, 장차 잃을 듯이 하나니, 엄숙하며 威重하며 雄健하며 엄숙함이 써 어버이 섬기는 바가 아니니라."

1 둗ᄂᆞᆫ: 두어 있는. '두(어간)+어(보조적 연결어미)+잇(在, '잇다'의 어간)+ᄂᆞ(현재 시제 선어말어미)+ㄴ(관형사형 어미)'이다. 완료상은 보조적 연결어미 '-아/어'와 보조형용사 '잇다[在]'의 결합으로 표현된다. 즉 '어+잇'이 '-엣-'으로 나타난다. 그러나 동사 '두-(置)' 아래에서는 '-엣-' 대신 보조적 연결어미 '-어'가 탈락된 '-잇-'이나, 여기서 'ㅣ'가 떨어진 '-ㅅ-'으로 나타난다. 같은 '우'로 끝난 '드리우-'는 '-엣-'이 붙어 '드리웻-'으로 나타나는 것과는 대조적이다. '뒷더시니', '뒷논'과 '둣더시니', '둣논'이 그 예이다. 본 예는 '잇-'도 팔종섭법에 따라 'ㅅ' 대신 'ㄷ'으로 나타나 '둗ᄂᆞᆫ'으로 실현되었다. 이 法이 法位예 住ᄒᆞᆫ 버렷ᄂᆞᆫ 萬像이 다 곧 實相이오(是法住法位者 森羅萬像 皆卽實相也).《법화 1:227》.

2 화열ᄒᆞᆫ: 화열(和悅)한. 마음이 화평하여 기쁜.

3 완슌ᄒᆞᆫ: 완순(婉順)한. 예쁘고 온순한.

4 동동ᄒᆞ며: 동동(洞洞)하며. 질박하고 성실하며.

5 위듕ᄒᆞ며: 위중(威重)하며. 위엄이 있고 태도가 무거우며.

6 거여우며: 웅건(雄健)하며. 웅대하고 건장하며. '거엽(어간)+으며(연결어미)'이다.

7 싁싁홈: 엄숙함. '싁싁ᄒᆞ(어간)+옴(명사형 어미)'이다. 그 남기 倍倍히 싁싁ᄒᆞ고 길어늘 王이며 臣下ㅣ 다 ᄀᆞ장 깃거ᄒᆞ더라.《석상 24:48》, 오시며 곳가ᄅᆞᆯ 모로매 싁싁ᄒᆞ고 整齊히 ᄒᆞ며 거름 거르며 ᄇᆞᆯ ᄡᅳ듸요ᄆᆞᆯ 모로매 ᄌᆞ녹ᄌᆞᄂᆞ기 ᄒᆞ며(衣冠必肅整 步履必安詳).《내훈 1:24》

【集解】愉ᄂᆞᆫ和悅之貌요婉은順美之貌라盈은滿也라洞洞은質慤貌洞洞表裏無間也요屬屬은專一貌라

유(愉)는 화하고 기쁜 모양이요, 완(婉)은 순하고 아름다운 모양이다. 영(盈)은 가득함이다. 동동(洞洞)은 질박하고 성실한 모양이요[동동은 겉과 속에 사이가 없음이다], 촉촉(屬屬)은 전일한 모양이다.

漢字 質(질박할 질), 慤(성실할 각)

【集說】陳氏曰勝은當也니言敬親을常如執玉奉盈하여惟恐不能勝當하여而且將覆墜也라陳氏曰和氣愉色婉容은皆愛心之所發이요如執玉如奉盈如弗勝如將失之는皆敬心之所存이니愛敬兼至는乃孝子之道라故로嚴威儼恪하여使人望而畏之는是成人之道요非孝子之道也니라

진 씨가 말하였다. "勝은 감당함이니, 어버이 공경하기를 항상 옥을 잡거나 가득 찬 것을 받들 듯이 하여, 오직 감당할 수 없어서 또한 장차 전복시키고 떨어뜨릴까 걱정함을 말한 것이다." 진 씨가 말하였다. "和氣와 유색(愉色)과 완용(婉容)은 모두 사랑하는 마음의 발로이고, 옥을 잡은 듯이 하고 가득 찬 것을 받들 듯이 하고 감당하지 못할 듯이 하고 장차 잃어버릴 듯이 함은 모두 공경하는 마음이 있기 때문이니, 사랑과 공경이 겸하여 지극함은 바로 효자의 도이다. 그러므로 엄숙하고 위엄이 있으며 근엄하고 삼가서 사람으로 하여금 그를 바라보고서 두렵게 함은 成人의 도요 효자의 도가 아니다."

漢字 覆(엎을 복), 墜(떨어질 추)

〖七章〗

○曲禮에曰凡爲人子者ㅣ居不主奧ᄒᆞ며坐不中席ᄒᆞ며行不中道ᄒᆞ며立不中門ᄒᆞ며 《禮記 曲禮》

●〈곡례〉에 말하였다. "무릇 사람의 자식 된 자는 거처함에 아랫목 주장을 아니하고, 앉음에 자리 가운데를 아니하며, 다님에 길 가운데를 아니하고, 섬에 문 가운데를 아니하며,

漢字 奧(아랫목 오)

소언 曲곡禮례예 ᄀᆞᆯ오ᄃᆡ 믈읫 사ᄅᆞᆷ이 ᄌᆞ식 되연ᄂᆞᆫ 이 잇기ᄅᆞᆯ 奧오[집 셔남 구석이니 얼은 안ᄂᆞᆫ ᄡᅡ히라]애 主쥬티 아니ᄒᆞ며 안ᄶᅵᄅᆞᆯ 돗ᄭᅴ 가온대 아니ᄒᆞ며 ᄃᆞ니기ᄅᆞᆯ 길헤 가온대 아니ᄒᆞ며 셔기ᄅᆞᆯ 문에 가온대 아니ᄒᆞ며

현대역 〈곡례〉에 가로되, "무릇 사람의 자식 되어 있는 이는 있기를 오(奧)[집 서남 구석이니, 어른 앉는 곳이라.]에 주장하지 아니하며, 앉기를 자리의 가운데 아니하며, 다니기를 길에 가운데 아니하며, 서기를 문에 가운데 아니하며,

되연ᄂᆞᆫ: 되어 있는. '되(어간)+여(보조적 연결어미)+잇(在, '잇다'의 어간)+ᄂᆞ(현재 시제 선어말어미)+ㄴ(관형사형 어미)'이다. 완료상은 보조적 연결어미 '-아/어/여'와 보조형용사 '잇다[在]'의 결합으로 표현된다. 그런데 '잇-'이 본동사와 한 음절을 이룰 때 이미 15세기에 'ㅣ'가 탈락되어 '여+ㅅ→엿'으로 나타나는 일이 많았다. 다만 '되연ᄂᆞᆫ'은 '되엿ᄂᆞᆫ'에서 어간 말 자음의 비음화 현상을 반영한 표기이다. 이 法이 法位예 住ᄒᆞ묘 버릇ᄂᆞᆫ 萬像이 다 곧 實相이오(是法住法位者 森羅萬像 皆卽實相也).《법화 1:227》.

【集說】陳氏曰言爲人子는謂父在時也라室西南隅爲奧니主奧中席은皆尊者之道也主當也라行道則或左或右하고立門則避棖闑魚列切之中하여皆不敢迹尊者之所行也라

진 씨가 말하였다. "사람의 자식이 되었다고 말함은, 부모가 살아계실 때를 이른다. 방의 서남 모퉁이를 오(奧)라 하고, 아랫목을 주장하고 자리

가운데를 함은 모두 존자의 도이다. 길을 다니게 되면 혹은 왼쪽으로 혹은 오른쪽으로 가고, 문에 서게 되면 문설주와 문지방의 가운데를 피하여 모두 존자가 다니는 곳을 감히 따르지 않는다."

[漢字] 隅(모퉁이 우), 棖(문설주 정), 闑(문지방 얼), 迹(따를 적, 발자취 적)

食似饗享애不爲槩ᄒᆞ며祭祀애不爲尸ᄒᆞ며

●(어버이께) 음식을 대접하고 (손님을) 연향함에 한정을 하지 아니하고, 제사에 시동이 되지 아니하며,

[漢字] 饗(이바지 향), 槩(=概 평미레 개, 한량 개), 尸(시동 시, 주검 시)

1 연향(宴饗): 잔치를 베풀어 손님을 접대함.
2 평미레: 말이나 되에 곡식을 담고 그 위를 평평하게 밀어 고르게 하는 데 쓰는 방망이 모양의 기구.
3 시동(尸童): 제사에 신주 대신 세우거나 앉히는 아이. [용례] 옛날에는 시동을 썼는데, 그 당시에는 목주(木主)가 없었는가? 목주로 행하기 시작한 것은 어느 시대인가?《번역 순조실록》. 외직에 보임하고서는 어리석음이 더욱 심하여 정사를 하리들에게 위임했기 때문에 하나의 시동과 같습니다.《번역 숙종실록》

[소언] 음식이며 이바디예 금텨ᄒᆞ디 아니ᄒᆞ며 祭졔祀ᄉᆞ애 尸시ㅣ[제ᄒᆞᆯ 제 신위예 안쳐 신령을 의지케 ᄒᆞᄂᆞᆫ 사ᄅᆞᆷ이라] 되디 아니ᄒᆞ며

[현대역] 음식이며 잔치에 한절(限節)하지 아니하며, 제사에 시(尸)[제사할 적에 神位에 앉혀 신령을 의지하게 하는 사람이라.]가 되지 아니하며,

1 이바디: 잔치. 간 고대 禮貌 업더니 盖天英氣실씌 이바디예 머리ᄅᆞᆯ 좃ᄉᆞᄫᆞ니(所至之處 靡不蔑視 盖天英氣 當宴敬禮).《용가 95장》, 소니 닐오ᄃᆡ 그딋 褥 ᄆᆡᆼᄀᆞ로매 취와 그듸의 이바디 ᄆᆞᆺᄃᆞ록 빗나ᄆᆞᆯ 承奉ᄒᆞ노라(客云充君褥 承君終宴榮).《두시-초 22:19》
2 금텨ᄒᆞ디: 한절(限節)하지. 대문(大文) '不爲槩'에서 '개(槩)'를 번역한 말이다. 개(槩)는 명사로는 '평미레'이고, 동사로는 '평미레질하다'나 '무게를 달다', '한절

(限節)하다'를 뜻한다.

【集說】陳氏曰食饗은如奉親延客及祭祀之類皆是라不爲槩量은順親之心而不敢自爲限節也라呂氏曰尸는取主人之子行下良切而已니若主人之子면是는使父北面而事之니人子所不安이라故로不爲也니라

● 진 씨가 말하였다. "食饗은 어버이를 받들고 손님을 맞이함 및 제사하는 따위 같은 것이 모두 이것이다. 不爲槩量[양을 한정을 하지 아니함]은 부모의 마음을 좇아 감히 스스로 한절하지 않음이다." 여 씨가 말하였다. "尸는 주인의 아들 항렬을 취할 뿐이니, 만일 주인의 아들이면 이는 아버지로 하여금 북쪽을 향해 그[아들]를 섬기게 하는 것이니, 사람의 자식으로서 불안한 바이다. 그러므로 하지 않는 것이다."

漢字 延(맞을 연), 順(좇을 순)

한절(限節): 한 마디 또는 한 구절씩 나누어서 한정함.

聽於無聲ᄒᆞ며視於無形ᄒᆞ며

● 소리가 없는데도 듣는 듯이 하며, 형체가 없는데도 보는 듯이 하며,

소언 소릐 업슨 ᄃᆡ 드르며 얼굴 업슨 ᄃᆡ 보며

현대역 소리 없는 데 들으며, 형체(形體) 없는 데 보며,

업슨: 없는. '없(어간)+으(매개모음)+ㄴ(관형사형 어미)'이다. 관형사형 어미 '-ㄴ'이 쓰인 예로 다음을 들 수 있다. 내 아기 위ᄒᆞ야 어더 보고려 婆羅門이 그 말 듣고 고ᄫᆞᆫ ᄯᆞᆯ 얻니노라 ᄒᆞ야 빌머거 摩竭陁國 王舍城의 가니.《석상 6:13》, 明行足ᄋᆞᆫ ᄇᆞᆰᄀᆞᆫ ᄒᆡᆼ뎌기 ᄀᆞᄌᆞ실씨라.《석상 9:3》

【集解】陳氏曰先意承志也니常於心想像하여似見形聞聲이니

謂父母將有敎使已然이니라

진 씨가 말하였다. "(부모의) 뜻에 앞서 뜻을 받드는 것이니, 항상 마음속에 상상하여 (부모의) 모습을 보는 듯이 하고 (부모의) 소리를 듣는 듯이 하는 것이니, 부모가 장차 자신[人子]을 가르치거나 시킴이 있는 듯이 함을 이른다."

不登高ᄒᆞ며**不臨深**ᄒᆞ며**不苟呰**紫ᄒᆞ며**不苟笑**ㅣ니라

● 높은 곳에 오르지 않고, 깊은 곳에 임하지 않으며, 구차히 (남을) 헐뜯지 않고, 구차히 웃지 않는다."

漢字 呰(헐뜯을 자)

소언 놉픈 ᄃᆡ 오ᄅᆞ디 아니ᄒᆞ며 깁픈 ᄃᆡ 디ᄂᆞ디 아니ᄒᆞ며 구챠히 헐ᄡᅳ리디 아니ᄒᆞ며 구챠히 웃디 아니 ᄒᆞᄂᆞ니라

현대역 높은 데 오르지 아니하며, 깊은 데 臨하지 아니하며, 苟且히[말이나 행동이 당당하거나 떳떳하지 못하게]히 헐뜯지 아니하며, 구차히 웃지 아니한다."

1 디ᄂᆞ디: 임(臨)하지. '디ᄂᆞᆯ(어간)+디(보조적 연결어미)'이다. '-디ᄂᆞ-'는 어미 초치조음 'ㄷ' 앞에서 어간 말 치조음 'ㄹ'이 탈락한 것이다. 모시예 ᄀᆞᆯ오ᄃᆡ 저허ᄒᆞ며 조심ᄒᆞ야 깁흔 모ᄉᆞᆯ 디ᄂᆞᆯ어심 ᄀᆞᆮ티 ᄒᆞ며 열운 어름을 ᄇᆞᆯ옴 ᄀᆞᆮ티 ᄒᆞ라 ᄒᆞ니(詩云戰戰兢兢 如臨深淵 如履薄冰).《소언 4:24》, 굴형이 깁픠 두어 百 자히나 ᄒᆞᆫ ᄃᆡ를 디ᄂᆞᆯ어셔(臨壑谷深數百尺).《소언 6:61》

2 구챠히: 구차히. 말이나 행동이 떳떳하거나 버젓하지 못하게.

3 헐ᄡᅳ리디: 헐뜯지. '헐ᄡᅳ리(어간)+디(보조적 연결어미)'이다. 간 ᄃᆡ마다 ᄂᆞᆷ 헐ᄡᅳ리고 제 몸 쟈랑ᄒᆞ며 말ᄒᆞ논 이비 아당도의고 말 잘ᄒᆞ고 仁義 업슨 사ᄅᆞ미니(到處裏破別人誇自己 說口諂佞 不得仁義的人).《번박 상:25》, 사ᄅᆞᄆᆡ 가ᅀᆞ멸며 貴ᄒᆞᆷ을 보고 可히 차탄ᄒᆞ여 블워ᄒᆞ며 ᄉᆞ죵ᄒᆞ여 헐ᄡᅳ리디 아닐 거시니(見人富貴 不可歎羨詆毁).《소언 5:102》

4 ᄒᆞᄂᆞ니라: 한다. 'ᄒᆞ(어간)+ᄂᆞ(현재 시제 선어말어미)+니라(평서형 종결어미)'이다. '-ᄂᆞ니라'는 동사, 형용사 어간 뒤에 붙어, '-ㄴ다', '-는다'를 뜻하는 어미이다. 眷屬ᄋᆞᆫ 가시며 子息이며 죵이며 집앗 사ᄅᆞᆷ 다 眷屬이라 ᄒᆞᄂᆞ니라.《석상 6:5》, 사ᄅᆞ미 살며 주그미 이실ᄊᆡ 모로매 늙ᄂᆞ니라 ᄒᆞ고.《석상 11:36》

【集解】苟는苟且요呰는毁也라

구(苟)는 구차함이요, 자(呰)는 헐뜯음이다.

漢字 毁(헐뜯을 훼)

【增註】登高臨深은危道也요苟呰苟笑는辱道也라邵氏曰人子旣當自卑以尊其親이요又當自重以愛其身也니라

登高臨深[높은 곳에 오르고 깊은 곳에 임함]은 위험한 길이요, 苟呰苟笑[구차히 헐뜯고 구차히 웃음]는 욕되는 길이다. 소 씨[邵淵]가 말하였다. "사람의 자식은 이미 마땅히 자신을 낮추어 그 부모를 높이며, 또 마땅히 자신을 소중히 여겨 그 몸을 아껴야 한다."

漢字 愛(아낄 애), 邵(높을 소)

〖八章〗

○孔子ㅣ曰父母ㅣ在이시든不遠遊ᄒᆞ며遊必有方이니라《論語 里仁》

● 공자가 말씀하셨다. "부모가 계시거든 멀리 놀러가지 않고, 놀러감에 반드시 일정한 곳[方所]이 있어야 한다."

소언 孔공子ᄌᆞㅣ ᄀᆞᄅᆞ샤ᄃᆡ 父부母모ㅣ 겨시거든 멀리 노디 아니ᄒᆞ며 놀옴애 반ᄃᆞ시 방소를 둘 디니라

현대역 공자가 말씀하시되, "부모가 계시거든 멀리 놀지 아니하며, 놂에 반드시 방소(方所)를 둘 것이니라."

【集說】朱子曰遠遊則去親遠而爲日久하고定省曠而音問疎하니不惟己之思親不置라亦恐親之念我不忘也라遊必有方은如己告云之東이어든則不敢更適西니欲親必知己之所在而無憂하고召己則必至而無失也라范氏曰子能以父母之心爲心이면則孝矣니라

주자가 말하였다. "멀리 놀러 가면 어버이를 떠남이 멀고 날짜가 오래되며, 昏定晨省이 비워지게 되고 문안이 드물어지니, 단지 자신이[내가] 부모를 생각하여 버려두지 못할 뿐만 아니라, 또한 부모가 나를 생각하여 잊지 않을까 염려해서이다. 遊必有方[놀러감에 반드시 일정한 곳이 있어야 함]은 만일 이미 동쪽으로 간다고 고했으면, 즉 감히 고치어 서쪽으로 가지 않는 것이니, 어버이가 반드시 자기가 있는 곳을 알아 근심이 없게 하고, 자기를 부르면 반드시 이르러 실수가 없고자 해서이다." 범 씨[范祖愚]가 말하였다. "자식이 능히 부모의 마음으로써 (자기) 마음을 삼는다면 효도이다."

漢字 曠(비울 광), 置(버려둘 치), 更(고칠 경), 適(갈 적), 召(부를 소)

범조우(范祖禹, 1041년~1098년): 북송 성도(成都) 화양(華陽) 사람으로, 자는 순보(淳甫) 또는 몽득(夢得)이다. 인종(仁宗) 가우(嘉祐) 8년(1063년) 진사(進士)가 되었다. 사마광(司馬光) 밑에서 《자치통감(資治通鑑)》을 편수했고, 책이 완성되자 비서성정자(秘書省正字)에 임명되었다. 철종(哲宗)이 즉위하자 저작좌랑(著作佐郞)이 되어 《신종실록(神宗實錄)》 편찬의 검토관을 맡았고, 급사중(給事中)과 한림학사(翰林學士)를 역임했다. 철종이 친정(親政)하자 섬주지주(陜州知州)로 나갔다. 소성(紹聖) 초에 그가 지은 《실록》이 신종을 비난하고 사마광이 신법(新法)을 변경한 사실을 두둔했다는 여론이 일자 무안군절도부사

(武安軍節度副使)로 폄적(貶謫)되어 소주별가(昭州別駕)를 거쳐 영주(永州)에 안치되었다. 젊어서 정호(程顥)와 정이(程頤)를 사사했으며, 사마광의 학문을 추종했다. 《중용(中庸)》을 중시하여 성(誠)과 성에 이르는 구체적인 방법인 충서(忠恕)를 강조했다. 또한 노장학(老莊學)은 충서의 도에 위배된다고 하여 배척했다. 저서에 《논어설(論語說)》과 《당감(唐鑑)》이 있는데, 이정(二程)의 설을 수용한 것이 많다. 《당감》은 당나라 고조에서 소선제(昭宣帝)까지 3백년 동안의 정치적 득실을 논한 책이다. 그 밖의 저서에 《중용론(中庸論)》과 《범태사집(范太史集)》이 있다. 시호는 정헌(正獻)이다(중국역대인명사전).

〖九章〗

○曲禮에曰父母ㅣ存이어시든不許友以死ㅣ니라 《禮記 曲禮》

●〈곡례〉에 말하였다. "부모가 계시거든 죽음을 벗에게 허락하지 않는다."

소언 曲곡禮례예 ᄀᆞᆯ오ᄃᆡ 父부母모ㅣ 겨시거든 벋의게 죽으므로ᄡᅥ 許허티 아니홀 디니라

현대역 〈곡례〉에 가로되. "부모가 계시거든 벗에게 죽음으로써 허락하지 아니할 것이니라."

【增註】親在而以身許人이면是는忘親矣라○父母在而平日에與友約以同死는不可也요若同行에臨患難이면則亦不可辭以親在而不救也니라

어버이가 계신데 몸을 남에게 허락하면 이는 어버이를 잊는 것이다.○ 부모가 계신데 평일에 친구와 더불어 같이 죽기를 약속함은 불가하나, 만약 같이 가다가 환난에 임하면 또한 부모가 계시다고 핑계하여 구원하지 않아서는 안 된다.

〖十章〗

○禮記에曰父母ㅣ在어시든不敢有其身ᄒᆞ며不敢私其財니示民有上下也ㅣ니라 《禮記 坊記》

●《예기》에 말하였다. "부모가 계시거든 감히 그[자기] 몸을 오로지[마음대로, 제멋대로] 하지 않으며, 감히 그 재물을 사사로이 하지 않으니, 백성들에게 상하가 있음을 보이는 것이다.

漢字 有(오로지 유, 마음대로 유)

소언 禮례記긔예 ᄀᆞᆯ오ᄃᆡ 父부母모ㅣ 겨시거든 敢감히 그 몸을 두디 몯ᄒᆞ며 敢감히 그 ᄌᆡ믈을 ᄉᆞᄉᆞ로이 몯ᄒᆞᄂᆞ니 ᄇᆡᆨ셩ᄋᆞᆯ 우히며 아래 이심ᄋᆞᆯ 뵈미니라

현대역 《예기》에 가로되. "부모가 계시거든 감히 그 몸을 두지[오로지] 못하며, 감히 그 재물을 사사로이 못하니, 백성을 위며 아래 있음을 보임이니라.

ᄒᆞᄂᆞ니: 하니. 'ᄒᆞ(어간)+ᄂᆞ(현재 시제 선어말어미)+니(연결어미)'이다. '-ᄂᆞ니'는 동사, 형용사 어간 뒤에 붙어, '-(으)니'를 뜻하는 어미이다. 金輪王 아ᄃᆞ리 出家ᄒᆞ라 가ᄂᆞ니 그듸내 各各 ᄒᆞᆫ 아ᄃᆞᆯ옴 내야 내 孫子 조차가게 ᄒᆞ라 ᄒᆞ시니.《석상 6:9》, 婆羅門이 安否 묻고 닐오ᄃᆡ 舍衛國에 ᄒᆞᆫ 大臣須達이라 호리 잇ᄂᆞ니 아ᄅᆞ시ᄂᆞ니잇가.《석상 6:14~15》

【集解】有는猶專也니不敢有는言身非己之身이요父母之身也라不敢私는言財非己之財요父母之財也라有上下는謂卑當統於尊也라

有는 '오로지[마음대로]'와 같으니, 不敢有[감히 그 몸을 오로지 하지 않음]는 몸이 자기의 몸이 아니요 부모의 몸임을 말한 것이다. 不敢私[감히 그 재물을 사사로이 하지 않음]는 재물이 자기의 재물이 아니요 부모의

재물임을 말한 것이다. 有上下[상하가 있음]는 낮은 자는 마땅히 높은 자에게 통솔되어야 함을 말한 것이다.

漢字 專(오로지 전, 마음대로 전), 統(거느릴 통)

父母ㅣ在어시든饋獻을不及車馬ㅣ니示民不敢專也ㅣ니라

부모가 계시거든 선물하고 드림을 수레와 말에 미치지 않아야 하니, 백성들에게 감히 오로지[마음대로, 제멋대로] 하지 못함을 보이는 것이다."

漢字 饋(선사 궤, 먹일 궤)

소언 父부母모ㅣ 겨시거든 주며 드리기를 술위와 몰에 밋디 아니ᄒᆞᄂᆞ니 ᄇᆡᆨ셩을 敢감히 ᄌᆞ젼티 몯홀 줄을 뵈미니라

현대역 부모가 계시거든 주며 드리기를 수레와 말에 미치지 아니하니, 백성에게 감히 자전(自專)하지 못할 줄을 보임이니라."

ᄌᆞ젼티: 자전(自專)하지. 자기 마음대로 결정하여 처리하지. 'ᄌᆞ젼ᄒᆞ(어간)+디(보조적 연결어미)'이다. 'ᄒᆞ'에서 'ㆍ'가 탈락하고, 'ㅎ'과 'ㄷ'이 자음축약을 일으켰다.

【集說】吳氏曰自此遺彼曰饋요自下奉上曰獻이라車馬는物之重者라故로不敢專之以饋獻이니라

오 씨가 말하였다. "이쪽에서 저쪽에 보내는 것을 궤(饋)라 하고, 아랫사람으로서 윗사람을 받듦을 헌(獻)이라 한다. 수레와 말은 물건 중에 중한 것이다. 그러므로 감히 오로지[마음대로, 제멋대로] 선물하거나 드리지 못하는 것이다.

漢字 遺(보낼 유, 끼칠 유)

【十一章】

○ 內則에曰子婦孝者敬者는父母舅姑之命을勿逆勿怠니라

《禮記 內則》

●〈내칙〉에 말하였다. "아들과 며느리로서 효도하고 공경하는 자는 부모와 시부모의 명을 거역하지 않고, 게을리 하지 않는다.

소언 內뇌則즉에 ᄀᆞᆯ오ᄃᆡ 아ᄃᆞᆯ와 며느리 효도ᄒᆞ며 공경ᄒᆞᄂᆞ니ᄂᆞᆫ 父부母모와 싀부모ㅅ 命명을 거스리디 말며 게을이 마롤 디니라

현대역 〈내칙〉에 가로되, "아들과 며느리(로서) 효도하며 공경하는 이는 부모와 시부모의 명을 거슬리지 말며, 게을리 말 것이니라.

공경ᄒᆞᄂᆞ니ᄂᆞᆫ: 공경하는 이는. '공경ᄒᆞ(어간)+ᄂᆞ(현재 시제 선어말어미)+ㄴ(관형사형 어미)+이(의존명사)+ᄂᆞᆫ(보조사)'이다. 보조사 'ᄂᆞᆫ/ᄋᆞᆫ'은 체언의 음성 환경에 따라 '는/은'으로 교체되기도 하는데, 그것이 주격이나 목적격으로 쓰여도 '대조'의 의미는 공통적으로 가지고 있다.

【集成】方氏曰惟孝라故로能於命勿逆하고惟敬이라故로能於命勿怠하니勿逆은則以順受之요勿怠는則以勤行之니라

방 씨가 말하였다. "오직 효도인 고로 능히 명에 있어 거역하지 않고, 오직 공경인 고로 능히 명에 있어 게을리 하지 않으니, 거역하지 않음은 그것[命]을 순히 받아들이는 것이요, 게을리 하지 않음는 그것[命]을 부지런히 행하는 것이다."

漢字 惟(오직 유)

若飮食似之어시든雖不嗜나必嘗而待ᄒᆞ며加之衣服이어시든雖不欲이나必服而待니라

●(부모와 시부모께서) 만일 그들[子婦]에게 마시게 하고 먹게 하시거든 비록 즐기지 않더라도 반드시 맛보고 (부모와 시부모의 명을) 기다리며, 그들[자부]에게 옷을 주시거든 비록 하고자 않더라도 반드시 입고서 기다린다.

漢字 飮(마시게 할 음), 食(먹일 사), 嗜(즐길 기), 嘗(맛볼 상, 일찍 상)

소언 만일 음식 먹키거시든 비록 즐기디 아니ᄒᆞ나 반ᄃᆞ시 맛보고셔 기들이며 옷술 주시거시든 비록 ᄒᆞ고져티 아니ᄒᆞ나 반ᄃᆞ시 닙어셔 기들일 디니라

현대역 만일 음식 먹이시거든 비록 즐기지 아니하나 반드시 맛보고서 기다리며, 옷을 주시거든 비록 하고자하지 아니하나 반드시 입어서 기다릴 것이니라.

먹키거시든: 먹이시거든. 먹게 하시거든. '머키(어간)+거…+시(주체 높임 선어말 어미)+…든'이다. '-거든'은 불연속 형태이다. 현대국어에서는 '-시-'가 '-거든'에 선행하여 '-시거든'이 된다. 허웅(1955)은 'ᄒᆞ거시든〉ᄒᆞ시거든'과 같은 변화는 일종의 전위(轉位, metathesis, transposition)로 보았다. 이러한 전위가 일어나는 이유는 '-거'의 기능 상실이라 하였다. '-거'는 원래 시제를 표현한 것이었는데, 그 기능이 불분명해서 '-시-'가 그 가운데 개재할 수 없게 되자, '-거'에 선행하게 된 것으로 추측하고 있다. '먹키-'는 현대국어 '먹이다'의 옛말인 '머키다'가 중철 표기된 것이다. 飮 마실 음 머킬 임 去聲.《신합 하:6》, 믈의 달혀 머키고《두경 24》. 물론 중세국어에서는 '머키다'보다 '머기다'와 '먹이다'가 일반적으로 사용되었다. '머기다'는 15세기 문헌에서부터 나타난다. '머기다'는 '먹다'에 사동 접사 '-이-'가 결합한 형태를 연철 표기한 것이다. 16세기 이후 '머기다'를 분철 표기한 '먹이다'가 나타나서 현재에 이르렀다. 머기다(15세기~19세기)〉먹이다(16세기~현재). 이형태: 머기다, 먹이다. 王이 大愛道ᄭᅴ그에 가샤 졋 머겨 기르라 ᄒᆞ야시ᄂᆞᆯ.《1447 석상 3:3ㄴ》, 네 콩을 건뎌 내여다가 ᄎᆞᆫ ᄆᆞ레 거텨 ᄆᆞ리 흔디위 ᄀᆞ장 쉬어든 기들워 날회여 머기라.《1510년대 번노 상:24ㄱ》, 사ᄅᆞᆷ이 술 먹여ᄂᆞᆯ 울고 닐오ᄃᆡ.《1581 속삼-중 충:5ㄴ》

【集解】言尊者以飮食衣服與己어든心雖不好나必且嘗之著之하여待尊者察己不好而改命焉然後에置之也라

존자가 음식과 의복을 자신[子婦]에게 주시거든, 마음이 비록 좋아하지 않으나 반드시 또한 그것[음식]을 맛보고 그것[옷]을 입고서 존자가 자기[子婦]의 좋아하지 않음을 살펴서 고쳐 명한 연후에 그것[음식과 옷]을 버려야 함을 말한 것이다.

漢字 着(입을 착)

加之事ㅣ오人代之어시든己雖不欲이나姑與之ᄒᆞ야而姑使之라가而後復(복)之니라

●(부모와 시부모께서) 그들[子婦]에게 일을 시키시고 남으로 그것[事]을 대신하게 하시거든, 자신[子婦]은 비록 하고자 않더라도 우선 그것[事]을 주어서 우선 그것[事]을 시키다가 후에 그것[事]을 되돌려 받는다."

소언 일을 시기시고 ᄂᆞᆷ으로 代ᄃᆡᄒᆞ거시든 내 비록 그리코져 아니ᄒᆞ나 아직 주어 아직 시기다가 後후에 도로 홀 디니라

현대역 일을 시키시고 남으로 대신하게 하시거든, 내 비록 그리하고자 아니하나, 아직 주어 아직 시키다가, 후에 도로 할 것이니라."

아직: 대문(大文)의 姑(우선 고)를 번역한 것이다. 어떤 일이나 상태 또는 어떻게 되기까지 시간이 더 지나야 함을 나타내거나, 어떤 일이나 상태가 끝나지 아니하고 지속되고 있음을 나타내는 말이다.

【集解】陳氏曰尊者任之以事하여而己旣爲之矣어늘或念其勞하여又使他人代之면己雖不以爲勞而不欲其代나然必順尊者之意而姑與之하며若慮其爲之不如己意라도姑敎使之라

가及其果不能而後에己復(부)爲之也니라愚按人子於是數者에豈過爲矯情飾僞哉아蓋委曲以行其意하여而求無拂乎親之心也니라

진 씨가 말하였다. "존자[父母舅姑]가 그[子婦]에게 일을 맡겨서 자기[子婦]가 이미 그것[事]을 하고 있는데, (존자가) 혹 그[子婦]의 수고로움을 생각하여 또 남으로 하여금 그것[事]을 대신하게 하시거든, 자기[子婦]는 비록 수고롭게 여기지 아니하여 그것[事]을 대신함을 원하지 않더라도, 반드시 존자의 뜻을 좇아 우선 그것[事]을 주며, 만약 그[他人]가 그것[事]을 하는 것이 자기[子婦]의 뜻과 같지 못할까 염려되더라도, 우선 하여금 그것[事]을 시키다가 그[他人]가 과연 해낼 수 없음에 이른 뒤에 자기[子婦]가 다시 그것[事]을 해야 한다." 내[吳訥]가 살펴보건대, 사람의 자식이 이 몇 가지에 있어, 어찌 지나치게 정을 속여 거짓을 꾸미겠는가? 대개 간곡히 그[존자]의 뜻을 행하여 어버이의 마음에 어긋남이 없기를 구하는 것이다.

漢字 姑(우선 고), 敎(하여금 교), 使(시킬 사), 復(다시 부, 회복할 복, 되돌릴 복), 矯(속일 교, 바로잡을 교), 僞(거짓 위, 속일 위), 委(곡진할 위), 拂(어길 불)

豈過爲矯情飾僞哉: 어찌 지나치게 정을 속여 거짓을 꾸미겠는가?[父母舅姑와 생각이 다름에도 불구하고 자식이 일시적으로 그분들의 뜻을 따르는 것은 그분들의 정을 속여 내가 거짓을 꾸미는 일이 아니다.]

〖十二章〗

○子婦는無私貨ᄒᆞ며無私蓄ᄒᆞ며無私器니不敢私假ᄒᆞ며不敢私與ㅣ니라 《禮記 內則》

● 아들과 며느리는 사사로이 교역하는 물건이 없고, 사사로이 쌓아놓은 물건이 없으며, 사사로운 기물이 없으니, 감히 사사로이 빌리지 못하고, 감히 사사로이 주지 못한다.

소언 아ᄃᆞᆯ와 며ᄂᆞ리ᄂᆞᆫ ᄉᆞᄉᆞ로온 보홰 업스며 ᄉᆞᄉᆞ로온 뎨튝이 업스며 ᄉᆞᄉᆞ로온 그릇시 업ᄂᆞ니 敢감히 ᄉᆞᄉᆞ로이 빌이디 몯ᄒᆞ며 敢감히 ᄉᆞᄉᆞ로이 주디 몯ᄒᆞᆯ 거시니라

현대역 아들과 며느리는 사사로운 寶貨가 없으며, 사사로운 貯蓄이 없으며, 사사로운 그릇이 없으니, 감히 사사로이 빌리지 못하며, 감히 사사로이 주지 못할 것이니라.

1 뎨튝: 저축(貯蓄). 아ᄃᆞᆯ와 며ᄂᆞ리ᄂᆞᆫ ᄉᆞᄉᆞ로온 보홰 업스며 ᄉᆞᄉᆞ로온 뎨튝이 업스며 ᄉᆞᄉᆞ로온 그릇시 업ᄂᆞ니(子婦無私貨 無私畜 無私器 不敢私假 不敢私與).《소언 2:13》(현대역: 아들과 며느리는 사사로운 재물이 없어야 하며, 사사로운 저축이 없어야 하며, 사사로운 그릇이 없어야 하니.), 머글 것 뎨튝과 고엣 거시 반ᄃᆞ시 비로소 니를 저긔셔 차 넘어 디게 ᄒᆞ며(食儲帑藏 必盈溢於始至).《소언 6:114》(현대역: 먹을 것 저축과 창고에 있는 것이 반드시 비로소 이를 적보다 차서 넘치게 하며.)

2 빌이다: 빌리다. 安否를 묻ᄌᆞᆸ고 飯 좌쇼셔 請커늘 자리ᄅᆞᆯ 빌이라 ᄒᆞ시니.《월곡 상:36》(현대역: 안부를 묻고, "밥 잡수시소서." 하고 청하거늘, 자리를 빌리게 하라 하시니.) '빌이다'가 반대로 '빌려주다 "를 뜻할 때도 있다. 그듸 가 들 찌비 불써 이도다 ᄒᆞ고 道眼ᄋᆞᆯ 빌여늘 須達이 보니 여슷 하ᄂᆞ래 宮殿이 싁싁ᄒᆞ더라.《석상 6:36》(현대역: 그대가 가서 들어갈 집이 벌써 생기도다 하고 도안을 빌려주거늘 수달이 보니 여섯 하늘에 궁전이 씩씩하더라.)

【集解】貨는交易之物이요蓄은藏積之物이라假는借人也요與는與人也라此는言家事統於尊也라

貨는 교역하는 물건이요, 蓄은 쌓아놓은 물건이다. 假는 남에게 빌림이요, 與는 남에게 줌이다. 이는 집안일이 존자에게 통솔됨을 말한 것이다.

漢字 貨(재화 화), 蓄(쌓을 축), 假(빌릴 가), 借(빌릴 차), 統(통솔될 통)

婦ㅣ或賜之飮食衣服布帛佩帨稅茝昌改切蘭이어든則受而獻

諸舅姑ㅣ니舅姑ㅣ受之則喜ᄒᆞ야如新受賜ᄒᆞ고若反賜之則辭호ᄃᆡ不得命이어든如更受賜ᄒᆞ야藏以待乏이니라

●며느리가 어떤 이[친정형제]가 음식, 의복, 베, 비단, 차는 수건, 향초를 주거든, 받아서 시부모께 바쳐야 하니, 시부모가 그것들을 받으시거든 (내가) 기뻐하여, 드린 것을 새로 받으시는 것처럼 여기고, 만일 그것들을 도로 주시거든 사양하되 명령을 얻지 못하거든[시부모가 그것을 받지 않고 도로 주시거든], 주신 것을 다시 받는 것처럼 여겨, 보관하고 다하기를 기다려야 한다.

漢字 帨(수건 세), 茝(향초 채), 蘭(난초 란), 藏(보관할 장), 乏(다할 핍)

1 여신수사(如新受賜): 드린 것을 새로 받으시는 것처럼 여기고. 즉 친정 형제가 드린 것을 시부모께서 새로 받으시는 것처럼 내가 여기고.
2 여갱수사(如更受賜): 주신 것을 다시 받는 것처럼 여겨. 즉 시부모가 주신 것을 내가 다시 받는 것처럼 여겨.

소언 며ᄂᆞ리 아뫼나 飮음食식과 衣의服복과 뵈과 깁과 ᄎᆞᆯ 것과 슈건과 茝ᄎᆡ와 蘭란[다 향긔로온 플이라]을 주어든 곧 받아 싀부모ᄭᅴ 드리 올 디니 싀부모ㅣ 받아시든 깃거 새로 주ᄂᆞᆫ 것슬 받ᄂᆞᆫᄃᆞ시 ᄒᆞ고 만일 도로 주거시든 ᄉᆞ양호ᄃᆡ 그리ᄒᆞ라 ᄒᆞ심을 얻디 몯ᄒᆞ야든 다시 주심을 받ᄌᆞᆸᄂᆞᆫᄃᆞ시 ᄒᆞ야 간ᄉᆞᄒᆞ야 ᄡᅥ 업서ᄒᆞ실 적을 기들일 디니라

현대역 며느리가 아무나 음식과 의복과 베와 비단과 찰 것과 수건과 채(茝)와 난(蘭)[다 향기로운 풀이라.]을 주거든 곧 받아 시부모께 드릴 것이니, 시부모가 받으시거든 기뻐하여, 새로 주는 것을 받는 듯이 하고, 만일 도로 주시거든 사양하되, 그리하라 하심을 얻지 못하거든, 다시 주심을 받잡는 듯이 하여, 간수하여 써 없어지실 때를 기다릴 것이니라.

1 ᄎᆡ: 채(茝). 향초 이름.
2 드리올 디니: 드릴 것이니. 드릴지니. '드리(어간)+오(대상 표시법 선어말어미)+

ㄹ(관형사형 어미)+ᄃᆞ(의존명사)+이(서술격 조사 '이다'의 어간)+니(연결어미)'로 나뉜다. 의존명사 'ᄃᆞ'는 '것'의 의미를 가진 보편성 의존명사이다. 의존명사를 꾸며주는 관형사형에 들어있는 선어말어미 '-오$_2$-'도 대상 표시법 선어말어미에 해당한다. 이런 형태소 구성을 고려하면, '드리올 디니'처럼 띄어 쓰며, '-ㄹ 것이니'로 풀이할 수 있다. 그러나 'ㄹ+ᄃᆞ+이+니'는 '-ㄹ디니'의 형태로, 하나의 연결어미로 재구조화한 것으로 볼 수도 있다.

3 받아시든: 받으시거든. '받(어간)+아…+시(주체높임 선어말어미)+…든'이다. '-아든'은 불연속 형태이다. '-아시든'은 동사, 형용사 어간 뒤에 붙어, '-시거든'을 뜻하는 어미이다. 쉰여슷차힌 니ᄅᆞ시논 곧마다 됴ᄒᆞᆫ 마리시며 쉰닐굽차힌 사ᄅᆞᆷ 보아시든 몬져 말ᄒᆞ시며.《월석 2:58》(현대역: 쉰여섯째는 이르시는 것마다 좋은 말이시며, 쉰일곱째는 사람을 보시거든 먼저 말을 거시며.)

4 주거시든: 주시거든. '주(어간)+거…+시(주체 높임 선어말어미)+…든'이다. '-거든'은 불연속 형태이다. 현대국어에서는 '-시-'가 '-거든'에 선행하여 '-시거든'이 된다. 허웅(1955)은 'ᄒᆞ거시든〉ᄒᆞ시거든'과 같은 변화는 일종의 전위(轉位, metathesis, transposition)로 보았다. 四征無敵ᄒᆞ샤 오샤ᅀᅡ 사ᄅᆞ시릴ᄊᆡ 東이 니거시든 西夷 ᄇᆞ라ᅀᆞᄫᆞ니(四征無敵 來則活己 我東曰徂 西夷苦徯).《용가 38장》, 佞臣이 善諛ᄒᆞ야 驕心이 나거시든 이 ᄠᅳ들 닛디 마ᄅᆞ쇼셔(佞臣善諛說 驕心不可遏 此意願毋忘).《용가 117장》

5 몯ᄒᆞ야든: 못하거든. '몯ᄒᆞ(어간)+야든(연결어미)'이다. '-야든'은 'ᄒᆞ다'의 어간이나 끝음절의 모음이 'ㅣ'인 어간 뒤에 붙어, '-거든'을 뜻하는 어미이다. ᄒᆞ다가 외오디 몯ᄒᆞ야든 딕실 션ᄇᆡ ᄒᆞ야 어ᄡᅵ고 세 번 티ᄂᆞ니라(若背不過時 敎當直的學生背起打三下).《번노 상:3》, 답례란 마론 져믄 사ᄅᆞᆷ이 가 뵈야든 얼운 사ᄅᆞᆷ이와 답례ᄒᆞ닷 마리라.《여씨-화 22》

6 기들일 디니라: 기다릴 것이니라. 기다릴지니라. '기들이(어간)+ㄹ(관형사형 어미)+ᄃᆞ(의존명사)+이(서술격조사 '이다'의 어간)+니라(평서형 종결어미)'이다.

【集說】陳氏曰或賜는謂私親兄弟也라茝蘭은皆香草也라受之則如新受賜하고不受則如更受賜는愛之至也라不得命者는不見許也라待乏은待尊者之乏也라

진 씨가 말하였다. "或賜는 친정 형제를 이른다. 채란(茝蘭)은 모두 향초이다. '받으시거든 如新受賜[친정 형제가 드린 것을 시부모께서 새로 받으시는 것처럼 내가 여김]하고, 받지 않으시거든 如更受賜[시부모가 주신 것을 내가 다시 받는 것처럼 여김]은 효도와 사랑의 지극함이다. 不得命[명을 얻지 못함]은 허락을 받지 못함이다. 待乏은 존자의 물건이 다하기를 기다림이다."

婦ㅣ若有私親兄弟ᄒᆞ야將與之어든則必復扶又切請其故ᄒᆞ야賜而後에與之니라

● 며느리가 만약 친정의 형제가 있어 장차 그것을 주려고 하거든, 반드시 그 옛 것을 다시 청하여 (시부모가) 주신 뒤에 그것을 주어야 한다.

소언 며느리 만일 ᄉᆞᄉᆞᆺ 권당과 兄형弟뎨 이셔 쟝ᄎᆞᆺ 주려커든 반ᄃᆞ시 다시 그 녣 것ᄉᆞᆯ 請쳥ᄒᆞ야 주신 후에ᅀᅡ 줄 디니라

현대역 며느리가 만일 사사로운[친정] 친척과 형제 있어 장차 주려 하거든, 반드시 다시 그 옛 것을 청하여 주신 뒤에야말로 줄 것이니라.

1 ᄉᆞᄉᆞᆺ: 사사의. 사사로운. 'ᄉᆞᄉᆞ(명사)+ㅅ(관형격 조사)'이다. 'ᄉᆞᄉᆞ'는 '개인의 사사로운 일'을 뜻하는 '사사(私事)'의 옛말이고, ㅅ은 관형격 조사이다. 그 나ᄒᆞᆯ 묻디 아니ᄒᆞ며 ᄉᆞᄉᆞ로 뵈ᄋᆞ올 제 命을 가져 ᄃᆞᆫ니게 아니 ᄒᆞ며(不敢問其年 燕見不將命).《소언 2:63》, 구의ᄂᆞᆫ 인신을 밋고 ᄉᆞᄉᆞᄂᆞᆫ 언약을 미들 써시니(官憑印信私憑要約).《노언 하:17》

2 후에ᅀᅡ: 뒤에야말로. '후(명사)+에(부사격 조사)+ᅀᅡ(보조사)'이다. 'ᅀᅡ'는 체언, 조사, 연결어미 뒤에 쓰일 때에는 보조사이고, 선어말어미 '-거-' 뒤에 쓰일 때에는 '-거ᅀᅡ'의 형태로 어말어미를 이룬다. 본 예는 조사 뒤에 쓰인 보조사이다. 조사 'ᅀᅡ'는 종전의 중세국어 문법에서는 강세 보조사로 보았다. 그러나 적합한 의미가 아니라서 '단독'과 '특수'의 보조사로 설정한다. 현대국어의 '(이)야(말로)'의 직접적 소급 형태이다. 'ᅀᅡ'는 자음 아래에서 '이ᅀᅡ'로 형태를 바꾸고, 《번역소학》의 다른 예에서는 '아'로 나타나기도 한다. 用兵如神ᄒᆞ샤 가샤ᅀᅡ 이기시릴씨

西예 오나시든 東鄙 ᄇᆞ라ᅀᆞᄫᆞ니(用兵如神 往則莫抗 我西曰來 東鄙竚望).《용가 38장》(현대역: 용병을 귀신같이 하셔서 가셔야말로 이기실 것이므로 서쪽에 오시면 동쪽 변방 사람들이 고대하였습니다.), 車匿이 蹇特이ᄂᆞᆫ ᄒᆞᆫ날애 나ᅀᆞᄫᆞᆯᄊᆡ 이 둘흘ᅀᅡ 더브르시니.《월곡 상:19》(현대역: 차닉이와 건특이는 한 날에 난 까닭에 둘이야말로 데리고 가시니.), 丈六身이 뫼샤 헌 오ᄉᆞᆯ 니브샤 漸敎ᄅᆞᆯᅀᅡ 다 아라듣ᄌᆞᄫᆞ니.《월곡 상:35》(현대역: 장육신이 뫼시어 헌 옷을 입으시어 점교야말로 다 알아들으니.), 제 道理 붓그리다가 一千 梵志 더블오 이날애ᅀᅡ 머리 좇ᅀᆞᄫᆞ니.《월곡 상:39》(현대역: 제 도리를 부끄러워하다가 일천 범지를 더불어 이날에야말로 멀리 좇으니.), 過劫에 苦行ᄒᆞ샤 이제ᅀᅡ 일우샨ᄃᆞᆯ 優陀耶ㅣ ᄉᆞᆯᄫᆞ니이다.《월곡 상:42》(현대역: 과겁에 고행하셔서 이제야말로 이루신 것을 우타야가 사뢰었습니다.).

【集解】陳氏曰故는卽前者所獻之物而舅姑不受者니雖藏於私室이나今必再請於尊者하여旣許然後에取以與之也라司馬溫公曰人子之身은父母之身也니身且不敢自有어든況敢有私財乎아若父子異財하여互相假借면則是有子富而父母貧者하고父母飢而子飽者하리니不孝不義가孰甚於此리오

진 씨가 말하였다. "故는 즉 전에 바친 바의 물건으로 시부모가 받지 않은 것이니, 비록 (이것을) 자기 방에 보관했더라도 이제 반드시 존자에게 다시 청하여 이미 허락한 뒤에 취하여[가져다] 그것을 주어야 한다." 사마온공이 말하였다. "사람 자식의 몸은 부모의 몸이니, 몸도 또한 감히 스스로 마음대로 못하거늘, 하물며 감히 사사로운 재물을 마음대로 하겠는가? 만약 아버지와 자식이 재산을 달리 하여 서로 빌려주고 빌린다면, 이는 자식은 부유한데 부모는 가난하고, 부모는 굶는데 자식은 배부름이 있을 것이니, 불효와 불의에 있어, 어느 것이 이보다 심하겠는가?"

〖十三章〗

○ 曲禮에曰父ㅣ召ㅣ어시든無諾ᄒᆞ며先生이召ㅣ어시든無諾ᄒᆞ고唯而起니라 《禮記 曲禮》

● 〈곡례〉에 말하였다. "아버지가 부르시거든 느리게 대답하지 말고, 선생이 부르시거든 느리게 대답하지 말고 빨리 대답하고 일어나야 한다."

漢字 召(부를 소), 諾(느리게 대답할 락), 唯(빨리 대답할 유), 緩(느릴 완)

소언 曲곡禮례예 ᄀᆞ로ᄃᆡ 아비 브르거시든 諾락[ᄃᆡ답ᄒᆞ고 가디 몯ᄒᆞ여심이라]홈이 업스며 先션生ᄉᆡᆼ이 브르거시든 諾락홈이 업고 ᄲᆞᆯ리 ᄃᆡ답ᄒᆞ고 니러날 디니라

현대역 〈곡례〉에 가로되, "아버지가 부르시거든 낙(諾)[대답하고 가지 못하였음이라.]함이 없으며, 선생이 부르시거든 낙(諾)함이 없고 빨리 대답하고 일어날 것이니라."

【集解】唯는應之速이요諾은應之緩이라呂氏曰諾은許而未行也라

唯는 응답이 빠른 것이요, 諾은 응답이 느린 것이다. 여 씨가 말하였다. "諾은 허락하고 행하지 않음이다."

漢字 緩(느릴 완)

〖十四章〗

○ 士相見禮에凡與大人言에始視面ᄒᆞ고中視抱ᄒᆞ고卒視面ᄒᆞ며毋改니衆皆若是니라 《儀禮 士相見禮》

●〈사상견례〉에 말하였다. “무릇 대인과 더불어 말을 함에, 처음에는 얼굴을 보고, 중간에는 가슴을 보며, 마침내는 얼굴을 보며 고치지 말아야[변동이 없어야] 하니, 모든 이가 다 이같이 해야 한다.

漢字 抱(가슴 포), 卒(마침내 졸), 毋(말 무)

소언 士ᄉᆞ相샹見견禮례[儀의禮례 篇편 일홈이라]예 골오ᄃᆡ 믈읫 얼운 사ᄅᆞᆷ으로 더브러 말ᄉᆞᆷ홈애 처엄의ᄂᆞᆫ ᄂᆞᆺ출 보고 듕간의ᄂᆞᆫ 가ᄉᆞᆷ올 보고 ᄆᆞᄎᆞᆷ애 ᄂᆞᆺ출 보며 고티디 말올 디니 모ᄃᆞᆫ 의게 다 이ᄀᆞᆮ티 홀 디니라

현대역 〈사상견례〉[《의례》 편 이름이라.]에 가로되, “무릇 어른 사람으로 더불어 말씀함에 처음에는 낯을 보고, 중간에는 가슴을 보고, 마침내 낯을 보며 고치지 말 것이니, 모든 이에게[이가] 다 이같이 할 것이니라.

모ᄃᆞᆫ 의게: 모든 이에게, 모든 이가. ‘의게’는 ‘의(관형격 조사)+게(부사성 의존명사)’이다. ‘게’는 부사성 의존명사 ‘ᄀᆡ’와 수의로 교체되었다. 본 예 ‘의게’는 부사성 의존명사 ‘게’가 관형격 조사 ‘의’와 함께 쓰여 ‘께’를 뜻한다. ᄒᆞ나ᄒᆞᆫ 衆生緣慈ㅣ니 一切 衆生의게 브튼 ᄆᆞᅀᆞᆷ 업수ᄃᆡ 衆生의게 自然히 利益을 나톨씨오.《월석 8:28》(현대역: 하나는 중생연자이니 일체 중생에게 붙은 마음이 없으되 중생에게 자연히 이익을 나타내는 것이고), 일후미 第十二觀이니 無量壽佛ㅅ 無數化身이 觀世音 大勢至와 샹녜 行人의게 오시리라.《월석 8:44》(현대역: 이름이 제12관으로 무량수불의 무수한 화신이 관세음과 대세지와 함께 항상 행인에게 오실 것이다.) 본 예는 관형사와 조사가 연결되어 있어, 문법상 맞지 않는다. 두 단어 사이에 명사 ‘이’가 생략된 것이거나, 대문(大文) 내용과 관련시켜 볼 때, ‘의게’가 아닌, ‘이+가’가 아닌가 추정된다. ‘모ᄃᆞᆫ’은 ‘모든’의 옛말로, 관형사이다. ᄒᆞᆫ낱 머릿터러글 모ᄃᆞᆫ 하ᄂᆞᆯ히 얻ᄌᆞᄫᅡ 十億天에 供養ᄒᆞᅀᆞᄫᆞ니.《월곡 상:33》(현대역: 한낱 머리털을 모든 하늘이 얻어 십억천에 공양하니.), ᄌᆞ녹ᄌᆞ녹기 거러 모ᄃᆞᆫ ᄃᆡ 니거늘 모ᄃᆞᆫ 사ᄅᆞᆷ과 六師왜 보고 ᄀᆞ마니 몯 이셔 自然히 니러 禮數ᄒᆞ더라.《석상 6:30》(현대역: 자늑자늑하게 걸어 모든 데 가거늘 모든 사람과 육사가 보고 가만히 못 있어 자연히 일어나 예수하더라.)

【集說】陳氏曰士相見禮는儀禮篇名이라大人은卿大夫也大人有德位者之通稱라儀禮註云始視面은謂觀其顔色可傳言未也라抱는懷抱也니中視抱는容其思之요且爲敬也라卒視面은察其納己言否也라毋改는謂答應之間에當正容體以待之요毋自變動이니爲嫌懈惰不虛心也라

진 씨가 말하였다. "〈사상견례〉는 《의례》의 편명이다. 大人은 경대부이다[대인은 덕과 자리가 있는 자의 통칭이다]. 《의례》의 주에 이르기를, '始視面[처음에는 얼굴을 봄]은 그[대부] 안색이 말 전함이 가능한지 아닌지를 살핌을 이름이다. 抱는 가슴이니, 中視抱[중간에는 가슴을 봄]는 그[대인]가 그것[言]을 생각하도록 용납하고 또 공경하기 위해서다. 卒視面[마침내는 얼굴을 봄]은 그[대부]가 자기[나]의 말을 받아들이는지 아닌지를 살핌이다. 毋改는 응답하는 사이에 마땅히 얼굴과 몸을 바로 하여 그것[答應]을 기다릴 것이요 스스로 변동함이 없어야 함을 이르니, 게을러지고 마음을 비우지 않을까[정신을 차리지 못할까]를 싫어하기 때문이다.'"

漢字 嫌(싫어할 혐, 의심할 혐), 懈(게으를 해), 惰(게으를 타)

【集解】衆은謂同在是者니皆當如此也라

衆은 여기에 함께 있는 자를 이르니, 모두 마땅히 이와 같이[始視面 中視抱 卒視面 毋改] 해야 한다.

若父則遊目호되毋上於面하며毋下於帶니라

● 만약 아버지인 경우에는 눈을 놀리되, 얼굴에서 올라가지 말며, 띠에서 내려가지 말아야 한다.

漢字 遊(놀릴 유), 上(오를 상), 下(내릴 하)

소언 만일 아비ㅅ긔어든 눈을 둘오ᄃᆡ ᄂᆞᆾ치 올리디 말며 ᄯᅴ예 ᄂᆞ리오디 말올 디니라

현대역 만일 아버지께거든 눈을 두르되, 낯에 올리지 말며, 띠에 내려오지 말 것이니라.

1 아비ㅅ긔어든: 아버지께거든. '아비(명사)+ㅅ(관형격 조사)+긔(부사성 의존명사)+어든(연결어미)'이다. 'ㅅ'은 'ㄱ, ㅋ, ㆁ, ㄷ, ㅌ, ㄴ, ㄹ, ㅂ, ㅍ, ㅁ, ㅸ'으로 끝나는 체언류나 받침 없는 체언류 뒤에 붙어, 무정 체언과 존칭 체언류 뒤에 붙어, '의'를 뜻하는 조사이다. '긔'는 부사성 의존명사로, 관형격 조사 아래에만 나타난다. 본 예 '긔'는 관형격 조사 'ㅅ'과 함께 쓰여 '께'를 뜻한다. 앞에 관형격 조사 'ㅅ'이 따로 나와 'ㅅ'이 중철 표기된 것이다. '-어든'에 어미 '-거든'의 옛말이다.

2 둘오ᄃᆡ: 두르되. 마음대로 다루되. '둘오(어간)+ᄃᆡ(연결어미)'이다. '-ᄃᆡ'는 모음 'ㅏ, ㅓ, ㅗ, ㅜ'로 끝나는 어간 뒤에 붙어, '-되'를 뜻하는 어미이다. 놀애를 브르리 하ᄃᆡ 天命을 모ᄅᆞ실씨 ᄭᅮ므로 알외시니(獻言雖衆 天命尙疑 昭玆吉夢 帝迺趣而).《용가 13장》, 제 모미 누븐 자히셔 보ᄃᆡ 琰魔王ㄱ 使者ㅣ 넉슬 ᄃᆞ려 琰魔法王 알ᄑᆡ 니거든.《석상 9:30》. '둘오다'는 '두르다'의 옛말이다. 현대국어 '두르다'는 15세기 문헌에서부터 '두르다'로 나타나 현재까지 이어진다. '두르-'는 자음으로 시작하는 어미 앞에서는 '두르-'로 나타나지만, 모음으로 시작하는 어미 앞에서는 형태가 달라지는 르불규칙 용언이다. 15세기에는 '둘ㅇ-'로 나타나지만, 16세기 이후 '둘ㅇ-, 둘ㄹ-'로 나타나고, 18세기 이후 '둘ㄹ-'로 나타나서 '두르-/둘ㄹ-'의 교체형이 현재까지 이어진다. 15세기부터 '두르-'의 표기는 다양하게 나타난다. 우선 '두르-'의 제1음절 모음 'ㅜ'가 'ㅗ'로 나타나거나 제2음절 모음 'ㅡ'가 'ㆍ, ㅜ'로 나타나는 경우가 있다. 15세기의 '두루-', '도ᄅᆞ-'나 16세기의 '두로-', '도로-' ,'두ᄅᆞ-'가 그 예이다. 또한 분철 표기도 다양하게 나타난다. 16세기에는 '두루-'의 분철 표기 '둘우-'가, '두로-'의 분철 표기 '둘오-'가, '도로-'의 분철 표기 '돌오-'가 나타나며, 17세기에는 '두로-'의 분철 표기 '둘오-'가 나타나고, 18세기에는 '두르-'의 분철 표기 '둘으-'가 나타난다. 근대국어 시기에 어중의 'ㄹㄹ'을 'ㄹㄴ'으로 적는 표기 경향이 있었는데, 이에 따라 18세기에는 '둘ㄹ-'가 '둘ㄴ-'로 표기된 예들이 나타난다. 두르다(15세기~현재).

이형태: 두르-, 둘ㅇ-, 둘ㄹ-, 둘ㄴ-, 두루다, 도ᄅᆞ다, 두로다, 두ᄅᆞ다, 도로다, 둘우다, 돌오다, 둘오다, 둘으다. ᄌᆞ갸 座ᄅᆞᆯ ᄂᆞᆫ호아 迦葉이 안치시고 僧伽梨로 두르시고.《1447 석상 24:38ㄴ-39ㄱ》, 鐵圍山이 네 天下 밧긔 둘어 잇고.《1459 월석 1:28ㄱ-28ㄴ》, 邪兵ᄋᆞᆯ 向ᄒᆞ야 智刃ᄋᆞᆯ 두루디 아니ᄒᆞ면 髻珠ㅣ 허믈 업소ᄆᆞᆯ 뉘 알리오.《1482 남명 下:39ㄴ》, 손발와 가ᄉᆞᆷ과애 다 吉祥엣 깃비 도ᄅᆞ신 德相이 겨샤 文이 비단 紋 ᄀᆞᆮᄒᆞ시고.《1463 법화 2:19ㄱ》

【集解】子於父에主孝하고不純乎敬하여所視廣也라

자식은 아버지에 대해 효를 주로 하고, 공경에만 純一하지 않아 보는 바가 넓은 것이다.

漢字 純(순수할 순)

子於父 主孝 不純乎敬 所視廣也: 아버지께 대해서는, 눈을 띠 이상 얼굴 이하로 놀리는 것이 공경에는 어긋나지만 안부를 폭넓게 살피는 효도에는 맞으므로 무방하다.

【增註】因觀安否何如也라記曰凡視上於面則敖하고下於帶則憂라하니라

인하여 안부가 어떤가를 살피는 것이다. 《예기》(〈곡례〉)에 말하였다. "무릇 볼 때에 얼굴에서 올라가면 오만해지고, 띠에서 내려가면 근심스럽게 된다."

漢字 敖(=傲 오만할 오)

若不言이어시든立則視足ᄒᆞ고坐則視膝이니라

●(어버지께서) 만약 말씀하지 않으시거든, 서계실 때에는 발을 보고, 앉아 계실 때에는 무릎을 본다."

漢字 膝(무릎 슬)

소언 만일 말솜 아니 ᄒᆞ거시든 셔 겨시거든 발올 보고 안자 겨시거든 무룹플 볼 디니라

현대역 만일 말씀 아니 하시거든, 서 계시거든 발을 보고, 앉아 계시거든 무릎을 볼 것이니라."

【正誤】視足은伺其行也요視膝은伺其起也라

視足은 그 감을 살핌이요, 視膝은 그 일어남을 살핌이다.

漢字 伺(엿볼 사)

【十五章】

○禮記에曰父ㅣ命呼ㅣ어시든唯而不諾ᄒᆞ야手執業則投之ᄒᆞ며食在口則吐之ᄒᆞ고走而不趨ㅣ니라 《禮記 玉藻》

●《예기》에 말하였다. "아버지가 명하여 부르시거든 빨리 대답하고 느리게 대답하지 말며, 손에 일감을 잡고 있으면 그것을 던지고, 음식이 입에 있으면 그것을 토하며, 달려가고 종종걸음으로 걷지 말아야 한다.

漢字 投(던질 투), 趨(종종걸음으로 걸을 추)

소언 禮례記긔예 ᄀᆞᆯ오ᄃᆡ 아비 命명ᄒᆞ야 브르거시든 ᄲᆞᆯ리 ᄃᆡ답ᄒᆞ고 諾락디 아니ᄒᆞ야 손애 일을 잡앗거든 더디며 밥이 입에 잇거든 비왇고 ᄃᆞ롬으로 가고 ᄌᆞ조 거를 만 아니홀 디니라

현대역 《예기》에 가로되. "아버지가 명하여 부르시거든 빨리 대답하고 천천히 대답하지 아니하여, 손에 일을 잡았거든 던지며, 밥이 입에 있거든 뱉고, 달음질로 가고 자주[재게] 걸을 만하지 아니할 것이니라.

1 락(諾)디: 천천히 대답하지.

2 비왇고: 뱉고. '비왇(어간)+고(연결어미)'이다. 현대국어 '뱉다'의 옛말인 '밭다/비왇다'는 15세기 문헌에서부터 나타난다. 이 단어는 15세기 당시에 '밭다' 계열과 '비왇다' 계열로 나눌 수 있는데, 두 단어는 쌍형어 관계에 있었던 것으로 보인다. '밭다'는 받침규칙에 따라서 '받다, 밧다' 등으로 표기되고 근대국어 시기의 중철 표기로는 '받ㅌ다', '밧ㅌ다', '밧ㅎ다' 등이 보인다. '비왇다'는 받침규칙에 따라서 '비왇다', '비왓다'가 쓰였으며, 근대국어의 중철 표기인 '비왇ㅌ다', '비왓ㅌ다', '비앗ㅎ다' 등이 보인다. 이 두 계열은 근대국어 후기에 '뱉다' 계열로 통합되는 것으로 보이는데, 받침규칙에 따른 '뱃다'가 쓰였으며, 중철 표기로 '뱃ㅌ다'가 쓰였다. 밭다(15세기)/비왇다(17세기)〉받다(15세기～16세기)〉밧다(17세기～19세기)/비왓다(17세기～19세기)〉뱃다(19세기)〉뱃다(19세기)〉뱉다(20세기～현재). 이형태: 밭다, 받다, 비왇다, 밧다, 비왓다, 밧ㅎ다, 비얏다, 비앗다, 비앗ㅎ다, 배앗다, 뱃다, 또 샤오이 겨지븨 이베 두 닐굽 저글 춤 바트면 즉자히 나ᄂᆞ니라.《1466 구방 하:87ㄱ》, 사ᄅᆞᆷ 주기ᄂᆞ니 오직 ᄂᆞ치 춤 받고.《1466 구방 상:24ㄱ》, 이 삐 거믄 龍이 또 구스를 비왇ᄂᆞ니.《1481 두시-초 13:13ㄱ-6》
3 ᄃᆞ롬: 달음질. 급히 뛰어 달려감.
4 거를 만: 걸을 만하지. '만'은 부사성 의존명사로서, 앞말이 뜻하는 동작이나 행동이 가능함을 나타내는 말이다. 그냥 모르는 척 살 만도 한데 말이야. 희미한 초롱불이기는 하나, 서로 얼굴을 알아 볼 만은 했으나 아무도 고개를 드는 사람이 없다.《이무영, 농민》, 병식의 처남은 작년에 새로 정미소를 하나 냈는데 영업이 비교적 잘 되어서 식구가 먹고살 만은 하다는 것과….《심훈, 영원의 미소》

【集解】應氏曰唯諾은皆應也로되而唯速於諾하고走趨는皆步也로되而走速於趨라投業吐食은急趨父命也라

응 씨가 말하였다. "唯와 諾은 모두 응답인데 唯가 諾보다 빠르며, 走와 趨는 모두 걸음인데 走가 趨보다 빠르다. 投業吐食은 아버지의 명령에 급히 달려감이다."

親老ㅣ어시든出不易方ᄒᆞ며復伏不過時ᄒᆞ며親癠᠀어시든色容不

盛이此ㅣ孝子之疏節也ㅣ니라

● 어버이가 늙으시거든 외출함에 방위를 바꾸지 않으며, 돌아옴에 시기를 넘기지 않으며, 어버이가 병이 드시거든 낯빛을 성대히 하지 않음[근심하는 기색이 있음]이 이것이 효자의 소략한 예절이다.

漢字 復(돌아올 복), 癠(병들 제), 疏(=踈, 疏 성길 소)

소언 어버이 늘그시거든 나가매 방소롤 밧고디 아니ᄒᆞ며 도라옴애 빼롤 넘우디 아니ᄒᆞ며 어버이 병ᄒᆞ얏거시든 ᄂᆞᆺ빗ᄎᆞᆯ 펴디 아니홈이 이 孝효子ᄌᆞᄋᆡ 소략ᄒᆞᆫ 례졀이니라

현대역 어버이 늙으시거든 나감에 方所를 바꾸지 아니하며 돌아옴에 때를 넘기지 아니하며 어버이 앓으셨거든 낯빛을 펴지 아니함이 이 효자의 疏略한 예절이니라.

1 방소: '방소(方所)'의 옛말이다. 공간의 어떤 점이나 방향이 한 기준의 방향에 대하여 나타내는 어떠한 쪽의 위치. 동서남북의 네 방향을 기준으로 하여 8방향, 16방향, 32방향으로 세분한다. 유의어: 방위(方位).

2 밧고디: 바꾸지. '밧고(어간)+디(보조적 연결어미)'이다. '바꾸다'의 옛말인 '밧고다'는 15세기 문헌에서부터 나타난다. 17~18세기 문헌에 보이는 '받고다'는 근대국어 시기 종성의 'ㅅ'이 'ㄷ'과 소리가 같아지면서 표기가 혼란된 데에 따른 것이다. 근대국어 후기에 '밧고다'에서 제2음절의 모음 'ㅗ'가 'ㅜ'로 바뀌어 19세기에는 '밧구다' 형태가 등장하였다. 여기에서 제1음절의 끝소리 'ㅅ'의 영향으로 제2음절의 첫소리 'ㄱ'이 된소리가 되는 어중의 된소리화를 거쳐 현대국어와 같은 '바꾸다' 형태가 등장하게 된 것이다. 19세기 문헌에 등장한 '박구다'는 표기상의 차이만 있을 뿐 현대국어의 '바꾸다'와 소리가 동일하다. 한편 중세국어 시기에 '밧고다'는 '바뀌다'의 의미도 함께 지니고 있었는데, 근대국어에서는 이러한 용법이 사라지고 '밧고다'의 피동사로 '밧고이다'가 쓰이게 되었다. 밧고다(15세기~19세기)>밧구다(19세기)>박구다(19세기)>바꾸다(20세기~현재). 이형태: 밧고다, 밧구다. 太子ㅣ 袞服ᄋᆞ로 밧고아 니브시고. 《1447 석상 3:32ㄱ》, 우리 그저 뎌 신가의 가 ᄡᆞᆯ 밧고와 손조 밥 지ᅀᅥ 먹고

가져.《1510년대 번노 상:39ㄱㄴ》, 喪禮애 衣服의 類를 빼를 짤와 밧고아시니 葬흔 後애 葛衫으로 받고며 小祥 後의 練布로 받고는 類 ㄱ트니라.《1632 가언 6:33ㄴ》, 뎌 디새 째여디니 잇거든 새로 밧꼬고.《1677 박언 중:40ㄱ》

3 빼: 때. '때'의 옛말인 '빼'는 15세기 문헌에서부터 나타난다. '빼'는 15세기부터 초성 'ㅄㄷ'이 'ㅂㄷ'으로 변화된 '빼'가 나타난다. 근대국어 시기에 'ㅂㄷ'을 'ㅅㄷ'으로 표기하게 됨에 따라 17세기에는 '째'로 나타난다. 이후 'ㅅㄷ'을 'ㄸ'으로 표기하게 됨에 따라 18세기에 '때'로 나타나서 현재에 이르렀다. 18세기의 '띡'는 '째'의 'ㅐ'를 '·ㅣ'로 표기한 것인데, 이것은 18세기에 제1음절의 '·'가 'ㅏ'로 변화됨에 따라 '·ㅣ'가 'ㅐ'로 변화되었던 경향 때문에 'ㅐ'와 '·ㅣ'를 혼동한 표기이다. 빼(15세기~17세기)〉빼(16세기~19세기)〉째(17세기~19세기)〉때(18세기~현재). 이형태: 빼, 빼, 째, 띡, 때. 둀 빼 爲酉時之類.《1446 훈해 49》, 네 난 히 돌 날 빼 니르라.《1510년대 번노 하:71ㄱ》

4 소략흔: 소략(疏略)한. 꼼꼼하지 못하고 간략한.

【集解】易은改也요復은反也요時는歸期也라陳氏曰易方則恐召己而莫知所在也요過時則恐失期其貽親憂也라瘠는病也라方氏曰孝子之事親이豈必待老而後如是耶아蓋以親老者는尤不可不如是也라

易은 고침이요, 復은 돌아옴이요, 時는 돌아올 시기이다. 진 씨가 말하였다. "장소를 바꾸면 자기를 부를 때에 소재를 알지 못할까 염려해서요, 시기가 지나면 기일을 놓쳐 어버이에게 걱정을 끼칠까 염려해서다." 瘠는 병듦이다. 방 씨가 말하였다. "효자가 부모를 섬김에 어찌 반드시 늙음을 기다린 뒤에 이와 같이 하겠는가? 대개 써 어버이가 늙은 사람[자식]은 더욱 이와 같이 아니할 수 없다."

漢字 貽(끼칠 이)

【增註】色容不盛은有憂色也라

色容不盛[낯빛을 성대히 하지 않음]은 근심하는 기색이 있는 것이다.

【正誤】**自父命呼**로**至色容不盛五事**는**此皆孝子事親疏略之節**이니**必若孔子所謂身體髮膚**는**受之父母**라**不敢毁傷**이요**立身行道**하여**揚名後世**하여**以顯父母**라야**爲德之本者**니**斯爲至孝也**라

父命呼로부터 色容不盛에 이르기까지 다섯 가지 일은, 이는 모두 효자가 부모를 섬기는 소략한 예절이다. 반드시 공자께서 이른바 "신체와 머리털과 살은 부모에게서 받았으므로 감히 헐어 상하게 하지 말고, 몸을 세우고 도를 행하여 후세에 이름을 날려 부모를 나타내야 한다."는 것과 같이 해야 덕의 근본이 되니 이것이 지극한 효도가 된다.

漢字 膚(살갗 부), 毁(헐 훼)

父沒而不能讀父之書는**手澤**이**存焉爾**며**母沒而杯圈**을**不能飮焉**은**口澤之氣**ㅣ**存焉爾**니라

● 아버지가 돌아가시면 아버지의 책을 차마 읽지 못함은 手澤이 남아있기 때문이며, 어머니가 돌아가시면 술잔과 그릇으로 차마 마시지 못함은 口澤의 기운이 남아있기 때문이다."

漢字 沒(죽을 몰, 가라앉을 몰), 澤(윤 날 택, 못 택), 杯(잔 배), 圈(나무그릇 권, 동물우리 권)

1 수택(手澤): 손이 자주 닿았던 물건에 손때가 묻어서 생기는 윤기.
2 구택(口澤): 그릇 따위에서, 입이 늘 닿는 자리에 나는 광택.

소언 아비 업ᄉᆞ시거든 ᄎᆞᆷ아 아븨 ᄎᆡᆨ을 닑디 몯홈ᄋᆞᆫ 손ᄣᅵᆷ이 이실ᄉᆡ며 엄이 업ᄉᆞ시거든 잔과 그릇슬 ᄎᆞᆷ아 먹디 몯홈ᄋᆞᆫ 입김ᄭᅴ운이 이실ᄉᆡ

니라

현대역 아버지 돌아가시거든 차마 아비의 책을 읽지 못함은 손때가 있기 때문이며, 어머니가 돌아가시거든 잔과 그릇을 차마 먹지 못함은 입김기운이 있기 때문이니라."

1 아비: 아버지. 현대국어 '아비'와 동일한 형태는 15세기 문헌에서부터 나타난다. 옛말에서는 평칭으로 쓰였으나, 현대국어의 '아비'는 '아버지'의 낮춤말로 쓴다. 아비(15세기~현재). 이형태: 아비. 그 아비 노폰 묏 그테 올아 울며 ᄇᆞ라며 너교ᄃᆡ.《1447 석상 11:29ㄱ》, 아비 ᄯᅩᆼ을 ᄌᆞ최여늘 黔婁ㅣ 믄득 가져다가 맛보니.《1518 번소 9:31ㄴ》

2 손ᄢᅵᆷ: 손때[手澤].

3 이실ᄊᆡ며: 있기 때문이며. '이시(어간)+ㄹᄊᆡ(연결어미)+며(연결어미)'이다. '이시'는 '이시다'의 어간이며, '-ㄹᄊᆡ며'는 '-이기 때문이며'이다. '이시다'는 '있다'의 옛말로, 자음으로 시작하는 어미 앞에서는 '잇-'으로 바뀐다. 世尊ㅅ 말 ᄉᆞᆯᄫᅳ리니 千載上ㅅ 말 이시나 귀예 듣논가 너기ᅀᆞᄫᆞ쇼셔.《월곡 상:1》, 이 轉相이 비록 能緣이 이시나 境界微細ᄒᆞᆯᄊᆡ 오히려 ᄀᆞᆯ히디 몯ᄒᆞ리니.《월석 11:79》, 셔ᄫᅳᆯ 賊臣이 잇고 ᄒᆞᆫ 부니 天命이실ᄊᆡ 써딘 ᄆᆞᄅᆞᆯ 하ᄂᆞᆯ히 내시니(朝有賊臣 一人有命 墮溺之馬 天使之迸).《용가 37장》

4 어미: 어머니. 옛말에서는 평칭으로 쓰였으나 현대국어의 '어미'는 '어머니'의 낮춤말로 쓴다. 현대국어 '어미'는 15세기 문헌에서부터 '어미'로 나타나 현재까지 이어진다. 어미(15세기~현재). 이형태: 어미. 安樂國이ᄂᆞᆫ 아비ᄅᆞᆯ 보라가니 어미 몯 보아 시름 깊거다.《1459 월석 8:87ㄴ》, 周炳이ᄂᆞᆫ 舞陽 사ᄅᆞ미라 어미.《1514 속삼 효:2ㄱ》

5 이실ᄊᆡ니라: 있기 때문이니라. '이시(어간)+ㄹᄊᆡ(연결어미)+니라(평서형 종결어미)'이다. '-ㄹᄊᆡ니라'는 동사, 형용사 어간 뒤에 붙어, '-기 때문이다'를 뜻하는 어미이다. 圓覺이 ᄒᆞᆫ 法이로ᄃᆡ 萬行ᄋᆞᆯ 펴 求ᄒᆞ샤ᄆᆞᆫ 엇데오 衆生ᄋᆡ 根器 다ᄅᆞᆯᄊᆡ니라(圓覺一法也 張萬行而求之者何 衆生之根器異也).《원각 서:12》, 一切 衆生이 다ᄉᆞᆺ 가지 性이 ᄀᆞᄌᆞᆯᄊᆡ 모로매 三乘이 이셔ᅀᅡ 機ᄅᆞᆯ 니피샤미 비르서 足ᄒᆞᆯᄊᆡ니라(一切衆生 具五種性 須有三乘 被機方足).《원각 상1-1:38~39》

【集說】陳氏曰不能은猶不忍也라

진 씨가 말하였다. "不能은 차마 못함과 같다."

漢字 忍(참을 인, 차마 할 인)

【集解】方氏曰書는書冊也니君子執以誦習이라故로於父에言之하고杯圈은飮食器也니婦人은飮食是議라故로於母에言之라父母亡而澤存焉하니有所不忍也라

방 씨가 말하였다. "書는 서책이니, 군자는 (서책을) 잡아 외우고 익힌다. 그러므로 아버지에게 그것[父沒而不能讀父之書]을 말하였고, 杯圈은 음식 그릇이니 부인은 음식을 의논한다. 그러므로 어머니에게 그것[母沒而杯圈不能飮焉]을 말하였다. 부모가 돌아가셨어도 때[手澤과 口澤]가 남아 있으니 차마 못하는 바가 있는 것이다."

〖十六章〗

○內則에曰父母ㅣ有婢子若庶子庶孫을甚愛之어시든雖父母沒이라도沒身敬之不衰니라 《禮記 內則》

●〈내칙〉에 말하였다. "부모가 계집종의 자식 및 서자[첩자식]와 서손[첩손자]이 있어 그들을 매우 사랑하시거든, 비록 부모가 돌아가시더라도 몸을 마치도록 그들을 공경하여 쇠하지 않아야 한다.

漢字 若(및 약), 庶(여러 서)

소언 內ᄂᆡ則측에 ᄀᆞᆯ오ᄃᆡ 父부母모ㅣ 죵의 난 ᄌᆞ식이어나 혹 쳡ᄌᆞ식과 쳡손ᄌᆞᄅᆞᆯ 심히 ᄉᆞ랑커시든 비록 父부母모ㅣ 업스샤도 몸이 업도록 공경ᄒᆞ야 衰쇠티 아니홀 디니라

현대역 〈내칙〉에 가로되, "부모가 종이 낳은 자식이거나 혹 첩의 자식과 첩의 손자를 심히 사랑하시거든, 비록 부모가 돌아가시어도 몸이 없도록 공경하여 쇠하지 아니할 것이니라.

1 쳡ᄌᆞ식: 첩의 자식. 父母ㅣ 죵의 난 ᄌᆞ식이어나 혹 쳡ᄌᆞ식과 쳡손ᄌᆞ를 심히 ᄉᆞ랑커시든(父母有婢子若庶子庶孫 甚愛之).《소언 2:16》
2 쳡손ᄌᆞ: 첩의 손자. 父母ㅣ 죵의 난 ᄌᆞ식이어나 혹 쳡ᄌᆞ식과 쳡손ᄌᆞ를 심히 ᄉᆞ랑커시든(父母有婢子若庶子庶孫 甚愛之).《소언 2:16》
3 업스샤도: 돌아가시어도. '업스(어간)+샤(주체 높임 선어말어미)+아도(연결어미, '아' 탈락)'이다. '-샤-'는 '-시-'가 모음 어미 '-아' 앞에서 실현된 것이다. 종전에는 '샤'를 '시'와 '아, 오'의 결합으로 해석하였고, '오'의 이형태로서 '아'를 세워 '샤'를 설명하기도 했다. 그러나 이 해석은 중세국어의 일반적인 '시'의 음운 현상에 어긋난다. 이에 대한 자세한 설명은 〈소학제사(小學題辭)〉 '슬허ᄒᆞ샤'를 참조하기 바란다. '-아도'는 동사, 형용사 어간 뒤에 붙어, '-어도'를 뜻하는 어미이다. 千世 우희 미리 定ᄒᆞ샨 漢水北에 累仁開國ᄒᆞ샤 卜年이 ᄀᆞᆺ 업스시니 聖神이 니ᄉᆞ샤도 敬天勤民ᄒᆞ샤ᅀᅡ 더욱 구드시리이다(千世默定漢水陽 累仁開國卜年無彊 子子孫孫聖神雖繼 敬天勤民迺益永世 千世默定漢水陽 累仁開國卜年無彊).《용가 125장》, 구지돔 모ᄅᆞ샤도 世尊ㅅ 德 닙ᄉᆞᄫᅡ 罪를 버서 地獄ᄋᆞᆯ ᄀᆞᆯ아 나니.《월곡 상:28》

【集解】婢子는賤者所生也라若은及也라沒身은終身也라

婢子는 미천한 자의 소생이다. 若은 '및'이다. 沒身은 '몸을 마치도록'이다.

子有二妾애父母는愛一人焉ᄒᆞ고子는愛一人焉이어든由衣服飮食과由執事를毋敢視父母所愛ᄒᆞ야雖父母沒이라도不衰니라

● 아들이 두 첩이 있을 때에 부모는 한 사람을 사랑하고 아들은 (다른) 한 사람을 사랑하거든, 의복과 음식부터와 일 잡음부터를 감히 부모가 사랑하시던 바[첩]를 (자기가 사랑하는 첩과) 견주지 말아, 비록 부모가 돌아가시더라도 쇠하지 않아야 한다."

漢字 視(견줄 시, 볼 시)

소언 아돌이 두 쳡을 둠애 父부母모는 흔 사름을 스랑흐시고 아돌은 흔 사름을 사랑커든 衣의服복과 飮음食식과브테며 일잡음브터를 敢감히 父부母모 스랑흐시는 바와 골와 마라 비록 父부母모ㅣ 업스샤도 衰쇠티 아니홀 디니라

현대역 아들이 두 첩을 둠에, 부모는 한 사람을 사랑하시고 아들은 한 사람을 사랑하거든, 의복과 음식부터이며 일 잡음부터를 감히 부모 사랑하시는 바와 견주어 말아서, 비록 부모가 돌아가시어도 쇠하지 아니할 것이니라."

1 브테며, 브터를: 부터이며, 부터를. '브터'는 '부터'의 옛말로, 체언류에 두루 붙는 출발점 처소의 부사격 조사이다. 내 져믄 삐브터 길어 사름 드외야 王의 스랑흐샤미 드외야는 도르혀 나를 브리느다 흐고.《석상 11:29》, 이브터 法華經 니르시는 靈山會라.《석상 13:1》

2 골와: 가루어[맞서서 견주어]. 나란히 하여. '골오(어간)+아(연결어미)'이다. '골오-'는 '굷다'의 어간 '굷-'이 모음 앞에서 '골오-'로 약화된 것이다. 並書는 골바 쓸씨라.《훈언 3》, 阿難이 空王佛씌 부텨와 흔삐 發心흐야 功夫 힝뎌기 볼셔 부텨씌 굷건마른(阿難於空王佛所 同佛發心 功行固已侔佛).《능엄 1:37》 현대국어 '가루다'는 '맞서서 견주다'를 뜻한다.

【集說】由는自也요視는比也라陳氏曰不敢以私愛로違父母之情也라

由는 '부터'요, 視는 '비교함'이다. 진 씨가 말하였다. "감히 사사로운 사랑으로 부모의 뜻을 어기지 못함이다."

【十七章】

○子ㅣ甚宜其妻ㅣ라도父母ㅣ不說悅이어시든出흐고子ㅣ不宜其

妻ㅣ라도父母ㅣ曰是ㅣ善事我ㅣ라커시든子行夫婦之禮焉ᄒᆞ야 沒身不衰니라 《禮記 內則》

●아들이 그 아내를 매우 마땅히 여기더라도, 부모가 기뻐하지 않으시거든 내보내며, 아들이 그 아내를 마땅치 않게 여기더라도 부모가 "이가 나를 잘 섬긴다." 하시거든 아들은 부부의 예를 행하여, 몸을 마치도록 쇠하지 않아야 한다.

소언 아ᄃᆞᆯ이 그 안해ᄅᆞᆯ 심히 맛당히 너겨도 父부母모ㅣ 깃거티 아니커시든 내여 보내고 아ᄃᆞᆯ이 그 안해ᄅᆞᆯ 맛당히 아니 너겨도 父부母모ㅣ ᄀᆞᆯᄋᆞ샤ᄃᆡ 이 날ᄋᆞᆯ 잘 셤기ᄂᆞ다 ᄒᆞ거시든 아ᄃᆞᆯ이 남진 겨집의 례ᄅᆞᆯ ᄒᆡᆼᄒᆞ야 몸이 업도록 衰쇠티 아니홀 디니라

현대역 아들이 그 아내를 심히 마땅히 여겨도, 부모가 기뻐하지 아니하시거든 내보내고, 아들이 그 아내를 마땅히 아니 여겨도, 부모가 말씀하시되, "이 나를 잘 섬긴다." 하시거든 아들이 남편 아내의 예를 행하여, 몸이 없도록 쇠하지 아니할 것이니라.

섬기ᄂᆞ다: 섬긴다. '섬기(어간)+ᄂᆞ(현재 시제 선어말어미)+다(평서형 종결어미)'이다. '-ᄂᆞ다'는 동사, 형용사 어간 뒤에 붙어, '-ㄴ다'나 '-는다'를 뜻하는 어미이다. 青衣ᄅᆞᆯ 브려 긔별 아라 오라 ᄒᆞ시니 羅睺羅 ᄃᆞ려다가 沙彌 사모려 ᄒᆞᄂᆞ다 홀씨.《석상 6:2》, 婆羅門이 닐오ᄃᆡ 내 보아져 ᄒᆞᄂᆞ다 ᄉᆞᆯᄫᅡ쎠.《석상 6:14》

【集解】應氏曰父母以爲善이면子情雖替나而夫婦之禮를亦不可不行焉이나人子之心이唯知有親而不知有己故也니라

응 씨가 말하였다. "부모가 잘 한다고 하시면 아들의 정은 비록 쇠하였으나 부부의 예를 또한 행하지 않을 수 없으니, 사람 자식의 마음은 오직 부모가 계신 것만 알고 자신이 있는 것은 모르기 때문이다."

漢字 替(쇠할 체)

【十八章】

○曾子ㅣ曰孝子之養老也는樂洛下同其心ᄒᆞ며不違其志ᄒᆞ며樂其耳目ᄒᆞ며安其寢處ᄒᆞ며以其飮食으로忠養之니라 《禮記內則》

● 증자가 말하였다. "효자가 노인[늙으신 父母]을 봉양함에는 그 마음을 즐겁게 해드리고, 그 뜻을 어기지 않으며, 그 귀와 눈을 즐겁게 해드리고, 그 잠자리와 거처를 편안케 해드리며, 그 음식으로 그[노인]를 충심으로 봉양해야 한다.

소언 曾증子ᄌᆞ[일홈은 參솜이오 ᄌᆞᄂᆞᆫ 子ᄌᆞ輿여ㅣ니 孔공子ᄌᆞㅅ 뎨ᄌᆞㅣ라]ㅣ ᄀᆞᆯᄋᆞ샤ᄃᆡ 孝효子ᄌᆞ의 늘그시니 치기ᄂᆞᆫ 그 ᄆᆞᄋᆞᆷ을 즐기시게 ᄒᆞ며 그 ᄠᅳᆮ을 어그릇디 아니ᄒᆞ며 그 귀 눈에 즐거우시게 ᄒᆞ며 그 자시며 겨샤몰 편안ᄒᆞ시게 ᄒᆞ며 그 飮음食식으로ᄡᅥ 튱셩도이 치ᄂᆞ니라

현대역 증자[이름은 삼(參)이요, 자는 子與이니, 공자의 제자라.]가 말씀하시되, "효자의 늙으신 이 봉양하기는 그 마음을 즐기시게 하며, 그 뜻을 어기지 아니하며, 그 귀 눈에 즐거우시게 하며, 그 주무시며 계심을 편안하시게 하며, 그 음식으로써 충성되게 봉양하느니라.

치ᄂᆞ니라: 봉양하느니라. '치(어간)+ᄂᆞ(현재 시제 선어말어미)+니라(평서형 종결어미)'이다. 어미를 치다가 내죵내 아니 ᄒᆞ며(夫養人老母而不能卒).《번소 9:57》, 이제ᄂᆞᆫ 만ᄒᆞᆫ 祿을 어ᄃᆞ니 ᄡᅧ 어버이를 치고져 ᄒᆞ나 어버이 겨시디 아니ᄒᆞ고(今而得厚祿 欲以養親 親不在矣).《소언 5:79》

【集解】樂其心은順適其心하여使樂而無憂也요不違其志는先意迎承하여使無違逆也라怡聲以問은所以樂其耳요柔色以

溫은所以樂其目이라昏定以安其寢하고晨省以安其處也라忠者는盡己之謂라

그 마음을 즐겁게 함은 그 마음을 순하게 맞아 하여금 즐기시어 근심이 없으시게 함이요, 그 뜻을 어기지 않음은 뜻에 앞서 맞아 받들어 하여금 어김이 없으시게 함이다. 소리를 화하게 하여 여쭘은 그 귀를 즐겁게 하는 것이요, 안색을 부드럽게 하여 따뜻이 함은 그 눈을 즐겁게 하는 것이다. 어두우면 이부자리를 정하여 그 잠자리를 편안하게 해 드리고, 새벽이면 안부를 살펴 그 거처함을 편안히 해 드린다. 忠은 자기(마음)를 다함을 이른다.

漢字 適(맞을 적, 갈 적), 怡(화할 이, 기쁠 이)

【集說】方氏曰養親之道雖非卽飮食以能盡이나亦非舍飮食以能爲니君子何以處之오亦曰忠養之而已라夫養之以物은止足以養其口體요養之以忠이면則足以養其志矣니라

방 씨가 말하였다. "어버이를 봉양하는 도리는 비록 음식에 나아가 극진히 할 수 있는 것이 아니나, 또한 음식을 버리고서 할 수 있는 것도 아니다. (그렇다면) 군자는 그것[養親之道]을 어떻게 대처해야 하는가? 또한 충심으로 그[親]를 봉양할 뿐이라 말한다. 무릇 물건으로써 그[親]를 봉양함은 단지 족히 써 그[親] 입과 몸을 봉양함이요, 충심으로써 그[親]를 봉양하면 족히 써 그[親] 뜻을 봉양함이다."

漢字 舍(버릴 사, 집 사), 止(단지 지)

是故로父母之所愛를亦愛之ᄒᆞ며父母之所敬을亦敬之니至於犬馬ᄒᆞ야두盡然이온而況於人乎아

● 이런 까닭으로, 부모가 사랑하신 바를 또한 그것[父母之所愛]을 사랑하며, 부모가 공경하신 바를 또한 그것[父母之所敬]을 공경하니, 개와 말에

이르러도 모두 그러하거든 하물며 사람에게 있어서겠는가?"

1 至於犬馬: 부모가 천한 개와 말을 사랑하고 공경했더라도.
2 而況於人乎: 하물며 사람, 즉 형이나 동생, 친척이나 어진 이에게 있어서겠는가?

소언 이런 故고로 父부母모의 ᄉᆞ랑ᄒᆞ시ᄂᆞᆫ 바ᄅᆞᆯ ᄯᅩ ᄉᆞ랑ᄒᆞ며 父부母모의 공경ᄒᆞ시ᄂᆞᆫ 바ᄅᆞᆯ ᄯᅩ 공경ᄒᆞᆯ 디니 개며 ᄆᆞᆯ게 니ᄅᆞ러도 다 그리ᄒᆞᆯ 거시온 ᄒᆞ물며 사ᄅᆞᆷ애ᄯᆞ녀

현대역 이런 까닭으로, 부모의 사랑하시는 바를 또 사랑하며, 부모의 공경하시는 바를 또 공경할 것이니, 개며 말에게 이르러도 다 그렇게 할 것인데 하물며 사람에서뿐이랴."

1 거시온: 것인데. '것(의존명사)+이('이다'의 어간)+온(연결어미)'이다. '-온'은 '이다' 어간, 'ㅣ'나 'ㄹ' 받침으로 끝나는 동사, 형용사 어간 뒤에 붙어, '-ㄴ데'를 뜻하는 어미이다. 모미 내 이숌 아니온 ᄒᆞ물며 머리ᄯᆞ녀.《남명 상:53》(현대역: 몸이 내가 있는 것 아닌데 하물며 머리뿐이랴.), 너 舍利弗도 오히려 이 經에 信으로 시러 들온 ᄒᆞ물며 녀나ᄆᆞᆫ 聲聞이ᄯᆞ녀(汝舍利弗 尙於此經 以信得入 況餘聲聞).《법화 2:158》(현대역: 너 사리불도 오히려 이 경에 믿음으로 능히 들었는데 하물며 여남은 성문뿐이랴.), ᄒᆞ다가 디나건 久遠劫에 너비 善根 시므디 아니ᄒᆞ닌 일홈도 듣디 몯ᄒᆞ리온 ᄒᆞ물며 보미ᄯᆞ녀.《영험 5》(현대역: 만약 지나간 구원겁에 널리 선근을 심지 아니한 이는 이름도 듣지 못하겠는데 하물며 보는 것뿐이랴.)
2 사ᄅᆞᆷ애ᄯᆞ녀: 사람에서뿐이랴. '사ᄅᆞᆷ(명사)+애(부사격 조사)+ᄯᆞ녀(평서형 종결어미)'이다. '-ᄯᆞ녀'는 '-뿐이랴'를 뜻하는 어미이다. 머리며 누니며 손바리며 모맷 고기라도 비ᄂᆞᆫ 사ᄅᆞᄆᆞᆯ 주리어니 ᄒᆞ물며 녀나ᄆᆞᆫ 쳔랴이ᄯᆞ녀.《석상 9:13》, ᄒᆞ물며 처ᅀᅥᆷ 會 中에셔 듣고 隨喜ᄒᆞᄂᆞ니ᄯᆞ녀.《석상 19:5》

【集解】眞氏曰孝子愛敬之心이無所不至라故로父母之所愛者는雖犬馬之賤이라도亦愛之하나니況人乎哉아姑擧其近者

言之하면若兄若弟는吾父母之所愛也니吾其可不愛之乎아若薄之면是는薄吾父母也라若親若賢은吾父母之所敬也니吾其可不敬之乎아若慢之면是는慢吾父母也라推類而長이면莫不皆然이니라

진 씨가 말하였다. "효자가 (부모를) 사랑하고 공경하는 마음이 이르지 않는 바가 없다. 그러므로 부모가 사랑하신 바는 비록 개와 말의 천함이라도 또한 그것[犬馬]을 사랑해야 하니, 하물며 사람에게 있어서겠는가? 우선 그 가까운 것을 들어 그것[孝子愛敬之心無所不至]을 말하면 형이나 동생은 우리 부모가 사랑하신 바이니, 내가 그들[若兄若弟]을 사랑하지 않을 수 있겠는가? 만약 그들[若兄若弟]을 박대한다면 이것은 우리 부모를 박대하는 것이다. 친척이나 어진 이는 우리 부모가 공경하신 바이니, 내가 그들[若親若賢]을 공경하지 않을 수 있겠는가? 만약 그들[若親若賢]을 업신여긴다면 이것은 우리 부모를 업신여기는 것이다. 이런 따위를 미루어 펴나가면 모두 그렇지 않음이 없다."

漢字 薄(박할 박, 엷을 박), 慢(업신여길 만, 게으를 만), 怠(게으를 태), 推(밀 추)

【十九章】

○內則에曰舅沒則姑老ㅣ니冢婦ㅣ所祭祀賓客애每事를必請於姑ᄒᆞ고介婦는請於冢婦ㅣ니라 《禮記 內則》

● 〈내칙〉에 말하였다. "시아버지가 돌아가시면 시어머니는 늙으니, 맏며느리가 제사하며 손을 대접하는 바에 매사를 반드시 시어머니에게 여쭙고, 작은며느리는 맏며느리에게 여쭈어야 한다.

漢字 冢(맏 총, 무덤 총), 介(버금 개, 끼일 개, 작을 개)

1 姑老(고로): 시어머니는 늙으니. 곧 집안일을 맏며느리에게 물려주니.

2 개부(介婦): 작은며느리. '첩'의 뜻으로 쓰일 때도 있음.

소언 內ᄂᆡ則측에 ᄀᆞᆯ오ᄃᆡ 싀아비 죽으면 싀엄이 늙ᄂᆞ니[집일을 ᄆᆞᆮ며느리게 뎐ᄒᆞ단 말이라] ᄆᆞᆮ며느리 졔ᄉᆞᄒᆞ며 손 ᄃᆡ졉ᄒᆞᄂᆞᆫ 바애 每ᄆᆡ事ᄉᆞ를 반ᄃᆞ시 싀엄이ᄭᅴ 請쳥ᄒᆞ고 버근며느리ᄂᆞᆫ ᄆᆞᆮ며느릐게 請쳥홀디니라

현대역 〈내칙〉에 가로되, "시아버지가 죽으면 시어머니가 늙나니[집일을 맏며느리에게 전한다는 말이라.], 맏며느리가 제사하며 손 대접하는 바에 매사를 반드시 시어머니께 청하고, 둘째며느리는 맏며느리께 청할 것이니라.

1 싀엄이ᄭᅴ: 시어머니께. '싀엄이(명사)+ᄭᅴ(부사성 의존명사)'이다. '긔'는 부사성 의존명사로, 관형격 조사 아래에만 나타난다. 본 예 'ᄭᅴ'는 관형격 조사 'ㅅ'과 함께 쓰여 '께'를 뜻한다. 아바닚긔와 아ᄌᆞ마닚긔와 아자바님내ᄭᅴ 다 安否ᄒᆞᅀᆞᆸ고 ᄯᅩ 耶輪陁羅ᄅᆞᆯ 달애야 恩愛ᄅᆞᆯ 그쳐.《석상 6:1》, 迦毗羅國에 가아 淨飯王ᄭᅴ 安否 ᄉᆞᆲ더니 耶輪ㅣ 부텻 使者왯 다 드르시고.《석상 6:2》

2 버근며느리: 버금며느리. 둘째며느리. '버금'은 '으뜸의 바로 아래. 또는 그런 지위에 있는 사람이나 물건'을 뜻한다. 현대국어 '버금'의 옛말은 '버굼'으로, 16세기 문헌에서부터 나타난다. 이 단어는 17세기부터 '버금'으로 쓰이는데, 이 형태가 계속 현재까지 쓰인다. 버굼(16세기~17세기)〉버금(17세기~현재). 이형태: 버굼, 버금. 그 버굼은 曲으로 致ᄒᆞᄂᆞ니.《1590 중언 35ㄴ》, 버근며느리ᄂᆞᆫ ᄆᆞᆮ며느릐게 請쳥홀디니라.《1588 소언 본장》, 니조이 형뎨 ᄆᆞᆮ은 ᄀᆞᆯ온 원졍이오 버금은 ᄀᆞᆯ온 슌싱이니.《1617 동신속 열8:78ㄴ》

3 ᄆᆞᆮ며느릐게: 맏며느리께. 'ᄆᆞᆮ며느리(명사)+의(관형격 조사)+게(부사성 의존명사)'이다. '게'는 부사성 의존명사 '긔'와 수의로 교체되었다. 본 예 '의게'는 부사성 의존명사 '게'가 관형격 조사 '의'와 함께 쓰여 '께'를 뜻한다. ᄒᆞ나ᄒᆞᆫ 衆生緣慈ㅣ니 一切 衆生의게 브튼 ᄆᆞᅀᆞᆷ 업수ᄃᆡ 衆生의게 自然히 利益을 나톨씨오.《월석 8:28》, 일후미 第十二觀이니 無量壽佛ㅅ 無數化身이 觀世音 大勢至와 샹녜 行人의게 오시리라.《월석 8:44》

【集解】家婦는長婦也라老는謂傳家事於長婦也라然이나長婦

不敢專行이라故로祭祀賓客은禮之大者니亦必稟問而行也니라

家婦는 맏며느리이다. 老는 가사를 맏며느리에게 전함을 이른다. 그러나 맏며느리가 감히 마음대로 할 수 없다. 그러므로 제사와 빈객은 예절의 큰 것이니, 또한 반드시 여쭙고 물어 행하여야 한다.

漢字 稟(여쭐 품, 줄 품)

舅姑ㅣ使冢婦ㅣ어시든毋怠ᄒᆞ며不友無禮於介婦ㅣ니라

● 시부모가 맏며느리를 부리시거든, 게을리 하지 말며, 감히 작은며느리에게 무례하게 하지 말아야 한다.

소언 싀부모ㅣ 몯며느리를 브리거시든 게을리 말며 敢감히 버근며느리게 무례히 몯홀 거시니라

현대역 시부모가 맏며느리를 부리시거든, 게을리 말며, 감히 둘째며느리에게 무례히 못할 것이니라.

위 대문(大文) 끝 '不불友우無무禮례於어介개婦부' 뒤에 《소학언해》에서는 '友우는當당作작敢감'이 붙어 있다.

【集解】友는當作敢이라使는以事使之也라言舅姑以事命冢婦면則當自任其勞而不可惰慢이요亦不敢恃舅姑之命而無禮於介婦也라

友는 마땅히 敢이 되어야 한다. 使는 일을 그[冢婦]에게 시킴이다. 시부모가 일을 맏며느리에게 명령하면 마땅히 스스로 그 수고로움을 맡아 게을리 할 수 없음과 또한 감히 시부모의 명을 믿고서[의지하여] 작은며느리에게 무례하지 않아야 함을 말한 것이다.

漢字 惰(게으를 타), 慢(게으를 만), 恃(믿을 시)

舅姑ㅣ若事介婦ㅣ어시든毋敢敵耦偶於冢婦ㅣ니不敢並行ᄒᆞ며不敢並命ᄒᆞ며不敢並坐ㅣ니라

● 시부모가 만약 작은며느리를 부리시거든, (작은며느리는) 맏며느리에게 감히 맞서거나 나란히 하지 말아야 한다. 감히 나란히 걷지 말며, 감히 나란히 명령을 받거나 내리지 말며, 감히 나란히 앉지 말아야 한다.

漢字 敵(맞설 적, 원수 적), 耦(나란히 갈 우, 짝 우), 並(나란히 할 병, 아우를 병)

소언 싀부모ㅣ 만일 버근며느리롤 브리거시든 敢감히 몯며느리게 마초와 짝호려 말올 디니 敢감히 골와 돈니디 몯ᄒᆞ며 敢감히 골와 긔걸티 몯ᄒᆞ며 敢감히 골와 안찌 몯홀 디니라

현대역 시부모가 만일 둘째며느리를 부리시거든, 감히 맏며느리에게 맞추어[견주어] 짝하려 말 것이니, 감히 견주어 다니지 못하며, 감히 견주어 명령하지 못하며, 감히 견주어 앉지 못할 것이니라.

【集解】敵은相抗也요耦는相並也라

敵은 서로 맞섬이요, 耦는 서로 나란히 함이다.

漢字 抗(맞설 항)

【集說】陳氏曰介婦之與冢婦는分有尊卑하여任事에毋敢敵耦니不敢比肩而行하며不敢並受命於尊者하며不敢並出命於卑者라蓋介婦는當請命於冢婦也요坐次도亦必異列이니라

진 씨가 말하였다. "작은며느리와 맏며느리는 분수의 높고 낮음이 있어, 일을 맡음에 감히 맞서거나 나란히 하지 말 것이니, 감히 어깨를 나란히 하여 가지 말며, 감히 尊者에게 나란히 명을 받지 말며, 감히 卑者에게

명을 나란히 내지 말아야 한다. 대개 작은며느리는 마땅히 맏며느리에게 명령을 청해야 하고, 앉는 차례도 또한 반드시 줄[서열]을 달리해야 한다."

[漢字] 比(나란히 할 비, 견줄 비), 肩(어깨 견), 列(줄 렬)

【集成】項氏曰此는謂不得恃舅姑之使令而傲冢婦也라

항 씨가 말하였다. "이는 시부모의 시키고 명령함을 믿고서[의지하여] 맏며느리에게 오만하게 해서는 안 됨을 이른 것이다."

[漢字] 項(목 항), 傲(오만할 오)

凡婦ㅣ不命適私室이어시든不敢退ᄒᆞ며婦ㅣ將有事애大小를必請於舅姑ㅣ니라

● 모든 며느리는, 자기의 방으로 가라고 명령하지 않으시거든, 감히 물러나지 말며, 며느리가 장차 사사로운 일이 있음에, 크고 작은 것을 반드시 시부모에게 청해야 한다."

[漢字] 適(갈 적, 만 적)

소언 믈읫 며느리 아ᄅᆞᆷ방의 가라 命명티 아니커시든 敢감히 믈러나디 몯ᄒᆞ며 며느리 쟝ᄎᆞᆺ 일이 이숌애 크며 져근 것ᄉᆞᆯ 반ᄃᆞ시 싀부모ㅅ씌 請쳥ᄒᆞᆯ 디니라

[현대역] 무릇 며느리는, 사삿방(私私房)에 가라고 명하지 아니하시거든, 감히 물러나지 못하며, 며느리 장차 일이 있음에, 크며 적은 것을 반드시 시부모께 청할 것이니라."

아ᄅᆞᆷ방: 사삿방((私私房). '아ᄅᆞᆷ'은 '사사로움'의 옛말이다. 그윗 門엔 아ᄅᆞ믈 容納 몯거니와 鄕黨앤 엇뎨 情이 업스리오(公門不容私 鄕黨豈無情).《금삼 4:33》, 衆生과 어우러 ᄒᆞ면 제 모ᄆᆞᆯ 아ᄅᆞᆷ 삼디 아니ᄒᆞ며 제 生ᄋᆞᆯ 도라보디 아니호미니 ᄯᅩ ᄇᆞ료미 至極이라(與衆生共 則不私其身 不顧其生 又捨之至也).《능엄 6:108》

【集說】吳氏曰凡婦는通家婦介婦而言이라私室은婦室也라婦侍舅姑에不命之退어든不敢退也라事는謂私事라大小를必請於舅姑者는不敢隱而專也라

오 씨가 말하였다. "凡婦는 맏며느리와 작은며느리를 통틀어 하는 말이다. 私室은 며느리의 방이다. 며느리가 시부모를 모심에 물러가라고 명하지 않으시면 감히 물러나지 않는다. 事는 사사로운 일을 이른다. 크고 작은 것을 반드시 시부모에게 청하는 것은 감히 숨기거나 마음대로 할 수 없어서이다."

漢字 侍(모실 시)

【二十章】

○適子庶子ㅣ祗事宗子宗婦ᄒᆞ야雖貴富ㅣ나不敢以貴富로入宗子之家ᄒᆞ야雖衆車徒ㅣ라도舍於外ᄒᆞ고以寡約入ᄒᆞ며不敢以貴富로加於父兄宗族이니라 《禮記 內則》

●(小宗의) 적장아들과 모든 아들은 (大宗의) 대종아들과 대종며느리를 공경히 섬겨, 비록 존귀하고 부유하더라도 감히 존귀하고 부유함으로써 대종아들의 집에 들어가지 아니하여, 비록 수레와 하인[구종(驅從)]이 많더라도 밖에 두고 적고 간략함으로써 들어가며, 감히 귀하고 부유함으로써 父兄과 宗族에게 업신여기지 말아야 한다.

漢字 祗(공경할 지), 衆(많을 중), 徒(무리 도), 舍(둘 사, 집 사), 寡(적을 과), 約(간략할 약, 묶을 약), 加(업신여길 가, 더할 가)

소언 뎍댱아ᄃᆞᆯ과 모든 아ᄃᆞᆯ이 대종아ᄃᆞᆯ과 대종며ᄂᆞ리ᄅᆞᆯ 공경ᄒᆞ야 셤겨 비록 貴귀ᄒᆞ고 가ᅀᆞᆷ여나 敢감히 貴귀ᄒᆞ며 가ᅀᆞᆷ여름으로ᄡᅥ 대

종아ᄃᆞᆯᄋᆡ 집의 들어가디 아니ᄒᆞ야 비록 술위와 구죵이 할디라도 밧긔 두고 젹고 간약홈으로ᄡᅥ 들어가며 敢감히 貴귀ᄒᆞ며 가ᅀᆞᆷ여름으로ᄡᅥ 父부兄형과 宗族종족의게 더으디 몯홀 거시니라

현대역 嫡長아들과 모든 아들이 大宗아들과 대종며느리를 공경하여 섬겨, 비록 귀하고 富하나 감히 귀하며 부함으로써 대종아들의 집에 들어가지 아니하여, 비록 수레와 구종(驅從)이 많더라도 밖에 두고 적고 간략함으로써 들어가며, 감히 귀하며 부함으로써 부형과 종족에게 더하지[업신여기지] 못할 것이니라.

1 뎍댱아ᄃᆞᆯ: 적장(嫡長)아들. 정실에서 난 맏아들.
2 대죵아ᄃᆞᆯ: 대종(大宗)아들. 동성동본의 일가 가운데 가장 큰 종가의 아들.
3 구죵: 구종(驅從). 말을 타고 갈 때에 고삐를 잡고 앞에서 끌거나 뒤에서 따르는 하인. 벼슬아치를 모시고 따라다니던 하인.
4 더으디: 더하지. '더으(어간)+디(보조적 연결어미)'이다. 五年을 改過 몯ᄒᆞ야 虐政이 날로 더을ᄊᆡ 倒戈之日에 先考ᅙ ᄠᅳᆮ 몯 일우시니(五年罔悛 虐政日深 倒戈之日 莫遂考心).《용가 12장》, 열 ᄒᆡ ᄃᆞᆯ욇 ᄀᆞ장 조료ᄆᆞᆯ 減이라 ᄒᆞ고 열 ᄒᆡ로셔 도로 더어 가ᄃᆡ 아ᄃᆞ리 아비 나해셔 곱기곰 사라 八萬 ᄒᆡ 다ᄃᆞᆯ욇 ᄀᆞ장 더우믈 增이라 ᄒᆞᄂᆞ니.《월석 1:47》

【集解】適子는謂父及祖之適子니是小宗也요庶子는謂適子之弟라宗子는謂大宗子요宗婦는謂大宗婦也라祗는敬也라徒는從人也라舍는置也라寡는少也요約은省也라

適子는 아버지 및 할아버지의 適子를 이르니, 이는 小宗이요, 庶子는 適子의 아우를 이른다. 宗子는 大宗子요, 宗婦는 大宗婦를 이른다. 祗는 공경함이다. 徒는 따라온 사람이다. 舍는 둠이다. 寡는 적음이요, 約은 줄임이다.

【增註】言非唯不敢以貴富入宗子之家라凡父兄宗族에도皆

不敢以此加之라

비단 貴富로써 宗子의 집에 들어가지 않을 뿐만 아니라, 무릇 父兄과 宗族에게도 모두 감히 이[貴富]로써 업신여기지 않아야 함을 말한 것이다.

【二十一章】

○曾子ㅣ曰父母ㅣ愛之어시든喜而弗忘ᄒᆞ며父母ㅣ惡之어시든懼而無怨ᄒᆞ며父母ㅣ有過ㅣ어시든諫而不逆이니라 《禮記 祭義》

● 증자가 말하였다. "부모가 (자기를) 사랑하시거든 기뻐하고 잊지 말며, 부모가 (자기를) 미워하시거든 두려워하고 원망하지 말며, 부모가 허물이 있으시거든 간하되 거스르지 말아야 한다."

漢字 懼(두려워 할 구), 諫(간할 간)

소언 曾증子ᄌᆞㅣ ᄀᆞᆯᄋᆞ샤ᄃᆡ 父부母모ㅣ ᄉᆞ랑커시든 깃거ᄒᆞ야 닛디 아니ᄒᆞ며 父부母모ㅣ 외오 녀기거시든 저허호ᄃᆡ 원망홈이 업스며 父부母모ㅣ 허믈이 잇거시든 諫간호ᄃᆡ 거스리디 아니홀 디니라

현대역 증자가 말씀하시되, "부모가 사랑하시거든 기뻐하여 잊지 아니하며, 부모가 그릇 여기시거든 두려워하되 원망함이 없으며, 부모가 허물이 있으시거든 간하되 거스르지 아니할 것이니라."

1 외오: 그릇(부사). 懺은 ᄎᆞᆷᄋᆞᆯ씨니 내 罪를 ᄎᆞ마 ᄇᆞ리쇼셔 ᄒᆞ논 ᄠᅳ디오 悔ᄂᆞᆫ 뉘으츨씨니 아랫 이를 외오 호라 홀씨라.《석상 6:9》, 忠臣을 외오 주겨늘 惡惡 ᄆᆞᅀᆞ미 크샤 節鉞을 아니 주시니 義士를 올타 과ᄒᆞ샤(擅殺忠臣 惡惡之極 所以節鉞 終焉不錫).《용가 106장》

2 저어호ᄃᆡ: 저어하되. 두려워하되. '저어ᄒᆞ(어간)+오ᄃᆡ(연결어미)'이다. 현대국어 '저어하다'의 옛말 '저허ᄒᆞ다'는 15세기 문헌에서부터 나타난다. '저허ᄒᆞ다'는 중세국어 동사 '젛-'에 '-어ᄒᆞ다'가 결합한 것이다. '젛-'과 '저허ᄒᆞ-' 모두 '두려워

하다'라는 뜻의 동사로 쓰였는데 현대국어로 오면서 '졓-'은 사라지게 되었다. '저허ᄒᆞ다'는 19세기까지 많은 용례를 보인다. '저허ᄒᆞ다'는 19세기에 어중의 'ㅎ'이 탈락한 '저어ᄒᆞ다'로도 나타난다. 20세기 이후에는 'ᄒᆞ다'가 '하다'로 표기되는 '저어하다'로 나타나기 시작하여 현재에 이르렀다. 저허ᄒᆞ다(15세기~19세기)〉저어ᄒᆞ다(19세기)〉저어하다(20세기~현재), 이형태: 저허ᄒᆞ다, 저어ᄒᆞ다. 넉시 갈 길홀 기리 迷失홀가 저허ᄒᆞ노라.《1481 두시-초 3:34ㄱ》, 어딘 이리어든 縣令의게 가디 아닐가 저허ᄒᆞ야 이러틋ᄒᆞᆫ 졍셩도왼 ᄠᅳ디 하면.《1518 번소 7:25ㄴ》

【集解】朱子曰諫而不逆은謂委曲作道理以諫이요不唐突以觸父母之怒라

주자가 말하였다. "諫而不逆은 찬찬하고 자세하게 도리를 들어 간하고, 부모의 분노를 당돌하게 촉발하지 않음을 이른다."

漢字 觸(촉발할 촉)

위곡(委曲): 찬찬하고 자세함.

〖二十二章〗

○內則에曰父母ㅣ有過ㅣ어시든下氣怡色柔聲以諫이니諫若不入이어든起敬起孝ᄒᆞ야說悅則復扶又切諫이니라 《禮記 內則》

●〈내칙〉에 말하였다. "부모가 허물이 있으시거든, 기를 내리고 낯빛을 화하게 하며 목소리를 부드럽게 하여 간할 것이니, 간함이 만일 받아들여지지 않거든, 공경을 일으키고 효를 일으켜, 기뻐하시면 다시 간해야 한다.

소언 內ᄂᆡ則측에 ᄀᆞᆯ오ᄃᆡ 父부母모ㅣ 허믈이 잇거시든 긔운을 ᄂᆞᄌᆞ시 ᄒᆞ며 ᄂᆞᆺ빗ᄎᆞᆯ 화열히 ᄒᆞ며 소ᄅᆡ롤 부들어이 ᄒᆞ야 ᄡᅥ 諫간홀 디니

諫간이 만일 드디 몯ᄒᆞ거든 敬경을 닐으와ᄃᆞ며 孝효를 닐으와다 깃거ᄒᆞ셔든 다시 諫간홀 디니라

현대역 〈내칙〉에 가로되, "부모가 허물이 있으시거든, 기운을 나직이 하며 낯빛을 和悅히 하며 소리를 부드럽게 하여 써 간할 것이니, 諫함이 만일 들지 못하거든, 敬을 일으키며 孝를 일으켜, 기뻐하시거든 다시 간할 것이니라.

1 ᄂᆞᄌᆞ시: 부사 '나직이'의 옛말이다. 쟝ᄎᆞᆺ 지게예 들ᄉᆡ 봄을 반ᄃᆞ시 ᄂᆞᄌᆞ시 ᄒᆞ며(將入戶 視必下).《소언 3:10》

2 닐으와ᄃᆞ며: 일으키며. '닐으왇(어간)+ᄋᆞ며(연결어미)'이다. '-ᄋᆞ며'는 끝음절의 모음이 'ㆍ, ㅏ, ㅗ'이고 받침 있는 동사, 형용사 어간이나 어미 뒤에 붙어, '-으며'를 뜻하는 어미이다. 三千大千이 ᄇᆞᆯᄀᆞ며 樓殿이 일어늘 안좀 걷뇨매 어마님 모ᄅᆞ시니.《월곡 상:6》, 諸王과 靑衣와 長者ㅣ 아ᄃᆞᆯ 나ᄒᆞ며 諸釋 아ᄃᆞᆯ도 ᄯᅩ 나니이다.《월곡 상:9》. 현대국어 '일으키다'의 옛말인 '니르받다', '니르왇다', '니르ᅘᅧ다'는 15세기 문헌에서부터 나타난다. 15세기 국어에서 '일어나다'의 뜻을 가진 '닐-'에 사동접사 '-ᄋᆞ-/-으-'가 결합되어 사동사 '니르-', '니ᄅᆞ-'가 형성된다. 이들에 강세접사 '-받-', '-왇-', '-ᅘᅧ-'가 결합되어 '니르받다/니ᄅᆞ받다', '니르왇다/니ᄅᆞ왇다', '니르ᅘᅧ다/니ᄅᆞᅘᅧ다'가 된 것이다. 17세기 문헌에서부터 보이는 '니르키다', '니ᄅᆞ키다'의 제3음절 '키'는 강세접사 '-ᅘᅧ-'와 관련된 것으로 볼 수 있다. 각자병서 폐지로 'ㆅ'를 쓰지 않게 되었는데 16세기 이후 각자병서가 부활되자 'ㆅ'을 근대국어 시기에 'ᄻ'으로 쓰거나 'ㅋ'으로 쓴 것이다. '니르키다'는 19세기에 'ㅣ' 모음 앞에 'ㄴ'이 올 수 없게 됨에 따라 '니'가 '이'로 바뀌고 제1음절과 제2음절을 재분석하여 분철하는 과정을 거쳐 '일으키다'가 된다. 니르받다/니르왇다/니르ᅘᅧ다(15세기)〉니르키다(17세기~19세기)〉일으키다(19세기~현재). 이형태: 니르받다, 니르왇다, 니르ᅘᅧ다, 니ᄅᆞ받다, 니ᄅᆞ왇다, 니ᄅᆞᅘᅧ다, 닐왇다, 닐으왇다, 니르혀다, 니ᄅᆞ혀다, 니르티다, 니르키다, 니ᄅᆞ키다 니ᄅᆞ켜다, 닐ᄋᆞ혀다, 니릐혀다, 일으키다. 摩竭王阿闍世왜 다 四兵 니르바다와.《1447 석상 23:53ㄱ》, 아랫 뉘옛 됴ᄒᆞᆫ 根源을 니ᄅᆞ바다 나ᄅᆞᆯ 饒益게 ᄒᆞ고져 ᄒᆞ야.《1447 석상 21:44ㄴ》, 모딘 觸ᄋᆞᆯ 해 니르왇ᄂᆞᆫ 젼ᄎᆞ로.《1461 능엄 8:106ㄱ》, 念이 妄ᄋᆞᆯ 니ᄅᆞ왇고 《1482 금삼 4:55ㄴ》, 그 겨지비 밥 가져다가 머기고

자바 니르혀니.《1459 월석 1:44ㄱ》, 妄本을 무러 니르혀시니라.《1461 능엄 1:45ㄴ》, 이 곤흔 供공養양雲운을 내야 닐와다 諸졔佛불 겨신 딕.《1496 진언/시식 56ㄱ》

3 닐으와다; 일으키어. '닐으왇(어간)+아(연결어미)'이다.

【集解】下怡柔는皆和順之意니蓋諫은易至於犯이라故로欲和也라起는悚然興起之意니言孝敬之心이有加無已하여待親喜則復進言也라

下[내림]와 怡[기쁘게 함]와 柔[부드러움]는 모두 화하고 순함의 뜻이니, 대개 간함은 범함에 쉬이 이른다. 그러므로 화하고자 함이다. 起는 두려워하여 일으키는 뜻이니, 효도하고 공경하는 마음이 더함은 있고 그침은 없어서, 어버이가 기뻐함을 기다려 다시 말씀 올림을 말한 것이다.

漢字 悚(두려워할 송)

不悅이샤도與其得罪於鄕黨州閭론寧孰熟同諫이니父母ㅣ怒不悅而撻之流血이라두不敢疾怨이오起敬起孝ㅣ니라

●(부모가) 기뻐하지 않으셔도 (부모가) 鄕黨州閭에서 죄를 얻게 하기 보다는 차라리 익숙하게 간해야 하니, 부모가 노하고 기뻐하지 아니하여 그[자기]를 매질해서 피가 흘러도, (나는 부모를) 감히 미워하거나 원망하지 않고 공경을 일으키고 효도를 일으켜야 한다."

漢字 寧(차라리 녕), 孰(익을 숙, 누구 숙), 撻(매질할 달, 빠를 달), 疾(미워할 질, 괴로워할 질, 병 질), 與其~寧(~하기 보다는 차라리)

소언 깃거티 아니ᄒᆞ샤도 다뭇 그 鄕향과 黨당과 州쥬와 閭려[스믈다ᄉᆞᆺ 집이 閭려ㅣ라]에 죄롤 어드시모론 출하리 닉이 諫간홀 디니 父부母모ㅣ 怒노ᄒᆞ야 깃거티 아니ᄒᆞ샤 텨 피 흘러도 敢감히 아쳐ᄒᆞ야

원탄티 아니ᄒᆞ고 敬경을 닐으와ᄃᆞ며 孝효를 닐으와들 디니라

현대역 기뻐하지 아니하셔도 더불어 그 鄕과 黨과 州와 閭[스물다섯 집이 閭라.]에 죄를 얻으심보다는 차라리 익히 간할 것이니, 부모가 노하여 기뻐하지 아니하시어 쳐 피 흘러도, 감히 싫어하여 怨望하지 아니하고 공경을 일으키며 효도를 일으킬 것이니라."

1 아니ᄒᆞ샤도: 아니하시어도. '아니ᄒᆞ(어간)+샤(주체 높임 선어말어미)+도('아도'에서 '아' 탈락, 연결어미)'이다. '-샤-'는 '-시-'가 모음 어미 '-아' 앞에서 실현된 것이다. 종전에는 '-샤-'를 '-시-'와 '-아, -오'의 결합으로 해석하였고, '-오'의 이형태로서 '-아'를 세워 '-샤-'를 설명하기도 했다. 그러나 이 해석은 중세국어의 일반적인 '-시-'의 음운 현상에 어긋난다. 이른바 존재사 '이시-'가 어미 '아, 옴, 오ᄃᆡ, 오라'와 결합하면 '*이샤, *이샴, *이샤ᄃᆡ, *이사라'가 되지 않고 '이셔, 이숌, 이쇼ᄃᆡ'로 바뀌는 것을 보면, '시+아, 오→샤'의 방식의 설명에 무리가 있음이 드러난다. '홈, 호ᄃᆡ, 혼'의 존경 형태가 'ᄒᆞ샴, ᄒᆞ샤ᄃᆡ, ᄒᆞ샨'이고, 이의 낮춤 형태가 '홈, 호ᄃᆡ, 혼'이라는 사실을 목도하면 '-샤-'는 '-시-'가 모음 어미 앞에서 교체된 형태라는 것이 분명해진다(고영근, 2020: 145). 결론적으로, '-샤-'는 '-시-'가 '-아, -오'로 된 어미나 선어말어미 '-오-' 등의 모음 어미 앞에서 실현된다고 말할 수 있다. 唱義班師ㅣ 실ᄊᆡ 千里 人民이 몯더니 聖化ㅣ 기프샤 北狄이 ᄯᅩ 모ᄃᆞ니(唱義班師 遠人競合 聖化既深 北狄亦集).《용가 9장》, 盟誓ᄒᆞ샤ᄃᆡ 道理 일워ᅀᅡ 도라오리라 ᄒᆞ시고 鹿皮옷 니브샤 미친 사ᄅᆞᆷᄀᆞ티 묏고래 수머 겨샤 여ᄉᆞᆺ ᄒᆡᄅᆞᆯ 苦行ᄒᆞ샤.《석상 6:4》. '-아도'는 동사, 형용사 어간 뒤에 붙어, '-어도'를 뜻하는 어미이다. 千世 우희 미리 定ᄒᆞ샨 漢水北에 累仁開國ᄒᆞ샤 卜年이 ᄀᆞᇫ 업스시니 聖神이 니ᅀᆞ샤도 敬天勤民ᄒᆞ샤ᅀᅡ 더욱 구드시리이다(千世默定漢水陽 累仁開國卜年無彊 子子孫孫聖神雖繼 敬天勤民迺益永世 千世默定漢水陽 累仁開國卜年無彊).《용가 125장》, 구지돔 모ᄅᆞ샤도 世尊ㅅ 德 닙ᄉᆞᄫᅡ 罪ᄅᆞᆯ 버서 地獄ᄋᆞᆯ ᄀᆞᆯ아 나니.《월곡 상:28》

2 어드시모론: 얻으심으로는. 얻으심보다는. '얻으심(명사형)+오론(조사)'이다. '오론'은 '-(으)로는'을 뜻하는 조사이다. ᄒᆞ녀고론 깃그시고 ᄒᆞ녀고론 두리여《월석 44》

3 니르와들 디니라: 일으킬 것이라. 일으킬지니라. '닐으왇(어간)+으(매개모음)+

ㄹ(관형사형 어미)+ᄃᆞ(의존명사)+이(서술격조사 '이다'의 어간)+니라(평서형 종결어미)'이다. 이런 형태소 구성을 고려하면, '니르와들 디니라'처럼 띄어 쓰며, '-ㄹ 것이니라'로 풀이할 수 있다. 이때 의무와 당연의 의미가 포함되어 있으며, 장엄한 어감을 띤다. 그러나 'ㄹ+ᄃᆞ+이+니라'는 '-ㄹ디니라'의 형태로, 하나의 종결어미로 재구조화한 것으로 볼 수도 있다. 이때에는 해라할 자리에 쓰여, '니르와들디니라'처럼 붙여 쓰며 '-ㄹ지니라'로 풀이할 수도 있다. 알 리는 仔細히 ᄒᆞ야 ᄀᆞ초 버류믈 疑心 마롤 디니라(達者審之 勿嫌具列).《원각 상2-1:32》, 願ᄒᆞᆫᄃᆞᆫ 모ᄃᆞᆫ 道 닷ᄀᆞᆯ 사ᄅᆞ미 모ᄃᆡ 밧기 求티 마롤 디니라(願諸修道之人 切莫外求).《목우 3》

【集解】萬二千五百家爲鄕이라熟諫은謂純熟殷勤而諫이라疾은惡也라眞氏曰不諫이면是陷其親於不義하여使得罪於州里니是以寧熟諫也라怒而撻之라도猶不敢疾怨이온況下於此者乎아

12,500家를 鄕이라 한다. 熟諫은 순수하고 익숙하고 은근하게 간함을 이른다. 疾은 미워함이다. 진 씨가 말하였다. "간하지 않으면 이는 그 어버이를 불의에 빠뜨려, 하여금 州里에서 죄를 얻게 하는 것이니, 이로써 차라리 익숙히 간하는 것이다. (어버이가) 노하여 자기를 매질하더라도 오히려 감히 미워하거나 원망하지 않거든, 하물며 이[撻之]보다 낮은[강도가 약한] 것에 있어서겠는가."

漢字 陷(빠질 함)

〖二十三章〗

○ 曲禮에曰子之事親也애三諫而不聽則號泣而隨之니라

《禮記 曲禮》

● 〈곡례〉에 말하였다. "자식이 어버이를 섬김에 세 번 간하여 듣지 않으시

면, 부르짖어 울면서 그[어버이의 뜻]를 따라야 한다."

수지(隨之): 여기서의 '之'에 대해, 우복(愚伏) 정경세(鄭經世)는 '부모[親]'로 보았다. 그러나 뒤 〈선행(善行) 제6〉의 伊川先生家不用浮屠註에 "朱子曰且以委曲開釋爲先如不可回則又不可咈親意也"란 말씀으로 미루어, '부모의 뜻[親意]'으로 봄이 타당한 것 같다(성백효, 1997: 100).

소언 曲곡禮례예 ᄀᆞᆯ오ᄃᆡ ᄌᆞ식이 어버이 셤굠애 세 번 諫간호ᄃᆡ 듣디 아니커시든 블으지져 울며 조ᄎᆞᆯ 디니라

현대역 〈곡례〉에 가로되. "자식이 어버이 섬김에 세 번 간하되 듣지 아니하시거든, 부르짖어 울며 좇을 것이니라."

1 셤굠애: 섬김에. '섬기(어간)+옴(명사형 어미)+애(부사격 조사)'이다. '애'는 낙착점 처소의 부사격 조사이다. '애'는 보편적 형태인데, 체언의 모음 종류에 따라 '에, 예'로 실현되기도 한다.

2 블으지져: 부르짖어. '블으짖(어간)+어(연결어미)'이다. 현대국어 '부르짖다'의 옛말인 '브르짖다'는 15세기 문헌에서부터 나타난다. '부르짖다'는 '브르짖다'의 '브'가 'ㅂ' 아래의 'ㅡ'가 'ㅜ'로 바뀌는 원순모음화 된 형태이다. 이 단어는 16세기에서 19세기에 이르는 동안 '부르짖다'의 '부르'가 분철 표기된 '블으' 또는 '불우'로도 나타나고, '짖다'도 '지지다'로 나타나며 '부르'의 '르'가 'ᄅᆞ'로 나타나는 등 다양한 표기 형태를 보인다. 브르짖다(15세기)>부르짖다(20세기~현재). 이형태: 브르짖다, 블으짖다, 브ᄅᆞ짖다, 브ᄅᆞ지지다, 부르짖다, 부르지지다, 부르치다, 브ᄅᆞ딛다, 브ᄅᆞ딪다, 부르즛다, 브ᄅᆞ즛다. 즐거우믈 取ᄒᆞ야 브르지져셔 비 므거우믈 아놋다.《1481 두시언해》, 하ᄂᆞᆯ홀 브ᄅᆞ지져 우더니.《1617 동삼 열1ㄱ》, 하ᄂᆞᆯ씌 브ᄅᆞ지지고 손가락을 그처 뻐 드리니.《1617 동신속 효4:89ㄴ》

【增註】將以感動親心하여庶或見聽也라○ 父子는無可去之道라故로號泣而隨之而已니라

장차 어버이의 마음을 감동시켜 바라건대 혹 들어주심을 보일까 해서이

다.○부자는 떠날 수 있는 길이 없다. 그러므로 부르짖어 울면서 그를 따를 뿐이다.

漢字 庶(바라건대 서)

〖二十四章〗

○父母ㅣ有疾이어시든冠者ㅣ不櫛ᄒᆞ며行不翔ᄒᆞ며言不惰ᄒᆞ며琴瑟不御ᄒᆞ며食肉不至變味ᄒᆞ며飮酒不至變貌ᄒᆞ며笑不至矧矢引切ᄒᆞ며怒不至詈利니疾止어시든復故ㅣ니라 《禮記 曲禮》

●부모가 병환이 있으시거든, 관을 쓴 자는 머리를 빗지 않고, 다님에 활개 치지 않으며, 말함에 게을리 하지 않고, 거문고와 비파를 타지 않으며, 고기를 먹되 입맛이 변함에 이르지 않고, 술을 마시되 낯빛이 변함에 이르지 않으며, 웃되 잇몸이 보임에 이르지 않고, 노하되 꾸짖는 데 이르지 않아야 하니, 병이 그치시거든 옛날로 돌아간다.

漢字 櫛(빗 즐), 翔(활개 칠 상, 날 상, 뛰어갈 상), 御(다스릴 어), 矧(잇몸 신), 詈(꾸짖을 리)

소언 父부母모ㅣ 병이 잇거시든 갓 선ᄂᆞ니 머리 빗디 아니ᄒᆞ며 ᄃᆞᆫ뇸애 지에ᄒᆞ디 아니ᄒᆞ며 말ᄉᆞᆷ올 惰타[마ᅀᆞᆷ 노하 다ᄅᆞᆫ 일에 믿츰이라]티 아니ᄒᆞ며 琴금과 瑟슬[다 음악 일홈이라]을 잡드디 아니ᄒᆞ며 고기ᄅᆞᆯ 먹오ᄃᆡ 마시 변홈애 니르게 아니ᄒᆞ며 술을 먹오ᄃᆡ 양ᄌᆡ 변홈애 니르게 아니ᄒᆞ며 우숨을 닛믜윰 남애 니르게 아니ᄒᆞ며 怒노홈올 ᄭᅮ지좀애 니르게 아니홀 디니 병이 긋째시든 녜대로 도로 홀 디니라

현대역 부모가 병이 있으시거든, 갓 쓴 이 머리 빗지 아니하며, 다님에 날뛰지 아니하며, 말씀을 타(惰)[마음 놓아 다른 일에 미침이라.]하지 아니하며, 琴과 瑟[다 음악 이름이라.]을 붙들지 아니하며, 고기를 먹되 맛이 변함에 이르

게 아니하며, 술을 먹되 모양 변함에 이르게 아니하며, 웃음을 잇몸 드러남에 이르게 아니하며, 노함을 꾸짖음에 이르게 아니할 것이니, 병이 그치시거든 옛적대로 도로 할 것이니라.

1 선ᄂᆞ니: 써 있는 이. ᄉᆞ(어간)+어(보조적 연결어미)+잇(在, '잇다'의 어간)+ᄂᆞ(현재 시제 선어말어미)+ㄴ(관형사형 어미)+이(의존명사)'이다. 완료상은 보조적 연결어미 '-아/어'와 보조형용사 '잇다[在]'의 결합으로 표현된다. 그런데 '잇-'이 본동사와 한 음절을 이룰 때 이미 15세기에 'ㅣ'가 탈락되어 '어+ㅅ→엇'으로 나타나는 일이 많았다. '선ᄂᆞ니'는 '섯ᄂᆞ니'에서 어간 말 자음의 비음화 현상을 반영한 표기이다. 이 法이 法位예 住ᄒᆞᆫ 버렷ᄂᆞᆫ 萬像이 다 곧 實相이오(是法住法位者 森羅萬像 皆卽實相也).《법화 1:227》.

2 지에ᄒᆞ디: 날뛰지, 뛰놀지. ᄃᆞᆫ뇸애 지에ᄒᆞ디 아니ᄒᆞ며(行不翔).《소언 2:23》, 居ᄒᆞ심애 지에ᄒᆞ디 아니ᄒᆞ더시다(居不容).《소언 3:16》

3 잡드디: 붙들지. '잡들(어간)+디(보조적 선어말어미)'이다. 어간 말 치조음 'ㄹ'이 어미 초 치조음 'ㄷ'으로 인해 탈락하였다. 支ᄂᆞᆫ 서르 잡드러 괴올씨니 모ᄃᆡ 서르 업디 몯ᄒᆞ야 힘저슨 ᄠᅳ디라.《석상 9:18》, ᄒᆞ다가 힘두어 잡들면 定力境界 흐러디리라(若著力提撕 則解散定境).《몽법 17》

4 먹오ᄃᆡ: 먹되. '먹(어간)+오ᄃᆡ(연결어미)'이다. '-오ᄃᆡ'는 '-(으)되'를 뜻하는 어미이다. 置陣이 ᄂᆞᆷ과 다ᄅᆞ샤 아ᄅᆞ보ᄃᆡ 나ᅀᅡ오니 믈러가던덴 목숨 ᄆᆞᄎᆞ리잇가(置陣異他 知亦進當 如其退避 性命奚戕).《용가 51장》, 淨飯이 무러시ᄂᆞᆯ 占者ㅣ 判ᄒᆞᅀᆞ보ᄃᆡ 聖子ㅣ 나샤 正覺 일우시리.《월곡 상:6》

5 닛믜윰: 잇몸. 현대국어 '잇몸'의 옛말인 '닛므윰'은 15세기 문헌에서부터 나타난다. '닛므윰'은 '닛믜윰', '닛믜욤' 등으로도 나타났는데, '닛므윰, 닛믜윰'은 반모음 'ㅣ'를 표기하는 방식이 다를 뿐 실제 발음은 동일했다. 근대국어 시기에 'ㅁ' 뒤에서 모음 'ㅡ'가 'ㅜ'로 원순모음화가 됨에 따라 제2음절의 모음 'ㅡ'가 'ㅜ'로 바뀌고, 반모음 'ㅣ'가 탈락하여 17세기부터 '닛무음'이 나타나게 되었다. 19세기 이후에는 제2음절의 음성모음 'ㅜ'가 양성모음 'ㅗ'로 변하여 '니모음'이 되었는데 '모음'이 축약되어 '니몸'으로 나타나기도 하였다. 이후 어두의 'ㅣ' 모음 앞에서 'ㄴ'이 탈락하여 '니몸'의 'ㄴ'이 탈락하면서 오늘날의 '잇몸'이 되었다. '닛므윰'은 '치아'를 의미하는 명사 '니'와 관형격 조사 'ㅅ', 그리고 '므윰/믜윰'이 결합한 것으로 추정되는데, '므윰/믜윰'의 의미는 정확히 알 수 없다. 16세기에는 제3음

절의 모음이 변한 '닛믜임'으로 나타나기도 하였다. 닛므욤(15세기)/닛믜욤(15세기~16세기)〉닛무음(17세기~18세기)〉니모음(19세기)〉니몸(19세기)〉잇몸(20세기~현재). 이형태: 닛므욤, 닛믜욤, 닛믜욤, 닛믜임, 닛믜음, 닛무음, 니ᄉ무음, 닛믜옴, 니몸, 니모음. 이 소리ᄂᆞᆫ 우리 나랏 소리예셔 두터ᄫᅳ니 혓 그티 아랫 닛므유메 다ᄔᆞ니라.《1446 훈언 15ㄱ》, 쏘 닛믜유메 피나 긋디 아니커든.《1466 구방 상:65ㄱ》, 닛믜욤을 글거 ᄇᆞ리라《1489 구간 6:64ㄱ》, 齗 닛믜임은 牙根.《1527 훈몽 상:13ㄴ》

6 긋쌔시든: 그치시거든. '긋(어간)+쌔…+시(주체 높임 선어말어미)+…든'이다. '-쌔시든'은 어간 'ㅅ'이 어미에 중철 표기된 것이다. '-거든'은 불연속 형태이다. 현대국어에서는 '-시-'가 '-거든'에 선행하여 '-시거든'이 된다. 허웅(1955)은 'ᄒᆞ거시든〉ᄒᆞ시거든'과 같은 변화는 일종의 전위(轉位, metathesis, transposition)로 보았다. 이러한 전위가 일어나는 이유는 '-거'의 기능 상실이라 하였다. '-거'는 원래 시제를 표현한 것이었는데, 그 기능이 불분명해서 '-시-'가 그 가운데 개재할 수 없게 되자, '-거'에 선행하게 된 것으로 추측하고 있다. 四征無敵ᄒᆞ샤 오샤ᅀᅡ 사ᄅᆞ시릴ᄊᆡ 東이 니거시든 西夷 ᄇᆞ라ᅀᆞᄫᆞ니.《용가 38장》, 佞臣이 善諛ᄒᆞ야 驕心이 나거시든 이 ᄠᅳ들 닛디 마ᄅᆞ쇼셔.《용가 117장》. '긋다'는 '그치다'의 옛말이다. 병이 긋쌔시든 녜대로 도로 홀 디니라.《소언 본 장》. 의심이 긋디 아니ᄒᆞ면.(有疑不斷)《몽법 1》

【增註】陳氏曰此는言養父母疾之禮라不櫛은不爲飾也요不翔은不爲容也요不惰는不及他事也요琴瑟不御는以無樂意也라猶可食肉이로되但不至厭飫而口味變耳요猶可飮酒로되但不至醺酣而顏色變耳라齒本曰矧이니笑而見矧은是大笑也요怒罵曰詈니怒而至詈는是甚怒也니皆爲忘憂라故로戒之라復故는復常也라司馬溫公曰父母有疾이어시든子色不滿容하며捨置餘事하고專以迎醫合藥爲務也니라

진 씨가 말하였다. "이는 부모의 병환을 봉양하는 예를 말한 것이다. 不櫛은 꾸밈을 하지 않음이요, 不翔은 모양을 내지 않음이요, 不惰는 다른 일에

미치지 않음이요, 琴瑟不御는 즐거운 마음이 없기 때문이다. 오히려 고기를 먹을 수 있되, 다만 싫증날 만큼 배불리 먹어서 입맛이 변하는 데 이르지 않게 할 뿐이요, 오히려 술을 마실 수 있되, 다만 취할 만큼 즐겨서 낯빛이 변하는 데 이르지 않게 할 뿐이다. 잇몸을 矧이라 이르니 웃어 잇몸이 보임은 이는 크게 웃음이요, 노하여 욕함을 詈라 이르니, 노하여 꾸짖음에 이름은 이는 심히 노함이다. (이것들은) 모두 걱정을 잊음이라. 그러므로 이것들을 경계한 것이다. 복고(復故)는 평상으로 돌아감이다." 사마온공이 말하였다. "부모가 병환이 있으시면 자식은 낯빛을 얼굴 가득히 하지 않으며, 남은 일을 버려두고, 오로지 의원을 맞이하고 약 모으기를 일로 삼아야 한다."

漢字 厭(싫을 염), 飫(배부를 어, 실컷 먹을 어), 醺(취할 훈), 酣(즐길 감), 罵(욕할 매), 復(돌아갈 복, 다시 부), 捨(버릴 사), 合(모을 합)

〖二十五章〗

○君이有疾飮藥이어시든臣이先嘗之ᄒᆞ며親이有疾飮藥이어시든子ㅣ先嘗之니라 《禮記 曲禮》

● 임금이 병환이 있어 약을 마시거든 신하가 먼저 그것[藥]을 맛보며, 부모가 병환이 있어 약을 마시거든 자식이 먼저 그것[藥]을 맛보아야 한다.

漢字 嘗(맛볼 상)

소언 님금이 병이 겨샤 약을 자시거든 신해 몬져 맛보며 어버이 병이 겨샤 약을 자시거든 ᄌᆞ식이 몬져 맛볼 디니라

현대역 임금이 병이 계시어 약을 잡수시거든 신하가 먼저 맛보며, 어버이 병이 계시어 약을 잡수시거든 자식이 먼저 맛볼 것이니라.

【集解】嘗은謂度鐸其所堪也라

嘗은 그 감당할 수 있는가를 헤아림을 이른다.

漢字 度(헤아릴 탁, 법도 도), 堪(견딜 감)

醫不三世어든不服其藥이니라

● 의원이 3대가 아니거든, 그 약을 복용하지 않아야 한다.

소언 의원이 세 딗 아니어든 그 약을 먹디 아니홀 디니라

현대역 의원이 세 대[삼대] 아니거든, 그 약을 먹지 아니할 것이니라.

아니어든: 아니거든. '아니(어간)+어든(연결어미)'이다. '-어든'은 'ㅣ' 계열 이중 모음이나 'ㄹ' 받침으로 끝나는 어간 뒤에 붙어, 주로 자동사나 형용사 어간 뒤, '이다' 어간 뒤, 또는 어미 '-으리-' 뒤에 붙어, '-거든'을 뜻하는 어미이다. 須達이 이 말 듣고 부텻긔 發心을 니르와다 언제 새어든 부텨를 가 보ᅀᆞᄫᅡ려뇨 ᄒᆞ더니.《석상 6:19》, 네 누는 ᄒᆞ마 알어든 모ᄆᆞᆫ 당다이 아디 몯ᄒᆞ리로다(汝眼已知 身合非覺).《능엄 1:61》

【集說】呂氏曰醫三世면治人多하고用物熟矣니功已試而無疑然後에服之는亦謹疾之道也라方氏曰經之所言은亦道其常而已니非傳業而或自得於心者는未及三世라도固在所取也니라

여 씨가 말하였다. "의원이 3대이면 사람을 치료함이 많고 약물을 사용함이 익숙하다. 功[효험]이 이미 시험이 되어 의심을 없앤 뒤에 그것[약]을 복용함은 또한 병을 삼가는 도이다." 방 씨가 말하였다. "經[《예기》〈곡례〉]에 말한 것은 또한 그 떳떳함을 말했을 뿐이니, 의술을 전승한 것이 아니더라도 혹 스스로 마음에 터득한 자이면, 3대에 미치지 않았더라도 진실로 취할 바가 있는 것이다."

漢字 道(말할 도)

〖二十六章〗

○孔子ㅣ曰父在예觀其志ᄒᆞ고父沒애觀其行ㅣ니三年을無改於父之道ㅣ라사可謂孝矣니라 《論語 學而》

● 공자가 말씀하셨다. "아버지가 살아 계실 때에는 그[아들의] 뜻을 보고, 아버지가 돌아가셨으면 그[아들의] 행실을 볼 수 있으니, (돌아가신 후) 3년 동안 아버지가 행하던 도를 고침이 없어야 효라고 말할 수 있다."

소언 孔공子ᄌᆞㅣ ᄀᆞᆯᄋᆞ샤ᄃᆡ 아비 이심애 그 ᄠᅳᆮ을 보고 아비 업슴애 그 ᄒᆡᇰ실을 볼 디니 삼년을 아뷔 道도애 고팀이 업세ᅀᅡ 可가히 효도ㅣ라 닐으리니라

현대역 공자가 말씀하시되, "아버지가 있음에 그 뜻을 보고, 아버지가 없음에 그 행실을 볼 것이니, 삼년을 아버지의 도에 고침이 없어야 가히 효도라 이르니라.

업세ᅀᅡ: 없어야. '없(어간)+에ᅀᅡ(연결어미)'이다. '-에ᅀᅡ'는 '-에야', '-어야'를 뜻하는 연결어미이다. 그 머근 後에ᅀᅡ 물보기를 하니.《월석 1:43》, 쏘 엇디 이 즈ᅀᅳ메ᅀᅡ ᄀᆞᆺ 온다.《노걸 하: 3》(노걸 하: 3)

【集解】朱子曰父在엔子不得自專이나而志則可知요父沒然後에其行을可見이라故로觀此면足以知其人之善惡이라然又必能三年無改於父之道라야乃見其孝니不然이면則所行雖善이나亦不得爲孝矣니라游氏曰三年無改는亦謂在所當改而可以未改者爾니라

주자가 말하였다. "아버지가 살아 계실 때에는 아들이 스스로 오로지[독단적으로] 할 수 없으나, (아들의) 뜻은 알 수 있고, 아버지가 돌아가신

뒤에는 그[아들]의 행실을 볼 수 있다. 그러므로 이[아들의 행실]를 관찰하면 족히 그 사람[아들]의 선악을 알 수 있다. 그러나 또한 반드시 (돌아가신 후) 3년을 아버지가 행하던 도를 고침이 없어야 이내 그[아들] 효를 볼 수 있으니, 그렇지 않으면 행한 바가 비록 선하다 하더라도 또한 효라고 할 수 없다." 유 씨[游酢]가 말하였다. "3년을 고침이 없음은 또한 마땅히 고쳐야 할 바가 있으나, 가히 써 고치지 않음을 이른다."

〖二十七章〗

○ **內則**애**曰父母**ㅣ**雖沒**이나**將爲善**에**思貽父母令名**ᄒᆞ야**必果**ᄒᆞ며**將爲不善**에**思貽父母羞辱**ᄒᆞ야**必不果**ㅣ니라 《禮記 內則》

● 〈내칙〉에 말하였다. "부모가 비록 돌아가셨으나, 장차 선한 일을 행함에 부모에게 아름다운 이름이 끼침을 생각하여 반드시 해내며[결행하며], 장차 선하지 않은 일을 행함에 부모에게 부끄러움과 욕되게 함이 끼침을 생각하여 반드시 해내지[결행하지] 말아야 한다."

漢字 貽(끼칠 이), 令(아름다울 령), 果(해낼 과, 과일 과), 羞(부끄러울 수), 辱(욕되게 할 욕)

소언 內ᄂᆡ則측에 ᄀᆞᆯ오ᄃᆡ 父부母모ㅣ 비록 업스시나 쟝ᄎᆞᆺ 어딘 일 홈애 父부母모ᄭᅴ 어딘 일훔 기팀을 ᄉᆡᆼ각ᄒᆞ야 반ᄃᆞ시 결단히 ᄒᆞ며 쟝ᄎᆞᆺ 어디디 아니ᄒᆞᆫ 일 홈애 父부母모ᄭᅴ 붓그러옴과 욕을 기팀을 ᄉᆡᆼ각ᄒᆞ야 반ᄃᆞ시 결단히 아니홀 디니라

현대역 〈내칙〉에 가로되, "부모가 비록 돌아가시나, 장차 어진 일 함에 부모께 어진 이름 끼침을 생각하여 반드시 決斷코 하며, 장차 어질지 아니한 일 함에 부모께 부끄러움과 욕을 끼침을 생각하여 반드시 결단코 아니할 것이니라."

1 기팀: 끼침. 남김, '기티(어간)+ㅁ(명사형 어미)'이다. 현대국어 '끼치다'의 옛말인 '기티다'는 15세기 문헌에서부터 나타난다. 근대국어 시기에 'ㄷ, ㅌ'이 'ㅣ'나 'ㅣ' 반모음 앞에서 'ㅈ, ㅊ'으로 변하는 구개음화를 겪어 18세기에 '기티-'가 '기치-'가 되었다. 또한 비슷한 시기에 어두의 첫소리 'ㄱ'이 된소리가 되는 어두된소리화를 겪어 'ᄭᅵ치-'로 나타나게 되었다. 이후 19세기에 'ㄱ'의 된소리 표기가 'ㅺ'에서 'ㄲ'으로 변하여 '끼치-'로 나타나면서 현재에 이르렀다. 기티다(15세기~18세기)〉기치다(18세기~19세기)〉ᄭᅵ치다(18세기~19세기)〉끼치다(19세기~현재). 이형태: 기티다, 깃티다, 깃치다, 기치다, ᄭᅵ치다, 끼치다. 이 ᄆᆞᆺ 後ㅅ 부텻 기티ᄂᆞᆫ 긔결이니 모로매 모다 삼가라.《1447 석상 23:13ㄱ》, 大學은 孔氏의 기티신 글월이라.《1588 소언 5:109ㄴ》

2 결단히: 결단(決斷)코(부사). 쟝ᄎᆞᆺ 어딘 일 홈애 父母ᄭᅴ 어딘 일훔 기팀을 ᄉᆡᆼ각ᄒᆞ야 반ᄃᆞ시 결단히 ᄒᆞ며(將爲善 思貽父母令名必果 將爲不善 思貽父母羞辱必不果.).《소언 2:24》, 비장이 ᄒᆞᆫ 번 온화ᄒᆞ면 위긔 민 바다 화탕ᄒᆞ야 결단히 ᄲᅧ딜 근심이 업ᄂᆞ니라.《언두 상:39》

【集解】貽ᄂᆞᆫ遺也요果ᄂᆞᆫ決也라

貽는 끼침이요, 果는 결행함이다.

〖二十八章〗

○祭義예曰霜露ㅣ旣降이어든君子ㅣ履之ᄒᆞ고必有悽妻愴創之心ᄒᆞᄂᆞ니非其寒之謂也ㅣ라春에雨露ㅣ旣濡儒ㅣ어든君子ㅣ履之ᄒᆞ고必有怵惕他歷切之心ᄒᆞ야如將見之니라 《禮記 祭義》

●〈제의〉에 말하였다. "서리와 이슬이 이미 내렸거든, 군자는 이것을 밟고 반드시 슬픈 마음이 있으니, 그 추움을 말함이 아니다. 봄에 비와 이슬이 이미 젖었거든 군자가 이를 밟고 반드시 두려운 마음이 있어, 마치 장차 그를 뵐 듯이 여긴다."

漢字 履(밟을 리, 신 리), 悽(슬퍼할 처), 愴(슬퍼할 창), 濡(젖을 유), 怵(두려워할 출), 惕(두려워할 척)

소언 祭졔義의[禮례記긔 篇편 일홈이라]예 ᄀᆞᆯ오ᄃᆡ 서리와 이슬이 이믜 ᄂᆞ려든 君군子ᄌᆞㅣ ᄇᆞᆲ고 반ᄃᆞ시 슬픈 ᄆᆞᄋᆞᆷ올 두ᄂᆞ니 그 치움을 닐음이 아니라 봄의 비와 이슬이 이믜 젓거든 君군子ᄌᆞㅣ ᄇᆞᆲ고 반ᄃᆞ시 놀라온 ᄆᆞᄋᆞᆷ올 두워 쟝ᄎᆞᆺ 보ᄋᆞ올 ᄃᆞᆺᄒᆞᄂᆞ니라

현대역 〈제의〉[《예기》 편 이름이라.]에 가로되, "서리와 이슬이 이미 내리거든, 군자가 밟고 반드시 슬픈 마음을 두니, 그 추움을 말함이 아니라. 봄에 비와 이슬이 이미 젖거든 군자가 밟고 반드시 놀란 마음을 두어, 장차 뵈올 듯하다."

1 ᄂᆞ려든: 내리거든. 'ᄂᆞ리(어간)+어든(연결어미)'이다. '-어든'은 동사 어간 뒤에 붙어, '-거든'을 뜻하는 어미이다. 막다히며 디새며 돌ᄒᆞ로 텨든 조치여 ᄃᆞ라 머리 가셔 아셔 순지 高聲으로 닐오ᄃᆡ.《석상 19:31》, 닐구븐 法律에 그른 이롤 지ᅀᅥ든 半 ᄃᆞ롤 모든 ᄃᆡ 가 懺悔홀씨오.《월석 10:21》

2 아니라: 아니라. '아니(어간)+라(평서형 종결어미)'이다. '-라'는 '이다', '아니다'의 어간이나 어미 '-으시-', '-더-', '-으리-' 뒤에 붙어, 해라할 자리에 쓰여, 현재 사건이나 사실을 서술하는 뜻을 나타내는 종결어미이다. 영의정 권돈인도 벌써 정원용의 뒤에는 김 씨의 흑막이 움직이고 있는 것을 모르는 바가 아니라.《박종화, 전야》

3 놀라온: 놀라운. '놀랍(어간)+ㄴ(관형사형 어미)'이다. 어간 '놀랍-'이 어미 '-ㄴ' 앞에서 '놀라오-'로 바뀌었다. 현대국어 '놀랍다'는 15세기 문헌에서부터 나타나 현대국어까지 이어진다. '놀랍다'는 '놀라다'와 접사 '-ㅂ-'이 결합한 것이다. '놀랍다'는 자음으로 시작하는 어미와 결합할 때는 '놀랍-'으로, 모음이나 'ㄴ', 'ㅁ'으로 시작하는 어미와 결합할 때는 '놀라오-'로 나타나는 ㅂ불규칙 용언이다. 16세기 이후 어중 'ㄹㄹ' 표기가 'ㄹㄴ'으로 나타난 '놀납-/놀나오-'가 나타난다. 놀랍다(15세기~현재). 이형태: 놀랍-/놀라오-, 놀납-/놀나오-. 나라해 法令이 잇ᄂᆞ니 이 ᄯᅩ ᄌᆞ히 놀라오니라.《1481 두시-초 6:39ㄱ》, 놀라온 믌겨리 吳楚애 ᄀᆞ득ᄒᆞ얫도다.《1481 두시-초 12:14ㄱ》, 놀납고 저포믈 내디 아니ᄒᆞ며.《1560

욱선 25ㄴ》

4 ᄒᆞᄂᆞ니라: 한다. 'ᄒᆞ(어간)+ᄂᆞ(현재 시제 선어말어미)+니라(평서형 종결어미)'이다.

【集解】祭義는禮記篇名이라履는踐也라悽愴은悲傷貌라濡는沾濡也라怵惕은驚動貌라輔氏曰君子於親에終身不忘이라故로氣序遷改하여目有所見이면則心有所感焉이라秋陰之時에萬物衰憊하니履霜露하면則其心悽愴而悲哀焉하고春陽之時에萬物發生하니履雨露하면則其心怵惕하여如將見之也라方氏曰經文에於雨露에言春하니則知霜露爲秋矣요於霜露에言非其寒하니則知雨露爲非其溫矣며於雨露에言如將見之하니則知霜露에爲如將失之矣니讀者不可不知니라

〈제의〉는 《예기》의 편명이라. 履는 밟음이다. 悽愴은 슬퍼하고 불쌍히 여기는 모양이다. 濡는 젖음이다. 怵惕은 놀라 움직이는 모양이다. 보 씨[輔廣]가 말하였다. "군자는 어버이에 대해 종신토록 잊지 않는다. 그러므로 절기의 순서[氣序]가 바뀌어 눈에 보이는 바가 있으면, 마음에 느끼는 바가 있다. 가을의 음산한 때에는 만물이 쇠하여 고달프니[시드니], 서리와 이슬을 밟으면 그 마음이 서글퍼져 슬퍼하게 되고, 봄의 따뜻할 때에는 만물이 펴나니 비와 이슬을 밟으면 그 마음이 두려워[놀라] 마치 장차 그[어버이]를 뵈올 듯이 여기는 것이다." 방 씨가 말하였다. "經文[《예기》 〈제의〉]에 雨露에 봄이라 말하였으니, 그렇다면 霜露는 가을이 됨을 알 수 있고, 霜露에 그 추워서가 아니라 말했으니, 그렇다면 雨露에는 그 따뜻해서가 아님을 알 수 있으며, 雨露에 장차 그[부모]를 뵈올 듯 여긴다고 말했으니, 그렇다면 霜露에는 장차 그[부모]를 잃을 듯이 여김을 알 수 있다. 독자는 이것을 알지 않으면 안 된다."

漢字 踐(밟을 천), 傷(불쌍히 여길 상, 다칠 상), 沾(젖을 첨, 다할 첨), 憊(고달플 비)

〖二十九章〗

○祭統에曰夫祭也者는必夫婦ㅣ親之니所以備外內之官也ㅣ니官備則具備니라 《禮記 祭統》

●〈제통〉에 말하였다. "무릇 제사라 하는 것은 반드시 부부가 그것[제사]을 친히 해야 한다. (이는, 즉 제사는) 바깥과 안의 소임을 갖추는 바이니, 소임이 갖추어지면 제물도 갖추어진다."

漢字 官(소임 관, 벼슬 관, 본받을 관), 備(갖출 비), 具(제물 구, 갖출 구)

소언 祭졔統통[禮례記긔 篇편 일홈이라]애 ᄀᆞᆯ오ᄃᆡ 祭졔라 ᄒᆞᆫ 거슨 반ᄃᆞ시 남진 겨집이 친히 ᄒᆞᄂᆞ니 ᄡᅧ 밧과 안햇 소임을 ᄀᆞ초ᄂᆞᆫ 배니 소임이 ᄀᆞᄌᆞ면 ᄀᆞ옴이 ᄀᆞᆮᄂᆞ니라

현대역 〈제통〉[《예기》 편 이름이라.]에 가로되, "제사라 하는 것은 반드시 남편 아내가 친히 하니, 써 밖과 안의 소임을 갖추는 바이니, 소임이 갖추어지면 감[재료]이 갖추어진다."

1 ᄒᆞᆫ: 한. 하는. 'ᄒᆞ(어간)+오(대상 표시법 선어말어미)+ㄴ(관형사형 어미)'이다.

2 ᄀᆞ초ᄂᆞᆫ: 갖추는. 'ᄀᆞ초(어간)+ᄂᆞ(현재 시제 선어말어미)+ㄴ(관형사형 어미)'이다. 현대국어 '갖추다'의 옛말인 'ᄀᆞ초다'는 15세기 문헌에서부터 나타난다. 'ᄀᆞ초다'는 '갖추어져 있다', '구비하다'의 의미를 지닌 동사 'ᄀᆞᆽ-'에 사동접사 '-호-'가 결합한 것이다. 중세국어 시기의 'ᄀᆞ초다'는 '갖추다'의 의미와 '감추다'라는 의미를 모두 가지고 있었는데, '감추다'의 의미를 지닌 'ᄀᆞ초다'의 경우 15세기 일부 문헌에서부터 'ᄀᆞᆫ초다'와 같이 'ㄴ'이 첨가된 형태가 나타나 이후에 'ᄀᆞᆷ초다'로 발전하였다. '갖추다'의 의미를 지닌 'ᄀᆞ초다'는 16세기 이후로 중철 표기된 'ᄀᆞᆮ초다', 'ᄀᆞᆽ초다'로도 나타났다. 근대국어 시기에 제1음절에서 모음 'ㆍ'가 'ㅏ'로 바뀌는 경향에 따라 18세기에는 '가초다' 형태와 이를 중철 표기한 '갓초다' 형태가 나타났고, 19세기에는 제2음절의 모음이 'ㅗ'에서 'ㅜ'로 바뀐 '갓추다' 형태가 등장하였다. 현대국어에서는 원형을 밝혀 적는 원칙에 따라 '갖추다'로

표기하게 되었는데, 그 결과 'ᄀᆞᆽ-+-호-'의 구성을 지닌 'ᄀᆞ초다'와는 달리 현대국어의 '갖추다'는 '갖-+-추-'의 구성으로 재분석되었다. 한편 근대국어 시기에 치조음 'ㅊ'이 경구개음으로 변하면서 '초'와 '쵸'의 발음 구별이 사라져, 19세기에는 'ᄀᆞᆽ쵸다', '갓쵸다' 등의 이표기가 나타나기도 하였다. ᄀᆞ초다(15세기~19세기)>가초다(18세기~19세기)>갓추다(19세기)>갖추다(20세기~현재). 이형태: ᄀᆞ초다, ᄀᆞᆮ초다, ᄀᆞᆽ초다, 가초다, 갓초다, ᄀᆞᆽ쵸다, 갓쵸다, 갓추다. 庫는 쳔량 ᄀᆞ초아 뒷ᄂᆞᆫ 지비라《1447 석상 9:20ㄱ》, 茶와 湯을 ᄀᆞᆮ초며 출혀 마자오며 보내야 갈 ᄢᅵ니라《1737 여사 2:7ㄴ》.

3 ᄀᆞᄌᆞ면: 갖추어지면. 'ᄀᆞᆽ(어간)+ᄋᆞ면(연결어미)'이다. 'ᄀᆞᆽ-'은 '갖추어지다'를 뜻하는 'ᄀᆞᆽ다'의 어간이고, '-ᄋᆞ면'은 끝음절의 모음이 'ㆍ, ㅏ, ㅗ'이고 받침 있는 동사, 형용사 어간이나 어미 뒤에 붙어, '-으면'을 뜻하는 어미이다. 네 부텨를 가 보ᅀᆞᄫᆞ면 됴ᄒᆞᆫ 이리 그지업스리라.《석상 6:20》, 舍利弗이 닐오ᄃᆡ ᄆᆞ슬히 멀면 乞食ᄒᆞ디 어렵고 하 갓가ᄫᆞ면 조티 몯ᄒᆞ리니.《석상 6:23》

4 ᄀᆞ옴: '감'의 옛말이다. 재료. 현대국어 '감'의 옛말인 'ᄀᆞᅀᆞᆷ'은 15세기 문헌에서부터 나타난다. 'ᄀᆞᅀᆞᆷ'은 16세기 이후 유성 마찰음인 'ㅿ'[z]이 소멸함에 따라 'ᄀᆞ옴'으로 변하였다. 또한 16세기 후반에 제2음절 이하의 'ㆍ'는 'ㅡ'로 변하였는데, 이러한 변화를 'ᄀᆞ옴'도 겪었을 것이다. 그리하여 18세기에 'ᄀᆞ음'과 같은 형태가 나타나게 되었다. 18세기에는 제1음절의 'ㆍ'가 'ㅏ'로 변하였는데, 'ᄀᆞ음'도 이 변화를 겪어 19세기에 '가음'이 되었다. 19세기 후반 이후 '가음'이 한 음절로 축약되어 오늘날과 같은 형태인 '감'이 되었다. ᄀᆞᅀᆞᆷ(15세기~16세기)>ᄀᆞ옴(16세기~18세기)>ᄀᆞ음(18세기~19세기)>가음(19세기)>감(19세~현재). 이형태: ᄀᆞᅀᆞᆷ, ᄀᆞ옴, ᄀᆞ음, 가음. 實로 블 닐윓 ᄀᆞᅀᆞ미라.《1459 월석 12:41ㄴ》, 次 ᄎᆞ례 ᄎᆞ ᄀᆞ옴 ᄎᆞ.《1576 신합 상:3ㄱ》

5 ᄀᆞᆮᄂᆞ니라: 갖추어진다. 'ᄀᆞᆽ(어간)+ᄂᆞ(현재 시제 선어말어미)+니라(평서형 종결어미)'이다, 어간 'ᄀᆞᆽ-'이 '-ᄂᆞ-'의 'ㄴ' 앞에서 'ㄷ'으로 동화된 것이다.

【集說】陳氏曰祭統은禮記篇名이니統은猶本也라具者는奉祭之物也라方氏曰夫婦親之는若君制祭에夫人薦盎하고君割牲에夫人遷酒하고卿大夫相君에命婦相夫人이니此外內之

官也라官은所以執事요事는所以具物이라故로曰官備則具備라하니라

진 씨가 말하였다. "〈제통〉은 《예기》의 편명이니, 統은 근본과 같다. 具라고 하는 것은 제사를 받드는 물건이다." 방 씨가 말하였다. "夫婦親之는 임금이 제사를 관장하면 부인이 술동이를 올리고, 임금이 희생을 베면 부인이 술을 올리며, 경대부가 임금을 도우면 命婦가 부인을 돕는 것과 같으니, 이것이 바깥과 안의 소임이다. 官은 일을 집행하는 것이요, 事는 제물을 갖추는 것이다. 그러므로 소임이 갖추어지면 제물이 갖추어진다고 말한 것이다."

漢字 制(관장할 제), 薦(올릴 천), 盎(동이 앙), 割(벨 할), 牲(희생 생), 相(도울 상)

명부(命婦): 봉작 받은 부인. 경대부의 처.

〖三十章〗

○君子之祭也애必身親莅利之니有故則使人이可也ㅣ니라

《禮記 祭統》

● 군자가 제사함에 반드시 몸소 그것[제사]에 친히 임해야 하니, 연고가 있으면 다른 사람을 시킴이 가하다.

漢字 莅(임할 리)

소언 君군子ᄌᆞㅣ 祭제홈애 반ᄃᆞ시 몸오로 친히 디ᄂᆞ러 ᄒᆞ나니 연고ㅣ 잇거든 사ᄅᆞᆷ올 브려홈이 可가ᄒᆞ니라

현대역 군자가 제사함에 반드시 몸으로 친히 臨해야 하나니, 연고가 있거든 사람을 부려서 함이 가하니라.

1 디느러: 임(臨)하여. '디늘(어간)+어(연결어미)'이다. '디늘다'는 '임하다'의 옛말이다. 놉픈 듸 오ᄅᆞ디 아니ᄒᆞ며 깁픈 듸 디느디 아니ᄒᆞ며 구챠히 헐쓰리디 아니ᄒᆞ며 구챠히 웃디 아니ᄒᆞᄂᆞ니라(不登高 不臨深 不苟訾 不苟笑).《소언 2:10》, 모시예 ᄀᆞᆯ오ᄃᆡ 저허ᄒᆞ며 조심ᄒᆞ야 깁흔 모슬 디늘어심 ᄀᆞᄐᆡ ᄒᆞ며 열운 어름을 ᄇᆞᆯ옴 ᄀᆞᄐᆡ ᄒᆞ라 ᄒᆞ니(詩云 戰戰兢兢 如臨深淵 如履薄冰).《소언 4:24》

2 ᄒᆞ나니: 하나니. 'ᄒᆞ(어간)+나니(연결어미)'이다. '-나니'는 용언의 어간이나 어미 '-으시-', '-었-', '-겠-', '-삽-', '-옵-' 따위의 뒤에 붙어, 어떤 사실을 먼저 진술하고 이와 관련된 다른 사실을 이어서 설명할 때 쓰는 연결어미이다. 근엄하게 말할 때 쓴다. 다시 묻나니 너는 어디에서 와서 어디로 가느냐.

【集說】陳氏曰莅는臨也니必身親臨之者는致其如在之誠也니라輔氏曰有故는謂疾病或不得已之事니己旣不克與而時又不可失이면則使他人攝之可也니라

진 씨가 말하였다. "莅는 임함이니, 반드시 그것[제사]에 몸소 친히 임한다는 것은 그[조상]가 계시는 듯이 여기는 정성을 극진히 함이다." 보 씨가 말하였다. "有故는 질병 혹은 부득이한 일을 이르니, 자기가 이미 능히 참여할 수 없고 때를 또한 놓칠 수 없다면, 타인으로 하여금 그것[제사]을 다스리게 함이 가하다."

漢字 薦(올릴 천), 克(능할 극, 이길 극), 攝(다스릴 섭, 당길 섭, 겸할 섭)

〖三十一章〗

○祭義예曰致齊莊皆切下同於內ᄒᆞ고散齊於外ᄒᆞ야齊之日에思其居處ᄒᆞ며思其笑語ᄒᆞ며思其志意ᄒᆞ며思其所樂五教反ᄒᆞ며思其所嗜ᄒᆞ야齊三日애乃見其所爲齊者ㅣ니라 《禮記 祭義》

●〈제의〉에 말하였다. "(마음) 안에 치재(致齊)하고 (마음) 밖에 산재(散齊)하여, 재계하는 날에 그[어버이] 계시던 데를 생각하고 그 웃음과 말씀을

생각하며 그 뜻을 생각하고 그 좋아하시던 바를 생각하며 그 즐기시던 바를 생각하여, 재계한 지 3일에 마침내 그 위하여 재계하던 바[어버이]를 뵙는다.

致齊於內 散齊於外: 산재(散齊)는 마음 밖에서 산만함을 정제(整齊)하는 것이요, 치재(致齊)는 마음 안에서 재계(齋戒)를 지극히 하는 것이다. 먼저 산재를 한 뒤에 치재를 한다.

漢字 齊(재계할 재, 가지런할 제), 樂(좋아할 요, 즐길 락, 풍류 악), 嗜(즐길 기)

소언 祭졔義의예 ᄀᆞᆯ오ᄃᆡ 안햇 ᄌᆡ계ᄅᆞᆯ 닐위고 밧긔 ᄌᆡ계ᄅᆞᆯ 흗ᄒᆞ야 ᄌᆡ계ᄒᆞᄂᆞᆫ 날애 그 겨시던 ᄃᆡᄅᆞᆯ ᄉᆡᇰ각ᄒᆞ며 그 우숨과 말ᄉᆞᆷᄋᆞᆯ ᄉᆡᇰ각ᄒᆞ며 그 ᄠᅳᆮ을 ᄉᆡᇰ각ᄒᆞ며 그 됴히 너기시던 바ᄅᆞᆯ ᄉᆡᇰ각ᄒᆞ며 그 즐기시던 바ᄅᆞᆯ ᄉᆡᇰ각ᄒᆞ야 ᄌᆡ계ᄒᆞᆫ 사ᄋᆞᆯ애 그 위ᄒᆞ야 ᄌᆡ계ᄒᆞ던 바ᄅᆞᆯ 보ᅀᆞᆸᄂᆞ니라

현대역 〈祭義〉에 가로되, "안에서 齋戒를 이루어지게 하고[마음 안에서 재계를 지극히 함] 밖에서 재계를 흐트러지게 하여[마음 밖에서 산만함을 정제함], 재계하는 날에 그 계시던 데를 생각하며 그 웃음과 말씀을 생각하며 그 뜻을 생각하며 그 좋게 여기시던 바를 생각하며 그 즐기시던 바를 생각하여, 재계한 사흘에 그 위하여 재계하던 바[어버이]를 뵙는다.

1 ᄌᆡ계: 재계(齋戒). 몸과 마음을 깨끗이 하고 부정(不淨)한 일을 멀리함.

2 닐위고: 이루어지게 하고. '닐위(어간)+고(연결어미)'이다. '닐위다'는 '이루어지게 하다', '일어나게 하다'의 옛말이다. 精ᄒᆞᆫ ᄆᆞᅀᆞ미 섯디 아니ᄒᆞ야 道애 나ᅀᅡ가ᄃᆡ 개을이 아니 ᄒᆞᄂᆞ니 아니면 수ᄫᅵ 닐위디 몯ᄒᆞ리니.《월석 17:56》, 便安커시든 孝養ᄋᆞᆯ 닐위여 그 ᄇᆡ 골ᄒᆞ실가 저코 病커시든 시르믈 닐위여 옷과 ᄯᅴ와ᄅᆞᆯ 밧디 말라(安則致養 唯恐其餒 病則致憂 衣不解帶).《내훈 1:43~44》

3 흗ᄒᆞ야: 흐트러지게 하여. '흗ᄒᆞ(어간)+야(연결어미)'이다. '흗ᄒᆞ다'는 '흐트러지게 하다'의 옛말이다. 안햇 ᄌᆡ계ᄅᆞᆯ 닐위고 밧긔 ᄌᆡ계ᄅᆞᆯ 흗ᄒᆞ야(致齋於內 散齋於外).《소언 2:26》

【集說】陳氏曰齊之爲言은齊也니所以齊不齊而致齊者也라

致齊於內는若心不苟慮之類요散齊於外는若不飮酒不茹葷之類라樂는好也요嗜는欲也라陳氏曰五其字及所爲는皆指親而言이니라

진 씨가 말하였다. "재(齊)라는 말은 가지런함이니, 가지런하지 않음을 가지런히 하여 그 가지런함을 지극히 하는 것이다. 안에 치재(致齊)한다는 것은 마음에 구차하게[苟] 생각하지 않는 따위와 같은 것이이요, 밖에 산재(散齊)한다는 것은 술을 마시지 않고 마늘을 먹지 않는 따위와 같은 것이다. 요(樂)는 좋아함이요, 嗜는 하고자 함이다." 진 씨가 말하였다. "다섯 개의 其라는 글자 및 所爲는 모두 어버이를 가리켜 말함이다."

漢字 茹(먹을 여), 葷[매운 채소(마늘 따위) 훈]

【集成】見所爲齊者는思之熟하여若見其所爲齊之親也라

見所爲齊者[위하여 재계하던 바를 본다는 것]는 생각함이 익숙하여, 그 위하여 재계하던 바의 어버이를 본다는 것과 같다.

祭之日에入室ᄒᆞ야僾愛然必有見現乎其位ᄒᆞ며周還旋出戶애肅然必有聞乎其容聲ᄒᆞ며出戶而聽애愾開代切然必有聞乎其嘆息之聲이니라

● 제사하는 날에 방[사당]에 들어가 어렴풋이 반드시 그[어버이] 신위에서 뵘이 있으며, 주선하여[두루 돌아서] 문을 나옴에 엄숙히 반드시 그 거동소리를 들음이 있으며, 문을 나와 들음에 슬퍼 흐느껴 반드시 그 탄식하는 소리를 들음이 있게 된다.

漢字 僾(어렴풋할 애), 還(돌 선, 돌아올 환), 愾(한탄할 개, 한숨 쉴 개, 성날 개), 嘆(탄식할 탄)

소언 祭졔ᄒᆞᄂᆞᆫ 날애 집의[신쥬 계신 집이라] 들어 엇브시 반ᄃᆞ시

그 위예 보ᄋᆞ옴이 이시며 두로 돌아 문에 남애 싁싁히 반ᄃᆞ시 그 거동소ᄅᆡ롤 드롬이 이시며 문에 나셔 드롬애 늗거이 반ᄃᆞ시 그 한숨 소ᄅᆡ롤 드롬이 잇ᄂᆞ니라

현대역 제사하는 날에 집에[신주 계신 집이라.] 들어 어렴풋이 반드시 그 神位에 뵘이 있으며, 두루 돌아 문에 나옴에 엄하게 반드시 그 거동소리를 들음이 있으며, 문에 나서서 들음에 느꺼이 반드시 그 한숨소리를 들음이 있다.

1 엇브시: 엇비슷하게. 어렴풋이. ᄠᅱ 뷔오 사롤 ᄃᆡ 占卜호ᄆᆞᆫ 다 이 남ᄀᆞᆯ 爲ᄒᆞ애니 五月에 엇브시 ᄎᆞᆫ ᄆᆡ야ᄆᆡ 소릴 듣논 ᄃᆞᆺᄒᆞ다라(誅茅卜居惣爲此 五月髣髴聞寒蟬). 《두시-초 6:40》

2 거동: 거동(擧動). 몸을 움직임, 또는 그런 짓이나 태도. 현대국어 '거동'의 옛말인 '거동'은 16세기 문헌에서부터 나타난다. 제2음절의 끝소리 'ㆁ'이 16세기 이후 'ㅇ'으로 표기되면서 17세기부터 '거동'으로 나타나 현재에 이르렀다. '거동'은 한자어 '擧動'이다. 15세기에는 '이 太子ᄋᆡ 擧動이 쳔쳔ᄒᆞ고 글도 잘ᄒᆞ며 활도 잘 쏘며.《1447 석상 24:49ㄱ》'와 같은 예에서 볼 수 있듯이 한자 '擧動'으로 나타났다. 《조선어사전(朝鮮語辭典)》(1938)에 '거동'은 ①動駕, ②行動擧止의 두 가지 의미로 풀이되어 있다. 첫 번째 의미인 '動駕'는 '임금이 탄 수레가 대궐 밖으로 나감'의 뜻으로, 현대국어에서는 '거둥'으로 남아 있고, 두 번째 의미인 '행동거지'의 뜻만이 '거동'으로 남아 있다. 중세국어 시기에는 '거동'이 '행동거지'의 의미로만 나타나다가, 근대국어 시기에 '임금이 탄 수레가 대궐 밖으로 나감'이라는 뜻을 갖게 되면서, '거동'과 '거둥'으로 분화된 것이다. 《표준국어대사전》에서도 '거동'의 풀이에서, '거둥'의 원말임을 지적하고 있다. 거동(16세기)〉거동(17세기~현재). 이형태: 거동, 거동. 쟝춧 돗긔 나ᅀᅡ갈 저긔 거동을 붓그럽게 말며.《1518 번소 3:27ㄴ》, 쏘 인ᄉᆞ당 ᄒᆞ시ᄂᆞᆫ 말 거동이 진실로 日本 틔오니.《1676 첩신-초 9:14ㄴ》

3 나셔: 나서서. '나(어간)+시(주체 높임 선어말어미)+어(연결어미)'이다. 겨유 기ᄃᆞ리오셔.《계축 상:6》(현대역: 겨우 기다리시어). 현대국어에서는 '-시-'가 언제나 존경의 대상이 되는 인물과 직·간접으로 관련되는 주어 명사구에 일치하여 쓰이는데, 중세국어에서는 그런 제약을 받지 않고 쓰이는 일이 있었다. 이 경우의 '-시-'는 존경 표시가 아니다. 위 문장도 주어가 자식인 '나'이기 때문에

비존경 '-시-'에 해당한다.

4 늗거이: 느꺼이. 어떤 느낌이 마음에 북받쳐서 벅차게. 문에 나셔 드롬애 늗거이 반드시 그 한숨 소리를 드롬이 잇느니라(出戶而聽 愾然必有聞乎其嘆息之聲). 《소언 2:27》

【集解】陳氏曰入室은入廟室也라僾然은彷佛之貌라見乎其位는如見親之在神位也라周旋出戶는謂薦俎酌獻之時와行步周旋之間에或自戶內而出也라肅然은儆惕之貌요容聲은擧動容止之聲也요愾然은太息之聲也라

진 씨가 말하였다. "入室은 사당의 방에 들어감이다. 僾然은 흐리거나 어렴풋한 모양이다. 見乎其位[그 신위에서 뵘이 있음]는 어버이가 신위에 계심을 보는 듯한 것이다. 周旋出戶[두루 돌아서 문을 나옴]는 제기를 올리고 술잔을 올릴 때와 걷거나 두루 도는 사이에 혹 문 안으로부터 나옴을 이른다. 肅然은 몹시 놀라고 두려운 모양이요, 容聲은 몸을 움직이거나 몸가짐이나 태도에서 나는 소리요, 愾然은 크게 한숨 쉬는 소리이다."

漢字 彷(비슷할 방), 佛(비슷할 불), 俎(제기 조, 도마 조), 酌(술 따를 작), 儆(경계할 경), 惕(두려울 척), 息(숨 쉴 식)

1 방불(彷佛): 흐릿하거나 어렴풋함.

2 경척(儆惕): 몹시 놀라고 두렵게 함.

是故로先王之孝也는色不忘乎目ᄒᆞ며聲不絶乎耳ᄒᆞ며心志嗜欲을不忘乎心ᄒᆞ시니致愛則存ᄒᆞ고致慤則著ㅣ라著存을不忘乎心이어니夫安得不敬乎ㅣ리오

●이런 까닭으로 선왕의 효도는 (부모의) 안색을 눈에 잊지 않으며, 음성을 귀에 끊지 않으며, 마음과 뜻과 즐기시던 것과 하고자 하시던 것을 마음에 잊지 않으셨으니, 사랑을 극진히 하면 계시고[계시는 듯하고], 정성을 극진

히 하면 나타난다[나타나는 듯하다]. 나타나고 계심[나타나고 계시는 듯함]을 마음에 잊지 않으니, 어찌 능히 공경하지 않을 수 있겠는가?"

漢字 愨(성실할 각), 著(나타날 저), 得(능히 득)

소언 이런 故고로 先션王왕의 효도ᄂᆞᆫ ᄂᆞᆾ빗촐 눈에 닛디 아니ᄒᆞ며 소릐를 귀예 그치디 아니ᄒᆞ며 ᄆᆞᄋᆞᆷ과 ᄠᅳᆮ과 즐기던 것과 ᄒᆞ고쟈 하시던 것슬 ᄆᆞᄋᆞᆷ애 닛디 아니ᄒᆞ시니 ᄉᆞ랑홈을 닐위면 겨신 ᄃᆞᆺᄒᆞ고 졍셩을 닐위면 나타나ᄂᆞᆫ 디라 나타남과 겨신 ᄃᆞᆺ홈을 ᄆᆞᄋᆞᆷ애 닛디 아니ᄒᆞ거니 엇디 시러곰 공경티 아니 ᄒᆞ리오

현대역 이런 까닭으로 선왕의 효도는 낯빛을 눈에 잊지 아니하며, 소리를 귀에 그치지 아니하며, 마음과 뜻과 즐기던 것과 하고자 하시던 것을 마음에 잊지 아니하시니, 사랑함을 이루면 계신 듯하고, 정성을 이루면 나타나는 것이라. 나타남과 계신 듯함을 마음에 잊지 아니하거니, 어찌 능히 공경하지 아니 하리오?"

1 나타나ᄂᆞᆫ 디라: 나타나는 것이라. 나타나는지라. '나타나(어간)+ᄂᆞ(현재 시제 선어말어미)+ㄴ(관형사형 어미)+ ᄃᆞ(의존명사)+이(서술격 조사 '이다'의 어간)+라(종결어미)'로 나뉜다. 이런 형태소 구성을 고려하면, '나타나ᄂᆞᆫ 디라'처럼 띄어 쓰며, '-는 것이라'로 풀이할 수 있다. 그러나 'ᄂᆞᆫ+ᄃᆞ+이+라'는 '-ㄴ디라'의 형태로, 하나의 종결어미로 재구조화한 것으로 볼 수도 있다. 이때에는 해라할 자리에 쓰여, '나타나ᄂᆞᆫ디라'처럼 붙여 쓰며 '-ㄹ지라'로 풀이할 수도 있다. 性이 니러 相이 ᄃᆞ외욘 디라 境과 智왜 번득ᄒᆞ며 相이 性의 노교ᄆᆞᆯ 得혼 디라(性起爲相 境智歷然 相得性融 身心廓爾).《원각 서:38》, 薰修ᄒᆞ여 나톤 디라(所言神通變化 依悟而修 漸熏所現 非謂悟時卽發現也).《목우 10》

2 시러곰: 능히. '시러(부사)+곰(보조사)'이다. '시러'는 '얻어', '능히'의 옛말이다. '곰'은 용언의 활용형이나 부사에 붙어 여운을 주는 보조사이다. 엇뎨 시러곰 ᄲᅳᆫ 일후믈 崇尙ᄒᆞ리오(何得尙浮名).《두시-초 7:7》

【集解】陳氏曰致愛는極其愛親之心也요致慤은極其敬親之誠也라存은以上文三者不忘而言이요著는以上文見乎其位以下三者而言이라

진 씨가 말하였다. "致愛는 그 부모 사랑하는 마음을 극진히 함이요, 致慤은 그 부모 공경하는 정성을 극진히 함이다. 存은 윗글의 세 가지 不忘[잊지 않음, 色不忘乎目, 聲不絶乎耳, 心志嗜欲不忘乎心]을 가지고 말하였고, 著는 윗글의 見乎其位[그 신위에서 뵘이 있다] 이하 세 가지[必有見乎其位, 必有聞乎其容聲, 必有聞乎其嘆息之聲]를 가지고 말하였다."

【正誤】輔氏曰人之行이莫大於孝하니先王이能存此心이라故로父母之容色을自不忘乎目하고父母之聲音을自不忘乎耳하고父母之心志嗜欲을自不忘乎心하니固非勉强所能然也요亦致吾心之愛敬而已라故로曰致愛則存하고致慤則著라하니라著存不忘이면則洋洋如在하리니夫安得不敬乎리오

보 씨가 말하였다. "사람의 행실은 효도보다 큰 것이 없으니, 선왕은 능히 이 마음을 보존하였다. 그러므로 부모의 용모와 안색을 자연히 눈에 잊지 않고, 부모의 음성을 자연히 귀에 잊지 않으며, 부모의 마음과 뜻과 좋아하신 것과 하고자 하신 것을 자연히 마음에서 잊지 않은 것이니, 진실로 힘써서 억지로 그렇게 하는 바가 아니요, 또한 내 마음의 사랑과 공경을 지극히 할 뿐인 것이다. 그러므로 이르기를, '사랑을 지극히 하면 계시고, 정성을 지극히 하면 나타난다.' 하였다. 나타나고 계심을 잊지 않으면 성대하게 계신 듯할 것이니, 어찌 얻어 공경하지 않을 수 있겠는가?"

漢字 勉(힘쓸 면), 洋(성할 양, 바다 양, 넓을 양)

양양(洋洋): 성대함.

〖三十二章〗

○曲禮에曰君子ㅣ雖貧이나不粥祭器ᄒᆞ며雖寒이나不衣祭服ᄒᆞ며爲宮室에不斬於丘木이니라 《禮記 曲禮》

●〈곡례〉에 말하였다. "군자는 비록 가난하나 제기를 팔지 않으며, 비록 추우나 제복을 입지 않으며, 집을 지음에 丘木을 베지 않는다."

漢字 粥(팔 육, 죽 죽), 斬(벨 참)

구목(丘木): 무덤가에 있는 나무. 유의어: 묘목(墓木).

소언 曲곡禮례예 ᄀᆞᆯ오ᄃᆡ 君군子ᄌᆞㅣ 비록 가난ᄒᆞ나 祭졔器긔를 ᄑᆞ디 아니ᄒᆞ며 비록 치우나 祭졔服복을 닙디 아니ᄒᆞ며 집을 지음애 분묘ㅅ 남긔가 버히디 아니ᄒᆞ나니라

현대역 〈곡례〉에 가로되, "군자는 비록 가난하나 제기를 팔지 아니하며, 비록 추우나 제복을 입지 아니하며, 집을 지음에 분묘(墳墓)의 나무를 베지 아니하느니라."

버히디: 베지. '버히(어간)+디(보조적 연결어미)'이다. 다리옛 고기ᄅᆞᆯ 손소 버혀 매ᄅᆞᆯ 주신대 매 ᄉᆞᆯ보ᄃᆡ 고깃 므긔 비두리와 ᄀᆞᆮ게 주쇼서.《월석 11:4》

【集解】粥은賣也요斬은伐也라祭器는所以奉祭니粥之則無以祭也요祭服은所以接鬼神이니衣之則褻而不敬也라丘木은所以庇其宅兆니爲宮室而伐之면則是慢其先而濟其私也라

육(粥)은 팖이요, 斬은 벰이다. 제기는 제사를 받드는 것이니, 그것[제기]을 팔면 제사를 지낼 수 없고, 제복은 귀신을 접하는 것이니, (평소에) 그것[제복]을 입으면 더럽혀져 공경하지 못한다. 구목은 그 무덤을 비호하는 것이니, 집을 지음에 그것[丘木]을 베면, 이는 그 선조를 업신여기고 그

사욕을 이루는 것이다.

漢字 褻(더러울 설), 庇(비호할 비, 덮을 비, 감쌀 비), 兆(무덤 조, 조짐 조), 慢(업신여길 만, 게으를 만), 濟(이룰 제, 건널 제)

택조(宅兆): 무덤의 구덩이 속과 벽 안을 통틀어 이르는 말.

〖三十三章〗

○王制예曰大夫는祭器를不假ㅣ니祭器未成이어든不造燕器니라 《禮記 王制》

●〈왕제〉에 말하였다. "대부는 제기를 빌리지 않으니, 제기가 이루어지지 않으면 燕器를 만들지 않는다."

漢字 燕(잔치 연)

연기(燕器): 주연(酒宴)에 쓰는 그릇.

소언 王왕制졔예 ᄀᆞᆯ오ᄃᆡ 태우ᄂᆞᆫ 祭졔器긔를 비디 아니 ᄒᆞᄂᆞ니 祭졔器긔를 일우디 몯ᄒᆞ엿거든 샹햇 그릇슬 ᄆᆡᆼᄀᆞ디 아니홀 디니라

현대역 〈왕제〉에 가로되, "大夫는 제기를 빌리지 아니 하니, 제기를 이루지 못하여 있거든 늘 쓰는 그릇을 만들지 아니할 것이니라."

1 몯ᄒᆞ엿거든: 못하여 있거든. '몯ᄒᆞ(어간)+여(보조적 연결어미)+잇(在, '잇다'의 어간)+거든(연결어미)'이다. 완료상은 보조적 연결어미 '-아/어/여'와 보조형용사 '잇다[在]'의 결합으로 표현된다. 그런데 '잇-'이 본동사와 한 음절을 이룰 때 이미 15세기에 'ㅣ'가 탈락되어 '여+ㅅ→엿'으로 나타나는 일이 많았다. ᄌᆞ로ᄂᆞᆫ 사랏거든 힘ᄀᆞ장 효도ᄒᆞ고 죽거든 몯내 그리ᄂᆞ다 ᄒᆞ리로다(由也 可謂生事盡力死事盡思者也).《삼강 효:2》, 또 믄득 中風ᄒᆞ야 人事 모ᄅᆞ고 痰이 마켜쎠든 生白礬 두돈ᄋᆞᆯ ᄀᆞᄅᆞ ᄆᆡᆼᄀᆞ라.《구방 상:3》

2 ᄆᆡᆼᄀᆞ디: 만들지. 'ᄆᆡᆼᄀᆞᆯ(어간)+디(보조적 연결어미)'에서 어간 말 치조음 'ㄹ'이

어미 초 치조음 'ㄷ' 앞에서 탈락된 것이다. 15세기에는 '만들다'의 뜻으로 쓰인 단어가 두 가지였다. 하나는 'ᄆᆞᆫᄃᆞᆯ다'이고, 다른 하나는 'ᄆᆡᆼᄀᆞᆯ다'이다. 그러다가 16세기 이후 《번역소학》과 《소학언해》에서는 이 두 단어의 혼효로 보이는 'ᄆᆡᆫᄃᆞᆯ다'(위ᄒᆞ야 무덤을 {ᄆᆡᆫᄃᆞ라} 주니라.《1518 번소 9:33ㄴ》)와 'ᄆᆡᆼᄃᆞᆯ다'(보육 {ᄆᆡᆼᄃᆞ라}.《1588 소언 6:72ㄱ》)가 단어 목록에 추가된다. 현대국어 '만들다'의 옛말인 'ᄆᆞᆫᄃᆞᆯ다'는 15세기 문헌에서부터 나타났을 것으로 추정된다. 동사로 쓰인 'ᄆᆞᆫᄃᆞᆯ다'의 예는 16세기 문헌에서부터 나타나지만, 'ᄆᆞᆫᄃᆞᆯ-'과 접사 '-이'가 결합한 'ᄆᆞᆫᄃᆞ리'(그 각시 뎌른 {ᄆᆞᆫᄃᆞ리} ᄒᆞ고 《1460년경 삼강-런던 열:9》)가 15세기 문헌에서부터 나타나기 때문이다. 'ᄆᆞᆫᄃᆞᆯ다'는 치조음 'ㄴ, ㅅ, ㄷ'으로 시작하는 어미 앞에서 'ᄆᆞᆫᄃᆞ-'로, 그 외의 어미 앞에서는 'ᄆᆞᆫᄃᆞᆯ-'로 나타난다. 16세기 후반에 2음절 이하의 'ㆍ'가 'ㅡ'로 변하였는데, 이에 따라 18세기에는 'ᄆᆞᆫ들다'로 나타난다. 18세기에 제1음절의 'ㆍ'가 'ㅏ'로 변화하였는데, 이에 따라 18세기에 '만들다'가 나타나서 현재에 이르렀다. 16세기 후반에 제2음절 이하의 'ㆍ'가 'ㅡ'로 변화하는 경향 외에도 'ㆍ'는 'ㅗ'로 변화하기도 하였는데, 이에 따라 16세기에 'ᄆᆞᆫ돌다'로 나타나기도 한다. 19세기의 '만ᄃᆞᆯ다'는 18세기에 제1음절에서 일어났던 'ㆍ〉ㅏ'의 변화에 따라 'ᄆᆞᆫᄃᆞᆯ다'에서 변화한 것이며, 'ㄴ, ㅅ, ㄷ'으로 시작하는 어미 앞에서는 '만ᄃᆞ-'로 나타났다. 19세기의 '만달다'는 'ᄆᆞᆫᄃᆞᆯ다'의 'ㆍ'가 모두 'ㅏ'로 변화한 형태이다. 15세기에 '만들다'의 의미로 쓰였던 단어로는 본 예처럼 'ᄆᆡᆼᄀᆞᆯ다'가 있는데, 이 단어는 다양한 음운변화를 거쳐 19세기까지도 나타난다. 城 아래 닐흔 살 쏘샤 닐흐늬 모미 맛거늘 京觀ᄋᆞᆯ ᄆᆡᆼᄀᆞᄅᆞ시니(維城之下 矢七十發 中七十人 京觀以築).《용가 40장》, 制ᄂᆞᆫ ᄆᆡᆼᄀᆞᄅᆞ실씨라.《훈언 3》, 그저긔 나랏 사ᄅᆞ미 모다 王과 六師와 위ᄒᆞ야 노ᄑᆞᆫ 座 ᄆᆡᆼᄀᆞᆯ오 須達인 舍利弗 위ᄒᆞ야 노ᄑᆞᆫ 座 ᄆᆡᆼᄀᆞ니.《석상 6:28》, 主人이 므슴 차바ᄂᆞᆯ 손ᅀᅩ ᄃᆞᆫ녀 ᄆᆡᆼᄀᆞ노닛가.《석상 6:16》

【集解】假는借也요造는爲也라有田祿者는必自具祭器也니未成이면不造燕器者는先神而後己也니라

假는 빌림이요, 造는 만듦이다. 田祿이 있는 자는 반드시 스스로 제기를 장만하여야 하니, 이루어지지 않았으면, 연기를 만들지 않는 것은 귀신을 먼저 하고 자신을 뒤에 하는 것이다.

漢字 祿(녹봉 록)

전록(田祿): 고대에는 녹봉을 토지로 받아 그 수입을 먹었기에, 밭을 전록(田祿)이라 한다.

〘三十四章〙

○孔子ㅣ謂曾子曰身體髮膚는受之父母ㅣ라不敢毁傷이孝之始也ㅣ오立身行道ᄒᆞ야揚名於後世ᄒᆞ야以顯父母ㅣ孝之終也ㅣ니라 《孝經》

● 공자가 증자에게 일러 말씀하셨다. "신체와 모발과 피부는 그것을 부모에게서 받았으니, 감히 헐어 상하게 아니 함이 효의 시작이요, 몸을 세우고 도를 행하여 이름을 후세에 드날려 부모를 드러나게 함이 효의 마지막이다.

漢字 髮(머리 발), 膚(피부 부), 毁(헐 훼), 揚(드날릴 양, 오를 양), 顯(드러낼 현)

소언 孔공子ᄌᆞㅣ 曾증子ᄌᆞᄃᆞ려 닐러 ᄀᆞᆯᄋᆞ샤ᄃᆡ 몸이며 얼굴이며 머리털이며 ᄉᆞᆯ흔 父부母모ᄭᅴ 받ᄌᆞ온 거시라 敢감히 헐워 샹히오디 아니홈이 효도ᄋᆡ 비르소미오 몸을 셰워 道도ᄅᆞᆯ 行ᄒᆡᆼᄒᆞ야 일홈을 後후世셰예 베퍼 ᄡᅧ 父부母모ᄅᆞᆯ 현뎌케 홈이 효도ᄋᆡ ᄆᆞᄎᆞᆷ이니라

현대역 공자가 증자에게 일러 말씀하시되, "몸이며 얼굴이며 머리털이며 살은 부모께 받자온 것이라, 감히 헐게 하여 상하게 하지 아니함이 효도의 비롯함이요, 몸을 세워 도를 행하여 이름을 후세에 베풀어 써 부모를 顯著하게 함이 효도의 마침이니라.

1 받ᄌᆞ온: 받자온. '받(어간)+ᄌᆞ오(겸손법 선어말어미)+ㄴ(관형사형 어미)'이다. '-ᄌᆞ오-'는 '-ᄌᆞᆸ-'이 어미 'ㄴ' 앞에서 교체된 것이다.

2 헐워: 헐게 하여. '헐(어간)+우(사동접사)+어(연결어미)'이다. '헐다'는 '물건이 오래되거나 많이 써서 낡아지다.'의 뜻이다. 현대국어 '헐다'는 15세기 문헌에서

부터 '헐다'로 나타나 현재까지 이어진다. '헐다'와 함께 '헐믓다'도 나타나는데, 이 '헐믓다'와 관련된 어형은 18세기 문헌에까지 보인다. 15세기 문헌의 '헐므슨'은 '헐믓다'의 제2음절의 종성 'ㅅ'이 뒤에 오는 유성음으로 인해 'ㅿ'으로 표기된 것이다. 이 'ㅿ'은 중세국어 이후에 사라지게 되는데 이로 인해 17세기에 'ㅇ'으로 표기된 '헐므은', '헐무은' 등이 나타나게 된다. '헐믓다'는 근대국어 시기에 'ㅁ' 뒤에서 모음 'ㅡ'가 'ㅜ'로 원순모음화 됨에 따라 17세기, 18세기 문헌에 '헐뭇다'로 나타난다. 헐다(15세기~현재). 이형태: 헐다, 헐믓다, 헐믔다, 헐므다, 헐무다, 헐뭇다. 긔운 허흔 사ᄅᆞ미 입 헐어든 오슈우를 글올 ᄆᆡᆼᄀᆞ라.《1489 구간 3:4ㄴ》, 쉾디 아니ᄒᆞ며 디드디 아니ᄒᆞ며 헐믓디 아니ᄒᆞ며.《1447 석상 19:7ㄱ》, ᄂᆞᆾ 헐므슨 ᄃᆡ롤 버듨니피어나 거프리어나 달혀 시스라.《1489 구간 3:6ㄴ》

3 현뎌케: 현저(顯著)하게. '현뎌ᄒᆞ(어간)+게(보조적 연결어미)'이다. 'ᄒᆞ'에서 'ㆍ'가 탈락하고, 'ㅎ'과 'ㄱ'이 자음축약을 일으켰다. '현뎌ᄒᆞ다'는 '현저하다'의 옛말로, '뚜렷이 드러나 있다.'를 뜻한다. 몸을 셰워 道를 行ᄒᆞ야 일홈을 後世예 베퍼 ᄡᅧ 父母를 현뎌케 홈이 효도의 ᄆᆞᄎᆞᆷ이니라(立身行道 揚名於後世 以顯父母 孝之終也).《소언 2:29》

【集說】吳氏曰此는言人子之身體髮膚는皆父母之所遺니自愛而不敢虧所以爲孝之始也요能立身行道하면則己之名이揚於後世하고而父母之名이亦顯矣리니所以爲孝之終也라

오 씨가 말하였다. "이는 사람 자식의 身體髮膚는 모두 부모가 남겨주신 바이니, 스스로 아껴 감히 이지러지지 않게 함이 효의 시작이 되는 바요, 능히 몸을 세우고 도를 행하면 자기의 이름이 후세에 드날려지고 부모의 이름이 또한 드러날 것이니, 효의 마지막이 되는 바를 말한 것이다."

漢字 虧(이지러질 휴, 덜 휴)

夫孝는始於事親이오中於事君이오終於立身이니라

● 무릇 효는 부모를 섬김에서 비롯되고, 임금을 섬김에서 중간이 되고, 몸을 세움에서 마친다.

소언 효도ᄂᆞᆫ 어버이 셤굠애 비릇고 님금 셤굠애 가온ᄃᆡ오 몸 셰옴애 ᄆᆞᆺᄂᆞ니라

현대역 효도는 어버이 섬김에 비롯하고, 임금 섬김에 가운데요, 몸 세움에 마친다.

1 비릇고: 비롯하고. '비릇(어간)+고(연결어미)'이다. 현대국어 '비롯하다'의 옛말인 '비릇다/비룻다'는 15세기 문헌에서부터 나타난다. 이 단어는 이후에 'ᄒᆞ-'가 결합하여 '비릇ᄒᆞ다', '비룻ᄒᆞ다'로 되었으며, 이 형태는 근대국어 후기에 둘째 음절 '릇/룻'이 '롯'으로 바뀌어, 문헌에 나타나지는 않지만 '비롯ᄒᆞ다'가 쓰였을 가능성이 있다. 그리고 '비롯ᄒᆞ다'의 'ᄒᆞ-'가 '하-'로 바뀌면서 현재의 '비롯하다'가 형성되었다고 볼 수 있다. 17세기에는 '비른다'가 쓰이는데, 이것은 이 시기에 'ㅅ'과 'ㄷ'의 받침 표기가 문란해졌기 때문이다. 비릇다/비룻다(15세기~18세기)〉비롯다/비릇ᄒᆞ다(19세기)〉비롯하다(20세기~현재). 이형태: 비릇다, 비룻다, 비른다, 비롯다, 비릇ᄒᆞ다, 비롯하다. 처엄 비릇ᄂᆞᆫ 거시 因이오.《1447 석상 13:41ㄱ》, 이 虛妄ᄋᆞᆯ 因ᄒᆞ야 뭇고 ᄯᅩ 비룻ᄂᆞ니라.《1461 능엄 4:32ㄴ》, 禮ᄂᆞᆫ 남진 겨집 삼가매 비른ᄂᆞ니.《1588 소언 2:50ㄱ》

2 ᄆᆞᆺᄂᆞ니라: 마친다. 'ᄆᆞᆾ(어간)+ᄂᆞ(현재 시제 선어말어미)+니라(평서형 종결어미)'이다. 어간 'ᄆᆞᆾ-'이 '-ᄂᆞ-'의 'ㄴ' 앞에서 'ㄷ'으로 동화된 것이다. 'ᄆᆞᆾ다'는 '마치다'의 옛말이다. 置陣이 ᄂᆞᆷ과 다ᄅᆞ샤 아ᅀᆞᄫᆞᄃᆡ 나ᅀᅡ오니 믈러가던덴 목숨 ᄆᆞᄎᆞ리잇가(置陣異他 知亦進當 如其退避 性命奚戕).《용가 51장》, 江漢애셔 내 늘구믈 ᄆᆞ초리니 구룸낀 수프레 너희 무를 어두라(江漢終吾老 雲林得爾曹).《두시-초 7:30》

【增註】此ᄂᆞᆫ孝之終始也라

이는 효의 마침과 시작이다.

愛親者ᄂᆞᆫ不敢惡於人이오敬親者ᄂᆞᆫ不敢慢於人이니愛敬을盡於事親ᄒᆞ면而德敎ㅣ加於百姓ᄒᆞ야刑于四海ᄒᆞ리니此ㅣ天子之孝也ㅣ니라

● 부모를 사랑하는 이는 감히 남을 미워하지 않고, 부모를 공경하는 이는 감히 남을 업신여기지 않으니, 사랑하고 공경함을 부모 섬김에 극진히 하면 덕으로 가르침이 백성에게 더해져 사해에 법이 되리니, 이것이 천자의 효이다.

漢字 刑(법 형, 본받을 형)

소언 어버이롤 ᄉᆞ랑ᄒᆞᄂᆞ니ᄂᆞᆫ 敢감히 사ᄅᆞᆷ의게 믜여ᄒᆞ디 아니코 어버이롤 공경ᄒᆞᄂᆞ니ᄂᆞᆫ 敢감히 사ᄅᆞᆷ의게 거만티 아니 ᄒᆞᄂᆞ니 ᄉᆞ랑ᄒᆞ며 공경홈을 어버이 셤곰애 다ᄒᆞ면 德덕으로 ᄀᆞᄅᆞ침이 百빅姓셩의게 더어 四ᄉᆞ海ᄒᆡ예 法법이 되리니 이 天텬子ᄌᆞ의 효도ㅣ니라

현대역 어버이를 사랑하는 이는 감히 사람에게 미워하지 아니하고, 어버이를 공경하는 이는 감히 사람에게 거만하지 아니 하니, 사랑하며 공경함을 어버이 섬김에 다하면 덕으로 가르침이 백성에게 더하여 사해에 법이 되리니, 이 천자의 효도이니라.

1 믜여ᄒᆞ디: 미워하지. '미여ᄒᆞ(어간)+디(보조적 연결어미)'이다. 현대국어 '미워하다'의 15세기 어형은 '믜다'와, 여기에 '-어ᄒᆞ다'가 연결된 '믜여ᄒᆞ다'가 있었다. 둘 중 파생동사인 '믜여ᄒᆞ다'는 계속 쓰였으나 파생의 출발이 된 '믜다'는 쓰이지 않게 되었다. '믜여ᄒᆞ다'는 18세기까지 쓰이다가, 17세기부터 등장한 '믜워ᄒᆞ다'에 밀리게 되었고 19세기에 단모음화를 경험하면서 '미워ᄒᆞ다'로, 다시 맞춤법에 의해서 '미워하다'로 정착되어 현재까지 쓰인다. '믜다'와 같이 '-어ᄒᆞ다'에 의해 파생되는 동사들이 점차 쓰이지 않게 되는 현상은 '둏다~됴하ᄒᆞ다', '슳다~슬허ᄒᆞ다' 등에서도 보인다. 믜다(15세기~18세기)>믜여ᄒᆞ다(15세기~18세기)>믜워ᄒᆞ다(19세기)>믜다(20세기~현재). 이형태: 믜다, 믜여ᄒᆞ다, 므여ᄒᆞ다, 믜워ᄒᆞ다, 미여ᄒᆞ다, 미워하다, 미워ᄒᆞ다, 뮈다, 미우다. 衆生ᄋᆞᆯ 念호ᄃᆡ 믜디 아니ᄒᆞ며 둧디 아니ᄒᆞ야 平等ᄒᆞᆫ ᄆᆞᅀᆞ미라.《1459 월석 9:42ㄱ》, ᄠᅳᆯ 알ᄑᆡ 자뱃ᄂᆞᆫ 燭ᄋᆞᆯ 두 브를 믜여ᄒᆞ노니.《1481 두시-초 11:41ㄱ》, ᄆᆞᅀᆞ매 믜우며 둧오ᄆᆞᆯ 내면 正을 일허 미쵸미 도외리라.《1517 몽산-고 법:11ㄴ》

2 더어: 더하여. '더으(어간)+어(연결어미)'이다. '더으다'는 '더하다'의 옛말이다. 五年을 改過 몯ᄒᆞ야 虐政이 날로 더을씨 倒戈之日에 先考ㆆ ᄠᅳᆮ 몯 일우시니(五年

罔悛 虐政日深 倒戈之日 莫遂考心).《용가 12장》, 열 히 ᄃᆞ욇 ᄀᆞ장 조료ᄆᆞᆯ 滅이라 ᄒᆞ고 열 히로셔 도로 더어 가ᄃᆡ 아ᄃᆞ리 아비 나해셔 곱ᄀᆡ곰 사라 八萬 히 다욇 ᄀᆞ장 더우믈 增이라 ᄒᆞᄂᆞ니.《월석 1:47》

【集解】**眞氏曰孝者**는**不出乎愛敬而已**니**推愛親之心以愛人**하여**而無所疾惡**하고**推敬親之心以敬人**하여**而無所慢易**이면**則躬行於上**하여**而德敎自儀法於下**하여**天下之人**이**無不皆愛敬其親矣**리라

진 씨가 말하였다. "효는 사랑과 공경에서 벗어나지 않을 뿐이니, 부모를 사랑하는 마음을 미루어 남을 사랑하여, 미워하는 바가 없고, 부모를 공경하는 마음을 미루어 남을 공경하여, 업신여기고 소홀이하는 바가 없으면, 몸소 위에서 행하여 덕으로 가르침이 저절로 아래에 儀法이 되어, 천하 사람들이 모두 그 부모를 사랑하고 공경하지 않음이 없다."

[漢字] **出**(벗어날 출), **疾**(미워할 질, 병 질), **易**(소홀히 할 이), **躬**(몸소 궁)

의법(儀法): 의식과 예법.

在上不驕ᄒᆞ면**高而不危**ᄒᆞ고**制節謹度**ᄒᆞ면**滿而不溢**逸이니**然後**에사**能保其社稷**ᄒᆞ며**而和其民人**ᄒᆞ리니**此**ㅣ**諸侯之孝也**ㅣ니라

●위에 있으면서 교만하지 않으면 높아도 위태롭지 않고, 예절에 맞게 하고 법도를 삼가면 가득해도 넘치지 않는다. 그런 뒤에야 능히 그[제후] 사직을 보존하며 그[제후] 백성을 화목하게 할 수 있으니, 이는 제후의 효이다.

[소언] 우희 이셔 교만티 아니ᄒᆞ면 노파도 위틔티 아니ᄒᆞ고 ᄆᆞᄃᆡ[지ᄅᆞᆯ ᄡᅳᄂᆞᆫ ᄆᆞᄃᆡ라]ᄅᆞᆯ 지졔ᄒᆞ며 법도ᄅᆞᆯ 삼가면 ᄀᆞ독ᄒᆞ여도 넘ᄧᅵ디 아니ᄒᆞ

ᄂᆞ니 그런 후에ᅀᅡ 能능히 그 社샤稷직[社샤ᄂᆞᆫ ᄯᅡ신이오 稷직은 곡셕 신이니 나라히 의탁ᄒᆞᆫ ᄃᆡ라]을 안보ᄒᆞ며 그 ᄇᆡᆨ셩ᄋᆞᆯ 和화케 ᄒᆞ리니 이 諸졔侯후의 효도ㅣ니라

현대역 위에 있어 교만하지 아니하면 높아도 위태하지 아니하고, 경우[재물 쓰는 마디라.]를 節制하며 법도를 삼가면 가득하여도 넘치지 아니하니, 그런 후에야 능히 그 社稷[社는 땅 신이요, 稷은 곡식신이니, 나라가 의탁한 데라.]을 安保하며 그 백성을 和하게 하리니 이 제후의 효도니라.

1 ᄆᆞᄃᆡ: 경우. ᄒᆞ다가 有情이 나랏 法에 자피여 ᄆᆡ여 매 마자 獄애 가도아 罪니블 ᄆᆞᄃᆡ며.《석상 9:8》, 羅睺羅ㅣ 月食ᄒᆞᆯ ᄆᆞᄃᆡ예 이 아ᄃᆞ리 나니라 ᄒᆞ야 그럴ᄊᆡ 일후믈 羅睺羅ㅣ라 지흐니라.《월석 2:2》

2 넘ᄯᅵ디: 넘치지. '넘ᄯᅵ(어간)+디(보조적 연결어미)'이다. 현대국어 '넘치다'의 옛말인 '넘ᄣᅵ다'는 15세기 문헌에서부터 나타난다. 제1음절의 종성 'ㅁ' 다음에 제2음절의 초성 'ㅂ'이 연이어 실현되면서 'ㅁ' 뒤의 'ㅂ'이 탈락하여 '넘ᄯᅵ다'가 되었는데 16세기까지 '넘ᄣᅵ다'와 공존하였다. '넘ᄣᅵ다'가 사라진 이후 18세기에 어중의 'ㅼ'이 유기음 'ㅌ'으로 바뀌어 '넘티다'가 되면서 19세기까지 '넘ᄯᅵ다'와 공존하였다. 18세기에는 'ㅣ' 모음 앞에 오는 'ㄷ, ㅌ'이 'ㅈ, ㅊ'으로 변하는 구개음화가 일어났는데, '넘티다'도 이러한 변화를 경험하였다. 그리하여 19세기에 구개음화를 경험한 '넘치다'가 나타나면서 현재에 이른 것이다. 17세기에 나타나는 '넘ᄠᅵ다'는 제2음절의 초성인 된소리 'ㅼ'이 'ㅲ'으로 표기된 것이며, 18세기의 '넘ᄶᅵ다'는 '넘ᄯᅵ다'가 구개음화를 경험한 형태이다. 넘ᄣᅵ다(15세기~16세기)〉넘ᄯᅵ다(15세기~19세기)〉넘티다(18세기)〉넘치다(19세기~현재). 이형태: 넘ᄣᅵ다, 넘ᄯᅵ다, 넚디다, 넘ᄠᅵ다, 넘띠다, 넘티다, 넘ᄶᅵ다, 넘치다. ᄶᅩᆼ오좀내 나ᄂᆞᆫ ᄯᅡ해 조티 몯ᄒᆞᆫ 거시 흘러 넘ᄣᅵ거든.《1463 법화 2:110ㄱ》, 쳔랴ᇰ이 有餘ᄒᆞ고 倉庫ㅣ ᄀᆞᄃᆞ기 넘ᄯᅵ고.《1447 석상 9:20ㄱ》, 四月ㅅ 八日에 ᄀᆞᄅᆞᆷ과 우믌 므리 다 넚디고 뫼히며 宮殿이며 드러치고.《1459 월석 2:48ㄴ》

3 직제ᄒᆞ며: 절제(節制)하며. 정도에 넘지 아니하도록 알맞게 조절하여 제한하며.

4 안보ᄒᆞ며: 안보(安保)하며. 편안히 보전되며. 또는 편안히 보전하며.

【增註】制節은自制於禮節也요謹度는謹守法度也라貴爲國君

하니**可謂高矣**요**富有千乘**하니**可謂滿矣**라**高則易危**로되**在上不驕**라**故**로**不危**하고**滿則易溢**이로되**制節謹度**라**故**로**不溢**이라 **社**는**土神**이요**稷**은**穀神**이니**惟諸侯得祭之**라

制節은 스스로 예절에 맞게 함이요, 謹度는 법도를 삼가 지킴이다. 귀함이 나라의 임금이 되었으니, 가히 높다고 이를 만하고, 부유함이 千乘을 가졌으니, 가히 가득하다 이를 만하다. 높으면 위태롭기 쉬우나, 위에 있으면서 교만하지 않으므로 위태롭지 않고, 가득하면 넘치기 쉬우나 예절에 맞게 하고 법도를 삼가므로 넘치지 않는다. 社는 토지의 신이요, 稷은 곡식의 신이다. 오직 제후만이 그들[社稷]을 제사할 수 있다.

漢字 **驕**(교만할 교), **溢**(넘칠 일), **稷**(피 직)

부유천승(富有千乘): 승(乘)은 병거(兵車, 戰車) 1대로, 여기에는 갑사(甲士) 3명, 보병(步兵) 72명, 취사병(炊事兵) 25명 등 모두 100명이 따른다. 천자국(天子國)은 만승(萬乘)을, 제후국(諸侯國)은 천승(千乘)을 보유하므로 '부유천승(富有千乘)'이라 말한 것이다.

非先王之法服이어든**不敢服**ᄒᆞ며**非先王之法言**이어든**不敢道**ᄒᆞ며**非先王之德行**이어든**不敢行**이니**然後**에사**能保其宗廟**ᄒᆞ리니**此**ㅣ**卿大夫之孝也**ㅣ니라

● 선왕의 법도에 맞는 옷이 아니거든 감히 입지 아니하며, 선왕의 법도에 맞는 말이 아니거든 감히 말하지 아니하며, 선왕의 덕행이 아니거든 감히 행하지 아니하니, 그러한 뒤에야 능히 그 종묘를 보존할 수 있으니, 이는 경대부의 효이다.

漢字 **廟**(사당 묘)

소언 先션王왕의 법다온 오시 아니어든 敢감히 닙디 아니ᄒᆞ며 先션

王왕의 법다온 말숨이 아니어든 敢감히 니루디 아니ᄒᆞ며 先션王왕의 어딘 힝실이 아니어든 敢감히 힝티 아니홀 디니 그런 후에사 能능히 그 宗종廟묘를 안보ᄒᆞ리니 이 卿경 태우의 효도ㅣ니라

현대역 선왕의 법에 맞는 옷이 아니거든 감히 입지 아니하며, 선왕의 법에 맞는 말씀이 아니거든 감히 이르지 아니하며, 선왕의 어진 행실이 아니거든 감히 행하지 아니할 것이니, 그런 후에야 능히 그 종묘를 安保하리니, 이 卿과 대부의 효도이니라.

법다온: 법에 맞는. '법다오(어간)+ㄴ(관형사형 어미)'이다. '법답-'의 'ㅂ'이 관형사형 어미 '-ㄴ' 앞에서 반모음 '오[w]'로 교체된 것이다. '법답다'는 '법에 맞다'를 뜻한다. 셋재는 ᄀᆞ론 거동이 법답디 아니호미오.《여씨-화 9》, 老聃과 莊周의 부턍도읜 이른 녯 어딘 님금의 법다온 말이 아니라(老莊浮華 非先王之法言).《번소 10:10》 '-ㄴ'은 '이다'의 어간, 받침 없는 형용사 어간, 'ㄹ' 받침인 형용사 어간 또는 어미 '-으시-' 뒤에 붙어, 앞말이 관형어 구실을 하게 하고 현재의 상태를 나타내는 어미이다.

【增註】法은法度也라宗은程子曰言人宗於此而祭祀也라卿大夫有家하고家必有廟라故로言保其宗廟라

法은 법도이다. 宗은 정자가 말하길, "사람들이 이것[宗]을 宗主로 삼아 제사함을 말한다." 하였다. 경대부는 家를 소유하고, 家에는 반드시 종묘가 있으므로 그 종묘를 보존한다고 말한 것이다.

종주(宗主): 근본.

以孝事君則忠이오以敬事長則順이라忠順을不失ᄒᆞ야以事其上然後에사能守其祭祀ᄒᆞ리니此ㅣ士之孝也ㅣ니라

● 孝로써 임금을 섬기면 忠이 되고, 敬으로써 어른을 섬기면 順이 된다. 忠과 順을 잃지 아니하여 그[士] 윗사람을 섬긴 뒤에야 그 제사를 지킬

수 있으니, 이것이 士의 효이다.

소언 효도홈오로ᄡᅥ 님금을 셤기면 튱셩이오 공경홈오로ᄡᅥ 얼운ᄋᆞᆯ 셤기면 공슌이라 튱셩과 공슌을 일티 아니ᄒᆞ야 ᄡᅥ 그 우흘 셤긴 후에ᅀᅡ 能능히 그 祭졔祀ᄉᆞ를 딕킈리니 이 士ᄉᆞ의 효도ㅣ니라

현대역 효도함으로써 임금을 섬기면 忠誠이요, 공경함으로써 어른을 섬기면 恭順이라. 충성과 공순을 잃지 아니하여 써 그 위를 섬긴 후에야 능히 그 제사를 지키리니, 이 선비의 효도이니라.

1 공슌이라: 공순(恭順)이라. '공슌(명사)+이('이다'의 어간)+라(평서형 종결어미)'이다. '-라'는 '이다', '아니다'의 어간이나 어미 '-으시-', '-더-', '-으리-' 뒤에 붙어, 해라할 자리에 쓰여, 현재 사건이나 사실을 서술하는 뜻을 나타내는 종결어미이다.

2 딕킈리니: 지키리니. '딕킈(어간)+리(추측법 선어말어미)+니(연결어미)'이다. '-리니'는 '이다'의 어간, 받침 없는 용언의 어간, 'ㄹ' 받침인 용언의 어간 또는 어미 '-으시-', '-으오-' 뒤에 붙어, 앞 절에 붙어 뒤 절의 조건이나 근거가 되는 추측의 뜻을 나타내는 연결어미이다. 만나면 헤어지는 것은 정해진 운명이리니 이별을 서러워 마라. 현대국어 '지키다'의 옛말인 '딕ᄒᆞ다'는 15세기 문헌에서부터 나타난다. '딕ᄒᆞ다'는 한자어 '직'(直)과 'ᄒᆞ-'가 결합된 것으로, '직'(直)을 당시 한자음 '딕'으로 읽어 표기한 것이다. '딕희다'의 제1음절 종성 'ㄱ'과 제2음절 초성 'ㅎ'이 축약되어 'ㅋ'으로 소리 나는데 이를 반영하여 '딕킈다', '디킈다'가 나타난다. '딕희다', '딕킈다', '디킈다'의 제1음절 '디'는 근대국어 시기에 'ㄷ, ㅌ'이 'ㅣ'나 'ㅣ' 반모음 앞에서 'ㅈ, ㅊ'으로 변하는 구개음화로 '지'가 되고 제2음절의 모음 'ㅢ'는 자음 뒤에서 'ㅣ'로 변하여 '히'가 되면서 18세기, 19세기 문헌에 '직히다', '직키다'로 나타난다. '직히다', '직키다'를 소리 나는 대로 표기한 '지키다'가 19세기 문헌에서부터 나타나 현재까지 이어진다. 딕ᄒᆞ다(15세기)〉딕희다/딕킈다/디킈다(15세기~19세기)〉직히다(18세기~19세기)〉지키다(19세기~현재). 이형태: 딕ᄒᆞ다, 딕희다, 딕히다, 딕킈다, 디킈다, 직희다, 직히다, 지킈다, 직키다, 지키다. 내 딕ᄒᆞ야 護持ᄒᆞ야.《1447 석상 21:51ㄴ》, 念은 能히 딕희여 간슈ᄒᆞ시ᄂᆞ니.《1465 원각 상2-2:106ㄱ》, 바ᄆᆡ 가도앳ᄂᆞᆫ 겨집ᄃᆞᆯᄒᆞ로

딕킈라 ᄒᆞ야늘.《1460년경 삼강-런던 열:21》, 供養ᄒᆞ며 디킈리이다.《1447 석상 9:21ㄴ》

【集說】移事親之孝事君이면則忠矣요移事親之敬以事長이면則順矣라士有祿位하여以奉祭祀라故로曰祭祀라

부모를 섬기는 孝를 옮겨 임금을 섬기면 忠이 되고, 부모를 섬기는 敬을 옮겨 어른을 섬기면 順이 된다. 士는 녹봉과 지위를 소유하여 제사를 받들므로 제사라 말한다.

漢字 移(옮길 이)

【增註】上은卽君長也라

上은 바로 임금과 어른이다.

用天之道ᄒᆞ며因地之利ᄒᆞ야謹身節用ᄒᆞ야以養父母ㅣ니此ㅣ庶人之孝也ㅣ니라

● 하늘의 도를 쓰며 땅의 이로움을 따라 몸을 삼가고 씀을 절약하여, 부모를 봉양해야 하니, 이것이 庶人의 효이다.

소언 하ᄂᆞᆯ 道도롤 쓰며 ᄯᅡ히 利리를 因인ᄒᆞ야 몸올 삼가며 쓰기롤 존절ᄒᆞ야 ᄡᅧ 父부母모롤 봉양홀 디니 이 庶셔人인의 효도ㅣ니라

현대역 하늘의 도를 쓰며 땅의 利를 인하여 몸을 삼가며 쓰기를 존절(撙節)하여, 써 부모를 봉양할 것이니, 이 서인의 효도이니라.

존절ᄒᆞ야: 존절(撙節)하여. 알맞게 절제하여.

【集說】吳氏曰用天之道는謂順天之生長收藏而耕耘斂穫을

各依其時也요因地之利는謂因地之沃衍阜隰而稻粱黍稷을各隨其宜也라謹身은謂守身而不妄爲요節用은謂儉用而不妄費니人能如此면則身安力足하여有以奉養其父母矣리라

오 씨가 말하였다. "用天之道[하늘의 도를 씀]는 하늘의 낳고 자라고 거두고 감춤을 순히 하여 밭 갈고 김매고 거두고 수확함을 각기 그 철에 의지함을 이르고, 因地之利[땅의 이로움을 따름]는 땅의 기름짐과 평평함과 높음과 질펀함에 인하여 벼와 수수와 기장과 피 심기를 각기 그 마땅함에 따름을 이른다. 謹身[몸을 삼감]은 몸을 지켜 망령되이 하지 않음을 이름이요, 節用[씀을 절약함]은 쓰기를 검소하게 하여 망령되이 소비하지 않음을 이르니, 사람이 이와 같이 할 수 있으면 몸이 편안하고 힘이 넉넉하여 그 부모를 봉양함이 있다."

漢字 耕(밭 갈 경), 耘(김맬 운), 收(거둘 수), 斂(거둘 렴), 穫(거둘 확), 沃(기름질 옥), 衍(평지 연, 넘칠 연), 阜(언덕 고), 隰(진펄 습), 濕(습할 습), 稻(벼 도), 粱(조 량), 黍(기장 서), 妄(망령될 망, 허망할 망), 費(소비할 비)

故로自天子之於庶人히孝無終始오而患不及者ㅣ未之有也ㅣ니라

● 그러므로 천자로부터 서인에 이르기까지, 효에 마침과 비롯함 없고서는, 환난이 미치지 않는 자는 있지 않다."

孝無終始 而患不及者 未之有也: 효에 마침과 비롯함 없고서는, 환난이 미치지 않는 자는 있지 않다. 즉 효에 마침과 비롯함이 있어야 환난이 미치지 않는다.

소언 그러모로 天텬子ᄌᆞ로브터 庶셔人인에 니르히 효도ㅣ ᄆᆞᄎᆞᆷ이며 비르솜이 업고 환란이 밋디 아니ᄒᆞ리 잇디 아니ᄒᆞ니라

현대역 그러므로 천자로부터 서인에 이르기까지, 효도가 마침이며 비롯함이 없고서는, 환난(患亂)이 미치지 아니할 이 있지 아니하니라."

니르히: 이르도록. 이르기까지. 거믄고 노로ᄆᆞᆯ 이제 니르히 帝子를 슬노니(鼓瑟至今悲帝子).《두시-초 11:7》, 일로브터 九族애 니르히 다 이 세 가짓 친ᄒᆞᆫ ᄃᆡ 믿 드ᄃᆡ엿ᄂᆞ니(自玆以往 至于九族 皆本於三親焉).《번소 7:38》

【增註】孝之終始는見上文이라事親而不能有終有始면灾(災)及其身이必矣니라

효의 마침과 비롯함은 윗글[제34장]에 보인다. 어버이를 섬기면서 마침과 비롯함이 있지 않으면 재앙이 그 몸에 미침이 틀림없다.

漢字 灾(=災 재앙 재)

〖三十五章〗

○孔子ㅣ曰父母ㅣ生之ᄒᆞ시니續莫大焉이오君親臨之ᄒᆞ시니厚莫重焉이로다是故로不愛其親이오而愛他人者를謂之悖佩德이오不敬其親이오而敬他人者를謂之悖禮니라 《孝經》

● 공자가 말씀하셨다. "부모가 낳아 주셨으니 계승함이 (이보다 더) 큰 것이 없고, 임금과 부모가 임하시니 은혜의 두터움이 (이보다 더) 중함이 없다. 이런 까닭으로 그 부모를 사랑하지 않고 다른 사람을 사랑하는 것을 悖德이라 이르고, 그 부모를 공경하지 않고 다른 사람을 공경하는 것을 悖禮라 이른다."

漢字 續(이을 속), 悖(어그러질 패)

1. 패덕(悖德): 어긋난 덕.
2. 패례(悖禮): 어긋난 예.

소언 孔공子ᄌᆞㅣ ᄀᆞᆯᄋᆞ샤ᄃᆡ 父부母모ㅣ 나ᄒᆞ시니 니움이 이만 크니

업고 님금이며 어버이로 디ᄂᆞᄅᆞ시니 厚후홈이 이만 重듕ᄒᆞ니 업도다 이러모로 그 어버이ᄅᆞᆯ ᄉᆞ랑티 아니ᄒᆞ고 다ᄅᆞᆫ 사ᄅᆞᆷ ᄉᆞ랑ᄒᆞᄂᆞ니ᄅᆞᆯ 닐오ᄃᆡ 거슯즌 德덕이라 ᄒᆞ고 그 어버이ᄅᆞᆯ 공경 아니ᄒᆞ고 다ᄅᆞᆫ 사ᄅᆞᆷ 공경ᄒᆞᄂᆞ니ᄅᆞᆯ 닐오ᄃᆡ 거슯즌 禮례라 ᄒᆞᄂᆞ니라

[현대역] 공자가 말씀하시되, "부모가 낳으시니 이음이 이만 큰 이[것] 없고, 임금이며 어버이로 임하시니 厚함이 이만 重한 이[것] 없도다. 이러므로 그 어버이를 사랑하지 아니 하고 다른 사람 사랑하는 이를 이르되 거스르는 덕이라 하고, 그 어버이를 공경 아니 하고 다른 사람 공경하는 이를 이르되 거스르는 예라 한다."

디ᄂᆞᄅᆞ시니: 임(臨)하시니. '디ᄂᆞᆯ(어간)+ᄋᆞ시(주체 높임 선어말어미)+니(연결어미)'이다. '디ᄂᆞᆯ다'는 '임하다'의 옛말이다. '-ᄋᆞ시니'는 끝음절의 모음이 'ㆍ, ㅏ, ㅗ'이고 받침 있는 동사, 형용사 어간이나 어미 뒤에 붙어, '-으시니'를 뜻하는 어머이다. 楚國엣 天子氣를 行幸ᄋᆞ로 마ᄀᆞ시니 님긊 ᄆᆞᅀᆞ미 긔 아니 어리시니(楚國王氣 游幸厭之 維君之心 不其爲癡).《용가 39장》, 君命엣 바오리어늘 ᄆᆞᆯ 겨틔 엇마ᄀᆞ시니 九逵 都人이 다 놀라ᅀᆞᄫᆞ니(君命之毬 馬外橫防 九逵都人 悉驚讚揚).《용가 44장》

【集說】眞氏曰父母는生我者也요我則嗣續乎父母者니天性之恩이孰大焉이리오君之臨臣과父之臨子는所以治而敎之也니其厚乎我孰重焉이리오合君親而並言은以見君臣其義一也요下文에獨言親者는蓋指天性最切者니知愛敬乎親이면則知愛敬乎君矣리라范氏曰君子愛親而後에推以愛人하니是之謂順德이요敬親而後에推以敬人하니是之謂順禮니苟或反此하면則爲悖逆而非所以爲孝矣니라

진 씨가 말하였다. "부모는 나를 낳은 사람이요 나는 부모를 계승한 사람이니, 天性의 은혜가 무엇이 (이보다 더) 크겠는가? 임금이 신하에게 임함

과 부모가 자식에게 임함은 그들[신하와 자식]을 다스리고 가르치는 바이니[가르치기 위함이니], 그 나에게 두터움이 무엇이 더 중하겠는가? 임금과 어버이를 합하여 함께 말함은 군신간도 그 의리가 하나임을 보인 것이요, 아래 글[제36장]에 오직 어버이만 말한 것은 대개 天性의 가장 절실한 것을 가리킨 것이니, 어버이를 사랑하고 공경할 줄 알면, 임금을 사랑하고 공경할 줄을 알 것이다." 범 씨가 말하였다. "군자는 어버이를 사랑한 뒤에 미루어 남을 사랑하니, 이것을 順德이라 이르고, 어버이를 공경한 뒤에 미루어 남을 공경하니, 이것을 順禮라 이르니, 만일 혹 이것을 반대로 하면, 悖逆이 되어 효도하는 바가 아니다."

漢字 嗣(이을 사)

1 천성(天性): 선천적으로 타고남.
2 순덕(順德): 순한 덕.
3 순례(順禮): 순한 예.
4 패역(悖逆): 어긋난 도리.

〖三十六章〗

○**孝子之事親**애**居則致其敬**ᄒᆞ고**養則致其樂**洛ᄒᆞ고**病則致其憂**ᄒᆞ고**喪則致其哀**ᄒᆞ고**祭則致其嚴**이니**五者**ㅣ**備矣然後**에사**能事親**이니라 《孝經》

● 효자가 어버이를 섬김에, 거함에는 그 공경을 극진히 하고, 봉양함에는 그 즐거움을 극진히 하고, 병환에는 그 근심을 극진히 하고, 초상에는 그 슬픔을 극진히 하고, 제사에는 그 엄숙함을 극진히 하니, 다섯 가지가 갖추어진 뒤에야 어버이를 섬길 수 있다.

漢字 致(극진할 치)

소언 孝효子ᄌᆞ의 어버이 셤굠애 겨실 제ᄂᆞᆫ 그 공경을 닐위고 봉양홈애ᄂᆞᆫ 그 즐김을 닐위고 병에ᄂᆞᆫ 그 근심을 닐위고 상ᄉᆞ애ᄂᆞᆫ 그 슬허홈을 닐위고 祭졔예ᄂᆞᆫ 그 엄슉홈을 닐윌 디니 다ᄉᆞᆺ 거시 ᄀᆞ존 후에ᅀᅡ 能능히 어버이ᄅᆞᆯ 셤김이니라

현대역 효자의 어버이 섬김에, 계실 때에는 그 공경을 이루고, 봉양함에는 그 즐김을 이루고, 병에는 그 근심을 이루고, 상사에는 그 슬퍼함을 이루고, 제사에는 그 엄숙함을 이룰 것이니, 다섯 것[가지]이 갖추어진 후에야 능히 어버이를 섬김이니라.

1 셤굠애: 섬김에. '셤기(어간)+옴(명사형 어미)+애(부사격 조사)'이다. 현대국어 '섬기다'의 옛말인 '셤기다'는 15세기 문헌에서부터 나타난다. 이 단어는 근대국어 후기에 'ㅅ' 뒤에서 이중모음 'ㅑ, ㅕ, ㅛ, ㅠ' 등이 반모음 탈락으로 단모음화하는 현상에 따라 '셤'이 '섬'으로 바뀌어 18세기부터 현재의 어형인 '섬기다'로 정착되었다. 셤기다(15세기~19세기)>섬기다(18세기~현재). 이형태: 셤기다, 섬기다. 믈와 블와 히 ᄃᆞᆯ 셤기리도 이시며.《1447 석상 3:33ㄴ》, 나라 돕ᄉᆞ와 님굼ᄭᅴ 진심ᄒᆞ야 셤기ᅀᆞ오며.《1510년대 번박 상:50ㄴ》

2 닐위고: 이루어지게 하고. '닐위(어간)+고(연결어미)'이다. '닐위다'는 '이루어지게 하다', '일어나게 하다'의 옛말이다. 精ᄒᆞᆫ ᄆᆞᅀᆞ미 섯디 아니ᄒᆞ야 道애 나ᅀᅡ가ᄃᆡ 개을이 아니 ᄒᆞᄂᆞ니 아니면 수ᄫᅵ 닐위디 몯ᄒᆞ리니.《월석 17:56》, 便安커시든 孝養ᄋᆞᆯ 닐위여 그 ᄇᆡ 골ᄒᆞ실가 저코 病커시든 시르믈 닐위여 옷과 ᄯᅴ와ᄅᆞᆯ 밧디 말라(安則致養 唯恐其餒 病則致憂 衣不解帶).《내훈 1:43~44》

3 슬허홈: 슬퍼함. '슬허ᄒᆞ(어간)+옴(명사형 어미)'이다. '슬허ᄒᆞ다'는 '슬퍼하다'의 옛말이다. 海虞令何子平이 어믜 거상애 그우시ᄅᆞᆯ ᄇᆞ리고 슬허호ᄆᆞᆯ 禮예 너모 ᄒᆞ야 ᄆᆡ샹 봄뇌야 우로매 다 주겟다가 ᄭᆡ더라(海虞令何子平 母喪去官 哀毁踰禮 每哭踊頓絶方蘇).《내훈 1:65》, 후에 거상 니버 슬허ᄒᆞ기ᄂᆞᆯ 너모 ᄒᆞ더라(後服喪過哀).《번소 9:22》

4 ᄀᆞ존: 갖춘. 'ᄀᆞᆽ(어간)+ᄋᆞ(매개모음)+ㄴ(관형사형 어미)'이다. 'ᄀᆞᆽ-'은 '갖추어지다'를 뜻하는 'ᄀᆞᆽ다'의 어간이고, 'ᄋᆞ'는 끝음절의 모음이 'ㆍ, ㅏ, ㅗ, ㅣ'인 동사, 형용사의 어간 뒤에 들어가는 매개모음이다. 내 아기 위ᄒᆞ야 어더 보고려 婆羅門이 그 말 듣고 고ᄫᆞᆫ ᄯᆞᆯ 얻니노라 ᄒᆞ야 빌머거 摩竭陁國 王舍城의 가니.《석상

6:13》, 明行足은 불군 횡뎌기 ᄀᆞᄌᆞ실ᄊᆡ라.《석상 9:3》

5 셤김이니라: 섬김이니라. '셤김(명사 상당어)+이('이다'의 어간)+니라(평서형 종결어미)'이다. '-니라'는 '이다'의 어간, 받침 없는 형용사 어간, 'ㄹ' 받침인 형용사 어간 또는 어미 '-으시-' 뒤에 붙어, 해라할 자리에 쓰여, 진리나 으레 있는 사실을 일러 줄 때에 예스럽게 쓰이는 종결어미이다. 모든 일을 다 잊어버려라. 잊는 것이 제일이니라.《김동인, 젊은 그들》

【增註】致는極也라樂은謂愉色婉容이라人子事親之心이自始至終히無一毫之不盡이라야可謂孝矣니라

致는 극진히 함이다. 樂은 온화한 얼굴빛과 공손한 모양이다. 人子가 어버이를 섬기는 마음은 처음부터 끝까지 한 털끝만큼이라도 극진하지 않음이 없어야 효라고 이를 수 있다.

漢字 愉(온화할 유, 기뻐할 유), 婉(순할 완), 毫(털 호)

事親者는居上不驕ᄒᆞ며爲下不亂ᄒᆞ며在醜不爭이니居上而驕則亡ᄒᆞ고爲下而亂則刑ᄒᆞ고在醜而爭則兵이니此三者를不除ᄒᆞ면雖日用三牲之養이라두猶爲不孝也ㅣ니라

● 어버이를 섬기는 사람은 위에 있어서는 교만하지 않으며, 아래가 되어서는 패역하지 아니하며 무리에 있어서는 다투지 않아야 하니, 위에 있으면서 교만하면 패망하고, 아래가 되어서 패역하면 죄를 입고, 무리에 있어 다투면 병기로 해를 입게 되니, 이 세 가지를 제거하지 않으면 비록 날마다 세 가지 희생의 봉양을 쓰더라도 오히려 불효가 된다.

漢字 醜(무리 추, 추할 추), 牲(희생 생)

소언 어버이 셤기ᄂᆞᆫ 이ᄂᆞᆫ 우희 이셔 교만티 아니ᄒᆞ며 아래 되야 거슯ᄡᅳ디 아니ᄒᆞ며 동뉴에 이셔 ᄃᆞ토디 아니ᄒᆞᄂᆞ니 우희 이셔 교만ᄒᆞ면

패망ᄒᆞ고 아래 되야셔 거슯ᄡᅳ면 죄 닙고 동뉴에 이셔 ᄃᆞ토면 병잠개예 해 ᄒᆡ이ᄂᆞ니 이 세 가지ᄅᆞᆯ 더디 아니ᄒᆞ면 비록 날마다 세 가짓 牲ᄉᆡᆼ[쇼와 양과 돋티라]으로 공양홈을 ᄡᅳᆯ디라도 오히려 不블孝효ㅣ 되ᄂᆞ니라

현대역 어버이 섬기는 이는 위에 있어 교만하지 아니하며, 아래 되어 거스르지 아니하며, 同僚에 있어 다투지 아니하니, 위에 있어 교만하면 패망하고, 아래 되어서 거스르면 죄를 입고, 동료에 있어 다투면 兵仗器에 해를 받게 하나니, 이 세 가지를 덜지 아니하면 비록 날마다 세 가지의 犧牲[소와 양과 돼지이라.]으로 공양함을 쓸지라도 오히려 불효가 된다.

1 되야셔: 되어서. '되(어간)+야셔(연결어미)'이다. '-야셔'는 'ᄒᆞ다'의 어간이나 끝음절의 모음이 'ㅣ'인 어간 뒤에 붙어, '-아서'를 뜻하는 어미이다. 어버ᅀᅵ며 아ᅀᆞ미며 버디며 아로리며 두루에 ᄒᆞ야셔 울어든.《석상 9:30》, ᄯᅩ 八相ᄋᆞᆯ 넘디 아니ᄒᆞ야셔 마ᄂᆞ니라.《월석 석서:3》

2 병잠개: 병장기(兵仗器). 예전에, 병사들이 쓰던 온갖 무기. 병잠개예와 막대예 샹커나(爲兵杖所加).《구간 1:81》

3 ᄒᆡ이ᄂᆞ니: 받게 하나니. 'ᄒᆡ이(어간)+ᄂᆞ(현재 시제 선어말어미)+니(연결어미)'이다. 'ᄒᆡ이'는 'ᄒᆞ다'의 사동사인 'ᄒᆡ이다[하게 하다, 시키다]'의 어간이다. '-ᄂᆞ니'는 동사, 형용사 어간 뒤에 붙어, '-(으)니'를 뜻하는 어미이다. 金輪王 아ᄃᆞ리 出家ᄒᆞ라 가ᄂᆞ니 그듸내 各各 ᄒᆞᆫ 아ᄃᆞᆯ옴 내야 내 孫子 조차가게 ᄒᆞ라 ᄒᆞ시니.《석상 6:9》, 네 이제 사ᄅᆞᄆᆡ 모ᄆᆞᆯ 得ᄒᆞ고 부텨를 맛나 잇ᄂᆞ니 엇뎨 게을어 法을 아니 듣ᄂᆞᆫ다.《석상 6:11》, 아래 되야셔 거슯ᄡᅳ면 죄 닙고 동뉴에 이셔 ᄃᆞ토면 병잠개예 해ᄒᆡ이ᄂᆞ니(爲下而亂則刑 在醜而爭則兵).《소언 2:33》

4 ᄉᆡᆼ: 희생(犧牲). 천지신명 따위에 제사 지낼 때 제물로 바치는, 산 짐승. 주로 소, 양, 돼지 따위를 바친다. 유의어: 뇌생(牢牲), 생뢰(牲牢), 전희(牷犧), 희생물(犧牲物).

5 ᄡᅳᆯ디라도: 쓸지라도. 'ᄡᅳ(어간)+ㄹ(관형사형 어미)+ᄃᆞ(의존명사)+이(서술격 조사 '이다'의 어간)+라도(연결어미)'로 나뉜다. 그러나 'ㄹ+ᄃᆞ+이+라도'는 '-ㄹ디라도'의 형태로, 하나의 연결어미로 재구조화한 것으로 볼 수 있다. 따라서 해라할 자리에 쓰여, '-ㄹ지라도'로 풀이한다. 비록 ᄆᆞᅀᆞᄆᆞ로 迷케 ᄒᆞᆯ디라도

生死ㅣ 또 괴외컨마른 오직 迷호ᄆᆞᆯ 브틀ᄉᆡ 妄히 生死ㅣ ᄀᆞᆮᄒᆞ니라(縱使心迷生死亦寂 但緣迷故妄似死生).《원각 상2-3:29》, 또 이 聖人ㅅ 그텟 이리니 비록 시혹 나ᄐᆞᆯ디라도 조ᅀᆞᄅᆞᄫᅵ ᄡᅮ미 몯ᄒᆞ리라(亦是聖末邊事 雖或現之 不可要用).《목우 11》

【集解】驕는矜肆요亂은悖逆이라醜는類요爭은鬪也라兵은以兵刃相加也라三牲은牛羊豕也라

驕는 자랑하고 방자함이요, 亂은 패역이다. 醜는 무리요, 爭은 싸움이다. 兵은 병기로써 서로 가함이다. 三牲은 소, 양, 돼지이다.

漢字 矜(자랑할 긍), 肆(방자할 사), 刃(칼날 인), 豕(돼지 시)

【增註】三者不除면灾(災)將及親하리니其爲不孝大矣라口體之奉이豈足贖哉리오

세 가지를 제거하지 않으면 재앙이 장차 부모에게 미칠 것이니, 그 불효됨이 크다. 口體의 봉양으로 어찌 족히 속죄할 수 있겠는가?

漢字 贖(속죄할 속)

〖三十七章〗

○孟子ㅣ曰世俗所謂不孝者ㅣ五ㅣ니惰其四支ᄒᆞ야不顧父母之養이一不孝也ㅣ오博奕好飮酒ᄒᆞ야不顧父母之養이二不孝也ㅣ오好貨財私妻子ᄒᆞ야不顧父母之養이三不孝也ㅣ오從縱耳目之欲ᄒᆞ야以爲父母戮六이四不孝也ㅣ오好勇鬪狠下懇切ᄒᆞ야以危父母ㅣ五不孝也ㅣ니라 《孟子 離婁下》

● 맹자가 말하였다. "세속의 이른바 불효라는 것이 다섯이니, 그 사지를

게을리 하여 부모의 봉양을 돌보지 않음이 첫째 불효요, 장기를 두고 바둑을 두며 술 마시기를 좋아하여 부모의 봉양을 돌보지 않음이 둘째 불효요, 재물을 좋아하며 처와 자식을 편애하여 부모의 봉양을 돌보지 않음이 셋째 불효요, 귀와 눈의 욕망을 따라 부모를 욕되게 함이 넷째 불효요, 용맹을 좋아하고 싸우고 사나워 부모를 위태롭게 함이 다섯째 불효이다."

漢字 **顧**(돌아볼 고), **博**(넓을 박, 장기 박), **奕**(바둑 혁, 클 혁), **私**(편애할 사, 사사로울 사), **戮**(욕보일 륙, 죽일 륙, 죄 주을 륙), **狠**(사나울 한, 개 싸우는 소리 한)

소언 孟ᄆᆡᆼ子ᄌᆞㅣ ᄀᆞᆯᄋᆞ샤ᄃᆡ 世셰俗쇽애 니ᄅᆞᄂᆞᆫ 밧 不불孝효ㅣ 다ᄉᆞᆺ시니 그 四ᄉᆞ支지ᄅᆞᆯ 게을이ᄒᆞ야 父부母모의 공양을 도라보디 아니홈이 ᄒᆞᆫ 不불孝효ㅣ오 상뉵 바독ᄒᆞ고 술 먹기를 됴히 녀겨 父부母모의 공양을 도라보디 아니홈이 두 不불孝효ㅣ오 보화와 ᄌᆡ믈을 됴히 녀기며 妻쳐子ᄌᆞᄅᆞᆯ ᄉᆞᄉᆞ로이 ᄒᆞ야 父부母모의 공양을 도라보디 아니홈이 세 不불孝효ㅣ오 귀와 눈의 욕심을 방죵히 ᄒᆞ야 ᄡᅧ 父부母모의 욕이 되에 홈이 네 不불孝효ㅣ오 용ᄆᆡᆼ을 됴히 녀겨 싸홈 싸호며 거슯ᄡᅧ ᄡᅧ 父부母모ᄅᆞᆯ 위ᄐᆡ케 홈이 다ᄉᆞᆺ 不불孝효ㅣ니라

현대역 맹자가 말씀하시되. "세속에 이르는 바의 불효가 다섯이니 그 사지를 게을리 하여 부모의 공양을 돌아보지 아니함이 한 불효요, 雙六 바둑하고 술 먹기를 좋게 여겨 부모의 공양을 돌아보지 아니함이 두 불효요, 보화와 재물을 좋게 여기며 처자를 사사로이 하여[처자만 사사로이 사랑하여] 부모의 공양을 돌아보지 아니함이 세 불효요, 귀와 눈의 욕심을 放縱히 하여 써 부모의 욕이 되게 함이 네 불효요, 勇猛을 좋게 여겨 싸움 싸우며 거슬려 써 부모를 위태하게 함이 다섯 불효이니라."

1 밧: 바의. '바(의존명사)+ㅅ(관형격 조사)'이다. 'ㅅ'은 'ㄱ, ㅋ, ㆁ, ㄷ, ㅌ, ㄴ, ㄹ, ㅂ, ㅍ, ㅁ, ㅸ'으로 끝나는 체언류나 받침 없는 체언류 뒤에 붙어, 무정 체언과 존칭 체언류 뒤에 붙어, '의'를 뜻하는 조사이다. 龍鬼 위ᄒᆞ야 說法ᄒᆞ샤미 부텻 나히 셜흔둘히러시니 穆王 여슷찻 ᄒᆡ 乙酉ㅣ라.《석상 6:1》, 네 迦毗羅國에

가아 아바닚긔와 아ᄌᆞ마닚긔와 아자바님내의 다 安否ᄒᆞᄉᆞᆸ고.《석상 6:1》, 모로매 모딘 ᄠᅳ들 그치고 慈悲ㅅ 힝뎌글 ᄒᆞ야ᅀᅡ ᄒᆞ릴씨 沙彌라 ᄒᆞ니라.《석상 6:2》

2 ᄉᆞ지: 사지(四肢). 사람의 두 팔과 두 다리를 통틀어 이르는 말.

3 상뉵: 쌍륙(雙六). 놀이의 하나. 여러 사람이 편을 갈라 차례로 두 개의 주사위를 던져서 나오는 사위대로 말을 써서 먼저 궁에 들여보내는 놀이이다.

4 ᄉᆞᄉᆞ로이: 사사(私私)로이. 공적(公的)이 아닌 개인적인 범위나 관계의 성질이 있게. 'ᄉᆞᄉᆞ로이'는 16세기 문헌에서부터 나타난다. 이 단어는 한자어 'ᄉᆞᄉᆞ'에 형용사 파생접사 '-롭-'이 결합하여 이루어진 '사사롭다'에 부사화 접사 '-이'가 결합된 단어이다. 'ᄉᆞᄉᆞ'는 20세기 초 현대맞춤법의 확산에 따라 'ᄉᆞᄉᆞ'가 '사사'로 표기되어 현재 어형으로 정착되었다. ᄉᆞᄉᆞ로이(16세기~19세기)〉사사로이(20세기~현재). 이형태: ᄉᆞᄉᆞ로이, ᄉᆞᄉᆞ로히. 妻처子ᄌᆞ를 ᄉᆞᄉᆞ로이 ᄒᆞ야 父부母의 공양을 도라보디 아니홈이.《1588 소언 본 장》, 쳐ᄌᆞ(妻子)를 ᄉᆞᄉᆞ로이 ᄒᆞ믈 삼 블쾨라.《1765 경세 26ㄱ》, 원릭 구쥬를 ᄯᅡᄅᆞᄂᆞᆫ님은 젼ᄃᆡ의 은을 ᄉᆞᄉᆞ로히 쓰랴홈이라.《1894 천로 상:126ㄱ》

5 방죵히: 방종(放縱)히. 제멋대로 행동하여 거리낌이 없이. '방죵ᄒᆞ다'는 16세기 문헌에서부터 나타난다. 이 단어는 한자어 '방죵'과 'ᄒᆞ다'의 결합으로 이루어진 말이다. '방죵'은 'ㆁ'의 음가 소멸과 20세기 초의 현대맞춤법으로 '방종'으로 표기되고, 'ᄒᆞ다'도 현대맞춤법이 확산됨에 따라 '하다'로 바뀌어 현재의 어형으로 정착되었다. 방죵ᄒᆞ다(16세기)〉방죵ᄒᆞ다(17세기~19세기)〉방종하다(20세기~현재). 이형태: 방죵ᄒᆞ다, 방죵ᄒᆞ다. 귀와 눈의 욕심을 방죵히 ᄒᆞ야 ᄡᅥ 父부母모의 욕이 되에홈이.《1587 소언 본 장》, 禮졀을 자브며 덛덛ᄒᆞᆫ 거슬 자브믄 방죵ᄒᆞ며 너므미 업스미오.《17세기 여훈 하:24ㄱ》

【集說】陳氏曰四支는手足也라顧는猶念也라博은局戲요奕은圍棊라戮은羞辱也요狠은忿戾也라

진 씨가 말하였다. "四支는 팔과 다리이다. 顧는 돌봄과 같다. 博은 판으로 놀이함이요, 奕은 바둑이다. 戮은 부끄럽고 욕됨이요, 狠은 성내고 어그러짐이다.

漢字 局(판 국), 圍(에워쌀 위), 棊(바둑 기), 羞(부끄러울 수), 忿(성낼 분), 戾(어그

러질 려)

위기(圍碁): 바둑 두는 일,

〖三十八章〗

○曾子ㅣ曰身也者는父母之遺體也ㅣ니行父母之遺體호되敢不敬乎아居處不莊이非孝也ㅣ며事君不忠이非孝也ㅣ며莅官不敬이非孝也ㅣ며朋友不信이非孝也ㅣ며戰陳陣無勇이非孝也ㅣ니五者를不遂ㅣ면災及於親이니敢不敬乎아 《禮記 祭義》

●증자가 말하였다. "몸이란 것은 부모가 남겨주신 형체니, 부모가 남겨주신 형체를 받들되, 감히 공경하지 않겠는가? 거처함에 엄정하지 않음은 효가 아니며, 임금을 섬김에 충성하지 않음은 효가 아니며, 벼슬 임함에 공경하지 아니함은 효가 아니며, 친구 간에 믿음이 없음은 효가 아니며, 싸우거나 진을 침에 용맹이 없음은 효가 아니다. 다섯 가지를 이루지 못하면 재앙이 그 어버이에게 미치니, 감히 공경하지 않겠는가?"

漢字 莊(엄정할 장), 莅(임할 리, 다다를 리), 陳(진칠 진), 遂(이를 수)

소언 曾증子ᄌᆞㅣ ᄀᆞᆯᄋᆞ샤ᄃᆡ 몸이란 거슨 父부母모의 기티신 얼굴이니 父부母모 기티신 얼굴을 가져 ᄃᆞᆫ뇨ᄃᆡ 敢감히 공경티 아니ᄒᆞ랴 샹해 이숌애 엄졍티 아니홈이 효도ㅣ 아니며 님금 셤굠애 튱셩티 아니홈이 효도ㅣ 아니며 구의를 디늘어 공경티 아니홈이 효도ㅣ 아니며 벋의게 믿비 아니홈이 효도ㅣ 아니며 싸홈 싸호는 항딘에 용밍 업슴이 효도ㅣ 아니니 다ᄉᆞᆺ 거슬 일우디 몯ᄒᆞ면 ᄌᆡ화 그 어버의게 믿츠리니 敢감히 공경티 아니ᄒᆞ랴

현대역 증자가 말씀하시되, "몸이란 것은 부모의 남기신 형체이니, 부모 남기

신 형체를 가져 다니되, 감히 공경하지 아니하랴? 늘 있음에 嚴正하지 아니함이 효도가 아니며, 임금 섬김에 충성하지 아니함이 효도가 아니며, 벼슬을 임하여 공경하지 아니함이 효도가 아니며, 벗에게 미쁘게 아니함이 효도가 아니며, 싸움 싸우는 行陣에 용맹 없음이 효도가 아니니, 다섯 것을 이루지 못하면 災禍가 그 어버이에게 미치리니 감히 공경하지 아니하랴?"

1 기티신: 끼치신. 남기신. '기티(어간)+시(주체 높임 선어말어미)+ㄴ(관형사형어미)'이다. '기티다'에 대한 자세한 설명은 〈명륜(明倫) 제2〉 제27장을 참조하라.

2 얼굴: '모습', '형체'의 옛말이다. 智ᄂᆞᆫ 本來 아로미 업거늘 識 다ᄉᆞ로 얼구를 아라 妄心이 ᄃᆞ외ᄂᆞ니.《월석 2:21》, ᄀᆞᄅᆞᇝ 우흿 얼구른 내 ᄒᆞ올로 늘구니(江上形容吾獨老).《두시-초 11:36》

3 ᄃᆞᆫ뇨ᄃᆡ: 다니되. 'ᄃᆞᆫ니(어간)+오ᄃᆡ(연결어미)'이다. '-오ᄃᆡ'는 선행 음절의 모음이 'ㆍ, ㅏ, ㅗ, ㅣ, 반모음 ㅣ'인 경우에 붙어, '-으되'를 뜻하는 어미이다. 置陣이 ᄂᆞᆷ과 다ᄅᆞ샤 아ᅀᆞᄫᆞᄃᆡ 나ᅀᅡ오니 믈러가던뎬 목숨 ᄆᆞᄎᆞ리잇가(置陣異他 知亦進當 如其退避 性命奚戕).《용가 51장》, 淨飯이 무러시ᄂᆞᆯ 占者ㅣ 判ᄒᆞᅀᆞᄫᆞᄃᆡ 聖子ㅣ 나샤 正覺 일우시리.《월곡 상:6》. 현대국어 '다니다'의 옛말인 'ᄃᆞᆮ니다'는 15세기 문헌에서부터 나타난다. 'ᄃᆞᆮ니다'는 '달리다'의 의미인 'ᄃᆞᆮ-'과 '가다'의 의미인 '니-'가 결합한 합성어이다. 15세기부터 'ᄃᆞᆮ니다'와 함께 'ᄃᆞᆮ-'의 종성 'ㄷ'이 후행하는 '니-'의 초성 'ㄴ'에 동화되어 'ᄃᆞᆫ니다'가 나타난다. 16세기 이후 'ᄃᆞᆫ니다'에서 제1음절 종성 'ㄴ'이 탈락한 'ᄃᆞ니다'로 나타난다. 18세기 이후 제1음절의 'ㆍ'가 'ㅏ'로 변화됨에 따라 19세기 이후 '다니다'로 나타나 현재에 이르렀다. 15세기의 'ᄃᆞᆫ이다'는 'ᄃᆞ니다'를 분철 표기한 것이다. 17세기의 'ᄃᆞᆺ니다'는 종성 'ㄷ'을 'ㅅ'으로 표기하던 당시의 경향에 따라 나타난 표기이다. 19세기의 '단니다'는 'ᄃᆞᆫ니다'의 제1음절 모음 'ㆍ'가 'ㅏ'로 변화한 것이며, 'ᄃᆡᆫ니다'는 'ᄃᆞᆫ니다'의 제1음절 모음 'ㆍ'가 후행하는 'ㅣ'의 영향으로 'ㆎ'로 나타난 것이다. ᄃᆞᆮ니다(15세기~17세기)〉ᄃᆞᆫ니다(15세기~19세기)〉ᄃᆞ니다(16세기~18세기)〉다니다(19세기~현재). 이형태: ᄃᆞᆮ니다, ᄃᆞᆫ니다, ᄃᆞᆫ이다, ᄃᆞ니다, ᄃᆞᆺ니다, ᄃᆡᆫ니다, 단니다, 다니다. 五百 靑衣ᄅᆞᆯ ᄀᆞᆯᄒᆡ야 졋어미 조차 ᄃᆞᆮ니며.《1447 석상 3:4ㄴ》, 商ᄋᆞᆫ 두루 ᄃᆞᆫ녀 흥졍ᄒᆞᆯ 씨오.《1447 석상 20:25ㄱ》, 賤謀ᄂᆞᆫ 任昉이 ᄃᆞᆫ이ᄂᆞᆫ ᄃᆞᆺᄒᆞ도다.《1481 두시-초 24:43ㄱ》, 巡 ᄆᆞᄅᆞ거를 슌 두루 ᄃᆞ닐 슌.《1576 신합 하:37ㄱ》

4 엄졍티: 엄정(嚴正)하지. 엄격하고 바르지. '엄졍ᄒᆞ(어간)+디(보조적 연결어미)'이다. 어간 일부인 'ᄒᆞ'의 'ㆍ'가 탈락하면서 어미 '디'의 'ㄷ'과 축약된 결과이다.

5 믿비: 미쁘게. 자세한 설명은 〈입교(立敎) 제1〉 제10장을 참조하라.

6 항딘: 행진(行陣). 군대가 대열을 지어 먼 거리를 이동하는 일. 싸홈 싸호는 항딘에 용밍 업슴이 효도ㅣ 아니니(戰陳無勇 非孝也).《소언 2:35》

7 일우디: 이루지. '일우(어간)+디(보조적 연결어미)'이다. 현대국어 '이루다'의 옛말인 '일우다'는 15세기 문헌에서부터 나타난다. '일우다'는 '이루어지다'의 의미를 갖는 동사 '일-'과 사동접사 '-우-'가 결합한 것이다. '일-'의 종성 'ㄹ'이 연철되지 않은 것으로 보아 '일우다'에서 '우'의 초성 'ㅇ'은 성문 마찰 유성음 [ɦ]임을 알 수 있다. 16세기 이후 성문 마찰 유성음 'ㅇ'이 사라지면서 제1음절 종성 'ㄹ'이 연철 표기되어 '이루다'가 되었는데, 문헌상으로는 18세기에 비로소 '이루다'의 예가 나타난다. 한편 동사 '일-'에 사동접사 '-오-'가 결합한 '일오다' 형태도 15세기부터 '일우다'와 공존하였는데, 19세기 이후로는 사라졌다. 일우다(15세기~19세기)〉이루다(18세기~현재). 이형태: 일우다, 일오다, 이루다. 成佛은 부텻 道理를 일우실씨라.《1447 석상 3:1ㄱ》, 五白울 블로니 옷 메와ᄉᆞ며 발 바사도 이긔유믈 일오디 몯ᄒᆞ리로다.《1481 두시-초 11:40ㄱ》, 구ᄒᆞ면 므스 거슬 얻디 몯ᄒᆞ며 ᄒᆞ고져 ᄒᆞ면 므스 거슬 일우디 몯ᄒᆞ리오마론.《1518 번소 8:20ㄱ》, 잡ᄆᆞᄉᆞ미 업서 온 가짓 이를 다 일오리라 ᄒᆞ야늘.《1518 번소 10:35ㄱ》

8 ᄌᆡ홰: 재화(災禍)가. 'ᄌᆡ화(명사)+이(주격 조사)'이다. 'ᄌᆡ화'는 '재화'의 옛말로, '재앙(災殃)과 화난(禍難)을 아울러 이르는 말'이다.

【集說】吳氏曰行은猶奉也라莅는臨也라交兵曰戰이요制行伍曰陣이라遂는成也라曰莊曰忠曰敬曰信曰勇은皆孝之事也니五者不遂하면則不可以爲孝而身及於灾矣요身灾則及於親矣니此는君子所以不可不敬也니라或疑奉遺體而曰戰陳無勇은何哉오蓋殺身成仁而孝在其中矣니라

오 씨가 말하였다. "行은 받듦과 같다. 莅는 임함이다. 병기를 엇갈림을 戰이라 하고, 항오(行伍)를 지음을 陳이라 한다. 遂는 이룸이다. 莊이니

忠이니 敬이니 勇이니 함은 모두 孝의 일이니, 다섯 가지를 이루지 못하면 孝가 될 수 없고 몸이 재앙에 미친다. 몸이 재앙을 당하면 어버이에게 미치니 이것은 군자가 공경하지 않을 수 없는 이유이다. 혹자가 '부모가 남겨준 형체를 받들어야 하는데, (그 반대로) 싸우거나 진을 침에 용맹이 없다고 말함은 어째서인가?' 하고 의심하니, (이는) 대개 몸을 죽여 仁을 이루면 효가 그 가운데에 있음이다."

漢字 交(엇갈릴 교), 伍(대오 오)

孝在其中矣: 그 가운데에 있음이다. 즉 그 가운데 있음을 모르기 때문이다.

〖三十九章〗

○孔子ㅣ曰五刑之屬이三千ㅣ로ᄃᆡ而罪이莫大於不孝ᄒᆞ니라

《孝經》

● 공자가 말씀하셨다. "다섯 가지 형벌의 종류가 3천인데, 죄는 불효보다 큰 것이 없다."

소언 孔공子ᄌᆞㅣ ᄀᆞᄅᆞ샤ᄃᆡ 다ᄉᆞᆺ 가지 형벌의 뉴ㅣ 三삼千쳔이로ᄃᆡ 罪죄ㅣ 不불孝효에셔 큰 이 업ᄉᆞ니라

현대역 공자가 말씀하시되, "다섯 가지 형벌의 종류가 삼천이로되, 죄가 불효에서 큰 이[것] 없느니라."

업ᄉᆞ니라: 없느니라. '없(어간)+ᄋᆞ(매개모음)+니라(평서형 종결어미)'이다. '-ᄋᆞ니라'는 'ㄹ'을 제외한 받침 있는 형용사 어간 뒤에 붙어, 해라할 자리에 쓰여, 진리나 으레 있는 사실을 일러 줄 때에 쓰이는 종결어미이다. 시골 길은 대개가 좁ᄋᆞ니라.

【集說】陳氏曰五刑은墨劓剕宮大辟闢也니墨者는刺面이요劓

者는割鼻요剕者는刖足이요宮者는去勢요大辟은死刑也라按書呂刑에墨屬千이요劓屬千이요剕屬五百이요宮屬三百이요大辟之屬二百이니凡三千條라刑은所以罰惡이니惡莫大於不孝라故로罪莫大於不孝니라

진 씨가 말하였다. "다섯 가지 형벌은 묵(墨), 의(劓), 비(剕), 궁(宮), 대벽(大辟)이다. 墨은 얼굴에 자자(刺字)함이요, 劓는 코를 벰이요, 剕는 발을 벰이요, 宮은 거세함이요, 大辟은 사형이다. 《서경》의 〈여형(呂刑)〉에 살피건대, 墨刑의 종류가 천이요, 劓刑의 종류가 천이요, 剕刑의 종류가 5백이요, 宮刑의 종류가 3백이요, 大辟의 종류가 2백이니, 모두 3천 가지이다. 刑은 악행을 벌주는 것이니, 악행은 불효보다 큰 것이 없다. 그러므로 죄 또한 불효보다 큰 것이 없다."

漢字 屬(붙이 속), 墨(刺字할 묵), 劓(코 벨 의), 剕[발뒤꿈치 벨 비=刖(월)], 宮(궁형 궁), 辟(형벌 벽), 大辟(사형), 刺(찌를 자)

右는明父子之親ᄒᆞ니라

이상은 父子의 친함을 밝힌 것이다.

소언 이 우ᄒᆞᆫ 아버지와 아ᄃᆞᆯ의 친ᄒᆞᆷ을 ᄇᆞᆯ키니라

현대역 이 위는 아버지와 아들의 친함을 밝히느니라.

1 우ㅎ: '위'의 옛말이다. 휴지(休止) 앞에서는 'ㅎ'이 탈락하여 '우'로 나타난다. 아래로 阿鼻地獄애 니르며 우흐로 有頂에 니르리 잇ᄂᆞᆫ 것과 衆生이 다 가온ᄃᆡ 現ᄒᆞ여.《석상 19:23》, 하ᄂᆞᆯ 우콰 하ᄂᆞᆯ 아래 나ᄲᅮᆫ 尊호라.《월석 2:38》, 우 ᄀᆞᆮ다 ᄒᆞ샤ᄆᆞᆫ 隨喜品을 니ᄅᆞ시니라.《월석 18:58》

2 ᄇᆞᆯ키니라: 밝히니라. 'ᄇᆞᆯ키(어간)+니라(평서형 종결어미)'이다. 'ᄇᆞᆯ키-'는 'ᄇᆞᆯ키다'의 어간이고, 'ᄇᆞᆯ키다'는 현대국어 '밝다'의 사동사인 '밝히다'의 옛말이다. 불빛 따위로 어두운 곳을 환하게 하다. 현대국어 '밝히다'의 옛말인 'ᄇᆞᆯ기다'는 15세기

문헌에서부터 나타난다. 이 단어는 '밝다'의 뜻인 '붉-'에 사동접사 '-이-'가 결합되어 이루어진 단어이다. 16세기부터는 사동접사 '-히-'가 결합된 '불키다'도 함께 쓰였으며, 19세기에는 'ㆍ'의 음가 변동으로 '불'이 '발'로 바뀐 '발키다'가 쓰였다. 20세기 초 맞춤법이 확산되면서 현재의 어형이 정착되었다. 불기다(15세기~17세기)〉불키다(16세기~19세기)〉발키다(19세기)〉밝히다(20세기~현재). 이형태: 불기다, 불키다, 밝이다, 붉이다. 特別히 업디 아니ᄒᆞᆫ 理ᄅᆞᆯ 도아 ᄇᆞᆯ기샤 行ᄒᆞᆯ ᄶᅡᄅᆞᆯ ᄻᅧ 내실 ᄯᆞᄅᆞ미시니.《1463 법화 3:56ㄱ》, 이 우ᄒᆞᆫ 아비와 아ᄃᆞᆯ의 친홈을 ᄇᆞᆯ키니라.《1588 소언 본 장》

飜번譯역小쇼學혹卷권之지三삼 內ᄂᆡ篇편

【四十章】

○禮記예曰將適公所홀싀宿齊莊皆切戒ᄒᆞ야居外寢ᄒᆞ며沐浴ᄒᆞ고史進象笏이어든書思對命이니旣服ᄒᆞ고習容觀貫玉聲ᄒᆞ야乃出이니라 《禮記 玉藻》

●《예기》에 말하였다. "장차 임금이 계신 곳에 갈 적에는, 미리 재계하여 바깥 침실에서 거처하며 목욕하고, 文史를 관장하는 자가 상아홀을 올리거든 생각한 것과 대답할 것과 명하신 것을 쓸 것이니, 이미 朝服을 입고 용모와 거동과 패옥소리를 익히고서 이에 나간다."

漢字 宿(미리 숙, 묵힐 숙), 齊(재계할 재), 沐(머리 감을 목, 씻을 목), 浴(목욕 욕)

1 《번역소학》 제3권은 《소학》 〈명륜(明倫) 제2〉 제40장~제108장[〈명륜〉끝]인데, 제40장부터 제42장 제3구 대문(大文)까지가 낙장이다. 제42장 제3구 번역문부터 권3에 실려 있다.

2 용관(容觀): 용모와 거동.

소언 禮례記긔예 ᄀᆞᆯ오ᄃᆡ 쟝ᄎᆞᆺ 님금 겨신 곧애 갈시 미리 齊지戒계ᄒᆞ

야 받 침실에 이시며 목욕ᄒᆞ고 史ᄉᆞ[글월 ᄀᆞ옴안 사ᄅᆞᆷ이라]ㅣ 샹아홀을 드려든 ᄉᆡᆼ각ᄒᆞᆫ 것과 ᄃᆡ답ᄒᆞ올 것과 命명ᄒᆞ신 것슬 쓸 디니 이믜 옷 닙고 용모 거동과 패옥 소ᄅᆡ롤 닉여 나갈 디니라

현대역 《예기》에 가로되, "장차 임금 계신 곳에 가므로, 미리 재계하여 밖 침실에 있으며 목욕하고, 史[글월 주관한 사람이라.]가 상아홀을 들이거든 생각한 것과 대답할 것과 명하신 것을 쓸 것이니, 이미 옷 입고 용모 擧動과 패옥 소리를 익혀 나갈 것이니라."

1 갈ᄉᆡ: 가므로. '가(어간)+ㄹᄉᆡ(연결어미)'이다. '-ㄹᄉᆡ'는 동사, 형용사 어간 뒤에 붙어, '-(으)므로'를 뜻하는 어미이다. ᄒᆞ다가 둘헤 兼ᄒᆞᆯ딘댄 物와 體왜 雜亂ᄒᆞ리니 物이 體의 아로미 아닐ᄉᆡ 펴니 이러 둘히 셔리어니 엇데 中이 ᄃᆞ외리오(若兼二者 物體雜亂 物非體知 成敵兩立 云何爲中).《능엄 1:72》, 프리 기프니 市井을 迷失ᄒᆞ리로다 ᄡᅡ히 幽辟ᄒᆞᆯᄉᆡ 옷 ᄀᆞ외 니부믈 게을이 ᄒᆞ노라(草深迷市井 地僻懶衣裳).《두시-초 7:5》

2 ᄀᆞ옴안: 주관한. 'ᄀᆞ옴알(어간)+ㄴ(관형사형 어미)'이다. 어간 말 자음 'ㄹ'이 어미 초 자음 'ㄴ' 앞에서 탈락한 어형이다. '-ㄴ'은 받침 없는 동사 어간, 'ㄹ' 받침인 동사 어간 또는 어미 '-으시-' 뒤에 붙어, 앞말이 관형어 구실을 하게 하고, 사건이나 행위가 과거 또는 말하는 이가 상정한 기준 시점보다 과거에 일어남을 나타내는 관형사형 전성어미이다. 'ᄀᆞ옴알다'는 '가말다[헤아려 처리하다.]', '주관하다'의 옛말이다. 현대국어 '가말다'의 옛말인 'ᄀᆞᅀᆞᆷ알다'는 15세기 문헌에서부터 나타난다. 'ᄀᆞᅀᆞᆷ알다'는 어원적으로 'ᄀᆞᅀᆞᆷ'과 '알다'가 결합한 것으로, 'ᄀᆞᅀᆞᆷ'과 '알다'가 연철 표기된 'ᄀᆞᅀᆞ말다'로 나타나기도 하는 한편, 분철 표기된 'ᄀᆞᅀᆞᆷ알다'로 나타나기도 하였다. 'ᄀᆞᅀᆞᆷ알다'는 16세기 이후 'ㅿ'이 표기에서 사라짐에 따라 'ᄀᆞ옴알다'가 되었고, 17세기 이후 제2음절 이하에서 'ㆍ'가 'ㅡ'로 변함에 따라 'ᄀᆞ음알다'와 같은 형태로 바뀌었다. 제1음절의 'ㆍ'는 근대국어 시기 이후 'ㅏ'와 발음이 구분되지 않아 '가음알다'로도 표기되었다. 19세기 후반 이후 '가음'이 한 음절로 축약된 후 연철 표기됨에 따라 오늘날과 같은 형태인 '가말다'가 되었다. ᄀᆞᅀᆞᆷ알다(15세기~16세기)〉ᄀᆞ옴알다(16세기~18세기)〉ᄀᆞ음알다(17세기~19세기)〉가음알다(19세기)〉가말다(19세기~현재). 이형태: ᄀᆞᅀᆞᆷ알다, ᄀᆞᅀᆞ말다, ᄀᆞ옴알다, ᄀᆞᄋᆞ말다, ᄀᆞ음알다, ᄀᆞ으말다, 가음알다,

가음말다, 가말다. 琰魔王이 사름 罪 주는 法 ᄀᆞᅀᆞᆷ아는 王일ᄊᆡ 法王이라 ᄒᆞᄂᆞ니라.《1447 석상 9:30ㄱ》, 黃閣애 기리 諫爭호ᄆᆞᆯ ᄀᆞᅀᆞ말리로소니 丹墀예 녯 버디 이시리로다.《1481 두시-초 23:42ㄱ》, 涯ㅣ 보야호로 정승 位예 이셔 지릿 權을 ᄀᆞᄋᆞᆷ아랏더니.《1588 소언 6:114ㄴ》. 이두로 기록된 문헌에서 'ᄀᆞᅀᆞᆷ알다'는 '次知'로 표기되었으며, 그 일의 행위자 혹은 주관자를 가리킬 때는 'ᄀᆞᅀᆞᆷ알이'로 읽히었다. 즉 'ᄀᆞᅀᆞᆷ알이'는 어떤 일을 맡은 '주관자' 혹은 '담당자'를 의미한다. 'ᄀᆞᅀᆞᆷ알다'의 'ᄀᆞᅀᆞᆷ'이 '옷감'이라 할 때의 '감'의 고어형 'ᄀᆞᅀᆞᆷ'과 그 의미가 직접 연결되는 것은 아니지만, 의미적 연관성은 있다. 그런데 이두 어휘 '次知'는 현대국어에서 음독되어 '차지'로 쓰인다. "이건 내 차지고 저건 네 차지다."와 같이 '소유'나 '몫'의 의미를 표현하여 그 뜻이 약간 달라졌다. 결론적으로 말해, 현대국어에서 '次知'의 훈독 어형 '가말다'는 그 쓰임이 매우 드물어졌고, 음독 어형 '차지'가 주로 쓰이며 그 의미도 약간 변했다고 할 수 있다.

3 드려든: 들이거든. '드리(어간)+어든(연결어미)'이다. '드리다'는 '들이다', '들게 하다'의 옛말이다. 納ᄋᆞᆫ 드릴씨오.《월석 서:8》(현대역: 납은 들이는 것이고.), 지븨 두고 가리라 ᄒᆞ야 지븨 드려 두고 ᄒᆞᆫ 부체를 다ᄃᆞ니 ᄒᆞᆫ 부체 열이곰 홀ᄊᆡ.《월석 7:9》(현대역: "집에 두고 가리라." 하고, 집에 들여 놓고 한 문짝을 닫으니 다른 문짝이 열리곤 하므로.). '-어든'은 동사 어간 뒤에 붙어, '-거든'을 뜻하는 어미이다. 막다히며 디새며 돌ᄒᆞ로 텨든 조치여 ᄃᆞ라 머리 가셔 아셔 ᄉᆞ지 高聲으로 닐오ᄃᆡ.《석상 19:31》, 닐구븐 法律에 그른 이롤 지ᅀᅥ든 半ᄃᆞ롤 모든 ᄃᆡ 가 懺悔홀씨오.《월석 10:21》

【集說】陳氏曰適은往也요公所는君所也라宿은前期也라史는掌文史者라史는卽府史之史니吏之掌文書者也라笏者는忽也니書事以備忽忘者라思는謂所思告君者요對는謂所擬對君者요命은謂君命이니三者를皆書之於笏은敬謹之至也라容觀은容貌儀觀也요玉聲은佩玉之聲也라

진 씨가 말하였다. "適은 감이요, 公所는 임금이 계신 곳이다. 宿은 기한보다 앞섬이다. 史는 文史를 관장하는 자이다[史는 즉 府史의 史니, 관리는

문서를 관장하는 자이다.]. 笏은 잊음이니, 일을 써서 잊음에 대비하는 것이다. 思는 임금에게 아뢸 것을 생각하는 것을 이름이요, 對는 임금에게 대답할 것을 헤아리는 것을 이름이요, 命은 임금의 명령을 이름이니, 세 가지를 모두 홀에 씀은 공경과 삼감이 지극한 것이다. 容觀은 용모와 儀觀[거동]이요, 玉聲은 佩玉의 소리이다."

漢字 忽(잊을 홀), 擬(헤아릴 의, 비길 의), 儀(거동 의), 觀(볼 관),

의관(儀觀): 거동.

〖四十一章〗

○曲禮예曰凡爲君使者ㅣ已受命ᄒᆞ얀君言을不宿於家ㅣ니라

《禮記 曲禮》

●〈곡례〉에 말하였다. "무릇 임금의 심부름꾼이 된 자는 이미 명을 받고서는 임금의 말씀을 집에 묵히지 않아야 한다.

漢字 宿(묵힐 숙, 미리 숙)

소언 曲곡禮례예 ᄀᆞᆯ오ᄃᆡ 믈읫 님금의 ᄇᆞ리임이 되연ᄂᆞᆫ 이 이믜 命명을 받ᄌᆞ와ᄂᆞᆫ 님금 말ᄉᆞᆷ을 집의 무기디 아니홀 디니라

현대역 〈곡례〉에 가로되, "무릇 임금의 부림이 되어 있는 이[심부름꾼]는 이미 명을 받잡아서는 임금 말씀을 집에 묵히지 아니할 것이니라.

1 되연ᄂᆞᆫ: 되어 있는. 되(어간)+여(보조적 연결어미)+잇(在, '잇다'의 어간)+ᄂᆞ(현재 시제 선어말어미)+ㄴ(관형사형 어미)'이다. 완료상은 보조적 연결어미 '-아/어/여'와 보조형용사 '잇다[在]'의 결합으로 표현된다. 그런데 '잇-'이 본동사와 한 음절을 이룰 때 이미 15세기에 'ㅣ'가 탈락되어 '여+ㅅ→엿'으로 나타나는 일이 많았다. 다만 '되연ᄂᆞᆫ'은 '되엿ᄂᆞᆫ'에서 어간 말 자음의 비음화 현상을 반영한 표기이다. 이 法이 法位예 住호ᄆᆞᆫ 버릇ᄂᆞᆫ 萬像이 다 곧 實相이오(是法住法位者

森羅萬像 皆卽實相也).《법화 1:227》.

2 받ᄌᆞ와ᄂᆞᆫ: 받잡아서는. '받ᄌᆞ오(어간)+아ᄂᆞᆫ(연결어미)'이다. '-아ᄂᆞᆫ'는 끝음절의 모음이 'ㆍ, ㅏ, ㅗ'인 동사, 형용사 어간 뒤에 붙어, '-아서는'을 뜻한다. 늘거 그텟 사괴요ᄆᆞᆯ 가져 나져믄 사ᄅᆞᄆᆡ게 브토니 ᄂᆞᄎᆞᆯ 當ᄒᆞ얀 ᄆᆞᅀᆞᄆᆞᆯ 보내요ᄃᆡ ᄂᆞᄎᆞᆯ 도라ᄂᆞᆫ 웃ᄂᆞ다(晩將末契托年少 當面輸心背面笑).《두시-초 25:52》, 堀에 드러 모ᄆᆞᆯ 갈마ᄂᆞᆫ ᄒᆞ오ᅀᅡ 妙ᄅᆞᆯ 得ᄒᆞ니 녜브터 오매 象王ᄋᆡ 아로ᄆᆞᆯ 許티 아니ᄒᆞᄂᆞ니라(入窟藏身 獨得妙 從來不許象王知).《남명 하:36》. 어간 '받ᄌᆞ오-'는 '받ᄌᆞᆸ-'이 모음 어미 앞에서 변한 어형이다. '받ᄌᆞᆸ다'는 '받다'의 높임말 '받잡다'의 옛말이다. '받ᄌᆞᆸ다'는 15세기 문헌에서부터 나타난다. 이 단어는 17세기에 팔종성 받침 규칙에 의해 'ㄷ' 받침이 'ㅅ'으로 쓰이게 되었으며, 'ㆍ'의 음가 소실로 'ᄌᆞᆸ'이 '잡'으로 바뀌게 됨에 따라 18세기에는 '밧잡다'가 쓰이게 되었다. 20세기 초 현대맞춤법이 확산되면서 현재의 어형으로 정착되었다. 받ᄌᆞᆸ다(15세기)〉밧잡다(18세기)〉받잡다(20세기~현재). 이형태: 받ᄌᆞᆸ다, 밧ᄌᆞᆸ다, 밧잡다. 몬져 菩薩ᄭᅴ 받ᄌᆞᄫᆞ라.《1447 석상 3:40ㄴ》, 혹 왕 틱셔ᄅᆞᆯ 받ᄌᆞ오며.《16세기 장수 71ㄱ》, 내 東宮의 ᄀᆞᄅᆞ쳐 인도홈을 받ᄌᆞᆸ디 아니홈ᄋᆞᆫ.《1588 소언 6:44ㄴ》

3 무기다: 묵히다. '묵다'의 사동사인 '묵이다'의 옛말이다. 현대국어에서는 '묵다'의 사동사로 '묵히다'가 규범 표기이다.

【增註】君言은卽君命이니受命卽行은敬君也라

君言은 즉 임금의 명령이니, 명령을 받고 즉시 떠남은 임금을 공경함이다.

君言이至則主人이出拜君言之辱ᄒᆞ고使者ㅣ歸則必拜送于門外니라

임금의 말씀이 이르거든, 주인은 나가서 '임금 말씀의 욕됨'을 절하고, 부리신이[使者]가 돌아가거든 반드시 문 밖에서 절하여 보낸다.

소언 님금 말숨이 니르거든 主쥬人인이 나와 님금 말숨의 辱욕ᄒᆞ심을[님금 말숨이 더러운 ᄃᆡ 욕되이 오심이라] 절ᄒᆞ고 브리신 이 도라가거든 반ᄃᆞ시 門문밧긔 절ᄒᆞ야 보내올 디니라

현대역 임금 말씀이 이르거든, 주인이 나와 임금 말씀의 辱하심을[임금 말씀이 더러운 데 욕되게 오심이라.] 절하고, 부리신 이 돌아가거든 반드시 문밖에 절하야 보낼 것이니라.

욕되이: 욕(辱)되게. 즉 부끄럽고 치욕적이고 불명예스럽게. 기본형은 '욕되다'이다.

【集解】辱은謂屈辱君命之來也라至則拜命하고歸則拜送은皆敬君也라

辱은 '(자기와 같이 비천한 사람에게) 임금의 명령이 옴이 (임금에게) 굴욕이 됨'을 이른다. (임금의 명령이) 이르면 명령에 절하고, (부리신이가) 돌아가면 절하여 보냄은 모두 임금을 공경함이다.

漢字 屈(굽힐 굴)

若使人於君所則必朝服而命之ᄒᆞ고使者ㅣ反則必下堂而受命이니라

(자기가) 만약 임금이 계신 곳에 사람을 부리거든, 반드시 조복을 입고 그것을 명하고, 부린이가 돌아오거든 반드시 大廳에 내려가 (임금의) 명령을 받는다."

漢字 反(돌아올 반)

소언 만일 사ᄅᆞᆷ올 님금 겨신 ᄃᆡ 브리거든 반ᄃᆞ시 朝됴服복ᄒᆞ고 니ᄅᆞ고 브린 이 도라오나든 반ᄃᆞ시 堂당의 ᄂᆞ려 命명을 받ᄌᆞ올 디니라

현대역 만일 사람을 임금 계신 데 부리거든 반드시 조복하고 이르고, 부린 이 돌아오거든 반드시 대청에서 내려 명을 받잡을 것이니라."

1 브리거든: 부리거든. '브리(어간)+거든(연결어미)'이다. '부리다'의 옛말인 '브리

다'는 15세기 문헌에서부터 나타난다. '브리다'가 '부리다'로 변화한 것은 '브리다'의 '브'가 'ㅂ'의 영향으로 'ㅡ'가 'ㅜ'로 바뀌는 원순모음화의 결과이다. 원순모음화는 18세기에 일반화되는데, '브리다'와 '부리다'도 18세기에 공존하였다. 19세기에는 '브리다'는 쓰이지 않고 '부리다'가 쓰이기 시작하면서 현재에까지 이어져 쓰이고 있다. 브리다(15세기~18세기)>부리다(19세기~현재). 이형태: 브리다, 브리우다, 부리오다, 블이다, 부리다. 王이 左右 梵志를 브리샤《1447 석상 3:11ㄱ》, 사돈짓아ᄌᆞ미 브리는 죵들 다 청ᄒᆞ야 오라.《1510년대 번노 하:56ㄴ》, 이 활 브리우라 오ᄂᆡ 쟈고 고재 뎌ᄅᆞ다.《1510년대 번노 상:67ㄴ》

2 당: 당(堂). 한옥에서, 몸채의 방과 방 사이에 있는 큰 마루. 유의어: 대청(大廳), 대청(大廳)마루, 청(廳).

【增註】反은還也라朝服而遣使하고下堂而受命은皆敬君也라

反은 돌아옴이다. 조복을 입고 (임금이 계신 곳에) 부린이를 보내며, 대청에 내려가 (임금의) 명령을 받음은 모두 임금을 공경함이다.

【集解】陳氏曰孔子問人於他邦에再拜而送之하시니況使人於君所乎아言朝服而命之면則知上文拜辱拜送亦朝服也요言拜辱拜送이면則知朝服命之亦拜也요言拜送於門外면則知拜辱亦於門外也라此皆互文以見이니讀者不可不知니라

진 씨가 말하였다. "공자는 다른 나라에 사람을 보내 안부를 물음에는 두 번 절하고 그를 보내셨으니, 하물며 임금이 계신 곳에 사람을 부림에서이겠는가? 朝服을 입고 명했다고 말했으면, 上文의 拜辱[拜君言之辱, 임금을 명을 받을 때]과 拜送[拜送于門外, 임금이 부리신이가 갈 때] 또한 조복을 입었음을 알 수 있고, 拜辱과 拜送이라 말했으면, 조복을 입고 명령할 때에도 또한 절을 했음을 알 수 있으며, 문밖에서 拜送했다고 말했으면, 拜辱 또한 문밖에서 했음을 알 수 있다. 이는 모두 互文으로써 보인 것이니, 읽는 이는 알지 않으면 아니 된다."

호문(互文): 같은 내용이 두 곳 이상 나올 경우, 같은 내용을 일일이 쓰지 않고 생략하여 한 가지만 쓰는 문장.

〖四十二章〗

○論語에曰君召使擯이어시든色勃如也ᄒᆞ시며足躩如也ㅣ러시다

《論語 鄕黨》

●《논어》에 말하였다. "임금이 불러 (공자로) 하여금 손을 대접하라 하시거든, 낯빛을 변하듯이[엄숙히 바로잡듯이] 하셨으며, 발을 서슴거리듯이[머뭇거리듯이] 하셨다.

漢字 擯(손님 대접할 빈, 물리칠 빈, 인도할 빈), 勃(변할 발, 갑자기 흥할 발, 갑작스러울 발, 발끈할 발), 躩[서슴거릴 곽(확), 뛸 곽(확), 빠를 곽(확), 피할 곽(확)]

躩: 위 대문(大文) 끝 '足躩如也'에서 《소학언해》는 '足죡躩확如여也야'처럼, 躩의 음을 '확'으로 달고 있다.

소언 論론語어[孔공子ᄌᆞㅅ 말ᄉᆞᆷ 긔록ᄒᆞᆫ 칙이라]의 ᄀᆞᆯ오ᄃᆡ 님금이 블러 ᄒᆡ여곰 손 ᄃᆡ졉ᄒᆞ라 ᄒᆞ거시든 ᄂᆞᆾ빗출 변ᄐᆞ시 ᄒᆞ시며 발올 시슴ᄃᆞ시 ᄒᆞ더시다

현대역 《논어》[공자의 말씀 기록한 책이라.]에 가로되, "임금이 불러 하여금 손님 대접하라 하시거든, 낯빛을 변하듯이 하시며, 발을 서슴듯이 하시더라.

1 변ᄐᆞ시: 변하듯이. '변ᄒᆞ(어간)+ᄃᆞ시(연결어미)'이다. 어간 일부인 'ᄒᆞ'의 'ㆍ'가 탈락한 후, 'ㅎ'과 어미 '-ᄃᆞ시'의 'ㄷ'이 축약되었다. '-ᄃᆞ시'는 동사나 형용사 어간 뒤에 붙어, '비슷함(비유)'을 보이는, '-듯이'를 뜻하는 어미이다. 죽사리를 니즐씩 일허도 흙무적 ᄇᆞ리ᄃᆞ시 ᄒᆞ며 즐규믈 혹 바혀 ᄇᆞ리ᄃᆞ시 ᄒᆞᄂᆞ니.《석상 20:12》, 祭 믈론 거슬 주어 머교ᄃᆡ 짐즘싱 치ᄃᆞ시 ᄒᆞ더라.《속삼 효:10》

2 시슴ᄃᆞ시: 서슴듯이. '시슴(어간)+ᄃᆞ시(연결어미)'이다. '시슴다'는 '서슴다'의 옛말이다. '서슴다'는 흔히 '서슴지' 꼴로 '않다', '말다' 따위의 부정어와 함께 쓰여,

'어떤 행동을 선뜻 결정하지 못하고 머뭇거리며 망설이다'를 뜻한다. 즉 '서슴듯이'는 '서슴없이[말이나 행동에 망설임이나 거침이 없이]의 반대말이다. 位예 디나가실ᄉᆡ ᄂᆞᆺ빗출 변ᄐᆞ시 ᄒᆞ시며 발ᄋᆞᆯ 시슴ᄃᆞ시 ᄒᆞ시며(過位 色勃如也 足躩如也).《소언 2:39》(현대역: 위(位)에 지나가실 때는 낯빛을 변하듯이 하셨으며, 발을 서슴듯이 하시며.).

【集說】朱子曰擯은主國之君이所使出接賓者라勃은變色貌요躩은盤辟貌니盤辟은乃盤旋이니曲折之意라皆敬君命故也라

주자가 말하였다. "擯은 주인된 나라의 임금이 하여금 나가서 손님을 접대하도록 하는 것이다. 勃은 낯빛을 변하는 모양이요, 躩은 서슴거리는 모양이니[盤辟은 즉 盤旋이니, 구불구불 꺾임의 뜻이다.], 모두 임금의 명령을 공경하기 때문이다."

漢字 盤(돌 반), 辟(절름발이 벽)

반벽(盤辟): '반선(盤旋)'과 같은 뜻이니, 서슴거리는 모양이다.

揖所與立ᄒᆞ샤ᄃᆡ左右手ㅣ러시니衣前後襜如也ㅣ러시다

● 함께 서 있는 자[함께 擯하는 자]에게 읍하시되, 좌우로 손을 하셨는데, 옷의 앞뒤가 가지런하셨다.

漢字 襜(행주치마 첨, 홑옷 첨)

첨여(襜如): 옷차림이 가지런하다.

소언 더브러 셔신 바와 揖읍ᄒᆞ샤ᄃᆡ 손을 왼녁크로 ᄒᆞ시며 올ᄒᆞᆫ녁크로 ᄒᆞ더시니 옷 앏뒤히 ᄀᆞᄌᆞᆨᄒᆞ더시다

현대역 더불어 서신 배[함께 빈(擯)하는 자]와 揖하시되, 손을 왼쪽으로 하시며 오른쪽으로 하시더니, 옷 앞뒤가 가지런하시더라.

1 왼녁: '왼쪽'의 옛말이다. 왼녀근 거슬오 올호녀근 順ᄒᆞ니.《월석 13:23》, 太子ㅣ 닐오ᄃᆡ 大王하 閻浮提옛 一切 衆生이 옷밥 爲ᄒᆞ야 그지업슨 受苦ᄒᆞᆯᄊᆡ 이제 王ᄋᆡ 왼녁 귀옛 如意摩尼寶珠를 비ᅀᆞᆸ고져 ᄒᆞ노이다.《월석-중 22:46》

2 올ᄒᆞᆫ녁: '오른쪽'의 옛말이다. ᄎᆞ마 盃中엣 物을 그치고 오직 안ᄍᆡᆺᄂᆞᆫ 올ᄒᆞᆫ녀긧 書銘을 보시놋다(忍斷盃中物 秪看座右銘).《두시-초 8:13》, 마ᅀᆞᆫ아홉차힌 모맷 터리 올ᄒᆞᆫ녀그로 ᄡᅳ렛ᄒᆞ시며.《월석 2:58》

3 ᄀᆞᄌᆞᆨᄒᆞ더시다: 가지런하시더라. 'ᄀᆞᄌᆞᆨᄒᆞ(어간)+더(회상법 선어말어미)+시(주체 높임 선어말어미)+다(평서형 종결어미)'이다. '-더시다'는 동사, 형용사 어간 뒤에 붙어, '-(으)시더라'를 뜻하는 어미이다. 世尊이 象頭山애 가샤 龍과 鬼神과 위ᄒᆞ야 說法ᄒᆞ더시다.《석상 6:1》, 須達ᄋᆡ 지ᅀᅮᆫ 亭舍마다 드르시며 길헤 사ᄅᆞᆷ 濟渡ᄒᆞ샤미 그지업더시다.《석상 6:38~39》. 'ᄀᆞᄌᆞᆨᄒᆞ다'는 '가지런하다'의 옛말이다. 仙鶴이 人間애 ᄂᆞ려와 ᄒᆞ오ᅀᅡ 셔니 서리 곤ᄒᆞᆫ 터리 ᄀᆞᄌᆞᆨᄒᆞᆫ ᄃᆞᆺ도다(仙鶴下人間 獨立霜毛整).《두시-초 24:40》, 아ᄅᆡ 비록 覺이 佛覺애 ᄀᆞᄌᆞᆨᄒᆞ나 부텻 菩提 境界ᄅᆞᆯ 能히 다 몯ᄒᆞ야니와(向雖覺齊佛覺 未能盡佛菩提境界).《능엄 8:45》

【集說】**朱子曰所與立**은**謂同爲擯者也**라**擯用命數之半**하니**如上公九命**이면**則用五人**하여**以次傳命**이라**揖左人則左其手**하고**揖右人則右其手**라**襜**은**整貌**라

주자가 말하였다. "所與立은 '함께 擯하는 자'를 이른다. 擯으로는 (자기) 命數의 半을 쓰니, 예컨대 九命인 上公이면 다섯 사람을 써서 차례로 명을 전한다. (이때) 왼쪽 사람에게 읍할 때에는 그 손을 왼쪽으로 하고, 오른쪽 사람에게 읍할 때에는 그 손을 오른쪽으로 한다. 襜은 가지런한 모양이다."

빈(擯): 제후국(諸侯國)은 공(公)·후(侯)·백(伯)·자(子)·남(男)의 5등급이 있어, 공작(公爵)이 가장 높아 상공(上公)이라 한다. 명(命)은 관원의 품계로, 일명(一命)이 최하위며 점차 올라 구명(九命)에 이른다. 공작(公爵, 上公)은 구명(九命)에 해당한다. 빈(擯)은 자기 명수(命數, 품계)의 반(半)을 쓰는 바, 공작제후국은 5명의 빈(擯)을 둔다.

趨進에翼如也ㅣ러시다

● 빠른 걸음으로 나가실 때에는 (몸짓이) 새가 날개를 편 듯이 하셨다.

漢字 趨(빨리 갈 추, 달릴 추)

번소 섈리 나ᅀᅡ가실 제ᄂᆞᆫ 불뎡 고ᄌᆞ신 양이 새 ᄂᆞᆯ개 편 ᄃᆞᆺᄒᆞ더시다

현대역 빨리 나아가실 때는 팔짱 꽂으신 모습이 새가 날개를 편 듯하시더라.

1 《번역소학》 제3권은 《소학》 〈명륜(明倫) 제2〉 제40장부터 시작되는데, 제40장부터 제42장 제3구 대문(大文)]까지가 낙장이다. 여기 번역문부터 제3권에 실려 있다.

2 불뎡: 팔짱. '불뎡'은 15세기 문헌에서부터 나타난다. '불뎡'은 '팔'을 의미하는 명사 '불ㅎ'과 접미사 '-뎡'이 결합한 것이다. 명사 '불'은 15세기 당시 ㅎ종성체언으로 'ㄱ, ㄷ'이나 모음이나 매개모음으로 시작하는 조사가 결합할 때에는 '불ㅎ'으로 나타난다. 이와 같은 ㅎ종성체언은 16세기에 어두유기음화를 겪었는데, '불ㅎ'도 16세기에 어두유기음화를 겪어 '풀'이 되었다. '불뎡'이 16세기에 '풀뎡'으로 나타난 것은 '불ㅎ'이 어두유기음화를 겪었기 때문이다. 같은 시기 제2음절의 끝소리 'ㆁ'이 'ㅇ'으로 표기되면서 16세기에 '풀뎡'이 되었다. 이후 17세기에 제2음절의 음성모음 'ㅕ'가 양성모음 'ㅑ'로 바뀌어 '풀댱'이 되었다. 18세기에는 'ㄷ, ㅌ'이 'ㅣ'나 반모음 'j' 앞에서 'ㅈ, ㅊ'으로 바뀌는 구개음화가 일어났는데, '풀댱'도 이러한 변화를 겪어 18세기에 '풀쟝'이 되었다. 한편 중세국어에서 근대국어로 넘어오는 시기 치조음이었던 'ㅈ, ㅊ'이 경구개음으로 바뀌면서 '쟈'와 '자'의 발음이 같아졌다. 이와 함께 18세기에는 제1음절의 'ㆍ'가 'ㅏ'로 변함에 따라 '풀쟝'의 제1음절은 '팔'이 되고 제2음절 '쟝'은 '장'과 발음이 같아져 19세기에 '팔장'으로 나타난다. 20세기 이후에 제1음절의 말음 'ㄹ'의 영향으로 제2음절의 첫소리 'ㅈ'이 된소리로 발음된 것이 표기에 반영되면서 현재의 '팔짱'이 되었다. 불뎡(15세기~16세기)〉풀뎡(16세기)〉풀뎡(16세기~18세기)〉풀댱(17세기~18세기)〉풀쟝(18세기)〉팔쟝(19세기)〉팔짱(19세기~현재). 이형태: 불뎡, 풀뎡, 풀뎡, 풀댱, 풀쟝, 팔쟝. 모든 邪ㅣ 제 降伏ᄒᆞᄂᆞ니 九重에 불뎡 고잿거든 四海朝宗ᄒᆞᄂᆞ다.《1482 금삼 3:4ㄱ》, 先生ᄋᆞᆯ 길헤 만나 섈리 거러 나아가 바ᄅᆞ 셔 풀뎡 고자 先生이 더블어 말ᄉᆞᆷᄒᆞ거시든.《1588 소언 2:58

ㄴ》, 拱 꼴뎡 고즐 공.《1576 신합 하:16ㄱ》

2 고ᄌᆞ신: 꽂으신. '곶(어간)+ᄋᆞ시(주체 높임 선어말어미)+ㄴ(관형사형 어미)'이다. '곶-'은 '꽂다'의 옛말 '곶다'의 어간이다. '-ᄋᆞ시-'는 주체 높임 선어말어미 '-시-' 앞에 매개모음이 삽입된 어형이다. '팔짱을 꽂다'는 '공수(拱手)'를 뜻한다. '공수'는 절을 하거나 웃어른을 모실 때, 두 손을 앞으로 모아 포개어 잡음. 또는 그런 자세. 남자는 왼손을 오른손 위에 놓고, 여자는 오른손을 왼손 위에 놓는다. 흉사(凶事)가 있을 때에는 반대로 한다.

소언 ᄲᆞᆯ리 거러 나ᅀᅡ가실 제 ᄂᆞᆯ개 편 ᄃᆞᆺᄒᆞ더시다

현대역 빨리 걸어 나아가실 제 날개 편 듯하시더라.

【集說】朱子曰疾趨而進에張拱端好하여如鳥舒翼이니라

주자가 말하였다. "빠른 걸음으로 나아감에 몸을 펴고 손을 모은 것이 단정하고 아름다워 새가 날개를 편 것과 같았다."

漢字 疾(빠를 질, 병 질), 張(펼 장, 베풀 장), 拱(두 손 마주 잡을 공), 舒(펼 서), 翼(날개 익)

賓이退어든必復命曰賓不顧矣라ᄒᆞ더시다

● 손님이 물러가거든 반드시 명의 결과를 보고하기를, '손님이 돌아보지 않았습니다.'라고 하셨다."

賓不顧矣: 손님이 돌아보지 않았습니다. 즉 완전히 돌아갔습니다.

번소 소니 믈러니거든 모로매 命명을 도로 엳ᄌᆞ와 ᄀᆞ로ᄃᆡ 소니 도라보디 아니 ᄒᆞᄂᆞ이다 ᄒᆞ더시다

현대역 손이 물러가거든 모름지기 명을 도로 여쭈어 말하되, '손이 돌아보지 아니합니다.' 하시더라."

1 믈러니거든: 물러가거든. '믈러니(어간)+거든(연결어미)'이다. '믈러니다'는 '물

러가다'의 옛말이다. 盜賊이 믈러니거늘 지손 그를 또 보니(復覽賊退篇).《두시-초 25:33》, 손이 믈러니거든 반ᄃᆞ시 命을 도로 엳ᄌᆞ와 ᄀᆞᆯᄋᆞ샤ᄃᆡ(賓退 必復命曰賓不顧矣).《소언 2:38》

2 ᄒᆞᄂᆞ이다: 합니다. 'ᄒᆞ(어간)+ᄂᆞ(현재 시제 선어말어미)+이(존비법 ᄒᆞ쇼셔체 선어말어미)+다(평서형 종결어미)'이다. 존비법은 화자가 청자를 높이거나 낮추는 예절법의 하나로, 상대높임법이란 용어로도 나타낸다. 중세국어의 존비법은 ᄒᆞ라체, ᄒᆞ야쎠체, ᄒᆞ쇼셔체의 3등분과 반말이 있다. ᄒᆞ라체는 청자를 아주 낮추는 것이고, ᄒᆞ야쎠체는 청자를 보통으로 낮추거나 보통으로 높이는 것이며, ᄒᆞ쇼셔체는 화자가 청자를 아주 높이는 것이다. 반말은 창자를 낮추기도 어렵고 높이기도 어려울 때 쓰이는 말씨다. 예를 들면 다음과 같다.

(설명법) 소리ᄲᅮᆫ 듣노라.(석보상절 권6, 15장, ᄒᆞ라체), 내 그런 ᄠᅳ들 몰라 ᄒᆞ댕다.(석보상절 권24, 32장, ᄒᆞ야쎠체), 니ᄅᆞ샨 양ᄋᆞ로 호리이다.(석보상절 권6, 24장, ᄒᆞ쇼셔체), 내히 이러 바ᄅᆞ래 가ᄂᆞ니(용비어천가 2장, 반말)

(의문법) 네 겨집 그려 가던다.(월인석보 권7, 10장, ᄒᆞ라체), 그듸 아바니미 잇ᄂᆞ닛가.(석보상절 권6, 14장, ᄒᆞ야쎠체), 엇던 因緣으로…아디 어려ᄫᅳᆫ 法을 브즈러니 讚嘆ᄒᆞ시니잇고.(석보상절 권13, 44장, ᄒᆞ쇼셔체), 부텻긔 받ᄌᆞᄫᅡ ᄆᆞᅀᆞᆷ 호려 ᄒᆞ시ᄂᆞ니(월인석보 권1, 10장, 반말)

(명령법) 너희 大衆이 ᄀᆞ장 보아 後에 뉘읏븀 업게 하라.(석보상절, 권23, 11장, ᄒᆞ라체), 내 보아져 ᄒᆞᄂᆞ다 ᄉᆞᆲ바쎠.(석보상절 권6, 14장, ᄒᆞ야쎠체), 王이 부톄를 請ᄒᆞᅀᆞᄫᆞ쇼셔.(석보상절 권6, 38장, ᄒᆞ쇼셔체), 生生애 내 願을 일티 아니케 ᄒᆞ고라(월인석보 권1, 13장, 반말).

이 중 ᄒᆞ쇼셔체는 평서형 종결어미 '-다' 앞에서는 '-이-'가, 의문형 종결어미 '-가', '-고' 앞에서는 '-잇-'이 선택되고, 명령법에서는 종결어미 '-쇼셔'가 선택된다. 이들은 존비법에서 가장 높이는 ᄒᆞ쇼셔체에 해당한다.

소언 손이 믈러니거든 반ᄃᆞ시 命명을 도로 엳ᄌᆞ와 ᄀᆞᆯᄋᆞ샤ᄃᆡ 손이 도라보디 아니타 ᄒᆞ더시다

현대역 손이 물러가거든 반드시 명을 도로 여쭈어 말씀하시되, '손이 돌아보지 아니한다.' 하시더라."

【集說】朱子曰紓舒君敬也라

주자가 말하였다. "(제42장은 공자가 擯이 되신 때에) 임금에 대한 공경을 풀어놓은 것이다."

漢字 紓(풀 서, 느슨할 서)

〖四十三章〗

○入公門ᄒᆞ실ᄉᆡ鞠躬如也ᄒᆞ샤如不容이러시다 《論語 鄕黨》

● 대궐문에 들어가실 때, 몸을 굽히듯이 하시어, (문이 작아 자신의 몸을) 용납하지 못할 듯이 하셨다.

漢字 鞠(굽힐 국, 공 국, 국문할 국), 躬(몸 궁)

번소 대궐믄의 들으실 저긔 모몰 구피ᄃᆞ시 ᄒᆞ샤 드디 몯홀 ᄃᆞ시 ᄒᆞ더시다

현대역 대궐문에 드실 때에 몸을 굽히듯이 하시어, 들지 못할 듯이 하시더라.

대궐믄의: 대궐문(大闕門)에. '대궐'의 독음이 '대궐'로 되어 있다. 아래 《소언》의 '대궐문'과 비교해 볼 때, 오자로 보인다. '의'는 신체 지칭어, 방위 지칭어, 시간 지칭어에 쓰이는 특수 처소격 조사로, '에'에 해당한다.

소언 대궐문의 들으실ᄉᆡ 몸올 굽피ᄃᆞ시 ᄒᆞ샤 용납디 몯홀 ᄃᆞ시 ᄒᆞ더시다

현대역 대궐문에 드시므로, 몸을 굽히듯이 하시어, 용납하지 못할 듯이 하시더라.

【集說】朱子曰鞠躬은曲身也라公門高大而若不容은敬之至也라

주자가 말하였다. "鞠躬은 몸을 굽힘이다. 대궐문은 높고 큰데 용납되지 못할 듯이 함은 공경의 지극함이다."

立不中門ᄒᆞ시며行不履閾役이러시다

●서시되 문의 가운데로 아니 하시며, 다니시되 문의 한계[문지방]를 밟지 않으셨다.

漢字 閾(문지방 역, 한계 역)

번소 셔ᄃᆡ 믄 가온ᄃᆡ 아니 ᄒᆞ시며 녀ᄃᆡ 문ㅅ젼을 ᄇᆞᆲ디 아니 ᄒᆞ더시다
현대역 서되 문의 가운데 아니 하시며, 가되 문지방을 밟지 아니 하시더라.

1 셔ᄃᆡ: 서되. '셔(어간)+오ᄃᆡ(연결어미)'이다. '-오ᄃᆡ'는 선행 음절의 모음이 'ㆍ, ㅏ, ㅗ, ㅣ, 반모음ㅣ'인 경우에 붙어, '-으되'를 뜻하는 어미이다. 置陣이 ᄂᆞᆷ과 다ᄅᆞ샤 아ᅀᆞ보ᄃᆡ 나ᅀᅡ오니 믈러가던덴 목숨 ᄆᆞᄎᆞ리잇가(置陣異他 知亦進當 如其退避 性命奚戕).《용가 51장》, 淨飯이 무러시ᄂᆞᆯ 占者ㅣ 判ᄒᆞᅀᆞ보ᄃᆡ 聖子ㅣ 나샤 正覺 일우시리.《월곡 상:6》

2 믄: 문의. 중세국어의 관형격 조사에는 'ㅅ'과 'ᄋᆡ/의/ㅣ'가 있었다. 'ㅅ'은 'ㄱ, ㅋ, ㆁ, ㄷ, ㅌ, ㄴ, ㄹ, ㅂ, ㅍ, ㅁ, ㅸ'으로 끝나는 체언류나 받침 없는 체언류 뒤에 붙어, 무정 체언류과 존칭 체언류 뒤에 붙어, '의'를 뜻하는 조사이다. 대신 평칭인 인칭 체언류 뒤에서는 'ᄋᆡ/의/ㅣ'가 쓰였다. 龍鬼 위ᄒᆞ야 說法ᄒᆞ샤미 부텻 나히 셜흔둘히러시니 穆王 여ᄉᆞᆺ찻 ᄒᆡ 乙酉ㅣ라.《석상 6:1》, 狄人ㅅ 서리예 가샤 狄人이 ᄀᆞ외어늘 岐山 올ᄆᆞ샴도 하ᄂᆞᇙ ᄠᅳ디시니.(狄人與處 狄人于侵 岐山之遷 實維天心)《용가 4장》

3 문ㅅ젼: 문전(門前). 문지방. 闑 문젼 광…閫 문젼 곤 閾 문젼 역.《훈몽 중:4》, ᄃᆞ닐 제 문젼을 ᄇᆞᆲ디 아니ᄒᆞ더시다(行不履閾).《소언 2:39》, 闑 안 문젼 곤.《신합 하:38》, 限 문젼 ᄒᆞᆫ.《신합 하:58》

소언 셤을 門문에 가온대 아니 ᄒᆞ시며 ᄃᆞ닐 제 문젼을 ᄇᆞᆲ디 아니 ᄒᆞ더시다

현대역 섬을 문에 가운데 아니 하시며, 다닐 때 문지방을 밟지 아니 하시더라.

【集說】朱子曰中門은中於門也라閾은門限也라謝氏曰立中門則當尊하고行履閾則不恪이라

주자가 말하였다. "中門은 문의 가운데로 하는 것이다. 閾은 문의 한계이다. 사 씨가 말하였다. "섬에 문의 가운데로 하면 높음에 해당하는 것이고, 다님에 문의 한계를 밟으면 삼가지 않음이다."

漢字 恪(삼갈 각)

過位ᄒᆞ실ᄉᆡ色勃如也ᄒᆞ시며足躩如也ᄒᆞ시며其言이似不足者ㅣ러시다

●(임금의) 빈자리를 지나실 때에, 낯빛을 변하듯이[엄숙히 바로잡듯이] 하셨으며, 발을 서슴거리듯이[머뭇거리듯이] 하셨으며, 그 말씀이 부족한 듯이 하셨다.

번소 님금 안ᄌᆞ시ᄂᆞᆫ 位위ᄅᆞᆯ 디나가실 저긔 ᄂᆞᆾ비ᄎᆞᆯ 고텨 가지시며 바ᄅᆞᆯ 조심ᄒᆞ야 드듸시며 그 말ᄉᆞ미 不블足죡ᄒᆞᆫ ᄃᆞᆺᄒᆞ더시다

현대역 임금이 앉으시는 자리를 지나가실 때에 낯빛을 고쳐 가지시며, 발을 조심하여 디디시며, 그 말씀이 부족한 듯하시더라.

안ᄌᆞ시ᄂᆞᆫ: 앉으시는. '앉(어간)+ᄋᆞ시(주체 높임 선어말어미)+ᄂᆞ(현재 시제 선어말어미)+ㄴ(관형사형 어미)'이다. '-ᄋᆞ시'는 주체 높임 선어말어미 '-시-'에 매개 모음 'ᄋᆞ'가 들어간 어형이다.

소언 位위[님금이 셔시ᄂᆞᆫ 허위라]예 디나가실ᄉᆡ ᄂᆞᆾ빗ᄎᆞᆯ 변ᄐᆞ시 ᄒᆞ시며 발ᄋᆞᆯ 시슴ᄃᆞ시 ᄒᆞ시며 그 말ᄉᆞᆷ이 죡ᄒᆞ디 몯ᄒᆞᆫ ᄃᆞᆺᄒᆞ더시다

현대역 位[임금이 서시는 虛位라.]에 지나가시므로, 낯빛을 변하듯이 하시며,

발을 서슴듯이 하시며, 그 말씀이 족하지 못한 듯하시더라.

【集說】朱子曰位는君之虛位니君雖不在나過之必敬은不敢以虛位而慢之也라言似不足은不敢肆也라

주자가 말하였다. "位는 임금의 빈자리이니, 임금이 비록 계시지 않더라도 그것을 지나감에 반드시 공경함은, 감히 빈자리라고 해서 그것을 업신여기지 못함이다. 言似不足은 감히 함부로 하지 않음이다."

漢字 肆(함부로 할 사, 방자할 사)

攝齊升堂ᄒᆞ실ᄉᆡ鞠躬如也ᄒᆞ시며屛氣ᄒᆞ샤似不息者ㅣ러시다

● 옷자락은 잡고 집에 오르실 때에는, 몸을 굽히듯이 하셨으며, 숨을 감춰 마치 숨을 쉬지 않는 듯이 하셨다.

漢字 攝(잡을 섭, 당길 섭, 쥘 섭, 거둘 섭), 齊(옷자락 자, 가지런히 할 제, 삼갈 제, 재계할 재), 升(오를 승, 되 승), 屛(가릴 병, 물리칠 병, 병풍 병), 息(숨 쉴 식, 그칠 식)

번소 옷기슬글 거두드러 堂당의 오ᄅᆞ실 저긔 모몰 구피ᄃᆞ시 ᄒᆞ시며 氣긔韻운을 갈마 수믈 아니 쉬ᄃᆞ시 ᄒᆞ더시다

현대역 옷자락을 걷어들어 堂에 오르실 때에, 몸을 굽히듯이 하시며, 기운을 감추어 숨을 아니 쉬듯이 하시더라.

1 옷기슭: '옷자락'의 옛말이다. 裔 옷기슭 예.《신합 하:57》, 두 손ᄋᆞ로 옷슬 잡아 옷기슭기 ᄒᆞᆫ 자만 ᄠᅳ게 ᄒᆞ며 옷슬 헤여디게 말며(兩手摳衣 去齋尺 衣毋撥).《소언 2:59》

2 거두드러: 걷어들어. 부사 '걷우'와 동사 '들다'의 통사적 합성어이다. '걷우'는 '걷+우'로 어근 '걷'에 부사 파생접사 '우'가 결합된 어형이다.

3 갈마: 감추어. '갊(어간)+아(연결어미)'이다. '갊-'은 '감추다'의 옛말인 '갊다'의 어간이다. 니엣ᄂᆞᆫ 두들근 ᄆᆞᆯ ᄃᆞ로ᄆᆞᆯ 갊고 ᄆᆞ리ᄆᆞ리예 두두록ᄒᆞᆫ ᄃᆡᆫ 건네ᄢᅱ유믈

放縱히 ᄒᆞᄂᆞ다(纍纍櫕阜藏奔突 往往坡陁縱超越).《두시-초 17:26》, 如來ㅅ 舍利를 天下애 八萬四千 고ᄃᆞᆯ 갈ᄆᆞ니 이 震旦國中에 열아홉 고디니.《월석 2:68》. '-으샤'는 '-으시어'를 뜻하는 어미이다. 唱義班師ㅣ 실씨 千里 人民이 몯더니 聖化ㅣ 기프샤 北狄이 쏘 모ᄃᆞ니(唱義班師 遠人競合 聖化既深 北狄亦集).《용가 9장》, 盟誓ᄒᆞ샤ᄃᆡ 道理 일워ᅀᅡ 도라오리라 ᄒᆞ시고 鹿皮옷 니브샤 미친 사ᄅᆞᆷᄀᆞ티 묏고래 수머 겨샤 여슷 ᄒᆡᄅᆞᆯ 苦行ᄒᆞ샤.《석상 6:4》

소언 옷기슭을 거두들어 堂당이 오ᄅᆞ실ᄉᆡ 몸올 굽피ᄃᆞ시 ᄒᆞ시며 긔운을 갈므샤 숨을 쉬디 아닌ᄂᆞᆫ ᄃᆞ시 ᄒᆞ더시다

현대역 옷자락을 걷어들어 堂에 오르시므로, 몸을 굽히듯이 하시며, 기운을 감추시어 숨을 쉬지 아니하는 듯이 하시더라.

갈므샤: 감추시어. '갊(어간)+으샤(주체 높임 선어말어미)+ø(연결어미 '아' 탈락)'이다. '-으샤'에서 '으'는 매개모음이고, '샤'는 '시'가 모음 어미 '아' 앞에서 실현된 것이다. 종전에는 '샤'를 '시'와 '아, 오'의 결합으로 해석하였고, '오'의 이형태로서 '아'를 세워 '샤'를 설명하기도 했다. 그러나 이 해석은 중세국어의 일반적인 '시'의 음운 현상에 어긋난다. 이에 대한 자세한 설명은 〈소학제사(小學題辭)〉의 '슬허ᄒᆞ샤'를 참조하기 바란다. 唱義班師ㅣ 실씨 千里 人民이 몯더니 聖化ㅣ 기프샤 北狄이 쏘 모ᄃᆞ니(唱義班師 遠人競合 聖化既深 北狄亦集).《용가 9장》, 盟誓ᄒᆞ샤ᄃᆡ 道理 일워ᅀᅡ 도라오리라 ᄒᆞ시고 鹿皮옷 니브샤 미친 사ᄅᆞᆷᄀᆞ티 묏고래 수머 겨샤 여슷 ᄒᆡᄅᆞᆯ 苦行ᄒᆞ샤.《석상 6:4》

【集說】朱子曰攝은摳區侯切也요齊는衣下縫桼也라禮에將升堂할새兩手摳衣하여使去地尺하니恐躡聶之而傾跌失容也라屛은藏也요息은鼻出入者也니近至尊에氣容肅也라

주자가 말하였다. "攝은 잡음이요, 齊는 옷의 아래 꿰맨 곳이다. 禮에 장차 집에 오르려 할 때에는 두 손으로 옷자락을 잡아, 하여금 땅에서 한 자를 떨어지게 하였으니, 그것[衣]을 밟아 기울고 넘어져서 용모를 잃을까 두려워함이다. 屛은 감춤이요 息은 코로 내쉬고 들이쉬는 것이니, 임금

가까이 있음에 숨 쉬는 모양이 엄숙한 것이다."

漢字 摳(잡을 구, 거둘 구), 縫(꿰맬 봉), 躡(밟을 섭), 傾(기울 경), 跌(넘어질 질)

出降一等ᄒᆞ샤ᄂᆞᆫ逞顔色ᄒᆞ샤怡怡如也ᄒᆞ시며沒階ᄒᆞ샤ᄂᆞᆫ趨翼如也ᄒᆞ시며復其位ᄒᆞ샤ᄂᆞᆫ踧踖如也ㅣ러시다

● 나와서 (계단의) 한 등급을 내려와서는 낯빛을 펴시어 화한 듯이 하셨으며, 계단을 내려와서는 빠르게 가심에 날개를 편 듯이 하셨으며, 제 자리[조회 반열]로 돌아와서는 삼가듯이 하셨다.

漢字 逞(펼 령, 왕성할 령, 쾌할 령), 踧(삼갈 축), 踖(삼갈 적, 밟을 적)

번소 나 ᄒᆞᆫ 계졀을 ᄂᆞ리샤ᄂᆞᆫ ᄂᆞᆺ빗ᄎᆞᆯ 펴 和화悅열히 ᄒᆞ시며 계졀에 다 ᄂᆞ리샤ᄂᆞᆫ ᄲᆞᆯ리 가샤매 새 ᄂᆞᆯ개 편ᄃᆞ시 ᄒᆞ시며 그 位위에 도라가샤ᄂᆞᆫ ᄆᆞᅀᆞᆷ 노티 몯ᄒᆞᆫ ᄃᆞᆺᄒᆞ더시다

현대역 나가 한 층계를 내리시어는 낯빛을 펴 和悅히 하시며, 층계에 다 내리셔서는 빨리 가심에 새가 날개 편 듯이 하시며, 그 자리에 돌아가시어는 마음을 놓지 못한 듯하시더라.

1 계졀: '계절(階節)'의 옛말이다. 층계(層階).
2 ᄂᆞ리샤ᄂᆞᆫ: 내리시어는. 'ᄂᆞ리(어간)+샤(주체 높임 선어말어미)+ø(연결어미 '아' 탈락)+ᄂᆞᆫ(보조사)'이다. '샤'에 대한 자세한 설명은 〈소학제사(小學題辭)〉의 '슬허ᄒᆞ샤'를 참조하기 바란다. 'ᄂᆞ리다'는 '내리다'의 옛말이다. '-샤ᄂᆞᆫ'은 동사, 형용사 어간 뒤에 붙어, '-시어는'을 뜻한다. 象이 날로 舜殺ᄒᆞ욤으로ᄡᅧ 事ᄅᆞᆯ 삼거ᄂᆞᆯ 立ᄒᆞ야 天子ㅣ 되샤ᄂᆞᆫ 放ᄒᆞ심은 엇디잇고(象日以殺舜爲事 立爲天子則放之 何也).《맹언 9:10》, 그 ᄒᆞᆫ 善言을 聞ᄒᆞ시며 ᄒᆞᆫ 善行을 見ᄒᆞ심애 미ᄎᆞ샤ᄂᆞᆫ 江河ᄅᆞᆯ 決ᄒᆞᆫ디라(聞一善言 見一善行 若決江河).《맹언 13:11》
3 화열(和悅)히: 마음이 화평하여 기쁘게.

소언 나 ᄒᆞᆫ 층을 ᄂᆞ리샤ᄂᆞᆫ ᄂᆞᆺ빗ᄎᆞᆯ 펴샤 화열ᄐᆞ시 ᄒᆞ시며 계졀에 다

ᄂᆞ리샤ᄂᆞᆫ ᄲᆞᆯ리 가심애 ᄂᆞᆯ개 편ᄃᆞᆺ ᄒᆞ시며 그 位위예 도라가샤ᄂᆞᆫ 踧츅踖쳑[조심ᄒᆞ야 ᄆᆞᅀᆞᆷ 노티 몯ᄒᆞᄂᆞᆫ 양이라] ᄃᆞᆺᄒᆞ더시다

현대역 나가 한 층을 내리셔서는 낯빛을 펴시어 和悅하듯이 하시며, 섬돌에 다 내려가셔서는 빨리 가심에 날개 편 듯하시며, 그 자리에 돌아가셔서는 축척(踧踖)[조심하여 마음 놓지 못하는 모양이라.]하듯 하시더라.

축쳑ᄒᆞ다: 축척(踧踖)하다. 조심하여 걷다.

【集說】朱子曰等은階之級也라逞은放也니漸遠所尊에舒氣解顔이라怡怡는和悅也라沒階는下盡階也라趨는走就位也라踧踖은恭敬不寧之貌니復位踧踖은敬之餘也라

주자가 말하였다. "等은 계단의 등급[층]이다. 逞은 폄이니, 존귀한 분으로부터 점점 멀어짐에 기운을 펴고 낯빛을 푼 것이다. 怡怡는 화하고 기뻐함이다. 沒階는 계단 내려옴을 다함이다. 趨는 달려가 자리로 나아감이다. 踧踖은 공경하여 편치 못한 모양이니, 復位踧踖(자리로 돌아와서는 삼가듯이 하심)은 공경함이 남음이다."

【四十四章】

○禮記예曰君이賜車馬ㅣ어시든乘以拜賜ᄒᆞ고衣服이어든服以拜賜ㅣ니라 《禮記 玉藻》

●《예기》에 말하였다. "임금께서 주심에 수레와 말이거든 타서 써 주심을 절하고, 의복이거든 입어서 써 주심에 절한다.

번소 禮례記긔예 ᄀᆞ로ᄃᆡ 님금이 술위와 ᄆᆞᆯ와ᄅᆞᆯ 주어시든 타 가 주샤ᄆᆞᆯ 저ᅀᆞᆸ고 오시어든 니버 주샤ᄆᆞᆯ 저ᅀᆞ올 디니라

현대역 《예기》에 가로되, "임금이 수레와 말을 주시거든 타서 가 주심을 절하

옵고, 옷이거든 입어 주심을 절할 것이니라.

저ᅀᆞᆸ고: 절하옵고. '절(어간)+ᅀᆞᆸ(겸손법 선어말어미)+고(연결어미)'이다. '절-'은 '절하다'를 뜻하는 동사어간 '절'이다. 치조음 'ㄹ'이 아래 음절 치조음 'ᅀ' 앞에서 탈락하였다.

소언 禮례記긔예 ᄀᆞᆯ오ᄃᆡ 님금이 술위와 ᄆᆞᆯ올 주어시든 타 가 ᄡᅥ 주샴ᄋᆞᆯ 절ᄒᆞ고 옷시어든 닙어 ᄡᅥ 주샴ᄋᆞᆯ 절ᄒᆞᆯ 디니라

현대역 《예기》에 가로되, "임금이 수레와 말을 주시거든 타서 가 써 주심을 절하고, 옷이거든 입어 써 주심을 절할 것이니라.

【集成】孔氏曰凡受君賜에賜至則拜하며至明日에更乘服所賜하고往至君所하여又拜하니重君恩也라

공 씨가 말하였다. "무릇 임금이 주심을 받음에, 주심이 이르면 절하며, 다음날에 이르러 다시 주신 것을 타고 입으며, 임금이 계신 곳에 가서 이르러 또 절하니, 임금의 은혜를 중히 여긴 것이다."

君이未有命이어시든弗敢卽乘服也ㅣ니라

임금이 명령함이 있지 않으면, 감히 즉시 (車馬를) 타거나 (衣服을) 입지 않는다."

번소 님금이 ᄐᆞ라 ᄒᆞ시며 니브라 ᄒᆞ신 命명이 잇디 아니커시든 잢간도 즉재 ᄐᆞ며 닙디 마롤 디니라

현대역 임금이 타라고 하시며 입으라고 하신 명이 있지 아니하시거든, 잠깐도 즉시 타며 입지 말 것이니라."

1 잢간: 잠깐. ᄒᆞᆫ 소ᄂᆞᆯ 드ᅀᆞᆸ거나 잢간 머리ᄅᆞᆯ 수기ᅀᆞᆸ거나 ᄒᆞ야 像ᄋᆞᆯ 供養ᄒᆞᅀᆞᄫᆞ며. 《석상 13:53》, 미쳐 저호미 거츠리 ᄂᆞᆰ딘댄 잢간도 變易이 업거니 엇데 因緣ᄋᆞᆯ

브트리오.《능엄 4:67》

2 마롤 디니라: 말 것이니라. 말지니라. '말(어간)+오(대상 표시법 선어말어미)+ㄹ(관형사형 어미)+ᄃᆞ(의존명사)+이(서술격조사 '이다'의 어간)+니라(평서형 종결어미)'이다. 의존명사 'ᄃᆞ'는 '것'의 의미를 가진 보편성 의존명사이다. 의존명사를 꾸며주는 관형사형에 들어있는 선어말어미 '-오$_2$-'도 대상 표시법 선어말어미에 해당한다.

소언 님금이 命명이 잇디 아니커시든 敢감히 즉제 ᄐᆞ며 닙디 몯ᄒᆞᄂᆞ니라

현대역 임금이 명이 있지 아니하시거든, 감히 즉시 타며 입지 못하느니라."

【集成】謂非經賜어든雖有車馬衣服이나不敢輒乘服也라若後世에三品은應服紫하고五品은雖應服緋나必君賜而後服이니라

주심을 거치지 않으면, 비록 수레와 말과 의복이 있더라도, 감히 곧바로 타거나 입지 않음을 이른다. 후세에 3품은 비록 응당 자주색 옷을 입을 수 있고, 5품은 비록 응당 붉은 색 옷을 입을 수 있으나, 반드시 임금이 주신 후에 입음과 같다.

漢字 經(거칠 경, 길 경, 지날 경, 책 경), 輒(바로 첩, 문득 첩, 함부로 첩, 번번이 첩), 應(응당 응), 紫(자주색 자), 緋(붉을 비)

〖四十五章〗

○曲禮에曰賜果於君前이시어든其有核者란懷其核이니라 《禮記 曲禮》

●〈곡례〉에 말하였다. "임금의 앞에서 과일을 주시거든 그것이 씨가 있는 것은 그 씨를 품는다."

漢字 懷(품을 회)

번소 曲곡禮례예 ᄀᆞ로ᄃᆡ 님금 앏픠셔 실과ᄅᆞᆯ 주어시든 그 ᄡᅵ 잇ᄂᆞᆫ 거스란 ᄡᅵᄅᆞᆯ 푸믈 디니라

현대역 〈곡례〉에 가로되, "임금의 앞에서 實果를 주시거든, 그 씨 있는 것은 씨를 품을 것이니라."

1 앏픠셔: 앞에서. '앒(명사)+ᄋᆡ셔(부사격 조사)'이다. '앏픠셔'는 '알픠셔'의 중철 표기이다. 'ᄋᆡ셔'는 출발점 처소의 부사격 조사인데, '셔'만으로 나타나는 일이 많고, '에 이셔'로 나타나기도 한다. 이러한 부류의 조사에는 '라셔'를 비롯하여 '브터', '로셔'를 추가할 수 있다.

2 거스란: 것은. '것(의존명사)+으란(보조사)'이다. '란'과 'ᄋᆞ란/으란'은 체언의 끝소리의 종류에 따라 구별되고, 'ᄋᆞ란'과 '으란'은 체언의 모음에 따라 바뀐다. 즉 '란'은 받침 없는 체언류나 'ㄹ' 받침으로 끝나는 체언류 뒤에 붙어, '는'을 뜻하는 보조사이다. 닐굽 아ᄃᆞ리러니 여슷 아ᄃᆞᆯ란 ᄒᆞ마 갓얼이고 아기아ᄃᆞ리 양ᄌᆡ 곱거늘 各別히 ᄉᆞ랑ᄒᆞ야.《석상 6:13》, 두 부톄 ᄉᆞᆫᄌᆡ ᄒᆞᆫᄃᆡ 안자 겨샤ᄃᆡ 妙音이 釋迦란 보ᅀᆞᄫᆞ시고 多寶ᄅᆞᆯ 몯 보ᅀᆞᄫᆞ시다 ᄒᆞ니.《석상 20:44》. 'ᄋᆞ란'은 'ㄹ' 이외의 받침으로 끝나는 체언 뒤에 붙어, 끝음절의 모음이 'ᄋᆞ, 아, 오'인 체언류 뒤에 붙어, '는'을 뜻하는 보조사이다. ᄆᆞᅀᆞᄆᆞ란 아니 닷고 오ᄉᆞ로 빗오ᄆᆞᆯ 이ᄅᆞᆯᄉᆞ 붓그리다니.《월곡 상:44》, ᄡᅡᄒᆞᆫ 그ᄃᆡᆺ 모ᄀᆡ 두고 남ᄀᆞ란 내 모ᄀᆡ 두어 둘히 어우러 精舍 ᄆᆡᇰᄀᆞ라.《석상 6:26》. '으란'은 'ㄹ' 이외의 받침으로 끝나는 체언 뒤에 붙어, 끝음절의 모음이 '으, 어, 우'인 체언 뒤에 붙어, '는'을 뜻하는 보조사이다. 두 分에 ᄂᆞᆫ호아 ᄒᆞᆫ 分으란 釋迦牟尼佛ᄭᅴ 받ᄌᆞᄫᆞ시고 ᄒᆞᆫ 分으란 多寶佛塔애 받ᄌᆞᄫᆞ시니라.《석상 21:18》, 尊者 올여 안치고 조ᄎᆞᆫ 즁으란 雞雀精舍로 보내오.《석상 24:34》

소언 曲곡禮례예 ᄀᆞᆯ오ᄃᆡ 님금 앏픠셔 실과ᄅᆞᆯ 주어시든 그 ᄡᅵ 인ᄂᆞᆫ 이란 그 ᄡᅵᄅᆞᆯ 품을 디니라

현대역 〈곡례〉에 가로되, "임금 앞에서 實果를 주시거든, 그 씨 있는 것이란 그 씨를 품을 것이니라."

【集說】陳氏曰敬君賜라故로不敢棄核이라

진 씨가 말하였다. "임금께서 주심을 공경함이다. 그러므로 감히 그 씨를 버리지 않는다."

〖四十六章〗

○御食於君에君賜餘ㅣ어시든器之漑者란不寫ᄒᆞ고其餘ᄂᆞᆫ皆寫ㅣ니라 《禮記 曲禮》

● 임금을 모시고 먹을 적에, 임금께서 남은 것을 주시거든 그릇을 씻을 수 있는 것은 쏟지 않고, 그 나머지는 모두 쏟는다.

漢字 御(모실 어, 부릴 어, 다스릴 어), 漑(씻을 개, 물 댈 개), 寫(쏟을 사, 덜 사, 베낄 사, 부릴 사)

번소 님금ᄭᅴ 뫼셔 밥 머글 제 님금이 나ᄆᆞᆫ 거슬 주어시든 그르싀 시ᅀᅳᆯ 거스란 솓디 말오 그 나ᄆᆞᆫ 거스란 다 소다셔 머굴 디니라

현대역 임금께 모시어 밥 먹을 때, 임금이 남은 것을 주시거든 그릇에 씻을 것은 쏟지 말고, 그 남은[나머지] 것은 다 쏟아서 먹을 것이니라.

1 솓디: 쏟지. '솓(어간)+디(보조적 연결어미)'이다. '솓다'는 15세기 문헌에서부터 나타난다. 16세기의 'ᄲᅩᆮ다'는 어두경음화에 의해 나타난 것으로 볼 수 있는데, 다만 'ㅆ'으로 적혀야 할 것이 'ㅄ'으로 적힌 것은 이 시기부터 'ㅆ'과 'ㅄ'이 거의 같은 소리를 내었기 때문인 것으로 보인다. 18세기 문헌에서부터 'ㅆ'으로 적힌 '쏫다'가 나타난다. 근대국어 시기에 음절 말에서 'ㅅ'과 'ㄷ'의 대립이 사라지면서 'ᄲᅩᆮ다'와 'ᄲᅩᆺ다', '쏫다'와 '쏟다'가 함께 쓰인다. 원래의 받침 'ㄷ'을 살려 쓴 '쏟다'가 현재까지 이어지고 있다. 솓다(15세기~17세기)〉ᄲᅩᆮ다(16세기~19세기)〉쏫다(18세기~19세기)〉쏟다(19세기~현재). 이형태: 솓다, ᄲᅩᆮ다, ᄲᅩᆺ다, 쏫다, 쏟다. 우므리며 모시 다 소다디여 므리 다 여위오《1447 석상 23:19ㄴ》, 그르ᄉᆡ 시ᅀᅳᆯ 것스란 ᄲᅩᆮ디 아니코《1588 소언 2:40ㄴ》

2 말오: 말고. '말(어간)+오(연결어미)'이다. '-고'는 'ㄹ' 뒤에서는 약화하여 성문마찰 유성음 'ㅇ[ɦ]'으로 나타난다. 'ㅇ[ɦ]'은 자음이기에 '마로'처럼 연철되지 않는다.

소언 음식을 님금끠 뫼와셔 홀 제 님금이 남은 것슬 주어시든 그릇시 시솔 것스란 뽇디 아니코 그 남은 것슨 다 뽀돌 디니라

현대역 음식을 임금께 모시어 할 때, 임금이 남은 것을 주시거든 그릇이 씻을 것은 쏟지 아니하고, 그 남은 것은 다 쏟을 것이니라.

것스란: 것은. '것시(의존명사)+으란(보조사)'이다. '스란'은 앞의 명사 '것'의 받침을 중철 표기한 것이다. '으란'은 '는'을 뜻하는 보조사이다. 위 제45장 '거스란'을 참조하라.

【集成】**呂氏曰御食**은**侍食也**라

여 씨가 말하였다. "御食은 모시고 먹음이다."

【集解】**陳氏曰君以食之餘者**로**賜之**어든**若陶器或木器可以洗滌者**는**則卽食之**하고**或其器是萑**音丸葦也**竹所織**이라**不可洗滌者**는**則傳寫於他器而食之**하니**不欲口澤之瀆也**라

진 씨가 말하였다. "임금께서 음식의 남는 것으로써 그것[食之餘者]을 주시거든, 만약 질그릇이나 혹 나무그릇으로서 씻을 수 있는 것은 그대로 그것[食之餘者]을 먹고, 혹 그 그릇이 갈대나 대나무로 짠 것이어서[萑은 음은 환이요, 葦의 뜻이다] 씻을 수 없는 것은 다른 그릇에 옮겨 쏟아서 그것[食之餘者]을 먹어야 하니, 口澤으로 더럽히지 않고자 함이다."

漢字 **洗**(씻을 세), **滌**(씻을 척), **萑**(갈대 환, 억새 환, 익모초 추, 모시 추), **葦**(갈대 위), **織**(짤 직), **傳**(옮길 전), **澤**(윤 택, 못 택, 기름 택), **瀆**(더럽힐 독, 도랑 독)

〖四十七章〗

○論語에曰君이賜食이어시든必正席先嘗之ᄒᆞ시고君이賜腥이어시든必熟而薦之ᄒᆞ시고君이賜生이어시든必畜之러시다 《論語 鄉黨》

●《논어》에 말하였다. "임금께서 음식을 주시거든 반드시 자리를 바로 하고 먼저 그것[食]을 맛보시고, 임금께서 날고기를 주시거든 반드시 익혀서 그것[腥]을 (조상께) 올리시고, 임금께서 살아있는 것을 주시거든 반드시 그것[生]을 기르셨다."

漢字 腥(날고기 성, 비릴 성), 畜(기를 휵, 쌓을 축)

畜: 위 대문(大文) 끝 '必畜之'에서 《소학언해》는 畜의 음을 '必필畜휵之지'처럼 '휵'으로 달고 있다.

번소 論론語어의 ᄀᆞ로ᄃᆡ 님금이 바뵬 주어시든 모로매 돗ᄀᆞᆯ 바ᄅᆞ ᄒᆞ고 몬져 맛보시며 님금이 ᄂᆞᆯ고기ᄅᆞᆯ 주어시든 모로매 니겨 조샹ᄭᅴ 薦쳔ᄒᆞ시며 님금이 산 거슬 주어시든 모로매 치더시다

현대역 《논어》에 가로되, "임금이 밥을 주시거든 모름지기 자리를 바로 하고 먼저 맛보시며, 임금이 날고기를 주시거든 모름지기 익혀서 조상께 제사를 올리시며, 임금이 산 것을 주시거든 모름지기 기르시더라."

1 돘: '돗자리'의 옛말이다. 왕골이나 골풀의 줄기를 재료로 하여 만든 자리. 줄기를 잘게 쪼개서 만들기 때문에 발이 가늘다. 일로부터 後ㅣ라 호믄 ᄒᆞᆫ 돗긧 마리 아니시니.《월석 14:40》, 筵은 돗기라.《능엄 1:29》

2 조샹ᄭᅴ: 조상(祖上)께. '조샹(명사)+ㅅ(관형격 조사)+긔(부사성 의존명사'이다. 'ᄭᅴ'는 '께'의 뜻으로 쓰인다.

3 쳔ᄒᆞ시며: 천(薦)하시며. 제사를 올리시며. '천ᄒᆞ(어간)+시(주체 높임 선어말어미)+며(연결어미)'이다. 의미상 주어가 공자이므로 '-시-'가 쓰였다.

소언 論론語어의 ᄀᆞᆯ오ᄃᆡ 님금이 음식을 주어시든 반ᄃᆞ시 돗골 바ᄅᆞ ᄒᆞ고 몬져 맛보시고 님금이 놀고기를 주어시든 반ᄃᆞ시 닉켜셔 제ᄒᆞ시고 님금이 산 것슬 주어시든 반ᄃᆞ시 기ᄅᆞ더시다

현대역 《논어》에 가로되, "임금이 음식을 주시거든 반드시 자리를 바로 하고 먼저 맛보시고, 임금이 날고기를 주시거든 반드시 익혀서 제사하시고, 임금이 산 것을 주시거든 반드시 기르시더라."

【集說】朱子曰食은恐或餕餘라故로不以薦이라正席先嘗은如對君也니言先嘗이면則餘當以頒賜矣라腥은生肉이니熟而薦之祖考는榮君賜也라畜之者는仁君之惠하여無故면不敢殺也라

주자가 말하였다. "음식은 혹 남은 것을 남겨 주시는 것인가 두려워한다. 따라서 (조상께) 올리지 않는 것이다. 正席先嘗[자리를 바로 하고 먼저 맛봄]은 임금을 대하듯이 하는 것이니, 先嘗[먼저 맛본다]이라 말했으면, 나머지는 마땅히 나누어 주었을 것이다. 腥은 날고기이니, 익혀서 그것[腥]을 할아버지와 아버지[조상]께 올림은 임금께서 주심을 영광스럽게 여김이다. 그것[生]을 기르는 것은 임금의 은혜를 어질게 하여 까닭이 없으면 감히 죽이지 않음이다."

漢字 餕(남은 음식 준, 대궁 준), 頒(나눌 반, 반포할 반)

【集成】或問聖人은席不正不座하시니豈必君賜食而後에正之耶아朱子曰席固正矣나將坐而又正焉이所以爲禮也라曲禮에主人旣迎賓이면則請入爲席矣요賓旣升堂이면主人이又跪正席이라하니豈先爲不正之席이라가至此然後에正之哉아蓋敬愼之至耳니라

혹자가 묻기를, "성인은 자리가 바르지 않으면 앉지 않으시니, 어찌 반드시 임금이 음식을 주신 다음에야 그것[자리]을 바로 한단 말입니까?" 하자, 주자가 말하였다. "자리는 본래 바르나, 장차 앉으려 할 때에 또 바르게 함이 예가 되는 것이다. 〈곡례〉에, '주인이 이미 손님을 맞이하면, 들어가서 자리를 펼 것을 청하고, 손님이 이미 집에 오르면 주인이 또 무릎을 꿇고 자리를 바르게 한다.'고 했으니, 어찌 먼저 바르지 못한 자리를 마련해 놓고 있다가, 이[賓]에 이른 뒤에 그것[不正之席]을 바르게 하겠는가? 대개 공경과 삼감이 지극할 뿐이다."

漢字 跪(꿇어앉을 궤)

席不正不坐: 《논어(論語)》〈鄕黨(향당)〉 제9장의 구(句)로, '(성인의 마음은 바른 곳을 편안하게 생각하기 때문에) 자리가 바르지 않으면 (비록 잠시라도) 앉지 않는다.'라는 뜻이다. 성인의 마음은 털끝만큼도 어그러짐이 없기 때문에, 조그마한 자리라도 바르지 않으면, 마음과 서로 합하지 못해 마음이 편안하지 않다. 이같이 작은 일에도 구차히는 아니 하니, 하물며 큰일에야 더욱 구차히 하겠는가?

〖四十八章〗

○侍食於君에君祭어시든先飯이러시다 《論語 鄕黨》

●임금을 모시고 (밥을) 드심에, 임금이 祭를 하거든 (공자께서) 먼저 잡수셨다.

제(祭): 음식을 먹을 때, 옛날 처음으로 음식을 만든 사람에게 감사하는 뜻으로, 조금 덜어 내어 그릇에 담아 놓는 밥 따위를 말한다.

漢字 飯(밥 반, 먹을 반)

번소 님금씌 뫼셔 밥 머그실 저긔 님금이 祭졔ᄒᆞ거시든 몬져 먹더시다 현대역 임금께 모시어 밥 자실 때에, 임금이 제(祭) 하시거든 먼저 자시더라.

1 뫼셔: 모시어. '뫼시(어간)+어(연결어미)'이다. '뫼시다'는 '모시다'의 옛말이다. 聖宗올 뫼셔 九泉에 가려 ᄒᆞ시니(願陪聖宗 九泉同歸).《용가 109장》, 부텻 舍利ᄅᆞᆯ 뫼셔다가 供養ᄒᆞᅀᆞᄫᆞ리라 ᄒᆞ야.《석상 23:46》

2 제: '제(祭)'의 옛말이다. 여기서는 음식을 먹기 전에 음식을 처음 만든 사람에게 감사하는 뜻으로, 음식을 덜어서 다른 그릇에 담는 행위를 이른다. 우리 민속에 '고수레'와 비슷한 행위이다. '고수레'는 민간신앙에서, 산이나 들에서 음식을 먹을 때나 무당이 굿을 할 때, 귀신에게 먼저 바친다는 뜻으로 음식을 조금 떼어 던지는 일이다. 고시(高矢)는 단군 때에 농사와 가축을 관장하던 신장(神將)의 이름으로, 그가 죽은 후에도 음식을 먹을 때는 그에게 먼저 음식을 바친 뒤에 먹게 된 데서 유래한다.

소언 님금ᄭᅴ 뫼셔 밥 자실 저긔 님금이 祭졔[음식을 더러셔 처엄 ᄆᆡᆼ근 사ᄅᆞᆷ을 졔ᄒᆞᄂᆞᆫ 일이라]ᄒᆞ거시든 몬져 자시더시다

현대역 임금께 모시어 밥 자실 때에, 임금이 祭[음식을 덜어서 처음 만든 사람을 제사하는 일이라.]하시거든 먼저 자시더라.

【集說】**朱子曰周禮**에**王日一擧**하나니**膳夫授祭品嘗食**이어든**王乃食**이라**故**로**侍食者君祭**면**則己不祭而先飯**하여**若爲君嘗食然**하니**不敢當客禮也**니라

주자가 말하였다. "《주례》에, 왕은 하루에 한 번 성찬을 먹는데, 상 차리는 사람이 祭할 물건을 주어 음식을 맛보면, 왕이 이에 먹는다. 그러므로 모시고 먹는 자는 임금이 祭하면 자기는 祭하지 않고 먼저 먹으니, 임금을 위하여 음식을 맛보는 것과 같으니, 감히 손님의 예를 감당하지 아니 하심이다."

漢字 **擧**(성찬 먹을 거), **膳**(반찬 선)

선부(膳夫): 요리사. 조선시대에, 사옹원에서 문소전(文昭殿)과 대전의 식사를 감독하는 일을 맡아보던 벼슬로, 종칠품의 잡직이었다.

〖四十九章〗

○疾에君視之어시든東首ᄒᆞ시고加朝服拖他可切紳이러시다 《論語鄕黨》

●병환에 임금이 그를 보시거든, 東으로 머리를 두시고, 조복을 덮고 큰 띠를 걸치셨다.

漢字 拖(끌어당길 타)

번소 병에 님금이 와 보거시든 東동ᄋᆞ로 머리 두시고 朝됴服복을 몸 우희 덥고 ᄯᅴ롤 걸티더시다

현대역 병에 임금이 와 보시거든, 동으로 머리 두시고, 조복을 덮고 몸 위에 띠를 걸치시더라.

우희: 위에. '우ㅎ(명사)+의(부사격 조사)'이다. '의'는 시간, 장소, 방향을 나타내는 체언 아래 붙는 특수한 처소 부사격 조사이다.

소언 병ᄒᆞ여 겨실 제 님금이 보거시든 東동ᄋᆞ로 머리 두시고 朝됴服복을 덥고 ᄯᅴ롤 걸티더시다

현대역 병을 앓아 계실 때 임금이 보시거든, 동으로 머리 두시고, 조복을 덮고 띠를 걸치시더라.

【集說】朱子曰東首는以受生氣也라病臥하여不能著衣束帶하고又不可以褻服見君이라故로加朝服於身하고又引大帶於上也라

주자가 말하였다. "東首는 생기를 받으려고 해서이다. 병으로 누워 옷을 입고 띠를 묶을 수 없으며, 또 평상복으로 임금을 볼 수 없는 고로 조복을 몸에 덮고 그 위에 큰 띠를 끌어들이는 것이다."

漢字 褻(평상복 설, 더러울 설, 속옷 설), 見(뵐 현)

【五十章】

○君이命召ㅣ어시든不俟駕行矣러시다 《論語 鄕黨》

● 임금이 명하여 부르시거든 멍에메기를 기다리지 않고 가셨다.

漢字 俟(기다릴 사), 駕(멍에 멜 가, 멍에 가)

번소 님금이 命명ᄒᆞ샤 블리거시든 술위롤 기드리디 아니ᄒᆞ야 녀더시다

현대역 임금이 명하시어 부르시거든 수레를 기다리지 아니하여 가시더라.

녀더시다: 가시더라. '녀(어간)+더(회상법 선어말어미)+시(주체 높임 선어말어미)+다(평서형 종결어미)'이다. '녀다'는 '가다', '다니다'의 옛말이다. 훙졍바지들히 길흘 몯 녀아 天神ㅅ긔 비더니이다.《월곡 상:31》, 이 道롤 조차 발 뒷ᄂᆞ니 모다 녀게 ᄒᆞ니라.《월석 12:13》

소언 님금이 命명ᄒᆞ샤 블으거시든 술위 메옴을 기들이디 아니코 가더시다

현대역 임금이 명하시어 부르시거든 수레 메움을 기다리지 아니하고 가시더라.

메옴: 메움. '메오(어간)+ㅁ(명사형 어미)'이다. '메오다'는 '메우다'의 옛말이다. 말이나 소의 목에 멍에를 얹어서 매다. 현대국어 '메우다'는 15세기 문헌에서부터 나타나 현재까지 이어진다. '메우다'는 '메-'와 사동접사 '-우-'가 결합한 것이다.

15세기 이래로 ‘메우다’와 같은 의미로 ‘메-’와 사동접사 ‘-오-’가 결합한 ‘메오다’가(다시 쇠 갈 {메오고}《1459 월석 23:86ㄱ-86ㄴ》) 쓰이기도 했다. 메오다(15세기~16세기), 메우다(15세기~현재). 이형태: 메우다, 메오다. 블근 벼개를 이대노코 힌 쇼를 메우니.《1459 월석 12:30ㄱ》, 다시 쇠 갈 메오고.《1459 월석 23:86ㄱ-86ㄴ》

【集說】朱子曰急趨君命하여行出하면而駕車隨之니라

주자가 말하였다. “임금의 명령에 급하게 빨리 걸어, 걸어서 나가면 멍에를 한 수레가 그를 뒤따른다.”

漢字 趨(빨리 걸을 추)

〖五十一章〗

○吉月에必朝服而朝ㅣ러시다 《論語 鄕黨》

●(공자는) 매월 초하루에 반드시 조복하고 조회하셨다.

번소 ᄃᆞᆯ 초ᄒᆞᆯᄅᆡ 모로매 朝됴服복 닙고 朝됴ᄒᆞ더시다

현대역 달 초하루에 모름지기 조복 입고 조회하시더라.

초ᄒᆞᆯᄅᆡ: 초(初)하루에. ‘초ᄒᆞᆯㄹ(명사)+ᄋᆡ(부사격 조사)’이다. ‘ᄋᆡ’는 특수 처소부사격 조사이다. 현대국어 ‘초하루’의 옛말 ‘초ᄒᆞᄅᆞ’는 16세기 문헌에서부터 나타난다. ‘초ᄒᆞᄅᆞ’는 한자어 접두사 ‘초(初)’와 명사 ‘ᄒᆞᄅᆞ’가 결합한 파생어이다. ‘ᄒᆞᄅᆞ’는 자음으로 시작하는 문법형태소나 휴지 앞에서는 ‘ᄒᆞᄅᆞ’로, 모음으로 시작하는 문법형태소 앞에서는 ‘ᄒᆞᆯㄹ’로 교체하는 명사이다. ‘초ᄒᆞᄅᆞ’ 역시 16세기부터 19세기까지 ‘초ᄒᆞᄅᆞ’, ‘초ᄒᆞᆯㄹ’로 교체하는 양상을 보인다. 20세기 이후 ‘ᄒᆞᄅᆞ’에서 제1음절의 ‘ㆍ’가 ‘ㅏ’로, 제2음절의 ‘ㆍ’가 ‘ㅜ’로 바뀌면서 ‘하루’로 변하였다. ‘초ᄒᆞᄅᆞ’ 역시 20세기를 거치면서 ‘초하루’로 변하여 현재에 이르렀다. ‘초하루’는 후행 환경과 상관없이 항상 ‘초하루’로 나타나게 되었다. 초ᄒᆞᄅᆞ(16세기~19세기)〉초하루(20세기~현재). 이형태: 초ᄒᆞᄅᆞ, 초ᄒᆞᆯㄹ. 닐온 믈읫 긔약이

참예ᄒᆞᆫ 사ᄅᆞᆷ이 ᄃᆞᆯ 초ᄒᆞᄅᆞ마다 뫼거든.《1518 여씨-존 37ㄱ-37ㄴ》, ᄃᆞᆯ 초흘리 모로매 朝됴服복 닙고 朝됴ᄒᆞ더시다.《1518 번소 3:7ㄴ》

소언 ᄃᆞᆯ 초흘리 반ᄃᆞ시 朝됴服복ᄒᆞ고 됴회ᄒᆞ더시다

현대역 달 초하루에 반드시 조복하고 조회하시더라.

【集說】朱子曰吉月은月朔也라孔子在魯致仕時에如此하시니라

주자가 말하였다. "吉月은 매월 초하루이다. 공자가 노나라에 계시면서 나이가 많아 벼슬을 돌려주실 때 이와 같이 하셨다."

漢字 朔(초하루 삭), 致(돌려줄 치), 仕(벼슬살이 사)

〖五十二章〗

○孔子ㅣ曰君子ㅣ事君호ᄃᆡ進思盡忠ᄒᆞ며退思補過ᄒᆞ야將順其美ᄒᆞ고匡救其惡ᄒᆞᄂᆞ니故로上下ㅣ能相親也ㅣ니라 《孝經》

● 공자가 말씀하셨다. "군자가 임금을 섬기되, 나아가서는 충성을 다할 것을 생각하며 물러나서는 (임금의) 허물 고침을 생각하여, 그 아름다운 것은 받들어 순종하고 그 나쁜 것은 바로잡아 막을 것이니, 그러므로 윗사람과 아랫사람이 능히 서로 친한 것이다."

漢字 補(고칠 보, 기울 보), 將(받들 장), 匡(바로잡을 광), 救(막을 구)

번소 孔공子ᄌᆞㅣ ᄀᆞᄅᆞ샤ᄃᆡ 君군子ᄌᆞㅣ 님금을 셤교ᄃᆡ 나ᅀᅡ가ᄂᆞᆫ 忠듕誠셩ᄭᆞ장 홀 이롤 ᄉᆡᇰ각ᄒᆞ고 믈러와ᄂᆞᆫ 허믈 깁ᄉᆞ올 이롤 ᄉᆡᇰ각ᄒᆞ야 아ᄅᆞᆷ다온 일란 받ᄌᆞ와 順슌從죵ᄒᆞᄋᆞᆸ고 그 왼일란 正졍케 ᄒᆞ야 救구홀 디니 이런ᄃᆞ로 우콰 아래왜 能ᄂᆞᇰ히 서르 親친ᄒᆞᄂᆞ니라

현대역 공자가 말씀하시되, "군자가 임금을 섬기되, 나아가서는 충성까지 할

일을 생각하고, 물러와서는 (임금의) 허물 기울 일을 생각하여, 아름다운 일란 받자와 순종하옵고, 그 그른 일란 바르게 하여 구할 것이니, 이런 까닭으로 위와 아래가 능히 서로 친애하느니라."

1 셤교ᄃᆡ: 섬기되. '셤기(어간)+오ᄃᆡ(연결어미)'이다. '-오ᄃᆡ'는 선행 음절의 모음이 'ᆞ, ㅏ, ㅗ, ㅣ, 반모음ㅣ'인 경우에 붙어, '-(으)되'를 뜻하는 어미이다. 置陣이 ᄂᆞᆷ과 다ᄅᆞ샤 아ᅀᆞᄫᆞᄃᆡ 나ᅀᅡ오니 믈러가던덴 목숨 ᄆᆞᄎᆞ리ᅌᅵᆺ가(置陣異他 知亦進當 如其退避 性命奚戕).《용가 51장》, 淨飯이 무러시ᄂᆞᆯ 占者ㅣ 判ᄒᆞᅀᆞᄫᆞᄃᆡ 聖子ㅣ 나샤 正覺 일우시리.《월곡 상:6》

2 나ᅀᅡ가ᄂᆞᆫ, 믈러와ᄂᆞᆫ: 나아가서는, 물러와서는. '나ᅀᅡ가(어간)+아ᄂᆞᆫ(연결어미)', '믈러오(어간)+아ᄂᆞᆫ(연결어미)'이다, '-아ᄂᆞᆫ'은 끝음절의 모음이 'ᆞ, ㅏ, ㅗ'인 동사, 형용사 어간 뒤에 붙어, '-아서는'을 뜻하는 어미이다. 늘거 그텟 사괴요ᄆᆞᆯ 가져 나져믄 사ᄅᆞᄆᆡ게 브토니 ᄂᆞᆾ 當ᄒᆞ얀 ᄆᆞᅀᆞᄆᆞᆯ 보내요ᄃᆡ ᄂᆞᆾ 도라ᄂᆞᆫ 웃ᄂᆞ다(晩將末契托年少 當面輸心背面笑).《두시-초 25:52》, 堀에 드러 모ᄆᆞᆯ 갈마ᄂᆞᆫ ᄒᆞ오ᅀᅡ 妙ᄅᆞᆯ 得ᄒᆞ니 녜브터 오매 象王ᄋᆡ 아로ᄆᆞᆯ 許티 아니ᄒᆞᄂᆞ니라(入窟藏身獨得妙 從來不許象王知).《남명 하:36》

3 튱셩ᄭᆞ장: 충성까지. '튱셩(명사)+ᄭᆞ장(부사성 의존명사)'이다. 'ᄀᆞ장'은 부사성 의존명사로, 관형사형과 관형격 조사 아래 두루 쓰이면서 '까지'를 뜻한다. 본 예는 관형격 조사 'ㅅ'과 함께 쓰인 예이다. 'ᄀᆞ장'은 물론 부사에 통용되기도 한다. 福德 닷고ᄆᆞᆯ 勸ᄒᆞ노니 福ᄋᆞᆯ 닷ᄀᆞ면 제 목숨ᄭᆞ장 사라 受苦ᄅᆞᆯ 아니 디내리라.《석상 9:35》, 사ᄅᆞᄆᆞᆫ 일셰만 사라 잇고 프른 ᄒᆞᆫ ᄀᆞᅀᆞᆯᄭᆞ장 사라 잇ᄂᆞ니(人生一世 草生一秋).《번박 상:1》

4 홀: 할. 'ᄒᆞ(어간)+오(대상 표시법 선어말어미)+ㄹ(관형사형 어미)'이다. 관형사형에 나타나는 선어말어미 '-오$_2$-'는 존경의 선어말어미와 결합될 수 있다는 점과 제1인칭은 물론 제2·3인칭도 주어가 될 수 있다는 점에서 종결형과 연결형에 나타나는 '-오$_1$-'과 문법 범주를 달리한다. 피한정 명사는 관형사형에 대하여 주어도 될 수 있고, 목적어와 부사어도 될 수 있다. 이때 관형사형을 평서형으로 전개할 때 피한정 명사가 목적어나 부사어의 기능을 띠면 선어말어미 '-오$_2$-'가 나타난다. 따라서 이를 대상 표시법 선어말어미로 부른다(고영근, 2020, 372). 須達이 지ᅀᅮᆫ 亭舍마다 드르시며.《석상 6:38》. 얻논 藥이 므스것고.《월석 21:215》. 이들은 피한정 명사가 관형사형의 목적어가 되는 예이다. 그림 그륜 ᄇᆞᄅᆞ

믈….《두시언해 6:34》. 옷 ᄉᆡᆨ론 므를 먹고.《석상 11:25》. 이들은 피한정 명사가 관형사형의 부사어가 되는 예이다.

5 깁ᄉᆞ올: 기울. '깁(어간)+ᄉᆞ오(겸손법 선어말어미)+ㄹ(관형사형 어미)'이다. '깁다'는 '글이나 책에서 내용의 부족한 점을 보충하다'이다. 현대국어 '깁다'는 15세기 문헌에서부터 '깁다'로 나타나 그대로 이어진다. '깁-'은 15, 16세기에 자음으로 시작하는 어미 앞에서는 '깁-', 모음으로 시작하는 어미 앞에서는 '기우-'로 활용하였다. 깁다(15세기~현재). 이형태: 깁-, 기우-. 더브렛ᄂᆞᆫ 겨집죵이 구스를 ᄑᆞ라 도라오나ᄂᆞᆯ 薜蘿ᄅᆞᆯ ᄭᅳᅀᅥ다가 새 집 헌 ᄃᆡᄅᆞᆯ 깁노라.《1481 두시-초 8:66ㄴ》, 請ᄒᆞ며 옷과 치매 빠디며 믜여디거든 바ᄂᆞᆯ애 실 ᄡᅩ아 기우며 븓텨징이다 請홀 디니라.《1588 소언 2:8ㄱ》

7 이런ᄃᆞ로: '이런 까닭으로'의 옛말이다. 뫼화 修行方便ᄋᆞᆯ 사ᄆᆞ실ᄊᆡ 이런ᄃᆞ로 일후믈 修道分이라 ᄒᆞ니라(摠爲修行方便 故名修道分).《능엄 1:21》, 우 업슨 道 일우ᄆᆞᆯ 버려 뵈실ᄊᆡ 이런ᄃᆞ로 일후믈 證果分이라 ᄒᆞ니라(成無上道 故名證果分).《능엄 1:21》

소언 孔공子ᄌᆞㅣ ᄀᆞᆯᄋᆞ샤ᄃᆡ 君군子ᄌᆞㅣ 님금을 셤교ᄃᆡ 나ᅀᅡ가ᄂᆞᆫ 튱셩 다홈ᄋᆞᆯ ᄉᆡᆼ각ᄒᆞ며 믈러와ᄂᆞᆫ 허믈 깁보태욤ᄋᆞᆯ ᄉᆡᆼ각ᄒᆞ야 그 아ᄅᆞᆷ다온 일란 받ᄌᆞ와 슌죵ᄒᆞ고 그 왼일란 졍ᄒᆞ야 救구ᄒᆞᄂᆞ니 그러모로 우콰 아래 能능히 서ᄅᆞ 親친ᄒᆞᄂᆞ니라

현대역 공자가 말씀하시되, "군자가 임금을 섬기되, 나아가서는 충성 다함을 생각하며, 물러와서는 허물 깁고 보탬을 생각하여, 그 아름다운 일란 받자와 순종하고, 그 그른 일란 광정(匡正)하여 구하니, 그러므로 위와 아래 능히 서로 친애하느니라."

1 깁보태욤: 깁고 보탬. '깁보태(어간)+욤(명사형 어미)'이다. '깁보태다'는 '깁보타다'와 함께, '깁고 보태다'의 옛말이다. 彌縫ᄋᆞᆫ 깁보탈시라.《내훈 2:91》. '-욤'은 'ㅣ'나 'ㅣ' 계열 이중모음으로 끝나는 어간이나 'ᄒᆞ다'의 어간 뒤에 붙어, '-ㅁ'를 뜻하는 명사형 전성어미이다.

2 졍ᄒᆞ야 구ᄒᆞᄂᆞ니: 광정하여 구하니. 대문 '匡救'를 번역한 말이다. 여기서 '졍ᄒᆞ야'는 '匡'에 해당하니, '광정(匡正)하다'를 뜻한다. 잘못된 행동이나 옳지 못한

일 따위를 바로잡아 고치다.

【集解】眞氏曰將은猶承也라進見(현)其君하면則思盡己之忠하고退適私室하면則思補君之過하여無一時一念之不在君也라有善이어든承順之하여使益進於善하고有惡이어든正救之하여使潛消其惡이니此는愛君之至也라臣以忠愛而親其君이면則君亦諒其忠愛而親之也라張氏曰正君之義는必先正其身이라故로進則思盡己之忠하고退則思補君之過하여使己之心으로無一毫之不盡然後에君有美則將順之하고有惡則匡救之니格君心之非는亦曰正己而已라하니二說이皆通이니라

진 씨가 말하였다. “將은 받듦과 같다. 나아가 그 임금을 뵈면 자기의 충성 다할 것을 생각하고, 물러나 私室에 가면 임금의 허물을 고칠 것을 생각하여, 한 때와 한 생각이라도 임금에게 있지 않음이 없는 것이다. 善이 있으면 그것을 받들어 순종하며 하여금 더욱 선에 나아가게 하고, 惡이 있으면 그것을 바로잡아 막아 하여금 속으로 그 악을 사라지게 할 것이니, 이것은 임금 사랑함이 지극한 것이다. 신하가 충성과 사랑으로써 그 임금을 친히 하면, 임금 또한 그 충성과 사랑을 믿어 그를 친히 한다.” 장 씨가 말하였다. “임금을 바로잡는 義는 반드시 먼저 자기의 몸을 바로 해야 한다. 그러므로 나아가서는 자기의 충성을 다할 것을 생각하고, 물러나서는 임금의 허물을 고칠 것을 생각하여, 자기의 마음으로 하여금 한 털끝만큼이라도 다하지 않음이 없게 한 연후에, 임금이 아름다움이 있으면 받들어 순종하고, 나쁜 일이 있으면 그것을 바로잡아 막을 것이니, 임금 마음의 잘못을 바로잡음은 또한 자기를 바로잡을 뿐인 것이다.” (이상의) 두 설은 모두 통한다.

漢字 潛(잠길 잠), 消(사라질 소), 諒(믿을 량), 格(바로잡을 격)

〖五十三章〗

○君使臣以禮ᄒᆞ며臣事君以忠이니라 《論語 八佾》

●임금은 신하를 부리되 예로써 하며, 신하는 임금을 섬기되 충으로써 해야 한다.

번소 님금이 臣신下하를 브리샤ᄃᆡ 禮례로 ᄒᆞ며 臣신下하ㅣ 님금을 셤교ᄃᆡ 忠튱셩ᄋᆞ로 홀 디니라

현대역 임금이 신하를 부리시되 예로써 하며, 신하가 임금을 섬기되 忠誠으로 할 것이니라.

홀 디니라: 할 것이니라. 할지니라. 'ᄒᆞ(어간)+오(대상 표시법 선어말어미)+ㄹ(관형사형 어미)+ᄃᆞ(의존명사)+이(서술격조사 '이다'의 어간)+니라(평서형 종결어미)'이다. 의존명사 'ᄃᆞ'는 '것'의 의미를 가진 보편성 의존명사이다. 의존명사를 꾸며주는 관형사형에 들어있는 선어말어미 '-오$_2$-'도 대상 표시법 선어말어미에 해당한다.

소언 님금이 신하 브리기를 禮례로뻐 ᄒᆞ며 신해 님금 셤곰을 튱셩ᄋᆞ로뻐 홀 디니라

현대역 임금이 신하 부리기를 예로써 하면, 신하가 임금 섬김을 忠誠으로써 할 것이니라.

【集說】朱子曰二者는皆理之當然이니各欲自盡而已니라

주자가 말하였다. "두 가지는 모두 도리의 당연함이니 각각 스스로 다하고자할 뿐이다."

【五十四章】

○大臣은以道事君ᄒᆞ다가不可則止니라 《論語 先進》

●대신은 도로써 임금을 섬기다가 가하지 않으면 그친다.

번소 大대臣신은 올ᄒᆞᆫ 도리로뻐 님금을 셤기다가 可가티 몯거든 벼스를 마롤 디니라

현대역 대신은 옳은 도리로써 임금을 섬기다가 가하지 못하거든 벼슬을 말 것이니라.

소언 大대臣신은 道도로뻐 님금을 셤기다가 可가티 아니커든 그치ᄂᆞ니라

현대역 대신은 도로써 임금을 섬기다가 가하지 아니하거든 그치느니라.

【集說】朱子曰以道事君者는不從君之欲이요不可則止者는必行己之志니라

주자가 말하였다. "도로써 임금을 섬긴다는 것은 임금의 욕심에 따르지 않은 것이요, 가하지 않으면 그친다는 것은 반드시 자기의 뜻을 실행하는 것이다."

【五十五章】

○子路ㅣ問事君ᄒᆞᆫ대子ㅣ曰勿欺也ㅣ오而犯之니라 《論語 憲問》

●자로가 임금을 섬김에 대해 묻자, 공자께서 말씀하셨다. "속이지 말고, 범하여 간해야 한다."

번소 子ᄌᆞ路로ㅣ 님금 셤굘 이롤 묻ᄌᆞ온대 孔공子ᄌᆞㅣ ᄀᆞᄅᆞ샤ᄃᆡ 소기ᅀᆞᆸ디 말오 거스려 諫간홀 디니라

현대역 자로가 임금 섬길 일을 묻자오니까, 공자가 말씀하시되, "속이지 말고 거슬리어 간할 것이니라."

1 묻ᄌᆞ온대: 묻자오니까. '묻(어간)+ᄌᆞ오(겸손법 선어말어미)+ㄴ대(연결어미)'이다. '-ㄴ대'는 어간이나 어미 뒤에 붙어, '-니까'를 뜻하는 어미이다. 目連이 淨飯王ᄭᅴ 도라가 이 辭緣을 ᄉᆞᆯᄫᆞᆫ대 王이 大愛道ᄅᆞᆯ 블러 니ᄅᆞ샤ᄃᆡ.《석상 6:6》, 부톄 比丘 ᄃᆞ리시고 드러 안ᄌᆞ신대 鸚鵡ᄃᆞᆯ히 부텨를 보ᅀᆞᆸ고 깃븐 ᄆᆞᅀᆞᄆᆞᆯ 내야 ᄒᆞᆫ 날 命終ᄒᆞ야 忉利天에 나니라.《석상 6:41~42》

2 소기ᅀᆞᆸ디: 속이옵지. '속이(어간)+ᅀᆞᆸ(겸손법 선어말어미)+디(보조적 연결어미)'이다.

3 거스려: 거슬리어. '거슬(주동사 어간)+이(사동접사)+어(연결어미)'이다. '거스리다'는 '거슬다[거스르다]'의 사동형이다. 주동사 '거슬다[거스르다]'는 '남의 말이나 가르침, 명령 따위와 어긋나는 태도를 취하다'를 뜻한다.

소언 子ᄌᆞ路로[셩은 仲듕이오 일홈은 由유ㅣ니 孔공子ᄌᆞㅅ 뎨ᄌᆞ라]ㅣ 님금 셤굠을 묻ᄌᆞ온대 子ᄌᆞ[孔공子ᄌᆞㅣ라]ㅣ 골ᄋᆞ샤ᄃᆡ 소기ᅀᆞᆸ디 말오 거스릴 디니라

현대역 자로[성은 仲이요, 이름은 由이니, 공자의 제자라.]가 임금 섬김을 묻자온데, 子[공자라.]가 말씀하시되, "속이지 말고 거슬릴 것이니라."

【集解】子路는孔子弟子니姓은仲이요名은由요字는子路라朱子曰犯은謂犯顔諫爭이라

자로는 공자의 제자이니, 성은 仲이요, 이름은 由요, 자는 子路이다. 주자가 말하였다. "犯은 얼굴을 범하여 간쟁함을 이른다."

【集成】西山眞氏曰僞言不直을謂之欺요直言無隱을謂之犯이

니欺與犯은正相反이라禮記에謂事君에有犯而無隱이라하니라

서산진씨가 말하였다. “거짓되게 말하고 곧지 않음을 그것을 속임이라 이르고, 곧게 말하고 숨기지 않음을 그것을 범한다 이르니, 속임과 범함은 정반대이다. 《예기》 〈檀弓〉에 ‘임금을 섬기되, 범함이 있고 숨김을 없다.’고 하였다.”

【五十六章】

○鄙夫는可與事君也與哉아 《論語 陽貨》

● 비루한 지아비는 가히 더불어 임금을 섬길 수 있겠는가?

漢字 鄙(비루할 비)

번소 더러온 노ᄆᆞᆫ 可가히 더브러 님금을 셤기리아

현대역 더러운 사람은 가히 더불어 임금을 섬기랴?

1 더러온: 더러운. 현대국어 ‘더럽다’와 동일한 형태는 15세기 문헌에서부터 나타났다. 그러나 15세기 ‘더럽다’는 매개모음이나 모음으로 시작하는 어미가 결합할 때에는 ‘더러ᇦ-’으로 나타나 ‘더럽-/더러ᇦ-’의 이형태 교체를 보였다. 15세기 중엽에 ‘ㅸ’이 반모음 w로 변하면서 ‘더러ᇦ-’은 ‘더러우-’로 변화하여 현대국어와 같이 ‘더럽-/더러우-’로 이형태 교체를 하는 ㅂ불규칙용언이 되었다. 16~19세기에는 ‘더러우-’와 함께 ‘더러오-’ 형태도 나타났다. 더럽다(15세기~현재). 이형태: 더러ᇦ-, 더럽-. 穢惡ᄋᆞᆫ 더럽고 구즐 씨라.《1459 월석 20:21ㄱ》, 그 소배 거믄 벌에 기리 두ᅀᅥ ᄎᆞᆫ ᄒᆞ니 잇고 내 하 더러ᄫᅥ 사ᄅᆞ미 몯 나ᅀᅡ가리러라.《1447 석상 24:50ㄱ-ㄴ》, 諸佛 니ᄅᆞ샨 信호미 어려운 기픈 經은 淸淨ᄒᆞ야 더러우미 업서 能히 衆生ᄋᆞ로 ᄆᆞᆺ 正覺ᄋᆞᆯ 일워.《1461 능엄 1:3ㄴ》, 더러온 노ᄆᆞᆫ 可가히 더브러 님금을 셤기리아.《1518 번소 3:9ㄱ》

2 놈: ‘사람’의 옛말이다. 중세국어에서는 ‘놈’이 비칭이 아니었다. ᄆᆞᄎᆞᆷ내 제 ᄠᅳ들 시러 펴디 몯ᄒᆞᇙ 노미 하니라.《훈언 2》(현대역: 마침내 제 뜻을 능히 펴지 못하는 사람이 많느니라.), 새 그리 句마다 됴ᄒᆞ니 당당이 늘근 노ᄆᆡ 두루 傳호ᄆᆞᆯ 므던히

너기놋다(新詩句句好 應任老夫傳).《두시-초 21:8》(현대역: 새 글이 구마다 좋으니 마땅히 늙은 사람이 두루 전하는 것을 소홀히 여기는구나.)

3 셤기리아: 섬기랴. '셤기(어간)+리(추측법 선어말어미)+아(의문형 종결어미)'이다. '-아'로 묻는 의문문은 의문사 없이 쓰이면서, 가부(可否) 대답을 요구하는 하라체 제1·3인칭 판정 의문문이다. 본 예는 직접적 주어가 제3인칭 '더러온 놈'이다.

소언 더러온 놈은 可가히 더브러 님금을 셤기랴

현대역 더러운 사람은 가히 더불어 임금을 섬기랴?

셤기랴: 섬기랴. '셤기(어간)+리(추측법 선어말어미)+아(의문형 종결어미)'이다. '-랴'는 '리+아'이다. 의문사 없이 쓰이면서, '-아'로 묻는 의문문은 가부(可否) 대답을 요구하는 하라체 제1·3인칭 판정 의문문이다. 본 예는 직접적 주어가 제3인칭 '더러온 놈'이다.

【集說】朱子曰鄙夫는庸惡陋劣之稱이라

주자가 말하였다. "鄙夫는 용렬하고 악하고 추하고 못함의 칭호이다."

漢字 庸(용렬할 용), 陋(추할 루, 좁을 루, 못생길 루), 劣(못할 렬)

其未得之也앤患得之ᄒᆞ고旣得之ᄒᆞ얀患失之ᄒᆞᄂᆞ니

● 그[鄙夫]가 그것[貴富와 權利]을 얻지 못함에 그것을 얻기를 근심하고, 이미 그것을 얻어서는 그것을 잃을까 근심하니,

번소 그 벼슬 득디 몯ᄒᆞ야셔ᄂᆞᆫ 得득디 몯홀가 알하ᄒᆞ고 ᄒᆞ마 득ᄒᆞ얀 일흘가 ᄒᆞ야 알하ᄒᆞᄂᆞ니라

현대역 그 벼슬 얻지 못해서는 얻지 못할까 근심하고, 이미 얻어서는 잃을까 하여 근심한다.

1 몯ᄒᆞ야셔ᄂᆞᆫ: 못해서는. '몯ᄒᆞ(어간)+야셔(연결어미)+ᄂᆞᆫ(보조사)'이다. '-야셔'는

'ᄒᆞ다'의 어간이나 끝음절의 모음이 'ㅣ'인 어간 뒤에 붙어, '-아서'를 뜻하는 어미이다. 어버ᅀᅵ며 아ᅀᆞ미며 버디며 아로리며 두루에 ᄒᆞ야셔 울어든.《석상 9:30》, 또 八相ᄋᆞᆯ 넘디 아니ᄒᆞ야셔 마ᄂᆞ니라.《월석 석서:3》. '-ᄂᆞᆫ'은 동사 어간이나 어미 뒤에 붙어, '-는'을 뜻하는 보조사이다. 天下 英雄이 度量애 다 드ᅀᆞᄫᆞᆯᄊᆡ 叛ᄒᆞᄂᆞᆫ 노ᄅᆞᆯ 부러 노ᄒᆞ시니(天下英雄 盡入度量 謀亂之徒 迺故放之).《용가 64장》, 太子ㅣ 道理 일우샤 ᄌᆞ개 慈悲호라 ᄒᆞ시ᄂᆞ니 慈悲ᄂᆞᆫ 衆生ᄋᆞᆯ 便安케 ᄒᆞ시ᄂᆞᆫ 거시어늘.《석상 6:5》

2 알하ᄒᆞᄂᆞ니라: 앓다. 근심하다. '앓아ᄒᆞ(어간)+ᄂᆞ(현재 시제 선어말어미)+니라(평서형 종결어미)'이다. '-ᄂᆞ니라'는 동사, 형용사 어간 뒤에 붙어, '-ㄴ다', '-는다'를 뜻한다. 眷屬은 가시며 子息이며 죵이며 집앉 사ᄅᆞᄆᆞᆯ 다 眷屬이라 ᄒᆞᄂᆞ니라.《석상 6:5》, 댱가들며 셔방마조ᄆᆞᆯ 다 婚姻ᄒᆞ다 ᄒᆞᄂᆞ니라.《석상 6:16》. 그리고 중세국어에서는 현대국어와 달리 '앓다'와 '앓아ᄒᆞ다'가 모두 사용되었다. '앓다'는 '마음에 근심이 있어 괴로움을 느끼다.'를 뜻한다. 현대국어 '앓다'는 15세기 문헌에서부터 '앓다'로 나타나 현재까지 이어진다. 중세국어와 근대국어 시기에 '앓-'은 모음이 후행할 경우 'ㅎ'을 그 다음 음절에 표기하였다. 'ㄱ, ㄷ, ㅂ, ㅈ' 등의 자음이 후행하면 'ㅎ'은 선행 자음과 결합하여 각각 'ㅋ, ㅌ, ㅍ, ㅊ'로 표기하였다. 현대국어에서는 원래 형태를 밝혀 적는 원리에 따라 항상 '앓-'로 적는다. 앓다(15세기~현재). 이형태: 앓다. 一切 病ᄒᆞ야 알호ᄆᆞᆯ 여희에 ᄒᆞ며.《1463 법화 6:171ㄱ》, 시긔ㅅ 병ᄒᆞ야 머리 알ᄒᆞ며 치운 긔운이 더으며.《1578 간벽 8ㄱ》, 染疫病은 ᄒᆞ나 알코.《1541 우마 1ㄱ》

3 득ᄒᆞ얀: 얻어서는. '득ᄒᆞ(어간)+얀(연결어미)'이다. '-얀'은 'ᄒᆞ다'의 어간이나 끝음절의 모음이 'ㅣ'인 어간 뒤에 붙어, '-여서는'을 뜻한다. 내 太子ᄅᆞᆯ 셤기ᅀᆞᄫᅩᄃᆡ 하ᄂᆞᆯ 셤기ᅀᆞᆸ듯 ᄒᆞ야 ᄒᆞᆫ 번도 디만ᄒᆞᆫ 일 업수니 妻眷 ᄃᆞ외얀 디 三年이 몯 차 이셔 世間 ᄇᆞ리시고.《석상 6:4》, 世尊하 부톄 니ᄅᆞ샤ᄃᆡ 나도 또 이ᄀᆞᆮᄒᆞ야 成佛ᄒᆞ얀 디 無量無邊 百千萬億 那由他 阿僧祇劫이니.《월석 17:22》. '-안'은 끝음절의 모음이 'ㆍ, ㅏ, ㅗ'인 동사, 형용사 어간 뒤에 붙어, '-아서는'을 뜻한다. 佛性義로 四衆을 다 記ᄒᆞ샤 善ᄒᆞᆫ게는 절ᄒᆞ시고 怒ᄒᆞᄫᆞᆯ 일 맛나샨 怒티 아니ᄒᆞ샤 一切ᄅᆞᆯ 恭敬ᄒᆞ실ᄊᆡ.《월석 17:74》. '-언'은 끝음절의 모음이 'ㆍ, ㅏ, ㅗ'가 아닌 동사, 형용사 어간 뒤에 붙어, '-어서는'을 뜻한다. 東北艮이 萬物의 비르솜 일우며 乃終 일우ᄂᆞᆫ 짜히니 비르솜과 乃終ㅅ 理物에 이션 成壞 ᄃᆞ외오 사ᄅᆞ미게 이션 生死ㅣ ᄃᆞ외ᄂᆞ니 世間ᄋᆡ 두리논 거시라.《월석 14:53》, 알 ᄠᅵ며 젓 머겨

나하 各各 제 ᄀ초아ᅀᅡ 머그며 먹고 ᄒᆞ마 ᄇᆡ 블언 모딘 ᄆᆞᅀᆞ미 더 盛ᄒᆞ야 싸호ᄂᆞᆫ 소리 甚히 어루 저프며(夜叉競來 爭取食之 食之旣飽 惡心轉熾 鬪諍之聲 甚可怖畏).《법화 2:116》

4 ᄒᆞᄂᆞ니라: 한다. 'ᄒᆞ(어간)+ᄂᆞ(현재 시제 선어말어미)+니라(평서형 종결어미)'이다.

소언 그 얻디 몯ᄒᆞ야셔ᄂᆞᆫ 얻기를 근심ᄒᆞ고 이믜 어더ᄂᆞᆫ 일흘가 근심ᄒᆞᄂᆞ니

현대역 그 얻지 못해서는 얻기를 근심하고, 이미 얻어서는 잃을까 근심하니,

【集說】何氏曰患得之는謂患不能得之라

하 씨가 말하였다. "患得之는 그것을 얻을 수 없음을 근심함을 이른다."

苟患失之면無所不至矣니라

● 진실로 그것을 잃음을 근심하면 이르지 않을 바[하지 못할 일]가 없다.

번소 진실로 일흘가 알하ᄒᆞ면 아니 ᄒᆞ욜 일 업시 ᄒᆞᄂᆞ니라

현대역 진실로 잃을까 근심하면 아니 할 일이 없이 한다.

ᄒᆞ욜: 할. 'ᄒᆞ(어간)+요(대상 표시법 선어말어미)+ㄹ(관형사형 어미)'이다. '요'는 선어말어미 '오'의 이형태로, 모음 충돌을 회피하기 위해 반모음 j가 끼어든 것이다. 같은 관형사형에 '홀'이 있다. '홀'은 'ᄒᆞ+오+ㄹ'에서 모음 충돌을 회피하기 위해 'ㆍ'를 탈락시킨 것이다. 관형사형에 나타나는 선어말어미 '-오$_2$-'는 존경의 선어말어미와 결합될 수 있다는 점과 제1인칭은 물론 제2·3인칭도 주어가 될 수 있다는 점에서 종결형과 연결형에 나타나는 '-오$_1$-'과 문법 범주를 달리한다. 피한정 명사는 관형사형에 대하여 주어도 될 수 있고, 목적어와 부사어도 될 수 있다. 이때 관형사형을 평서형으로 전개할 때 피한정 명사가 목적어나 부사어의 기능을 띠면 선어말어미 '-오$_2$-'가 나타난다. 따라서 이를 대상 표시법 선어말어미로 부른다(고영근, 2020, 372). 須達이 지ᅀᅮᆫ 亭舍마다

드르시며.《석상 6:38》. 얻논 藥이 므스것고.《월석 21:215》. 이들은 피한정 명사가 관형사형의 목적어가 되는 예이다. 그림 그륜 ᄇᆞᄅᆞᆷ….《두시언해 6:34》. 옷 ᄲᆡᆨ론 므를 먹고.《석상 11:25》. 이들은 피한정 명사가 관형사형의 부사어가 되는 예이다.

소언 진실로 일키를 근심ᄒᆞ면 니ᄅᆞ디 아니홀 배 업ᄂᆞ니라

현대역 진실로 잃기를 근심하면 이르지 아니할 바[하지 못할 바]가 없다.

아니홀: 아니할. '아니ᄒᆞ(어간)+오(대상 표시법 선어말어미)+ㄹ(관형사형 어미)' 이다. 의존명사 '바'는 보편성 의존명사이다. 의존명사를 꾸며주는 관형사형에 들어있는 선어말어미 '-오$_2$-'도 대상 표시법 선어말어미에 해당한다.

【集說】朱子曰小則吮癰舐善指切痔大几切하고大則弑父與君이 皆生於患失而已니라

주자가 말하였다. "작게는 악창을 빨고 치질을 핥으며, 크게는 아버지와 임금을 죽임이 모두 잃음을 근심함에서 생길 뿐이다."

漢字 吮(빨 연), 癰(악창 옹), 舐(핥을 지), 痔(치질 치), 疾(병 질), 弑(죽일 시)

옹(癰): 악창(惡瘡). 고치기 힘든 부스럼.

【五十七章】

○孟子ㅣ曰責難於君을謂之恭이오陳善閉邪를謂之敬이오吾君不能을謂之賊이니라 《孟子 離婁上》

● 맹자가 말하였다. "임금에게 어려운 일을 따져 밝힘을 공손함이라 이르고, 선한 일을 말하여 사악함을 닫게 함을 공경이라 이르고, 우리 임금은 할 수 없다 함을 해침이라 이른다."

漢字 責(따져 밝힐 책, 꾸짖을 책), 陳(말할 진), 賊(해칠 적, 도둑 적)

번소 孟밍子ᄌᆞㅣ ᄀᆞᄅᆞ샤ᄃᆡ 님금ᄭᅴ 어려온 일로 責ᄎᆡᆨᄒᆞ모ᄆᆞᆯ 닐오ᄃᆡ 恭공이라 ᄒᆞ고 어딘 이ᄅᆞᆯ 베퍼 엳ᄌᆞ와 샤곡ᄒᆞᆫ ᄆᆞᅀᆞᆷ 마고ᄆᆞᆯ 닐오ᄃᆡ 敬경홈이라 ᄒᆞ고 내 님금을 어딘 도리ᄅᆞᆯ 능히 몯ᄒᆞ리라 호ᄆᆞᆯ 닐오ᄃᆡ 賊적이라 ᄒᆞᄂᆞ니라

현대역 맹자가 말씀하시되, "임금께 어려운 일로 責함을 이르되 恭順함이라 하고, 어진 일을 베풀어 여쭈어 (임금의) 邪曲한 마음 막음을 이르되 공경함이라 하고, 내 임금을 어진 도리를 능히 못하리라 함을 이르되 盜賊이라 한다."

1 ᄎᆡᆨᄒᆞ모ᄆᆞᆯ: 책(責)함을. 'ᄎᆡᆨᄒᆞ(어간)+옴(명사형 어미)+ᄋᆞᆯ(목적격 조사)'이다. 'ᄎᆡᆨᄒᆞ다'는 '잘못을 꾸짖거나 나무라며 못마땅하게 여기다.'를 뜻한다.

2 엳ᄌᆞ와: 여쭈어. '엳(어간)+ᄌᆞ오(겸손법 선어말어미)+아(연결어미)'이다. 선어말어미 '-ᄌᆞᆸ-'이 모음 어미 앞에서 '-ᄌᆞ오-'로 교체되었다.

3 샤곡ᄒᆞᆫ: 사곡(邪曲)한. 요사스럽고 교활한.

소언 孟ᄆᆡᆼ子ᄌᆞㅣ ᄀᆞᆯᄋᆞ샤ᄃᆡ 어려온 일로 님금ᄭᅴ 責ᄎᆡᆨ홈ᄋᆞᆯ 닐오ᄃᆡ 공슌홈이라 ᄒᆞ고 어딘 이ᄅᆞᆯ 베퍼 샤곡ᄒᆞᆫ ᄆᆞᄋᆞᆷ 막옴ᄋᆞᆯ 닐오ᄃᆡ 공경홈이라 ᄒᆞ고 내 님금을 能능히 몯ᄒᆞ리라 홈ᄋᆞᆯ 닐오ᄃᆡ 적해홈이라 ᄒᆞᄂᆞ니라

현대역 맹자가 말씀하시되, "어려운 일로 임금께 責함을 이르되 恭順함이라 하고, 어진 일을 베풀어 (임금의) 邪曲한 마음 막음을 이르되 공경함이라 하고, 내 임금을 능히 못하리라 함을 이르되 賊害함이라 한다."

【集解】范氏曰人臣이以難事責於君하여使其君爲堯舜之君者는尊君之大也요開陳善道하여以禁閉君之邪心하여唯恐其君或陷於有過之地者는敬君之至也요謂其君不能行善

道라하여而不以告者는賊害其君之甚也니라

범 씨가 말하였다. "신하가 어려운 일을 임금에게 따져 밝혀 그 임금으로 하여금 堯舜과 같은 임금으로 만듦은 임금을 존경함이 큰 것이요, 선한 도를 열어 말하여 임금의 사악한 마음을 금하고 닫게 하여 행여 그 임금이 혹 허물이 있는 땅에 빠질까 두려워함은 임금을 공경함이 지극한 것이요, 그 임금이 선한 도를 행할 수 없다 말하여 아뢰지 않음은 그 임금을 해침이 심한 것이다."

적해(賊害): 도둑에게 해를 입음. 도둑에게 입은 피해.

〖五十八章〗

○有官守者ㅣ不得其職則去ᄒᆞ고有言責者ㅣ不得其言則去ㅣ니라 《孟子 公孫丑下》

● 벼슬 직책이 있는 자는 그 직책을 얻을[수행할] 수 없으면 떠나가고, 말할 소임이 있는 자는 그 말을 얻지[시행하지] 못하면 떠나간다.

1 관수(官守): 관리로서의 직책.
2 언책(言責): 간관(諫官)의 책임.

번소 구윗 소임 맛닷ᄂᆞᆫ 사ᄅᆞ미 그 소임엣 이ᄅᆞᆯ ᄒᆞ디 몯거든 나가고 말ᄉᆞᆷᄒᆞᆯ 소임 둧ᄂᆞᆫ 사ᄅᆞ미 그 마ᄅᆞᆯ 시힝티 몯거든 나갈 디니라

현대역 관청의 소임을 맡아 있는 사람이 그 소임의 일을 하지 못하거든 나가고, 말씀할 소임을 두어 있는 사람이 그 말을 시행하지 못하거든 나갈 것이니라.

1 구윗: 관청의. '그위(명사)+ㅅ(관형격 조사)'이다. '그위'은 '그위[관청]'의 이형태이고, 'ㅅ'은 관형격 조사이다. 官屬ᄋᆞᆫ 그위예 좇브튼 사ᄅᆞ미라.《석상 11:7》, 그위예셔 겻깃 虛費ᄅᆞᆯ 免ᄒᆞ고 므레ᄂᆞᆫ 말와매 잇ᄂᆞᆫ 고기 잇도다(官免供給費

水有在藻鱗).《두시-초 24:24》

2 맛닷ᄂᆞᆫ: 맡아 있는. 맜(어간)+아(보조적 연결어미)+잇(在, '잇다'의 어간)+ᄂᆞ(현재 시제 선어말어미)+ㄴ(관형사형 어미)'이다. 완료상은 보조적 연결어미 '-아/어'와 보조형용사 '잇다[在]'의 결합으로 표현된다. 그런데 '잇-'이 본동사와 한 음절을 이룰 때 이미 15세기에 'ㅣ'가 탈락되어 '아+ㅅ→앗'으로 나타나는 일이 많았다. 內豎ᄂᆞᆫ 뫼ᅀᆞ왓ᄂᆞᆫ 혀근 臣下ㅣ라.《내훈 1:39》, 내 바ᄅᆞ 닐오마 길 마갓ᄂᆞᆫ ᄒᆞᆫ 퍼깃 사미 비 오나든 곳 퓌오 ᄇᆞᄅᆞᆷ 굴거든 여름 밋ᄂᆞᆫ 거셔(我猜着 當路一科麻下雨開花 刮風結子).《번박 상:40》. '맜다'는 '맡다'의 옛말이다. 商德이 衰ᄒᆞ거든 天下ᄅᆞᆯ 맛ᄃᆞ시릴ᄊᆡ 西水ㅅ ᄀᆞᅀᅵ 져재 ᄀᆞᆮᄒᆞ니(商德之衰 將受九圍 西水之滸 如市之歸).《용가 6장》, 내 벼스를 맛다셔 ᄂᆞᄆᆡ 벼슬엣 이를 아니ᄒᆞ며(守職無侵).《번소 8:26》

3 소임엣: 소임의. '소임(명사)+에(부사격 조사)+ㅅ(관형격 조사)'이다. '엣'은 부사격 조사 '에'에 관형격 조사 'ㅅ'이 결합한 복합조사이다.

4 몯거든: 못하거든. '몯ᄒᆞ(어간)+거든(연결어미)'에서 'ᄒᆞ'가 탈락한 것이다.

5 둣ᄂᆞᆫ: 두어 있는. 두(어간)+어(보조적 연결어미)+잇(在, '잇다'의 어간)+ᄂᆞ(현재 시제 선어말어미)+ㄴ(관형사형 어미)이다. 완료상은 보조적 연결어미 '-아/어'와 보조형용사 '잇다[在]'의 결합으로 표현된다. 즉 '어+잇'이 '-엣-'으로 나타난다. 그러나 동사 '두-(置)' 아래에서는 '-엣-' 대신 보조적 연결어미 '-어'가 탈락된 '-잇-'이나, 여기서 'ㅣ'가 떨어진 '-ㅅ-'으로 나타난다. 같은 '우'로 끝난 '드리우-'는 '-엣-'이 붙어 '드리웻-'으로 나타나는 것과는 대조적이다. '뒷더시니', '뒷논'과 '둣더시니', '둣논'이 그 예이다.

소언 구의예 딕흰 것 둔ᄂᆞᆫ 이 그 직ᄉᆞ를 ᄒᆞ디 몯ᄒᆞ거든 가고 말홀 소임 둔ᄂᆞᆫ 이 그 말을 ᄒᆞ디 몯ᄒᆞ거든 갈 디니라

현대역 관청에 지킨 것 두는 이[벼슬하여 근무하는 사람] 그 職事를 하지 못하거든 가고, 말할 所任 두는 이 그 말을 하지 못하거든 갈 것이니라.

직ᄉᆞ: '직사(職事)'의 옛말이다. 직무에 관계되는 일.

【集說】朱子曰官守ㅣ以官爲守者요言責은以言爲責者라

주자가 말하였다. "官守는 관직을 맡고 있는 자요, 言責은 말을 직책으로 삼는 자이다."

〖五十九章〗

○ 王蠋이 曰忠臣은 不事二君이오 烈女는 不更(경)二夫ㅣ니라

《史記 田單列傳》

● 왕촉이 말하였다. "충신은 두 임금을 섬기지 않고, 열녀는 두 남편을 바꾸지 않는다."

漢字 蠋(나비애벌레 촉), 更(바꿀 경)

왕촉(王蠋, 미상~기원전 284년): 전국시대 제(齊)나라 화읍(畫邑, 臨淄 區高) 사람이다. 연(燕)나라의 명장인 악의(樂毅)가 처음 제나라를 격파했을 때, 그가 어질다는 소문을 듣고 군대에 명령해 화읍 주변 30리를 포위하도록 해 들어가지 못하도록 하고, 예의를 갖춰 만가(萬家)에 봉하고는 연나라를 돕도록 청했다. 그는 끝내 사양하고 나가지 않았는데, 연나라 사람들이 위협하자 나무에 목을 매 자살했다. 위 내용은 그가 죽을 때 남긴 말이다(중국역대인명사전).

번소 王왕蠋쵹이 ᄀᆞ로ᄃᆡ 忠튱臣신ᄋᆞᆫ 셩 다ᄅᆞᆫ 두 님금을 셤기디 아니ᄒᆞ고 烈렬女녀ᄂᆞᆫ 두 샤옹ᄋᆞᆯ 고텨 ᄒᆞ디 아니ᄒᆞᄂᆞ니라

현대역 왕촉이 가로되, "충신은 성이 다른 두 임금을 섬기지 아니 하고, 열녀는 두 남편을 고쳐 하지 아니하느니라."

1 왕촉(王蠋): 《번역소학》과 《소학언해》에서는 대문과 번역문 모두 '왕쵹'으로 독음을 달고 있다.

2 샤옹: 남편. '사옹(舍翁)'의 옛말이다.

소언 王왕蠋쵹[齊제ㅅ나라 忠튱臣신이니 戰젼國국 적 사ᄅᆞᆷ이라]이

골오ᄃᆡ 忠튱臣신은 두 님금을 셤기디 아니ᄒᆞ고 烈렬女녀ᄂᆞᆫ 두 남진을 고텨 아니ᄒᆞᄂᆞ니라

현대역 왕촉[齊나라 충신이니, 戰國 때 사람이라.]이 가로되, "충신은 두 임금을 섬기지 아니 하고, 열녀는 두 남편을 고쳐 아니하느니라."

【集說】陳氏曰蠋은齊之畫邑人이라忠義之臣은始終一心이라故로不事二君이요貞烈之女는始終一志라故로不更二夫라按通鑑에燕將樂毅破齊에聞蠋賢하고使請蠋한대蠋拒之以此하고遂自經死하니라

진 씨가 말하였다. "촉은 제나라의 畫邑(획읍, 또는 화읍) 사람이다. 忠義의 신하는 처음부터 끝까지 한 마음이다. 그러므로 두 임금을 섬기지 않으며, 烈女의 여인은 처음부터 끝까지 한 뜻이다. 그러므로 두 남편을 바꾸지 않는다. 《통감》을 살펴 보건대, 연나라 장수 악의가 제나라를 격파함에 왕촉이 어질다는 말을 듣고 사람을 보내어 왕촉을 청하자 왕촉이 이 말로 그것을 거절하고 마침내 스스로 목매어 죽었다."

漢字 畫(그을 획, 그림 화), 毅(굳셀 의), 拒(거절할 거, 막을 거), 遂(마침내 수), 經(목맬 경, 날실 경)

右ᄂᆞᆫ明君臣之義ᄒᆞ니라

● 이상은 君臣의 義를 밝혔다.

번소 일로 우ᄒᆞᆫ 님금과 신하 ᄉᆞ이옛 義의롤 니ᄅᆞ니라

현대역 이리로 위는 임금과 신하 사이의 의를 말하느니라.

1 일로: 이리로. '일로'는 '이리로'의 준말이고, '이리로'는 '이리'를 강조하여 이르는 말이다.

2 니ᄅᆞ니라: 말하느니라. '니ᄅᆞ(어간)+니라(평서형 종결어미)'이다. '니ᄅᆞ-'는 '말하

다'의 옛말인 '니ᄅ다'의 어간이다. '-니라'는 첫째 설명법 어미 '-다'와 대조적으로 둘째설명법 어미 또는 보수적 평서형 어미로 부르기도 한다(고영근, 2020: 152, 324).

소언 이 우흔 님금과 신하의 義의롤 볼키니라

현대역 이 위는 임금과 신하의 의를 밝히느니라.

볼키니라: 밝히니라. '볼키(어간)+니라(평서형 종결어미)'이다. '-니라'는 첫째 설명법 어미 '-다'와 대조적으로 둘째설명법 어미 또는 보수적 평서형 어미로 부르기도 한다(고영근, 2020: 152, 324).

〖六十章〗

○曲禮예曰男女ㅣ非有行媒어든不相知名ᄒᆞ며非受幣어든不交不親이니라 《禮記 曲禮》

●〈곡례〉에 말하였다. "남자와 여자는 중매를 다님이 있지 않았으면, 서로 이름을 알지 못하며, 폐백을 받지 않았으면 사귀지 않고 친하지 않는다.

漢字 媒(중매할 매), 幣(폐백 폐)

행매(行媒): 중매를 다님. 또는 그런 사람.

번소 曲곡禮례예 ᄀᆞ로ᄃᆡ 남진 겨지비 듕ᄆᆡᄒᆞ디 아니ᄒᆞ야셔ᄂᆞᆫ 서르 일훔믈 아디 아니ᄒᆞ며 禮례物믈을 받디 아니ᄒᆞ야ᄃᆞᆫ 사괴디 아니ᄒᆞ며 친히 아니홀 디니라

현대역 〈곡례〉에 가로되, "남자와 여자가 중매하지 아니해서는 서로 이름을 알지 아니하며, 예물을 받지 아니하거든 사귀지 아니하며 친히 아니할 것이니라.

1 아니ᄒᆞ야든: 아니하거든. '아니ᄒᆞ(어간)+야든(연결어미)'이다. '-야든', '-아든',

'-어든'은 모두 '거든'의 이형태이다. '-야든'은 'ᄒᆞ다'의 어간이나 끝음절의 모음이 'ㅣ'인 어간 뒤에 붙어, '-거든'을 뜻한다. 여기서 주의할 점은 '거'는 대부분 교착적 선어말어미 중 확인법의 선어말어미로 분류하는데, '거든', '거늘'의 경우에는 전체가 하나의 종속적 연결어미라는 점이다. ᄒᆞ다가 외오디 몯ᄒᆞ야든 딕싈 션븨 ᄒᆞ야 어픠고 세 번 티ᄂᆞ니라(若背不過時 教當直的學生背起打三下).《번노 상:3》, 딕월이 약졍의게 고ᄒᆞ야든 약졍이 의리로 ᄀᆞᄅᆞ쳐 제 허믈을 샤죄ᄒᆞ고.《여씨-화 9》

2 사괴디: 사귀지. '사괴(어간)+디(보조적 연결어미)'이다. '사괴다'는 '사귀다'의 옛말이다. 提婆達多ㅣ 阿闍世王과 사괴더니 닐오ᄃᆡ 네 새 王 ᄃᆞ외아라 나도 새 부텨 ᄃᆞ외오져 ᄒᆞ노라.《월석-중 22:69》, 가난ᄒᆞ고 이우즐 사괴면 이신 것 업슨 거슬 가이 서르 거느리치고 가ᅀᆞ멸오 이우즐 사괴면 밧븐 제 이셔도 서르 구완ᄒᆞ리라.《정속-이 13》

소언 曲곡禮례예 ᄀᆞᆯ오ᄃᆡ ᄉᆞ나ᄒᆡ와 겨집이 듕인 ᄃᆞ니미 잇디 아니ᄒᆞ얏거든 서르 일홈을 아디 아니ᄒᆞ며 례믈을 받디 아니ᄒᆞ얏거든 사괴디 아니ᄒᆞ며 親친히 아니홀 디니라

현대역 〈곡례〉에 가로되, "사나이와 계집이 仲媒人 다님이 있지 아니하였거든 서로 이름을 알지 아니하며, 예물을 받지 아니하여 있거든 사귀지 아니하며 친히 아니할 것이니라.

1 듕인: 중매인(中媒人). 15세기 말, 16세기 초기 문헌에는 '듕신'으로 나온다. 媒ᄂᆞᆫ 듕신이라.《내훈 1:79》, 올히 나히 열아호비오 글지ᅀᅵ와 여러 가짓 직죄 됴코 수업슨 쳔 량이러라 듕신도 유복ᄒᆞ도다 졍히 올타 쳔만히 어드리라(今年十九歲 好文章 諸般才藝 無計筭的錢粮 媒人也有福 正着了 也多尋鈔).《번박 상:46》, 媒 듕신 ᄆᆡ 妁 듕신 쟉.《훈몽 중:2》

2 아니ᄒᆞ얏거든: 아니하여 있거든. '아니ᄒᆞ(어간)+야(연결어미)+잇(在, '잇다'의 어간)+거든(연결어미)'이다. 완료상은 보조적 연결어미 '-아/어/야'와 상태의 보조형용사 '잇다[在]'의 결합으로 표현된다. 그런데 '잇-'이 본동사와 한 음절을 이룰 때 이미 15세기에 'ㅣ'가 탈락되어 '야+ㅅ→얏'으로 나타나는 일이 많았다.

【集說】陳氏曰行媒는謂妹氏之往來也요名은謂男女之名也라 受幣然後에親交之禮分定이니라

진 씨가 말하였다. "行媒는 媒氏가 왕래함을 이르고, 名은 남자와 여자의 이름을 이른다. 폐백을 받은 뒤에야 친하고 사귀는 예와 분수가 정해진다."

故로日月以告君ᄒᆞ며齋戒以告鬼神ᄒᆞ며爲酒食(사)以召鄕黨僚友ᄒᆞᄂᆞ니以厚其別也ㅣ니라

●그러므로 (혼인할) 날짜와 달을 임금에게 아뢰고, 재계하여 (조상) 귀신에게 아뢰며, 술과 밥[음식]을 만들어 마을(사람)과 동료와 벗을 부르니, 그렇게 함으로써 그 분별을 두터이 함이다.

漢字 食(밥 사), 僚(동료 료)

번소 이런ᄃᆞ로 혼인ᄒᆞᆯ 날와 ᄃᆞᆯ로 님금ᄭᅴ 고ᄒᆞ며 ᄌᆡ계ᄒᆞ야 조샹 신령ᄭᅴ 고ᄒᆞ며 술와 음식을 ᄆᆡᆼᄀᆞ라 ᄆᆞᅀᆞᆯ히며 동관 벋뷔ᄅᆞᆯ 브르ᄂᆞ니 ᄡᅧ 그 ᄀᆞᆯᄒᆡ요ᄆᆞᆯ ᄃᆞᇺ히 ᄒᆞ노래니라

현대역 이런 까닭으로 혼인할 날과 달로써 임금께 고하며, 재계하여 조상 신령께 고하며, 술과 음식을 만들어 마을이며 同官과 벗의 무리를 부르니, 써 그 가림을 두터이 하노라고 그러는 것이니라.

1 동관: 동관(同官). 한 관아에서 일하는 같은 등급의 관리.

2 번뷔: 벗의 무리. 오래 나그내 ᄃᆞ외요매 번뷔 글워를 해 오게 호니(久客多枉友朋書).《두시-초 19:20》

3 ᄒᆞ노래니라: 한다고 그러는 것이니라. 하노라고 그러는 것이니라. 'ᄒᆞ(어간)+ᄂᆞ(현재 시제 선어말어미)+오(화자 표시법 선어말어미)+라(종결어미)+이('이다'의 어간)+니라(평서형 종결어미)'이다. 종결형과 연결형의 선어말어미 '-오$_1$-'는 일반적으로 주어 명사구가 제1인칭 대명사 '나, 우리' 등 화자일 때 나타난다. 따라서 이를 화자 표시법 선어말어미(고영근, 2020: 363) 또는 1인칭법 선어말어

미(허웅, 1958: 124-197)라고도 부른다.

소언 그러므로 날와 ᄃᆞᆯ로ᄡᅥ 님금ᄭᅴ 告고ᄒᆞ며 ᄌᆡ계ᄒᆞ야 ᄡᅥ 鬼귀神신[조샹을 닐옴이라]ᄭᅴ 告고ᄒᆞ며 술와 음식을 ᄆᆡᆼᄀᆞ라 ᄡᅥ ᄆᆞ을과 동관과 벋을 블으ᄂᆞ니 ᄡᅥ 그 ᄀᆞᆯᄒᆡ욤올 두터이 홈이니라

현대역 그러므로 날과 달로써 임금께 고하며, 재계하여 써 귀신[조상을 이름이라.]께 고하며, 술과 음식을 만들어 써 마을과 同官과 벗을 부르니, 써 그 가림을 두터이 함이니라.

【集說】**陳氏曰日月**은**取婦之期**니**妹氏書之**하여**以告于君**이라 **鬼神**은**謂先祖**라**僚**는**同官者**요**友**는**同志者**라**厚其別者**는**重其有別之禮也**라

진 씨가 말하였다. "日月은 아내를 맞이하는 시기이니, 妹氏가 이것을 써서 임금에게 아뢴다. 鬼神은 선조를 이른다. 僚는 벼슬을 함께 하는 자요, 友는 뜻을 함께하는 자다. 厚其別者[그 분별을 두터이 한다는 것]는 그 (남녀) 有別의 예를 중히 하는 것이다."

取(娶)妻호ᄃᆡ**不取同姓**이니**故**로**買妾**에**不知其姓則卜之**니라

● 아내를 맞이하되, 同姓을 맞이하지 않으니, 그러므로 첩을 살 때에 그 성을 알지 못하면 그것[吉凶]을 점을 친다."

漢字 卜(점칠 복)

번소 계집을 어두ᄃᆡ 동셩을 取취티 마롤 디니 이런ᄃᆞ로 妾쳡을 사매 제 셩을 아디 몯거든 占졈卜복홀 디니라

현대역 아내를 얻되, 同姓을 취하지 말 것이니, 이런 까닭으로 첩을 삼[買]에 그 성을 알지 못하거든 占卜할 것이니라."

1 어두ᄃᆡ: 얻되. '얻(어간)+우ᄃᆡ(연결어미)'이다. 종속적 연결어미 '-우ᄃᆡ'는 선행 음절의 모음이 'ㅡ, ㅓ, ㅜ, ㅣ, 반모음 ㅣ'인 경우에 붙어, '-으되'를 뜻하는 어미이다. 양성모음 아래서는 '-오ᄃᆡ'로, '이다' 아래서는 '-로ᄃᆡ'로 교체된다. ᄒᆞᆫ 두 句ᄅᆞᆯ 더으며 더러ᄇᆞ리며 ᄡᅮᄃᆡ ᄆᆞᅀᆞᆷ 다ᄫᅩᄆᆞᆯ 닐웛 ᄀᆞ장 ᄀᆡ지ᄒᆞ야.《월석 서:19~20》, 四禪天으롯 우흔 세 災 업수ᄃᆡ 그엣 宮殿과 諸天괘 ᄒᆞᆫᄢᅴ 냇다가 절로 ᄒᆞᆫᄢᅴ 업ᄂᆞ니라.《월석 1:50》

2 제: 그의. '저(彼. 3인칭대명사)+의(관형격 조사)'이다.

3 졈복홀: 점복(占卜)할. '졈복ᄒᆞ(어간)+오(대상 표시법 선어말어미)+ㄹ(관형사형 어미)'이다. '점복하다'의 옛말인 '졈복ᄒᆞ다'는 '점치는 일을 하다.'이다. '졈복ᄒᆞ다'는 16세기 문헌에서부터 나타난다. '졈복ᄒᆞ다'는 한자어 '점복(占卜)'에 동사 'ᄒᆞ다'가 결합한 합성어이다. '졈복ᄒᆞ다'는 19세기까지 나타나다가 'ㅈ' 아래에서 'ㅕ'와 'ㅓ'가 더 이상 구별되지 않게 되고 'ㆍ'의 완전한 소실이 표기에 반영되면서 20세기부터는 '점복하다'로 나타나 현재에 이르렀다. 졈복ᄒᆞ다(16세기~19세기)〉점복하다(20세기~현재). 이형태: 졈복ᄒᆞ다. 그러모로 妾을 삼애 그 姓을 아디몯ᄒᆞ거든 졈복홀 디니라.《1588 소언 2:46ㄱ》, ᄯᅩᆼ이 ᄃᆞᆯ며 ᄡᅳ믈 맛보와 됴ᄒᆞ며 구ᄌᆞᄆᆞᆯ 졈복ᄒᆞ고 어믜 거상 니버셔 울기ᄂᆞᆯ ᄢᅢ 업시 ᄒᆞ야.《1617 동신속 효6:81ㄴ》

소언 안해를 얻우ᄃᆡ 同동姓셩을 얻디 아니 ᄒᆞᄂᆞ니 그러모로 妾쳡을 삼애 그 姓셩을 아디 몯ᄒᆞ거든 졈복홀 디니라

현대역 아내를 얻되, 同姓을 얻지 아니 하니, 그러므로 첩을 삼[買]에 그 성을 알지 못하거든 占卜할 것이니라."

【集解】陳氏曰不娶同姓은爲其近禽獸也라卜者는卜其吉凶也라○蓋異姓則吉하고同姓則凶也라

진 씨가 말하였다. "不娶同性(同姓을 맞이하지 않음)은 그 금수에 가깝기 때문이다. 卜은 그 길흉을 점치는 것이다. ○ 대개 異姓이면 길하고, 同姓이면 흉하다.

〖六十一章〗

○士昏禮예曰父ㅣ醮子애命之曰往迎爾相ᄒᆞ야承我宗事호ᄃᆡ勗旭帥率以敬ᄒᆞ야先妣之嗣ㅣ니若則有常ᄒᆞ라子曰諾다唯恐不堪이어니와不敢忘命호링이다 《儀禮 士昏禮》

●〈사혼례〉에 말하였다. “아버지가 아들에게 초례할 때에 그에게 명하여 말하길, ‘가서 네 도울 이[아내]를 맞아하여 우리 종묘의 일을 계승하되, 힘써 거느리기를 공경으로써 하여 그녀를 先妣를 잇게 할 것이니, 너는 떳떳함을 두어라.’ 하면, 아들은 ‘예, 그러겠습니다. 행여 감당하지 못할까 두렵거니와 감히 명령을 잊지 않겠습니다.’라고 한다.

漢字 **醮**(술 따를 초, 제사지낼 초), **往**(갈 왕), **相**(도울 상, 보조자 상), **勗**(힘쓸 욱), **帥**(거느릴 솔), **妣**(어미 비), **嗣**(이을 사), **若**(너 약), **諾**(대답할 락), **堪**(견딜 감)

번소 士ᄉᆞ婚혼禮례예 ᄀᆞ로ᄃᆡ 아비라셔 아ᄃᆞ리 친연ᄒᆞ라 갈 제 술 ᄒᆞᆫ 잔 머기고 ᄀᆞ로ᄃᆡ 가 너 도ᄋᆞᆯ 사ᄅᆞᄆᆞᆯ 마자 와 내 졔ᄉᆞ홀 이ᄅᆞᆯ 니ᅀᅥ 힘ᄡᅥ 공경오로ᄡᅥ 거느려 업스신 어마님 일 니수ᄆᆞᆯ 네 ᄒᆞᆫᄀᆞᆯᄀᆞ티 ᄒᆞ라 아ᄃᆞ리 ᄀᆞ로ᄃᆡ 그리 호리이다 오직 이를 이긔디 몯홀가 젓ᄉᆞᆸ거니와 잠ᄭᅡᆫ도 命명을 닛디 아니호리이다

현대역 〈사혼례〉에 가로되, “아버지라서 아들이 친영하려고 갈 때 술 한 잔 먹이고 가로되, ‘가서 너 도울 사람을 맞아 와서 나의 제사할 일을 이어, 힘써 공경으로써 거느려, 돌아가신 어머님 일 이음을, 너는 한결같이 하라.’ 아들이 가로되, ‘그렇게 하겠습니다. 오직 이것을 이기지 못할까 두려워하옵거니와, 잠깐도 명을 잊지 아니하겠습니다.’

1 아비라셔: 아버지라서. ‘아비(명사)+라셔(부사격 조사)’이다. ‘라셔’는 출발점 처소의 부사격 조사로, 이런 부류에는 ‘에셔’, ‘셔’, ‘에 이셔’, ‘브터’, ‘로셔’가

있다. '라셔'는 일부 받침 없는 체언류 뒤에 붙어, '라서'를 뜻한다. 有蘇氏라셔 妲己로 紂의게 드러늘 紂ㅣ 惑ᄒᆞ야 아니 드롤 마리 업서.《내훈 서:3》, 제 아비라셔 져믄 주를 어엿비 너겨 구틔여 다ᄅᆞ니 얼요려 ᄒᆞ야.《속삼 열:4》

2 친연ᄒᆞ라: 친영(親迎)하러. '친연ᄒᆞ(어간)+라(연결어미)'이다. '친연'은 '친영(親迎)'으로, 다른 문헌에도 더러 나타나는 단어이다. '친영'은 '신랑이 신부의 집에 가서 신부를 데리고 신랑의 집으로 온 다음에 올리는 예식'을 말한다. '-라'는 동사, 형용사 어간 뒤에 붙어, 의도 '-러'나 '-려고'를 나타내는 연결어미이다. 날 ᄃᆞᆯ이 ᄎᆞ거늘 어마님이 毘藍園을 보라 가시니.《월곡 상:7》, 金輪王 아ᄃᆞ리 出家ᄒᆞ라 가ᄂᆞ니 그듸내 各各 ᄒᆞᆫ 아ᄃᆞᆯ옴 내야 내 孫子 조차 가게 ᄒᆞ라 ᄒᆞ시니.《석상 6:9》

3 졔사홀: 제사할. '졔사ᄒᆞ(어간)+오(대상 표시법 선어말어미)+ㄹ(관형사형 어미)'이다.

4 업스신: 없으신. 돌아가신. '없(어간)+으(매개모음)+시(주체 높임 선어말어미)+ㄴ(관형사형 어미)'이다. '없다'는 '죽다'의 뜻도 있다. 현재도 북한에서는 '죽다'를 완곡하게 이르는 말로 쓰고 있다. 지난밤에 뜻하지 않게 건넌집 할아버지가 없었다는구만.《선대》

5 니수믈: 이음을. '닔(어간)+움(명사형 어미)+올(목적격 조사)'이다. 현대국어 '잇다'의 옛말 '닛다'는 15세기 문헌에서부터 나타난다. '닛다'는 자음으로 시작하는 하는 어미 앞에서 '닛-'으로, 모음으로 시작하는 어미 앞에서 '닔-'으로 나타났다. 'ㅿ'이 사라지면서 16세기 후반부터는 모음으로 시작하는 하는 어미 앞에서 '니-'로 나타나기 시작한다. 18세기부터는 어두의 'ㄴ'이 탈락한 '이-'가 나타나 '닛-~니-'와 '잇-~이-'는 19세기까지 공존하게 된다. 새로운 어형인 '잇다'가 20세기 이후 현재에 이르렀다. 닛다(15세기~19세기)〉잇다(18세기~현재). 이형태: 닛-, 닔-, 니-, 잇-, 이-. 아ᄃᆞᆯ 나하ᄃᆞᆫ 나랏 位ᄅᆞᆯ 닛긔 코져 ᄒᆞ더시니 ᄃᆞ리 ᄎᆞ거늘 産生ᄒᆞ샤ᄃᆡ.《1447 석상 11:30ㄴ》, ᄌᆞ개 너기샤ᄃᆡ 나라 니ᅀᅳᆯ 아ᄃᆞᆯ ᄒᆞ마 빅ᅇᅧ 아바닚 願 일우과라.《1447 석상 3:25ㄱ》, 連 니ᅀᅳᆯ 련 枝 가지 지.《1575 천자-광 16ㄱ》

5 아니호리이다: 아니하겠습니다. '아니ᄒᆞ(어간)+오(화자 표시법 선어말어미)+리(추측법 선어말어미)+이(존비법 ᄒᆞ쇼셔체 선어말어미)+다(평서형 종결어미)'이다. 종결형과 연결형의 선어말어미 '-오$_1$-'는 일반적으로 주어 명사구가 제1인칭 대명사 '나, 우리' 등 화자일 때 나타난다. 따라서 이를 화자 표시법 선어말어미(고

영근, 2020: 363) 또는 1인칭법 선어말어미(허웅, 1958: 124-197)라고도 부른다. 추측법 선어말어미 '-리-'와 함께 쓰인 예이다. '-리이다'는 동사, 형용사 어간이나 어미 뒤에 붙어, '-겠습니다'를 뜻하는 어미이다. 아래 《소학언해》처럼 '-링이다'로 나타나기도 한다. 네 가짓 受苦를 여희여 涅槃 得호믈 부텨 ᄀᆞᄐᆞ시긔 ᄒᆞ리이다.《석상 6:4》, 그러커든 나도 大王 뫼ᅀᆞ바 比丘 좃ᄌᆞ바 가리이다.《월석 8:93》

소언 士ᄉᆞ婚혼禮례[儀의禮례 篇편 일홈이라]예 ᄀᆞᆯ오ᄃᆡ 아비 아ᄃᆞᆯ올 醮쵸[친영홀 제 술 먹켜 보내ᄂᆞᆫ 례되라]홀 제 命명ᄒᆞ야 ᄀᆞᆯ오ᄃᆡ 가 너 도올 이를 마자 우리 종묘ㅅ 일올 니오ᄃᆡ 힘뼈 공경오로뼈 거느려 어미를 니을이니 네 곧 덛덛홈올 두라 아ᄃᆞᆯ이 ᄀᆞᆯ오ᄃᆡ 그리 호링이다 오직 감당티 몯홀가 젓솝거니와 敢감히 命명을 닛디 아니호링이다

현대역 〈사혼례〉[《의례》 편 이름이라.]에 가로되, "아버지가 아들을 초(醮)[親迎할 때 술 먹여 보내는 예도라.]할 때 명하여 가로되, '가 너 도울 이[아내]를 맞아 우리 종묘의 일을 잇되, 힘써 공경으로써 거느려 어머니를 이으리니, 네 곧 떳떳함을 두라.' 아들이 가로되, '그렇게 하겠습니다. 오직 감당하지 못할까 두렵거니와, 감히 명을 잊지 아니하겠습니다.'

1 쵸홀: 초례(醮禮)할. 혼례식을 치를. '초례(醮禮)'는 '혼례'를 말한다. 즉 신랑 신부가 처음 만나 절하고[교배례(交拜禮)], 서로 합환주(合歡酒)를 마시는[합근례(合巹禮)] 혼례의식이다.

2 친영홀: 친영(親迎)할. 위 《번역소학》에서는 '친연ᄒᆞ라'로 보인다.

3 니오ᄃᆡ: 잇되. '닛(어간)+오ᄃᆡ(연결어미)'이다. '닛다'는 '잇다'의 옛말이다. 모음으로 시작하는 어미 앞에서는 '닛-'으로 나타난다.

4 아니호링이다: 아니하겠습니다. '아니ᄒᆞ(어간)+오(화자 표시법 선어말어미)+리(추측법 선어말어미)+이(존비법 ᄒᆞ쇼셔체 선어말어미)+다(평서형 종결어미)'이다. 위 《번역소학》에서는 '아니호리이다'로 나타난다.

【集說】陳氏曰士昏禮는儀禮篇名이라酌而無酬酢曰醮니盖醮

子以親迎也라相은助也니妻는所以助夫라故로謂之相이라宗事는宗廟之事라勗은勉也요帥은倡也니言當勉帥爾婦以恭敬也라母曰先妣는盖古稱也니先妣之嗣는謂婦代姑祭也라若은爾也라有常은始終不替也라諾은應辭라堪은能也라

진 씨가 말하였다. "〈사혼례〉는 《의례》의 편명이다. 술을 따르기만 하고 술잔을 주고받지 않음을 醮라 하니, 대개 아들에게 초례하여 친히 (도울 이를) 맞이하게 한 것이다. 相은 도움이니, 아내는 남편을 돕는 바다. 그러므로 그를 相이라 이른다. 宗事는 宗廟의 일이다. 勗은 힘씀이요 帥은 선도함이니, 마땅히 힘써 네 아내를 선도하되 공경으로써 하라고 말한 것이다. 어머니를 先妣라 함은 대개 옛날 칭호이니, 先妣之嗣(先妣를 잇는다는 것)는 며느리가 시어미가 맡았던 제사를 대신함을 이른다. 若은 '너'이다. 有常은 시종 폐하지 않음이다. 諾은 응하는 말이다. 堪은 능함이다."

漢字 酌(술 따를 작), 酬(잔 돌릴 수), 酢(잔 돌릴 작, 초 초), 倡(선도할 창, 여광대 창, 부를 창, 번창할 창), 爾(너 이), 替(폐할 체, 쇠할 체)

수작(酬酌): 술잔을 서로 주고받음.

父ㅣ送女에命之曰戒之敬之ᄒᆞ야夙夜無(毋)違命ᄒᆞ라

● 아버지가 딸을 보냄에 그에게 명하여 말하길, '경계하고 공경하여 이른 아침이나 깊은 밤이나 명을 어기지 말라.'고 한다.

漢字 夙(이를 숙)

숙야(夙夜): 이른 아침과 깊은 밤. 종일토록.

번소 아비 ᄯᆞ롤 보낼 제 ᄀᆞ로ᄃᆡ 警경戒계ᄒᆞ며 恭공敬경ᄒᆞ야 일 져므리 ᄒᆞ야 싀어버이며 남진의 命명을 어글읏디 말라

현대역 아버지가 딸을 보낼 때 가로되, '경계하며 공경하여 일찍 저물도록[종

일토록] 하여 시부모며 남편의 명을 어기지 말라.'

1 일: '일찍'의 옛말이다. 일 婚姻ᄒᆞ며 져머셔 媒聘호ᄆᆞᆫ 사ᄅᆞᄆᆞᆯ 가ᄅᆞ쵸ᄃᆡ 輕薄ᄒᆞᆫ 이ᄅᆞᆯ ᄡᅧ ᄒᆞᄂᆞᆫ 디오(早婚少聘 教人以偸).《내훈 1:71》, 져머셔 아바님 일흐시고 ᄆᆞᆫ오라비 客卿이 영노ᄒᆞ더니 일 죽거늘(少喪父母 兄客卿敏惠早夭).《내훈 2:37》. '일 져므리'는 합쳐 '종일토록'의 뜻으로 쓰였다.

2 져므리: 저물도록. '졈을이'의 연철 표기로, 아래 《소학언해》에는 '졈을이'로 나온다. '졈을이'는 '졈을다'의 파생부사이고, '졈을다'는 '저물다'의 옛말이다. 현대국어 '저물다'의 옛말인 '져믈다'는 15세기 문헌에서부터 나타난다. 16세기 문헌에는 '져믈다'와 발음이 같은 '졈을다'도 보인다. 근대국어 시기에 양순음 'ㅁ, ㅂ, ㅍ' 아래에서 모음 'ㅡ'가 'ㅜ'로 변하는 원순모음화가 일어났는데, '져믈다'도 이러한 변화를 겪어 '져물다'가 되었다. 또한 근대국어 시기에 치조음이었던 'ㅈ, ㅊ'이 경구개음으로 변하면서 '져'와 '저'의 발음이 같아져서 '져물다>저물다'로 바뀌었다. 이후 이 어형이 현재까지 이르렀다. 한편 15세기~18세기에는 '져믈다>져물다'와 의미가 동일하고 형태상으로도 관련이 있는 '졈글다' 형태도 존재하였다(예: 거츤 뜰헤 ᄒᆡ {졈글오져} ᄒᆞᄂᆞ다.《1481 두시-초 3:27ㄴ》, 빗돗 글어 가매 歲月이 {졈그ᄂᆞ니} 어루 春風과 다ᄆᆞᆺ 가리로다.《1481 두시-초 22:42ㄴ》, 쥬신 형님 내 나그내라니 오ᄂᆞᆯ {졈그러} 네 지븨 잘 ᄃᆡ 어더지이다.《1510년대 번노 상:47ㄱ》, 나리 {졈글어든} 다시 방의 나디 아니ᄒᆞ더니.《1737 어내 1:23ㄴ》). 져믈다(15세기~19세기)>져물다(19세기)>저물다(19세기~현재). 이형태: 져믈다, 져물다, 저물다. 世尊하 내 녜브터 오매 나리 져믈오 바미 ᄆᆞᆺᄃᆞ록 ᄆᆡ샹 내 剋責ᄒᆞ다니.《1463 법화 2:7ㄴ》, 先生이 단졍히 안자 블러 더브러 마조 안자셔 져믈며 새도록 이셔도 더브러 말ᄉᆞᄆᆞᆯ 아니ᄒᆞ다가.《1518 번소 9:4ㄴ》

3 어글웃디: 어기지. '어글웃(어간)+디(보조적 연결어미)'이다. '어글웃다'는 '어기다'의 옛말로, 이형태 '어글웃다'나 '어글웃다'도 발견된다.

소언 아비 ᄯᆞᆯ올 보낼 제 命명ᄒᆞ야 ᄀᆞᆯ오ᄃᆡ 경계ᄒᆞ며 조심ᄒᆞ야 일 졈을이 ᄒᆞ야 命명을 어글웃디 말라

현대역 아버지가 딸을 보낼 때 명하여 가로되, '경계하며 조심하여 일찍 저물

도록[종일토록] 하여 명을 어기지 말라.'

【集說】陳氏曰夙은早也요違는逆也라命은謂舅姑之命이라

진 씨가 말하였다. "夙은 이른 아침이요, 違는 거슬림이다. 命은 시부모의 명을 이른다."

漢字 早(이른 아침 조, 새벽 조)

母ㅣ施衿ᄒᆞ고結帨曰勉之敬之ᄒᆞ야夙夜無違宮事ᄒᆞ라

●어머니는 작은 띠를 베풀고 수건을 매주며 말하길, '힘쓰고 공경하여 이른 아침이나 늦은 밤이나 집안일을 어기지 말라.'고 한다.

漢字 施(베풀 시, 전할 시), 衿(띠 금, 옷깃 금, 맬 금), 帨(수건 세, 닦을 세)

번소 어믜ᄂᆞᆫ ᄯᅴ ᄆᆡ오 슈건 ᄆᆡ오 ᄀᆞ로ᄃᆡ 힘ᄡᅳ며 恭공敬경ᄒᆞ야 일져므리 ᄒᆞ야 짒 이ᄅᆞᆯ 어글웃디 말라

현대역 어머니는 띠를 매게 하고 수건을 매게 하고 가로되, '힘쓰며 공경하여 일찍 저물도록[종일토록] 하여 집의 일을 어기지 말라.'

1 ᄆᆡ오: 매게 하고. 'ᄆᆡ(주동사 어간)+이(사동접사)+고(연결어미)'이다. 'ᄆᆡ다'는 '매다'의 옛말이다. 太子ㅅ 모ᄀᆡ ᄆᆡᅀᆞ바ᄂᆞᆯ 太子ㅣ 곰ᄌᆞᆨ도 아니ᄒᆞ야 보신대 그 각시 도로 글어 밧긔 내야 더디니라.《석상 3:24》, 각시 ᄢᅬ노라 ᄂᆞᆾ 고ᄫᅵ 빗여드라 末利花鬘ᄋᆞᆯ 몸애 ᄆᆡᅀᆞᄫᆞ나.《월곡 상:18》. 'ᄆᆡ다'의 활용형은 자동사는 'ᄆᆡ고' 형으로 나나타고, 사동사는 'ᄆᆡ오'로 나타나는 바, 사동사는 어미 '-고'가 사동접사 '이' 뒤에서 성문 마찰 유성음 'ㅇ[ɦ]'으로 약화된 것이다. 따라서 그 발음은 [mʌjjɦo]이다.

2 짒: 집의. '집(명사)+ㅅ(관형격 조사)'이다.

소언 어믜 ᄯᅴ ᄯᅴ이고 슈건 ᄆᆡ오 ᄀᆞᆯ오ᄃᆡ 힘ᄡᅳ며 조심ᄒᆞ야 일 졈을이 ᄒᆞ야 집일을 어글웃디 말라

현대역 어머니가 띠를 띠게 하고 수건을 매게 하고 가로되, '힘쓰며 조심하여 일찍 저물도록[종일토록] 하여 집일을 어기지 말라.'

띄이고: 띠게 하다. '띄(주동사 어간)+이(사동접사)+고(연결어미)'이다. '띄다'는 '띠다'의 옛말이다. 袞龍袍애 寶玉帶 띄샤 이 뜨들 닛디 마ᄅᆞ쇼셔(龍衣與袞袍 寶玉且橫腰 此意願毋忘).《용가 112장》, ᄂᆞ치 듣글와 ᄌᆡᄅᆞᆯ 띄오 머리ᄂᆞᆫ 눈 ᄀᆞᆮᄒᆞ니(面對塵灰 頭似雪).《남명 하:18》

【集說】陳氏曰衿은小帶요帨는佩巾이라違는乖也라宮事는謂閫內之事라

진 씨가 말하였다. "衿은 작은 띠요, 帨는 차는 수건이다. 違는 어긋남이다. 宮事는 문지방 안의 일을 이른다."

漢字 乖(어긋날 괴, 어길 괴), 閫(문지방 곤)

庶母ㅣ及門內ᄒᆞ야施鞶ᄒᆞ고申之以父母之命ᄒᆞ야命之曰敬恭聽ᄒᆞ야宗爾父母之言ᄒᆞ야夙夜無愆ᄒᆞ야視諸衿鞶ᄒᆞ라

●庶母가 문 안에 이르러 작은 주머니를 베풀고 부모의 명으로써 거듭하여[다시 하여] 명하여 가로되, '공경히 들어 네 부모의 말씀을 높여, 이른 아침이나 늦은 밤이나 잘못이 없게 하여, 이 작은 띠와 작은 주머니를 보라.'고 한다."

漢字 鞶(작은 주머니 반, 끈 띠 반), 愆(허물 건)

번소 庶셔母모ᄂᆞᆫ 문 안해 미쳐 와 ᄂᆞᄆᆞᆺ ᄎᆞ이고 父부母모ㅅ 命명을 다시 ᄒᆞ야 닐어 ᄀᆞ로ᄃᆡ 恭공敬경ᄒᆞ야 듣ᄌᆞ와 네 父부母모ㅅ 말ᄉᆞᄆᆞᆯ 읏뜸 사마 일 져므리 ᄒᆞ야 허므리 엄게 ᄒᆞ야 이 띄와 ᄂᆞᄆᆞᆺ과ᄅᆞᆯ 보아 닛디 말라

현대역 서모는 문 안에 미쳐 와서 주머니 차게 하고, 부모의 명을 다시 하여

말하여 가로되, '공경하여 듣자와 네 부모의 말씀을 으뜸삼아, 일찍 저물도록[종일토록] 하여 허물없게 하여 이 띠와 주머니를 보아 잊지 말라.'"

1 ᄂᆞᆽ: 주머니. 머리 ᄆᆡ기를 ᄲᅢᆯ 나게 ᄒᆞ며 향ᄂᆞᆽ 긴흘 ᄆᆡ여(總角 衿纓).《소언 2:4》

2 ᄎᆞ이고: 차게 하고. 'ᄎᆞ(주동사 어간)+이(사동접사)+고(연결어미)'이다. 'ᄎᆞ다'는 '차다'의 옛말이다. 'ᄎᆞ다'는 15세기 문헌에서부터 나타난다. 18세기에 제1음절의 모음 'ㆍ'가 'ㅏ'로 변화함에 따라 현대국어와 같은 '차다' 형태가 등장하게 되었다. ᄎᆞ다(15세기~19세기)〉차다(18세기~현재). 이형태: ᄎᆞ-, 차-. 潛龍未飛예 北人이 服事ᄒᆞᅀᆞᄫᅡ 弓劍 ᄎᆞᅀᆞᆸ고 左右에 좇ᄌᆞᄫᆞ니.《1447 용가 55》, 이 呪를 닐그며 외오며 쓰며 摹ᄒᆞ야 몸 우희 차 가지거나 ᄒᆞ다가.《1461 능엄 7:55ㄱ》, ᄒᆞᆫ보로 ᄲᅡᆯ 갈 열ᄌᆞᄅᆞ 죠히 버힐 ᄀᆞᄂᆞᆫ 갈 열 ᄌᆞᄅᆞ 치맛허리예 촐 갈 열 ᄌᆞᄅᆞ.《1510년대 번노 하:68ㄴ》

3 듣ᄌᆞ와: 듣자와. '듣(어간)+ᄌᆞ오(겸손법 선어말어미)+아(연결어미)'이다. '듣즙아〉듣ᄌᆞᄫᅡ〉듣ᄌᆞ오아(듣ᄌᆞ와)'로 변한 것이다.

4 엄게 ᄒᆞ야: 없게 하여. '엄게 ᄒᆞ야'는 '업게 ᄒᆞ야'의 오자인 듯하다. 현대국어 '없다'는 15세기 문헌에서부터 '없다'로 나타나 현재까지 이어진다. 없다(15세기~현재). 아바ᅀᅵ 업슨 사ᄅᆞ미오 獨ᄋᆞᆫ 늘구ᄃᆡ 子息 업서 ᄒᆞ옷 모민 사ᄅᆞ미라.《1447 석상 6:13ㄱ》. 무덤 겨ᄐᆡ 믈 업서.《1514 속삼 효:1ㄱ》, 온몸이 ᄀᆞ랴와 글거허여디고 고롬이 업서 콩겁질 ᄀᆞᄐᆞ면 죽ᄂᆞ니라.《1608 언두 하:12ㄱ》

4 ᄂᆞᆽ과ᄅᆞᆯ: 주머니를. 'ᄂᆞᆽ(명사)+과(접속조사)+ᄅᆞᆯ(목적격 조사)'이다. '과'는 집단곡용을 나타내는 조사이다. 'ᄯᅴ'와 'ᄂᆞᆽ'을 접속하는데, 마지막 명사 'ᄂᆞᆽ'에도 접속조사 '과'가 쓰였다.

소언 庶셔母모ㅣ 門문 안해 미쳐 와 ᄂᆞᆽ ᄎᆞ이고 父부母모ㅅ 命명으로ᄡᅥ 다시 ᄒᆞ야 命명ᄒᆞ야 ᄀᆞᆯ오ᄃᆡ 조심ᄒᆞ며 공슌히 듣ᄌᆞ와 네 父부母모ㅅ 말ᄉᆞᆷ올 읏ᄯᅳᆷ 삼아 일 졈을이 ᄒᆞ야 허믈업게 ᄒᆞ야 ᄯᅴ와 ᄂᆞᆽ출 보라

현대역 서모가 문 안에 미쳐 와서 주머니 차게 하고, 부모의 명으로써 다시 하여 명하여 가로되, '조심하며 공순히 듣자와 네 부모의 말씀을 으뜸삼아,

일찍 저물도록[종일토록] 하여 허물없게 하여 띠와 주머니를 봐라.'"

【集解】庶母는父之妾也라鞶은小囊이니盛帨巾者라申은重也요宗은尊也요愆은過也라言當尊爾父母之言하여早夜無過하고又當常視此衿鞶하여以憶父母之言而不忘也라眞氏曰夫之道는在敬身以帥其婦하고婦之道는在敬身以承其夫라故로父之醮子에曰勉帥以敬이라하고親之送女에曰戒之敬之라하니夫婦之道盡於此矣니라

庶母는 아버지의 첩이다. 鞶은 작은 주머니이니, 帨巾을 담는 것이다. 申은 거듭함이요, 宗은 높임이요, 愆은 허물이다. '마땅히 네 부모의 말씀을 높여, 이른 아침이나 늦은 밤이나 허물이 없게 하고, 또 마땅히 늘 이 작은 띠와 주머니를 보고서 부모의 말씀을 기억하여 잊지 말라.'고 이른 것이다. 진 씨가 말하였다. "남편의 도리는 몸을 공경하여 그 아내를 이끎에 있고, 아내의 도리는 몸을 공경하여 그 남편을 받듦에 있다. 그러므로 아버지가 아들에게 초례할 적에 '힘써 이끌되, 공경으로써 하라.'고 말했고, 부모가 딸을 보낼 적에 '경계하고 공경하라.'한 것이니, 부부의 도리는 이에 다하였다."

漢字 囊(주머니 낭), 盛(담을 성), 申(거듭할 신, 아뢸 신, 펼 신), 帥(거느릴 솔, 장수 수, 본보기 솔)

【六十二章】

○禮記예曰夫昏禮는萬世之始也ㅣ라取嫁於異姓은所以附遠厚別也ㅣ오幣必誠ᄒᆞ며辭無不腆ᄒᆞ야告之以直信은信事人也ㅣ며信婦德也ㅣ니一與之齊ᄒᆞ면終身不改하ᄂᆞ니故로夫死不嫁

ㅣ니라 《禮記 郊特牲》

●《예기》에 말하였다. "무릇 혼인하는 예는 만대의 비롯함이다. 異姓에게 장가를 듦은 멂을 가깝게 하고[소원함을 붙이며] 분별함을 두터이 하는 것이요, 폐백을 반드시 정성스럽게 하며 말을 두텁지 않음이 없게 하여 곧음과 신의로써 고하는 것은 신의가 사람을 섬기는 것이며 신의가 아내의 덕이니, 한 번 더불어 가지런히 하면 종신토록 고치지 않으니, 그러므로 남편이 죽어도 시집가지 않는다.

漢字 幣(폐백 폐), 腆(두터울 전, 음식 많이 차릴 전)

일여지제(一與之齊): 한 번 더불어 가지런히 하다. 희생을 함께 놓고 먹어 존비를 함께 하다. 즉 혼인하다.

번소 禮례記긔예 ᄀᆞ로ᄃᆡ 혼인ᄒᆞᄂᆞᆫ 례ᄂᆞᆫ 萬만世셰의 비르소미니 姓셩 다ᄅᆞᆫ 사ᄅᆞᄆᆞᆯ 어두믄 뼈곰 혐의 멀리 호ᄆᆞᆯ 의거ᄒᆞ며 ᄀᆞᆯᄒᆡ요ᄆᆞᆯ 듕히 ᄒᆞ노래니라 禮례物믈을 모로매 졍셩도이 ᄒᆞ며 말ᄉᆞᄆᆞᆯ 두터이 아니 ᄒᆞᇙ 업시 ᄒᆞ야 고호ᄃᆡ 正졍直딕과 誠셩信신으로뻐 ᄒᆞ요ᄆᆞᆫ 사ᄅᆞᆷ 셤교ᄆᆞᆯ 信신히 ᄒᆞ며 계지븨 어딘 덕을 信신히 호미니 ᄒᆞᆫ 번 더브러 남진 계지비 도외면 모미 ᄆᆞᆺ도록 가ᄉᆡ디 아니 ᄒᆞᄂᆞ니 이런ᄃᆞ로 남진이 죽거ᄃᆞᆫ 다ᄅᆞ니ᄅᆞᆯ 얻디 아니ᄒᆞᄂᆞ니라

현대역 《예기》에 가로되, "혼인하는 예는 萬世의 비롯함이니, 姓이 다른 사람을 얻음은 써곰 (근친혼이 아닌가 하는) 혐의를 멀리 함을 의거하며, 가림을 중하게 한다고 그러는 것이다. 예물을 모름지기 정성되게 하며 말씀을 두텁게 아니 함이 없이 하여, 고하되 정직과 誠信으로써 함은 사람 섬김을 미덥게 하며 아내의 어진 덕을 미덥게 함이니, 한 번 더불어 남편과 아내가 되면 몸이 마치도록 바꾸지 아니 하니, 이런 까닭으로 남편이 죽거든 다른 사람을 얻지 아니하느니라.

1 비르소미니: 비롯함이니. '비릇(어간)+옴(명사형 어미)+이('이다'의 어간)+니(연

결어미)'이다. '비롯-'은 '비롯하다'의 옛말인 '비릇다'의 어간이다. 현대국어 '비롯하다'의 옛말인 '비릇다/비룻다'는 15세기 문헌에서부터 나타난다. 이 단어는 이후에 'ᄒᆞ-'가 결합하여 '비릇ᄒᆞ다', '비룻ᄒᆞ다'로 되었다. 이 형태는 근대국어 후기에 둘째 음절 '릇/룻'이 '롯'으로 바뀌고, 문헌에 나타나지는 않지만 '비롯ᄒᆞ다'가 쓰였을 가능성이 있으며, '비롯ᄒᆞ다'의 'ᄒᆞ-'가 '하-'로 바뀌면서 현재의 '비롯하다'가 형성되었다고 볼 수 있다. 16세기에는 '비릇다'가 쓰이는데 이것은 이 시기에 'ㅅ'과 'ㄷ'의 받침 표기가 문란해졌기 때문이다. 비릇다/비룻다(15세기~18세기)〉비롯다/비릇ᄒᆞ다(19세기)〉비롯하다(20세기~현재). 이형태: 비릇다, 비룻다, 비릇다, 비롯다, 비릇ᄒᆞ다, 비롯하다. 처ᅀᅥᆷ 비릇ᄂᆞᆫ 거시 因이오.《1447 석상 13:41ㄱ》, 이 虛妄ᄋᆞᆯ 因ᄒᆞ야 잇고 ᄯᅩ 비룻ᄂᆞ니라.《1461 능엄 4:32ㄴ》, 禮ᄂᆞᆫ 남진 겨집 삼가매 비릇ᄂᆞ니.《1588 소언 2:50ㄱ》

2 ᄡᅥ곰: 써곰. 'ᄡᅥ(부사)+곰(보조사)'이다. 'ᄡᅥ'는 'ᄡᅳ다'에서 파생된 '함으로써'를 뜻하는 부사이고, '곰'은 용언의 활용형이나 부사에 붙어 여운을 주는 보조사이다. 그ᄢᅴ 目連이 種種方便으로 다시곰 ᄉᆞᆯᄫᅡ도 耶輸ㅣ 잠깐도 듣디 아니ᄒᆞ실ᄊᆡ.《석상 6:6》, 열 ᄒᆡ로셔 도로 더어 가ᄃᆡ 아ᄃᆞ리 아ᄇᆡ 나해셔 곱기곰 사라 八萬 ᄒᆡ 다ᄋᆞᆯ ᄀᆞ장 더우믈 增이라 ᄒᆞᄂᆞ니.《월석 1:47》

3 ᄒᆞ노래니라: 한다고 그러는 것이다. 하느라고 그러는 것이다. 'ᄒᆞ(어간)+ᄂᆞ(현재 시제 선어말어미)+오(화자 표시법 선어말어미)+라(종결어미)+이(서술격 조사 '이다'의 어간)+니라(평서형 종결어미)'이다. 종결형과 연결형의 선어말어미 '-오$_1$-'는 일반적으로 주어 명사구가 제1인칭 대명사 '나, 우리' 등 화자일 때 나타난다. 따라서 이를 화자 표시법 선어말어미(고영근, 2020: 363) 또는 1인칭법 선어말어미(허웅, 1989: 312)라고도 부른다.

4 경셩도이: 정성스럽게. '경셩(어근)+되(형용사 파생접사)+이(보조적 연결어미)'이다. '되이'의 이중모음 'ㅚ[oj]'로 인해 '도이'로 변한 것이다.

5 ᄒᆞᆶ: 함이. 'ᄒᆞ(어간)+ㄹ(관형사형 어미)+ㅅ(주격 조사)'이다. 중세국어의 관형사형 어미는 명사적으로 쓰이는 일이 있었다. 'ᄒᆞᆯ'은 어간 'ᄒᆞ-'에 관형사형 어미 'ㄹ'이 붙은 것인데, 여기에 바로 주격 조사인 'ㅅ'이 붙었다. 德이여 福이라 호ᄂᆞᆯ 나ᅀᆞ라 오소이다.《악학궤범, 동동》. 여기서도 '호ᄂᆞᆯ'은 'ᄒᆞ+오+ㄴ'과 목적격 조사 'ᄋᆞᆯ'로 분석되는데, 관형사형 어미에 바로 격 조사가 붙었다. 아래 《소학언해》에는 '홈이'로 나온다.

6 엄시 ᄒᆞ야: 없이 하여. '엄시 ᄒᆞ야'는 '업시 ᄒᆞ야'오자인 듯하다. 아래 《소학언해》

에는 '업시 ᄒᆞ야'로 나온다.

7 도외면: 되면. '도외(어간)+면(연결어미)'이다. 현대국어 '되다'의 옛말인 'ᄃᆞᄫᆡ다'는 15세기 문헌에서부터 나타난다. 15세기 중엽 이후 'ㅸ'이 반모음 w로 변화하여 'ᄫᆡ'가 '외'로 변한 'ᄃᆞ외다'가 나타났다. 또한 15세기에는 'ᄃᆞ외다'에서 제1음절 모음 'ㆍ'가 제2음절의 원순모음 'ㅗ'의 영향으로 'ㅗ'로 바뀐 '도외다' 형태가 등장하였다. 16세기에는 '도외다'의 제1음절과 제2음절이 축약된 '되다' 형태가 등장하여 현재에 이르렀다. ᄃᆞᄫᆡ다(15세기)〉ᄃᆞ외다(15세기~17세기)〉도외다(15세기~17세기)〉되다(16세기~현재). 이형태: ᄃᆞᄫᆡ다, ᄃᆞ외다, 도외다, 되다. 臣下ㅣ 말 아니 드러 正統애 有心ᄒᆞᆯᄊᆡ 山ᄋᆡ 草木이 軍馬ㅣ ᄃᆞᄫᆡ니이다.《1447 용가 98》, ㅇ를 입시울쏘리 아래 니ᅀᅥ 쓰면 입시울 가ᄇᆡ야ᄫᆞᆫ 소리 ᄃᆞ외ᄂᆞ니라.《1446 훈언 12ㄱ》, 또 勝福ᄋᆞᆯ 어드릴ᄊᆡ 暫持 功德이 도외니.《1463 법화 6:3ㄱ》, 孝誠이 지극더니 어미 나히 닐흔아홉인 제 病이 되야 氣絶ᄒᆞ거늘.《1514 속삼효:12ㄱ》

8 가ᄉᆡ디: 바꾸지. 변하지. '가ᄉᆡ(어간)+디(보조적 연결어미)'이다. '가ᄉᆡ다'는 '없어지다'. '달라지다'. '변하다'의 옛말이다. ᄒᆞᆫ낱 ᄠᆞᆯ올 좌샤 ᄉᆞᆯ히 여위신ᄃᆞᆯ 金色잇ᄃᆞᆫ 가ᄉᆡ시리여.《월곡 상:23》, 如ᄂᆞᆫ ᄀᆞᄐᆞᆯ씨니 本來ㅅ ᄆᆞᆯᄀᆞᆫ 性이 가ᄉᆡ디 아니ᄒᆞ야 처ᅀᅥᆷ ᄀᆞᆮᄒᆞ야 이실씨오.《월석 1:50》

9 죽거든: 죽거든. '죽(어간)+거든(연결어미)'이다. '-거든'은 'ㅣ' 계열 이중모음이나 'ㄹ' 받침으로 끝나지 않는 어간 뒤에 붙어, 주로 동사, 형용사 어간 뒤에 붙어, '-거든'을 뜻하는 어미이다. 귓거싀 ᄂᆞᆾ과 神靈의 머리 ᄂᆞᄎᆞᆯ 對ᄒᆞ야 오거든 이ᄢᅴ 서르 아디 몯ᄒᆞ노라 니ᄅᆞ디 말라(鬼面神頭 對面來 此時 莫道不相識).《금삼 3:27》, 앗가 사ᄅᆞᆷ을 보내오니 브르더라 ᄒᆞᄋᆞᆸᄂᆡ 그러커든 몬져 가ᄋᆞᆸ소.《첩신-초 1:23~24》

소언 禮례記긔예 ᄀᆞᆯ오ᄃᆡ 혼인ᄒᆞᄂᆞᆫ 禮례ᄂᆞᆫ 萬만世셰의 비르솜이라 다ᄅᆞᆫ 姓셩에 얼우ᄆᆞᆫ ᄡᅧ 멀리 ᄒᆞ욤을 브티며 ᄀᆞᆯ히옴을 두터이 ᄒᆞᄂᆞᆫ 배오 례믈을 반ᄃᆞ시 졍셩도이 ᄒᆞ며 말ᄉᆞᆷ올 어딜이 아니 홈이 업시ᄒᆞ야 곧ᄋᆞ며 믿브모로ᄡᅧ 告고ᄒᆞᄆᆞᆫ 사ᄅᆞᆷ 셤김올 믿게 ᄒᆞ며 겨집의 德덕을 믿게 홈이니 ᄒᆞᆫ 번 덥을어 ᄀᆞ족ᄒᆞ면 몸이 ᄆᆞᆺ도록 고티디 아니

ᄒᆞᄂᆞ니 그러모로 남진이 죽어도 ᄀᆡ가 아니ᄒᆞᄂᆞ니라

현대역 《예기》에 가로되, “혼인하는 예는 만세의 비롯함이라. 다른 姓에서 얻음은 써 멀리 함을 붙이며 가림을 두터이 하는 바요, 예물을 반드시 정성되게 하며 말씀을 어질게 아니 함이 없어지게 하여, 곧으며 미쁨으로써 고함은 사람 섬김을 믿게 하며 아내의 덕을 믿게 함이니, 한 번 더불어 가지런히 하면 몸이 마치도록 고치지 아니 하니, 그러므로 남자가 죽어도 改嫁 아니하느니라.

1 업시ᄒᆞ야: 없이하여. 없어지게 하여. 몸을 장식하던 관자며 갓끈이며 집 안에 남아돌아가는 상이며 항아리 나부랭이까지도 차차 팔아 없이하게 되었다.《김동인, 운현궁의 봄》, 지금으로부터 사 년 전에 이미 공사 노비의 제도를 없이함으로써 오랜 노예의 멍에로부터 노비들은 해방되었다고 하지만….《박경리, 토지》

2 ᄀᆞ즉ᄒᆞ면: 가지런하면. ‘ᄀᆞ즉ᄒᆞ(어간)+면(연결어미)’이다. 仙鶴이 人間애 ᄂᆞ려와 ᄒᆞ오ᅀᅡ 셔니 서리 ᄀᆞᆮᄒᆞᆫ 터리 ᄀᆞ즉ᄒᆞᆫ ᄃᆞᆺ도다(仙鶴下人間 獨立霜毛整).《두시-초 24:40》, 아ᄅᆡ 비록 覺이 佛覺애 ᄀᆞ즉ᄒᆞ나 부텻 菩提 境界ᄅᆞᆯ 能히 다 몯ᄒᆞ야니와(向雖覺齊佛覺 未能盡佛菩提境界).《능엄 8:45》

【集成】取異姓者는所以依附疏遠之道요厚重分別之義라

異姓을 취하는 것은 소원함을 의지하여 붙이는 바의 도요, 분별함을 두터이 하고 중히 하는 뜻이다.

【集解】腆은厚也며善也라齊는謂共牢而食하여同尊卑也라方氏曰有夫婦而後에有父子하니父子는所以傳世라故로曰萬世之始라幣는所以將婚姻之意요辭는所以通婚姻之情이니辭無不腆者는告之以直也요幣必誠者는告之以信也라事人者는必以信하나니而婦人은以事人爲事라故로信爲婦德也라不改는謂不改而他適也니以其不可改라故로雖夫死而不嫁也라

腆은 두터움이며 선함이다. 齊는 '희생을 함께 놓고 먹어, 존비를 함께 함'을 이른다. 방 씨가 말하였다. "부부가 있은 후에 부자가 있으니, 부자는 대를 전하는 것이다. 그러므로 만대의 시작이라 한 것이다. 폐백은 혼인하는 뜻을 보내는 것이요, 辭는 혼인하는 정을 통하는 것이니, 辭無不腆者[말을 두텁지 않음이 없게 함]는 곧음으로써 고함이요, 幣必誠者[폐백을 반드시 정성스럽게 함]는 믿음으로써 고하는 것이다. 사람을 섬기는 자는 반드시 믿음으로써 해야 하니, 부인은 사람을 섬김으로써 일을 삼는다. 그러므로 믿음이 부덕이 되는 것이다. 不改는 고쳐서 다른 곳으로 가지 않음을 이르니, 써 그 가히 고칠 수가 없는 고로 비록 남편이 죽더라도 시집가지 않는 것이다."

漢字 牢(희생 뢰, 우리 뢰)

男子ㅣ親迎ᄒᆞ야男先於女ᄂᆞᆫ剛柔之義也ㅣ니天先乎地ᄒᆞ며君先乎臣이其義一也ㅣ니라

● 남자가 친히 맞이하여, 남자가 여자에게 먼저 함은 강건함과 유순함의 뜻이니, 하늘이 땅에 먼저 하며, 임금이 신하에게 먼저 함이 그 뜻이 한가지이다.

번소 男남子ᄌᆞㅣ 親친迎연ᄒᆞᆯ 저긔 남지니 겨지븨게 ᄆᆞᆫ져 가ᄆᆞᆫ 강건ᄒᆞ며 순ᄒᆞᆫ ᄠᅳ디니 하ᄂᆞ리 ᄯᅡᄒᆞ록 ᄆᆞᆫ저 ᄒᆞ며 님금이 신하록 ᄆᆞᆫ져 호미 그 ᄠᅳ디 ᄒᆞᆫ가지라

현대역 남자가 친영할 때에 남자가 여자께 먼저 감은 강건하며 순한 뜻이니, 하늘이 땅으로 먼저 하며, 임금이 신하로 먼저 함이 그 뜻이 한가지니라.

1 친연ᄒᆞᆯ: 친영(親迎)할. '친연ᄒᆞᆯ'은 '친영ᄒᆞᆯ'의 오자인 듯하다. 대문에는 '친영'으로 독음되었다.

2 겨집의게: 아내께. '겨집(명사)+의(관형격 조사)+게(부사성 의존명사)'이다. '게'

는 부사성 의존명사 'ᄀᆡ'와 수의로 교체되었다. 본 예 '의게'는 부사성 의존명사 '게'가 관형격 조사 '의'와 함께 쓰여 '께'를 뜻한다. ᄒᆞ나ᄒᆞᆫ 衆生緣慈ㅣ니 一切 衆生의게 브튼 ᄆᆞᅀᆞᆷ 업수ᄃᆡ 衆生의게 自然히 利益을 나토ᇙ씨오.《월석 8:28》, 일후미 第十二觀이니 無量壽佛ㅅ 無數化身이 觀世音 大勢至와 샹녜 行人의게 오시리라.《월석 8:44》

3 ᄯᅡᄒᆞ록: 땅으로. 'ᄯᅡᇂ(명사)+ᄋᆞ로(부사격 조사)+ㄱ(첨사)'이다. 'ᄯᅡᇂ'은 '땅'의 옛말로, ㅎ종성체언이다. '-ᄋᆞ로'는 받침 있는 체언류 뒤에 붙어, 주로 끝음절의 모음이 'ㆍ, ㅏ, ㅗ'인 체언류 뒤에 붙어, '으로'를 뜻하는 조사이다. 즉자히 다시 니러 네 사ᄅᆞᆷ ᄒᆞᄂᆞᆫ 양ᄋᆞ로 禮數ᄒᆞᅀᆞᆸ고 ᄒᆞ녀긔 안ᄌᆞ니라.《석상 6:21》, 도ᄌᆞᆨ 五百이 그윗거슬 일버ᅀᅥ 精舍ㅅ 겨ᄐᆞ로 디나가니.《월석 1:6》. ㄱ은 첨사로서, 특별한 의미는 없다.

소언 男남子ᄌᆞㅣ 친히 마자 ᄉᆞ나ᄒᆡ 겨집의게 몬져 홈ᄋᆞᆫ 강건ᄒᆞ며 유순ᄒᆞᆫ ᄠᅳᆮ이니 하ᄂᆞᆯ히 ᄯᅡ해 몬져 ᄒᆞ며 님금이 신하애 몬져 홈이 그 ᄠᅳᆮ이 ᄒᆞᆫ가지니라

현대역 남자가 친히 맞아, 남편이 아내에게 먼저 함은 강건하며 유순한 뜻이니, 하늘이 땅에 먼저 하며, 임금이 신하에 먼저 함이 그 뜻이 한가지니라.

【集解】先은謂倡道也라馬氏曰男子親迎而男先於女者는剛先於柔之義也니豈獨婚姻之際如此리오天造始而地代終하고君主倡而臣主和하니其義無二也니라

先은 선도하여 인도함을 이른다. 마 씨가 말하였다. "남자가 친히 맞이하여 남자가 여자에게 먼저 한다는 것은 강건함이 유순함에 먼저 한다는 뜻이니, 어찌 다만 혼인의 즈음만이 이와 같겠는가? 하늘이 만들어져 시작하면 땅은 대신하여 끝을 맺고 임금이 선도함을 주장하면 신하가 화답함을 주장하니 그 뜻이 두 가지가 없다."

執摯로以相見은敬章別也ㅣ니男女ㅣ有別然後에父子ㅣ親ᄒᆞ

고父子ㅣ親然後에義ㅣ生ᄒᆞ고義ㅣ生然後에禮ㅣ作ᄒᆞ고禮ㅣ作然後에萬物이安ᄒᆞ나니無別無義ᄂᆞᆫ禽獸之道也ㅣ니라

● 폐백을 잡고서 서로 만남은 공경하여 분별함을 밝힘이니, 남녀가 분별이 있은 뒤에 부자가 친하고, 부자가 친한 뒤에 의가 생기고, 의가 생긴 뒤에 예가 일어나고, 예가 일어난 뒤에 만물이 편안하니, (남녀의) 분별이 없고 (부자의) 의가 없음은 짐승의 도이다."

漢字 執(잡을 집), 摯(=贄 폐백 지)

번소 그려기ᄅᆞᆯ 자바 서르 보ᄆᆞᆫ 恭공敬경ᄒᆞ야 有유別별ᄒᆞ몰 ᄇᆞᆯ기노래니라 男남女녀 ᄀᆞᆯᄒᆡ요미 이신 後후에ᅀᅡ 아비와 아ᄃᆞᆯ왜 親친ᄒᆞ며 아비와 아ᄃᆞᆯ왜 親친ᄒᆞᆫ 後후에ᅀᅡ 義의 나며 義의 난 後후에ᅀᅡ 禮례 일며 禮례 인 後후에ᅀᅡ 萬만物믈이 편안ᄒᆞᄂᆞ니 ᄀᆞᆯᄒᆡ요미 업스며 義의 업소ᄆᆞᆫ 즘승의 이리라

현대역 기러기를 잡아 서로 봄은 공경하여 有別함을 밝히노라고 그러는 것이다. 남녀가 가림이 있은 후에야 아버지와 아들이 친하며, 아버지와 아들이 친한 후에야 의가 나며[생기며], 의가 난 후에야 예가 일며, 예가 인 후에야 만물이 편안하니, 가림이 없으며 의가 없음은 짐승의 일이라."

1 ᄇᆞᆯ기노래니라: 밝히노라고 그러는 것이다. 'ᄇᆞᆰ(어간)+이(사동접사)+ᄂᆞ(현재 시제 선어말어미)+오(화자 표시법 선어말어미)+라(종결어미)+이(서술격 조사 '이다'의 어간)+니라(평서형 종결어미)'이다.

2 후에ᅀᅡ: 뒤에야말로. '후(명사)+에(부사격 조사)+ᅀᅡ(보조사)'이다. 'ᅀᅡ'는 종전의 중세국어 문법에서는 강세 보조사로 보았다. 그러나 적합한 의미가 아니라서 '단독'과 '특수'의 보조사로 설정한다. 현대국어의 '(이)야(말로)'의 직접적 소급 형태이다. 'ᅀᅡ'는 자음 아래에서 '이ᅀᅡ'로 형태를 바꾼다. 用兵如神ᄒᆞ샤 가샤ᅀᅡ 이기시릴ᄊᆡ 西예 오나시든 東鄙 ᄇᆞ라ᅀᆞᄫᆞ니(用兵如神 往則莫抗 我西曰來 東鄙竚望).《용가 38장》(현대역: 용병을 귀신같이 하셔서 가셔야말로 이기실 것이므로 서쪽에 오시면 동쪽 변방 사람들이 고대하였습니다.), 車匿이 蹇特이ᄂᆞᆫ ᄒᆞᆫ날애

나ᄉᆞᄫᆞᆯᄊᆡ 이 둘흘ᅀᅡ 더브르시니.《월곡 상:19》(현대역: 차닉이와 건특이는 한 날에 난 까닭에 둘이야말로 데리고 가시니.), 丈六身이 뵈샤 헌 오ᄉᆞᆯ 니브샤 漸教ᄅᆞᆯᅀᅡ 다 아라듣ᄌᆞᄫᆞ니.《월곡 상:35》(현대역: 장육신이 뵈시어 헌 옷을 입으시어 점교야말로 다 알아들으니.), 제 道理 붓그리다가 一千 梵志 더블오 이날애ᅀᅡ 머리 좇ᄉᆞᄫᆞ니.《월곡 상:39》(현대역: 제 도리를 부끄러워하다가 일천 범지를 더불어 이날에야말로 멀리 좇으니.), 過劫에 苦行ᄒᆞ샤 이제ᅀᅡ 일우샨ᄃᆞᆯ 優陀耶ㅣ ᄉᆞᆯᄫᆞ니이다.《월곡 상:42》(현대역: 과겁에 고행하셔서 이제야말로 이루신 것을 우타야가 사뢰었습니다.). 'ᅀᅡ'는 체언, 조사, 연결어니 뒤에 쓰일 때에는 보조사이고, 선어말어미 '-거-' 뒤에 쓰일 때에는 '-거ᅀᅡ'의 형태로 어말어미를 이룬다. 《번역소학》의 다른 예에서는 '아'로 나타나기도 한다.

3 아ᄃᆞᆯ왜: 아들과. '아들(명사)+과(접속조사)+ㅣ(주격 조사)'이다. 접속조사 '과'는 'ㄹ' 뒤에서는 약화되어 '와'로 바뀐다. 이때 어두의 'ㅇ'은 성문 마찰 유성음 [ɦ]의 음가를 가진 자음이다. 따라서 앞 음절 자음 'ㄹ'이 연철되지 못한 것이다. 중세국어에서는 접속조사 '과'가 마지막 체언에도 붙는, 집단곡용의 특징이 있다.

4 일며: 일어나며. '일(어간)+며(연결어미)'이다. '일다'는 '희미하거나 약하던 것이 왕성하여지다.'를 뜻한다.

소언 摯지[친영ᄒᆞᆯ 제 가져가ᄂᆞᆫ 기러기라]ᄅᆞᆯ 잡아 ᄡᅧ 서ᄅᆞ 봄ᄋᆞᆫ 공경ᄒᆞ야 ᄀᆞᆯᄒᆡ욤을 ᄇᆞᆯ킴이니 ᄉᆞ나ᄒᆡ와 겨집이 ᄀᆞᆯᄒᆡ욤이 이신 후에 아비와 아ᄃᆞᆯ이 親친ᄒᆞ고 아비와 아ᄃᆞᆯ이 親친ᄒᆞᆫ 후에 義의ㅣ 나고 義의ㅣ 난 후에 禮례ㅣ 일고 禮례ㅣ 인 후에 萬만物믈이 편안ᄒᆞᄂᆞ니 ᄀᆞᆯᄒᆡ욤이 업스며 義의ㅣ 업ᄉᆞᆷ은 즘승의 道도ㅣ니라

현대역 지(摯)[親迎할 때 가져가는 기러기라.]를 잡아 써 서로 봄은 공경하여 가림을 밝힘이니, 남편과 아내가 가림이 있은 후에 아버지와 아들이 친하고, 아버지와 아들이 친한 후에 의가 나고[생기고], 의가 난 후에 예가 일고, 예가 인 후에 만물이 편안하니, 가림이 없으며 의가 없음은 짐승의 道니라."

【集解】執摯는奠鴈也라章은明也니行敬以明其別也라馬氏曰

父子는出於天性이어늘而曰男女有別然後父子親은何也오蓋男女無別於內하면則夫婦之道喪하여而淫辟(僻)之罪多하니雖父子之親이라도亦不得而親之也라男女有別然後에父子有相親之恩하니父子有相親之恩하면則必有相親之義라故로義生焉이니由是推之하여至於君臣兄弟長幼朋友之際에皆有義하면則粲然有文以相接이라故로曰義生而後禮作이라禮作而貴賤有等하고上下有分하니此는萬物所以安也니라

陳氏曰禽獸知有母而不知有父는無別故也니라

執贄는 기러기를 올림이라. 章은 밝힘이니, 공경을 행하여 그 분별을 밝힘이다. 마 씨가 말하였다. "부자는 천성에서 나왔는데, 남녀가 분별이 있은 뒤에 부자가 친하다 말함은 어째서인가? 대개 남녀가 안에서 분별이 없으면 부부의 도가 상실되어 음란하고 간사한 죄가 많아지니 비록 부자가 친함이라도 또한 친할 수가 없다. 남녀가 분별이 있은 뒤에 부자가 서로 친하는 은혜가 있으니, 부자가 서로 친하는 은혜가 있으면 반드시 서로 친하는 의가 있다, 그러므로 의가 생기는 것이니, 이로 말미암아 미루어서 군신과 형제와 장유와 붕우의 사이에 이르기까지 모두 의가 있으면 찬란한 節文[예절의 규정]이 있어 서로 접할 수 있다. 그러므로 '의가 생긴 뒤에 예가 일어난다.'고 한 것이다. 예가 일어나면 귀천에 등급이 있고, 상하에 분수가 있으니, 이는 만물이 편안해지는 것이다." 진 씨가 말하였다. "짐승이 어미가 있음만 알고 아비가 있음은 알지 못함은 분별이 없기 때문이다."

漢字 奠(올릴 전), 鴈(기러기 안), 章(밝을 장, 문채 장, 글 장), 喪(잃을 상), 辟(임금 벽, 편벽할 벽, 허물 벽), 僻(간사할 벽, 후미질 벽), 粲(빛날 찬, 정미 찬, 고울 찬, 밝을 찬, 깨끗할 찬)

〖六十三章〗

○取婦之家ㅣ三日不擧樂은思嗣親也ㅣ니라 《禮記 曾子問》

●아내를 맞이한 집에서 사흘을 음악을 듣지 않음은 부모 이음을 생각함이다.

번소 겨집 어든 지비 사ᄋᆞᄅᆞᆯ 音음樂악 ᄒᆞ디 아니ᄒᆞᄂᆞ니 어버ᅀᅵ 니ᅀᅩᄆᆞᆯ ᄉᆡᆼ각ᄒᆞ예니라

현대역 아내를 얻은 집이 사흘을 음악을 하지 아니하니 어버이 이음을 생각해서이니라.

ᄉᆡᆼ각ᄒᆞ예니라: 생각해서이니라. 'ᄉᆡᆼ각ᄒᆞ(어간)+여(연결어미)+ㅣ('이다'의 어간)+니라(평서형 종결어미)'이다.

소언 겨집 언ᄂᆞᆫ 집이 사ᄒᆞᆯᄋᆞᆯ 음악을 드디 아니홈ᄋᆞᆫ 어버이 니옴ᄋᆞᆯ ᄉᆡᆼ각홈이니라

현대역 아내를 얻는 집이 사흘을 음악을 듣지 아니함은 어버이 이음을 생각함이니라.

【集解】陳氏曰思嗣親이면則不無感傷이라故로不擧樂이니라

진 씨가 말하였다. "부모 이음을 생각하면 감상이 없을 수 없다. 그러므로 음악을 듣지 않는 것이다."

〖六十四章〗

○昏禮不賀는人之序也ㅣ니라 《禮記 郊特牲》

●혼례에 축하하지 않음은 서로 이어 대신하는 차례이기[세대를 교대하기]

때문이다.

번소 婚혼姻인ᄒᆞ논 禮례예 慶경賀하 아니호ᄆᆞᆫ 사ᄅᆞ미 어버싀 ᄀᆞ롬 셔ᄂᆞᆫ ᄎᆞ롓ᄉᆡ니라

현대역 혼인하는 예에 경하 아니 함은 사람이 어버이의 갈음 서는 차례이기 때문이다.

1 ᄀᆞ롬: 갈음. 父子ㅣ 비록 親ᄒᆞ나 ᄀᆞ롬 받디 아니ᄒᆞᄂᆞ니라(父子雖親 不容替).《남명 하:33》, 代 ᄀᆞ롬 ᄃᆡ.《신합 상:4》

2 셔ᄂᆞᆫ: 서는. '셔(어간)+ᄂᆞ(현재 시제 선어말어미)+ㄴ(관형사형 어미)'이다. '어버싀 ᄀᆞ롬 셔ᄂᆞᆫ'은 '어버이(의 역할)을 잇는'의 뜻이다.

3 ᄎᆞ롓ᄉᆡ니라: 차례이기 때문이다. 'ᄎᆞ례(명사)+ø('이다'의 어간)+ㄹᄉᆡ(연결어미)+ø('이다'의 어간)+니라(평서형 종결어미)'이다. '-ㄹᄉᆡ니라'은 동사, 형용사 어간 뒤에 붙어, '-기 때문이다'를 뜻한다. 圓覺이 ᄒᆞᆫ 法이로ᄃᆡ 萬行ᄋᆞᆯ 펴 求ᄒᆞ샤ᄆᆞᆫ 엇뎨오 衆生ᄋᆡ 根器 다ᄅᆞᆯᄉᆡ니라(圓覺一法也 張萬行而求之者何 衆生之根器異也).《원각 서:12》, 一切 衆生이 다ᄉᆞᆺ 가지 性이 ᄀᆞ즐ᄉᆡ 모로매 三乘이 이셔사 機ᄅᆞᆯ 니피샤미 비르서 足ᄒᆞᆯᄉᆡ니라(一切衆生 具五種性 須有三乘 被機方足).《원각 상1-1:38~39》

소언 혼인ᄒᆞᄂᆞᆫ 禮례예 티하 아니홈ᄋᆞᆫ 사ᄅᆞᄆᆡ ᄎᆞ롓ᄉᆡ니라[어버이를 닏ᄂᆞᆫ ᄎᆞ례라]

현대역 혼인하는 예에 치하 아니 함은 사람의 차례이기 때문이다[어버이를 잇는 차례라.].

【集說】陳氏曰人之序는謂相承代之次序也라方氏曰在子則代父하고在婦則代姑라故로不賀니라

진 씨가 말하였다. "人之序는 서로 이어 대신하는 차례를 이른다." 방 씨가 말하였다. "아들에 있어서는 아버지를 대신하고, 며느리에 있어서는

시어머니를 대신한다. 그러므로 축하하지 않는 것이다."

〖六十五章〗

○ 內則에曰禮ᄂᆞᆫ始於謹夫婦ㅣ니爲宮室호ᄃᆡ辨內外ᄒᆞ야男子ᄂᆞᆫ居外ᄒᆞ고女子ᄂᆞᆫ居內ᄒᆞ야深宮固門ᄒᆞ야閽昏寺氏守之ᄒᆞ야男不入ᄒᆞ고女不出이니라 《禮記 內則》

● 〈내칙〉에 말하였다. "예는 부부를 삼감에서 시작되니, 궁실을 짓되 안과 밖을 구분하여, 남자는 밖에 거처하고 여자는 안에 거처하여, 집을 깊숙이 하고 문을 굳게 하여, 문지기와 내시가 그것을 지켜, 남자는 들지 아니하고, 여자는 나가지 않는다.

漢字 辨(구분할 변), 閽(문지기 혼), 寺(내시 시)

번소 內ᄂᆡ則즉에 ᄀᆞ로ᄃᆡ 禮례ᄂᆞᆫ 夫부婦부 ᄉᆞ이예 삼가호매[1] 비릇ᄂᆞ니[2] 宮궁室실을 짓오ᄃᆡ 안팟ᄀᆞᆯ ᄀᆞᆯᄒᆡ나게[3] ᄒᆞ야 男남子ᄌᆞᄂᆞᆫ 밧긔 살오 女녀子ᄌᆞᄂᆞᆫ 안해 사라 집을 기피 ᄒᆞ며 문올 구디 ᄒᆞ야 고져로 딕희워 남진이 드디 아니ᄒᆞ며 겨지비 나디 아니홀 디니라

현대역 〈내칙〉에 가로되, "예는 부부 사이에 삼감에 비롯하니, 宮室을 짓되 안팎을 가리어나게 하여, 남편은 밖에 살고 아내는 안에 살아, 집을 깊이 하며 문을 굳게 하여, 고자(鼓子)로 지키게 하여, 남편은 들지 아니하며 아내는 나지 아니할 것이니라.

1 삼가호매: 삼감에. '삼가ᄒᆞ(어간)+옴(명사형 어미)+애(부사격 조사)'이다.

2 비릇ᄂᆞ니: 비롯하니. '비릇(어간)+ᄂᆞ(현재 시제 선어말어미)+니(어말어미)'이다. 현대국어 '비롯하다'의 옛말인 '비릇다/비ᄅᆞᆺ다'는 15세기 문헌에서부터 나타난다.

3 ᄀᆞᆯᄒᆡ나게: 가리어나게. 'ᄀᆞᆯᄒᆡ나(어간)+게(보조적 연결어미)'이다, '갈ᄒᆡ나다'는

'골히다'와 '나다'의 합성동사이다.

4 짓오듸: 짓되. '짓(어간)+오듸(연결어미)'이다. '-오듸'는 선행 음절의 모음이 'ㆍ, ㅏ, ㅗ, ㅣ, 반모음 ㅣ'인 경우에 붙어, '-(으)되'를 뜻하는 어미이다. 置陣이 놈과 다르샤 아ᄉᆞ보듸 나ᅀᆞ오니 믈러가던뎬 목숨 ᄆᆞᄎᆞ리잇가(置陣異他 知亦進當 如其退避 性命奚戕).《용가 51장》, 淨飯이 무러시늘 占者ㅣ 判ᄒᆞᅀᆞ보듸 聖子ㅣ 나샤 正覺 일우시리.《월곡 상:6》

5 고쟈: 고자(鼓子). 생식기관이 불완전한 남자. 아래《소학언해》에는 '고쟈'로 나오는 것을 볼 때, '고쟈'의 오자인 듯하다.

6 듸희워: 지키게 하여. '듸희(주동사 어간)+우(사동접사)+어(연결어미)'이다. '듸희다'는 '지키다'의 옛말이다. 쳔랴ᇰ올 만히 뫼호아 두고 受苦ᄅᆞᄫᅵ 듸희여 이셔 빌리 잇거든 ᄎᆞ기 너겨 모지마라 줆 디라도.《석상 9:12》, 처섬 낧 저긔 各各 ᄒᆞᄢᅴ 나 듸횐 神靈이 잇ᄂᆞ니라.《석상 9:30》

소언 內ᄂᆡ則측에 ᄀᆞᆯ오듸 禮례ᄂᆞᆫ 남진 겨집 삼가매 비릇ᄂᆞ니 宮궁室실을 지오듸 안팟ᄀᆞᆯ 분변ᄒᆞ야 ᄉᆞ나히ᄂᆞᆫ 밧ᄭᅴ 잇고 겨집은 안해 이셔 집을 깁히 ᄒᆞ며 門문올 굳이 ᄒᆞ야 고쟈로 듸희워 ᄉᆞ나히ᄂᆞᆫ 드디 아니ᄒᆞ고 겨집은 나디 아니홀 디니라

현대역 〈내칙〉에 가로되, "예는 남편과 아내 삼감에서 비롯하니, 宮室을 짓되 안팎을 分辨하여, 남편은 밖에 있고 아내는 안에 있어, 집을 깊이 하며 문을 굳게 하여, 고자(鼓子)로 지키게 하여, 남편은 들지 아니하고 아내는 나지 아니할 것이니라.

분변ᄒᆞ야: 분변(分辨)하여. 세상 물정에 대한 바른 생각이나 판단을 하여.

【集說】陳氏曰夫婦는人倫之始니不謹이면則亂其倫類라故로禮始於謹夫婦也라鄭氏曰閽은掌守中門之禁이요寺는掌內人之禁令이라

진 씨가 말하였다. "부부는 인륜의 시초이니, 삼가지 않으면 그 倫類를

어지럽힌다. 그러므로 예는 부부를 삼감에서 시작되는 것이다." 정 씨가 말하였다. "閽은 중문의 금함을 지킴을 관장하고, 寺는 내인[궁인]의 금령을 관장한다."

男女ㅣ不同椸移下同枷ᄒᆞ야不敢縣玄於夫之楎輝椸ᄒᆞ며不敢藏於夫之篋笥四ᄒᆞ며不敢共湢逼浴ᄒᆞ며夫不在어든斂枕篋ᄒᆞ며簟席襡ᄒᆞ야器而藏之니少事長ᄒᆞ며賤事貴예咸如之니라

●남자와 여자가 횃대와 시렁을 함께 하지 않아, 감히 남편의 옷걸이와 횃대에 옷을 걸지 않으며, 감히 남편의 상자에 간직하지 않으며, 감히 욕실을 함께 하여 목욕하지 않으며, 남편이 있지 않으면 베개를 거두어 상자에 넣으며, 대자리와 돗자리를 보로 싸서 그릇으로 여겨 그것을 간직할 것이니, 젊은이가 어른을 섬기며 천한 이가 귀한 이를 섬김에 모두 이와 같이 한다.

漢字 椸(횃대 이), 架(시렁 가), 縣(매달 현), 楎(옷걸이 휘), 藏(간직할 장), 篋(상자 협), 笥(상자 사), 湢(목욕간 핍), 浴(목욕할 욕), 斂(거둘 렴), 枕(베개 침), 簟(대자리 점), 襡(쌀 독), 器(그릇으로 여길 기, 그릇 기), 咸(다 함)

번소 남진 겨지비 옷 홰며 옷거리를 ᄒᆞᆫᄃᆡ 아니ᄒᆞ야 잢간도 남진의 홰예 ᄃᆞ디 아니ᄒᆞ며 잢간도 남진의 섨긔 녀티 아니ᄒᆞ며 잢간도 ᄒᆞᆫᄃᆡ셔 沐목浴욕ᄒᆞ디 아니ᄒᆞ며 남진이 잇디 아니커든 샹ᄌᆞ애 벼개를 거두워 녀코 삳과 돗과를 집셔 듕히 간슈홀 디니 져므니 얼운 셤기며 ᄂᆞᆽ가오니 貴귀ᄒᆞ니 셤교ᄆᆞᆯ 다 이리 홀 디니라

현대역 남편과 아내가 옷 홰며 옷걸이를 한데 아니하여, 잠깐도 남편의 홰에 달지 아니하며, 잠깐도 남편의 설기에 넣지 아니하며, 잠깐도 한데서 목욕하지 아니하며, 남편이 있지 아니 하거든 상자에 베개를 거둬 넣고, 삿과 돗자리를 집어 싸서 중하게 간수할 것이니, 젊은이가 어른을 섬기며 낮은 이가 귀한 이를 섬김을 다 이렇게 할 것이니라.

1 홰: 옷을 걸 수 있게 만든 막대. 간짓대를 잘라 두 끝에 끈을 매어 벽에 달아매어 둔다.

2 ᄒᆞᆫᄃᆡ: 한데. 한곳이나 한군데. 楗陁摩羅山애 이셔 梵行ᄒᆞᄂᆞᆫ 즁돌콰 ᄒᆞᆫᄃᆡ 잇노이다.《석상 24:46》, 또 經에 닐오ᄃᆡ 阿梨耶識이 일후미 如來藏이니 無明七識과 ᄒᆞᆫᄃᆡ 이쇼미 바ᄅᆞᆳ 믌겨리 샹녜 긋디 아니호미 ᄀᆞᆮ다 ᄒᆞ니라.《월석 11:58》

3 잢간: 잠깐. ᄒᆞᆫ 소ᄂᆞᆯ 드ᅀᆞᆸ거나 잢간 머리ᄅᆞᆯ 수기ᅀᆞᆸ거나 ᄒᆞ야 像ᄋᆞᆯ 供養ᄒᆞᅀᆞᄫᆞ며.《석상 13:53》, 미쳐 저호미 거츠리 낤딘댄 잢간도 變易이 업거니 엇데 因緣ᄋᆞᆯ 브트리오(狂怖妄出 曾無變易 何藉因緣).《능엄 4:67》

4 설긔: 설기에. '섥(명사)+의(처소 부사격 조사)'이다. '의'는 처소 부사격 조사이다. '섥'은 '설기'의 옛말이다. 싸리 채나 버들 채 따위로 엮어서 만든 네모꼴의 상자. 아래위 두 짝으로 되어 위짝으로 아래짝을 엎어 덮게 되어 있다. 현대국어 '설기'의 옛말은 15세기 문헌에서 '섥'으로 나타나 중세국어와 근대국어 시기 내내 이 형태가 사용되었다. 이것에 접미사 '-이'가 결합하여 형성된 것이 현대국어의 '설기'로 보이는데, 이 '설기'는 문헌에서 사용례가 확인되지 않는다. 섥(15세기~현재)>설기(20세기~현재). 이형태: 섥, 설기. 篋은 箱子ㅣ오 笥ᄂᆞᆫ 설기라.《1459 월석 10:65ㄴ》, 篋 섥 협.《1527 훈몽 중:7》, 笥 섥 ᄉᆞ.《1527 훈몽 중:7》

5 녀티: 넣지. '녛(어간)+디(보조적 연결어미)'이다. 현대국어 '넣다'와 동일한 형태는 15세기 문헌에서부터 나타난다. 15세기에는 '넣다'와 함께 '녛다' 형태도 존재하였는데, 이들은 19세기까지 공존하였다. '넣다', '녛다'는 자음으로 시작하는 어미와 결합할 때에는 팔종성법에 따라 '넛-, 녓-'으로 표기되었고, 근대국어 시기에는 중철 표기된 '넛ㅎ-, 녓ㅎ-'의 예도 보인다. 현대국어에서는 '넣다'만 표준어로 인정되고, '녛다'에서 변화한 '옇다'는 방언형으로 남아 있다. 넣다(15세기~현재)/녛다(15세기~19세기). 이형태: 넣-, 넛-, 넛ㅎ-, 녛-, 녓-, 녓ㅎ-. 每服 세 돈애 믈 ᄒᆞᆫ 大 잔으로 生薑 세 片 너허 七分 글혀 즛의 앗고 져기 덥게 ᄒᆞ야 食前에 머기라.《1466 구방 상:13ㄱ》, 涅槃ᄒᆞ신 後에 劫 다ᇫ 時節에 經과 袈裟와 바리와ᄅᆞᆯ 내다 가져다가 이 塔애 녀허 뒷ᄉᆞᆸ다가.《1447 석상 24:31ㄴ》, 모딘 노미 그 比丘를 자바 기름 브슨 가마애 녀코 브를 오래 딛다가 둡게를 여러 보니.《1447 석상 24:16ㄱ》, 如來ᄅᆞᆯ 드ᅀᆞ바 金棺애 녀ᅀᆞᆸ고 香油를 ᄀᆞᄃᆞ기 브ᅀᆞᆸ고 곧 둡게를 닫ᄌᆞᄫᆞ니라.《1447 석상 23:23ㄱ》

6 삳: '삸'의 이형태이다. '삸'은 '삿자리'의 옛말이다. '삿자리'는 '갈대를 엮어서

만든 자리'이다. 수리 ᄭᅵ어늘 사ᄐᆡ 눕고져 ᄉᆞ랑ᄒᆞ고(酒醒思臥簟).《두시-초 15:9》, 恩惠로 녀름 사티 어름ᄀᆞ티 ᄎᆞ니를 ᄂᆞᆫ화 주시니라(恩分夏簟冰).《두시-초 20:22》

7 돗: '돗자리'의 옛말이다. 모음 조사 앞에서는 '돍'으로, 기타의 경우에는 상기 예처럼 '돗'으로 나타난다. '돗자리'는 '왕골이나 골풀의 줄기를 재료로 하여 만든 자리'이다. 줄기를 잘게 쪼개서 만들기 때문에 발이 가늘다. 영남·호남 지방이 주산지로 용문석과 별문석 따위가 유명하다. 일로부터 後ㅣ라 호ᄆᆞᆫ ᄒᆞᆫ 돗긧 마리 아니시니.《월석 14:40》, 筵은 돗기라.《능엄 1:29》

8 집써: 집어 싸서. '집씨(어간)+어(연결어미)'이다. '집씨다'는 '집다'와 '씨다'의 합성동사이다. '씨다'는 '끼다'의 옛말이다. 天龍八部ㅣ…ᄃᆞ님ᄭᅴ 구룸 씨듯 하얫거늘.《월석 14:60》. 巫와 覡과ᄂᆞᆫ 거믜줄 ᄡᅧᆺᄂᆞᆫ ᄃᆡ셔 醉ᄒᆞᄂᆞᆺ다(巫覡醉蛛絲).《두시-초 6:34》

9 간슈홀 디니: 간수할 것이니. 간수할지니. '간슈ᄒᆞ(어간)+오(대상 표시법 선어말어미)+ㄹ(관형사형 어미)+ᄃᆞ(의존명사)+이(서술격 조사 '이다'의 어간)+니(연결어미)'이다. 의존명사 'ᄃᆞ'는 '것'의 의미를 가진 보편성 의존명사이다. 의존명사를 꾸며주는 관형사형에 들어있는 선어말어미 '-오$_2$-'도 대상 표시법 선어말어미에 해당한다. '간슈ᄒᆞ다'는 15세기 문헌에서부터 나타난다. '간슈ᄒᆞ다'는 명사 '간슈'에 동사 'ᄒᆞ다'가 결합한 합성어이다. 중세국어와 근대국어 시기에 '간슈ᄒᆞ다'는 '잘 보살피고 돌보다', '보호하다'의 의미로서, 주로 물건 등을 보관함을 뜻하는 현대국어의 '간수하다'보다 의미가 더 넓었다. 중세국어와 근대국어에는 '간슈ᄒᆞ다'와 유사한 의미를 지닌 동사로 현대국어 '건사하다'의 옛말인 '간ᄉᆞᄒᆞ다'도 존재하였다. 근대국어 후기에 자음 'ㅅ' 뒤에서 반모음 'ㅣ[j]'가 탈락하는 경향에 따라 19세기에는 '간수ᄒᆞ다' 형태가 등장하였고, 모음 'ㆍ'가 'ㅏ'로 변하여 소리의 구별이 사라짐에 따라 현대국어의 '간수하다' 형태가 등장하게 되었다. 간슈ᄒᆞ다(15세기~19세기)〉간수ᄒᆞ다(19세기)〉간수하다(20세기~현재). 이형태: 간슈ᄒᆞ다, 간수ᄒᆞ다. 藥과 病 간슈ᄒᆞ리 업거나.《1447 석상 9:36ㄱ》, 아ᄎᆞᆷ나조ᄒᆡ 뻐나디 말오 탕 달히며 믈 더이며 병중 무르라 이러트시 서르 간슈ᄒᆞ면 곧 열 분만 ᄒᆞᆫ 병이라도 닷 분이나 덜리라.《1510년대 번노 하:46ㄱ-47ㄴ》

10 ᄂᆞᆽ가오니: 낮은 이가. 'ᄂᆞᆽ가오(어간)+ㄴ(관형사형 어미)+이(의존명사)+ø(주격조사 생략)'이다. 'ᄂᆞᆽ갑다'는 '낮다'의 옛말이다. 모음으로 시작하는 어미 앞에서는 'ᄂᆞᆽ갛-'이나 'ᄂᆞᆽ가오-'로 나타난다. 上聲은 처ᅀᅥᆷ미 ᄂᆞᆽ갑고 乃終이 노ᄑᆞᆫ 소리라.《훈

언 13》, 시혹 사ᄅᆞ미 ᄃᆞ외오도 ᄂᆞᆽ가ᄫᆞᆫ ᄂᆞᄆᆡ 죠이 ᄃᆞ외야 ᄂᆞᄆᆡ ᄇᆞ룐 일 ᄃᆞᆫ녀.《석상 9:16》, 노ᄑᆞ며 ᄂᆞᆽ가온 峯頂에 막대 ᄒᆞᄂᆞ러 샹녜 놀며(高低峯頂 振錫常游 石室巖龕 拂乎宴坐).《영가 하:105》

소언 ᄉᆞ나ᄒᆡ와 겨집이 옷 홰며 시렁을 ᄒᆞᆫᄃᆡ 아니ᄒᆞ야 敢감히 남진의 옷거리와 홰에 ᄃᆞ디 아니ᄒᆞ며 敢감히 남진의 샹ᄌᆞ과 섥의 간ᄉᆞ티 아니ᄒᆞ며 敢감히 湢핍[목욕 감ᄂᆞᆫ 집이라]을 ᄒᆞᆫ가지로 ᄒᆞ야 목욕ᄒᆞ디 아니ᄒᆞ며 남진이 잇디 아니커든 벼개를 샹ᄌᆞ애 거두며 삳과 돗골 집셔 듕히 녀겨 간슈홀 디니 졈은이 얼운 셤기며 賤쳔ᄒᆞᆫ 이 貴귀ᄒᆞᆫ 이 셤굠애 다 ᄀᆞᆮ티홀 디니라

현대역 남편과 아내가 옷 홰며 시렁을 한데 아니하여, 감히 남편의 옷걸이와 홰에 달지 아니하며, 감히 남편의 상자와 설기에 건사하지 아니하며, 감히 핍(湢)[목욕 감는 집이라.]을 한가지로 하여 목욕하지 아니하며, 남편이 있지 아니 하거든 베개를 상자에 걷으며, 삿과 돗자리를 싸서 중하게 여겨 간수할 것이니, 젊은이가 어른을 섬기며 천한 이가 귀한 이를 섬김에 다 같이할 것이니라.

1 시렁: 시렁. 물건을 얹어 놓기 위하여 방이나 마루 벽에 두 개의 긴 나무를 가로질러 선반처럼 만든 것. 현대국어 '시렁'의 옛말인 '실에'는 15세기 문헌에서부터 나타난다. '실에'는 '싣+에'로 분석되는데, '싣'이 ㄷ불규칙 용언이기 때문에 모음으로 시작하는 말 앞에서 '실'로 나타난 것이다. '에'는 명사 파생접사로 보인다. '시렁'은 '싣+엉'으로 분석되는데, 이때의 '엉'도 명사 파생접사로 보인다. 15세기에는 '실에'만 확인되는데, 16세기에는 '실에'와 함께 '시렁'도 확인된다. 17세기, 19세기에 보이는 '실엉'은 '시렁'을 분철 표기한 것이다. 실에(15세기~16세기)〉시렁(16세기~현재). 이형태: 실에, 시렁, 실엉. 실에롤 바라 書帙을 ᄀᆞᄌᆞ기 ᄒᆞ고.《1481 두시-초 7:6ㄱ》, 시렁을 ᄒᆞᆫ ᄃᆡ 아니ᄒᆞ야.《1588 소언 2:50ㄴ》

2 간ᄉᆞ티: 건사하지. 물건을 잘 거두어 보호하지. '간ᄉᆞᄒᆞ(어간)+디(보조적 연결어미)'이다. '간ᄉᆞᄒᆞ다'는 15세기 문헌에서부터 나타난다. '간ᄉᆞᄒᆞ다'는 명사 '간ᄉᆞ'에 동사 'ᄒᆞ다'가 결합한 합성어이다. 근대국어 후기에 모음 'ㆍ'가 'ㅏ'로 변하여

소리의 구별이 사라짐에 따라 '간ᄉᆞᄒᆞ다'는 *'간사ᄒᆞ다' 혹은 *'간사하다'가 되었을 것으로 추정된다. 이와 함께 제1음절의 모음 'ㅏ'가 'ㅓ'로 바뀌어 현대국어와 같은 '건사하다'가 등장하게 된 것으로 추정되나, 19세기까지도 문헌상으로는 '간사ᄒᆞ다'나 '건ᄉᆞᄒᆞ다', '건사ᄒᆞ다' 등의 형태는 확인되지 않는다. 한편 중세국어와 근대국어에는 '간ᄉᆞᄒᆞ다'와 의미가 유사한 동사로 현대국어 '간수하다'의 옛말인 '간슈ᄒᆞ다'도 존재하였다. 간ᄉᆞᄒᆞ다(15세기~18세기)>건사하다(20세기~현재). 이형태: 간ᄉᆞᄒᆞ다. ᄒᆞ다가 져근ᄆᆞ리 ᄌᆞᄌᆞ면 긔운이 ᄐᆡᆼᄒᆞᆫ 다시니 덥게 ᄒᆞ야 간ᄉᆞᄒᆞ면 됴ᄒᆞ리라.《1489 구간 3:66ㄴ-67ㄱ》, 시혹 處ᄅᆞᆯ 조차 ᄆᆞᅀᆞᄆᆞᆯ 간ᄉᆞᄒᆞ야 神妙ᄒᆞᆫ 行이 나타나ᄆᆞᆯ 브튼 젼ᄎᆞ로.《1522 법집 32ㄱ》

【集說】陳氏曰橫者曰椸요枷는與架同이요植者曰楎니置衣服之具也라篋笥는皆竹爲之하니貯衣者也라浴室曰湢[不共者는異其浴室也라]이라吳氏曰器者는器重之謂니斂枕於篋하고斂簟席於襡하여器重而藏之니是는不特妻事夫之禮라凡少之事長과賤之事貴에皆當如是也니라臨川吳氏曰言內外之辨은非特男女爲然이라雖夫婦得相親者라도亦然이니라

진 씨가 말하였다. "가로로 된 것을 椸라 하며, 枷는 架와 더불어 같으며, 세워놓은 것을 楎라 하니, 의복을 두는 도구이다. 篋笥는 모두 대나무로 그것을 만드니, 옷을 쌓는 것이다. 욕실을 湢이라 한다[함께 하지 않음은 그 욕실을 달리 함이다.]" 오 씨가 말하였다. "器는 소중히 여김을 이르니, 베개를 상자에 거두고, 대자리와 돗자리를 보로 싸서 거두어 중하게 여겨 그것을 보관하니, 이는 비단 아내가 남편을 섬기는 예일 뿐만 아니라, 무릇 젊은이가 어른을 섬김과 천한 이가 귀한 이를 섬김에도 모두 마땅히 이와 같이 한다. 임천오씨[오징(吳澄)]가 말하였다. "내외의 분별은 단지 남녀만이 그런 것이 아니라, 비록 부부로서 서로 친할 수 있는 자라도 또한 그렇게 함을 말한 것이다."

漢字 植(세울 치, 둘 치, 심을 식), 貯(쌓을 저)

오징(吳澄, 1249년~1333년): 자가 유청(幼淸)이며, 무주(撫州) 숭인[崇仁, 현 강서성(江西省) 숭인현(崇仁縣)] 사람으로 한림학사를 지냈다. 저작으로는 《초로집(草廬集)》이 남아 있다. 오징은 당시 대가로 알려졌다. 북의 허형(許衡)과 함께 남의 오징은 유림들의 영수로, 문학적인 업적에서 보면 허형보다 앞섰다. 문장이 우아하고 아름다우며, 사실 산문에 있어 정통파로서 손색이 없다. 〈원학사문집서(元學士文集序)〉에서 그는 산문 창작의 관점에 대하여 학(學), 성(誠), 재(才), 기(氣)가 있어야 된다고 하였다. 이 네 가지를 갖추어야 근본이 두터워지고, 이용에 부족하지 않다고 하였다. "或失則易 或失則艱 或失則淺 或失則晦 惑失則狂 惑失則萎 惑失則俚 惑失則靡 故曰不易能也(혹 잃은즉 평이하고, 혹 잃은즉 어렵고, 혹 잃은즉 천박하고, 혹 잃은즉 분명하지 않고, 혹 잃은즉 미친 듯하고, 혹 잃은즉 위축되고, 혹 잃은즉 속되고, 혹 잃은즉 부미하고, 그러므로 쉬이 할 수 있는 것이 아니다.)" 이 말은 곧 좋은 문장을 창작한다는 것은 쉬운 일이 아니며, 반드시 학식이 기초가 되어야 하고, 재기가 있어서 그 쓰임이 이로워야 하며, 그래야만 문장이 순수하고 어느 한쪽에 치우치지 않는다고 하는 것이다(중국문학사).

雖婢妾이라두**衣服飮食**을**必後長者**ㅣ니라

●비록 종과 첩이라도 옷과 음식을 (종과 첩 중의) 어른보다 뒤에 해야 한다.

번소 비록 죵 고매라도 옷과 飮음食식과를 모로매 제 듕에 얼운 후에 홀 디니라

현대역 비록 종과 첩이라도 옷과 음식을 모름지기 저들 중의 어른 뒤에 할 것이니라.

1 고매라도: 첩이라도. '고마(명사)+이라도(보조사)'이다. '이라도'는 보조사이다. '이라도'의 기원적 구조는 '이('이다'의 어간)+라(연결어미)+도(보조사) '이다. '고마'는 '첩'의 옛말이다. 남지니 닐오되 내 病이 당다이 몯 됴ᄒᆞ리로소니 고마익 나혼 子息을 네 이대 길어 ᄌᆞ라거든ᅀᅡ 네 다른 남진 어르라(我病必不起 前妾所生子 汝善保護之 待此子稍長 卽從汝自嫁矣).《삼강 열:26》, 아비 고마를 아랫옷 쌜이디 말며(諸母不漱裳).《내훈 1:4》

2 듕에: 중의. '듕(명사)+에(조사)'이다. 문맥상 부사격 조사 '에' 대신 관형격 조사 '의'가 와야 한다.

소언 비록 죵과 妾쳡이라도 옷과 음식을 반ᄃᆞ시 얼운의게 후에 홀디니라

현대역 비록 종과 첩이라도 옷과 음식을 반드시 어른에게[어른보다] 뒤에 할 것이니라.

【集說】陳氏曰長者는謂婢妾中之長者라婢妾雖賤이나亦必有長幼之倫이니

진 씨가 말하였다. "어른은 종과 첩 중의 어른을 이른다. 종와 첩이 비록 천하나 또한 반드시 長幼의 차례가 있어야 한다."

妻ㅣ不在어든妾御ㅣ莫敢當夕이니라

● 아내가 (집에) 있지 않거든, 첩의 뫼심이 감히 (아내의) 저녁을 담당하지 않는다."

당석(當夕): 자기 차례가 돌아온 날 밤에 잠자리를 같이 함.

번소 계지비 잇디 아니커든 고매 뫼셔 슈매 잢간도 밤 오로 當당티 마롤 디니라

현대역 아내가 있지 아니 하거든, 첩이 뫼셔 있음에 잠깐도 밤을 온전히 담당하지 말 것이니라."

1 슈매: 있음에. '시(在, 어간)+움(명사형 어미)+애(부사격 조사)'이다. '시'는 '이시다'의 어간 '이시-'의 이형태이다. '이시다'는 '있다'의 옛말로, 자음으로 시작하는 어미 앞에서는 '잇-'으로 바뀐다. 世尊ㅅ 말 ᄉᆞᆯᄫᆞ리니 千載上ㅅ 말 이시나 귀예 듣논가 너기ᅀᆞᄫᆞ쇼셔.《월곡 상:1》, 아히 ᄢᅴ브터 深山애 이셔 사ᄅᆞᄆᆡ 이리 설우르

고.《석상 11:28》

2 오로; 온전히. 오직 오로 體ᄒᆞ야 뮈워 쁠 ᄯᆞᄅᆞ미라《월석 18:14》

소언 안해 잇디 아니커든 妾쳡의 뫼심이 敢감히 나죄를 當당티 말올디니라

현대역 아내 있지 아니 하거든, 첩의 모심이 감히 저녁을 담당하지 말 것이니라."

【集解】古者에妻妾이各有當御之夕하니當夕은當妻之夕也니라

옛날에 아내와 첩이 각각 담당하여 모시는 저녁이 있었으니, 當夕은 아내의 저녁을 담당하는 것이다.

〖六十六章〗

○男不言內ᄒᆞ고女不言外ᄒᆞ며非祭非喪이어든不相授器니其相授則女受以篚匪ᄒᆞ고其無篚則皆坐ᄒᆞ야奠之而後에取之니라 《禮記 內則》

●남자는 안[안의 일]을 말하지 않고 여자는 밖[밖의 일]을 말하지 않으며, 제사나 상사가 아니면 서로 그릇을 주지 않으니, 그 서로 주게 되면 여자는 광주리로써 받고, 그 광주리가 없으면 모두[남자와 여자] 앉아서 그것[그릇]을 땅에 놓은 뒤에 (여자가) 그것을 취한다.

漢字 篚(광주리 비), 奠(지상에 둘 전, 제사 지낼 전, 정할 전)

번소 남진이 안이를 니ᄅᆞ디 아니ᄒᆞ고 계지비 밧이를 니ᄅᆞ디 아니ᄒᆞ며 祭졔 아니며 喪상事ᄉᆞㅣ 아니어든 그르슬 서르 주디 아니ᄒᆞ며 그 서르 줄딘댄 겨집이 대그르스로 받고 대그르시 업거든 다 안자

ᄯᅡ해 노ᄒᆞᆫ 後후에ᅀᅡ 아ᅀᆞᆯ 디니라

현대역 남자는 안일을 말하지 아니하고 여자는 바깥일을 말하지 아니하며, 제사가 아니며 喪事가 아니거든 그릇을 서로 주지 아니하며, 그 서로 줄진댄 여자가 대그릇으로 받고, 대그릇이 없거든 다 앉아서 땅에 놓은 후에야 가질 것이니라.

1 밧이ᄅᆞᆯ: 바깥일을. ‘밗일(명사)+ᄋᆞᆯ(목적격 조사)’이다. ‘밗’은 ‘밖’의 옛말이다. 현대국어 ‘밖’의 옛말인 ‘밗’은 15세기 문헌에서부터 나타난다. ‘밗’은 모음으로 시작하는 조사와 결합할 때에는 ‘밗’으로, 자음으로 시작하는 조사와 결합하거나 단독으로 쓰일 때에는 ‘밧’으로 나타난다. 본 예는 ‘밗’이 결합하는 ‘일’이 모음으로 시작하지만 실질형태소이기 때문에 ‘밧’으로 실현되었다. 17세기에는 종성의 ‘ㅺ’이 ‘ㄲ’으로 바뀐 ‘밖’ 형태가 등장하면서 현재에 이르렀다. 밗(15세기~19세기)>밖(17세기~현재). 이형태: 밗, 밖. 城 밧긔 브리 비취여 十八子ㅣ 救ᄒᆞ시려니 가라 ᄒᆞᆫᄃᆞᆯ 가시리잇가.《1447 용가 69》, 男子ᄂᆞᆫ 밧긔 살오 女子ᄂᆞᆫ 안해 사라 집을 기피 ᄒᆞ며.《1518 번소 3:16ㄴ-17ㄱ》

2 줄딘댄: 줄진댄. ‘주(어간)+ㄹ(관형사형 어미)+ᄃᆞ(의존명사)+이(서술격 조사 ‘이다’의 어간)+ㄴ대(연결어미)+ㄴ(보조사)’이다. ‘ㄹ+ᄃᆞ+이+ㄴ대+ㄴ’이 ‘-ㄹ딘댄’으로 재구조화되었다. ‘-ㄹ딘댄’은 현대국어 ‘-ㄹ진댄’에 해당한다. ‘-ㄹ진댄’은 ‘-ㄹ진대’에 보조사 ‘ㄴ‘이 결합한 말로, ‘-ㄹ진대’를 강조한다. ‘-ㄹ진대’는 ‘이다’의 어간, 받침 없는 용언의 어간, ‘ㄹ’ 받침인 용언의 어간 또는 어미 ‘-으시-’ 뒤에 붙어, 앞 절의 일을 인정하면서, 그것을 뒤 절 일의 조건이나 이유, 근거로 삼음을 나타내는 연결어미이다. 장중한 어감을 띤다. 論語에 닐오ᄃᆡ 工匠바지ㅣ 이ᄅᆞᆯ 이대코져 홀딘댄 반ᄃᆞ기 몬져 그 그르슬 ᄂᆞᆯ나게 ᄒᆞᄂᆞ니라 ᄒᆞ니라(論語云 工欲善其事 必先利其器).《원각 서:80》, 輪廻ᄅᆞᆯ 免코져 홀딘댄 부텨 求홈 ᄀᆞᆮᄒᆞ니 업스니라 ᄒᆞ다가 부텨 求코져 홀딘댄 부톄 곧 이 ᄆᆞᅀᆞ미니 ᄆᆞᅀᆞᄆᆞᆯ 엇뎨 머리 어드료(欲免輪廻 莫若求佛 若欲求佛 佛卽是心 心何遠覓).《목우 2》.

3 아ᅀᆞᆯ 디니라: 가질 것이니라. 가질지니라. ‘아ᇫ(어간)+오(대상 표시법 선어말어미)+ㄹ(관형사형 어미)+ᄃᆞ(의존명사)+이(서술격조사 ‘이다’의 어간)+니라(평서형 종결어미)’이다. 의존명사 ‘ᄃᆞ’는 ‘것’의 의미를 가진 보편성 의존명사이다. 의존명사를 꾸며주는 관형사형에 들어있는 선어말어미 ‘-오$_2$-’도 대상 표시법

선어말어미에 해당한다. 이런 형태소 구성을 고려하면, '아솔 디니라'처럼 띄어 쓰며, '-ㄹ 것이니라'로 풀이할 수 있다. 이때 의무와 당연의 의미가 포함되어 있으며, 장엄한 어감을 띤다. 그러나 'ㄹ+ᄃᆞ+이+니라'는 '-ㄹ디니라'의 형태로, 하나의 종결어미로 재구조화한 것으로 볼 수도 있다. 이때에는 해라할 자리에 쓰여, '아솔디니라'처럼 붙여 쓰며 '-ㄹ지니라'로 풀이할 수도 있다. 알 리ᄂᆞᆫ 仔細히 ᄒᆞ야 ᄀᆞ초 버류믈 疑心 마롤 디니라(達者審之 勿嫌具列).《원각 상2-1:32》, 願ᄒᆞᆫᄃᆞᆫ 모ᄃᆞᆫ 道 닷ᄀᆞᆯ 사ᄅᆞ미 모ᄃᆡ 밧ᄀᆡ 求티 마롤 디니라(願諸修道之人 切莫外求).《목우 3》. '앗다'는 '앗다'의 이형태로, '가지다'의 옛말이다. 그 서르 줄딘댄 겨집이 篚로뻐 받고 그 篚 업거든 다 안자셔 노ᄒᆞᆫ 후에 아슬 디니라(其相授則女受以篚 其無篚則皆坐奠之 而後取之).《소언 2:51》, 하 마다 니르시니 아직 앗ᄌᆞᆸ새.《첩신-초 1:19~20》

소언 ᄉᆞ나희ᄂᆞᆫ 안흘 닐ᄋᆞ디 아니ᄒᆞ고 겨집은 밧글 닐ᄋᆞ디 아니ᄒᆞ며 祭졔 아니며 상ᄉᆞ 아니어든 서르 그릇슬 주디 아니홀 디니 그 서르 줄딘댄 겨집이 篚비[대로 결은 그릇이라]로뻐 받고 그 篚비 업거든 다 안자셔 노ᄒᆞᆫ 후에 아슬 디니라

현대역 남자는 안을 말하지 아니하고 여자는 밖을 말하지 아니하며, 제사가 아니며 상사 아니거든 서로 그릇을 주지 아니할 것이니, 그 서로 줄진댄 여자가 비(篚)[대로 결은 그릇이라.]로써 받고, 그 篚 없거든 다 앉아서 놓은 후에 가질 것이니라.

1 안흘: 안을. '안ㅎ(명사)+을(목적격 조사)'이다. 현대국어 '안'의 옛말인 '안ㅎ'은 15세기 문헌에서부터 나타난다. 15세기에 '안ㅎ'은 모음이나 'ㄱ', 'ㄷ'으로 시작하는 조사 앞에서는 끝소리 'ㅎ'이 나타나지만, 그 밖의 자음으로 시작하는 조사 앞이나 단독으로 쓰일 때는 'ㅎ'이 탈락하는 ㅎ종성체언으로 '안ㅎ/안'의 이형태 교체를 보였다. 16세기에 끝소리 'ㅎ'이 완전히 탈락하여 모음으로 시작하는 조사 앞에서도 '안'이 나타난 예가 보인다. 19세기까지도 'ㅎ'이 남아 있는 '안ㅎ'과 'ㅎ'이 완전히 탈락한 '안'이 함께 나타나다가 현대국어에 와서 '안'만 남게 되었다. 안ㅎ(15세기~19세기)>안(16세기~현재). 이형태: 안ㅎ, 안. 宮內ᄂᆞᆫ 宮 안히라.《1447 석상 3:6ㄴ》, 밧 보시고 안 보실 씨라.《1463 법화 1:142ㄴ》

2 밧글: 밖을. '밝(명사)+을(목적격 조사)'이다.

3 결은: 결은, 엮어 짠. '겯(어간)+은(관형사형 어미)'이다. '겯다'는 ㄷ불규칙동사로, 모음 어미 앞에서 'ㄷ'이 'ㄹ'로 바뀐다. 뜻은 '대, 갈대, 싸리 따위로 씨와 날이 서로 어긋매끼게 엮어 짜다'이다. 담은 기다란 싸리와 참나무 가지로 돗자리 겯듯 결은 것이었다.《이광수, 흙》, 대오리로 바구니를 겯다.

【正誤】男正位乎外하니不當言女事요女正位乎內하니不當言男事라男女授受不親이요惟喪祭에得以器相授하니祭嚴喪遽하여不嫌也라於喪祭之時에男以器授女하면則女以篚受其器하니女受以篚면則男所受를可知라男以器授女而女無篚受之면則男跪而以器停之於地而後에女亦跪而取之하니女奠男取亦如之니라陳氏는以皆坐爲句하니非是라

남자는 밖에서 자리를 바로 하니 마땅히 여자의 일을 말하지 않고, 여자는 안에서 자리를 바로 하니 마땅히 남자의 일을 말하지 않는다. 남자와 여자는 주고받음을 직접 하지 않고, 오직 상사와 제사에 그릇을 서로 줄 수 있으니, 제사는 엄숙하고 상사는 급하여 싫어하지 않는 것이다. 상사와 제사 때에 남자가 그릇을 여자에게 주면 여자는 광주리로써 그 그릇을 받으니, 여자가 광주리로써 받는다면 남자가 받는 것도 알 수 있다. 남자가 그릇을 여자에게 주는데 여자가 그것을 받을 광주리가 없으면 남자는 꿇어앉아 그릇을 땅에 놓은 뒤에 여자 또한 꿇어앉아 그것을 가져가니, 여자가 땅에 놓으면 남자가 가져감에도 또한 이와 같이 한다. 진 씨는 皆坐로 句를 삼았으니, 옳지 않다.

漢字 遽(급할 거, 갑자기 거), 嫌(싫어할 혐, 미워할 혐), 跪(꿇어앉을 궤), 停[땅에 놓을 정=奠(전)]

1 陳氏以皆坐爲句: '진 씨[진호(陳澔)]는 개좌(皆坐)로 구(句)를 삼았으니'의 뜻으로, 《예기집설(禮記集說)》에 좌자(坐字) 밑에 구(句)자가 표시되어 있으므로

말한 것이다.

2 진호(陳澔, 1260년~1341년): 자는 가대(可大)이고, 호는 운주(雲住)·북산수(北山叟)로, 남강로(南康路) 도창현(都昌縣)[현 중국 강서성(江西省) 도창현(都昌縣)] 사람이다. 평생토록 강의와 연구에만 매진하였고 벼슬에 나아가지 않았다. 예(禮)·역(易)·서(書)에 정통하였으며, 도창현에 경귀서원[經歸書院, 일명 운주서원(雲住書院)]을 건립하고, 이곳에서 강학을 했기 때문에 경귀선생(經歸先生)으로 지칭되기도 하였다. 이후 백록동서원(白鹿洞書院)에서 강의하기도 하였다. 《예기집설》은 《예기》의 주석들을 모아 번다한 내용들을 삭제하고 중요 주석들과 자신의 견해를 덧붙여 편찬한 주석서이다.

外內不共井ᄒᆞ며不共湢浴ᄒᆞ며不通寢席ᄒᆞ며不通乞假ᄒᆞ며男女ㅣ不通衣裳이니라

● 밖과 안이 우물을 함께 아니 하며, 욕실을 함께 하여 목욕하지 아니 하며, 잠자리를 통하지 아니 하며, 빌려오고 빌려주기를 통하지 아니 하며, 남자와 여자가 옷과 치마를 통하지 아니한다.

漢字 乞(빌 걸), 假(빌려줄 가, 거짓 가), 裳(치마 상)

번소 밧과 안쾌 우므를 어우러 긷디 말며 ᄒᆞᆫᄃᆡ셔 沐목浴욕곰디 말며 잘 도ᄌᆞᆯ 서르 ᄡᅳ디 말며 서르 빌ᄢᅮ디 말며 남진 겨지비 옷 고의롤 섯디 마롤 디니라

현대역 밖[남자]과 안[여자]이 우물을 어울러 긷지 말며, 한데서 목욕감지 말며, 잘 돗자리를 서로 쓰지 말며, 서로 빌리고 꾸지 말며, 남자와 여자가 옷과 고의를 섞지 말 것이니라.

1 어우러: 어울러. '어울(어간)+어(연결어미)'이다. '어울다'는 '어우르다'의 옛말이다. ᄧᅡᄒᆞᆫ 그ᄃᆡᆺ 모ᄀᆡ 두고 남ᄀᆞ란 내 모ᄀᆡ 두어 둘히 어우러 精舍 ᄆᆡᆼᄀᆞ라 부텨ᄭᅴ 받ᄌᆞᄫᅩ리라.《석상 6:26》, 살면 모ᄃᆡ 죽고 어울면 모ᄃᆡ 버으는 거시니.《월석 2:15》

2 ᄒᆞᆫᄃᆡ: 한데. 한군데. 犍陁摩羅山애 이셔 梵行ᄒᆞᄂᆞᆫ 즁ᄃᆞᆯ콰 ᄒᆞᆫᄃᆡ 잇ᄂᆞ이다.《석상 24:46》, 또 經에 닐오ᄃᆡ 阿梨耶識이 일후미 如來藏이니 無明七識과 ᄒᆞᆫᄃᆡ 이쇼미 바ᄅᆞᆳ 믌겨리 샹녜 긋디 아니호미 ᄀᆞᆮ다 ᄒᆞ니라.《월석 11:58》

3 도ᄭᆞᆯ: 돗자리를. '돇(명사)+ᄋᆞᆯ(목적격 조사)'이다. '돇'은 '돗자리'의 옛말이다. 일로부터 後ㅣ라 호ᄆᆞᆫ ᄒᆞᆫ 돗귓 마리 아니시니.《월석 14:40》, 筵은 돗기라.《능엄 1:29》

4 빌ᄢᅳ디: 빌려주고 꾸지. '빌ᄢᅳ디'는 '빌다'와 'ᄢᅳ다'의 합성동사이다. 여기서 '빌다'는 의미상 '꾸다'와 반대가 되어야 하므로, '빌려주다'로 해석해야 한다. 현대국어 '꾸다'의 옛말인 'ᄢᅮ다'는 15세기 문헌에서부터 나타난다. 16세기에는 어두자음군 'ㅴ'에서 'ㅂ'이 탈락한 'ᄭᅮ다' 형태가 등장하였다. 현대국어에서는 'ㄱ'의 된소리를 'ㄲ'으로 표기하는 원칙에 따라 '꾸다'로 표기하게 되었다. ᄢᅮ다(15세기~16세기)>ᄭᅮ다(16세기~19세기)>꾸다(19세기~현재). 이형태: ᄢᅮ다, ᄭᅮ다. 董永이 아비 죽거늘 무둟 거시 업서 ᄂᆞᄆᆡ그에 도ᄂᆞᆯ ᄢᅮ어 묻고 죵 ᄃᆞ외요리라 ᄒᆞ야.《1481 삼강-런던 효 11》. 借 빌 챠 貸 ᄢᅮᆯ ᄃᆡ.《1576 신합 하:45ㄱ》

5 고의: 남자의 여름 홑바지. 한자를 빌려 '고의(袴衣)'로 적기도 한다. 현대국어 '고의'의 옛말인 'ᄀᆞ외'는 15세기 문헌에서부터 나타난다. 제2음절의 원순모음 'ㅚ'의 영향으로 제1음절의 모음 'ㆍ'가 'ㅗ'로 변하면서 16세기에 '고외'로 나타나게 되었다. 16세기에는 '고외'와 함께 '고의'도 나타나는데 '고의'는 제2음절 모음 'ㅚ'가 'ㅢ'로 변한 것이다. ᄀᆞ외(15세기~17세기)>고외(16세기)>고의(16세기~현재). 이형태: ᄀᆞ외, 고외, 고의. 越ㅅ 겨지븨 블근 ᄀᆞ외 젓고 燕ㅅ 겨지븨 프른 눈서비 시름ᄃᆞ외도다.《1481 두시-초 15:30ㄴ》, 裳 고외 샹.《1575 천자문-광주 4ㄴ》, 裩 고의 군, 袴 고의 고.《1527 훈몽 중:11ㄴ》

6 섯디: 섞지. '섯(어간)+디(연결어미)'이다. 현대국어 '섞다'의 옛말인 '섟다'는 15세기 문헌에서부터 나타난다. 이 단어는 20세기 초 현대맞춤법의 영향으로 받침이 'ㅺ'에서 'ㄲ'으로 바뀌면서 현재의 어형으로 정착되었다. 섟다(15세기~19세기) 섞다(20세기~현재). 이형태: 섟다. 그 말ᄊᆞ미 工巧코 微妙ᄒᆞ야 오ᄋᆞ로 섯근 거시 업서.《1447 석상 13:28ㄴ》, 疎 섯글 소.《1575 천자-광 31ㄱ》, 雜 섯글 잡 糅 섯글 뉴.《1576 신합 하:52ㄱ》. 본 예는 자음 어미 앞에서 팔종성법에 따라 '섯디'로 표기하였다.

소언 밧과 안히 우믈을 ᄒᆞᆫ가지로 아니 ᄒᆞ며 湢핍을 ᄒᆞᆫ가지로 ᄒᆞ야 목욕 아니 ᄒᆞ며 자ᄂᆞᆫ 돗ᄀᆞᆯ 通통티 아니 ᄒᆞ며 빌며 빌리기를 通통티 아니 ᄒᆞ며 ᄉᆞ나ᄒᆡ와 겨집이 옷과 치마ᄅᆞᆯ 通통티 아니홀 디니라

현대역 밖과 안이 우물을 한가지로 아니 하며, 핍(湢)을 한가지로 하여 목욕을 아니 하며, 자는 돗자리를 통하지 아니 하며, 빌며 빌리기를 통하지 아니 하며, 남자와 여자가 옷과 치마를 통하지 아니할 것이니라.

1 핍(湢): 목욕간. 욕실.

2 빌며 빌리기를: 현대국어에서 '빌다'나 '빌리다'는 같은 의미이다. 즉 '남의 물건이나 돈 따위를 나중에 도로 돌려주거나 대가를 갚기로 하고 얼마 동안 쓰다.'를 뜻한다. 그러나 규범 표기는 '빌리다'이다. 따라서 《소학언해》의 위 구절은 '빌려주고 빌려오기를'로 해석해야 한다. 위 《번역소학》의 '빌ᄲᅮ디[빌려주고 꾸지]'와 같은 뜻이다.

【集解】劉氏曰不共井은嫌同汲也요不共湢浴은嫌相褻也요不通寢席은嫌相親也요不通乞假는嫌往來也요不通衣裳은惡(오)淆雜也니라

유 씨가 말하였다. "우물을 함께 아니함은 함께 물 길음을 싫어해서요, 욕실을 함께 하여 목욕하지 아니 함은 서로 더럽힘을 싫어해서요, 잠자리를 통하지 아니 함은 거로 가까이함을 싫어해서요, 빌리고 빌려주기를 통하지 아니 함은 가고오기를 싫어해서요, 옷과 치마를 통하지 아니 함은 뒤섞임을 미워해서이다."

漢字 汲(물길을 급), 褻(더럽힐 설), 淆(뒤섞일 효), 雜(섞일 잡)

男子ㅣ入內ᄒᆞ야不嘯不指ᄒᆞ며夜行以燭이니無燭則止ᄒᆞ고女子ㅣ出門에必擁蔽其面ᄒᆞ며夜行以燭이니無燭則止니라

● 남자가 안에 들어가서는 휘파람불지 않고 손가락질하지 않으며, 밤에 다님에는 촛불로써 하니, 촛불이 없으면 그만두고, 여자가 문을 나섬에는 반드

시 그 얼굴을 막고 가리며, 밤에 다님에는 촛불로써 하니, 촛불이 없으면 그만둔다.

漢字 嘯(휘파람불 소), 燭(촛불 촉), 擁(막을 옹, 안을 옹), 蔽(가릴 폐)

번소 남진이 안해 들어 ᄑᆞ람 말며 손으로 ᄀᆞᄅᆞ치디 말며 바ᄆᆡ ᄃᆞ뇨매 ᄎᆞᆺ블로ᄡᅧ ᄒᆞᆯ 디니 ᄎᆞᆺ브리 업거든 ᄃᆞᆫ니디 말오 계지비 門문의 나 모로매 그 ᄂᆞᄎᆞᆯ ᄀᆞ리오며 바ᄆᆡ ᄃᆞ뇨매 ᄎᆞᆺ블로ᄡᅧ ᄒᆞᆯ 디니 ᄎᆞᆺ브리 업거든 ᄃᆞᆫ니디 마롤 디니라

현대역 남자가 안에 들어 휘파람 말며 손으로 가리키지 말며, 밤에 다님에 촛불로써 할 것이니, 촛불이 없거든 다니지 말고, 여자가 문에 나가 모름지기 그 낯을 가리며, 밤에 다님에 촛불로써 할 것이니, 촛불이 없거든 다니지 말 것이니라.

1 ᄑᆞ람: 휘파람. 나ᄇᆡ ᄑᆞ람 기리 이푸믈 遠近이 다 듣거든 호ᄆᆡᆺ 머리로 벼개 삼고 細草로 시욱 삼노니(猨嘯長吟 遠近皆聽 鋤頭當枕 細草爲氈).《영가 하:106》, 嘯 ᄑᆞ람 쇼.《훈몽 하:14》

2 ᄀᆞᄅᆞ치디: 가리키지. 'ᄀᆞᄅᆞ치(어간)+디(연결어미)'이다. 중세국어에서 'ᄀᆞᄅᆞ치다'는 '가르치다'와 '가리키다'의 뜻이 있었다. 제 님금 背叛ᄒᆞ야 내 모ᄆᆞᆯ 救ᄒᆞᅀᆞᄫᆞᆯ 不賞私勞ᄒᆞ샤 後世ᄅᆞᆯ ᄀᆞᄅᆞ치시니(不爲其主 以救我身 不賞私勞 以敎後人).《용가 105장》(현대역: 제 임금 배반하여 내 몸을 구하거늘 사사로운 노고에 상주지 않으시어 후세를 가르치시니.), 사ᄅᆞ미 소ᄂᆞ로 ᄃᆞᄅᆞᆯ ᄀᆞᄅᆞ쳐 사ᄅᆞᆷ 뵈여ᄃᆞᆫ 뎌 사ᄅᆞ미 ᄉᆞᆫ가라ᄀᆞᆯ 因ᄒᆞ야 반ᄃᆞ기 ᄃᆞᄅᆞᆯ 봃디어늘(如人以手 指月示人 彼人因指當應看月).《능엄 2:23》(현대역: 사람이 손으로 달을 가리켜 사람에게 보이거든 저 사람이 손가락으로 인하여 반드시 달을 볼 것이거늘.)

3 ᄃᆞ뇨매: 다님에. 'ᄃᆞᆫ니(어간)+옴(명사형 어미)+애(부사격 조사)'이다. 'ᄃᆞᆫ니-'는 '다니다'의 옛말인 'ᄃᆞᆫ니다'의 어간이다. 현대국어 '다니다'의 옛말인 'ᄃᆞᆮ니다'는 15세기 문헌에서부터 나타난다. 'ᄃᆞᆮ니다'는 '달리다'의 의미인 'ᄃᆞᆮ-'과 '가다'의 의미인 '니-'가 결합한 합성어이다. 15세기부터 'ᄃᆞᆮ니다'와 함께 'ᄃᆞᆮ-'의 종성 'ㄷ'이 후행하는 '니-'의 초성 'ㄴ'에 동화되어 'ᄃᆞᆫ니다'가 나타난다. 16세기 이후

'ᄃᆞᆫ니다'에서 제1음절 종성 'ㄴ'이 탈락한 'ᄃᆞ니다'로 나타난다. 18세기 이후 제1음절의 '·'가 'ㅏ'로 변화됨에 따라 19세기 이후 '다니다'로 나타나 현재에 이르렀다. 15세기의 'ᄃᆞᆫ이다'는 'ᄃᆞ니다'를 분철 표기한 것이다. 17세기의 'ᄃᆞᆺ니다'는 종성 'ㄷ'을 'ㅅ'으로 표기하던 당시의 경향에 따라 나타난 표기이다. 19세기의 '단니다'는 'ᄃᆞᆫ니다'의 제1음절 모음 '·'가 'ㅏ'로 변화한 것이며, 'ᄃᆡᆫ니다'는 'ᄃᆞᆫ니다'의 제1음절 모음 '·'가 후행하는 'ㅣ'의 영향으로 'ㆎ'로 나타난 것이다. ᄃᆞᆮ니다(15세기~17세기)〉ᄃᆞᆫ니다(15세기~19세기)〉ᄃᆞ니다(16세기~18세기)〉다니다(19세기~현재). 이형태: ᄃᆞᆮ니다, ᄃᆞᆫ니다, ᄃᆞᆫ이다, ᄃᆞ니다, ᄃᆞᆺ니다, ᄃᆡᆫ니다, 단니다, 다니다. 五百 靑衣ᄅᆞᆯ ᄀᆞᆯᄒᆡ야 졋어미 조차 ᄃᆞᆮ니며.《1447 석상 3:4ㄴ》, 商ᄋᆞᆫ 두루 ᄃᆞᆫ녀 ᄒᆞᆼ졍ᄒᆞᆯ 씨오.《1447 석상 20:25ㄱ》, 牋誄ᄂᆞᆫ 任昉이 ᄃᆞᆫ이ᄂᆞᆫ ᄃᆞᆺᄒᆞ도다.《1481 두시-초 24:43ㄱ》, 巡 므르거를 슌 두루 ᄃᆞ닐 슌.《1576 신합 하:37ㄱ》

4 나: 나가. '나(어간)+ø(연결어미 '아' 생략)'이다.

소언 ᄉᆞ나ᄒᆡ 안해 들어 ᄑᆞ람 ᄒᆞ디 아니코 ᄀᆞᄅᆞ치디 아니ᄒᆞ며 밤ᄋᆡ ᄃᆞ닐 제 ᄎᆞᆺ블로ᄡᅥ ᄒᆞᆯ 디니 ᄎᆞᆺ블이 업거든 그치고 겨집이 門문의 남애 반ᄃᆞ시 그 ᄂᆞᆺ촐 ᄀᆞ리오며 밤ᄋᆡ ᄃᆞ닐 제 ᄎᆞᆺ블로ᄡᅥ ᄒᆞᆯ 디니 ᄎᆞᆺ블이 업거든 그칠 디니라

현대역 남자가 안에 들어 휘파람 하지 아니하고 가리키지 아니하며, 밤에 다닐 때 촛불로써 할 것이니, 촛불이 없거든 그치고, 여자가 문에 나감에 반드시 그 낯을 가리며, 밤에 다닐 때 촛불로써 할 것이니, 촛불이 없거든 그칠 것이니라.

【集說】陳氏曰嘯는謂蹙口出聲이요指는謂用手指畫이니不嘯不指는謂聲容有異하여駭人視聽也라以는用也라擁은障也라

진 씨가 말하였다. "嘯는 입을 오무려 소리를 냄이요, 指는 손을 써서 가리키고 그음을 이르니, 휘파람불지 않고 손가락질하지 않음은 소리와 모양에 다름이 있어 남의 보고 들음을[남이 보고 들어서] 놀라게 함을 이른

다. 以는 씀이라. 擁은 가림이다."

漢字 蹙(오무릴 축), 畫(그을 획, 그림 화), 駭(놀랄 해), 障(가릴 장)

道路애男子ᄂᆞᆫ由右ᄒᆞ고女子ᄂᆞᆫ由左ㅣ니라

● 길에서 남자는 오른쪽으로 말미암고, 여자는 왼쪽으로 말미암는다.

번소 길헤 남지ᄂᆞᆫ 올ᄒᆞᆫ녀그로 가고 겨지븐 왼 겨ᄐᆞ로 갈 디니라

현대역 길에서 남자는 오른쪽으로 가고, 여자는 왼 곁으로 갈 것이니라.

1 올ᄒᆞᆫ녁: 오른쪽. ᄎᆞ마 盃中엣 物을 그치고 오직 안잿ᄂᆞᆫ 올ᄒᆞᆫ녀긧 書銘을 보시놋다 (忍斷盃中物 秖看座右銘).《두시-초 8:13》, 마순아홉차힌 모맷 터리 올ᄒᆞᆫ녀그로 ᄡᅳ렛ᄒᆞ시며.《월석 2:58》

2 녁: 녘. 현대국어 '녘'의 옛말인 '녁'과 '녘'은 15세기 문헌에서부터 나타난다. 15세기부터 '녁'과 '녘'이 함께 나타나는데, 이들의 선후관계는 알기 어렵다. 이들의 표기는 '녁ㄱ', '녁ㅅ', '녁ㅎ', '녁ㅋ'으로 다양하게 나타난다. 현대국어에서는 '녘'과 '녁' 중에서 거센소리를 가진 '녘'을 표준어로 삼고 있다. 녁/녘(15세기~19세기)〉녘(20세기~현재). 이형태: 녁, 녁ㄱ, 녁ㅅ, 녘, 녁ㅎ, 녁ㅋ. 左右 梵志ᄂᆞᆫ 두 녀긔 좆ᄌᆞᄫᅡ ᄒᆞ니ᄂᆞᆫ 梵志라.《1447 석상 3:11ㄱ》, 밧긧 獼猴ㅣ 東 녁긔와 猩猩일 블러늘.《1463 법화 2:123ㄴ》, 기우루 올ᄒᆞᆫ 녁ᄉᆞᆯ 메와ᄉᆞ믄 ᄠᅳᆮ ᄂᆞ리와 法尊호ᄆᆞᆯ 뵈ᅀᆞ오미오.《1463 법화 2:178ㄱ》, 層層인 뫼ᄒᆞᆯ 구비 네 녀크로 도라보니 ᄆᆞᆯᄀᆞᆫ 내콰 묏골왜 여렛도다.《1481 두시-초 3:63ㄴ》, 無常이 ᄲᆞᆯ라 모ᄃᆞᆫ 아ᄎᆞᆷ 이슬 ᄀᆞᆮ고 목수믄 나죗 西ㅅ 녁희 ᄀᆞᆮᄒᆞ니.《1467 목우 43ㄴ》

3 곁: 곁. 현대국어 '곁'은 15세기 문헌에서부터 '곁'으로 나타나 현재까지 그대로 이어진다. 16세기 이후에 나타나는 '겻ㅌ', '겯ㅌ'은 중철 표기이고 17세기 이후 나타나는 '겻ㅎ', '겯ㅎ'은 'ㅌ'을 'ㄷ'과 'ㅎ'으로 나누어 표기한 재음소화 표기이다. 곁(15세기~현재). 이형태: 곁, 겯ㅌ, 겻ㅌ, 겻ㅎ, 겯ㅎ. 君命엣 바오리어늘 ᄆᆞᆯ 겨틔 엇마ᄀᆞ시니 九逵 都人이 다 놀라ᅀᆞᄫᆞ니.《1447 용가 44》, 어버이 그 지극ᄒᆞᆫ 精誠을 感激ᄒᆞ야 집 겻틔 別室 지ᅀᅥ 준대 宋氏 싀어미 ᄃᆞ려와 살며 親히 飮食ᄒᆞ야 주더니.《1514 속삼 열:10ㄴ》

소언 길헤 ᄉᆞ나희ᄂᆞᆫ 올ᄒᆞᆫ녁ᄒᆞ로 말ᄆᆡ암고 겨집은 왼녁ᄒᆞ로 말ᄆᆡ암을 디니라

현대역 길에서 남자는 오른쪽으로 말미암고, 여자는 왼쪽으로 말미암을 것이니라.

1 말ᄆᆡ암고: 말미암고. 어떤 현상이나 사물 따위가 원인이나 이유가 되고. '말ᄆᆡ암(어간)+고(연결어미)'이다. 현대국어 '말미암다'의 옛말인 '말ᄆᆡ삼다'는 16세기 문헌에서부터 나타난다. '말ᄆᆡ삼다'는 '까닭', '이유'의 의미를 지닌 명사 '말ᄆᆡ'와 동사 '삼다'가 결합한 합성어이다. '말ᄆᆡ'와 '삼다'의 결합이 마치 하나의 단어였던 것처럼 인식되면서 'ㅅ'이 약화되고, 동시에 16세기에 제2음절 이하에서 모음 'ㆍ'가 'ㅡ'로 변화하는 경향에 따라 '말ᄆᆡ삼다'는 16세기에 '말믜삼다'가 되었다. 16세기는 'ㅿ'이 소멸한 시기이기도 한데 이러한 변화에 따라 '말믜삼다'는 다시 '말믜암다'로 변하였다. 그러나 제2음절 이하에서 모음 'ㆍ'가 'ㅡ'로 변화하지 않은 '말ᄆᆡ암다'도 함께 사용되었다. 근대국어 후기에 자음 뒤에서 모음 'ㅢ'가 'ㅣ'로 바뀌는 경향에 따라 '말미암다'가 되면서 현재에 이르렀다. 말ᄆᆡ삼다(16세기)〉말믜삼다(16세기)〉말믜암다(16세기~18세기)〉말미암다(20세기~현재). 이형태: 말ᄆᆡ삼다, 말믜삼다, 말ᄆᆡ암다, 말믜암다. 그런ᄃᆞ로 글 ᄇᆡ호ᄂᆞᆫ 사ᄅᆞ미 반ᄃᆞ시 이를 말ᄆᆡ사마 ᄇᆡ호면 거싀 그르디 아니ᄒᆞ리라.《1518 번소 8:31ㄱ》, 다시곰 설으 외다 ᄒᆞ야 원망홈을 말믜삼아 드듸여 어긔여 ᄃᆞᆫ톰이 되ᄂᆞ니.《1588 소언 6:90ㄱ》, 그러모로 ᄇᆡ호ᄂᆞᆫ 이 반ᄃᆞ시 이를 말ᄆᆡ아마 ᄇᆡ호면 거싀 그 그ᄅᆞ디 아니ᄒᆞ리라.《1588 소언 5:109ㄴ》, 일로 말믜암아 天下ㅣ 다 그 효셩을 아니라.《1588 소언 6:31ㄴ》

2 왼녁: 왼쪽. 왼녀근 거슬오 올ᄒᆞᆫ녀근 順ᄒᆞ니.《월석 13:23》, 太子ㅣ 닐오ᄃᆡ 大王하 閻浮提옛 一切 衆生이 옷밥 爲ᄒᆞ야 그지업슨 受苦홀씨 이제 王ᄭᅴ 왼녁 귀옛 如意摩尼寶珠를 비ᅀᆞᆸ고져 ᄒᆞ노이다.《월석-중 22:46》

【集成】**劉氏曰道路之法**에**其右**는**以行男子**하고**其左**는**以行女子**하니**古之道也**니라

유 씨가 말하였다. "도로의 법칙에 그 오른쪽은 남자를 다니게 하고, 그

왼쪽은 여자를 다니게 하니, 옛날의 도이다.”

〖六十七章〗

○孔子ㅣ曰婦人은伏於人也ㅣ라是故로無專制之義ᄒᆞ고有三從之道ᄒᆞ니在家從父ᄒᆞ고適人從夫ᄒᆞ고夫死從子ᄒᆞ야無所敢自遂也ᄒᆞ야敎令이不出閨門ᄒᆞ며事在饋食似之間而已矣니라

《大戴禮 本命解, 家語》

● 공자가 말씀하셨다. “부인은 사람에게 굴복한다. 그러므로 마음대로 처리하는 뜻이 없고, 세 가지 따르는 도가 있으니, 집에 있을 때에는 아버지를 따르고, 남에게 시집가서는 남편을 따르고, 남편이 죽으면 아들을 따라, 감히 스스로 이루는 바가 없어서 가르침과 명령이 규문을 나가지 않으며, 일함은 음식을 마련하는 사이에 있을 뿐이다.

漢字 伏(굴복할 복, 엎드릴 복), 適(시집갈 적, 갈 적), 遂(이룰 수), 饋(식사 궤, 보낼 궤, 먹일 궤)

삼종지도(三從之道): 《공자가어(孔子家語)》에 나오는, 여자가 따라야 할 3개의 도리이다. 어려서는 아버지를 따르고, 시집가서는 남편을 따르고, 남편이 죽어서는 아들을 따르는 도리를 말한다. 《공자가어》라는 책은 공자의 후손들이 공자의 남은 말을 적어서 보관한 것으로 알려져 왔으나, 학자들 사이에서도 실제로 공자가 했던 말인지에 대해 논란이 많다. 특히 '삼종지도'에 관련해서는 전근대적인 사고의 전형으로 비판받는 부분이기에, 공자에 대한 평가에 이 구절을 사용함에는 신중을 기할 필요가 있다. 다만, 유교의 영향력이 강했던 조선시대 숙종 이후로 이 구절은 여자를 억압하는 데 사용되어 왔던 것은 사실이다.

번소 孔공子ᄌᆞㅣ ᄀᆞᄅᆞ샤ᄃᆡ 婦부人신은 사ᄅᆞ미게 존ᄂᆞᆫ 거시니 이런 ᄃᆞ로 오로 졔단ᄒᆞ논 ᄠᅳ디 업고 세 가짓 존논 道도理리 잇ᄂᆞ니 지븨 이실 저긘 아비롤 좃고 사ᄅᆞ미게 가ᄂᆞᆫ 남진올 좃고 남진이 죽거든

아ᄃᆞᄅᆞᆯ 조차 잢간도 제 혼자 일오논 배 업서 긔걸이 집 듕문 밧긔 나디 아니ᄒᆞ고 이리 음식 이받논 ᄉᆞ이예 이실 ᄯᆞᄅᆞ미니라

현대역 공자가 말씀하시되, "부인은 사람에게 좇는 것이나, 이런 까닭에 오로지 制斷하는 뜻이 없고, 세 가지의 좇는 도리가 있느니, 집에 있을 때엔 아버지를 좇고, 사람에게 가서는 남편을 좇고, 남편이 죽거든 아들을 좇아, 잠깐도 제가 혼자 이루는 바가 없어 명령이 집 중문 밖에 나지 아니하고, 일이 음식 대접하는 사이에 있을 따름이니라.

1 존ᄂᆞᆫ: 좇는. '좇(어간)+ᄂᆞ(현재 시제 선어말어미)+ㄴ(관형사형 어미)'이다.

2 오로: '오로지'의 옛말이다. 오직 한 방향으로. 또는 다른 것이 없이 오직. 현대국어 '오로지'의 옛말은 16세기 문헌에 '오로'로 보인다. 그러다가 18세기 문헌에서부터는 '오로디'가 나타난다. 근대국어 시기에 'ㄷ', 'ㅌ'이 'ㅣ'나 'ㅣ' 반모음 앞에서 'ㅈ', 'ㅊ'으로 변하는 구개음화로 '오로디'가 '오로지'가 되었다. 이 '오로지'는 19세기 문헌에서부터 나타나 현재까지 이어진다. 오로디(18세기)〉오로지(19세기~현재). 이형태: 오로, 오로디, 오로지. 이런 故고로 오로 제단ᄒᆞᆯ 義의 업고.《1588 소언 본 장》, 訓誨ᄒᆞᄂᆞᆫ 權이 실로 어믜게 오로디 읻ᄂᆞᆫ이라.《1737 여사 2:25ㄴ》, 이ᄂᆞᆫ 슈로와 륙로에 오로지 방비ᄒᆞᆯ만 ᄒᆞᆫ 긔계라.《1883 이언 3:49ㄴ》

3 졔단ᄒᆞ논: 제단(制斷)하는. 제멋대로 하는. '졔단ᄒᆞ(어간)+ᄂᆞ(현재 시제 선어말어미)+오(대상 표시법 선어말어미)+ㄴ(관형사형 어미)'이다. 관형사형에 나타나는 선어말어미 '-오$_2$-'는 존경의 선어말어미와 결합될 수 있다는 점과 제1인칭은 물론 제2·3인칭도 주어가 될 수 있다는 점에서 종결형과 연결형에 나타나는 '-오$_1$-'과 문법 범주를 달리한다. 피한정 명사는 관형사형에 대하여 주어도 될 수 있고, 목적어와 부사어도 될 수 있다. 이때 관형사형을 평서형으로 전개할 때 피한정 명사가 목적어나 부사어의 기능을 띠면 선어말어미 '-오$_2$-'가 나타난다. 따라서 이를 대상 표시법 선어말어미로 부른다(고영근, 2020, 372). 須達이 지순 亭舍마다 드르시며.《석상 6:38》. 얻논 藥이 므스것고.《월석 21:215》. 이들은 피한정 명사가 관형사형의 목적어가 되는 예이다. 그림 그륜 ᄇᆞᄅᆞᄆᆞᆯ….《두시언해 6:34》. 옷 ᄉᆡᆨ론 므를 먹고.《석상 11:25》. 이들은 피한정 명사가 관형사형의 부사어가 되는 예이다.

4 존논: 좇는. '좇(어간)+ᄂᆞ(현재 시제 선어말어미)+오(대상 표시법 선어말어미)+

ㄴ(관형사형 어미)'이다.

5 저귄: 적에는. '적(명사)+의(특수 처소격 조사)+ㄴ(보조사)'이다.

6 가ᄂᆞᆫ: 가서는. '가(어간)+아ᄂᆞᆫ(연결어미)'이다. '-아ᄂᆞᆫ'은 끝음절의 모음이 'ㆍ, ㅏ, ㅗ'인 동사, 형용사 어간 뒤에 붙어, '-아서는'을 뜻한다. 늘거 그텟 사괴요ᄆᆞᆯ 가져 나져믄 사ᄅᆞᄆᆡ게 브토니 ᄂᆞᆾ 當ᄒᆞ얀 ᄆᆞᅀᆞᄆᆞᆯ 보내요ᄃᆡ ᄂᆞᆾ 도라ᄂᆞᆫ 웃ᄂᆞ다(晩將末契托年少 當面輸心背面笑).《두시-초 25:52》, 堀에 드러 모ᄆᆞᆯ 갈마ᄂᆞᆫ ᄒᆞ오사 妙ᄅᆞᆯ 得ᄒᆞ니 녜브터 오매 象王ᄋᆡ 아로ᄆᆞᆯ 許티 아니ᄒᆞᄂᆞ니라(入窟藏, 獨得妙 從來不許象王知).《남명 하:36》

7 제: 제가. '저(自, 대명사)+이(주격 조사)'이다.

8 일오ᄂᆞᆫ: 이루는. '일오(어간)+ᄂᆞ(현재 시제 선어말어미)+ㄴ(관형사형 어미)'이다. 현대국어 '이루다'의 옛말인 '일우다'는 15세기 문헌에서부터 나타난다. '일우다'는 '이루어지다'의 의미를 갖는 동사 '일-'과 사동접미사 '-우-'가 결합한 것이다. '일-'의 종성 'ㄹ'이 연철되지 않은 것으로 보아 '일우다'에서 '우'의 초성 'ㅇ'은 성문 마찰 유성음 [ɦ]임을 알 수 있다. 16세기 이후 성문 마찰 유성음 'ㅇ'이 사라지면서 제1음절 종성 'ㄹ'이 연철 표기되어 '이루다'가 되었는데, 문헌상으로는 18세기에 비로소 이루다'의 예가 나타난다. 한편 동사 '일-'에 사동접사 '-오-'가 결합한 '일오다' 형태도 15세기부터 '일우다'와 공존하였는데, 19세기 이후로는 사라졌다. 일우다(15세기~19세기)〉이루다(18세기~현재). 이형태: 일우다, 일오다, 이루다. 成佛은 부텨 道理ᄅᆞᆯ 일우실 씨라.《1447 석상 3:1ㄱ》, 五白ᄋᆞᆯ 블로니 옷 메와ᄉᆞ며 발 바사도 이긔유믈 일오디 몯ᄒᆞ리로다.《1481 두시-초 11:40ㄱ》

9 긔걸: 명령. 분부. 이 ᄆᆞᆽ 後ᄉ 부텨 기티논 긔걸이니 모로매 모다 삼가라.《석상 23:13》, 梵志 즁을 보샤 아바닚 긔걸로 宗親ᄃᆞᆯ토 沙門이 ᄃᆞ외니.《월곡 상:47》

10 이받논: 대접하는. 봉양하는. '이받(어간)+ᄂᆞ(현재 시제 선어말어미)+오(대상 표시법 선어말어미)+ㄴ(관형사형 어미)'이다. '이받다'는 '대접하다'의 옛말이다. 주샨 글워ᄅᆞᆯ 父老 더브러 쟈랑ᄒᆞ고 獻壽ᄒᆞᄂᆞᆫ 술로 城隍ᄋᆞᆯ 이바ᄃᆞ리로다(賜書誇父老, 壽酒賽城隍).《두시-초 23:25》, 神靈을 請ᄒᆞ고 즁싱 주겨 夜叉羅刹 等을 이바ᄃᆞ며 ᄆᆡ본 사ᄅᆞᄆᆡ 일훔 쓰며 얼구를 ᄆᆡᆼᄀᆞ라 모딘 呪術로 빌며.《석상 9:17》

소언 孔공子ᄌᆞㅣ ᄀᆞᆯᄋᆞ샤ᄃᆡ 婦부人인은 사ᄅᆞᆷᄋᆡ게 굴복ᄒᆞᄂᆞᆫ 거시라

이런 故고로 오로 졔단ᄒᆞᆯ 義의 업고 세 가짓 존ᄂᆞᆫ 道도ㅣ 인ᄂᆞ니 집의 이셔ᄂᆞᆫ 아비ᄅᆞᆯ 좇고 사ᄅᆞᆷᄋᆡ게 가ᄂᆞᆫ 남진ᄋᆞᆯ 좇고 남진이 죽어ᄂᆞᆫ 아ᄃᆞᆯᄋᆞᆯ 조차 敢감히 스스로 일울 배 업서 긔걸이 방門문에 나디 아니ᄒᆞ며 일이 음식 이받ᄂᆞᆫ ᄉᆞ이예 이실 ᄯᆞᆯᄋᆞᆷ이니라

현대역 공자가 말씀하시되, "부인은 사람에게 굴복하는 것이라. 이런 고로 오로지 制斷할 뜻 없고, 세 가지의 좇는 도가 있느니, 집에서는 아버지를 좇고, 사람에게 가서는 남편을 좇고, 남편이 죽어서는 아들을 좇아, 감히 스스로 이룰[독단으로 이룰] 바가 없어 명령이 방문에 나지 아니하며, 일이 음식 대접하는 사이에 있을 따름이니라.

【增註】專制自遂는卽下文所謂擅爲獨成也라饋食는供饋酒食也라已는止也라

專制와 自遂는 바로 아래 글에 제멋대로 하고 독단으로 이룬다는 것이다. 饋食는 술과 음식을 이바지하고 대접함이다. 已는 뿐이다.

漢字 擅(제멋대로 할 천), 止(오직 지, 발 지, 머무를 지)

是故로女ㅣ及日乎閨門之內ᄒᆞ고不百里而奔喪ᄒᆞ며事無擅爲ᄒᆞ며行無獨成ᄒᆞ야參知而後에動ᄒᆞ며可驗而後에言ᄒᆞ며晝不遊庭ᄒᆞ며夜行以火ᄒᆞᄂᆞ니所以正婦德也ㅣ니라

● 그러므로 부인은 규문 안에서 날을 마치고, (국경을 넘어) 백리 초상에 달려가지 않으며, 일을 제멋대로 함이 없으며, 행실을 독단으로 이룸이 없어 참여하여 안 뒤에 움직이며, 가히 증거함이 있은 뒤에 말하며, 낮에는 뜰에 다니지 않으며, 밤에는 다님에 횃불로써 하니, (이는) 부덕을 바르게 하는 것이다.

漢字 奔(달아날 분)

不百里而奔喪: 주대(周代) 제후국은 대체로 백리 내외였다. 그런데 친정부모가 백리 이상, 먼 외국에서 죽었으면 국경을 넘어 상(喪)에 임하지 않았다.

번소 이런ᄃᆞ로 계지븐 듕문 안해셔 나ᄅᆞᆯ 져믈오며 百ᄇᆡᆨ里리 ᄯᅡ해 居거喪상 니브라 가ᄆᆞᆯ 아니ᄒᆞ며 이ᄅᆞᆯ 쥬변ᄋᆞ로 호미 업스며 行ᄒᆡᆼ뎍을 ᄒᆞ오ᅀᅡ 일우미 업스며 ᄂᆞ미 參참예ᄒᆞ야 알에 ᄒᆞᆫ 후에ᅀᅡ 거동ᄒᆞ며 의거ᄒᆞ얌 직ᄒᆞᆫ 후에ᅀᅡ 니ᄅᆞ며 나ᄌᆡ ᄠᅳᆯ헤 나 노니디 말며 바ᄆᆡ ᄃᆞᆫ뇨ᄃᆡ 브를 ᄡᅧ 홀 디니 계지븨 德덕을 正졍ᄒᆡ오ᄂᆞᆫ 배니라

현대역 이런 까닭으로 부인은 중문 안에서 날을 저물게 하며, 백리 땅에 거상 입으러 감을 아니하며, 일을 독단으로 함이 없으며, 행적을 홀로 이룸이 없으며 남이 참예(參預)하여 알게 한 뒤에야 거동하며, 근거함 직한 뒤에야 말하며, 낮에 뜰에 나가 노닐지 말며, 밤에 다니되 불을 써 할 것이니, 부인의 덕을 바르게 하는 바이니라.

1 졈을오며: 저물게 하며. '졈을(주동사 어간)+오(사동접사)+며(연결어미)'이다. '졈을-'은 '저물다'의 옛말인 '졈을다'의 어간이다. 현대국어 '저물다'의 옛말인 '져믈다'는 15세기 문헌에서부터 나타난다. 16세기 문헌에는 '져믈다'의 분철 표기인 '졈을다'도 보인다. 근대국어 시기에 양순음 'ㅁ', 'ㅂ', 'ㅍ' 아래에서 모음 'ㅡ'가 'ㅜ'로 변하는 원순모음화가 일어났는데, '져믈다'도 이러한 변화를 겪어 '져물다'가 되었다. 또한 근대국어 시기에 치조음이었던 'ㅈ', 'ㅊ'이 경구개음으로 변하면서 '져'와 '저'의 발음이 같아져서 '져물다〉저물다'로 바뀌어 현재에 이르렀다. 한편 15세기~18세기에는 '져믈다〉져물다'와 의미가 동일하고 형태상으로도 관련이 있는 '졈글다' 형태도 존재하였다(예: 거츤 ᄠᅳᆯ헤 ᄒᆡ {졈글오져} ᄒᆞᄂᆞᆺ다.《1481 두시-초 3:27ㄴ》, 빗돗 글어 가매 歲月이 {졈그ᄂᆞ니} 어루 春風과 다ᄆᆺ 가리로다.《1481 두시-초 22:42ㄴ》, 쥬ᅀᅵᆫ 형님 내 나그내라니 오ᄂᆞᆯ {졈그러} 네 지븨 잘 ᄃᆡ 어더지이다.《1510년대 번노 상:47ㄱ》, 나리 {졈글어든} 다시 방의 나디 아니ᄒᆞ더니.《1737 어내 1:23ㄴ》). 져믈다(15세기~19세기)〉져물다(19세기)〉저물다(19세기~현재). 이형태: 져믈다, 졈을다, 져물다, 저물다. 世尊하 내 녜브터 오매 나리 져믈오 바미 몯ᄃᆞ록 ᄆᆡ샹 내 訶責ᄒᆞ다니.《1463 법화

2:7ㄴ》, 이런 故고로 겨집이 방門문 안해셔 날올 졈을오고.《1588 소언 본장》

2 니브라: 입으러. '닙(어간)+으라(연결어미)'이다. '닙다'는 '입다'의 옛말이다. 順達이 지븨 도라와 삐 무든 옷 닙고 시름ᄒᆞ야 잇더니.《석상 6:27》, 마리를 갓ᄀᆞ시고 누비옷 니브샤 붓그료미 엇뎨 업스신가.《월곡 상:44》. '-으라'는 끝음절의 모음이 '으, 어, 우'이면서 받침으로 끝나는 어간이나 어미 뒤에 붙어, '-러', '-으려고'를 뜻하는 어미이다. 나라해 빌머그라 오시니 다 몰라보ᅀᆞᆸ더니 小瞿曇이라 ᄒᆞ더라.《월석 1:5》, 比丘ㅣ ᄉᆞᆯ보ᄃᆡ 나ᄂᆞᆫ 齋米를 어드라 온 디 아니라 大王ᄋᆞᆯ 보ᅀᆞᄫᆞ라 오이다.《월석 8:92》

3 쥬변ᄋᆞ로: 주변으로. 독단으로. '쥬변(명사)+ᄋᆞ로(조사)'이다. '쥬변'은 '주변'의 옛말이다. '주변'은 '일을 주선하거나 변통함. 또는 그런 재주'를 뜻한다. 스승니미 엇던 사ᄅᆞ미시관ᄃᆡ 쥬벼느로 이 門ᄋᆞᆯ 여르시ᄂᆞ니잇고(自由更自由 閑忙共一時).《월석-중 23:84》, 이롤 쥬변으로 호미 업스며(事無擅爲).《내훈 1:86》(현대역: 일을 독단으로 함이 없으며.)

4 ᄒᆞ오ᅀᅡ: 혼자. 현대국어 '혼자'의 옛말인 'ᄒᆞᄫᆞᅀᅡ'는 15세기 문헌에서부터 나타난다. 15세기 중엽에 'ㅸ'이 반모음 'ㅗ'[w]로 변화하여 'ᄒᆞᄫᆞᅀᅡ'는 'ᄒᆞ오ᅀᅡ'가 되었다. 16세기에 제1음절에 종성의 'ㄴ'이 첨가되고 'ㅿ'이 'ㅈ'으로 바뀐 'ᄒᆞ온자'가 나타났는데, 15세기의 'ᄒᆞ오ᅀᅡ'에서 제1음절의 'ㆍ'가 탈락한 '호ᅀᅡ'도 함께 나타난다. 'ᄒᆞ온자'에서 제1음절의 'ㆍ'가 탈락하여 '호온자'로 변하였고, 다시 제1음절과 제2음절이 축약되어 '혼자'가 되었다. 15세기의 'ᄒᆞᄫᆞᅀᅡ'는 명사 '*ᄒᆞᄫᆞᆯ'에 보조사 'ᅀᅡ'가 결합한 것인데, 반치음인 'ㅿ' 앞에서 'ㄹ'이 탈락하여 'ᄒᆞᄫᆞᅀᅡ'가 된 것이다. ᄒᆞᄫᆞᅀᅡ(15세기)〉ᄒᆞ오ᅀᅡ(15세기~16세기)〉호ᅀᅡ(16세기)/ᄒᆞ온자(16세기)〉호온자(16세기)〉혼자(16세기~현재). 이형태: ᄒᆞᄫᆞᅀᅡ, ᄒᆞ오ᅀᅡ, 호ᅀᅡ, ᄒᆞ온자, 호온자, 혼자. 셔봀 긔벼를 알씨 ᄒᆞᄫᆞᅀᅡ 나ᅀᅡ가샤 모딘 도ᄌᆞᄀᆞᆯ 믈리시니이다 스ᄀᆞ봀 軍馬를 이길씨 ᄒᆞᄫᆞᅀᅡ 믈리조치샤 모딘 도ᄌᆞᄀᆞᆯ 자ᄇᆞ시니이다.《1447 용가 35》, 뫼ᅀᆞᄫᆞᆫ 사ᄅᆞᆷ 믈리시고 ᄒᆞ오ᅀᅡ 기픈 道理 ᄉᆞ랑ᄒᆞ더시니.《1447 석상 3:19ㄴ》, 그제 法이 嚴嚴ᄒᆞ니 사ᄅᆞ미 거스디 몯거늘 有文이 호ᅀᅡ 거상을 禮로 ᄀᆞ장 삼가ᄒᆞ더니.《1514 속삼 효:34ㄱ》, 나옷 도라오면 내죵내 그듸로 ᄒᆞ온자 예 잇게 아니호리라.《1518 이륜-옥 36ㄱ》, 병긔 보야호로 퍼디여 아ᅀᆞ돌히 다 비졉나거늘 유곤니 호온자 이셔 나가디 아니커늘.《1518 이륜-옥 11ㄱ》, 가장 울오 닐오ᄃᆡ 남지니 죽고 子息이 업스니 혼자 사라셔 므슴ᄒᆞ료 ᄒᆞ고.《1514

속삼 열:8ㄱ》

5 알에: 알게. '알(어간)+게(보조적 연결어미)'이다. 어미 '-게'는 어간 'ㄹ' 뒤에서 'ㄱ'이 약화되어 성문 마찰 유성음 'ㅇ[ɦ]'이 된 것이다. 따라서 'ㄹ'이 뒤로 연철되지 않았다.

6 의거ᄒᆞ얌 직ᄒᆞᆫ: 근거함 직한. '근거ᄒᆞ얌(본용언)+직ᄒᆞᆫ(보조형용사)'이다. '-얌직ᄒᆞ다'는 '그렇게 할 만한 가치가 있음'을 뜻할 때는 '-얌직ᄒᆞ다' 전체가 접미사로서 앞 어근과 붙여 쓰고, '앞말이 뜻하는 내용이 발생할 가능성이 많음'을 뜻할 때는 '직ᄒᆞ다'만 보조형용사가 되어, '-얌+직ᄒᆞ다'의 형태로 본용언과 띄어 써야 한다. 이 둘은 '-직스럽다'로 바꾸어도 의미가 통하는지의 여부로 구분할 수 있다. 만약 의미가 통한다면 접미사로 붙여 쓰고, 그렇지 않다면 보조형용사로 띄어 쓰면 된다. 본 예는 보조형용사로 보아 띄어 쓴다.

7 노니디: 노닐지. '노니(어간)+디(보조적 연결어미)'이다. '노니다'는 '노닐다'의 옛말이다. 현대국어 '노닐다'의 옛말인 '노니다'는 15세기 문헌에서부터 나타난다. '노니다'는 '놀다'와 '가다'의 의미인 '니-'가 결합한 것인데, 종성 치조음 'ㄹ'이 초성 치조음 'ㄴ' 앞에서 탈락하는 경향으로 인해 '노니다'로 나타났다. 18세기 이후 '노니다'의 제2음절 종성에 'ㄹ'이 첨가된 '노닐다'가 나타나 현재에 이르렀다. 노니다(15세기~19세기)>노닐다(18세기~현재). 이형태: 노니다, 노닐다. 눈 布施ᄒᆞ신 ᄡᅡ콰 고기 ᄇᆞ리 비두릐 ᄀᆞ롬 ᄒᆞ신 ᄡᅡ해 노니거시ᄂᆞᆯ.《1459 월석 7:54-3ㄴ》, 나ᄌᆡ ᄠᅳᆯ헤 나 노니디 말며 바ᄆᆡ ᄃᆞᆫ뇨ᄃᆡ 브를 ᄡᅧ 홀 디니.《1518 번소 3:21ㄱ》

8 ᄡᅧ: 써서. 'ᄡᅳ(어간)+어(연결어미)'이다. 'ᄡᅳ다'는 '쓰다'의 옛말이다. 사ᄅᆞᆷ마다 ᄒᆡᅇᅧ 수ᄫᅵ 니겨 날로 ᄡᅮ메 便安킈 ᄒᆞ고져 ᄒᆞᇙ ᄯᆞᄅᆞ미니라.《훈언 3》, 뎌 長者ㅣ 비록 몸과 손괘 히미 이셔도 ᄡᅳ디 아니ᄒᆞ고.《월석 12:40》

9 졍히오논: 바르게 하는. '졍ᄒᆞ(주동사 어간)+이오(사동접사)+ᄂᆞ(현재 시제 선어말어미)+오(대상 표시법 선어말어미)+ㄴ(관형사형 어미)'이다. '졍ᄒᆞ다'는 '정대하다', '올바르다'를 뜻한다. 혜아리ᄂᆞᆫ ᄆᆞᅀᆞ미 사오나온 이레 달애여 곧텨 오ᄋᆡ야 그 졍ᄒᆞᆫ 이를 업시 ᄒᆞᄂᆞ니라.《번소 8:9》

소언 이런 故고로 겨집이 방門문 안해셔 날ᄋᆞᆯ 졈을오고 百ᄇᆡᆨ里리예 상ᄉᆞ애[어버ᅀᅴ 상ᄉᆡ라] ᄃᆞᆫ디 아니ᄒᆞ며 일이 쳔ᄌᆞᄒᆞ야 홈이 업스며

行힝실이 홀로 일움이 업서 참예ᄒᆞ야 안 후에 움즉이며 미가히 증험ᄒᆞ얌 즉ᄒᆞᆫ 후에 닐ᄋᆞ며 나지 ᄠᅳᆯ헤 ᄃᆞᆫ니디 아니ᄒᆞ며 밤ᄋᆡ ᄃᆞᆫ닐 제 블로ᄡᅥ ᄒᆞᄂᆞ니 ᄡᅥ 겨집의 德덕을 正졍케 ᄒᆞᄂᆞᆫ 배니라

현대역 이런 까닭으로 부인은 방문 안에서 날을 저물게 하고, 백리에 喪事에 [(친정) 어버이의 상사라.] 달려가지 아니하며, 일을 천자(擅恣)하여 함이 없으며, 행실이 홀로 이룸이 없어 참예(參預)하여 안 뒤에 움직이며, 가히 證驗함 직한 뒤에 말하며, 낮에 뜰에 다니지 아니하며, 밤에 다닐 때 불로써 하니, 써 부인의 덕을 바르게 하는 바이니라.

1 ᄃᆞᆮ디: 닫지. 달려가지. ‘ᄃᆞᆮ(어간)+디(연결어미)’이다. 현대국어 ‘닫다’의 옛말인 ‘ᄃᆞᆮ다’는 15세기 문헌에서부터 나타난다. 중세국어의 ‘ᄃᆞᆮ-’은 자음으로 시작하는 어미와 결합할 때는 ‘ᄃᆞᆮ-’, 모음으로 시작하는 어미와 결합할 때는 ‘ᄃᆞᆯ-’로 나타나는 ㄷ불규칙 용언이다. 18세기 이후 제1음절의 ‘ㆍ’가 ‘ㅏ’로 변화하는 경향에 따라 ‘닷다’가 나타나는데, ‘닷다’는 종성 ‘ㄷ’을 ‘ㅅ’으로 표기하기도 하였던 당시의 표기 경향을 따른 것이다. 20세기 이후 종성 ‘ㅅ’을 다시 ‘ㄷ’으로 표기하게 됨에 따라 ‘닫다’로 나타나서 현재에 이르렀다. 17세기의 ‘ᄃᆞᆺ다’는 ‘ᄃᆞᆮ다’의 종성 ‘ㄷ’을 ‘ㅅ’으로 표기한 것이다. ᄃᆞᆮ다(15세기~17세기)〉닷다(18세기~19세기)〉닫다(20세기~현재). 이형태: ᄃᆞᆮ다, ᄃᆞᆯ다, ᄃᆞᆺ다, 닷다, 달다. 安樂國이 바ᄆᆡ 逃亡ᄒᆞ야 ᄃᆞᆮ다가 그짓 ᄡᆞᆯ ᄲᅮᇙ 죠ᄋᆞᆯ 맛나니.《1459 월석 8:98ㄴ》, ᄃᆞ토와 모다 ᄃᆞ라 火宅애 ᄃᆞ토와 나니라.《1463 법화 2:69ㄱ》, 인디옷 더욱 어긔며 ᄃᆞᆮ디옷 더욱 머니.《1579 선가 6ㄱ》, 내 산힝홀 ᄃᆡ ᄐᆞᆯ 잘 ᄃᆞᆮᄂᆞᆫ ᄆᆞᆯ 사고져 ᄒᆞ노라.《1510년대 번박 상:62ㄴ》

2 쳔ᄌᆞᄒᆞ야: 천자(擅恣)하여. 제 마음대로 하여 조금도 꺼림이 없어.

3 참예ᄒᆞ야: 참예(參預)하여. 어떤 일에 끼어들어 관계하여. 유의어: 참여(參與)하다.

4 증험ᄒᆞ얌 즉ᄒᆞᆫ: 증험(證驗)함 직한. ‘증험ᄒᆞ얌(본용언)+즉ᄒᆞᆫ(보조형용사)’이다. ‘증험ᄒᆞ다’는 ‘증험(證驗)하다’의 옛말로, ‘실지로 사실을 경험하다’, ‘증거로 삼을 만한 경험을 하다’를 뜻한다. ‘-얌즉ᄒᆞ다’는 ‘그렇게 할 만한 가치가 있음’을 뜻할 때는 ‘-얌즉ᄒᆞ다’ 전체가 접미사로서 앞 어근과 붙여 쓰고, ‘앞말이 뜻하는 내용이 발생할 가능성이 많음’을 뜻할 때는 ‘즉ᄒᆞ다’만 보조형용사가 되어, ‘-암+

죽ᄒᆞ다'의 형태로 본용언과 띄어 써야 한다. 이 둘은 '-직스럽다'로 바꾸어도 의미가 통하는지의 여부로 구분할 수 있다. 만약 의미가 통한다면 접미사로 붙여 쓰고, 그렇지 않다면 보조형용사로 띄어 쓰면 된다. 본 예는 보조형용사로 보아 띄어 쓴다.

5 ᄒᆞ논: 하는. 'ᄒᆞ(어간)+ᄂᆞ(현재 시제 선어말어미)+오(대상 표시법 선어말어미)+ㄴ(관형사형 어미)'이다. 관형사형에 나타나는 선어말어미 '-오$_2$-'는 존경의 선어말어미와 결합될 수 있다는 점과 제1인칭은 물론 제2·3인칭도 주어가 될 수 있다는 점에서 종결형과 연결형에 나타나는 '-오$_1$-'과 문법 범주를 달리한다. 피한정 명사는 관형사형에 대하여 주어도 될 수 있고, 목적어와 부사어도 될 수 있다. 이때 관형사형을 평서형으로 전개할 때 피한정 명사가 목적어나 부사어의 기능을 띠면 선어말어미 '-오$_2$-'가 나타난다. 따라서 이를 대상 표시법 선어말어미로 부른다(고영근, 2020, 372). 須達이 지순 亭舍마다 드르시며.《석상 6:38》. 얻논 藥이 므스것고.《월석 21:215》. 이들은 피한정 명사가 관형사형의 목적어가 되는 예이다. 그림 그륜 ᄇᆞᄅᆞᆷ….《두시언해 6:34》. 옷 ᄲᅢ론 므를 먹고.《석상 11:25》. 이들은 피한정 명사가 관형사형의 부사어가 되는 예이다.

【集說】陳氏曰及日은猶言終日이요不百里는猶言不越境이라參은使人相參也요驗은證據也라晝居於內而不出中庭하고夜行於內而必照以火하니凡此는皆所以正婦德而使之正也니라

진 씨가 말하였다. "及日은 종일이란 말과 같고, 不百里는 '국경을 넘지 않는다.'란 말과 같다. 參은 사람으로 하여금 서로 참여하게 함이요, 驗은 증거이다. 낮에는 안에 거처하여 마당 가운데 나가지 아니하고, 밤에는 안에 다녀 반드시 불을 가지고 비출 것이니, 무릇 이는 모두 부덕을 바르게 함으로써 하여금 그[여자]를 바르게 하는 것이다."

漢字 驗(증험할 험), 證(증명할 증), 據(의거할 거)

女有五不取ᄒᆞ니逆家子를不取ᄒᆞ며亂家子를不取ᄒᆞ며世有刑

人이어든不取ᄒᆞ며世有惡疾이어든不取ᄒᆞ며喪父長子를不取니라

● 여자는 다섯 가지 취하지 않을 것이 있으니, 반역한 집안의 자식을 취하지 않으며, 음란한 집안의 자식을 취하지 않으며, 대대로 형벌 받은 사람이 있으면 취하지 않으며, 대대로 나쁜 질명이 있으면 취하지 않으며, 아버지를 잃은 맏딸은 취하지 않는다.

오불취(五不取): 아내로 삼아서는 안 되는 다섯 가지 경우. 반역한 집안의 딸, 음란한 집안의 딸, 대대로 형을 받은 집안의 딸, 대대로 나쁜 병이 있는 집안의 딸, 아버지가 없는 집의 맏딸이다.

번소 겨집을 다ᄉᆞᆺ 가짓 取취티 아니호미 잇ᄂᆞ니 叛반逆역ᄒᆞᆫ 짓 子ᄌᆞ息식을 取취티 말며 인륜을 더러인 집 ᄌᆞ식을 取취티 말며 뉘마다 罪죄 니븐 사ᄅᆞ미 잇거든 取취티 말며 뉘마다 더러온 병 잇거든 取취티 말며 아비 주근 ᄆᆞᆮᄌᆞ식을 取취티 마롤 디니라

현대역 여자를 다섯 가지의 취하지 아니함이 있으니, 반역한 집의 자식을 취하지 말며, 인륜을 더럽힌 집 자식을 취하지 말며, 때마다 죄 입은 사람이 있거든 취하지 말며, 때마다 더러운 병이 있거든 취하지 말며, 아버지 죽은 맏자식을 취하지 말 것이니라.

1 짓: 집의. '집(명사)+ㅅ(관형격 조사)'이다. '집'에 관형격 조사 'ㅅ'이 결합하면서 'ㅂ'이 탈락한 것이다.

2 더러인: 더럽힌. '더럽(형용사 어간)+이(사동접사)+ㄴ(관형사형 어미)'이다. '더럽인>더러ᄫᅵᆫ>더러인'의 변화 과정을 겪었다. 현대국어 '더럽다'와 동일한 형태는 15세기 문헌에서부터 나타났다. 그러나 15세기 '더럽다'는 매개모음이나 모음으로 시작하는 어미가 결합할 때에는 '더러ᇦ-'으로 나타나 '더럽-/더러ᇦ-'의 이형태 교체를 보였다. 15세기 중엽에 'ㅸ'이 반모음 w로 변하면서 '더러ᇦ-'은 '더러우-'로 변화하여 현대국어와 같이 '더럽-/더러우-'로 이형태 교체를 하는 ㅂ불규칙 용언이 되었다. 16~19세기에는 '더러우-'와 함께 '더러오-' 형태도 나타났다. 더럽다(15세기~현재). 이형태: 더러ᇦ-, 더럽-. 穢惡ᄋᆞᆫ 더럽고 구즐 씨라.《1459

월석 20:21ㄱ》, 그 소배 거믄 별에 기리 두ᅀᅥ 츤 ᄒᆞ니 잇고 내 하 더러ᄫᅥ 사ᄅᆞ미 몯 나ᅀᅡ가리러라.《1447 석상 24:50ㄱ-ㄴ》, 諸佛 니ᄅᆞ샨 信호미 어려운 기픈 經은 淸淨ᄒᆞ야 더러우미 업서 能히 衆生ᄋᆞ로 ᄆᆞᆺ 正覺ᄋᆞᆯ 일워.《1461 능엄 1:3ㄴ》, 더러온 노ᄆᆞᆫ 可가히 더브러 님금을 셤기리아.《1518 번소 3:9ㄱ》

3 뉘: '세상', '때'의 옛말이다. ᄇᆞ리 盛ᄒᆞ야 나면 ᄒᆞᆫ 뉘를 ᄉᆞᆯ어니와 모딘 이비 盛ᄒᆞ야 나면 無數ᄒᆞᆫ 뉘를 ᄉᆞᆯ며.《석상-중 11:42》, 이 觀 지ᅀᅳᆫ 사ᄅᆞᄆᆞᆫ 다ᄅᆞᆫ 뉘예 諸佛ㅅ 알ᄑᆡ 나아 無生忍ᄋᆞᆯ 得ᄒᆞ리니.《월석 8:32》

4 더러온: 더러운. '더러오(어간)+ㄴ(관형사형 어미)'이다. '더럽은>더러ᄫᅳᆫ>더러운>더러온'의 변화 과정을 겪었다. '더러운>더러온'의 변화 과정은 이화현상이다.

소언 겨집이 다ᄉᆞᆺ 가짓 取취티 아니홈이 인ᄂᆞ니 반역ᄒᆞᆫ 집 ᄌᆞ식을 取취티 아니ᄒᆞ며 음란ᄒᆞᆫ 집 ᄌᆞ식을 取취티 아니ᄒᆞ며 ᄃᆡ마다 죄닙은 사ᄅᆞᆷ이 잇거든 取취티 아니ᄒᆞ며 ᄃᆡ마다 사오나온 병이 잇거든 取취티 아니ᄒᆞ며 아비 죽은 ᄆᆞᆮᄌᆞ식을 取취티 아니홀 디니라

현대역 여자는 다섯 가지의 취하지 아니함이 있으니, 반역한 집 자식을 취하지 아니하며, 음란한 집 자식을 취하지 아니하며, 代마다 죄입은 사람이 있거든 취하지 아니하며, 대마다 나쁜 병이 있거든 취하지 아니하며, 아버지 죽은 맏자식을 취하지 아니할 것이니라.

사오나온: 사나운. '사오나오(어간)+ㄴ(관형사형 어미)'이다. '사오납은>사오나ᄫᆞᆫ>사오나운>사노나온'의 변화 과정을 겪었다. '사오나운>사오나온'의 변화 과정은 이화현상이다. '사오납다'는 '나쁘다', '열등하다'의 옛말이다. 모음으로 시작하는 어미 앞에서는 '사오낳-'이나 '사오나오-'가 된다. 鼓摩王ㄱ 위두ᄒᆞᆫ 夫人ㅅ 아ᄃᆞᆯ 長生이 사오납고 녀느 夫人냇 아ᄃᆞᆯ 네히 照目과 聽目과 調伏象과 尼樓왜 다 어디더니.《월석 2:4》, 내 來世예 菩提 得ᄒᆞᆫ 時節에 ᄒᆞ다가 믈읫 有情이 모미 사오나ᄫᅡ 諸根이 ᄀᆞᆺ디 몯ᄒᆞ야 미혹ᄒᆞ고.《석상 9:6》

【集解】逆家는爲其逆德也요亂家는謂其亂人倫也요世有刑人은爲其棄於人也요世有惡疾은爲其棄於天也요喪父長子는

爲其無所受命也니라或問世有刑人不取하니如上世不賢而子孫賢이면則如之何잇가朱子曰所謂不取者는是世世爲惡하여不能改者요非指一世而言也니라眞氏曰喪父長子不取는先儒以爲疑하니若父雖喪而母賢이면則其敎女必有法하리니又非所拘也니라

반역한 집안은 그 덕을 거슬렀기 때문이요, 음란한 집안은 그 인륜을 어지럽혔음을 이름이요, 대대로 형벌을 받은 사람이 있음은 그 사람에게 버림을 받았기 때문이요, 대대로 나쁜 질병이 있음은 그 하늘에게 버림을 받았기 때문이요, 아버지를 잃은 맏딸은 그 명을 받을 바가 없기 때문이다. 혹자가 "대대로 형벌을 받은 사람이 있으면 취하지 않는다고 하니, 만일 윗대에 어질지 않았으나 자손이 어질면 어찌 합니까?" 하고 묻자, 주자가 말하였다. "취하지 않는다고 말한 것은 대대로 악을 지어 고칠 수 없는 자이지, 한 대를 가리켜 말한 것이 아니다." 진 씨가 말하였다. "아버지를 잃은 맏딸을 취하지 않음은 옛 선비들이 의심하였으니, 만약 아버지가 비록 죽었더라도 어머니가 어질면 그 딸을 가르침에 반드시 법도가 있을 것이니, 또한 거리낄 바가 아니다."

漢字 拘(거리낄 구), 礙(거리낄 애)

婦有七去ᄒᆞ니不順父母去ᄒᆞ며無子去ᄒᆞ며淫去ᄒᆞ며妬去ᄒᆞ며有惡疾去ᄒᆞ며多言去ᄒᆞ며竊盜去ㅣ니라

● 부인은 일곱 가지 내쫓김이 있으니, 시부모에게 순종하지 않으면 내쫓기며, 자식이 없으면 내쫓기며, 음란하면 내쫓기며, 질투하면 내쫓기며, 나쁜 질명이 있으면 내쫓기며, 말이 많으면 내쫓기며, 도둑질하면 내쫓긴다.

漢字 妬(시샘할 투), 竊(훔칠 절), 盜(훔칠 도)

칠거(七去): 남편이 아내를 내쫓는 이유가 되는 일곱 가지 죄악. 곧 시부모에게

순종하지 않음[不順父母]·자식이 없음[無子]·음행이 있음[淫]·투기를 함[妬]·악질이 있음[惡疾]·말이 많음[多言]·도둑질을 함[竊盜]이 그에 해당한다. 이 중에서 한 가지만 해당되면 내쫓을 수 있다. 다만 바로 아래 《소학》 〈명륜(明倫) 제2〉 '칠거'의 【集解】에, 아들이 없다거나 나쁜 병이 있는 것은 사람의 힘으로 어찌할 수 없는 일인데, 그렇다고 해서 버린다는 것은 이해하기 어렵다고 하였다. [용례] 又以春城府夫人事上疏曰 竊謂夫婦 三綱之本 人道之源 是以夫之於妻 非犯七去者 則終身不改((사헌부에서) 또 춘성부 부인의 일로 상소하여 이르기를, "가만히 생각하건대, 이른바 부부는 삼강의 근본이요, 인도의 근원입니다. 이 때문에 지아비가 처에 있어서 칠거를 범한 자가 아니면 종신토록 바꾸지 않는 것입니다." 하였다.)[단종실록 권제9, 34장 뒤쪽, 단종 원년 12월 15일(정유)](한국고전용어사전).

번소 겨집을 닐굽 가짓 내튜미 잇ᄂᆞ니 父부母모의 順슌티 아니커든 내티며 子ᄌᆞ息식 업거든 내티며 淫음亂란커든 내티며 새옴ᄒᆞ거든 내티며 더러운 病병 잇거든 내티며 말ᄉᆞᆷ 하거든 내티며 ᄀᆞ만ᄒᆞᆫ 盜도賊적ᄒᆞ거든 내틸 디니라

현대역 부인을 일곱 가지의 내침이 있으니, 부모께 순하지 아니하거든 내치며, 자식 없거든 내치며, 음란하거든 내치며, 샘하거든 내치며, 더러운 병 있거든 내치며, 말씀 많거든 내치며, 은밀한 도둑질하거든 내칠 것이니라.

1 내티며: 내치며. 강제로 밖으로 내쫓으며. '내티(어간)+며(연결어미)'이다. '내치다'의 옛말인 '내티다'는 15세기 문헌에서부터 확인된다. '내티다'는 '나가다'의 의미인 '나-'와 접사 '-이-'가 결합한 '내다'가 '치다'의 의미인 '티다'와 결합한 것이다. 근대국어 시기에 모음 'ㅣ' 앞에서 'ㅌ'이 'ㅊ'으로 변화하는 구개음화가 있었는데, 이 영향으로 18세기에 '내치다'로 나타나서 현재에 이르렀다. 내티다(15세기~19세기)>내치다(18세기~현재). 이형태: 내티다, 내치다. 네 아ᄃᆞ리 孝道ᄒᆞ고 허믈 업스니 어드리 내티료.《1459 월석 2:6ㄱ》, 제 어미 劉氏를 내텨 빅셩의 지븨 가 남진 어럿거늘.《1518 번소 9:34ㄱ》

2 새옴ᄒᆞ거든: 샘하거든. '새옴ᄒᆞ(어간)+거든(연결어미)'이다. '새옴ᄒᆞ다'는 '샘하다'의 옛말이다. 남의 처지나 물건을 탐내거나, 자기보다 나은 처지에 있는

사람이나 적수를 미워하다. 현대국어 '샘하다'의 옛말인 '새옴ᄒᆞ다'는 15세기 문헌에서부터 나타난다. 이 단어는 '샘'의 뜻인 '새옴'과 '하다'의 뜻인 'ᄒᆞ다'가 결합한 것이다. '새옴'은 19세기까지 쓰이다가 음절 축약이 일어나 '샘'으로 바뀌었고 'ᄒᆞ다'는 'ㆍ'의 표기가 'ㅏ'로 바뀌면서 '하다'로 정착되었으므로 '샘하다'는 두 단어의 변화 이후에 형성된 것으로 보인다. 새옴ᄒᆞ다(15세기~18세기)》샘하다(20세기~현재). 이형태: 새옴ᄒᆞ다. 사ᄅᆞ미 法 아닌 이리 이셔 앗기고 貪ᄒᆞ고 새옴ᄒᆞ고 邪曲ᄒᆞᆫ 보미 갓ᄀᆞᆯ씩.《1459 월석 10:86ㄱ》, 驕만ᄒᆞ며 새옴ᄒᆞᄂᆞᆫ 性식을 養ᄒᆞ야 일우면.《1737 어내 1:66ㄱ》

3 ᄀᆞ만ᄒᆞᆫ: 가만한. 은밀한. 'ᄀᆞ만ᄒᆞ(어간)+ㄴ(관형사형 어미)'이다. 'ᄀᆞ만ᄒᆞ다'는 '가만하다'의 옛말이다. '가만하다'는 '움직이지 않고 아무 말도 하지 않는 상태에 있다.'를 뜻한다. 현대국어 '가만하다'의 옛말인 'ᄀᆞᄆᆞᆫᄒᆞ다', 'ᄀᆞ만ᄒᆞ다'는 15세기 문헌에서부터 나타난다. 15세기에 'ᄀᆞᄆᆞᆫᄒᆞ다'와 'ᄀᆞ만ᄒᆞ다'가 공존하였는데, 16세기부터 'ᄀᆞ만ᄒᆞ다'만 확인된다. 16세기 후반에 제2음절 이하의 'ㆍ'는 일반적으로 'ㅡ'로 변하였는데 간혹 'ㅏ'나 'ㅗ'로 변하기도 하였다. 'ᄀᆞᄆᆞᆫᄒᆞ다'의 경우 제2음절의 'ㆍ'가 'ㅏ'로 변하여 'ᄀᆞ만ᄒᆞ다'가 되면서 기존의 'ᄀᆞ만ᄒᆞ다'와 형태가 동일해져 'ᄀᆞ만ᄒᆞ다'만 확인되는 것이다. 한편, 제1음절의 'ㆍ'는 18세기에 'ㅏ'로 변하였는데 'ᄀᆞ만ᄒᆞ다' 또한 이러한 변화를 겪어 제1음절 모음 'ㆍ'가 'ㅏ'로 변한 '가만ᄒᆞ다'가 18세기부터 나타난다. 20세기 이후 '-ᄒᆞ-'가 '-하-'로 변하여 '가만하다'로 나타나면서 현재에 이르렀다. 15세기의 'ᄀᆞᄆᆞᆫᄒᆞ다', 'ᄀᆞ만ᄒᆞ다'는 각각 부사 'ᄀᆞᄆᆞᆫ', 'ᄀᆞ만'에 접미사 '-ᄒᆞ-'가 결합한 것이다. ᄀᆞᄆᆞᆫᄒᆞ다(15세기)/ᄀᆞ만ᄒᆞ다(15세기~19세기)》가만ᄒᆞ다(18세기~19세기)》가만하다(20세기~현재). 이형태: ᄀᆞᄆᆞᆫᄒᆞ다, ᄀᆞ만ᄒᆞ다, 가만ᄒᆞ다. 善友ㅣ 닐오ᄃᆡ ᄀᆞᄆᆞᆫᄒᆞ며 아니호ᄆᆞᆯ 뉘 알료.《1459 월석 22:57ㄱ》, 樹間 놉고 ᄀᆞ만ᄒᆞᆫ 두 甘子ㅅ 남기여 婆娑ᄒᆞ야 ᄒᆞᆫ 院이 곳답도다.《1481 두시-초 18:22ㄴ 7-23ㄱ 1》, 겨집을 닐굽 가짓 내튜미 잇ᄂᆞ니 父母의 順티 아니커든 내티며 子息 업거든 내티며 淫亂커든 내티며 새옴ᄒᆞ거든 내티며 더러운 病 잇거든 내티며 말숨 하거든 내티며 ᄀᆞ만ᄒᆞᆫ 盜賊ᄒᆞ거든 내튤 디니라.《1518 번소 3:22ㄱ-22ㄴ》

소언 겨집이 닐굽 가짓 내팀이 인ᄂᆞ니 父부母모의 順슌티 아니커든 내티며 ᄌᆞ식 업거든 내티며 음란커든 내티며 새옴ᄒᆞ거든 내티며 사오나

온 병 잇거든 내티며 말 하거든 내티며 도족질ᄒᆞ거든 내틸 디니라

현대역 부인이 일곱 가지의 내침이 있으니, 부모께 순하지 아니하거든 내치며, 자식 없거든 내치며, 음란하거든 내치며, 샘하거든 내치며, 사나운 병 있거든 내치며, 말 많거든 내치며, 도둑질하거든 내칠 것이니라.

【集解】不順父母는爲其逆德也요無子는爲其絶世也요淫은爲其亂族也요妬는爲其亂家也요有惡疾은爲其不可與共供粢盛也요多言은爲其離親也요竊盜는爲其反義也니라

시부모에게 순종하지 않음은 그 덕을 거슬리기 때문이며, 자식이 없음은 그 대가 끊기기 때문이며, 음란함은 그 종족을 어지럽히기 때문이며, 질투함은 그 집안을 어지럽히기 때문이며, 나쁜 질병이 있음은 더불어 그 제수를 마련할 수 없기 때문이며, 말이 많음은 그 친족을 떼놓기 때문이며, 도둑질함은 그 의리에 반하기 때문이다.

漢字 粢(기장 자, 곡식 자), 盛(담을 성), 離(떼놓을 리)

자성(粢盛): 예전에, 나라의 큰 제사(祭祀)에 쓰는 기장과 피를 이르던 말. 제사 음식[제찬(祭饌)],

【增註】無子有惡疾은命也어늘而去之는於義未安이나必以爲不去면則無以承宗事繼後世也니處之亦當以義니何至於去耶아此皆可疑니라

자식이 없음과 나쁜 질명이 있음은 天命인데, 내쫓음은 의리에 편안하지[온당하지] 못하다. 반드시 내쫓지 않는다고 하면 종묘의 제사를 받들어 후대를 계승하지 못하니, 처리하기를 또한 마땅히 의로써 해야 한다. 어찌 내쫓음에 이르겠는가? 이것은 모두 의심할 만하다.

有三不去ᄒᆞ니有所取오無所歸어든不去ᄒᆞ며與更三年喪이어든不去ᄒᆞ며前貧賤이오後富貴어든不去ㅣ니라

● 세 가지 내쫓지 않음이 있으니, 맞이한 곳은 있고 돌아갈 곳이 없거든 내쫓지 않으며, 더불어 3년 상을 지냈거든 내쫓지 않으며, 전에는 빈천하다가 뒤에 부귀하거든 내쫓지 않는다."

삼불거(三不去): 아내에게 칠거(七去)의 이유가 있더라도 그 아내를 버리지 못할 세 가지 경우를 말함. 곧 아내가 돌아가 살 곳이 없거나, 부모의 삼년상을 함께 치렀거나, 가난할 때에 장가들어 부귀하게 된 경우를 말한다. [용례] 仁孫更啓 李氏因妬殺婢 罪惡貫盈 況女有七去之義 今李氏妬且無子 犯此二去 請依憲府所啓 以快臣民之望 上曰 漢光武以妬廢皇后 先儒非之曰 嫉妬婦人之常事 且女有三不去 前貧賤後富貴不去 與更三年喪不去 李氏雖云妬且無子 有此二不去之義 未可遽以此而離異也(이인손이 다시 아뢰었다. "이 씨가 질투로 인하여 여종을 죽였으니 죄악이 너무 큽니다. 하물며 여자는 칠거의 의가 있는데, 지금 이 씨는 질투하고 또 자식이 없으니, 이거(二去)를 범했습니다. 청컨대, 헌부의 아뢴 것에 의하여 신민의 바람을 통쾌하게 하소서." 하니, 임금이 말하기를, "한나라가 광무제가 질투한다고 황후를 폐하였는데, 선유가 그르게 여겨 말하기를, '질투는 부인의 보통 일이다.' 하였다. 또 여자에게 삼불거가 있으니, 전에는 빈천하다가 뒤에는 부귀하면 버리지 못한 것이고, 함께 삼년상을 입었으면 버리지 못할 것이다. 이 씨가 비록 질투하고 아들이 없다고는 하나, 이 두 가지 버리지 못하는 의가 있으니, 갑자기 이것만으로 이혼시킬 수는 없는 것이다.")[세종실록 권제89, 32장 뒤쪽, 세종 22년 6월 19일(기축)](두산백과).

漢字 更(지날 경)

번소 세 가짓 몯 내튜미 잇ᄂᆞ니 取쥐홀 저긔ᄂᆞᆫ 어버이 동싱이 잇고 이제ᄂᆞᆫ 갈 ᄃᆡ 업거든 내티디 말며 더브러 三삼年년喪상을 디내야든 내티디 말며 내 아래ᄂᆞᆫ 貧빈賤쳔ᄒᆞ고 後후에 富부貴귀ᄒᆞ야둔 내티디 마롤 디니라

현대역 세 가지의 못 내침이 있으니, 취할 때에는 어버이 동생이 있고 이제는 갈 데 없거든 내치지 말며, 더불어 삼년상을 지내었거든 내치지 말며, 내가 전에는 빈천하고 후에 부귀하였거든 내치지 말 것이니라."

1 디내여든: 지내거든. '디내[tinaj, 어간]+여든(연결어미)'이다. '-여든'은 본래 '-어든'인데, 선행 음절의 반모음 j의 영향으로 '-여든'으로 발음된 대로 적은 어형이다. '-어든'은 'ㅣ' 계열 이중모음이나 'ㄹ' 받침으로 끝나는 어간 뒤에 붙어, 주로 자동사나 형용사 어간 뒤, '이다' 어간 뒤, 또는 어미 '-으리-' 뒤에 붙어, '-거든'을 뜻하는 어미이다. 須達이 이 말 듣고 부텻긔 發心올 니르와다 언제 새어든 부텨를 가 보슥보려뇨 ᄒᆞ더니.《석상 6:19》, 네 누는 ᄒᆞ마 알어든 모문 당다이 아디 몯ᄒᆞ리로다(汝眼已知 身合非覺).《능엄 1:61》

2 아래ᄂᆞᆫ: 아래는. 전에는. '아래+ø(부사격 조사 생략)+ᄂᆞᆫ(보조사)'이다. 부사격 조사 '애'나 '에'가 '아래[araj]'의 반모음[j] 아래에서 생략한 것이다.

소언 세 가짓 내티디 아님이 인ᄂᆞ니 取취혼 배 잇고 도라갈 배 업거든 내티디 아니ᄒᆞ며 더블어 三삼年년喪상을 디내여든 내티디 아니ᄒᆞ며 前젼의ᄂᆞᆫ 貧빈賤쳔ᄒᆞ고 後후에ᄂᆞᆫ 富부貴귀ᄒᆞ거든 내티디 아닐 디니라

현대역 세 가지의 내치지 않음이 있으니, 취한 바가 있고 돌아갈 바가 없거든 내치지 아니하며, 더불어 삼년상을 지내었거든 내치지 아니하며, 전에는 빈천하고 후에는 부귀하거든 내치지 아닐 것이니라."

【集解】有所取無所歸는謂妻嫁時에有所受命이러니後無父兄可與之也요與更三年喪은謂曾居舅姑之喪也요前貧賤後富貴는謂己娵婦時貧賤而今富貴라故로皆不去也니라

有所取無所歸[맞이한 곳은 있고 돌아갈 곳이 없음]는 아내가 시집올 때에 명을 받을 곳이 있었는데, 뒤에 더불어 가게 할 부형이 없음을 말하며, 與更三年喪[더불어 3년상을 지냈음]은 일찍이 시부모의 상을 살았음을 말

하며, 前貧賤後富貴[전에는 빈천하다가 뒤에 부귀함]은 자기가 아내를 맞이할 때는 빈천했는데 지금은 부귀하게 됨을 말한다. 그러므로 모두 내쫓지 않는다.

漢字 嫁(시집갈 가)

凡此는 聖人이 所以順男女之際하며 重婚姻之始也ㅣ니라

● 무릇 이것은 성인이 남녀의 교제를 신중히 하고 혼인의 시초를 소중히 하신 것이다.

번소 믈읫 이는 聖셩人신이 뻐 남진 겨지븨 ᄉᆞ이를 順슌케 ᄒᆞ시며 婚혼姻인의 비르수믈 重듕히 ᄒᆞ시논 배라

현대역 무릇 이는 성인이 써 남편과 아내의 사이를 순하게 하시며, 혼인의 비롯함을 중하게 하시는 바라.

1 ᄉᆞ이: 사이. 대문 '際'에 대한 번역이므로, '서로 맺은 관계'를 뜻한다. 현대국어 '사이'의 옛말인 'ᄉᆞᅀᅵ'는 15세기 문헌에서부터 나타났다. 16세기에 유성 마찰음 ㅿ이 사라지면서 'ᄉᆞ이' 형태가 나타나게 되었다. 18세기에는 어두 음절에서 모음 'ㆍ'가 'ㅏ'로 변화함에 따라 'ᄉᆞ이'가 '사이'로 변화하였다. ᄉᆞᅀᅵ(15세기~16세기)〉ᄉᆞ이(16세기~19세기)〉사이(18세기~현재). 이형태: ᄉᆞᅀᅵ, ᄉᆞ이, 사이. 石壁이 ᄒᆞᆫ 잣 ᄉᆞᅀᅵ놀 數萬里ㅿ 니미어시니 百仞虛空애 ᄂᆞ리시리잇가.《1447 용가 31》, 어버이 두서 날 ᄉᆞ이예 니ᅀᅥ 죽거늘 三年 侍墓ᄒᆞ고.《1514 속삼효:31ㄱ》

2 비르수믈: 비롯함을. '비릇(어간)+움(명사형 어미)+을(목적격 조사)'이다. '비릇'은 '비릇다'의 어간이고, '비릇다'는 '비롯하다'의 옛말이다. 義理예 禮法 ᄇᆞ릴 주리 업스니 恩愛호미 남진과 겨집괘 恭敬호ᄆᆞ로 비릇ᄂᆞ니라(義無棄禮法 恩始夫婦恭).《두시-초 11:25》, 晦昧空色이 일로브터 비릇ᄂᆞ니(晦昧空色 自此兆矣 卽現相也).《능엄 4:15》

소언 믈읫 이는 聖셩人인이 뻐 ᄉᆞ나희와 겨집의 ᄉᆞ이를 順슌케 ᄒᆞ며

婚혼姻인의 비르솜을 重듕케 ᄒᆞ신 배니라

현대역 무릇 이는 성인이 써 남편과 아내의 사이를 순하게 하며, 혼인의 비롯함을 중하게 하신 바이니라.

【集解】際는謂交際之道요始는謂正始之義니總結此章이라

際는 교제의 도리를 이르고, 始는 처음을 바르게 하는 의리를 이르니, 이 장을 총괄하여 끝맺은 것이다.

〖六十八章〗

○曲禮에曰寡婦之子ㅣ非有見現焉이어든弗與爲友ㅣ니라 《禮記 曲禮》

●〈곡례〉에 말하였다. "과부의 아들은 드러남이 있지 않거든, 더불어 벗을 삼지 않는다."

漢字 見(드러날 현)

번소 曲곡禮례예 ᄀᆞ로ᄃᆡ 홀어믜 ᄌᆞ식이 나타난 어딘 이리 잇디 아니커든 더브러 벋삼디 마롤 디니라

현대역 〈곡례〉에 가로되, "홀어미의 자식이 나타난 어진 일이 있지 아니하거든, 더불어 벗 삼지 말 것이니라."

홀어믜: 홀어미의. '홀어미(어간)+의(관형격 조사)'이다. '홀어미'는 '남편을 잃고 혼자 자식을 키우며 사는 여자'를 뜻한다. 현대국어 '홀어미'의 옛말인 'ᄒᆞ올어미'는 15세기 문헌에서부터 나타난다. 'ᄒᆞ올어미'는 명사 'ᄒᆞ올'과 '어미'가 결합한 합성어이다. 'ᄒᆞ올'이 15세기 이래로 '호올', '호을'을 거쳐 '홀'이 되었으므로 'ᄒᆞ올어미'도 이러한 변화 과정을 거쳤을 것으로 추정된다. 그러나 문헌상으로 '*호올어미' 형태는 확인되지 않는다. 'ᄒᆞ올'이 '호올'이 된 것은 제2음절의 모음

‘ㅗ’의 영향으로 제1음절의 모음 ‘ㆍ’가 원순모음 ‘ㅗ’로 동화된 것이고, ‘호올’이 ‘호을’이 된 것은 모음 중복을 피하기 위한 일종의 이화현상이며, ‘호을’이 ‘홀’이 된 것은 음절이 축약된 것이다. 현대국어와 같은 형태인 ‘홀어미’는 16세기 문헌에 등장하면서부터 현재에 이르렀다. ᄒᆞ올어미(15세기~17세기)〉호을어미(16세기)〉홀어미(16세기~현재). 이형태: ᄒᆞ올어미, 호을어미, 홀어미. ᄒᆞ올어미와 몷 盜賊괘 오ᄂᆞᆳ날 ᄀᆞᆮ디 아니터니 天下애 술위와 글월왜 正히 ᄒᆞᆫ 지비러니라.《1481 두시-초 15:22ㄴ》, 남지니 죽거늘 제 아비 일 홀어미 도윈 줄 어엿비 너겨 남진 얼유려 ᄒᆞ거늘.《1514 속삼 열:16ㄱ》

소언 曲곡禮례예 ᄀᆞᆯ오ᄃᆡ 寡과婦부의 ᄌᆞ식이 나타남이 잇디 아니커든 더블어 벋삼디 아니홀 디니라

현대역 〈곡례〉에 가로되, “과부의 자식이 나타남[재능이 뛰어나게 다름]이 있지 아니하거든, 더불어 벗 삼지 아니할 것이니라.”

【集說】**陳氏曰有見**은**才能卓異也**라**若非有好德之實**이면**則難以避好色之嫌**이라**故**로**取友者謹之**니라

진 씨가 말하였다. “有見은 재능이 뛰어나게 다름이다. 만약에 덕을 좋아하는 실상이 있지 않으면 여색을 좋아한다는 혐의를 피하기가 어렵다. 그러므로 벗을 취하는 자가 삼가는 것이다.”

漢字 卓(높을 탁, 뛰어날 탁)

탁이(卓異): 뛰어나게 다름.

右는**明夫婦之別**ᄒᆞ니라

● 이상은 부부의 분별을 밝혔다.

번소 이 우흔 남진과 겨집이 별히 호ᄆᆞᆯ ᄇᆞᆯ기니라

현대역 이 위는 남편과 아내가 분별하여 행함을 밝히느니라.

1 별히: '특별히', '분별하여'의 옛말이다. 내 모미 밧긔 이셔 별히 쟝망홀 것 업서(臣身在外別無調度 不別治生以長尺寸).《내훈 3:52》, 또 므슴 쳔 잇ᄂᆞ뇨 별히 아뭇것도 업거니와(再有甚麼貨物 別沒甚麼).《번노 하:2》

2 호ᄆᆞᆯ: 함을. 행함을. 'ᄒᆞ(어간)+옴(명사형 어미)+ᄋᆞᆯ(목적격 조사)'이다.

3 ᄇᆞᆯ기니라: 'ᄇᆞᆰ(형용사 어간)+이(사동접사)+니라(평서형 종결어미)'이다. 'ᄇᆞᆰ다'는 '밝다'의 옛말이다. 현대국어 '밝다'의 옛말인 'ᄇᆞᆰ다'는 15세기 문헌에서부터 나타난다. 18세기에 제1음절의 'ㆍ'가 'ㅏ'로 변함에 따라 'ᄇᆞᆰ다'도 '밝다'가 되었으나, '밝다'가 실제 문헌에서 확인되는 것은 19세기부터이다. 19세기에 'ᄇᆞᆰ다'와 '밝다'가 공존하였으나, 둘의 소리는 동일하였을 것으로 추정된다. 이후 '밝다'로 정착하면서 현재에 이르렀다. ᄇᆞᆰ다(15세기~19세기)>밝다(19세기~현재). 이형태: ᄇᆞᆰ다, 밝다. 火珠는 블 구스리니 블ᄀᆞ티 ᄇᆞᆰᄂᆞ니라.《1447 석상 3:28ㄴ》, 닐오미 올타 네 말 드러 하ᄂᆞᆯ ᄇᆞᆰ거든 가리라.《1510년대 번노 상:31ㄱ》

소언 이 우흔 남진과 겨집의 ᄀᆞᆯᄒᆡ옴ᄋᆞᆯ ᄇᆞᆯ키니라

현대역 이 위는 남편과 아내의 가림을 밝히느니라.

ᄇᆞᆯ키니라: 밝히느니라. 'ᄇᆞᆰ(형용사 어간)+히(사동접사)+니라(평서형 종결어미)'이다.

〖六十九章〗

孟子ㅣ曰孩提之童이無不知愛其親ᄒᆞ고及其長也ᄒᆞ야無不知敬其兄也ㅣ니라 《孟子 盡心上》

● 맹자가 말하였다. "웃을 줄 알고 안아줄 만한 어린애가 그 어버이를 사랑할 줄 모르는 이가 없으며, 그 장성함에 이르러서는 그 형을 공경할 줄 모르는 이가 없다."

漢字 孩(웃을 해, 어릴 해), 提(끌 제, 거느릴 제)

해제(孩提): 2, 3세 사이의 웃을 줄 알고 안아줄 만한 자, 즉 나이가 적은 아이.

번소 孟ᄆᆡᇰ子ᄌᆞㅣ ᄀᆞᄅᆞ샤ᄃᆡ 우숨우ᅀᅵ 알오 ᄀᆞᆺ 아ᄂᆞᆯ 만ᄒᆞ 아ᄒᆡ 제 어버ᅀᅵ ᄉᆞ랑호ᄆᆞᆯ 아디 몯ᄒᆞ리 업스며 그 ᄌᆞ라매 미처ᄂᆞᆫ 제 兄형 공경호ᄆᆞᆯ 아디 몯ᄒᆞ리 업스니라

현대역 맹자가 말씀하시되, "웃음웃기를 알고, 갓 안을만한 아이가 (되어도) 자기의 어버이 사랑함을 알지 못할 이 없으며, 그 자람에 미쳐는 자기의 형 공경함을 알지 못할 이 없느니라."

1 우숨우ᅀᅵ: 웃음웃기. '우ᇫ+음+우ᇫ+이'이다. '우ᇫ'은 어근이고, '음'과 '이'는 모두 파생접사이다. 현대국어 '웃다'는 15세기 문헌에서부터 '웃다'로 나타나 현재까지 이어진다. 그런데 16세기까지는 '웃다'는 자음으로 시작하는 어미 앞에서는 '웃-'으로, 모음으로 시작하는 어미 앞에서는 '우ᇫ-'으로 교체하였다. 17세기부터는 모음으로 시작하는 어미 앞에서도 '웃-'으로 통일되었다. 웃다(15세기~현재). 이형태: 웃-, 우ᇫ-. ᄂᆞᄎᆞᆯ 펴 도톼 아ᄅᆞᆷ다이 웃고 放逸ᄒᆞᆫ 바ᄅᆞᆫ ᄃᆞ톼 ᄲᅤᆯ리 녀ᄂᆞᆫ ᄃᆞᆺ도다.《1481 두시-초 3:18ㄱ》, 舍利弗이 젼ᄎᆞ 업시 우ᅀᅥ늘 須達이 무른대 對答호ᄃᆡ.《1447 석상 6:35ㄱ》

2 아ᄂᆞᆯ: 안을. '안(어간)+ᄋᆞᆯ(관형사형 어미)'이다.

3 제: 자기의. '저(재귀대명사)+의(관형격 조사)'이다.

4 미처ᄂᆞᆫ: 미쳐서는. '밎(어간)+어(연결어미)+ᄂᆞᆫ(보조사)'이다. 현대국어 '미치다'의 옛말은 '밎다'인데 '밎다'에 접미사 '-이'가 연결된 '미치다'도 15세기부터 현대국어까지 계속 쓰이고 있다. 받침의 표기법에 따라서 '밋다', '믿다' 등도 쓰였고, 중철 표기법 등의 영향으로 '밋츠다', '밋ᄎᆞ다' 등도 쓰였다. 미치다(15세기~현재). 이형태: 밎다, 밋다, 믿다, 밋츠다, 미츠다, 미ᄎᆞ다, 미치다. 不共ᄋᆞᆫ 二乘이 몯 미ᄎᆞᆯ 씨라.《1447 석상 20:35ㄴ》, 須彌山ᄋᆞᆯ 둘어 밧긔 土山 黑山이 이쇼ᄃᆡ 굳고 쿠미 鐵圍山ᄋᆞᆯ 몯 밋ᄂᆞ니라.《1447 석상 20:21ㄴ》, 이러ᄒᆞᆫ 種種앳 거스로 供養ᄒᆞᅀᆞᄫᅡ도 몯 미치리며.《1447 석상 20:11ㄱ》, 燕ᄒᆞ야 皇天에 밋쳐 능히 그 後를 昌ᄒᆞ샷다.《1613 시언 19:14ㄱ》

5 업스니라: 없느니라. '없(어간)+으(매개모음)+니라(평서형 종결어미)'이다.

소언 孟ᄆᆡᇰ子ᄌᆞㅣ ᄀᆞᆯᄋᆞ샤ᄃᆡ 우움 웃고 안암즉ᄒᆞᆫ 아ᄒᆡ 그 어버이 ᄉᆞ랑ᄒᆞᆷᄋᆞᆯ 아디 몯ᄒᆞᆯ 이 업고 그 ᄌᆞ라매 믿처 그 兄형 공경ᄒᆞᆷᄋᆞᆯ 아디 몯ᄒᆞᆯ

이 업스니라

현대역 맹자가 말씀하시되, "웃음 웃고 안음직스러운 아이가 그 어버이 사랑함을 알지 못할 이 없고, 그 자람에 미쳐 그 형 공경함을 알지 못할 이 없느니라."

1 우움: 웃음. '우움'은 '우ᅀᅮᆷ'의 오자인 듯하다. 현대국어 '웃음'의 옛말 '우ᅀᅮᆷ'은 15세기 문헌에서부터 나타난다. '우ᅀᅮᆷ'은 동사 어간 '웃-'에 명사형어미 '-움'이 결합한 활용형이 한 단어로 굳어진 것이다. '웃-'은 모음으로 시작하는 어미 앞에서 '우ᇫ-'으로 교체되므로 '우ᅀᅮᆷ'으로 나타난 것이다. '우ᅀᅮᆷ'은 16세기 초반까지 나타난다. 16세기 중엽 이후의 문헌에서부터는 'ㅿ'이 소실되어 'ㅅ'으로 바뀐 '우숨'이 나타나기 시작하여 19세기까지 이르게 되었다. 18세기에는 제2음절의 모음이 'ㅜ'에서 'ㅡ'로 바뀐 '우슴'이 나타났다. 20세기 이후에는 분철된 '웃음'이 나타나 현재에 이른다. 우ᅀᅮᆷ(15세기)>우숨(16세기~18세기)>우슴(19세기)>웃음(20세기~현재). 이형태: 우ᅀᅮᆷ, 우숨, 우슴.

2 안암ᄌᆨᄒᆞᆫ: 안음직한. 안음직스러운. '안(동사)+암ᄌᆨᄒᆞᆫ(접미사)'이다. '-암ᄌᆨᄒᆞ다'는 '그렇게 할 만한 가치가 있음'을 뜻할 때는 '-암ᄌᆨᄒᆞ다' 전체가 접미사로서 앞 어근과 붙여 쓰고, '앞말이 뜻하는 내용이 발생할 가능성이 많음'을 뜻할 때는 'ᄌᆨᄒᆞ다'만 보조형용사가 되어, '-암+ᄌᆨᄒᆞ다'의 형태로 본용언과 띄어 써야 한다. 이 둘은 '-직스럽다'로 바꾸어도 의미가 통하는지의 여부로 구분할 수 있다. 만약 의미가 통한다면 접미사로 붙여 쓰고, 그렇지 않다면 보조형용사로 띄어 쓰면 된다. 본 예는 접미사로 보아 붙여 쓰면서, '안음직스럽다'를 뜻한다.

【集解】朱子曰孩提는二三歲之間에知孩笑可提抱者라愛親敬兄은所謂良知良能者라

주자가 말하였다. "孩提는 2, 3세 사이의 웃을 줄 알고 안아줄 만한 자이다. 어버이를 사랑하고 형을 공경함은 이른바 타고난 지능, 타고난 재능이라는 것이다."

漢字 抱(안을 포)

1 양지(良知): 사람이 나면서부터 가지고 있는 지능.
2 양능(良能): 타고난 재능. 또는 그 재능이 있는 사람.

【七十章】

○徐行後長者를謂之弟오疾行先長者를謂之不弟니라 《孟子 告子下》

● 천천히 걸어가 장자보다 뒤에 함을 '공경한다.' 이르고, 빨리 걸어가 장자보다 앞섬을 '공경하지 않는다.' 이른다.

번소 날회여 녀 얼우늬 뒤헤 가믈 닐오딕 공슌타 ᄒᆞ고 ᄲᆞᆯ리 녀 얼운 몬져 가믈 닐오딕 공슌티 아니타 ᄒᆞᄂᆞ니라

현대역 천천히 가 어른의 뒤에 감을 이르되 공순하다 하고, 빨리 가 어른 먼저 감을 이르되 공순하지 아니하다 한다.

1 날회여: '천천히'의 옛말이다. '날회다'는 '천천하다'의 옛말로, '날회여'는 '날회다'의 파생부사이다. 키 날회야 호미 외니 날회야 ᄒᆞ면 話頭를 니저 昏沈과 雜念괘 들리라(不可大緩 緩則忘却話頭 入昏沈掉擧去也).《몽법 23》, 네 안직 날회라 내 마ᅀᆞ래 가 공좌부에 쳐 두고 즉재 오마(你且停一停 我到衙門押了公座便來).《번박 상:75》
2 녀: 가. '녀(어간)+어(연결어미)'이다. '녀다'는 '가다', '다니다'의 옛말이다. 훙졍바지돌히 길홀 몯 녀아 天神ㅅ긔 비더니이다.《월곡 상:31》, 이 道를 조차 발뒷ᄂᆞ니 모다 녀게 ᄒᆞ니라.《월석 12:13》
3 얼우늬: 어른의. '얼운(명사)+의(관형격 조사)'이다. 현대국어 '어른'의 옛말인 '얼운'은 15세기 문헌에서부터 나타난다. 15세기의 '얼운'은 동사 '어르-'에 사동접사 '-우-', 관형사형 어미 '-ㄴ'이 결합한 '얼우-'의 관형사형이 명사로 굳어진 것이다. 16세기에 'ㄹ' 뒤에 오는 성문 마찰 유성음 'ㅇ[ɦ]'이 완전히 탈락하면서 제1음절의 종성이 연철되어 '어룬'으로 나타나게 되었다. 이후 19세기까지 '얼운'과 '어룬'이 공존하다가, 19세기 이후에 제2음절 모음 'ㅜ'가 'ㅡ'로 바뀌어 현대국

어와 같은 '어른'이 된 것이다. 얼운(15세기~19세기)〉어룬(16세기~19세기)〉어른(20세기~현재). 이형태: 얼운, 어룬. 釋種 長者ᄂᆞᆫ 釋氏ㅅ 얼우니라.《1447 석상 3:10ㄴ》, 柳氏의게 간 三年에 아히 어룬 업시 일즉 그 니 드러낼 적을 보디 몯ᄒᆞ며.《1588 소언 6:98ㄴ》

소언 날회여 가 얼운ᄋᆡ게 후에 홈올 닐오ᄃᆡ 공슌타 ᄒᆞ고 ᄲᆞᆯ리 가 얼운의게 몬져 홈올 닐오ᄃᆡ 공슌티 아니타 ᄒᆞᄂᆞ니라

현대역 천천히 가 어른에게 뒤에 함을 이르되 공순하다 하고, 빨리 가 어른에게 먼저 함을 이르되 공순하지 아니하다 한다.

【增註】徐는緩也라後長者는在長者之後也라疾은速也라先長者는在長者之先也라

徐는 느림이다. 後長者는 장자의 뒤에 있음이다. 疾은 빠름이다. 先長者는 장자의 앞에 있음이다.

〖七十一章〗

○曲禮에曰見父之執ᄒᆞ야不謂之進이어든不敢進ᄒᆞ며不謂之退어든不敢退ᄒᆞ며不問이어든不敢對니라 《禮記 曲禮》

●〈곡례〉에 말하였다. "아버지의 벗을 보았을 때 나오라고 명하지 않거든 감히 나가지 않으며, 물러가라고 명하지 않으면 감히 물러가지 않으며, 묻지 않거든 감히 대답하지 않는다."

漢字 執(벗 집, 잡을 집)

부집(父執): '부집존장(父執尊長)'의 준말. 아버지의 친구로, 아버지와 나이가 비슷한 어른.

번소 曲곡禮례예 ᄀᆞ로ᄃᆡ 아븨 버들 보고 나ᅀᅡ오라 니ᄅᆞ디 아니커시든 나ᅀᅡ가디 말며 믈러가라 니ᄅᆞ디 아니커시든 믈러오디 말며 묻디 아니커시든 ᄃᆡ답디 마롤 디니라

현대역 〈곡례〉에 가로되, "아버지의 벗을 보고 나아오라 이르지 아니하시거든 나아가지 말며, 물러가라 이르지 아니하시거든 물러나오지 말며, 묻지 아니하시거든 대답하지 말 것이니라."

1 버들: 벗을. '벋(명사)+을(목적격 조사)'이다. 현대국어 '벗'의 옛말인 '벋'은 15세기 문헌에서부터 나타난다. 이 단어는 15세기에서부터 18세기까지 용례를 보이고 있는데 받침 'ㄷ'이 'ㅅ'으로 바뀌는 현상은 일반적으로 17세기에 광범위하게 일어나지만, '벗'의 경우에는 16세기에 이미 '벗'으로도 광범위하게 쓰였다. 받침 'ㄷ'이 'ㅅ'으로 바뀌는 현상이 어휘에 따라 일어나는 시기에 조금씩 차이를 보이는데 '벗'은 비교적 이른 시기에 이 현상이 일어나는 대표적인 단어라 할 수 있다. 벋(15세기~18세기)〉벗(16세기~현재). 이형태: 벋, 벋ㄷ, 벗, 벋. 正法을 비웃디 아니ᄒᆞ야 魔ᄋᆡ 버디 아니 ᄃᆞ외야.《1447 석상 9:15ㄱ》, 벋디란 거슨 그 덕글 벗 삼ᄂᆞ니.《1518 정속-이 14ㄱ》

2 나ᅀᅡ오라: 나아오라. '나ᅀᅡ오(어간)+라(명령형 종결어미)'이다. '-라'는 ᄒᆞ라체의 명령형 어미이다. 현대국어 '나아오다'의 옛말인 '나ᅀᅡ오다'는 15세기 문헌에서부터 나타난다. '나ᅀᅡ오-'는 '나아가다'를 의미하는 동사 '낫-'에 어미 '-아', 동사 '오-'가 결합한 것이다. 16세기 이후 유성 마찰음인 'ㅿ'[z]이 소멸함에 따라 '나ᅀᅡ오-'도 17세기부터 '나아오-'로 나타나면서 현재에 이르렀다. 나ᅀᅡ오다(15세기~16세기)〉나아오다(17세기~현재). 이형태: 나ᅀᅡ오다, 나아오다. 軍容이 녜와 다ᄅᆞ샤 아ᅀᆞᆸ고 믈러가니 나ᅀᅡ오던뎬 목숨 기트리잇가.《1447 용가 51》, 도적기 ᄠᅳᆯ와 믿다 워 믈ᄐᆞ고 두 사ᄅᆞᆷ을 ᄡᅩ아 주기니 도적기 감히 나아오디 몯ᄒᆞ더라.《1617 동신속 효1:50ㄴ》

3 믈러가라: 물러가라. '믈러가(어간)+라(명령형 종결어미)'이다. '-라'는 ᄒᆞ라체의 명령형 어미이다. 현대국어 '물러가다'의 15세기 형태는 '믈러가다'이다. '믈러가다'는 'ᄆᆞ르다'와 '가다'의 합성어인데 'ᄆᆞ르다'는 18세기까지 쓰이다가 없어지고 현대에는 '물러나다', '물러가다', '물리치다'에 흔적만 남기고 있다. 15세기에는 '가다'의 유의어인 '니다'도 쓰였는데 'ᄆᆞ르다'와 '니다'의 합성어인 '믈러니다'도

15~16세기에 쓰이다가 '니다'의 소멸로 17세기부터는 자취를 감추었다. '믈러가다'는 양순음 아래에서 'ㅡ' 모음이 'ㅜ' 모음으로 바뀌는 시기인 18세기에 '믈러가다'와 함께 '물러가다'도 쓰이기 시작하다가 19세기를 거쳐 현재에 이르기까지 '물러가다'가 쓰이고 있다. 근대국어 시기에는 'ㄹ-ㄹ'이 'ㄹ-ㄴ'으로 표기되는 경우도 있는데 '믈러가다'와 '물러가다'도 18세기에는 각각 '믈너가다'와 '물너가다'로도 쓰였다. 믈러가다(15세기~18세기)〉믈너가다(18세기)〉물러가다(18세기~현재). 이형태: 믈러가다, 믈너가다, 물러가다, 물너가다, 믈러니다, 믈너니다, 므르다, 므ᄅᆞ다. 舍利弗아 이런 增上慢ᄒᆞᄂᆞᆫ 사ᄅᆞᄆᆞᆫ 믈러가도 됴ᄒᆞ니라.《1447 석상 13:47ㄱ》, 魔ㅣ 믈러니거늘 그 낤 바ᄆᆡ 正覺ᄋᆞᆯ 일우시니라.《1465 원각 서:43ㄴ》, 다 阿耨多羅三藐三菩提예 므르디 아니ᄒᆞ샤.《1447 석상 13:4ㄱ》, ᄒᆞᆫ 거름 므ᄅᆞᄃᆞ라.《1598 무예제보 25ㄱ》

4 대답디: 대답하지. '대답ᄒᆞ(어간)+디(보조적 연결어미)'이다. 어근 '대답'의 무성음 'ㅂ' 뒤에서 파생접사 'ᄒᆞ'가 탈락하였다.

소언 曲곡禮례예 ᄀᆞᆯ오ᄃᆡ 아븨 벋을 보아 나아오라 닐ᄋᆞ디 아니커든 敢감히 낫ᄯᅵ 아니ᄒᆞ며 믈러가라 닐ᄋᆞ디 아니커든 敢감히 믈으디 아니ᄒᆞ며 묻디 아니커든 敢감히 ᄃᆡ답디 아니홀 디니라

현대역 〈곡례〉에 가로되, "아버지의 벗을 보아 나아오라 이르지 아니하거든 감히 나아가지 아니하며, 물러가라 이르지 아니하거든 감히 물러가지 아니하며, 묻지 아니하거든 감히 대답하지 아니할 것이니라."

1 낫ᄯᅵ: 나아가지. '낫(어간)+디(보조적 연결어미)'이다. 어간 일부인 'ㅅ'의 중철 표기이다. '낫다'는 '나아가다'의 옛말이다. 모음으로 시작하는 어미 앞에서는 '낫-'이나 '나-'로 나타난다. 定光이 發明ᄒᆞ야 ᄇᆞᆯᄀᆞᆫ 性에 기피 드러 오직 낫고 믈룸 업수미 일후미 不退心이라(定光發明 明性深入 唯進無退 名不退心).《능엄 8:18》, 그ᄢᅴ 持地菩薩이 座로셔 니르샤 나ᅀᅡ 드러 부텨ᄭᅴ ᄉᆞᆯᄫᅡ샤ᄃᆡ.《석상 21:18》

2 믈으디: 무르지. '므르(어간)+디(보조적 연결어미)'이다. '믈으디'는 '므르디'의 분철 표기이다. '므르다'는 '무르다'의 옛말로, '있던 자리에서 뒤로 옮기다.'를 뜻한다. 五百 優婆塞 優婆夷 다 阿耨多羅 三藐三菩提예 므르디 아니ᄒᆞᄂᆞᆫ 사ᄅᆞ미

귀라.《석상 19:35》, 그저긔 一切 龍王돌히 座로셔 니러 各各 옷 고티고 올호녁 메밧고 올호 무룹 수러 合掌후야 … 후녁 面에 믈러 住후니라.《월석 10:45》

【增註】執은謂執志同者니卽記所謂執友也라謂는猶命也니敬之를同於父라

執은 뜻 가짐이 같은 자를 이름이니, 곧 《예기》에 이른바 執友라는 것이다. 謂는 命과 같으니, 그를 공경하기를 아버지와 같게 함이다.

【七十二章】

○年長以倍則父事之후고十年以長則兄事之후고五年以長則肩隨之니라 《禮記 曲禮》

●나이 많기가 곱절이면 그를 아버지처럼 섬기고, 10년이 많으면 그를 형처럼 섬기고, 5년이 많으면 (걸을 때) 그와 어깨를 나란히 하되 조금 뒤로 하여 따른다.

漢字 肩(어깨 견), 隨(따를 수)

번소 나히 즈라미 내게셔 비후거든 아비로 셤기고 열 히 므디어든 형우로 셤기고 다숫 히 므디어든 엇게 골와 가디 져기 미조차 갈 디니라

현대역 나이 많음이 나에게서 배 되거든 아버지로 섬기고, 열 해 많거든 형으로 섬기고, 다섯 해 많거든 어깨 나란히 하여 가되 조금 뒤미처 좇아갈 것이니라.

1 즈라미: 자람이. '즈라(어간)+ㅁ(명사형 어미)+이(주격 조사)'이다. '즈라다'는 '많다', '넉넉하다'의 옛말이다. 그 어미 이 쏘니몰 기르더니 나히 즈라거시놀 그 어미 이 쏘니몰 東山 디희오고.《석상-중 11:40》, 프른 믌겨리 쏾겨 尺度ㅣ

ᄌᆞ라도다(蒼波噴浸尺度足).《두시-초 16:56》

2 내게셔: 나에게서. '나(인칭대명사)+ㅣ(관형격 조사)+게(부사성 의존명사)+시(在, '시다'의 어간)+어(연결어미)'이다. '게'는 부사성 의존명사 'ᅌᅦ'와 수의로 교체되었다. 본 예 'ㅣ게'는 부사성 의존명사 '게'가 관형격 조사 'ㅣ'와 함께 쓰여 '에게'를 뜻한다. '시'는 '시다[在]' 어간이다.

3 ᄇᆡᄒᆞ거든: 배 되거든. 'ᄇᆡᄒᆞ(어간)+거든(종속적 연결어미)'이다. 명사 'ᄇᆡ'에 접사 'ᄒᆞ'가 직접 연결되어 용언이 파생되었다. 여기서 주의할 점은 '거'는 대부분 교착적 선어말어미 중 확인법의 선어말어미로 분류하는데, '-거든', '-거늘'의 경우에는 전체가 하나의 연결어미라는 점이다.

4 ᄆᆞ디어든: 맏거든. 'ᄆᆞᆮ(명사)+이('이다'의 어간)+어든(종속적 연결어미)'이다. '-어든'은 'ㅣ' 계열 이중모음이나 'ㄹ' 받침으로 끝나는 어간 뒤에 붙어, 주로 자동사나 형용사 어간 뒤, '이다' 어간 뒤, 또는 어미 '-으리-' 뒤에 붙어, '-거든'을 뜻하는 연결어미이다. 須達이 이 말 듣고 부텻긔 發心ᄋᆞᆯ 니ᄅᆞ와다 언제 새어든 부텨를 가 보ᅀᆞᄫᆞ려뇨 ᄒᆞ더니.《석상 6:19》, 네 누는 ᄒᆞ마 알어든 모ᄆᆞᆫ 당다이 아디 몯ᄒᆞ리로다(汝眼已知 身合非覺).《능엄 1:61》. 'ᄆᆞᆮ'은 명사로, '맏이'의 옛말이다. 여기서의 '맏이'는 '나이가 남보다 많음. 또는 그런 사람'을 뜻한다. 長ᄋᆞᆫ ᄆᆞ디오.《월석 서:14》, 太姒ㅣ 열 아ᄃᆞᆯ 나ᄒᆞ시니 ᄆᆞ돈 伯邑考ㅣ오 버근 武王發이오(大姒生十男 長伯邑考 次武王發).《내훈 3:11》.

5 ᄀᆞᆯ와: 나란히 하여. 'ᄀᆞᆲ(어간)+아(연결어미)'이다. 'ᄀᆞᆲ아>ᄀᆞᄛᅡ>ᄀᆞᆯ와'의 변화 과정을 겪었다. 'ᄀᆞᆲ다'는 '가루다', '나란히 하다'의 옛말이다. 모음으로 시작하는 어미 앞에서는 'ᄀᆞᆲ'으로 나타난다. 並書는 ᄀᆞᆯᄫᅡ 쓸씨라.《훈언 3》, 阿難이 空王佛ᄭᅴ 부텨와 ᄒᆞᆫᄢᅴ 發心ᄒᆞ야 功夫 힝뎌기 블셔 부텨ᄭᅴ ᄀᆞᆲ건마ᄅᆞᆫ.《능엄 1:37》

6 져기: 조금. 적게. '적이'의 옛말이다. 현대국어 '적이'의 옛말인 '져기'는 15세기 문헌에서부터 나타난다. '져기'는 '적다'의 옛말인 '젹-'에 부사 파생접사 '-이'가 결합한 것이다. 치조음이었던 'ㅈ, ㅊ'이 근대국어 시기에 경구개음으로 변하면서 '져'와 '저'의 발음이 같아져서 18세기에는 '저기' 형태가 나타나고, 19세기에는 분철 표기된 '적이'로 나타나 현재에 이르렀다. 중세국어의 '져기'는 '조금', '적게'의 의미로 현대국어의 '적이[꽤 어지간한 정도로]'와는 의미 차이가 있었다. 한편 17세기의 중간본 《분류두공부시언해》에 나타난 '뎌기'는 'ㅣ' 모음이나 반모음 'ㅣ'에 선행하는 'ㄷ'이 'ㅈ'으로 변화하는 ㄷ구개음화 현상을 의식한 과도 교정 형태이다(ㄷ구개음화 현상은 17세기에 남부지역에서 먼저 시작되어

18세기에 중부방언에도 일어났는데, 중간본 《분류두공부시언해》는 남부방언을 반영하고 있다). 져기(15세기~19세기)〉저기(18세기)〉적이(19세기~현재). 이형태: 져기, 저기, 적이, 뎌기. 바ᄅᆞᆳ ᄀᆞᅀᆡ 잇ᄂᆞᆫ 羯隨라 홇 새 우루미 부텻 목소리 져기 ᄲᅢ즛ᄒᆞᅀᆞᄫᆞ니이다.《1447 석상 24:20ㄱ》, ᄆᆡ실 漢兒 션ᄇᆡ돌콰 ᄒᆞ야 ᄒᆞᆫᄃᆡ셔 글 ᄇᆡ호니 이런 젼ᄎᆞ로 져기 아노라.《1510년대 번노 상:6a~6ㄴ》

7 미조차: 뒤미처 좇아. '미좇(어간)+아(연결어미)'이다. '미좇다'는 '뒤미처 좇다'의 옛말이다. 摩訶迦葉이 狼蹟山애 드러 滅盡定에 들어든 阿難이도 果證올 得ᄒᆞ야 미조차 般涅槃애 들 쩌긔.《석상 23:32》(현대역: 마하가섭이 낭적산에 들어가 멸진정에 들거든 아난이도 과증을 얻어 뒤미처 좇아 반열반에 들 적에). 뒤헤 ᄒᆞᆫ ᄆᆞᆯ ᄐᆞᆫ 도ᄌᆞ기 화살 ᄎᆞ고 미조차 가 산초림이라 홀 ᄯᅡ해 사ᄅᆞᆷ 업슨 ᄃᆡ 가(後頭有一箇騎馬的賊 帶着弓箭跟着 行到箇酸棗林兒無人處).《번노 상:29》(현대역: 뒤에 말을 탄 도적 하나가 화살을 차고 뒤쫓아 가서 산초림이라는 곳에 사람이 없는 데 가서),

소언 나히 ᄌᆞ람이 ᄡᅧ 倍ᄇᆡᄒᆞ거든 아비로 셤기고 열ᄒᆡ로ᄡᅧ ᄌᆞ라거든 兄형ᄋᆞ로 셤기고 다ᄉᆞᆺ ᄒᆡ로ᄡᅧ ᄌᆞ라거든 엇게로 조ᄎᆞᆯ 디니라

현대역 나이 많음이 써 배 되거든 아버지로 섬기고, 열 해로써 많거든 형으로 섬기고, 다섯 해로써 많거든 어깨로 좇을 것이니라.

【集解】肩隨는並行而差退也라此는泛言長少之序요非謂所親也라

肩隨는 나란히 가되 조금 물러남이다. 이는 어른과 젊은이의 차례를 널리 말한 것이요, 친한 바를 말함은 아니다.

漢字 差(조금 차, 어긋날 차), 泛(넓을 범, 뜰 범)

【增註】人生이以十年爲一節하니倍之則二十年也라

인생은 10년을 한 마디로 삼으니, 곱절이면 20년이다.

〖七十三章〗

○謀於長者호ᄉᆞᆯ식必操几杖以從之니長者ㅣ問이어든不辭讓而對ㅣ非禮也ㅣ니라 《禮記 曲禮》

●어른에게 의논할 때 반드시 안석과 지팡이를 잡고서 그를 따라야 하니, 어른이 묻거든 사양치 않고 대답함은 예가 아니다.

漢字 操(잡을 조), 几(안석 궤), 杖(지팡이 장)

번소 얼우ᄂᆡ게 가 일 의론홀 제 모로매 지혀실 것과 막대롤 자바 졷ᄌᆞ올 디니 얼우니 묻거시든 ᄉᆞ양 아니코 즉재 ᄃᆡ답호미 례져리 아니라

현대역 어른에게 가서 일을 의논할 때 모름지기 기대실 것과 막대[지팡이]를 잡아 좇자올 것이니, 어른이 물으시거든 사양 아니하고 즉시 대답함이 예절이 아니다.

1 지혀실: 기대실. '지혀(어간)+시(주체 높임 선어말어미)+ㄹ(관형사형 어미)'이다. '지혀다'는 '지ᅘᅧ다'의 변화형으로, '기대다'의 옛말이다. 그 딥도ᄋᆞ란 ᄀᆞᅀᅦ 지ᅘᅧ ᄆᆡ오.《월석 8:99》(현대역: 그 짚단을랑 강에 기대어 매고.)

2 졷ᄌᆞ올: 졸자올. '좇(어간)+ᄌᆞ오(겸손법 선어말어미)+ㄹ(관형사형 어미)'이다. '-ᄌᆞᆸ-'이 '-ᄋᆞᆯ' 앞에서 '-ᄌᆞ오-'로 바뀌고, '-ᄋᆞᆯ'에서 'ᄋᆞ'가 탈락하였다.

3 아니코: 아니하고. '아니코'는 '아니ᄒᆞ고'에서 'ㆍ'가 탈락한 것이다.

4 아니라: 아니다. '아니(어간)+라(평서형 종결어미)'이다. '-라'는 평서형 종결어미 '-다'의 이형태이다.

소언 얼운ᄋᆡ게 의논홀ᄉᆡ 반ᄃᆞ시 几궤과 막대롤 잡아 ᄡᅧ 조ᄎᆞᆯ 디니 얼운이 묻거시든 ᄉᆞ양티 아니코 ᄃᆡ답홈이 禮례 아니니라

현대역 어른에게 의논하므로 반드시 궤(几)와 막대[지팡이]를 잡아 써 좇을 것이니, 어른이 물으시거든 사양하지 아니하고 대답함은 예가 아니니라.

궤(几): 늙어서 벼슬을 그만두는 대신이나 중신(重臣)에게 임금이 주던 물건. 앉아서 팔을 기대어 몸을 편하게 하는 것으로, 양편 끝은 조금 높고 가운데는 둥글게 우묵하고 모가 없으며, 구멍이 있어 제면(綈綿)을 잡아매었다. 자세한 설명은 〈명륜(明倫) 제2〉 제3장을 참조하라.

【集解】謀於長者는謂往就長者而謀議也라長者之前에當執謙虛니不辭讓은非事長之道라

謨於長者[어른에게 의논함]는 어른에게 가서 나아가 모의함을 이른다. 어른의 앞에서는 마땅히 겸허를 잡아야 하니 사양하지 않음은 어른을 섬기는 도리가 아니다.

【集說】應氏曰操几杖以從은非謂長者所無也라執弟子之役에其禮然耳니라

응 씨가 말하였다. "안석과 지팡이를 잡고서 따름은 어른에게 (几杖이) 없는 바를 이름이 아니라, 제자의 역할을 잡음에 그 예가 그러할 뿐이다."

〖七十四章〗

○從於先生홀식不越路而與人言ᄒᆞ며遭先生於道ᄒᆞ야趨而進ᄒᆞ야正立拱手ᄒᆞ야先生이與之言則對ᄒᆞ고不與之言則趨而退니라 《禮記 曲禮》

● 선생을 따름에, 길을 건너가 남과 함께 말하지 않으며, 선생을 길에서 만나면 종종걸음으로 나아가 바로 서서 두 손을 맞잡고서, 선생이 그와 함께 말씀하시면 대답하고, 그와 함께 말씀하지 않으시면 종종걸음으로 물러간다.

漢字 遭(만날 조), 趨(종종걸음으로 걸을 추, 달릴 추), 拱(두 손 맞잡을 공)

번소 先션生ᄉᆡᆼᄋᆞᆯ 조차가ᄃᆡ 길 건나가 다ᄅᆞᆫ 사ᄅᆞᆷᄃᆞ려 말ᄒᆞ디 말며 先션生ᄉᆡᆼᄋᆞᆯ 길헤 맛나 ᄲᆞᆯ리 나ᅀᅵ가 졍다이 셔셔 볼뎡 고자 先션生ᄉᆡᆼ이 더브러 말ᄒᆞ거시든 對ᄃᆡ答답ᄒᆞ고 말ᄉᆞᆷ 아니 커시든 ᄲᆞᆯ리 믈러갈 디니라

현대역 선생을 좇아가되, 길 건너가 다른 사람에게 말하지 말며, 선생을 길에서 만나 빨리 나아가 바르게 서서 팔짱 꽂아, 선생이 더불어 말하시거든 대답하고, 말씀 아니 하시거든 빨리 물러날 것이니라.

1 건나가: '건너가'의 옛말이다. '건나가(어간)+ø(연결어미 '아' 생략)'이다. '건너가다'의 옛말인 '걷나가다'는 15세기 문헌에서부터 나타난다. '걷나가다'는 합성동사인 '걷나-'와 연결어미 '-아', 동사 '가-'가 결합한 합성어이다. 15세기에는 '걷나가다' 외에 '건나가다'와 '건너가다' 형태도 나타났는데, '건나가다'는 '걷나가다'가 비음화를 겪은 형태이고, '건너가다'는 '건나가다'에서 단어 내부의 모음조화를 위해 제2음절의 양성모음 'ㅏ'가 음성모음 'ㅓ'로 바뀐 것이다. 19세기까지 '건나가다'와 '건너가다'가 공존하다가 '건너가다'로 통일되면서 현재에 이른 것이다. 걷나가다(15세기)〉건나가다(15세기~19세기)〉건너가다(15세기~현재). 이형태: 나가다, 건나가다, 건너가다. 뎌 녁 ᄀᆞᇫ애 걷나가샤.《1447 석상 13:4ㄴ》, ᄀᆞ장 울오 믈 건나가 것ᄆᆞᄅᆞ주거 디옛다니.《1459 월석 10:24ㄴ》, ᄒᆞᄅᆺ날 바ᄅᆞᄅᆞᆯ 건너가 ᄇᆞᄅᆞᆷ 부는 빗돗ᄀᆞᆯ 아ᅀᆞ니라.《1481 두시-초 5:38ㄴ》

2 맛나: 만나. '맛나+ø(연결어미 '아' 생략)'이다. 현대국어 '만나다'의 옛말인 '맛나다'는 15세기 문헌에서부터 나타난다. '맛나다'는 동사 '맞-'과 '나-'가 결합한 합성어로, 팔종성법에 따라 '맛나다'로 표기되었다. 다만 15세기 문헌 중 《월인천강지곡》에서만 '맞나다'로 표기된 예가 보인다. 16세기 무렵 종성의 'ㅅ'이 'ㄷ'과 소리가 같아짐에 따라 '맛나-'의 실제 발음은 [맏나]가 되었는데, 여기에서 'ㄴ'의 영향으로 'ㄷ'이 비음 'ㄴ'이 되는 비음화가 일어나 '만나-'로 변화하였다. 19세기까지 '맛나다'와 '만나다'가 공존하다가 '만나-'로 통일되면서 현재에 이른 것이다. 맞나다(15세기)/맛나다(15세기~19세기)〉만나다(16세기~현재). 이형태: 맞나다, 맛나다, 만나다. 世尊ᄋᆞᆯ 맞나ᅀᆞᄫᆞ며 즘게 남기 들여늘 구쳐 뵈ᅀᆞᆸ고 조ᄍᆞᄫᆞ오니.《1447 월천 65ㄴ》, 부텨를 맛나ᅀᆞ보미 甚히 어려ᄫᅳ니 우리ᄋᆡ 出家ᄅᆞᆯ 드르쇼셔.《1447 석상 21:39ㄱ》

3 나ᅀᅵ가: 나아가. '나ᅀᅡ가+ø(연결어미 '아' 생략)'이다. '나ᅀᅵ가'는 '나ᅀᅡ가'의 오자이다. 현대국어 '나아가다'의 옛말인 '나ᅀᅡ가다'는 15세기 문헌에서부터 나타난다. '나ᅀᅡ가다'는 '앞으로 가다'의 의미를 지닌 동사 '낫-'과 연결어미 '-아', 동사 '가-'가 결합한 합성어이다. 16세기 이후 유성 마찰음인 'ㅿ'[z]이 소멸함에 따라 '나ᅀᅡ가다'가 '나아가다'로 변화하여 현재에 이르렀다. 16세기 이후의 '나아가다'는 '나가다'의 뜻을 갖는 동사 '나-'와 연결어미 '-아', 동사 '가-'의 결합을 갖는 '나아가다'와 형태가 동일하여 구별에 주의가 필요하다. 15세기에는 '나ᅀᅡ가다'와 구별되는 '나아가다'가 존재하였는데, 16세기 이후에 '나ᅀᅡ가다'가 '나아가다'로 변화한 이후에 이 둘을 구별하기가 쉽지 않게 되었다. 현대국어에서는 '나아가다'와 '나가다'로 구별된다. 나ᅀᅡ가다(15세기~16세기)>나아가다(16세기~현재). 이형태: 나ᅀᅡ가다, 나아가다. 셔ᄫᅳᆯ 긔별를 알ᄽᅵ ᄒᆞᄫᅡ사 나ᅀᅡ가샤 모딘 도ᄌᆞᄀᆞᆯ 믈리시니이다.《1447 용가 35》, 主人은 東階예 나아가고 손은 西階예 나아가ᄃᆡ.《1588 소언 2:68ㄴ》

4 졍다이: '단정히'의 옛말이다. ᄆᆞᅀᆞᆯ희 이실 제도 말ᄉᆞ미 ᄌᆞ셔ᄒᆞ고 양ᄌᆞ를 졍다이 ᄒᆞ니 三輔ㅅ 닷 사ᄅᆞᆷ돌히 버블 삼더라(及在鄕黨 詳言正色 三輔以爲儀表).《번소 10:3》, 모로매 괴오ᄒᆞᆫ 지븨 졍다이 안자 ᅀᅵ삼ᄇᆡᆨ 번을 닐거(須靜室危坐 讀取二三百遍).《번소 8:35》

5 ᄇᆞᆯ뎡: '팔짱'의 옛말이다. 현대국어 '팔짱'의 옛말인 'ᄇᆞᆯ뎡'은 15세기 문헌에서부터 나타난다. 'ᄇᆞᆯ뎡'은 '팔'을 의미하는 명사 'ᄇᆞᆶ'과 접미사 '-뎡'이 결합한 것이다. 명사 'ᄇᆞᆯ'은 15세기 당시 ㅎ종성체언으로 'ㄱ, ㄷ'이나 모음이나 매개모음으로 시작하는 조사가 결합할 때에는 'ᄇᆞᆶ'으로 나타난다. 이와 같은 ㅎ종성체언은 16세기에 어두유기음화를 겪었는데 'ᄇᆞᆶ'도 16세기에 어두유기음화를 겪어 'ᄑᆞᆯ'이 되었다. 'ᄇᆞᆯ뎡'이 16세기에 'ᄑᆞᆯ뎡'으로 나타난 것은 'ᄇᆞᆶ'이 어두유기음화를 겪었기 때문이다. 같은 시기 제2음절의 끝소리 'ㆁ'이 'ㅇ'으로 표기되면서 16세기에 'ᄑᆞᆯ뎡'이 되었다. 이후 17세기에 제2음절의 음성모음 'ㅕ'가 양성모음 'ㅑ'로 바뀌어 'ᄑᆞᆯ댱'이 되었다. 18세기에는 'ㄷ, ㅌ'이 'ㅣ'나 반모음 'ㅣ' 앞에서 'ㅈ, ㅊ'으로 바뀌는 구개음화가 일어났는데, 'ᄑᆞᆯ댱'도 이러한 변화를 겪어 18세기에 'ᄑᆞᆯ쟝'이 되었다. 한편 중세국어에서 근대국어로 넘어오는 시기 치조음이었던 'ㅈ, ㅊ'이 경구개음으로 바뀌면서 '쟈'와 '자'의 발음이 같아졌다. 이와 함께 18세기에는 제1음절의 'ㆍ'가 'ㅏ'로 변함에 따라 'ᄑᆞᆯ쟝'의 제1음절은 '팔'이 되고 제2음절 '쟝'은 '장'과 발음이 같아져 19세기에 '팔장'으로 나타난다. 20세기

이후에 제1음절의 말음 'ㄹ'의 영향으로 제2음절의 첫소리 'ㅈ'이 된소리로 발음 난 것이 표기에 반영되면서 현재의 '팔짱'이 되었다. 불뎡(15세기~16세기)〉풀뎡(16세기)〉풀뎡(16세기~18세기)〉풀댱(17세기~18세기)〉풀쟝(18세기)〉팔쟝(19세기)〉팔짱(19세기~현재). 이형태: 불뎡, 풀뎡, 풀뎡, 풀댱, 풀쟝, 팔쟝. 모든 邪ㅣ 제 降伏ᄒᆞᄂᆞ니 九重에 불뎡 고잿거든 四海朝宗ᄒᆞᄂᆞ다.《1482 금삼 3:4ㄱ》, 先生ᄋᆞᆯ 길헤 만나 쌜리 거러 나아가 바ᄅᆞ 셔 풀뎡 고자 先生이 더블어 말ᄉᆞᆷᄒᆞ거시든.《1588 소언 2:58ㄴ》, 拱 풀뎡 고줄 공.《1576 신합 하:16ㄱ》

6 고자: 꽂아. 현대국어 '꽂다'의 옛말인 '곶다'는 15세기 문헌에서부터 나타난다. 17세기에 어두 자음 'ㄱ'은 된소리로 변하여 '꽂다'로 나타나기 시작하였다. 이후 '곶다'와 '꽂다'가 18세기까지 공존하다가 19세기에 '꽂다'로 통일되었다. 'ㅺ'으로 표기했던 'ㄱ'의 된소리를 'ㄲ'으로 표기하여 '꽂다'로 나타나면서 현재에 이르렀다. 곶다(15세기~18세기)〉꽂다(17세기~19세기)〉꽂다(19세기~현재). 이형태: 곶다, 곳다, 꼿다, 꽂다. 都護ㅅ 놀애를 브르노니 술 밋고 갈홀 고자시니 肝膽이 나댓도소니.《1481 두시-초 5:39ㄴ》, 甁의 곳고 道場 네 門ᄋᆡ 各各 큰 香爐 노코.《1459 월석 10:119ㄴ》

7 불뎡 고자: 팔짱 꽂아. 여기서는 '공수(拱手)'를 뜻한다. '공수'는 '절을 하거나 웃어른을 모실 때 두 손을 앞으로 모아 포개어 잡음. 또는 그런 자세'를 말한다. 남자는 왼손을 오른손 위에 놓고, 여자는 오른손을 왼손 위에 놓는다. 흉사가 있을 때에는 반대로 한다.

소언 先션生ᄉᆡᆼᄋᆞᆯ 조차갈시 길흘 건너 사ᄅᆞᆷ 더블어 말ᄒᆞ디 아니ᄒᆞ며 先션生ᄉᆡᆼᄋᆞᆯ 길헤 만나 쌜리 거러 나아가 바ᄅᆞ 셔 풀뎡 고자 先션生ᄉᆡᆼ이 더블어 말ᄉᆞᆷᄒᆞ거시든 ᄃᆡ답ᄒᆞ고 더블어 말ᄉᆞᆷᄒᆞ디 아니커시든 쌜리 거러 므를 디니라

현대역 선생을 좇아가므로, 길을 건너 사람과 더불어 말하지 아니하며, 선생을 길에서 만나(므로) 빨리 걸어 나아가 바로 서서 팔짱 꽂아, 선생이 더불어 말씀하시거든 대답하고, 더불어 말씀하지 아니하시거든 빨리 걸어 물러날 것이니라.

【集解】從은隨行也요越은踰也라戴氏曰禮無二敬하니從先生而越路하여與人言이면則敬有所分矣니라

從은 따라감이요, 越은 넘음이다. 대 씨가 말하였다. "예에는 두 가지 공경함이 없으니, 선생을 따라가면서 길을 넘어가 남과 함께 말하면, 공경이 나뉘는 바가 있다."

漢字 踰(넘을 유), 戴(머리에 일 대)

從長者而上丘陵이면則必鄕向長者所視니라

● 어른을 따라 구릉에 올라가면 반드시 어른이 보는 곳을 향한다.

漢字 陵(능멸할 릉, 언덕 릉)

번소 얼우늘 조차 두들게 오ᄅᆞ거든 모로매 얼운 보시ᄂᆞᆫ 짜홀 향ᄒᆞ야 볼 디니라

현대역 어른을 좇아 두둑에 오르거든 모름지기 어른 보시는 땅을 향하여 볼 것이니라.

두들게: 두둑에. '두듥(명사)+에(부사격 조사)'이다. '두듥'은 '두둑'의 옛말이다. 현대국어 '두둑'의 옛말인 '두듥'은 15세기 문헌에서부터 나타난다. '두듥'은 18세기에 제2음절 모음 'ㅡ'가 제1음절 모음 'ㅜ'에 동화되어 '두둙'이 되었다. 이후 19세기에는 제2음절의 말자음 'ㄺ'에서 'ㄹ'이 탈락하여 '두둑'이 되면서 현재에 이르렀다. 두듥(15세기~17세기)〉두둙(18세기)〉두둑(19세기~현재). 이형태: 두듥, 두둙, 두둑. 明帝 ᄀᆞ장 놀라샤 즉자히 그 두들게 가 절ᄒᆞ시니 두려ᄫᅳᆫ 光明이 두듥 우희 現ᄒᆞ시고.《1459 월석 2:68ㄴ》, 坡 두듥 파, 阪 두듥 판, 陵 두듥 릉.《1527 훈몽 상:2ㄱ》

소언 얼운을 조차 두듥에 올라ᄂᆞᆫ 반ᄃᆞ시 얼운 보시ᄂᆞᆫ 바롤 鄕향홀 디니라

현대역 어른을 좇아 두둑에 올라서는 반드시 어른 보시는 바를 향할 것이니라.

올라ᄂᆞᆫ: 올라서는. '올ㄹ(어간)+아(연결어미)+ᄂᆞᆫ(보조사)'이다. '-아ᄂᆞᆫ'은 끝음절의 모음이 'ㆍ, ㅏ, ㅗ'인 동사, 형용사 어간 뒤에 붙어, '-아서는'을 뜻하는 어미이다. 늘거 그텟 사괴요ᄆᆞᆯ 가져 나져믄 사ᄅᆞ미게 브토니 ᄂᆞᆺ 當ᄒᆞ얀 ᄆᆞᅀᆞᄆᆞᆯ 보내요ᄃᆡ ᄂᆞᆺ 도라ᄂᆞᆫ 웃ᄂᆞ다(晩將末契托年少 當面輸心背面笑).《두시-초 25:52》, 堀에 드러 모ᄆᆞᆯ 갈마ᄂᆞᆫ ᄒᆞ오ᅀᅡ 妙ᄅᆞᆯ 得ᄒᆞ니 녜브터 오매 象王ᄋᆡ 아로ᄆᆞᆯ 許티 아니ᄒᆞᄂᆞ니라(入窟藏身 獨得妙 從來不許象王知).《남명 하:36》. 현대국어 '오르다'의 옛말인 '오ᄅᆞ다'는 15세기 문헌에서부터 나타난다. '오ᄅᆞ다'는 자음이나 매개모음으로 시작하는 어미가 결합할 때에는 '오ᄅᆞ거늘', '오ᄅᆞ시고'와 같이 '오ᄅᆞ-'로, 모음으로 시작하는 어미가 결합할 때에는 '올아'와 같이 '올ㅇ-'으로 실현되어 '오ᄅᆞ-/올ㅇ-'의 교체를 보였다. 16세기에 제2음절 이하의 'ㆍ'가 'ㅡ'로 변하였는데, '오ᄅᆞ다'도 이러한 변화를 겪어 '오르다'가 되었다. 16세기에는 '오ᄅᆞ다'가 '오르다'로 변한 것뿐 아니라, 모음으로 시작하는 어미가 결합할 때 '올ㅇ-'으로 실현되던 활용형에도 변화가 생겼다. 16세기에 'ㄹ' 뒤에 오던 성문 마찰 유성음 'ㅇ[ɦ]'이 탈락하면서 'ㄹ'이 첨가되어 모음으로 시작하는 어미가 결합할 때에도 '올라'와 같이 '올ㄹ-'로 나타나기 시작한 것이다. 17세기까지 '올ㅇ-'과 '올ㄹ-'이 공존하다가 18세기부터 '올ㄹ-'로 통일되어 자음이나 매개모음으로 시작하는 어미가 결합할 때에는 '오르-', 모음으로 시작하는 어미가 결합할 때에는 '올ㄹ-'이 일반화되었다. 이로써 '오르-/올ㄹ-'의 교체를 갖게 되면서 현재에 이르렀다. 16세기에 나타나는 '올ᄋᆞ-'와 18, 19세기에 나타나는 '올으-'는 '오ᄅᆞ-', '오르-'의 과잉 분철 표기이다. 오ᄅᆞ다(15세기~19세기)〉오르다(16세기~현재). 이형태: 오ᄅᆞ-, 올ㅇ-, 올ㄹ-, 오르-, 올으-, 올ᄋᆞ-. 리 病이 기퍼 山脊에 몯 오ᄅᆞ거늘 君子ᄅᆞᆯ 그리샤 金뢰ㄹ 브수려 ᄒᆞ시니.《1447 용가 109》, 즉자히 神通力으로 樓 우희 ᄂᆞ라 올아 耶輸ㅅ 알ᄑᆡ 가 셔니.《1447 석상 6:3ㄱ》, 진지 오를 제 반ᄃᆞ시 시그며 더운 절ᄎᆞᄅᆞᆯ 술펴 보시며《1588 소언 4:12ㄱ》, 만난 거슬 ᄀᆞ초고 텽의 올라 안부를 묻ᄌᆞ오니.《1588 소언 6:92ㄱ》, 主人이 손과 더블어 올ᄋᆞ기를 ᄉᆞ양ᄒᆞ야 主人이 몬져 올ᄋᆞ거든.《1588 소언 2:69ㄱ》

【集說】陳氏曰高而有向背者爲丘요平而人可陵者爲陵이라

向長者所視는**恐有問則卽所見以對也**라**石梁王氏曰先生年德俱高**하고**又能教道人者**요**長者**는**則直以年爲稱也**라

진 씨가 말하였다. "높으면서 向背가 있는 것을 丘라 하고, 평평해서 사람이 능멸할 수 있는 것을 陵이라 한다. 向長者所視[어른이 보는 곳을 향함]는 행여 물음이 있으면 곧 본 것을 가지고 대답할까 해서이다." 石梁王氏가 말하였다. "선생은 年齒[나이]와 덕이 모두 높고 또한 사람을 가르쳐 인도할 수 있는 자요, 어른은 다만 연치로만 말한 것이다."

漢字 背(등질 배), 梁(들보 량), 俱(함께 구), 直(다만 직, 곧을 직)

〖七十五章〗

○**長者**ㅣ**與之提攜則兩手**로**奉長者之手**ᄒᆞ고**負劍辟**僻**咡**ᅳ**詔之則掩口而對**니라 《禮記 曲禮》

●어른이 더불어 그를 끌고 가거든 (아이는) 두 손으로 어른의 손을 받들고, (어른이 아이를) 칼 차듯이 하여[옆에 끼고서] (아이의) 입가까지 기울여 그에게 말을 하거든 (아이는) 입을 가리고 대답한다.

漢字 攜(끌 휴), 負(질 부), 劍(칼 검), 辟(기울일 벽, 임금 벽, 편벽될 벽, 치우칠 벽, 다스릴 벽), 咡(입가 이, 입 이), 詔(고할 조, 가르칠 조), 掩(가릴 엄)

번소 얼운이 내 소놀 자브시거든 두 소노로 얼우신늬 소놀 받드ᅀᆞ오며 얼우니 갈 ᄎᆞᄃᆞ시 겨틔 셰시고 볼을 기우려 말ᄒᆞ시거든 입 ᄀᆞ리오고 ᄃᆡ답홀 디니라

현대역 어른이 내 손을 잡으시거든 두 손으로 어르신의 손을 받드오며, 어른이 칼 차듯이 곁에 세우시고 볼을 기울여 말하시거든 입 가리고 대답할 것이니라.

1 어루신늬: 어르신의. '얼우신ㄴ(명사)+의(관형격 조사)'이다. 중철 표기이다. 현대국어 '어르신'의 옛말인 '얼우신'은 16세기 문헌에서부터 나타난다. 16세기의 '얼우신'은 동사 '어르-'에 사동접사 '-우-'가 결합한 '얼우-'에 선어말어미 '-시-'와 관형사형 어미 '-ㄴ'이 결합한 것이 명사로 굳어진 것이다. 16세기에 'ㄹ' 뒤에 오는 성문 마찰 유성음 'ㅇ'이 완전히 탈락하게 되었는데 '얼우신'도 이러한 변화를 경험하였다. 17세기의 예는 존재하지 않아 그 양상을 확인할 수 없으나 18세기에 보이는 '어루신'은 '얼우신'에서 성문 마찰 유성음 'ㅇ'[ɦ]이 탈락한 이후 제1음절의 종성이 연철된 것이다. 18세기까지 '얼우신'과 '어루신'이 공존하다가 19세기에 제2음절 모음 'ㅜ'가 'ㅡ'로 바뀌어 현대국어와 같은 '어르신'이 되었다. 얼우신(16세기~18세기)〉어루신(18세기~19세기)〉어르신(20세기~현재). 이형태: 얼우신, 어루신. 얼우신하 허믈 마ᄅᆞ쇼셔.《1510년대 번박 58ㄴ》, 존비귀쳔 승쇽남녀 거ᄉᆞ샤당 노쇼졔인 어루신네 ᄌᆞ셰히 혜여 보소.《1776 염불보권문-해인사판-일사본 33ㄱ》

2 받ᄃᆞᅀᆞ오며: 받드오며. '받들(어간)+ᅀᆞ오(겸손법 선어말어미)+며(연결어미)'이다. 겸손법 선어말어미 '-ᅀᆞᆸ-'이 연결어미 '-며' 앞에서 '-ᅀᆞ오-'로 변한 것이다.

3 ᄎᆞᄃᆞ시: 차듯이. 'ᄎᆞ(어간)+ᄃᆞ시(연결어미)'이다. '-ᄃᆞ시'는 동사나 형용사 어간 뒤에 붙어, '-듯이'를 뜻하는 종속적 연결어미이다. 죽사리ᄅᆞᆯ 니즐ᄊᆡ 일허도 홁무적 ᄇᆞ리ᄃᆞ시 ᄒᆞ며 즐규믈 혹 바혀 ᄇᆞ리ᄃᆞ시 ᄒᆞᄂᆞ니.《석상 20:12》, 祭 믈론 거슬 주어 머교ᄃᆡ 진즘ᄉᆡᆼ 치ᄃᆞ시 ᄒᆞ더라.《속삼 효:10》

4 셰시고: 세우시고. '서(주동사 어간)+이(사동접사)+시(주체 높임 선어말어미)+고(연결어미)'이다.

5 ᄀᆞ리오고: 가리고, 'ᄀᆞ리(어간)+오(강세접사)+고(연결어미)'이다. '오'는 강세접사 'ᄫᆞ'가 변한 것이다. 즉 'ᄀᆞ리ᄫᆞ다〉ᄀᆞ리오다'의 변화를 보인 것이다. 현대국어 '가리다'의 옛말인 'ᄀᆞ리다'는 15세기 문헌에서부터 나타난다. 18세기에 제1음절 모음 'ㆍ'가 'ㅏ'로 변하였는데 'ᄀᆞ리다'도 이러한 변화를 겪었다. 19세기에 '가리다'가 나타나면서 현재에 이르렀다. 15세기의 'ᄀᆞ리다'도 현대국어와 같이 '-에 가리다'로 쓰이는 자동사와 '-을 가리다'로 쓰이는 타동사가 함께 존재한다. 자동사인 'ᄀᆞ리다'에 사동접사 '-오-'가 결합하면 타동사가 되고, 타동사인 'ᄀᆞ리다'에 피동접사 '-오-'가 결합되면 자동사가 된다. 따라서 현대국어 이전 자료에서는 '-에 가리다'의 의미로 자동사 'ᄀᆞ리다'와 'ᄀᆞ리오다'가 함께 나타나고, 타동사의 뜻인 '-을 가리다'의 의미로 타동사 'ᄀᆞ리다'와 'ᄀᆞ리오다'가 함께 나타난다.

현대국어에서는 접사 '-오-'가 결합한 형태는 사라졌다. 본 예는 타동사이다. ᄀᆞ리다(15세기~18세기)〉가리다(19세기~현재). 이형태: ᄀᆞ리다, 가리다. 블고미 無量世界를 비취여 ᄀᆞ린 ᄃᆡ 업고《1459 월석 9:10ㄱ》, 곧 이 이시며 업스매 쥬변ᄒᆞ야 블ᄀᆞ며 어두우미 노가 通達커니 ᄯᅩ 엇뎨 ᄀᆞ리오미 이시리오.《1522 법집 50ㄱ》

소언 얼운이 더블어 잡으시거든 두 손으로 얼운의 손올 받들고 업피드시 ᄒᆞ며 갈 ᄎᆞᄃᆞ시 ᄒᆞ야 입 겨틔 기우려 말ᄒᆞ시거든 입을 ᄀᆞ리오고 ᄃᆡ답홀 디니라

현대역 어른이 더불어 잡으시거든 두 손으로 어른의 손을 받들고, 업히듯이 하며 칼 차듯이 하여 입 곁에 기울여 말하시거든 입을 가리고 대답할 것이니라.

【集解】提攜는謂牽行이라捧手는所以承長者之意라辟은偏也요咡는口旁也요詔는告語也라掩口而對는謂以手障口하여不使氣觸長者也니라

提携는 끌고 감을 이른다. 손을 받듦은 어른의 뜻을 받드는 것이다. 辟은 기욺이요, 咡는 입가요, 詔는 말을 고함이다. 입을 가리고 대답함은 손으로 입을 막아 하여금 (입) 기운이 어른에게 닿지 않게 함이다.

漢字 牽(끌 견), 捧(=奉 받들 봉), 旁(곁 방), 障(가릴 장), 觸(닿을 촉)

【集成】呂氏曰古之佩劍者挾之於旁하니負劍은卽佩劍也라童子之幼者를長者或旁挾之하면如負劍然이라故로謂之負劍也라

여 씨가 말하였다. "옛날에 칼을 차는 자는 그것을 옆에 찼으니, 負劍은 곧 칼을 참이다. 동자의 어린 자를 어른이 혹 그를 옆에 끼면 마치 칼을 차는 듯하므로 그것을 負劍이라 이른 것이다."

漢字 挾(낄 협)

〖七十六章〗

○凡爲長者糞之禮는必加帚於箕上ᄒᆞ며以袂로拘句而退ᄒᆞ야其塵이不及長者ᄒᆞ고以箕로自鄕向而扱吸之니라 《禮記 曲禮》

●무릇 어른을 위해 掃除하는 예는 반드시 비를 쓰레받기 위에 얹으며, 소매로써 가리고 물러나 그 티끌이 어른에게 미치지 않게 하고, 쓰레받기로써 자기에게 향하게 하여 그것[티끌]을 거두어 모은다.

漢字 糞(소제할 분, 똥 분), 帚(비 추), 箕(쓰레받기 기, 키 기), 袂(소매 몌), 拘(가릴 구, 잡을 구, 거리낄 구), 塵(티끌 진), 扱(거두어 모을 흡)

소제(掃除): 더럽거나 어지러운 것을 쓸고 닦아서 깨끗하게 함.

번소 믈읫 얼운 위ᄒᆞ야 ᄡᅳ서리ᄒᆞᄂᆞᆫ 례되 모로매 뷔ᄅᆞᆯ 키 우희 연저가 ᄉᆞ매로 뷧 긋ᄐᆞᆯ ᄀᆞ리와 ᄡᅳᆯ며셔 믈러나 그 드트리 얼우ᄂᆡ게 미처 가디 아니케 ᄒᆞ고 키ᄅᆞᆯ 제게로 향ᄒᆞ야 뫼화 다ᄆᆞᆯ 디니라

현대역 무릇 어른 위하여 쓰레질하는 예도가 모름지기 비를 쓰레받기 위에 얹어 가서, 소매로 비의 끝을 가려 쓸면서 물러나 그 티끌이 어른에게 미쳐서 가지 아니하게 하고, 쓰레받기를 자기에게로 향하여 모아 담을 것이니라.

1 ᄡᅳ서리ᄒᆞᄂᆞᆫ: 쓰레질하는. 비로 쓸어서 집 안을 깨끗이 하는. 'ᄡᅳ서리ᄒᆞ(어간)+ᄂᆞ(현재 시제 선어말어미)+오(대상 표시법 선어말어미)+ㄴ(관형사형 어미)'이다. 관형사형에 나타나는 선어말어미 '-오$_2$-'는 존경의 선어말어미와 결합될 수 있다는 점과 제1인칭은 물론 제2·3인칭도 주어가 될 수 있다는 점에서 종결형과 연결형에 나타나는 '-오$_1$-'과 문법 범주를 달리한다. 피한정 명사는 관형사형에 대하여 주어도 될 수 있고, 목적어와 부사어도 될 수 있다. 이때 관형사형을 평서형으로 전개할 때 피한정 명사가 목적어나 부사어의 기능을 띠면 선어말어미 '-오$_2$-'가 나타난다. 따라서 이를 대상 표시법 선어말어미로 부른다(고영근,

2020, 372). 須達이 지순 亭舍마다 드르시며.《석상 6:38》. 얻논 藥이 므스것고.《월석 21:215》. 이들은 피한정 명사가 관형사형의 목적어가 되는 예이다. 그림 그륜 ᄇᆞᄅᆞ믈….《두시언해 6:34》. 옷 색론 므를 먹고.《석상 11:25》. 이들은 피한정 명사가 관형사형의 부사어가 되는 예이다. 'ᄡᅳ서리ᄒᆞ다'는 'ᄡᅳᅀᅥ리ᄒᆞ다'로도 보이는데, '쓰레질하다'의 옛말이다. 門庭을 닶겨셔 ᄡᅳᅀᅥ리ᄒᆞ노라(門庭悶掃除).《두시-초 10:39》, 소ᄂᆞᆯ 引接ᄒᆞ야셔 ᄡᅳᅀᅥ리호ᄆᆞᆯ 보고(引客看掃除).《두시-초 22:2》

2 례되: 예도가. '례도(명사)+ㅣ(주격 조사)'이다.

3 키: 쓰레받기. '키'는 곡식 따위를 까불러 쭉정이나 티끌을 골라내는 도구이다. 키버들이나 대를 납작하게 쪼개어 앞은 넓고 평평하게, 뒤는 좁고 우긋하게 엮어 만든다. 여기서는 '쓰레받기'를 가리킨다.

4 연저: 얹어. '엱(어간)+어(연결어미)'이다. '엱다'는 '얹다'의 옛말이다. 현대국어 '얹다'의 옛말인 '엱다'는 15세기 문헌에서부터 나타난다. 15세기 문헌에 '엱다'와 함께 '엿다'도 나타나는데 '엿다'는 음절 말에서 'ㅈ'이 'ㅅ'으로 발음된 것을 표기에 반영한 것이다. 18세기 들어 '엱다'의 반모음 'ㅣ'가 탈락된 '얹다'가 나타나고 이것이 현재까지 이어진다. 엱다(15세기~17세기)>얹다(18세기~현재). 이형태: 엱다, 엿다, 얹다, 얻다, 언다. 부텻 손 연ᄌᆞᄫᆞ샤도.《1459 월석 10:2ㄴ》, 올ᄒᆞᆫ녁 밠드을 왼녁 무루페 엱고.《1447 석상 3:38ㄱ》

5 ᄉᆞ매: 소매. 'ᄉᆞ매'는 15세기 문헌에서부터 나타난다. 'ᄉᆞ매'는 16세기 문헌에서부터 '소매'로 나타나 현재까지 이어진다. 일반적으로 모음 'ㆍ'는 음가 소실로 인해 16세기 후반에는 제2음절 이하의 'ㆍ'가 'ㅡ'로, 18세기에는 제1음절의 'ㆍ'가 'ㅏ'로 변하였다. 이와 달리 'ᄉᆞ매'에서는 'ㆍ'가 'ㅗ'로 변화한 것이 특이하다. ᄉᆞ매(15세기~19세기)>소매(16세기~현재). 이형태: ᄉᆞ매, 소매, ᄉᆞᄆᆡ, 소ᄆᆡ. 香爐ㅅ 너를 ᄉᆞ매예 ᄀᆞᄃᆞ기 가져가ᄂᆞ니.《1481 두시-초 6:4ㄱ》, 왼녁 소매예 녀허.《1632 가언 10:25ㄴ》

6 드트릐: 티끌이. '트틀(명사)+이(주격 조사)'이다. 현대국어 '티끌'의 옛말인 '듣글'과 '드틀'은 15세기 문헌에서부터 나타난다. '듣글'과 '드틀'은 통사·의미상의 차이가 없고 어형이 비슷한 쌍형어로 볼 수 있다. '듣글' 또는 '드틀'은 17세기 이후 '틧글'로 바뀌는데, 이것은 '듣글'과 '드틀'의 혼효에 의한 것으로 추정된다. 한편 17세기에는 다양한 이표기가 나타나는데, '듯글'은 16세기 이후 음절 말에서 'ㅅ'이 'ㄷ'과 같아져 나타난 표기이다. '틧글'은 '틔ㅅ글', '틔ᄢᅳᆯ', '틔ᄰᅳᆯ'

등으로도 나타났는데, 이것은 제2음절의 된소리를 표기한 것이다. 오늘날과 같은 '티끌'은 근대국어 시기에 자음 뒤에서 'ㅢ'가 'ㅣ'로 변하고, 'ㄱ'의 된소리를 'ㄲ'으로 표기하게 되면서 나타나게 되었다. 듣글(15세기~18세기)/드틀(15세기~17세기)>틧글(17세기~19세기)>티끌(19세기~현재). 이형태: 듣글, 드틀, 듯글, 틔글, 틧글, 틔ㅅ글, 틔끌, 틔끌, 틔끌, 티끌. 또 地藏아 未來世 中에 善男子 善女人이 佛法 中에 죠고맛 善根올 터럭만 듣글만 심거도 受혼 福利를 가줄비디 몯ᄒᆞ리라.《1459 월석 21:144ㄴ》, 六塵은 여슷 가짓 드트리니 여슷 가짓 불휘예셔 니러나아 眞實ㅅ 智慧를 드틀 무틸씨 드트리라 ᄒᆞᄂᆞ니라.《1447 석상 13:38ㄴ》

7 뫼화: 모아. '뫼호(어간)+아(연결어미)'이다. '뫼호다'는 '모으다'의 옛말이다. '뫼호다'는 15세기 문헌에서부터 나타난다. 17세기에 제1음절의 이중모음 'ㅚ'에서 반모음 'ㅣ'가 탈락한 '모호다' 형태가 등장하였다. 18세기에는 '모호다'에서 제2음절의 원순모음 'ㅗ'가 비원순모음 'ㅡ'로 변하여 '모흐다'가 되었고, 다시 모음 사이에서 'ㅎ'이 탈락하여 '모으다' 형태가 나타나 현재에 이르렀다. 뫼호다(15세기~18세기)>모호다(17세기~19세기)>모흐다(16세기~19세기)>모으다(18세기~현재). 이형태: 뫼호다, 모호다, 모흐다, 모으다. 이제 四方이 大平ᄒᆞ니 太子ㅣ 德과 지조왜 ᄀᆞᄌᆞ란ᄃᆡ 곳 나라해 보내샤 人心올 뫼호게 ᄒᆞ쇼셔.《1447 석상 24:49ㄴ》, 曾子ㅣ ᄀᆞᄅᆞ샤ᄃᆡ 君子ᄂᆞᆫ 글ᄒᆞ기로 버들 뫼호고 버드로 仁을 돕ᄂᆞ니라.《1518 번소 3:34ㄱ》

소언 믈읫 얼운 위ᄒᆞ야 더러운 것 쓰ᄂᆞᆫ 례도ᄂᆞᆫ 반ᄃᆞ시 뷔를 키 우희 연ᄌᆞ며 ᄉᆞ매로뻐 ᄀᆞ리오며 믈러나 그 드틀이 얼운의게 밋디 아니케 ᄒᆞ고 키로뻐 스스로 鄉향ᄒᆞ야 뫼화 담을 디니라

현대역 무릇 어른 위하여 더러운 것 쓰는 예도는 반드시 비를 키[쓰레받기] 위에 얹으며, 소매로써 가리며 물러나 그 티끌이 어른에게 미치지 아니하게 하고, 키로써 스스로 향하여 모아 담을 것이니라.

【集解】糞은除穢也라加帚箕上者는初持箕往時에帚置箕上하고兩手捧箕라가掃時에一手捉帚하고擧一手衣袂하여以拘障於帚前하여且掃且移라故로云拘而退라扱은斂取也니以箕自

向하여斂取糞穢하여不以箕向尊長也라愚按先王立敎에纖悉畢具하니觀此章敎子弟糞除之禮하면可見矣라人生是時에自幼穉로卽日習事長之方하여安於灑掃使令之役이라故로能收其放心하고養其德性하여而驕惰無自生矣라後世엔此禮不講하고父母溺愛하여縱其驕惰하고凡奉長之禮를一切委之廝役하니子張子所謂不能安灑掃應對하여病根隨所居所接而長이是也라近世에魯齋許先生은敎貴游子弟에必先使習灑掃應對之禮하여以折其驕恣傲慢之氣하여深得古昔敎人之法하니吁라爲人父師하여有志於敎子弟者는宜深察焉이니라

糞은 더러움을 제거함이다. 비를 쓰레받기 위에 올려놓는 것은 처음 쓰레받기를 가지고 갈 때에 비를 쓰레받기 위에 놓고 두 손으로 쓰레받기를 들고 있다가, 쓸 때에 한 손으로는 비를 잡고 한 손으로는 옷소매를 들어, 써 비 앞을 가리고 또 쓸면서 또 옮겨가기 위함이다. 그러므로 '가리고 물러간다.'고 말한 것이다. 흡(扱)은 거두어 담음이니, 쓰레받기를 자기에게 향하게 함으로써, 똥과 더러움[오물]을 거두어 담아, 쓰레받기를 어른에게 향하지 않게 함이다. 내가 상고해 보건대, 선왕이 가르침을 세울 때에 자세한 것을 남김없이 다 갖추었으니, 이 장에서 자제들에게 糞除하는 예를 가르침을 관찰하면, 가히 볼 수가 있다. 사람이 이때에는 어릴 적부터 곧 날마다 어른 섬기는 방법을 익혀, 물 뿌리고 쓸며 심부름하는 역할을 편안하게 여겼다. 그러므로 능히 그 마음을 놓아 버림을 거두고 그 덕성을 길러서 교만하고 게으름이 스스로 생겨날 수 없었다. 후세에는 이 예를 익히지 않고 부모가 사랑에 빠져, 그 교만하고 게으름을 방종하게 하고[거리낌 없이 하게하고] 무릇 어른을 받드는 예를 일체 종 역할에 맡기니, 子張子가 이른바, '灑掃應對를 편안히 여기지 못하여, 병의 원인이 거처하는 바와

접하는 바를 따라 자라난다.'는 것이 이것이다. 근세에 魯齋 許 先生[許衡]은 귀족 자제를 가르칠 때에 반드시 먼저 하여금 灑掃應對의 예를 익히게 하여, 그 교만하고 방자하고 오만한 기운을 꺾어, 옛날 사람을 가르치는 법을 깊이 얻게 하였으니, 아! 남의 부모와 스승이 되어 자제의 교육에 뜻을 둔 자는 마땅히 깊이 살펴야 할 것이다.

漢字 穢(더러울 예), 持(가질 지, 잡을 지), 捧(들 봉, 받들 봉), 捉(잡을 착), 障(가릴 장), 且(또 차), 斂(거둘 렴), 纖(자세할 섬, 가늘 섬), 悉(다 실, 모두 실, 남김 없을 실), 畢(다할 필, 마칠 필), 具(갖출 구), 穉(어릴 치), 講(익힐 강), 溺(빠질 닉), 縱(방종할 종), 委(맡길 위), 廝(종 시), 游(헤엄칠 유, 흐름 유), 恣(방자할 자), 傲(오만할 오), 吁(탄식할 우, 아! 우)

1 분제(糞除): 더럽거나 어지러운 것을 쓸고 닦아서 깨끗하게 함. 유의어: 소제(掃除).

2 자장자(子張子, 1020년~1077년): 장재(張載)로, 앞뒤의 자(子)는 높임의 뜻이다. 장재는 북송시대의 철학자로, 자는 자후(子厚)이고. 호는 횡거(橫渠)이다. 그의 호에 의해서 장횡거(張橫渠)라는 이름으로 알려져 있다. 협서성 사람으로, 젊었을 때는 군사에 강한 관심을 품었는데, 범중엄(范仲淹)을 만나서 《중용》을 받은 후부터 학문에 정진했으며 정치가로서도 상당한 치적을 쌓았다. 왕안석과 맞지 않아 말년에는 집에 들어앉아서 독서와 사색에 몰두했다. 이때 쓴 것이 그의 주 저서 《정몽(正蒙)》이다. 그는 거기에서 그의 철학을 전개했는데 그에 의하면 우주공간에는 기가 충만하며 [그는 이를 〈태허(太虛)〉라고 한다.], 기는 끊임없이 응집과 확산의 자기운동을 반복하고 있다. 기가 응집하면 물이 생기고 확산하면 물은 사라진다. 그러나 그 기는 무(無)가 되는 것이 아니라 원래의 〈태허〉로 복귀할 뿐이다. 따라서 기의 총량에는 증감 없이 항상 일정하다. 그의 이런 사상은 남송의 주희(朱熹)에 섭취되었을 뿐만 아니라, 명의 왕정상(王廷相), 청 초의 왕부지(王夫之), 우리나라 조선시대의 서경덕(徐敬德), 일본의 대염평팔랑(大塩平八郎) 등에게 큰 영향을 미쳤다(종교학대사전). 子張子의 본 내용은 〈嘉言 제5〉 제1장 대문(大文)에 다시 들어있다.

3 허형(許衡, 1209년~1281년): 원나라 회맹(懷孟) 하내(河內) 사람이다. 자는 중평(仲平)이고, 호는 노재(魯齋)며, 시호는 문정(文正)이다. 자세한 내용은 〈소학집주총론(小學集註總論)〉 '許氏衡曰'을 참조하라.

4 귀유(貴游): 상류사회. 귀족.

〖七十七章〗

○將卽席홀식容毋怍ᄒᆞ며兩手로摳君侯切衣ᄒᆞ야去齊尺ᄒᆞ며衣毋撥半末反ᄒᆞ며足毋蹶厥ᄒᆞ며 《禮記 曲禮》

● 장차 자리에 나아갈 때에는 용모를 부끄럽게 하지 말며, 두 손으로 옷을 추어올려 아랫단을 한 자 떨어지게 하며, 옷이 날리지 않게 하며, 발이 황급하게 걷지 말아야 한다.

漢字 卽(나아갈 즉), 怍(부끄러울 작), 摳(추어올릴 구, 걷을 구), 齊(아랫단 자, 가지런할 제, 같을 제, 재계할 재), 撥(날릴 발, 휠 발), 蹶(달릴 궐, 넘어질 궐, 뛸 궐)

번소 쟝ᄎᆞᆺ 돗긔 나ᅀᅡ갈 저긔 거동을 븟그럽게 말며 두 소ᄂᆞ로 오ᄉᆞᆯ 자바 옷기ᅀᆞᆰ기 ᄯᅡ해 ᄒᆞᆫ 자만 ᄠᅳ게 ᄒᆞ며 안조매 오ᄉᆞᆯ 퍼디게 말며 바ᄅᆞᆯ 움즈기디 마ᄅᆞᆯ 디니라

현대역 장차 자리에 나아갈 때에 거동을 부끄럽게 말며, 두 손으로 옷을 잡아 옷자락이 땅에 한 자만 뜨게 하며, 앉음에 옷을 퍼지게 말며, 발을 움직이지 말 것이니라.

1 옷기ᅀᆞᆰ: '옷자락'의 옛말이다. 裔 옷기ᅀᆞᆰ 예.《신합 하:57》, 옷기ᅀᆞᆰ을 거두들어 堂의 오ᄅᆞ실시 몸올 굽피ᄃᆞ시 ᄒᆞ시며 긔운을 갈므샤 숨을 쉬디 아니ᄂᆞᆫ ᄃᆞ시 ᄒᆞ더시다(攝齊升堂 鞠躬如也 屛氣 似不息者).《소언 2:39》

2 퍼디게: 퍼지게. '퍼디(어간)+게(보조적 연결어미)'이다. '퍼디다'는 '퍼지다'의 옛말이다. '퍼디다'는 15세기 문헌에서부터 나타난다. '퍼디다'는 '펴다'의 의미를 지닌 동사 '프-'와 연결어미 '-어', '지다'의 옛말인 동사 '디-'가 결합한 것이다. 근대국어 시기에 일어난 ㄷ구개음화의 결과로 18세기에는 '퍼디다>퍼지다'로 변화하여 오늘날에 이른다. 퍼디다(15세기~17세기)>퍼지다(18세기~현재). 이형태: 퍼디다, 펴지다. 부텨 업스신 後에 法 디녀 後世예 퍼디게 호미 이

大迦葉의 히미라.《1447 석상 6:13ㄱ》, 버근 형이 또 바ᄃᆞ래 도ᄋᆡ여 병ᄀᆡ 보야호로 퍼디여 아ᅀᆞ돌히 다 비졉나거ᄂᆞᆯ.《1518 이륜-옥 11ㄱ》

소언 쟝ᄎᆞᆺ 돗긔 나아갈ᄉᆡ 용모ᄅᆞᆯ 붓ᄭᅳ럽게 말며 두 손ᄋᆞ로 옷ᄉᆞᆯ 잡아 옷기슭기 ᄒᆞᆫ 자만 ᄠᅳ게 ᄒᆞ며 옷ᄉᆞᆯ 헤여디게 말며 발올 거티디 말며

현대역 장차 자리에 나아가므로 용모를 부끄럽게 말며, 두 손으로 옷을 잡아 옷자락이 한 자만 뜨게 하며, 옷을 날리게 말며, 발을 넘어지지 말며,

1 헤여디게: 헤어지게. 뭉치거나 붙어 있는 물체가 따로따로 흩어지거나 떨어지게. 여기서는 '날리게'의 뜻이다. '헤여디(어간)+게(연결어미)'이다. 현대국어 '헤어지다'는 15세기 문헌에서 '헤여디다'로 나타나고, 16세기 문헌에서는 '헤어디다'란 형태도 관찰된다. 문헌상의 쓰임은 '헤여디다'가 '헤어디다'보다 훨씬 많이 나타난다. 이 '헤여디다'가 18세기 이후에 구개음화를 겪어 '헤여지다'로 변하게 되었다. 현대국어에서는 '헤어디다'가 구개음화를 겪은 '헤어지다'란 형태가 이어져 사용되고 있다. 헤여디다(15세기~17세기)〉헤어디다(16세기)〉헤여지다(18세기~19세기)〉헤어지다(20세기~현재). 이형태: 헤여디다, 헤어디다, 헤여지다. 즉자히 스러 헤여디리어며.《1447 석상 21:5ㄱ》, 渙然 헤어디는 양이라.《1588 소언 5:115ㄱ》

2 거티디: 넘어지지. '거티(어간)+디(보조적 연결어미)'이다. '거티다'는 '넘어지다'의 옛말이다. ᄒᆞᆫ 디튼 총이ᄆᆞ리 잘 ᄃᆞ로ᄃᆡ 오직 앏 거티더라(一箇黑鬃青馬快走只是前失).《번박 상:62~63》, 일즉 믈 가져 텽의 오롤ᄉᆡ 거ᄌᆞᆺ 거텨 업더뎌 싸해 누어셔(嘗取水上堂 詐跌仆臥地.).《소언 4:16》

【集成】呂氏曰怍者는愧赧不安之貌니愧赧不安은失之野也라

여 씨가 말하였다. "怍은 부끄럽고 두려워 불안한 모양이니, 부끄럽고 두려워 불안함은 촌스런 잘못이다."

漢字 愧(부끄러워할 괴), 赧(얼굴 붉힐 난, 두려워할 난), 野(촌스러울 야)

【集解】劉氏曰以兩手로摳衣兩旁하여免有躡蹪失容也라

유 씨가 말하였다. “두 손을 가지고 옷의 양 옆을 추어올려 밟아 넘어져 容儀 잃음이 있음을 면하게 한다.”

漢字 躡(밟을 섭), 躓[넘어질 질(지)]

용의(容儀): 얼굴과 거동.

【增註】撥은發揚貌요蹶은行遽貌니二者는皆失容이라

撥은 휘날리는 모양이요, 蹶은 황급히 걸어가는 모양이니, 두 가지는 모두 容儀를 잃은 것이다.

漢字 遽(급할 거, 갑자기 거)

先生書策琴瑟이在前이어든坐而遷之ᄒᆞ야戒勿越ᄒᆞ며

● 선생의 서책과 금슬이 앞에 있거든, 앉아서 그것을 옮겨 조심하여 넘지 말며,

漢字 策(문서 책, 대쪽 책), 遷(옮길 천)

번소 先션生ᄉᆡᇰㅅ 書셔策ᄎᆡᆨ과 풍므렛 거시 알ᄑᆡ 잇거든 안자 자바 옮기고 조심ᄒᆞ야 넘디 마롤 디니라

현대역 선생의 書策과 풍물의 것이 앞에 있거든, 앉아서 잡아 (그것을) 옮기고 조심하여 넘지 말 것이니라.

1 셔칙: 서책(書冊). 일정한 목적, 내용, 체재에 맞추어 사상, 감정, 지식 따위를 글이나 그림으로 표현하여 적거나 인쇄하여 묶어 놓은 것. ‘셔칙’은 15세기 문헌에서부터 나타난다. 이 단어는 근대국어 후기에 ‘ㅅ’ 뒤에서 이중모음 ‘ㅑ, ㅕ, ㅛ, ㅠ’ 등이 반모음 탈락으로 단모음화하는 현상에 따라 ‘셔’가 ‘서’로 바뀌고 20세기 초 현대맞춤법의 영향으로 ‘칙’이 ‘책’으로 바뀌어 현재의 어형이 정착되었다. 셔칙(15세기~19세기)〉서책(20세기~현재). 이형태: 셔칙, 서책. 또 궤연의 평싱 닑던 셔칙과 밋 됴히 너기던 거슬 베펏더라.《1617 동신속 열6:1ㄴ》,

남의 셔칙을 더러이며.《1796 경신 83ㄴ》

2 풍므렛: 풍물의. '풍믈(명사)+에(부사격 조사)+ㅅ(관형격 조사)'이다. '엣'은 부사격조사 '에'와 관형격 조사 'ㅅ'의 합성조사이다. '풍물(風物)'은 풍물놀이에 쓰는 악기를 통틀어 이르는 말로, 꽹과리, 태평소, 소고, 북, 장구, 징 따위이다.

소언 先션生싱ㅅ 書셔策칙과 琴금瑟슬이 앏픠 잇거든 안자셔 옴겨 조심ᄒᆞ야 넘디 말며

현대역 선생의 서책과 琴瑟이 앞에 있거든, 앉아서 (그것을) 옮겨 조심하여 넘지 말며,

【集說】孔氏曰坐는亦跪也라弟子將行에若遇師諸物이或當己前이어든則跪而遷移之하여戒愼不得踰越이니라

공 씨가 말하였다. "坐는 또한 꿇어앉음이다. 제자가 장차 가려고 할 때에 만약에 스승의 여러 물건이 혹 자기 앞에 당함을 만나면, 꿇어앉아 그것을 옮겨 놓고 경계하여 삼가 넘지 말아야 한다."

漢字 踰(넘을 유), 越(넘을 월)

坐必安ᄒᆞ며執爾顏ᄒᆞ며長者ㅣ不及이어든毋儳言ᄒᆞ며

● 앉음을 반드시 편안히 하며, 네 낯빛을 잡으며[바로 하며], 어른이 언급하지 않으면 말을 섞지 않으며,

漢字 儳(섞을 참, 어긋날 참, 어지러울 참)

번소 안조믈 모로매 편안히 ᄒᆞ며 네 ᄂᆞᆺ비출 조심ᄒᆞ며 얼우니 니ᄅᆞ시ᄂᆞᆫ 말 몯 ᄆᆞ차 다ᄅᆞᆫ 마롤 몯 미처ᄒᆞ야 계시거든 잡말ᄒᆞ야 섯디 마롤디니라

현대역 앉음을 모름지기 편안히 하며, 너의 낯빛을 조심하며, 어른이 이르시

는 말을 못 마쳐서 다른 말을 미처 못 하여 계시거든, 잡말을 하여 섞지 말 것이니라.

1 ᄆᆞ차: 마치어. ‘ᄆᆞᆾ(어간)+아(연결어미)’이다. 현대국어 ‘마치다’의 옛말인 ‘ᄆᆞᆾ다’는 15세기 문헌에서부터 나타난다. ‘ᄆᆞᆾ다’는 자음으로 시작하는 어미 앞에서는 ‘ᄆᆞᆺ-’으로, 모음으로 시작하는 어미 앞에서는 ‘ᄆᆞᆾ-’으로 나타났다. ‘ᄆᆞᆾ-’의 중철 표기 ‘ᄆᆞᆺᄎᆞ-’은 16세기부터 나타나는데, ‘ᄆᆞᆺᄎᆞ-’는 ‘ᄆᆞᆺ츠다〉맛츠다〉맛치다〉마치다’의 변화 과정을 겪게 된다. 현재의 ‘마치다’에 이르는 중간 단계의 형태인 ‘ᄆᆞᆺ츠다’, ‘맛츠다’, ‘맛치다’는 모두 18세기에 나타난다. ‘ᄆᆞᆺ츠다’는 ‘ᄆᆞᆺᄎᆞ-’에 ‘ㅡ’가 추가되면서 2음절에서 3음절로 늘어난 형태이다. 18세기에 제1음절의 ‘ㆍ’가 ‘ㅏ’로 변화하였는데, 이 영향으로 ‘ᄆᆞᆺ츠다’는 ‘맛츠다’로 변화한다. 근대국어 후기에 ‘ㅈ’ 아래에서 모음 ‘ㅡ’가 ‘ㅣ’로 바뀌는 전설모음화가 있었는데, 이 영향으로 ‘맛츠다’는 ‘맛치다’로 변화한다. 이후 ‘맛치다’의 종성 ‘ㅅ’이 탈락하면서 18세기에 ‘마치다’로 나타나서 현재에 이르렀다. 18세기의 ‘마츠다’는 ‘맛츠다’에서 종성 ‘ㅅ’이 탈락한 형태이다. 16세기 후반에 제2음절 이하의 ‘ㆍ’가 ‘ㅡ’로 변화하였는데, 이로 인해 ‘ㆍ’와 ‘ㅡ’의 표기가 혼동되는 일이 많았다. 18세기의 ‘ᄆᆞᆺᄎᆞ다’와 ‘마ᄎᆞ다’는 이러한 이유로 나타난 형태인데, 각각 ‘ᄆᆞᆺ츠다’와 ‘맛츠다’의 제2음절 모음 ‘ㅡ’가 ‘ㆍ’로 표기된 것이다. 18세기에 제1음절의 ‘ㆍ’가 ‘ㅏ’로 변화하였는데, 이로 인해 ‘ㆍ’와 ‘ㅏ’의 표기가 혼동되는 일이 많았다. 19세기의 ‘ᄆᆞ치다’와 ‘ᄆᆞᆺ치다’는 이러한 이유로 나타난 형태인데, 각각 ‘마치다’와 ‘맛치다’의 제1음절 모음 ‘ㅏ’가 ‘ㆍ’로 표기된 것이다. ᄆᆞᆾ다(15세기~18세기)〉ᄆᆞᆺ츠다(18세기~19세기)〉맛츠다(18세기)〉맛치다(18세기~19세기)〉마치다(18세기~현재). 이형태: ᄆᆞᆾ-, ᄆᆞᆺ-, ᄆᆞᆺᄎᆞ-, ᄆᆞᆺᄎᆞ-, ᄆᆞᆺ츠-, 맛츠-, 맛치-, 마ᄎᆞ-, 마츠-, 마치-, ᄆᆞ치-, ᄆᆞᆺ치-. 내 本來ㅅ 誓願力으로 이 더러ᄫᅳᆫ ᄯᅡ해 나아 敎化ㅅ 因緣을 ᄆᆞᄎᆞᆯᄊᆡ.《1447 석상 23:10ㄱ》, 나그내 ᄃᆞ외요미 ᄆᆞᄎᆞᆯ ᄢᅵ 업스니 ᄀᆞᅀᆞᆳ 슬후믈 나조ᄒᆞᆯ 向ᄒᆞ야 ᄆᆞᆽᄂᆞ다.《1481 두시-초 10:38ㄴ》, 넙츈에 조샹을 졔ᄒᆞ며 ᄀᆞᅀᆞᆯ ᄆᆞᆺ초매.《1518 번소 7:7ㄴ》

2 셧디: 섞지. ‘셧(어간)+디(보조적 연결어미)’이다. 현대국어 ‘섞다’의 옛말인 ‘셔ᇧ다’는 15세기 문헌에서부터 나타난다. 16세기 문헌에는 어간 ‘셔ᇧ-’이 자음 어미 앞에서 ‘ㄱ’이 발음되지 않음에 따라 ‘셧-’으로 나타나는 예도 보인다. 그리고 ‘셔ᇧ다’는 20세기 초 현대맞춤법의 영향으로 받침이 ‘ㅺ’에서 ‘ㄲ’으로 바뀌면서

현재의 어형으로 정착되었다. 셟다(15세기~19세기)섞다(20세기~현재). 이형태: 섯다, 섯다. 그 말ᄊᆞ미 工巧코 微妙ᄒᆞ야 오ᄋᆞ로 섯근 거시 업서.《1447 석상 13:28ㄴ》, 얼운이 미처 몯 ᄒᆞ여 겨시거든 말ᄉᆞᆷ을 섯디 말며.《1588 소언 본 장》

소언 안ᄌᆞ믈 반ᄃᆞ시 편안히 ᄒᆞ며 네 ᄂᆞᆺ빗촐 잡으며 얼운이 미처 몯 ᄒᆞ여 겨시거든 말ᄉᆞᆷ을 섯디 말며

현대역 앉음을 반드시 편안히 하며, 네 낯빛을 잡으며, 어른이 미처 못 하여 계시거든[말씀을 아직 못하여 있거든] 말씀을 섞지 말며,

잡으며: 어떤 상태를 유지하며. 비틀비틀 걸음걸이조차 중심을 못 잡았다.《김동인, 젊은 그들》

【增註】安은謂不搖動이라爾는指少者라執顏은卽正顏色也라

安은 요동하지 않음을 이름이다. 爾는 젊은 자를 가리킨다. 執顏은 즉 낯빛을 바로 함이다.

【集說】陳氏曰儳은參錯不齊之貌니長者言事未竟이면少者不可擧他事爲言하여錯雜長者之說이니라

진 씨가 말하였다. "儳은 어긋나서 가지런하지 않은 모양이니, 어른이 일을 말함을 마치지 않았으면, 젊은이가 다른 일을 들어 말하여 어른의 말을 어긋나고 혼잡하게 해서는 안 된다."

漢字 參(어긋날 참, 섞일 참, 참여할 참, 가지런하지 않을 참), 錯(어긋날 착, 섞일 척), 竟(마칠 경, 다할 경)

正爾容ᄒᆞ며聽必恭ᄒᆞ며毋勦說ᄒᆞ며毋雷同ᄒᆞ고必則古昔ᄒᆞ야稱先王이니라

● 네 용모를 바르게 하며, 듣기를 반드시 공손히 하며, 말을 표절하지 말며, 뇌동하지 말며, 반드시 옛날 것을 본받아 선왕(의 법도)을 말해야 한다.

漢字 勦(표절할 초, 노곤할 초), 雷(우레 뢰), 則(본받을 칙)

번소 네 신용을 졍히 ᄒᆞ며 말ᄉᆞᆷ 드로ᄆᆞᆯ 모로매 온공히 ᄒᆞ며 ᄂᆞᄆᆡ 마ᄅᆞᆯ 즈르터 아ᅀᅡ 니ᄅᆞ디 말며 ᄂᆞᄆᆡ 마ᄅᆞᆯ 븓조차 ᄒᆞᆫ가지로 마라 모로매 녯 마ᄅᆞᆯ 법 사ᄆᆞ며 녯 어디신 님그믈 일ᄏᆞᄅᆞᆯ 디니라

현대역 너의 용모를 바르게 하며, 말씀 들음을 모름지기 溫恭히 하며, 남의 말을 지레 앗아 이르지 말며, 남의 말을 붙좇아 한가지로 말라. 모름지기 옛 말을 본받으며 옛 어지신 임금을 일컬을 것이니라.

1 신용: 신용(身容). 용모(容貌).
2 온공히: 온공(溫恭)히. 성격, 태도 따위가 온화하고 공손하게.
3 즈르: '지레'의 옛말이다. 어떤 일이 일어나기 전 또는 어떤 기회나 때가 무르익기 전에 미리. '지르다[말이나 움직임 따위를 미리 잘라서 막다]'의 옛말인 '즈르다'에서 파생된 부사이다. '즈르다'는 모음으로 시작하는 어미 앞에서는 '즐-'이나 '즐ᆼ-'로 나타난다. 圓頓教法은 키 甚히 즈르고 ᄡᅢ혀나 人情에 갓갑디 아니ᄒᆞᆯᄉᆡ 人情 업다 니ᄅᆞ시니라.《남명 하:38~39》(현대역: 원돈교법은 크게 심히 지르고 빼어나 인정에 가깝지 아니하므로 인정 없다 이르시니라.), ᄆᆞᅀᆞᆷ과 말ᄉᆞᆷ괘 고ᄃᆞ면 道애 어루 즐어 나ᅀᅡ가리라(心言之直則道 可徑造矣).《능엄 1:44》(현대역: 마음과 말이 곧으면 도에 가히 질러 나아갈 것이다.)
4 아ᅀᅡ: 앗아. 초설(勦說)하여[남의 학설을 훔쳐 제 것처럼 만들어]. '아ᇫ(어간)+아(연결어미)'이다. '아ᇫ-'은 현대국어 '앗다'의 옛말인 '아ᇫ다'의 어간이다.
5 븓조차: 붙좇아. '븥좇(어간)+아(연결어미)'이다. '븓좇다'는 '붙좇다'의 옛말이다. 존경하거나 섬겨 따르다. 현대국어 '붙좇다'의 옛말인 '븓좇다'는 16세기 문헌에서부터 나타난다. 이 단어는 '붙다'의 뜻인 '븥다'와 '좇다'가 결합한 것이다. '븥다'는 자음 어미가 뒤에 오면 '븓다'로 실현되는데 '좇다'와 결합할 때는 항상 '븓-'의 형태가 된다. '븓-'은 근대국어 시기에 'ㅂ' 뒤의 모음 'ㅡ'가 'ㅜ'로 원순모음화 됨에 따라 '붓-'으로 실현되는데 받침이 'ㅅ'으로 변한 것은 근대국어 시기에

받침 'ㄷ'이 'ㅅ'으로 표기되는 현상 때문이다. '븟-'은 현대맞춤법에 따라서 '붙-'으로 표기되었다. '좇다'는 근대국어 시기의 받침 표기에 따라 'ㅅ'으로 표기되었으나 현대맞춤법에 따라서 '좇-'으로 표기된다. '븟족다'는 '븟좃다'가 뒤에 오는 어미에 따라 변동되는 발음을 표기한 것으로 보이며 '붓좃다'는 '븟-'이 원순모음화 된 '붓-'과 '좇-'이 받침 표기에 따라 '좃-'으로 표기된 것이 결합한 것이다. 븓좇다(16세기)〉븟좇다(18세기)〉붓좇다(18세기)〉붙좇다(20세기~현재). 이형태: 븓좇다, 븟좇다, 븟족다, 붓좇다, 붓좃다. 도올 신하를 두샴은 엇디 ᄒᆡ여곰 븓조차 아당ᄒᆞ며.《1588 소언 6:36ㄱ》, 셔남 모든 오랑캐 흡연이 항복ᄒᆞ야 븟족더라.《1758 종덕 중:41ㄱ》, 후겸과 닌한의게 친압히 붓조차 복심이 되어신즉.《1777 명의 2:66ㄱ》, 역경의게 ᄀᆞ마니 붓좃고 요검을 ᄀᆞ마니 톄결ᄒᆞ여.《1756 천의 2:53ㄴ》

소언 네 용모ᄅᆞᆯ 正졍히 ᄒᆞ며 듣기ᄅᆞᆯ 반ᄃᆞ시 온공히 ᄒᆞ며 말ᄉᆞᆷ을 아ᅀᆞ ᄒᆞ디 말며 雷뢰同동[텬동ᄒᆞ여든 온갓 거시 다 ᄒᆞᆷᄢᅴ 응ᄒᆞᆷ이니 ᄂᆞᆷ의 말을 븓조차 ᄒᆞᆫ가지로 ᄒᆞᆷ을 닐옴이라]티 말오 반ᄃᆞ시 녜ᄅᆞᆯ 법바다 先션王왕을 일ᄏᆞᆯ롤 디니라

현대역 네 용모를 바르게 하며, 듣기를 반드시 溫恭히 하며, 말씀을 앗아 하지 말며, 雷同[天動하거든 온갖 것이 다 함께 응함이니, 남의 말을 붙좇아 한가지로 함을 이름이라.]하지 말고, 반드시 옛적을 본받아 先王을 일컬을 것이니라.

1 뢰동티: 뇌동하지. '뢰동ᄒᆞ다'는 '뇌동(雷同)하다'의 옛말이다. 줏대 없이 남의 의견에 따라 움직이다.

2 텬동ᄒᆞ여든: 천동(天動)하거든. 하늘이 운행하거든. '텬동ᄒᆞ(어간)+여든(연결어미)'이다. '-여든'은 '-아든', '-어든'과 함께 '-거든'의 이형태이다.

【集解】陳氏曰正爾容은正其一身之容貌也라聽必恭은亦謂聽長者之言也라擊取他人之說하여以爲己說을謂之勦說이요聞人之言而附和之를謂之雷同이라惟法則古昔하여稱述

先王이라야乃爲善耳니라

진 씨가 말하였다. "正爾容[네 용모를 바르게 함]은 그 자기 한 몸의 용모를 바르게 함이다. 聽必恭[듣기를 반드시 공손히 함]은 또한 어른의 말을 들음을 이름이다. 다른 사람의 말을 쥐어 취하여 자기 말로 삼는 것을 勦說이라 이르고, 다른 사람의 말을 듣고 그것을 부화함을 雷同이라 이른다. 오직 옛날 것을 본받아 선왕(의 법)을 말해야 이내 선이 될 뿐이다."

漢字 擥(쥘 람)

1 남취(擥取): 손에 쥠.

2 부화뇌동(附和雷同): 우레 소리에 맞춰 함께 함, 줏대 없이 남의 의견에 따라 움직임.

〖七十八章〗

○侍坐於先生홀시先生이問焉이어시든終則對ᄒᆞ며請業則起ᄒᆞ고請益則起니라 《禮記 曲禮》

● 선생을 모시고 앉았을 때, 선생이 물으시면 (물음이) 끝나면 대답하며, 학업을 청할 때는 일어나고, 더 물을 때는 일어난다.

번소 先션生ᄉᆡᇰᄭᅴ 뫼셔 안자셔 先션生ᄉᆡᇰ이 묻거시든 마롤 ᄆᆞᄎᆞ셔ᅀᅡ ᄃᆡ답ᄒᆞ며 ᄇᆡ홀 이를 묻ᄌᆞ오ᄃᆡ 니러나 ᄒᆞ고 더 ᄇᆡ홀 이를 묻ᄌᆞ오ᄃᆡ 니러나 홀 디니라

현대역 선생께 모시어 앉아서, 선생이 물으시거든 (선생이) 말을 마치셔야 대답하며, 배울 일을 여쭈옵되 일어나 하고, 더 배울 일을 여쭈옵되 일어나 할 것이니라.

1 션ᄉᆡᇰᄭᅴ: 선생께. '션ᄉᆡᇰ(명사)+ㅅ(관형격 조사)+긔(부사성 의존명사)'이다. 'ㅅ'은 'ㄱ, ㅋ, ㆁ, ㄷ, ㅌ, ㄴ, ㄹ, ㅂ, ㅍ, ㅁ, ㅸ'으로 끝나는 체언류나 받침 없는

체언류 뒤에 붙어, 무정 체언과 존칭 체언류 뒤에 붙어, '의'를 뜻하는 조사이다. '긔'는 부사성 의존명사로, 관형격 조사 아래에만 나타난다. 본 예 'ᄭᅴ'는 관형격 조사 'ㅅ'과 함께 쓰여 '께'를 뜻한다.

2 안자셔: 앉아서. '앉(어간)+아(연결어미)+시(在, '시다'의 어간)+어(연결어미)'이다. 여기서 '아셔'가 하나의 연결어미로 재구조화하였다. '-아셔'는 끝음절의 모음이 'ㆍ, ㅏ, ㅗ'인 동사, 형용사 어간 뒤에 붙어, '-어서'를 뜻하는 연결어미이다. 시름 오매 프를 지즐안자셔 휘히 놀애 블로니 눉므리 소내 ᄀᆞ득ᄒᆞ도다(憂來藉草坐 浩歌淚盈把).《두시-초 6:1》, 戶外예 昭容이 블근 ᄉᆞ매 드리오고 둘히 御座ᄅᆞᆯ 보아셔 朝儀ᄅᆞᆯ 引進ᄒᆞᄂᆞ다(戶外昭容紫袖垂 雙瞻御座引朝儀).《두시-초 6:7》

3 ᄆᆞᄎᆞ셔ᅀᅡ: 마치셔야. ᄆᆞᆾ(어간)+ᄋᆞ시(주체 높임 선어말어미)+어(연결어미)+ᅀᅡ(보조사)이다. 'ᅀᅡ'는 종전의 중세국어 문법에서는 강세 보조사로 보았다. 그러나 적합한 의미가 아니라서 '단독'과 '특수'의 보조사로 설정한다. 현대국어의 '(이)야(말로)'의 직접적 소급 형태이다. 'ᅀᅡ'는 체언, 조사, 연결어미 뒤에 쓰일 때에는 보조사이고, 선어말어미 '-거-' 뒤에 쓰일 때에는 '-거ᅀᅡ'의 형태로 어말어미를 이룬다. 《번역소학》의 다른 예에서는 '야'로 나타나기도 한다. 'ᅀᅡ'는 자음 아래에서는 '이ᅀᅡ'로 형태를 바꾼다. 用兵如神ᄒᆞ샤 가샤ᅀᅡ 이기시릴ᄊᆡ 西예 오나시든 東鄙 ᄇᆞ라ᅀᆞᄫᆞ니(用兵如神 往則莫抗 我西曰來 東鄙竚望).《용가 38장》(현대역: 용병을 귀신같이 하셔서 가셔야말로 이기실 것이므로 서쪽에 오시면 동쪽 변방 사람들이 고대하였습니다.), 車匿이 蹇特이는 ᄒᆞᆫ날애 나ᅀᆞᄫᆞᆯᄊᆡ 이 둘흘ᅀᅡ 더브르시니.《월곡 상:19》(현대역: 차닉이와 건특이는 한 날에 난 까닭에 둘이야말로 데리고 가시니.), 丈六身이 ᄃᆞᄫᆡ샤 헌 오ᄉᆞᆯ 니브샤 漸教ᄅᆞᆯᅀᅡ 다 아라듣ᄌᆞᄫᆞ니.《월곡 상:35》(현대역: 장육신이 되시어 헌 옷을 입으시어 점교야말로 다 알아들으니.), 제 道理 붓그리다가 一千 梵志 더블오 이날애ᅀᅡ 머리 좃ᄉᆞᄫᆞ니.《월곡 상:39》(현대역: 제 도리를 부끄러워하다가 일천 범지를 더불어 이날에야말로 멀리 좇으니.), 過劫에 苦行ᄒᆞ샤 이제ᅀᅡ 일우샨ᄃᆞᆯ 優陀耶ㅣ ᄉᆞᆯᄫᆞ니이다.《월곡 상:42》(현대역: 과겁에 고행하셔서 이제야말로 이루신 것을 우타야가 사뢰었습니다.). 현대국어 '마치다'의 옛말인 'ᄆᆞᆾ다'는 15세기 문헌에서부터 나타난다. 'ᄆᆞᆾ다'는 자음으로 시작하는 어미 앞에서는 'ᄆᆞᆺ-'으로, 모음으로 시작하는 어미 앞에서는 'ᄆᆞᆾ-'으로 나타났다. 'ᄆᆞᆾ-'의 중철 표기 'ᄆᆞᆺᄎ-'은 16세기부터 나타나는데, 'ᄆᆞᆺᄎ-'는 'ᄆᆞᆺ츠다>맛츠다>맛치다>마치다'의 변화 과정을 겪게 된다. 현재의 '마치다'에 이르는 중간 단계의 형태인 'ᄆᆞᆺ츠다', '맛츠다', '맛치다'는 모두 18세기

에 나타난다. '뭋츠다'는 '뭋ㅊ-'에 'ㅡ'가 추가되면서 2음절에서 3음절로 늘어난 형태이다. 18세기에 제1음절의 'ㆍ'가 'ㅏ'로 변화하였는데, 이 영향으로 '뭋츠다'는 '맛츠다'로 변화한다. 근대국어 후기에 'ㅈ' 아래에서 모음 'ㅡ'가 'ㅣ'로 바뀌는 전설모음화가 있었는데, 이 영향으로 '맛츠다'는 '맛치다'로 변화한다. 이후 '맛치다'의 종성 'ㅅ'이 탈락하면서 18세기에 '마치다'로 나타나서 현재에 이르렀다. 18세기의 '마츠다'는 '맛츠다'에서 종성 'ㅅ'이 탈락한 형태이다. 16세기 후반에 제2음절 이하의 'ㆍ'가 'ㅡ'로 변화하였는데, 이로 인해 'ㆍ'와 'ㅡ'의 표기가 혼동되는 일이 많았다. 18세기의 '뭋ᄎᆞ다'와 '마ᄎᆞ다'는 이러한 이유로 나타난 형태인데, 각각 '뭋츠다'와 '맛츠다'의 제2음절 모음 'ㅡ'가 'ㆍ'로 표기된 것이다. 18세기에 제1음절의 'ㆍ'가 'ㅏ'로 변화하였는데, 이로 인해 'ㆍ'와 'ㅏ'의 표기가 혼동되는 일이 많았다. 19세기의 'ᄆᆞ치다'와 '뭋치다'는 이러한 이유로 나타난 형태인데, 각각 '마치다'와 '맛치다'의 제1음절 모음 'ㅏ'가 'ㆍ'로 표기된 것이다. ᄆᆞᆾ다(15세기~18세기)〉뭋츠다(18세기~19세기)〉맛츠다(18세기)〉맛치다(18세기~19세기)〉마치다(18세기~현재). 이형태: ᄆᆞᆾ-, 뭋-, 뭋ㅊ-, 뭋ᄎᆞ-, 뭋츠-, 맛츠-, 맛치-, 마ᄎᆞ-, 마츠-, 마치-, ᄆᆞ치-, 뭋치-. 내 本來ㅅ 誓願力으로 이 더러븐 ᄣᅡ해 나아 敎化ㅅ 因緣을 ᄆᆞ출씨.《1447 석상 23:10ㄱ》, 나그내 ᄃᆞ외요미 ᄆᆞ출 ᄢᅵ 업스니 ᄀᆞᄋᆞᆯ 슬후믈 나조ᄒᆞᆯ 向ᄒᆞ야 뭋놋다.《1481 두시-초 10:38ㄴ》, 넙춘에 조샹을 졔ᄒᆞ며 ᄀᆞᄋᆞᆯ 뭋초매.《1518 번소 7:7ㄴ》

4 ᄇᆡ홀: 배울. 'ᄇᆡ호(어간)+ㄹ(관형사형 어미)'이다. 'ᄇᆡ호다'는 '배우다'의 옛말이다. 'ᄇᆡ호다'는 15세기 문헌에서부터 나타난다. 19세기에 모음 사이에서 'ㅎ'이 탈락한 'ᄇᆡ오다' 형태가 나타났다. 또한 근대국어 후기에 제1음절의 'ㆍ'가 'ㅏ'와 소리가 같아지면서 이중모음 'ㆎ'도 'ㅐ[aj]'로 바뀌고, 'ㅐ[aj]'가 [ɛ]로 단모음화하였는데, 이러한 현상이 반영된 '배오다' 형태가 19세기에 나타난다. '배오다'에서 제2음절의 모음 'ㅗ'가 'ㅜ'로 바뀐 '배우다' 형태도 등장하여 오늘날에 이르게 되었다. ᄇᆡ호다(15세기~19세기)〉ᄇᆡ오다(19세기)〉배우다(19세기~현재). 이형태: ᄇᆡ호다, ᄇᆡ후다, ᄇᆡ오다, 배오다, 배우다. 淨居天이 禮ᄅᆞᆯ 아라 세 ᄇᆞᆯ올 값도라ᄂᆞᆯ 須達이 보아 ᄇᆡ호니.《1447 월곡 55ㄴ》, 네 뉘손ᄃᆡ 글 ᄇᆡ혼다 내 되ᄒᆞᆨ당의셔 글 ᄇᆡ호라.《1510년대 번노 상:2ㄴ》

5 묻ᄌᆞ오ᄃᆡ: 여쭈옵되. '묻(어간)+ᄌᆞ오(겸손법 선어말어미)+ᄃᆡ(연결어미)'이다.

6 니러나: 일어나. '니러나(어간)+아(연결어미)'이다. 현대국어 '일어나다'의 옛말인 '니러나다'는 15세기 문헌에서부터 나타난다. '닐어나다'는 '일어나다'의 뜻을

나타낸 '닐-', 연결어미 '-어', '나다'의 뜻을 나타낸 '나-'가 결합된 것이다. '니러나다'를 재분석하여 분철한 '닐어나다'가 16세기 문헌에서부터 나타나기 시작한다. '닐어나다'는 근대국어 시기에 'ㅣ' 모음 앞에 'ㄴ'이 올 수 없게 됨에 따라 '일어나다'로 바뀐다. 이 '일어나다'는 18세기 문헌에서부터 나타나 현재까지 이어진다. 니러나다(15세기~19세기)〉닐어나다(16세기~19세기)〉일어나다(18세기~현재). 이형태: 니러나다, 이러나다, 닐어나다, 일어나다. 瞿曇氏 다시 니러나시니라.《1459 월석 1:8ㄱ》, 命濁은 業識이 ᄢᅳ 드외야 이러나 劫을 조차.《1459 월석 11:126ㄴ》, 병ᄒᆞ야 닐어나디 못ᄒᆞ더니.《1581 속삼-중 孝:18ㄱ》

소언 先션生ᄉᆡᆼᄭᅴ 뫼셔 안자실시 先션生ᄉᆡᆼ이 묻거시든 몯ᄎᆞ셔든 ᄃᆡ답ᄒᆞ며 ᄇᆡ홀 일을 請쳥홀 제어든 닐고 더홈을 請쳥홀 제어든 닐 디니라

현대역 선생께 모시어 앉으시므로, 선생이 물으시거든 (선생이 묻기를) 마치시거든 대답하며, 배울 일을 청할 적이거든 일어나고, 더함을 청할 적이거든 일어날 것이니라.

1 몯ᄎᆞ셔든: 마치시거든. '몯ᄎᆞ(어간)+시(주체 높임 선어말어미)+어든(연결어미)'이다. '-어든'은 '-거든'의 이형태로, 'ㅣ' 계열 이중모음이나 'ㄹ' 받침으로 끝나는 어간 뒤에 붙어, 주로 자동사나 형용사 어간 뒤, '이다' 어간 뒤, 또는 어미 '-으리-' 뒤에 붙는다. 須達이 이 말 듣고 부텨ᄭᅴ 發心을 니ᄅᆞ와다 언제 새어든 부텨를 가 보ᅀᆞᄫᆞ려뇨 ᄒᆞ더니.《석상 6:19》, 네 누는 ᄒᆞ마 알어든 모ᄆᆞᆫ 당다이 아디 몯ᄒᆞ리로다(汝眼已知, 身合非覺).《능엄 1:61》

2 닐고: 일어나고. '닐(어간)+고(연결어미)'이다. 風流ㅅ 소리도 닐며 病ᄒᆞ니도 됴터니.《월곡 상:63》, 혀근 션ᄇᆡ를 보시고 御座애 니르시니 敬儒之心이 엇더ᄒᆞ시니(引見小儒 御座遽起 敬儒之心 云如何已).《용가 82장》

【集解】陳氏曰問終而後對는欲盡聞所問之旨요且不敢雜亂先生之言也라請業者는求當習之事요請益者는再問未盡之蘊이라起는所以致敬也라

진 씨가 말하였다. "물음이 끝난 뒤에 대답함은 묻는 바의 뜻을 다 듣고자

함이요, 또 선생의 말씀을 감히 혼잡하게 하여 어지럽힐 수 없기 때문이다. 請業이란 것은 마땅히 익혀야 할 일을 구함이요, 請益이라는 것은 미진한 쌓임을 다시 물음이다. 起는 공경을 극진히 하는 바이다."

漢字 蘊(쌓을 온)

〖七十九章〗

○尊客之前에不叱狗ᄒᆞ며讓食不唾ㅣ니라 《禮記 曲禮》

●존귀한 손님 앞에서는 개를 꾸짖지 않으며, 음식을 사양할 때에는 침을 뱉지 않는다.

漢字 唾(침 뱉을 타)

번소 고마온 손 앏ᄑᆡᄂᆞᆫ 가히도 구짓디 말며 머글 것 ᄉᆞ양ᄒᆞᆯ 저긔 춤받디 마롤 디니라

현대역 공경할 만한 손 앞에서는 개도 꾸짖지 말며, 먹을 것 사양할 때에 침 뱉지 말 것이니라.

1 고마온: '공경할 만한'의 옛말이다. '고맙다'는 '공경할 만하다'의 옛말이다. 모음으로 시작하는 어미 앞에서는 고마오-'로 나타난다. 고마온 이리 잇디 아니커든 조널이 메왯디 말며(不有敬事 不敢袒裼).《내훈 1:45》, 禮記예 ᄀᆞᆯ오ᄃᆡ 君子의 모양은 ᄌᆞ녹ᄌᆞ녹ᄒᆞ니 고마온 바를 보고 공경ᄒᆞ야 조심ᄒᆞᄂᆞ니라(禮記曰 君子之容舒遲 見所尊者齊遬).《소언 3:11》. 술위 앏ᄒᆡ ᄀᆞ른 남글 고마온 일 잇거든 굽어 딥픔이라.《소언 3:16》

2 구짓디: 꾸짖지. '구짓(어간)+디(보조적 연결어미)'이다. '구짖다'는 '꾸짖다'의 옛말이다. '구짖다'는 15세기 문헌에서부터 나타난다. '구짖-'은 자음으로 시작하는 어미가 결합할 때에는 '구짓-'으로, 모음으로 시작하는 어미가 결합할 때에는 '구짖-'으로 교체되었다. 16세기에 어두의 첫소리 'ㄱ'이 된소리가 되는 어두된소리화를 겪어 'ᄭᅮ짖-'으로 나타나게 되었다. 18세기에는 'ㄱ'의 된소리 표기가

'ㅺ'에서 'ㄲ'으로 바뀌어 '꾸짖-'으로 나타나면서 현재에 이르렀다. 구짖다(15세기~19세기)〉ᄭᅮ짖다(16세기~19세기)〉꾸짖다(18세기~현재). 이형태: 구짖-, 구짓-, 구짇-, ᄭᅮ짖-, ᄭᅮ짓-, ᄭᅮ딧-, ᄞᅮ짖-, ᄭᅮ딪-, ᄭᅮ딧-, 꾸짖-, 꾸짓-. 그 아비 그 ᄯᆞ니ᄆᆞᆯ 구짓고 北녁 堀애 브리ᄉᆞ바 블 가져오라 ᄒᆞ야ᄂᆞᆯ.《1447 석상 11:26ㄱ》, 그 ᄢᅴ 恩惠 몰라 어미 구지저 즁ᄉᆡ애 가ᄌᆞᆯ비시니 이 모딘 이븨 뎐ᄎᆞ로 사ᄉᆞᄆᆡ ᄇᆡ예 나시니라.《1447 석상 11:42ㄴ》, 叱 ᄭᅮ지즐 즐 《1576 신합 하:26ㄴ》, 炎이 ᄀᆞ장 ᄭᅮ짓고 항티 아니커ᄂᆞᆯ 도ᄌᆞ기 노ᄒᆞ야 갈ᄡᅢ야 옷 바ᄉᆞ라 ᄭᅮ지즌대.《1514 속삼 충:1ㄱ》

소언 尊존ᄒᆞᆫ 손의 앒ᄑᆡ 개ᄅᆞᆯ 구짓디 아니ᄒᆞ며 음식 ᄉᆞ양ᄒᆞᆯ 적의 춤받디 아니ᄒᆞᆯ 디니라

현대역 존귀한 손의 앞에서 개를 꾸짖지 아니하며, 음식 사양할 적에 침 뱉지 아니할 것이니라.

【集說】方氏曰不叱狗는不以至賤駭尊者之聽이라陳氏曰不唾는嫌於似鄙惡主人之饌也라

방 씨가 말하였다. "不叱狗[개를 꾸짖지 않음]는 지극히 미천한 것으로써 존귀한 자의 들음을 놀라지 않게 하려 함이다." 진 씨가 말하였다. "不唾[침을 뱉지 않음]는 주인의 음식을 더럽고 미워하는 것처럼 하는 것을 싫어해서이다."

漢字 駭(놀랄 해), 惡(미워할 오), 饌(음식 찬, 반찬 찬)

侍坐於君子ᄒᆞᆯ시君子ㅣ欠伸ᄒᆞ며撰杖屨ᄒᆞ며視日蚤莫ㅣ어시든侍坐者ㅣ請出矣니라

● 군자를 모시고 앉았을 적에, 군자가 하품하고 기지개켜며, 지팡이와 신을 잡으며, 해가 이른지 저문지를 보시거든, 모시고 앉은 이는 물러나기를 청한다.

漢字 欠(하품할 흠, 모자랄 흠), 伸(기지개켤 신, 펼 신), 撰(잡을 선, 가릴 선, 가질 선, 지을 찬), 屨(신 구), 蚤(=早 일찍 조), 莫(=暮 저물 모)

번소 君군子ᄌᆞ를 뫼ᅀᆞ와 안자이쇼매 君군子ᄌᆞㅣ 하외욤 기지게 ᄒᆞ시며 막대와 신과를 자브시며 나ᄅᆡ 이ᄅᆞ며 져므르믈 보거시든 뫼셔 안잣ᄂᆞᆫ 사ᄅᆞ미 믈러나믈 쳥홀 디니라

현대역 군자를 모시어 앉아있음에, 군자가 하품 기지개 하시며, 막대[지팡이]와 신을 잡으시며, 날이 이르며 저묾을 보거시든, 모시어 앉아 있는 사람이 물러남을 청할 것이니라.

1 뫼ᅀᆞ와: 모시어. '뫼(어간)+ᅀᆞ오(겸손법 선어말어미)+아(연결어미)'이다. '-ᄉᆞᆸ-'이 모음 어미 '-아' 앞에서 '-ᅀᆞ오-'로 교체되었다.

2 이쇼매: 있음에. '이시(어간)+옴(명사형 어미)+애(부사격 조사)'이다.

3 하외욤: '하품'의 옛말이다. 하외욤 그르ᄒᆞ야 톡글희여 버리고 어우디 아니ᄒᆞ닐 고티ᄂᆞᆫ 法은.《구방 상:79》, 欠 하외욤 흠.《훈몽 상:15》

4 나ᄅᆡ: 날에. '날(명사)+ᄋᆡ(관형격 조사)'이다.

5 이ᄅᆞ며: 이르며[早]. '일ㅇ(어간)+ᄋᆞ며(연결어미)'이다. '-ᄋᆞ며'는 끝음절의 모음이 'ㆍ, ㅏ, ㅗ, ㅣ'이고 받침 있는 동사, 형용사 어간이나 어미 뒤에 붙어, '-으며'를 뜻하는 어미이다. 三千大千이 ᄇᆞᆯᄀᆞ며 樓殿이 일어늘 안좀 걷뇨매 어마님 모ᄅᆞ시니.《월곡 상:6》, 天龍도 해 모ᄃᆞ며 人鬼도 하나 數 업슬씩 오ᄂᆞᆯ 몯 ᄉᆞᆲᄂᆡ.《월곡 상:10》. '일ㅇ-'은 '이르다[早]'의 어간 '이르-'의 이형태이다. 현대국어 '이르다'의 옛말인 '이르다'는 15세기 문헌에서부터 나타난다. 중세국어 시기에 '이르다'는 자음이나 매개모음으로 시작하는 어미와 결합할 때에는 '이르-'로, 모음으로 시작하는 어미와 결합할 때에는 '일ㅇ-'으로 나타나 '이르-/일ㅇ-'의 이형태 교체를 보였다. 16세기 이후로 성문 마찰 유성음 'ㅇ[ɦ]'이 사라지면서 17세기에는 '일ㅇ-'이 '일ㄹ-'로 변화하여 현재와 같은 '르'불규칙 용언이 되었다. 한편 15세기에는 '이르다'와 함께 제2음절의 모음이 'ㆍ'인 '이ᄅᆞ다' 형태도 나타났는데, 18세기까지는 '이르다'와 '이ᄅᆞ다'가 공존하다가 19세기 이후로는 '이르다' 형태만 남게 되었다. 한편 17, 18세기 문헌에는 '이르다'를 과잉 분철 표기한 '일으다'나 '이ᄅᆞ다'를 중철 표기한 '일ᄅᆞ다'의 예도 보인다. 이르다(15세기~현

재)/이ᄅᆞ다(15세기~18세기). 이형태: 이르-, 이ᄅᆞ-, 일ㅇ-, 일ㄹ-, 일으-, 일ᄅᆞ-. 夙은 이른 아ᄎᆞ미오 夜ᄂᆞᆫ 바미라.《1463 법화 2:235ㄴ》, ᄀᆞ롮 ᄉᆞᅀᅵ 비록 더우나 외 니구믄 ᄯᅩ 이ᄅᆞ디 아니ᄒᆞ도다.《1481 두시-초 15:18ㄱ》, 데 가 곧 일어도 ᄯᅩ 됴ᄒᆞ니 우리 ᄆᆞᅀᆞᆷ 쉬워 ᄂᆡ실 일 녀져.《1510년대 번노 상:10ㄴ》

6 져므르믈: 저묾을. '져믈(어간)+음(명사형 어미)+을(목적격 조사)'이다.

7 안잣ᄂᆞᆫ: 앉아 있는. '앉(어간)+아(보조적 연결어미)+잇('잇다[在]'의 어간)+ᄂᆞ(현재 시제 선어말어미)+ㄴ(관형사형 어미)'이다. 완료상은 보조적 연결어미 '-아/어/여'와 보조형용사 '잇다[在]'의 결합으로 표현된다. 그런데 '잇-'이 본동사와 한 음절을 이룰 때 이미 15세기에 'ㅣ'가 탈락되어 '아+ㅅ→앗'으로 나타나는 일이 많았다. ᄌᆞ로ᄂᆞᆫ 사랏거든 힘ᄀᆞ장 효도ᄒᆞ고 죽거든 몯내 그리ᄂᆞ다 ᄒᆞ리로다(由也 可謂生事盡力死事盡思者也).《삼강 효:2》, ᄯᅩ 믄득 中風ᄒᆞ야 人事 모ᄅᆞ고 痰이 마켜써든 生白礬 두돈ᄋᆞᆯ ᄀᆞᄅᆞ 믱ᄀᆞ라.《구방 상:3》. 여기서 '아+ㅅ→앗'이 완료상 표지 선어말어미 '-앗-'으로 발달된 것이다.

소언 君군子ᄌᆞᄭᅴ 뫼셔 안자실ᄉᆡ 君군子ᄌᆞㅣ 하외욤과 기지게ᄒᆞ시며 막대와 신을 잡으시며 날이 일ᄋᆞ며 져믈음ᄋᆞᆯ 보거시든 뫼셔 안잣ᄂᆞᆫ 이 나감을 請쳥홀 디니라

현대역 군자께 모시어 앉으시므로, 군자가 하품과 기지개하시며, 막대[지팡이]와 신을 잡으시며, 날이 이르며 저묾을 보거시든, 모시어 앉아 있는 이는 나감을 청할 것이니라.

【集解】**君子**는**謂有德位者**라**氣乏則欠**하고**體疲則伸**이라**撰**(선)은 **猶持也**라**視日蚤**(早)**莫**(暮)는**觀日影也**라**凡四者**는**皆厭倦之意**라**故**로**請退以息之也**라**一說**에**撰**은**數視也**라하니**亦通**이니라

군자는 덕과 지위가 있는 자를 이른다. 기운이 다하면 하품하고, 몸이 지치면 기지개켠다. 撰은 잡음과 같다. 視日蚤莫[해가 이른지 저문지를 봄]는 해의 그림자를 봄이다. 무릇 이 네 가지[欠, 伸, 撰杖屨, 視日蚤莫]는 모두 싫증내고 권태로운 뜻이다. 그러므로 물러나기를 청하여 그를 쉬게

하는 것이다. 일설에 撰은 (잡음이 아니라) 자주 보는 것이라 하니, 또한 통한다.

漢字 乏(다할 핍, 가난할 핍, 모자랄 핍), 疲(지칠 피), 持(잡을지, 가질 지), 影(그림자 영), 厭(싫을 염), 倦(게으를 권), 數(자주 삭, 셀 수)

〖八十章〗

○侍坐於君子ᄒᆞᆯ시君子ㅣ問更端則起而對니라 《禮記 曲禮》

●군자를 모시고 앉았을 적에, 군자가 端緖를 고치어 물으면 일어나 대답한다.

漢字 更(고칠 경)

번소 君군子ᄌᆞᄅᆞᆯ 뫼셔 안자셔 君군子ᄌᆞㅣ 무ᄅᆞ샤ᄆᆞᆯ 다ᄅᆞᆫ 맛 그ᄐᆞᆯ 내시거ᄃᆞᆫ 리러나 ᄃᆡ답ᄒᆞᆯ 디니라

현대역 군자를 모시어 앉아서, 군자가 물으심을 다른 말의 끝을 내시거든[다른 것을 물으시거든] 일어나서 대답할 것이니라.

1 안자셔: 앉아서. '앉(어간)+아(연결어미)+시('시다[在]'의 어간)+어(연결어미)'이다. '아+시+어'가 하나의 연결어미 '-아셔'로 재구조화되었다. '-아셔'는 끝음절의 모음이 'ㆍ, ㅏ, ㅗ'인 동사, 형용사 어간 뒤에 붙어, '-아서'를 뜻하는 어미이다. 시름 오매 프를 지즐안자셔 훤히 놀애 블로니 눉므리 소내 ᄀᆞ독ᄒᆞ도다(憂來藉草坐 浩歌淚盈把).《두시-초 6:1》, 戶外예 昭容이 블근 ᄉᆞ매 드리오고 둘히 御座ᄅᆞᆯ 보아셔 朝儀ᄅᆞᆯ 引進ᄒᆞ놋다(戶外昭容紫袖垂 雙瞻御座引朝儀).《두시-초 6:7》

2 맛: 말의. '말+ㅅ'이다. 관형격 조사 'ㅅ' 앞에서 어말음 'ㄹ'이 탈락한 것이다.

3 그ᄐᆞᆯ: 끝을. '귿(명사)+ᄋᆞᆯ(목적격 조사)'이다. '귿'은 '끝'의 옛말이다. 末ᄋᆞᆫ 그티라. 《석상 9:2》, 부텻 다ᄉᆞᆺ 솑가락 그테 各各 輪相이 겨시니라(佛五指端 各有輪相). 《능엄 1:84》

4 리러나: 일어나. '니러나(어간)+아(연결어미)'이다. '리러나'는 '니러나'의 오자이

다. 현대국어 '일어나다'의 옛말인 '니러나다'는 15세기 문헌에서부터 나타난다. '닐어나다'는 '일어나다'의 뜻을 나타낸 '닐-', 연결어미 '-어', '나다'의 뜻을 나타낸 '나-'가 결합된 것이다. '니러나다'를 재분석하여 분철한 '닐어나다'가 16세기 문헌에서부터 나타나기 시작한다. '닐어나다'는 근대국어 시기에 'ㅣ' 모음 앞에 'ㄴ'이 올 수 없게 됨에 따라 '일어나다'로 바뀐다. 이 '일어나다'는 18세기 문헌에서부터 나타나 현재까지 이어진다. 니러나다(15세기~19세기)〉닐어나다(16세기~19세기)〉일어나다(18세기~현재). 이형태: 니러나다, 이러나다, 닐어나다, 일어나다. 瞿曇氏 다시 니러나시니라.《1459 월석 1:8ㄱ》, 命濁은 業識이 ᄢᅳ외야 이러나 劫을 조차.《1459 월석 11:126ㄴ》, 병ᄒᆞ야 닐어나디 몯ᄒᆞ더니.《1581 속삼-중 효:18ㄱ》

소언 君군子ᄌᆞᄭᅴ 뫼셔 안자실ᄉᆡ 君군子ᄌᆞㅣ 물ᄋᆞ심애 귿틀 곧티거시든 니러셔 ᄃᆡ답홀 디니라

현대역 군자께 모시어 앉으시므로, 군자가 물으심에 끝을 고치시거든[다른 것을 물으시거든] 일어나서 대답할 것이니라.

곧티거시든: 고치시거든. '곧티(어간)+거…+시(주체 높임 선어말어미)+…든'이다. '-거든'은 불연속 형태이다. 현대국어에서는 '-시-'가 '-거든'에 선행하여 '-시거든'이 된다. 허웅(1955)은 'ᄒᆞ거시든〉ᄒᆞ시거든'과 같은 변화는 일종의 전위(轉位, metathesis, transposition)로 보았다. 이러한 전위가 일어나는 이유는 '-거'의 기능 상실이라 하였다. '-거'는 원래 시제를 표현한 것이었는데, 그 기능이 불분명해서 '-시-'가 그 가운데 개재할 수 없게 되자, '-거'에 선행하게 된 것으로 추측하고 있다. 현대국어 '고치다'의 옛말인 '고티다'는 15세기 문헌에서부터 나타난다. 근대국어 시기 'ㅣ' 모음 앞에서 'ㄷ, ㅌ'이 'ㅈ, ㅊ'으로 바뀌는 구개음화가 일어났는데, '고티다'로 그러한 변화를 경험하여 17세기부터 '고치다'로 나타난다. 그러나 17세기에 구개음화를 경험한 '고치다'가 일반적인 것은 아니어서 '고치다'가 본격적으로 쓰이기 시작한 것은 18세기에 들어서의 일이라고 볼 수 있다. 18세기에는 '고치다'의 이표기로 '곳치다' 등도 함께 보인다. 19세기에는 '곤치다'로 표기된 예도 보이는데 이는 '고치다'에 'ㄴ'이 첨가된 것으로 현대국어 일부 방언의 '곤치다'와 연결된다. 고티다(15세기~18세기)〉고

치다(17세기~현재). 이형태: 고티다, 곧티다, 곳티다, 곳치다, 고치다, 곤치다. 醫는 病 고티는 사ᄅᆞ미라.《1447 석상 9:36ㄱ》, 高允이 ᄅᆞᆼ히 ᄒᆞ니 주구매 다ᄃᆞ라 셔 말ᄉᆞᆷ을 곧티디 아니ᄒᆞ모ᄅᆞᆯ 믿브고.《1518 번소 9:47ㄱ》, 영낙적의 남진 당문등 이 시드ᄂᆞᆫ 병을 어드니 약으로 곳티디 몯ᄒᆞ야 유시다려 닐오되.《1581 속삼-중 열:6ㄱ》

【集解】問更端이면起而對者는因事變更而起敬也니라

'단서를 고치어 물으면 일어나 대답한다는 것'은 일이 변경됨을 인하여 공경을 일으킴이다.

〖八十一章〗

○侍坐於君子홀ᄉᆡ若有告者ㅣ曰少閒이어든願有復也ㅣ라커든 則左右屛而待니라 《禮記 曲禮》

●군자를 모시고 앉았을 적에, 만일 아뢰는 자가 있어 말하길, "조금 한가하시면 아룀이 있기를 원하옵니다." 하거든, 곧 좌우로 물러나서 기다린다.

漢字 閒(=閑 한가할 한, 틈 한), 復(아뢸 복, 돌아올 복, 다시 부), 屛(물러날 병, 병풍 병, 가릴 병)

번소 君군子ᄌᆞ를 뫼셔 안자셔 말ᄉᆞᆷ 엳ᄌᆞ올 사ᄅᆞ미 닐오ᄃᆡ 져근덛 閑한가ᄒᆞ샤ᄆᆞᆯ 기들워 ᄉᆞᆯ올 이리 이셰라 ᄒᆞ거든 왼녀그로나 올ᄒᆞᆫ녀그로나 믈러셔 기ᄃᆞᆯ올 디니라

현대역 군자를 모시어 앉아서, 말씀 여쭐 사람이 이르되, "잠시 한가하심을 기다려서 사뢸 일이 있도다." 하거든, 왼편이로나 오른편으로나 물러나서 기다릴 것이니라.

1 엳ᄌᆞ올: 여쭐. '엳(어간)+ᄌᆞ오(겸손법 선어말어미)+ㄹ(관형사형 어미)'이다. '-ᄌᆞᆸ-'이 모음 어미 '-ᄋᆞᆯ' 앞에서 '-ᄌᆞ오-'로 바뀌었다. '-ᄋᆞᆯ'은 최종적으로 'ᄋᆞ'가

탈락하였다.

2 져근덛: 잠시. ᄒᆞ다가 疑心을 ᄒᆞᆫ 번 져근덛 ᄒᆞ고 또 疑心을 아니 ᄒᆞ면(若疑一上少時 又無疑者).《몽법 1》, 섭나모 사믄 白帝城엣 일 곤ᄒᆞ니 우는 櫓ᄂᆞᆫ 몰앳 그테 져근덛 머믈리로다(買薪猶白帝 鳴櫓少沙頭).《두시-초 23:33》

3 기들워: 기다려. '기들우(어간)+어(연결어미)'이다. '기들우다'는 '기다리다'의 옛말이다. 願ᄒᆞᆫᄃᆞᆫ 져기 기들워 아힛 거슬 져주디 마ᄅᆞ쇼셔(願且待 幸無劾兒).《내훈 3:34》, 이제 이 그를 져기 紀호미 왼 ᄃᆡ 하니 明哲을 기들우노니 왼 ᄃᆡ란 正히오라(今略紀斯文 多有謬誤 用俟明哲 非者正之).《영가 서:16》

4 술올: 사뢸. 웃어른에게 말씀을 올릴. '술오(어간)+ㄹ(관형사형 어미)'이다. '술오-'는 어간 '숣-'이 모음 어미 앞에서 'ᄉᆞᆲ-'으로 형태 교체를 보이다가, 'ㅸ'이 다시 반모음 '오[w]'로 변한 어형이다. 현대국어 '사뢰다'의 옛말인 '숣다'는 15세기 문헌에서부터 나타난다. '숣다'는 자음으로 시작하는 어미가 결합할 때에는 '숣-'으로, 매개모음이나 모음으로 시작하는 어미가 결합할 때에는 'ᄉᆞᆲ-'으로 나타났다. 15세기 중엽 이후로 'ㅸ'이 반모음 '오[w]'로 변화하면서 'ᄉᆞᆲ-'은 '술오-'로 변화하여, '숣-/술오-'의 이형태 교체를 하는 ㅂ불규칙용언이 되었다. 근대국어 시기에 '술오-'가 자음으로 시작하는 어미 앞에서도 쓰이게 되어 '숣-/술오-'의 교체가 사라지고 어간이 '술오다'로 통일되었다. 또한 어두음절에서 모음 'ㆍ'가 'ㅏ'로 바뀌면서 '술오다>살오다'로 변화하고, 현대국어에서는 정확한 이유는 알 수 없으나 제2음절에 반모음 'ㅣ'가 추가되어 '살오다>사뢰다'로 변화하게 되었다(이러한 변화는 유사한 의미를 지닌 동사 '알외다'에서 유추된 것일 가능성도 있다). 숣다(15세기~19세기)>살오다(18세기)>사뢰다(20세기~현재). 이형태: 숣-, ᄉᆞᆲ-, 술오-, ᄉᆞ로-, 살오-. 迦毗羅國에 가아 淨飯王ᄭᅴ 安否 숣더니 耶輸ㅣ 부텻 使者 왯다 드르시고《1447 석상 6:2ㄱ》, 그 ᄢᅴ 目連이 種種 方便으로 다시곰 ᄉᆞᆯᄫᅡ도 耶輸ㅣ 잠깐도 듣디 아니ᄒᆞ실ᄊᆡ.《1447 석상 6:6ㄱ》, 如來ㅅ 알ᄑᆡ 偈를 ᄉᆞᆯ와 부텨를 기리ᄉᆞ오ᄃᆡ.《1461 능엄 3:108ㄴ》

5 이셰라: 있도다. '잇(어간)+예라(감탄형 종결어미)'이다. '잇-'은 '있다[在]'의 옛말인 '잇다'의 어간이다. '-예라'는 '-여라', '-에라'와 마찬가지로, 동사, 형용사 어간 뒤에 붙어, '-도다'를 뜻하는 어미이다. 록산의 쟝군 윤ᄌᆞ긔 쉬양 ᄡᅡ해와 티거늘 허원이 댱슌의게 시급ᄒᆞ야라 니ᄅᆞ니(許遠告急于張巡 巡自寧陵引兵入)《삼강 충:14》, 져믄 저긔 직죄 뮈옛ᄂᆞ니 셴 머리예 비치 업세라(青春動才調 白首缺輝光).《두시-초 8:70》, 네 은을 언메나 가져셔 사고져 ᄒᆞᄂᆞ다 내 셜흔

량 은이 이셰라(你拿着多少銀子買 我有三十兩銀子).《번박 상:62》

6 왼녀그뢰나. 올흔녀그뢰나: 왼편으로나. 오른편으로나. '왼녁(명사)+으로(부사격 조사)+ㅣ나(접속조사)', '올흔녁(명사)+으로(부사격 조사)+ㅣ나(접속조사)'이다. 마지막 접속항 '올흔녁'에도 접속조사 'ㅣ나'가 붙어, 집단곡용의 특징을 보인다. '녁'은 의존명사로, '녘'의 옛말이다. 방향을 가리키는 말. 현대국어 '녘'의 옛말인 '녁'과 '녘'은 15세기 문헌에서부터 나타난다. 15세기부터 '녁'과 '녘'이 함께 나타나는데, 이들의 선후관계는 알기 어렵다. 이들의 표기는 '녁ㄱ', '녁ㅅ', '녁ㅎ', '녁ㅋ'으로 다양하게 나타난다. 현대국어에서는 '녘'과 '녁' 중에서 거센소리를 가진 '녘'을 표준어로 삼고 있다. 녁/녘(15세기~19세기)>녘(20세기~현재). 이형태: 녁, 녁ㄱ, 녁ㅅ, 녘, 녁ㅎ, 녁ㅋ. 左右 梵志는 두 녀긔 졷ᄌᆞ바 ᄒᆞ니는 梵志라.《1447 석상 3:11ㄱ》, 밧긧 獼猴ㅣ 東 녁긔 와 猩猩일 블러늘.《1463 법화 2:123ㄴ》, 기우루 올흔 녁슬 메와소몬 ᄠᅳᆮ ᄂᆞ리와 法尊호ᄆᆞᆯ 뵈ᅀᆞ오미오.《1463 법화 2:178ㄱ》, 層層인 뫼훌 구비 네 녀크로 도라보니 ᄆᆞᆯᄀᆞᆫ 내콰 뫼골왜 여렛도다.《1481 두시-초 3:63ㄴ》, 無常이 ᄲᆞᆯ라 모ᄃᆞᆫ 아ᄎᆞᆷ 이슬 ᄀᆞᆮ고 목수믄 나죗 西ㅅ 녁히 ᄀᆞᆮᄒᆞ니.《1467 목우 43ㄴ》

7 믈러셔: 물러나서. '므르(어간)+어(연결어미)+시('시다[在]'의 어간)+어(연결어미)'이다. '어+시+어'가 하나의 연결어미 '-어셔'로 재구조화되었다. '-어셔'는 끝음절의 모음이 'ㆍ, ㅏ, ㅗ'가 아닌 동사, 형용사 어간 뒤에 붙어, '-어서'를 뜻하는 어미이다. 衛護ᄂᆞᆫ 둘어 더브러셔 護持ᄒᆞᆯ씨라.《석상 9:40》, 阿育王이 塔ᄋᆞᆯ ᄒᆞ마 이르ᅀᆞᆸ고 幡을 몯 ᄃᆞ라셔 病ᄒᆞ야 누버셔 虛空애 비로ᄃᆡ 부텨 靈ᄒᆞ거시든 애 情誠을 ᄉᆞᆯ피쇼셔 ᄒᆞ니.《석상 24:32》, 雲安縣에 벼개예 굽스러셔 白帝城에 올마와 사노라(伏枕雲安縣 遷居白帝城).《두시-초 7:10~11》. '므르다'는 '무르다[있던 자리에서 뒤로 옮기다]'의 옛말이다. 五百 優婆塞 優婆夷 다 阿耨多羅三藐三菩提에 므르디 아니ᄒᆞᄂᆞᆫ 사ᄅᆞ미 ᄀᆞ라.《석상 19:35》, 그저긔 一切 龍王ᄃᆞᆯ히 座로셔 니러 各各 옷 고티고 올흔녁 메밧고 올흔 무룹 ᄭᅮ러 合掌ᄒᆞ야 … ᄒᆞᆫ녁 面에 믈러 住ᄒᆞ니라.《월석 10:45》

소언 君군子ᄌᆞᄭᅴ 뫼셔 안자실ᄉᆡ 만일 告고ᄒᆞᆯ 이 이셔 ᄀᆞᆯ오ᄃᆡ 져근덛 한가ᄒᆞ여든 願원컨댄 ᄉᆞᆯ올 일이 이셰라커든 곧 왼녁키며 올흔녁크로 최여셔 기ᄃᆞ올 디니라 현대역 군자께 모시어 앉으시므로, 만일 고할 이 있어 가로되, "잠깐 한가하거든 원하건대 사뢸 일이 있도다."라 하거든, 곧 왼편이며 오른편으로 비켜서 기다릴 것이니라.

1 왼녁키며. 올ᄒᆞᆫ녁크로: 왼편이며. 오른편으로. '왼녁ㅋ(명사)+이며(접속조사)', '올ᄒᆞᆫ녁ㅋ(명사)+으로(부사격 조사)'이다. '녁ㅋ'은 '녁'의 이형태로, '녘'의 옛말이다.

2 츼여셔: 비켜서. '츼(어간)+여(연결어미)+시('시다[在]'의 어간)+어(연결어미)'이다. '여+시+어'가 하나의 연결어미 '-여셔'로 재구조화되었다. '-여셔'는 'ㅣ'나 'ㅣ' 계열 이중모음으로 끝나는 용언의 어간 뒤나 'ᄒᆞ다'의 어간 뒤에 붙어, '-어서'를 뜻하는 어미이다. 우리 여라믄 형뎨ᄃᆞᆯ히 가도 족ᄒᆞ다 ᄒᆞᆫ 녀긔 다ᄉᆞᆺ식 분ᄒᆞ여셔 ᄡᅩ져 우리 므슴 나기ᄒᆞ료(咱十數箇弟兄們去時勾了 一邊五箇家分着射 咱賭甚麽).《번박 상:54》, 子弟 도외여셔 灑掃應對ᄅᆞᆯ 편안히 너기디 아니ᄒᆞ고(爲子弟則不能安灑掃應對).《번소 6:3》. '츼다'는 '비키다'의 옛말이다. ᄎᆞ라로ᄂᆡ 몬져 츼여셔 네 그립게 ᄒᆞ리라.《교시조 1256-16》

【集說】**鄭氏曰復**은**白也**니**言欲須少空閒**하여**有所白也**라**屛**은**猶退也**라**陳氏曰居左則屛於左**하고**居右則屛於右**니라**呂氏曰屛而待**는**不敢干其私也**니라

정 씨가 말하였다. "復은 아룀이니, 잠시 한가한 틈을 기다려 아뢰는 바가 있고자 함을 말한다. 屛은 물러감과 같다." 정 씨가 말하였다. "왼쪽에 있을 때는 왼쪽으로 물러나고, 오른쪽에 있을 때는 오른쪽으로 물러난다." 여 씨가 말하였다. "물러나 기다림은 감히 그 사사로운 일에 간여할 수가 없어서이다."

漢字 白(흰 백, 아뢸 백), 須(수염 수, 모름지기 수, 기다릴 수), 空(빌 공, 공간 공), 干(방패 간, 간여할 간)

〖八十二章〗

○侍飮於長者홀ᄉᆡ酒進則起ᄒᆞ야拜受於尊所호ᄃᆡ長者ㅣ辭ㅣ어든少者ㅣ反席而飮ᄒᆞ고長者ㅣ擧未釂醮ㅣ어든少者ㅣ不敢飮이니라 《禮記 曲禮》

● 장자를 모시고 술 마실 적에, 술이 나오면 일어나 술통이 있는 곳에 (가서) 절하고 받되, 장자가 말라 하시거든 젊은 자는 자리에 돌아와 마시고, 장자가 들되[마시되] 다 마시지 않았거든 젊은 자가 감히 마시지 않는다.

漢字 尊(=樽 술통 준), 辭(사양할 사, 말씀 사), 反(돌아올 반), 釂[술 다 마실 조(초)], 醮(초례 초, 제사지낼 초, 술 따를 초)

번소 얼우신끠 뫼셔 술 머글 저긔 수리 나ᅀᆞ오나ᄃᆞᆫ 니러 애갓 미ᄐᆡ 절ᄒᆞ야 바도ᄃᆡ 얼우신이 말라 커시든 져믄 사ᄅᆞ미 돗긔 도라가 먹고 얼우신이 드러 몯 다가 머거 겨시거든 져믄 사ᄅᆞ미 잠싼도 먹디 마롤 디니라

현대역 어르신께 모시어 술 먹을 때에, 술이 나아오거든 일어나 술상 밑에 절하여 받되, 어르신이 말라 하시거든 젊은 사람이 자리에 돌아가 먹고, 어르신이 (술을) 들어서 못 다 먹어 계시거든[다 먹지 못하여 계시거든] 젊은 사람이 잠깐도 먹지 말 것이니라.

1 나ᅀᆞ오나ᄃᆞᆫ: 나아오거든. '나ᅀᆞ오(어간)+나ᄃᆞᆫ(연결어미)'이다. 어미 '-나ᄃᆞᆫ'은 '-거ᄃᆞᆫ'의 형태론적으로 제약된 이형태로, 어간 '오-' 뒤에 쓰인다. 須達이 ᄯᅩ 무로ᄃᆡ 婚姻 위ᄒᆞ야 아ᄉᆞ미 오나ᄃᆞᆫ 이바도려 ᄒᆞ노닛가.《석상 6:16》 '나ᅀᆞ오다'는 '나아오다'의 옛말이다. '나ᅀᆞ오다'는 15세기 문헌에서부터 나타난다. '나ᅀᆞ오-'는 '나아가다'를 의미하는 동사 '낫-'에 어미 '-아', 동사 '오-'가 결합한 것이다. 16세기 이후 유성 마찰음인 'ᅀ'[z]이 소멸함에 따라 '나ᅀᆞ오-'도 17세기부터 '나아오-'로 나타나면서 현재에 이르렀다. 나ᅀᆞ오다(15세기~16세기)〉나아오다(17세기~현재). 이형태: 나ᅀᆞ오다, 나아오다. 軍容이 네와 다ᄅᆞ샤 아ᅀᆞᆸ고 믈러가

니 나ᅀᅡ오던덴 목숨 기트리잇가.《1447 용가 51》, 도적기 ᄠᅳᆯ와 믿다 ᄂᆔ 믈ᄐᆞ고 두 사ᄅᆞᆷ을 ᄡᅩ아 주기니 도적기 감히 나아오ᄃᆡ 몯ᄒᆞ더라.《1617 동신속 효1:50ㄴ》

2 애갓: 술상. 옥돌ᄒᆞ로 설픠에 사긴 애갓상 노핫고(放酒卓兒).《두초상 69》

3 바도ᄃᆡ: 받되. '받(어간)+오ᄃᆡ(연결어미)'이다. '-오ᄃᆡ'는 선행 음절의 모음이 'ㆍ, ㅏ, ㅗ, ㅣ, 반모음 ㅣ'인 경우에 붙어, '-(으)되'를 뜻하는 어미이다. 置陣이 ᄂᆞᆷ과 다ᄅᆞ샤 아ᅀᆞᄫᅩᄃᆡ 나ᅀᅡ오니 믈러가던덴 목숨 ᄆᆞᄎᆞ리잇가(置陣異他 知亦進當 如其退避 性命奚戕).《용가 51장》, 淨飯이 무러시늘 占者ㅣ 判ᄒᆞᅀᆞᄫᅩᄃᆡ 聖子ㅣ 나샤 正覺 일우시리.《월곡 상:6》

4 드러: 들어[마시어]. '들(어간)+어(연결어미)'이다. 아래 【集解】에서 '거(擧)'를 '음(飮)'으로 풀이하였다.

5 다가: 다. 아래 《소학언해》에서도 '다'로 번역하였다.

6 겨시거든: 계시거든. 앞의 본동사 '머거'에 딸린 보조동사이다. 즉 동사 뒤에서 '-어 겨시다' 구성으로 쓰여, '잇다'의 높임말이다. 盟誓ᄒᆞ샤ᄃᆡ 道理 일워ᅀᅡ 도라오리라 ᄒᆞ시고 鹿皮 옷 니브샤 미친 사ᄅᆞᆷᄀᆞ티 묏고래 수머 겨샤 여슷 ᄒᆡ를 苦行ᄒᆞ샤.《석상 6:4》, 그ᄢᅴ 大王이 重ᄒᆞᆫ 病을 어더 겨시거늘 太子ㅣ 臣下ᄃᆞᆯᄒᆡ게 가닐오ᄃᆡ 아바님 病이 기프시니 엇뎨ᄒᆞ료.《월석 21:214》

소언 얼운의게 뫼셔 술 먹을ᄉᆡ 술이 나아오나ᄃᆞᆫ 니러 尊준 노ᄒᆞᆫ 곧ᄋᆡ 가 절ᄒᆞ고 받오ᄃᆡ 얼운이 말라커시든 졈은이 돗ᄀᆡ 도라와 먹고 얼운이 드러셔 다 먹디 몯ᄒᆞ여 겨시거든 졈은이 敢감히 먹디 아니홀 디니라

현대역 어른에게 모시어 술 먹으므로, 술이 나아오거든 일어나 준[尊, 술통] 놓은 곳에 가 절하고 받되, 어른이 말라 하시거든 젊은이 자리에 돌아와 먹고, 어른이 들어서[들 때에] 다 먹지 못하여 계시거든 젊은이 감히 먹지 아니할 것이니라.

드러셔: 들어서. '들(어간)+어(연결어미)+시('시다[在]'의 어간)+어(연결어미)'이다. '어+시+어'가 하나의 연결어미 '-어셔'로 재구조화되었다.

【集解】尊所는置酒尊之所也라辭는止之也라蓋降席拜受는少者當然이로되尊者若止之어든則還席而飮也라擧는猶飮也라釂는飮盡酌也라待長者飮盡而後飮者는不敢先也라

준소(尊所)는 술통을 놓은 곳이다. 辭는 그것을 만류함이다. 대개 자리에 내려가 절하고 받음은 젊은 자로서 당연한 것이되, 尊者가 만약 그것을 만류하면 자리로 돌아와 마신다. 擧는 마심과 같다. 釂는 술을 마시기를 다함이다. 장자가 마시기를 다함을 기다린 뒤에 마시는 것은 감히 먼저 하지 못해서이다.

[漢字] 降(내릴 강, 항복할 항), 酌(술 마실 작, 술 따를 작)

〖八十三章〗

○長者ㅣ賜ㅣ어든少者賤者ㅣ不敢辭ㅣ니라 《禮記 曲禮》

● 장자가 주시거든, 젊은 자와 천한 자는 감히 사양하지 않는다.

[번소] 얼우신이 주시거든 져믄 사룸과 미쳔호 사르미 잠깐도 마다ᄒᆞ디 마롤 디니라

[현대역] 어르신이 주시거든, 젊은 사람과 미천한 사람이 잠깐도 마다하지 말 것이니라.

마다ᄒᆞ디: 마다하지. 거절하거나 싫다고 하지. '마다ᄒᆞ(어간)+디(보조적 연결어미)'이다. 현대국어 '마다하다'의 옛말인 '마다ᄒᆞ다'는 15세기 문헌에서부터 나타난다. '마다ᄒᆞ다'는 '사양하다', '싫다'의 의미인 '말-'과 종결어미 '-다'가 결합한 '마다'와 동사 'ᄒᆞ-'가 결합한 통사적 구성이 단어로 굳어진 것이다. 18세기 이후 제1음절의 'ㆍ'가 'ㅏ'로 변화함에 따라 20세기 이후 'ㆍ'를 표기에 쓰지 않게 되면서 '마다하다'로 나타나 현재에 이르렀다. 마다ᄒᆞ다(15세기~18세기)〉마다하다(20세기~현재). 이형태: 마다ᄒᆞ다. 齋米를 마다커시늘 王이 親히 나샤.

《1459 월석 8:79ㄴ》, 얼우신이 주시거든 져믄 사ᄅᆞᆷ과 미쳔ᄒᆞᆫ 사ᄅᆞ미 잠깐도 마다ᄒᆞ디 마롤 디니라.《1518 번소 3:31ㄱ》

소언 얼운이 주시거든 졈은이과 賤쳔ᄒᆞᆫ 이 敢감히 ᄉᆞ양티 아니홀 디니라

현대역 어른이 주시거든, 젊은이와 천한 이 감히 사양하지 아니할 것이니라.

【集解】陳氏曰辭而後受는平交之禮요非少賤事尊貴之道니라

진 씨가 말하였다. "사양한 뒤에 받음은 평교간의 예요, 젊은 자와 천한 자가 존귀한 자를 섬기는 도는 아니다."

【集成】陳氏曰上之賜也는以恩하고下之受也는以義니義之所可면雖長者之賜라도不敢辭요義之所不可면雖君賜라도有所不受니라

진 씨가 말하였다. "윗사람이 줌은 은혜로써 하고, 아랫사람이 받음은 의리로써 하니, 의리에 가한 것이면 비록 장자가 주더라도 감히 사양할 수 없고, 의리에 불가한 것이면 비록 임금이 주더라도 받지 않는 배[경우]가 있는 것이다."

〖八十四章〗

○御同於長者ᄒᆞᆯ시雖貳나不辭ᄒᆞ며偶坐不辭ㅣ니라 《禮記 曲禮》

● 장자를 모시고 함께 할 적에는, 비록 거듭하더라도[더 나오더라도] 사양하지 않으며, (남과) 짝하여 앉았으면 사양하지 않는다.

漢字 御(모실 어), 貳(거듭할 이, 두 이), 偶(짝할 우)

번소 얼우신끠 뫼셔 ᄒᆞᆫ듸 이실 저기어든 비록 여러 가짓 차반이라도 마다ᄒᆞ디 아니ᄒᆞ며 마조 안조ᄆᆞᆯ 마다ᄒᆞ디 아니홀 디니라

현대역 어르신께 모시어 한데 있을 때이거든, 비록 여러 가지의 음식이라도 마다하지 아니하며, 마주 앉음을 마다하지 아니할 것이니라.

1 ᄒᆞᆫ듸: 한데. 한곳이나 한군데. 현대국어 '한데'의 옛말인 'ᄒᆞᆫ듸'는 15세기 문헌에서부터 나타난다. 'ᄒᆞᆫ듸'는 수 관형사 'ᄒᆞᆫ'과 '장소'를 의미하는 의존명사 '듸'가 결합한 것이다. 근대국어 후기에 모음 'ㆍ'가 'ㅏ'와 소리가 같아지면서 어두음절에서 'ᄒᆞᆫ>한'으로 변화하여 19세기에는 '한듸' 형태가 등장하였다. '한듸'에서 제2음절의 모음 'ㆎ'가 'ㅔ'로 바뀌어 현대국어와 같은 '한데'가 등장하게 되었다. 'ㆍ'가 'ㅏ'와 소리가 같아지면서 이중모음 'ㆎ'도 'ㅐ[aj]'와 소리가 같아지고 그 이후에 'ㅐ[aj]'가 단모음 [ɛ]로 변화하는 것이 일반적인데, 'ᄒᆞᆫ듸'의 경우는 'ㆎ'가 'ㅔ'로 변화한 점이 특이하다. 한편 16세기 이래로 제2음절 이하에서 모음 'ㆍ'가 'ㅡ'로 변화함에 따라 'ᄒᆞᆫ듸>ᄒᆞᆫ듸'로 변화하여 16세기~18세기 문헌에는 'ᄒᆞᆫ듸'의 예도 나타나는데, 이 형태는 19세기 이후로 사라졌다. ᄒᆞᆫ듸(15세기~18세기)>한듸(19세기)>한데(19세기~현재). 이형태: ᄒᆞᆫ듸, ᄒᆞᆫ듸, 한듸. 耶輸는 前生애 어마님과 ᄒᆞᆫ듸 가시다가 길 머러 굿ᄇᆞ실씨.《1447 석상 3:37ㄴ》, 형뎨를 블러 울며 니ᄅᆞ고 다시 ᄒᆞᆫ듸 사니 나라히 졍표ᄒᆞ니라.《1518 이륜-옥 26ㄱ》

2 차반: 맛있게 잘 차린 음식. 한자어 '차반(茶飯)'에서 유래되었다.

소언 얼운의게 뫼셔 ᄒᆞᆫ가지로 홀ᄉᆡ 비록 여러 번이나[음식을 여러 번 드림이라] ᄉᆞ양티 아니ᄒᆞ며 ᄀᆞᆯ와 안자셔ᄂᆞᆫ ᄉᆞ양티 아니홀 디니라

현대역 어른에게 모시어 한가지로 하므로, 비록 여러 번이나[음식을 여러 번 드림이라.] 사양하지 아니하며, (짝과) 나란히 앉아서는 사양하지 아니할 것이니라.

ᄀᆞᆯ와: 나란히. 'ᄀᆞᆯ오(어간)+아(연결어미)'이다. 'ᄀᆞᆲ다'는 '가루다', '나란히 하다'의 옛말이다. 자세한 설명은 〈명륜(明倫) 제2〉 제16장을 참조하라.

【集解】陳氏曰御는侍也라貳는益物也라侍食者雖獲殽饌之重

이나而不辭其多者는以此饌이本爲長者設耳일새니라偶者는配偶之義니因其有賓而己亦配偶於坐라故로亦不辭也니라

진 씨가 말하였다. "御는 모심이다. 貳는 물건을 더함이다. 모시고 먹는 자가 비록 고기와 음식의 거듭함을 얻더라도 그 많음을 사양하지 않음은, 이 음식이 본래 장자를 위하여 베풀어졌을 뿐이기 때문이다. 偶는 짝의 뜻이니, 그 손님이 있음으로 인하여 자기도 또한 자리에 짝이 되었으므로[짝하여 앉았으므로] 또한 사양하지 않는 것이다."

漢字 獲(얻을 획), 殽(뼈 붙은 살 효, 안주 효, 섞일 효), 饌(음식 찬, 반찬 찬), 配(짝 배)

【八十五章】

○侍於君子하야不顧望而對ㅣ非禮也ㅣ니라 《禮記 曲禮》

● 군자를 모시면서, (좌우에 있는 사람들을) 돌아보고 바라보지 않고서 대답하면 예가 아니다.

번소 君군子ᄌᆞ를 뫼셔 이쇼매 도라 ᄇᆞ라디 아니코 간대로 ᄃᆡ답호미 禮례 아니라

현대역 군자를 모시어 있음에, (다른 사람들을) 돌아 바라보지 아니하고 함부로 대답함이 예가 아니다.

1 ᄇᆞ라디: 바라보지. 'ᄇᆞ라(어간)+디(보조적 연결어미)'이다. 'ᄇᆞ라다'는 '바라보다'의 옛말이다. 내 ᄯᅩᄅᆡ 뒤도라 날 ᄇᆞ라다가 보디 몯ᄒᆞ면 시름ᄒᆞ야 ᄎᆞ기 너기리라 ᄒᆞ야.《석상-중 11:29》, 잔올 드러셔 힌 누느로 프른 하ᄂᆞᆯ흘 ᄇᆞ라니 ᄆᆞᆯ고미 玉樹ㅣ ᄇᆞᄅᆞᆷ 알ᄑᆡ 臨ᄒᆞ얫ᄂᆞᆫ ᄃᆞᆺᄒᆞ도다(擧觴白眼望青天 皎如玉樹臨風前).《두시-초 15:41》

2 간대로: '망령되이', '함부로', ' 되는대로'의 옛말이다. 衆生ㅣ 迷惑ᄒᆞ야 能히 제 信티 몯ᄒᆞᆯᄊᆡ 記를 간대로 심기ᄂᆞ다 ᄒᆞ거늘.《월석 17:85》, 가줄비건댄 艱難ᄒᆞᆫ

사ᄅᆞ미 간대로 帝王이로라 일홈ᄒᆞ다가 제 誅滅을 取ᄒᆞ놋 ᄒᆞ니(譬如窮人 妄號帝王 自取誅滅).《능엄 6:112》

3 아니라: 아니다. '아니(어간)+라(평서형 종결어미)'이다. '-라'는 평서형 종결어미 '-다'의 이형태이다.

소언 君군子ᄌᆞᄭᅴ 뫼셔셔 도라 ᄇᆞ라디 아니코 ᄃᆡ답홈이 禮례 아니니라

현대역 군자께 모시어서, 돌아 바라보지 아니하고 대답함이 예가 아니니라.

【集說】呂氏曰顧望而後對者는不敢先他人言也라應氏曰有察言觀色之意하니라

여 씨가 말하였다. "顧望而後對[돌아보고 바라본 뒤에 대답함]은 감히 다른 사람보다 먼저 하여 말할 수 없어서이다." 응 씨가 말하였다. "(남의) 말을 살피고 얼굴빛을 관찰하는 뜻이 있다."

〖八十六章〗

○ 少儀예曰尊長이於己예踰等이어든不敢問其年ᄒᆞ며燕見現애不將命ᄒᆞ며遇於道ᄒᆞ야見則面ᄒᆞ고不請所之니라 《禮記 少儀》

● 〈소의〉에 말하였다. "尊長이 자기보다 등급이 넘거든 감히 그 나이를 묻지 않으며, 사사로이[사석에서] 뵐 때에 (擯者을 시켜) 말을 전달하지 않으며, 길에서 우연히 만나 (존장이) 보았으면 뵙되, 가는 곳을 묻지 않는다."

漢字 踰(넘을 유), 燕(사사로울 연, 제비 연, 잔치 연), 將(전할 장, 장차 장)

번소 少쇼儀의예 ᄀᆞ로ᄃᆡ 尊존ᄒᆞ신 얼우니 제 등에 넘거든 잠ᄭᅡᆫ도 그 나ᄒᆞᆯ 묻디 말며 아롬뎌 보요매 사ᄅᆞᄆᆞ로 命명을 가져 ᄃᆞ니게 말며

길헤 맛나 보아시든 뵈ᅀᆞᆸ고 가시논 ᄃᆡᄅᆞᆯ 묻디 마롤 디니라

현대역 〈소의〉에 가로되, "높으신 어른이 자기의 등급에 넘거든 잠깐도 그 나이를 묻지 말며, 사사로이 뵘에 사람으로 하여금 (자기의) 명을 가져 다니게 말며, 길에 만나 보시거든 뵈옵고 가시는 데를 묻지 말 것이니라."

1 등에: 등급(等級)에서. '등(명사)+에(부사격 조사)'이다. '에'는 비교의 부사격 조사이다.

2 아ᄅᆞᆷ뎌: '사사로이'의 옛말이다. 내 이제 아ᄅᆞᆷ뎌 財寶ᄅᆞᆯ 어더 衆生을 足게 주리라.《월석-중 22:30》, 뎌와 뎌왜 業을 發ᄒᆞ야 各各 아ᄅᆞᆷ뎌 受ᄒᆞ니잇가 ᄒᆞᆯᄊᆡ 이런ᄃᆞ로 이에 牒ᄒᆞ야 對答ᄒᆞ시니라(彼彼發業 各各私受 故此牒答).《능엄 9:38》

3 보요매: '뵈(어간)+옴(명사형 어미)+에(부사격 조사)'이다. 어간 '뵈[poj]'의 반모음 j가 명사형 어미 '옴'과 결합하여 '욤'으로 실현되었다. 현대국어 '뵈다'와 '뵙다'는 '뵈다'의 경우 15세기부터 쓰여 형태의 변화 없이 계속 쓰였으며, '뵙다'의 경우 '뵈ᅀᆞᆸ다'의 '-ᅀᆞᆸ-'이 '-ᄋᆞᆸ-'으로 변한 다음 다시 '-ㅂ-'으로 변하여 형성된 말이다. 중세국어에서 현대국어에 이르기까지 '-ᅀᆞᆸ-'은 형태와 출현 위치가 다양하게 변화하는데 16세기에 나타나는 '뵈ᅀᆞ오다'나 18세기에 나타나는 '뵈옵다', '뵈압다' 등은 모두 '-ᅀᆞᆸ-'의 변화에 기인한다. 뵈ᅀᆞᆸ다, 뵈다(15세기~현재)〉뵈ᄋᆞᆸ다(16세기~19세기))〉뵙다(20세기~현재). 이형태: 뵈ᅀᆞᆸ다, 뵈ᅀᆞᇦ다, 뵈ᅀᆞ오다, 뵈다, 뵈ᄋᆞᆸ다, 뵈옵다, 뵈압다. 婇女ᄃᆞᆯ히 太子ᄭᅴ 드ᅀᆞᄫᅡ 온 가짓 呈才ᄒᆞ야 웃이ᅀᆞᄫᆞ며 갓갓 고ᄫᆞᆫ 양ᄒᆞ야 뵈ᅀᆞᆸ거늘.《1447 석상 3:24ㄱ》, 즉자히 ᄂᆞ려와 世尊ᄭᅴ 뵈ᅀᆞᄫᅡ 머리 조ᅀᆞᆸ고.《1447 석상 6:45ㄴ》, 뎌 如來ㅅ 本願威力으로 알ᄑᆡ 뵈샤.《1447 석상 9:15ㄱ》, 하딕ᄒᆞ며 도라와 뵈ᅀᆞ오며 깃븐 일 잇거든 가 하례ᄒᆞ며.《1518 여씨-존 19ㄱ》, ᄆᆡ양 닷쇗만의 모욕 말미ᄒᆞᆯ 제 도라와 뵈ᄋᆞᆸ고 親히 견방의 들어가 《1588 소언 6:79ㄱ》

4 ᄃᆞᆫ니게: 다니게. 'ᄃᆞᆮ니(어간)+게(보조적 연결어미)'이다. 현대국어 '다니다'의 옛말인 'ᄃᆞᆮ니다'는 15세기 문헌에서부터 나타난다. 'ᄃᆞᆮ니다'는 '달리다'의 의미인 'ᄃᆞᆮ-'과 '가다'의 의미인 '니-'가 결합한 합성어이다. 15세기부터 'ᄃᆞᆮ니다'와 함께 'ᄃᆞᆮ-'의 종성 'ㄷ'이 후행하는 '니-'의 초성 'ㄴ'에 동화되어 'ᄃᆞᆫ니다'가 나타난다. 16세기 이후 'ᄃᆞᆫ니다'에서 제1음절 종성 'ㄴ'이 탈락한 'ᄃᆞ니다'로 나타난다. 18세기 이후 제1음절의 'ㆍ'가 'ㅏ'로 변화됨에 따라 19세기 이후 '다니다'로 나타나 현재에 이르렀다. 15세기의 'ᄃᆞᆫ이다'는 'ᄃᆞ니다'를 분철 표기한 것이다.

17세기의 '돗니다'는 종성 'ㄷ'을 'ㅅ'으로 표기하던 당시의 경향에 따라 나타난 표기이다. 19세기의 '단니다'는 '둔니다'의 제1음절 모음 '·'가 'ㅏ'로 변화한 것이며, '딘니다'는 '둔니다'의 제1음절 모음 '·'가 후행하는 'ㅣ'의 영향으로 '·ㅣ'로 나타난 것이다. 둗니다(15세기~17세기)〉둔니다(15세기~19세기)〉드니다(16세기~18세기)〉다니다(19세기~현재). 이형태: 둗니다, 둔니다, 둔이다, 드니다, 돗니다, 딘니다, 단니다, 다니다. 五百 靑衣를 골히야 졋어미 조차 둗니며.《1447 석상 3:4ㄴ》, 商운 두루 둔녀 흥졍홀 씨오.《1447 석상 20:25ㄱ》, 賤隷는 任昉이 둔이는 둧호도다.《1481 두시-초 24:43ㄱ》, 率 드닐 졸.《1575 천자-광 6ㄱ》

5 가시논: 가시는. '가(어간)+시(주체 높임 선어말어미)+ᄂ(현재 시제 선어말어미)+오(대상 표시법 선어말어미)+ㄴ(관형사형 어미)'이다.

소언 少쇼儀의[禮례記긔 篇편 일홈이라]예 골오디 尊존長댱이 내거긔 츙이 넘거든 敢감히 그 나홀 묻디 아니ᄒ며 ᄉᄉ로 뵈ᄋ올 제 命명을 가져 ᄃ니게 아니ᄒ며 길헤 만나셔 보셔든 뵈ᅀᆸ고 가시논 바롤 묻디 아니홀 디니라

현대역 〈소의〉[《예기》 편 이름이라.]에 가로되, "尊長이 나에게 層이 넘거든 감히 그 나이를 묻지 아니하며, 사사로이 뵈올 때 명을 가져 다니게 아니하며, 길에 만나서 보시거든 뵙고 가시는 바를 묻지 아니할 것이니라."

1 존댱: 존장(尊丈). '존장'은 여러 가지 뜻이 있다. 지위가 자기보다 높은 사람을 높여 이르는 말. 자기 아버지와 벗으로 사귀는 사람을 높여 이르는 말. 자기의 나이보다 16세 이상 많은 사람을 높여 이르는 말.

2 뵈ᄋ올: 뵈올. '뵈ᄋ오(어간)+ㄹ(관형사형 어미)'이다. '뵈ᅀᆸ-'이 '뵈ᄋᆸ-', '뵈ᅌᆸ-', '뵈ᄋ오-'로 약화된 어형이다. '뵈ᅀᆞᆸ다'는 '웃어른을 대하여 보다'를 뜻하며, '뵈다'보다 더 겸양의 뜻을 나타낸다. 현대국어 '뵈다'와 '뵙다'는 '뵈다'의 경우 15세기부터 쓰여 형태의 변화 없이 계속 쓰였으며, '뵙다'의 경우 '뵈ᅀᆸ다'의 '-ᅀᆸ-'이 '-ᄋᆸ-'으로 변한 다음, 다시 '-ㅂ-'으로 변하여 형성된 말이다. 중세국어에서 현대국어에 이르기까지 '-ᅀᆸ-'은 형태와 출현 위치가 다양하게 변화하는데, 16세기에 나타나는 '뵈ᅀᆞ오다'나 18세기에 나타나는 '뵈옵다, 뵈압다' 등은 모두

'-숩-'의 변화에 기인한다. 뵈숩다, 뵈다(15세기~현재)>뵈옵다(16세기~19세기)>뵙다(20세기~현재). 이형태: 뵈숩다, 뵈숳다, 뵈ᅀᆞ오다, 뵈다, 뵈옵다, 뵈옵다, 뵈압다. 婇女ᄃᆞᆯ히 太子ᄭᅴ ᄃᆞᅀᆞᄫᅡ 온 가짓 呈才ᄒᆞ야 웃이ᅀᆞᄫᆞ며 갓갓 고ᄫᆞᆫ 양ᄒᆞ야 뵈숩거늘.《1447 석상 3:24ㄱ》, 즉자히 ᄂᆞ려와 世尊ᄭᅴ 뵈ᅀᆞᄫᅡ 머리 조ᅀᆞᆸ고.《1447 석상 6:45ㄴ》, 더 如來ㅅ 本願威力으로 알픽 뵈샤.《1447 석상 9:15ㄱ》, 하딕ᄒᆞ며 도라와 뵈ᅀᆞ오며 깃븐 일 잇거든 가 하례ᄒᆞ며.《1518 여씨-존 19ㄱ》, ᄆᆡ양 닷쇗만의 모욕 말믜홀 제 도라와 뵈옵고 親히 견방의 들어가.《1588 소언 6:79ㄱ》

【集解】少儀는禮記篇名이라燕은私也요之는往也라陳氏曰踰等은祖與父之行也라不敢問年은嫌若序齒也라不將命은謂不使擯者傳命이니非賓主之禮也일새라若遇尊長於路하여尊者見則趨見之하고不見則隱避하니不欲煩動之也라不請所之는不敢問其所往也라

〈소의〉는 《예기》의 편명이다. 燕은 사사로움이요, 之는 감이다. 진 씨가 말하였다. "踰等은 할아버지나 아버지의 항렬이다. 감히 나이를 묻지 않음은 나이를 차례 하는[차례를 따지는, 차례를 매기는] 듯함을 싫어해서이다. 不將命[말을 전달하지 않음]은 擯者를 시켜 명령을 전달하지 않음을 이르니, (이는) 손님과 주인의 예가 아니기 때문이다. 만약 존장을 길에서 우연히 만나 존자가 보았으면 달려가 그를 뵙고, 보지 않았으면 숨어 피하니 (이는) 그[존자]를 번거롭게 움직이지 않고자 해서이다. 不請所之[가는 곳을 묻지 않음]은 감히 그 가는 바를 묻지 않음이다."

漢字 擯(인도할 빈, 손님 맞는 사람 빈), 趍(趨의 俗字. 달릴 추), 避(피할 피), 煩(번거로울 번, 괴로워할 번)

侍坐애弗使ㅣ어든不執琴瑟ᄒᆞ며不畵地ᄒᆞ며手無容ᄒᆞ며不翣也ᄒᆞ며寢則坐而將命이니라

● 모시고 앉았을 적에 시키지 않거든 거문고와 비파를 잡지 않으며, 땅에 긋지 않으며, 손은 놀리지[容] 않으며, 부채질하지 않으며, 누워 계시면 꿇어 앉아서 명령을 전해야 한다.

漢字 畫(그을 획, 그림 화), 容(용납할 용, 얼굴 용, 꾸밀 용, 담을 용), 翣(부채 삽)

용(容): 놀리다. 신체 부위를 일정하게 움직이게 하다.

번소 뫼셔 안자셔 시기디 아니 커시든 풍믈을 자바 ᄒᆞ디 말며 짜홀 그리힐후디 말며 소놀 놀이디 말며 부체 붓디 말며 누어 겨시거든 안자셔 니르시는 마롤 옮굘 디니라

현대역 모시어 앉아서, 시키지 아니 하거시든 풍물을 잡아 하지 말며, 땅을 그리지 말며, 손을 놀리지 말며, 부채 부치지 말며, 누워 계시거든 앉아서 이르시는 말을 옮길 것이니라.

1 안자셔: 앉아서. '앉(어간)+아(연결어미)+시('시다[在]'의 어간)+어(연결어미)'이다. '아+시+어'가 하나의 연결어미 '-아셔'로 재구조화되었다. '-아셔'는 끝음절의 모음이 'ㆍ, ㅏ, ㅗ'인 동사, 형용사 어간 뒤에 붙어, '-아서'를 뜻하는 어미이다. 시름 오매 프를 지즐안자셔 훤히 놀애 블로니 눉므리 소내 ᄀᆞᄃᆞᆨᄒᆞ도다(憂來藉草坐 浩歌淚盈把).《두시-초 6:1》, 戶外예 昭容이 블근 ᄉᆞ매 드리오고 둘히 御座ᄅᆞᆯ 보아셔 朝儀ᄅᆞᆯ 引進ᄒᆞᄂᆞ다(戶外昭容紫袖垂 雙瞻御座引朝儀).《두시-초 6:7》

2 그리힐후디: 그리지. '그리힐우(어간)+디(보조적 연결어미)'이다. '그리힐우다'는 '그리다'의 옛말이다. 뫼셔 안자심애 시기디 아니커시든 琴과 瑟을 잡디 아니ᄒᆞ며 짜홀 그리힐후디 아니ᄒᆞ며(侍坐弗使 不執琴瑟 不畫地).《소언 2:63~64》

3 놀이디: 놀리지. '놀이(어간)+디(보조적 연결어미)'이다. '놀이다'는 '놀리다'의 옛말이다. 신체 부위를 일정하게 움직이게 하다. 현대국어 '놀리다'의 옛말인 '놀이다'는 15세기 문헌에서부터 나타난다. '놀이다'는 동사 '놀-'에 사동접사 '-이-'가 결합한 것인데, 이때 '-이-'는 기원적으로 '-기-'에서 'ㄱ'이 약화되어 성문 마찰 유성음 'ㅇ[ɦ]'으로 실현된 것이다. 16세기 이후로 성문 마찰 유성음 'ㅇ'이 사라지면서 그 자리에 'ㄹ'이 첨가된 '놀리다'로 바뀌어 현재에 이르렀다. 놀이다(15세기~19세기)>놀리다(16세기~현재). 이형태: 놀이다, 놀리다. 珍은

보비오 玩은 놀일 씨니 맛드러 가져 놀 씨라.《1459 월석 12:27ㄱ》, 새삿기를 어버의 겨틔셔 놀려 어버이 깃거콰뎌 ᄒᆞ더라.《1588 소언 4:16ㄴ》

4 붓디: 부치지. '붓(어간)+디(보조적 연결어미)'이다. '붓다'는 '부치다'의 옛말이다. 본래 '붗다'이나 팔종성법에 따라 '붓다'가 되었다. 그 ᄠᅳ디 誣罔ᄒᆞ며 그 ᄆᆞᅀᆞ미 ᄂᆞ로미 ᄇᆞᄅᆞ미 드트를 부처 사ᄅᆞᄆᆞ로 봄 업게 ᄐᆞᆺ ᄒᆞᆯ씨(其志誣罔 其心飛揚 如風鼓塵 使人無見).《능엄 8:88》, 수미 ᄇᆞᄅᆞᆷ과 블와브터 나 煩惱濁올 부츨씨 이런ᄃᆞ로 그 야이 ᄂᆡ 곧ᄒᆞ니라(息由風火而起 鼓煩惱濁 故其狀如烟).《능엄 5:57》

5 옮굘 디니라: 옮길 것이니라. 옮길지니라. '옮기(어간)+우(대상 표시법 선어말어미)+ㄹ(관형사형 어미)+ᄃᆞ(의존명사)+이(서술격조사 '이다'의 어간)+니라(평서형 종결어미)'이다. 의존명사 'ᄃᆞ'는 '것'의 의미를 가진 보편성 의존명사이다. 의존명사를 꾸며주는 관형사형에 들어있는 선어말어미 '-오$_2$-'의 이형태 '-우-'도 대상 표시법 선어말어미에 해당한다.

소언 뫼셔 안자심애 시기디 아니커시든 琴금과 瑟슬을 잡디 아니ᄒᆞ며 싸홀 그리힐후디 아니ᄒᆞ며 손을 즛ᄒᆞ디 말며 부체질 아니ᄒᆞ며 누어 겨시거든 ᄭᅮ러 命명을 옴길 디니라

현대역 모시어 앉으심에, 시키지 아니 하거시든 거문고와 비파를 잡지 아니하며, 땅을 그리지 아니하며, 손을 짓하지 말며, 부채질 아니 하며, 누워 계시거든 꿇어 명을 옮길 것이니라.

즛ᄒᆞ디: 짓하지. 놀리지. 손을 즛ᄒᆞ디 말며(手無容).《소언 2:64》

【集解】翣은扇也요坐는跪也라

翣은 부채요, 坐는 꿇어앉음이다.

漢字 跪(꿇어앉을 궤)

【集說】陳氏曰侍坐於尊者에不使之執琴瑟이면則不得擅執

而鼓之라無故而畫地도亦爲不敬이라手容恭이니若擧手以爲容이면亦爲不恭이라時雖暑熱이나不得揮扇이요若當尊長寢臥之時而傳命이면必跪而言之요不可直立以臨之也니라

진 씨가 말하였다. "존자를 모시고 앉았을 적에 (존자가) 하여금 그에게 거문고와 비파를 잡게 하지 않으면 제멋대로 잡아서 그것을 두드리지 않는다. 까닭 없이 땅을 긋는 것도 또한 不敬이 된다. 손 모양은 공손해야 하니, 만약 손을 들어 놀리면 또한 不恭이 된다. 때가 비록 덥고 뜨겁더라도 부채를 휘둘러서는 안 되고, 만약 尊長이 누워 계실 때를 당하여 명령을 전달하게 되면 반드시 꿇어앉아 그것을 말하고, 꼿꼿이 서서 그[존장]를 임해서는 안 된다."

漢字 **擅**(멋대로 할 천), **鼓**(두드릴 고, 북 고), **暑**(다울 서), **熱**(더울 열), **揮**(휘두를 휘)

侍射則約矢ᄒᆞ고侍投則擁矢ᄒᆞ며勝則洗蘇典反而以請이니라

● 모시어 활을 쏠 적이면 화살(4개)을 모두 한꺼번에 취하고[約矢], 모시어 투호할 적이면 화살을 모두 안으며[擁矢], 이기면 (잔을) 씻어 써 청한다.

漢字 **約**(묶을 약), **投**(던질 투), **擁**(안을 옹), **洗**(씻을 세)

1 약시(約矢): 화살을 한꺼번에 취하다.
2 옹시(擁矢): 화살을 한꺼번에 안다.

번소 뫼셔 활 솔딘댄 사ᄅᆞᆯ 모도 잡고 뫼셔 投투壺호ᄒᆞᆯ딘댄 사ᄅᆞᆯ 모도아 놀 디니 제 이긔여든 잔 시서 븟살가ᄒᆞ야 쳥ᄒᆞᆯ 디니라

현대역 모시어 활 쏠진댄 살을 모두 잡고, 모시어 投壺할진댄 살을 모아 놀 것이니, 자기가 이겼거든 잔 씻어 청할 것이니라.

1 솔딘댄: 쏠진댄. 'ᄉᆞ(어간)+ㄹ(관형사형 어미)+ᄃᆞ(의존명사)+이(서술격 조사 '이

다'의 어간)+ㄴ대(연결어미)+ㄴ(보조사)'이다. 'ㄹ+ᄃᆞ+이+ㄴ대+ㄴ'이 '-ㄹ딘댄'으로 재구조화되었다. '-ㄹ딘댄'은 현대국어 '-ㄹ진댄'에 해당한다. '-ㄹ진댄'은 '-ㄹ진대'에 보조사 'ㄴ'이 결합한 말로, '-ㄹ진대'를 강조한다. '-ㄹ진대'는 '이다'의 어간, 받침 없는 용언의 어간, 'ㄹ' 받침인 용언의 어간 또는 어미 '-으시-' 뒤에 붙어, 앞 절의 일을 인정하면서, 그것을 뒤 절 일의 조건이나 이유, 근거로 삼음을 나타내는 연결어미이다. 장중한 어감을 띤다. 論語에 닐오ᄃᆡ 工匠바지ㅣ 이ᄅᆞᆯ 이대코져 홀딘댄 반ᄃᆞ기 몬져 그 그르슬 ᄂᆞᆯ나게 ᄒᆞᄂᆞ니라 ᄒᆞ니라(論語云 工欲善其事 必先利其器).《원각 서:80》, 輪廻ᄅᆞᆯ 免코져 홀딘댄 부텨 求홈 곧ᄒᆞ니 업스니라 ᄒᆞ다가 부텨 求코져 홀딘댄 부톄 곧 이 ᄆᆞᅀᆞ미니 ᄆᆞᅀᆞᄆᆞᆯ 엇뎨 머리 어ᄃᆞ료(欲免輪廻 莫若求佛 若欲求佛 佛卽是心 心何遠覓).《목우 2》.

2 모도: 모두. '모도'는 15세기 문헌에서부터 나타난다. '모도'는 '모이다'의 의미를 지닌 동사 '몯-'에 부사 파생접사 '-오'가 결합한 것이다. 19세기에 제2음절의 양성모음 'ㅗ'가 음성모음 'ㅜ'로 바뀐 '모두' 형태가 나타나 현재에 이르렀다. 부사 '모도'는 '모두', '전부'의 의미 외에 '모아서'의 의미도 지니고 있었다. 한편 15세기에는 '모도'와 같은 의미를 지닌 부사로 '모다'도 나타났는데(예: 이러ᄐᆞᆺᄒᆞᆫ {모다} 아논 大阿羅漢ᄃᆞᆯ히며.《1447 석상 13:2ㄴ》), '모다'는 '몯-'에 연결어미 '-아'가 결합한 활용형이 부사화한 것이다. 모도(15세기~19세기)>모두(19세기~현재). 이형태: 모도, 모두. 天主ㅣ ᄃᆞ외야 諸天을 모도 거ᄂᆞ리고져 커든.《1461 능엄 6:12ㄱ》, 법에 아사 가지며 모도 가지면 댱 일빅 도녀니오.《1579 경민-중 6ㄴ》

3 모도아: 모아. '모도(어간)+아(연결어미)'이다, '모도다'는 '모으다'의 옛말이다. 또 貪ᄒᆞᆫ 無量有情이 쳔랴ᇰᄋᆞᆯ 모도아 두고 제 ᄡᅳ도 오히려 아니ᄒᆞ거니 ᄒᆞᄆᆞᆯ며 어버ᅀᅵᆫᄃᆞᆯ 내야 주며 가시며 子息이며 죵인ᄃᆞᆯ 주며 와 비는 사ᄅᆞᄆᆞᆯ 주리여.《석상 9:12》, 一切 龍王ᄋᆞᆯ 다 모도시니.《월석 10:34》

4 이긔여든: 이기거든. '이긔(어간)+어든(연결어미)'이다. '-어든'은 '-거든'의 음운론적으로 제약된 이형태이다.

5 시서: 씻어. '싯(어간)+어(연결어미)'이다. '싯다'는 '씻다'의 옛말이다. 현대국어 '씻다'의 옛말인 '싯다', 'ᄡᅵᆺ다'는 15세기 문헌에서부터 나타난다. 'ᄡᅵᆺ다'는 근대국어 시기에 제1음절의 'ㅄ'이 된소리 'ㅆ'로 소리 나면서 표기도 'ㅆ'으로 바뀌어 '씻다'가 된다. '싯다'는 근대국어 시기에 어두경음화를 겪어 '씻다'가 되었다. 싯다/ᄡᅵᆺ다(15세기~19세기)>씻다(17세기~현재). 이형태: 싯다, 씻다, ᄡᅵᆺ다. 옷

쐘며 발 싯고 니거늘.《1447 석상 11:25ㄱ》, 누웨 뻐슨 죠히를 ᄉᆞ라.《1466 구방 하:85ㄱ》

6 븟살가ᄒᆞ야: 대문(大文) '勝則洗而以請'에 대한 해석 속에 포함된 구절이다. 이 구절을 《번역소학》은 '제 이긔여든 잔 시서 븟살가ᄒᆞ야 쳥홀 디니라'로, 《소학언해》는 '이긔여든 잔 시서 뻐 請쳥홀 디니라'로 해석하였다. 대문과 비교해 볼 때, '븟살가ᄒᆞ야'는 불필요한 구절임을 알 수 있다. 만약 《번역소학》이 의역 태도를 취했음을 감안한다면, '높은 자가 벌주 마시기를'이란 의미가 첨가될 수는 있다. 여하튼 그 의미를 파악하기란 쉽지 않다.

소언 뫼셔 활 뽈 적이어든 살올 모도 잡고 뫼셔 투호틸 적이어든 살올 모도 안으며 이긔여든 잔 시서 뻐 請청홀 디니라

현대역 모시어 활 쏠 때거든 살을 모두 잡고, 모시어 투호칠 때거든 살을 모두 안으며, 이겼거든 잔 씻어 써 청할 것이니라.

【集說】陳氏曰凡射는必二人爲耦하니楅在中庭하고箭置於楅하여上耦前取一矢하고次下耦又進取一矢하여如是更進하여各得四矢하나니若卑者侍射면則不敢更迭取之하고但一時幷取四矢라故로謂之約矢也라投壺之禮는亦賓主各四矢니尊者則委四矢於地하여一一取而投之하고卑者는不敢委於地라故로悉擁抱之也라射與投壺之禮는勝者之弟子酌酒置于豐上이어든其不勝者跪而飮之하니若卑者得勝이면則不敢徑酌하고當前洗爵而請行觴也라

진 씨가 말하였다. "무릇 활을 쏠 적에는 반드시 두 사람이 짝이 되니, 화살 통은 뜰 가운데 있고 화살은 화살 통에 둔다. 첫 번째 짝[上耦]이 먼저 한 개의 화살을 취하면 다음 두 번째 짝[下耦]이 또 나가서 한 개의 화살을 취하여, 이와 같이 번갈아 나아가 각각 네 개의 화살을 얻으니,

만약 낮은 자가 모시고 쏘게 되면 감히 번갈아 취하지 못하고 단지 한꺼번에 아울러 네 개의 화살을 취한다. 그러므로 그를 約矢[화살을 묶음]라 한 것이다. 投壺의 예는 또한 손님과 주인이 각각 네 개의 화살로 하니, 귀한 자는 네 개의 화살을 땅에 놓고 하나하나 취하여 그것을 던지고, 낮은 자는 감히 땅에 놓지 못한다. 그러므로 그것을 모두 안는다. 활쏘기와 투호의 예는 이긴 자의 아우와 아들[弟子]이 술을 따라 술잔 받치는 그릇[豊] 위에 놓으면 그 이기지 못한 자는 꿇어앉아 그것을 마시니, 만약 낮은 자가 이기면 감히 곧바로 술을 따르지 못하고 마땅히 앞에서 술잔을 씻고서 (술을 따라) 잔 들기를 청한다."

漢字 耦(짝 우), 楅(화살통 복), 箭(화살 전), 更(번갈아 경, 고칠 경, 지날 경, 다시 갱), 迭(번갈아 질, 교대할 질), 委(놓을 위, 맡길 위), 豊[잔대(술잔을 받는 그릇) 풍], 徑(곧 경), 酌(술 따를 작), 爵(술잔 작), 觴(술잔 상)

〖八十七章〗

○王制예曰父之齒를隨行ᄒᆞ고兄之齒를鴈行ᄒᆞ고朋友ᄂᆞᆫ不相踰ㅣ니라 《禮記 王制》

●〈왕제〉에 말하였다. "아버지의 年齒인 자에게는 뒤를 따라가고, 형의 年齒인 자에게는 나란히 가되 조금 뒤에 가고, 친구 간에는 서로 서로 넘어서지 않는다.

漢字 雁(기러기 안), 踰(넘을 유)

안행(雁行): 나란히 가되, 조금 뒤에 감. 또는 기러기의 행렬이란 뜻으로, 남의 형제를 높여 이르는 말. 이때의 규범표기는 '안항'이다.

번소 王왕制졔예 ᄀᆞ로ᄃᆡ 아비 나와 ᄀᆞᄐᆞ니란 뒤조차 ᄃᆞ니며 형의 나와 ᄀᆞᄐᆞ니란 그려긔 항녈가티 ᄃᆞ니고 버드란 서르 내걷디 마롤

디니라

현대역 〈왕제〉에 가로되, "아버지의 나이와 같은 이는 뒤좇아 다니며[뒤따라 가고], 형의 나이와 같은 이는 기러기 항렬같이 다니고[나란히 하되 조금 뒤에 다니고], 벗은 서로 앞서 걷지 말 것이니라.

1 나와: 나이와. '나(명사)+와(비교 부사격 조사)'이다. 현대국어 '나이'의 옛말인 '나ㅎ'은 15세기 문헌에서부터 나타난다. '나ㅎ'은 자음으로 시작하는 조사가 결합하거나 단독으로 실현될 때에는 '나'로, 모음으로 시작하는 조사가 결합할 때에는 '나ㅎ'으로 나타나 '나ㅎ/나'로 교체하였다. 주격 조사 '이'가 결합한 '나히'가 하나의 단어로 굳어지면서 19세기에 단독으로 실현될 때에도 '나히'로 나타나게 되었다. 같은 시기 모음 사이에서 'ㅎ'이 탈락하여 '나이'로 나타나면서 현재에 이르렀다. 나ㅎ(15세기~18세기)〉나히(19세기)〉나이(19세기~현재). 이형태: 나ㅎ, 나히, 나이. 그저긔 阿私陁이 나히 一百 스믈히러니라.《1447 석상 3:2ㄱ》, 그 아비는 올히 나히 열 아호비오.《1510년대 번박 상:46ㄴ》

2 가트니란: 같은 이는. '같(어간)+은(관형사형 어미)+이(의존명사)+란(보조사)'이다. '란'은 대조·차이 보조사이다.

3 그려긔: 기러기의. '그려기(명사)+의(관형격 조사)'다. 현대국어 '기러기'의 옛말인 '그력'은 15세기 문헌에서부터 나타난다. 15세기에는 '그력'에 접미사 '-이'가 결합한 '그려기' 형태도 나타난다. 16세기에는 '그려기'에서 제2음절의 반모음 'ㅣ'의 영향으로 제1음절에 반모음 'ㅣ'가 첨가된 '긔려기' 형태와 제1음절의 모음이 'ㅣ'로 바뀐 '기려기', 제2음절의 이중모음 'ㅕ'에서 반모음 'ㅣ'가 탈락한 '그러기' 형태도 나타난다. 또한 '기려기'에서 제2음절의 반모음 'ㅣ'가 탈락한 '기러기' 형태도 16세기부터 나타나기 시작하였다. 17세기까지는 '그력', '그려기', '그러기', '기려기', '기러기'가 공존하다가 18세기 이후로 '기러기'로 정착되어 현재에 이르렀다. 그력(15세기~17세기)〉그려기(15세기~17세기)〉그러기(16세기~17세기)/기려기(16세기~17세기)〉기러기(16세기~현재). 이형태: 그력, 그려기, 그러기, 긔려기, 기려기, 기러기, 기럭이. 그력 爲鴈.《1446 훈해 57》, 太子ㅣ 本國에셔 흰 그려기를 치샤 더브르샤 노니더시니.《1459 월석 22:17ㄱ》, 鴻 긔려기 홍, 鴈 긔려기 안.《1527 훈몽 상:8ㄴ》, 鴈 그러기 안.《1575 천자-광 27ㄱ》, 기려기 안 鴈.《16세기 백련-동 3ㄴ》, 摯 친영홀 제 가져가는 기러기라.《1588 소언 2:49ㄱ》

4 내걷디: 앞서 걷지. '내걷(어간)+디(보조적 연결어미)'이다. '내걷다'는 '앞서 걷다'의 옛말이다. 벋은 서르 내걷디 아니홀 디니라(友不相踰).《소언 2:64》

소언 王왕制졔예 ᄀᆞᆯ오ᄃᆡ 아븨 나 ᄀᆞᄐᆞᆫ 이ᄅᆞᆯ 조차ᄃᆞ니고 兄형의 나 ᄀᆞᄐᆞᆫ 이ᄅᆞᆯ 기러기톄로 ᄃᆞ니고 벋은 서르 내걷디 아니홀 디니라

현대역 〈왕제〉에 가로되, "아버지의 나이 같은 이를 따라다니고, 형의 나이 같은 이를 기러기처럼 다니고, 벗은 서로 앞서 걷지 아니할 것이니라.

기러기톄로: 기러기처럼. '기러기(명사)+톄로(조사)'이다. '톄로'는 조사 '처럼'의 옛말이다. 셤을 츼드듸디 말며 안즘을 키톄로 말며 잠을 굿브러 말며(立毋跛 坐毋箕 寢毋伏).《소언 3:9》, 황밤 대쵸 호도 곳감 네 실과를 ᄡᅵ 겁질 ᄇᆞ리고 ᄒᆞᆫᄃᆡ ᄆᆡ오 즛ᄶᅵ허 고로로 니겨 뭉쳐 썩을 ᄆᆡᆫ돌거나 다식톄로 바가 내어 ᄆᆞ뢰어 두고 머그면.《신구-가 20》

【集說】陳氏曰父之齒兄之齒는謂其人年이與父等或與兄等也라隨行은隨其後也요鴈行은並行而稍後也라朋友年相若이면則彼此不可相踰越而有先後니言並行而齊也라

진 씨가 말하였다. "아버지의 年齒와 형의 年齒는 그 사람의 나이가 아버지와 더불어 같거나 혹 형과 더불어 같음을 이른다. 隨行은 그 뒤를 따름이요, 雁行은 나란히 가되 조금 뒤에 가는 것이다. 친구가 나이가 서로 비슷하면 이쪽과 저쪽이 서로 넘어가서 앞뒤가 있으면 안 되니, 나란히 가서 가지런히 함을 말한 것이다."

漢字 稍(조금 초)

피차(彼此): 이쪽과 저쪽의 양쪽.

輕任을幷ᄒᆞ고重任을分ᄒᆞ야頒班白者ㅣ不提挈이니라

●(젊은 자는) 가벼운 짐은 혼자 메고 무거운 짐은 나누어 메어서, 반쯤

머리가 센 자가 끌지 않게 해야 한다.

漢字 任(짐 임, 보따리 임, 맡길 임), 頒(머리나 수염이 반쯤 셀 반), 提(끌 제), 挈(끌 설, 가지런히 할 설)

반백(斑白/頒白): 흰색과 검은색이 반반 정도인 머리털. 유의어: 반백(半白).

번소 가비야온 지므란 ᄒᆞᆫ듸 뫼호고 므거운 지므란 ᄂᆞᆫ호고 반만 셴 사ᄅᆞᄆᆞᆫ 잡들에 마롤 디니라

현대역 가벼운 짐이란 한데 모으고 무거운 짐이란 나누어, 반만 센 사람은 붙들게 말 것이니라.

1 뫼호고: 모으고. '뫼호(어간)+고(연결어미)'이다. '뫼호다'는 '모으다'의 옛말이다. '뫼호다'는 15세기 문헌에서부터 나타난다. 17세기에 제1음절의 이중모음 'ㅚ'에서 반모음 'ㅣ'가 탈락한 '모호다' 형태가 등장하였다. 18세기에는 '모호다'에서 제2음절의 원순모음 'ㅗ'가 비원순모음 'ㅡ'로 변하여 '모흐다'가 되었고, 다시 모음 사이에서 'ㅎ'이 탈락하여 '모으다' 형태가 나타나 현재에 이르렀다. 뫼호다(15세기~18세기)〉모호다(17세기~19세기)〉모흐다(16세기~19세기)〉모으다(18세기~현재). 이형태: 뫼호다, 모호다, 모흐다, 모으다, 이제 四方이 太平ᄒᆞ니 太子ㅣ 德과 지조왜 ᄀᆞᄌᆞ란ᄃᆡ ᄀᆞᆺ 나라해 보내샤 人心ᄋᆞᆯ 뫼호게 ᄒᆞ쇼셔.《1447 석상 24:49ㄴ》. ᄀᆞ올 사ᄅᆞ미 喪事애 ᄡᅳᆯ 거슬 뫼화 주워늘.《1514 속삼 효:26ㄴ》

2 ᄂᆞᆫ호고: 나누고. 'ᄂᆞᆫ호(어간)+고(연결어미)'이다. 'ᄂᆞᆫ호다'는 '나누다'의 옛말이다. 'ᄂᆞᆫ호다'는 15세기 문헌에서부터 나타난다. 근대국어 후기에 모음 'ㆍ'가 본래의 소리를 잃고 'ㅏ'로 변하면서 18세기 이후 '난호다'의 형태가 나타나게 되었다. 19세기 후반 이후 'ㄴ'과 모음 사이에서 'ㅎ'이 탈락하고 제2음절의 모음 'ㅗ'가 'ㅜ'로 바뀌어 '나누다'가 되면서 현재에 이르렀다. ᄂᆞᆫ호다(15세기~19세기)〉난호다(18세기~19세기)〉나누다(19세기~현재). 이형태: ᄂᆞᆫ호다, ᄂᆞᆫ흐다, ᄂᆞᆫᄒᆞ다, 난호다, 난흐다, 나느다, 나누다. ᄅᆞ미 ᄠᅳ디 漸漸 거츠러 제여곰 바톨 ᄂᆞᆫ홀씨 有德ᄒᆞᆫ 사ᄅᆞᄆᆞᆯ 셰여 반 ᄂᆞᆫ호기를 決게 ᄒᆞ니 이 王 始作이라.《1447 석상 9:19ㄴ》, 아비 子息의게 田地 奴婢를 ᄂᆞᆫ호아 주려ᄒᆞᆫ대.《1514 속삼 효:22ㄱ》

3 잡들에: 붙들게. '잡들(어간)+에(보조적 연결어미)'이다. '-에'는 '-게'가 ㄹ과

모음 사이에서 약화되어 성문 마찰 유성음 'ㅇ[ɦ]'으로 실현된 것이다. '잡들다'는 '붙들다'의 옛말이다. 支ᄂᆞᆫ 서르 잡드러 괴올씨니 모ᄃᆡ 서르 업디 몯ᄒᆞ야 힘저ᅀᅳᆫ 쁘디라.《석상 9:18》, ᄒᆞ다가 힘두어 잡들면 定力 境界 흐러디리라(若著力提撕則解散定境).《몽법 17》

소언 가ᄇᆡ야온 짐을 뫼호고 므거운 짐을 ᄂᆞᆫ화 반만 센 이 잡드디 아닏ᄂᆞ니라

현대역 가벼운 짐을 모으고[혼자 메고] 무거운 짐을 나누어, 반만 센 이가 붙들지 않게 한다.

【集解】任은擔也라幷은獨任之也요分은析而二之也라言輕則少者獨任之하고重則分任之也라頒白은老人頭半白黑者라提挈은以手提物也니不提挈은少者代之也라

任은 멤이다. 幷은 홀로 멤이요, 分은 나누어 그것을 둘로 함이다. 가벼우면 젊은 자가 그것을 혼자 메고, 무거우면 그것을 나누어 멤을 말한 것이다. 頒白은 노인의 머리가 반쯤 희고 검은 것이다. 提挈은 손으로 물건을 끎이니, 不提挈[끌지 않게 함]은 젊은 자가 그것을 대신하는 것이다.

漢字 擔(멜 담, 짊어질 담), 幷(아우를 병, 하나로 되게 할 병, 오로지할 병), 析(나눌 석, 가를 석)

君子ㅣ耆其老애不徒行ᄒᆞ고庶人이耆老애不徒食이니라

● 군자의 노인은 걸어서 다니지 않고, 서인의 노인은 맨밥을 먹지 않는다."

漢字 耆(늙은이 기, 늙을 기), 徒(다만 도)

1 도행(徒行): 걸어서 감.
2 도식(徒食): 고기반찬 없이 밥을 먹음.

번소 벼슬ᄒᆞ던 사ᄅᆞᆷ 늘그니ᄂᆞᆫ 거러 ᄃᆞ니디 아니ᄒᆞ며 庶서人신 늘그니ᄂᆞᆫ 고기 업슨 밥 먹디 아니ᄒᆞᄂᆞ니라

현대역 벼슬하던 사람 늙은이는 걸어 다니지 아니하며, 서인 늙은이는 고기 없는 밥 먹지 아니하느니라."

업슨: 없는. '없(어간)+으(매개모음)+ㄴ(관형사형 어미)'이다.

소언 君군子ᄌᆞ[이 군ᄌᆞᄂᆞᆫ 벼슬 인ᄂᆞᆫ 사ᄅᆞᆷ이라]ㅣ 늘금애 거러 ᄃᆞ니디 아니ᄒᆞ고 샹인이 늘금애 ᄆᆡᆫ밥 먹디 아니ᄒᆞ니라

현대역 君子[이 군자는 벼슬 있는 사람이라.]가 늙음에 걸어 다니지 아니하고, 常人이 늙음에 맨밥 먹지 아니하니라."

【集說】**吳氏曰六十曰耆**요**七十曰老**라**徒**는**猶空也**라**方氏曰徒行**은**謂無乘而行也**요**徒食**은**謂無羞而食也**라

오 씨가 말하였다. "예순을 耆라 하고, 일흔을 老라한다. 徒는 없음과 같다." 방 씨가 말하였다. "徒行은 수레 없이 다님을 이르고, 徒食은 반찬 없이 먹음을 이른다."

漢字 **空**(없을 공, 헛 공), **羞**(반찬 수, 음식 드릴 수, 부끄러울 수)

〖八十八章〗

○**論語**에**曰鄕人飮酒**에**杖者**ㅣ**出**이어든**斯出矣**러시다 《論語 鄕黨》

●《논어》에 말하였다. "시골 사람들과 술을 마실 적에 지팡이 짚은 분이 나가시면 (공자께서) 이에 나가시었다."

漢字 **杖**(지팡이 장), **斯**(이 사, 떠날 사)

번소 論론語어예 ᄀᆞ로ᄃᆡ 鄕향黨당앳 사ᄅᆞᆷ 술 머고매 막대 디픈 사ᄅᆞ미 나거든 날 디니라

현대역 《논어》에 가로되, "鄕黨의 사람과 술 먹음에 막대[지팡이] 짚은 사람이 나가거든 나갈 것이니라."

1 향당앳: 향당(鄕黨)의. '향당(명사)+애(부사격 조사)+ㅅ(관형격 조사)'이다.

2 디픈: 짚은. '딮(어간)+은(관형사형 어미)'이다. '딮다'는 '짚다'의 옛말이다. '딮다'는 15세기 문헌에서부터 나타난다. '딮다'는 18세기까지 나타난다. 근대국어 시기에 'ㅣ' 앞에서 'ㄷ'이 'ㅈ'으로 변화하는 구개음화 현상을 겪어 17세기부터 '짚다'도 나타나게 된다. '딮-'과 '짚-'은 각각 '딥ㅍ-', '딥ㅎ-', '집ㅎ-'과 같은 이표기도 나타난다. 이 '짚다'가 현재에 이어지게 된다. 딮다(15세기~18세기)〉짚(17세기~현재). 이형태: 딮다, 딥ㅍ다, 딥ㅎ다, 집ㅎ다, 짚다. 관형사형 어미比丘ㅣ 누비 닙고 錫杖 디퍼 竹林國 디나아 沙羅樹王宮의 가.《1459 월석 8:92ㄱ》, 관형사형 어미대렴홀 제 후개 미처 와 손ᄂᆞ로 디프니 눈 ᄀᆞᄆᆞ니라 신안니 ᄌᆞ식 업서.《1518 이륜-옥 43ㄱ》

소언 論론語어의 ᄀᆞᆯ오ᄃᆡ 향당앳 사ᄅᆞᆷ 술 먹이예 막대 딥프니 나거든 이예 나가더시다

현대역 《논어》에 가로되, "향당의 사람과 술 먹음에 막대 짚은 이 나가거든 이에 (공자께서 따라) 나가시었다."

딥프니: 짚으니. '딥ㅍ(어간)+으니(연결어미)'이다. '딥ㅍ다'는 '짚다'의 옛말 '딮다'의 이형태이다.

【集說】朱子曰杖者는老人也니六十에杖於鄕이라未出이면不敢先이요旣出이면不敢後니라

주자가 말하였다. "杖者는 노인이니, 육십에는 고을에서 지팡이를 짚는다. 나가지 않으면 감히 먼저 가지 않고, 이미 나갔으면 감히 뒤에 남지 않는다."

右ᄂᆞᆫ明長幼之序ᄒᆞ니라

●이상은 長幼의 차례를 밝혔다.

번소 이 우ᄒᆞᆫ 얼운 아ᄒᆡ ᄎᆞ례ᄅᆞᆯ ᄇᆞᆯ기니라

현대역 이 위는 어른과 아이의 차례를 밝히느니라.

아ᄒᆡ: 아이. 현대국어 '아이'의 옛말인 '아ᄒᆡ'는 15세기 문헌에서부터 나타난다. 16세기 이후로 제2음절 이하에서 모음 'ㆍ'가 'ㅡ'로 바뀌는 경향에 따라 16세기에는 '아희' 형태가 등장하였다. 근대국어 후기에 자음 뒤에서 모음 'ㅢ'가 'ㅣ'로 발음되는 경향에 따라 19세기에는 '아히' 형태가 등장하였고, 모음 사이에서 자음 'ㅎ'이 탈락하여 현대국어의 '아이'가 된 것이다. 한편 '아ᄒᆡ'와 의미가 동일한 한자어 '兒孩'도 존재하는데, 중세국어 시기에 한자 '兒'의 음은 'ᅀᆞ'였으므로 '아ᄒᆡ'가 한자어 '兒孩'에서 유래한 것이라 볼 수는 없다. 아ᄒᆡ(15세기~19세기)>아희(16세기~19세기)>아히(19세기)>아이(20세기~현재). 이형태: 아ᄒᆡ, 아희, 아히. 童男ᄋᆞᆫ 아ᄒᆡ 남지니오 童女는 아ᄒᆡ 겨지비라.《1447 석상 3:7ㄴ》, 이 후ᄒᆞᆫ 얼운 아희 ᄎᆞ례ᄅᆞᆯ ᄇᆞᆯ기니라.《1518 번소 3:33ㄴ》

소언 이 우ᄒᆞᆫ 얼운과 아희 ᄎᆞ례ᄅᆞᆯ ᄇᆞᆯ키니라

현대역 이 위는 어른과 아이의 차례를 밝히느니라.

〖八十九章〗

○曾子ㅣ曰君子ᄂᆞᆫ以文會友ᄒᆞ고以友輔仁이니라 《論語 顔淵》

●증자가 말하였다. "군자는 글로써 벗을 모으고, 벗으로써 仁을 돕는다."

漢字 輔(도울 보)

번소 曾증子ᄌᆞㅣ ᄀᆞᄅᆞ샤ᄃᆡ 君군子ᄌᆞᄂᆞᆫ 글ᄒᆞ기로 버들 뫼호고 버드로 仁인을 돕ᄂᆞ니라

현대역 증자가 말씀하시되, "군자는 글공부하기로 벗을 모으고 벗으로 인(仁)을 돕느니라."

소언 曾증子ᄌᆞㅣ ᄀᆞᆯᄋᆞ샤ᄃᆡ 君군子ᄌᆞᄂᆞᆫ 글로ᄡᅧ 벋을 뫼호고 벋으로ᄡᅧ 仁인을 돕ᄂᆞ니라

현대역 증자가 말씀하시되, "군자는 글로써 벗을 모으고 벗으로써 仁을 돕느니라."

【集說】朱子曰講學以會友하면則道益明하고取善以輔仁하면則德日進이니라

주자가 말하였다. "학문을 강하여 벗을 모으면 道가 더욱 밝아지고, 善을 취하여 仁을 도우면 德이 날로 진전된다."

漢字 講(익힐 강)

〖九十章〗

○孔子ㅣ曰朋友ᄂᆞᆫ切切偲偲ᄒᆞ고兄弟ᄂᆞᆫ怡怡니라 《論語 子路》

● 공자가 말씀하셨다. "붕우 간에는 정성스레 착한 일을 권하고, 형제간에는 화평하여 기쁘게 해야 한다."

漢字 切(절박할 절, 온통 체), 偲(착한 일을 권할 시), 怡(기쁠 이, 온화할 이)

1 절절(切切): 매우 간절한 모양. 매우 정성스러운 모양.
2 시시(偲偲): 선행을 권면하고 격려하는 모양.

번소 孔공子ᄌᆞㅣ ᄀᆞᄅᆞ샤ᄃᆡ 버든 懇간切절히 ᄒᆞ며 ᄌᆞ셔히 힘ᄡᅥ ᄒᆞ고 兄형弟뎨ᄂᆞᆫ 화열히 홀 디니라

현대역 공자가 말씀하시되, "벗은 간절히 하며 자세히 힘써 하고, 형제는 和悅

하게 할 것이니라.”

화열히: 마음이 화평하여 기쁘게.

소언 孔공子ᄌᆞㅣ ᄀᆞᆯᄋᆞ샤ᄃᆡ 벋은 ᄀᆞᆫ졀히 ᄒᆞ며 ᄌᆞ셔히 힘ᄡᅥ ᄒᆞ고 兄형弟뎨ᄂᆞᆫ 화열히 홀 디니라

현대역 공자가 말씀하시되, “벗은 간절히 하며 자세히 힘써 하고, 형제는 和悅하게 할 것이니라.”

【集說】胡氏曰切切은懇到也요偲偲는詳勉也요怡怡는和悅也라

호 씨[胡寅]가 말하였다. “切切은 정성이 지극함이요, 偲偲는 상세히 권면함이요, 怡怡는 화평하여 기뻐함이다.”

漢字 懇(정성 간, 간절할 간), 到(지극할 도, 이를 도), 勉(힘쓸 면), 悅(기쁠 열)

호인(胡寅, 1098년~1156년): 송나라 건녕(建寧) 숭안(崇安) 사람으로, 자는 명중(明仲)이고, 학자들은 치당선생(致堂先生)이라 부른다. 호안국(胡安國)의 조카다. 휘종(徽宗) 선화(宣和) 3년(1121) 진사(進士)가 되었다. 흠종(欽宗) 정강(靖康) 초에 불려 교서랑(校書郎)이 되고, 좨주(祭酒) 양시(楊時)에게 공부했다. 고종(高宗) 건염(建炎) 연간에 장준(張浚)의 천거로 기거랑(起居郎)에 발탁되었다. 상서하여 금나라에 대항할 대책을 진술하고 구차하게 화의하는 것에 반대했는데, 어조가 간절하고 강직했다. 소흥(紹興) 연간에 중서사인(中書舍人)이 되어 금나라에 사신 보내는 것을 극력 저지하다가 엄주(嚴州)와 영주(永州)의 지주(知州)로 나갔다. 관직은 예부시랑겸직학사원(禮部侍郎兼直學士院)까지 올랐다. 진회(秦檜)가 정권을 잡자 몹시 꺼려하여 조정을 비방하고 폄하했다는 이유로 파직되어 신주(新州)에 안치되었다. 진회가 죽은 뒤 복직했다. 시호는 문충(文忠)이다. 저서에 《논어상설(論語詳說)》, 《독사관견(讀史管見)》, 《비연집(斐然集)》이 있다(중국역대인명사전).

〖九十一章〗

○孟子ㅣ曰責善은朋友之道也ㅣ니라 《孟子 離婁下》

●맹자가 말하였다. "善으로 권함은 붕우 간의 도리이다."

漢字 責(권할 책)

번소 孟ᄆᆡᆼ子ᄌᆞㅣ ᄀᆞᄅᆞ샤ᄃᆡ 어딘 일 ᄒᆞ라 ᄒᆞ야 責ᄎᆡᆨᄒᆞ요ᄆᆞᆫ 버듸 道도ㅣ라

현대역 맹자가 말씀하시되, "어진 일 하라 하여 권면함은 벗의 도이다."

ᄒᆞ요ᄆᆞᆫ: 함은. 'ᄒᆞ(어간)+욤(명사형 어미)+ᄋᆞᆫ(관형사형 어미)'이다. '욤'은 모음충돌을 회피하기 위해 '옴'에 반모음 j를 삽입시킨 것이다. 반대로 'ᄒᆞ+옴'이 '홈'이 됨은 모음충돌을 회피하기 위해 'ㆍ'를 탈락시킨 것이다.

소언 孟ᄆᆡᆼ子ᄌᆞㅣ ᄀᆞᆯᄋᆞ샤ᄃᆡ 어딜모로 責ᄎᆡᆨ홈ᄋᆞᆫ 벋의 道도ㅣ니라

현대역 맹자가 말씀하시되, "어짊으로 권함은 벗의 도리니라."

【集說】朱子曰朋友는當相責以善也니라

주자가 말하였다. "붕우는 마땅히 선으로써 서로 권해야 한다."

【集成】程子曰責善之道는要使誠有餘而言不足이니則於人有益而在我者無辱矣니라

정자가 말하였다. "責善의 도는 요컨대 하여금 정성은 남음이 있고 말은 부족해야 하니, 남에게도 有益하고 나에게 있어서도 욕됨이 없는 것이다."

【九十二章】

○子貢이問友호대孔子ㅣ曰忠告谷而善道之호되不可則止호야毋自辱焉이니라 《論語 顔淵》

●자공이 交友에 대해 묻자, 공자가 말씀하셨다. "충성으로 말하고 그를 선으로 인도하되, 불가하면 그만두어 스스로 욕되게 하지 말아야 한다."

漢字 告(말할 고)

자공(子貢: 기원전 520년~기원전 456년): 성은 단목(端木)이고, 이름이 사(賜)다. 자는 자공(子貢)이며, 흔히 자공으로 잘 알려져 있다. 춘추시대 말기 위(衛)나라 사람으로 공자의 수제자를 가리키는 공문십철(孔門十哲) 중 한 사람이다. 단목사는 언변이 화려했고 상업에도 능하여 일찍이 조(曹)나라와 노(魯)나라 사이에서 장사하여 천금을 모았다. 공자의 제자 중 가장 부유했으며, 제후들과 대등한 예를 나눌 정도였다. 그는 자신의 사업과 경력을 바탕으로 외교무대에서도 크게 활약하여 노나라와 위나라의 재상을 지냈다. 그는 성격이 명쾌하고 분명하여 "군자의 잘못은 월식이나 일식 같아서 잘못을 하는 순간 사람들이 모두 보게 된다. 잘못을 고치면 사람들이 모두 우러러 본다."고 말했다. 타인의 단점을 감춰주지 않았지만 장점에 대해서는 여러 사람 앞에서 칭찬했다. 자신이 원하지 않는 것을 남에게 강요하지 않았고, 남의 문장을 표절하는 자, 야만을 용기로 착각하는 자, 비방을 정직이라고 우기는 자를 혐오했다. 공자는 일찍이 그를 '호련지기(瑚璉之器, 옥으로 만든 그릇)'라고 평가했다. 즉, 그를 통달한 인재로 여겼으며, 정치를 충분히 맡길 수 있다고 높이 평가했다. 공자가 죽자 그는 무덤 옆에 여막을 치고 6년 상을 살았다고 한다. 그는 삶의 마지막을 제(齊)나라에서 보냈고, 그곳에서 세상을 떠났다. 당나라 때 여후(黎侯)로 추봉되었고, 송나라 때 여공(黎公)으로, 명나라 때 선현단목자(先賢端木子)로 추증되었다. 공자와 제자들의 언행록인 《논어》에 그의 언행에 관한 기록이 많고, 사마천도 《사기》에서 그를 높이 평가했다. 《사기》 〈공자세가〉와 〈중니제자열전(仲尼弟子列傳)〉에서 그의 비중이 가장 크다. 또한 중국 역대 부자들에 관한 기록이라 할 수 있는 《사기》 〈화식열전〉에도 그의 활약상이 상당한 비중으로 기록되어 있다. 기록에 따르면 공자의 제자는 약 3천 명에 이르렀고, 그중에서 당시 지식인으로서 갖추어야 할 필수 교양이라 할 수 있는 육예에 통달한 제자만 70명이 넘었다고 한다. 사마천은 특별히 공자 제자들의 행적을 한데 모아 〈중니제자열전〉을 편성하면서 공자의 말을 빌려 "내게 가르침을 받아 육예에 통달한 제자는 77명이다."라고 기록했다. 그러면서 이들 모두가 특별한 능력의 소유자였다고 소개했다. 단목사는 공자의 제자들 중에서도 매우 특별한 존재였다. 〈중니제자열전〉은 그를 언변에 뛰어난 제자로 기록하고 있는데, 바로 이어서 그가 "천명(天命)의 구속을 받지 않고 장사를 잘하여 재산을 모았으며 예측과 시세 파악을 기막히게 잘했다."라고 하여 그가 사업으로 돈을 많이 번 사실을 전하고 있다. 〈중니제자열전〉의 인물 70명 가운데 그의 비중은 다른 제자들과 비교되지 않을 정도로 크다. 기록의 분량만 해도 전체의 약 4분의 1을 차지한다. 공자가 가장 아꼈던 제자인 안회(顔回, 顔淵)의 기록은 단목사의 10분의 1에도 미치지 못한다. 이런 현상은 공자의 생각 여부를 떠나 사마천이 단목사에 큰 관심을 가졌다는 의미이다. 더욱이 단목사는 〈중니제자열전〉 뿐만 아니라 역대 부자들에 관한 기록인 〈화식열전〉에도 출현할 정도로 사마천의 집중 조명을 받았다. 단목사는 말솜씨가 뛰어난 제자였다. 그래서 〈중니제자열전〉에 기록된 그는 외교가로서의 면모가 집중 부각되어 있다. 공자는 그의 이런 언변이 마땅치 않았는지 늘 그 부분을 억누르곤 했다고 한다. 그는 기원전 5세기 초 제나라의 전상(田常)이 제나라 명문 대족들을 동원하여 노나라를 공격하려 하자 자청하여 여러 나라를 돌며 화려한 언변으로 설득하여 제나라의 공격을 단념시켰다. 《사기》의 기록만 보더라도 단목사는 전국시대를 풍미했던 국제외교 전문 유세가를 연상시킬 정도로 현란한 말솜씨와 화려한 행보를 선보이고 있다. 말하자면 전국시대 유세가들의 원조라 해도 손색이 없을 정도다. 그의 5개국 순방 결과가 어떠했는지는 사마천의 다음과 같은 평가만으로도 충분할 것이다. "그가 한번 나서자 노나라가 존속하고, 제나라가 혼란에 빠졌으며, 오나라가 망하고, 진나라가 강국이 되었으며, 월나라는 패자가 되었다. 요컨대 그가 한바탕 뛰어다닌 결과 국제 정세에 균열이 생겨 10년 사이에 다섯 나라 모두에 큰 변동이 생겼다."

번소 子ᄌᆞ貢공이 버들 묻ᄌᆞ온대 孔공子ᄌᆞ ㅣ ᄀᆞᄅᆞ샤ᄃᆡ 졍셩ᄋᆞ로 告고ᄒᆞ고 어딘 일로 니ᄅᆞ다가 올히 너기디 아니커든 마라 스스로 辱욕

올 멋디 마롤 디니라

현대역 자공이 벗을 물자오니까, 공자가 말씀하시되, "정성으로 말하고 어진 일로 이르다가, 옳게 여기지 아니하거든 말아서 스스로 욕을 먹지 말 것이니라."

1 묻ᄌᆞ온대: 묻자오니까. '묻(어간)+ᄌᆞ오(겸손법 선어말어미)+ㄴ대(연결어미)'이다. '-ᄌᆞ오-'는 겸손법 선어말어미 '-줍-'이 'ㄴ' 앞에서 반모음 '오[w]'로 약화된 것이다. '-ㄴ대'는 어간이나 어미 뒤에 붙어, '-니까'를 뜻하는 연결어미이다. 目連이 淨飯王씌 도라가 이 辭緣을 술ᄫᆞᆫ대 王이 大愛道ᄅᆞᆯ 블러 니ᄅᆞ샤ᄃᆡ.《석상 6:6》, 부톄 比丘 ᄃᆞ리시고 드러 안ᄌᆞ신대 鸚鵡ᄃᆞᆯ히 부텨를 보ᅀᆞᆸ고 깃븐 ᄆᆞᅀᆞᄆᆞᆯ 내야 ᄒᆞᆫ 날 命終ᄒᆞ야 忉利天에 나니라.《석상 6:41~42》

2 올히: 옳이. 옳게. '옳(어근)+이(부사 파생접사)'이다. 말ᄋᆞᆯ 올히 너기샤 터리 ᄢᅦᅘᅧ 주시고 손토ᄫᆞᆯ 또 주시니.《월곡 상:33》, ᄠᅳ들 올히 너기샤 佛法僧 니ᄅᆞ시고 偈 지ᅀᅥ 또 니ᄅᆞ시니 말ᄋᆞᆯ 올히 너기샤.《월곡 상:33》

3 멋디: 먹지. '멋(어간)+디(보조적 연결어미)'이다. '멋-'은 '먹-'의 오자로 보인다.

소언 子ᄌᆞ貢공[姓셩은 端단木목이오 일훔은 賜ᄉᆞㅣ니 孔공子ᄌᆞㅅ 뎨ᄌᆡ라]이 벋을 묻ᄌᆞ온대 孔공子ᄌᆞㅣ ᄀᆞᄅᆞ샤ᄃᆡ 튱셩을오 고ᄒᆞ며 어딜이 닐오ᄃᆡ 可가티 아니커든 그쳐 스스로 辱욕디 말올 디니라

현대역 자공[성은 단목(端木)이요, 이름은 사(賜)이니, 공자의 제자라.]이 벗을 물자오니까, 공자가 말씀하시되, "충성으로 말하며 어질게 이르되, 가하지 아니하거든 그쳐서 스스로 욕되지 말 것이니라."

닐오ᄃᆡ: 이르되[謂]. '닐(어간)+오ᄃᆡ(연결어미)'이다. '니르다'는 '이르다[謂]'의 옛말로, 모음으로 시작하는 어미 앞에서는 '닐-'로 나타난다. 이런 젼ᄎᆞ로 어린 百姓이 니르고져 홇 배 이셔도.《훈언 2》, 世間 다 ᄉᆞ롤 마리며 ᄉᆡᆼ계 사ᄅᆞᆯ 일ᄃᆞᆯᄒᆞᆯ 닐어도 다 正ᄒᆞᆫ 法에 順ᄒᆞ며.《석상 19:24》. '-오ᄃᆡ'는 선행 음절의 모음이 'ᆞ, ㅏ, ㅗ, ㅣ, 반모음 'ㅣ'인 경우에 붙어, '-으되'를 뜻하는 어미이다. 置陣이 놈과 다ᄅᆞ샤 아ᅀᆞ보ᄃᆡ 나ᅀᅡ오니 믈러가던덴 목숨 ᄆᆞᄎᆞ리잇가(置陣異他 知亦進當 如其退避 性命奚戕).《용가 51장》, 淨飯이 무러시ᄂᆞᆯ 占者ㅣ 判ᄒᆞᅀᆞ보ᄃᆡ 聖子

ㅣ 나샤 正覺 일우시리.《월곡 상:6》

【集解】子貢은孔子弟子니姓은端木이요名은賜라朱子曰友는所以補仁이라故로盡其心以告之하고善其說以道之라然이나以義合者也라故로不可則止니若以數朔而見疏면則自辱矣니라

자공은 공자의 제자이니, 성은 端木이요 이름은 賜이다. 주자가 말하였다. "벗은 인을 돕는 것이므로 그 마음을 다하여 그에게 말하고, 그 말을 선하게 하여 그를 인도한다. 그러나 義로써 합한 자이므로 불가하면 그만두어야 하니, 만일 자주하다가 소원함을 당하면 스스로 욕되는 것이다."

漢字 數(자주 삭, 셀 수), 見(당할 견, 볼 견, 보일 현, 나타날 현)

〖九十三章〗

○孔子ㅣ曰居是邦也ᄒᆞ야事其大夫之賢者ᄒᆞ며友其士之仁者ㅣ니라 《論語 衛靈公》

● 공자가 말씀하셨다. "이 나라에 살아 그 大夫 중 어진 자를 섬기며, 그 선비 중 어진 자를 벗해야 한다."

번소 孔공子ᄌᆞㅣ ᄀᆞᄅᆞ샤ᄃᆡ 이 나라해 이셔 大태夫부의 어디니ᄅᆞᆯ 셤기며 士ᄉᆞᄋᆡ 어딘 ᄉᆞᄅᆞᄆᆞᆯ 벋 사몰 디니라

현대역 공자가 말씀하시되, "이 나라에 있어 대부의 어진 이를 섬기며, 선비의 어진 사람을 벗 삼을 것이니라."

이셔: 있어. '이시(在, 어간)+어(연결어미)'이다.

소언 孔공子ᄌᆞㅣ ᄀᆞᆯᄋᆞ샤ᄃᆡ 이 나라ᄒᆡ 이셔 그 태우의 어딘 이ᄅᆞᆯ 셤기

며 그 士ᄉᆞ의 仁인ᄒᆞᆫ 이ᄅᆞᆯ 벋홀 디니라

현대역 공자가 말씀하시되, "이 나라에 있어 그 대부의 어진 이를 섬기며, 그 선비의 어진 이를 벗할 것이니라."

【集說】朱子曰賢은以事言이요仁은以德言이라陳氏曰事大夫之賢者면則有所嚴憚하고友士之仁者면則有所切磋하니皆進德之助也니라

주자가 말하였다. "賢은 일로써 말하고, 仁은 덕으로써 말한 것이다." 진 씨가 말하였다. "대부 중 어진 자를 섬기면 경계하고 꺼리는 바가 있고, 선비 중 어진 자를 벗하면 切磋琢磨하는 바가 있으니, 모두 덕을 더함에 도움이 된다."

漢字 嚴(경계할 엄, 엄숙할 엄), 憚(꺼릴 탄, 두려워할 탄), 切(끊을 절, 온통 체), 磋(갈 차), 琢(다듬을 탁), 磨(갈 마), 進(더할 진, 나아갈 진)

절차탁마(切磋琢磨): 옥이나 돌을 갈고 닦아 빛을 냄. 즉 학문과 덕행을 부지런히 닦음.

〖九十四章〗

○益者ㅣ三友ㅣ오損者ㅣ三友ㅣ니友直ᄒᆞ며友諒ᄒᆞ며友多聞이면益矣오友便辟僻ᄒᆞ며友善柔ᄒᆞ며友便佞이면損矣니라 《論語 季氏》

●유익한 이가 세 가지 벗이요 손해되는 이가 세 가지 벗이니, 벗이 곧으며, 벗이 신실하며, 벗이 聞見이 많으면 유익하고, 벗이 한쪽만 잘하며, 벗이 유순하기를 잘 하며, 벗이 말 잘하면 손해가 된다.

漢字 損(덜 손), 諒(신실할 량, 믿을 량), 便(아첨할 편, 말 잘할 편, 편할 편, 익힐 편),

辟(한쪽 벽, 임금 벽, 법 벽, 허물 벽, 절름발이 벽), 善(착할 선, 잘할 선), 佞(말재주 있을 녕, 아첨할 녕)

1 편벽(便辟): 남의 비위를 맞춰 알랑거림. 편(便)은 남의 좋아하는 바에 붙음이요, 벽(辟)은 남의 싫어하는 바를 피함이다.
2 선유(善柔): 유순한 듯하면서 아첨만 잘 하고 성실하지 못함.
3 편녕(便佞): 구변이 좋고 심술이 바르지 않고 아첨을 잘함.

번소 유익ᄒᆞᆫ 버디 세히오 해ᄅᆞ왼 버디 세히니 直딕ᄒᆞ니ᄅᆞᆯ 벋 사ᄆᆞ며 信신實실ᄒᆞ니ᄅᆞᆯ 벋 사ᄆᆞ며 드론 일 하니ᄅᆞᆯ 벋 사ᄆᆞ면 유익ᄒᆞ고 便편便편ᄒᆞᆫ 양ᄒᆞ고 不블直딕ᄒᆞ니ᄅᆞᆯ 벋 사ᄆᆞ며 부드러움 공교로이 ᄒᆞᄂᆞ니ᄅᆞᆯ 벋 사ᄆᆞ며 말 재오 아당ᄃᆞ외니ᄅᆞᆯ 벋 사ᄆᆞ면 유해ᄒᆞᄂᆞ니라

현대역 유익한 벗이 셋이요 해로운 벗이 셋이니, 곧은 이를 벗 삼으며, 신실(信實)한 이를 벗 삼으며, 들은 일 많은 이를 벗 삼으면 유익하고, 거동만 익은 모습을 보이고 곧지 않은 이를 벗 삼으며, 부드러움 공교롭게 하는 이를 벗 삼으며, 말 뽐내고 아첨하는 이를 벗 삼으면 해로우니라.

1 해로왼: 해로운. '해(어근)+ᄅᆞ외(형용사 파생접사)+ㄴ(관형사형 어미)'이다. '-ᄅᆞ외-'는 '-ᄅᆞᄫᆡ-'에서 약화된 형용사 파생접사이다.
2 드론: 들은. '듣(어간)+오(겸손법 선어말어미)+ㄴ(관형사형 어미)'이다.
3 하니: 많은 이. '하(多, 어간)+ㄴ(관형사형 어미)+이(의존명사)'이다. '하다'는 '많다'의 옛말이다. ᄆᆞᄎᆞᆷ내 제 ᄠᅳ들 시러 펴디 몯ᄒᆞᇙ 노미 하니라.《훈언 2》, 말ᄊᆞᄆᆞᆯ ᄉᆞᆯᄫᆞ리 하ᄃᆡ 天命을 疑心ᄒᆞ실ᄊᆡ ᄭᅮ므로 뵈아시니(獻言雖衆 天命尙疑 昭玆吉夢 帝迺趣而).《용가 13장》
4 편편ᄒᆞᆫ: 편편(便便)한. 《소학언해》의 '거동만 익은'에 해당하는 단어이다.
5 양ᄒᆞ고: 양(樣)하고. 모습을 보이고.
6 부드러움 공교로이: 대문(大文) '우선유(友善柔)'에서 '선유(善柔)'에 대한 해석이다. '선유(善柔)'는 '유순한 듯하면서 아첨만 잘 하고 성실하지 못함.'을 뜻한다.
7 재오: 뽐내고. '재(어간)+오(연결어미)'이다. 연결어미 '-고'가 어간 반모음 j 뒤에서 성문 마찰 유성음 'ㅇ[ɦ]'으로 바뀐 것이다. '재다'는 '잘난 척하며 으스대거나

뽐내다.'를 뜻한다.

8 아당ᄃᆞ외니: 아첨하는 이. '아당(어근)+ᄃᆞ외(형용사 파생접사)+ㄴ(관형사형 어미)+이(의존명사)'이다. '아당(阿黨)'은 '남의 비위를 맞추거나 환심을 사려고 다랍게 아첨함'을 뜻하는 명사이다. 賢女ㅣ…아당ᄃᆞ왼 말 내디 아니ᄒᆞ며(賢女, …… 未嘗觸應答之語).《내훈 1:2》.

소언 유익ᄒᆞᆫ 이 세 가짓 벋이오 해로온 이 세 가짓 벋이니 直ᄃᆞᆨᄒᆞᆫ 이ᄅᆞᆯ 벋ᄒᆞ며 신실ᄒᆞᆫ 이ᄅᆞᆯ 벋ᄒᆞ며 들온 것 한 이ᄅᆞᆯ 벋ᄒᆞ면 유익ᄒᆞ고 거동만 니근 이ᄅᆞᆯ 벋ᄒᆞ며 아당ᄒᆞ기 잘ᄒᆞᄂᆞᆫ 이ᄅᆞᆯ 벋ᄒᆞ며 말ᄉᆞᆷ만 니근 이ᄅᆞᆯ 벋ᄒᆞ면 해로온이라

현대역 유익한 이가 세 가지의 벗이요 해로운 이가 세 가지의 벗이니, 곧은 이를 벗하며, 신실(信實)한 이를 벗하며, 들은 것 많은 이를 벗하면 유익하고, (위엄 있는) 거동만 익은 이를 벗하며, 아첨하기 잘하는 이를 벗하며, 말씀만 익은 이를 벗하면 해로우니라.

신실ᄒᆞᆫ: 신실(信實)한. 믿음직하고 착실한.

【集解】**諒**은**信實也**요**善**은**猶工也**라**朱子曰友直則聞其過**하고**友諒則進於誠**하고**友多聞則進於明**이니라**便**은**習熟也**라**便辟**은**謂習於威儀而不直**이요**善柔**는**謂工於媚悅而不諒**이요**便佞**은**謂習於口語而無聞見之實**이니**三者損益**이**正相反也**니라

諒은 신실함이요 善은 잘함과 같다. 주자가 말하였다. "벗이 곧으면 그 잘못을 듣게 되고, 벗이 신실하면 성실함에 나아가고, 벗이 聞見이 많으면 밝음에 나아간다. 便은 익숙함이다. 便辟은 威儀에만 익숙하고 곧지 않음을 이름이요, 善柔는 아첨하고 기쁘게 함에만 잘 하고 신실하지 않음을 이름이요, 便佞은 말에만 익숙하고 문견의 실제가 없음을 이름이니, 세 가지의 손익[友便辟, 友善柔, 友便佞↔友直, 友諒, 友多聞]은 정반대가 된다."

漢字 工(잘할 공), 媚(아첨할 미)

〖九十五章〗

○孟子ㅣ曰不挾長ᄒᆞ며不挾貴ᄒᆞ며不挾兄弟而友ㅣ니友也者ᄂᆞᆫ友其德也ㅣ라不可以有挾也ㅣ니라 《孟子 萬章下》

● 맹자가 말하였다. “어른임을 끼지[믿고 뽐내지] 아니하며, 존귀함을 끼지 아니하며, 형제를 끼지 말고 벗해야 하니, 벗이란 그 덕을 벗하는 것이니, 낌이 있어서는 안 된다.”

漢字 挾(낄 협, 믿고 뽐낼 협, 믿고 의지할 협)

협(挾): 끼다. 자세(藉勢)하다. 남의 힘을 빌리거나 이용하다.

번소 孟밍子ᄌᆞㅣ ᄀᆞᄅᆞ샤ᄃᆡ 얼운이론 양 말며 벼슬 노ᄑᆞᆫ 양 말며 어딘 兄형弟뎨 듯논 양 말오 버들 사괴욜 디니 버디라 ᄒᆞᆫ 거슨 德덕을 벋 삼논 디라 ᄧᅵᆫ ᄆᆞᅀᆞᆷ 두어호미 올티 아니ᄒᆞ니라

현대역 맹자가 말씀하시되, “어른인 양 말며, 벼슬 높은 양 말며, 어진 형제를 두어 있는 양 말고 벗을 사귈 것이니, 벗이란 하는 것은 덕을 벗 삼는 것이라. 믿고 뽐내는 마음 둠이 옳지 아니하니라.”

1 얼운이론: 어른인. ‘얼운(명사)+이(서술격 조사 ‘이다’의 어간)+로(선어말어미)+ㄴ(관형사형 어미)’이다. ‘-로-’는 선어말어미 ‘-오-’의 이형태이다. 여기서 선어말어미의 기능은 분명하지 않다.

2 듯논: 두어 있는. 두(어간)+어(보조적 연결어미)+잇(在, ‘잇다’의 어간)+ᄂᆞ(현재 시제 선어말어미)+오(대상 표시법 선어말어미)+ㄴ(관형사형 어미)이다. 완료상은 보조적 연결어미 ‘-아/어’와 보조형용사 ‘잇다[在]’의 결합으로 표현된다. 즉 ‘어+잇’이 ‘-엣-’으로 나타난다. 그러나 동사 ‘두-(置)’ 아래에서는 ‘-엣-’ 대신 보조적 연결어미 ‘-어’가 탈락된 ‘-ᅟᅵᆺ-’이나, 여기서 ‘ㅣ’가 떨어진 ‘-ㅅ-’으로 나타난다. 같은 ‘우’로 끝난 ‘드리우-’는 ‘-엣-’이 붙어 ‘드리웻-’으로 나타나는

것과는 대조적이다. '뒷더시니', '뒷논'과 '둣더시니', '둣논'이 그 예이다.

3 삼논 디라: 삼는 것이라. 삼는지라. '삼(어간)+ᄂᆞ(현재 시제 선어말어미)+오(대상 표시법 선어말어미)+ㄴ(관형사형 어미)+ᄃᆞ(의존명사)+이(서술격 조사 '이다'의 어간)+라(종결어미)'이다. 의존명사 'ᄃᆞ'는 '것'의 의미를 가진 보편성 의존명사이다. 의존명사를 꾸며주는 관형사형에 들어있는 선어말어미 '-오$_2$-'도 대상 표시법 선어말어미에 해당한다.

4 ᄢᅵᆫ: 낀. 믿고 뽐내는, 'ᄢᅵ(어간)+ㄴ(관형사형 어미)'이다. 'ᄢᅵ다'는 '끼다'의 옛말이다. 남의 힘을 빌리거나 이용하다. 'ᄢᅵ다'는 15세기 문헌에서부터 나타난다. 근대국어 시기에 어두자음군이 사라지면서 'ᄢᅵ-'의 초성 'ㅴ'에서 'ㅂ'이 탈락하고 'ㅺ'이 남아 17세기에 'ᄭᅵ-'로 나타나게 되었다. 19세기에 'ㄱ'의 된소리 표기가 'ㅺ'에서 'ㄲ'으로 바뀜에 따라 '끼-'로 나타나면서 'ᄭᅵ-'와 '끼-'가 공존하였다. 이후 '끼-'로 정착하면서 현재에 이르렀다. 17세기에는 'ᄞᅵ-'로 나타나기도 하였는데 이는 'ᄭᅵ-'의 이표기이다. ᄢᅵ다(15세기~17세기)〉ᄭᅵ다(17세기~19세기)〉끼다(19세기~현재). 이형태: ᄢᅵ다, ᄭᅵ다, ᄞᅵ다, 끼다. 紅顔인 저긔 서리와 이스리 階砌와 門의 어렛거든 되 ᄆᆞᆯ ᄐᆞ고 그륜 활 ᄢᅵ고 시울 울여 虛히 쏘디 아니ᄒᆞ다라.《1481 두시-초 8:59ㄱ》, 智伯의 豫讓이 위ᄒᆞ야 원슈를 갑고져 ᄒᆞ야 지은 사ᄅᆞᆷ이 되여 匕首를 ᄢᅵ고 襄子ㅅ宮 가온ᄃᆡ 들어 뒷간의 ᄒᆞᆰ ᄇᆞᄅᆞ거ᄂᆞᆯ.《1588 소언 4:31ㄱ》

소언 孟ᄆᆡᆼ子ᄌᆞㅣ ᄀᆞᆯᄋᆞ샤ᄃᆡ 얼운이로라 ᄒᆞ야 ᄢᅵ디 아니ᄒᆞ며 貴귀호라 ᄒᆞ야 ᄢᅵ디 아니ᄒᆞ며 兄형弟뎨를 ᄢᅧ 벋ᄒᆞ디 아닐 디니 벋이란 거슨 그 德덕을 벋 삼논 디라 可가히 ᄡᅧ ᄢᅵᆷ을 두디 몯홀 거시니라

현대역 맹자가 말씀하시되, "어른이노라 하여 믿고 뽐내지 아니하며, 귀하다 하여 믿고 뽐내지 아니하며, 형제를 믿고 뽐내 벗하지 않을 것이니, 벗이란 것은 그 덕을 벗 삼는 것이라. 가히 써 믿고 뽐냄을 두지 못할 것이니라."

1 얼운이로라: 어른이노라. '얼운(명사)+이('이다'의 어간)+로(화자 표시법 선어말어미)+라(평서형 종결어미)'이다. 선어말어미 '-로-'는 서술격 조사 뒤에서 '-오-'가 바뀐 것이다. '-로라'는 '이다'의 어간 뒤에 붙어, 주로 1인칭 주어와 함께 쓰여, '-노라'를 뜻하는 어미이다. ᄒᆞ다가 내 弟子ㅣ 제 너교ᄃᆡ 阿羅漢 辟支佛이로

라 ᄒᆞ야 諸佛如來ᄋᆡ 다믄 菩薩ᄲᅳᆫ 敎化ᄒᆞ시논 이ᄅᆞᆯ 모ᄅᆞ면 부텻 弟子ㅣ 아니며.《석상 13:61》, 諸生ᄋᆡᆫ 녯 뎌른 오시오 나ᄀᆞ내로 ᄠᅥ ᄃᆞᆫ뇨ᄆᆞᆫ ᄒᆞᆫ ᄠᅳᆺ논 말와미로라(諸生舊短褐 旅泛一浮萍).《두시-초 6:20》

2 귀호라: 귀(貴)하다. '귀ᄒᆞ(어간)+오(화자 표시법 선어말어미)+라(평서형 종결어미)'이다. '-오라'는 동사나 형용사 어간 뒤에 붙어, 주로 1인칭 주어와 함께 쓰여, '-다'나 '-ㄴ다'를 뜻하는 어미이다. 右手 左手로 天地 ᄀᆞᄅᆞ치샤 ᄒᆞ오ᅀᅡ 내 尊호라 ᄒᆞ시니.《월곡 상:8》, 太子ㅣ 道理 일우샤 ᄌᆞ개 慈悲호라 ᄒᆞ시ᄂᆞ니.《석상 6:5》

3 삼ᄂᆞᆫ 디라: 삼는 것이다. 삼는지라. '삼(어간)+ᄂᆞ(현재 시제 선어말어미)+ㄴ(관형사형 어미)+ᄃᆞ(의존명사)+이(서술격 조사 '이다'의 어간)+라(종결어미)'이다. 《번역소학》과 달리 대상 표시법 선어말어미 '-오$_2$-'가 들어가 있지 않다.

【集解】挾者는兼有而恃之之稱이라挾兄弟는謂己有兄弟之助而不資於人也라陳氏曰有挾則取友之意不誠이니賢者必不與之友矣리라

挾은 소유하고 그것을 믿음을 겸한 칭호이다. 挾兄弟[형제를 낌]는 자기가 형제의 도움이 있다고 하여 남에게 의뢰하지 않음을 이른다. 진 씨가 말하였다. "낌이 있으면 벗을 취하는 뜻이 성실하지 못하니, 현자가 반드시 그와 더불어 사귀지 않을 것이다."

漢字 恃(믿을 시), 資(의뢰할 자, 재물 자)

〖九十六章〗

○曲禮예曰君子는不盡人之歡ᄒᆞ며不竭人之忠ᄒᆞ야以全交也ㅣ니라 《禮記 曲禮》

●〈곡례〉에 말하였다. "군자는 남이 기쁘게 해주기를 다하지[바라지] 않으며, 남이 충성스럽게 해주기를 다하지 않아, 써 사귐을 온전히 한다."

漢字 歡(기쁠 환), 竭(다할 갈)

번소 曲곡禮례예 ᄀᆞ로ᄃᆡ 어딘 사ᄅᆞᄆᆞᆫ 사ᄅᆞ미 날 햐ᇰᄒᆞ야 깃븐 이를 ᄀᆞ장 ᄒᆞ과뎌 아니ᄒᆞ미 사ᄅᆞ미 날 햐ᇰᄒᆞ야 졍셩도이 호ᄆᆞᆯ ᄀᆞ장 ᄒᆞ과뎌 아니ᄒᆞᄂᆞ니 ᄡᅧ 사괴요ᄆᆞᆯ 오올에 ᄒᆞᄂᆞ니라

현대역 〈곡례〉에 가로되, "어진 사람은 (다른) 사람이 자기를 향하여 기쁜 일을 한껏 하고자[행했으면 하고] 아니하며, 사람이 자기를 향하여 정성스럽게 함을 한껏 하고자[행했으면 하고] 아니하니, 써 사귐을 온전하게 하느니라."

1 ᄀᆞ장: 가장. 매우. 한껏. 三界 便安케 호리라 發願이 기프실ᄊᆡ 大千世界 ᄀᆞ장 볼ᄀᆞ니.《월곡 상:8》, 旋嵐 風은 ᄀᆞ장 ᄆᆡᄫᆞᆫ ᄇᆞᄅᆞ미라.《석상 6:30》

2 ᄒᆞ과뎌: 하고자. 'ᄒᆞ(어간)+과뎌(연결어미)'이다. '-과뎌'는 주로 동사, 형용사 어간 뒤에 붙어, '-고자'를 뜻하는 어미이다. 時節이 便安ᄒᆞ고 녀르미 ᄃᆞ외며 福이 오고 厄이 스러디과뎌 ᄒᆞ노니.《월석 서:25》, 이엔 ᄯᅩ 慧力이 定에 너머 다 서르 글우미 잇ᄂᆞᆫ 젼ᄎᆞ로 ᄀᆞᄐᆡ 가지과뎌 ᄒᆞ시니라(此又慧力過定 皆互有所失故 欲等持也).《능엄 9:73》

3 아니ᄒᆞ미: 아니하며. 의미상으로 볼 때, '아니ᄒᆞ며'의 오자인 것 같다.

4 오ᄋᆞᆯ에: 온전하게. '오ᄋᆞᆯ(어간)+에(보조적 연결어미)'이다. '-에'는 '-게'의 'ㄱ'이 성문 마찰 유성음 'ㅇ[ɦ]'으로 실현된 것이다. '오ᄋᆞᆯ다'는 '온전하다'의 옛말이다. 보샤미 멀리잇가 善心이 오ᄋᆞᆯ면 안존 고대셔 말가히 보리니.《월석 8:1》, 幽人의 貞正호ᄆᆞᆯ 둘흘 오ᄋᆞᆯ에 호ᄆᆞᆯ 붓그리노라(幽貞愧雙全).《두시-초 6:37》

5 ᄒᆞᄂᆞ니라: 하느니라. 'ᄒᆞ(어간)+ᄂᆞ(현재 시제 선어말어미)+니라(평서형 종결어미)'이다. 고영근(2020: 152)에서는 중세국어 평서형 종결어미 중 '-다'를 '첫째 설명법 어미'로, '-니라'를 '둘째 설명법 어미'로 불렀다.

소언 曲곡禮례예 ᄀᆞᆯ오ᄃᆡ 君군子ᄌᆞᄂᆞᆫ 사ᄅᆞᄆᆡ 즐겨홈을 다ᄒᆞ디 아니ᄒᆞ며 사ᄅᆞᄆᆡ 졍셩을 다ᄒᆞ디 아니ᄒᆞ야 ᄡᅧ 사괴욤을 오ᄋᆞᆯ게 ᄒᆞᄂᆞ니라

현대역 〈곡례〉에 가로되, "군자는 사람이 즐거워함[즐겁게 해 줌]을 다하지[바리지] 아니하며, 사람의 정성을 다하지 아니하여, 써 사귐을 온전하게 하느

니라."

오올게: 온전하게. '오올(어간)+게(보조적 연결어미)'이다.

【集解】呂氏曰盡人之歡하고竭人之忠은皆責人厚者也니責人厚而莫之應이면此는交所以難全也라歡은謂好於我也요忠은謂盡心於我也라好於我者를望之不深하고盡心於我者를不要其必盡이면則不至於難繼也라

여 씨가 말하였다. "남이 기쁘게 해주기를 다하고[다 바라고], 남이 충성스럽게 해주기를 다함[다 바람]은 모두 남에게 요구하기[바라기]를 후히 하는 것이니, 남에게 요구하기[바라기]를 후히 하는데 (남이) 그것을 응해주지 않으면, 이는 사귀는 바가 써 온전하기 어렵게 되는 것이다. 歡은 나에게 좋게 해 줌을 이름이요, 忠은 나에게 마음을 다함을 이른다. 나에게 좋게 해주기를 바라는 것이 깊지 않고, 나에게 마음을 다해주는 것을 그 반드시 다함을 요구하지 않는다면, 잇기 어려운 데에 이르지 않을 것이다."

漢字 責(요구할 책, 꾸짖을 책, 헐뜯을 책)

〖九十七章〗

○凡與客入者ㅣ每門에讓於客ᄒᆞ야客至寢門이어든主人이請入爲席然後에出迎客호ᄃᆡ客이固辭ㅣ어든主人이肅客而入이니라 《禮記 曲禮》

●무릇 客과 함께 들어가는 자는, 문마다 客에게 사양하여, 客이 안문에 이르거든 주인이 들어가서 자리를 펴겠다고 청한 뒤에, 나와서 客을 맞이하되, 客이 (먼저 들어가기를) 굳이 사양하거든 주인이 客에게 揖하고 들어간다.

漢字 固(굳을 고), 肅(절할 숙, 엄숙할 숙, 공경할 숙)

숙용(肅容): 두 손을 맞잡아 얼굴 앞으로 들어 올리고, 허리를 앞으로 공손히 구부렸다가, 몸을 펴면서 손을 내리는 예의 하나. 유의어: 숙배(肅拜), 읍(揖).

번소 믈읫 손과로 들 제 문마다 손쯰 ᄉᆞ양ᄒᆞ야 소니 안문에 니르거든 主쥬人ᅀᅵᆫ이 드러 돗 ᄀᆞ로믈 請쳥ᄒᆞᆫ 후에ᅀᅡ 나 손을 마조ᄃᆡ 손이 구틔여 ᄉᆞ샹커든 主쥬人ᅀᅵᆫ이 손ᄋᆞᆯ 揖읍ᄒᆞ야 드롤 디니라

현대역 무릇 손님과 더불어 들 때 문마다 손님께 사양하여, 손님이 안문에 이르거든 주인이 들어가 돗자리 깔음을 청한 후에야, 나와서 손님을 맞되, 손님이 구태여 사양하거든 주인이 손님을 읍(揖)하여 들 것이니라.

1 손과로: 손님과 더불어. '손(명사)+과(부사격 조사)+로(부사격 조사)'이다.

2 손쯰: 손님께. '손(명사)+ㅅ(관형격 조사)+긔(부사성 의존명사)'이다. 'ㅅ'은 'ㄱ, ㅋ, ㆁ, ㄷ, ㅌ, ㄴ, ㄹ, ㅂ, ㅍ, ㅁ, ㅸ'으로 끝나는 체언류나 받침 없는 체언류 뒤에 붙어, 무정 체언과 존칭 체언류 뒤에 붙어, '의'를 뜻하는 조사이다. '긔'는 부사성 의존명사로, 관형격 조사 아래에만 나타난다. 본 예 '쯰'는 관형격 조사 'ㅅ'과 함께 쓰여 '께'를 뜻한다.

3 ᄀᆞ로믈: 깔음을. 'ᄀᆞᆯ(어간)+옴(명사형 어미)+ᄋᆞᆯ(목적격 조사)'이다. 'ᄀᆞᆯ다'는 '깔다'의 옛말이다. 두 큰 블 뫼 가온ᄃᆡ 녀코 두 山이 어우러 ᄀᆞ라 ᄀᆞᆯ리 ᄃᆞ외ᄂᆞ니라.《월석 1:29》, ᄀᆞᆯ고 ᄀᆞ다ᄃᆞᄆᆞ면 힝시리 더옥 조ᄒᆞ리니.《계초 20》

4 마조ᄃᆡ: 맞되. '맞(어간)+오ᄃᆡ(연결어미)'이다. '-오ᄃᆡ'는 선행 음절의 모음이 'ㆍ, ㅏ, ㅗ, ㅣ, 반모음 ㅣ'인 경우에 붙어, '-(으)되'를 뜻하는 어미이다. 置陣이 ᄂᆞᆷ과 다ᄅᆞ샤 아ᄅᆞ샤ᄃᆡ 나ᅀᅡ오니 믈러가던덴 목숨 ᄆᆞᄎᆞ리잇가(置陣異他 知亦進當 如其退避 性命奚戕).《용가 51장》, 淨飯이 무러시늘 占者ㅣ 判ᄒᆞᅀᆞᄫᅩᄃᆡ 聖子ㅣ 나샤 正覺 일우시리.《월곡 상:6》

소언 믈읫 손과 더블어 들어가ᄂᆞᆫ 이 門문마다 손의게 ᄉᆞ양ᄒᆞ야 손이 안 門문에 니르거든 主쥬人인이 들어가 돗ᄀᆞᆯ ᄭᆞ라지라 請쳥ᄒᆞᆫ 후에 나와 손을 마조ᄃᆡ 손이 구틔여 ᄉᆞ양커든 主쥬人인이 손을 읍ᄒᆞ야

들올 디니라

현대역 무릇 손님과 더불어 들어가는 이는 문마다 손님에게 사양하여, 손님이 안문에 이르거든 주인이 들어가서 돗자리를 깔고자한다 청한 후에, 나와서 손님을 맞되, 손님이 구태여 사양하거든 주인이 손님을 읍(揖)하여 들 것이니라.

ᄭᆞ라지라: 깔고자 한다. 'ᄭᆞᆯ(어간)+아(연결어미)+지라(평서형 종결어미)'이다. '-아지라'는 끝음절의 모음이 'ㆍ, ㅏ, ㅗ'이거나 'ㅣ' 계열 이중모음이나 ㄹ 받침으로 끝나는 동사, 형용사 어간 뒤에 붙어, 주로 1인칭 주어와 함께 쓰여, 'ᄒᆞ라' 할 자리에 쓰여, 의도의 뜻인 '-고자 한다'를 나타내는 종결어미이다. 혀근 結을 다 ᄢᅥ러ᄇᆞ려 阿羅漢果ᄅᆞᆯ 證ᄒᆞ고 結集ᄒᆞᄂᆞᆫ 門 밧긔 와 들아지라 ᄒᆞ야ᄂᆞᆯ.《석상 24:3》. 'ᄭᆞᆯ다'는 '깔다'의 옛말이다. 'ᄭᆞᆯ다'는 15세기 문헌에서부터 나타난다. 'ᄭᆞᆯ다'의 'ㅺ'의 음가에 대하여 15세기에는 'ㅅ', 'ㄱ'이 모두 발음되었다고 보는 견해(허웅)도 있고, 'ㄱ'의 된소리라고 보는 견해(이기문)도 있다. 그렇지만 16세기 이후의 'ㅺ'은 'ㄱ'의 된소리로 발음되었다고 볼 수 있다. 근대국어 후기에 'ㆍ'가 음가를 잃고 'ㅏ'와 같아져 혼동되면서 'ᄭᅡᆯ다'가 나타났고, 'ㄱ'의 된소리를 'ㄲ'으로 표기한 '깔다'가 19세기말부터 나타나 현재에 이르렀다. 19세기에는 'ㄱ'의 된소리를 'ㅲ'으로 표기한 'ᄞᅡᆯ다'와 같은 이표기도 나타난다. ᄭᆞᆯ다(15세기~19세기)〉ᄭᅡᆯ다(19세기)〉깔다(19세기~현재). 이형태: ᄭᆞᆯ다, ᄞᅡᆯ다, ᄭᅡᆯ다, 깔다. 플 ᄭᆞᆯ오 結加趺坐 ᄒᆞ샤 盟誓ᄒᆞ샤ᄃᆡ.《1447 석상 3:38ㄱ》, ᄆᆞ아ᄌᆞ마 지즑과 돗 가져다가 나그내네 주워 ᄭᆞᆯ에.《1510년대 번노 상:25ㄴ》

【集說】陳氏曰讓於客은欲客先入也라爲는猶布也라孔氏曰天子는五門이요諸侯는三門이요大夫는二門이라禮有三辭하니初曰禮辭요再曰固辭요三曰終辭라呂氏曰肅客者는俯手以揖之니所謂肅拜也라

진 씨가 말하였다. "客에게 사양함은 客이 먼저 들어가게 하고자 함이다. 爲는 폄과 같다. 공 씨가 말하였다. "천자는 다섯 개의 문이 있고, 제후는 세 개의 문이 있고, 대부는 두 개의 문이 있다. 예에는 세 번 사양함이

있으니, 첫 번째를 禮辭라 하고, 두 번째를 固辭라 하고, 세 번째를 終辭라 한다." 여 씨가 말하였다. "肅容이란 것은 손을 구부려 그에게 읍[揖]함이니, 이른바 肅拜라 이른다."

漢字 俯(구부릴 부, 숙일 부)

문(門): 천자는 고문(皐門)·치문(雉門)·고문(庫門)·응문(應門)·노문(路門)이 있고, 제후는 고문(皐門)·응문(應門)·노문(路門)이 있으며, 대부는 바깥문과 안문이 있다.

主人은**入門而右**ᄒᆞ고**客**은**入門而左**ᄒᆞ야**主人**은**就東階**ᄒᆞ고**客**은**就西階**호ᄃᆡ**客若降等則就主人之階**니**主人**이**固辭然後**에**客**이**復就西階**니라

●주인이 문에 들어서 오른쪽으로 가고, 객은 문에 들어서 왼쪽으로 간 다음, 주인은 동쪽 계단으로 나아가고, 객은 서쪽 계단으로 나아가되, 객이 만약 等列이 낮으면 주인의 계단으로 나아가니, 주인이 굳이 사양[만류]한 뒤에야 객이 다시 서쪽 계단으로 나아간다.

등렬(等列): 등급의 차례.

번소 主쥬人신은 문의 드로ᄃᆡ 올ᄒᆞᆫ녀그로 ᄒᆞ고 손ᄋᆞᆫ 문의 드로ᄃᆡ 왼녀그로 ᄒᆞ며 主쥬人신은 東동階계예 나ᅀᅡ가고 손ᄋᆞᆫ 西셔階계예 나ᅀᅡ갈 디니 소니 쥬신의게셔 ᄂᆞᆺ갑거든 主쥬人신의 오ᄅᆞᄂᆞᆫ 계졀에 나ᅀᅡ갈 디니 主쥬人신이 구틔여 ᄉᆞ양ᄒᆞᆫ 후에ᅀᅡ 소니 다시 西셔階계로 나ᅀᅡ갈 디니라

현대역 주인은 문에 들되 오른쪽으로 하고, 손님은 문에 들되 왼쪽으로 하며, 주인은 동쪽 계단에 나아가고, 손님은 서쪽 계단에 나아갈 것이니, 손님이 주인에게서 낮거든 주인이 오르는 계단에 나아갈 것이니, 주인이 구태여

사양한 뒤에야 손님이 다시 서쪽 계단으로 나아갈 것이니라.

1 드로딕: 들되. '들(어간)+오딕(연결어미)'이다. '-오딕'는 '-(으)되'를 뜻하는 어미이다.

2 의게셔: 에게서. 보다. '의(관형격 조사)+게(부사성 의존명사)+시(동사 '시다[在]'의 어간)+어(연결어미)'이다. '게'는 부사성 의존명사 '긔'와 수의로 교체되었다. 호나훈 衆生緣慈ㅣ니 一切 衆生의게 브튼 므숨 업수딕 衆生의게 自然히 利益을 나톨씨오.《월석 8:28》, 일후미 第十二觀이니 無量壽佛ㅅ 無數化身이 觀世音 大勢至와 샹녜 行人의게 오시리라.《월석 8:44》

3 계졀: 계단.

소언 主쥬人인은 門문의 들어 올호녁흐로 가고 손은 門문의 들어 왼녁흐로 가 主쥬人인은 東동階계예 나아가고 손은 西셔階계예 나아가딕 손이 만일 층이 누리거든 主쥬人인의 階계예 나아갈 디니 主쥬人인이 구틔여 ᄉ양호 후에사 손이 다시 西셔階계로 나아갈 디니라

현대역 주인은 문에 들어 오른쪽으로 가고, 손님은 문에 들어 왼쪽으로 가서, 주인은 동쪽 계단에 나아가고, 손님은 서쪽 계단에 나아가되, 손님이 만일 층이 내리거든[등렬이 낮거든] 주인의 계단에 나아갈 것이니, 주인이 구태여 사양한 후에야 손님이 다시 서쪽 계단으로 나아갈 것이니라.

【集解】陳氏曰入右는所以趨東階요入左는所以趨西階라降等者는其等列이卑於主人也라主人固辭者는不敢當客之尊己也라

진 씨가 말하였다. "오른쪽으로 들어섬은 동쪽 계단으로 나아가기 위함이요, 왼쪽으로 들어섬은 서쪽 계단으로 나아가기 위함이다. 降等이란 것은 그 等列이 주인보다 낮음이다. 주인이 굳이 사양[만류]함은 감히 객이 자기[주인]를 높여줌을 감당하지 못해서이다."

入右 所以趨東階 入左 所以趨西階: 동쪽 계단은 오른쪽에 있고, 서쪽 계단은 왼쪽에 있으므로 말한 것이다. 그러나 〈곡례〉 주(註)에서는 서로 향해 마주 보기 위한 것으로 해석하여, 우계(右階)를 오르는 주인은 우족(右足)을 먼저 올리고 좌족(左足)을 합한 뒤에 다시 우족(右足)을 올리고, 좌계(左階)를 오르는 객은 좌족(左足)을 먼저 올리고 우족(右足)을 합한 뒤에 다시 좌족(左足)을 올리면서, 우계(右階)의 주인과 맞추는 것으로 보았으며, 이는 서로 공경하는 뜻에서라고 하였다(성백효, 1997: 158 참조).

主人이**與客讓登**ᄒᆞ야**主人**이**先登**이어든**客**이**從之**ᄒᆞ야**拾級聚足**ᄒᆞ야**連步以上**호ᄃᆡ**上於東階則先右足**ᄒᆞ고**上於西階則先左足**이니라

●주인이 객과 함께 오르기를 사양하여 주인이 먼저 오르면, 객이 그를 따라 층계를 올라, 발[오른발과 왼발]을 모아 걸음을 이어 써 오르되, 동쪽 계단에 오를 적엔 오른발을 먼저 하고, 서쪽 계단에 오를 적엔 왼발을 먼저 한다.

漢字 **拾**(오를 섭, 주을 습)

번소 主쥬人신이 손과 다ᄆᆞᆺ 올오ᄆᆞᆯ ᄉᆞ양ᄒᆞ야 主쥬人신이 몬져 오ᄅᆞ거든 소니 조차 서흐렛층을 올오ᄃᆡ 바ᄅᆞᆯ 모도와 니ᅀᅥ 거러 올아 東동階계예 올올딘댄 올ᄒᆞᆫ바ᄅᆞᆯ 몬져 ᄒᆞ고 西셔階계예 올올딘댄 왼바ᄅᆞᆯ 몬져 홀 디니라

현대역 주인이 손님과 더불어 오름을 사양하여 주인이 먼저 오르거든, 손님이 좇아 층계를 오르되, 발을 모아 이어서 걸어 올라, 동쪽 계단에 오를진댄 오른발을 먼저 하고, 서쪽 계단에 오를진댄 왼발을 먼저 할 것이니라.

1 쥬신: 주인(主人). '쥬싄'의 오자이다.

2 다ᄆᆞᆺ: 같이. 더불어. 당당이 寃魂과 다ᄆᆞᆺ 말ᄒᆞ야 그를 더뎌 汨羅애 주ᄂᆞᆺ다(應共寃魂語 投詩贈汨羅).《두시-초 21:44》, 만일 너도 내 樓上에 오면 흠ᄭᅴ 名과 다ᄆᆞᆺ

利ᄅᆞᆯ 니저 ᄇᆞ리리라(若你也到我樓上 一發忘棄名與利).《박언 중:44》

3 올오ᄆᆞᆯ: 오름을. '올ㅇ(어간)+옴(명사형 어미)+ᄋᆞᆯ(목적격 조사)'이다. 현대국어 '오르다'의 옛말인 '오ᄅᆞ다'는 15세기 문헌에서부터 나타난다. '오ᄅᆞ다'는 자음이나 매개모음으로 시작하는 어미가 결합할 때에는 '오ᄅᆞ거늘', 'ᄋᆞ시고'와 같이 '오ᄅᆞ-'로, 모음으로 시작하는 어미가 결합할 때에는 '올아'와 같이 '올ㅇ-'으로 실현되어 '오ᄅᆞ-/올ㅇ-'의 교체를 보였다. 16세기에 제2음절 이하의 'ㆍ'가 'ㅡ'로 변하였는데, '오ᄅᆞ다'도 이러한 변화를 겪어 '오르다'가 되었다. 16세기에는 '오ᄅᆞ다'가 '오르다'로 변한 것뿐 아니라, 모음으로 시작하는 어미가 결합할 때 '올ㅇ-'으로 실현되던 활용형에도 변화가 생겼다. 16세기에 'ㄹ' 뒤에 오던 성문 마찰 유성음 'ㅇ[ɦ]'이 탈락하면서 'ㄹ'이 첨가되어 모음으로 시작하는 어미가 결합할 때에도 '올라'와 같이 '올ㄹ-'로 나타나기 시작한 것이다. 17세기까지 '올ㅇ-'과 '올ㄹ-'이 공존하다가 18세기부터 '올ㄹ-'로 통일되어 자음이나 매개모음으로 시작하는 어미가 결합할 때에는 '오르-'가, 모음으로 시작하는 어미가 결합할 때에는 '올ㄹ-'이 일반화되었다. 이로써 '오르-/올ㄹ-'의 교체를 갖게 되면서 현재에 이르렀다. 16세기에 나타나는 '올ᄋᆞ-'와 18, 19세기에 나타나는 '올으-'는 '오ᄅᆞ-, 오르-'의 과잉 분철 표기이다. 오ᄅᆞ다(15세기~19세기)〉오르다(16세기~현재). 이형태: 오ᄅᆞ-, 올ㅇ-, 올ㄹ-, 오르-, 올으-, 올ᄋᆞ-. 리病이 기퍼 山脊에 몯 오ᄅᆞ거늘 君子ᄅᆞᆯ 그리샤 金뢰ㄹ 브수려 ᄒᆞ시니.《1447 용가 109》, 즉자히 神通力으로 樓 우희 ᄂᆞ라 올아 耶輸ㅅ 알ᄑᆡ 가 셔니.《1447 석상 6:3ㄱ》, 만난 거슬 ᄀᆞ초고 텽의 올라 안부를 묻ᄌᆞ오니.《1588 소언 6:92ㄱ》, 진지 오를 제 반ᄃᆞ시 시그며 더운 절ᄎᆞᆯ 슬펴 보시며.《1588 소언 4:12ㄱ》, 主人이 손과 더블어 올ᄋᆞ기를 ᄉᆞ양ᄒᆞ야 主人이 몬져 올ᄋᆞ거든.《1588 소언 2:69ㄱ》

4 서흐렛충: 층계. '서흐레(명사)+ㅅ(관형격 조사)+층(명사)'이다. 'ㅅ'는 관형격 조사이다. '서흐레'는 '층계', '등급'의 옛말이다. 基ᄂᆞᆫ 집터히오 陛ᄂᆞᆫ 서흐레라.《법화 2:104》, 階 섬 계 俗呼階級 서흐레.《훈몽 중:3》, 級 서흐레 급 階級.《훈몽 하:13》

5 올올딘댄: 오를진댄. '올ㅇ(어간)+오(대상 표시법 선어말어미)+ㄹ(관형사형 어미)+ᄃᆞ(의존명사)+이(서술격 조사 '이다'의 어간)+ㄴ대(연결어미)+ㄴ(보조사)'이다. 'ㄹ+ᄃᆞ+이+ㄴ대+ㄴ'이 '-ㄹ딘댄'으로 재구조화되었다. '-ㄹ딘댄'은 현대국어 '-ㄹ진댄'에 해당한다. '-ㄹ진댄'은 '-ㄹ진대'에 보조사 'ㄴ'이 결합한 말로,

'-ㄹ진대'를 강조한다. '-ㄹ진대'는 '이다'의 어간, 받침 없는 용언의 어간, 'ㄹ' 받침인 용언의 어간 또는 어미 '-으시-' 뒤에 붙어, 앞 절의 일을 인정하면서, 그것을 뒤 절 일의 조건이나 이유, 근거로 삼음을 나타내는 연결어미이다. 장중한 어감을 띤다. 論語에 닐오ᄃᆡ 工匠바지ㅣ 이를 이대코져 홀딘댄 반ᄃᆞ기 몬져 그 그르슬 ᄂᆞᆯ나게 ᄒᆞᄂᆞ니라 ᄒᆞ니라(論語云 工欲善其事 必先利其器).《원각서:80》, 輪廻ㄹ 免코져 홀딘댄 부텨 求홈 ᄀᆞᆮᄒᆞ니 업스니라 ᄒᆞ다가 부텨 求코져 홀딘댄 부톄 곧 이 ᄆᆞᅀᆞ미니 ᄆᆞᅀᆞᄆᆞᆯ 엇뎨 머리 어ᄃᆞ료(欲免輪廻 莫若求佛 若欲求佛 佛卽是心 心何遠覓).《목우 2》.

소언 主쥬人인이 손과 더블어 올ᄋᆞ기를 ᄉᆞ양ᄒᆞ야 主쥬人인이 몬져 올ᄋᆞ거든 손이 조차 층을 ᄃᆞᄃᆡ여 발올 모도와 거름을 니어 뻐 올오ᄃᆡ 東동階계예 올ᄋᆞ거든 올ᄒᆞᆫ 발올 몬져 ᄒᆞ고 西셔階계예 올ᄋᆞ거든 왼발올 몬져 홀 디니라

현대역 주인이 손님과 더불어 오르기를 사양하여 주인이 먼저 오르거든, 손님이 좇아 층을 디뎌, 발을 모아 걸음을 이어 써 오르되, 동쪽 계단에 오르거든 오른발을 먼저 하고, 서쪽 계단에 오르거든 왼발을 먼저 할 것이니라.

ᄃᆞᄃᆡ여: 디디어. 'ᄃᆞᄃᆡ(어간)+여(연결어미)'이다. 'ᄃᆞᄃᆡ다'는 '디디다'의 옛말이다. '드듸다'는 15세기 문헌에서부터 나타난다. '드듸다'는 제2음절 모음 'ㅢ'가 'ㅣ'로 변화하고, 제1음절 모음 'ㅡ'가 'ㅣ'로 변화하여 20세기 이후 '디디다'로 나타나 현재에 이르렀다. 16세기의 'ᄃᆞᄃᆡ다'는 '드듸다'의 제2음절 모음 'ㅢ'가 'ㆎ'로 나타난 것이다. 드듸다(15세기~19세기)〉디디다(20세기~현재). 이형태: 드듸다, ᄃᆞᄃᆡ다. 蓮花ㅅ 고지 나거늘 世尊이 드듸샤 四方 向ᄒᆞ샤 周行七步ᄒᆞ시니.《1447 월곡 8ㄱ》, 손이 조차 층을 ᄃᆞᄃᆡ여 발올 모도와 거름을 니어 뻐 올오ᄃᆡ.《1588 소언 2:69ㄱ》

【集解】鄭氏曰拾은當作涉이니聲之誤也라陳氏曰讓登은欲客先升也니客不敢當이라故로主人先而客繼之라拾級은涉階之級也라聚足은後足이與前足相合也요連步는步相繼也라

先右先左는各順入門之左右也니라

정 씨가 말하였다. "拾은 마땅히 涉이 되어야 하나, 그 소리로[음이 비슷하여] 잘못된 것이다. 진 씨가 말하였다. "오르기를 사양함은 객이 먼저 오르게 하고자 함이니, 객이 감히 감당할 수 없으므로, 주인이 먼저 오르고 객이 그를 이어간다. 拾級은 계단의 층계를 건넘이다. 聚足은 뒷발이 앞발과 더불어 서로 합함이다. 連步는 걸음이 서로 이어짐이다. 오른발을 먼저 하고 왼발을 먼저 함은 각기 문에 들어가는 左右를 순히 한 것이다."

漢字 涉(건널 섭), 升(오를 승), 級(등급 급), 聚(모을 취)

〖九十八章〗

○大夫士ㅣ相見에雖貴賤이不敵ᄒᆞ나主人이敬客則先拜客ᄒᆞ고客이敬主人則先拜主人이니라 《禮記 曲禮》

●大夫와 士가 서로 봄에, 비록 귀천이 대등하지 않으나, 주인이 객을 공경하거든 객에게 먼저 절하고, 객이 주인을 공경하거든 주인에게 먼저 절한다.

漢字 敵(대등할 적, 적 적)

번소 벼슬 노ᄑᆞ니와 ᄂᆞᆽ가오니 서르 보매 비록 貴귀ᄒᆞ며 賤쳔호미 맛디 아니ᄒᆞ나 主쥬人신이 소늘 공경커든 몬져 소늘 절ᄒᆞ고 소니 主쥬人신을 공경커든 몬져 主쥬人신을 절홀 디니라

현대역 벼슬 높은 이와 낮은 이가 서로 봄에, 비록 귀하며 천함이 맞지 아니하나, 주인이 손님을 공경하거든 먼저 손님을[손님에게] 절하고, 손님이 주인을 공경하거든 먼저 주인을[주인에게] 절할 것이니라.

ᄂᆞᆽ가오니: 낮은 사람이. 'ᄂᆞᆽ가오(어간)+ㄴ(관형사형 어미)+이(의존명사)+ø(주격조사 '이' 생략)'이다. 'ᄂᆞᆽ갑다'는 '낮다'의 옛말이다. 현재 제주방언에 남아 있다. 'ᄂᆞᆽ갑-'가 'ㄴ' 앞에서 'ᄂᆞᆽ가오-'로 교체되었다. 또한 팔종성법에 따라 'ᄂᆞᆽ가오니'로

적었다.

소언 태우와 士ᄉᆞㅣ 서르 봄애 비록 貴귀와 賤쳔이 맛디 아니ᄒᆞ나 主쥬人인이 손을 공경커든 몬져 손을 절ᄒᆞ고 손이 主쥬人인을 공경커든 몬져 主쥬人인을 절홀 디니라

현대역 대부와 선비가 서로 봄에, 비록 귀함과 천함이 맞지 아니하나, 주인이 손님을 공경하거든 먼저 손님을[손님에게] 절하고, 손님이 주인을 공경하거든 먼저 주인을[주인에게] 절할 것이니라.

【集解】孔氏曰惟賢是敬이요不計貴賤也라

공 씨가 말하였다. "오직 현자를 공경하는 것이요, 귀천을 따지지 않는다."

〖九十九章〗

○主人이不問이어든客이不先擧ㅣ니라 《禮記 曲禮》

●주인이 묻지 않거든 객이 먼저 말을 꺼내지 않는다.

번소 主쥬人신이 묻디 아니커든 소니 몬져 내야 니ᄅᆞ디 마롤 디니라

현대역 주인이 묻지 아니하거든, 손님이 먼저 꺼내어 말하지 말 것이니라.

내야: 꺼내어. '내[擧, 어간]+야(연결어미)'이다. '-야'는 'ᄒᆞ다'의 어간 뒤나 끝음절의 모음이 'ㅣ'인 어간 뒤에 붙어, '-어'를 뜻하는 연결어미이다. 어간 '내-'는 16세기에는 [naj]로 발음되었다. 五年을 改過 몯ᄒᆞ야 虐政이 날로 더을씩 倒戈之日에 先考ㆆ 쁟 몯 일우시니(五年罔悛 虐政日深 倒戈之日 莫遂考心).《용가 12장》, 四禪天이 보고 디나건 일로 혜야 一千世尊이 나싫 돌 아니.《월곡 상:4》

소언 主쥬人인이 묻디 아니커든 손이 몬져 들어 닐ᄋᆞ디 말올 디니라

현대역 주인이 묻지 아니하거든, 손님이 먼저 들어서 말하지 말 것이니라.

【增註】客은自外至하니主人이當先致問이요客不當先擧言이니라

객은 밖으로부터 왔으니 주인이 마땅히 먼저 물음에 이를 것이요, 객이 마땅히 먼저 말을 꺼내서는 안 된다.

右는明朋友之交하니라

● 이상은 붕우의 사귐을 밝혔다.

번소 이 우흔 벋 사괴욤올 볼기니라

현대역 이 위는 벗 사귐을 밝히느니라.

사괴욤올: 사귐을. '사괴(어간)+욤(명사형 어미)+올(목적격 조사)'이다. 어간이 반모음 j로 끝나기 때문에 '옴'이 '욤'으로 교체되었다.

소언 이 우흔 벋 사괴욤올 볼키니라

현대역 이 위는 벗 사귐을 밝히느니라.

〖百章〗

孔子ㅣ曰君子之事親이孝故로忠可移於君이오事兄이弟故로順可移於長이오居家ㅣ理故로治可移於官이니是故로行成於內而名立於後世矣니라 《孝經》

● 공자가 말씀하셨다. "군자가 부모를 섬김이 효이므로 충성이 가히 임금에게 옮겨질 수 있고, 형을 섬김이 공경이므로 순함이 가히 長에게 옮겨질 수 있고, 집에서 거처함이 다스려지므로 다스림이 가히 관청에 옮겨질 수 있다. 그러므로 행실이 집안에서 이루어지고 이름이 후세에 세워지는 것이다."

장(長): 직위가 자기보다 위에 있는 자.

번소 孔공子ᄌᆞㅣ ᄀᆞᄅᆞ샤ᄃᆡ 君군子ᄌᆞ의 어버이 셤교미 효도로이 호모로 튱심을 可가히 님금ᄭᅴ 옮기고 兄형을 셤교미 공슌호모로 공슌호ᄆᆞᆯ 可가히 얼운의게 옮기며 지븨 사로미 다ᄉᆞ리모로 다ᄉᆞ료미 可가히 구위예 옮기ᄂᆞ니 이런ᄃᆞ로 힝뎍이 안해 이러 일후미 後후世셰예 셔ᄂᆞ니라

현대역 공자가 말씀하시되, "군자의 어버이 섬김이 효성스레 하므로 충심을 가히 임금께 옮기고, 형을 섬김이 恭順하므로 공순함을 가히 어른에게 옮기며, 집의 삶이 다스려지므로 다스림이 가히 관청에 옮기니, 이런 까닭으로 행적이 (집)안에서 이루어져 이름이 후세에 서느니라."

1 호모로: 하므로. 'ᄒᆞ(어간)+옴(명사형 어미)+오로(부사격 조사)'이다. '오로'는 부사격 조사 'ᄋᆞ로'의 이형태이다. 'ᄋᆞ로'는 받침 있는 체언류 뒤에 붙어, 주로 끝음절의 모음이 'ㆍ, ㅏ, ㅗ'인 체언류 뒤에 붙어, '으로'를 뜻하는 부사격 조사이다. 즉자히 다시 니러 네 사ᄅᆞᆷ ᄒᆞ논 양ᄋᆞ로 禮數ᄒᆞᄉᆞᆸ고 ᄒᆞ녀ᄀᆡ 안ᄌᆞ니라.《석상 6:21》, 須達이 精舍 이르ᄉᆞᆸ고 窟 ᄆᆡᆼᄀᆞ오 栴檀香ᄀ ᄀᆞᄅᆞ로 ᄇᆞᄅᆞ고.《석상 6:38》

2 다ᄉᆞ리모로: 다스려지므로. '다ᄉᆞ리(어간)+ㅁ(명사형 어미)+오로(부사격 조사)'이다. '오로'는 부사격 조사 'ᄋᆞ로'의 이형태이다. '다ᄉᆞ리다'는 '다스리다'의 옛말이다. '다ᄉᆞ리다'는 15세기 문헌에서부터 나타난다. '다ᄉᆞ리다'는 '다스려지다' 또는 '다스리다'의 의미를 지닌 동사 '다ᄉᆞᆯ-'에 사동접사 '-이-'가 결합한 것이다. 16, 18세기 문헌에는 분철 표기된 '다ᄉᆞᆯ이다'의 예도 보인다. 16세기 이후에 제2음절 이하에서 모음 'ㆍ'가 'ㅡ'로 바뀌는 경향에 따라 17세기에는 '다스리다'가 되면서 현재에 이르렀다. 다ᄉᆞ리다(15세기~19세기)>다스리다(17세기~현재). 이형태: 다ᄉᆞ리다, 다ᄉᆞᆯ이다, 다스리다. 波羅棕大王이 어디르샤 正法으로 나라ᄒᆞᆯ 다ᄉᆞ리더시니.《1447 석상 11:17ㄴ》, 德으로ᄡᅥ ᄇᆡᆨ셩을 다ᄉᆞᆯ이ᄂᆞ니《1588 소언 4:34ㄴ》

3 이러: 이루어져. '일(어간)+어(연결어미)'이다. '일-'은 자동사 '이루어지다'의 옛말인 '일다'의 어간이다. 참고로, '일다'와 달리, '일우다'는 사동의 의미인 '이루다[뜻한 대로 되게 하다]'의 뜻을 갖는다. 현대국어 '이루다'의 옛말인 '일우다'는 15세기 문헌에서부터 나타난다. '일우다'는 '이루어지다'의 의미를 갖는 동사 '일-'과 사동접사 '-우-'가 결합한 것이다. '일-'의 종성 'ㄹ'이 연철되지 않은

것으로 보아, '일우다'에서 '우'의 초성 'ㅇ'은 성문 마찰 유성음 [ɦ]임을 알 수 있다. 16세기 이후 성문 마찰 유성음 'ㅇ[ɦ]'이 사라지면서 제1음절 종성 'ㄹ'이 연철 표기되어 '이루다'가 되었는데, 문헌상으로는 18세기에 비로소 '이루다'의 예가 나타난다. 한편 동사 '일-'에 사동접사 '-오-'가 결합한 '일오다' 형태도 15세기부터 '일우다'와 공존하였는데, 19세기 이후로는 사라졌다. 일우다(15세기~19세기)〉이루다(18세기~현재). 이형태: 일우다, 일오다, 이루다.

4 셔ᄂᆞ니라: 서느니라. '셔(어간)+ᄂᆞ(현재 시제 선어말어미)+니라(평서형 종결어미)'이다. '-ᄂᆞ니라'는 동사, 형용사 어간 뒤에 붙어, '-느니라'를 뜻하는 어미이다. 眷屬ᄋᆞᆫ 가시며 子息이며 좋이며 집앉 사ᄅᆞᆷ ᄃᆞᆯ 다 眷屬이라 ᄒᆞᄂᆞ니라.《석상 6:5》, 당가들며 셔방마조ᄆᆞᆯ 다 婚姻ᄒᆞ다 ᄒᆞᄂᆞ니라.《석상 6:16》

소언 孔공子ᄌᆞㅣ ᄀᆞᆯᄋᆞ샤ᄃᆡ 君군子ᄌᆞ의 어버이 셤굠이 효도로온 故고로 튱셩을 可가히 님금씌 옮기고 兄형 셤굠이 공슌ᄒᆞᆫ 故고로 공슌홈ᄋᆞᆯ 可가히 얼운의게 옮기고 집의 살옴이 다ᄉᆞᆫ 故고로 다ᄉᆞ림을 可가히 구위예 옮기ᄂᆞ니 이런 故고로 ᄒᆡᆼ실이 안해 이러 일홈이 後후世셰예 셔ᄂᆞ니라

현대역 공자가 말씀하시되, "군자가 어버이를 섬김이 효성스러운 고로 충성을 가히 임금께 옮기고, 형을 섬김에 恭順한 고로 공순함을 가히 어른에게 옮기고, 집의 삶이 다스려진 고로 다스림을 가히 관청에 옮기니, 이런 고로 행실이 안에서 이루어져 이름이 후세에 서느니라."

다ᄉᆞᆫ: 다스려진. '다ᄉᆞᆯ(어간)+ㄴ(관형사형 어미)'이다. '다ᄉᆞᆯ다'는 '다스리다', '다스려지다'의 옛말이다. 일로브터 보건댄 다ᄉᆞᆯ며 어즈러우며 니러나며 敗亡호미 비록 남지늬 어딜며 사오나오매 關係ᄒᆞ나(由此觀之 治亂興亡 雖關夫主之明闇).《내훈 서:5》, 능히 화케 호ᄃᆡ 효도로뻐 ᄒᆞ샤 나암나암 다ᄉᆞ라 간악애 니르디 아니케 ᄒᆞ시니라(克諧以孝 烝烝乂 不格姦).《소언 4:6~7》

【集解】長은謂職位在己上者라夫孝弟는爲百行之原이라故로事親孝則可移爲事君之忠矣요事兄弟則可移爲事長之順

矣라家者는國之本이니能齊其家則可移爲居官之治矣라行成於內는猶言不出家而成敎也라

長은 직위가 자기보다 위에 있는 자를 이른다. 무릇 孝와 弟는 백행의 근원이 된다. 그러므로 부모 섬기기를 효성스럽게 하면 가히 옮겨서 임금을 섬기는 충성을 할 수 있고, 형 섬기기를 공손하게 하면 가히 옮겨서 長을 섬기는 순함을 할 수 있는 것이다. 집안이라는 것은 나라의 근본이니, 능히 그 집안을 가지런히 하면 가히 옮겨서 관청을 있게 하는 다스림을 할 수 있는 것이다. 行成於內[행실이 집안에서 이루어진다는 것]는 집안을 나가지 않고서 가르침을 이룬다고 말하는 것과 같다.

漢字 居(있을 거)

【百一章】

○天子ㅣ有爭臣七人이면雖無道ㅣ나不失其天下ᄒᆞ고諸侯ㅣ有爭臣五人이면雖無道ㅣ나不失其國ᄒᆞ고大夫ㅣ有爭臣三人이면雖無道ㅣ나不失其家ᄒᆞ고士有爭友則身不離於令名ᄒᆞ고父有爭子則身不陷於不義니라 《孝經》

●천자가 간쟁하는 신하 일곱 사람이 있으면 비록 無道하나 그 천하를 잃지 않고, 제후가 간쟁하는 신하 다섯 사람이 있으면 비록 無道하나 그 나라를 잃지 않고, 대부가 간쟁하는 신하 세 사람이 있으면 비록 無道하나 그 집안을 잃지 않고, 선비가 간쟁하는 친구가 있으면 몸이 아름다운 이름에서 떠나지 않고, 아버지가 간쟁하는 아들이 있으면 몸이 불의에 빠지지 않는다.

漢字 令(아름다울 령), 陷(빠질 함)

번소 天텬子ᄌᆞㅣ 간ᄒᆞᆫ 臣신下하 닐굽 사ᄅᆞᆷ올 두시면 비록 無무道

도ᄒᆞ야도 天텬下하ᄅᆞᆯ 일티 아니ᄒᆞ며 諸제侯후ㅣ 간홀 臣신下하 다ᄉᆞᆺ 사ᄅᆞᄆᆞᆯ 두시면 비록 無무道도ᄒᆞ야도 나라홀 일티 아니ᄒᆞ며 大태夫부ㅣ 간홀 신해 세 사ᄅᆞᄆᆞᆯ 두면 비록 無무道도ᄒᆞ야도 그 지블 일티 아니ᄒᆞ며 士ᄉᆞㅣ 간홀 버들 두면 모미 됴ᄒᆞᆫ 일후메 떠나디 아니ᄒᆞ며 아비 간홀 아ᄃᆞᄅᆞᆯ 두면 모미 왼 이레 ᄣᅡ디디 아니ᄒᆞᄂᆞ니라

현대역 천자가 간하는 신하 일곱 사람을 두시면 비록 도(道)가 없어도 천하를 잃지 아니하며, 제후가 간할 신하 다섯 사람을 두시면 비록 도가 없어도 나라를 잃지 아니하며, 대부가 간할 신하 세 사람을 두면 비록 도가 없어도 그 집을 잃지 아니하며, 선비가 간할 벗을 두면 몸이 좋은 이름에 떠나지 아니하며, 아버지가 간할 아들을 두면 몸이 그른 일에 빠지지 아니한다.

1 신해: 신하(臣下). '신하+ㅣ'이다. 따라서 '신하가'가 된다. 내용상 주격 조사 'ㅣ'가 들어가지 않아야 하니. '신하'의 오자로 보인다.

2 ᄣᅡ디디: 빠지지. 'ᄣᅡ디(어간)+디(보조적 연결어미)'이다. 'ᄣᅡ디다'는 '빠지다'의 옛말이다.

소언 天텬子ᄌᆞㅣ 간ᄒᆞᄂᆞᆫ 신하 닐굽 사ᄅᆞᄆᆞᆯ 두면 비록 道도ㅣ 업스나 그 天텬下하를 일티 아니ᄒᆞ고 諸제侯후ㅣ 간ᄒᆞᄂᆞᆫ 신하 다ᄉᆞᆺ 사ᄅᆞᄆᆞᆯ 두면 비록 道도ㅣ 업스나 그 나라홀 일티 아니ᄒᆞ고 태위 간ᄒᆞᄂᆞᆫ 신하 세 사ᄅᆞᄆᆞᆯ 두면 비록 道도ㅣ 업스나 그 집을 일티 아니ᄒᆞ고 士ᄉᆞㅣ 간ᄒᆞᄂᆞᆫ 벋을 두면 몸이 어딘 일홈애 떠나디 아니ᄒᆞ고 아비 간ᄒᆞᄂᆞᆫ 아ᄃᆞᆯ올 두면 몸이 올티 아니ᄒᆞᆫ ᄃᆡ ᄲᅡ디디 아니ᄒᆞᄂᆞ니라

현대역 천자가 간하는 신하 일곱 사람을 두면 비록 道가 없으나 그 천하를 잃지 아니하고, 제후가 간하는 신하 다섯 사람을 두면 비록 도가 없으나 그 나라를 잃지 아니하고, 대부가 간하는 신하 세 사람을 두면 비록 도가 없으나 그 집을 잃지 아니하고, 선비가 간하는 벗을 두면 몸이 어진 이름에 떠나지 아니하고, 아버지가 간하는 아들을 두면 몸이 옳지 아니한 데 빠지지

아니한다.

싸디디: 빠지지, '싸디(어간)+디(보조적 연결어미)'이다. '싸디다'는 '빠지다'의 옛말이다. '싸디다'는 15세기 문헌에서부터 나타난다. 이 단어는 근대국어 시기에 'ㄷ, ㅌ'이 'ㅣ'나 'ㅣ' 반모음 앞에서 'ㅈ, ㅊ'으로 변하는 구개음화로 '디'가 '지'가 된 것이 현재 어형으로 정착하였다. 싸디다(15세기~18세기)〉싸지다(18세기~19세기)〉빠지다(20세기~현재). 이형태: 싸지다. 다숫차힌 므레 싸디여 橫死홀 씨오.《1447 석상 9:37ㄱ》. 勃은 南海예 싸디여 죽고 照隣은 潁水에 뗘여 드러 죽고.《1518 번소 10:11ㄴ》

【集說】陳氏曰爭은諫也라父有爭子는通上下言이라不義는卽無道也라

진 씨가 말하였다. "爭은 諫爭함이다. 父有爭子[아버지가 간쟁하는 아들이 있음]는 위아래 사람 통틀어 말한 것이다. 不義는 바로 無道함이다."

故로當不義則子不可以弗爭於父ㅣ며臣不可以弗爭於君이니라

● 그러므로 불의를 당하면 아들이 가히 써 아버지에게 간쟁하지 않을 수 없으며, 신하가 임금에게 간쟁하지 않을 수 없는 것이다.

번소 이런ᄃᆞ로 왼 이레 당ᄒᆞ야ᄂᆞᆫ 아ᄃᆞ리 가히 아비게 간티 아니티 몯홀 거시며 臣신下하ㅣ 可가히 님금씌 간티 아니호미 몯ᄒᆞ리라

현대역 이러한 까닭으로 그른 일에 당해서든 아들이 가히 아버지에게 간하지 아니하지 못할 것이며, 신하가 가히 임금께 간하지 아니함이(아니하지) 못하리라.

1 이런ᄃᆞ로: 이러한 까닭으로. 뫼화 修行方便올 사ᄆᆞ실씨 이런ᄃᆞ로 일후믈 修道分이라 ᄒᆞ니라(摠爲修行方便, 故名修道分).《능엄 1:21》, 우 업슨 道 일우믈 버려

뵈실씨 이런ᄃᆞ로 일후믈 證果分이라 ᄒᆞ니라(成無上道 故名證果分).《능엄 1:21》

2 아니호미: 아니함이. '아니ᄒᆞ(어간)+옴(명사형 어미)+이(주격 조사)'이다.

소언 그런 故고로 올티 아니ᄒᆞᆫ ᄃᆡ 다ᄃᆞ라ᄂᆞᆫ 아ᄃᆞᆯ이 可가히 ᄡᅥ 아비게 간티 아니티 몯ᄒᆞᆯ 거시며 신해 可가히 ᄡᅥ 님금ᄭᅴ 간티 아니티 몯ᄒᆞᆯ 거시니라

현대역 그런 고로 옳지 아니한 데 다다라서는, 아들이 가히 써 아버지에게 간하지 아니하지 못할 것이며, 신하가 가히 써 임금께 간하지 아니하지 못할 것이니라.

다ᄃᆞ라ᄂᆞᆫ: 다다라서는. '다ᄃᆞᆯ(어간)+아ᄂᆞᆫ(연결어미)'이다. '-아ᄂᆞᆫ'은 끝음절의 모음이 'ㆍ, ㅏ, ㅗ'인 동사, 형용사 어간 뒤에 붙어, '-아서는'을 뜻하는 어미이다. 늘거 그텟 사괴요ᄆᆞᆯ 가져 나져믄 사ᄅᆞᄆᆡ게 브토니 ᄂᆞᄎᆞᆯ 當ᄒᆞ얀 ᄆᆞᅀᆞᄆᆞᆯ 보내요ᄃᆡ ᄂᆞᄎᆞᆯ 도라ᄂᆞᆫ 웃ᄂᆞ다(晩將末契托年少 當面輸心背面笑).《두시-초 25:52》, 堀에 드러 모ᄆᆞᆯ 갈마ᄂᆞᆫ ᄒᆞ오ᅀᅡ 妙ᄅᆞᆯ 得ᄒᆞ니 네브터 오매 象王ᄋᆡ 아로ᄆᆞᆯ 許티 아니ᄒᆞᄂᆞ니라(入窟藏身 獨得妙 從來不許象王知).《남명 하:36》. '다ᄃᆞᆯ-'은 '다다르다'의 옛말인 '다ᄃᆞᆮ다'의 어간 '다ᄃᆞᆮ-'이 모음 어미 앞에서 변한 어형이다. 현대국어 '다다르다'의 옛말인 '다ᄃᆞᆮ다'는 15세기 문헌에서부터 확인된다. '다ᄃᆞᆮ다'는 자음으로 시작하는 어미와 결합할 때 '다ᄃᆞᆮ-'으로, 모음으로 시작하는 어미와 결합할 때는 '다ᄃᆞᆯ-'로 나타나던 ㄷ불규칙 용언이다. 16세기 후반에 제2음절 이하의 'ㆍ'가 다른 모음으로 변화하는 경향에 따라 19세기에는 '다닷다'로 나타난다. '다닷다'는 근대국어 시기에 종성 'ㄷ'을 'ㅅ'으로 표기하던 경향에 따라 나타난 '다ᄃᆞᆺ다'에서 변화한 것이다. 20세기 이후 모음으로 시작하는 어미와 결합할 때 나타나는 형태로 고정됨에 따라 '다다르다'로 나타나서 현재에 이르렀다. 16세기의 'ᄃᆞᄃᆞᆯ-'은 '다ᄃᆞᆮ-'의 제1음절 모음 'ㅏ'가 'ㆍ'로 나타난 것이며, '다듣다'는 '다ᄃᆞᆮ다'의 제2음절 모음 'ㆍ'가 'ㅡ'로 변화한 것이다. 17세기의 '다ᄃᆞᆺ다'는 근대국어 시기에 종성 'ㄷ'을 'ㅅ'으로 표기하던 경향에 따라 나타난 것이다. 다ᄃᆞᆮ다(15세기~18세기)〉다닷다(19세기)〉다다르다(20세기~현재). 이형태: 다ᄃᆞᆮ-/다ᄃᆞᆯ-, ᄃᆞᄃᆞᆯ-, 다듣다, 다ᄃᆞᆺ다, 다닷-/다달-. 太子ㅣ 出家ᄒᆞᅀᆞᆲ 時節이 다ᄃᆞᆮ고《1447 석상 3:24ㄴ-25ㄱ》, 蔡暗ᄃᆞᆯ히 天竺國 이웃나라 月支國에 다ᄃᆞ라.

《1459 월석 2:66ㄱ》, 나죄 다든거든 스승님 알피셔 사슬 쌔혀 글 외오기 ᄒᆞ야. 《1510년대 번노 상:3ㄴ》, 잠깐 더워ᄒᆞ며 ᄉᆞ이 업슨 디오기 아ᄆᆞ되도 ᄃᆞᄃᆞ른 ᄃᆡ 업서.《16세기 장수 10ㄱ》

【集解】范氏曰子不爭則陷父於不義하고臣不爭則陷君於無道니라

범 씨가 말하였다. "아들이 간쟁하지 않으면 아버지를 불의에 빠뜨리고, 신하가 간쟁하지 않으면 임금을 무도에 빠뜨린다."

〖百二章〗

○禮記예曰事親호ᄃᆡ有隱而無犯ᄒᆞ며左右就養이無方ᄒᆞ며服勤至死ᄒᆞ며致喪三年이니라 《禮記 檀弓》

●《예기》에 말하였다. "어버이를 섬기되, 隱微하게 간함은 있으나 얼굴을 범하여 간함은 없으며, 좌우로 나아가 봉양함이 일정한 方所[方位]가 없으며, 일을 부지런히 하여 죽음에 이르며, 상을 3년 동안 지극히 한다.

漢字 服(일할 복, 옷 복), 致(다할 치)

1 은(隱): 은미(隱微)하게 간함.
2 범(犯): 얼굴을 범하여 간함.

번소 禮례記긔예 ᄀᆞ로ᄃᆡ 어버ᅀᅵ를 셤교ᄃᆡ 그ᄉᆞ기 간ᄒᆞ고 거스려 노케 말며 여러 가지로 봉양ᄒᆞ야 일뎡ᄒᆞᆫ 고ᄃᆡ 업게 ᄒᆞ며 이ᄅᆞᆯ 브즈러니 ᄒᆞ야 주구매 니르히 ᄒᆞ며 ᄀᆞ장홀 거상ᄋᆞᆯ 三삼年년을 홀 디니라

현대역 《예기》에 가로되, "어버이를 섬기되, 그윽이 간하고 거슬려 노하게 말며, 여러 가지로 봉양하여 일정한 곳이 없게 하며, 일을 부지런히 하여 죽음에 이르도록 하며, 끝까지 다할 居喪을 삼 년을 할 것이니라.

1 그ᅀᅳ기: 그윽이. '그ᅀᅳ기'는 15세기 문헌에서부터 나타난다. '그ᅀᅳ기'는 어근 '그ᅀᅳᆨ'에 부사 파생접사 '-이'가 결합한 것이다. 16세기 이후 'ᅀ'이 사라지면서 '그으기' 형태가 나타나기 시작하였다. 이 시기에 함께 보이는 '그윽이'는 '그으기'를 분철 표기한 것이다. 이것이 오늘날의 표기로 이어진다. 16세기 일부 문헌에서는 'ᅀ'이 'ㅅ'으로 바뀐 '그스기' 형태도 보인다. 한편 19세기 문헌에는 '그윽키'의 예가 나타나는데, 이것은 부사 파생접사 '-히'가 결합된 형태로 현대국어에서는 표준어로 인정하지 않는다. 그ᅀᅳ기(15세기~16세기)〉그으기(16세기~19세기)/그윽이(16세기~현재). 이형태: 그ᅀᅳ기, 그으기, 그윽이, 그스기, 그윽기, 그윽키. 시혹 諸佛ㅅ 秘密ᄒᆞ신 말ᄊᆞ미 心術에셔 나샤 奇妙ᄒᆞᆫ 用ᄋᆞᆯ 그ᅀᅳ기 加ᄒᆞ시논 功이 시러 議論 몯ᄒᆞ리도 이시며.《1447 석상 21:22ㄴ》, 竊 그으기 졀.《1576 신합 下:44ㄴ》, 隱 그윽이 諫홈이라.《1588 소언 2:72ㄱ》, 믄득 五오衰쇠 서르 나타 그스기 어드운 ᄃᆡ 드러 녜ᄀᆞ티 셜운 苦고ᄅᆞᆯ 受슈ᄒᆞ야 諸졔趣츼예 구우ᄂᆞ니라.《1567 몽육 16ㄱ》

2 니르히: 이르도록. 이르기까지. 거믄고 노로ᄆᆞᆯ 이제 니르히 帝子ᄅᆞᆯ 슬노니(鼓瑟至今悲帝子).《두시-초 11:7》, 일로브터 九族애 니르히 다 이 세 가짓 친ᄒᆞᆫ ᄃᆡ 믿 드ᄃᆡ엿ᄂᆞ니(自玆以往 至于九族 皆本於三親焉).《번소 7:38》

3 ᄀᆞ장홀: 끝까지 다할. 극진할. 'ᄀᆞ장ᄒᆞ+오(대상 표시법 선어말어미)+ㄹ(관형사형 어미)'이다. 'ᄀᆞ장ᄒᆞ다'는 '끝까지 다하다'의 옛말이다. 이에 戒撿을 니즈며 婬亂ᄒᆞᆫ 樂ᄋᆞᆯ ᄀᆞ장ᄒᆞ야 마시며 머그며 어즐ᄒᆞ야 제 그처 보내며(於是 忘戒撿 恣婬樂 飮噉昏荒 以自斷送).《능엄 9:113》, 즐거우미 ᄀᆞ장호매 머리 셰요ᄆᆞᆯ 슬노니(樂極傷頭白).《두시-초 21:30》

소언 禮례記긔예 골오ᄃᆡ 어버이를 셤교ᄃᆡ 隱은[그윽이 諫간홈이라]홈이 잇고 犯범[ᄂᆞᆾ빗출 거슬이 諫간홈이라]홈이 업스며 왼녁히며 올ᄒᆞᆫ녁흐로 나아가 봉양홈이 곧이 업스며 슈고로온 일을 복힝ᄒᆞ야 죽음애 닐으며 거상을 극진히 홈을 三삼年년을 홀 디니라

현대역 《예기》에 가로되, "어버이를 섬기되, 隱[그윽이 간함이라.]함이 있고 犯[낯빛을 거슬러 간함이라.]함이 없으며, 왼쪽이며 오른쪽으로 나아가 봉양함이 (일정한) 곳이 없으며, 수고로운 일을 복행(服行)하여 죽음에 이르며,

居喪을 극진히 함을 삼 년을 할 것이니라.

복힝ᄒᆞ야: 복행(服行)하여. 복종하여 실행하여.

【增註】隱은微諫也요犯은犯顔以諫也라親者는仁之所在니有過而犯則傷恩이라故로有隱而無犯이라左右는卽方也니或左或右하여近就而奉養之하여無一定之方하니言事事皆當理會也라服勤은服行勤勞之事也라黃氏曰於勤에言至死하니卽勤無時或已矣니라

隱은 隱微하게 간함이요, 犯은 얼굴을 범하여 간함이다. 어버이는 仁이 있는 곳이니, 허물이 있다고 하여 범하면 은혜를 상하게 된다. 그러므로 은미하게 간함은 있고 얼굴을 범하여 간함은 없는 것이다. 左右는 곧 方所[方位]이니, 혹은 왼쪽으로 혹은 오른쪽으로 가까이 나아가 그를 봉양하여 일정한 방소가 없으니, 일일마다 모두 마땅히 깨달아 앎을 말한다. 服勤은 근로의 일을 부지런히 행함이다. 황 씨가 말하였다. "수고로움에 있어 죽음에 이른다고 말하였으니, 수고로움은 어느 때든 혹시라도 그침이 없는 것이다."

漢字 會(깨달을 회)

이회(理會): 《어록해(語錄解)》 이자류(二字類)에 나오는 항목으로, 2자를 합하여 '깨달아 앎', '헤아리다'를 뜻한다. 《어록해》에 대한 자세한 설명은 〈소학집주 총론(小學集註總論)〉 '이회(理會)'를 참조하라.

【集解】致喪은極其哀毁之節也라

致喪은 그 슬퍼하고 훼손하는 예절을 지극히 하는 것이다.

事君호ᄃᆡ有犯而無隱ᄒᆞ며左右就養이有方ᄒᆞ며服勤至死ᄒᆞ며方喪三年이니라

● 임금을 섬기되, 얼굴을 범하여 간함은 있고 은미하게 간함이 없으며, 좌우로 나아가 봉양함이 일정한 방소가 있으며, 일을 부지런히 하여 죽음에 이르며, (부모의) 3년 상에 견준다.

漢字 方(모 방, 견줄 방)

번소 님금을 셤교듸 거스려 간ᄒᆞ고 그ᅀᅳ기 말며 여러 가지로 봉양ᄒᆞ요믈 일뎡ᄒᆞᆫ 고돌 잇게 ᄒᆞ며 일 호믈 브즈러니 ᄒᆞ야 주구매 니르히 ᄒᆞ며 어버ᅀᅵ ᄀᆞ티 홀 거상을 三삼年년을 홀 디니라

현대역 임금을 섬기되, 거슬러 간하고 그윽이 말며, 여러 가지로 봉양함을 일정한 곳을 있게 하며, 일 함을 부지런히 하여 죽음에 이르도록 하며, 어버이같이 할 거상을 삼 년을 할 것이니라.

소언 님금을 셤교듸 犯범홈이 잇고 隱은홈이 업스며 왼녁히며 올ᄒᆞᆫ녁흐로 나아가 봉양홈이 곧이 이시며 슈고로온 일을 복힝ᄒᆞ야 죽음애 닐으며 거상을 ᄀᆞᆮ티ᄒᆞ야 三삼年년을 홀 디니라

현대역 임금을 섬기되, 犯함이 있고 隱함은 없으며, 왼편이며 오른편으로 나아가 봉양함이 (일정한) 곳이 있으며, 수고로운 일을 복행하여 죽음에 이르며, 거상을 (부모의 상과) 같이 하여 삼 년을 할 것이니라.

【增註】君者는義之所在니有過而隱이면則近於容悅이라故로有犯而無隱이라左右就養有方은言當各盡職守也라

임금은 의가 있는 곳이니, 허물이 있음에 숨기면 아첨에 가깝다. 그러므로 얼굴을 범하여 간함은 있고 은미하게 간함은 없는 것이다. 左右就養有方[좌우로 나아가 봉양함이 일정한 방소가 있다.]은 마땅히 각각 맡은 직책을 다함을 말한다.

1 용열(容悅): 영합(迎合)하여 기쁜 모양을 함. 아첨함.

2 직수(職守): 직무 또는 직장을 지킴.

【集解】方喪은比方於親喪也라

方喪는 부모의 喪에 서로 견줌이다.

비방(比方): 서로 견줌.

事師호ᄃᆡ無犯無隱ᄒᆞ며左右就養이無方ᄒᆞ며服勤至死ᄒᆞ며心喪三年이니라

●스승을 섬기되, 얼굴을 범하여 간함도 없고 은미하게 간함도 없으며, 좌우로 나아가 봉양함이 일정한 방소가 없으며, 일을 부지런히 하여 죽음에 이르며, 心喪을 3년 동안 한다."

심상(心喪): 상복은 입지 아니하나 상제와 같은 마음으로 말과 행동을 삼가고 조심함.

번소 스승을 셤교ᄃᆡ 거스리도 말며 그ᅀᅳ기도 말며 여러 가지로 봉양ᄒᆞ야 일뎡ᄒᆞᆫ 고ᄃᆡ 업게 ᄒᆞ며 일호ᄆᆞᆯ 브즈러니 ᄒᆞ야 주구메 니르히 ᄒᆞ며 心심喪상ᄋᆞᆯ 三삼年년을 ᄒᆞᆯ 디니라

현대역 스승을 섬기되, 거슬리지도 말며 그윽이도 말며, 여러 가지로 봉양하여 일정한 곳이 없게 하며, 일함을 부지런히 하여 죽음에 이르도록 하며, 心喪을 삼 년을 할 것이니라."

소언 스승을 셤교ᄃᆡ 犯범홈도 업고 隱은홈도 업스며 왼녁히며 올ᄒᆞᆫ녁흐로 나아가 봉양홈이 곧이 업스며 슈고로온 일을 복힝ᄒᆞ야 죽음애 닐으며 心심喪샹을 三삼年년을 ᄒᆞᆯ 디니라

현대역 스승을 섬기되, 犯함도 없고 隱함도 없으며, 왼편이며 오른편으로 나아가 봉양함이 (일정한) 곳이 없으며, 수고로운 일을 복행하여 죽음에 이르

며, 心喪을 삼 년을 할 것이니라."

【集解】師者는道之所在라諫必不見拒니不必犯也요過則當疑問이니不必隱也라心喪者는身無衰崔麻之服而心有哀戚之情也라

스승은 도가 있는 곳이다. 간하더라도 반드시 거절을 당하지 않을 것이니, 반드시 얼굴을 범하여 간함이 없고, 허물이 있으면 마땅히 의심하여 물어야 하니 반드시 은미하게 간함도 없다. 心喪이란 것은 몸에 상복은 없으나, 마음에 슬퍼함[哀戚]의 정이 있는 것이다.

漢字 衰(상복 최, 쇠할 쇠), 哀(슬퍼할 애), 戚(슬퍼할 척, 겨레 척)

최(衰): 상복. 유의어: 최마(衰麻). 최복(衰服).

〖百三章〗

○欒共恭子ㅣ曰民生於三애事之如一이니父ㅣ生之ᄒᆞ시고師ㅣ敎之ᄒᆞ시고君이食似下同之ᄒᆞ시ᄂᆞ니非父ㅣ면不生이오非食ㅣ면不長이오非敎ㅣ면不知니生之族也ㅣ라故로一事之ᄒᆞ야唯其所在예則致死焉이니라 《國語 晉語》

● 난공자가 말하였다. "사람은 세 분에게서 산다. 이들을 섬기기를 한결같이 해야 하니, 아버지는 나를 낳으시고, 스승은 나를 가르치시고, 임금은 나를 먹이시니, 아버지가 아니면 태어나지 못하고, (임금이) 먹임이 아니면 자라지 못하고, (스승이) 가르침이 아니면 알지 못하니, 낳으신 종류이다[낳으신 것과 같다]. 그러므로 그들을 한결같이 섬겨서, 오직 그들이 있는 곳에 곧 죽음을 이를 것이다.

漢字 欒(모감주나무 이름 란, 둥글 란), 食(먹일 사)

난공자(欒共子, 미상~기원전 709년): 춘추시대 진(晉)나라 사람으로, 대부(大夫)를 지냈다. 이름은 난성(欒成)으로, 공숙(共叔) 또는 난공자(欒共子)로도 불린다. 애후(哀侯)의 스승이었다. 곡옥(曲沃)의 무공(武公)이 익(翼)을 공격하여 애후를 죽이고 그에게 자신을 따르도록 협박했다. 이에 그는 "報生以死 報賜以力 人之道也(죽음으로써 삶을 보답하고, 힘으로써 은혜를 보답하는 것이 사람의 도리다.)"고 말했다. 마침내 싸우다가 죽음을 당했다. 시호는 공자(共子)다. 예에 밝은 사람, 충신으로 시문(詩文)에 많이 인용된다(중국역대인명사전).

번소 欒란公공子ᄌᆞ ㅣ ᄀᆞ로ᄃᆡ ᄇᆡᆨ셩이 세 가지예 셤교ᄆᆞᆯ ᄒᆞᆫ 양ᄀᆞ티 홀 디니 아비 나ᄒᆞ시고 스승이 ᄀᆞᄅᆞ치시고 님그미 머기시ᄂᆞ니 아비 아니시면 나디 몯ᄒᆞ며 머기디 아니면 ᄌᆞ라디 몯ᄒᆞ며 ᄀᆞᄅᆞ치디 아니면 아디 몯ᄒᆞᄂᆞ니 나ᄒᆞ신 은혜와 ᄒᆞᆫ가지니 그런ᄃᆞ로 ᄒᆞᆫ 양으로 셤겨 다ᄃᆞᄅᆞᆫ ᄃᆡ마다 주구믈 닐외욜 디니라

현대역 난공자가 가로되, "백성이 세 가지에게 섬김을 한 모양같이[한결같이] 할 것이니, 아버지가 낳으시고, 스승이 가르치시고, 임금이 먹이시니, 아버지가 아니시면 나지 못하며, 먹이지 않으면 자라지 못하며, 가르치지 않으면 알지 못하니, (가르치시고 먹이시는 은혜가) 낳으신 은혜와 한가지니 그런 까닭으로 한 모양으로 섬겨 다다르는 데마다 죽음을 이를 것이니라.

1 ᄀᆞᄅᆞ치시고: 가르치시고. 'ᄀᆞᄅᆞ치(어간)+시(주체 높임 선어말어미)+고(연결어미)'이다. 'ᄀᆞᄅᆞ치다'는 '가르치다'의 옛말이다. 'ᄀᆞᄅᆞ치다'는 15세기 문헌에서부터 나타난다. 16세기 후반에 제2음절 이하의 'ㆍ'는 'ㅡ'로 변하여 'ᄀᆞ르치-'가 되었다. 이후 18세기에는 18세기에 제1음절의 'ㆍ'가 'ㅏ'로 변하여 '가르치-'로 나타나면서 현재에 이르렀다. 16세기 이후 나타나는 'ᄀᆞᆯᄋᆞ치-'는 'ᄀᆞᄅᆞ치-'를, 'ᄀᆞᆯ으치-'는 'ᄀᆞ르치-'를 과잉 분철 표기한 것이다. ᄀᆞᄅᆞ치다(15세기~19세기)〉ᄀᆞ르치다(16세기~19세기)〉가르치다(18세기~현재). 이형태: ᄀᆞᄅᆞ치다, ᄀᆞᆯᄋᆞ치다, ᄀᆞ르치다, ᄀᆞᆯ으치다, 가ᄅᆞ치다, 가르치다. 蜜多羅ㅣ 對答ᄒᆞᅀᆞ보ᄃᆡ 梵書 佉留書로 ᄀᆞᄅᆞ치ᅀᆞ보리이다.《1447 석상 3:8ㄴ》, 세 가지예 셤굠을 ᄒᆞᆫ양 ᄀᆞᆮ티 홀디니 아비 나ᄒᆞ시고 스승이 ᄀᆞᆯᄋᆞ치시고 님금이 먹이시ᄂᆞ니.《1588 소언 2:73

ㄴ》, 善人이 民 ᄀᆞ르침이 七年이면 ᄯᅩᄒᆞᆫ 可히 ᄡᅧ 戎에 卽ᄒᆞ리니라.《1590 논언 3:50ㄱ》, 太子 글 ᄀᆞᆯ으치ᄂᆞᆫ 벼슬이라.《1588 소언 6:81ㄱ》

2 닐외욜 디니라: 이를 것이니라. 이를지니라. '닐외(致, 어간)+요(대상 표시법 선어말어미)+ㄹ(관형사형 어미)+ᄃᆞ(의존명사)+이(서술격조사 '이다'의 어간)+니라(평서형 종결어미)'이다. '-요-'는 선어말어미 '-오-'의 이형태로, 어간 말 모음이 반모음 j이기 때문에 교체된 것이다. 의존명사 'ᄃᆞ'는 '것'의 의미를 가진 보편성 의존명사이다. 의존명사를 꾸며주는 관형사형에 들어있는 선어말어미 '-요-'도 대상 표시법 선어말어미에 해당한다.

소언 欒란公공子ᄌᆞ[晉진 태위니 春츈秋츄 적 사ᄅᆞᆷ이라]ㅣ ᄀᆞᆯ오ᄃᆡ ᄇᆡᆨ셩이 세 가지예 셤굠을 ᄒᆞᆫ 양ᄀᆞᆮ티 홀 디니 아비 나ᄒᆞ시고 스승이 ᄀᆞᆯᄋᆞ치시고 님금이 먹이시ᄂᆞ니 아비 아니시면 나디 몯ᄒᆞ며 먹임이 아니면 ᄌᆞᆯ아디 몯ᄒᆞ며 ᄀᆞᆯᄋᆞ침이 아니면 아디 몯ᄒᆞᆯ이니 나ᄒᆞ신 ᄂᆔ라 그런 故고로 ᄒᆞᆫ 양을오 셤겨 오직 그 인ᄂᆞᆫ 바애 곧 죽음을 닐윌 디니라

현대역 난공자[晉 대부니, 춘추 때 사람이라.]가 가로되, "백성이 세 가지에 섬김을 한 모양같이[한결같이] 할 것이니, 아버지가 낳으시고, 스승이 가르치시고, 임금이 먹이시니, 아버지가 아니시면 나지 못하며, 먹임이 아니면 자라지 못하며, 가르침이 아니면 알지 못하리니, (가르치시고 먹이심이) 낳으신 종류이라[낳으심과 같은 종류이라]. 그런 고로 한 모양으로 섬겨 오직 그(들이) 있는 곳에 곧 죽음을 이를 것이니라.

닐월 디니라: 이를 것이니라. 이를지니라. '닐위(致, 어간)+ㄹ(관형사형 어미)+ᄃᆞ(의존명사)+이(서술격조사 '이다'의 어간)+니라(평서형 종결어미)'이다. '닐위다'도 '닐외다'와 같이 '이르다[致]'의 옛말이다.

【集說】吳氏曰欒共子는晉大夫니名은成이요諡曰共이라族은類也라言於君父師三者에事之를當如一이라父生我하시고師教我하시고君食我者也니非父則不生이요非食則不長이요非教

則不知니此는食之教之所以與生之一類也라一事之는卽所謂事之如一也라所在致死는謂在君爲君하고在父爲父하고在師爲師也라

오 씨가 말하였다. "欒共子는 晉나라의 대부니, 이름은 成이요, 시호는 共이다. 族은 종류이다. 임금과 아버지와 스승 세 분에 대하여, 그들을 섬기기를 마땅히 한결같이 해야 함을 말한 것이다. 아버지는 나를 낳으시고, 스승은 나를 가르치시고, 임금은 나를 먹이시는 자이니, 아버지가 아니면 태어나지 못하고, (임금이) 먹임이 아니면 자라지 못하고, (스승이) 가르침이 아니면 알지 못하니, 이는 나를 먹이시고 나를 가르치심이 나를 낳으심과 더불어 한 종류인 것이다. 그들을 한결같이 섬김은 곧 이른바 그들을 섬기기를 한결같이 한다는 것이다. 있는 곳에 죽음을 이른다는 것은 임금에게 있을 때에는 임금을 위하고, 아버지에게 있을 때에는 아버지를 위하고, 스승에게 있을 때에는 스승을 위한다고 말한 것이다."

【增註】食는養也라君父師는皆人之所由生也라故로曰民生於三이라하니라

사(食)는 기름이다. 임금과 아버지와 스승은 모두 사람이 말미암아 살게 되는 바이다. 그러므로 사람이 세 분에게서 산다고 말한 것이다.

報生以死ᄒᆞ며報賜以力이人之道也ㅣ니라

● 살게 하심을 갚되 죽음으로써 하며, 주심을 갚되 힘으로써 함이 사람의 도이다."

번소 살에 ᄒᆞ샤믈 가포ᄃᆡ 주고모로뻐 ᄒᆞ며 주어든 가포ᄃᆡ 히모로뻐 호미 사ᄅᆞᄆᆡ 道도ㅣ라

현대역 살게 하심을 갚되 죽음으로써 하며, 주심을 갚되 힘으로써 함이 사람

의 도니라."

살에: 살게. '살(어간)+에(보조적 연결어미)'이다. '-에'는 어간 말 자음 'ㄹ' 뒤에서 '-게'가 약화하여 성문 마찰 유성음 'ㅇ[ɦ]'으로 변한 것이다. 즉 어미 'ㅣ'나 'ㄹ' 받침으로 끝나는 동사, 형용사 어간 뒤에 붙어, '-게'를 뜻하는 어미이다. 方便으로 알에 ᄒᆞ샤 三乘ᄋᆞᆯ 니ᄅᆞ시릴ᄊᆡ 諸佛이 讚歎ᄒᆞ시니.《월곡 상:31》, 羅睺羅ᄅᆞᆯ 노하 보내야 샹재 ᄃᆞ외에 ᄒᆞ라.《석상 6:1》

소언 살에 ᄒᆞ샴ᄋᆞᆯ 갑호ᄃᆡ 죽음을오ᄡᅧ ᄒᆞ며 주심을 갑호ᄃᆡ 힘을오ᄡᅧ 홈이 사ᄅᆞᆷᄋᆡ 道도ㅣ니라

현대역 살게 하심을 갚되 죽음으로써 하며, 주심을 갚되 힘으로써 함이 사람의 도니라."

갑호ᄃᆡ: 갚되. '갑ᄒᆞ(어간)+오ᄃᆡ(연결어미)'이다. '-오ᄃᆡ'는 선행 음절의 모음이 'ㆍ, ㅏ, ㅗ, ㅣ, 반모음 ㅣ'인 경우에 붙어, '-(으)되'를 뜻하는 어미이다. 置陣이 ᄂᆞᆷ과 다ᄅᆞ샤 아ᅀᆞᄫᆞᄃᆡ 나ᅀᅡ오니 믈러가던덴 목숨 ᄆᆞᄎᆞ리잇가(置陣異他 知亦進當 如其退避 性命奚戕).《용가 51장》, 淨飯이 무러시ᄂᆞᆯ 占者ㅣ 判ᄒᆞᅀᆞᄫᆞᄃᆡ 聖子ㅣ 나샤 正覺 일우시리.《월곡 상:6》. 현대국어 '갚다'는 15세기 문헌에서부터 '갚다'로 나타나 현재까지 그대로 이어진다. 16세기 이후 나타나는 '갑ㅎ-'은 끝소리 'ㅍ'이 'ㅂ'과 'ㅎ'으로 나뉘어 표기된 재음소화 표기이다. 갚다(15세기~현재). 이형태: 갚-, 갑-, 갑ㅎ-. 果ᄂᆞᆫ 여르미오 報ᄂᆞᆫ 가ᄑᆞᆯ씨라.《1459 월석 1:12ㄱ》, 大目揵連이 처ᅀᅥᆷ 六通ᄋᆞᆯ 得ᄒᆞ야 父母ᄅᆞᆯ 度脫ᄒᆞ야 乳哺ㅅ 恩ᄋᆞᆯ 갑고져 ᄒᆞ야.《1459 월석 23:92ㄱ》, 아비 怨讐를 ᄒᆞ마 갑ᄒᆞ니 罪를 니버지라.《1514 속삼 孝:3ㄴ》

【集解】**眞氏曰報生以死**ᄂᆞᆫ**謂君父師也**요**報賜以力**은**謂他人之有賜於我者**를**則亦以力報之也**라

진 씨가 말하였다. "報生以死[살게 하심을 갚되 죽음으로써 함]는 임금과 아버지와 스승을 이르고, 報賜以力[주심을 갚되 힘으로써 함]은 타인으로 나에게 주심이 있는 자에게는 또한 힘으로써 그에게 보답함을 이른다."

〖百四章〗

○晏子ㅣ曰君令臣共恭ᄒᆞ며父慈子孝ᄒᆞ며兄愛弟敬ᄒᆞ며夫和妻柔ᄒᆞ며姑慈婦聽이禮也ㅣ니라 《左傳 昭公二十六年》

●晏子가 말하였다. "임금은 명령하고 신하는 공손하며, 아버지는 사랑하고 아들은 효도하며, 형은 사랑하고 아우는 공경하며, 남편은 화하고 아내는 유순하며, 시어머니는 사랑하고 며느리는 들음[따름]이 예이다.

漢字 晏(늦을 안), 慈(사랑할 자)

안자(晏子, 기원전 578년~기원전 500년): 이유[夷維, 지금의 산둥성 라이저우(莱州)시] 사람으로, 이름은 안영(安嬰)이고 자는 중(仲)이다. 안자(晏子)라고 존칭하여 불리며, 안평중(晏平仲)이라고도 한다. 춘추시대 제(齊)나라의 상대부(上大父)를 지낸 안약(晏弱)의 아들로, 제나라 영공(靈公) 26년(기원전 556년)에 아버지가 죽자 상대부 자리를 이어받았다. 조정에서는 군주를 충직하게 보좌했고, 외교 무대에서는 당당하게 원칙과 예의를 지켜 제나라의 위상을 높였다. 이런 능력과 처신 때문에 제후국들 사이에서 명성이 자자했다. 탁월한 정치가로 영공, 장공(莊公), 경공(景公)까지 세 왕을 모시며 약 40년 동안 제나라 정치를 주도하고 외교활동을 이끌었다. 시호는 평(平)이다. 저서로 《안자춘추(晏子春秋)》가 있다. 《안자춘추》는 안영의 언행록이다. 안영이 지었다고 전해지지만 실제로는 후인들이 그의 이름을 빌려 당시 사료와 민간 전설을 모아 편찬한 것이다. 그래서 중국에서 가장 먼저 쓰인 단편소설집으로 평가받기도 한다. 책이 만들어진 시기는 전국시대 말기이고, 한나라 때 경학자 유향(劉向)이 점검한 적이 있다. 모두 내외(內外) 8편과 215문장으로 구성되어 있다. 후세 사람들이 이 책을 주석하고 연구한 서적으로는 청나라 말기 경학자 소여(蘇輿)의 《안자춘추교본(晏子春秋校本)》, 장순일(張純一)의 《안자춘추교주(晏子春秋校注)》, 근대 오칙우(吳則虞)의 《안자춘추집석(晏子春秋集釋)》 등이 있다. 이 책은 안영의 언행과 정치활동을 주요 내용으로 하고, 수많은 관련 인물들과 사건들을 당시의 언어로 생생히 묘사했다. 또한 그의 주요 사상적 개념을 논증한 내용도 담겼는데, 대표적인 것이 화(和)와 동(同)에 대한 논증이다. 그는 군주에게 무조건 부화하는 것을 동(同)이라 했고, 군주의 잘못되고 부족한 부분을 보충하는 것을 진정한 화(和)라고 제시했다. 이러한 변증법적(辨證法的) 사상은 중국철학사(中國哲學史)를 크게 밝혀주었다. 이 밖에도 통치자와 정치가들에게 귀감이 되는 부분이 많아서 후대에 큰 영향을 미쳤다. 안영과 관련된 고사에 '이도살삼사(二桃殺三士)'가 있다. 제 경공은 요란하고 화려한 것을 좋아했다. 그의 곁에는 이른바 '제나라 3걸'로 불리는 용사 세 사람이 있었는데, 이들은 경공의 총애를 믿고 멋대로 횡포를 부려 피해가 많았다. 이에 안영은 이들을 징벌하기로 결심했다. 당시 노나라의 왕이 제나라를 방문했다. 안영은 상국(相國, 재상) 신분으로 연회에 참석했는데, 세 용사가 칼을 찬 채 회랑 아래서 키득거리며 안영을 본체만체했다. 술자리가 무르익자 안영은 뒤뜰에 있는 복숭아가 잘 익었으니 몇 개 따서 안주로 하자고 제의했다. 경공은 흔쾌히 허락했고, 안영은 시종을 시켜 한 접시를 따오게 했다. 이 복숭아는 희귀종이어서 열매는 많이 열리지 않았지만 크기가 쟁반만 하고 색과 향기가 매우 뛰어났다. 복숭아를 먹은 두 나라 왕은 침이 마르도록 그 맛을 칭찬했다. 주요 인사들이 하나씩 맛을 보고 나니 쟁반에는 복숭아 두 개가 남았다. 안영은 세 용사에게 복숭아를 내려 노고를 치하하자고 경공에게 제의했다. 그러면서 노나라 왕도 계시고 하니 제나라 용사들의 위풍과 솜씨를 자랑하게 하자고 했다. 경공은 신이 나서 세 용사를 부르고는 각자가 세운 공을 자랑하면 가장 뛰어나다고 판단되는 자에게 복숭아를 상으로 내리겠다고 했다. 세 용사는 우쭐거리며 각자의 공을 장황하게 늘어놓았다. 판정을 맡은 안영은 앞의 두 용사에게 복숭아를 줬다. 그러자 복숭아를 받지 못한 나머지 한 용사가 억울함을 참지 못하고 자신의 검으로 자살을 했다. 그러자 두 용사도 자신들은 죽어도 함께 죽자고 맹서한 형제 사이라면서 역시 자결했다. 이렇게 해서 안영은 복숭아 두 개로 골치 아픈 세 용사를 제거했다. 이것이 유명한 '이도살삼사(二桃殺三士)'라는 고사이다(중국인물사전).

번소 晏안子ᄌᆞㅣ ᄀᆞ로ᄃᆡ 님그믄 시기시거든 臣신下하ᄂᆞᆫ 조심ᄒᆞ야 ᄒᆞ며 아비ᄂᆞᆫ 어엿비 너기거든 ᄌᆞ식은 효도ᄒᆞ며 兄형은 ᄉᆞ랑커든 아ᅀᆞᄂᆞᆫ 공경ᄒᆞ며 남진ᄋᆞᆫ 和화悅열커든 계집ᄋᆞᆫ 유화ᄒᆞ며 싀어미ᄂᆞᆫ 어엿비 너기거든 며느리ᄂᆞᆫ 좆ᄌᆞ와 호미 禮례니라 현대역 晏子가 가로되, "임금은 시키시거든 신하는 조심하여 하며, 아버지는 불쌍히 여기거든 자식은 효도하며, 형은 사랑하거든 아우는 공경하며, 남편은 和悅하거든 아내는 유화하며, 시어머니는 불쌍히 여기거든 며느리는 좇자와 함이 예니라.

1 어엿비: 불쌍히. 내 百姓 어엿비 너기샤 長湍을 건너싫 제 힌 므지게 히예 뻬니이다(我愛我民 長湍是涉 維時白虹 橫貫于日).《용가 50장》, 衆生올 어엿비 너기시논 젼추로 이 法華經을 니르시더니.《석상 21:35》
2 좃주와: 좇자와. '좇(어간)+주오(겸손법 선어말어미)+아(연결어미)'이다. '-줍-'이 모음 어미 '-아' 앞에서 '-주오-'로 변한 것이다. '좇다'가 '좃다'로 쓰임은 팔종성법에 따른 결과이다.

소언 晏안子ᄌᆞ[齊졔 태위니 春츈秋츄 적 사ᄅᆞᆷ이라]ㅣ 골오ᄃᆡ 님금은 긔결ᄒᆞ고 신하ᄂᆞᆫ 공슌히 ᄒᆞ며 아비ᄂᆞᆫ 어엿비 너기고 ᄌᆞ식은 효도ᄒᆞ며 兄형은 ᄉᆞ랑ᄒᆞ고 아ᄋᆞᄂᆞᆫ 공경ᄒᆞ며 남진ᄋᆞᆫ 화열ᄒᆞ고 겨집ᄋᆞᆫ 유슌ᄒᆞ며 싀어미ᄂᆞᆫ 어엿비 너기고 며ᄂᆞ리ᄂᆞᆫ 들옴이 禮례니라

현대역 晏子[齊 대부이니 춘추 때 사람이라.]가 가로되, "임금은 명령하고 신하는 공순히 하며, 아버지는 불쌍히 여기고 자식은 효도하며, 형은 사랑하고 아우는 공경하며, 남편은 和悅하고 아내는 유순하며, 시어머니는 불쌍히 여기고 며느리는 들음이 예니라.

긔결ᄒᆞ고: 명령하고. 분부하고. 자세한 설명은 〈명륜(明倫) 제2〉 제4장을 참조하라.

【集說】陳氏曰晏子는齊大夫니名은嬰이라聽은猶從也라眞氏曰此十者는皆禮之當然이라

진 씨가 말하였다. "안자는 齊나라 대부이니, 이름은 嬰이다. 聽은 따름과 같다." 眞氏가 말하였다. "이 열 가지[君令, 臣共, 父慈, 子孝, 兄愛, 弟敬, 夫和, 妻柔, 姑慈, 婦聽]는 모두 예의 당연함이다."

漢字 嬰(갓난아이 영)

君令而不違ᄒᆞ며臣共恭而不貳ᄒᆞ며父慈而教ᄒᆞ며子孝而箴ᄒᆞ며兄愛而友ᄒᆞ며弟敬而順ᄒᆞ며夫和而義ᄒᆞ며妻柔而正ᄒᆞ며姑慈而從ᄒᆞ며婦聽而婉이禮之善物也ㅣ니라

● 임금은 명령하되 (도리에) 어긋나지 않게 하며, 신하는 공손하되 (마음을) 둘로 하지 않으며, 아버지는 사랑하되 가르치며, 아들은 효도하되 경계하며[간하며], 형은 사랑하되 (切磋琢磨를) 벗과 같이 하며, 아우는 공경하되 순종하며, 남편은 화하되 의로우며, 아내는 유순하되 바르며, 시어머니는 사랑하되 (며느리를) 따르며[스스로 오로지 하지 않으며], 며느리는 듣되[따르되] (시어머니에게) 순함이 예의 좋은 일이다."

漢字 違(어긋날 위, 어길 위), 貳(둘로 할 이, 두 마음으로 할 이, 두 이), 箴(경계할 잠, 바늘 잠), 婉(순할 완, 아름다울 완, 사랑할 완)

번소 님그믄 시교믈 그로 아니ᄒᆞ시며 臣신下하ᄂᆞᆫ 조심ᄒᆞ야 두 ᄆᆞᅀᆞᆷ 아니ᄒᆞ며 아비 어엿비 너교ᄃᆡ ᄀᆞᄅᆞ치며 아ᄃᆞ리 효도ᄒᆞ고 간ᄒᆞ며 兄형이 ᄉᆞ랑호ᄃᆡ 벋ᄀᆞ티 ᄒᆞ며 아ᅀᆞ 공경호ᄃᆡ 和화順슌ᄒᆞ며 남진이 和화悅열호ᄃᆡ 어딘 일로 ᄒᆞ며 겨지비 유화호ᄃᆡ 正경大대히 ᄒᆞ며 싀어미 어엿비 너겨 조ᄎᆞ며 며느리 듣ᄌᆞ와 부드러이 호미 禮례옛 됴ᄒᆞᆫ 일이라

현대역 임금은 시킴을 그릇되게 아니하시며, 신하는 조심하여 두 마음 아니하며, 아버지는 불쌍히 여기되 가르치며, 아들은 효도하고 간하며, 형은 사랑하되 벗같이 하며, 아우는 공경하되 和順하며, 남편은 和悅하되 어진 일로 하며, 아내는 柔和하되 正大하게 하며, 시어머니는 불쌍히 여겨 (며느리를) 좇으며, 며느리는 듣자와 (시어머니께) 부드럽게 함이 예의 좋은 일이라."

1 그로: 부사 '그릇'의 옛말인 '그르'의 오자이다. 阿那婆達多ᄂᆞᆫ 東土ㅅ 마래 熱惱ㅣ

업다 ᄒᆞᆫ 마리니 그르 닐어 阿耨達이라 ᄒᆞᄂᆞ니.《석상 13:7》, 正覺ᄋᆞᆫ 正히 알씨니 그르 알면 外道ㅣ오 正히 알면 부톄시니라.《월석 1:51》

2 어엿비: 불쌍히. 내 百姓 어엿비 너기샤 長湍ᄋᆞᆯ 건너싫 제 ᄒᆡᆫ ᄆᆞ지게 ᄒᆡ예 ᄢᅦ니이다(我愛我民 長湍是涉 維時白虹 橫貫于日).《용가 50장》, 衆生ᄋᆞᆯ 어엿비 너기시논 젼ᄎᆞ로 이 法華經을 니르시더니.《석상 21:35》

3 和화悅열: '화열'의 오자이다. 마음이 화평하고 기쁨.

4 례옛: 예(禮)의. '례(명사) +에(부사격 조사)+ㅅ(관형격 조사)'이다.

소언 님금은 긔걸ᄒᆞᄃᆡ 어글웃게 아니ᄒᆞ며 신하ᄂᆞᆫ 공슌ᄒᆞᄃᆡ 두 가지로 아니ᄒᆞ며 아비ᄂᆞᆫ 어엿비 너교ᄃᆡ ᄀᆞᄅᆞ치며 아ᄃᆞᆯᄋᆞᆫ 효도ᄒᆞᄃᆡ 간ᄒᆞ며 兄형은 ᄉᆞ랑ᄒᆞᄃᆡ 벋ᄀᆞ티 ᄒᆞ며 아ᄋᆞᄂᆞᆫ 공경ᄒᆞᄃᆡ 화슌ᄒᆞ며 남진ᄋᆞᆫ 화열ᄒᆞᄃᆡ 올히 ᄒᆞ며 겨집은 유슌ᄒᆞᄃᆡ 正졍다이 ᄒᆞ며 싀어미ᄂᆞᆫ 어엿비 너기고도 조ᄎᆞ며 며ᄂᆞ리ᄂᆞᆫ 듣ᄌᆞᆸ고도 완슌홈이 禮례옛 어딘 일이니라

현대역 임금은 명령하되 그릇되게 아니하며, 신하는 恭順하되 두 가지[두 마음]로 아니하며, 아버지는 불쌍히 여기되 가르치며, 아들은 효도하되 간하며, 형은 사랑하되 벗같이 하며, 아우는 공경하되 和順하며, 남편은 和悅하되 바르게 하며, 아내는 柔順하되 正大하게 하며, 시어머니는 불쌍히 여기고도 (며느리를) 좇으며, 며느리는 듣잡고도 (시어머니께) 婉順함이 예에 어진 일이니라."

1 어글웃게: 어긋나게. '어글웃(어간)+게(보조적 연결어미)'이다. '어글웃다'나 '어글웃다'는 '어긋나다'의 옛말이다. 어미 셤기믈 승슌ᄒᆞ야 어글웃디 아니ᄒᆞ고.《신속 孝 1:33》, 잘 셤겨 슌히ᄒᆞ야 어글웃디 아니ᄒᆞ고.《신속 孝 5:5》

2 올히: 옳이. 사리에 맞고 바르게. 말ᄋᆞᆯ 올히 너기샤 터리 ᄢᅢ혀 주시고 손토ᇦ 또 주시니.《월곡 상:33》, ᄠᅳ들 올히 너기샤 佛法僧 니ᄅᆞ시고 偈 지ᅀᅥ 또 니ᄅᆞ시니 말ᄋᆞᆯ 올히 너기샤.《월곡 상:33》

3 졍다이: 정대(正大)하게. 올바르게. 仁ᄒᆞᄂᆞᆫ 사ᄅᆞᄆᆞᆫ 올ᄒᆞᆫ 이를 졍다이 ᄒᆞ고 리케 ᄒᆞ요ᄆᆞᆯ 꾀ᄒᆞ디 아니ᄒᆞ며(仁人者 正其誼不謀其利).《번소 8:1》

4 완슌홈: 완순(婉順)함. 예쁘고 온순함. '완슌ᄒᆞ(어간)+옴(명사형 어미)'이다.

【集說】陳氏曰箴은諫也라從은不自專也라婉은順也요物은猶事也라眞氏曰君以出令爲職이나要必不違於理然後에人心服而令行이요臣之事君은以恭爲本이나然必忠誠不二然後에可貴라父慈而不能敎면則敗其子하고子孝而不能箴이면則陷父於不義라兄能愛弟矣로되必有切磋之益하여如朋友之相資하고弟能敬兄矣로되必有和順之美하여使情意之相親이라夫之於妻에雖貴和樂이나必以義而帥其妻하고妻之於夫에雖貴柔順이나必以正而事其夫라君臣以下는皆以二德相濟어늘姑之於婦에一於慈而從하고婦之於姑에一於聽而婉者는蓋婦姑相與專主於和柔也일새라此十者는於禮에爲至善이니라

陳氏가 말하였다. "箴은 간함이다. 從은 스스로 오로지하지 않음이다. 婉은 순함이요, 物은 일과 같다." 眞氏가 말하였다. "임금은 명령 냄을 직무로 삼으나, 요점은 반드시 도리에 어긋나지 않게 한 뒤에 인심이 복종하여 명령이 행해진다. 신하가 임금을 섬김은 공손함을 근본으로 삼으나, 반드시 충성하고 두 마음으로 하지 않은 뒤에야 가히 귀할 수 있다. 아버지가 사랑하기만 하고 능히 가르치지 않으면 그 자식을 실패하게 하고, 자식이 효도만 하고 능히 경계하지[간하지] 않으면 아버지를 불의에 빠뜨린다. 형이 능히 아우를 사랑하되 반드시 切磋琢磨하는 유익함이 있어 붕우가 서로 依賴하듯이 하고, 아우가 능히 형을 공경하되 반드시 화순한 아름다움이 있어 하여금 마음과 뜻이 서로 친하게 해야 한다. 남편은 아내에 대하여 비록 和樂함을 귀하게 여기나 반드시 의로써 그 아내를 거느리고, 아내는 남편에 대하여 비록 柔順함을 귀하게 여기나 반드시 바름으로써 그 남편을 섬겨야 한다. 君臣 이하는 모두 두 가지 德으로 서로 구제하는데, 시어머니

가 며느리에 대해서는 사랑하고 따름[스스로 오로지 하지 않음]을 한결같이 하고, 며느리가 시어머니에 대해서는 듣고[따르고] 순함을 한결같이 함은, 대개 며느리와 시어머니가 서로 화목하고 유순함을 더불어 오로지 주장하기 때문이다. 이 열 가지는 예에 있어 지극히 좋음이 된다.”

漢字 資(의뢰할 자, 재물 자, 밑천 자), 帥(거느릴 솔)

1 화락(和樂): 화평하고 즐거움.
2 유순(柔順): 성질이나 태도, 표정 따위가 부드럽고 순함.

【百五章】

○曾子ㅣ曰親戚이不說悅이어든不敢外交ᄒᆞ며近者ㅣ不親이어든不敢求遠ᄒᆞ며小者를不審이어든不敢言大니라 《大戴禮 曾子疾病, 說苑》

●曾子가 말하였다. “親戚[父兄]이 기뻐하지 않거든 감히 外人과 사귀지 않으며, 가까운 사람[친척]이 친하지 않거든 감히 먼 사람[외인]을 구하지 않으며, 작은 것을 살피지 않았거든 감히 큰 것을 말하지 않는다.

증자(曾子: 기원전 506년~기원전 436년): 이름은 삼(參, 참이라고 부르기도 함), 자는 자여(子輿)이며, 산둥성[山東省]에서 출생하였다. 증점(曾點)의 아들이다. 공자(孔子)의 고제(高弟)로 효심이 두텁고 내성궁행(內省躬行)에 힘썼으며, 노(魯)나라 지방에서 제자들의 교육에 주력하였다. 공자가 제자들을 모아 놓고 “나의 도는 하나로써 일관한다(吾道一以貫之).”고 말했을 때 다른 제자들은 그 말의 참뜻을 몰라 생각에 잠겼으나, 증자는 선뜻 ‘부자(夫子)의 도는 충서(忠恕)일 뿐’이라고 해설하여 다른 제자들을 놀라게 하였다는 이야기는 유명하다. 《효경(孝經)》의 작자라고 전해지나 확실한 근거는 없으며, 현재 전하는 《효경》은 진한시대(秦漢時代)에 개수한 것이라는 설도 있다. 증자의 사상은 《증자(曾子)》 18편 가운데 10편이 《대대례기(大戴禮記)》에 남아 전하는데, 효(孝)와 신(信)을 도덕행위의 근본으로 한다. 그는 공자의 도(道)를 계승하였으며, 그의 가르침은 공자의 손자 자사(子思)를 거쳐 맹자(孟子)에게 전해져 유교사상사(儒敎思想史)에서 중요한 위치를 차지한다. 공자·안자(顏子)·자사·맹자와 함께 동양 5성(五聖)으로 꼽힌다(두산백과).

번소 曾증子ᄌᆞㅣ ᄀᆞᄅᆞ샤ᄃᆡ 아ᅀᆞ미 깃디 몯ᄒᆞ얏거든 자ᇝ간도 밧긧 사ᄅᆞᄆᆞᆯ 사괴디 말며 갓가오니ᄅᆞᆯ 親친티 몯ᄒᆞ얫거든 자ᇝ간도 먼 ᄃᆡ 가求구티 말며 혀근 이ᄅᆞᆯ ᄉᆞᆯ피디 몯ᄒᆞ얏거든 자ᇝ간도 큰 이ᄅᆞᆯ 니ᄅᆞ디 마롤 디니라

현대역 증자가 말씀하시되, “친척이 기뻐하지 못하였거든 잠깐도 밖의 사람을 사귀지 말며, 가까운 이[친척]를 친하지 못하였거든 잠깐도 먼 데[외인] 가구하지 말며, 작은 일[집안일]을 살피지 못하였거든 잠깐도 큰 일[나라와 천하의 일]을 이르지 말 것이니라.

1 아ᅀᆞ미: 친척(親戚)이. ‘아ᅀᆞᆷ(명사)+이(주격 조사)’이다. ‘아ᅀᆞᆷ’은 ‘친척’의 옛말이다. ᄒᆞ마 주긇 저긔 아ᄃᆞᆯ 命ᄒᆞ며 아ᅀᆞᆷ 뫼호ᄆᆞᆫ 化城品에 니ᄅᆞ샤ᄃᆡ.《월석 13:30》, 아ᅀᆞᆷ과 벋괘 將次ㅅ 드므러 져그니 兵戈ᄂᆞᆫ 무여 니ᅀᅥᆺ도다(親故行稀少 兵戈動接聯).《두시-초 20:20》

2 깃디: 기뻐하지. ‘깄(어간)+디(보조적 연결어미)’이다. ‘깄다’는 ‘기뻐하다’의 옛말이다. 자음으로 시작하는 어미 앞에서는 ‘깃-’으로 나타난다. 八部ㅣ 둘어 셔며 淨居天이 깃그며 祥瑞ㅅ 구룸과 곳비도 ᄂᆞ리니.《월곡 상:29~30》, 아ᅀᆞ의 文章이 나ᅀᅡ가ᄆᆞᆯ 깃노니 내ᄋᆡ 여희ᄂᆞᆫ 興이 ᄀᆞᇫ여 나미 더으ᄂᆞ다(喜弟文章進 添余別興牽).《두시-초 8:46》

3 밧긧: 밖의. ‘바ᇧ+의(처소 관형격 조사)+ㅅ(관형격 조사)’이다.

4 갓가오니: 가까운 이. ‘갓가오(어간)+ㄴ(관형사형 어미)+이(의존명사)’이다. ‘가갑다’는 ‘가깝다’의 옛말이다. ‘갓갑다’는 15세기 문헌에서부터 나타난다. 자음으로 시작하는 어미 앞에서는 ‘갓갑-’으로, 모음으로 시작하는 어미 앞에서는 ‘갓가ᄫ-’으로 나타났는데, 15세기 중반 이후 ㅸ 소리가 반모음 w로 변화하면서 ‘갓가ᄫ-’은 ‘갓가오-’로 변화하였다. 16세기 문헌에 ‘갓ᄭᅡ오-’의 예가 나타나는 것으로 보아 이 시기부터 제2음절에서 된소리화가 일어났음을 알 수 있는데, 문헌상으로는 19세기까지도 현대국어와 같은 ‘가깝다’ 형태는 나타나지 않는다.

한편 현대국어에서는 모음조화의 파괴가 확산되어 '가깝-/가까오-'의 이형태 교체도 '가깝-/가까우-'로 변화하였다. 갓갑다(15세기~19세기)>가깝다(20세기~현재). 이형태: 갓갑-, 갓갛-, 갓가오-, 갓까오-. 갓갑거나 멀어나 믈읫 잇는 香돌홀 다 마타.《1447 석상 19:17ㄴ》, ᄆᆞᅀᆞᆯ히 멀면 乞食ᄒᆞ디 어렵고 하 갓가ᄫᆞ면 조티 몯ᄒᆞ리니.《1447 석상 6:23ㄴ》, 이 갓가오며 먼 뎃 모든 잇는 物의 性이 비록 ᄯᅩ 다ᄅᆞ나.《1461 능엄 2:35ㄱ》, 近 갓까올 근.《1583 천자-석 30ㄴ》

5 혀근: 작은. '혁(어간)+은(관형사형 어미)'이다. '혁다'는 '적다', '작다'의 옛말이다. 혀근 션비를 보시고 御座애 니르시니(引見小儒 御座遽起).《용가 82장》, 諸着은 여러 가짓 브티ᄃᆞᆫ긴 거시니 굴그면 六塵엣 業이오 혀그면 二乘法이라.《석상 13:38》

소언 曾증子ᄌᆞㅣ ᄀᆞᆯᄋᆞ샤ᄃᆡ 어버이와 권당이 깃거티 아니커든 敢감히 밧긔 가 사괴디 아니ᄒᆞ며 갓가온 이 親친티 아니커든 敢감히 먼 ᄃᆡ 가 求구티 아니ᄒᆞ며 쟉은 이롤 ᄉᆞᆯ피디 몯ᄒᆞ얏거든 敢감히 큰 이롤 닐ᄋᆞ디 아닐 디니라

현대역 증자가 말씀하시되, "어버이와 친척이 기뻐하지 아니하거든 감히 밖에 가 사귀지 아니하며, 가까운 이[친척] 친하지 아니하거든 감히 먼 데[외인]가 구하지 아니하며, 작은 것[집안일]을 살피지 못하였거든 감히 큰 것[나라와 천하의 일]을 이르지 아니할 것이니라.

깃거티: 기뻐하지. '깃거ᄒᆞ(어간)+디(보조적 연결어미)'이다. 'ㆍ'가 탈락된 후 자음축약이 일어났다. '깃거ᄒᆞ다'는 '기뻐하다'의 옛말이다. 天龍八部ㅣ 큰 德을 ᄉᆞ랑ᄒᆞᅀᆞ바 놀애롤 블러 깃거ᄒᆞ더니.《월곡 상:9》, 貢公의 깃거호ᄆᆞᆯ 그스기 效則ᄒᆞ고져 컨마른(竊效貢公喜).《두시-초 19:2》

【集說】吳氏曰親戚은謂父兄이요外謂外人이니言不能奉親戚使之懽悅이면則豈敢交之於外乎아近은卽親戚이요遠은卽外人이니言近者不能相親이면又豈敢求之於遠者乎아小는謂

孝弟之道니以家而言也요大는謂治平之道니以國與天下而言也라言小者를不能審察이면又豈敢言其大者乎아曾子敎人에當及時以盡孝弟라故로先言此三者하여以起下文之意하시니라

오 씨가 말하였다. "親戚은 父兄을 이르고, 外는 外人을 이르니, 친척을 받들어 그들로 하여금 기쁘게 하지 못했으면, 어찌 감히 外人과 사귈 수 있겠는가를 말한 것이다. 近은 곧 親戚이요 遠은 곧 外人이니, 친척을 서로 친하게 하지 못했으면, 또 어찌 감히 외인에게 구하겠는가를 말한 것이다. 小는 孝弟의 도를 이르니 집안일[家]로써 말한 것이요, 大는 治平의 도를 이르니 나라와 천하의 일로써 말한 것이다. 작은 것을 살피지 못했으면 또한 어찌 감히 그 큰 것을 말하겠는가를 말한 것이다. 증자는 사람을 가르침에 마땅히 때에 미쳐 孝弟를 다하게 하였다. 그러므로 이 세 가지[제105장 내용]를 먼저 말씀하여 아래 글의 뜻을 일으키신 것이다."

漢字 懽(기뻐할 환)

1 부형(父兄): 아버지와 형

2 외인(外人): 집안 식구 밖의 사람.

故로人之生也애百歲之中에有疾病焉ᄒᆞ며有老幼焉ᄒᆞ니故로君子ㅣ思其不可復者而先施焉ᄒᆞᄂᆞ니親戚이旣沒이면雖欲孝ㅣ나誰爲孝ㅣ며年旣耆艾면雖欲悌나誰爲悌리오故로孝有不及ᄒᆞ며悌有不時라ᄒᆞ니其此之謂歟ㄴ뎌

● 그러므로 사람이 삶에 백세 가운데 질병이 있으며, 늙음과 어림이 있으니, 그러므로 군자는 그 돌아올 수 없음을 생각하여 먼저 베푸는 것이니, 친척이 이미 죽으면 비록 효도하고자 하나 누구를 위하여 효도하며, 나이가 이미 늙으면 비록 공경하고자 하나 누구를 위하여 공경하겠는가? 그러므로 '효도

는 미치지 못함이 있으며, 공경은 때가 아님이 있다.' 하셨으니, 그것이 이를 말함인 것이다."

번소 이런ᄃᆞ로 사ᄅᆞᄆᆡ 사로미 ᄇᆡᆨ 년 안해 病병이 이시며 늘그며 져믄 저기 잇ᄂᆞ니 이런ᄃᆞ로 어딘 사ᄅᆞᄆᆞᆫ 可가히 다시 몯호ᄆᆞᆯ ᄉᆞ랑ᄒᆞ야 몬져 行ᄒᆡᇰᄒᆞᄂᆞ니 어버ᅀᅵ며 아ᅀᆞ미 ᄇᆞᆯ셔 주그면 비록 효도코져 ᄒᆞᆫᄃᆞᆯ 누를 위ᄒᆞ야 효도ᄒᆞ며 나히 ᄒᆞ마 늘그면 비록 공슌코져 ᄒᆞᆫᄃᆞᆯ 누를 위ᄒᆞ야 공슌ᄒᆞ리오 이런ᄃᆞ로 효도도 몬 미초미 이시며 공슌도 몯ᄒᆞᆯ 저기 잇다 ᄒᆞ니 이ᄅᆞᆯ 니ᄅᆞᆫ뎌

현대역 이런 까닭으로 사람의 삶이 백 년 안에 병이 있으며, 늙으며 어린 때가 있으니, 이런 까닭으로 어진 사람은 가히 다시 못함을 생각하여 먼저 행하니, 어버이며 친척이 벌써 죽으면 비록 효도하고자 한들 누구를 위하여 효도하며, 나이 이미 늙으면 비록 공순하고자 한들 누구를 위하여 공순하리오. 이런 까닭으로 '효도도 못 미침이 있으며, 공순도 못할 때가 있다.' 하니, 이를 이르는구나."

1 사로미: 삶이. '살(어간)+옴(명사형 어미)+이(주격 조사)'이다.

2 져믄: 어린. '졈(어간)+은(관형사형 어미)'이다. '졈다'는 '어리다', '젊다'의 옛말이다. 현대국어 '젊다'의 옛말인 '졈다'는 15세기 문헌에서부터 나타난다. 17세기 문헌에 '뎜다'가 보이는데 이는 《두시언해》 중간본에 나온 예이다. 《두시언해》 초간본에 같은 문장에서 '졈다'로 나타난 것으로 보아 '뎜다'는 근대국어 시기에 'ㄷ, ㅌ'이 'ㅣ'나 'ㅣ' 반모음 앞에서 'ㅈ, ㅊ'으로 변한 구개음화를 의식하여 '뎜'의 'ㅈ'을 'ㄷ'이 구개음화를 겪은 것으로 잘못 이해하여 과도 교정한 결과라 할 수 있다. 18세기 문헌에 '졂다'가 나타나는데 '졈다'의 제1음절 종성 'ㄹ'이 'ㄻ'으로 바뀐 이유는 설명하기 어렵다. '졂다'는 치조음이었던 'ㅈ'이 근대국어 시기에 경구개음으로 바뀌어 '져'와 '저'의 발음이 구별되지 않게 되면서 19세기 문헌에서부터 '젊다'로 나타나 현재까지 이어진다. 중세국어에서 '졈다'는 '나이가 어리다.'의 의미로 쓰였는데 현재의 '젊다'는 '나이가 한창때에 있다.'라는 의미로 쓰이고 있다. 졈다(15세기~18세기)〉졂다(18세기~19세기)〉젊다(19세

기~현재). 이형태: 졈다, 뎜다, 졂다, 졆다. 내 흔 ᄯᆞ롤 뒤쇼ᄃᆡ 져머 어리오.《1447 석상 11:28ㄱ》, 나히 져머셔 아비 죽거늘.《1514 속삼 효:24ㄱ》, 뎌믄 젯 나롤 밋디 몯ᄒᆞ며.《1632 두시-중 21:37ㄱ》

3 ᄉᆞ랑ᄒᆞ야: 생각하여. ‘ᄉᆞ랑ᄒᆞ(어간)+야(연결어미)’이다. ‘ᄉᆞ랑ᄒᆞ다’는 ‘생각하다’의 옛말이다. 손소 머리 갓고 뫼고래 이셔 道理 ᄉᆞ랑ᄒᆞ더니.《석상 6:12》, 이ᄀᆞ티 ᄉᆞ랑컨댄 머므디 아니ᄒᆞᄂᆞ닌 일후미 客이오 머므ᄂᆞ닌 일후미 主人이니(如是思惟 不住名客 住名主人).《능엄 1:105》

4 볼셔: 벌써. 현대국어 ‘벌써’의 옛말인 ‘볼ᄲᅧ’는 15세기 문헌에서부터 나타난다. 15세기에는 ‘볼ᄲᅧ’와 함께 ‘볼셔’도 공존하였는데, 16세기 이후로는 ‘볼ᄲᅧ’의 예는 보이지 않고 ‘볼셔’만 나타난다. 그러나 이는 15세기 중엽 이후에 각자병서를 폐지하여 ‘ㅆ’을 ‘ㅅ’으로 표기하게 되어 나타난 현상일 뿐, 근대국어 시기에 ‘볼셔>발셔>벌셔>벌서’의 실제 발음은 ‘볼ᄲᅧ>*발ᄲᅧ>*벌ᄲᅧ>*벌써’와 동일하였을 것으로 추정된다. 근대국어 시기 어두음절의 모음 ‘ㆍ’가 ‘ㅏ’로 변화하는 ‘ㆍ’의 제2차 소실에 따라 18세기에 ‘발셔’ 형태가 등장하였다. 19세기에는 제1음절의 양성모음 ‘ㅏ’가 음성모음 ‘ㅓ’로 바뀐 ‘벌셔’ 형태가 등장하였고, 또한 근대국어 후기에 ‘ㅅ’ 뒤에서 이중모음 ‘ㅑ, ㅕ, ㅛ, ㅠ’가 단모음 ‘ㅏ, ㅓ, ㅗ, ㅜ’로 바뀌는 현상에 따라 ‘벌셔>벌서’로 변화하였다. 현대국어에서는 실제 발음에 따라 ‘벌서’의 제2음절 초성을 된소리로 표기한 ‘벌써’가 등장한 것으로 추정할 수 있다. 볼ᄲᅧ(15세기)/볼셔(15세기~19세기)>발셔(18세기~19세기)>벌셔(19세기)>벌서(19세기)>벌써(20세기~현재). 이형태: 볼ᄲᅧ, 볼셔, 발셔, 발서, 벌셔, 벌서. 그듸 가 들 ᄶᅵ비 볼ᄲᅧ 이도다 ᄒᆞ고 道眼올 빌여늘.《1447 석상 6:35ㄴ》, 阿難이 空王佛ᄭᅴ 부텨와 ᄒᆞᆫᄢᅴ 發心ᄒᆞ야 功夫 힘뎌기 볼셔 부텨ᄭᅴ 곪건마ᄅᆞᆫ.《1461 능엄 1:37ㄱ》, 어버ᅀᅵ며 아ᅀᆞ미 볼셔 주그면 비록 효도코져 ᄒᆞᆫ돌 누를 위ᄒᆞ야 효도ᄒᆞ며.《1518 번소 3:45ㄴ-46ㄱ》

5 미초미: 미침이. ‘및(어간)+옴(명사형 어미)+이(주격 조사)’이다. 현대국어 ‘미치다’의 옛말은 ‘및다’인데 ‘및다’에 접사 ‘-이’가 연결된 ‘미치다’도 15세기부터 현대국어까지 계속 쓰이고 있다. 받침의 표기법에 따라서 ‘밋다’, ‘믿다’ 등도 쓰였고, 중철 표기법 등의 영향으로 ‘밋츠다’, ‘밋ᄎᆞ다’ 등도 쓰였다. 미치다(15세기~현재). 이형태: 및다, 밋다, 믿다, 밋츠다, 미츠다, 미ᄎᆞ다, 미치다. 不共은 二乘이 몯 미츨 씨라.《1447 석상 20:35ㄴ》, 須彌山올 둘어 밧긔 土山 黑山이 이쇼ᄃᆡ 굳고 쿠미 鐵圍山올 몯 밋ᄂᆞ니라.《1447 석상 20:21ㄴ》, 이러ᄒᆞᆫ 種種앳

거스로 供養ᄒᆞᅀᆞᄫᅡ도 몯 미치리며.《1447 석상 20:11ㄱ》, 燕ᄒᆞ야 皇天에 밋쳐 능히 그 後를 昌ᄒᆞ샷다.《1613 시언 19:14ㄱ》

6 니ᄅᆞᆫ뎌: 이르는구나[謂]. '니ᄅᆞ(謂, 어간)+ㄴ(관형사형 어미)+ᄃᆞ(의존명사)+여(감탄 보조사)'이다. 그러나 '-ㄴ뎌'는 어간이나 어미 뒤에 붙어, '-구나'를 뜻하는 어미로 재구조화하였다. 슬프다 녯 사ᄅᆞᄆᆡ 마ᄅᆞᆯ 아디 몯ᄒᆞ논뎌(悲哉 不悟昔人言).《남명 하:30》, ᄒᆞ나 아닌 다른 教ᄅᆞᆯ 내시ᄂᆞ니 어긔요ᄃᆡ 다ᄅᆞ디 아니ᄒᆞ닌 오직 聖人ㅅ 마리신뎌(吐不一之殊教 乖而不可異者 其惟聖言乎).《영가 하:36》

소언 그러모로 사ᄅᆞᆷ이 사라실 제 ᄇᆡᆨ 년 가온대 疾질病병도 이시며 늘그며 졈은 적이 인ᄂᆞ니 그러모로 君군子ᄌᆞㅣ 그 可가히 다시 몯홀 것슬 ᄉᆡᆼ각ᄒᆞ야 몬져 베프ᄂᆞ니 어버이며 권당이 이믯 죽으면 비록 孝효道도ᄒᆞ고져 ᄒᆞ나 누를 위ᄒᆞ야 孝효ᄒᆞ며 나히 이믯 늘그면 비록 悌뎨[兄형 공슌히 셤굠이라]ᄒᆞ고져 ᄒᆞ나 누를 위ᄒᆞ야 悌뎨ᄒᆞ리오 그러모로 孝효ㅣ 밋디 몯홈이 이시며 悌뎨ㅣ 빼예 몯홈이 잇다 ᄒᆞ니 그 이ᄅᆞᆯ 닐옴인뎌

현대역 그러므로 사람의 살아있을 때 백 년 가운데 질병도 있으며, 늙으며 젊은 때가 있으니, 그러므로 군자가 그 가히 다시 못할 것을 생각하여 먼저 베푸니, 어버이며 친척이 이미 죽으면 비록 효도하고자 하나 누구를 위하여 효도하며, 나이 이미 늙으면 비록 제(悌)[형을 공순히 섬김이라.]하고자 하나 누구를 위하여 悌하리오. 그러므로 '孝가 미치지 못함이 있으며, 悌가 때에 못함이 있다.' 하니, 그 이를 이름이구나."

【集說】吳氏曰六十曰耆니稽久之稱也요五十曰艾니言髮之蒼白者如艾之色也라人壽는以百歲爲期나然其間에有疾病老幼之變하여不能常也라故로君子思其不可復爲者하여及時而先行之也라若親沒則養不逮하고己老則兄不存이니雖欲行孝弟나不可得也니라

오 씨가 말하였다. "예순을 耆라 이르니 오래됨을 칭한 것이고, 쉰을 艾라 이르니 머리털의 蒼白한 것이 쑥색과 같음을 이른 것이다. 사람의 수명은 백세를 기한으로 삼는다. 그러나 그 사이에 질병과 늙음과 어림의 변화가 있어 능히 일정하지 못하다. 그러므로 군자는 그 다시 할 수 없음을 생각하여, 때에 미쳐 먼저 그것을 행하는 것이다. 만일 어버이가 죽었으면 봉양이 미치지 못하고, 자기가 늙었으면 형이 계시지 않을 것이니, 비록 효도와 공경을 행하고자 하나 가히 할 수가 없는 것이다."

漢字 耆(늙은이 기, 늙을 기), 稽(오랠 계, 머무를 계, 상고할 계), 艾(늙은이 애, 쑥 애), 蒼(푸를 창), 逮(미칠 체, 쫓을 체)

1 애년(艾年): '머리털이 약쑥같이 희어지는 나이'라는 뜻으로, 쉰 살을 이르는 말.
2 애로(艾老): '쑥처럼 머리가 하얗게 세었다.'는 뜻으로, 쉰 살이 넘음 또는 그런 사람을 이르는 말.
3 창백(蒼白): 푸름과 흼.

〖百六章〗

○官怠於宦成ᄒᆞ며病加於小愈ᄒᆞ며禍生於懈惰ᄒᆞ며孝衰於妻子ᄒᆞᄂᆞ니察此四者ᄒᆞ야愼終如始니詩曰靡不有初ㅣ나鮮克有終이라ᄒᆞ니라 《說苑 敬愼》

● 벼슬은 벼슬이 이루어짐에 게을러지며, 병은 조금 나음에 더하며, 재앙은 게으름에서 생기며, 효도는 처자식에서 쇠하니, 이 네 가지를 살펴서 끝을 삼가 처음과 같이 해야 한다. 《시경》에 이르기를, "시작은 있지 않은 이가 없으나, 능히 끝이 있는 이는 드물다." 하였다.

漢字 宦(벼슬 환), 愈(나을 유), 懈(게으를 해), 惰(게으를 타), 靡(없을 미, 쓰러질 미), 鮮(드물 선), 克(능할 극, 이길 극)

번소 구시른 벼슬 이로매 게으르며 병은 져기 우연호매 더으며 화란 은 게을오매 나며 효도는 妻쳐子ᄌᆞ식 두매 衰쇠ᄒᆞᄂᆞ니 이 네 가짓 이롤 술펴 내죵을 삼가호ᄃᆡ 처엄 ᄀᆞᆮ티 홀 디니 毛모詩시예 ᄀᆞ로ᄃᆡ 처ᅀᅥᆷ미사 아니 이시리 업스나 능히 ᄆᆞᄎᆞ미 이시리 져그니라 ᄒᆞ도다

현대역 관리는 벼슬 이룸에 게으르며, 병은 조금 우연만함에 더하며, 禍亂은 게으름에 나며, 효도는 처자식 둠에 쇠하니, 이 네 가지의 일을 살펴 나중을 삼가되 처음 같이 할 것이니, 《毛詩》에 가로되, "처음이야 아니 있을 이 없으나, 능히 마침이 있을 이 적으니라." 하도다.

1 구시른: 관리는. '구실(명사)+은(보조사)'이다. '그위실>구실'이다. '그위실'은 '공직', '관직'의 옛말이다. 靜이 아ᄅᆡ 사오나온 그위실올 因ᄒᆞ야 接足을 親히 받ᄌᆞ오니(靜往因薄宦 親承接足).《영가 서:13》, 王裒이 슬허 그위실 아니ᄒᆞ고 ᄂᆞᆷ 글 ᄀᆞᄅᆞ치고 이셔.《삼강 효:15》

2 이로매: 이룸에. '일오(어간)+ㅁ(명사형 어미)+애(부사격 조사)'이다. 현대국어 '이루다'의 옛말인 '일우다'는 15세기 문헌에서부터 나타난다. '일우다'는 '이루어지다'의 의미를 갖는 동사 '일-'과 사동접사 '-우-'가 결합한 것이다. '일-'의 종성 'ㄹ'이 연철되지 않은 것으로 보아 '일우다'에서 '우'의 초성 'ㅇ'은 성문 마찰 유성음 [ɦ]임을 알 수 있다. 16세기 이후 성문 마찰 유성음 'ㅇ'이 사라지면서 제1음절 종성 'ㄹ'이 연철 표기되어 '이루다'가 되었는데, 문헌상으로는 18세기에 비로소 '이루다'의 예가 나타난다. 한편 동사 '일-'에 사동접사 '-오-'가 결합한 '일오다' 형태도 15세기부터 '일우다'와 공존하였는데, 19세기 이후로는 사라졌다. 일우다(15세기~19세기)>이루다(18세기~현재), 이형태: 일우다, 일오다, 이루다. 成佛은 부텨 道理를 일우실 씨라.《1447 석상 3:1ㄱ》, 五白올 블로니 옷 메와ᄉᆞ며 발 바사도 이긔유믈 일오디 몯ᄒᆞ리로다.《1481 두시-초 11:40ㄱ》

3 져기: '적이'의 옛말이다. 조금, 적게. 현대국어 '적이'의 옛말인 '져기'는 15세기 문헌에서부터 나타난다. '져기'는 '적다'의 옛말인 '젹-'에 부사 파생접사 '-이'가 결합한 것이다. 16세기에 분철 표기된 '젹이'도 보인다. 근대국어 시기에 치조음이었던 'ㅈ', 'ㅊ'이 경구개음으로 변하면서 '져'와 '저'의 발음이 같아져서 18세기에는 '저기' 형태가 나타나고, 19세기에는 분철 표기된 '적이'로 나타나 현재에 이르렀다. 중세국어의 '져기'는 '조금', '적게'의 의미로, 현대국어의 '적이'와는

의미 차이가 있었다. 한편 17세기의 중간본 《분류두공부시언해》에 나타난 '뎌기'는 'ㅣ' 모음이나 반모음 'ㅣ'에 선행하는 'ㄷ'이 'ㅈ'으로 변화하는 ㄷ구개음화 현상을 의식한 과도 교정 형태이다(ㄷ구개음화 현상은 17세기에 남부지역에서 먼저 시작되어 18세기에 중부방언에도 일어났는데, 중간본 《분류두공부시언해》는 남부방언을 반영하고 있다). 져기(15세기~19세기)〉저기(18세기)〉적이(19세기~현재). 이형태: 져기, 저기, 적이, 뎌기. 바롨 ᄀᆞ새 잇는 羯隨라 홇 새 우루미 부텻 목소리 져기 새즛ᄒᆞᅀᆞᄫᆞ니이다.《1447 석상 24:20ㄱ》, 病병은 젹이 위연홈애 더으며 화란ᄋᆞᆫ 게을옴애 나며《1588 소언 본 장》

4 우션호매: 우연만함에. '우션ᄒᆞ(어간)+옴(명사형 어미)+애(부사격 조사)'이다. '우션ᄒᆞ다'는 '우연만하다'의 옛말이다. '우연만하다'는 '웬만하다'의 본말로, '정도나 형편이 표준에 가깝거나 그보다 약간 낫다'를 뜻한다. '우션ᄒᆞ다'는 15세기 문헌에서부터 나타난다. '우션ᄒᆞ다'는 주로 '병이 낫다', '괜찮아지다'의 의미로 많이 쓰였다. '우션ᄒᆞ다'는 'ㅿ'이 유지되는 어형이 16세기까지 나타나다가, 17세기부터는 'ㅿ'이 탈락된 '우연ᄒᆞ다'로 나타나 18세기까지 이어진다. 어근 '우연'에 보조사 '만'이 붙은 '우연만하다'가 20세기부터 나타나기 시작하여 현재에 이어진다. 우션ᄒᆞ다(15세기~16세기)〉우연ᄒᆞ다(17세기~18세기)〉우연만하다(20세기~현재). 이형태: 우션ᄒᆞ다, 우연ᄒᆞ다. ᄉᆞᆫ아히 오좀 두 되를 믄득 머그면 즉재 우션ᄒᆞ리니 ᄀᆞ장 됴ᄒᆞ니라.《1489 구간 7:6ㄴ》, 구실은 벼슬 일옴애 게을으며 病병은 젹이 위연홈애 더으며 화란ᄋᆞᆫ 게을옴애 나며.《1588 소언 본 장》

5 화란(禍亂): 재앙과 난리를 통틀어 이르는 말. 중국군 사십만이 청해에 이르면 임금과 신하가 세 번 파천하는 화란을 당할 것이다.《이문열, 황제를 위하여》

6 이시리: 있을 이. '이시[有, 어간]+ㄹ(관형사형 어미)+이(의존명사)'이다.

7 져그니라: 적으니라. '젹(어간)+으(매개모음)+니라(평서형 종결어미)'이다. '-으니라'는 'ㄹ'을 제외한 받침 있는 형용사 어간 뒤에 붙어, 해라할 자리에 쓰여, 진리나 으레 있는 사실을 일러 줄 때에 쓰이는 종결어미이다.

소언 구실은 벼슬 일옴애 게을으며 病병은 젹이 위연홈애 더으며 화란ᄋᆞᆫ 게을옴애 나며 효도ᄂᆞᆫ 妻쳐子ᄌᆞ에 衰쇠ᄒᆞᄂᆞ니 이 네 가지를 ᄉᆞᆯ펴 내죵 삼가기를 처엄 ᄀᆞᆮ티 홀 디니 모시예 ᄀᆞᆯ오ᄃᆡ 처엄은 잇디

아니니 업스나 능히 내죵 이실 이 젹다 ᄒᆞ니라

[현대역] 벼슬은 벼슬 이룸에 게으르며, 병은 조금 우연만함에 더하며, 禍亂은 게으름에 나며, 효도는 妻子에 쇠하니, 이 네 가지를 살펴 나중 삼가기를 처음 같이 할 것이니, 《毛詩》에 가로되, "처음은 있지 않은 이 없으나, 능히 나중 있을 이 적다." 하니라.

【集說】吳氏曰宦成은宦已遂也요小愈는病稍減也라臨事而懈惰면則禍生於所忽矣요孝衰於妻子면則溺愛而忘親矣라詩는大雅蕩之篇이라靡는無也요鮮은少也요克은能也라有始無終은人之常情이니能察能愼이면斯免矣니라

오 씨가 말하였다. "宦成은 벼슬이 이미 이루어진 것이요, 小愈는 병이 조금 덜한 것이다. 일에 임하여 게을러지면 재앙이 소홀히 한 곳에서 생기고, 효도가 처자식에게서 쇠하면 사랑에 빠져 부모를 잊는다. 詩는 〈大雅〉 蕩篇이다. 靡는 없음이요, 鮮은 적음이요, 克은 능함이다. 有始無終[시작은 있으나 끝이 없음]은 사람의 常情이니, 능히 살피고 능히 삼간다면 이[有始無終]를 면할 것이다."

[漢字] 蕩(쓸어버릴 탕)

상정(常情): 사람에게 공통적으로 있는 보통의 인정.

【百七章】

○荀子ㅣ曰人有三不祥ᄒᆞ니幼而不肯事長ᄒᆞ며賤而不肯事貴ᄒᆞ며不肖而不肯事賢이是人之三不祥也ㅣ니라 《荀子 非相》

●荀子가 말하였다. "사람은 세 가지 不祥이 있으니, 어리면서 어른 섬기기를 즐기지 않으며, 천하면서 귀한 이 섬기기를 즐기지 않으며, 不肖하면서

어진이 섬기기를 즐기지 않음이, 이것이 사람의 세 가지 不詳이다."

漢字 荀(풀이름 순), 肯(즐길 긍), 肖(어질 초, 닮을 초, 본받을 초)

1 순자(荀子, 기원전 298년~기원전 238년): 중국 전국시대(戰國時代) 사상가이며, 조(趙)나라 사람이다. 그의 출생은 기원전 약 298년으로 추정한다. 성은 순(荀)이고 이름은 황(況)이다. 그리고 자는 경(卿)이다. 순경(荀卿)이 아니라 손경(孫卿)으로 쓰이기도 했는데, 이는 순(荀)과 손(孫)의 옛소리[古音]가 서로 통했기 때문이다. 맹자(孟子)의 성선설(性善說)을 비판하여 성악설(性惡說)을 주장했으며, 예(禮)를 강조하는 유학 사상을 발달시켰다. 《사기(史記)》의 〈순경열전(荀卿列傳)〉에 따르면, 순자는 조(趙) 나라 출신으로 나이 50세 무렵에 제(齊) 나라에 유학(遊學)하여 최장로(最長老)의 학사(學士)로 세 차례나 좨주(祭酒)를 지냈다고 기록한다. 후에 참소(讒訴)를 받아 제(齊)를 떠난 순자는 초(楚)의 재상(宰相) 춘신군(春申君)의 천거로 난릉(蘭陵, 山東省)의 수령이 되었다. 춘신군이 암살되자(기원전 238년), 벼슬자리에서 물러난 순자는 난릉에 머물며 문인 교육과 저술에 전념하며 여생을 마쳤다. 순자는 스스로 공자를 추앙하는 유학자로 자처했고, 공자의 제자인 자하(子夏)의 문인으로 알려져 있다. 그의 사상은 전한(前漢) 말기 유향(劉向)에 의해 《손경신서(孫卿新書)》 32편으로 정리되었고, 당(唐)의 양량(楊倞)은 여기에 주(註)를 붙이고 20권 32편으로 다시 정리했으며, 명칭을 《손경자(孫卿子)》라 하였다. 오늘날 《손경신서》는 망실되어 전해지지 않으며, 양량(楊倞)의 주석본이 간략히 《순자(荀子)》라고 불리며 전해지고 있다. 《순자》 32편은 '권학(勸學), 수신(修身), 불구(不苟), 영욕(榮辱), 비상(非相), 비십이자(非十二子), 중니(仲尼), 유효(儒效), 왕제(王制), 부국(富國), 왕패(王霸), 군도(君道), 신도(臣道), 치사(致士), 의병(議兵), 강국(彊國), 천론(天論), 정론(正論), 예론(禮論), 악론(樂論), 해폐(解蔽), 정명(正名), 성악(性惡), 군자(君子), 성상(成相), 부(賦), 대략(大略), 유좌(宥坐), 자도(子道), 법행(法行), 애공(哀公), 요문(堯問)'으로 구성되어 있다. 순자의 사상은 공자(孔子)·자궁(子弓)을 스승으로 하고 유가(儒家)의 실천 도덕을 바탕으로 하지만, 그들보다 한층 합리적이며, 더욱이 전국사상(戰國思想)의 여러 유형을 지양한 체계적이고 종합적인 것이었으므로 그의 사상사적(思想史的) 위치는 서양철학사의 아리스토텔레스에 비교된다(두산백과).
2 불상(不祥): 상서롭지 못함.

3 불초(不肖): 아버지를 닮지 않았다는 뜻으로, 못나고 어리석은 사람을 이르는 말.

번소 荀슌子ᄌᆞ ㅣ ᄀᆞ로ᄃᆡ 사ᄅᆞ미 세 블샹ᄒᆞᆫ 이리 잇ᄂᆞ니 졈고 얼운 셤교ᄆᆞᆯ 슬히 너기며 賤쳔ᄒᆞ고 貴귀ᄒᆞ니 셤교ᄆᆞᆯ 슬히 너기며 不블肖쵸ᄒᆞ고 어디니 셤교ᄆᆞᆯ 슬히 너교미 이 사ᄅᆞᄆᆡ 세 가지 블샹ᄒᆞᆫ 이리라

현대역 荀子가 가로되, "사람이 세 不祥한 일이 있으니, 어리고[어리면서] 어른 섬김을 싫게 여기며, 천하면서 귀한 이 섬김을 싫게 여기며, 不肖하면서 어진 이 섬김을 싫게 여김이, 이것이 사람의 세 가지 不祥한 일이라."

1 블샹ᄒᆞᆫ: 불상(不祥)한. 상서롭지 않은. 상서롭지 못한. 어머니는 까마귀가 울면 불상한 일이 일어난다고 믿으셨다.

2 슬히: 싫게. 羅雲이 져머 노ᄅᆞᄉᆞᆯ 즐겨 法 드로ᄆᆞᆯ 슬히 너겨 ᄒᆞ거든.《석상 6:10》, 藥ᄋᆞᆯ 주어늘 먹ᄃᆞᆯ 슬히 너기니 엇데어뇨.《월석 17:20》

소언 荀슌子ᄌᆞ[일홈은 況황이니 戰젼國국 적 趙됴 짜 사ᄅᆞᆷ이라] ㅣ ᄀᆞᆯ오ᄃᆡ 사ᄅᆞᆷ이 세 不불祥샹이 이시니 졈고 얼운 셤곰ᄋᆞᆯ 즐겨 아니ᄒᆞ며 賤쳔ᄒᆞ고 貴귀ᄒᆞᆫ 이 셤곰ᄋᆞᆯ 즐겨 아니ᄒᆞ며 不블肖쵸ᄒᆞ고 어딘 이 셤곰ᄋᆞᆯ 즐겨 아니홈이 이 사ᄅᆞᄆᆡ 세 不블祥샹이니라

현대역 荀子[이름은 況이니, 전국 때 趙 땅 사람이라.]가 가로되, "사람이 세 不祥이 있으니, 어리고[어리면서] 어른 섬김을 즐겨 아니하며, 천하면서 귀한 이 섬김을 즐겨 아니하며, 不肖하면서 어진 이 섬김을 즐겨 아니함이, 이것이 사람의 세 不祥이니라."

【集說】陳氏曰荀子의名은況이니戰國時人이라祥은吉也라三者는皆凶德이니有一於是하면災及其身矣라

진 씨가 말하였다. "荀子의 이름은 況이니, 전국시대 사람이다. 祥은 길함이다. 세 가지는 모두 흉한 德이니, 이 중에 하나라도 있으면 재앙이

그 몸에 미친다."

【百八章】

○無用之辯과不急之察을棄而不治니若夫君臣之義와父子之親과夫婦之別은則日切磋而不舍也ㅣ니라 《荀子 天論》

● 쓸데없는 말과 급하지 않은 살핌을 버리고 다스리지 말아야 하니, 무릇 임금 신하의 의리와 아버지 아들의 친함과 남편 아내의 가림 같은 것은 곧 날마다 切磋하여 버리지 말아야 한다.

漢字 辯(말씀 변), 切(끊을 절), 磋(갈 차), 琢(쫄 탁), 磨(갈 마), 舍(버릴 사, 집 사, 머무를 사, 베풀 사)

번소 쁠뎌업슨 말 굴희내 홈과 시급디 아니흔 일 숣표믈 ᄇᆞ려 다ᄉᆞ리디 아니홀 디니 님금 신하 義의와 아비 아ᄃᆞ릐 親친홈과 남진 계지븨 別별홈과ᄂᆞᆫ 날마다 의론ᄒᆞ며 ᄇᆡ화 ᄇᆞ리디 마롤 디니라

현대역 쓸데없는 말 가려내어 함과 시급하지 아니한 일 살핌을 버려서 다스리지 아니할 것이니, 임금 신하의 義와 아버지 아들의 친함과 남편 아내의 분별함은 날마다 의론하며 배워서 버리지 말 것이니라.

1 굴희내: 가려내. '굴희나(주동사 어간)+이(사동접사)+ø(연결어미 '야' 생략)'이다. '굴희나다'는 지동사로, '가리어 나다'의 옛말이다. 셜흔여슷차힌 솑가락 文이 굴희나시며 셜흔닐굽차힌 솑그미 굴희나고.《월석 2:57》, 겨지븨 마른 구틔여 이비 굴희나며 말ᄉᆞ미 ᄂᆞᆯ카오미 아니오.《내훈 1:12》

2 홈과: 함과. 'ᄒᆞ(어간)+옴(명사형 어미)+과(조사)'이다.

3 시급디: 시급하지. '시급+ø(형용사 파생접사 'ᄒᆞ' 생략)+디(보조적 연결어미)'이다.

4 숣표믈: 살핌을. '숣피(어간)+옴(명사형 어미)+을(목적격 조사)'이다. '숣피다'는 '살피다'의 옛말이다. '숣피다'는 15세기 문헌에서부터 나타난다. 이 단어는

15세기부터 19세기까지 계속 쓰였다. 한편 근대국어 시기 '·'의 음가변동으로 '·'가 'ㅏ'로 되는 현상으로 '솔피다'는 '살피다'로 변화하는데 이 변화가 18세기부터 보인다. '솔피다'는 첫째 음절 받침 'ㄹ'과 둘째 음절의 초성 'ㅍ'의 관계 때문에 근대국어 시기에 많은 중철 표기가 보인다. '숣피다', '숣히다' 등이 그것이다. 이 중 '숣피다'는 16세기 문헌에서도 나타난다. 솔피다(15세기~19세기)〉살피다(18세기~현재). 이형태: 솔피다, 숣피다, 숣히다, 살피다. 부톄 靈ᄒᆞ거시든 애 情誠을 솔피쇼셔 ᄒᆞ니.《1447 석상 24:32ㄱ》. 定과 慧와 둘흘 숣피면 다 잇ᄂᆞ니.《1522 법집 87ㄱ》

5 별홈과는: 분별함은. '별ᄒᆞ(어간)+옴(명사형 어미)+과(접속조사)+ᄂᆞᆫ(보조사)'이다. 접속조사 '과'가 마지막 접속항에까지 쓰이는 집단곡용이 후기중세국어의 특징이다.

6 의론ᄒᆞ며: 의론(議論)하며. '의론'은 '어떤 사안에 대하여 각자의 의견을 제기함. 또는 그런 의견'을 뜻한다. 문영 장군은 조정의 의론을 무시하고라도 구원병을 몰래 보내어 돕는 것이 좋겠다고 건의하였다.《홍효민, 신라 통일》. 한편, '의논(議論)'은 '어떤 일에 대하여 서로 의견을 주고받음'을 뜻한다. 이때 규범표기는 '의론'이 아니고, '의논'이다.

7 ᄇᆞ리디: 버리지. 'ᄇᆞ리(어간)+디(보조적 연결어미)'이다. '버리다'의 옛말인 'ᄇᆞ리다'는 15세기 문헌에서부터 나타난다. 이 단어는 15세기부터 19세기까지 꾸준히 쓰이다가 19세기에 '버리다'가 등장하여 'ᄇᆞ리다'와 '버리다'가 서로 경쟁하였다. 그러다가 '·'의 음가 소실과 표기 폐지 등의 영향으로 '버리다'가 쓰이게 되었다. ᄇᆞ리다(15세기~19세기)〉버리다(19세기~현재). 이형태: ᄇᆞ리다, ᄇᆞᆯ이다, 바리다, 버리다. 世間 ᄇᆞ리시고 城 나마 逃亡ᄒᆞ샤 車匿이 돌아 보내샤 盟誓ᄒᆞ샤ᄃᆡ 道理 일워ᅀᅡ 도라오리라 ᄒᆞ시고.《1447 석상 6:4ㄴ》, 아ᄆᆞ란 일 인ᄒᆞ야 우리 ᄃᆞ려 오나든 小人을 ᄇᆞ리디 아니커시든 모로매 지부로 오고라.《1510년대 번노 상:44ㄴ》, 범이 즉시 ᄇᆞᆯ이고 니거늘 귀쳔이 어버 도라오니.《1617 동신속 효6:2ㄴ》

소언 ᄡᅳᆯᄃᆡ업슨 의론과 急급디 아니ᄒᆞᆫ 솔핌을 ᄇᆞ려 다ᄉᆞ리디 아니홀 디니 만일 님금 신하의 義의와 아비 아ᄃᆞᆯ의 親친홈과 남진 겨집의 ᄀᆞᆯ히옴은 곧 날로 切졀磋차[다ᄃᆞ마 경계홈이라]ᄒᆞ야 ᄇᆞ리디 아닐

디니라

현대역 쓸데없는 議論과 급하지 아니한 살핌을 버려 다스리지 아니할 것이니, 만일 임금 신하의 義와 아버지 아들의 친함과 남편 아내의 가림은 곧 날로 切磋하여 버리지 아니할 것이니라.

절차ᄒᆞ야: 절차(切磋)하여. 학문과 덕행을 닦아. '절차탁마(切磋琢磨)'에서 비롯된 말이다. '절차탁마'는 '옥이나 돌 따위를 갈고 닦아서 빛을 낸다.'는 뜻으로, 학문과 덕행을 힘써 닦음을 비유해 쓰는 말이다. 위(魏) 나라 무공(武公)의 덕을 찬양하기 위해 지었다는 《시경》의 〈위풍(魏風)〉「기욱(淇奧)」 제1연에 나오는 말이다. "瞻彼淇奧 菉竹猗猗 有斐君子 如切如磋 如琢如磨 瑟兮僩兮 赫兮咺兮 有斐君子 終不可諠兮(저 기수 모퉁이를 보니, 푸른 대나무가 무성하도다. 아름다운 광채 나는 군자여. 잘라놓은 듯하고 간 듯하며 쪼아놓은 듯하고 간 듯하다. 엄밀하고 굳세며 빛나고 점잖으니, 아름다운 광채 나는 군자여. 끝내 잊을 수 없다.)" 《논어》 〈학이(學而)〉에도 나온다. "子貢曰 貧而無諂 富而無驕 何也 子曰 可也 未若貧而樂 富而好禮者也 子貢曰 詩云如切如磋 如琢如磨 其斯之謂與 子曰 賜也 始可與言詩已矣 告諸往 而知來者(자공이 공자에게 물어 이르되, '가난하면서도 아첨하지 않고, 부유하면서도 교만하지 아니하면 어떠합니까?' 공자께서 이르시되. '괜찮구나, 그러나 가난하면서도 도를 즐기고, 부유하면서도 예를 좋아하는 것만 못하니라.' 자공이 이르기를. '시에 나오는 「끊는 듯 닦는 듯, 쪼는 듯 가는 듯하다.」함이 바로 이것을 이름이오니까?' 공자께서 이르시기를, '사야, 이제야 비로소 너와 더불어 시를 이야기할 수 있구나. 지나간 일을 일러주니 앞으로 다가올 일을 아는구나.')"

【增註】治는理也라舍는亦棄也라切以刀鋸하고磋以鑢鐋하니皆治骨角之事라無用之言而辯之하고不急之務而察之는非惟無益이요反害於心이라故로當棄而不理라若夫三綱之道는乃人倫之大者니則當朝夕講習하여如切如磋하여已精而益求其精이요不可舍也니라

治는 다스림이다. 舍는 또한 버림이다. 끊음은 칼과 톱으로써 하고, 갊은

줄과 대패로써 하니, 모두 뼈와 뿔을 다루는 일이다. 쓸데없는 말이면서 그것을 말하고 급하지 않은 일이면서 그것을 살핌은 다만 무익할 뿐만 아니라, 도리어 마음에 해롭다. 그러므로 마땅히 버리고 다스리지 말아야 한다. 무릇 三綱의 道 같은 것은 바로 人倫의 큰 것이니, 곧 마땅히 아침저녁으로 익혀, 끊는 듯 가는 듯하여, 이미 純一하면서도 그 순일함을 더욱 구할 것이요, 가히 버릴 수 없는 것이다.

漢字 鋸(톱 거), 鑢(줄 려), 鐋(대패 탕), 精(순일할 정, 찧을 정, 자세할 정, 아름다울 정, 정성스러울 정)

순일(純一): 다른 것이 섞이지 않고 순수함.

右는通論이라

● 이상은 통론이다.

번소 이 우흔 通통ᄒᆞ야 의론ᄒᆞᆫ 마리라

현대역 이 위는 통하여 의론한 말이라.

통ᄒᆞ야: 통하여. '통하여 의론한 말'은 '여러 각론을 아우르는 말'을 뜻한다.

소언 이 우흔 通통ᄒᆞ야 의론ᄒᆞᆫ 거시라

현대역 이 위는 통하여 의론한 것이라.

참고 문헌

고영근(2020), 《표준 중세국어문법론》, 집문당.

김경남(2022), "율곡 이이의 《소학제가집주》의 저본 및 편찬 방법에 관한 고찰", 《태동고전연구》 49, 한림대학교 태동고전연구소.

김태곤(1981), 《소학언해의 국어학적 연구》, 인하대학교 석사학위논문.

김한숙(1987), 《번역소학과 소학언해의 비교 연구》, 성신여자대학교 석사학위논문.

남광우(1971), 《고어사전》, 일조각.

단국대학교 부설 동양학연구소(2007), 《한한대사전(漢韓大辭典)》.

성백효(1993), 《현토완역 소학집주》, 사단법인 전통문화연구회.

안병희(1979), "중세국어의 한글자료에 대한 종합적 고찰", 《규장각》 3, 규장각.

유창돈(1964), 《이조어사전》, 연세대학교 출판부.

이기문(1959), "16세기 국어의 연구", 서울대 문리대 논문집 4. 서울대학교.

이기문(1960), "소학의 언해에 대하여", 《한글》 127, 한글학회.

이숭녕(1973), "소학언해의 무인본과 교정청본의 비교 연구", 《진단학보》 36, 진단학회.

이영애(1986), 《번역소학과 소학언해의 비교 연구》, 효성여자대학교 석사학위논문.

이유기(2020), 《역주 번역소학 권3》, 세종대왕기념사업회.

이현희(1988), "소학의 언해에 대한 비교 연구", 《한신논문집》 3, 한신대학교.

이현희(1993), "《소학》의 언해본", 《국어사 자료와 국어학의 연구(안병희 선생 회갑기념논총)》, 문학과지성사.

이회문화사(1994), 《언해소학집주증해(진우회, 영인본)》.

임민규(1987), 《소학언해의 국어학적 고찰: 주로 번역소학과의 비교를 통하여》, 고려대학교 석사학위논문.

정재영(2000), "번역소학 권3·4에 대하여", 《서지학보》 24, 한국서지학회.

정혜린(2009), "《번역소학》과 《소학언해》의 구문 번역 양상 연구 –한문 원문의

'V_1V_2' 구성을 중심으로-", 서울대학교 석사학위논문.
정호훈(2014), 《조선의 소학》, 소명출판.
진원(2011), "주자의 소학론과 한국·중국에서의 변용", 인하대학교 박사학위논문.
학민문화사(1990), 《을해신간 춘방장판 소학(영인본)》.
학민문화사(2002), 《을해신간 춘방장판 소학(구결토판, 영인본)》.
허웅(1955), 《용비어천가》, 정음사.
허웅(1958), "삽입모음고", 《논문집》 7(인문사회과학편), 서울대학교.
허웅(1989), 《16세기 우리 옛말본》, 샘문화사.
홍윤표(1984a), "번역소학 해제", 《번역소학 8·9·10(영인본)》, 홍문각.
홍윤표(1984b) "번역소학 해제", 《번역소학 6·7(영인본)》, 홍문각.

사이트

국립국어원, 우리말샘(http://opendict.korean.go.kr/)
네이버 지식백과(http://terms.naver.com/)

어절 색인

≪번역소학≫

(1) 한자와 결합된 어절

(2) 한글로 표기된 어절

ㄷ ᄠ ᄯ

ㅈ

≪소학언해≫

(1) 한자와 결합된 어절

ㄱ

ㅈ

(2) 한글로 표기된 어절

ㄱ ᄢ ᄭ

ㅅ ㅄ ㅆ

ㅈ ㅉ

ㅊ